"이 책에 인용된 '환시'와 '받아쓰기'는 저자가 나름대로 예수의 생애를 이야기하기 위하여 사용한 문학적표현 양식일 뿐, 그것을 초작연적인 기원에서 오는 것으로 여겨서는 안 된다."

신앙교리성성 장관 라씽거 추기경
교황청 공식 문서 제 144/58 i호
1994년 6월 21일

마리아 발또르따 (1948년)

마리아 발또르따의 영신 지도자 (좌측)

학생제복을 입은 15세 때의 모습

마리아 발또르따 저

하느님이시요 사람이신 그리스도의 시 : 〈전 10 권〉

* 제 1 권 - 준 비
* 제 2 권 - 공생활 첫해
* 제 3 권 - 공생활 둘째 해(상)
* 제 4 권 - 공생활 둘째 해(하)
* 제 5 권   공생활 셋째 해(상)
* 제 6 권 - 공생활 셋째 해(중)
* 제 7 권 - 공생활 셋째 해(하)
* 제 8 권 - 수난 준비
* 제 9 권 - 수   난
* 제10권 - 영광스럽게 되심

이탈리아어 원제목 :

(Il Poema dell' Uomo-Dio) - 《하느님이시요 사람이신 그리스도의 시》

Centro Editoriale Valtortiano
　　　Via Po, 95
03036　Isola del Liri (FR.) Italia에서 출판.

―――――　　―――――

이 책의 번역권과 출판권은 이탈리아의
"Centro Editoriale Valtortiano" (발또르따 출판사)가
파 레몬드(현우) 신부와 크리스챤 출판사에 독점적으로
주었음.

104. 예수께서 필립보에게 "나는 힘있는 애인이다"라고 말씀하신다.
   다시 찾은 은전의 비유 ………………………………………… 128
105. "지식은 그것이 신앙인 때에는 타락이 아니다" ……………… 136
106. 가나의 집에서 ……………………………………………… 148
107. 요한이 다볼산에서 하신 예수의 말씀을 되풀이한다 ………… 160
108. 예수께서 나자렛에 …………………………………………… 169
109. 안식일, 나자렛의 회당에서 ………………………………… 177
110. 성모님이 막달라의 마리아를 가르치신다 …………………… 189
111. 갈릴래아의 베들레헴에서 …………………………………… 196
112. "부르심은 핏줄보다 더하다." 시카미논으로 가는 도중에 ……… 211
113. 시카미논의 제자들에게 말씀하신다. "자기 자신을 불살라야
   한다" ………………………………………………………… 217
114. 띠로에서. "끝까지 항구하여라. 이것이 중요한 말이다" ……… 230
115. 시카미논의 제자들에게 말씀하신다. 믿음 …………………… 237
116. 예수께서 막달라 마리아에게 말씀하신다.
   "나는 너를 불에 달구어 모루에 놓고 단련하겠다" …………… 248
117. 그리이스 여자노예 신디카 ………………………………… 256
118. 마르타와 막달라 마리아와 신디카와의 작별 ………………… 266
119. 예수께서 바람(소망)에 대하여 말씀하신다 ………………… 275
120. 예수께서 알패오의 야고보와 같이 가르멜산으로 가신다 …… 283
121. "거룩하게 지도자 노릇을 하기 위하여는 완전하게 사랑하여라" … 287
122. "네게 고통을 주는 사람을 아들이라고 불러라" ……………… 299
123. 베드로가 에스드렐론에서 전도한다. "사랑은 구원입니다" …… 312
124. 예수께서 죠가나의 농부들에게 말씀하신다. "사랑은 순종이다" … 322
125. 지극히 거룩하신 성모님의 말씀. "내 동정은 그 무엇보다도
   더 강하다" …………………………………………………… 327
126. "선을 행하는 것은 시편을 읊는 것보다 더 큰 기도이다" ……… 341
127. 가리옷 사람이 나자렛에서 하루를 보낸다 ………………… 346
128. 사도직 시초를 위하여 사도들에게 주신 지시 ……………… 360

129. "선생님이 메시아이십니까?" 하고 세례자가 보낸 사람들이
    묻는다. ……………………………………………………………… 374
130. 예수께서 코라진의 과부를 위하여 목수로서 일하신다 ………… 386
131. "사랑은 영광의 비결이요 계명이다" ……………………………… 391
132. "마음은 할례를 받지 않는다" ……………………………………… 402
133. 세례자 요한의 죽음………………………………………………… 416
134. "다리케아로 가자" ………………………………………………… 426
135. 한 율법학자와 말씀하시면서 ……………………………………… 433
136. 빵을 많아지게 하신 첫번째 기적 ………………………………… 439
137. 예수께서 물위를 걸으신다 ………………………………………… 446
138. "만일 너희가 믿음을 가지고 있으면 내가 와서 너희를 위험에서
    구해낸다." ……………………………………………………………… 450
139. 제자들과 만나시다 ………………………………………………… 455
140. 인색과 어리석은 부자 ……………………………………………… 475
141. 막달라의 마리아의 집 정원에서 ………………………………… 487
142. 예수께서 당신을 알리라고 일흔 두 제자를 보내시다 ………… 494
143. 갈릴래아 사람들의 터에서 라자로를 만나시다………………… 500
144. 일흔 두 제자가 그들이 한 일을 예수께 보고드린다 ………… 504
145. 장막절을 지내시려고 성전에 가신다 …………………………… 510
146. 요셉과 니고데모가 성전 사람들이 엔도르의 요한과 신디카의
    존재를 알고 있다고 보고한다 …………………………………… 531
147. 신디카가 라자로의 집에서 말한다 ……………………………… 539
148. 네 사도를 유다에 파견하시다 …………………………………… 547
149. 예수께서 베다니아를 떠나 요르단강 건너편으로 가신다 …… 551
150. 유프라테스강 저쪽에서 온 상인 ………………………………… 562
151. 라모에서 게라사로 ………………………………………………… 570
152. 게라사에서 전도하시다 …………………………………………… 577
153. 게라사에서 지내신 안식일 ……………………………………… 585
154. 게라사에서 출발 …………………………………………………… 593

155. 보즈라로 가는 길에 ……………………………… 604
156. 보즈라에서 ……………………………………… 610
157. 보즈라에서 하신 연설과 기적 ………………… 617
158. 여자제자들에게 작별인사를 하신다 ………… 629
159. 아르벨라에서 …………………………………… 634
160. 아에라로 가는 동안 …………………………… 644
161. 예수께서 아에라에서 전도하신다 …………… 654
162. 마리아와 마티아 ………………………………… 659
163. "사랑이 부족하면 성사를 자주 받는 것이 무익하다" ……… 665
164. "예수가 부유함으로 바꿀 수 없는 빈곤은 없다" ………… 672
165. "나는 고아들이 어머니를 가지기를 바란다" ……………… 675
166. 나임에서, 다시 살아난 다니엘의 집에서 …… 682
167. 엔도르의 양의 우리에서 ……………………… 691
168. 엔도르에서 막달라로 …………………………… 696
169. 예수께서 등불 명절을 지내러 나자렛에 가신다 ……… 703
170. 예수께서 나자렛에서 엔도르의 요한과 신디카와 함께 … 709
171. 예수께서 마륵지암을 가르치신다 …………… 713
172. 열성당원 시몬이 나자렛에 오다 ……………… 719
173. 나자렛의 집의 어느날 저녁 …………………… 723
174. 예수께서 사촌 시몬의 아내 살로메와 말씀하신다 ……… 732
175. 사촌 시몬이 예수께로 돌아온다 ……………… 736
176. 시몬 베드로가 나자렛에 온다.
    마륵지암의 너그러움 ………………………… 744
177. "보편적인 사랑의 거룩한 체계 안에서는 아무것도 잃어지지
    않는다" …………………………………………… 751
178. "엔도르의 요한아, 안티오키아로 가거라" ……………… 756

머 릿 말

마리아 발또르따는 1897년 3월 14일 까세르따(이탈리아)에서 태어났다. 마리아는 1862년 만뚜아에서 출생한 기병 하사관 요셉 발또르따와 1861년 크레모나에서 난 프랑스어 교사인 이시스 피오라반찌의 외딸이었다. 마리아가 겨우 18개월 되었을 때에 부모가 아이와 함께 북부 이탈리아로 가서 살게 되어, 처음에는 파엔짜에 자리 잡았다가 몇 해 후에는 밀라노에 정착하였고, 그곳에서 마리아를 우르술라회 수녀들이 경영하는 유치원에 다니게 하였다. 거기서 마리아가 그의 소명의 첫번째 표를 받았다. 그는 사랑으로 자진해서 받아들인 고통 속에서 그리스도와 동일화되기를 원하였다.

역시 밀라노에서 일곱 살 때에 마르첼로회 수녀들이 경영하는 소학교에 다녔고, 그곳에서 1905년에 거룩한 안드레아 페라리 추기경에게서 견진성사를 받았다. 마리아는 그 후 1907년 가족이 이사해 가서 산 보게라의 공립학교에서 공부를 계속하였다. 1908년에 까스뗏지오에서 첫영성체를 하였다.

매우 독선적인 여자인 어머니의 강요로 마리아는 1909년 몬자의 비앙꼬니 중학교에 들어가야 하였는데, 그 학교에서 매우 날카로운 지능과 대단히 강인한 성격으로 두각을 나타냈다. 마리아는 문예과목에는 매우 재능이 있었으나 수학에는 도무지 소질이 없었다. 꾸준히 노력한 결과로 그가 기술공부의 졸업증서를 받았는데, 이 공부도 어머니가 강요한 것이었다. 그런데도 그는 중학교에서 만족하고 있었는데, 그의 어머니가 4년 후에는 학교를 그만두게 하였다. 그 때에 마리아는 하느님께 열렬한 기도를 드렸는데, 이번에도 하느님께서는 잊지 않으시고 마리아에게 그의 장래를 알려 주셨다. 그동안 아버지는 건강상의 이유로 은퇴하였고 작은 가족이 피렌체로 가서 살았는데, 그곳에서 마리아가 어느 선량한 청년과 약혼하였다.

그러나 어머니의 좋지 못한 성격 때문에 그 젊은이와 헤어져야 하였다. 큰 위기의 시기가 있은 후, 1916년에 마리아는 주께로부터 또 다른 계시의 표를 받았고 1917년에는 "사마리아인" 간호원단에 들어가서 열 여덟 달 동안 피렌체의 육군 병원의 병사들에게 모든 간호를 아끼지 않고 베풀었다.

1920년 3월 17일, 어머니와 같이 거리를 지나가는데 어떤 과격주의자가 쇠막대기로 그의 허리를 때려 그로 인하여 그의 장래의 신체 기능 불완전의 첫째 증상이 몸에 남게 되었다. 석 달 동안을 병상에서 지낸 다음 같은 해 10월에 부모와 같이 깔라브리아의 렛지오로 가서 호텔 주인인 어머니쪽 친척 벨판띠네 집에서 2년 가량을 살았다.

남부 이탈리아의 이 아름다운 해안 도시에서 지낸 긴 세월은 그의 정신을 튼튼하게 하는 많은 경험을 쌓게 하였다. 그러나 새로운 청혼들을 반대하는 어머니의 혐오의 흔적이 남기도 하였다. 그러자 마리아는 피렌체로 돌아가(그것은 1922년의 일이었다) 고통스러운 추억 속에서 또 2년을 보냈다.

1924년에는 비아렛지오로 마지막 이사를 하였는데, 이것이 끊임없이 하느님께로 올라가는 것을 온전히 지향하는 새로운 생활의 시초를 알리는 것이었다. 마리아는 몰래(어머니의 편협 때문에) 모든 교우 본분을 지켰고 이렇게 해서 가톨릭 액숀에 가입하는 데 성공하였다. 항상 자기를 바치고자 하는 소원으로 불타는 그는 1925년에 자비로우신 사랑에 자기를 바쳤고, 1931년에는 서원을 한 다음 더 결연한 의식(意識)을 가지고 하느님의 정의께로 자기를 바치고자 하였다.

점점 더 심해지는 고통에 짓눌려 마리아는 1934년 4월 1일부터는 병상을 떠나지 못하였다. 이 때부터 그는 하느님의 손 안에 든 말 잘 듣는 연장이 되었다. 다음 해에 마르따 디치오띠가 마리아의 집에 왔는데 마르따는 일생 동안 충실한 동반자로 있으면서 마리아를 떠나지 않았다. 이 무렵에 마리아는 그가 사랑하고 사람들 중에서 가장 훌륭한 분으로 생각하던 아버지의 죽음에서 오는 크나큰 고통을 맛보았다.

1942년에 마리아는 전에 선교사였던 독실한 신부로 마리아의 종복회(從僕會) 회원인 로무알도 M. 밀리오리니 신부의 방문을 받았는데, 이 신부는 4년 동안 그의 영신 지도자로 있었다. 1943년, 어머니가 세상을 떠난 그 해에 마리아 발또르따는 작가로서의 활동을 시작하였다. 마리아는 밀리오리니 신부의 권유로 자기의 능력껏 쓴 자서전에서 "받아쓰기"와 "환상 이야기"로 옮아갔는데, 이것들을 계시로 받는다고 언명하였다. 병석에 있으면서 심한 고통을 당하는데도 마리아는 직접, 단숨에, 어떤 시간에나 글을 썼고 밤에도 썼는데, 뜻밖에 중단을 하게 되어도 조금도 방해를 당한다는 느낌이 없이 항상 자연스러운 모습을 잃지 않고 있었다. 그가 참고할 수 있는 유일한 책은 성서와 비오 10세의 교리문답 뿐이었다.

1943년부터 1947년까지, 그러나 1953년까지는 좀 덜 빠른 속도로, 마리아는 공책 약 1만 5천 쪽을 썼다. 성서에 대한 주석, 초대 그리스도인들과 순교자들의 이야기, 신심에 관한 글들이었고 이밖에 여러 장의 영성 일기도 있다. 그러나 마리아 발또르따가 쓴 글의 약 3분의 2를 예수의 생애에 대한 엄청난 양의 작품이 차지한다.

자신의 지능에 이르기까지 모든 것을 하느님께 바친 다음 마리아는 여러 해 동안 정신에 관계되는 일종의 고독에 점진적으로 빠져들어가 마침내 임종하는 그의 머리맡에 불려와서 "Profissere, anima christiana, de hoc mundo"(그리스도인의 영혼아, 이 세상에서 떠나거라!) 하는 말로 기도하는 신부의 권고에 복종하는 듯이 꺼져가는 날에 이르렀다. 그것은 1961년 10월 12일이었다. 마리아는 회상의 글처럼 다음과 같은 글을 남겼었다.

"나의 고통은 끝났다. 그러나 나는 사랑하기를 계속하겠다."

그의 장례식은 10월 14일 아침 일찍 성 바울리노 본당에서 행하여

졌는데, 그의 유지(遺志)에 따라 매우 간소하게 치르졌고, 시체는 비아렛지오 공동묘지에 안장되었다. 그러나 1973년 7월 2일 마리아 발또르따의 유해는 피렌체의 "쌍띠시마 안눈찌아따" 대수도원 참사회 경당에 특전받은 묘소에 묻힐 수가 있었다.

마리아 발또르따의 가장 중요한 저서인 예수의 생애에 관한 책은 그 후 여러 해에 쓴 몇 장만 빼고는 1944년부터 1947년까지 쓴 것이다. 이 저서는 벌써 1956년에 「Il poema dell'Uomo-Dio(사람이요 하느님이신 분의 시)」라는 제목으로 이탈리아에서 출판되었다. 초판은 부피가 큰 네 권으로 나왔는데, 마리아의 종복회 회원인 곤라도 M. 베르띠 신부의 신학적·교리적 주석이 달린 열 권짜리 비평판(批評版)이 뒤따랐다. 끊임없이 중판되고 아무 광고없이 보급된 이 저서는 이제 이탈리아와 온 세계에 널리 알려졌다.

1971년에 프랑스인 교수 펠릭스 소바쥬씨가 「Il poema dell'Uomo-Dio」를 읽고 자기 나라 말로 번역할 욕망을 느꼈다. 그가 사는 뽕또드매르에서 그는 우리에게 자기 일의 진척 상황을 끊임없이 알려 주고, 자기가 나이가 많기 때문에 출판에 대한 우리의 결정을 재촉하였다. 그는 철학과 신학을 공부하였고 일생을 교직에서 보냈다고 언명하면서, 자기 자신의 능력을 우리에게 보증하기를 원한 때를 빼고는 자기 자신에 대한 말을 결코 하지 않았다.

1976년에야 우리는 소바쥬씨가 직접 쓴 여섯 권의 프랑스어 번역을 가지러 노르망디에 갔었다. 그러나 얼마 지나서야 그것을 검토하기 시작하였다. 우리는 원고를 고쳐야 하리라는 것을 알아차렸다. 많이 고치기는 했지만 이 번역은 일할 때에 그를 젊게 하는 믿음의 후원을 받은 연세 높은 분이 이룩하였다는 점에서 공로가 있다.

불행히도 펠릭스 소바쥬씨는 번역한 작품의 출판을 보지 못하였다. 그분은 1978년 9월 16일 87세의 고령으로 세상을 떠났다. 우리는 마리아 발또르따의 글에 주해나 설명을 달지 않고 그 제목 자체에서 작품의 성격이 솟아 오르게 하려는 그분의 변하지 않은 소원을 존중하였다.

  그러나 독자들에게 알리고자 하는 것은 일체의 설명이나 깊은 연구를 위하여는 이탈리아어판의 주석들이 여전히 가치가 있다는 것이다. 저서의 성질에 대하여는 이것이 가장 큰 사적인 계시 중의 하나라는 확신을 우리는 가지고 있다. 뿐만 아니라, 사적인 계시들은 공적인 계시에 종속하고 인간적으로 믿을 만한 가능한 표시를 가톨릭 신학이 인정하며, 하느님께서 모든 사람의 영적 이익을 위하여 어떤 사람들에게 주시는 것으로 되어 있다.

  독자들은 이 프랑스어 초판의 몇 가지 결함을 양해하여 주기 바란다.

이솔라 델리리(이탈리아)
1979년 10월 12일

에밀리오 뻬사니, 출판인

87. 베싸이다 못의 마비환자

　예수께서는 예루살렘에 계신데, 바로 안토니아탑 근처에 계시다. 가리옷 사람만 빼고 모든 사도가 예수와 같이 있다. 많은 군중이 성전 쪽으로 급히 간다. 사도들이나 다른 순례자들이나 모든 사람이 명절빔을 입고 있다. 그래서 나는 지금이 오순절(五旬節) 때일 것이라고 생각한다. 많은 거지가 군중 속에 섞여 든다. 그들은 동정을 구하는 말로 그들의 불행을 구슬프게 되풀이하며 회당 가까이나 군중이 지나가는 네거리 같은 제일 좋은 자리를 향해 간다. 예수께서는 그들의 불행의 사연을 늘어놓으면서 설명하려고 애쓰는 그 불쌍한 사람들에게 동냥을 주시면서 지나가신다. 사도들이 가믈리엘에 대하여 말하는 것이 들리는 것으로 보아 예수께서는 벌써 성전에 가셨었나 보다 하는 느낌을 가지게 된다. 가믈리엘은 강의를 듣는 사람 중의 한 사람인 스테파노가 예수께서 지나가시는 것을 알렸는데도 예수와 사도들을 못 본 체한 모양이다.
　또 바르톨로메오가 동료들에게 "저 율법교사가 '도살장의 양의 무리'라고 한 말은 무슨 뜻이지?" 하고 묻는 것도 들린다.
　"그 사람은 자기에게 관계되는 어떤 일에 대해서 말하는 거였어" 하고 토마가 대답한다.
　"아니야, 그 사람은 우리를 손가락으로 가리키고 있었어. 난 그걸 똑똑히 보았어. 그리고 두 번째로 한 말이 처음한 말을 확인하는 거였어. '오래잖아 어린 양도 털이 깎이고 도살장으로 끌려 갈 거야' 하고 말했거든."
　"맞아, 나도 들었어" 하고 안드레아가 확인한다.
　"그건 그렇고! 나는 뒤로 돌아가서 율법교사의 동료에게 시몬의 아들 유다의 일을 알고 있는지 묻고 싶어 못 견디겠어" 하고 베드로가 말한다.
　"그렇지만 그 사람은 아무것도 모른단 말이야! 이번에는 유다가 진짜 병이 들었기 때문에 안 온 거야. 우린 그걸 알고 있어. 아마 우리 여행이 너무 고통스러웠던 모양이야. 우리는 더 잘 견디어내지만, 그 사람은 여기서 편안하게 살았거든. 그래서 잘 피로한단 말이야" 하고 알패오의 야고보가 대답한다.
 "그래, 우리도 그건 알고 있어. 하지만 율법교사가 이렇게 말했어. ' 저집단에 카멜레온이 빠졌는 걸' 하고. 카멜레온은 마음대로 빛깔을 바꾸는 저 짐승이 아니야?" 하고 베드로가 묻는다.
 "맞아, 시몬. 하지만 그 사람은 틀림없이 유다가 늘 옷을 갈아입는 것을 두고 말한 거야. 유다는 젊기 때문에 옷에 집착한단 말이야. 관대하게 보아 주어야 해…" 하고 열성 당원이 타협적인 어조로 말한다.
 "그것도 맞는 말이야. 그렇기는 해도!…정말 이상한 말들이야!" 하고 베드로가 결론을 내린다.
 "그 사람들이 우리를 항상 위협하는 것 같아" 하고 제베대오의 야고보가 말한다.
 "사실은 우리가 위협받고 있다는 것을 알고 있어, 그래서 위협이 없는 데서까지도 위협을 보고 있는 거야" 하고 유다 타대오가 지적한다.
 "그리고 잘못이 없는 데서도 잘못을 본단 말이야" 하고 토마가 결론을 내린다.
 "그건 사실이야! 의심이란 건 추한 거야. 유다의 건강이 오늘 어떤지 누가 알아? 우선은 그 사람이 그 낙원과 천사들이 곁에 있는 것을 즐기고 있단 말이야. … 나도 병이 들어서 그런 즐거움을 모두 맛보았으면 좋겠어!" 하고 베드로가 말하자 바르톨로메오가 "그 사람이 이내 낫기를 바라세. 더운 계절이 다가오고 있으니까 여행을 끝내야 해" 하고 대답한다.
 "오! 치료를 받고 있을 거야, 그리고… 무슨 일이 있으면, 선생님이 거기에 대해 유념하실 거야" 하고 안드레아가 잘라 말한다.
 "우리가 그 사람과 헤어질 때 그 사람은 열이 많았어. 어떻게 열이 그렇게 왔는지 모르겠어…" 하고 제베대오의 야고보가 말한다. 그러자 마태오가 대답한다. " 열이 어떻게 오느냐구? 와야 하니까 오는 거지. 그렇지만 아무렇지 않을 거야. 선생님이 도무지 걱정을 안하시는 걸. 위험을 보셨으면 선생님이 요안나의 저택을 떠나지 않으셨을 거야."
 과연 예수께서는 조금도 걱정을 않으신다. 예수께서는 마륵지암과 요한과 말씀하시며 동냥을 주시면서 앞서 가신다. 예수께서는 어린 아이에게 많은 것을 설명하시는 것이 틀림없다. 그에게 이것저것 세밀한 것을 가리키시는 것이 보이니까 말이다. 예수께서는 성전 동북쪽 모퉁이의 끝쪽을 향해 가신다. 거기에는 어떤 문 못 미쳐 회당들이 있는 곳을 향하여 가는 많은 군중이 있다. 그 문을 "양떼의 문"이라고 부르는 소리가 들린다.

"저 것은 제물을 씻는 못인 베싸이다의 못이다. 지금 물을 잘 보아라. 지금은 물이 얼마나 고요한지 볼 수 있지? 그러나 조금만 있으면 움직이는 것 같이 되어서 부풀어 올라 저 습기표에 이르는 것을 보게 될 거다. 저 표가 보이지? 그때에는 주의 천사가 내려오고, 물은 제가 할 수 있는 방식으로 천사가 온 데 대한 경의를 표한다. 천사는 물에 빨리 몸을 잠그는 사람을 낫게 하라는 명령을 가져온다. 사람이 얼마나 많은지 보이지? 그러나 너무나 많은 사람이 정신이 산만해서 물이 처음 움직이는 것을 보지 못한다. 또는 동정심이 없어서 힘센 사람들이 힘없는 사람들을 마구 밀어낸다. 하느님의 표가 있을 때 절대로 방심해서는 안 된다. 하느님께서 언제 나타나시는지 또는 당신 천사를 보내시는지 도무지 알 수 없으니까 항상 깨어 있는 정신을 가지고 있어야 한다. 또 건강의 이유로라도 절대로 이기적인 사람이어서는 안 된다. 저 사람들이 누가 제일 먼저 만지느냐 또는 누가 그럴 필요가 더 많으냐 하는 것을 따지고 있기 때문에 저 불행한 사람들이 천사가 오는 은혜를 놓치는 경우가 대단히 많다." 예수께서는 이 모든 설명을 마륵지암에게 하시는데 마륵지암은 정신을 차리고 눈을 크게 뜨고 예수를 쳐다보고 그동안 물도 살펴본다.

"천사를 볼 수 있어요? 천사를 보았으면 좋겠어요."

"네 나이 또래의 목동이었던 레위는 천사를 보았다. 너는 똑똑히 바라보아라, 그리고 천사를 찬미할 준비를 하고 있어라."

어린 아이는 이제 정신을 딴 데로 팔지 않는다. 그의 눈은 물과 물 위로 번갈아 본다. 그리고 아무 소리도 듣지 못하고 다른 것은 아무 것도 보지 못하게 되었다. 그 동안 예수께서는 기다리고 있는 병약자, 소경, 신체장애자, 마비환자들인 하층민을 바라다보신다. 사도들도 정신 차리고 살펴본다. 해는 물 위에 여러 가지로 조명 효과를 일으키고 못을 둘러싸고 있는 다섯 줄의 회랑을 환하게 비춘다.

"보세요! 보세요!" 하고 마륵지암이 외친다. "물이 부풀어 오르고, 흔들리고, 반짝거려요! 저 빛 좀 보세요! 천사가!…" 그러면서 어린 아이는 무릎을 꿇는다.

과연 못 안에서 물이 움직이는 동안 그 물은 그것을 부풀어 오르게 하여 가에로 밀어 올리는 엄청나게 큰 급작스런 물결로 부피가 늘어나는 것 같다. 물은 햇빛에 거울처럼 반짝인다. 잠시 동안 눈부신 빛이 보인다. 한 절름발이가 빨리 물에 잠겼다가 이내 물에서 나오는데, 이미 큰 흉터가 나 있지만 완전히 나은 다리를 가지고 나온다. 다른 사람들은 원망을 하면서 다리가 나은 사람과 다툰다. 그들은 요컨대 그 사람은 아직 일을 할 수 있지만, 자기들은 그렇지 못하다고 말한다. 그리고 말다툼은 계속된다.

예수께서는 휘 둘러보시다가 병상에서 조용히 울고 있는 마비환자를 보신다. 예수께서 그에게로 가까이 가셔서 몸을 숙이시고 그를 어루만지시면서 물으신다.

"울고 있소?"

"예. 아무도 저를 도무지 생각하지 않습니다. 저는 여기 남아 있고 또 남아 있어도, 모두들 다 낫지만 저는 낫지 못합니다. 저는 누워 있는 지가 38년이나 됩니다. 저는 모든 재산을 다 썼고, 가족은 다 죽었습니다. 이제는 먼 친척에게 얹혀 있는데, 그 사람이 아침에 저를 이리 데리고 오고 저녁 때에 다시 데려갑니다. … 그렇지만 이것이 그 사람에게는 정말 짐이 됩니다! 아이고! 저는 죽고 싶습니다!"

"너무 슬퍼하지 마시오. 당신은 그렇게도 참을성이 있었고 믿음이 있었소! 하느님께서 당신의 원을 들어주실 거요."

"그러기를 바랍니다. … 그렇지만 제게는 낙심의 시간이 많이 옵니다. 선생님은 친절하시지만, 다른 사람들은 그렇지 않습니다. … 지금 나은 사람은 하느님께 대한 감사의 마음으로 여기 남아서 불쌍한 형제들을 도와줄 수 있을 텐데요…."

"사실 그 사람들은 그렇게 해야 될 거요. 그러나 원한은 품지 마시오. 그 사람들은 그 생각을 못하는 것이지, 악의가 있어서 그런 것은 아니오. 병이 나은 기쁨 때문에 이기주의자가 되는 거요. 그들을 용서하시오…."

"선생님은 친절하십니다. 선생님은 그렇게 안하시겠지요. 저는 못의 물이 움직일 때에 손으로 여기까지 기어 올려고 해봅니다. 그렇지만 언제나 다른 사람이 저를 앞질러 갑니다. 그런데 저는 못가에 남아 있을 수도 없습니다. 사람들에게 짓밟힐 테니까요. 또 제가 여기 남아 있다 하더라도 누가 저를 도와 내려가게 하겠습니까? 선생님을 더 일찍 보았더라면 선생님께 그렇게 해달라고 청했을 텐데요…."

"정말 낫고 싶소? 그러면 일어나서 당신 병상을 들고 걸으시오!" 예수께서는 명령을 하시려고 몸을 일으키셨다. 그런데 몸을 일으키시면서 마비환자도 일으키신 것 같아서, 그가 일어서더니, 믿지 못하는 것처럼 떠나가시는 예수의 뒤를 따라 한 걸음, 두 걸음, 세 걸음을 내디디고, 자기가 정말 걸을 수 있기 때문에 소리를 지르니 사람들이 돌아다본다.

"그런데 선생님은 누구십니까? 하느님의 이름으로 청합니다. 말씀해 주십시오. 혹 하느님의 천사이십니까?"

"나는 천사보다 더한 사람이오. 내 이름은 연민이오. 평안히 가시오."

모두가 모인다. 그들은 보기를 원하고, 말하기를 원하고, 낫기를 원한다. 그러나 성전의 경비원들이 달려온다. 내 생각에는 그들이 못도 감시하는 모양이어서 그 요란스러운 군중을 위협해서 쫓아버린다.

마비환자가 그의 병상을 ― 네 바퀴에 얹어놓은 막대기 두 개에 낡은 천을 박은 것 ― 들고 행복스럽게 가면서 예수께 외친다. "선생님을 다시 찾을 것입니다. 선생님의 이름과 얼굴을 잊어버리지 않겠습니다."

예수께서는 군중에 섞이셔서 성곽을 향하여 다른 쪽으로 가신다. 그러나 예수께서 아직 마지막 회랑에 지나가지 않으셨는데, 가장 나쁜 계급의 유다인들이 예수께 무례한 말을 하고자 하는 욕망에 이글이글 불타면서 돌풍에 밀려서 오는 것처럼 온다. 그들은 찾고 둘러보고 유심히 살핀다. 그러나 그들은 누구에 대한 말인지 잘 알 수가 없다. 그래서 예수께서는 가시는데 그들은 실망하여, 경비원들이 알려주는 것에 따라 나아서 기뻐하고 있는 마비환자에게 대들어 비난을 한다. "왜 침대를 가지고 가오? 오늘은 안식일인데 당신은 그렇게 해선 안 되오."

그 사람은 그들을 바라다보고 말한다. "나는 아무것도 몰라요. 내가 아는 건 나를 낫게 한 분이 '병상을 들고 걸어라' 하고 말했다는 것뿐입니다. 내가 아는 건 이겁니다."

"그건 틀림없이 마귀요. 당신에게 안식일을 어기라고 명령했으니까 말이오. 그 사람이 어떻게 생겼소? 누구였소? 유다인이었소? 갈릴래아 사람이었소? 개종자였소?"

"난 모릅니다. 그분이 여기 있었는데, 내가 우는 것을 보고 가까이 와서 내게 말을 했고, 나를 고쳐 주었어요. 그분은 어린 아이의 손을 잡고 갔습니다. 그애가 그분의 아들이라고 생각합니다. 그만한 나이에는 아들을 둘만하니까요."
"어린 아이? 그럼 그 사람이 아니야!… 이름은 뭐라고 했소? 이름을 물어보지 않았소? 거짓말하지 마오!"
"그분은 이름이 연민이라고 했어요."
"당신은 바보요! 그건 이름이 아니란 말이오!"
그 사람은 어깨를 으쓱하고 간다.
다른 사람들은 이렇게 말한다. "그자가 틀림없어. 율법교사 아니아와 자캐오가 그자를 성전에서 보았대."
"그러나 그자는 아이가 없단 말이야!"
"그렇지만 그자야. 제자들과 같이 있었어."
"하지만 유다는 거기 없었어. 우리가 잘 아는 건 유다야. 다른 사람들은… 상관없는 사람들일 수도 있어."
"아니야, 그들이었어."
그리고 말다툼이 계속된다. 그동안 회랑뜰에는 병자들이 가득 찬다….
예수께서는 다른 쪽으로 해서 성전에 다시 들어오신다. 더 시내쪽으로 향해 있는 서쪽이다. 사도들이 예수를 따르고 있다. 예수께서는 사방을 둘러보신다. 그러다가 마침 찾으시던 것을 발견하신다. 그것은 요나타인데, 그도 역시 예수를 찾고 있다.
"선생님, 그 사람 좀 낫습니다. 열이 떨어집니다. 선생님의 어머님께서도 다음 안식일까지는 오실 수 있을 것 같다고 말씀하십니다."
"요나타, 고맙소. 당신은 시간을 잘 지켰소."
"썩 잘 지키지는 못했습니다. 라자로네 막시민에게 붙잡혔었습니다. 막시민이 선생님을 찾고 있습니다. 그 사람은 솔로몬 회랑으로 갔습니다."
"내가 그에게로 가겠소. 평화가 당신과 함께 있기를. 그리고 유다 외에도 내 어머니와 여자 제자들에게도 내 인사를 전하시오."
그리고 예수께서는 솔로몬 회랑 쪽으로 급히 가신다. 과연 거기서 막시민을 만나신다.
"라자로는 선생님이 여기 계신 것을 알았습니다. 중요한 말씀을 드리려고 선생님을 뵙고자 합니다. 오시겠습니까?"
"물론, 지체없이 가겠네. 이번 주중에 갈 것이라고 말해도 되네."

막시민도 다른 말 몇 마디를 하고 나서 간다.

"여기까지 다시 왔으니 또 기도하러 가자" 하고 예수께서 말씀하시며 히브리인들의 안마당 쪽으로 가신다.

그러나 바로 그 곁에서 주님께 감사하러 온 병이 고쳐진 마비환자를 만나신다. 기적을 받은 사람은 예수를 군중 가운데에서 보고 기쁘게 인사를 하고, 예수께서 떠나신 다음에 못에서 일어났던 일을 이야기한다. 그리고 이렇게 말을 마친다. "제가 건강한 몸으로 여기 온 것을 보고 놀란 어떤 사람이 선생님이 누구시라는 것을 말해 주었습니다. 선생님이 메시아이시라고. 그것이 사실입니까?"

"내가 메시아요. 그러나 당신이 물이나 다른 힘에 의해서 나았더라도 하느님께 대한 같은 의무, 즉 당신의 건강을 선을 행하는 데 써야 하는 의무는 항상 가지고 있을 거요. 당신은 나았소. 그러니까 좋은 의향을 가지고 가서 당신 생활의 활동을 다시 시작하시오, 그리고 다시는 절대로 죄를 짓지 마시오. 하느님께서 더 이상 당신을 벌하실 일이 없게 하시오. 안녕. 평안히 가시오."

"저는 나이가 들었고… 아무것도 모릅니다. … 그렇지만 선생님을 섬기고 선생님을 믿기 위해 선생님을 따르고 싶습니다."

"나는 아무도 물리치지 않소. 그러나 오기 전에 곰곰이 생각해 보시오. 만일 결심을 하게 되거든 오시오."

"어디루요? 저는 선생님이 어디로 가시는지 모릅니다…."

"세상을 두루 다니오. 어딜 가나 당신을 내게로 인도할 제자들을 만나게 될 거요. 주님께서 당신을 가장 잘 비추어 주시기를 바라오."

예수께서 이제는 당신 자리로 가셔서 기도를 드리신다….

나는 기적을 받은 사람이 자발적으로 유다인들을 찾아갔는지, 또는 이들이 망을 보고 있다가 그를 붙잡고 지금 그에게 말한 사람이 그를 기적으로 낫게 한 사람이냐고 물었는지 모르겠다. 내가 아는 것은 그 사람이 유다인들과 말을 하고 나서 떠나가는데 이들은 예수께서 다른 여러 마당으로 건너가셔서 성전에서 나가시려면 그리로 내려오셔야 하는 계단 근처로 간다. 예수께서 오시자 그들은 인사도 하지 않고 이렇게 말한다. "선생은 그렇게 많은 비난을 받고도 계속 안식일을 어깁니까? 그러면서 선생을 하느님께서 보내신 분으로 공경하라고 하십니까?"

"보냄을 받은 사람으로요? 그보다도 훨씬 더합니다. 아들로서 그래야지요. 하느님께서 내 아버지이시니까요. 그렇더라도 나는 내 사명을 계속 다할 것입니다. 하느님께서는 한순간도 그치지 않고 일을 하십니다. 내 아버지께서는 지금도 일을 하시고 나도 일을 합니다. 착한 아들은 아버지가 하시는 일을 하고, 또 내가 이 세상에 온 것은 일을 하기 위해서이니까요."

사람들이 말다툼하는 것을 들으려고 가까이 온다. 그중에는 예수를 아는 사람들도 있고, 예수께 은혜를 입은 사람들도 있고, 예수를 처음 보는 사람들도 있다. 어떤 사람들은 예수를 사랑하고, 어떤 사람들은 그분을 미워하고, 많은 사람은 태도를 정하지 못하고 있다. 사도들이 예수를 에워싼다. 마륵지암은 겁을 집어먹다시피 하고, 그의 작은 얼굴은 금방 울음을 터뜨릴 것 같다.

율법학자들과 바리사이파 사람들과 사두가이파 사람들이 섞인 유다인들은 그들의 분노를 소리 높이 외친다. "당신이 감히 그런 말을! 오! 자기를 하느님의 아들이라고 하다니! 신성 모독자! 하느님은 존재하시는 분이시고, 아들을 안 가지고 계십니다! 아니 가믈리엘을 부르고, 사독을 부르게. 선생님들을 모아서 이 사람 말을 듣고 창피를 주시라고 하게."

"흥분들 하지 마시오. 그분들을 부르시오. 그분들이 지식이 있다는 것이 사실이면, 하느님은 한 분이시되 아버지와 아들, 성령 이렇게 세위이시고, 말씀, 즉 생각의 아들은 예언자들이 예언한 것과 같이 이스라엘과 세상을 죄에서 구하시려고 오셨다고 말할 것입니다. 나는 말씀이오. 나는 예고된 메시아요. 그러므로 아버지이신 분을 내 아버지라고 부른다고 하느님께 대한 모독이 되지 않소. 당신들은 내가 기적을 행하고, 그 기적 덕택으로 군중을 내게로 끌어들이고 그들을 설득하기 때문에 불안해 하고 있소. 당신들은 내가 기적을 행하기 때문에 내가 마귀라고 비난하고 있소. 그러나 벨제붓이 옛날부터 세상에 와 있고, 또 사실 그를 충성스럽게 숭배하는 사람들이 없지 않소. …그렇다면 왜 벨제붓은 내가 하는 일을 하지 못하오?"

사람들이 속삭인다. "사실이야! 저분이 하는 일을 하는 사람은 아무도 없어."

예수께서는 말씀을 계속하신다. "나는 분명히 말하오. 그것은 벨제붓이 알지 못하는 것을 나는 알고, 그가 할 수 없는 것을 나는 할 수 있기 때문이오. 내가 하느님의 일을 하는 것은 내가 하느님의 아들이기 때문이오. 어떤 사람이 누가 하는 것을 본 그것을 자기 힘으로 하게 되지 못하오. 아들인 나는 아버지께서 하시는 것을 본 그것밖에 하지 못하오. 그것은 내가 아버지와 영원히 하나이고, 본성과 능력이 아버지와 다르지 않기 때문이오. 아버지께서 하시는 모든 일은 아들인 나도 하오. 벨제붓과 다른 사람들은 내가 아는 것을 알지 못하기 때문에 내가 하는 것을 할 수가 없소. 아버지께서는 당신의 아들인 나를 사랑하시고, 내가 아버지를 사랑하는 것과 같이 나를 한없이 사랑하시오. 그렇기 때문에 아버지께서는 당신이 하시는 모든 일을 내게 보여 주셨고 지금도 보여 주셔서 세상에 시간이 있기 전에 당신이 하늘에서 하시는 일을 내가 이 은총의 때에 세상에서 하게 하셨소. 그리고 아버지께서는 점점 더 큰 일을 내게 보여 주셔서 내가 그것을 행하게 하시고 당신들이 그것을 보고 경탄하게 하실 거요.

아버지의 생각은 그분의 행동에 무진장으로 나타나오. 나도 역시 아버지께서 생각하시고 당신 생각으로 원하시는 것을 무진장으로 이루기를 원하기 때문에 아버지를 본받소. 당신들은 사랑이 결코 지쳐버리는 일없이 무엇을 만들어내는지를 알지 못하오. 우리는 사랑이오. 우리에게는 한계가 없소. 그리고 사람의 세 가지 단계, 즉 하등 단계, 상등 단계, 영적 단계에 적용될 수 없는 것이 아무것도 없소. 과연 아버지께서 죽은 사람들을 부활시키시고 그들에게 생명을 돌려 주시는 것과 같이 아들인 나도 내가 주고자 하는 사람에게 생명을 줄 수 있소. 그리고 아버지께서 아들에 대해 가지고 계신 무한한 사랑 때문에 하등부분에 생명을 돌려 주는 능력을 내게 주셨을 뿐 아니라 상등 부분에도 생명을 돌려 주는 능력을 주셔서 사람의 생각과 마음을 정신의 오류와 나쁜 열정에서 구해 내게 하셨고, 영적인 부분에도 생명을 돌려 주는 능력을 주셔서 사람의 정신에 죄에 대한 무관계성(無關係性)을 돌려 주게 하셨소. 사실 아버지는 일체의 심판을 아들에게 맡기셨기 때문에 아무도 심판하지 않으시오. 아들에게 일체의 심판을 맡기신 것은 아들이 인류를 구속하기 위하여 자기 자신을 희생함으로써 인류를 산 사람이기 때문이오. 그리고 아버지께서 이렇게 하시는 것은 정의로 그러시는 것이오. 그것은 자기 자신의 돈을 지불하는 사람에게 그 물건을 주는 것이 정당하기 때문이오. 그리고 아버지께서 그렇게 하시는 것은 사람들이 이미 아버지를 공경하는 것과 같이 모두가 아들로 공경하게 하시려는 것이오.

만일 당신들이 아버지를 아들에게서, 또는 아들을 아버지에게서 갈라놓고, 또 사랑을 기억하지 않으면, 당신들이 하느님을 그분이 사랑받으셔야 하는 모양으로, 즉 진실과 지혜로 사랑하지 않고, 그분이 기묘한 삼위일체이신데 한 분만을 공경하기 때문에 당신들이 이단의 죄를 짓는다는 것을 아시오. 따라서 아들을 공경하지 않는 사람은 아버지를 공경하지 않는 것과 같소. 그것은 아버지 하느님께서는 당신 자신의 일부분만이 흠숭받는 것을 감수하지 않으시고 당신의 전체가 흠숭받기를 원하시기 때문이오. 아들을 공경하지 않는 사람은 완전한 사랑의 생각으로 아들을 보내신 아버지를 공경하지 않는 것이오. 그러므로 그 사람은 하느님께서 올바른 일을 할 줄 아신다는 것을 인정하기를 거부하는 것이오.

 나 진정으로 말하지만 내 말을 귀담아 듣고 나를 보내신 분을 믿는 사람은 단죄를 받지 않고, 오히려 죽음에서 생명으로 건너가오. 그것은 하느님을 믿고 내 말을 받는다는 것은 죽지 않는 생명을 자신 안에 받는다는 것을 뜻하기 때문이오. 죽은 사람들이 하느님의 아들의 목소리를 들을 시간, 그리고 마음 속에 생명을 주는 그 목소리가 울리는 것을 들은 사람은 살게 될 시간이 오고 있소. 아니 많은 사람에게는 그 시간이 벌써 와 있기도 하오. 율법교사 양반, 무슨 말을 하겠소?"

 "나는 죽은 사람들은 이제 아무 것도 듣지 못하게 되었고, 그러니까 당신은 머리가 돈 사람이라고 말하겠소."

 "하늘은 당신이 말하는 것과 같지 않다는 것과 당신의 지식은 하느님의 지식과 비교하면 아무것도 아니라는 것을 당신에게 설득할 것이오. 당신들은 초자연적인 것을 너무도 인간화해서 이제는 단어(單語)들에 직접적이고 현세적인 의미밖에 주지 않게 되었소. 당신들은 하가다(Haggada)를 틀에 박힌 말투로, 즉 당신들의 말투로 가르치고 그 진실한 비유를 이해하려고 노력하지 않소. 그래서 이제는 영을 제압하는 인간성에 눌려서 기진맥진해진 당신들의 영혼으로 당신들이 가르치는 것조차도 믿지 않게 되었소. 그리고 이것이야말로 당신들이 이제는 은밀한 세력과 싸우지 못하게 된 이유요.

 내가 말하는 죽음은 육체의 죽음이 아니라 영의 죽음이오. 그들의 귀로 내 말을 듣고, 그것을 마음 속에 받아들이고, 그것을 실천에 옮기는 사람들이 올 것이오. 그 사람들은 비록 영으로 죽었다 하더라도 생명을 도로 얻을 것이오, 내 말은 퍼지는 생명이기 때문이오. 그리고 나는 내가 주고자 하는 사람에게 생명을 줄 수 있소. 그것은 내가 내 안에 완전한 생명을 가지고 있기 때문이고, 아버지께서 당신 안에 완전한 생명을 가지고 계신 것과 같이 아들도 자기 자신 안에 완전하고, 꽉 차고, 영원하고, 한없고, 전해줄 수 있는 생명을 가지고 있기 때문이오. 그리고 생명과 더불어 아버지께서는 나에게 심판할 권한도 주셨소. 그것은 아버지의 아들이 사람의 아들이고, 그래서 사람을 심판할 수 있고 또 심판해야 하기 때문이오.

그리고 내가 내 말로 행하는 이 첫째 부활, 즉 영적인 부활을 보고 놀라지 마시오. 당신들은 훨씬 더 믿기 힘든, 둔해진 당신들의 영혼으로는 더 믿기 힘든 부활들을 볼 것이오. 나 분명히 말하지만 보이지는 않지만 실제적인 영의 부활보다 더 중요한 것은 아무것도 없기 때문이오. 멀지 않아 하느님의 아들의 목소리가 무덤 속으로 스며들어가 그곳에 있는 모든 이가 그것을 들을 날이 올 것이오. 그리고 선을 행한 사람들은 무덤에서 나와 영원한 생명의 부활로 갈 것이고, 악을 행한 사람들은 영원한 유죄선고의 부활로 갈 것이오.

나는 이것을 나 자신의 뜻으로, 오직 내 뜻만으로 행한다고 또 행하겠다 말하지 않고, 내 뜻과 일치한 아버지의 뜻으로 한다고 말하오. 나는 내가 듣는데 따라서 말하고 판단하는데, 나는 내 뜻을 찾지 않고 나를 보내신 분의 뜻을 찾기 때문에 내 판단은 옳소.

나는 아버지에게서 떨어져 있지 않소. 나는 아버지 안에 있고, 아버지께서도 내 안에 계시오. 그래서 나는 아버지의 생각을 알고, 그것을 말과 행위로 나타내오.

내가 나 자신에게 유리하게 증언하기 위해 말하는 것이 나를 당신 모두와 같은 사람으로밖에는 보려고 하지 않는 당신들의 불신하는 정신으로서는 받아들일 만한 것이 되지 못하오. 그러나 내게 유리한 증언을 하는 다른 사람이 하나 있소. 그런데 당신들은 그 사람을 큰 예언자로 존경한다고 말하고 있소. 나는 그의 증언이 참되다는 것을 아오. 그러나 그를 존경한다고 말하는 당신들은 그의 증언이 내게 적대적인 당신들의 생각과 다르기 때문에 그것을 받아들이지 않소. 당신들은 의로운 사람, 이스라엘의 마지막 예언자의 증언을 받아들이지 않소. 그것은 그 증언이 당신들의 마음에 들지 않을 때에는 그가 사람에 지나지 않고, 따라서 잘못 생각할 수 있다고 당신들이 말하기 때문이오.

당신들은 요한이 당신들이 바라는 말, 당신들이 내게 대해서 생각하고 있는 것, 내게 대해서 당신들이 생각하고자 하는 말을 내게 대해서 말하기를 바라면서 그에게 질문을 하라고 사람들을 보냈었소. 그러나 요한은 참된 증언을 했소. 그래서 당신들은 그 증언을 받아들일 수가 없었소. 예언자가 당신들의 마음 은밀한 속에 나자렛의 예수가 하느님의 아들이라고 말하기 때문에, 그런데 당신들은 군중이 무섭기 때문에 예언자가 미쳤다고, 그리고 그리스도도 미쳤다고 말하오. 그러나 나도 사람의 증언은 받지 않소, 그 사람이 이스라엘에서 가장 거룩한 사람일지라도 말이오. 나 분명히 말하겠소. 그는 불을 켜서 빛을 발하는 등불이었소. 그러나 당신들은 그의 빛을 이용하기를 별로 원하지 않았소. 그 빛이 내게 비쳐져서 그리스도의 정체를 당신들에게 알게 하려고 했을 때 당신들은 그 빛을 말로 덮어씌우는 것을 내버려두었고, 벌써 그전에 그 빛으로 주의 그리스도를 보지 않으려고 그 빛과 당신들 사이에 벽을 쌓아 놓았소.

나는 요한의 증언을 고맙게 생각하오, 그리고 아버지께서도 그것을 고맙게 생각하시오. 그래서 요한은 그가 한 증언 때문에 큰 상을 받을 것이고, 그 때문에 하늘에서 빛나기도 할 것이고, 하늘에 있는 모든 사람 가운데에서 첫째가는 태양으로 빛날 것이며, 진리에 충실하고 정의를 갈망한 모든 사람이 빛날 것과 같이 빛날 것이오. 그러나 나는 요한의 증언보다 더 중요한 증언을 가지고 있는데, 그 증언은 내 업적이오. 그것은 아버지께서 내게 하기를 허락하신 행동, 이 업적은 그것을 내가 행하고 그것들을 아버지께서 내게 일체의 권한을 주시면서 나를 보내셨다는 것을 증언하기 때문이오. 따라서 아버지께서 친히 나를 보내셨고, 아버지께서 내게 유리한 증언을 하시오.

당신들은 아버지의 목소리를 들은 적이 없고 그분의 얼굴을 뵌 적도 없소, 그러나 나는 아버지를 뵀고 지금도 뵙고 있고, 그분의 목소리를 들었고 지금도 듣고 있소. 당신들은 아버지께서 보내신 사람을 믿지 않기 때문에 당신들 안에 머무르는 그분의 말씀을 가지고 있지 않소.

당신들은 성경을 앎으로써 영원한 생명을 얻는다고 믿기 때문에 성경을 공부하오. 그런데 당신들은 바로 성경이 내게 대해서 말하고 있다는것을 알아차리지 못하시오? 그러면 왜 계속해서 내게로 와서 생명을 얻으려고 하지 않소? 내가 그것을 말하겠소. 그것은 어떤 것이 만성이 된 당신들의 생각과 반대되면 당신들은 그것을 배척하기 때문이오. 당신들은 겸손을 가지고 있지 않소. 당신들은 이렇게 말하지를 못하오. '이 사람, 또는 이 책은 진실을 말하는데, 나는 잘못 생각하고 있다' 하고. 당신들은 요한에 대해서 이렇게 했고, 성경에 대해서도, 또 당신들에게 말하는 말씀에 대해서도 그렇게 했소. 당신들은 교만에 사로잡혔고, 또 당신들의 목소리에 얼이 빠졌기 때문에 볼 수도 없고 이해할 수도 없게 되었소.

당신들은 내가 당신들에게 찬미를 받기를 원하기 때문에 이렇게 말하는 줄로 생각하시오? 그렇지 않소, 나는 사람들에게서 오는 영광을 찾지도 않고 받아들이지도 않는다는 것을 아시오? 내가 찾고 또 원하는 것은 당신들의 영원한 구원이오. 이것이 내가 찾는 영광이오. 내가 구원된 사람들을 차지하지 않으면 있을 수가 없는 구세주로서의 내 영광, 내가 구원하는 사람들의 수와 더불어 늘어나는 내 영광, 내가 구원한 영들과 지극히 순수한 영이신 아버지에 의해서 내게 주어지기로 된 구세주로서의 내 영광이오. 그러나 당신들은 구원을 받지 못할 것이오. 나는 당신들의 정체를 아오. 당신들은 당신들 안에 하느님께 대한 사랑을 가지고 있지 않소, 당신들은 사랑이 없소. 그렇기 때문에 당신들은 당신들에게 말하는 사람에게로 오지 않고, 사랑의 나라에 들어가지 못할 것이오. 거기서는 당신들이 알려지지 않은 사람들이오. 아버지 안에 있는 나를 당신들이 알지 못하기 때문에 아버지께서도 당신들을 알지 못하시오. 당신들은 나를 알고자 하지 않고 있소.

나는 아버지의 이름으로 왔는데, 당신들은 나를 받아들이지 않소, 그러면서 당신들은 제 스스로 오는 아무라도 당신들의 마음에 드는 말을 하기만 하면 받아들일 기분을 가지고 있소. 당신들은 스스로 믿음의 사람들이라고 말하오? 아니오, 당신들은 믿음의 사람들이 아니오. 서로 영광을 구걸하고 오직 하느님에게서만 오는 하늘의 영광은 찾지 않는 당신들이 어떻게 믿을 수가 있소? 진리인 영광은 이 세상에만 집착하는 이해 관계, 타락한 아담의 후손들로 이루어진 악습에 젖은 인류를 어루만지기만 하는 이해관계에는 만족하지 않소.

나는 아버지께 가서 당신들을 비난하지 않겠소. 그렇게 생각하지 마시오. 당신들을 비난하는 사람이 벌써 있소. 당신들이 기대를 걸고 있는 저 모세가 그 사람이오. 모세는 당신들이 나를 믿지 않기 때문에 자기를 믿지 않는다고 당신들을 책망할 것이오. 그것은 모세가 내게 대한 말을 썼는데, 그가 내게 대해서 써 남긴 것에 따라서 나를 인정하지 않기 때문이오. 당신들은 그를 걸고 맹세를 하는 위대한 사람인 모세의 말을 믿지 않소. 그러니 내 말을, 즉 당신들이 믿지 않는 사람의 아들의 말을 어떻게 믿을 수 있겠소? 인간적으로 말하면 이것은 논리적이오. 그러나 여기서는 우리가 영의 문제를 다루고 있고, 당신들의 영혼이 여기에 관련이 되어 있소. 하느님께서는 당신들의 영혼을 내 행동에 비추어 살펴보시고, 당신들이 하는 행동들을 내가 가르치러 온 것과 대조하시오. 그리고 하느님께서 당신들을 심판하시오.

나는 이제 가오. 당신들은 오랫동안 나를 만나지 못할 것이오. 그리고 이것이 당신들에게는 승리가 아니라 벌이라고 생각하시오. 가자."

그리고 예수께서는 군중을 가르고 나아가신다. 군중은 더러는 말이 없고 더러는 옳다고 속삭인다. 그들의 함성은 바리사이파 사람들이 무서워서 속삭임이 된다. 예수께서는 떠나 가신다.

88. 베다니아에서, "선생님, 마리아가 마르타를 불렀습니다"

예수께서 열성당원을 데리시고 아름다운 여름날 아침 라자로의 정원에 이르신다. 새벽이 아직 끝나지 않았다. 그래서 모든 것이 신선하고 아름답다.

선생님을 맞이하러 달려온 정원사는 울타리 뒤로 사라지는 흰 옷자락을 가리키면서 말한다. "라자로는 읽으려 하는 두루마리들을 가지고 쟈스민 정자로 갑니다. 제가 가서 부르겠습니다."

"아니오. 내가 혼자 가겠소."

그리고 예수께서는 꽃이 만발한 울타리 옆으로 나 있는 오솔길을 따라 빨리 걸으신다. 울타리를 따라 나 있는 잔디로 인하여 발소리가 작아진다. 그래서 예수께서는 라자로 앞에 갑자스레 나타나시기 위하여 정확하게 잔디 위를 걸으려고 애쓰신다.

예수께서는 라자로가 두루마리들을 대리석 탁자에 놓고 큰 소리로 기도하는 것을 불시에 나타나 발견하신다. "주님, 저를 실망시키지 마십시오. 제 마음 속에 생겨난 이 조그만 바람을 당신이 크게 해 주십시오. 제가 눈물로 당신께 만 번 수십만 번 청한 것을 주십시오. 제 목숨을 대신 받으시고 그것을 주십시오. 제게 이 평화를 약속하신 당신의 예수의 이름으로 그것을 주십시오. 예수님이 거짓말을 하실 수 있습니까? 그분의 약속이 빈 말이었다고 생각해야 하겠습니까? 예수님의 능력이 제 누이동생이라는 죄의 심연보다 못하다고 생각해야 하겠습니까? 주님, 당신께 대한 사랑으로 체념하게 그것을 말씀해 주십시오…."

"응, 내가 말해 주겠소" 하고 예수께서 말씀하신다.

라자로는 홱 돌아서며 외친다. "오! 주님! 그런데 언제 오셨습니까?" 그러면서 예수의 옷에 입맞춤하려고 몸을 구부린다.

"몇 분 되었소."

"혼자서요?"

"열성당원 시몬과 같이 왔소. 그러나 당신이 있는 이곳에는 나 혼자 왔소. 나는 당신이 중대한 말을 내게 해야 한다는 것을 알고 있소. 그러니 말하시오."

"아니올시다. 그전에 제가 하느님께 여쭈어본 데 대한 대답을 해 주십시오. 선생님의 대답을 듣고서 그 말씀을 드리겠습니다."

"그것을 내게 말하시오. 말해요, 그 중대한 말을 해요. 그 말을 해도 되오…." 그러면서 예수께서는 그렇게 하라고 권하시느라고 팔을 벌리며 미소지으신다.

"지극히 높으신 하느님! 아니 그게 사실입니까? 그러면 선생님께서는 그것이 사실이라는 것을 아시는군요?!" 그러면서 라자로는 예수께 그의 중대한 일을 털어놓으려고 그분의 품으로 숨어 들어간다.

"마리아가 마르타를 막달라로 불렀습니다. 그래서 마르타가 무슨 큰 불행이 있지 않나 하고 염려해서 불안한 마음으로 떠나갔습니다.…그리고 저는 같은 두려움을 가지고 여기 남아 있습니다. 그러나 마르타는 같이 데리고 간 하인을 시켜서 편지를 제게 보내 왔습니다. 제게 희망을 가득 안겨 준 편지였습니다. 보십시오, 저는 이 편지를 여기 품에 간직하고 있습니다. 이 편지가 제게는 어떤 보물보다도 더 귀중하기 때문에 여기에 간직합니다. 편지는 몇 마디에 지나지 않습니다. 그러나 저는 이 몇 마디 말이 분명히 씌어졌다는 것을 확신하기 위해서 가끔 읽습니다. 보십시오…." 그러면서 라자로는 그의 옷에서 보랏빛 리본으로 맨 작은 두루마리를 꺼내서 편다. "보십시오. 읽으십시오, 큰 소리로 읽으십시오. 선생님께서 읽으시면, 제게는 이 일이 더 확실한 것으로 생각될 것입니다."

"라자로 오빠. 오빠에게 평화와 축복이 있기를 빌어요. 저는 빨리 무사히 도착했어요. 그리고 마리아가, 우리 마리아가 건강하게 있는 것을 보았기 때문에 제 가슴은 새로운 불행에 대한 염려로 두근거리지 않게 되었어요. 그리고… 이 말을 오빠에게 해야 할까요? 마리아는 이전보다 덜 불안해 해요. 마리아는 제 가슴에 안겨서 울었어요, 끝없는 눈물을 흘렸어요. …그리고 밤에는 저를 데리고 간 방에서 선생님께 대한 말을 아주 많이 물었어요. 지금 당장은 그 이상 아무것도 없어요. 그렇지만 마리아의 얼굴을 보고 그애의 말을 듣는 저는 마음 속에 바람이 생겼다는 말을 하겠어요. 오빠, 기도하세요.

희망을 가지세요. 오! 이게 사실이라면! 마리아가 유혹에 대해서 보호를 받기 위해서 그러는 것처럼 제가 곁에 있어 주기를 바란다는 것을, 그리고 배우기를 원한다는 것을 알아차리기 때문에 아직 여기 머물러 있겠어요. …무엇을 배우려고 하느냐구요? 우리가 이미 아는 것이지요. 예수님의 무한한 인자요. 나는 베다니아에 왔던 그 여자에 대한 말을 마리아에게 했어요.… 저는 마리아가 생각하고, 생각하고, 또 생각하는 것을 보아요. … 우리에게는 예수님이 필요해요. 기도하세요. 희망을 가지세요. 주님께서 오빠와 함께 계시기를." 예수께서는 두루마리를 다시 감아서 도로 주신다.

"선생님…"

"내가 그리 가겠소. 마르타에게 지금부터 넉넉잡고 보름 후에 가파르나움으로 나를 마중나오라고 기별할 수 있소?"

"예, 그렇게 할 수 있습니다. 주님. 그럼 저는요?"

"당신은 여기 남아 있으시오. 마르타를 이리 보내겠소."

"왜요?"

"그것은 구함을 받은 사람들은 심한 수치심을 가지고 있어서 아버지나 형의 눈보다 더 깊은 인상을 주는 것이 없기 때문이오. 나도 당신에게 '기도하고, 기도하고, 또 기도하시오' 하고 말하겠소."

라자로는 예수의 가슴에 안겨서 운다. … 그러다가 침착해져서 자기의 불안과 낙망에 대하여 또 말한다. "제가 바라고… 실망을 하고 하는 것이 거의 일년이나 됩니다.… 부활의 시간이 왜 이다지도 깁니까!…" 하고 부르짖는다. 예수께서는 그가 말하고, 말하고, 또 말하게 내버려두신다. … 마침내 라자로가 손님 대접의 의무를 게을리 한다는 것을 깨닫고 예수를 집으로 모시고 가려고 일어선다. 집에 이르기 위하여 두 분은 꽃이 만발한 쟈스민이 우거진 울타리 곁으로 지나가는데 별모양으로 된 꽃부리 위에서는 금빛깔의 벌들이 윙윙거린다.

"오! 참, 선생님께 말씀드리는 것을 잊었습니다. 선생님께서 보내 주신 할아버지가 아브라함의 품으로 돌아갔습니다. 벌통들 가까이서 잠이 든 것같이 이 울타리에 머리를 대고 앉아 있는 것을 막시민이 발견했다고 합니다. 할아버지는 벌통들을 금빛나는 아이들이 가득한 집들 모양으로 보살폈었습니다. 사실 할아버지는 벌들을 금빛 아이들이라고 불렀습니다. 할아버지는 벌들의 말을 알아듣는 것 같았고, 벌들도 할아버지의 말을 알아듣는 것 같았습니다. 그리고 막시민이 할아버지를 발견했을 때 착한 양심의 평화 속에 잠든 할아버지의 위에는 금빛나는 작은 몸들로 된 값진 베일이 덮여 있었다고 합니다. 벌들이 모두 친구의 몸에 내려앉았던 것입니다. 하인들은 벌들을 할아버지에게서 떼어내느라고 고생을 했습니다. 할아버지는 너무 착했기 때문에 꿀맛을 가지고 있었는지도 모를 일입니다. … 할아버지가 하도 정직하기 때문에 벌들에게는 할아버지가 어쩌면 병균에 오염되지 않은 꽃부리 같았는지도 모릅니다. … 저는 할아버지의 죽음을 슬퍼했습니다. 제 집에 더 오랫동안 있게 하기를 원했었는데요. 그분은 의인이었습니다….”

"그의 죽음을 슬퍼하지 마시오. 그는 지금 평화 속에 있소, 그리고 평화가 있는 곳에서 그의 만년의 고통을 덜어 준 당신을 위해 기도하고 있소. 어디에 묻혔소?”

"과수원 안쪽, 역시 벌통들 있는 근처입니다. 인도해 드릴 테니 오십시오….”

그리고 두 분은 밀랍 빛깔의 월계수의 작은 숲으로 해서 부지런한 벌들의 윙윙거리는 소리가 들려오는 벌통들이 있는 쪽으로 간다….

7월 23일 아침 여덟시.

매우 창백한 유다가 성모님과 다른 여자제자들, 즉 두 마리아와 요안나와 엘리사와 같이 마차에서 내린다….

…그런데 오늘 아침 집안이 소란해서 내가 보고 있는 동안에 글을 쓸 수가 없었다. 그래서 18시가 된 지금은 내가 알아들을 것과 들은 것밖에 쓸 수가 없다. 회복기에 있는 유다가 그를 간호해 주신 성모님과 요안나와 같이 게쎄마니에 계신 예수께로 돌아왔다. 요안나는 여자들과 회복기에 있는 병자가 마차로 갈릴래아에 돌아가도록 하라고 간청한다. 예수께서 의견을 같이 하신다. 그리고 아이도 여자들과 같이 마차에 오르게 하신다. 반대로 요안나와 엘리사는 며칠 동안 예루살렘에 머물다가 엘리사는 벳수르로, 요안나는 베델로 돌아가기로 한다. 엘리사가 "이제는 제 생활의 목적을 다시 찾았기 때문에 그리로 돌아갈 용기가 있습니다. 제 친구들이 선생님을 사랑하도록 하겠습니다” 하고 말하던 것이 기억난다. 그리고 요안나가 이렇게 덧붙인 것도 생각난다. "그리고 저는 쿠자가 거기 있게 내버려두는 동안은 제 땅에서 그렇게 하겠습니다. 선생님을 따라다녔으면 더 좋겠지만, 그렇게 하는 것도 역시 선생님을 섬기는

일일 것입니다."

  또 유다가 병이 가장 심하던 때에도 "선생님의 어머니께서 제게 다정스럽고 상냥한 진짜 어머니"였기 때문에 어머니를 그리워 하지 않았고, "생전 이 일을 잊지 않겠습니다" 하고 말한 것도 기억난다. 나머지는 (말에 한해서) 흐릿하다. 그래서 거기 대한 말은 하지 않는다. 그 말은 내가 하는 것이지 환상에서 본 사람들이 말하는 것이 아니겠기 때문이다.

89. 마륵지암이 베드로의 아내 폴피레아에게 맡겨진다

예수께서 사도들과 같이 갈릴래아 호수 위에 계시다. 모든 사도가 거기에 있다. 그것은 유다도 병이 완전히 나아서 고통과 그가 받은 간호로 인하여 더 온순한 얼굴로 그들과 같이 있기 때문이다. 마륵지암도 거기에 있는데, 생전 처음으로 물 위에 있기 때문에 약간 흥분해 있다. 그는 그것을 나타내려고 하지는 않는다. 그러나 배가 조금 심하게 앞뒤로 흔들릴 때마다 한 팔로는 애처롭게 매애매애 하고 울면서 그와 마찬가지로 무서워하는 양의 목을 꼭 껴안고, 다른 팔로는 그의 손이 미치는 돛대나 걸상이나 노를 닥치는 대로 붙잡는다. 또는 베드로나 안드레아의 다리나 조작을 하면서 지나가는 소년 선원들의 다리를 붙잡으면서 이제 죽나 보다고 생각하며 눈을 감는다.

베드로는 그의 뺨을 톡톡 치면서 가끔 이렇게 말한다. "야! 너 무섭지 않니? 제자는 절대로 무서워해서는 안 돼…" 하고. 그러면 어린 아이는 머리로 아니라는 표시를 한다. 그러나 바람이 점점 더 세게 불고, 요르단강 어귀에 가까워짐에 따라 물이 점점 심하게 파도치자 몸이 더 뻣뻣해지고 눈을 더 자주 감는다. 그리고 파도가 배의 옆구리를 치는 바람에 배가 갑자기 요동하자 겁에 질려 소리를 지른다.

그러자 누군가가 웃으면서 난관을 당해서 침착성을 잃는 아들을 두었다고 농담하면서 놀리고, 또 육지와 바다로 두루 다니면서 예수를 전하겠다고 늘 말하면서 호수 위를 몇 백 미터쯤 가는 것을 무서워한다고 마륵지암을 놀린다. 그러나 마륵지암은 이렇게 말하면서 자신을 변호한다. "누구나 모르는 건 무서워해요. 나는 물을 무서워하고, 유다는 죽음을 무서워하고…."

나는 유다가 죽는 것을 매우 두려워하였다는 것을 알겠다. 그리고 이 비판에 반응을 보이지 않고 오히려 이렇게 말하는 것이 이상하게 생각된다.

"네 말이 옳다. 사람들은 알지 못하는 것은 무서워한다. 그러나 이제는 도착하게 되었다. 몇 백미터만 가면 베싸이다이고, 거기서 너는 분명히 사랑을 만나게 된다. 나도 아버지의 집에서 얼마 떨어져 있지 않고, 거기서 사랑을 확실히 만날 수 있었으면 좋겠다!" 그는 이 말을 지치고 서글픈 태도로 한다.

"자넨 하느님을 믿지 않나?" 하고 안드레아가 놀라서 묻는다.

"아니야, 나를 믿지 않는 거야. 내가 요새 여러 날 앓는 동안에 그 많은 깨끗하고 착한 여자들의 보살핌을 받으면서 마음 속으로 내가 몹시도 하찮은 인간이로구나 하는 것을 느꼈어! 나는 얼마나 곰곰히 생각했는지 몰라! 나는 이렇게 생각했어. '저 여자들이 점점 더 착하게 되어서 하늘을 얻으려고 힘쓰니, 나는 무엇이든지 다해야 하지 않겠는가?' 하고 말이야. 그 여자들이 내가 보기에는 벌써 모두 성녀들 같은데, 아직도 자기들이 죄녀들이라고 느끼고 있으니까 말이야. 그런데 나는? … 선생님, 제가 언젠가는 그런 경지에 이를 수 있겠습니까?"

"착한 뜻을 가지고 있으면 무엇이든지 할 수 있다."

"그러나 제 의지는 매우 불완전합니다."

"하느님의 도우심이 네 의지에 부족한 것을 주어서 완전한 것이 되게 한다. 지금의 네 겸손은 병에서 온 것이다. 그러므로 너는 하느님께서 괴로운 작은 사건을 통해서 네가 가지지 못했던 것을 마련해 주셨다."

"사실입니다. 선생님. 그러나 저 여자들! 얼마나 완전한 제자들인지 모릅니다! 선생님의 어머니에 대해서 말하는 것이 아닙니다. 선생님의 어머니에 대해서는 저희들이 그걸 압니다. 저는 다른 여자들을 말하는 것입니다. 아이고! 정말이지, 그 여자들은 저희들을 앞질렀습니다. 제가 그 여자들의 장차 해야 할 임무에 있어서 첫번째 시련 중의 하나였습니다. 선생님, 이건 정말입니다. 선생님은 그 여자 제자들을 안심하고 신뢰하실 수 있습니다. 엘리사와 제가 그 여자들의 간호를 받았는데, 엘리사는 새로워진 영혼으로 벳수르에 돌아갔고, 저는… 저는 그 여자들이 제 영혼에 영향을 끼친 지금 그것을 다시 만들기를 바랍니다…." 아직 몸이 약한 유다가 운다. 그의 곁에 앉아 계신 예수께서는 그의 머리에 손을 얹으시면서 다른 사람들에게 말을 하지 말라는 눈짓을 하신다.

그러나 베드로와 안드레아는 배를 가까이 갖다 대는 마지막 조작에 매우 골몰해 있어서 말을 하지 않고, 열성당원과 마태오와 필립보와 마륵지암은 틀림없이 말을 해보려고 하지 않았을 것이다. 마륵지암은 도착한다는 불안에 정신이 팔려서 그리고, 다른 사람들은 타고난 조심성으로 그런다.

배는 요르단강의 흐름을 따라가다가 얼마 후에 호숫가에 멎는다. 사환들은 내려서 배를 밧줄로 돌에 매서 고정시키고 선교(船橋) 노릇을 할 널빤지를 걸어놓는다. 베드로는 긴 옷을 입고 안드레아도 그렇게 한다. 둘째 배도 같은 조작을 하고, 다른 사도들도 배에서 내린다. 예수와 유다도 내려오고, 그동안 베드로는 아이에게 그의 작은 옷을 입히고, 아내에게 떳떳이 내놓을 만하게 하려고 옷을 가다듬어 준다.

이제 모두 뭍에 내렸고, 양들도 내렸다.

"자 이젠 갑시다" 하고 베드로가 말한다. 그는 정말 흥분해 있다. 그는 애의 손을 붙잡는다. 아이도 양들을 잊어버릴 정도로 흥분하였다. 양들은 요한이 보살핀다. 아이는 갑자기 무서운 생각이 들어서 묻는다. "그렇지만 아주머니가 나를 받아들이고 싶어 할까요? 나를 정말 사랑할까요?" 베드로는 그를 안심시킨다. 그러나 두려움은 아마 전염되는 모양이어서 예수께 이렇게 말한다. "선생님이 폴피레아에게 그 말을 하십시오. 저는 말을 제대로 하지 못할까 봐 겁이 납니다." 예수께서 빙그레 웃으신다. 그러나 그 일을 떠맡겠다고 약속하신다.

일행은 사장(砂場)을 따라 가서 이내 집에 닿았다. 열린 문으로는 폴피레아가 집안 일에 골몰하고 있는 것이 보인다.

"너에게 평화가 있기를!" 하고 예수께서 여인이 식기를 정리하고 있는 부엌문으로 다가서시면서 말씀하신다.

"선생님! 시몬!" 여인은 뛰어 나와 예수의 발 앞에 엎드리고, 다음에는 남편의 발 앞에 엎드린다. 그리고는 몸을 일으키고 아름답지는 않아도 상냥한 얼굴을 붉히면서 말한다. "제가 기다린 것이 퍽이나 오래 되었습니다! 모두들 건강하십니까? 오세요! 오세요! 피곤들 하시지요…."

"아니야. 우리는 나자렛에 며칠 동안 머물렀다가 오는 길이야. 그리고 가나에서도 머물렀었고. 티베리아에서는 배들이 있었지. 그러니까 우리가 피곤하지 않다는 것을 알겠지. 우리는 어린 아이를 하나 데리고 왔고, 유다는 병으로 인해 몸이 약해졌다."

"어린 아이라구요? 이렇게 어린 제자를?"

"이 아이는 우리가 길을 가는 중에 거두어 준 고아야."

"아이고! 귀여운 것! 이리 오너라. 입맞춤하게!"

계속 겁을 집어먹고 예수 뒤에 반쯤 숨어 있던 아이는 여인이 붙잡게 가만히 있다. 여인은 아이 키에 맞추려는 것처럼 무릎을 꿇었고, 아이는 솔직하게 입맞춤을 받는다.

"그런데 이제 이렇게 어린 아이를 늘 데리고 다니실 겁니까? 몸이 고달플 텐데요…." 여인은 몹시 측은해 한다. 여인은 아이를 꼭 껴안고 뺨을 어린 아이의 뺨에 댄 채로 있다.

"사실은 내가 다른 생각을 가지고 있었다. 우리가 갈릴래아 호수에서 멀러 떠나 갈 때에는 어떤 여자 제자에게 이 아이를 맡기려는 생각을 했었다…."

"주님, 제게는 안 맡기시구요? 저는 아이를 가져본 적은 없지만 조카들은 두었습니다. 그래서 아이들을 보살필 줄을 압니다. 저는 말을 할 줄 모르고, 건강이 썩 좋지는 못해서 주님을 다른 여자 제자들처럼 따라다니지는 못하는 제자입니다. 그리고… 아이고! 주님이 그걸 아시지요! 제가 용기가 없다고까지 말할 수 있겠습니다만, 제가 어떤 집게에 물려 있는지 아시지요. 집게라고 말씀드렸나요? 아닙니다. 저는 반대 방향으로 끌어당기는 동아줄 두 가닥에 매어져 있습니다. 그런데 그 중의 하나를 끊을 만한 용기가 없습니다. 이 아이를 위해 어머니인 제자가 되어서 주님을 섬기는 것만이라도 허락해 주십시오. 다른 사람들이 많은 사람에게 가르치는 것을 저는 이 아이에게 가르치겠습니다. …주님을 사랑하는 것을 말입니다…."

예수께서는 폴피레아의 머리에 손을 얹고 미소지으시며 말씀하신다. "여기서 이 아이가 어머니와 아버지를 만나겠기에 이 아이를 이리 데려왔다. 자, 가정을 만들자." 예수께서는 마륵지암의 손을 베드로와 폴피레아의 손에 쥐어 주신다. 베드로의 눈에는 눈물이 반짝인다. "그리고 이 죄없는 어린 것을 거룩하게 키워라."

이미 이 일을 알고 있던 베드로는 손등으로 눈물을 닦는다. 그러나 이런 일을 예상하지 못하였던 그의 아내는 한동안 너무 놀라 말을 못하다가 다시 무릎을 꿇고 말한다. "오! 주님, 주님은 제 남편을 빼앗아 가셔서 말하자면 저를 과부를 만드셨습니다. 그러나 지금은 제게 아들을 하나 주시는군요.… 그러니까 주님은 제 인생에 모든 장미꽃을 돌려주시는 셈입니다. 제게서 빼앗아 가신 장미꽃들뿐 아니라, 제가 가져본 일도 없는 장미꽃들을요. 주님은 찬미받으십시오! 이 어린 것은 제 배에서 나온 것보다도 더 제게 소중한 자식이 될 것입니다. 이 애가 주님에게서 오기 때문에요." 그러면서 여인은 예수의 옷에 입맞춤하고 아이에게도 입맞춤하고 나서 가슴에 껴안는다.… 폴 피레아는 행복하다.

"심정을 털어놓게 내버려두자" 하고 예수께서 말씀하신다. "시몬아, 너도 남아 있거라. 우리는 시내에 가서 전도를 하겠다. 오늘 저녁 늦게 와서 네게 음식과 잠자리를 청하겠다."

그러시며 예수께서는 세 사람을 귀찮게 하지 않고 조용히 내버려두시고 사도들과 같이 나가신다….

요한이 말한다. "주님, 시몬이 오늘은 행복하군요!"

"너도 아이를 하나 가지고 싶으냐?"

"아닙니다. 저는 그저 날개 한쌍이 있어서 하늘 나라의 문까지 올라가서 빛의 말을 배워 와서 그것을 사람들에게 다시 말하고 싶습니다" 하고 말하면서 빙그레 웃는다.

그들은 양들을 정원 안쪽 그물넣어 두는 오두막집 근처에 매놓고 나뭇잎과 풀과 우물물을 갖다 주고 시내 중심지를 향하여 나간다.

90. 예수께서 베싸이다에서 말씀하신다

예수께서 필립보의 집에서 말씀하신다. 앞에는 많은 사람이 모여 있고, 예수께서는 양쪽의 낮은 층계로 올라가게 되어 있는 문지방에 서 계시다.

양 세 마리라는 작은 재산을 가지고 한 가정의 큰 재산을 얻으려고 온 어린 아이를 베드로가 양자를 삼았다는 소문이 옷감에 기름 얼룩이 번져나가듯이 퍼져 나갔다. 모두가 그 이야기를 하고 논평을 하면서 속삭이는데, 그 논평은 서로 다른 정신상태와 일치한다. 시몬과 폴피레아의 진정한 친구인 한 사람은 그들의 기쁨을 같이 나눈다. 악의를 가진 어떤 사람은 "그 아이를 받아들이게 하기 위해서는 그 아이에게 지참금을 마련해 주어야 했단 말이야" 하고 말한다. 선량한 어떤 사람은 "예수님이 사랑하시는 그 꼬마를 우리도 모두 사랑하세" 하고 말한다. 또 어떤 사람은 심술궂게 이렇게 말한다. "시몬의 후한 인심? 아 그렇구말구! 그에겐 그게 이익이 될 거야, 그렇지 않으면…."

탐욕이 있는 어떤 사람들은 이렇게 말한다. "나도 양들을 데리고 있는 아이가 있었으면 그렇게 했을 거야. 생각해 보라구, 양이 세 마리라구!? 조그마한 양떼야. 그리고 아름다운 양들이란 말이야! 양털과 양젖은 걱정없게 됐구, 그리구 어린 양들을 팔아두 되구 길러두 되구 말이야! 그건 한 재산이야! 그리구 아이두 쓸모있을 수도 있고, 일을 할 수도 있거든…."

어떤 사람들은 목소리를 높인다. "아이고! 창피해! 착한 행동을 하면서 대가를 바라다니? 시몬이 그런 생각은 분명히 하지 않았어. 고기잡이를 해서 모은 작은 재산을 가지고 그가 항상 가난한 사람들과 특히 아이들에 대해서 너그러운 것을 우리는 보아왔단 말이야. 그가 이제는 고기잡이로 벌이를 못하게 됐고, 그 가족에 식구가 한 사람 더 늘어난 지금 다른 모양으로 이득을 좀 보는 것은 당연한 일이야."

각자가 그의 본 마음에서 그가 가진 좋은 점이나 나쁜 점을 꺼내서 그것을 말로 나타내며 논평을 하는 동안 예수께서는 당신을 찾아온 가파르나움의 어떤 사람과 말씀을 하신다. 그 사람은 회당장의 딸이 죽어가고, 또 며칠 전부터 하녀를 데리고 있는 어떤 부인이 예수님을 찾고 있으니까 급히 와 주십사고 말씀드리러 온 것이었다. 예수께서는 다음날 아침에 가시겠다고 약속하신다. 이 때문에 예수를 여러 날 모시고 싶어 하던 베싸이다 사람들이 몹시 슬퍼한다.

"여러분에게는 다른 사람들에게보다 내가 덜 필요합니다. 나를 가게 내버려 두시오. 뿐만 아니라 이제 여름이 계속 되는 동안은 내가 갈릴래아에 머무르겠고 가파르나움에 자주 있을 것입니다. 우리가 쉽게 서로 만날 수 있습니다. 저기에는 몹시 불안해 하는 한 아버지와 한 어머니가 있습니다. 그들을 돕는 것이 자비입니다. 여러분은 고아에 대한 베드로의 친절을 칭찬합니다. 여러분 중에 착한 분들이 말입니다. 그러나 착한 사람들의 판단만이 가치가 있습니다. 착하지 않은 사람들에 대해서는 항상 독과 거짓말이 스며 있는 그들의 판단을 듣지 말아야 합니다. 그러면 착한 사람들인 여러분은 한 아버지와 한 어머니를 구해주러 가는 내 친절도 칭찬해야 합니다. 여러분의 칭찬이 보람없게 되지 않도록 조심하고, 오히려 그것이 본받는 쪽으로 여러분을 이끌어가게 하시오.

친절한 행위에서 오는 모든 이익을 성경 여기저기에서 말하고 있습니다. 토비트의 일을 회상해 봅시다. 토비트는 대천사가 그의 아들 토비아를 보호하고 어떻게 아버지의 시력을 회복시킬 수 있는지를 일러주게 할 만한 자격이 있었습니다. 그러나 의인 토비트는 아내의 비난과 그의 생명을 위협하는 위험에도 불구하고 얼마나 많은 자선을 이익을 생각하지 않고 행했었습니까! 그리고 대천사의 말을 기억하시오. '단식과 같이 드리는 기도는 좋은 일이고, 황금을 쌓아 두는 것보다는 자선을 행하는 것이 더 좋은 일입니다. 자선은 사람을 죽음에서 건져 내고, 죄를 깨끗이 없애고, 자비와 영원한 생명을 얻게 합니다. …당신이 눈물을 줄줄 흘리며 기도하고 죽은 사람을 묻어 줄 때… 나는 당신의 기도를 주님께 전해 드렸습니다.'

나 분명히 말합니다만, 나의 시몬은 늙은 토비트의 덕행을 훨씬 앞지를 것입니다. 내가 가고 난 다음 시몬은 여러분의 영혼을 내 생명 안에 보호하는 사람이 되기 위해 여러분과 함께 남아 있을 것입니다. 그래서 장차 내게 충실할 모든 영혼들의 거룩한 아버지가 되기 위해 지금 영혼의 아버지 노릇을 시작하는 것입니다. 그러므로 비방하지 마시오. 오히려 어느 날 둥지에서 떨어진 새같이 여러분이 가는 길에서 고아를 만나거든 그를 거두어 주시오. 고아와 더불어 나눈 한 입거리의 빵이 친아들들의 식탁을 가난하게 만들지는 않습니다. 오히려 반대로 집에 하느님의 축복을 가져옵니다. 하느님께서 고아들의 아버지이시고, 죽음으로 인해서 무너진 둥지를 그들이 다시 짓도록 도와주라고 하느님께서 친히 그들을 여러분 앞에 내놓으시는 것이니까 그렇게 하시오. 그리고 이것이 하느님께서 우리의 입법자인 모세에게 주신 율법의 가르침이니까 그렇게 하시오. 모세는 원수이고 우상숭배를 하는 땅에서 그가 약한 어린 아이였을 때 동정 가득한 마음을 가지고 그에게로 몸을 구부려 물에서 구해냄으로써 죽음에서 구해내고 박해를 면하게 한 사람을 만났습니다. 그것은 하느님께서 그를 언젠가 이스라엘의 해방자가 되도록 정해 놓으셨기 때문이었습니다. 착한 행위의 결과는 소리가 생겨난 지점에서 아주 멀리 퍼져 나가는 음파 같은 것입니다. 혹 여러분이 좋다면 기름진 땅에서 떨어져 나온 씨들을 아주 멀리 옮겨 주는 바람의 흐름과도 같은 것입니다.

  이제는 가보시오. 평화가 여러분과 함께 있기를 바랍니다."

91. 출혈증에 걸린 여자와 야이로의 딸

내가 기진맥진하고 걱정을 하면서 기도하고 있는데, 그러니까 나 자신으로서 이런 것을 생각하기에는 가장 나쁜 조건 중에서 환상이 나타났다. 그러나 육체적·정신적 피로와 근심걱정은 내 예수님이 나타나시자마자 사라졌다. 그래서 글을 쓴다.

예수께서는 호숫가를 따라 나 있는 해가 쨍쨍 내리쬐고 먼지가 많은 길에 계시다. 예수께서는 많은 군중에 둘러싸이셔서 마을을 향하여 가신다. 군중은 분명히 예수를 기다리고 있었던 모양으로 예수께서 지나가실 수 있도록 제자들이 팔을 휘두르고 어깨로 밀고 하여도, 그리고 군중을 좀 비끼게 하려고 소리소리 질러도 예수 주위로 밀려든다.

그러나 예수께서는 이렇게 떼미는데도 태연하시다. 당신을 에워싸고 있는 군중보다 머리 하나는 더 크신 예수께서는 군중이 당신 둘레로 밀려드는데도 부드러운 미소를 띠고 내려다보시며, 인사에 답례하시고, 어른들의 무리를 교묘히 빠져나와 당신께 가까이 오는데 성공한 어떤 어린이를 쓰다듬어 주시고, 만져 달라고 어머니들이 사람들의 머리 위로 들어올리는 어린 아이들의 머리에 손을 얹어 주신다. 예수가 아닌 다른 어떤 사람도 싫증을 낼 그 모든 소란과 끊임없는 혼란 가운데를 천천히 참을성있게 걸어가시면서.

어떤 남자의 목소리가 "비켜요, 비켜" 하고 외친다. 그것은 괴로워하는 목소리인데, 군중이 너무 빽빽해서 그렇게 하기가 매우 힘들기는 하지만 갈라지면서 50세쯤 된 남자를 지나가게 하는 것으로 보아 많은 사람이 세력있는 인물 목소리로 알고 경의를 표하는 것이 틀림없다. 그 사람은 길고 헐렁한 옷을 입었고, 머리에는 흰 머리수건을 감았는데 그 자락들이 얼굴과 목을 따라 늘어져 있다.

그 사람은 예수 앞에 이르러 그 발앞에 엎드려 말한다. "아이고! 선생님, 왜 이렇게 오랫동안 딴 데 가 계셨습니까? 제 어린 딸이 병이 대단히 중합니다. 아무도 그애 병을 고치지 못합니다. 선생님만이 제 희망이시고 아이 어미의 희망이십니다. 선생님, 오십시오. 저는 선생님을 무한히 고민하며 기다렸습니다. 오십시오. 즉시 오세요. 제 외딸이 죽어가고 있습니다…." 그러면서 운다.

예수께서는 눈물을 흘리는 그 사람의 머리에, 흐느낌으로 흔들리는 숙인 머리에 손을 얹으시고 대답하신다. "울지 말고 믿음을 가지세요. 선생의 딸은 죽지 않습니다. 그애 곁으로 갑시다. 일어나십시오! 갑시다!" 예수께서는 이 마지막 두 마디는 명령하는 말투로 말씀하신다. 맨 처음에는 위로자로 말씀하셨으나, 지금은 지배자로 말씀하신다.

그들은 다시 걷기 시작한다. 예수 곁에는 울고 있는 아이 아버지가 있는데, 예수께서는 그의 손을 잡고 가신다. 흐느낌이 더 심해져서 가엾은 사람의 몸이 흔들릴 때에는 예수께서 그를 내려다보시며 손을 꼭 쥐어 주시는 것이 보인다. 예수께서는 다른 일은 아무것도 하지 않으신다. 그러나 한 영혼이 예수께 이런 대접을 받는다는 것을 느낄 때에 얼마나 큰 힘이 그에게로 흘러 들어가겠는가! 전에는 아이 아버지가 있는 자리에 야고보가 있었다. 그러나 예수께서는 가엾은 아버지에게 자리를 양보하게 하셨다. 베드로가 다른 쪽에 있고, 요한이 베드로 곁에 있는데, 요한은 베드로와 함께 군중에 대하여 장벽을 만들려고 애쓴다. 그리고 다른 쪽에서는 울고 있는 아이 아버지 곁에서 야고보와 가리옷 사람이 그렇게 한다. 다른 사도들은 더러는 예수 앞에, 더러는 뒤에 있다. 그러나 사도가 더 많이 있어야 할 것이다! 특히 뒤에 있는 세 사람은, 그 가운데 마태오가 보이는데, 살아 있는 벽을 막을 수가 없다. 그러나 이들이 좀 너무 크게 소리를 지르고, 자칫하면 조심성없는 군중에게 욕을 하려고 할 때에는 예수께서 머리를 돌리시고 조용히 말씀하신다. "내 사람들인 이 약자들을 가만 내버려두어라!…" 하고.

그러나 어떤 순간에는 갑자기 돌아서시며 아이 아버지의 손을 놓으시고 걸음을 멈추신다. 머리만 돌리시는 것이 아니라, 완전히 돌아서신다. 예수께서는 한층 더 키가 커 보이신다. 그것은 왕의 태도를 취하셨기 때문이다. 엄하게 따지는 듯한 얼굴과 눈길로 군중을 유심히 살피신다. 예수의 눈은 섬광을 발하지만 그것은 냉혹을 나타내지 않고 위엄을 나타낸다. "누가 나를 만졌느냐?" 하고 물으신다.

아무도 대답하지 않는다.

"다시 말하지만, 누가 나를 만졌느냐?" 하고 예수께서 재차 물으신다.

"선생님" 하고 제자들이 대답한다. "얼마나 많은 군중이 사방에서 선생님께로 밀려드는지 보지 못하십니까? 저희가 아무리 애를 써도 모두 선생님을 건드립니다."

"누가 기적을 얻으려고 나를 만졌는지 묻는 것이다. 어떤 사람이 믿음을 가지고 기적을 청했기 때문에 기적의 능력이 내게서 나가는 것을 느꼈다. 그 사람이 누구냐?"

예수께서 말씀하시는 동안 그분의 눈은 마흔 살쯤 된 작은 여인을 두세 번 내려다보신다. 매우 초라한 옷을 입고 주름살이 많은 여인인데, 군중 속으로 사라져서 혼잡한 가운데로 몸을 숨기려고 애쓴다. 그 눈이 그 여인을 뜨겁게 하는 모양이어서, 도망할 수 없다는 것을 알아차리고 앞으로 돌아와 얼굴을 거의 먼지에 박고 예수의 발 앞에 엎드리어 손을 앞으로 내민다. 그러나 감히 예수를 만지지는 못한다.

"용서하십시오! 제가 그랬습니다. 저는 병이 있었습니다. 병든 지가 12년이나 됩니다! 모든 사람이 저를 피합니다! 남편은 저를 버렸습니다. 사람들이 저를 명예가 손상된 여자로 보지 않게 하려고, 다른 모든 사람들처럼 살기 위해서 제 재산을 전부 써버렸습니다. 그러나 아무도 제 병을 고치지 못했습니다. 선생님, 아시겠습니까? 저는 나이보다 더 늙었습니다. 제 기운은 고칠 수 없는 이 하혈로 빠져 나갔고, 기운과 더불어 제 평화도 빠져 나갔습니다. 저는 선생님이 친절하시다는 말을 들었습니다. 그 말을 제게 해준 사람은 선생님이 문둥병을 고쳐 주신 사람인데, 오랜 세월을 두고 모든 사람이 그를 피하는 것을 보았기 때문에 제게 불쾌감을 느끼지 않았습니다.

저는 그 말씀을 감히 먼저 드리지 못했습니다. 용서해 주십시오! 저는 선생님을 만지면 병이 나으리라고 생각했습니다. 그러나 저는 선생님을 부정하게 하지는 않았습니다. 저는 선생님의 옷 가장자리를 땅에, 땅의 더러운 것들 위에 끌리는 자리를 그저 살짝 건드렸을 뿐입니다. …저도 먼지입니다. …그러나 저는 병이 나았습니다. 선생님은 찬미받으십시오. 제가 선생님의 옷을 만지는 순간 제 병이 멎었습니다. 저는 다시 다른 모든 여인들과 같이 되었습니다. 제 남편과 아이들과 부모님이 저와 같이 있을 수 있고, 저는 그들을 애무할 수 있게 되었습니다. 저는 집에서 쓸모있는 사람이 될 것입니다. 착한 선생님인 예수님, 고맙습니다. 영원히 찬미받으십시오!"

예수께서는 그 여인을 한없이 인자하게 내려다보신다. 그리고 그에게 미소를 보내시며 말씀하신다. "내 딸이여, 평안히 가시오. 당신의 믿음이 당신을 구했습니다. 완전히 병이 나으시오. 착하고 행복하게 사시오. 가보시오."

예수께서 아직 말씀을 하시는 동안 한 사람이 온다. 하인일 것으로 생각된다. 그는 그동안 줄곧 공손한 태도로 있었으나 마치 잉걸불에 올라앉은 것처럼 괴로운 태도로 있던 아이 아버지에게 말한다. "따님이 죽었으니 선생님을 이 이상 귀찮게 해드려도 소용없습니다. 따님은 숨을 거두었고, 벌써 여인들이 곡을 합니다. 어머니가 이 말을 주인님께 전하라고 하시며 곧 오시라고 부탁하십니다."

가엾은 아버지는 비명을 지른다. 그는 두 손을 이마에 갖다 대고, 한 대 얻어 맞은 것처럼 눈을 짓누르고 몸을 구부리면서 이마를 친다.

예수께서는 여인의 말을 들으시고 그에게 대답하시는데 주의를 기울이고 계시기 때문에 아무것도 보지 못하시고 듣지도 못하실 것 같은데, 오히려 돌아서시면서 가엾은 아버지의 구부린 어깨에 손을 얹으시며 말씀하신다.

"이것 보십시오 '믿음을 가지시오' 하고 내가 말했지요. 다시 되풀이해 말합니다. '믿음을 가지세요'. 염려 마십시오. 따님은 살 것입니다. 그애를 보러 갑시다." 그러시면서 희망이 꺾인 그 사람을 당신께로 꼭 끌어당겨 안으시고 길을 떠나신다. 이 고통과 벌써 뜻밖에 온 은총 앞에서 군중은 겁을 먹고 멈추어 서서 길을 비켜 예수와 제자들을 마음대로 지나가게 하고 나서 항적(航跡)처럼 지나가시는 은총을 따라간다.

그들은 이렇게 백미터 가량, 어쩌면 그 이상 — 나는 계산을 할 줄 모른다 — 걸어가고 점점 더 마을 한가운데로 들어간다. 외관(外觀)이 아름다운 집 앞에 사람들이 모여 있는데 큰 목소리로 사건에 대한 이야기를 하며, 활짝 열린 대문에서 나오는 더 날카로운 부르짖음에 날카로운 부르짖음으로 응답한다. 그것은 고정된 한 음으로 쭉 계속되는 높고 날카로운 부르짖음인데, 단독으로 올라가는 더 날카로운 목소리로 인도되는 것 같았으며, 그 목소리에는 더 약한 한 무더기의 목소리가 응답하고, 그리고는 더 우렁찬 목소리가 일제히 들려왔다. 그것은 건강한 사람도 죽게 할 정도의 소음이다.

예수께서는 제자들에게 출입문 앞에 그대로 있으라고 명령하시고, 베드로와 요한과 야고보를 당신께로 부르신다. 예수께서는 눈물을 흘리고 있는 아이 아버지의 팔을 여전히 꼭 끼신 채 세 제자와 같이 집 안으로 들어가신다.

예수께서는 이렇게 팔을 꼭 끼심으로 당신이 아이 아버지를 행복하게 하려고 거기에 오셨다는 확신을 그에게 불어넣고자 하시는 것 같다. 곡녀(哭女)(나는 아우성치는 여자들이라고 부르고 싶다)들은 가장과 선생님을 보고 더 큰 소리로 부르짖는다. 그 여자들은 손뼉을 치고 긴 북을 두드리고 트라이앵글을 울린다. 그리고 이… 반주에 맞추어서 곡을 한다.

"조용히 하시오" 하고 예수께서 말씀하신다. "울 필요없소. 소녀는 죽지 않고 잠을 자고 있소."

여자들은 소녀가 틀림없이 죽었다는 것을 나타내기 위하여 더 크게 소리를 지르고, 어떤 여자들은 땅에 뒹굴고 자기들 몸을 할퀴고 머리를 쥐어뜯는다(혹은 오히려 하는 체 한다). 악사들과 친구들은 예수의 착각을 보고 머리를 혼든다. 그들은 예수께서 착각하시는 것으로 생각하고 있다. 그러나 예수께서는 "조용하시오!" 하는 말씀을 거듭하시는데, 어떻게나 힘차게 말씀하셨던지 소란이 완전히 멎지는 않았어도 웅성거리는 소리로 변하였고, 예수께서는 앞으로 나아가신다.

예수께서는 작은 방으로 들어가신다. 침대에는 죽은 소녀가 누워 있다. 야위고 창백한 얼굴로 벌써 수의를 입고 누워 있고, 머리는 정성들여 빗겨져 있다. 어머니는 작은 침대 곁 오른쪽에서 울면서 죽은 딸의 밀랍색의 작은 손에 입맞춤한다. 예수께서는… 이 순간에 예수님은 정말 아름다우시다! 이렇게 아름다운 예수를 뵌 적이 별로 없을 정도이다! 예수께서는 열의를 가지고 가까이 가신다. 어떻게나 서둘러 작은 침대 쪽으로 가시는지 날아서 방바닥 위로 미끄러져 가시는 것 같다.

세 사도는 구경꾼들의 면전에서 문을 닫고 문에 기대어 서 있다. 아버지는 침대 발치에 머물러 있다.

예수께서는 침대 왼쪽으로 가셔서 왼손을 내밀어 죽은 소녀의 작은 손을 잡으시니 손은 반응없이 그대로 잡힌다. 나는 똑똑히 보았다. 예수의 왼손이었고 소녀의 왼손이었다. 예수께서는 오른 팔을 드시고 손을 펴서 어깨 높이까지 올리셨다가 맹세를 하거나 명령을 하는 사람처럼 팔을 내리시고 말씀하신다. "소녀야, 내가 네게 명하니 일어나라!"

예수와 죽은 소녀를 빼놓고는 모두가 불안한 상태에 있는 일순간이 지나간다. 사도들은 더 잘 보려고 목을 늘인다. 아버지와 어머니는 서글픈 눈으로 딸을 들여다본다. 한순간. 그러더니 한숨이 죽은 소녀의 가슴을 부풀어

올린다. 엷은 빛깔이 밀랍색 얼굴에 올라와서 죽음의 납빛깔을 사라지게 한다. 마치 소녀가 아름다운 꿈을 꾸는 것과 같이 아직 눈이 떠지기도 전에 창백한 입술에 미소가 나타난다. 예수께서는 여전히 소녀의 손을 잡고 계시다. 소녀는 조용히 눈을 뜨고, 마치 잠에서 깬 것처럼 주위를 휘둘러본다. 소녀는 우선 찬란한 눈으로 저를 똑바로 들여다보시며 그에게 미소를 보내시어 용기를 주시는 예수를 보고, 미소를 예수께 보낸다.

"일어나라" 하고 예수께서 거듭 말씀하신다. 그리고 침대와 곁에 널려 있는 장례식 준비물들(꽃, 보 따위)을 손으로 밀어내시고 소녀를 도와 내려오게 하시고, 여전히 손을 잡고 첫걸음을 떼어놓게 하신다.

"이제는 먹을 것을 주시오" 하고 예수께서 명령하신다. "소녀는 나았습니다. 하느님께서 두 분께 딸을 돌려 주셨습니다. 하느님께 감사하세요, 그리고 지금 일어난 일을 아무에게도 말하지 마시오. 두 분은 딸에게 무슨 일이 일어났는지 아시지요. 두 분은 믿으셨고, 그래서 기적을 받을 자격을 얻었습니다. 다른 사람들은 믿음을 가지지 않았으니 그들을 설득하려고 하는 것은 쓸 데 없는 일입니다. 기적을 부인하는 사람들에게는 하느님께서 나타나지 않으십니다. 소녀야, 너는 착하게 살아라. 안녕! 이 집에 평화가 있기를." 그리고 나오셔서 문을 닫으신다.

그리고는 환상이 끝났다.

나를 특히 기쁘게 한 두 가지 세부사항을 말하고 싶다. 그것은 예수께서 당신을 만진 사람이 누구인지 군중 속에서 찾으신 것과, 특히 죽은 소녀 곁에 서시어 그 소녀의 손을 잡고 일어나라고 명령하시는 것이었다. 평화와 안심이 내 안에 들어왔다. 예수님같이 동정심이 있고 능력이 있는 어떤 사람이 우리를 불쌍히 여기지 않고 우리를 죽게 하는 악을 이기지 못한다는 것은 있을 수 없는 일이다.

예수께서는 지금 당장은 논평을 하지 않으시고, 다른 것에 대하여도 아무 말씀도 하지 않으신다. 예수님은 내가 거의 죽은 것을 보시고, 내가 오늘 저녁 몸이 더 나은 상태가 되는 것이 적절하다고 생각하지 않으신다. 예수님이 원하시는 대로 되기를 바란다. 나는 예수님의 환상을 차지한 것으로 벌써 넉넉히 행복하다.

92. 예수님과 마르타가 가파르나움에

땀과 먼지투성이가 되신 예수께서 베드로와 요한과 같이 가파르나움에 집으로 돌아오신다.

예수께서 겨우 정원에 발을 들여놓으시고 부엌을 향해 가시는데, 집주인이 스스럼없이 예수를 불러서 말한다. "예수님, 제가 베싸이다에서 말씀드린 그 부인이 다시 왔습니다. 예수님을 찾으러 다시 온 것입니다. 기다리라고 말하고 저기 2층 방으로 인도했습니다."

"고맙소, 토마. 곧 가겠소. 다른 사람들이 오면 여기서 기다리게 하시오." 예수께서는 겉옷도 벗지 않으시고 재빠르게 층계를 올라가신다.

층계가 끝나는 옥상에는 마르타의 하녀 마르첼라가 꼼짝 않고 있다. "아이고! 우리 선생님! 제 여주인님이 저 안에 있습니다. 아주 여러날 전부터 선생님을 기다리고 있습니다" 하고 여인은 예수께 경의를 표하기 위하여 무릎을 꿇으면서 말한다.

"그럴 줄 알았다. 곧 보러 가마. 마르첼라, 하느님께서 네게 축복하시기를."

예수께서는 비록 황혼이 벌써 짙게 깔리기 시작하였지만 아직도 강렬해서 하늘을 불타오르게 하고 엄청나게 큰 장작불의 붉은 반사로 가파르나움의 흰집들에 불을 붙여 놓은 것 같은 빛을 막는 커어튼을 젖히신다. 방 안에는 베일을 푹 뒤집어쓰고 겉옷을 꼭 여며 입은 마르타가 창문 곁에 앉아 있다. 어쩌면 나무가 우거진 야산의 끝부분이 잠겨 있는 호수의 만을 바라다보고 있는지도 모르겠다. 어쩌면 그의 생각만을 바라보고 있는지도 모르겠다. 마르타는 가까이 오시는 예수의 가벼운 발소리를 듣지 못할 정도로 깊은 생각에 잠겨 있는 것이 틀림없다. 그래서 예수께서 부르실 때 소스라치게 놀란다.

"아이고! 선생님!" 하고 외치며 마르타는 도움을 청하는 것처럼 팔을 내밀고 무릎을 꿇었다가 이마가 방바닥에 닿기까지 몸을 구부리고 운다.

92. 예수님과 마르타가 가파르나움에

"아니, 왜? 자, 일어나거라! 왜 그렇게 몹시 슬퍼하느냐? 내게 어떤 불행을 알릴 것이 있느냐? 그래? 그러면 그게 무엇이냐? 내가 베다니아에 간 것을 알고 있느냐? 그래? 그리고 나는 거기서 반가운 소식을 들었는데, 지금 너는 울고 있으니… 무슨 일이 있었느냐?" 그러시면서 벽에 기대놓은 의자에 마르타를 억지로 앉히시고, 당신은 마르타 앞에 앉으신다.

"자, 내가 하는 것처럼 너도 베일과 겉옷을 벗어라. 그 속에서 숨이 막히겠다." 그리고 그 얼굴을 흐리게 하는 구름을 모두 몰아내기 위해 불안한 그 마르타의 얼굴을 보고자 한다.

마르타는 여전히 눈물을 흘리며 순종한다. 그러자 눈이 퉁퉁 붓고 붉어진 그의 얼굴이 보인다.

"그래서? 내가 너를 도와주마. 마리아가 너를 불러 갔다. 마리아는 많이 울었고, 내게 대해서 많은 것을 알고 싶어했다. 그래서 너는 그것이 좋은 징조라고 생각해서 내가 와서 기적을 완성하기를 바라기까지 했다. 그래서 내가 왔다. 그런데 지금은?…"

"선생님, 지금은 아무것도 없게 됐습니다. 제가 잘못 생각했었습니다. 그것은 있지 않은 것을 보게 하는 너무 강렬한 희망입니다. … 선생님을 오시게 한 것이 아무 소용없게 됐습니다. … 마리아는 전보다도 더 나빠졌어요. … 아니! 제가 무슨 말을 하지요? 이것은 중상입니다. 제가 거짓말을 했습니다. 마리아는 이제 주위에 남자들이 있는 것을 원치 않으니까 더 나빠진 것은 아닙니다. 달라졌습니다. 그렇지만 그애는 여전히 나쁩니다. 그애가 미친 것같이 생각됩니다. … 이젠 그애를 이해할 수가 없어요. 전에는 적어도 그애를 이해는 했습니다. 그렇지만 이제는! 이제는 누가 그애를 이해할 수 있습니까?" 그러면서 마르타는 슬프게 운다.

"자, 진정하고 마리아가 어떻게 하는지 말해라. 왜 마리아가 나쁘다는 거냐? 마리아가 이제는 남자들이 주위에 있는 것을 원치 않는단 말이지. 그러면 집에 틀어박혀서 살겠구나. 그러냐? 그래? 좋다, 썩 좋아. 마리아는 죄가 되는 관계나 또는 그저 죄가 되는 관계로 끌어갈 수 있는 것까지도 막아서 자신을 유혹에서 보호하려는 것처럼 — 네가 이렇게 말했다 — 네가 곁에 있어 주기를 원했다. 이것은 착한 뜻을 가진 표이다."

"선생님은 그렇게 잘라 말씀하십니까? 정말 그렇다고 믿으시는 것입니까?"

"그야 물론이지. 그러면 무엇 때문에 마리아가 악의가 있는 것으로 생각된다는 말이냐? 마리아가 어떻게 하는지 이야기해 다오…."

"이렇습니다." 마르타는 예수의 확신으로 좀더 안심이 되어 더 질서있게 말한다. "이렇습니다. 제가 온 뒤로 마리아는 집과 정원에서 나가지 않았습니다. 호수에서 뱃놀이를 하러도 가지 않았습니다. 그리고 그애 유모가 제게 말했는데, 벌써 전부터 나가지 않게 되다시피 했답니다. 과월절서부터 그애가 변하기 시작한 것 같습니다. 그러나 제가 오기 전에는 아직 그애를 보러 오는 사람들이 있었고, 그애가 그 사람들을 모두 쫓아내지는 않았다고 합니다. 어떤 때는 아무도 들여보내지 말라는 명령을 내려서 계속되어야 하는 명령같이 생각됐다고 합니다. 그러다가 손님들의 목소리를 듣고 현관에 달려갔다가 그들이 벌써 가버린 것을 볼 때에는 부당하게 화를 내서 하인들을 때리는 일도 있었다고 합니다. 제가 온 다음부터는 그렇게 하지 않았습니다. 제가 온 첫날 밤에 마리아는 제게 이렇게 말했습니다. 그래서 그렇게도 희망을 많이 가졌었습니다. '언니, 나를 붙들고 결박해서 내가 다시는 나가지 못하게 하고, 언니하고 유모를 빼놓고는 다른 사람을 아무도 보지 못하게 해 줘. 나는 병자라 병을 고치고 싶어서 그래. 그렇지만 내 집에 오거나 자기들 집에 오라고 하는 사람들은 열병을 앓게 하는 늪과 같아. 그 사람들은 내 병을 점점 더 중하게 만들어. 그러나 그 사람들이 겉으로는 아주 아름다워 보이고, 보기에 기분좋은 열매와 꽃과 노래가 너무도 가득 차 있어서 내가 저항할 수가 없을 지경이야, 나는 불행한 여자기 때문이야, 불행한 여자. 언니, 언니의 동생은 약해. 그리고 내 약한 것을 이용해서 내 안에 있는 어떤 것이 동의하지 않는 천한 행동을 하게 하는 사람들이 있어. 그 어떤 것은 엄마에게서 가엾은 엄마에게서 내게 와서 남아 있는 거야….' 그러면서 울고 또 울었습니다.

그리고 저는 이렇게 처신했습니다. 그애가 분별있을 때에는 부드럽게 대하고, 장에 갇힌 야수같이 보일 때에는 엄격하게 대했습니다. 마리아가 제게 반항한 일은 한 번도 없습니다. 그리고 더 큰 유혹을 당한 다음에는 제 발 앞에 와서 제 무릎에 얼굴을 얹고서 울면서 이렇게 말합니다. '용서해 줘! 용서해 줘!' 하고. 그리고 제가 '아우야, 뭘 용서해 달라는 거냐? 네가 나를 괴롭히지는 않았는데' 하고 말하면 이렇게 대답합니다. '조금 전인가 엊저녁에 언니가 나보구 〈여기서 나가지 말아라〉 하구 말했을 때 맘 속으로 언니를 미워하고 저주하고 언니가 죽기를 바랐기 때문이야' 하고.
 주님은 그애가 걱정이 되지 않으십니까? 아니, 그애가 미친 것이 아닙니까? 제 생각에는 어떤 정부가 그애에게 미약(媚藥)을 주어서 그애를 음욕의 노예를 만들려고 했는데, 그 때문에 머리가 돈 것 같습니다…."
 "아니다, 미약도 없었고, 미치지도 않았다. 그것은 다른 것이다. 그러나 계속하여라."
 "그러니까 제게 대해서는 그애가 공손하고 말을 잘 듣습니다. 하인들도 이제는 못 살게 굴지 않습니다. 그렇지만 첫날 저녁부터 선생님에 대한 말은 아무것도 묻지 않았습니다. 제가 선생님에 대한 말을 해도 말머리를 딴 데로 돌립니다. 하긴 그러고 나서는 정자가 있는 바위에서 눈이 부시도록 몇 시간이고 몇 시간이고 호수를 바라다보면서 배가 지나가는 것을 볼 때마다 '언니는 저 배가 갈릴래아 어부들의 배라고 생각해?' 하고 묻기는 하지만요. 마리아는 선생님의 성함이나 사도들의 이름을 말하는 적이 없습니다. 그러나 저는 그애가 베드로의 배에 있는 사도들과 선생님 생각을 하고 있다는 것을 압니다. 또 그애가 선생님을 생각하고 있다는 것을 제가 깨닫는 것은 저녁때 저희가 정원을 산책하는 때나 저는 바느질을 하고 마리아 팔짱을 끼고서 잘 시간을 기다릴 때에 그애가 가끔 이렇게 말하기 때문입니다. '그러니까 언니가 따르는 가르침대로 하려면 그렇게 살아야 한단 말이야?' 하고 또 때로는 울기도 하고, 또 어떤 때는 미친 여자나 마귀같이 빈정대는 웃음을 웃기도 합니다.
 어떤 때는 언제나 매우 예술적으로 손질하는 머리를 풀어 두 줄로 땋아늘이고, 제 옷 중의 하나를 걸치고 가랑머리를 어깨 위로 늘어뜨리거나 앞으로 늘어뜨리고 얌전하게 깃을 세우고 제 앞으로 와서 옷과 땋아늘인 머리와 얼굴표정으로 소녀같이 되어서 이렇게 말하기도 합니다. '그러니까 마리아가 이렇게 돼야 한단 말이야?' 하고. 또 어떤 때는 무릎까지 내려오는 팔만큼이나 굵은 그 찬란한 가랑머리를, 엄마의 자랑이었던 그 빛나는 아름다운 것에 입맞추며 울기도 합니다. 반대로 어떤 때는 그 소름끼치는 웃음을 웃거나 '이거 봐, 나는 차라리 이렇게 해서 세상을 떠나고 말 거야' 하고 말하면서 목을 졸라 자살하려는 것처럼 땋아늘인 머리를 목에 감고 얼굴이 자주빛이 되기까지 조르기도 합니다. 어떤 때는 그애가 그의… 그의 육욕을 더 강하게 느낀다는 것을 알 수 있습니다. 그런 때는 괴로워하거나 자기 몸에 고통을 주거나 합니다. 그애가 자기 젖가슴과 가슴을 사납게 때리고 자기 얼굴을 할퀴고 벽에다 머리를 짓찧는 것을 보기도 했습니다. 그리고 제가 '왜 그렇게 하느냐?'고 물으면 엉망이 된 얼굴로 사납게 제게로 돌아서면서 '내 오장육부와 머리를 부수어 버리려고 그래. 해로운 것, 저주받은 것들은 부수어 버려야 해. 그래서 나를 부수는 거야' 하고 말하는 것이었습니다.
   그리고 제가 하느님의 자비와 선생님에 대해서 말하면 ― 과연 그 애가 선생님의 제자 중에서 가장 충실한 제자인 것처럼 그래도 선생님에 대해 말을 합니다. 그런데 정말이지 어떤 때는 그애 앞에서 그렇게 말하기가 싫기도 합니다 ― 그애는 이렇게 대답합니다. '내게는 자비가 있을 수 없어, 나는 한도를 지나쳤단 말이야' 하고. 그때에는 그애가 미칠 듯한 절망에 사로잡혀서 피가 나도록 저 자신을 치면서 외칩니다. '아니 왜? 왜 내게는 나를 갈기갈기 찢고 내게 평화를 주지 않고, 호리는 목소리로 나를 악으로 이끌어가는 이 괴물이 있는 거야? 그리고는 나를 저주하는 목소리들, 아버지의 목소리, 엄마의 목소리, 언니네 목소리가 거기에 와서 합쳐진단 말이야. 언니와 오빠도 나를 저주하고, 이스라엘도 나를 저주하니까 말이야. 그래서 이 목소리들이 나를 미치게 한단 말야…' 하고.
   그래서 그애가 이렇게 말할 때에는 제가 이렇게 대답합니다. '왜 하느님을 생각하지 않고 이스라엘을 생각하니? 이스라엘은 한 민족에 지나지 않는데. 그렇지만 전에 네가 모든 것을 짓밟을 생각을 하지 않았으니까 이제는 모든 것을 뛰어넘어서 세상이 아닌 다른 것, 즉 하느님과 아버지와 어머니에 대해서 관심을 가질 생각을 해라. 하느님과 아버지 어머니는 네가 생활을 바꾸면 너를 저주하지 않으시고 네게 팔을 벌리신다….' 그러면 그애는 마치 제가 비현실적인 우화라도 이야기하는 것처럼 놀라서 생각에 잠긴 채 제 말을 듣습니다. 그리고는 웁니다. … 그러나 대답은 하지 않습니다. 어떤 때는 이와 반대로 하인들에게 포도주와 마약들을 가져 오라고 해서 그 물건들을 모두 마시고 먹고 하면서 '이건 생각하지 않기 위해서야' 하고 설명합니다.
   이제는 선생님이 호수에 와 계신 것을 그애가 안 다음부터 제가 선생님께 오는 것을 알아차릴 때마다 이렇게 말합니다. '언젠가는 나도 갈 거야' 하고. 그러면서 자기 자신에 대한 경멸인 그런 웃음을 웃으면서 이렇게 말을 끝맺습니다. '그렇게 하면 적어도 하느님의 눈이 지저분한 사람도 내려다보실 거야' 하고. 그러나 저는 그애가 오는 것을 원치 않습니다. 그리고 지금은 제가 돌아가는 데 그애가 분노와 술과 눈물과 모든 것으로 지치고 기진맥진해서 잠들기를 기다립니다. 오늘도 마리아가 깨기 전에 밤에 돌아갈 수 있도록 이렇게 떠나 왔습니다. 제 생활은 이렇습니다. …그리고 이제 저는 아무것도 바라지 않습니다….”

그리고 이제는 모든 것을 차근차근 보고하겠다는 생각으로도 멀지 않게 된 눈물이 전보다도 더 세차게 흐른다.

"마르타야, 내가 언젠가 '마리아는 병자다' 하고 말해 준 것이 생각나느냐? 너는 그 말을 믿으려고 하지 않았다. 그러나 지금 너는 그것을 보고 있다. 너는 마리아가 미쳤다고 말하고, 마리아 자신도 자기가 죄로 이끄는 열병을 앓는 사람이라고 말한다. 나는 이렇게 말한다. 마리아는 마귀가 들려서 고통을 당한다고. 그것은 언제나 병이다. 저 부조화(不調和), 저 분노, 저 울음, 저 고뇌, 내게 대한 저 충동, 이것들은 나을 때가 되어서 가장 격렬한 발작을 겪는 그의 병의 진행 과정이다. 네가 마리아에게 친절하게 구는 것은 잘 하는 일이고, 참을성있는 것도 잘하는 일이고, 내게 대해서 말하는 것도 잘하는 일이다! 마리아 앞에서 내 이름을 말하는 것을 싫어하지 말아라.

내 마리아의 가엾은 영혼! 그렇지만 그 영혼도 다른 영혼들, 네 영혼과 라자로의 영혼과 사도들과 제자들의 영혼과 다르지 않게 창조주의 손에서 나왔다. 마리아의 영혼도 내가 그들을 위해서 구세주가 되려고 사람이 된 그 영혼들 축에 넣고 그들 가운데에서 본다. 내가 온 것은 너나 라자로나 사도들이나 제자들보다도 마리아를 위해서이기도 하다. 내 마리아의 고통받는 가엾고 소중한 영혼! 보편적인 원죄 외에 일곱 가지 독약에 중독된 내 마리아의 영혼! 포로가 된 내 마리아의 영혼! 그러나 마리아가 내게 오는 것을 말리지 말아라! 마리아가 내 숨을 호흡하고, 내 목소리를 듣고, 내 눈길을 만나게 내버려두어라!… 마리아는 자기를 '지저분한 사람'이라고 불렀다. …오! 가엾고 소중한 영혼! 마리아가 그의 안에 가지고 있는 일곱 마귀 중에서 교만의 마귀가 제일 약하다! 그러나 이것만으로도 마리아는 구원될 것이다!"

"그러나 그애가 나왔다가 그애를 다시 악으로 끌고 갈 사람을 만나면 어떻합니까? 그애 자신도 그걸 무서워합니다….”

"그리고 마리아가 악에 대해서 싫증을 내게 된 지금은 항상 그것을 염려할 것이다. 그러나 걱정 말아라. 어떤 영혼이 벌써 선으로 오려는 욕망을 가지고 있고, 제 먹이를 잃으리라는 것을 아는 마귀인 원수에게 붙들려 있지 않게 된 때에는, 그리고 아직도 인간적으로 추론하고 자기 자신을 인간적으로 판단하고 영이 인간적인 자아(自我)를 지배하지 못하게 하려고 자기의 판단을 하느님께 적용하는 자아의 개인적인 원수에게 붙들려 있지 않게 된 때에는, 그 영혼은 벌써 악습과 악습에 젖어 있는 사람들의 공격에 대해서 강하게 되어 있다. 그 영혼은 북극성을 발견했다. 그래서 다시는 빗나가지 않는다.

또 이제는 마리아에게 이렇게 말해도 안 된다. '너는 하느님은 생각하지 않으면서 이스라엘은 생각하니?' 하고. 이것은 암암리의 비난이다. 그렇게 해서는 안 된다. 마리아는 불길 속에서 나오는 중이라, 상처투성이다. 마리아는 그저 다정스러움과 용서와 바람의 향유만을 가지고 가볍게 스치는 정도로 다루어야 한다….

마리아가 마음대로 오게 내버려두어라. 네가 내게 오려고 할 때는 오히려 그 말을 해주어야 한다. 그러나 '나하고 같이 가자' 하는 말은 하지 말아라. 그리고 마리아가 온다는 것을 알게 되거든 너는 오지 말아라. 집으로 돌아가서 마리아를 기다려라. 마리아는 자비에 사로잡혀 네게로 갈 것이다. 지금 마리아를 사로잡고 있는 나쁜 힘을 내가 없애야 하기 때문이다. 그리고 얼마 동안은 마리아가 마치 의사가 뼈를 없애버린 사람처럼 창백하게 될 때까지 피를 흘린 사람같이 될 것이다. 그러나 그 뒤로는 나아질 것이다. 마리아는 깜짝 놀랄 것이다.

마리아에게는 많은 애무와 침묵이 매우 필요할 것이다. 말을 하지 말고, 마치 네가 둘째 수호천사인 것처럼 마리아를 돌보아라, 그리고 마리아가 우는 것을 보거든 울게 내버려두어라. 또 자기 자신에게 질문을 하는 것을 듣거든 그렇게 하게 내버려두어라. 그리고 마리아가 미소를 짓다가 우울해지고, 그랬다가 달라진 눈길로, 달라진 얼굴로 먼저 미소와 같지 않은 미소를 짓는 것을 보면, 그에게 질문을 하지 말고 상관하지 말아라, 마리아는 내려갔을 때보다도 지금 다시 올라오기 위해 더 고통을 당한다. 그런데 마리아가 내려갈 때에 자기 스스로 행동한 것처럼 지금도 자기 스스로 행동해야 한다. 너희들이 마리아가 내려가는 것을 보았을 때 너희들의 눈에는 비난이 있었기 때문에, 마리아는 그때 너희 눈길을 견디지 못했다. 그러나 지금은 마침내 잠이 깼다는 부끄러움 때문에 너희 시선을 견딜 수가 없다. 그때에는 마리아가 그의 지배자인 사탄과 그를 인도하는 나쁜 힘을 자기 안에 가지고 있었기 때문에 더 힘이 세었고 세상에 도전할 수 있었지만 그래도 죄 중에 있는 것을 너희들이 보는 것은 원치 않았다. 그런데 지금은 사탄을 지배자로 가지고 있지 않게 되었다. 사탄이 아직 그의 안에 머물러 있기는 하다. 그러나 마리아는 벌써 그의 의지로 사탄의 멱살을 잡고 있다. 그런데 마리아는 아직 나를 가지고 있지 못하다. 그렇기 때문에 너무 약하다. 마리아가 구세주에게로 다시 돌아오는데 언니로서의 네 눈의 애무를 견딜 수도 없다. 마리아의 온 정력은 일곱 마귀의 목을 조르는데 쓰여지고 소비된다. 그 나머지에 대해서는 아무 방어물이 없는 벌거숭이다. 그러나 내가 옷을 다시 입혀주고 튼튼하게 해주겠다.

마르타야, 잘 가라. 그리고 내일은 내가 여기 가파르나움에서 황혼 뒤에 샘에서 흘러나오는 개천 근처에서 말을 하겠다고 마리아에게 말하여라. 잘 가라! 잘 가! 내 축복을 준다."

마르타는 아직 어쩔 줄을 모른다.

"마르타야 불신(不信)에 빠지지 말아라" 하고 그를 살펴보시던 예수께서 말씀하신다.

"주님, 아니올시다. 그러나 곰곰이 생각하고 있는 중입니다. … 마리아의 힘을 좀 북돋아 주기 위해 그애에게 줄 수 있을 무슨 물건을 하나 주십시오. … 그애는 너무도 괴로워합니다. … 그래서 저는 그애가 마귀를 이기지 못할까 봐 걱정이 됩니다!"

"너는 어린 아이 같구나! 마리아에게는 너와 나, 이렇게 둘이 있다. 그런데도 네가 성공을 못하겠느냐? 그러나 이리 오너라 자, 결코 죄를 지은 적이 없고, 다정스럽고, 자비롭고, 부지런하고, 경건할 줄 안 그 손을 다오. 그 손은 언제나 사랑과 기도의 행위를 하였다. 그 손은 절대로 게으르지 않았다. 결코 타락하지 않았다. 자 이 손을 한층 더 거룩하게 하기 위하여 내 양 손으로 잡고 있다. 이 손을 마귀를 향해 들어라, 그러면 이 손을 견디어내지 못할 것이다. 그리고 내 것인 이 허리띠를 받아라. 이것을 절대로 몸에서 떼어놓지 말아라. 그리고 이 허리띠를 볼 때마다 이렇게 너 자신에게 말하여라. '예수의 이 허리띠보다 예수의 능력은 더 크다, 그래서 그 힘을 가지고 우리는 마귀와 괴물 따위를 모두 꺾어 이길 수 있다. 나는 두려워할 필요가 없다' 하고. 이제는 만족하냐? 내 평화가 너와 함께 있길 바란다. 안심하고 가거라."
　마르타는 예수께 경배하고 나간다.
　예수께서는 막달라에 가기 위하여 마르첼라가 대문까지 오게 한 마차에 올라 자리를 잡는 마르타를 보시면서 미소지으신다.

93. 두 소경과 마귀들린 벙어리를 고치시다

그런 다음 예수께서는 부엌으로 내려가신다. 그리고 요한이 샘에 가는 것을 보시고, 덥고 연기가 자욱한 부엌에 남아 있기보다는 요한과 같이 샘에 가는 편을 택하신다. 선생님과 사도들이 저녁에 드시라고 제베대오의 사환들이 방금 가져온 생선들을 다루는 베드로는 그대로 내버려두신다.

그들은 마을 끝에 있는 샘으로 가지 않고, 광장에 있는 샘으로 가는데, 그곳에도 역시 호숫가 언덕에서 솟아나오는 풍부하고 아름다운 물이 흘러올 것이 틀림없다. 광장에는 저녁 때면 팔레스티나의 마을들에 으레 있는 군중이 있다. 손잡이 달린 항아리들을 든 여자들과 뛰는 어린이들과 사업이나 또는… 마을의 소문에 대하여 이야기하는 남자들이다. 하인들이나 그들의 보호를 받는 사람들에 둘러싸여 그들의 호화로운 집으로 돌아가는 바리사이파 사람들도 지나간다. 모두가 그들을 지나가게 하려고 공손하게 길을 비낀다. 그러나 그들이 지나가기가 무섭게 그들이 최근에 저지른 부정한 행위와 그들의 고리대금 이야기를 하며 마음으로부터 저주한다.

마태오는 광장 한구석에서 옛날 친구들과 이야기하고 있다. 그것을 보고 바리사이파 사람 우리아가 멸시하는 말투로 큰 소리로 말한다. "굉장한 회개야! 죄에 대한 애착이 남아 있어. 그리고 그것은 지속되는 우정으로 알 수가 있단 말이야, 아! 하!"

그 말에 마태오는 홱 돌아서며 대답한다. "그 우정은 이 사람들을 회개시키려고 계속된단 말이오."

"그건 필요없소! 당신의 선생으로 넉넉해요. 당신이 실제로 고쳐졌다고 하고, 병에 다시 걸리지 않게 그들을 멀리하시오."

마태오는 그들의 나쁜 점을 확실히 말해 주지 않으려고 노력하느라고 얼굴이 새빨개진다. 그러나 그저 "아무 염려도 하지 말고 바라지도 마시오" 하고만 대답한다.

"뭐를 말이오?"

"내가 다시 세리 레위가 될까 봐 염려도 하지 말고, 이 영혼들을 멸망시키는 당신을 본받기를 바라지도 말란 말이오. 나는 우리 선생님을 본받고, 죄인들을 은총으로 이끌어오려고 그들과 상종하는 거요."

우리아가 대꾸를 하려고 하였으나, 다른 바리사이파 사람 늙은 엘리가 와서 말한다. "여보, 당신의 깨끗함을 더럽히지 말고 당신 입을 오염시키지 마시오." 그리고 우리아의 팔을 잡고 그의 집쪽으로 데리고 간다.

그러는 동안 주로 어린이들인 군중이 예수를 빽빽이 둘러싼다. 어린이들 가운데에는 누나와 동생인 요안나와 토비아도 있는데, 이들은 오래 전에 무화과 때문에 다툰 일이 있었다. 그들은 예수의 주의를 끌려고 그분의 큰 키의 허리를 작은 손으로 만지면서 말한다. "보세요, 보세요. 오늘도 우리는 착하게 지냈어요. 아세요? 우린 울지 않았어요. 우린 선생님을 사랑하는 마음으로 한 번도 서로 약올리지 않았어요. 우리한테 입맞춤해 줄래요?"

"그러니까 착하게 지냈는데, 나를 사랑하기 때문에 그랬단 말이지! 너희가 나를 정말 기쁘게 하는구나. 자, 입맞춤해 주마. 그리고 내일은 더 착하게 돼야 한다."

그리고 안식일마다 마태오의 돈주머니를 예수께 가져오던 야고보도 있다. 그는 이렇게 말한다. "레위가 이제는 주님의 가난한 사람들을 위해서 제게 아무것도 주지 않아요. 그렇지만 나는 내가 착한 일을 할 때마다 사람들이 주는 잔돈을 모두 저축했어요. 그래서 그걸 이젠 주님께 바쳐요. 우리 할아버지를 위해 가난한 사람들에게 줄래요?"

"물론이다. 할아버지는 어디신데 그러느냐?"

"할아버지는 걷지를 못하세요. 아주 늙어서 다리에 힘이 없어졌어요."

"그것이 괴로우냐?"

"예, 할아버지가 들판을 이리저리 다닐 땐 내 선생님이었어요. 아주 많은 이야기를 해주고 주님을 사랑하게 해주었어요. 지금도 욥에 대해서 이야기하고 하늘의 별들을 보여주어요, 그렇지만 앉은 자리에서 그렇게 해요. … 전에는 더 아름다웠는데."

"내일 네 할아버지를 보러 가마. 기쁘냐?"

야고보 다음에는 베냐민이 대신 들어선다. 막달라의 베냐민 말고, 가파르나움의 베냐민, 멀리 내다볼 줄 아는 베냐민이다. 어머니와 동시에 광장에 와서 예수를 보고는 엄마의 손을 놓고 제비의 지저귐과 같은 소리를 지르며 수선스러운 작은 군중 가운데로 뛰어들어 예수 앞에 이르러 그분의 무릎을 껴안으며 말한다. "나도, 나도 쓰다듬어 주세요!"

그때에 바리사이파 사람 시몬이 지나가며 예수께 과장해서 몸을 구부리니, 예수께서도 그의 인사에 답례하신다. 바리사이파 사람이 걸음을 멈춘다. 그리고 군중이 겁을 먹고 비껴서는데 바리사이파 사람이 말한다. "저는 쓰다듬어 주지 않으십니까?" 그러면서 가볍게 미소짓는다.

"그것을 내게 청하는 모든 사람에게는 애무를 줍니다. 선생이 건강하신 것을 선생과 더불어 기뻐합니다. 선생이 몸이 좀 불편하시다는 말을 예루살렘에서 들었었는데요."

"예, 대단히 앓았습니다. 병이 나으려고 선생님을 뵙고 싶었습니다."

"내가 그렇게 할 수 있다고 믿으셨습니까?"

"그것을 의심한 적은 없었습니다. 그러나 선생님이 오랫동안 다른 곳에 가 계셨기 때문에 혼자서 병이 나아야 했습니다. 어디에 가 계셨습니까?"

"이스라엘의 끝까지 갔었습니다. 과월절과 오순절 사이의 날들을 이렇게 보냈습니다."

"성과가 많았습니까? 나는 힌놈과 실로암의 문둥병자들에 대한 이야기를 들었습니다. 거창한 일입니다. 그러나 그뿐이었습니까? 물론 그렇지 않겠지요. 그러나 이 일은 사제 요한을 통해서 알았습니다. 편견이 없는 사람은 선생님을 믿습니다. 그리고 그 사람은 행복합니다."

"그러면 편견이 있어서 믿지 않는 사람은 어떻게 됩니까, 지혜로운 시몬 선생?"

바리사이파 사람은 약간 당황한다. … 그는 예수께 대하여 선입관을 가진 너무나 많은 친구들을 비난하지 않으려는 욕망과 예수의 치하를 들을 만한 사람이 되겠다는 욕망 사이에서 몸부림친다. 그러나 이 마음의 동요를 극복하고 말한다. "선생님이 보이시는 증거에도 불구하고 선생님을 믿지 않는 사람은 단죄를 받습니다."

"나는 아무도 그렇게 되지 않기를 바랍니다…."

"선생님은 그러시지요. 우리는 선생님이 우리에게 대해 가지시는 인자에 보답하지를 못합니다. 너무나 많은 사람이 그럴 자격이 없습니다. … 예수님, 내일 우리 집에 식사하러 오시기를 바랍니다…."

"내일은 갈 수 없습니다. 이틀 후로 하시지요. 괜찮습니까?"

"언제라도 좋습니다. 내가… 친구들을 청할 텐데… 그들이 혹 어쩌더라도 용서해 주셔야 할 것입니다…."

"예, 그렇게 하지요. 요한을 데리고 가겠습니다."

"그 사람만을요?"

"다른 사람들은 다른 임무가 있습니다. 그 사람들이 지금 시골서 돌아오고 있습니다. 시몬 선생, 선생께 평화가 있기를 바랍니다."

"예수님, 하느님께서 선생님과 함께 계시기를."

바리사이파 사람이 가고 예수께서는 제자들 있는 데로 가신다.

그들은 저녁식사를 하려고 집으로 돌아온다. 그러나 구운 생선을 먹고 있는데, 벌써 길에서 예수께 애원하였던 소경들이 그들 있는 곳으로 온다. 그들은 지금 그들이 하던 "다윗의 후손 예수님, 우리를 불쌍히 여겨 주십시오!" 하는 애원을 되풀이한다.

"아니, 가시오! 선생님이 '내일'이라고 말씀하셨으니 내일로 합시다. 선생님이 식사를 하시게 내버려두어요" 하고 베드로가 나무라는 어조로 말한다.

"아니다. 시몬아, 그 사람들을 내쫓지 말아라. 저렇게까지 꾸준하니 상을 받을 자격이 있다." 그런 다음 소경들에게는 "두 사람은 이리 오시오" 하고 말씀하신다. 그러니 소경들은 지팡이로 방바닥과 벽을 더듬으면서 들어온다. "당신들은 내가 당신들을 다시 보게 할 수 있다고 믿으시오?"

"아이고! 그러믄요, 주님! 저희는 그것을 꼭 믿기 때문에 왔습니다."

예수께서는 식탁에서 일어나셔서 그들에게 가까이 가신다. 그리고 손가락을 먼 눈에 얹으시고 얼굴을 들고 기도하시고 말씀하신다. "당신들이 믿는 대로 되기를 바라오." 예수께서 손을 떼시니 한 사람은 생명을 다시 찾은 눈동자에 빛이 자극을 주기 때문에 감겨 있던 눈꺼풀이 움직이고, 또 한 사람은 눈꺼풀이 떨어지면서 틀림없이 궤양을 잘못 치료한 까닭에 생겼던 봉합(縫合)이 있던 자리에 눈꺼풀 가장자리가 결함없이 다시 생겨서 움직이는 날개와 같이 떠졌다 감겼다 한다.

두 사람은 무릎을 꿇는다.

"일어나서 가시오. 그리고 내가 당신들에게 해준 일을 아무도 알지 못하게 단단히 조심하시오. 당신들이 받은 은총의 소식을 당신들의 도시와 부모와 친구들에게는 전하시오. 여기서는 그것이 필요치도 않고 당신들의 영혼에 유리하지도 않소. 당신들이 지금 눈이 어떤 것인지를 알기 때문에 다시 소경이 되지 않기 위하여 눈에 상처를 입히지 않도록 예방할 것과 같이 당신들의 영혼이 믿음에 손상을 입지 않도록 보호하시오."

식사가 끝났다. 그들은 좀 서늘한 옥상으로 올라간다. 호수는 상현달 아래서 전체가 온통 반짝인다. 예수께서는 낮은 벽 가장자리에 앉으셔서 은빛 물결이 일고 있는 호수를 넋을 잃고 바라다보신다. 다른 사람들은 예수를 방해하지 않기 위하여 작은 목소리로 서로 말을 주고 받는다.

그러나 그들은 매혹된 듯이 예수를 쳐다본다. 과연 예수는 정말 아름다우시다! 예수의 엄하고도 차분한 얼굴을 비추어 그 구석구석을 살펴볼 수 있게 하는 달빛으로 온통 후광에 싸이셔서 예수께서는 그리로 해서 올라와서 옥상을 뒤덮은 포도나무의 꺼칠꺼칠한 덩굴에 머리를 가볍게 기대신 채 계시다. 엷은 파란 빛이지만 밤에는 줄마노(瑪瑙) 빛으로 보이는 눈꼬리가 긴 예수의 눈은 모든 물건 위에 평화의 물결을 퍼뜨리는 것 같다. 때로는 그 눈이 별이 총총 박힌 맑은 하늘을 쳐다보고, 때로는 야산을 향해 내려왔다가 더 낮은 호수를 내려다보기도 하고, 때로는 눈이 보는 환영에 미소를 보내는 것 같기도 하다. 머리카락은 가벼운 바람에 약간 물결친다. 한 다리는 바닥에서 얼마 떨어지지 않은 거리에 들려 있고, 한 다리는 바닥을 디디고, 손을 무릎에 자연스럽게 얹으시고 이렇게 비스듬히 앉으신 채로 계시다. 예수의 흰 옷이 그분의 흰 얼굴을 더욱 빛나고 희게 보이게 하고, 달빛의 효과로 은빛이 돌게 한다. 그러나 상아빛깔을 띤 긴 손은 그 묵은 상아빛깔을 더욱 두드러지게 하고, 날씬하기는 하지만 남성적인 그 아름다움을 더욱 돋보이게 한다. 이마가 넓고 코가 일직선이고 기분좋은 타원형의 뺨이 약간 구리빛을 띤 금빛 수염으로 연장되는 얼굴로 이 달빛 아래에서는 묵은 상아빛을 띠고, 낮에 뺨 윗쪽에 나타나는 불그레한 기운은 보이지 않는다.

"선생님, 피곤하십니까?" 하고 베드로가 묻는다.

"아니다."

"창백한 것 같으시고 생각에 잠기신 것같이 보이는데요…."

"곰곰히 생각하고 있었다. 그러나 내가 여느 때보다 더 창백하다고는 생각하지 않는다. 이리들 오너라. … 달빛 때문에 너희들도 모두 창백해 보인다. 내일은 코라진으로 가라. 너희들은 아마 제자들을 만날 것이다. 그들에게 말하여라. 그리고 내일 황혼에 이곳에 오도록 주의하여라. 나는 개울 근처에서 전도하겠다."

"참으로 훌륭한 일입니다! 코라진 사람들에게 그 말을 하겠습니다. 오늘 저희들이 돌아오는 길에 마르타와 마르첼라를 만났습니다. 여기들 왔었습니까?" 하고 안드레아가 묻는다.

"그렇다."

"막달라에서는 이제는 집에서 나오지도 않고 연회도 하지 않게 된 마리아 이야기를 많이 했습니다. 저희들은 지난 번의 여인 집에서 쉬었는데, 베냐민이 화를 내고 싶을 때는 선생님과… 누구를 생각한다고 제게 말했습니다…."

"…과 나를 생각한다는 말도 하게, 야고보" 하고 가리옷 사람이 말한다.

"그 말은 안했어."

"그렇지만 '나는 아름다우면서 반대로 고약한 사람이 되기는 싫어' 하고 말하면서 그 뜻을 은연 중에 암시했어. 그러면서 나를 반감을 가지고 보았어. 그애는 나를 용납하질 못해…."

"유다야, 그것은 중요하지 않은 반감이다. 그 생각은 하지 말아라" 하고 예수께서 말씀하신다.

"그러겠습니다, 선생님. 그러나 그것은 가슴아픈 일입니다…."

"거기 선생님이 계십니까?" 하고 길에서 누군가가 외친다.

"계시오, 그렇지만 뭘 또 원하시오. 해가 그렇게도 긴데 하룻날이 당신들에겐 부족하단 말이오? 지금이 불쌍한 여행자들을 방해할 시간이오? 내일 다시 오시오" 하고 베드로가 명령한다.

"우리가 마귀들린 벙어리를 데리고 왔기 때문에 그랬습니다. 이 사람이 길을 오는 중에 세 번이나 빠져나갔습니다. 그렇지 않았으면 더 일찍 왔을 것입니다. 선심을 베풀어 주세요! 조금 후에 달이 높이 올라오면 이 사람이 소리를 고래고래 질러서 마을 사람들을 불안하게 할 것입니다. 벌써 얼마나 요동하는지 보세요!"

예수께서는 온 옥상을 건너질러 오셔서 낮은 벽 위로 몸을 굽히신다. 사도들도 따라서 그렇게 한다. 몸을 구부리고 내려다보는 사람들 쪽으로 머리를 쳐들고 있는 한떼의 사람들에게로 숙여진 빙 둘러친 얼굴들.

군중 한가운데에는 도망치지 못하게 손목이 단단히 묶인 사람이 사슬에 묶인 곰이나 늑대같이 요동을 치고 으르렁거린다. 그는 짐승의 몸짓같이 심하게 움직이면서 으르렁거리고, 땅에서 무엇인지 찾는 것 같다. 그러나 눈을

93. 두 소경과 마귀들린 벙어리를 고치시다

들어 예수의 눈길과 마주치자 발음이 분명치 않은 짐승 같은 울부짖음 소리를 진짜 개나 이리가 짖는 소리를 내면서 도망치려고 한다.

군중의 거의 모두가 가파르나움의 어른들인데, 겁이 나서 비껴선다. "제발 와 주십시오! 그전 같은 일이 또 시작됩니다…."

"곧 가겠소."

그러시면서 예수께서는 빨리 내려가셔서서 그 어느 때보다도 더 요동하는 불행한 사람 앞으로 가신다.

"이 사람에게서 나가라. 명령이다."

울부짖음이 사라지고 다만 "평화!" 하는 한마디 말만이 나온다.

"그렇소, 평화요. 이제 당신은 해방되었으니 평화를 가지시오."

광란에서 평온으로, 마귀들림에서 해방으로, 벙어리 상태에서 말하는 것으로 갑자기 바뀌는 것을 보고 군중은 감탄하여 고함을 지른다.

"당신들은 내가 여기 있는 것을 어떻게 알았소?"

"나자렛에서 사람들이 '선생님은 가파르나움에 계시다'고 말해 주었습니다. 그리고 가파르나움에서는 선생님께서 이 집에서 눈을 고쳐 주신 두 사람이 그 말을 확인해 주었습니다."

"맞습니다! 맞아요! 우리에게도 그 사람들이 그 말을 했습니다…" 하고 여러 사람이 외친다. 그리고 이렇게 주석을 단다. "이스라엘에서 이런 일을 본 적은 없었습니다."

"저 사람이 벨제붓의 도움이 없었으면 그렇게 하지 못했을 거야" 하고 가파르나움의 바리사이파 사람들이 비웃는다. 그들 가운데 시몬은 없다.

"도움이 있었건 도움이 없었건, 나는 병이 나았어요. 그리고 소경들도 나았고. 당신들은 당신들의 거창한 기도에도 불구하고 이런 일을 못합니다" 하고 병이 나은 마귀들렸던 사람이 대꾸하며 예수의 옷에 입맞춤한다. 예수께서는 바리사이파 사람들에게는 대답하지 않으시고 그저 "평화가 여러분과 함께" 하는 늘 하시는 말씀으로 군중을 보내기만 하신다. 예수께서는 기적을 받은 사람과 그를 데리고 온 사람들을 붙잡아 새벽까지 쉬라고 이층방에 불러 들이신다.

94. 잃은 양 한 마리의 비유

예수께서 군중에게 말씀하신다. 나무를 심은 개울가에 올라가셔서 밭에 퍼져 있는 많은 군중에게 말씀하신다. 밭에는 밀을 베어 그루터기만 남아 있는데 해가 쨍쨍 내리쬐어 황량한 모습을 보인다.

저녁이다. 황혼이 내리깔린다. 그러나 벌써 달이 올라온다. 초여름의 아름답고 맑은 저녁이다. 양떼들이 우리로 돌아오는데, 방울소리가 귀뚜라미나 매미들의 날카로운 울음소리와 섞인다.

예수께서는 지나가는 양떼들에서 비유을 따오셔서 이렇게 말씀하신다. "여러분의 아버지는 친절한 목자와 같으십니다. 착한 목자는 어떻게 합니까? 양들을 위해서 독당근과 위험한 풀이 없는 좋은 풀밭을 찾고, 기분좋은 토끼풀과 향기가 있는 풀과 쓰기는 해도 건강에는 좋은 풀상치가 있는 좋은 풀밭을 찾습니다. 착한 목자는 먹을 것과 동시에 시원하고 물맑은 시내가 있고 그늘을 만들어 주는 나무들이 있는 곳, 풀덤불 가운데 독사들이 없는 곳을 찾습니다. 착한 목자는 잎이 두툼한 풀들이 있는 풀밭에는 혼히 뱀들이 노리고 있고 해로운 풀들이 있기 때문에 그런 풀밭을 찾아내려고 마음을 쓰지 않고, 이슬로 인해서 풀이 깨끗하고 시원해지는 산에 있는 풀밭을 더 좋아하고, 해가 잘 비쳐서 뱀따위가 없는 곳, 평야의 공기처럼 무겁고 건강에 해롭지 않고 바람이 불어서 공기가 좋은 곳을 더 좋아합니다. 착한 목자는 그의 양들을 한 마리 한 마리 살펴봅니다. 그리고 양들이 병들면 치료해 주고, 상처를 입으면 처매 줍니다. 너무 아귀아귀 먹어서 병이 날 것 같은 양에게는 소리를 질러 말리고, 너무 축축하거나 햇볕이 너무 쨍쨍한 곳에 오래 있어서 병이 들 것 같은 양에게는 다른 곳으로 가라고 말합니다. 만일 어떤 양이 입맛을 잃으면 그 양의 입맛을 되살아나게 할 수 있을 새큼하고 향기가 있는 풀을 찾아 주고, 친한 사람에게 말하듯이 그 양에게 말을 하면서 그 풀을 손바닥에 얹어 줍니다.

하늘에 계신 인자하신 아버지께서도 세상을 방황하는 당신 자녀들에게 이와 같이 하십니다. 아버지의 사랑은 그들을 모으는 막대기이고, 그분의 목소리는 인도자의 역할을 하고, 그분의 목장은 율법이며, 그분의 양의 우리는 하늘입니다.

그러나 양 한 마리가 목자를 떠납니다. 목자는 그 양을 몹시 사랑했었습니다! 그 양은 어리고, 깨끗하고, 4월의 하늘에 떠다니는 가벼운 구름과 같이 순박했습니다. 목자는 자기가 그 양에게 해줄 수 있는 모든 좋은 일과 그 양에게 받을 수 있는 모든 사랑을 생각하면서 많은 사랑을 가지고 그 양을 바라다보았습니다. 그런데 그 양이 그 목자를 버린 것입니다.

목장 가장자리를 따라 가는 길로 유혹자가 지나갔습니다. 그 사람은 간소한 겉옷을 입지 않고, 여러 가지 빛깔로 된 옷을 입고 있습니다. 그는 가죽으로 만든 허리띠를 매지 않았고 도끼와 칼을 허리띠에 매달지도 않았습니다. 그렇지 않고 금으로 만든 허리띠를 매었고, 그 허리띠에는 밤꾀꼬리 목소리와 같이 듣기좋은 은방울 소리를 내는 방울들과 황홀한 향유가 들어 있는 작은 병들이 매달려 있습니다. 그 사람은 착한 목자가 그것으로 양들을 모으고 보호하는 머리가 둥근 지팡이를 가지고 있지 않습니다. 착한 목자는 지팡이로 충분치 않으면 도끼나 칼로 양들을 보호할 각오가 되어 있습니다. 목숨의 위험을 무릅쓰고서도 말입니다. 그러나 지나가는 그 유혹자는 보석들이 번쩍번쩍하는 향로를 두 손으로 받쳐 들고 있는데, 거기에서는 마치 아주 가짜 보석의 결정면(結晶面)이 눈부신 것과 같이 정신을 어지럽게 하는 악취이기도 하고 향기이기도 한 연기가 올라옵니다. 유혹자는 노래를 부르고 가면서 어두운 길에 반짝이는 소금을 한줌씩 떨어뜨리며 갑니다….

아흔 아홉 마리 양은 움직이지 않고 유혹자를 바라다봅니다.

그런데 제일 어리고 제일 아끼는 백번째 양이 껑충 뛰어 유혹자의 뒤를 따라 사라집니다. 목자가 그 양을 부르지만 양은 돌아오지 않습니다. 양은 바람보다도 빨리 달려 지나간 유혹자를 따라잡으러 가는데 뛰어 갈 때에 힘을 북돋우느라고 그 소금을 맛봅니다. 그 소금은 몸 속으로 스며 들어가 이상하게 흥분시켜 어두운 수풀 속에서 검푸른 물을 찾게 만듭니다. 그리고 유혹자를 따라 수풀 속으로 깊이 들어가고 자꾸 뚫고 들어가서 올라가고 내려가고 하다가 한 번, 두 번, 세 번… 넘어집니다. 그리고 한 번, 두 번, 세 번 목에 끈적끈적한 뱀이 감기는 것을 느끼고, 목이 말라서 더러운 물을 마시고, 배가 고파서 메스꺼운 점액이 번들거리는 풀을 물어 뜯습니다.

이 동안 착한 목자는 어떻게 합니까? 충실한 아흔 아홉 마리 양을 안전한 곳에 가두고 나서 길을 떠나 잃은 양의 발자국을 찾아낼 때까지 걸음을 멈추지 않습니다. 바람 불어가는 쪽으로 불러 보아도 양이 그에게로 돌아오지 않기 때문에 그가 양을 향해 가는 것입니다. 목자는 멀리서 양을 봅니다. 양은 취하고 뱀들에게 휘감겨 있는데, 너무 취해서 저를 사랑하는 목자의 얼굴에 대한 그리움을 느끼지 않고 오히려 목자를 비웃습니다. 그러다가 목자가 양을 다시 보았는데 도둑과 같이 남의 집에 들어간 죄를 지은 양, 너무도 죄를 지어서 목자를 감히 쳐다보지도 못하는 양입니다. … 그러나 목자는 진저리를 내지 않고… 계속 갑니다. 목자는 양을 찾고 또 찾고 따라가고 못 살게 굽니다. 목자는 길잃은 양의 흔적을 보고 웁니다. 털조각들, 그것은 영혼의 조각과도 같습니다. 피의 흔적도 있습니다. 그것은 갖가지 죄와 더러움이고, 양의 음탕의 증거입니다. 목자는 계속 가서 결국은 양을 따라잡습니다.

아! 사랑하는 내 양아, 너를 찾아냈구나! 너를 따라잡았구나! 너 때문에 내가 얼마나 많은 길을 걸었는지 모른다! 너를 양의 우리로 데려가려고 더럽혀진 네 이마를 숙이지 말아라. 네 죄는 내 마음 속에 묻혔다. 너를 사랑하는 나를 빼놓고는 아무도 네 죄를 알지 못할 것이다. 남들의 비판에 대해서 내가 너를 보호하겠고, 내 몸으로 너를 가려 비난자들의 돌을 막는 방패가 되겠다. 오너라. 상처를 입었느냐? 오! 네 상처를 보여 다오. 네 상처를 나는 안다. 그러나 네가 깨끗했을 때, 네가 순진한 눈으로 네 목자이고 네 신인 나를 쳐다볼 때에 가졌던 신뢰를 가지고 그 상처들을 내게 보여 주기를 바란다. 그 상처들이 여기 있다. 상처들은 모두 이름이 있다. 아이고! 상처들이 깊기도 하구나! 누가 네 마음 속 깊이 이다지도 깊은 상처를 냈단 말이냐? 유혹자가 그랬다는 것을 나는 안다. 지팡이도 도끼도 가지지 않은 그가 독이 있는 입으로 물어서 더 깊은 상처를 낸다. 그 다음에는 그가 가지고 있는 향로의 가짜 보석들이 그 광채로 너를 매혹시켰다. … 그런데 그 가짜 보석들은 네 마음을 흥분시키기 위해서 빛에서 모습을 나타내는 지옥의 유황이었다. 얼마나 상처가 많고, 털이 얼마나 찢어져 나갔고, 피가 얼마나 흘렀고, 가시가 얼마나 많이 박혔는지 보아라.

오! 착각을 일으킨 가엾은 작은 영혼아! 하지만 이거 봐라, 만일 내가 너를 용서해 주면 나를 다시 사랑하겠느냐? 말좀 해봐라, 너는 친절한 사랑을 갈망하느냐? 그러면 오너라, 생명으로 다시 돌아오너라. 거룩한 풀밭으로 돌아오너라. 너 우는구나. 네 눈물이 내 눈물과 섞여서 네 죄의 흔적을 씻는다. 그리고 너를 흥분시킨 악으로 네가 기진맥진했기 때문에 나는 가슴을 헤치고 핏줄을 뚫으며 네게 '먹어라, 먹고서 살아라!' 하고 말한다.

내 품에 안게 이리 오너라. 그러면 거룩하고 안전한 풀밭에 더 빨리 갈 것이다. 너는 절망의 그 시간을 모두 잊을 것이고, 착한 양들인 네 자매 아흔아홉 마리는 네가 돌아온 것을 몹시 기뻐할 것이다. 잃었던 양인 네게 말한다마는, 나는 너를 찾으려고 아주 멀리서 왔고, 너를 다시 찾아내서 구해 주었다. 착한 사람들 사이에서는 우리에서 멀리 떨어진 일이 없는 올바른 아흔아홉마리 양보다도 길을 잃었다가 돌아온 한 마리 양을 더 환영한다."

예수께서는 뒤에 있는 길쪽을 한 번도 돌아다보지 않으셨는데, 그 길로 해서 저녁의 어슴푸레한 빛 속에 막달라의 마리아가 왔다. 마리아는 아직 매우 멋있지만, 적어도 옷을 제대로 입고 짙은 빛깔의 베일을 쓰고 있어서 얼굴 모습과 몸매가 가려진다. 그러나 예수께서 "내 사랑하는 양아, 너를 찾아냈구나" 하고 말씀하실 때 마리아는 손을 베일 속으로 집어넣고 조용히 끝없이 운다. 마리아는 길가에 있는 비탈 저쪽에 있기 때문에 사람들은 그를 보지 못한다. 마리아를 보는 것으로는 이제는 높이 올라온 달과 예수의 영뿐이다….

예수께서는 내게 이렇게 말씀하신다.
"해설은 환상 속에 들어 있다. 그러나 거기 대해서 다시 말해 주겠다. 이제는 시간이 되었으니 쉬어라. 충실한 마리아야, 네게 강복한다."

95. "율법을 상기시키고 나서 나는 용서의 바람을 노래하게 하였다"

예수께서 이렇게 말씀하신다.

"지난 일월, 그러니까 문둥병자 시몬의 집에서 먹은 저녁식사를 네게 보여 준 때부터 너와 너를 지도하는 사람은 막달라의 마리아와 내가 마리아에게 한 말을 더 알고 싶어했다. 일곱 달 후에 너희들을 기쁘게 하고, 문둥병에 걸린 저 영혼들에 대해 관심을 가질 줄 알아야 하는 사람들, 그들의 악습의 무덤 속에서 숨이 막히는 저 불행한 사람들이 거기에서 나오도록 그들에게 말하는 목소리를 알아야 하는 사람들에게 생활규칙을 주려고 과거의 이 책장들을 너희에게 드러내 보인다.

하느님은 인자하시다. 모든 사람에게 인자하시다. 하느님께서는 인간적인 척도(尺度)를 사용하지 않으신다. 하느님께서는 보통죄와 사죄(死罪)를 구별하지 않으신다. 죄는 어떤 것이든 하느님을 슬프게 한다. 뉘우침은 하느님을 기쁘게 하고 용서할 마음을 가지시게 한다. 은총에 반항하면 하느님께서는 가혹하리만큼 엄하게 되신다. 그것은 회개하라고 받은 모든 도움에도 불구하고 뉘우치지 않은 그 상태에서 죽는 사람은 하느님의 정의가 용서하실 수 없기 때문이다.

그러나 실패한 회개 가운데 반은 아니라 하더라도 적어도 열에 넷은 첫째 원인이 회개에 책임이 있는 사람들의 태만과 제대로 이해되지 못한 거짓 열성에 있다. 이 거짓 열성은 그들의 실제적인 이기주의와 교만을 덮어씌우는 보자기이다. 이 교만으로 인해서 그들은 사람의 마음을 진흙에서 꺼내기 위해 그 속으로 내려가지 않고 그들의 피신처에 편안히 있게 되는 것이다. 그들은 이렇게 말한다. '나는 깨끗하고, 존경을 받을 자격이 있다. 나는 타락이 있는 곳, 사람들이 내게 경의를 표하지 않을지도 모르는 곳에는 가지 않는 다.' 그러나 이렇게 말하는 사람은 하느님의 아들이 옛계율을 성실하게 지키는 사람들뿐 아니라 세리와 창녀들도 회개시키려고 가셨다는 말이 있는 복음서를 읽지 않았단 말이냐? 아니, 그 사람은 교만이 정신의 더러움이고, 사랑이 없는 것은 마음의 더러움이라는 것을 생각하지 않는단 말이냐? 네가 비방을 당할 것이라고? 내가 너보다 먼저, 너보다 더 비방을 받았다. 그런데 나는 하느님의 아들이었다. 네 옷을 더러움과 접촉하게 될 것이라고? 그러면 나는 그 더러움을 다시 깨끗해지게 하고 그에게 '이 새로운 길을 걸어 가라' 하고 말하기 위해서 그 더러움을 내 손으로 만지지 않았더냐?

너희들은 내가 너희들의 맨 처음 선배들에게 말한 것을 기억하지 못하느냐? '어느 읍내나 마을에 들어가든지 그럴 만한 자격이 있는 사람이 있는지 알아보고 그 사람 집에 머물러라. 이것은 세상 사람들이 이러쿵 저러쿵 말을 하지 못하게 하려는 것이었다. 세상 사람들은 모든 일에서 잘못된 것을 보려는 마음이 너무도 많다. 그러나 나는 이런 말을 덧붙였다. '그리고 집들에 ─ 나는 〈집들〉이라고 말했지 〈한 집〉이라고 말하지 않았다 ─ 들어가면서 〈이 집에 평화를 빕니다〉 하고 말하여라. 그 집이 평화를 누릴 만하면 너희가 비는 평화가 그 집에 내릴 것이고, 그렇지 못하면 그 평화는 너희에게 되돌아올 것이다.' 이것은 뉘우치지 않는다는 확실한 증거가 있기까지는 너희가 모든 사람에 대해서 같은 마음을 가져야 한다는 것을 가르치기 위해서였다. 그리고 나는 이렇게 말해서 가르침을 보충했다. '그리고 누가 너희를 받아들이지도 않고 말도 듣지 않거든 그 집들과 읍내에서 나올 때에 신발에 묻은 먼지를 털어 버려라.' 꾸준히 사랑을 받으시는 인자하신 하느님이 말하자면 반들반들한 수정덩어리로 바꾸어 놓으시는 착한 사람들에게는 우상숭배가 먼지에 지나지 않는다. 털거나 불기만 해도 상처를 남기지 않고 날아가 버리는 먼지란 말이다.

참으로 착한 사람들이 되어라. 그리고 영원히 인자하신 분을 중심으로 하고 오직 한 덩어리가 되어라. 그러면 아무런 부패도 땅을 밟고 있는 신발 바닥 위로 올라와서 너희를 더럽힐 수가 없을 것이다. 영혼은 아주 높이 있기 때문이다! 착하고 하느님과 오직 하나를 이루는 사람의 영혼은 말이다. 영혼은 하늘에 있다. 원한을 품고 사도의 영에게 먼지와 진흙을 던진다 하더라도 그것이 하늘에까지는 이르지 못한다.

먼지나 진흙이 육체는 해칠 수가 있고, 악이 선을 미워하기 때문에 너희를 박해하거나 너희에게 모욕을 줌으로써 너희에게 물질적으로나 정신적으로 상처를 입힐 수 있다. 그러나 그것이 대수로운 일이냐? 나는 모욕을 당하지 않았느냐? 상처를 입지 않았느냐? 그러나 그 매들과 외설한 말들이 내 영에 감명을 주었느냐? 내 영을 흐리게 했느냐? 아니다. 마치 거울 위에 뱉은 침이나 어떤 열매의 즙이 많은 과육을 맞힌 조약돌과 같이 그것들은 스며들지 않고 미끄러졌거나 혹 스며들었더라도 표면에만 뚫고 들어갔지 씨에 들어 있는 싹은 손상시키지 않았으며, 오히려 싹이 더 쉽게 트게 한다. 그것은 싹이 온전한 덩어리에서 나오기보다는 벙싯 벌어진 덩어리에서 나오기가 더 쉽기 때문이다. 밀알은 죽어서 싹이 나고 사도도 죽어서 풍부한 열매를 맺는다. 때로는 육체적으로 죽어서, 또 인간적인 자아(自我)가 그로 인해서 부수어지는 것에 지나지 않기 때문에 은유적(隱喻的)인 뜻으로는 거의 날마다 죽어서 그렇게 되는 것이다. 그러나 그것은 죽음이 아니라 생명이다. 그것은 순전히 인간적인 것에 대한 영의 승리이다.

그 여자는 한가한 시간을 어떻게 보낼지 모르는 일이 없는 여자의 변덕으로 내게 왔었다. 그 여자를 노예처럼 차지하기 위하여 관능적 쾌락에 대한 찬가로 그를 현혹하는 거짓된 아첨으로 멍멍하게 된 그 여자의 귀에 진리의 맑고 엄한 목소리가 울렸다. 사람들이 업신여기고 인정하지 않을까 봐 겁내지 않고 하느님을 쳐다보면서 말하는 진리 말이다. 그리고 명절날의 종악(鍾樂)과 같이 모든 목소리가 말에 섞이었다. 하늘과 확 트인 파란 하늘에 울려서 계곡과 야산의 평화가 호수에 퍼지면서 주님의 영광과 그분의 명절 기분을 상기시키기에 익숙해진 목소리들이다.

평화로운 시절에 주님께 바쳐진 날을 그렇게도 즐겁게 만들던 축제의 종악을 기억하지 못하느냐? 큰 종이 그 추로 하느님의 율법의 이름으로 첫번째 음을 냈었다. 큰 종은 이렇게 말하는 것이었다. '나는 심판자이시고 임금이신 하느님의 이름으로 말한다' 하고. 그러나 그 다음에는 제일 작은 종들이 아르페지오를 연주하며 이렇게 말했다. '하느님은 인자하시고 자비로우시고 인내하신다.' 그리고 마침내 은방울 소리를 가장 잘 내는 종이 천사의 목소리로 이렇게 말하는 것이었다. '하느님의 사랑은 너희들에게 용서가 원한보다 더 유익하고 준엄보다 동정이 더 유익하다는 것을 가르쳐 주기 위하여 용서와 동정으로 이끈다. 용서하는 분께로 오고, 동정하는 분께 대해 믿음을 가져라.' 나도 죄녀가 짓밟은 율법을 상기시키고 나서 용서의 바람을 노래하게 하였다. 푸르고 파란 비단띠와 같이 나는 그 용서에 대한 바람을 검은 빛깔들 가운데에서 흔들어 거기에 위로의 말을 퍼뜨렸다.

용서! 그것은 죄인의 화상(火傷) 위에 내리는 이슬과 같은 것이다. 이슬은 화살같이 찌르고 상처를 입히고 튀어서 스며들지 않고 가며 꽃들을 죽이는 우박 같지 않다. 이슬은 아주 가만히 내려서 가장 약한 꽃도 그 비단결같이 부드러운 꽃잎에 이슬이 내려와 앉은 것을 느끼지 못할 정도이다. 그러나 그 다음에는 그 시원한 물을 마시고 원기를 회복한다. 이슬은 뿌리 근처와 타는 흙덩어리 위에 내려 앉아서 스며들어 간다. … 이슬은 축축한 눈물, 별들의 눈물, 목마른 어린 아이들 위에 떨어지는 엄마의 사랑가득한 눈물과 같은 것이어서 내려와서는 달고 영양가 있는 젖과 함께 어린 아이들의 기운을 회복시켜 준다. 오! 사람이 쉬거나 죄를 짓는 때에도 작용하는 자연의 힘의 신비!

용서는 이 이슬과 같다. 용서는 깨끗함을 가져올 뿐 아니라 생명 유지에 필요한 즙도 가져오는데, 그것을 자연의 힘에서 얻어오지 않고 하느님이 계신 고향에서 얻어 온다. 그리고 용서의 약속 다음에는 지혜가 말을 하고, 합법적인 것과 그렇지 않은 것을 말해 주고, 환기시키고 꾸짖는다. 냉혹으로 그러는 것이 아니라 구원하고자 하는 어머니로서의 걱정으로 그러는 것이다.

차돌과 같은 너희 마음이 너희를 굽어보는 사랑에 대하여 더 뚫고 들어갈 수 없고 더 날카롭게 된 적이 얼마나 많았느냐! … 사랑이 너희들에게 말하는데 도망친 적이 몇 번이나 되었느냐! 사랑을 비웃은 적이 몇 번이나 되었느냐! 얼마나 여러 번 사랑을 미워했느냐! … 만일 너희들이 사랑에 대해서 하는 것처럼 사랑도 너희에게 대해서 행동한다면 너희 영혼들은 불행할 것이다! 그러나 이와는 반대로 너희들이 보다시피 사랑은 너희들을 찾아 지칠 줄을 모르고 걸어간다! 너희들이 몹시 더러운 소굴 속에 틀어박혀 있어도 사랑은 너희들 있는 데까지 찾아간다.

왜 내가 그 집에 가고자 했느냐? 왜 그 집에서 내가 기적을 행하지 않았느냐? 그것은 너희들에게 어떻게 행동해야 하는지를 가르치기 위해서였다. 즉 세상 사람들의 편견과 비판을 초월할 정도로 매우 고상한 의무를 다하기 위하여 그런 것들을 무릅쓰라는 것이다.

왜 내가 유다에게 이 말을 했느냐? 사도들은 그들의 인간적인 기질에 매우 연연하고 있었다. 모든 그리스도인이 그런 지경에 있고, 이 세상의 성인들까지도 정도는 덜하지만 그런 상태에 있다. 완전한 사람들에게도 그런 것이 조금은 남아 있다. 그러나 사도들은 아직 완전하지도 못했었다. 그들의 생각에는 인간적인 것이 스며 있었다. 나는 그들을 들어올리고 있었다. 그러나 그들의 인간성의 무게 때문에 그들은 다시 아래로 내려오곤 했다. 그들을 점점 더 높이 올라가게 하기 위하여는 그들이 내려오는 것을 막을 수 있는 것들을 올라가는 길에 놓아서, 그들이 거기에서 멎어 깊이 생각하고 휴식을 취하고 나서, 그 전번보다도 더 높이 올라가게 해야 했다. 그들이 내려오는 것을 막는 것들은 내가 하느님이라는 것을 그들에게 설득할 수 있는 차원의 것이어야 했다. 이 때문에 마음 속을 꿰뚫어 보았고, 이 때문에 자연의 힘에 대한 승리를 거두었고, 이 때문에 기적들을 행했고, 이 때문에 현성용(顯聖容)이 있었고, 부활과 동시에 여러 군데에 있는 현상이 있었다.

나는 최후의 만찬실에 있으면서 동시에 엠마오로 가는 길에도 있었다. 그리고 사도들과 제자들 사이에서 대조된 이 두 현존의 시간이 그들에게 가장 큰 충격을 주어 그들을 자신들의 이익에서 벗어나서 그리스도의 길로 들어서게 한 이유 중의 하나였다.

나는 그의 안에서 벌써 죽음이 은밀히 진행되고 있던 사도들의 일원인 유다보다도 열 한 사도를 위해서 말했다. 나는 내가 하느님이라는 것을 그들의 눈에 반드시 띄게 해야 했다. 교만으로 그런 것이 아니라, 그들을 교육하는 데 필요했기 때문이다. 나는 하느님이요 선생님이었다. 이 단어들이 내가 누구라는 것을 알려주는 것이었다. 나는 인간의 능력을 초월하는 능력으로 나를 드러냈고, 완전을 가르쳤다. 그것은 우리 마음 속으로도 나쁜 회화를 하지 않는 것이다. 하느님께서는 모든 것을 보시는데, 깨끗한 마음을 보셔야 그리로 내려오셔서 거처를 정하실 수 있기 때문이다.

내가 왜 그 집에서 기적을 행하지 않았느냐? 그것은 모든 사람에게 하느님의 현존은 하느님의 위엄의 위대함에 대한 존경으로 깨끗한 환경을 요구한다는 것을 이해시키기 위해서였다. 입술을 움직이지 않고, 그러나 더 마음에 스며드는 말로 죄녀의 영에 이렇게 말하기 위해서였다. '불쌍한 여자야, 알겠느냐? 너는 하도 더럽혀져서 네 주위에 있는 모든 것이 더럽혀졌고, 너무 더럽혀져서 하느님께서 여기서는 일하실 수 없을 정도이다. 너는 이 사람보다도 더 더럽혀졌다. 그것은 네가 하와의 잘못을 되풀이하고 아담들에게 열매를 주면서 그들을 유혹하고 그들의 의무를 하지 못하게 하기 때문이다. 사탄의 종인 네가 말이다' 하고.

그러나 고민에 빠진 어머니가 그를 '사탄'이라고 부르는 것을 왜 내가 원치 않느냐? 어떤 이유도 모욕과 증오를 정당화하지 못하기 때문이다. 절실히 요구되는 첫째가는 필요성과 우리 가운데에 하느님을 모시는 데 요구되는 첫째 조건은 원한을 품지 않고 용서할 줄을 아는 것이다. 둘째 필요성은 우리와 우리의 것에도 유죄성이 있다는 것을 인정할 줄 아는 것이다. 즉 남의 잘못만을 보지 않는 것이다. 셋째 필요성은 은총을 받은 다음에 영원하신 분에 대한 정의로 꾸준히 감사하는 마음을 가지고 충실할 줄을 아는 것이다. 은총을 얻고 나서 개보다도 못한 사람이 되어, 개는 은인을 기억하는데 그들에게 은혜를 베푸신 분을 기억하지 못하는 사람들은 불행하다!

나는 막달라 마리아에게 한마디 말로 하지 않겠다. 그 여자가 조상(彫像)인 것처럼 그를 잠깐 바라다보고는 눈을 딴 데로 돌렸다. 나는 구원하기를 원하던 '산 사람들'에게로 돌아왔다. 대리석상과 같이, 아니 그보다도 더 차가운 재료와 같은 마리아를 나는 표면상의 무관심으로 감쌌다. 그러나 나는 내가 구속하기를 원하던 그의 가엾은 영혼을 주목적으로 하지 않은 말은 한마디도 하지 않았고 한 가지 행위도 하지 않았다. 그리고 내 마지막 말인 '나는 모욕을 주지 않는다. 너도 모욕을 주지 말고, 죄인들을 위하여 기도하여라. 다른 것은 아무 것도 하지 말아라' 한 말은 사람들이 만드는 꽃줄과 같이, 내가 산에서 말한 첫번째 말인 '용서는 원한보다 더 유익하고, 동정은 냉혹보다 더 유익하다'고 한 말과 합해졌다. 그리고 이 말들이 가엾고 불행한 여자를 부드럽고 시원하고 향기로운 친절의 테두리 안에 가두어서, 하느님을 사랑으로 섬기는 것이 사나운 사탄의 노예가 되는 것과 얼마나 다르고, 죄의 악취와 비교해서 하늘의 향기가 얼마나 기분좋으며, 악마같이 차지되는 것보다 거룩하게 사랑받는 것이 얼마나 아늑한지를 깨닫게 하였다.

주께서 당신이 원하시는 것을 얼마나 조절하시는지 보아라. 주님은 전격적인 회개를 요구하지 않으신다. 어떤 마음이 절대적이기를 요구하지 않으시고, 기다릴 줄을 아신다. 만족할 줄을 아신다. 그리고 길을 잃었던 그 여자가 길을 다시 찾고, 미쳤던 여자가 이성을 다시 찾기를 기다리시는 동안, 어쩔 줄을 모르는 그 여자의 어머니가 당신께 드릴 수 있는 것으로 만족하신다.
　나는 그 어머니에게 '용서할 수 있어요?' 하고 묻기만 하였다. 만일 내가 사람들이 판단하는 것처럼 판단했더라면 그 어머니가 기적을 받을 만한 자격을 얻게 하기 위해 얼마나 많은 말을 물어보아야 했겠느냐! 그러나 나는 하느님답게 너희들의 힘을 헤아려 본다. 엉망이 된 가엾은 그 어머니로서는 용서하게 되는 것도 벌써 대단한 일이었다. 그래서 그 당장은 그에게 그것밖에 요구하지 않았다. 그후 그의 아들을 돌려 주고 나서 '거룩하게 사시오, 그리고 당신 집을 거룩하게 하시오' 하고 말하였다. 그러나 그 여자가 어쩔 줄 몰라하는 동안은 잘못한 딸을 용서해 주라는 것밖에 요구하지 않았다. 조금 전만 하더라도 아무것도 없는 어두움 속에 있던 사람에게 모든 것을 요구해서는 안 된다. 그 어머니는 그후 완전한 빛으로 왔고, 그 어머니와 더불어 아내와 아이들도 완전한 빛으로 왔다. 그 당장은 눈물로 앞이 보이지 않게 된 그의 눈에 희미한 빛, 즉 하느님이 주신 날의 새벽빛인 용서가 와야 했었다.
　거기에 있던 사람들 중에서 — 나는 유다는 치지 않는다. 그리고 그곳에 맞아들여진 사람들에 대해서 말하는 것이지, 내 제자들에 대해서 말하는 것은 아니다 — 한 사람만이 빛을 찾아오지 않았을 것이다. 이러한 실패는 사도직의 승리를 늘 따라다닌다. 사도가 아무리 애를 써도 소용이 없는 사람은 언제나 있는 법이다. 그러나 그 실패로 인해서 용기를 잃어서는 안 된다. 사도는 모든 것을 얻기를 열망해서는 안 된다. 사도 앞에는 여러 가지 이름을 가지고 있는 반대 세력이 있는데, 그것들은 문어의 발과 같이 사도가 그들에게서 빼앗았던 먹이를 다시 나꿔챈다. 그러나 사도의 공로는 그대로 남아 있다. '그곳에서는 내가 회개시키지 못하리라는 것을 안다. 그러니까 그곳에는 가지않는다 하고 말하는 사도는 불행하다. 이런 사도는 가치없는 사도이다.
　천 명 중에서 구원을 받을 사람이 한 명밖에 없더라도 가야 한다. 사도의 하루는 이 한 사람 때문에 천 사람에게 유익했을 것만큼이나 유익할 것이다. 그것은 그가 할 수 있는 것을 다 했겠기 때문이니, 하느님께서 상주시는 것은 바로 이것이다. 회개시켜야 할 사람이 너무나 단단히 사탄에게 독점되어 있고, 요구되는 노력에 비해 사도의 힘이 모자라기 때문에 그가 회개를 시킬 수 없는 곳에서는 하느님께서 개입하실 수 있다는 생각도 해야 한다. 그렇다면? 누가 하느님보다 더 낫단 말이냐?
　사도가 절대적으로 실천해야하는 또 한 가지는 사랑이다. 뚜렷한 사랑이다. 충실한 마음 속에 있는 눈에 띄지 않는 사랑만이 아니다. 이런 사랑은 착한 형제들에게는 충분하다. 그러나 사도는 하느님의 일꾼이니, 기도만 할 것이 아니라 행동도 해야 한다. 사도는 사랑을 가지고, 큰 사랑을 가지고 행동해야 한다. 준엄은 사도의 일을 마비시키고 빛을 향해 가는 영혼들의 움직임을 정체시킨다. 준엄이 아니라, 사랑을 가져야 한다.

사랑은 나쁜 열정의 불길이 공격할 수 없는 석면옷이다. 사랑은 너희에게 방부제를 가득 채워서 인간적이고 악마적인 부패가 너희 안에 들어오는 것을 막는다. 영혼을 얻기 위하여는 그 영혼을 사랑할 줄 알아야 한다. 영혼을 얻기 위하여는 그 영혼으로 하여금 사랑하도록 이끌어 가야 한다. 죄되는 그의 보잘 것 없는 모든 사랑을 물리치고 선을 사랑하도록 말이다.

나는 마리아의 영혼을 원하였다. 작은 요한(마리아 발또르따의 애칭임)아, 네게 대해서와 마찬가지로 나는 선생의 강단에서 말하는데 그치지 않고, 죄의 길로 그를 찾아 내려갔다. 나는 마리아를 내 사랑으로 뒤쫓고 괴롭혔다. 다정스러운 괴롭힘이었다! 순결 자체인 내가 부정 자체인 마리아가 있는 곳에 들어갔다.

나는 나를 위해서도 다른 사람들을 위해서도 빈축(嚬蹙)을 두려워하지 않았다. 나는 자비 자체이기 때문에 내 안에 빈축이 들어올 수가 없었다. 자비는 잘못을 보고 슬퍼한다. 그러나 그 때문에 얼굴을 찡그리지는 않는다. 분개하고, 그 분개라는 병풍 뒤에 숨어서 영혼을 돌보지 않는 목자는 불행하다! 영혼들이 육체들보다 더 쉽게 일어나고, '자매야, 네 이익을 위해 일어나라' 고 하는 연민과 사랑의 말이 자주 기적을 행한다는 것을 너희는 알지 못하느냐? 나는 남의 빈축을 두려워하지 않았다. 하느님의 눈에는 내 행동이 정당한 것으로 보였고, 착한 사람의 눈에는 내 행동이 이해되었다. 부패한 마음에서 나오는 악의가 끓어오르는 사람의 악의를 품은 눈은 아무런 가치도 없다. 그런 눈은 하느님에게서도 잘못을 찾아낸다. 그런 눈은 자기 자신밖에는 완전한 것으로 보지 않는다. 그러므로 나는 그런 눈은 상관하지 않았다.

한 영혼의 구원을 위한 세 가지 조건은 이런 것들이다.

말문이 막힐 염려없이 말할 수 있기 위하여 우선 매우 **청렴결백해야 한다**. 한 군중에게 말하되, 신비로운 배 주위에 모여 있는 군중에게 하는 사도로서의 우리 말이 퍼져 나가는 파동(波動)으로 점점 더 멀리 가서, 진흙 속에 빠져들어서 진리를 알려는 생각을 하지 않는 사람들이 누워 있는 진흙투성이의 물가에까지 이르게 해야 한다.

이것이 단단한 땅을 파서 씨뿌리기를 준비하기 위하여 맨 처음에 할 일이다. 이것은 그 일을 하는 사람에게나 그 일을 당하는 사람에게나 가장 어려운 일이다. 말은 날카로운 보습날과 같이 파헤치기 위하여 상처를 입혀야 하기 때문이다. 너희에게 진정으로 말하지만, 착한 사도의 마음은 열기 위하여 상처를 입혀야 하는 괴로움으로 인하여 상처를 입고 피를 흘린다. 그러나 이 고통도 역시 많은 성과를 올리는 것이다. 사도의 피와 눈물로 불모의 땅이 기름지게 되는 것이다.

둘째 특성은 그의 사명을 잘 이해하지 못하는 어떤 사람이 도망을 하는 곳에서도 일을 하는 것이다. 가라지와 개밀속(屬)과 가시나무를 뽑아내서 경작된 땅을 드러나게 해서 그 위에 하느님의 능력과 인자가 태양처럼 비치게 하려고 애쓰느라고 몹시 피로해야 하고, 동시에 재판관과 의사의 자격으로 엄격하면서도 동정심을 많이 가져서 멈춰서 기다리고 영혼들에게 위기를 극복하고 깊이 생각하고 결정할 시간을 주어야 한다.

셋째 점은 이렇다. 자기의 잘못을 슬퍼하고 곰곰이 생각하면서 조용한 가운데에서 뉘우친 영혼이 쫓겨나지 않을지 걱정하면서 사도에게로 머뭇거리며 감히 오기만 하면, 사도는 바다보다도 더 넓고, 엄마의 마음보다도 더 자상하고, 신랑의 마음보다도 더 사랑하는 마음, 물결같이 풍부한 애정을 쏟으려고 **활짝 열리는** 마음을 가져야 한다.

만일 너희가 하느님을 사랑이신 하느님을 너희 안에 모시고 있으면, 영혼들에게 말해야 하는 사랑의 말을 쉽게 찾아낼 것이다. 하느님께서 너희들 안에서 너희들을 통하여 말씀하실 것이고, 벌의 집에서 흘러 나오는 꿀과 같이, 작은 병에서 흘러 나오는 향유와 같이 사랑이 바싹 말라서 입맛을 잃은 입술에 가고 상처입은 정신에 가서 위로가 되고 약이 될 것이다. 죄인들이 영혼들의 교사인 너희들을 사랑하게 만들어라. 영혼들이 하늘의 사랑을 맛보게 하고, 그로 인해서 다시는 다른 음식을 찾지 않겠다는 생각을 가지게 하여라. 영혼들이 너희들의 다정스러움에서 너무도 많은 위안을 느껴서 그들의 모든 상처에 그 위안을 찾게 하여라.

너희 사랑이 죄인들에게서 일체의 두려움을 몰아내야 한다. 오늘 네가 읽은 사도의 편지에 있는 것과 같이 '두려움은 징벌을 가정하며, 두려워하는 사람은 완전하지 못하기' 때문이다. 그러나 두려워하게 하는 사람도 완전하지 못하다. 너희는 '너는 무슨 짓을 했느냐?' 하고 말하지 말고, '가라' 하고 말하지도 말고, '너는 맛있는 사랑을 맛볼 수 없다' 고도 말하지 말아라. 오히려 '사랑해라, 그러면 너를 용서해 주마' 하고 말하고, '오너라, 예수님은 팔을 벌리고 계시다' 하고 말하고, '이 천사의 빵과 이 말씀을 맛보고, 지옥의 송진과 사탄의 업신여김을 잊어라' 하고 내 이름으로 말하라. 너희들의 약한 남들을 위하여 짐바리 짐승처럼 되어라. 사도는 자기의 짐과 남의 짐을 져야 하고, 동시에 자기의 십자가와 남의 십자가를 져야 한다. 그리고 상처 입은 양들을 메고 내게로 올 때에는 그 길잃었던 양들을 안심시키면서 이렇게 말하여라. '이제부터는 모든 것이 잊혀진다' 고. 또 이렇게도 말하여라. '구세주를 무서워하지 말아라. 구세주께서는 일부러 너를 위해 하늘에서 오셨다. 나는 고백에 의한 사죄(赦罪)의 통로가 되는 외에, 너를 기다리시는 구세주로 너를 인도하고, 거룩한 목장으로 너를 데려가는데 쓰이는 다리에 지나지 않는다. 그 거룩한 목장은 여기 이 세상에서 시작되지만, 그후 영양을 주고 즐겁게 하는 영원히 아름다운 하늘에서 계속된다' 하고.

　　이것이 해설이다. 이것은 착한 목자에게 충실한 양들인 너희들에게는 별로 관계가 없다. 그러나 작은 신부(新婦)인 네게는 신뢰가 증가할 것이고, 신부(神父)에게는 재판관으로서의 그의 빛에 빛을 더해 주는 것이 될 것이며, 많은 사람에게는 선으로 몰고 가는 자극제가 아니라, 스며들어가고 영양을 주어서 시들은 꽃들을 다시 세워 주는 내가 말한 이슬이 될 것이다.
　　머리를 들어라 하늘은 저 위에 있다. 마리아야 편안히 가거라. 주님이 너와 함께 계시다."

96. 예수께서 마르타에게 말씀하신다. "너는 벌써 승리를 손에 쥐고 있다"

예수께서 배에 오르려고 하신다. 주름진 비단 같은 호수에 장미꽃잎을 따서 떨어뜨리는 맑은 여름날의 새벽이다. 그때에 갑자기 마르타가 하녀와 같이 온다. "아이고! 선생님, 제발 제 말씀을 들어주십시오."

예수께서는 다시 호숫가로 내려오셔서 사도들에게 말씀하신다. "급류 근처에 가서 기다려라. 그동안 마제단쪽 전도를 위해 모든 것을 준비하여라. 데카폴리스도 말씀을 기다리고 있다. 가거라."

그리고 배가 호숫가에서 떨어져 깊은 곳으로 나가는 동안 예수께서는 마르타와 나란히 걸으신다. 마르첼라는 공손히 뒤따라 간다.

그들은 호숫가를 걸어서 이렇게 마을에서 멀어진다. 호반은 벌써 풀이 드문드문 나 있는 좁은 모래밭이 있는 다음 이내 초목이 뒤덮인 곳이 나타나더니 지평선을 떠나면서 호수에 그림자를 드리운 비탈을 올라간다.

호젓한 곳에 이르렀을 때 예수께서는 빙그레 웃으시면서 말씀하신다. "그래 무슨 말을 하고 싶으냐?"

"아이고! 선생님… 지난밤 2경이 지난 지 얼마 안 돼서 마리아가 집에 돌아왔습니다. 아! 아니, 이 말씀을 드리는 것을 잊었었군요. 어제 정오에 저희가 식사를 하는 동안 마리아가 저보고 이런 말을 했습니다. '언니의 옷 하나하고 겉옷을 빌려줄 수 있겠어? 옷들이 조금 짧긴 하겠지만 옷은 헐렁한 채로 놔두고 겉옷은 단을 내리겠어….' 저는 '네 마음대로 해라' 하고 말했습니다. 그런데 제 가슴은 아주 세게 두방망이질을 했습니다. 그것은 그전에 정원에서 마르첼라에게 '오늘 저녁 선생님께서 군중에게 말씀하실 것이니까 황혼 무렵에는 가파르나움에 가 있어야 한다' 하고 말했는데 마리아가 소스라치게 놀라고, 얼굴빛이 변하고, 한 자리에 그대로 있지를 못하고, 걱정이 있는 사람처럼 혼자서 왔다갔다 하면서 불안해 하고 결정을 하려는 순간에 있는데… 어떤 것을 받아들이고 어떤 것을 물리쳐야 할지를 모르는 것같이 보였기 때문입니다.

식사 후에 마리아는 제 방에 가서 제가 가졌던 것 중에서 제일 우중충하고 제일 검소한 옷을 꺼내서 입어보고는 옷이 너무 짧기 때문에 유모더러 단을 전부 내려 달라고 부탁했습니다. 마리아는 자기가 그것을 해보려고 했었습니다. 그러나 울면서 '난 이제 바느질도 할 줄 모르게 됐어. 유익하고 좋은 것은 모두 잊어버렸어…' 하고 자기의 무능을 인정했습니다. 그리고는 제 목을 두 팔로 얼싸 안고서 '날 위해 기도해 줘' 하고 말했습니다. 마리아는 황혼 무렵에 나갔습니다. … 저는 마리아가 여기 오는 것을 막을 사람을 아무도 만나지 않도록, 선생님의 말씀을 알아듣도록, 그애를 노예로 붙잡아 두고 있는 괴물의 목을 결정적으로 조르는 데 성공하도록 얼마나 기도를 했는지 모릅니다.… 보십시오, 저는 제 허리띠 아래 선생님의 허리띠를 덧붙여서 꼭 죄었습니다. 그리고 뻣뻣한 허리띠에 익숙하지 않은 제 허리에 단단한 가죽의 압력을 느낄 때 이렇게 말했습니다. '선생님은 무엇보다도 더 강하시다'고.

그런 다음 마차를 타고 오니까 빨리 길을 와서 마르첼라와 제가 여기에 이르렀습니다. 선생님께서 군중 가운데 있는 저희들을 보셨는지 모르겠습니다.… 그러나 마리아를 보지 못하니 얼마나 고통스럽고 심장이 가시에 찔리는 것 같았는지 모릅니다! 저는 이렇게 생각했습니다. '마리아는 후회하고 집으로 돌아갔나 보다. 그렇지 않으면… 어쩌면 그애가 요구했던 내 권위에 저항할 수가 없게 되어서 도망쳤는지도 모르겠다' 하고. 저는 선생님의 말씀을 들으면서 베일 밑에서 울고 있었습니다. 그 말씀은 마리아를 위해서 하시는 것 같았습니다. … 그런데 마리아는 그 말씀을 듣지 못하고 있었습니다! 그 애를 보지 못하는 저는 이렇게 생각했습니다. 저는 낙망해서 집으로 돌아갔습니다. 그것은 사실입니다. 선생님께서 '마리아가 오면 너는 집에서 기다려라' 하고 말씀하셨기 때문에 선생님의 말씀을 어겼습니다. 그렇지만 선생님, 제 마음을 관찰하십시오. 제 동생이 선생님께로 오고 있었습니다! 그러나 그애가 선생님 곁에 있는 것을 보기 위해 이리로 오지 않을 수가 있었습니까! 또 그리고! … 선생님은 '마리아가 몹시 피로할 것이다' 하고 말씀하셨지요. 저는 그애를 즉시 붙들어 주게 그애 곁에 있고 싶었습니다….

저는 제 방에서 무릎을 꿇고 눈물을 흘리며 기도하고 있었습니다. 그리고

2경이 지난 지가 오래 되었었는데, 그때 마리아가 돌아왔습니다. 하도 가만히 들어와서 그애가 제게로 쓰러지면서 저를 꼭 껴안을 적에야 그애의 인기척을 들었습니다. 마리아는 이렇게 말하는 것이었습니다. '축복받은 언니가 말하는 것이 모두 참말이야. 언니가 말하는 것보다도 훨씬 더해. 선생님의 자비는 훨씬 더 크단 말이야. 오! 마르타 언니! 이젠 나를 붙잡을 필요가 없게 됐어! 이제는 내가 뻔뻔스럽고 절망적인 것을 언니가 보지 못하게 될 거야! 언니는 내가 〈생각하지 않기 위해서〉라고 말하는 걸 듣지 못하게 될 거야. 이제는 내가 생각하고 싶어, 무엇을 생각해야 할지를 알아. 사람이 되는 인자를 생각해야 해. 언니가 기도했지, 틀림없이 나를 위해 기도했어. 하지만 언니는 벌써 언니의 승리를 쥐고 있어. 이제 다시는 죄를 짓기를 원치 않는 마리아, 이제 새로 나는 언니의 마리아가 여기 있어. 바람과 뉘우침의 눈물로 씻은 얼굴을 가진 새로운 마리아니까 똑바로 들여다 봐. 깨끗한 언니, 언니는 내게 입맞춤해도 돼. 내 얼굴에는 이제 부끄러운 사랑의 흔적이 없어. 선생님은 내 영혼을 사랑한다고 말씀하셨어. 내 영혼에 말씀하셨고, 내 영혼에 대해서 말씀하셨으니까. 잃어버린 양은 나였어. 선생님은 이렇게 말씀하셨어. 내가 제대로 말하는지 들어 봐. 언니는 구세주의 말씀하시는 투를 알고 있지…' 그러면서 선생님의 비유를 되풀이했는데, 아주 완전하게 했습니다.

  마리아는 매우 총명합니다! 저보다 훨씬 더 총명합니다. 그애는 기억을 잘합니다. 그래서 선생님의 말씀을 두 번 들은 셈입니다. 선생님의 입술에서는 그 말씀이 거룩하고 숭배할 만했습니다. 마리아의 입술에서 그 말씀이 제게는 거룩하고 숭배할 만하고 사랑스러웠습니다. 제 동생의 입술, 다시 찾은 제 동생, 가정으로 돌아온 제 동생의 입술이 해주는 말이었기 때문입니다. 저희들은 껴안고 방바닥에 깐 돗자리 위에 앉아 있었습니다. 저희들은 어렸을 때 엄마의 방에서나 엄마가 옷감을 짜고 있는 베틀이나 찬란한 옷감에 수를 놓고 있는 수틀 곁에서 이렇게 했었습니다. 저희들은 이렇게 하고 있었는데 이제는 죄로 인해서 서로 갈라져 있지 않게 되었고, 엄마의 영이 거기에 있는 것같이 느껴졌습니다. 저희들은 고민하지 않고, 오히려 매우 화평스럽게 울었습니다! 저희들은 행복하게 서로 껴안고 있었습니다. … 그러다가 마리아는 걸어서 왔다 간 길과 여러 가지 일로 인한 감격으로 피로해서 제 품에서 잠이 들었습니다. 그래서 유모의 도움을 받으며 제 침대에 뉘고… 그애를 떠나 이리로 달려왔습니다…." 그러면서 마르타는 행복하게 예수의 손에 입맞춤한다.

"나도 마리아가 네게 한 말을 하겠다. '너는 승리를 쥐고 있다'고. 자 행복한 마음으로 가거라, 평안히 가거라. 방금 다시 태어난 동생에 대해서 아주 자상하고 조심성있게 행동하여라. 마르타야, 안녕. 저기서 괴로워하고 있는 라자로에게 이 일을 알려라."

"그러겠습니다. 선생님. 그러나 마리아는 언제나 저희 제자들과 같이 올까요?"

예수께서 미소지으시며 말씀하신다. "조물주께서도 엿새 동안에 창조를 하셨고, 일곱째 날에는 쉬셨다."

"알겠습니다. 참을성을 가져야 하겠군요…."

"그렇다, 참을성을. 한숨을 쉬지 말아야 한다. 그것도 하나의 덕행이다. 너희 여인들에게 평화가 있기를. 우리는 곧 다시 만나게 된다." 그러시면서 예수께서는 여인들과 헤어지셔서 물가에서 기다리고 배가 있는 호수 쪽으로 가신다.

97. 막달라 마리아가 바리사이파 사람 시몬의 집에

　　복합적인 내 고통을 덜어주시고 사람들의 여러 가지 악의를 잊게 하시려고 내 예수님은 이 기분좋은 명상을 내게 허락하셨다.

　　매우 호화로운 큰 방이 보인다. 심지가 많이 있는 큰 등이 매달려 있고, 심지마다 불이 켜져 있다. 벽에는 매우 아름다운 장식융단이 걸려 있고, 의자들은 쪽매붙임과 상아 상감(象嵌)으로 장식되어 있으며, 가구들도 매우 아름답다.
　　한가운데에는 정사각형의 큰 식탁이 있다, 그러나 그것은 식탁 네 개를 모아서 그렇게 만든 것이다. 식탁은 분명히 많은 손님(전부 남자) 때문에 이렇게 배치되었을 것인데, 매우 아름다운 식탁보가 덮여 있고 호화로운 식기들이 놓여 있다. 손잡이가 달린 항아리와 값진 술잔들이 많고, 하인들은 이리저리 왔다갔다 하면서 음식을 가져오기도 하고 포도주를 따르기도 한다. 정사각형의 한가운데에는 아무도 없다. 방바닥에는 대단히 아름다운 타일이 깔려 있는데, 그 위에 기름을 쓰는 큰 등의 불빛이 반사한다. 반대로 바깥 쪽에는 많은 침대형 의자가 놓여 있고, 거기에는 모두 손님이 자리하고 있다.
　　나는 방 안쪽 어둠침침한 구석 문옆에 있는 것 같다. 문은 바깥으로 활짝 열려 있으나, 동시에 문의 장식틀에서 늘어져 있는 두꺼운 융단 또는 타피스리로 가려져 있다.
　　문에서 제일 먼 쪽에 집주인과 귀빈들이 있다. 주인은 수놓은 허리띠를 허리를 졸라맨 넓은 흰 옷을 입은 나이많은 사람이다. 옷에는 목과 소매끝과 옷 자체에도 수놓은 리본이나 장식줄을 달았다고 할 수 있겠다. 그러나 저 작은 노인의 얼굴은 내 마음에 들지 않는다. 그 사람의 얼굴은 악의가 있어 보이고 차갑고 교만하고 탐욕스럽다.
　　맞은 편에 그와 마주 보고서 예수님이 자리하셨다. 나는 예수를 옆으로 본다. 거의 뒤에서 본다고 말할 수 있겠다. 예수께서는 늘 입으시는 흰 옷을 입

97. 막달라 마리아가 바리사이파 사람 시몬의 집에   **89**

고 샌들을 신고 계시며 긴 머리는 늘 그러시는 것처럼 이마에서 양쪽으로 갈라져 있다.

　나는 예수와 모든 손님이 그 침대형 의자에 내가 생각한 것과 같이, 즉 식탁과 수직으로 누워 있지 않고 식탁과 거의 평행으로 누워 있는 것에 주의한다. 가나의 혼인잔치를 환상으로 볼 때에는 이 세밀한 점에는 별로 주의를 하지 않았었고, 그들이 왼쪽 팔꿈치를 괴고 먹는 것을 보았었지만 침대가 덜 호화롭고 훨씬 더 짧았기 때문에 그들이 누워 있는 것으로는 생각되지 않았었다. 그러나 이 침대형 의자들은 진짜 침대들이고 터어키풍(風)의 현대식 긴 의자와 비슷하다.

　예수의 곁에는 요한이 있다. 그런데 예수께서(모든 사람이 그렇게 하는 것처럼) 왼쪽 팔꿈치를 괴고 계시기 때문에 결과적으로 요한은 식탁과 주님의 몸 사이에 박혀서 선생님의 겨드랑께에 와 있게 되어 예수께서 식사하시는데 방해가 되지 않고, 또 원하면 예수의 가슴에 은밀히 기댈 수도 있게 되어 있다.

　여자들은 없다. 모두가 말을 한다. 그리고 집주인은 가끔 예수께 말을 거는데, 몹시 친숙한 태도를 일부러 지어보이고 분명히 교만한 태도를 보인다. 보잘 것 없는 예언자이고 사람들이 좀 흥분한 사람으로… 생각하기도 하는 예수를 그의 호화로운 집에 초대한 것은 예수께 큰 명예가 된다는 것을 예수와 거기에 있는 모든 사람에게 보이고자 하는 것이 분명하다.

　나는 예수께서 조용히 정중하게 대답하시는 것을 본다.

　문어귀를 가린 호화로운 타피스리가 들리면서 대단히 아름답고 호사스런 옷을 입고 머리를 정성스럽게 다듬은 젊은 여자가 들어오는 것이 보인다. 숱이 대단히 많은 금발은 예술적으로 땋은 머리채로 참다운 머리의 장식을 이루었다. 그 여자의 머리채가 어떻게나 숱이 많고 반짝이는지 온통 돋을새김으로 되어 있는 금투구를 쓴 것 같다. 성모님이 늘 입고 계신 것을 본 옷과 비교하면 매우 남다르고 복잡하다고 말할 수 있을 옷을 입고 있다. 어깨에는 고리쇠들이 있고, 가슴 윗쪽의 주름을 고정시키는 보석들이 있고, 가슴의 윤곽을 나타내는 금사슬들이 있으며, 금과 보석으로 된 버클이 달린 허리띠가 있다. 매우 아름다운 그의 육체의 선을 두드러지게 나타내는 선정적인 옷이다. 머리에는 베일을 썼지만 하도 얇은 베일이어서… 아무것도 가리지 않는다. 그것은 하나의 장신구에 지나지 않는다. 그뿐이다. 발에는 금 버클이 달린 매우 호화로운 샌들을 신었는데, 발목에는 얽어서 만든 끈으로 매는 붉은 가죽으로 만든 샌들이다.

예수를 빼놓고는 모두가 그 여자를 보려고 몸을 돌린다. 요한은 잠깐 그 여자를 살펴보고는 예수 쪽으로 몸을 돌린다. 다른 사람들은 눈에 띄는 나쁜 욕망을 가지고 그 여자를 바라본다. 그러나 여자는 그들을 조금도 쳐다보지 않고, 그가 들어올 때에 일어난 속삭임과, 예수와 제자를 제외한 모든 사람이 눈짓을 하는 데에는 관심을 가지지 않는다. 예수께서는 아무것도 알아차리지 못하신다는 것을 보이시고, 계속 말씀을 하셔서 집주인과 시작하셨던 회화를 끝마치신다.

여인은 예수께로 향하여 가서 선생님의 발 옆에 무릎을 꿇는다. 그 여자는 배가 대단히 불룩한 항아리 모양의 작은 단지를 방바닥에 내려놓고, 베일을 머리카락에 고정시키던 값진 머리핀을 빼서 베일을 머리에서 벗기고, 손가락에서, 반지 여러 개를 빼서 모두 침대형 의자의 예수의 발 옆에 놓는다. 그런 다음 두 손으로 예수의 발을, 먼저 오른 발, 그 다음에 왼발을 잡고 샌들 끈을 끌러 벗겨서 방바닥에 내려놓는다. 그리고는 흐느끼면서 그 발에 입맞춤하고, 발에 이마를 갖다 대고 어루만지는데, 눈물이 비오듯 쏟아져 등불빛에 반짝이고, 흠숭하올 그 발의 피부를 적신다.

예수께서는 머리를 천천히 겨우 돌리시고 짙은 파란색 눈이 숙인 머리를 잠시 내려다보신다. 사죄(赦罪)하는 눈길이다. 그리고는 다시 방 가운데를 바라다보시고, 여인이 그의 심정을 마음대로 표명하게 내버려두신다.

그러나 다른 사람들은 그렇지 않다. 그들은 서로 농담을 주고 받고 눈짓을 하고 히죽히죽 웃는다. 그리고 바리사이파 사람은 더 잘 보려고 잠깐 일어나 앉았는데, 그의 눈은 욕망과 불만과 빈정거림을 나타낸다. 그로서는 그것이 여인에 대한 탐욕이다. 이 감정은 명백하다. 한편 그 여자가 그렇게도 무람 없이 들어와서, 다른 사람들이 그 여자가 이 집에 드나드는 사람인가… 하고 생각할 수 있게 된 것이 불만이다. 끝으로 그것은 예수를 빈정거리는 눈짓이다….

그러나 여인은 아무것에도 주의를 기울이지 않는다. 소리를 내지 않고 계속 눈물을 흘린다. 굵은 눈물만을 흘리며 어쩌다 흐느낀다. 그러다가 복잡한 머리 모양을 고정시키던 금으로 만든 머리핀들을 뽑아 머리를 풀고, 그 머리 핀들도 반지들과 베일을 고정시키던 굵은 핀 곁에 놓는다. 금발이 어깨 위로 펼쳐진다. 여인은 그 머리를 양손으로 잡아 가슴으로 가져다가 예수의 젖은 발을 마를 때까지 훔친다. 그리고는 작은 그릇에 손가락을 넣어서 노리게 하고 매우 향기가 짙은 연고를 꺼낸다. 백합꽃과 월하향(月下香)의 성질을 가진 향내가 온 방안에 퍼진다. 여인은 그것을 많이 꺼내서 펴서 바르고 입맞춤하고 어루만진다.

예수께서는 이따금씩 애정이 넘치는 동정으로 여인을 내려다보신다. 흐느끼는 소리를 듣고 놀라서 돌아다 본 요한은 예수와 여인 두 사람에게서 눈을 떼지 못한다. 요한은 예수와 여인을 번갈아 바라다본다.

바리사이파 사람의 얼굴은 점점 더 공격적인 것이 된다. 나는 여기서 복음서에 있는 잘 알려진 말씀을 듣는다. 증오를 품은 노인의 머리를 숙이게 하는 눈길을 곁들인 어조로 하신 말씀을 듣는다.

여인에게 하신 사죄의 말씀을 나는 듣는다. 여인은 보석들을 예수의 발 앞에 남겨둔 채 떠나 간다. 여인은 베일로 머리를 감싸고 흐트러진 머리카락을 할 수 있는 대로 베일 속으로 집어 넣는다. 예수께서는 "평안히 가거라" 하고 여인에게 말씀하시면서 숙인 머리에 더할 수 없이 다정스럽게 잠시 손을 얹으신다.

98. "많이 사랑하는 사람은 많이 용서받는다"

예수께서 이제는 내게 말씀하신다.
"바리사이파 사람과 그의 친구들에게 머리를 숙이게 한 말로, 복음서에서 이야기하지 않는 그 말은 내 영이 내 눈길을 통해 그의 냉담하고 탐욕스러운 마음에 화살처럼 쏘아서 박은 말들이다. 나는 말로 했을 것보다도 훨씬 더 힘있게 대답하였다. 사람들의 생각을 나는 모두 환히 알고 있었기 때문이다. 그리고 그 사람은 내 말보다도 훨씬 더 심한 비난을 내포한 내 무언의 말을 알아들었다.
나는 그 사람에게 이렇게 말하였다. '당신의 눈에 선생을 정당화하기 위해 악의에 찬 암시를 하지 마시오. 나는 당신이 가진 타락한 열정은 가지고 있지 않습니다. 이 여인은 관능성에 자극되어서 내게 온 것이 아닙니다. 나는 당신과 같지도 않고, 당신의 동료들과도 같지 않습니다. 이 여인이 내게 온 것은 내 시선과 우연히 들은 내 말이 음란이 어두움을 만들어 놓았던 그의 영혼을 비추었기 때문입니다. 또 이 여인이 온 것은 그가 관능성을 극복하기를 원하는데, 불쌍한 여자인 그가 자기 혼자의 힘으로는 절대로 그렇게 하지 못하리라는 것을 깨달았기 때문입니다. 이 여인이 내게서 사랑하는 것은 영입니다. 초자연적으로 선하다는 것을 이 여인이 알고 있는 영일 뿐입니다. 당신들의 악습을 위하여 그의 약함을 이용하고 나서는 멸시하는 채찍질로 보상을 해준 당신들 모두에게서 그 많은 화를 입은 뒤에 나를 찾아온 것은 그가 세상의 사치 가운데에서 찾아도 얻지 못했던 선과 기쁨과 평화를 얻었다는 것을 알아차렸기 때문입니다. 위선적인 바리사이파 양반, 마음의 그 문둥병을 고치고, 사물을 올바르게 볼 줄을 아시오. 당신 정신의 교만과 당신 육체의 음란을 버리시오. 그것은 육체의 문둥병보다도 더 역겨운 문둥병입니다. 육체의 문둥병에 대해서는 당신들이 내게 호소하기 때문에 내가 만져서 당신들을 고쳐 줄 수 있습니다. 그러나 정신의 문둥병은 고칠 수가 없습니다. 그것은 그 문둥병이 당신들의 마음에 들어서 당신들이 그것을 고치기를 원치 않기 때문입니다. 그러나 이 여인은 그것을 고치기를 원합니다. 그래서 나는 이 여인을 깨끗하게 하고, 그의 속박의 사슬을 풀어 줍니다. 죄녀는 줄었습니다. 죄녀의 흔적은 여기 이 장신구들 안에 들어 있습니다. 나와 내 제자들의 필요에 씀으로써, 또 내가 다른 사람들의 여분의 재산을 가지고 도와주는 가난한 사람들을 위해 씀으로써 거룩하게 해달라고 부끄러워하며 내게 바친 이 장신구에 말입니다. 남의 여분의 재산을 가지고 가난한 사람들을 돕는 것은 우주의 주인인 내가 사람의 구세주가 된 지금은 아무것도 가진 것이 없기 때문입니다. 죄녀는 여기 내 발에 부어서 그의 머리카락들과 같이 모욕을 당한 이 향유 속에 들어 있습니다. 당신에게도 빛을 가져다 주기 위해 그 먼 길을 걷고 났는데, 당신은 당신 우물의 물로 시원하게 해주는 것을 소홀히 한 육체의 이 부분에 부은 향유 속에 말입니다. 죄녀는 죽었습니다. 그리고 마리아는 생명으로 되돌아와서 그의 심한 고통과 진실한 사랑으로 다시 깨끗한 처녀같이 아름답게 되었습니다. 이 여인은 그의 눈물로 자신을 씻었습니다. 바리사이파 양반, 나 진정으로 말합니다만, 깨끗한 젊음으로 나를 사랑하는 사람과 은총 안에 다시 태어나는 마음의 진정한 뉘우침으로 나를 사랑하는 이 여인 사이에 나는 구별을 두지 않습니다. 그리고 깨끗한 사람과 뉘우치는 여인에게 그 누구보다도 내 생각을 이해하는 소임을 맡기고, 내 육체를 장사지낼 소임을 맡기고, 내가 부활할 때 첫번째(내 어머니께 드린 개별적인 인사는 빼놓고) 인사를 할 것입니다.' 내가 내 눈길로 바리사이파 사람에게 말하려고 하는 것은 이런 것이었다.

그러나 너에게는 너를 기쁘게 하고 많은 사람을 기쁘게 하기 위하여 다른 것 한 가지를 지적하겠다. 베다니아에서도 마리아는 그의 구속(救贖)의 시작을 나타내는 행동을 되풀이하였다. 되풀이 되어서 어떤 사람의 독자적인 품격과 같이 개성을 나타내는 독특한 행동들이 있는 것이다. 독자적인 행동들이다. 그러나 당연히 그래야 했지만 베다니아에서는 덜 모욕적이었고, 경건한 흠숭 속에도 더 신뢰하는 행동이었다.

마리아는 그의 구속이 시작된 뒤로 많이 전진하였다. 많이. 사랑이 빠른 바람과 같이 마리아를 높은 곳을 향하여 앞으로 이끌어 갔다. 사랑이 장작불과 같이 마리아를 불사르고 그의 안에서 더러운 육체를 부수어 버리고, 깨끗해진 정신을 그의 최고의 주인으로 만들었다. 그리고 이제는 내 어머니의 옷과 같이 검소해진 옷과 머리 모양과 눈길과 아주 새로워진 몸가짐과 말이 달라진 것과 같이 다시 찾은 여인의 품위로 달라진 마리아는 같은 행동으로 나를 공경하는 새로운 방식을 가지고 있다. 마리아는 나를 위해 남겨놓았던 그의 마지막 향수병을 가지고 와서 사랑과 용서받고 구원되었다는 확신으로 명랑해진 눈길로, 울지 않고 내 발에 그것을 붓고 내 머리에도 붓는다. 마리아가 이 기름바르는 일을 내게 할 수 있고, 이제는 내 머리를 만질 수 있다. 뉘우침과 사랑이 마리아를 세라핌 대천사들의 불로 깨끗하게 만들어서, 마리아가 세라핌같이 되었기 때문이다.

내 작은 '목소리'인 마리아야, 너 자신에게 이 말을 하고 다른 사람들에게도 이 말을 하여라. 가서 자기들이 죄있다는 것을 깨닫기 때문에 감히 내게 오지 못하는 영혼들에게 이 말을 하여라. 많이 사랑하는 사람은 많이, 많이, 많이 용서받는다. 많이 사랑하는 사람은 말이다. 불쌍한 영혼들아, 구세주께서 너희를 얼마나 사랑하시는지 너희는 모른다! 나를 조금도 무서워하지 말아라. 오너라. 자신을 가지고. 용기를 가지고. 내 마음의 문을 열고 팔을 벌려 너희를 맞아들인다.

이것을 항상 기억하여라. '나는 손상되지 않은 순결로 나를 사랑하는 사람과 은총에 새로 난 마음의 진실한 뉘우침으로 나를 사랑하는 사람을 구별하지 않는다.' 나는 구세주이다. 이 말을 항상 기억하여라.

평안히 가거라. 네게 강복을 준다.

99. 막달라 마리아의 회개에 대한 고찰

오늘 나는 어제 저녁에 예수께서 불러 주신 것과 내가 보고 예수님이 말씀을 하시지 않아도 이해한 것을 끊임없이 생각하였다.

그러나 내가 부수적으로 말하려는 것은 회식자들의 회화 중에서 내가 알아들은 회화, 즉 특히 예수를 상대로 하던 회화는 그때의 사건을 다루었다는 것이다. 로마인들과 율법에 대한 그들의 반대, 그리고 새로운 학파의 스승으로서의 예수의 사명 따위가 그것이었다. 그러나 친절한 외양 밑에는 예수를 당황하게 하려고 내놓은 교활하고 걸려들기 쉬운 질문들이 깔려 있다는 것을 알 수 있었다. 그런데 그것은 예수께서 어떤 지적에도 몇 마디 안 되는 말로 올바르고 결정적인 대답을 하셨기 때문에 쉬운 일이 아니었다.

예를 들어 예수께서 어떤 학파나 독특한 당파의 새로운 선생이 되셨느냐고 묻는 말에 대하여 예수께서는 그저 이렇게만 대답하셨다. "하느님의 학파입니다. 나는 하느님의 거룩한 율법으로 그분을 따르고 하느님께 대해 마음을 써서 이 보잘 것 없는 사람들을 위해(그러시면서 요한을 사랑을 가지고 보셨고, 요한을 통하여 곧은 마음을 가진 모든 사람을 보셨다) 율법이 주 하느님께서 시나이산에서 반포하신 날 그랬던 것과 같이 그 본질이 완전히 새로워지게 하려는 것입니다. 나는 사람들을 하느님의 빛으로 도로 데려옵니다."

팔레스티나의 최고 지배가 되었던 카이사르의 남용을 어떻게 생각하시느냐는 다른 질문에 대하여는 이렇게 대답하셨다. "카이사르가 지금과 같이 된 것은 그것이 하느님의 뜻이기 때문입니다. 이사야 예언자의 일을 기억하십시오. 이사야는 하느님의 영감으로 앗수르를 하느님의 분노의 '몽둥이'라고 부르지 않습니까? 하느님을 너무 멀리 떠나고 옷과 정신을 위장하는 하느님의 백성을 벌하는 회초리라고? 그리고 벌하기 위하여 그를 쓰신 다음, 그가 교만하고 사납게 되어 그의 직무를 남용하겠기 때문에 하느님께서 그를 부수실 것이라고 말하지 않습니까?"

이것이 내게 가장 강한 인상을 준 두 가지 대답이었다.

그런 다음 오늘 저녁 내 예수님은 미소지으시면서 내게 이렇게 말씀하셨다.

"내가 너를 다니엘처럼 불러야 할 것이다. 너는 갈망하는 사람이고, 네가 하느님을 몹시 갈망하기 때문에 내게 사랑스러운 사람이다. 그래서 내 천사를 시켜서 다니엘에게 한 말을 계속 네게도 말할 수 있을 것이다. '네가 이해하려고 마음을 쓰고 하느님 앞에서 몹시 슬퍼하는 데 마음을 쓴 첫날부터 네 기도는 들어졌고, 네 기도 때문에 내가 왔으니 두려워 말아라' 하고. 그러나 여기서는 천사가 말하지 않고, 나 예수가 말한다.

마리아야, 어떤 사람이 '이해하려고 마음을 쓰면' 나는 언제든지 온다. 나는 무정하고 준엄한 하느님이 아니다. 나는 살아 있는 자비이고, 내게로 향하는 사람에게 생각보다도 더 빨리 간다.

죄에 깊숙이 빠져 있던 불쌍한 막달라 마리아를 위해서도 이해하고자 하는 욕망, 하느님의 빛과 자기의 암흑의 처지를 이해하고자 하는 욕망이 그의 안에 생겼다는 것을 내가 느끼자마자 내 정신으로 빨리 갔다. 마리아를 위하여 나는 빛이 되었다.

그날 나는 많은 사람에게 말하고 있었다. 그러나 사실은 마리아 한 사람을 위해서 말했다. 나는 그를 예속시키고 있던 육체에 대해 반항한 영혼의 정열에 자극되어서 가까이 왔던 마리아만을 보고 있었다. 비탄에 잠긴 가엾은 얼굴로, 세상과 자기 자신에 대한 도전이었던 기쁨의 거짓 외양 속에 그의 커다란 내적 고민을 감추고 있던 억지 웃음을 띠면서 오는 마리아만을 보고 있었다. 비유의 길잃은 양보다도 한층 더 가시덤불에 둘러싸여 있던 마리아, 밑바닥의 물을 가져오는 더 깊은 파도 모양으로 표면에 떠오른 그의 생활에 대한 혐오에 빠져 허덕이던 마리아만을 보고 있었다.

나는 거창한 말을 하지 않았고, 그를 모욕하지 않고, 도망하거나 자신을 부끄러워 얼굴을 붉히거나 또는 오도록 강요하지 않기 위해 잘 알려진 죄녀인 그에게 적합한 주제는 다루지 않았다. 나는 마리아를 조용히 놓아두었다. 나는 내 말과 내 눈길이 그의 안으로 내려가 발효해서 일시적이었던 그 충동이 성녀로서의 그의 영광스러운 장래가 되게 했다. 나는 내 가장 기분좋은 비유 중의 하나로 말했다. 바로 마리아를 위해 퍼져 나가는 빛과 친절의 계시이었다. 그리고 내 말이 바리사이파 사람의 교만으로 죽을 것이기 때문에

99. 막달라 마리아의 회개에 대한 고찰

미래의 영광으로 발효할 수가 없던 교만한 부잣집에 그날 저녁 발을 들여놓으면서, 나는 마리아가 죄를 지었던 방에서, 그의 눈물의 빛으로 그의 장래가 결정되었던 방에서 그렇게도 많이 운 다음 그리로 오리라는 것을 알고 있었다.

음란으로 타는 듯한 남자들은 마리아가 들어오는 것을 보고 그들의 육체를 떨었고, 그들의 생각에 의심이 스며드는 것을 그대로 내버려두었다. 연회에 참석한 사람들은 '깨끗한' 두 사람, 즉 요한과 나를 빼놓고는 모두 마리아를 원했다. 그들은 모두 마리아가 진짜 마귀가 들려서 예기치 않은 일을 하게 되는 있을 법한 변덕의 충동을 받아서 온 것으로 생각했다. 그러나 사탄은 이미 졌었다. 그래서 마리아가 그들 쪽으로 몸을 돌리지 않는 것을 보고 샘을 내면서 나 때문에 온 것으로 생각했다.

사람이 다만 살과 피로 된 사람이기만 할 때에는 가장 깨끗한 것까지도 항상 더럽힌다. 깨끗한 사람들만이 올바르게 본다. 그들 안에는 생각을 흐리게 하는 죄가 없기 때문이다. 그러나 마리아야, 사람이 이해하지 못한다는 것에 겁을 집어먹어서는 안 된다. 하느님께서는 이해하시는데, 하늘에 가는 데에는 이것으로 충분하다.

사람들에게서 오는 영광은 천국에서 선택받은 사람들의 몫인 영광을 털끝만큼도 더해주지 못한다. 이것을 항상 기억하여라. 가엾은 막달라의 마리아는 그가 착한 행동을 할 때에도 항상 잘못된 판단을 받았다. 그가 나쁜 행동을 할 때에는 그렇지 않았다. 그것은 방탕아들에게 주는 음란의 몫들이었기 때문이다. 나임의 바리사이파 사람의 집에서 잘못된 판단을 받았고, 베다니아의 그의 집에서 비난을 받고 몹시 나무람을 당했다.

그러나 훌륭한 말을 한 요한은 이 마지막 비판의 비밀을 풀 수 있는 열쇠를 준다. '유다는… 그가 도둑이었기 때문에' 라고. 나는 이렇게 말하겠다. '바리사이파 사람과 그의 친구들은 그들이 음탕한 사람들이었기 때문에'라고. 자 알겠느냐? 관능성에 대한 탐욕과 돈에 대한 탐욕은 착한 행동을 비난하기 위해 목소리를 높인다. 착한 사람들은 비판하지 않는다. 절대로. 그들은 이해한다.

그러나 되풀이해 말하지만, 세상의 비판은 상관이 없다. 중요한 것은 하느님의 심판이다.

그리고 내일 가르칠 것을 네게 준비시키겠다. 다니엘서 12장에서 빛나는 내 천사가 한 말을 표해라. '두려워하지 말아라. 평화가 너와 함께 있으니, 용맹하게 되고 굳세게 되어라.' 그리고 너는 항상 '주님, 당신이 내게 새로운 힘을 주셨으니 말씀하십시오' 하고 대답할 줄을 알아라.

그런 다음에 예수께서는 내게 이렇게 말씀하셨다.
"네가 내 가름침에 그렇게 주의를 기울이는 것을 보면, 너는 '알 수 있는 것' 전부라고 생각하는 선생을 몹시 좋아하는 부지런한 국민학생같이 생각한다. 한편 너 스스로 어떤 새로운 사실을 발견하고, 어떤 의견들을 말할 때에는 (천상을 보는 동안에 말이다) 너는 꼭 아버지가 귀여운 손을 붙잡고 아이가 더 영리해지기 위해 보았으면 하고 아버지가 바라는 것 앞으로 데리고 가는 착한 어린이를 생각하게 된다. 그러나 아버지는 동시에 간섭을 하지 않는다. 그것은 자기 아이에게 무슨 새로운 것을 발견해서 아이가 생각이라는 면으로 스스로 커 간다고 느끼는 기쁨을 주기 위해서이다.
네가 이렇게 하기 위하여는 항상 인간적인 걱정에서 자유롭게 벗어나야 한다. 점점 더 자유롭게 되도록. 너는 관조의 오솔길로 마음놓고 전진하기 위하여 점점 더 자신을 가져야 하고, 점점 더 안심하고, 네 손을 붙잡고 가는 나를 점점 더 신뢰해야 한다. 아버지는 그런 눈치는 보이지 않지만, 그에게 생각나게 하는 여러 가지 수단을 써서 아이에게 보이고 싶은 이러저러한 것을 아이가 보게 되도록 하고야 만다. 오! 나는 내 어린 것들에게 대해서 아버지들 중에서 가장 사랑하는 아버지이고, 선생들 중에서 가장 참을성있는 선생이다. 그리고 그들 중에서 온순하고 주의깊은 어린 것의 손을 잡을 수가 있게 되면 나는 행복하다. 선생이고 아버지인 것이 행복하단 말이다. 내 피조물인 인간들이 신뢰를 가지고 그들의 손을 내 손에 쥐어 주면서 내 인도를 받고 내 가르침을 받으며 '아버지를 무엇보다도, 그리고 내 온 힘을 다해서 사랑해요!' 하고 말하는 것은 몹시 어려운 일이다. 이와 같이 남김없이 완전히 '내 것이' 되는 사람들에게는 내가 계시와 관조의 보물 창고를 열어주고 또 나를 남김없이 준다.
마리아야, 그렇기 때문에 잠을 깨서 하느님을 희미하게나마 보도록 이끌어질 필요가 있는 사람들에게 내 천주성을 여러 가지 표시로 알게 하라고 내가 너희를 뽑은 만큼 네가 보는 것을 아주 세심하게 그대로 옮겨야 한다는 것을

99. 막달라 마리아의 회개에 대한 고찰

기억해라. 하찮은 것이라도 가치가 있는 것이고, 또 그것은 네 것이 아니라 내 것이다. 그러므로 너는 그것을 적당히 넘어가면 안 된다. 그것은 불성실하고 이기주의적인 일일 것이다. 너는 모든 사람이 그리로 올 수 있도록 물이 쏟아져 들어가는 하느님의 물받이 못이라는 것을 기억해라. 받아쓰기로 말하면 네가 더할 수 없이 충실하게 되었다. 관조에 있어서도 네가 매우 주의깊게 관찰한다. 그러나 급히 쓰려고 서두르는 까닭에, 그리고 네 개인적인 건강상태와 네가 처해 있는 환경 때문에 세밀한 것을 빠뜨리는 일이 있다. 그런 일은 피해야 한다. 그런 것들을 여백에 써넣어라, 그러나 쓰기는 다 써야 한다. 이것은 비난이 아니라, 네 선생의 친절한 조언이다.

며칠 전에 너는 이런 말을 내게 했다. '사람들이 제 중개로 주님을 조금 더 사랑하게 된다면 그것은 제 모든 피로와 제 온 생활을 정당화하는 것이 될 것이고, 그것으로 저는 보상을 넉넉히 받는 것이 됩니다. 비록 주님 '숨어 있는 작은 오랑캐꽃'의 중개로 주님께 돌아오는 사람 한 사람만 있다 해도 주님의 '숨은 오랑캐꽃'은 행복할 것입니다' 하고. 네가 주의를 더 기울이고 더 정확하면 할수록 내게로 오는 사람의 수가 더 많아질 것이고, 현재의 네 지복과 장래의 영원한 네 지복이 더 클 것이다.

잘 있어라. 네 주님이 너와 함께 계시다."

100. "영혼을 하나 얻기 위하여는 우정을 하나 잃을 만한 가치가 있다"

예수께서는 메론 호수에서 갈릴래아 호수 쪽으로 가는 길에 계시다. 예수와 더불어 열성당원과 바르톨로메오가 있는데, 작은 개천 근처에서 서로 다른 두 방향에서 오는 다른 제자들을 기다리는 것 같다. 작은 개천은 실개천이 되었지만 그래도 무성한 초목에 물을 대준다.

날씨는 매우 덥다. 그러나 많은 사람이 사도들의 세 집단을 따라왔다. 사도들의 집단은 시골로 다니면서 전도를 하고 병자들을 예수의 일행 쪽으로 데리고 오고, 건강한 사람들에게는 예수께 대해 말을 한 모양이다. 기적을 받은 많은 사람이 나무들 사이에 앉아서 행복한 일단을 이루고 있는데, 그들은 너무도 기뻐서 더위와 먼지와 눈부신 햇빛으로 인한 곤란 따위, 다른 모든 사람들을 적지 않게 괴롭히는 모든 것을 느끼지도 못할 지경이다.

유다 타대오가 인도하는 집단이 맨 먼저 예수 곁으로 왔을 때, 그 집단을 이룬 사람들과 그 집단을 따라오는 사람들의 피로가 분명히 나타난다. 맨 마지막으로 베드로가 인도하는 집단이 오는데, 거기에는 코라진과 베싸이다 사람이 많이 있다.

"선생님, 저희들은 일을 했습니다. 그러나 더 많은 집단이 필요할 것입니다. … 아시겠어요? 멀리 간다는 것은 더위 때문에 할 수 없는 일입니다. 그러면 어떻게 해야 합니까? 저희들이 일을 더하는 데 따라서 세상이 더 넓어지고, 마을들이 흩어지고 거리가 더 멀어지는 것 같습니다. 저는 갈릴래아가 이렇게 큰 줄은 일찍이 깨닫지 못했습니다. 저희들은 갈릴래아의 한 구석, 겨우 한 구석밖에는 작용하지 못합니다. 그래서 갈릴래아 전체에 복음을 전하게 되지 못합니다. 그만큼 땅이 넓고 또 선생님을 필요로 하고 갈망하는 사람이 너무도 많습니다" 하고 말하면서 베드로는 한숨을 쉰다.

"시몬, 세상이 커지는 게 아니라, 우리 선생님의 명성이 퍼져나가기 때문이야" 하고 타대오가 말한다.

"그래, 그게 사실이야. 사람들이 얼마나 많은지 보라구. 어떤 사람들은 아침부터 우리를 따라다녀. 제일 더운 시간에는 우리가 숲 속으로 피해 갔었는데, 저녁 때가 다 된 지금도 걷기가 힘들단 말이야. 그리고 이 불쌍한 사람들은 우리들보다도 집이 더 멀리 떨어져 있단 말이야. 만일 계속 이렇게 늘어나면 우리가 어떻게 해야 할지 모르겠어…" 하고 제베대오의 야고보가 말한다.

"10월에는 목자들도 올 거야" 하고 안드레아가 그의 용기를 돋워 주려고 말한다.

"그렇구말구! 목자들, 제자들, 다 좋아! 그렇지만 그 사람들은 '예수님은 구세주이십니다. 예수님은 여기 계십니다' 하고 말하는 데 소용될 뿐이지, 그 이상은 아무것도 아니란 말이야" 하고 베드로가 대답한다.

"그렇지만 적어도 사람들이 어디 가야 선생님을 만날지는 알 거야. 그런데 지금은 그 반대란 말이야! 우리가 여기오면, 그 사람들도 이리 달려오고, 그 사람들이 이리로 오는 동안에 우리가 다른 곳으로 가면 그 사람들은 우리 뒤를 쫓아다녀야 한단 말이야. 그런데 어린이들과 병자들이 있으니 일이 간단하지 않단 말이야."

예수께서 말씀하신다. "시몬 베드로야, 네 말이 옳다. 나도 이 사람들과 이 군중들을 동정한다. 많은 사람에게는 어느 순간에 나를 만나지 못하는 것이 돌이킬 수 없는 불행의 원인이 될 수도 있다. 아직 내 진리에 대해서 확신을 가지지 못한 사람들이 얼마나 지치고 불안해 하는지, 또 이미 내 말을 맛보아서 이것 없이 지낼 수는 없고 다른 어떤 말에도 이제는 만족할 수 없게 된 사람들이 얼마나 갈망을 하는지 보아라. 내가 거기에 대비하겠다. 그러나 너희가 나를 도와야 한다. 영적이고 정신적이고 육체적인 온 힘을 다해서. 이제부터는 너희가 여러 사람으로 된 집단으로 다니지 않고 두 사람씩 두 사람씩 다닐 줄 알아야 한다. 그리고 제자들 중에서 가장 나은 사람들도 두 사람씩 두 사람씩 보내겠다. 거두어들일 것이 정말 많기 때문이다. 오! 이번 여름에 이 큰 임무에 대한 준비를 시키겠다. 타무즈를 위해서는 이사악과 가장 훌륭한 제자들이 우리와 합류할 것이다. 그리고 내가 너희를 준비시키겠다. 거두어들일 것은 정말 많은데, 일꾼은 반대로 얼마 되지 않기 때문에 이 일을 하는데 너희만으로는 아직 넉넉지 못할 것이다. 그러므로 밭주인에게 그의 추수밭에 일꾼을 많이 보내 달라고 청하여라."

"주님, 그렇게 하겠습니다. 그렇지만 그렇게 해도 선생님을 찾는 사람들의 처지는 별로 변하지 않을 것입니다" 하고 알패오의 야고보가 말한다.

"왜?"

"그 사람들은 생명의 가르침과 말씀만 찾지 않고, 생활이나 사탄이 그들의 존재의 상등 부분이나 하등 부분에 가져다 주는 쇠약이나 병이나 갖가지 병약을 고치기를 바라기 때문입니다. 그런데 이런 것은 선생님밖에 하실 수가 없습니다. 능력이 있는 것은 선생님뿐이시니까요."

"나와 하나가 된 사람들은 내가 하는 것을 하게 될 것이고, 불쌍한 사람들은 그들의 모든 불행에서 구제를 받을 것이다. 그러나 너희는 그렇게 하는데 필요한 것을 아직 가지지 못했다. 영이 승리하게 하기 위하여 너희 자신을 초월하고 너희들의 인간적인 경향을 짓밟도록 힘써라. 내 말뿐 아니라 내 말의 정신도 흡수하여라, 즉 내 말로 너희를 거룩하게 하여라, 그러면 너희는 무엇이든지 할 수 있을 것이다. 저 사람들이 내가 하느님의 말씀을 주기 전에는 떠나가려고 하지 않으니, 그럼 이제는 그들에게 내 말을 들려 주러 가자. 그런 다음 가파르나움으로 돌아가자. 거기에도 기다리는 사람들이 있다…."

"주님, 막달라의 마리아가 바리사이파 사람의 집에서 주님께 용서를 청했다는 것이 사실입니까?"

"그렇다, 토마야."

"그리고 용서해 주셨습니까?" 하고 필립보가 묻는다.

"용서해 주었다."

"그러나 선생님이 잘못하셨습니다" 하고 바르톨로메오가 외친다.

"왜? 마리아가 진정으로 뉘우쳐서 용서를 받을 만하였다."

"그러나 선생님은 그 집에서 공공연하게 그 여자에게 용서를 주실 것이 아니었습니다…" 하고 가리옷 사람이 비난한다.

"그러나 나는 무엇을 잘못했는지 모르겠다."

"이 점이 잘못입니다. 선생님은 바리사이파 사람들이 어떤지, 그들의 머리에 궤변이 얼마나 들어 있는지, 그들이 얼마나 선생님을 감시하고, 중상하고 미워하는지 아시지요. 그 중에서 가파르나움에 친구가 한 사람 있었는데, 그 사람이 시몬이었습니다. 그런데 선생님은 창녀를 그 집으로 부르셔서 그의 집을 더럽히게 하시고 친구 시몬을 분개시키셨습니다."

"나는 마리아를 부르지 않았다. 마리아가 그리로 온 것이다. 또 마리아는 창녀가 아니라, 뉘우친 하나의 영혼이었다. 이것은 대단히 다른 것이다. 만일 누가 전에 그를 가까이 하는 데에서 혐오를 느끼지 않았고 또 내가 있는 데에서까지도 항상 그를 원하는 데에 혐오를 느끼지 않았다면, 이제는 육체가 아니라 영혼이 된 지금 마리아가 들어와서 내 발 앞에 무릎을 꿇고 울면서 참회하고, 그 눈물이 내포하는 겸손하고 공공연한 자백으로 자기를 낮추는 것을 보고 혐오를 느끼지 말아야 한다. 바리사이파 사람 시몬의 집은 '한 영혼의 부활'이라는 큰 기적으로 거룩하게 되었다. 가파르나움의 광장에서 지금으로부터 닷새 전에 시몬은 '선생님은 그 기적 하나만을 행하셨습니까?' 하고 내게 묻고는 자기 자신에게 스스로 이렇게 대답했었다. '분명히 그렇지는 않지요.' 하고. 그러면서 기적을 하나 보기를 몹시 바랐었다. 나는 그 기적을 그에게 주었다. 나는 은총과 그 영혼의 약혼식의 증인이 되고 들러리가 되라고 그를 택했었다. 그는 이것을 자랑스럽게 생각해야 한다."

"이와 반대로 그 사람은 그 때문에 분개해 있습니다. 어쩌면 선생님은 친구 하나를 잃으셨는지도 모릅니다."

"나는 영혼 하나를 얻었다. 한 영혼에게 하느님과의 우정을 돌려주기 위하여는 한 사람의 우정, 보잘 것 없는 그의 인간적인 우정을 잃을 만한 가치가 있는 것이다."

"무익한 일이로군요. 선생님하고 말하면 인간적인 견해를 얻어낼 수가 없습니다. 선생님, 우리는 이 세상에 있는 것입니다! 그것을 기억하십시오. 그리고 이 세상의 법률과 사상이 지배적이라는 것을요. 선생님은 하늘의 방식을 따라 행동하시고, 마음 속에 가지고 계신 선생님의 하늘 안에서 움직이시고, 모든 것을 하늘의 빛을 통해서 보십니다. 가엾은 우리 선생님! 선생님은 정말 우리들 타락한 사람들 가운데에서 하느님답게 사실 수가 없습니다!" 이렇게 말하면서 가리옷의 유다는 감탄을 나타내기도 하고 딱하게 여기기도 하며 예수를 껴안는다. 그리고 이렇게 말을 끝맺는다. "그리고 저는 선생님이 너무 지나친 완전으로 많은 적을 스스로 만드시기 때문에 그것이 슬픕니다."

"유다야, 슬퍼하지 말아라. 이렇게 되는 것은 어쩔 수 없는 일이다. 그러나 시몬이 모욕을 당한 것으로 생각한다는 것을 어떻게 아느냐?"

"그 사람이 모욕을 당했다는 말은 하지 않았습니다. 그러나 토마와 제게 그것을 할 일이 아니었다는 것을 알아듣게 했습니다. 선생님은 점잖은 사람들밖에 출입하지 않는 그의 집에 그 여자를 오게 해서는 안 되는 것이었습니다."

"자! 시몬의 집에 드나드는 사람의 점잖음에 대해서는 말을 그만두세"하고 베드로가 말한다.

"그리고 나는 바리사이파 사람 시몬의 집 타일 바닥과 탁자들과 다른 곳에 창녀들의 땀이 여러 번 흘렀다고 말할 수 있겠어" 하고 마태오가 말한다.

"그렇지만 공공연하게 그러지는 않았어" 하고 가리옷 사람이 대꾸한다.

"아니지, 그것을 숨기려고 애쓰는 위선을 가지고 그렇게 하지."

"그럼 자넨 그 사람이 변한다고 보는 거지."

"'함께 죄를 지으려고 당신에게 왔어요' 하고 말하려고 들어오는 창녀 대신에 '나는 내 더러운 죄를 버립니다' 하고 말하려고 창녀가 들어오는 것도 변화지."

"마태오의 말이 옳다" 하고 모두가 말한다.

"그래, 마태오의 말이 옳아. 하지만 그 사람들은 우리같이 생각하지 않는단 말이야. 그리구 그 사람들을 친구로 두기 위해서는 그들과 타협하고 그들에게 적응해야 한단 말이야."

"유다야, 그것은 절대로 안 된다. 진리와 성실성과 품행 문제에서는 적응도 없고 타협도 없다" 하고 예수께서 우뢰 같은 목소리로 말씀하신다. 그리고 이렇게 끝맺으신다. "그뿐 아니라 나는 내가 잘했다는 것, 또 선을 목적으로 행동했다는 것을 안다. 이것으로 넉넉하다. 이제는 가서 피로한 저 사람들을 보내자."

그러면서 나무들 아래 흩어져서 예수의 말씀을 몹시 듣고 싶어하면서 당신 쪽을 바라보는 사람들에게로 가신다.

"기쁜 소식을 들으려고 삼복 더위를 무릅쓰고 먼 거리를 오신 여러분 모두에게 평화가 있기를 바랍니다. 진정으로 여러분에게 말하는 것입니다만, 여러분은 하느님의 나라가 어떤 것인지, 그것을 차지하는 것이 얼마나 소중한 것인지, 그 나라에 속해 있는 것이 얼마나 행복한 것인지를 이해하기 시작했습니다. 그리고 여러분에 대해서는 어떤 피로도 그것이 다른 사람들에 대해서 가지는 가치를 잃습니다. 그것은 여러분 안에서 영혼이 명령을 해서 육체에게 이렇게 말하기 때문입니다. '내가 너를 못살게 구는 것을 기뻐해라. 네 행복을 위해서 이렇게 하는 것이다. 마지막 부활로 네가 나와 다시 결합했을 때 너는 내가 너를 짓밟은 정도만큼 나를 사랑할 것이고, 나를 네 제2의 구세주로 볼 것이다' 하고. 여러분의 영이 이렇게 말하지 않습니까? 물론 이렇게 말하고 말고요! 여러분은 지금 오래 전에 말한 내 비유의 가르침을 여러분 행동의 근거로 삼습니다. 그러나 이제는 여러분에게 다른 빛들을 주어서 여러분을 기다리고 또 헤아릴 수 없는 가치를 가지고 있는 그 나라를 점점 더 사랑하게 하겠습니다.

들어보세요. 어떤 사람이 부식토를 얻어서 자기 정원에 가져오려고 덮어 놓고 어떤 밭으로 갔습니다. 그런데 단단한 땅을 힘들게 파다가 어떤 지층 아래에서 귀금속의 광맥을 발견했습니다. 그러면 그 사람은 어떻게 하겠습니까? 자기가 발견한 것을 흙으로 덮고, 서슴지 않고 일을 더 계속합니다. 발견이 그렇게 할 만한 가치가 있기 때문입니다. 그리고는 집으로 가서 현금과 물건으로 된 전재산을 모아서 돈을 더 만들려고 물건들을 팝니다. 그리고는 밭주인을 찾아가서 말합니다. '당신 밭이 내 마음에 듭니다. 얼마 받으시겠습니까?' 하고. '그렇지만 그 밭은 팔 것이 아닙니다' 하고 밭주인이 말합니다. 그러나 그 사람은 밭의 가치와는 어울리지 않는 점점 더 많은 금액을 주겠다고 해서 결국 밭주인이 팔기로 결정하게 하고야 맙니다. 밭주인은 이렇게 생각합니다. 이 사람은 미친 사람이구나! 그러나 이 사람이 미쳤으니, 그걸 이용하겠다. 이 사람이 주는 돈을 받겠다. 이건 이 사람이 내게 주겠다는 것이니까 폭리가 아니다. 이 돈을 가지면 이 밭보다 더 훌륭한 다른 밭을 적어도 셋은 사겠다' 하고. 그리고는 훌륭한 거래를 했다고 확신하고 밭을 팝니다. 그러나 오히려 산 사람이 이 거래로 재미를 보는 것입니다. 그것은 그 사람이 도둑이 훔쳐 갈 수도 있고 자기가 잃어버리거나 소비할 수도 있는 물건들을 포기하고, 참되고 천연적인 것인만큼 무진장의 보물을 장만하기 때문입니다. 그러므로 그 사람이 그 밭을 사기 위하여 가진 것을 희생할 가치가 있습니다. 그 사람이 얼마동안 밭만 가지고 그대로 있지만 사실은 거기 감추어져 있는 보물을 영구히 차지하는 것입니다.

여러분은 이 말을 알아들어서 비유에 있는 그 사람처럼 행동합니다. 하늘 나라를 차지하기 위해 덧없는 재물을 버리시오. 여러분은 그것들을 이 세상 바보들에게 팔고, 그들에게 양도하고, 세상 사람들의 눈에는 어리석은 행동

방식으로 보이는 것 때문에 여러분을 비웃는 것을 감수하시오. 항상 이렇게 행동하시오. 그러면 하늘에 계신 여러분의 아버지께서 하늘 나라에 여러분의 자리를 주실 것입니다.

안식일이 오기 전에 집으로 돌아가시오. 그리고 주의 날에는 하늘 나라인 보물의 비유를 생각하시오. 평화가 여러분과 함께 있기를 바랍니다."

사람들은 들판의 큰 길과 오솔길로 천천히 흩어지고, 그 동안 예수께서는 해가 떨어지는 가운데 가파르나움을 향하여 가신다.

예수께서는 밤이 이슥해서 도착하신다. 일행은 어둡고 제대로 포장이 되지 않은 골목길을 비추는 유일한 등불인 달빛 아래 누워 있는 시내를 말없이 지나간다. 그들은 모두가 잠자리에 든 것으로 생각하고 집 곁에 있는 작은 정원으로 조용히 들어간다. 그러나 그와 반대로 부엌에는 등불이 켜져 있고, 불꽃이 움직이는 데 따라 흔들리는 그림자 셋이 바로 곁에 있는 화덕이 걸린 흰 빛깔의 낮은 벽에 어른거리고 있다.

"선생님을 기다리는 사람들이 있군요. 그러나 그렇게는 될 수 없습니다! 이제는 제가 가서 선생님은 너무 피곤하시다고 말하겠습니다. 그 동안 옥상으로 올라가십시오."

"아니다, 시몬아. 내가 부엌으로 가겠다. 토마가 저 사람들을 붙잡아 둔 것은 중대한 이유가 있다는 표다."

그러나 그동안 안에 있던 사람들이 속삭임을 들었고, 집주인 토마가 문지방으로 나온다.

"선생님, 그 부인이 또 왔습니다. 그 부인은 어제 해질 무렵부터 선생님을 기다리고 있습니다. 하인 한 사람과 같이 있습니다." 그리고는 목소리를 낮추어 "부인은 매우 불안해 하고 줄곧 울고 있습니다…."

"알았소. 옥상으로 올라오라고 이르시오. 어디서 잤소?"

"자려고 하지 않았습니다. 그러나 마침내 새벽녘에 몇 시간 동안 제 방으로 물러가 있었습니다. 하인은 선생님들 침대 중의 하나에서 자게 했습니다."

"좋소. 오늘밤도 거기에 자게 하시오, 그리고 당신은 내 침대에서 쉬시오."

"아니올시다, 선생님. 저는 옥상에 가서 돗자리를 깔고 자겠습니다. 거기서도 잘 잡니다."

예수께서는 옥상으로 올라가신다. 그리고 마르타도 올라간다.

"마르타야, 네게 평화."

대답대신 흐느낌 소리가 들린다.

"아직도 울고 있느냐? 아니, 너는 기쁘지 않으냐?"

마르타는 머리로 아니라는 표를 한다.

"아니 대관절 왜 그러느냐…."

흐느낌 소리만 들릴 뿐 한참동안 시간이 지나간다. 마침내 신음하는 가운데 이렇게 말한다. "마리아가 여러밤째 돌아오지 않습니다. 그리고 찾아낼 수가 없습니다. 저도 유모도 마르첼라도 그애를 찾아내지 못했습니다. 마차를 준비하라고 해서 타고 나갔습니다. 아주 잘 차려입고 나갔습니다. 오! 제 옷을 다시 입으려고는 하지 않았습니다. …반쯤 벗은 몸이 아니었습니다. 그 애는 아직 이런 옷을 가지고 있습니다. 그러나 그 옷을 입었어도… 매우 선정적이었습니다. … 그리고 금과 향수들을 가지고 갔습니다. … 그리고는 돌아오지 않았습니다. 가파르나움의 첫번 집들이 있는 데서 하인을 돌려보내면서 '나는 다른 사람과 같이 돌아올 거다' 하고 말했답니다. 그렇지만 돌아오지 않았습니다. 우리를 속였어요! 그렇지 않으면 외로움을 느꼈거나, 어쩌면 유혹을 당했는지도 모릅니다. … 혹 무슨 불행을 당했는지도 모릅니다. … 그애는 돌아오지 않았습니다."…그러면서 마르타는 주저 앉으며 무릎을 꿇고 빈 부대더미에 걸친 팔에 머리를 대고 운다.

예수께서는 마르타를 내려다보시며 자신있게 지배자적인 태도로 천천히 말씀하신다. "울지 말아라. 마리아는 사흘 전 저녁에 내게 왔었다. 마리아는 내 발에 향유를 바르고 그의 모든 보석을 내 발 앞에 놓았다. 마리아는 이렇게 해서 자기를 영원히 바쳤고, 내 제자들 중에 끼게 되었다. 마음 속으로 마리아를 헐뜯지 말아라. 마리아는 너를 능가하였다."

"그렇지만 어디에, 제 동생이 어디에 있습니까?" 하고 마르타는 엉망이 된 얼굴을 들며 외친다. "왜 집에 돌아오지 않았습니까? 혹 습격을 당했을까요? 혹 배를 타고 가다가 물에 빠져 죽었을까요? 혹 그애가 물리친 정부가 그애를 납치했을까요? 아이고! 마리아! 마리아! 저는 그애를 도로 찾았다가 이내 또 잃었습니다!" 마르타는 정말 흥분했다. 이제는 아랫층에 있는 사람들이 그의 말을 들을 수 있다는 것도 생각하지 않는다. 예수께서 동생이 어디 있는지 말씀해 주실 수 있다는 것도 생각하지 않는다. 이제는 아무것도 깊이 생각하지 않고 실망한다.

　예수께서는 마르타의 손목을 잡으시고 조용히 있으면서 당신 말씀을 듣도록 강요하시며, 큰 키와 사람의 마음을 끄는 눈길로 마르타를 굽어보시며 말씀하신다. "그만! 나는 네가 내 말을 믿기를 바란다. 네가 너그럽기를 바란다. 알아들었느냐?" 예수께서는 마르타가 조금 진정된 다음에야 비로소 놓아주신다.

　"네 동생은 거룩한 고독에 둘러싸여 그의 기쁨을 맛보러 갔다. 마리아는 그의 안에 구속된 사람들이 가지는 지극히 민감한 수치심을 가지고 있기 때문이다. 이 말은 네게 미리 말했었다. 마리아는 은총의 신부로서의 그의 새 옷을 바라다보는 친척들의 다정스럽지만 탐색하는 듯한 시선을 견디지를 못한다. 그리고 내가 네게 지금 말하는 것은 항상 사실이다. 너는 나를 믿어야 한다."

　"예, 주님, 그러겠습니다. 그러나 제 마리아는 너무나, 너무나 마귀의 권력에 붙잡혀 있었습니다. 마귀가 대번에 다시 붙잡았습니다. 마귀가…"

　"마귀는 그가 영원히 잃어버린 먹이에 대해서 내게 복수를 한다. 그러니 용맹한 여자인 네가 터무니없고 존재 가치가 없는 공포 때문에 마귀의 먹이가 되는 것을 내가 보아야 하겠느냐? 지금은 나를 믿고 있는 네 동생 때문에 네가 가지고 있는 것을 항상 알았던 아름다운 믿음을 잃는 것을 내가 보아야 한단 말이냐? 마르타야! 나를 자세히 쳐다보고 내 말을 들어라. 사탄의 말을 듣지 말아라. 하느님께서 그에게 대해 거두시는 승리로 인해 사탄이 그의 먹이를 놓아줄 수밖에 없게 될 때에는 지칠 줄 모르는 저 살인자, 하느님의 권리를 끊임없이 훔치는 지칠 줄 모르는 저 도둑이 다른 먹이를 찾으려고 즉시 행동하기 시작한다는 것을 너는 모르느냐? 착하고 충실하기 때문에 습격에 저항하는 제삼자의 고통이 다른 영의 병나음을 확고하게 한다는 것을 모르느냐? 우주 만물 중에서 일어나는 것이나 거기에 있는 모든 것이 고립된 것이 하나도 없고, 모든 것이 의존과 결과의 영원한 법칙을 따르고 있어서 어떤 사람의 행동이 매우 광범한 자연적·초자연적 영향을 미친다는 것을 알지 못하느냐? 너는 여기서 울고 있고, 여기서 견딜 수 없는 의심을 겪고, 그러면서도 이 암흑의 시간에도 네 그리스도에게 충실한 사람으로 있다. 저기, 네가 알지 못하는 가까운 곳에서는 마리아가 자기가 받은 무한한 용서에 대한 마지막 의심이 녹아버리는 것을 느낀다. 마리아의 눈물은 미소로 변하고 그의 어두움은 빛으로 바뀐다. 네 고통이 마리아를 평화가 있는 곳으로, 티 없이 낳은 분 곁에서 영혼들이 새로 나는 곳으로, 하도 생명이 가득해서 생명인 그리스도를 세상에 주는 허락을 받은 분 곁에서 영혼들이 새로 나는 그 곳으로 데려갔다. 네 동생은 내 어머니의 집에 가 있다. 오! 살아 있는 별이신 마리아의 다정스런 빛살이 그 아들의 말없이 활동하는 사랑을 통하여 그 사랑의 품으로 부르는 소리를 듣고 그 조용한 포구를 찾아 들어온 배로는 네 동생이 첫번째가 아니다. 네 동생은 나자렛에 있다."

"그렇지만 주님의 어머님도 알지 못하고 주님의 집도 알지 못하는데 어떻게 거길 갔습니까? … 혼자서… 밤중에… 그렇게… 힘도 없이… 그런 옷을 입고… 그렇게 먼 길을… 어떻게?"

"어떻게? 피로한 제비가 바다를 건너고 산을 넘어, 폭풍우와 구름과 맞바람을 이기며 제가 태어난 둥지를 찾아가는 것처럼. 제비들이 그놈들을 인도하는 본능으로, 그놈들을 오라고 손짓하는 따뜻한 기운으로, 그놈들을 부르는 태양으로 겨울을 날 곳으로 가는 것처럼 네 동생도 그를 부르는 별빛을 향해서… 모든 사람의 어머니를 향해서 달려 갔다. 그래서 우리는 마리아가 그의 옆에 한 어머니를 모시고, 내 어머니를 모시고, 다시는 절대로 고아가 되지 않기 위해 영원히 어두움에서 나와… 행복하게 새벽으로 돌아오는 것을 우리가 보게 될 것이다. 이것을 믿을 수 있느냐?"

"예, 주님."

마르타는 홀린 듯하다. 과연 예수께서는 위압적이셨다. 큰 키로 서 계셨지만 무릎을 꿇고 있는 마르타에게로 몸을 약간 숙이시고, 마치 엉망이 된 제자 안으로 들어가게 하시려는 듯이 깊이 파고드는 말투로 천천히 말씀하신다. 당신의 말씀을 듣는 어떤 사람을 말씀으로 설득하시는 데 이런 힘을 발휘하시는 것을 본 일은 별로 많지 않다. 그러나 끝에 가서는 얼마나 강한 빛과 얼마나 자상한 미소가 그분의 얼굴에 나타나는가!

마르타도 미소와 더 차분한 빛으로 예수의 미소를 자기 자신의 얼굴에 반영시킨다.

"그럼 이제는 가서 편안히 쉬어라."

그러자 마르타는 예수의 손에 입맞춤하고 다시 명랑해져서 내려간다….

101. 막달라 마리아가 성모님과 같이 제자들 있는 데로 온다

"선생님, 오늘 아마 폭풍우가 있을 것 같습니다. 헤르몬산 뒤에서 오는 저 납빛 띠같은 구름들을 보십니까? 또 호숫물이 얼마나 주름지는지 보십니까? 그리고 동남풍의 더운 기운과 갈마드는 북풍의 찬 기운을 느끼시지요. 폭풍우의 분명한 표가 되는 회오리바람도 불구요."

"얼마나 있으면 오겠느냐, 시몬아?"

"아홉시가 되기 전에 올 것입니다. 어부들이 얼마나 서둘러 돌아오는지 보십시오. 저 사람들은 호수가 위협하는 것을 느낍니다. 조금 있으면 호수도 납빛이 됐다가 비취 빛깔이 되고, 그 다음에는 사나운 비바람이 옵니다."

"그렇지만 아주 고요해 보이는데!" 하고 쉽게 믿지 않는 토마가 말한다.

"자넨 금을 알지만 난 물을 안단 말이야. 내가 말한 대로 될 거야. 이건 뜻하지 않은 폭풍우도 아니야. 분명한 징조로 준비되고 있단 말이야. 물의 표면은 고요하고 아무것도 아닌 것 같은 주름이 겨우 보일 뿐이지. 그렇지만 자네가 배를 타고 있어봐! 배 밑바닥에 부딪쳐 배를 이상하게 흔드는 수많은 충격 같은 걸 느낄 거야. 물이 벌써 밑에서 부글부글 끓고 있단 말이야. 하늘이 신호를 보내는 걸 기다리게, 그러면 알게 될 걸세! … 북풍이 동남풍과 섞이는 걸 내버려두게! 그리구는! … 이봐요 부인네들, 밖에 넌 걸 들여가구, 짐승들을 안전한 곳으로 대피시켜요. 오래지 않아 돌맹이들이 날아오고 비가 동이로 퍼붓는 것같이 올 겁니다 하고 소리칠 걸세."

과연 대헤르몬산이 토해 내는 것 같은 띠모양의 구름이 끊임없이 오기 때문에 석반석(石盤石) 빛깔이 길게 뻗으면서 하늘은 점점 더 푸르스름하게 된다. 구름은 새벽이 오는 방향에서 몰아내서 마치 시간이 오정을 향하여 가지 않고 밤으로 돌아가는 것 같다. 다만 구름 덮이지 않은 하늘 한 군데만이 비취 빛깔의 구름 장벽 뒤로 계속 도망쳐 달아나면서 가파르나움 서남쪽에 있는 야산 위로

황록색의 줄을 한 획 그어 놓는다. 호수는 벌써 파란 하늘빛깔이 없어지고 짙은 청색이 되었고, 작은 파도들이 부딪쳐 부서지며 일어나는 첫번째 거품들은 어두운 수면에 실제적이 아닌 것같이 보인다. 호수에는 배가 한 척도 없다. 남자들은 서둘러 뭍으로 끌어올리고 그물과 바구니와 돛과 노따위를 안으로 들이고, 농부들은 물건들을 마소에서 서둘러 풀어내고 말뚝에서 밧줄을 끌러 짐승들을 외양간에 가둔다. 여인들은 비가 오기 전에 서둘러 샘에 가거나, 그렇지 않으면 일찍 일어난 아이들을 모아서 집안으로 들여보내고, 우박이 오는 것을 느끼는 암탉들 모양으로 마음을 써서 문들을 닫는다.

"시몬아, 나하고 같이 가자. 마르타의 하인을 부르고 내 사촌 야고보를 불러라. 두꺼운 천을, 두껍고 넓은 천을 가져 오너라. 두 여인이 길을 오고 있으니 마중을 가야 한다."

베드로는 이상하다는 듯이 예수를 쳐다본다. 그러나 지체하지 않고 복종한다. 그리고 마을을 건너질러 남쪽을 향하여 뛰어 가면서 길에서 시몬이 묻는다. "그런데 그 여인들이 누굽니까?"

"내 어머니와 막달라의 마리아다."

하도 놀라서 베드로는 한동안 땅에 못박힌 듯이 걸음을 멈추고 말한다. "선생님의 어머님과 막달라의 마리아요?!!! 함께요?!!!" 그리고는 예수께서 걸음을 멈추지 않으시고 야고보와 하인도 멈추지 않으므로 다시 뛰기 시작한다. 그러나 다시 말한다. "선생님의 어머님과 막달라의 마리아가! 함께!… 언제부터요?"

"마리아가 오직 예수의 마리아만이 된 때부터이다. 시몬아, 빨리 해라, 빗방울이 듣기 시작한다…."

그리고 베드로는 자기보다 키가 더 크고 걸음이 더 빠른 동행들만큼 빨리 가려고 애쓴다. 이제는 점점 더 세차게 부는 바람에 불려서 먼지가 구름같이 일어난다. 그 바람은 호수를 부수고 들어올려 물마루를 만들어놓는데, 이것들이 호숫가로 밀려와 요란스러운 소리를 내며 부서진다. 호수를 볼 수가 있을 때에는 호수가 물이 미친듯이 끓고 있는 어마어마하게 큰 솥같이 되는 것을 볼 수 있다. 적어도 1미터는 되는 파도들이 사방으로 달아나서 서로 부딪쳐서 섞여서 올라오고, 서로 갈라져서 반대 방향으로 달려가서 다른 파도를 찾아서 다시 부딪힌다. 마치 거품과 물마루와 불룩한 곱사등같은 파도들과 요란스러운 소리와 으르렁거림과 호숫가에 가장 가까운 집에까지 이르는 물줄기들이 뒤엉기어 싸우는 것과 같다. 집에 가려서 보이지 않게 될 때에는 나무들을 구부리고 잎과 열매들을 떨어뜨리는 바람의 윙윙거리는 소리와 점점 더 자주 더세게 번쩍거리는 번개에 뒤이어 위협하듯 길게 계속되는 천둥소리보다도 더 요란한 소리로 호수가 있다는 것을 느끼게 된다.

"여인들이 얼마나 무서워하겠어!" 하고 베드로가 숨을 몰아 쉬며 말한다.

"내 어머니는 무서워하지 않으신다. 마리아는 어떤지 모르겠다. 그러나 우리가 빨리 가지 않으면 흠뻑 젖을 것이다."

그들은 가파르나움을 지나서 몇 백 미터를 갔다. 그때에 먼지가 구름같이 일어나고 소나기가 세차게 비스듬히 쏴하고 쏟아지기 시작하여 어두워진 하늘에 줄무늬를 놓고, 이내 폭포같이 쏟아져 내려 눈이 안 보이게 하고 숨이 막히게 하는데, 두 여인이 비를 피하려고 잎이 우거진 나무 밑으로 달려 가는 것이 보인다.

"저기 옵니다. 뛰어 갑시다!"

그러나 성모님에 대한 사랑으로 날개가 달린 것 같기는 해도 베드로가 짧기도 하고 달리는 사람의 소질은 조금도 가지지 못한 다리로 도착하였을 때는 예수와 야고보가 벌써 두꺼운 천으로 여인들을 덮은 뒤였다.

"여기 남아 있을 수는 없습니다. 벼락맞을 위험도 있고, 또 얼마 안 있어서 길이 개울이 될 것입니다. 선생님, 적어도 첫번째 집까지나 가십시다" 하고 베드로가 숨을 헐떡이며 말한다.

그들은 여인들을 가운데 두고 천으로 여인들의 머리와 등을 덮으며 걸어간다.

시몬의 집에서 연회가 있었던 날 저녁에 입었던 옷을 아직 입었으나 어깨에는 지극히 거룩하신 성모님의 겉옷을 걸친 막달라 마리아에게 예수께서 맨 처음에 하신 말씀은 "마리아야, 무섭지 않으냐?" 하고 묻는 말씀이었다.

뛰어 오는 동안에 풀어진 머리카락이 베일처럼 가리고 있는 머리를 계속 숙이고 있던 마리아는 얼굴을 붉히고 머리를 더 숙이면서 "아니올시다, 주님" 하고 속삭인다.

성모님도 머리핀이 없어져서 땋은 머리가 어깨로 흘러내려 소녀와 같으시다. 그러나 곁에 계신 아드님께 미소를 보내신다. 예수께서도 미소로 말씀을 하신다.

"마리아 아주머니, 흠뻑 젖으셨군요" 하고 알패오의 야고보가 성모님의 베일과 겉옷을 만지면서 말한다.

"괜찮다, 그리고 지금은 비를 맞지 않는다. 그렇지 마리아? 예수가 우리를 비에서도 구해 주었다" 하고 성모님은 막달라 마리아에게 말씀하신다. 성모님은 마리아의 괴롭고 난처한 입장을 느끼신다. 마리아는 머리로 그렇다는 표시를 한다.

"언니가 너 돌아오는 것을 보고 기뻐하겠다. 언니는 가파르나움에 있다. 너를 찾아 나섰던 것이다" 하고 예수께서 말씀하신다.

마리아는 잠깐 머리를 쳐들고, 다른 제자들에게와 같이 자연스럽게 자기에게 말씀하시는 예수의 얼굴을 그 빛나는 눈으로 똑바로 쳐다본다. 그러나 아무 말도 하지 않는다. 너무나 벅찬 감동으로 기운이 쭉 빠져 있다.

예수께서 이렇게 덧붙이신다. "나는 마르타를 붙들어 둔 것을 기쁘게 생각한다. 나는 너희들에게 강복한 다음 떠나 보내겠다."

예수의 말씀은 가까이서 벼락치는 소리에 묻혀 버린다. 막달라 마리아는 두려워하는 몸짓을 한다. 마리아는 두 손으로 얼굴을 가리고 몸을 구부리며 흐느껴 울기 시작한다.

"무서워하지 말아요!" 하고 베드로가 그를 안심시키려고 말한다. "벼락은 지나갔어요, 그리고 예수님과 함께 있으면 아무것도 무서울 게 없어요."

막달라 마리아 곁에 있는 야고보도 그에게 말한다. "울지 말아요. 집에 거의 다 왔어요."

"저는 무서워서 우는 것이 아닙니다. 저는 선생님께서 제게 강복을 주시겠다고 말씀하셨기 때문에 우는 것입니다. … 제게… 제게…" 그러면서 다른 말을 하지 못한다.

성모님이 마리아를 진정시키시려고 개입하시며 말씀하신다. "마리아, 너는 이미 네 심한 비바람을 지나왔다. 이제는 모든 것이 맑고 평화롭다. 그렇지, 아들아!"

"예, 어머니, 그것이 틀림없는 사실입니다. 얼마 안 있어 해가 다시 날 것이고, 그러면 모든 것이 어제보다 더 아름답고 더 깨끗하고 더 신선할 것입니다. 마리아야, 네 경우도 이와 같을 것이다."

성모님은 막달라 마리아의 손을 꼭 쥐면서 다시 말씀하신다. "나는 네가 한 말을 마르타에게 해주겠다. 나는 마르타를 즉시 보고, 그의 마리아가 얼마나 착한 뜻을 가슴 가득히 안고 있는지 말해 줄 수 있는 것에 기쁘다."

진흙탕 속을 걸어가며 많은 비를 맞던 베드로가 비를 피할 곳을 청하러 어떤 집으로 가려고 천 밑에서 나간다.

"아니다, 시몬아. 모두 우리 집으로 돌아가는 것이 더 낫다. 그렇지?" 하고 예수께서 말씀하신다.
 모두가 찬성하고, 베드로는 다시 천 밑으로 들어온다.
 가파르나움의 거리는 텅 비었다. 거리에는 바람이 휘몰아치고 비가 줄기차게 내리며, 천둥 번개가 치고, 이제는 우박이 옥상과 집의 정면을 요란스럽게 두드리며 튀어오른다. 호수는 너무도 위압적이어서 무섭기까지 하다. 호숫가에 있는 집들은 모래밭이 이제는 없어졌기 때문에 직접 파도에 얻어맞는다. 파도를 피하여 집 근처에까지 끌어올린 배들은 어떻게나 물이 가득 찼는지 난파선들과 같다. 파도가 칠 때마다 배에까지 와서 벌써 그 안에 있는 물을 넘치게 한다.
 일행은 커다란 늪처럼 되어서 움직이는 물 위에 물건 조각들이 떠다니는 정원으로 뛰어 들어가고, 거기서 모든 사람이 모여 있는 부엌으로 들어간다.
 마르타는 성모님이 손을 잡고 계신 동생을 보고는 날카로운 소리를 지른다. 마르타는 그렇게 하면 얼마나 옷이 젖을지는 알아차리지도 못하고 동생의 목을 껴안고 입맞춤하면서 부른다. "미리야, 미리야, 내 기쁨!" 하고. 그것은 아마 막달라 마리아가 아주 어렸을 적에 그들이 쓰던 애칭인 모양이다.
 마리아는 몸을 기울이고 머리를 언니의 어깨에 얹고 마르타의 어두운 빛깔의 옷을 베일과 같은 숱한 금발로 덮으면서 운다. 불을 켜놓은 작은 등불이 없애지 못하는 어두움을 쫓으려고 피우는 나뭇가지의 불만이 타고 있는 어두운 부엌에 빛나는 것은 오직 그 금발뿐이다.
 제자들은 어안이 벙벙하고, 마르타의 날카로운 외침을 듣고 나타난 집주인과 그의 아내도 깜짝 놀란다. 그러나 이들은 이해할 수 있는 호기심의 순간이 지난 다음에는 슬그머니 물러간다.
 열광적인 포옹이 조금 진정되자, 마르타는 새삼스럽게 예수와 성모님과 이렇게 모두 함께 도착한 것들을 생각하면서 동생과 성모님과 예수께 말을 물어 보는데, 꼭 누구에게 묻는 것인지는 말하지 못하겠다. "아니 그런데 어떻게? 우리가 모두 함께 모인 것이 어떻게 된 일입니까?"
 "마르타야, 소나기가 몰려오기에 시몬과 야고보와 네 하인을 데리고 길을 오는 두 사람을 마중나갔다."
 마르타는 하도 놀라서, 예수께서 그렇게 자신있게 두 여인의 마중을 나가셨다는 것을 곰곰이 생각하지 못하고 "그렇지만 선생님은 알고 계셨습니까?" 하고 묻지도 않는다. 토마가 그 말을 예수께 여쭈어본다. 그러나 마르타가 동생에게

"그렇지만 네가 마리아 어머님과 같이 있다니, 어떻게 된 일이냐?" 하고 묻는 바람에 대답을 듣지 못한다.

막달라 마리아는 고개를 숙인다. 성모님이 마리아를 도와주시려고 그의 손을 잡고 말씀하신다. "마리아는 목적지에 가는 길을 가르쳐줄 수 있는 사람이 있는 곳에 가는 길손처럼 나를 찾아왔다. 그리고 '어떻게 해야 예수의 사람이 되는지 가르쳐 주세요' 하고 말했다. 오! 마리아는 참되고 온전한 의지를 가지고 있었기 때문에 이내 이 지혜를 알아듣고 배웠다! 그래서 나는 마리아가 준비가 다 된 것을 즉시 발견하고 이렇게 손을 잡고 내 아들 너와 착한 마르타 너와 동료 제자 자네들에게 데리고 와서 '여기 그의 주님과 형제들에게 초자연적인 기쁨만을 줄 제자와 자매가 왔다' 고 말하려고 했다. 내 말을 믿고 예수와 내가 마리아를 사랑하는 것과 같이 모두 마리아를 사랑해요."

그러니까 사도들은 새 자매에게 인사를 하려고 가까이 온다. 호기심이 좀 있었다는 것도 있을 수 있는 일이었다. … 그러나 어쩌겠는가? 사실, 그들은 아직 인간들인 것을….

베드로가 사려깊게 이렇게 말한다. "만사가 잘 됐어. 자네들은 어머님과 자매에게 도움과 거룩한 우정을 보장하네. 그렇지만 어머님과 자매가 흠뻑 젖었다는 걸 생각해야 할 거야. … 사실은 우리도 옷이 잔뜩 젖었지만… 어머님과 자매의 경우는 훨씬 더 심하단 말이야 머리에서는 폭풍우가 지나간 뒤에 수양버들에서 물방울이 떨어지듯 물방울이 떨어지고, 옷은 온통 진흙투성이고 흠뻑 젖었단 말이야. 불을 피우고 옷을 가져오라고 하고. 따뜻한 음식을 장만하세…."

모두가 일을 시작하는데, 마르타는 흠뻑 젖은 두 길손을 방으로 데리고 가고, 그동안 사도들은 불을 더 활활 타오르게 하고, 완전히 젖은 겉옷과 베일과 옷들을 불 앞에 널어 놓는다. 그들이 어떻게 할 수 있는지 모르겠다. … 내가 아는 것은 훌륭한 살림꾼의 활기를 되찾은 마르타가 두 마리아를 도우려고 뜨거운 물 냄비와 김이 무럭무럭 나는 양젖잔과 집주인 여자가 빌려준 옷들을 가지고 열심히 왔다갔다 한다는 것이다….

102. 어부들의 비유

　모두가 2층 큰 방에 모여 있다. 맹렬한 비바람이 오래 계속되는 비로 변하여 때로는 그치려는 것처럼 가늘어졌다가 다시 세차게 쏟아지기도 한다. 호수가 오늘은 정말 파란 빛깔이 아니고, 뇌우가 돌풍을 동반할 때에는 거품이 길게 퍼지면서 누르스름하게 되고, 뇌우가 가라앉을 때에는 흰 거품이 일며 납빛깔이 된다. 야산들은 물이 철철 흘러 아직도 비를 맞아 축 늘어진 잎들과 바람에 부러져서 늘어져 있는 가지들과 우박으로 떨어져 나간 수많은 잎들과 더불어 사방에 누런 물을 쏟아 놓는 개울들을 이루며, 그 물들은 비탈에서 나뭇잎과 돌과 흙을 떼어내서 호수로 실어 간다. 빛은 가려진 채로 푸르스름하게 보인다.
　방안에는 야산 쪽으로 난 창문 곁에 성모님이 마르타와 막달라 마리아와 누군지 정확히 알 수 없는 다른 두 여자와 같이 앉아 계신다. 그러나 이 여자들이 마음 편하게 앉아 있는 것으로 보아 벌써 예수와 성모님과 사도들에게 알려진 여자들이라는 생각이 든다. 고개를 숙이고 성모님과 마르타 사이에 꼼짝하지 않고 있는 막달라 마리아보다는 분명히 더 마음 편하게 앉아 있다. 성모님과 막달라 마리아는 불에 말리고 진흙을 없앤 그들의 옷을 다시 입었다. 아니 나는 생각을 잘못 표현한다. 성모님은 짙은 청색 모직으로 만든 당신 옷을 다시 입으셨다. 그러나 막달라 마리아는 키가 크고 몸이 실한 그에게는 짧고 좁은 빌린 옷을 입었기 때문에 언니의 겉옷을 입어서 옷의 결함에 대비하려고 한다. 막달라 마리아는 머리를 두 갈래로 굵게 땋아서 목덜미에 아무렇게나 매놓았다. 그 육중한 무게를 지탱하려면 여기저기 모아서 꽂아 놓은 핀 몇 개보다는 훨씬 많은 핀이 필요하겠기 때문이다. 과연 그뒤로 나는 막달라 마리아가 리본으로 핀들을 보충하는 것을 눈여겨 보았는데, 그 리본은 밀짚 빛깔이 머리카락의 금빛과 섞여서 고운 왕관형 머리장식처럼 보였다. 방의 다른 쪽에는 예수께서 사도들과 집주인과 같이 창가에 놓은 등없는 걸상에 앉아 계시다. 마르타의 하인은 거기 없다. 베드로와 다른 어부들은 날씨를 살펴보며 다음날의 날씨에 대한 예측을 한다. 예수께서는 사람들이 말하는 것을 들으시거나 이 말 저 말에 대답을 하신다.

"내가 알았더라면 어머니도 오시라고 했을 텐데. 이 여자가 동료들과 익숙해지는 것이 좋거든" 하고 제베대오의 야고보가 여자들 쪽을 바라다보면서 말한다.

"그래! 알았더라면 말이야. … 그렇지만 어머니는 마리아 아주머니와 같이 오시지 않았을까?" 하고 타대오가 아우 야고보에게 묻는다.

"모르겠어. 나두 그걸 이상히 생각했어."

"병이 나신 게 아닐까?"

"그럼 마리아 아주머니가 말해 주셨을 거야."

"가서 물어봐지." 그러면서 타대오는 여자들 쪽으로 간다.

성모님이 맑은 목소리로 대답하시는 것이 들린다. "어머니는 안녕하시다. 내가 이 더위에 어머니가 몹시 피로하실 것을 면하게 했다. 우리는 두 소녀처럼 슬그머니 빠져나왔다. 그렇지, 마리아? 마리아는 밤이 이슥해서 왔고, 우리는 새벽에 길을 떠났다. 나는 그저 알패오에게 '여기 열쇠가 있다. 나는 곧 돌아올 거다. 어머니한테 그말을 해라' 하고만 말했다. 그리고 온 거다."

"어머니, 우리는 함께 돌아갈 것입니다. 날씨가 좋아지고 마리아가 옷을 가지게 되는 즉시 우리는 모두 함께 갈릴래아를 건너질러 자매를 가장 안전한 길까지 배웅할 것입니다. 이렇게 하면 자매를 폴피레아와 수산나와 필립보와 바르톨로메오, 너희 아내와 딸들도 알게 될 것이다."

"자매들을 알게 될 것이다" 하고 말씀하시고 "마리아를 알게 될 것이다!" 하고 말씀하지 않으신 이 말씀은 호감이 간다. 이 말씀은 강하기도 하여, 구속된 여자에 대한 사도들의 모든 선입관과 마음 속의 유보사항들을 무너뜨린다. 예수께서는 사도들의 반대와 막달라 마리아가 느끼는 거북한 느낌따위 모두를 쳐부수시면서 막달라 마리아를 받아들이게 하신다. 마르타는 얼굴이 환해지고, 막달라 마리아는 얼굴을 붉히고, 애원하는 눈길인지 감사하는 눈길인지 불안한 눈길인지 알 수 없는 눈길을 보인다. 지극히 거룩하신 성모님은 부드럽게 미소지으신다.

"우선 어디로 갑니까, 선생님?"

"베싸이다로 갔다가, 막달라와 티베리아와 가나로 해서 나자렛으로 간다. 거기서 야파와 세메론으로 해서 갈릴래아의 베들레헴으로 갔다가 시카미논과 가이사리아로 간다…." 예수의 말씀은 막달라 마리아의 흐느껴 우는 소리로 중단된다. 예수께서는 고개를 들어 그를 바라다보시더니 아무 일도 없었던 것처럼 말씀을 이으신다. "가이사리아에서 너희들의 마차를 만날 것이다. 내가 하인에게 이렇게 명령했다. 그래서 너희는 베다니아로 가거라. 우리는 그런 다음 장막절에 다시 만난다."

막달라 마리아는 이내 침착해졌으나 언니가 묻는 말에는 대답하지 않고 방에서 나가 아마 잠깐 동안 부엌으로 피해 가는 모양이다.

"예수님, 마리아는 어떤 도시들에 가야 한다는 말을 듣고 괴로워하는 것입니다. 그애를 이해해야 합니다. … 선생님, 이 말은 선생님께보다는 제자들에게 더 하는 말입니다" 하고 마르타가 겸손하고 몹시 괴로워하며 말한다.

"마르타야, 네 말이 옳다. 그러나 그렇게 해야 한다. 만일 마리아가 즉시 세상과 당당히 맞서 싸우지 않고, 체면이라는 저 무서운 폭군을 때려부수지 않으면 그의 영웅적인 회개가 마비된 채로 있을 것이다. 즉시 또 우리와 함께 하지 않으면."

"우리하고 같이 있으면 아무도 무슨 말을 못할 거야. 마르타, 내가 장담해요. 또 내 모든 동료를 대신해서 장담해요" 하고 베드로가 약속한다.

"암, 물론이지! 우리는 마리아를 누이동생처럼 감싸줄 거야. 사실 마리아 아주머니가 말씀하신 것처럼, 우리에게는 마리아가 누이동생이고, 장차도 누이동생으로 있을 거야" 하고 타대오가 확인한다.

"또 그리고!… 우리는 모두가 죄인이고, 세상은 우리를 너그럽게 봐주지 않았어. 그래서 우리는 마리아의 투쟁을 이해해" 하고 열성당원이 말한다.

"나는 마리아를 모든 사람보다도 더 잘 이해해. 우리가 죄를 지은 곳에서 사는 것은 매우 공로가 되는 일이야. 사람들은 우리가 누구라는 걸 알고 있거든! … 그것은 고통스러운 일이야, 그러나 그것에 저항하는 것이 정의와 영광이 되기도 해. 우리 안에 있는 하느님의 능력이 명백하기 때문에, 바로 그렇기 때문에 우리는 입을 벌리지 않고서도 사람들을 회개하게 한단 말이야" 하고 마태오가 말한다.

"마르타야, 너도 보다시피 네 동생은 모두에게 이해를 받고 모두에게 사랑을 받는다. 그리고 점점 더 이해를 받고 사랑을 받을 것이다. 마리아는 죄를 지어 떨고 있는 많은 영혼에게 방향을 표시하는 표지가 될 것이다. 또 착한 사람들에게도 큰 힘이 될 것이다. 마리아가 인간 감정의 마지막 사슬을 끊은 다음에는 사랑의 불꽃이 되겠기 때문이다. 마리아는 넘쳐흐르는 그의 감정의 방향을 바꾸었을 뿐이다. 마리아는 그가 가지고 있는 강력한 사랑하는 능력을 초자연적인 면으로 옮겼다. 그래서 다음에는 놀라운 일들을 할 것이다. 나는 너희들에게 분명히 말한다. 지금은 마리아가 아직 불안해 하고 있다. 그러나 너희들은 마리아가 날이 갈수록 진정되고, 그의 새 생활을 더욱 힘차게 해나가는 것을 볼 것이다. 시몬의 집에서 나는 '이 여자는 많이 사랑하기 때문에 많이 용서받았소' 하고 말했다. 이제는 정말이지 마리아가 힘을 다하고, 영혼을 다 바치고, 생각을 다하여, 그리고 피와 살을 다하여 제물이 되기까지 하느님을 사랑하겠기 때문에 모든 것에 대한 용서를 받을 것이라고 말하겠다."

"이 말씀을 들을 만한 자격이 있는 여자는 대단히 행복합니다. 저도 그런 말씀을 들을 자격이 있었으면 좋겠습니다" 하고 안드레아가 한숨을 쉰다.

"네가? 그러나 너는 벌써 그 말을 들을 자격이 있다! 우리 어부 이리 오너라. 바로 너를 두고 생각해 낸 것 같은 비유를 하나 말해 주겠다."

"선생님, 기다리십시오. 제가 마리아를 데리러 가겠습니다. 마리아는 선생님의 가르치심을 몹시 알고 싶어합니다!…"

마르타가 나가는 동안 다른 사람들은 의자들을 예수 둘레에 반원이 되도록 배치한다.

두 자매는 돌아와서 지극히 거룩하신 성모님 옆자리에 다시 앉는다.

예수께서 말씀을 시작하신다. "어부들이 먼 바다로 나가서 그물을 쳤다. 그리고 필요한 시간이 지난 다음 그물을 뱃전으로 끌어올렸다. 어부들은 매우 힘드는 그들의 일을 주인의 명령으로 하고 있는 것이었다. 주인은 그들에게 그의 도시에 제일 좋은 생선을 대주라는 책임을 지워 주며 이렇게 말했었다. '해롭거나 질이 떨어지는 고기는 뭍에 옮기지도 말고 바다에 다시 던져라. 다른 어부들이 그 고기를 잡을 것이다. 그 어부들은 다른 주인을 위해서 일하는데, 그 주인의 도시에서는 해로운 것과 내 적의 도시를 점점 더 끔찍하게 만드는 것을 먹기 때문에 그 고기들을 그리로 가져갈 것이다. 아름답고 빛나고 거룩한 내 도시에는 건강에 해로운 것은 아무것도 들어와서는 안 된다.'

그물을 배에 끌어올리고 나서 어부들은 고기들을 고르기 시작했다. 고기는 많았고, 모양과 크기와 빛깔이 모두 달랐다. 보기에는 훌륭하지만 살이 가시투성이이고, 맛이 고약한 고기들이 있었는데, 배에는 진흙과 썩어가는 벌레와 풀이 잔뜩 들어 있어 고기의 살의 고약한 맛을 더 고약하게 만드는 것이었다. 이와 반대로 보기에 기분나쁘고 생김새가 꼭 살인범이나 악몽에서 보는 괴물 같은 고기들도 있었다. 그러나 어부들은 그 고기 살이 매우 맛 있다는 것을 알고 있었다. 또 하찮은 것들이기 때문에 지나쳐 버리는 고기들도 있었다. 어부들은 일하고 또 일했다. 바구니들에는 벌써 맛좋은 생선들이 가득 찼고 그물에는 하찮은 고기들이 있었다. '이제 이만하면 됐다. 바구니들이 가득 찼으니 나머지는 모두 바다에 던져버리세' 하고 많은 어부가 말했다.

그러나 다른 사람들이 손에 잡히는 고기들은 자랑하거나 놀리거나 하는데 말을 별로 하지 않았던 그중 한 사람은 그대로 남아서 그물 속을 뒤져서 잔챙이들 가운데에서 두세 마리 고기를 더 찾아내서 바구니에 있는 다른 고기들 위에 얹었다. 그러니까 다른 어부들이 이렇게 말했다. '아니, 뭘 하는 거야? 바구니들이 가득 차서 아주 훌륭한데, 그 위에다 그 보잘 것 없는 고기를 비뚜루 올려놔서 바구니들을 망친단 말이야. 자넨 그 고기를 제일 훌륭한 놈으로 뵈게 하려는 것 같구먼.' '나 하는 대로 가만 내버려 두게. 난 이 고기 종류를 잘 알고 이놈이 얼마나 이익을 주고 즐겁게 하는지를 안단 말이야.'

이 비유는 무더기 가운데에서 가장 좋은 고기를 구별할 줄 알았던 참을성 있고, 도통하고, 말이 많지 않은 어부에 대한 주인의 축복으로 끝난다.

이제는 이 비유를 내가 어떻게 적용하는지 들어라.

아름답고 빛나고 거룩한 도시의 주인은 주님이시다. 도시는 하늘 나라이고, 어부들은 내 사도들이다. 그리고 바다의 물고기들은 갖가지 사람이 섞여 사는 인류이다. 좋은 생선은 성인들이고.

무서운 도시의 주인은 사탄이고, 소름 끼치는 도시는 지옥이다. 그의 어부들은 세상과 육체와 사탄의 종들 안에 구현(具現)되는 나쁜 정열들이다. 사탄의 종에는 영들, 즉 마귀들도 있고, 인간적인 것들, 즉 저희들과 같은 사람들을 타락시키는 자들도 있다. 나쁜 물고기들은 하늘 나라에 들어갈 자격이 없는 인류, 즉 지옥에 떨어지는 사람들이다.

하느님의 도시를 위해 영혼을 낚는 사람들 가운데에는 참을성이 덜한 동료들이 얼핏 보아서 좋아보이는 것만을 집어간 바로 그 인류의 계층에서 꾸준하게 찾을 줄을 아는 어부의 참을성있는 지식과 경쟁하는 사람들이 항상 있을 것이다. 또 고기를 고르는 데에는 영혼들의 목소리와 초자연적인 지시를 듣기 위해 주의와 침묵이 요구되는데, 불행히도 정신이 산만하고 수다를 떠는 바람에 좋은 물고기들을 보지 못해서 잃는 어부들도 있을 것이다. 또 너무 비타협적이어서 겉으로는 완전하지 않지만 나머지 모든 일에 있어서는 훌륭한 영혼들을 쫓아내는 사람들도 있을 것이다.

너희가 나를 위해 잡는 물고기 중의 하나가 지난 날에 싸운 흔적을 보이고 여러 가지 원인으로 인해 생긴 절단(切斷)을 보인다 하더라도 그것들이 그의 정신에 손상을 입히지 않는다면 무슨 상관이 있느냐? 그 중의 하나가 원수에게서 빠져나오느라고 상처를 입고 그 상처를 가진 채로 나타난다 하더라도 그의 마음이 하느님의 것이 되고 싶다는 명백한 의지를 보이면 무슨 상관이 있느냐? 시련을 겪은 영혼들이 확실한 영혼들이다. 기저귀와 요람과 어머니의 보호를 받아 만족해서 얌전히 자고 있거나 조용히 미소짓는 어린 아이와 같은 영혼들보다 더 확실한 영혼이란 말이다. 그런 어린 아이들은 나중에 철이 나고 나이가 들면서 나타나는 생활의 변천으로 인해 뜻하지 않은, 탈선을 하는 마음아픈 사건들을 일으켜 놀라게 할 수도 있는 것이다.

탕자의 비유를 기억하길 바란다. 너희는 다른 비유를 기억하길 바란다. 너희는 다른 비유들도 듣게 될 것이다. 그것은 양심들을 살펴보고 양심들을 지도하는 데 있어서 택해야 할 방식을 어떻게 해야 올바르게 식별할 수 있는지를 너희 마음 속 깊이 새겨 주기 위해서 내가 항상 노력하겠기 때문이다. 양심들은 독자적인 것들이고, 따라서 각자가 유혹을 당하고 가르침을 받을 때에 느끼고 반응을 보이고 하는 방식이 독특한 것이다. 영혼들을 고르는 일이 쉬운 일이라고 생각하지 말아라. 오히려 그와 정반대이다. 그 일에는 하느님의 빛으로 완전히 비추어진 영적인 눈이 요구되고, 하느님의 지혜가 깊이 파고든 총명이 필요하고, 영웅적 단계에까지 이른 덕행을 가지고 있어야 하며, 무엇보다도 사랑이 요구된다. 그 일에는 정신을 집중해서 묵상하는 능력이 요구된다. 어떤 영혼이든지 너희가 읽고 묵상해야 하는 이해하기 어려운 글과 같기 때문이다. 그 일에는 모든 이기주의적인 이해관계를 잊어버리고 하느님과 계속해서 일치해 있는 것이 요구된다. 영혼들과 하느님을 위해 살아야 하고, 편견과 원한과 반감을 극복해야 하며, 아버지들과 같이 자상하고 군인들과 같이 엄격해야 한다. 조언을 하고 용기를 다시 주기 위해 자상해야 하고 '이것은 하면 안 되는 것이니 하지 말아라' 또는 '그것은 해서 좋은 일이니 그렇게 해라' 하고 말하기 위해 엄격해야 하는 것이다. 많은 영혼이 지옥의 늪에 던져지리라는 것을 생각해야 하기 때문이다. 그러나 죄인들의 영혼들만이 있지 않고, 복음을 전하는 어부들의 영혼들도 있을 것이다. 그들의 임무를 게을리해서 많은 영이 멸망하는 데 이바지했을 영혼들 말이다.

천사들이 비유에 나오는 어부들과 같이 의인들과 악인들을 갈라놓아서 심판자의 준엄한 명령으로 착한 사람들은 하늘로 가고 악인들은 영원한 불로 가게 할 어떤 날, 즉 이 세상의 마지막날이고 완전하고 영원한 예루살렘의 첫날인 어느 날이 올 것이다. 그때에는 어부들과 어부들이 낚았을 사람들에 관한 진실이 알려질 것이고, 위선이 사라지고, 하느님의 백성이 그 지도자들과 그들이 구제한 사람들과 더불어 있는 그대로 나타날 것이다. 그때에는 겉으로 가장 하찮은 사람으로 보이거나 가장 난폭하게 다루어진 것으로 보이는 많은 사람들이 하늘의 광채가 되어 있고, 조용하고 참을성 있는 어부들이 바로 일을 더 많이 해서 그들이 구해 준 모든 사람들 때문에 지금 보석들로 빛나는 저 사람들이라는 것을 우리가 알게 될 것이다.

자, 비유도 말했고 해석도 해주었다."

"그런데 내 아우가?!…오! 아니! …" 베드로는 동생을 들여다보고 또 들여다본다. … 그런 다음 막달라 마리아를 바라다본다.

"아니야, 형. 마리아의 경우에는 내가 아무 공로도 없어. 선생님이 혼자 행하신 거야" 하고 안드레아가 솔직하게 말한다.

"그렇지만 다른 어부들, 즉 사탄의 어부들은 나머지를 전부 잡습니까?" 하고 바르톨로메오가 묻는다.

"그들은 가장 나은 사람들을 잡으려고 애쓴다. 즉 은총의 더 큰 기적을 행할 수 있는 영혼을 잡으려고 애를 쓴다. 그래서 그 일을 하기 위해 그들의 유혹 이외에 사람들도 사용한다. 세상에는 팥죽 한 사발 때문에 그들의 장자(長子)의 권리를 팔아먹는 사람이 너무도 많다!"

"선생님, 세상의 물건 때문에 유혹에 넘어가는 사람이 많다고 저번날 말씀하셨는데, 그 사람들도 역시 사탄을 위해 고기잡이를 하는 자들입니까?" 하고 알패오의 야고보가 묻는다.

"그렇다. 그 비유에서는 그 사람이 그에게 많은 쾌락을 줄 수 있는 재물에 마음이 끌려 하늘 나라의 보물에 대한 권리를 모두 잃는다. 그러나 잘 들어두어라, 사람 100명 중에 황금의 유혹이나 다른 유혹에 저항할 줄 아는 사람은 3분의 1에 불과하고 이 3분의 1중에서도 영웅적으로 그렇게 할 줄 아는 사람은 반밖에 없다. 세상은 자발적으로 죄의 사슬로 스스로를 졸라매기 때문에 질식해 죽는다. 허망하고 하찮은 재산을 가지는 것보다는 모든 것을 다

잃는 것이 더 낫다. 빈틈없는 보석상들처럼 행동할 줄 알아라. 어떤 곳에서 아주 희귀한 진주를 건져냈다는 것을 알게 되면, 그들은 작은 보석을 많이 그들의 금고에 보관하는 데에는 관심을 가지지 않고 그 희한한 진주를 사려고 모든 것을 처분한다."

"그렇다면 왜 선생님 자신이 선생님을 따르는 사람들에게 주시는 사명에 구별을 두시고, 또 왜 저희더러 저희들의 사명을 하느님의 선물로 생각해야 된다고 말씀하십니까? 그렇다면 그 사명들도 하늘 나라와 비교하면 하찮은 것들이니까 그것도 포기해야 하겠군요" 하고 바르톨로메오가 말한다.

"그것은 하찮은 것들이 아니고, 방법들이다. 그것들이 인생에 있어서 인간적인 목적이 된다면 그것들은 중요성이 없는 물건들일 것이다. 아니 더 적절히 말하자면 더러워진 지푸라기일 것이다. 이해관계가 있는 인간적인 목적으로 어떤 지위를 얻으려고 수를 쓰는 사람은 그 지위가 거룩한 것일지라도 그것을 더럽혀진 지푸라기를 만드는 것이다. 그러나 그 지위를 순종으로 받아들여 즐거운 의무와 전적인 제물을 만들면, 너희는 그것을 가지고 아주 희귀한 진주를 만들 것이다. 사명은 그것을 전적으로 다하면 제물이 되고, 순교가 되고, 영광이 된다. 사명은 눈물과 땀과 피를 흐르게 한다. 그러나 영원한 왕위의 왕관을 만든다."

"선생님은 정말 무슨 질문에든지 다 대답할 줄 아시는군요!"

"그러나 내 말을 알아들었느냐? 날마다 볼 수 있는 것들에서 얻어내는 비유로 말하는 것, 그렇기는 해도 초자연적인 빛으로 비추어져서 영원한 것에 대한 설명이 되게 하는 비유로 말하는 것을 알아들었느냐?"

"예, 선생님."

"그러면 군중을 가르치는 방법을 기억하여라. 율법 교사들과 선생들의 비법은 바로 기억력이기 때문이다. 정말 잘 들어 두어라. 하늘 나라를 차지하는 것을 보장해 주는 지혜를 배운 너희들 각자는 마치 자기 가족에게 유익한 것들을 금고에서 꺼내서 오래된 물건이나 새 물건을 오직 그의 자녀들의 행복을 마련한다는 목적만을 위해서 쓰는 가장과 같다. 비가 그쳤다. 여자들을 조용히 내버려두고 우리는 저 세상 것에 대해 정신의 눈을 뜨게 될 늙은 토비아에게로 가자. 여자들에게 평화가 있기를."

103. 마륵지암이 막달라 마리아에게 주기도문을 가르친다

갈릴래아 바다에 좋은 날씨가 돌아왔다. 그리고 모든 것에서 먼지가 없어졌기 때문에 폭풍우 전보다도 오히려 더 아름답다. 공기가 아주 투명해져서 하늘을 쳐다보는 눈은 하늘이 더 높아지고 더 가벼워졌다는 느낌을 가지게 된다. … 그것은 땅과 찬란한 하늘 나라 사이에 펼쳐 놓은 거의 투명한 휘장과 같다. 호수는 아주 새파란 그 하늘을 반영하고 청록색의 물 때문에 더 밝아 보인다.

새벽이 시작되는 시간이다. 예수께서는 성모님과 마르타와 막달라 마리아와 같이 베드로의 배에 오르신다. 예수와 함께 베드로와 안드레아 외에 열성당원과 필립보와 바르톨로메오도 있다. 마태오와 토마와 예수의 사촌들과 가리옷 사람은 반대로 야고보와 요한의 배에 있다. 그들은 뱃머리를 베싸이다 쪽으로 돌린다. 바람이 불어서 더 쉽게 해주는 짧은 여정(旅程)이다. 몇 분밖에 걸리지 않는 거리이다.

그들이 거의 도착하게 되었을 때 예수께서 바르톨로메오와 그의 단짝인 필립보에게 말씀하신다. "너희들은 가서 아내들에게 통지해라. 오늘 너희 집에 가겠다." 그러시면서 두 사람을 의미심장하게 바라다보신다.

"선생님, 그렇게 하겠습니다. 선생님은 저와 필립보에게 선생님을 모시고 가는 것을 허락하지 않으십니까?"

"우리는 여기에 해질 때까지만 머무를 터인데, 시몬 베드로에게 마륵지암과 같이 있는 기쁨을 빼앗고 싶지 않다."

배가 호숫가에 닿아서 멎는다. 다들 배에서 내리고, 필립보와 바르톨로메오는 마을로 가기 위해 동료들과 헤어진다.

"저 두 사람은 어디로 갑니까?" 하고 베드로가 제일 먼저 내려서서 자기 곁에 계신 선생님께 묻는다.

"아내들에게 알리러 간다."
"그러면 저도 폴피레아에게 알리러 갈까요?"
"필요없다. 폴피레아는 하도 착해서 준비시킬 필요가 없다. 그의 마음은 친절밖에 줄줄 모른다."
베드로는 그의 아내를 칭찬하는 말을 듣고는 얼굴이 환해지고, 아무 말도 덧붙이지 않는다. 그 동안 여자들이 부두 노릇을 하는 평평한 판을 딛고 배에서 내려 시몬의 집으로 향한다.
그들을 제일 먼저 본 것은 마륵지암이었다. 그는 베싸이다의 제일 가까운 언덕에서 신선한 풀을 뜯게 하려고 그의 양들을 데리고 나오는 중이었다. 그는 기쁨의 함성을 지르며 달려오면서 그 소식을 전하고 예수의 가슴으로 파고 든다. 예수께서는 그를 안으시려고 몸을 구부리신다. 그리고 마륵지암은 베드로에게로 간다. 폴피레아는 밀가루를 묻힌 손을 가지고 달려와서 몸을 숙여 인사한다.
"폴피레아, 네게 평화. 너는 우리가 이렇게 일찍 올 줄은 몰랐었지? 그러나 내 축복 외에 내 어머니와 두 여자 제자를 네게 데려오고자 했다. 내 어머니는 아이를 다시 보기를 원하셨다. … 지금 아이를 안고 계시다. 그리고 여자 제자들은 너를 알기를 원했다. … 이 사람은 베드로의 아내이다. 착하고 말이 없고, 다른 많은 제자들보다도 더 부지런히 순종하는 여자 제자이다. 이쪽은 베다니아의 마르타와 마리아 자매이다. 서로 많이 사랑하여라."
"선생님이 제게 데려오시는 사람은 제 피보다 더 소중합니다. 선생님, 오십시오. 선생님이 발을 들여놓으실 때마다 집이 더 아름다워집니다."
성모님이 미소지으시며 가까이 오셔서 폴피레아에게 입맞춤하시며 말씀하신다. "자네 안에는 어머니가 정말로 살아 있다는 것을 알겠네. 아이는 안색이 벌써 더 좋아졌고, 기뻐하네, 고맙네."
"아이고! 여인들 중에서 가장 복되신 어머님! 어머님 덕택으로 제가 엄마 하고 부르는 소리를 듣는 기쁨을 얻었습니다. 그리고 제게 있는 가장 좋은 것을 다 들여서 엄마 노릇을 하지 않는 고통을 어머님께 드리지 않겠다는 것을 아십시오. 자매님들과 같이 들어오십시오…."
마륵지암은 이상하다는 듯이 막달라 마리아를 쳐다본다. 그는 머리 속으로 혼자서 일련의 숙고 작업을 한다. 마침내 그는 이렇게 말한다. "그렇지만 … 베다니아에는 아줌마가 없었는데…"

"없었다. 그렇지만 이제는 언제나 거기 있을 거다." 막달라 마리아는 얼굴을 붉히고 살짝 미소지으면서 말한다. 그리고 아이를 쓰다듬으면서 말한다. "우리가 지금 처음 알게 됐지만 나를 많이 좋아하지?"

"응, 아줌마는 착하니까. 아줌마는 울었지? 그런데 그 때문에 아줌마가 착한 거야. 그리구 이름이 마리아지? 우리 엄마 이름도 마리아였는데 엄마도 착했어. 마리아라는 이름을 가진 여자들은 모두 착해. 그렇지만…" 마륵지암은 폴피레아와 마르타를 기분나쁘게 하지 않으려고 "그렇지만 다른 이름을 가진 여자들 중에도 착한 사람들이 있어. 아줌마의 어머니 이름은 뭐였어?" 하고 말을 끝마친다.

"에우게리아… 그리고 아주 착한 분이었어." 그러면서 막달라의 마리아의 눈에서는 굵은 눈물 두 방울이 떨어진다.

"엄마가 죽었기 때문에 우는 거야?" 하고 아이는 물으면서 짙은 빛깔 옷 위에 모으고 있는 매우 아름다운 손을 어루만진다. 그 옷은 단을 내린 것이 보이므로 마르타의 옷 중 하나를 마리아의 몸에 맞게 고친 것이 틀림없다. 그리고 마륵지암은 이렇게 덧붙인다. "그렇지만 아줌마는 울어서는 안 돼. 우린 혼자가 아니란 말이야. 우리 어머니들은 언제나 우리 곁에 있어. 예수님이 그렇게 말했어. 그리고 우리가 착하게 굴면 우리가 죽을 때 우리 마중을 와서 우리가 어머니 품에 안겨서 하느님께로 올라가. 아니 정말이야, 알아? 이것도 예수님이 말한 거야!"

막달라의 마리아는 작은 위로자를 꼭 껴안고 그에게 입맞춤하면서 말한다. "그럼 나도 이렇게 착하게 되게 기도해 다오."

"그렇지만 아줌마는 착하지 않아? 예수님하고는 착한 사람들만이 다니는데… 그리고 아주 착하지 않으면 예수님의 제자가 되기 위해서 착하게 되는 거야. 우리가 알지 못하는 것은 가르칠 수가 없으니까 말이야. 우리가 먼저 용서하지 않고는 '용서하세요' 하고 말할 수가 없어. 우리가 먼저 이웃을 사랑하지 않으면 '이웃을 사랑해라' 하고 말할 수가 없어. 아줌마는 예수님의 기도를 알아?"

"몰라."

"아! 그렇지! 아줌마는 예수님하고 같이 있는 게 얼마 안 됐지. 그 기도는 아주 아름답단 말이야. 그 기도는 무엇이든지 다 말하고 있어. 얼마나 아름다운지 들어봐." 그러면서 마륵지암은 감정과 믿음을 가지고 주기도문을 천천히 왼다.

"너 참 잘 아는구나!" 하고 막달라의 마리아는 감탄하여 마지않으며 말한다.

"밤에는 엄마가 가르쳐 주었고, 낮에는 예수님의 어머님이 가르쳐 주셨어. 그렇지만 아줌마가 배우고 싶다면 내가 가르쳐 줄께. 나하고 같이 갈래? 양들이 매애매애 하고 있어, 배가 고픈 거야. 풀밭으로 데려갈 거야. 아줌마도 같이 가. 내가 기도하는 법을 가르쳐 줄께. 그럼 아줌마는 아주 착한 사람이 될 거야." 그러면서 마리아의 손을 잡는다.

"그렇지만 선생님이 가라고 하실는지 모르겠다…."

"마리아야, 가거라. 가. 너는 죄없는 어린이를 친구로 두었다. 또 양들도… 아무 걱정말고 가거라…."

막달라의 마리아는 아이와 함께 나간다. 그리고 양 세 마리의 뒤를 따라 멀어지는 것이 보인다. 예수께서 바라다보신다. … 다른 사람들도 바라다본다.

"가엾은 내 동생!" 하고 마르타가 말한다.

"마리아를 불쌍하다고 생각하지 말아라. 마리아는 폭풍우가 지나간 뒤에 줄기를 다시 일으켜 세우는 꽃이다. 들리느냐? … 마리아가 웃는다. … 천진난만함은 언제나 용기를 돋워 주는 법이다."

104. 예수께서 필립보에게 "나는 힘있는 애인이다" 라고 말씀하신다. 다시 찾은 은전의 비유

배가 가파르나움에서 막달라로 호숫가를 따라 갈지자형으로 나아간다.
 막달라의 마리아는 그가 늘 보이는 회개한 여자로서의 자세를 처음으로 취한다. 즉 배 밑창에 예수의 발 앞에 앉아 있는 것이다. 예수께서는 배의 의자 중 하나에 근엄하게 앉아 계시다. 막달라 마리아의 얼굴은 어제와 매우 다르다. 그것은 아직은 예수께서 베다니아에 가실 때마다 마주 뛰어 나오는 막달라 마리아의 빛나는 얼굴은 아니다. 그러나 벌써 두려움과 고민이 없어진 얼굴이다. 그리고 처음에는 전에 뻔뻔스러웠던 것만큼이나 기가 꺾이었던 그의 눈이 이제는 진지하고 자신만만하며, 사도들과 말씀하시거나 당신 어머니와 마르타에게 말씀하시는 예수의 말씀을 들을 때에는 지극히 품위있고 진지한 태도를 보이는 눈에 기쁨이 불꽃처럼 반짝인다.
 일행은 몹시 순박하고 상냥한 폴피레아의 친절에 대한 말을 하고, 살로메와 바르톨로메오와 필립보의 집안 여자들의 정다운 접대에 대한 말을 한다. 그리고 필립보는 이렇게 말한다. "그애들이 아직 대단히 어리고, 그애들이 길로 돌아다니는 것을 보고 싶어하지 않는다는 이유만 아니면, 그애들도 선생님을 따라올 것입니다."
 "그들의 영혼이 나를 따라온다. 이것도 역시 거룩한 사랑이다. 필립보야, 내 말을 들어 보아라. 네 맏딸은 약혼을 하려는 참이지?"
 "그렇습니다. 선생님. 그 사람은 의젓한 신랑감이고, 훌륭한 남편이 될 것입니다. 바르톨로메오, 그렇지?"
 "맞아. 내가 그 집안을 아니까 보증하네. 나는 그 일을 제안하는 사람이 되는 것을 수락할 수는 없었네. 하지만 내가 선생님 곁에서 떠날 수만 있더라면 거룩한 가정을 만든다는 마음편한 자신을 가지고 그 일을 했을 걸세."

"그러나 처녀는 네게 그렇게 하지 말라고 말하라고 내게 부탁했다."
"신랑감이 마음에 들지 않나요? 그렇다면 그애가 잘못 생각하는 것입니다. 그렇지만 젊은 아이들은 분별이 없습니다. 저는 그애가 설득되기를 바랍니다. 훌륭한 신랑을 마다할 이유가 없으니까요. 혹 모르기는 하지만요.… 아니, 그것은 안 됩니다!" 하고 필립보가 말한다.
"혹 모르긴 해도라니? 필립보야, 말을 끝마쳐라" 하고 예수께서 그를 격려하시려고 말씀하신다.
"혹 다른 남자를 사랑한다면 몰라도 말입니다. 그러나 그것은 있을 수 없는 일입니다! 그애는 절대로 집에서 나가는 일이 없고, 집에서도 매우 호젓한 생활을 합니다. 그러나 그것은 있을 수 없는 일입니다!"
"필립보야, 아주 겹겹이 문을 잠근 집에도 뚫고 들어가는 애인들이 있고, 아무리 장애물을 만들어 놓고 아무리 감시를 해도 사랑하는 여자에게 말할 줄을 아는 애인들이 있고, 과부생활이나 잘 보호된 청춘이나… 또 다른 종류의 모든 장애물을 쓰러뜨리고 그들이 원하는 여자들을 데려가는 애인들이 있는 것이다. 또 그들의 의지로 저항할 수 없는 사람들이기 때문에, 그리고 어떤 저항이라도, 마귀의 저항까지도 이길 수 있을 만큼 매력이 있기 때문에 거절을 할 수 없는 애인들도 있는 것이다. 네 딸은 그런 사람들 중의 한 사람을 사랑하는 것이다. 그것도 가장 능력있는 사람을 말이다."
"아니 그게 누굽니까? 헤로데의 왕궁의 사람입니까?"
"그것은 능력도 아니다!"
"총독의 집의 어떤… 사람, 로마의 귀족입니까? 저는 절대로 그것을 허락하지 않겠습니다. 이스라엘의 깨끗한 피는 더러운 피와 접촉하지 않을 것입니다. 저는 차라리 딸을 죽이겠습니다. 선생님, 웃지 마십시오! 저는 괴롭습니다!"
"네가 겁이 많아 잘 놀라는 말과 같기 때문이다. 너는 빛밖에 없는 곳에서 그늘을 보고 있는 것이다. 그러나 안심해라. 총독도 종이 아니냐? 그의 친구 귀족들도 종이 아니냐? 그리고 카이사르는 또 종이 아니냐?"
"아니, 선생님은 농담을 하시는군요! 제게 겁을 주려고 하신 거지요. 카이사르보다 더 위대한 사람은 아무도 없고, 그보다 더 높은 지배자는 없습니다."
"필립보야, 내가 있다."

"선생님이? 선생님이 제 딸과 결혼하시려는 것입니까?"
"아니다. 그의 영혼과. 내가 아무리 잘 잠근 집에도, 일곱 번에 또 일곱 번씩 빗장을 지른 마음에도 뚫고 들어가는 애인이다. 내가 모든 장애와 모든 감시에도 불구하고 말을 할 줄 아는 그 사람이다. 내가 모든 장애물을 쓰러뜨리고 가지고자 하는 것을 가지는 사람이다. 깨끗한 사람들과 죄인들을, 동정녀와 과부들을, 악습에 결박되지 않은 사람들과 악습의 종이 된 사람들을. 그래서 모든 사람에게 새롭고, 재생하고, 행복하게 되고, 영원히 젊은 유일한 영혼을 그들에게 준다. 내 약혼식이다. 그리고 아무도 내 기분좋은 노획물들을 내게 주기를 거부하지 못한다. 아버지도, 어머니도, 자녀들도, 사탄까지도 내가 네 딸과 같은 소녀에게나 죄 속에 빠져서 사슬 일곱 줄로 사탄에게 붙잡혀 있는 죄인의 영혼에게 내가 말하는 것을 막지 못한다. 그래서 영혼은 내게로 온다. 그리고 아무것도 아무도 다시는 그 영혼을 내게서 빼앗아 가지 못한다. 그리고 세상의 아무 재산도, 권력도, 기쁨도 내 가난과 내 굴욕에 결합하는 사람들의 것인 완전한 기쁨을 나누어 주지 못한다. 그들은 보잘 것 없는 재물을 일체 잃고 모든 천상 재물로 꾸며진다. 하느님께, 오직 하느님께 속해 있는 것을 차분하게 기뻐하는 그들이다. … 그들이야말로 땅과 하늘의 주인들이다. 땅의 주인인 것은 그것을 지배하기 때문이고 하늘의 주인인 것은 하늘을 싸워서 빼앗았기 때문이다."

"그렇지만 우리 율법에는 이런 것이 절대로 없었습니다!" 하고 바르톨로메오가 외친다.

"나타나엘아, 묶은 사람은 벗어버려라. 내가 너를 처음 보았을 때 너를 속임수가 없는 완전한 이스라엘 사람이라고 부르면서 인사했다. 그러나 이제는 네가 그리스도의 사람이지 이스라엘의 사람이 아니다. 속임수도 없고 망설임도 없이 그리스도의 사람이 되어라. 이 새로운 정신상태를 지녀라, 그렇지 않으면 내가 온 인류에게 가져다 주려고 온 구속의 그 많은 아름다움을 너는 이해하지 못할 것이다."

필립보가 끼어들어서 이렇게 말한다. "그럼 제 딸이 선생님께 부름을 받았다고 말씀하시는 것입니까? 그런데 이제는 그애가 뭘 할 것입니까? 저는 그애를 선생님에게서 빼앗으려고 하지는 않습니다. 그러나 다만 그애를 돕기 위해서만이라도, 그애의 부름이 어떤 것인지 알고 싶습니다…."

"동정의 사랑으로 봉헌된 백합꽃들을 그리스도의 정원으로 데려오는 일이다. 장차 그런 백합꽃이 많을 것이다! … 수없이 많을 것이다! … 악의 소굴과 균형을 이루게 하기 위하여 향을 피워 향기롭게 된 화단들이다. 하느님을 모독하는 자들과 무신론자들과 균형을 이루게 하려는 기도하는 영혼들이다. 인간의 모든 불행에 대한 도움이고, 하느님의 기쁨이다."

막달라의 마리아가 질문을 하려고 입을 벌린다. 그리고 아직 얼굴을 붉히면서 질문을 하지만 다른 날보다는 여유가 더 있다. "그럼 선생님이 다시 일으켜 주신 폐허인 저희들은 어떻게 됩니까?"

"너희 동정녀 자매들이 되는 것과 같이 된다…."

"아이고! 그렇게는 될 수 없습니다! 저희들은 너무나 많은 진흙을 밟았습니다. … 그래서… 그래서 그렇게 될 수는 없습니다."

"마리아야! 마리아야! 예수는 절대로 반만 용서하지는 않는다. 나는 네게 용서한다고 말했다. 그리고 그렇게 되었다. 너와 너처럼 죄를 지은 사람으로 내 사랑이 용서하고 받아들이는 모든 사람은 향기롭게 하고, 기도하고, 사랑하고, 용기를 돋워 줄 것이다. 병을 자각하게 되고 병을 치료할 수 있게 되어, 하느님의 눈에는 순교자들로 보이는 영혼들이다. 그러므로 이 영혼들은 동정녀들과 같이 하느님께 소중한 영혼들이다."

"순교자라니요? 무엇으로 순교자입니까, 선생님?"

"너희들 자신과 과거의 기억에 대항해서, 그리고 사랑과 속죄에 대한 갈망으로 순교자이다."

"그 말씀을 믿어야 합니까?…" 막달라 마리아는 배 안에 있는 모든 사람을 쳐다보며, 그의 안에 생기기 시작하는 소망에 대한 확인을 구한다.

"시몬에게 물어 보아라. 나는 너의 집 정원에서 별이 반짝이는 어느날 밤 네게 대해서 말했고, 죄인인 너희들에 대해서도 일괄적으로 말했다. 그리고 내 말이 자비와 회개의 기적을 구속을 받은 모든 사람을 위해서 노래하지 않았는지 네 모든 형제가 말해 줄 수 있다."

"아이도 천사 같은 목소리로 그 말을 제게 해주었습니다. 그애는 제 언니보다도 훨씬 낫게 선생님을 알게 해주었습니다. 그래서 오늘 저는 더 용감하게 막달라에 맞설 수 있다고 느낍니다. 선생님이 그 말씀을 제게 해주신 지금은 제 힘이 더 커지는 것을 느낍니다. 저는 세상 사람들의 빈축을 샀습니다. 그러나 주님, 맹세합니다. 이제는 세상 사람들이 저를 보면 선생님의 능력이 어떤지를 이해하게 될 것입니다."

예수께서는 잠시 그의 머리에 손을 얹으시는데, 지극히 거룩하신 성모 마리아는 당신이 지을 줄 아시는 미소, 즉 천국의 미소를 그에게 보내신다.

호숫가에 펼쳐지는 막달라가 맞은 편에서 떠오르는 해와 뒷쪽에서 바람을 막아 주는 아르벨라산과 더불어 나타난다. 그리고 비탈이 가파르고 황량한 좁은 계곡도 나타나는데, 그곳에서는 매우 매혹적이면서도 야성적인 아름다움을 가지고 깎아지른 듯한 기슭 사이로 작은 급류가 서쪽으로 흘러 내려와 호수로 들어간다.

"선생님" 하고 다른 배에서 요한이 소리친다. "여기가 우리가 묵상을 했던 계곡입니다…." 그러면서 그의 얼굴은 안에 태양 같은 불이 켜진 것처럼 환하게 빛난다.

"그래, 우리들의 계곡이다. 나도 잘 알아보았다."

"하느님을 알게 된 곳을 기억하지 못할 수는 없습니다" 하고 요한이 대답한다.

"그러면 저도 이 호수를 항상 기억하겠습니다. 이 호수 위에서 선생님을 알았으니까요. 언니, 내가 여기서 어느 날 아침 선생님을 보았다는 걸 알아? …"

"그래요, 그리고 까딱 잘못했으면 우리와 당신들이 모두 가라앉을 뻔했어요. 여보시오, 당신의 노젓는 사람들은 정말 별것이 아니더군요" 하고 베드로가 배를 부두에 대려고 조종하면서 말한다.

"우리는 아무 가치도 없었습니다. 노젓는 사람들도, 그들과 같이 있는 사람들도… 그러나 어떻든 그것이 첫번 만남이었고, 그것이 큰 가치가 있는 것입니다. 그 다음 선생님을 산에서 뵀고, 다음에는 막달라에서… 또 그 다음에는 가파르나움에서 뵈었습니다. … 만나뵐 때마다 사슬이 끊어졌습니다. 그러나 가파르나움이 가장 아름다운 곳이었습니다. 거기서 선생님이 저를 구해 주셨습니다…."

그들이 배에서 내리니, 다른 배에 있던 사람들은 벌써 내려와 있다. 그들은 시내로 들어간다.

막달라의 주인들이 보이는 단순한 호기심… 또는 단순하지만은 않은 호기심이 막달라 마리아에게는 하나의 고통이다. 그러나 마리아는 선생님을 따라가면서 그 고통을 영웅적으로 견디어낸다. 예수께서는 모든 사도들 가운데에서 앞장서 가시고, 세 여인은 뒤에 따라간다. 속삭이는 소리가 크게 들린다. 빈정거림도 더러 있다. 마리아가 막달라에서 세력있는 여주인으로 있었을 때 보복이 두려워서 그에게 경의를 표하였던 그 사람들도 모두 마리아가 유력한 친구들과 갈라져서 겸손하고 정숙하게 된 것을 보고 아는 지금은 감히 그에게 멸시를 나타내고, 또 별로 달갑지 않은 말투로 부르기도 한다.

마리아만큼이나 그 때문에 괴로움을 겪는 마르타가 "집으로 들어갈래?" 하고 묻는다.

"아니야, 나는 선생님을 떠나지 않아. 그리고 집에서 과거의 모든 흔적이 깨끗이 사라지기 전에는 선생님께 들어가시자고 청하지 않겠어."

"그렇지만 괴롭지, 마리아야!"

"괴로움을 당해 마땅해." 그리고 마리아가 고통을 느낀다는 것을 알 수 있다. 얼굴에 송알송알 솟아나는 땀과 목까지 퍼지는 붉은 빛은 순전히 더워서 그런 것만은 아니다.

일행은 막달라의 온 시내를 건너질러서 가난한 동네로 가서 지난번에 머물렀던 집에까지 간다. 여인은 누가 인사를 하는지 보려고 빨래터 위로 머리를 들다가 앞에 예수와 잘 아는 막달라의 상류 부인이 있는 것을 보고 깜짝 놀란다. 그 부인이 이제는 사치스러운 옷을 입지 않고 보석투성이도 아니고, 머리에는 가벼운 아마포 베일을 쓰고, 깃이 높고 꽉 끼는 보라빛 도는 푸른색 옷을 입고 있는데, 그의 몸에 맞추려고 애를 썼지만 분명히 자기 옷이 아니며, 게다가 두꺼운 겉옷을 입고 있어서, 그렇게 더운데 고역일 것이 틀림없다.

"당신 집에 머물러서 나를 따라온 사람들에게 말하는 것을 허락하겠소?" 따라온 사람이라는 것은 막달라의 주민 전부를 말하는 것이다. 그것은 주민 전부가 사도 일행을 따라왔기 때문이다.

"주님께서 그걸 제게 청하십니까? 아니 제 집은 주님의 것인데요." 그러면서 여인들과 사도들을 위해 의자와 걸상들을 가져오느라고 서두른다. 막달라 마리아 옆으로 지나가면서 여인은 노예와 같이 몸을 굽힌다.

"자매에게 평화" 하고 막달라 마리아가 답례한다. 그러니까 여인은 얼마나 놀랐는지 들고 있는 작은 걸상을 떨어뜨린다. 그러나 아무 말도 하지 않는다. 그의 행위를 보니 마리아가 그에게 딸린 사람들을 꽤 거만하게 다루었다는 생각이 든다. 그리고 아이들이 잘 있는지, 어디에 있는지, 고기가 많이 잡혔는지 묻는 소리를 듣고는 여인은 점점 더 놀란다.
 "잘들 있습니다. … 그애들은 학교에 갔거나 외할머니 집에 가 있습니다. 꼬마 막내만이 요람에서 자고 있습니다. 고기도 많이 잡힙니다. 남편이 십일조를 갖다 드릴 것입니다…."
 "아니야, 이젠 필요없어. 아이들 몫으로 남겨 두게. 꼬마를 봐두 되겠나?"
 "오세요…."
 사람들은 거리로 모여든다.
 예수께서 말씀을 시작하신다. "한 여인이 돈주머니에 은전 열 개를 가지고 있었습니다. 그러나 몸을 움직이다가 돈주머니를 떨어뜨렸는데 돈주머니가 벌어지면서 방바닥에 쏟아졌습니다. 여인은 거기 있던 이웃 여인들의 도움을 받아 은전을 다시 주워서 세었습니다. 그랬더니 아홉 개만 있고 열째 것은 찾을 수가 없었습니다. 저녁 때가 다 되어서 밝지 못했기 때문에 여인은 등불을 켜서 방바닥에 놓고 비를 갖다가 은전이 떨어진 곳에서 멀리 굴러갔는지 보려고 주의깊게 쓸기 시작했습니다. 그러나 은전은 찾을 수가 없었습니다. 친구들은 찾는데 지쳐서 집으로 돌아갔습니다. 여인은 궤와 겹친 선반과 또 다른 무거운 궤를 옮기고, 벽감(壁龕) 안에 넣어 둔 손잡이가 둘 달린 항아리들과 단지들을 옮겼습니다. 그러나 은전은 찾을 수가 없었습니다. 그러자 여인은 엉금엉금 기어서, 혹 은전이 집 밖으로 굴러 나가서 야채를 벗긴 껍질에 섞였는지 보려고 집문 곁에 있는 쓰레기더미까지 뒤졌습니다. 그래서 여인은 그 위에 떨어진 쓰레기에 파묻히다시피 되어 아주 더러워진 은전을 찾아냈습니다.
 여인은 몹시 기뻐서 은전을 집어 씻고 닦았습니다. 은전이 이제는 전보다도 더 아름다웠습니다. 그리고 처음에 찾아보다가 갔던 이웃 여인들을 큰 소리로 불러서 은전을 보이면서 말했습니다. '자! 보세요. 당신들은 더 오래 애쓰지 말라고 내게 권했지요. 그렇지만 나는 끈질기게 찾아서 잃었던 은전을 다시 찾아냈습니다. 그러니 내 보물을 다만 하나라도 잃어버리는 고통을 겪지 않은 나와 함께 기뻐하세요.' 여러분의 선생과 그의 사도들도 비유에 나오는 여인과 같이 합니다. 여러분의 선생은 몸을 움직이면 보물을 떨어뜨릴 수 있다는 것을 압니다. 영혼은 어느 영혼이든지 보물입니다. 그리고 하느님을 미워하는 사탄은 가엾은 영혼들을 떨어지게 하려고 좋지 못한 움직임을 하게 합니다. 떨어질 때에 돈주머니 곁에 머물러 있는 영혼들도 있습니다. 즉 영혼을 계명의 보호 아래 보존하는 하느님의 율법에서 별로 떨어져 있지 않은 영혼들도 있다는 말입니다. 그러나 더 멀리 가는 영혼들도 있습니다. 즉 하느님과 그분의 율법에서 훨씬 더 멀리 떨어지는 영혼들도 있습니다. 끝으로 쓰레기, 오물, 진흙 속으로까지 굴러 가는 영혼들도 있습니다. 그래서 그 영혼들은 마치 특별한 장소에서 태우는 쓰레기와 같이 결국 멸망하고 영원한 불 속에서 탈 것입니다.

주인은 그것을 알고 잃어버린 은전을 꾸준히 찾습니다. 그는 그것들을 사랑으로 사방에서 찾습니다. 그것들이 그의 보물들이니 그는 지치지 않고, 무슨 일이 있어도 싫증을 내지 않습니다. 뒤지고 또 뒤지고 옮기고 쓸고 해서 다시 찾을 때까지 그치지 않습니다. 그래서 찾아내면 다시 찾은 영혼을 그의 용서로 씻고, 친구들을, 즉 천국에 있는 모든 사람과 세상에 있는 모든 착한 사람들을 불러서 이렇게 말합니다. '나와 함께 기뻐하시오. 잃었던 것을 찾아냈으니까 말입니다. 그리고 내가 용서해서 어떤 새로운 것을 만들었기 때문에 전에보다도 더 아름답습니다' 하고.

정말 잘 들어 두시오. 회개하는 죄인 한 사람으로 인해서 하늘에 큰 즐거움이 있고, 하느님의 천사들과 세상의 착한 사람들이 기뻐합니다. 나 진정으로 여러분에게 말합니다만 뉘우침의 눈물보다 더 아름다운 것은 아무것도 없습니다. 나 진정으로 말하지만, 하느님의 승리인 이 회개를 기뻐할 줄 모르고 기뻐할 수 없는 것은 마귀들뿐입니다. 또 말하고자 하는 것은 어떤 사람이 죄인의 회개를 어떻게 받아들이느냐 하는 데 따라서 그의 친절과 하느님과의 일치의 정도를 알 수 있다는 것입니다.

평화가 여러분과 함께 있길 바랍니다."

사람들은 교훈을 알아듣고 막달라 마리아를 바라다본다. 마리아는 아마 태연하게 되려고 그랬겠지만 어린 아기를 안고 문에 와서 앉아 있다. 사람들은 천천히 떠나가고 이제는 작은 집의 주인 여자와 아이들과 같이 온 외할머니만이 남아 있다. 베냐민은 아직 학교에서 돌아오지 않았다.

105. "지식은 그것이 신앙인 때에는 타락이 아니다"

배가 작은 티베리아 포구에 닿았을 때 작은 부두에서 오락가락 하고 있던 할 일 없는 사람들이 달려온다. 여러 계급과 여러 국적의 사람들이 있다. 그래서 히브리인들의 갖가지 색깔로 된 긴 옷과 이스라엘 사람들의 더부룩한 머리털과 위엄있는 수염이 튼튼한 로마 사람들의 흰 모직으로 만든 더 짧은 옷과 맹송맹송한 얼굴과 짧은 머리털, 그리고 그리이스 사람들의 날쌔고 여성적인 몸에 걸친 한층 더 짧은 옷과 섞여 있다. 그리이스 사람들은 그들의 자세에까지도 멀리 떨어져 있는 그들의 조국의 예술을 소화 흡수한 것 같고, 인간의 육체를 빌어 세상에 내려온 신들의 조각과 닮았다. 그들의 몸에는 부드러운 짧은 옷을 입었고, 곱슬곱슬하고 향수를 뿌린 머리 아래 있는 얼굴은 고전적이며, 팔에는 팔찌들을 끼고 있어, 그들이 일부러 꾸며서 움직일 때에 반짝인다.

수많은 창녀들이 로마인들과 그리이스인들과 섞여 있다. 그들은 광장이나 길거리에서 그들의 사랑을 서슴지 않고 드러내기 때문이다. 이와 반대로 팔레스티나 사람들은 나중에 그들의 집안에서 창녀들과의 자유로운 사랑에 빠져드는 일이 있더라도 공공연하게 드러나게 하지는 않는다. 이 일이 분명한 것이 창녀들이 갑작스럽게 부르는 사람들이 무섭게 노려보는데도 불구하고 여러 히브리 사람들의 이름을 친숙하게 부르기 때문이다. 그중에는 리본으로 장식한 바리사이파 사람도 있다.

예수께서는 시내를 향하여, 가장 멋부리는 군중이 더 많이 있는 그리로 바로 향하여 가신다. 멋을 부리는 군중이란 대부분이 로마 사람과 그리이스 사람이고, 약간의 헤로데의 궁인(宮人)과 다른 사람들인데, 시돈과 띠로와 상점들과 배들에 대해서 말하는 것으로 보아 그 도시들쪽 페니키아 해안의 부유한 상인들인 것 같다.

공동목욕탕의 바깥 회랑들에는 이런 한가한 멋쟁이들이 가득 차 있는데, 그들은 가장 날쌘 투원반 선수나 육상경기자 또는 그레코 로만형 레슬링을 가장 균형잡히게 하는 사람 따위 조금도 중요하지 않은 문제들을 토론하느라고 이렇게 시간을 허비하고 있다. 또는 유행과 연회 이야기를 하고, 가장 아름다운 창녀와 귀부인들을 청하러 가서 즐거운 소풍을 위한 약속을 한다. 그 창녀들과 귀부인들은 향수를 뿌리고 머리를 지지고 공동목욕탕이나 호화로운 저택에서 나와 마치 응접실 모양으로 전부 대리석으로 장식된 티베리아의 이 중심지로 흩어진다.

이 일행이 지나가는 것은 자연 대단한 호기심을 불러일으킨다. 이 호기심은 어떤 사람이 예수를 가이사리아에서 본 일이 있기 때문에 알아볼 때에나 어떤 사람이 막달라 마리아를 알아볼 때에는 극도로 커진다. 그러나 막달라 마리아는 겉옷으로 몸을 폭 감싸고 이마와 뺨에까지 아주 낮게 내려오는 흰 베일을 쓰고 걸어 간다. 그래서 이렇게 베일을 쓰고 더구나 머리를 숙이고 있기 때문에 그의 얼굴은 그리 잘 보이지 않는다.

"저 사람은 발레리아의 어린 딸의 병을 고쳐 준 나자렛 사람이야" 하고 한 로마인이 말한다.

"나도 기적을 보았으면 좋겠다" 하고 다른 로마인이 대답한다.

"나는 저 사람이 말하는 것을 듣고 싶네. 저 사람은 위대한 철학가라는군. 우리 말 좀 해달라고 해볼까?" 하고 그리이스인이 묻는다.

"테오다트, 상관하지 말아, 저 사람은 바람만을 설교한단 말이야. 저 사람은 풍자시를 읊는 비극 배우였으면 어울렸을 거야" 하고 다른 그리이스 사람이 대답한다.

"걱정 말아, 아리스토불, 저 사람은 구름에서 내려와서 육지로 가는 거야. 저 사람이 젊고 아름다운 여자들에 둘러싸여 있는 걸 보나?" 하고 한 로마인이 농담을 한다.

"아니, 저 여자는 막달라의 마리아야!" 하고 한 그리이스 사람이 외친다. 그리고 "루치우스! 꼬르넬리우스! 띠뚜스! 아니 보라구, 마리아야!" 하고 부른다.

"천만에, 마리아가 아니야! 마리아가 저런 차림을 하고 있다니! 자네 취했나?"

"마리아라니까. 저렇게 변장하고 있어도 나는 잘못 볼 수 없어."

로마인들과 그리이스인들은 회랑과 분수가 많은 광장을 비스듬히 건너질러 가는 사도들의 집단 곁으로 모여 온다. 여자들도 구경꾼들과 합류한다.

그리고 마침 마리아를 더 잘 보려고 거의 그의 베일 밑에 간 한 여자가 틀림없이 마리아라는 것을 보고는 깜짝 놀란다. 그 여자는 "너 그런 옷을 입고 뭘 하는 거냐?" 하고 물으며 냉소한다.

마리아는 걸음을 멈추고 자세를 바르게 하고 손을 들어 베일을 뒤로 젖혀서 얼굴을 드러낸다. 그러니까 비열한 모든 것 위에 군림하였던 귀부인, 그러나 벌써 자기의 느낌을 억누를 줄 아는 막달라의 마리아가 나타난다. "그래, 나야" 하고 매우 아름다운 눈을 반짝이며 굉장히 아름다운 목소리로 말한다. "나예요. 그리고 내가 이 성인들과 함께 있는 것을 부끄러워한다고 당신들이 생각하지 말라고 베일을 벗은 겁니다."

"오! 오! 마리아가 성인들과 함께 있다니! 아니 그 사람들 그냥 내버려두라구! 너 자신을 모욕하지 말구!" 하고 그 여자가 말한다.

"나 자신을 모욕한다구, 나는 지금까지 그랬어. 그러나 이제는 모욕을 당하는 사람이 아니야."

"아니, 너 미쳤니? 그렇지 않으면 변덕이라도 부리는 거냐?" 하고 그 여자가 말한다.

로마 사람 하나가 마리아를 흘깃 바라다보며 건방진 투로 말한다. "나하고 같이 가자. 인생을 괴롭혀서 을씨년스럽게 만드는 그 수염 달린 곡녀(哭女) 같은 사람보다 내가 더 아름답다. 인생은 아름답다! 승리다! 기쁨의 대향연이다! 오너라. 내가 모든 사람보다 뛰어나게 너를 행복하게 해줄 수 있다" 하고 얼굴이 뾰족하지만 기분좋게 생긴 약간 갈색 머리의 젊은이가 말하며 마리아를 만지려고 한다.

"비켜요! 나를 만지지 말아요. 당신이 제대로 말했어요. 당신들이 하는 생활은 흠뻑 마시고 즐기는 생활이고 그것도 가장 부끄러운 통음난무(痛飮亂舞)의 생활이예요. 나는 그것에 싫증이 나요."

"오! 오! 얼마 전만 해도 그게 네 생활이었던 걸" 하고 그리이스 사람이 대답한다.

"이제는 처녀인 체하는구면" 하고 헤로데 당원이 놀린다.

"너는 성인들을 망친다. 네 나자렛 선생은 너하고 있으면 그의 후광(後光)을 잃을 거다. 우리와 같이 가자" 하고 어떤 로마 사람이 계속 말한다.

"당신들이 나와 같이 선생님을 따르시오. 이젠 짐승 노릇 그만두고, 적어도 사람들같이나 되시오."

일제히 웃고 놀리는 소리가 마리아에게 대답한다.

어떤 늙은 로마인만이 이렇게 말한다. "여인을 존중하게. 이 여자는 그가 하고 싶은 대로 할 자유가 있어. 나는 이 여자를 변호하네."

"선동정치가! 이 양반 말 들어보라구! 어제 저녁 마신 술 때문에 몸이 아픈 겁니까?" 하고 한 청년이 묻는다.

"아니야, 등이 아파하는 걸 보면 심기증(心氣症) 환자야" 하고 다른 사람이 대답한다.

"긁어 달라고 나자렛 사람에게 가보시오."

"자네들하고 교제해서 묻힌 진흙을 긁어내 달라고 그리로 가겠네" 하고 노인이 대답한다.

"아이고! 그리스푸스가 예순 살에 난봉을 부렸다네!" 하고 많은 사람이 그를 빙 둘러싸고 놀린다.

그러나 그리스푸스라고 불린 사람은 비웃음은 아랑곳하지 않고 선생님 계신 곳으로 가는 막달라 마리아의 뒤로 걸어가기 시작한다. 예수께서는 어떤 광장의 두 쪽에 걸쳐 있는 반원형의 매우 아름다운 건물의 그늘로 들어가셨다.

그리고 예수께서는 티베리아에, 그것도 그런 사람들과 같이 왔다고 비난하는 율법교사와 벌써 다투고 계시다.

"그러면 당신은 왜 여기 와 있소. 왜 내가 티베리아에 온 것을 비난하오? 그리고 티베리아에도, 아니 다른 데보다도 여기에 구해야 할 영혼이 더 많다고까지 말하겠소" 하고 예수께서 대답하신다.

"그 영혼들은 구원받을 수가 없습니다. 그들은 이방인들이고 이교도들이고 죄인들입니다."

"나는 죄인들을 위해서 왔소. 참 하느님을 알게 하려고. 모든 사람에게. 나는 당신을 위해서도 왔소."

"나는 선생도 구세주도 필요없어요. 나는 깨끗하고 유식하니까요."

"당신이 적어도 당신의 처지를 알 만큼 유식했으면 좋겠소!"

"그런 선생은 창녀와 같이 다니는 것이 얼마나 선생에게 불리한지 알았으면 좋겠군요."

"나는 이 여자를 대신해서 당신을 용서하오. 이 여자는 겸손으로 그의 죄를 없애고 있소. 그런데 당신은 교만으로 당신의 잘못을 곱절로 만들고 있소."
"나는 죄가 없어요."
"당신은 가장 큰 죄를 가지고 있소. 당신은 사랑이 없소."
율법교사는 "라까" 라고 말하고 예수께 등을 돌린다.
"선생님, 제 탓입니다!" 하고 막달라 마리아가 말한다. 그리고 성모 마리아가 창백해지시는 것을 보고 괴로워한다.
"용서해 주세요. 저 때문에 아드님이 모욕을 당하십니다. 제가 물러가겠습니다."
"아니다, 너는 그대로 남아 있어라. 내 명령이다" 하고 위압적인 목소리로 말씀하신다. 그리고 눈이 하도 빛나고 몸전체에 얼마나 큰 지배력이 느껴지는지 거의 처다볼 수 없을 지경이다. 그런 다음 더 부드럽게 말씀하신다. "너는 그대로 남아 있어라. 그리고 누가 네 곁에 있는 것을 견디지 못하겠다면, 그 사람만 가라고 해라."
그리고 예수께서는 도시의 서쪽을 향하여 다시 길을 떠나신다.
"선생님!" 하고 막달라 마리아를 변호한 뚱뚱하고 나이많은 로마인이 외친다.
예수께서 돌아다보신다.
"저들이 선생을 선생님이라고 부릅니다. 그런데 나도 선생을 선생님이라고 부릅니다. 나는 선생님이 말씀하시는 것을 듣기를 바랐습니다. 나는 반은 철학자이고 반은 쾌락추구자입니다. 그러나 선생님은 아마 나를 성실한 사람을 만드실 수 있을 것입니다."
예수께서 그를 똑바로 바라다보시고 말씀하신다. "나는 천한 인간의 동물성이 판을 치고 극도로 업신여기는 이 도시를 떠납니다." 그리고 다시 걷기 시작하신다.
그 사람은 예수의 걸음이 빠르고 그는 뚱뚱하고 늙스구레하며, 또 악습으로 인하여 둔해졌기 때문에 뒤에서 땀을 흘리며 애를 쓴다. 베드로가 뒤돌아보고 그 일을 예수께 알린다.
"걸으라고 내버려두어라. 걱정하지 말고."
조금 후에는 가리옷 사람이 말한다. "그렇지만 그 사람이 우리를 따라오는데요. 이것은 좋지 않습니다!"
"왜? 동정으로 그러느냐, 아니면 다른 동기로 그러느냐?"

"그 사람을 동정해서요? 아닙니다. 조금 더 뒤에는 아까의 율법교사가 다른 유다인들과 같이 우리를 따라오고 있기 때문입니다."

"그 사람들 하는 대로 내버려두어라. 그러나 너는 너보다는 그 사람을 더 동정하는 편이 더 나았을 것이다."

"선생님을 동정하는 것입니다."

"아니다, 너를 동정하는 것 말이다. 네 감정을 알아차리고 그것을 인정할 만큼 솔직해라."

"저는 정말 저 늙은 사람을 동정합니다. 선생님을 따라오느라고 애를 쓰고 있습니다. 아시겠습니까?" 하고 베드로가 땀을 뻘뻘 흘리며 말한다.

"완전을 따라가려면 언제나 애를 쓰는 법이다, 시몬아."

그 사람은 여자들 곁에 있으려고 애를 쓰면서 끈기있게 그들을 따라온다. 그러나 여자들에게 결코 말을 걸지는 않는다.

막달라 마리아는 베일 속에서 말없이 울고 있다.

"마리아, 울지 말아" 하고 성모님이 그를 위로하시려고 손을 잡으시며 말씀하신다. "이 다음에는 세상 사람들이 너를 존경할 거야. 처음 얼마 동안이 제일 힘든 거야."

"아이고! 저 때문에 그러는 것이 아닙니다! 선생님 때문에 그러는 것입니다. 만일 저 때문에 선생님이 해를 입으시면 저 자신을 용서하지 않겠습니다. 율법교사가 한 말을 들으셨습니까? 저는 선생님의 명예를 위태롭게 합니다."

"가엾어라! 그러나 그런 말들은 네가 예수에게로 올 생각을 하기도 전에 예수 주위에서 뱀들만큼이나 쌔액쌔액 휘파람 소리를 냈다는 걸 모르느냐? 시몬이 말한 건데, 작년에 벌써 예수가 전에 죄녀였던 여자 문둥병자를 고쳐 주었기 때문에, 그일로 해서 그들이 예수를 비난했단다. 그 여자는 예수의 어머니인 나보다도 더 나이많은 사람이고, 또 기적을 행할 때에 보고 그 뒤에는 한 번도 본 적이 없는데 말이다. 그러나 네 자매 중의 한 사람인 불행한 여자가 구원을 받으려고 '고운 내'에 갔었기 때문에 예수가 그곳에서 피해 나와야 했다는 것을 모르느냐? 예수가 죄가 없는데 그들이 어떻게 그를 비난하겠니? 거짓말로 하겠지. 그런데 그 거짓말을 어디서 얻어내겠니? 사람들 가운데에 다하고 있는 그의 사명에서 찾아낸다. 착한 행위를 그들은 죄의 증거라고 내놓는다. 그래서 내 아들이 무슨 일을 하건 그들에게는 그것이 언제나 잘못일 것이다. 만일 내 아들이 외진 오두막집에 틀어박혀 있으면, 하느님의 백성을 소홀히 하는 잘못을 저지를 것이고, 하느님의 백성에게로 내려오면, 그렇게 하는 것이 잘못일 것이다. 그들이 보기에는 내 아들이 항상 잘못하는 것이다."

"그러면 그 사람들은 극단적으로 악의가 있군요!"

"아니다, 그 사람들도 고집스럽게 빛을 받아들이지 않고 있다. 내 예수는 영원히 이해받지 못하는 사람이고, 언제나 그럴 것이고, 점점 더 그럴 것이다."

"그런데 어머님은 그것이 괴롭지 않으십니까? 제가 보기에는 어머님이 대단히 침착하신데요."

"그런 말 말아라. 내 마음은 찌르는 가시에 둘러싸인 것과 같다. 숨을 쉴 때마다 그 가시들이 내게 상처를 입힌다. 그러나 내 아들이 그걸 알아서는 안 된다! 나는 아들을 내 침착으로 뒷받침해 주려고 그렇게 보이게 하는 것이다. 어미가 그의 기운을 돋워 주지 않으면, 내 예수가 어디에서 위안을 얻을 수 있겠니? 그렇게 한다고 모욕을 당하거나 중상을 입지 않고 누구의 가슴에 머리를 기댈 수 있겠니? 그러니까 내가 벌써 내 마음을 괴롭히는 가시와 외로울 때에 내가 삼키는 눈물은 고려하지 않고 내 아들을 더 걱정 없게 … 더 안심하게 하기 위해서 어떤 대가를 치르더라도 우아한 사랑의 겉옷을 입고, 미소를 보이는 것이 마땅하다. … 증오의 물결이 하도 심해서 어미의 사랑도 소용이 없게 될 순간까지 말이다…." 눈물 두 줄기가 성모님의 창백한 얼굴에 흘러 내린다.

두 자매는 심한 충격을 받고 성모님을 쳐다본다. "그렇지만 선생님께서는 선생님을 사랑하는 저희가 있습니다. 사도들도 있구요…" 하고 성모님을 위로하려고 마르타가 말한다.

"그래, 너희들이 있고, 사도들이 있다. … 아직 그들이 맡은 일을 감당하기에 이르지는 못했지만… 그리고 내 아들이 모두 다 알고 있기 때문에 내 고통은 더 심하다…."

"그러면 선생님은 제가 필요하다면 저를 제물로 바치기까지 선생님께 순종하고자 한다는 것도 알고 계시겠군요?" 하고 막달라 마리아가 묻는다.

"알고 있다. 너는 그의 힘드는 길에 큰 기쁨이 된다."

"오! 어머님!" 하고 막달라 마리아는 성모님의 손을 잡고 감격하여 입맞춤한다.

 티베리아는 변두리의 정원들로 끝난다. 그 저쪽으로는 가나로 가는 먼지 투성이의 길이 있는데, 한쪽에는 과수원들이 있고, 또 한쪽에는 여름해가 쨍쨍 내리쬐는 풀밭과 밭들이 이어진다.

 예수께서는 과수원 한 군데에 들어가셔서 잎이 우거진 나무 그늘에서 걸음을 멈추신다. 여자들이 예수 계신 곳으로 가고 뒤이어 숨을 헐떡이는 로마 사람이 그리로 오는데, 그 사람은 정말 기진맥진하였다. 그 사람은 약간 떨어져 있으면서 말은 하지 않고 바라다본다.

 "쉬는 동안 음식을 먹도록 하자" 하고 예수께서 말씀하신다. "여기엔 우물이 있고 아주 가까이 농부도 한 사람 있다. 저 사람에게 가서 물을 좀 달라고 청해라."

 요한과 타대오가 그리로 간다. 그들은 꼭대기까지 물이 가득 찬 물병을 가지고 돌아오는데, 뒤에는 농부가 따라와서 훌륭한 무화과들을 드린다.

 "하느님께서 이 호의를 건강과 추수로 갚아 주시길 바랍니다."

 "하느님께서 선생님을 보호하십니다. 선생님이시지요?"

 "그렇습니다."

 "여기서 말씀하시겠습니까?"

 "그것을 바라는 사람이 아무도 없는데요."

 "선생님, 제가 있습니다. 목마를 때 아주 맛이 좋은 물보다도 더 원합니다" 하고 로마 사람이 외친다.

 "목이 마릅니까?"

 "몹시 마릅니다. 저는 시내에서부터 선생님을 따라왔습니다."

 "티베리아에는 맑은 물이 나오는 샘이 많은데요."

 "선생님, 오해하지 마십시오. 또는 그러는 체 하지 마십시오. 저는 선생님의 말씀을 들으려고 따라왔습니다."

 "그러나 왜 따라오셨습니까?"

 "왜 그런지, 어떻게 돼서 그런지 모르겠습니다. 저 여자를 보고 그랬습니다(그러면서 막달라 마리아를 가리킨다). 모르겠습니다. 무엇인가 제게 '저 분이 네가 아직 알지 못하는 것을 네게 말해 줄 것이다' 하고 말하는 것이었습니다. 그래서 왔습니다."

 "저분에게 물과 무화과를 드려라. 몸에 기운을 내시게."

"그러면 정신은요?"
"정신은 진리로 기운을 냅니다."
"저는 그 때문에 선생님을 따라왔습니다. 저는 지식에서 진리를 찾았습니다. 그런데 타락을 찾아냈습니다. 학설에는 아무리 훌륭한 학설에도 항상 좋지 않은 어떤 것이 있습니다. 저는 그것이 싫증이 나도록, 그리고 내가 살고 있는 지금 이 순간말고는 다른 장래가 없는 혐오감을 주는 인간으로까지 타락했습니다."
예수께서는 사도들이 갖다 드린 빵과 무화과를 드시면서 그 사람을 유심히 바라다보신다.
식사는 이내 끝났다.
예수께서는 앉으신 채로 마치 단순히 당신 사도들을 가르치시는 것처럼 말씀하신다. 농부도 바로 곁에 그대로 있다.
"일생 동안 진리를 찾는데도 그것을 찾아내지 못하는 사람이 많다. 그들은 청동판을 눈에 갖다 대고 보기를 원하며 경련적으로 더듬어서 점점 더 진리에서 멀어지거나 미친듯이 찾는 중에 옮기거나 진리 위에 떨어뜨려서 그것을 가리는 미친 사람들과 같다. 그들은 진리가 있을 수 없는 곳에서 진리를 찾기 때문에 이런 일을 당할 수밖에 없다.
진리를 발견하기 위해서는 지능과 사랑을 합쳐야 하고, 사물을 현명한 눈으로만 볼 뿐 아니라 착한 눈으로도 보아야 한다. 착함은 지혜보다 더 값있는 것이기 때문이다. 사랑하는 사람은 항상 진리로 가는 길을 가지게 된다. 사랑한다는 것은 육체를 즐기는 것이 아니고 육체로 즐기는 것도 아니다. 그것은 사랑이 아니라 육욕이다. 사랑은 영혼과 영혼 사이, 높은 부분과 높은 부분 사이의 애정이다. 이 애정을 통해서 사람은 아내를 종으로 보지 않고, 자녀를 낳는 여자로, 오직 이것으로만 본다. 즉 남자와 하나의 전체를 이루어 생명을, 여러 생명을 만들어 낼 수 있는 반쪽으로 보는 것이다. 즉 남자의 어머니요 자매요 딸이며, 경우에 따라서는 갓난 아기보다도 더 약하거나 사자보다도 더 강하며, 어머니와 자매와 딸로서 신뢰하고 보호하는 존경으로 사랑해야 할 아내로 보는 것이다. 내가 말하는 것이 아닌 것은 사랑이 아니라 타락이다. 그것은 사람을 위로 데려가지 않고 아래로 끌고 가며, 빛으로 데려가지 않고 어두움으로 이끌어가며, 별로 데려가지 않고 진흙탕으로 끌어간다. 이웃을 사랑할 줄 알기 위하여 아내를 사랑해야 하고, 하느님을 사랑할 줄 알기 위하여 이웃을 사랑해야 한다. 여기서 진리의 길은 발견된 것이다. 진리를 찾는 사람들아, 진리는 여기에 있다. 진리는 하느님이시다. 이것이 지식을 이해하는 비결이다.

하느님의 가르침 외에는 결함없는 학설이 없다. 사람이 그에게 해답을 주실 하느님을 모시고 있지 않으면 어떻게 그의 의문에 대한 해답을 줄 수 있는가? 모든 것을 창조하신 최고의 장인(匠人)이 아니고서는 누가 우주의 신비를 그저 순전히 그 신비만이라도 꿰뚫어 볼 수 있느냐? 어떻게 사람이라는 살아있는 기적을 이해하겠느냐? 그 안에 동물적인 완전과 영혼이라는 불멸의 완전이 혼합되어 있는 사람, 만일 우리 안에 살아 있는 영혼을 가지고 있으면, 즉 짐승의 가치까지도 떨어뜨릴 만한 그런 잘못을 사람이 저지르면서도 오히려 그런 짓을 하는 것을 자랑하는 그런 잘못을 하지 않는 영혼을 가지고 있으면 우리가 신들이 되는 그 인간을 어떻게 이해하느냐 말이다.

진리를 찾는 사람들아, 나는 너희들에게 욥이 한 것과 같은 말을 하겠다. '마소에게 물어보아라, 그놈들이 너를 가르쳐 줄 것이다. 새들에게 물어 보아라, 그놈들이 너를 이해하게 해줄 것이다. 땅에게 말하여라, 땅이 네게 대답할 것이다. 물고기들에게 말하여라, 그놈들이 네게 알려줄 것이다.'

그렇다, 푸르러지고 꽃이 핀 이 땅, 나무 위에서 굵어지고 있는 저 열매들, 번식하는 저 새들, 구름을 분산시키는 이 바람, 수백, 수천년째 뜨는 시간을 틀리지 않는 저 해, 이 모든 것이 하느님에 대해서 말하고, 하느님을 설명하고, 하느님을 드러내 보이고 공개한다. 만일 지식이 하느님께 근거를 두지 않으면 오류가 되어, 사람을 고상하게 만들지 못하고 오히려 천하게 만든다. 그러나 지식이 신앙인 때에는 타락이 아니다. 하느님을 통해 아는 사람은 그의 품위를 느끼고, 그의 영원한 장래를 믿기 때문에 타락하지 않는다. 그러나 실재(實在)의 하느님을 찾아야 한다. 신들이 아니라 아직 정신적인 무지(無知)의 기저귀에 싸여 있는 사람들의 망상인 환상들을 찾아서는 안 된다. 이들에게 그들의 종교에 지혜의 그림자도 없고, 그들의 믿음에 진리의 그림자도 없다.

나이에 상관없이 누구나 다 지혜롭게 될 수 있다. 이것도 욥서에 있는 말이다. '저녁 때에도 한낮의 빛과 같은 빛이 너를 위하여 떠오를 것이고, 네가 끝장이 났다고 생각할 때에 샛별과 같이 네가 일어날 것이다. 너를 기다리는 바람으로 너는 자신만만하게 될 것이다.'

진리를 찾아내려면 착한 뜻만 있으면 된다. 그러면 진리가 언젠가는 발견될 것이다. 그러나 발견하고 난 다음에 이스라엘의 고집불통인 사람들을 본받아서 그 진리를 따르지 않는 사람은 불행하다. 이스라엘의 고집쟁이들은 하느님을 찾아내는 데 필요한 길잡이, 즉 내게 대해서 성서에서 말한 모든 말을 벌써 가지고 있으면서도 진리를 인정하고자 하지 않고 그것을 미워하며, 그들의 지성과 마음에 퉁명스러운 증오와 틀에 박힌 말투를 쌓아올린다. 그들은 승리의 행진이라고 생각하지만 사실은 형식주의와 원한과 이기주의의 예속시키는 발걸음에 지나지 않는 그들의 걸음 밑에서 그들의 무게로 인하여 땅이 갈라지리라는 것을 알지 못한다. 그들은 여러 민족들이 그들의 행동의 기준을 삼으려고 그들 스스로가 만들어 가진 이교(異敎)보다도 더 죄되는 이교를 알고도 다른 죄인들이 가는 곳으로 떨어져서 삼켜질 것이다.

나로서는 이스라엘 자손들 가운데에서 뉘우치는 사람들을 물리치지 않는 것과 마찬가지고 그들에게 믿으라고 준 것을 믿고 마음 속으로 '저희에게 진리를 주십시오' 하고 탄식하면서 말하는 저 우상숭배자들도 물리치지 않는다.

말 다했다. 이제는 이 사람이 허락하면 이 녹음 속에서 쉬자. 오늘 저녁에는 가나로 간다."

"주님, 저는 주님을 떠나갑니다. 그러나 선생님께서 제게 주신 지식을 모독하고 싶지는 않습니다. 그래서 오늘 저녁으로 티베리아를 떠나겠습니다. 저는 이 땅을 떠납니다. 제 하인을 데리고 루가니아 해안으로 물러가겠습니다. 거기에 집을 하나 가지고 있습니다. 선생님께서 제게 많은 것을 주셨습니다. 선생님께서 늙은 쾌락주의자에게 그 이상의 것을 주실 수 없다는 것을 이해합니다. 그러나, 선생님께서 주신 것을 가지고도 저는 벌써 제 생각을 다시 가다듬을 만한 것을 얻었습니다. 그러면… 선생님께서는 티베리아에서 선생님의 말씀을 들은 유일한 사람인 이 늙은 그리스푸스를 위해 선생님의 하느님께 기도해 주십시오. 리비티나의 포옹이 있기 전에 선생님의 말씀을 다시 듣도록, 그리고 선생님의 말씀을 가지고 제 안에 만들어 놓을 수 있으리라고 생각하는 수단을 가지고 선생님을 더 잘 이해하고 진리를 더 잘 이해하도록 기도해 주십시오. 선생님, 안녕히 계십시오."

그러면서 그 사람은 로마식으로 인사를 한다. 그러나 그런 다음 조금 떨어져 앉아 있는 여자들 곁으로 지나가면서 막달라 마리아 앞에서 머리를 숙이면서 말한다. "마리아, 고맙네. 자네를 안 것이 좋은 일이었네. 연회의 늙은 친구에게 자네는 그가 찾던 보물을 주었네. 자네가 벌써 도달한 그곳에 내가 다다르게 되면 그것은 자네 덕택일 걸세. 잘 있게."

그리고 떠나간다.

막달라 마리아는 놀라고 환하게 된 얼굴을 하고 가슴을 두 손으로 꼭 껴안는다. 그리고 무릎으로 예수 앞으로 기어 간다. "오! 주님! 주님! 제가 선으로 인도할 수 있다는 것이 사실입니까? 오! 내 주님! 너무나 친절하십니다!" 그리고 몸을 구부리고 얼굴을 풀에 대며 예수의 발에 입맞춤하고, 다시 눈물로 예수의 발을 적신다. 이제는 막달라의 위대한 애인의 감사하는 눈물이다.

106. 가나의 집에서

 가나의 집은 예수께서 오신다고 해서 축제분위기이다. 기적을 행하신 혼인잔치 때에 있었던 것보다 별로 못하지 않은 축제분위기이다. 악사들이 없고, 손님들도 없고, 집은 꽃과 푸른 나뭇가지로 장식되지 않았다. 그리고 많은 손님들을 위한 식탁들도 없고, 찬장들 곁에 주방장도 없고, 포도주가 가득 들어 있는 항아리들도 없다. 그러나 모든 것을 사랑이 능가한다. 그 사랑을 이제는 올바른 형태와 올바른 정도로 드린다. 즉 아마 먼 친척이기는 하지만 결국 사람에 지나지 않는 손님에게 드리는 사랑이 아니라, 그 참된 본질을 알고, 그분의 말씀을 하느님의 말씀으로 공경하는 선생님이신 손님께 드리는 사랑인 것이다. 그래서 가나의 사람들의 마음은 흰 아마포 옷을 입고 정원 어귀에 땅은 푸르고 하늘은 노을이 져 붉은 가운데 나타나셔서 당신의 존재로 모든 것을 아름답게 하시고, 인사를 하시는 사람들에게뿐 아니라 물건들에까지도 당신의 평화를 건네주시는 위대한 친구를 모든 힘을 기울여 사랑한다.
 정말이지 그분의 파란 눈이 가는 곳마다 어디에나 장중하지만 명랑한 평화가 퍼지는 것 같다. 지식이 그분의 입에서 흘러 나오고 사랑이 그분의 마음에서 흘러 나오는 것과 같이 그분의 눈동자에서는 깨끗함과 평화가 흘러 나온다.
 이 글을 읽는 사람들에게는 내가 말하는 것이 불가능한 것으로 생각될 지도 모르겠다. 그런데도 예수께서 오시기 전에는 보통 장소이거나, 분주하게 움직이기 때문에 소란한 일과는 관계가 없는 것으로 생각되는 평화가 용납되지 않는 장소인 같은 장소가, 그 장소가 예수께서 나타나시자마자 고귀해지고, 일 자체도 어딘지 모르게 질서가 잡혀서 육체적인 일과 혼합되는 초자연적인 생각의 존재를 배제하지 않는다. 내 생각을 잘 설명하는지 모르겠다. 예수께서는 당신이 당하시는 어떤 사건 때문에 매우 걱정이 되는 때에도 결코 얼굴을 찌푸리시는 일이 없고, 항상 위엄을 갖추시고 의젓하시고 그 초자연적인 품위를 당신이 움직이시는 주위에 전달하신다. 예수께서는 절대로 깜짝 놀랄 만큼 명랑하시지도 않고, 우는 체하지도 않으시고, 대단히 기쁠 때나 몹시 낙심되는 때에도 웃음으로 얼굴을 일그러뜨리시거나 침울한 얼굴을 보이시는 일이 결코 없다.

예수님의 미소는 흉내낼 수 없다. 어떤 화가도 그 미소를 절대로 재현하지 못할 것이다. 그 미소는 예수의 마음에서 발산하는 빛과 같아서, 구속되는 한 영혼이나 완전에 가까이 가는 다른 영혼 때문에 더 기뻐하실 때에는 빛나는 빛과 같다. 예수께서 친구들이나 제자들의 자발적인 행동을 칭찬하실 때나 그들과 가까이 계신 것을 기뻐하실 때에는 장미빛 미소라고 말하고 싶다. 어린이들의 말을 들으시고 그들을 가르치시고, 그들에게 강복하시려고 그들에게로 몸을 굽히실 때의 미소는 역시 빛깔로 표현하자면 천사의 미소와 같은 파란 미소라고 하겠고, 육체나 정신의 어떤 불행을 보실 때에는 동정이 섞인 미소이며, 끝으로 아버지나 당신 어머니에 대하여 말씀하실 때나 지극히 깨끗하신 그 어머니를 바라다보시고 그분의 말씀을 들으실 때에는 하느님의 미소이다.

지극히 큰 고통을 당하시는 시간에도 예수께서 침울하신 것을 보았다고는 말하지 못하겠다. 배반을 당하심으로 인한 고민 중에도, 피땀을 흘리신 괴로움 가운데에서도, 수난의 고통 중에도. 혹 슬픔으로 인하여 예수님의 미소의 매우 기분좋은 찬란함이 사라진다 하더라도, 그것으로 인하여 주름없는 그분의 이마에서 빛나는 천국의 보석으로 꾸민 왕관과 같은 그 평화, 그 빛으로 예수님의 숭고한 인격 전체를 비추는 그 평화가 사라지지는 않는다.

또 이와 마찬가지로 나는 예수께서 지나친 쾌활에 빠져들어가시는 것을 본 일이 있다고도 말할 수 없다. 상황에 따라서는 터놓고 소리내어 웃으시는 일도 없지 않으나, 이내 지극히 품위있는 침착한 태도를 다시 취하신다. 그러나 예수님이 웃으실 때에는 스무 살 먹은 젊은이의 얼굴이 되실 정도로 젊어지시고, 그분의 솔직하고 낭랑하고 뉘앙스가 있는 아름다운 웃음의 결과로 세상이 다 젊어지는 것 같다.

나는 또 예수님이 일을 급하게 하시는 것을 보았다고도 말할 수 없다. 말씀을 하시거나 움직이시거나, 항상 조용히 하시되 절대로 느리거나 맥없이 하시는 일이 결코 없다. 그것은 아마 키가 커서 먼 길을 위해서도 뛸 필요가 없이 성큼성큼 걸으실 수가 있기 때문인 것 같다. 또 떨어져 있는 물건에 손이 닿게 하시려고 일어나시지 않고도 쉽게 손이 미치기 때문인 것 같다. 그분의 동작에 있어서까지도 높은 양반다운 위엄있는 태도를 보이신다는 것이 분명하다.

 그러면 목소리는? 자, 내가 예수님의 말씀을 듣는 것이 거의 2년이나 된다. 그런데도 어떻게나 예수님의 목소리를 연구하는데 골몰하는지 예수님이 말씀하시는 이야기 줄거리를 잃어버리는 일이 어쩌다 있을 지경이다. 그러면 친절하신 예수님은 인자한 선생님다운 미소를 지으시며 말씀하신 것을 참을성있게 되풀이해 주셔서, 내가 당신의 목소리를 듣고, 그것을 음미하고, 그 목소리의 음색과 아름다움을 연구하는 데에서 느끼는 더없는 기쁨 때문에 받아쓰기하는 데 단절이 생기는 것을 피하게 하신다. 그러나 2년이 지난 뒤에도 그 음색을 어떤 음역(音域)에 분류할지 정확히 말하지는 못하겠다. 베이스의 목소리는 절대로 아니고, 가벼운 테너의 목소리도 아니다. 그러나 나는 예수님이 테너의 힘찬 목소리를 가지셨는지 성역(聲域)이 대단히 넓은 완전한 바리톤의 목소리를 가지셨는지 여전히 모르겠다. 내가 이렇다고 말하려는 것은 예수님의 목소리가 어떻게나 그윽한지 거의 은은한 청동의 음정을 가지게 되기 때문인데, 특히 죄인을 은총으로 도로 데려오시기 위하여 그와 단둘이서 말씀하실 때나 군중들에게 사람들의 탈선을 일러주실 때에 그렇다. 그러나 그 다음 금지된 일을 분명히 말씀하시고 위선의 탈을 벗겨야 하는 때에는 청동 소리가 더 맑아지고, 진리와 당신의 뜻을 받아들이기를 요구하실 때에는 그 청동 소리가 벼락치는 소리같이 날카롭게 된다. 그러나 자비를 찬미하는 노래를 부르거나 하느님의 업적을 찬양하기 위하여 목소리를 높이실 때에는 금으로 된 판을 수정 망치로 두드리는 것 같은 소리가 울려퍼지기까지 하며, 어머니께나 어머니에 대하여 말씀하실 때에는 다정스러운 음색을 띠기도 한다. 그때에는 그 목소리에 정말 사랑이 배어 있는데, 그것은 아들의 공경을 곁들인 사랑이고, 당신의 작품 중에서 가장 완전한 작품을 찬양하시는 하느님의 사랑이다. 그리고 이 음조는, 비록 덜 두드러진 정도이기는 하지만, 마음에 드는 사람들이나 회개한 사람들이나 어린이들에게 말씀하실 때에도 쓰신다. 그리고 아무리 긴 연설을 하실 때에도 절대로 사람들을 피곤하게 하지 않으시는데, 그것은 이 목소리가 필요에 따라서 생각과 말을 감싸서 그 강력함이나 부드러움을 나타내기 때문이다.

 그래서 나는 펜을 손에 든 채 듣기만 하고 있다가 생각의 진전이 너무 앞서 갔다는 것을 알아차리지마는 그것을 되찾을 수가 없는 일이 어쩌다 있다.···

그러면 친절하신 예수님이 되풀이해 주실 때까지 그대로 있다. 사람들이 내일을 중단시킬 때에도 귀찮은 일이나 귀찮은 사람을 참을성있게 견디는 것을 내게 가르쳐 주시려고 이렇게 하신다. 일이나 사람이 내게서 예수의 말씀을 듣는 완전한 기쁨을 빼앗아 갈 때에 그 일과 사람이 얼마나 "귀찮은"지는 여러분의 상상에 맡긴다.

이제는 가나에서 예수님이 수산나에게 아글라에를 환대한 데 대하여 고맙다는 인사를 하신다. 두 사람은 익기 시작하는 포도송이가 주렁주렁 달린 잎이 우거진 정자에서 따로 있고, 다른 사람들은 모두 넓은 부엌에서 음식을 들고 있다.

"그 여자는 대단히 착했습니다, 선생님 정말 부담이 되지 않았습니다. 과월절을 위해서 하는 모든 빨래와 집안 청소를 하는 데 하녀처럼 저를 도와주려고 했고, 과월절 옷을 마무리 하는 데 정말 노예처럼 저를 도와주었습니다. 조심성이 있어서 누가 오기만 하면 이내 자리를 피하고, 제 남편과도 같이 있지 않으려고 애를 썼습니다. 가족이 있는 데에서 별로 말을 하지 않고, 음식도 별로 먹지 않았습니다. 남자들이 일어나기 전에 화장을 하려고 날이 밝기 전에 일어났고, 제가 일어났을 때는 언제나 불을 피워 놓고 집안을 쓴 뒤였습니다. 그러나 저와 단둘이만 있을 때에는 선생님께 대한 것을 묻고 우리 종교의 시편 노래들을 가르쳐 달라고 청했습니다. '선생님이 기도하시는 것처럼 기도할 줄 알기 위해서'라고 말하곤 했습니다. 그런데 이제는 그 여자가 괴로워하지 않게 되었습니까? 괴로워하는 것으로 말하면 무척 괴로워했거든요. 모든 것을 무서워하고, 한숨을 자주 쉬고 많이 울었습니다. 그 여자가 이제는 행복하게 되었습니까?"

"그렇다, 초자연적으로는 행복하게 되었다. 공포에서 벗어났고, 평화 중에 있다. 그 여자에게 좋은 일을 해준 것을 다시 한 번 감사한다."

"아이고! 주님! 무슨 좋은 일을요? 저는 그저 주님의 이름으로 사랑을 주었을 뿐입니다. 다른 것은 할 줄 모르니까요. 그 여자는 불쌍한 자매였습니다. 저는 그것을 깨달았습니다. 그리고 저는 저를 당신 은총 안에 지켜 주신 지극히 높으신 분께 대해 감사하는 마음으로 그 여자를 사랑했습니다."

"그래서 너는 벨 니드라스크에서 전도한 것보다도 더 많은 일을 했다. 이제는 또 한 사람이 여기 와 있다. 그 여자를 알아보았느냐?"

"이 지방에서 그 여자를 알지 못하는 사람이 누가 있습니까?"

"아무도 없다. 그것은 사실이다. 그러나 너희와 이 읍내의 사람들은 제2의 마리아를 아직 모른다. 그의 사명에 항상 충실할 제2의 마리아를. 항상 충실할 제2의 마리아. 이 말을 믿기를 부탁한다."

"주님이 말씀하시고, 주님이 알고 계십니다. 그리고 저는 믿습니다."

"'사랑합니다'라고도 말해라. 어떤 사람이 우리의 동족일 때에는 이교도라는 구실이 있는 어떤 사람보다 동정하고 용서하기가 더 어렵다는 것을 나는 안다. 그러나 집안에서 배교하는 것을 보는 고통이 더 컸다면, 동정과 용서도 더 커야 한다. 나는 이스라엘 전체를 위하여 용서하였다" 하고 예수께서는 말마다 하나하나를 떼어서 발음하시면서 말씀을 마치신다.

"그래서 저도 용서하겠습니다. 제자는 선생님이 하시는 대로 해야 한다고 생각하기 때문입니다."

"너는 진리를 터득하였다. 그래서 하느님께서 기뻐하신다. 다른 사람들 있는 곳으로 가자. 밤이 되어 간다. 저녁의 정적 속에서 쉬는 것은 아늑할 것이다."

"선생님, 저희에게 아무 말씀도 안하시겠습니까?"

"아직 모르겠다."

두 사람은 곧 하게 될 저녁식사를 위하여 음식과 마실 것이 준비되어 있는 부엌으로 들어간다.

수산나는 앞으로 나아가며 앳된 얼굴을 살짝 붉히면서 말한다. "언니들 저와 같이 윗층 방으로 오시겠어요? 식사를 하게 빨리 식탁을 차려야 합니다. 그리고는 남자분들을 위해서 잠자리를 펴야 하니까요. 저 혼자서도 할 수는 있을 것이지만 시간이 더 걸릴 것입니다."

"수산나야, 나도 가마" 하고 성모님이 말씀하신다.

"아닙니다. 저희들이면 넉넉합니다. 또 이렇게 하면 서로 알게 되는 데도 도움이 될 것입니다. 일을 하면 형제같이 일치하게 되니까요."

여자들은 함께 나간다. 그동안 예수께서는 무슨 시럽인지 모를 시럽을 탄 물을 드신 다음 하녀들과 나이먹은 집주인 여자가 마음놓고 식사 준비를 끝내게 하시려고 어머니와 사도들과 집안 남자들과 같이 정자에 가서 앉으신다.

윗층 방에서는 식탁을 준비하는 세 여자 제자의 목소리가 들려 온다. 수산나는 그의 결혼식에서 일어난 기적 이야기를 하고 막달라의 마리아가 이렇게 대답한다. "물을 포도주가 되게 하는 것은 뛰어난 일이야. 그렇지만 죄녀를 제자로 바꾸어 놓는 것은 훨씬 더 뛰어난 일이야. 하느님께서 나를 그 포도주처럼 되게 하셔서 내가 더 좋은 사람이 되었으면 좋겠어."

"틀림없이 그렇게 될 거예요. 선생님은 모든 것을 완전히 바꿔놓으시니까요. 잔정과 믿음으로 선생님에 의해서 회개한 여자 한 사람이 여기 왔었어요. 게다가 그 여자는 이교도였어요. 그러니 벌써 이스라엘에 속해 있는 언니에게 그런 일이 일어나리라는 걸 의심하실 수 있어요?"

"여자가? 젊은 여자였어?"

"젊고 매우 아름다웠어요."

"그런데 지금 어디에 있어?" 하고 마르타가 묻는다.

"선생님만이 아셔요."

"아! 그러면 내가 네게 말한 일이 있는 그 여자다. 오빠가 그날 저녁 예수님께 갔었는데, 그 여자에 대해서 말씀하시는 것을 들었대. 그 방에 얼마나 좋은 향기가 있었는지 몰라! 오빠의 옷에 그 향기가 여러 날 동안 배어 있었어. 그렇지만 예수님은 회개한 그 여자의 마음이 그 뉘우침의 향기로 그 향수를 능가한다고 말씀하셨대. 그 여자가 어디 가 있는지 누가 알겠니? 내 생각에는 아마 광야로 갔을 것 같다…."

"그 여자는 광야에서 살고 있고, 게다가 외국 여자야. 그런데 나는 여기 있고, 또 알려져 있어. 그 여자의 속죄는 광야에서 사는 것이고, 내 속죄는 나를 아는 세상 사람들 가운데에서 사는 거야. 나는 선생님과 같이 있기 때문에 그 여자의 처지가 부럽지 않아. 그렇지만 내 관심을 선생님에게서 딴데로 돌리는 것이 아무것도 없게 하기 위해 언젠가는 그 여자를 본받을 수 있기를 바래."

"너 선생님을 떠날 거냐?"

"아니야. 그렇지만 선생님이 가신다고 말씀하셔. 그때에는 내 영이 선생님을 따라갈 거야. 선생님을 모시고 있으면 나는 세상에 대항할 수 있어. 선생님을 모시고 있지 않으면 나는 세상이 무서울 거야. 나는 세상과 나 사이에 광야를 만들어 놓겠어." "그러면 오빠와 나는? 우린 어떻하니?"

"언니와 오빠가 고통 중에 한 것처럼 해. 서로 사랑하고, 또 나를 사랑하고. 그것도 얼굴을 붉히지 않고. 그때에는 언니와 오빠 단둘이겠지만 내가 주님과 같이 있다는 걸 알 거야. 그리고 주님을 통해서 언니와 오빠를 사랑한다는 걸."

"마리아의 결심은 단단하고 분명하구먼" 하고 그 말을 들은 베드로가 말한다.

그러니까 열성당원이 대답한다. "마리아는 아버지처럼 곧은 칼날과 같아. 얼굴 모습은 어머니를 닮았지만, 불굴의 정신은 꼭 제 아버지야."

그런데 불굴의 정신을 가진 그 여인이 이제는 식사 준비가 다 되었다고 일행에게 말하려고 빨리 내려온다.

···들판은 맑은 밤 속으로 사라진다. 그러나 지금 당장은 달이 없다. 다만 별들에서 오는 희미한 빛으로 컴컴한 나무덩어리들과 흰 집덩어리들이 나타난다. 다른 것은 아무것도 없다. 밤새들이 파리들을 찾아 수산나의 집 주위 소리없이 날아다니면서, 예수 둘레에 모여 있는 사람들의 얼굴에 노르스름한 엷은 빛을 발산하는 등잔 둘레 옥상에 앉아 있는 사람들도 스치고 지나간다. 마르타는 박쥐를 몹시 무서워하는 모양이어서, 박쥐가 스치고 지나갈 때마다 소리를 지른다. 한편 예수께서는 등잔 불빛에 끌려 오는 나방들에 마음을 쓰셔서 그 긴 손으로 그놈들을 불꽃에서 쫓아 보내려고 하신다.

"이놈들이나 저놈들이나 모두 어리석기 짝이 없는 짐승들이야" 토마가 말한다. "밤새들은 우리를 파리로 알고 나방들은 불꽃을 해로 생각하고 스스로 몸을 태운단 말이야. 지능이라곤 손톱만큼도 없어."

"동물들인 걸. 자넨 동물들에게 이치를 따지자는 건가?" 하고 가리옷 사람이 말한다.

"아니야. 나는 이놈들이 본능만이라도 가졌으면 하는 거야."

"이놈들은 본능을 얻을 시간도 없어. 나는 나방들 얘기를 하는 거야. 이놈들은 처음에 해보다가 완전히 죽어 버리니까 말이야. 본능은 처음에 고통스러운 뜻밖의 일을 겪고 나서야 생겨나고 발달하거든" 하고 알패오의 야고보가 해석을 한다.

"그럼 박쥐들은? 그놈들은 여러 해를 사니까 본능이 있을 텐데. 그놈들도 어리석단 말이야" 하고 토마가 대꾸한다.

"아니다, 토마야. 사람들보다 더 어리석지는 않다. 사람들도 어리석은 박쥐 같을 때가 자주 있다. 그들은 괴롭히는 일이나 소용되는 물건들 둘레로

술취한 사람처럼 날아 돌아다닌다. 아니 오히려 파닥파닥 하고 돌아 다닌다. 봐라, 내 사촌이 겉옷을 흔들어서 한 마리를 떨어뜨렸다. 그놈을 내게 다오" 하고 예수께서 말씀하신다.

박쥐가 제베대오의 야고보의 발 앞에 떨어져 이제는 얼이 빠져서 땅바닥에서 무질서하게 움직이며 퍼덕거리고 있는데, 그가 그놈의 막질(膜質)의 날개를 두 손가락으로 집어서 더러운 걸레 모양으로 공중에 들어올려서 예수의 무릎에 갖다 놓는다.

"이 무모한 놈 보아라. 가만 내버려 두어라. 이놈이 몸의 균형을 되찾겠지만 하던 짓을 그만두지는 않는 것을 보게 될 것이다."

"선생님, 거 이상한 구조로군요. 저 같으면 그놈을 죽였겠습니다" 하고 가리옷 사람이 말한다.

"아니다, 왜? 이놈도 생명이 있고, 살고 싶어한다" 하고 예수께서 말씀하신다.

"그렇지 않은 것 같습니다. 혹은 생명을 가진 줄을 모르거나, 그것은 아무 것도 아닌 것으로 여기는 모양입니다. 생명의 위험을 무릅쓰니 말입니다!"

"오! 유다야! 유다야! 너는 죄인들과 사람들에 대해서 정말 엄격하겠구나! 사람들도 그들이 한 생명과 또 한 생명을 가지고 있다는 것을 안다. 그러면서도 그 생명을 둘 다 서슴지 않고 위태롭게 한다."

"우리가 두 생명을 가졌습니까?"

"너도 알다시피 육체의 생명과 영의 생명을 가지고 있다."

"아! 저는 선생님이 윤회(輪廻)를 암시하시는 줄 생각했습니다."

"윤회는 없다. 그러나 두 가지 생명이 있다. 그런데도 사람은 그 두 가지 생명을 모두 위태롭게 한다. 만일 네가 하느님이라면, 본능 외에 이성을 타고난 사람들을 어떻게 심판하겠느냐?"

"엄하게 심판할 것입니다. 지적으로 쇠약해진 사람이 아니면 말입니다."

"너는 사람을 정신적으로 미치게 만드는 상황들을 참작하지 않겠느냐?"

"그런 것은 고려에 넣지 않을 것입니다."

"그러니까 너는 하느님과 율법을 알면서도 죄를 짓는 사람에 대해서는 동정심을 느끼지 않겠다는 말이냐?"

"동정을 하지 않을 것입니다. 사람은 처신을 잘할 줄 알아야 하니까요."

"알아야 할 것이니까."

"선생님, 알아야 합니다. 성인(成人)이 특히 어떤 죄에 떨어지는 것은 아무 힘도 그를 그리로 이끌어가지 않은 만큼 더 용서할 수 없는 수치입니다."

"네 생각으로는 어떤 죄들이 그러냐?"

"우선 육욕의 죄가 그렇습니다. 그것은 돌이킬 수 없는 타락입니다…." 막달라 마리아가 고개를 숙인다. … 유다는 말을 계속한다. "…그것은 다른 사람들에게까지도 타락이 됩니다. 음란한 사람들의 몸에서는 가장 깨끗한 사람까지도 마음을 흔들어 놓아서 그들을 본받도록 이끌어 가는 효소 같은 것을 발산하기 때문입니다…."

막달라 마리아가 점점 더 고개를 숙이는데 베드로가 말한다. "저런, 저런! 그렇게까지 엄하게 굴지 말게. 그 용서할 수 없는 수치를 제일 먼저 저지른 사람은 하와였네. 그런데 자네는 하와가 어떤 음란한 사람에게서 발산한 효소로 타락했다고 말하려는 것이 아니겠지. 게다가 내게 관한 한, 음란한 사람 곁에 앉아 있어도 나는 조금도 마음이 흔들리지 않는다는 걸 알게. 그건 그 사람의 일이야…."

"가까이 있으면 언제나 더러워지는 거야. 육체적으로 그렇지 않으면 영혼으로 그렇게 되는데, 이건 한층 더 나쁜 거야."

"자넨 꼭 바리사이파 사람같이 생각되네. 그러나 미안하지만, 그렇다면 수정탑(水晶塔) 속에 틀어박혀 문을 꼭꼭 걸어 잠그고 있어야 할 걸세."

"그렇지만 그것이 자네에게 소용이 있으리라고는 생각하지 말게! 고독 속에 가장 무서운 유혹이 있는 거야" 하고 열성당원이 말한다.

"오! 그래! 꿈이 있겠구먼. 나쁠 거 하나 없어" 하고 베드로가 말한다.

"나쁠 거 하나 없다구? 아니, 유혹이 상상력에 영향을 미쳐서 상상력으로 하여금 본능의 요구를 어떻게든 만족시킬 방법을 찾도록 부추기고, 또 이 방법은 관능성이 생각과 합쳐지는 죄에 있어서의 세련으로 이끄는 길을 열어 준다는 걸 자네는 모르나?" 하고 가리옷 사람이 묻는다.

"사랑하는 유다, 그런 건 하나도 모르겠네. 아마 자네가 말하는 것처럼, 나는 어떤 일들을 곰곰히 생각하는 버릇이 없어서 그런 것 같네. 내 생각에는 화제가 박쥐에서 멀리 떨어져 나갔고, 또 자네가 하느님이 아닌 게 나은 것 같네. 그렇지 않으면, 자네는 그 엄격을 가지고 천국에 혼자 남아 있을 거로구먼. 선생님 생각에는 어떻습니까?"

"내 말은 너무 절대적으로 되지 않는 것이 좋다는 것이다. 사실 주의 천사들이 사람들의 말을 듣고 그것을 영원한 책에 기입하는데, 어느 날 '네가 심판한 대로 너도 심판을 받아라' 하는 말을 듣는 것은 기분나쁠 수도 있을 것이다. 내 말은 이렇다. 하느님께서 나를 보내신 것은 사람이 사탄 때문에 얼마나 약한지를 아시고, 사람이 뉘우치는 모든 죄를 용서하기를 원하시기 때문이다. 유다야, 대답하여라. 사탄이 영혼에 강제권을 행사해서 하느님이 보시기에 그 죄를 가볍게 할 정도로 영혼을 차지할 수 있다고 인정하느냐?"

"아니, 저는 그것을 인정하지 않습니다. 사탄은 하등 부분밖에 공격하지 못합니다."

"아니, 시몬의 유다, 자넨 하느님을 모독하는 말을 하는구먼!" 하고 열성당원과 바르톨로메오가 거의 동시에 말한다.

"왜? 무엇이 그렇다는 거야?"

"하느님과 성경의 말씀을 거짓이라고 부인하니까 그렇네. 성경에는 루치페르* 가 고등 부분도 공격한다는 말이 있고, 하느님께서는 당신 말씀의 입을 통해서 우리에게 그 말씀을 수없이 하셨어" 하고 바르톨로메오가 대답한다.

"사람은 자유를 가지고 있다는 말도 있어, 이것은 인간의 생각과 감정의 자유에는 사탄이 폭력을 행사할 수 없다는 뜻이야. 하느님께서도 그렇게 하지 않으시고."

"하느님께서 질서 자체이시고 성실 자체이시니까 그렇게 하지 않으시지. 그러나 사탄은 그렇게 하네. 사탄은 무질서이고 증오이니까" 하고 열성당원이 말한다.

"증오는 성실성과 반대되는 감정은 아니야. 자네 말을 제대로 하지 못했네."

"나는 제대로 말했어. 왜냐하면 하느님께서는 성실 자체이시고, 또 이 때문에 사람에게 행동을 주겠다고 하신 약속을 어기지 않으시지만, 마귀는 사람에게 자유를 약속하지 않았으니까 그 약속을 어길 수 없기 때문이야. 그렇지만 마귀는 증오이고, 또 그렇기 때문에 하느님과 사람에게 대든다는 것이 사실이야. 그리고 사람에게 공격을 가할 때에는 그의 육체 외에도 지적인 자

---

*역주: Lucifer, 사탄의 다른 이름.

유를 습격해서 그 생각의 자유를 예속과 마귀들림으로 몰아가서, 그때문에 사람이 사탄에게서 해방되면 하지 않을 일들을 한단 말이야" 하고 열성당원이 주장한다.

"나는 그걸 인정하지 않아."

"그럼 마귀들린 사람들은 어때? 자넨 명백한 일을 부인하는구먼" 하고 유다 타대오가 외친다.

"마귀들린 사람들은 귀머거리거나 벙어리거나 미친 사람들이지 음란한 사람들은 아니야."

"자넨 그 악습밖에 생각하지 않네 그려" 하고 토마가 빈정거리며 말한다.

"이 악습이 제일 많이 퍼져 있고 제일 품위를 떨어뜨리는 것이기 때문이야."

"아! 나는 또 그것이 자네가 제일 잘 아는 것인 줄로 생각했었지" 하고 토마가 웃으면서 말한다.

그러나 유다는 반항하려는 것처럼 발을 박차고 펄쩍 뛴다. 그러다가 자제하고 층계를 내려가 밭 가운데로 멀어져 간다.

잠시 침묵이 흐른다. … 그 다음에 안드레아가 말한다. "그 사람의 생각은 완전히 틀렸어. 사실 사탄이 사람에게 붙을 때에 눈, 귀, 말, 뇌 같은 감각기능에만 영향을 미치는 것 같구먼. 그렇지만 선생님, 그렇다면 어떤 퇴폐는 어떻게 설명합니까? 가령 도라 같은 사람이요?…"

"아무에게 대해서도 애덕을 어기지 않기 위해서 네가 말하는 것처럼, 그래서 하느님께서 거기 대한 상을 네게 주시기를 바란다마는, 도라 같은 사람, 또는 유다가 분명히 그리고 정말 이웃 사랑하는 마음없이 암시한 뒤에 우리 모두가 생각하는 것처럼 우선 마리아 같은 사람은 사람의 세 가지 능력에 대해 그의 능력을 떨치는 마귀에게 더 완전히 붙들려 있는 사람들이다. 이것이 가장 전제적이고 가장 교묘한 마귀들림이어서, 이런 마귀들림에서는 정신이 여전히 별로 타락하지 않아서 아직 빛의 권유를 이해할 줄 아는 사람들만이 해방된다. 도라는 음란한 사람은 아니었다. 그런데도 구세주에게로 올 줄을 몰랐다. 여기에 차이가 있는 것이다. 마귀의 작용으로 머리가 돈 사람과 벙어리거나 귀머거리거나 눈 먼 사람들의 경우에는 친척들이 내게 데려오려고 애를 쓰고 그럴 생각을 하는데, 정신에 마귀들린 사람들의 경우에는 자유를 찾으려고 걱정하는 것은 그들의 정신밖에 없다. 그렇기 때문에 그들은 해방되는 외에 용서도 받는다. 그것은 그들의 의지가 우선 마귀들린 것에서 벗어나기 시작했기 때문이다.

그러면 이제는 쉬러 가자. 마리아야, 너는 붙잡혀 있다는 것이 어떤 것인지 알고 있지. 이따금씩 원수의 행동에 동의해서 죄를 짓고 다른 사람들을 괴롭게 하는 사람들을 위해 기도해라."

"그러겠습니다, 선생님. 그리고 원한을 품지 않고 그렇게 하겠습니다."

"모두에게 평화. 수많은 토론의 원인을 여기에 내버려두자. 어두움은 어두움과 더불어 밖에 밤 속에 내버려두자."

그리고 박쥐를 걸상 위에 내려놓으시니 박쥐는 날아가려고 첫번 시도를 한다. 예수께서는 사도들과 같이 윗층의 방으로 물러가시고, 그 동안 여자들과 집주인들은 아랫층으로 간다.

107. 요한이 다볼산에서 하신 예수의 말씀을 되풀이 한다

그들은 모두가 나자렛으로 가는 시원한 지름길로 해서 올라가는 중이다. 요근래의 폭풍우로 말끔히 씻겨지고 이슬로 빛나고 신선하게 간직되어서, 갈릴래아의 야산 비탈들은 오늘 아침에 만들어진 것 같다. 모든 것이 떠오르는 햇살을 받아 반짝인다. 공기가 하도 맑아서 혹은 더 혹은 덜 가까운 산의 구석구석을 알아 볼 수 있고, 또 공기가 빛나고 가벼운 것 같은 인상을 준다.

어떤 야산 꼭대기에 이르게 되면 이 아침 햇살 아래 펼쳐지는 더없이 아름다운 호수의 한구석을 보는 것은 정말 멋있는 풍경이다. 모두가 감탄하고 예수께서도 감탄하신다. 그러나 막달라의 마리아는 이내 이 광경에서 눈길을 돌려 다른 방향으로 무엇인지 찾는다. 그의 눈은 그가 있는 곳의 서북쪽에 있는 산꼭대기들에 가서 머무르는데, 찾아내지 못하는 것 같다.

거기에 함께 있던 수산나가 "언니, 뭘 찾으세요?" 하고 묻는다.

"내가 선생님을 만난 산을 알아보고 싶어서 그래."

"선생님께 여쭈어 보세요."

"오! 선생님을 방해할 필요는 없어. 가리옷의 유다와 말씀을 하고 계신데."

"저 유다는 놀라운 사람이야!" 하고 수산나가 속삭인다. 다른 말은 아무 말도 하지 않지만, 나머지는 짐작할 수 있다.

"그 산은 분명히 우리가 가는 길에는 없나 봐. 그렇지만 마르타 언니, 어느 날 언니를 그리 데리고 가겠어. 오늘 아침처럼 새벽빛이 있었고, 꽃이 무척 많았어. … 그리고 사람도 무척 많고… 아이고! 언니! 그런데 나는 그 책망받아 마땅한 그 옷차림으로 그 친구들과 같이 감히 모든 사람 앞에 나타났었단 말이야. … 그래, 나는 유다의 말로 인해서 감정이 상할 수는 없어. 나는 그 말을 들어 마땅해. 나는 무슨 일을 당해도 마땅해. 그리고 내가 겪는 이 고통은 내 속죄야. 모든 사람이 기억하고 있고, 모든 사람이 진실을 말할 권리가 있어. 그리고 나는 입을 다물고 있어야 해. 아이고! 죄를 짓기 전에 사람들이 곰곰히 생각해야 할 텐데! 지금 내 감정을 상하게 하는 사람은 내 가장 큰 친구야, 나를 도와 속죄를 하게 하니까."

"그렇지만 그 사람은 역시 잘못했어. 어머님, 아드님이 정말 저 사람을 만족하게 생각하십니까?"

"그 사람을 위해서 많이 기도해야 한다. 예수가 이렇게 말한다."

요한은 사도들을 놔두고 샌들이 미끄러지는 어려운 길에서 여자들을 도우려고 온다. 오솔길에는 불그레한 석반석(石盤石) 같은 돌이 쫙 깔려 있고 또 발이 잘 붙지 않아서 뜻하지 않게 미끄러지기 쉬운 짧고 반짝반짝하고 단단한 풀이 있기 때문에 더 미끄럽다. 열성당원도 요한을 본받는다. 그래서 여자들은 그들에게 의지하여 위험한 목을 지나간다.

"이 길은 좀 힘이 듭니다. 그러나 먼지도 없고, 사람도 많지 않고, 또 더 가깝습니다" 하고 열성당원이 말한다.

"나도 이 길을 알아요, 시몬. 예수가 나자렛에서 쫓겨났을 때 조카들과 같이 산중턱에 있는 작은 마을에 왔었네" 하고 지극히 거룩하신 성모님이 말씀하시면서 한숨지으신다.

"그렇지만 여기서 보는 세상은 아름답습니다. 저기 다볼산과 헤르몬산이 있고, 북쪽에는 아르벨라산들이 있고, 저기 저 안쪽에는 대헤르몬산이 있습니다. 다볼산에서처럼 바다가 보이지 않는 것이 섭섭합니다" 하고 요한이 말한다.

"거기에 갔었느냐?"

"예, 선생님을 모시고 갔었습니다."

"요한은 무한에 대한 그의 사랑으로 저희에게 큰 기쁨을 얻어 주었습니다. 그 산 위에서 예수님은 저희가 일찍이 확인하지 못했던 법열을 가지고 하느님에 대한 말씀을 해주셨으니까요. 그리고 벌써 많은 것을 얻은 다음 굉장한 회개를 하나 얻었습니다. 마리아, 너도 그 사람을 알게 될 거다. 그리고 네 정신은 지금보다도 한층 더 강해질 거다. 우리는 증오로 냉혹하게 되고 가책으로 얼이 빠진 한 사람을 만났다. 그런데 예수님은 그 사람을 훌륭한 제자가 될 사람을 만드셨다. 그 말은 내가 서슴지 않고 하는 말이다. 마리아, 네가 훌륭한 제자가 될 것같이 말이다. 사실 내가 네게 말하는 것이 틀림없다는 것을 믿어야 한다. 즉 우리 죄인들은 선이 우리를 낚아챌 때에는 선에 대해서 전연성(展延性)이 더 많은데, 그것은 우리가 우리 자신에 의해서도 용서를 받을 필요를 느끼기 때문이라는 말이다" 하고 열성당원이 말한다.

"맞아요. 그렇지만 아저씨가 '우리 죄인들'이라고 말하는 건 너무 착한 말이예요. 아저씨는 불행한 사람이었지 죄인은 아니었어요."

"우리는 모두가 죄인이다. 어떤 사람들은 더하고 어떤 사람들은 덜하지만 말이다. 그리고 자기가 죄가 덜하다고 믿는 그 사람이야말로 이미 죄인이 되지 않았다고 하더라도 죄인이 될 경향이 더 많다. 우린 모두가 죄인이다. 하지만 가장 큰 죄인들이 회개할 때에는 그들이 악에 철저했던 것과 같이 선에도 더 철저할 줄 안다."

"아저씨의 격려에 제 마음이 가벼워져요. 아저씨는 데오필로의 자녀들에게 늘 아버지 같은 분이었어요."

"그리고 아버지처럼 나는 너희 세 사람이 모두 예수님의 친구가 된 것을 보고 기뻐한다."

"그 큰 죄인인 제자를 어디서 만나셨어요?"

"마리아, 엔도르에서 만났어요. 시몬은 그 많은 아름답고 좋은 일에 대한 공로를 바다를 보고 싶어한 내 소망에 돌리려고 해요. 그렇지만 나이많은 요한이 예수님께 온 것은 어리석은 요한의 덕택이 아니라, 시몬의 유다의 덕택이었어요" 하고 제베대오의 아들이 빙그레 웃으며 말한다.

"유다가 그 사람을 회개시켰어요?" 하고 마르타가 믿을 수 없다는 듯이 묻는다.

"아니오. 그렇지만 그 사람이 엔도르에 가고 싶어했어요, 그리고…"

"맞아" 하고 시몬이 말한다. "여자 마술사의 동굴을 보려는 것이었다.… 시몬의 유다는 대단히 이상한 사람이다.… 그 사람은 있는 그대로 받아줘야 한다. … 물론!… 그리고 엔도르의 요한은 우리를 동굴로 데려갔다. 그리고 우리와 같이 있게 되었다. 하지만, 여보게, 그 공로는 여전히 자네에게 돌아가네. 과연 자네가 영원에 대한 갈망을 가지지 않았더라면, 우리가 그 길을 가지 않았을 것이고, 시몬의 유다가 그 이상한 조사를 하러 갈 마음을 가지지 않았을 걸세."

"예수님이 다볼산에서 말씀하신 것을 알았으면 좋겠어요. … 내가 예수님을 뵌 산을 알아보았으면 하는 것과 같이요." 하고 막달라 마리아가 한숨짓는다.

"그 산은 양떼들이 물을 마시고 여러 샘에서 물이 모여 드는 늪 때문에 지금 이 시간에 해가 떠오르는 것 같은 저 산이다. 우리는 그보다도 더 높이 올라가 있었다. 산꼭대기가 구름들을 꿰서 다른 데로 옮겨 가려고 하는 두 갈래진 큰 쇠스랑같이 보이는 곳에 말이다. 예수님의 말씀은 요한이 네게 말해 줄 수 있을 것으로 생각한다."

"아이고! 시몬! 소년이 하느님의 말씀을 그대로 옮길 수가 있단 말이야?"

"소년은 할 수 없지만, 자네는 할 수 있어. 누이들을 기쁘게 하고, 자네를 사랑하는 나도 기쁘게 하게 어서 해보게나."

요한은 예수의 강연을 되풀이하기 시작할 때에 얼굴이 새빨개진다.

"예수님은 이렇게 말씀하셨어요. '이것은 흐르는 공기가 〈나는 믿는다〉 하는 말을 써놓는 한계가 없는 책장이다. 조물주께서 자연의 기본요소들을 정리하시고 그것들을 훌륭하게 배합하시고, 또 사람에게는 땅과 거기에 있는 모든 것을 주시고, 창공에는 천체와 유성들을 주시기 전의 우주의 혼돈을 생각하여라. 모든 것이 처음에는 형태가 정해지지 않은 혼돈과 구성된 물건으로서 존재하지 않았다.

하느님께서 모든 것을 만드셨다. 우선 기본요소들을 만드셨으니, 그것은 어쩌다가 그것들이 해로운 것같이 보이더라도 필요하기 때문이다. 이것을 항상 생각하여 아무리 작은 이슬방울이라도 **훌륭한** 존재 이유를 가지지 않은 것은 없다. 아무리 작고 귀찮은 곤충이라도 **훌륭한** 존재 이유를 가지지 않은 것은 없다. 이와 마찬가지로 불과 백열(白熱)하는 돌들을 뿜어내는 무서운 산이라도 **훌륭한** 존재 이유를 가지지 않은 것은 없다. 또 이유없는 태풍도 없다. 그리고 물건에서 사람들에로 건너오기도 하고 , **훌륭한** 존재 이유가 없는 사건도 없고, 눈물도 기쁨도 없고, 출생도 죽음도 없으며, 생식 불능이나 다산(多産)도 없고, 부부가 오래 같이 사는 것이나 젊어서 홀아비나 과부가 되는 것도 없고, 빈곤이나 병에서 오는 불행도 번영과 건강도 없다. 비록 모든 백내장과 불완전한 물건에 고유한 암영을 가지고 보고 판단하는 인간의 근시안과 교만에는 그렇게 보이지 않더라도 말이다. 그러나 하느님의 눈은 보시고, 하느님의 한계가 없는 생각은 아신다. 신경을 피로케 하고 이 세상에서 사는 나날을 피로하게 하고 곤란하게 만드는 보람없는 의심에서 벗어나서 사는 비결은 하느님께서 모든 것을 지적인 훌륭한 이유로 만드셨고, 하느님께서 만드신 것은 괴롭히기 위해서 괴롭히겠다는 터무니없는 의향으로가 아니라 사랑으로 만드셨다는 것을 아는 일이다.

하느님께서는 이미 천사들을 창조하셨었다. 그런데 그중의 일부분은 하느님께서 그들에게 주신 영광의 수준이 훌륭하다는 것을 믿지 않고 반항했고, 주님께 대한 믿음의 결핍으로 격앙한 영혼을 가지고 공격할 수 없는 하느님의 옥좌를 습격하려고 했었다. 믿는 천사들의 말할 수 없이 균형잡힌 이유들에 그들은 그들의 반목과 그들의 옳지 못하고 비관적인 생각을 대립시켰고, 믿음의 결핍인 비관주의는 빛의 영들이었던 그들을 어두움의 영이 되게 했었다.

하늘에서나 땅에서나 그들의 생각에 빛이 가득한 낙천주의를 기준으로 줄 줄 아는 사람들은 영원히 살길 바란다! 그들은 적어도 그들의 정신에 관한 한 사실 사실이 그들의 기대에 어긋난다 하더라도 결코 완전히 잘못 생각하는 일은 없을 것이니, 그들의 정신은 믿고 바라고 하느님을 모든 것 위에 사랑하고 이웃을 사랑하는 일을 계속할 것이며, 따라서 영원히 하느님 안에 머물러 있을 것이다.

천국은 그 교만한 비관론자들에게서 벌써 해방되었었다. 그 교만한 비관론자들은 하느님의 가장 빛나는 업적에서도 혼란이 있다고 보았다. 이와 마찬가지로 세상에서도 비관론자들은 사람의 가장 솔직하고 가장 빛나는 행동도 혼란이라고 본다. 이런 자들은 자기들을 유일한 완전이라고 믿고 상아탑 속에 외따로 들어가 있기를 원해서 스스로를 어두운 감옥 속으로 몰아넣는데, 이 어두운 감옥은 결국 부정(否定)의 나라인 지옥의 나라의 어두움으로 이어진다.

그러니까 하느님께서 창조를 하셨다. 우리의 삼위일체의 영광스러운 신비를 이해하기 위하여는 맨 처음에 말씀이 계셨고 말씀이 하느님과 함께 계셨으며, 두 분은 오직 하나의 존재이면서 하느님들이신 두 존재만이 나타낼 수 있는 지극히 완전한 사랑으로 결합하여 계셨다는 것을 믿고 볼 줄 알아야 한다. 또 이와 마찬가지로 우주를 제대로 보기 위하여는 우주를 믿는 이의 눈으로 바라다보아야 한다. 그것은 어떤 아들이 자기 아버지의 지울 수 없는 반영을 지니고 있는 것과 마찬가지로 우주도 그 존재 안에 그 조물주의 지울 수 없는 반영(反影)을 지니고 있기 때문이다. 그러니까 우리는 여기에도 처음에 하늘과 땅이 있었고, 다음에는 사랑에 비교할 수 있는 빛이 있었음을 볼 것이다. 그것은 사랑이 기쁨인 것과 같이 빛도 기쁨이기 때문이다. 그리고 빛은 천국의 대기이다. 또 하느님이라는 무형의 존재는 빛이시고, 하늘에나 땅에 있는 지적이고 감정적이고 물질적이고 정신적인 일체의 빛의 아버지이시다.

처음에는 하늘과 땅이 있었고, 하늘과 땅을 위해 빛이 주어졌으며, 빛을 통하여 만물이 만들어졌다. 하늘 가장 높은 곳에서는 빛의 영들이 어두움의 영들과 갈라진 것과 같이, 우주에서는 어두움이 빛과 갈라졌고, 낮과 밤이 생겼다. 창조의 첫째날에 아침과 저녁이 있었고 오정과 자정도 있었다. 그리고 밤이 지난 후에 하느님의 미소, 즉 빛이 다시 왔을 때, 하느님의 손과 그분의 강력한 의지가 형태가 정해지지 않고 텅 빈 땅 위에 펼쳐졌고, 혼돈의 자유로운 기본요소인 물이 두루 돌아다니는 하늘 위로 펼쳐졌으며, 하느님께서는 창공(蒼空)이 하늘과 땅 사이의 물의 무질서한 흐름을 갈라놓아 천국의 투명한 빛을 가진 휘장 노릇을 하고 위에 있는 물의 경계가 되라고 하셨으며, 폭우가 금속과 원자(原子)가 끓어 넘치는 위에 쏟아져 내려와 하느님께서 모아 놓으시던 것을 움푹 파고 해체시키지 못하게 막으라고 하셨다.

질서가 하늘에 세워졌다. 그리고 땅 위에 퍼져 있는 물들에 대해서 하느님께서 내리신 명령으로 땅 위에서 질서가 있었다. 그래서 바다가 생겼다. 바다가 저기 있다. 하늘에서와 마찬가지로 바다 위에도 '하느님은 계시다' 하고 쓰여 있다. 사람의 지능이 어떠하든, 그의 믿음 또는 믿지 않음이 어떠하든간에, 하느님이라는 무한의 한 조각이 빛나고 그분의 능력의 증언이 되는 이 책장을 대하고는 어떤 사람이든지 믿지 않을 수가 없다. 그것은 어떤 인간의 능력도 기본요소의 자연적인 조직도 이와 비슷한 엄청난 기적을 다만 지극히 적게라도 재현할 수 없기 때문이다. 주님의 능력뿐 아니라 인자도 믿지 않을 수가 없게 된다. 주님은 이 바다를 통하여 사람에게 식량과 길과 건강에 유익한 소금을 주시고, 태양열을 완화하시고, 바람을 마음대로 불게 하시며, 서로 멀리 떨어져 있는 땅에 씨앗을 주시고, 개미 같은 존재인 사람을 무한하신 분께로, 그의 아버지이신 무한하신 분께로 되돌아오게 하시기 위하여 폭풍우의 목소리를 들려 주시며, 더 높은 광경을 봄으로써 더 높은 영역으로 올라갈 방법을 주신다.

그 전체가 하느님에 대한 증언인 우주 안에서 하느님께 대하여 더 많이 말하는 것이 세 가지가 있다. 빛과 하늘과 바다이다. 천체와 기상의 질서는 하느님의 질서의 반영이고, 빛은 하느님만이 만드실 수 있었고, 또 바다는, 그것을 창조하신 다음에 그것에 움직임과 목소리를 주시되, 그로 인하여 무질서하게 흔들리는 기본요소처럼 그것을 표면에 떠받치고 있는 지구에 손해를 입히는 일이 없도록 일정한 경계 안에 가두는 것은 하느님만이 하실 수 있는 능력이다.

결코 다하는 일이 없는 빛을 깊이 이해하여라. 눈을 들어 천체와 별들이 미소짓고 있는 하늘을 쳐다보아라. 그리고 바다를 내려다보아라. 바다를 있는 그대로 보아라. 즉 분리시키는 것으로 볼 것이 아니라, 보이지 않고 아직 알지 못하지만 존재한다고 믿어야 하는 다른 민족들과의 사이에 놓여 있는 다리로 보라는 말이다. 바다는 이 때문에 있는 것이니까. 하느님께서는 무익한 것은 아무것도 하지 않으신다. 그러므로 저 무한히 넓은 공간이 다른 사람들이 사는 다른 땅들을 보지 못하게 하는 수평선 너머 저쪽에 있는 그 땅을 경계로 가지고 있지 않다면, 즉 하느님의 뜻으로 폭풍우나 해류에 밀려와서 대륙과 여러 지방에 사는, 모두가 오직 한 분뿐이신 하느님에게서 오는 '사람들이 사는 다른 땅들을 경계로 가지고 있지 않았더라면, 저 무한한 공간을 만들지 않으셨을 것이다. 그리고 이 바다는 그 물결 속에, 그 물과 해류의 목소리에 먼 데서 들려 오는 부름을 담고 있다. 바다는 중개물이지 분리시키는 것이 아니다.

요한에게 충격을 주는 저 다정스러운 근심은 멀리 있는 형제들의 부름에서 오는 것이다. 정신이 육체를 지배하면 할수록, 비록 떨어져 있더라도 결합해 있는 정신들의 목소리를 더 잘 들을 수가 있다. 그 정신들은 마치 한 뿌리에서 나온 가지들이 그것들 사이에 장애물이 가로놓여 있기 때문에 서로 보지는 못해도 결합해 있는 것과 마찬 가지로 서로 떨어져 있어도 결합해 있는 것이다. 빛의 눈으로 바다를 바라다보아라. 이 바다의 해변에 이 바다의 경계에 흩어져 있는 수많은 땅이 보일 것이고, 저 안에도 수많은 땅이 보일 것이다.

그리고 그 모든 땅에서는 이런 부르짖음이 들려 올 것이다. 〈오시오. 당신들이 가지고 있는 빛을 우리에게 가져오시오. 우리가 모르고 있지만 우주의 기본이라는 것은 알고 있는 말, 즉 사랑이라는 말을 우리 마음에 해주시오.

하늘과 바다라는 무한한 책장에 씌어 있는 것을 우리가 보는 말, 즉 하느님을 읽는 법을 가르쳐 주시오. 하늘을 붉게 물들이고 바다를 반짝이는 수많은 진주로 바꾸어 놓는 빛보다도 훨씬 더 참된 빛이 있다는 것을 우리가 예감하니, 우리를 비추어 주시오. 하느님께서 발생시키신 다음 당신들에게 주신 빛을 우리 어두움에 주시오. 하느님께서 사랑으로 그 빛을 당신들에게 주셨지만, 마치 하느님께서 천체들에 빛을 주셨지만 그것을 지구에 주라고 하신 것과 같이 모든 사람을 위해 당신들에게 주신 것입니다. 당신들은 천체와 같고 우리는 먼지와 같습니다. 그러나 조물주께서 먼지를 가지고 지구를 만드신 것과 같은 모양으로 우리를 만들어 주시오. 하느님께서는 사람으로 하여금 지금과 항상, 즉 지구가 없어지고 나라가 임하는 시간이 올 때까지 당신을 흠숭하면서 지구에 번식하라고 먼지를 가지고 지구를 만드셨습니다. 살아 계신 하느님께서 그러리라고 당신들에게 말씀하신 빛과 사랑과 평화의 나라 말입니다. 왜냐하면 우리도 그 하느님의 자식들이니, 우리도 우리 아버지를 알게 해달라고 청하는 것입니다.〉

그러니 무한의 길로 갈 줄을 알아라. 너희를 부르면서 우는 사람들은 만나러 두려워하지 말고 업신여기지도 말고 갈 줄을 알아라. 하느님을 예감하지마는 하느님을 흠숭할 줄 모르기 때문에 너희에게 고통을 주겠지마는 그래도 너희에게 영광도 주게 될 사람들에게로 말이다. 그들이 너희에게 영광을 준다고 말한 것은 너희가 사랑을 가지고 있어서 그것을 줄 줄 알고, 기다리는 민족들을 진리로 데려오겠기 때문에 그만큼 더 위대하겠기 때문이다.'

예수님이 이렇게 말씀하셨어요. 제가 한 것보다 훨씬 낫게 하셨지만, 적어도 예수님의 생각은 이러했어요."

"요한, 자네는 선생님의 말씀을 정확하게 옮겼네. 자네는 다만 자네의 전 인격을 바친 너그러움 덕택으로 얻은 하느님을 이해하는 자네 능력에 대해서 선생님이 말씀하신 것은 빼버렸네. 요한, 자네는 착한 사람이야. 우리 중에서 제일 착해! 우리는 모르는 사이에 길을 왔구먼. 저기 언덕 위에 나자렛이 보이네. 선생님께서 우리를 바라다보시며 웃고 계시네. 시내에 다같이 들어가게 선생님 계신 데로 빨리 가세."

"요한아, 고맙다. 너는 어머니에게 큰 선물을 했다" 하고 성모님이 말씀하신다.

"저두요. 불쌍한 마리아에게도 요한님은 무한한 시야(視野)를 열어 주었어요…."

"너희들은 무슨 말을 그렇게 많이 했느냐?" 하고 예수께서 방금 도착한 사람들에게 물으신다.

"네가 다볼산에서 한 강연을 요한이 우리에게 되풀이해 주었다. 완전히. 그래서 우리는 기뻤다."

"어머니께서 그 말을 들으셨다니 나는 기쁘다. 바다와 관계가 없지 않은 이름을 가지시고, 또 바다같이 넓은 사랑을 가지고 계신 어머니께서 말이다."

"아들아 너는 사람으로서도 사랑을 가지고 있다. 그런데도 그것은 하느님의 말씀으로서의 네 무한한 사랑에 비하면 또 아무것도 아니다. 다정스러운 내 예수."

"어머니, 제 곁으로 오세요. 제가 어렸을 때 어머니가 제 손을 잡고 가나나 예루살렘에서 돌아올 때와 같이요."

그러면서 두분은 사랑 가득한 눈길로 자주 보신다.

108. 예수께서 나자렛에

예수께서 나자렛에 들어가셔서 제일 먼저 들르신 곳은 알패오의 집이다. 예수께서 정원으로 들어가시려는 참인데, 샘에 가려고 구리 항아리 둘을 가지고 나오는 알패오의 마리아를 만나신다.

"마리아 아주머니에게 평화가 있길 바랍니다!" 하고 말씀하시며 예수께서 아주머니를 껴안으시니, 마리아는 언제나 그런 것처럼 감정을 잘 드러내서 기쁨의 환성을 울리며 예수를 껴안는다.

"내 예수가 왔으니, 오늘은 분명히 평화와 기쁨의 날이구나! 오! 사랑하는 내 아들들! 엄마는 너희들을 보니 얼마나 기쁜지 모르겠다!" 그러면서 바로 예수 뒤에 있던 두 아들을 다정하게 껴안는다. "너희가 오늘은 나와 같이 있지? 마침 빵을 만들려고 화덕에 불을 피웠다. 빵 굽는 것을 중단하지 않으려고 물을 길러 가던 길이다."

"어머니, 우리가 가겠어요" 하고 아들들이 물항아리를 빼앗으면서 말한다.

"애들이 정말 착하지, 예수야!"

"참 착합니다" 하고 예수께서 확인하신다.

"그렇지만 너한테도 착하게 굴지? 그애들이 나를 사랑하는 것보다 너를 덜 사랑하게 된다면, 그애들이 내게 덜 소중할 거다."

"염려 마세요, 아주머니. 그들이 제게는 오직 기쁨일 뿐입니다."

"혼자 왔어? 마리아가 불시에 훌쩍 떠나갔다. … 나두 갔을 텐데 마리아는 어떤 여자와 같이 있었다. … 제자냐?"

"예, 마르타의 동생입니다."

"오! 하느님은 찬미받으소서! 나는 그 일을 위해 기도를 많이 했다! 지금 어디 있어?"

"저기 어머니와 마르타와 수산나와 같이 옵니다."

과연 여자들은 길 모퉁이를 돌아 오고, 뒤에는 사도들이 따라온다. 알패오의 마리아는 그들의 마중을 나가며 외친다. "자네를 자매로 가지게 된 것이 정말 기쁘네! 자네는 젊고, 나는 늙었으니까 '딸'이라고 불러야 할 걸세. 그러나 내 마리아를 그렇게 부른 뒤로는 내게 몹시 소중한 이름으로 자네를 부르겠네. 사랑하는! 이라고. 이리 오게. 피곤하지. … 그러나 분명히 행복도 할 거고." 그러면서 막달라 마리아를 껴안고 나서, 그를 사랑한다는 것을 한층 더 잘 느끼게 하려는 듯이 손을 잡는다.

막달라 마리아의 신선한 아름다움은 착한 알패오의 마리아의 퇴색한 얼굴 곁에 있으니까 한층 더 싱싱해 보인다.

"오늘은 모두 내 집에 있어야 해요. 떠나 보내지 않을 거야" 하고 말하는데, 본의 아니게 나오는 마음에서 우러나는 탄식과 더불어 자백이 새나온다. "나는 항상 너무나 외로워요! 동서가 여기 없을 때면, 나는 정말 쓸쓸하고 외로운 나날을 보내."

"아드님들이 집에 없습니까?" 하고 마르타가 묻는다.

알패오의 마리아는 얼굴을 붉히며 탄식한다. "영혼으로는 아직 그래. 제자가 된다는 건 합치기도 하고 떼어놓기도 해. … 그렇지만, 마리아, 자네가 왔으니, 그애들도 오겠지." 그러면서 눈물을 훔친다. 알패오의 마리아는 동정하는 태도로 자기를 살펴보시는 예수를 쳐다보고 미소지으려고 애쓰면서 물어본다. "이런 일은 시간이 걸리는 거겠지?"

"그래요, 아주머니. 그렇지만 아주머닌 아들들을 보시게 될 겁니다."

"그러기를 바랐었지. … 시몬이… 그러나 그뒤에 시몬은 다른 일이 있었고, 전처럼 다시 망설이게 됐다. 그래도 그애를 사랑해라, 예수야!"

"아주머니가 그걸 의심하세요?"

마리아는 말을 하면서도 여행자들을 위하여 찬 음료를 준비한다. 모든 사람이 아무것도 필요없다고 하는 말은 들은 체도 하지 않고.

"여자 제자들은 조용히 내버려두자" 하고 예수께서 말씀하시고 "그리고 우리는 읍내로 가자" 하고 덧붙이신다.

"가는 거야? 내 다른 아들들이 어쩌면 올지도 모르겠는데?"

"내일은 하루 종일 여기 있겠습니다. 그러니까 우리는 함께 있을 것입니다. 이제는 친구들을 만나러 갑니다. 여인들에게 평화. 어머니, 다녀오겠습니다."

예수께서 오시고 막달라의 마리아가 예수를 따라온 것으로 인하여 나자렛은 벌써 술렁거린다. 예수를 보려고 어떤 사람들은 알패오의 마리아의 집 쪽으로 가고, 어떤 사람들은 예수의 집 쪽으로 간다. 그랬다가 예수의 집은 잠겨 있는 것을 보고, 나자렛을 건너질러 시내 중심을 향하여 가시는 예수께로 모두 몰려온다. 읍내는 여전히 선생님을 이해하지 못한다. 어떤 사람들은 비꼬고, 어떤 사람들은 쉽게 믿지 않고, 또 분명히 악의를 가진 몇몇 집단도 있어 그들의 감정이 어떤 무례한 말로 드러난다. 어떻든 온 읍내 사람이 사랑은 없이 호기심으로 그들이 이해하지 못하는 이 읍내의 위대한 아들을 따라간다. 그들이 예수께 하는 질문에도 사랑은 없고 불신과 빈정거림이 있다. 그러나 예수께서는 그것들을 안다는 것을 보이지 않으시고, 당신께 말하는 사람들에게 부드럽게 대답하신다.

"당신은 모든 사람에게 주지만, 고향에는 아무것도 주지 않으니까 고향과는 아무런 관계가 없는 아들 같습니다."

"나는 여러분이 청하는 것을 주려고 여기 왔습니다."

"그러나 당신이 여기 있지 않는 것을 더 좋아해요. 우리는 아마 다른 사람들보다 더 죄인인 모양이지요?"

"아무리 큰 죄인이라도 내가 회개시키기를 원치 않는 죄인은 없습니다."

"그래도 우리가 다른 사람들보다 낫다는 말은 안하는군요. 착한 아들은 그의 어머니가 더 착하지 않더라도 언제나 어머니가 더 착하다고 말하는 겁니다. 아마 당신에게는 나자렛이 못 된 어머니가 돼서 그런 모양이지요?"

"나는 아무 말도 하지 않겠습니다. 어떤 사람을 착하다고 말할 수가 없는데, 거짓말을 하지 않으려면 침묵을 지키는 것이 다른 사람들과 자기 자신에 대한 사랑의 규칙입니다. 그러나 여러분이 내 가르침을 따르기만 하면 여러분에 대한 칭찬이 이내 올 것입니다."

"그럼 당신은 우리가 당신을 우러러 보라는 겁니까?"

"아닙니다. 내가 바라는 것은 그저 여러분이 영혼의 이익을 위해서 내 말을 듣고 믿는 것입니다."

"그럼 말하시오! 우리가 들을 테니까."

"내가 무슨 주제를 가지고 여러분에게 말해야 할지 말해 주시오."

40, 45세쯤 되어 보이는 남자가 말한다. "좋습니다. 당신이 회당에 들어가서 어떤 점을 설명해 주었으면 합니다."

"곧 가지요, 레위."

그래서 이들이 회당으로 들어가는데, 사람들이 예수와 회당장 뒤로 바짝 따라 들어와서 회당이 갑자기 꽉 찬다.

회당장이 두루마리 하나를 들고 읽는다. "그는 파라오의 딸을 다윗의 도시에서 그가 짓게 한 집으로 올라오게 하였다. 그는 이렇게 말하였기 때문이었다. 〈이스라엘의 왕 다윗의 집은 주님의 궤가 들어왔을 때 거룩하게 되었으므로 내 아내가 그 집에 살아서는 안 된다.〉' 자, 나는 당신이 이 조치가 옳았다고 생각하는지 옳지 않았다고 생각하는지, 또 왜 그렇게 생각하는지 말해 주길 바랍니다."

"주님의 궤가 들어갔다는 사실로 인해서 거룩하게 된 다윗의 집에 대한 경의로 그렇게 하는 것이 요구되었기 때문에 그 조치는 의문의 여지가 없이 옳은 것이었습니다."

"그러나 솔로몬의 아내가 되었다는 사실로 인해서 파라오의 딸은 다윗의 집에서 살 만한 사람이 되지 않았습니까? 아내는 아담의 말대로 남편의 '뼈의 뼈', '살의 살'이 되지 않습니까? 만일 아내가 그렇다면 남편은 더럽히지 않는데, 어떻게 집을 더럽힐 수 있습니까?"

"에즈라 1서에 이런 말이 있습니다. '너희들은 외국 여자들과 결혼함으로 죄를 지었고, 이 죄를 이스라엘의 수많은 죄에 보탰다.' 그런데 솔로몬의 우상숭배의 원인 중의 하나가 바로 외국 여자들과의 이 결혼들로 인한 것이었습니다. 하느님께서 그 말씀을 하셨던 것입니다. '외국 여자들은 너희 마음을 타락시켜 외국의 신들을 따르기까지 할 것이다' 하고. 그 결과는 우리가 아는 바입니다."

"그러나 파라오의 딸이 거룩하게 된 집에 머물러서는 안 된다고 지혜롭게 판단할 수 있게 된 것을 보면 솔로몬은 파라오의 딸과 결혼했다고 해서 타락하지는 않았습니다."

"하느님의 인자는 우리의 착함과 공통점을 가지고 있지 않습니다. 사람은 누가 한번 잘못하면, 자기는 항상 죄를 지으면서도 용서하지 않습니다. 그런데 하느님께서는 첫번 잘못한 다음에는 냉혹하지 않으십니다. 그러나 사람이 벌을 받지 않고 같은 죄에 무감각하게 떨어지는 것은 허락치 않으십니다. 그렇기 때문에 처음 죄를 지을 때에는 벌을 하지 않으시고, 마음에 말씀을 하십니다. 그러나 당신의 인자가 사람을 회개시키는 데 소용이 되지 않고, 사람이 그것을 무능으로 생각하면 벌하십니다. 그때에는 벌이 내려집니다.

하느님을 우롱해서는 안 되니까요. 지혜로운 사람의 뼈의 뼈요, 살의 살이었던 파라오의 딸은 지혜로운 사람의 마음 속에 타락의 첫번째 씨를 뿌렸던 것입니다. 그런데 여러분이 알다시피 핏속에 병균이 하나만 있을 때에는 병이 나타나지 않고, 첫번째 병균에서부터 번식한 많은 병균으로 피가 썩으면 발병합니다. 사람이 밑바닥 깊숙이 떨어지는 것은 언제나 겉으로 보기에는 해가 없는 것 같은 가벼운 잘못으로 시작됩니다. 그러다가 죄에 대한 호의가 커집니다. 양심을 굽히는 일과 의무를 소홀히 하는 일과 하느님께 대한 불복종에 차차 익숙해지고, 차차로 큰 죄에 이르게 됩니다. 솔로몬의 경우에는 우상숭배에까지 이르러서 분열을 일으키기까지 했는데, 그 결과가 지금까지도 지속됩니다."

"그러면 당신은 거룩한 물건에 대해서 매우 조심성있게 매우 큰 경의를 가지고 다루어야 한다는 말이로군요?"

"의심의 여지가 없습니다."

"이제는 이것도 설명해 주시오. 당신은 당신을 하느님의 말씀이라고 말합니다. 그게 사실입니까?"

"사실 그렇습니다. 하느님께서 모든 사람에게 기쁜 소식을 전하고 그들을 모든 죄악에서 구속하라고 나를 보내셨습니다."

"그러니까 만일 당신이 하느님의 말씀이라면 궤보다도 더한 사람이구려. 하느님께서 궤를 내려다보는 영광 속에 계시지 않고, 당신 자신 안에 계실 터이니까 말입니다."

"당신이 말하는 대로 그것이 진실입니다."

"그러면 당신은 왜 당신 자신을 더럽힙니까?"

"그럼 당신은 내게 그 말을 하려고 이리로 데려왔습니까? 그러나 나는 당신을 불쌍히 여기고, 당신을 부추겨 그렇게 말하게 한 사람도 불쌍히 여깁니다. 어떤 변명도 당신들의 원한으로 꺾이기 때문에 소용이 없으므로 변명을 할 필요가 없을 것입니다. 그러나 당신들에게 대해서 사랑을 가지지 않고, 나 자신의 인격을 더럽힌다고 비난한 당신들에게 나 자신에 대한 변호를 하겠습니다. 들어보시오. 나는 당신들이 무엇을 빗대고 말하는지를 압니다. 그러나 '당신들의 생각은 틀렸습니다' 하고 대답하겠습니다. 나는 죽어가는 사람들에게 팔을 벌려 그들을 살려내고, 죽은 사람들을 불러 그들에게 생명을 돌려주는 것과 마찬가지로 실제로 더 죽어가는 사람들, 즉 죄인들에게 팔을 벌리고, 더 실제로 죽은 사람들, 즉 죄인들을 불러서 영원한 생명으로 도로 불러 오려는 것이고, 만일 그들이 벌써 썩었으면 부활시켜서 다시는 죽지 않게 하려는 것입니다. 그러나 나는 당신들에게 비유를 하나 말하겠습니다.

  어떤 사람이 그의 많은 악습의 결과로 문둥병자가 되었습니다. 사람들은 그들 사회에서 물리쳤고, 그 사람은 그의 처지와 그를 그 지경이 되게 한 죄를 곰곰히 생각했습니다. 여러 해가 이렇게 지났는데 그가 조금도 예상하지 못했던 때에 문둥병자는 병이 나았습니다. 주님께서 그가 기도를 많이 하고 눈물을 흘렸기 때문에 그에게 자비를 베푸신 것입니다. 그때에 그 사람은 어떻게 합니까? 하느님께서 그에게 자비를 베푸셨으니까 그 사람은 집으로 돌아가도 됩니까? 아닙니다. 사제에게 가서 자기를 보여야 합니다. 사제는 얼마 동안 그 사람을 주의깊게 관찰한 후 참새 두 마리로 첫번 제사를 드리게 한 다음 그를 깨끗해지게 합니다. 그런 다음 옷을 한 번이 아니라 두 번 빨아 입고서 병이 나은 그 사람은 규정된 흠없는 어린 양들과 어린 암양과 밀가루와 기름을 가지고 다시 사제를 찾아 옵니다. 그러면 사제는 그 사람을 성막(聖幕)의 문으로 데려갑니다. 그때에야 그 사람은 이스라엘 백성 가운데로 다시 들어오는 것이 허락되는 것입니다. 그러나 말해 보시오. 그 사람이 처음에 사제에게로 갔을 때에는 왜 가는 것입니까?"

  "그 사람을 거룩한 백성 가운데로 다시 들어오게 하는 가장 큰 깨끗하게 하는 의식을 행할 수 있도록 첫번째로 깨끗해지기 위해서입니다!"

  "제대로 말했습니다. 그러나 그렇다면 그 사람은 완전히 깨끗하게 된 것이 아닙니까?

  "물론입니다. 그 사람이 물질적으로 영적으로 깨끗해지기 위해서는 아직 부족한 것이 많습니다."

  "그렇다면 그 사람이 완전히 불결한 몸이면서 어떻게 처음에 감히 사제에게 가까이 가고, 두번째로는 성막에까지도 가까이 갑니까?"

  "사제는 산 사람들 가운데에 다시 용납되는 데 필요한 중개이기 때문입니다."

  "그러면 성막은요?"

  "하느님만이 죄를 없애실 수 있고, 또 거룩한 휘장 저쪽에는 하느님께서 당신 영광 안에 계시면서 용서를 베푸신다는 것을 믿는 것은 신앙을 가진 것이 되기 때문입니다.

"아니, 그렇다면 병이 나은 문둥병자가 사제와 성막에 가까이 갈 때에는 아직 죄가 없는 것이 아니란 말입니까?"

"죄가 없지 않습니다. 확실히 그렇습니다!"

"생각이 교활하고 마음이 맑지 않은 사람들, 그렇다면 사제이며 성막인 내가 영적으로 문둥병자인 사람들이 가까이 오게 내버려두는 것을 왜 비난합니까? 판단하는 데 왜 두 가지 척도(尺度)를 가지는 것입니까? 그렇습니다. 세리 레위와 같이 길을 잃었던 여자가 새로운 영혼과 새 역할을 가지고 여기 와 있고, 벌써 그들보다 먼저 온 다른 남자들과 다른 여자들도 지금 내 곁에 있습니다. 그들이 이제는 다시 주님의 백성 가운데 용납되기 때문에 내 곁에 있어도 됩니다. 그들은 심판하고, 죄를 사하고 병을 고치고 죽은 사람을 다시 살아나게 하는 권한을 내게 주신 하느님의 뜻으로 내게로 다시 인도되어 온 것입니다. 만일 파라오의 딸에게 남아 있었던 것과 같이 그들에게도 우상숭배가 남아 있었으면 모독(冒瀆)이 있을 것입니다. 그러나 이들은 내가 세상에 가져온 교회를 받아들였고, 그것을 통해 주의 은총에 다시 살아났기 때문에 모독이 없습니다.

아버지의 말씀의 참 지혜와 정의가 내게 있을 수 있는 것으로 생각되지 않기 때문에 나를 함정에 빠뜨리려고 하는 나자렛의 주민들, 나는 당신들에게 '죄인들을 본받으시오' 하고 말하겠습니다. 정말로 진리에 오는 문제에 있어서는 이들이 당신들보다 뛰어납니다. 나는 또 당신들에게 이렇게도 말하겠습니다. '내게 반대할 수 있기 위해서 수치스러운 술책의 힘을 믿지 마시오' 하고. 그렇게 하지 마시오. 청하시오. 그러면 내게 오는 모든 사람에게 주는 것과 같이 당신들에게도 생명의 말씀을 주겠습니다. 나를 우리의 땅인 이 땅의 아들처럼 받아들이시오. 나는 당신들에게 원한을 품고 있지 않습니다. 내 손에는 은총이 가득하고, 내 마음에는 당신들을 가르치고 행복하게 하고자 하는 욕망이 가득합니다. 이 욕망이 정말 가득하기 때문에, 만일 당신들이 좋다면, 안식일을 당신들과 같이 지내면서 새 율법을 가르쳐 주겠습니다."

사람들은 서로 의견이 맞지 않는다. 그러나 호기심이나 사랑이 우세해서 많은 사람이 "예, 예. 내일 이리 오십시오. 선생님의 말씀을 듣겠습니다" 하고 외친다.

오늘밤에 나는 당신들의 마음을 단단하게 하는 초벽이 떨어져 나가고, 모든 편견이 떨어져 나가서, 그것들에서 풀려나 온 세상에 기쁜 소식을 전하러 온 하느님의 목소리를 알아들을 수 있게 되기를 기도하겠습니다. 그러나 하느님의 목소리를 받아들일 수 있는 첫번째 도시가 내가 자란 읍내이기를 원하는 갈망을 가지고 기도하겠습니다. 당신들 모두에게 평화."

109. 안식일, 나자렛의 회당에서

다시 나자렛의 회당이다. 그러나 안식일이다.

예수께서는 아비멜렉에 대한 교훈담을 읽으셨는데, "'그에게서 불이 나와 리반의 서양삼나무들을 휩쓸어 버리도록 하라'" 하는 말씀으로 끝맺으신다. 그런 다음 두루마리를 회당장에게 돌려 주신다.

"나머지는 읽지 않으십니까? 교훈담을 알아듣게 하는 데 그것이 좋을 텐데요" 하고 회당장이 말한다.

"그럴 필요는 없습니다. 아비멜렉의 시대는 매우 오래전 시대입니다. 나는 옛날의 우화를 현시대에 적용합니다.

나자렛의 주민 여러분, 들으시오.

여러분은 회당장의 가르침을 통해서 아비멜렉에 대한 교훈담을 어떻게 적용해야 하는지를 이미 알고 있습니다. 과연 여러분의 회당장은 제 때에 선생에게서 가르침을 받으셨고, 그 선생은 또 다른 선생에게서 가르침을 받았습니다. 그렇게 여러 세기 동안 계속되었고, 언제나 같은 방법과 같은 결론이 되풀이 되었습니다.

내게서는 여러분이 다른 적용을 들을 것입니다. 뿐만 아니라 여러분의 총명을 기울여서 우물의 도르레에 맨 밧줄같이 되지 말기를 부탁합니다. 우물의 도르레에 맨 밧줄은 낡아서 못쓰게 되지 않으면 도르레에서 물로, 물에서 도르레로 왔다갔다 할 뿐 절대로 변할 수가 없습니다. 사람은 매놓은 밧줄도 아니고, 기계적인 연장도 아닙니다. 사람은 이해력이 있는 뇌를 가지고 있으며, 필요와 상황에 따라서 자신이 그것을 써야 합니다.

말씀의 글자는 영원하지만, 상황은 변하는 것이기 때문입니다. 그 말씀에서 매번 새로운 가르침을, 즉 오래되고 지혜로운 말씀이 항상 내포하고 있는 정신을 나오게 하는 피로와 만족을 원할 줄 모르는 선생들은 불행합니다. 그들은 제 것은 아무것도 거기에 넣지 못하고 오직 한마디 단어만을 열 번이고 백 번이고 되풀이할 줄밖에 모르는 메아리와 같습니다.

나무들, 즉 큰나무와 작은 나무와 풀이 있는 수풀로 상징되는 사람은 누군 가에 의해서 인도될 필요를 느낍니다. 이 누군가 하는 사람은 모든 영광을 맡아 가지고 있습니다. 그러나 이것은 더 짐스럽게 여겨지는 것이지만 권위의 모든 책임도 맡아 가지고 있고, 그에게 딸린 사람들의 행복이나 불행에 책임이 있고 자기에게 딸린 사람들 앞과 이웃 민족들의 앞에서, 그리고 이것은 무서운 일이지만 하느님 앞에서 책임을 지는 일을 맡아 가지고 있습니다. 왜 그런고 하니 왕관이나 또는 아무리 사회적으로 높은 지위라도 사람들에 의해서 주어지는 것이 사실이긴 하지만, 하느님의 허락이 있어야 되는 것입니다. 하느님의 승인이 없으면 어떤 인간적인 힘도 강제력이 없는 것입니다. 영원할 것 같던 왕조나 침범할 수 없는 것으로 보이던 권력이 생각할 수 없고 예측할 수도 없었던 변화를 겪는 것이 이것으로 설명됩니다. 그것들은 국민들에 대한 벌이나 시련의 역할에서 도를 지나칠 때에는 하느님의 허락으로 국민들 자신에 의해 쓰러져서 먼지나 또 때로는 수채의 진흙과 같은 것에 지나지 않는 것이 됩니다.

내 말은 이렇습니다. 즉 국민들은 자기에게 딸린 사람들과 이웃 나라들과 하느님께 대한 모든 책임을 맡을 사람을 뽑을 필요를 느끼는데, 하느님께 대한 책임을 맡는 것이 모든 것 중에서 가장 무서운 것이라는 말입니다.

역사의 심판은 무서운 것입니다. 백성들의 이해관계로 역사의 심판을 바꿔놓으려고 애써도 소용이 없습니다. 그것은 미래의 사건들과 백성들이 그 심판을 처음의 무서운 진실로 되돌려 놓겠기 때문입니다. 그러나 사람들은 그런 일이 너무도 많지만, 하느님께서는 아무런 압력도 받지 않으시고 기분이나 판단이 바뀔 수 없으며, 더구나 판단을 잘못 하실 수가 없기 때문에 하느님의 심판은 더 엄격합니다. 그러므로 국민들의 지도자와 역사의 창조자가 되라고 선출된 사람들은 성인들에게 고유한 영웅적인 정의를 가지고 행동해서 미래의 세월에 명예가 손상되지 않고, 영원 무궁세에 하느님께 벌을 받지 않도록 해야 할 것입니다.

그러나 아비멜렉의 우화를 다시 하기로 합시다.

그러니까 나무들은 왕을 뽑고자 해서 올리브나무를 찾아갔습니다. 그러나 올리브나무는 주님 앞에서 타는 기름을 내기 때문에 신성한 나무이고 초자연적인 용도에 쓰이는 나무로서, 십일조(十一租)와 제사에서 탁월한 위치를 차지하고, 제단과 사제들과 왕들에게 바르는 데 쓰이는 거룩한 향유를 만들기 위한 기름을 제공하고, 말하자면 기적적인 특성을 가지고 몸 안으로 들어가거나 몸 위에 부어지는데, 이 나무는 이렇게 대답했습니다. '내가 어떻게 거룩하고 초자연적인 내 임무를 소홀히 하고 세상의 일로 나를 비천하게 할 수가 있겠소?' 하고.

오! 올리브나무의 친절한 대답!

하느님께서 어떤 거룩한 사명을 채우라고 뽑으신 모든 사람이 왜 이 대답을 배워서 실천하지 못합니까? 그들만이라도, 다시 말하지만 그들만이라도 말입니다. 사실은 사람은 누구나 왕이고 하느님의 아들이어서 그렇게 되게 하는, 즉 왕이고 하느님의 아들이 되게 하는 영혼을 가지고 있고, 초자연적인 운명을 타고 났기 때문에, 사람이면 누구나 다 마귀의 권유에 이 대답을 해야 할 것이기 때문입니다. 사람은 제단이요 집인 영혼을 가지고 있습니다. 하느님의 제단이고, 하늘에 계신 아버지께서 아들이요 백성인 사람의 사랑과 존경을 받으려고 내려오시는 집입니다. 사람은 누구나 영혼을 가지고 있는데, 영혼은 어느 것이나 제단이기 때문에, 영혼을 가지고 있는 사람이 제단을 지키는 사람인 사제가 되게 합니다. 그리고 레위기에는 '사제는 오염(汚染)하지 말아라' 하는 말이 있습니다.

그러므로 사람은 마귀와 세속과 육신의 유혹에 이렇게 대답할 의무가 있을 것입니다. '어떻게 내가 영적인 존재이기를 그치고 물질적인 일, 죄로 이끌어 가는 일에 전념할 수 있단 말이냐?' 하고.

그러자 나무들은 무화과나무를 찾아가서 그들의 왕이 되어 달라고 청했습니다. 그러나 무화과나무는 이렇게 대답했습니다. '어떻게 내가 내 부드러움과 대단히 맛있는 내 열매를 버리고 당신들의 왕이 될 수 있겠소?' 하고.

부드러운 사람을 왕으로 맞이하려고 그 사람 쪽으로 향하는 사람이 많습니다. 그런데 그것은 그 사람의 부드러움을 우러러 보아서 그러는 것이 아니고, 부드럽다 못해 꼭둑각시 같은 왕이 되고 말아서, 그에게서는 어떤 동의도 다 받아내고 그에게는 얼마든지 제멋대로 할 수 있을 것으로 생각하기 때문입니다.

그러나 부드러움은 마음약함이 아니라 친절입니다. 그 부드러움은 올바르고 영리하고 확고합니다. 부드러움을 절대로 마음약함과 혼동하지 마시오. 부드러움은 덕행이고, 마음약함은 결점입니다. 그리고 부드러움은 덕행이기 때문에 그것을 가진 사람에게 올바른 양심을 주어서 인간의 권유와 유혹에 저항할 수 있게 합니다. 인간의 권유와 유혹은 하느님의 이익이 아닌 그들의 이익 쪽으로 그 사람의 마음을 돌리게 하려고 주의를 기울이지만, 이 덕행은 어떤 대가를 치르더라도 자기의 운명에 충실합니다.

 부드러운 사람은 남의 질책을 절대로 사납게 물리치지 않을 것이고, 그에게 애원하는 사람을 결코 박정하게 물리치지 않을 것입니다. 그러지 않고 용서하고 미소지으면서 항상 이렇게 말할 것입니다. '형제여, 나를 내 기분좋은 운명에 그대로 내버려두시오. 내가 여기 있는 것은 당신을 위로하고 돕기 위해서요. 그러나 당신이 생각하는 것과 같은 그런 왕은 될 수가 없소. 내가 관심을 가지고 마음을 쓰는 왕권은 오직 내 영혼과 당신의 영혼을 위한 왕권, 즉 영의 왕권이기 때문이오' 하고.

 나무들은 포도나무를 찾아가서 그들의 왕이 되어 달라고 청했습니다. 그러나 포도나무는 대답했습니다. '어떻게 내가 기쁨과 힘이 되는 것을 포기하고 당신들의 왕이 될 수 있겠소?' 하고.

 왕노릇을 하는 것은 책임 가책 때문에 항상 정신을 흐리게 하도록 이끌어 갑니다. 죄를 짓지 않고 가책을 만들어 내지 않는 임금은 검은 금강석보다도 더 드물기 때문입니다. 권력은 등대처럼 멀리서 반짝이는 동안에는 사람의 마음을 끌지만, 가까이 갔을 때에는 그것이 별빛이 아니라 개똥벌레의 불빛에 지나지 않는다는 것을 알게 됩니다.

 또 있습니다. 권력이란 왕을 둘러싸고 움직이는 수많은 잇권의 수많은 밧줄에 결박된 힘에 지나지 않습니다. 조신(朝臣)들의 잇권, 인척들의 잇권, 개인적인 잇권과 친척들의 잇권. 기름을 발라 왕을 만드는 의식이 거행되는 동안 얼마나 많은 왕이 '나는 공평무사하겠다'고 스스로 다짐하고 나서 나중에 그렇게 되지 못하는 왕이 얼마나 많습니까? 연하거나 가는 담장이 덩굴이 처음에 감겨 올 때 '저놈은 하도 약해서 내게 해를 끼칠 수 없어' 하고 말하면서 반감을 가지지 않고, 또 화환을 두른듯 그렇게 장식되는 것을 좋아하고, 그것이 올라올 때에 붙잡아 주는 보호자가 된다고 자부하는 힘있는 나무와 같이, 왕도 조신이나 인척이나 자기 개인이나 친척들의 이익이 그에게로 향해 처음 다가올 때에는 자주, 자주라기보다는 오히려 항상 양보하고, 그것에 대한 너그러운 보호자가 되는 것을 좋아합니다. 양심이 그에게 '조심하여라!' 하고 소리치면 그는 '이것은 별것이 아니야!' 하고 말하고 그것이 그의 권력이나 명성에 해를 끼칠 수는 없다고 생각합니다. 나무도 그렇게 믿고 있습니다. 그러나 가지에서 가지로 올라가면서 힘과 길이가 자라고, 땅의 진을 빨아먹는 탐욕과 빛과 태양을 얻으려고 올라가는 욕심도 자라서, 담장이 덩굴은 그 힘센 나무 전체를 감고, 짓누르고, 숨막히게 해서 죽이는 날이 오고야 맙니다. 그렇게도 약하던 그놈이! 그렇게도 강하던 그 나무를!

왕들의 경우도 이와 같습니다. 칭찬이 기분좋고, 보호자인 체 하는 것이 기분좋기 때문에 자기 자신의 임무와 한 번 타협을 하고, 양심의 목소리를 듣고 한 번 어깨를 들썩하면, 왕이 지배하지 못하고 다른 사람들의 잇권이 지배하는 때가 오고, 다른 사람들이 그를 가두고, 그의 입을 틀어막아 숨이 막히게까지 하고, 또 왕보다 더 강해져서 왕이 빨리 죽지 않는 것을 보고는 그를 없애버리는 때가 옵니다.

정신으로는 언제나 왕인 보통사람도 만일 교만이나 탐욕으로 하등 부분의 왕권을 인정하면 파멸합니다. 그리고 하느님과의 일치에서 오는 정신적인 침착성을 잃습니다. 그것은 마귀와 세속과 육신이 허망한 권력과 향락을 줄 수 있지만, 하느님과의 일치에서 오는 영적인 희열을 희생시켜서 그렇게 하기 때문입니다. 마음으로 가난한 사람들의 기쁨과 힘, 너희들은 사람이 이렇게 말할 줄 알게 할 만한 자격이 있다. '만일 내가 너희들과 결합하게 됨으로 힘과 내적인 기쁨과 하늘과 하늘의 참된 왕권을 잃는다면, 내가 어떻게 내 하등부분으로 왕이 되는 것을 수락할 수 있겠느냐?' 하고.

또 하늘 나라를 차지하는 것만을 목표로 하고, 이 나라가 아닌 어떤 재물도 업신여기는 마음으로 가난한 저 지극히 행복한 사람들은 이렇게도 말할 수 있습니다. '동물성(動物性)이라는 메마른 사막에 살아서, 죽지 않기 위하여, 그리고 유모를 잃은 어린 아이와 같이 생명유지에 필요한 액으로 영양을 얻기 위하여는 갈증을 풀 필요가 있는 우리 자매인 저 인류를 위하여 몸을 튼튼하게 하고 기쁨을 가져다 주는 즙을 성숙하게 하는 것이 우리의 임무인데, 어떻게 그것을 줄이기에 이를 수가 있겠습니까? 우리는 하느님의 품을 잃은 인류의 유모입니다. 만일 그 인류가 일체의 지상의 속박에서 벗어난 사람들의 기쁜 노고를 하는 우리를 만나지 못하고, 생명과 기쁨과 자유와 평화가 있다는 확신을 우리가 그들에게 주지 않으면, 헛수고나 하고 병들어 방황하다가 결국 절망적인 죽음과 어두운 회의주의에 이르고 말 것입니다. 우리는 보잘 것 없는 이익 때문에 이 사랑을 포기할 수는 없습니다.'

그래서 나무들은 가시덤불에게로 갔습니다. 가시덤불은 나무들을 물리치지는 않았으나 가혹한 협정을 강요했습니다. '만일 너희가 나를 왕을 삼고자 하면, 내 밑으로 오너라. 그러나 나를 선출한 다음에 그렇게 하기를 원치 않는다면, 나는 가시 하나하나를 활활 타는 고통을 만들어 너희 모두를 불사르겠고, 리반의 서양삼나무까지도 태우겠다' 하고 말입니다.

그렇지만 바로 이것이 세상이 참된 것으로 보는 왕권입니다. 타락한 인류는 압제와 잔인성을 참된 왕권으로 보는 반면, 온유와 인자는 어리석음과 비천으로 봅니다.

사람은 선을 따르지 않고, 악에 복종합니다. 사람은 악에 매혹되고, 따라서 악에 의해 타버립니다.

이것이 아비멜렉의 우화입니다.

그러나 나는 다른 우화를 하나 내놓겠습니다. 멀리 떨어져 있고, 또 먼 옛날 사실에 대한 것이 아니라, 가까이에 있고, 현재의 것입니다.

짐승들이 왕을 뽑을 생각을 했습니다. 그러나 그놈들이 간사하기 때문에 힘이 세거나 사납다는 공포를 주지 않을 짐승을 고를 생각을 했습니다.

그러므로 그놈들은 사자와 고양이과의 모든 동물은 제쳐놓았습니다. 그놈들은 독수리들은 그놈들의 부리 때문에 원치 않는다고 선언했고, 어떤 맹금류도 원치 않는다고 말했습니다. 그놈들은 말도 경계했는데, 그것은 말이 빠르기 때문에 저희들을 따라잡아서 무엇을 하는지 볼 수 있겠기 때문이었습니다. 짐승들은 나귀도 경계했습니다. 나귀가 참을성이 있다는 것은 알지만, 갑자기 성을 낸다는 것과 힘센 발굽을 가지고 있다는 것도 알기 때문이었습니다. 짐승들은 암원숭이가 너무 영리하고 복수심이 강하기 때문에 암원숭이를 왕으로 삼는다는 생각에는 소름이 끼쳤습니다. 뱀이 사람을 꾀는 일에 사탄에게 동의했다는 구실이 있기는 해도, 짐승들은 뱀의 빛깔이 우아하고 몸 움직임이 멋이 있기는 해도 왕으로는 원치 않는다고 언명했습니다. 사실에 있어서 그놈들이 뱀을 원치 않은 것은 뱀이 소리없이 다니는 것과 근육이 대단히 힘있다는 것과 독이 무서운 작용을 한다는 것을 알기 때문이었습니다. '황소나 뾰족한 뿔이 달린 다른 짐승을 왕으로 뽑으면 어떨까? 체! 나귀도 뿔이 있단 말이야' 하고 짐승들은 말했습니다. 그러나 짐승들은 이렇게 생각하는 것이었습니다. '만일 우리가 어느 날 반란을 일으키면, 그놈은 우리를 뿔로 몰살할 거야' 하고.

이리저리 헛되이 찾다가 짐승들은 푸른 풀밭에서 즐겁게 깡충거리며 어미의 퉁퉁 불은 젖을 빨아먹는 포동포동한 흰 새끼양을 보았습니다. 새끼양은 뿔은 없었습니다. 그러나 눈은 4월의 하늘과 같이 온순했습니다. 새끼양은 온순하고 순진했습니다. 그놈은 무엇이든지 다 만족스럽게 여겼습니다. 분홍빛 작은 주둥이를 박고 물을 먹는 작은 개울의 물도, 그놈의 눈과 입을 즐겁게 하는 여러 가지 다른 맛을 가진 꽃들도, 배가 부를 때에 가서 누우면 기분이 좋은 무성한 풀도, 파란 풀밭 저 위에서 뛰놀며, 저희들이 하늘에서 그러는 것처럼 풀밭에서 뛰어 다니며 놀라고 권하는 다른 어린 양들같이 보이는 구름들도, 또 특히 아직 따뜻한 젖을 빨아먹도록 허락하면서 그동안 분홍빛 혀로 제 흰털을 핥아 주는 어미의 애무도, 바람이 들어오지 않게 잘 보호된 양의 우리도, 그 위에 누워 어미 곁에서 자면 기분이 좋은 부드럽고 향긋한 잠자리짚도, 모두.

'저 놈을 만족시키는 건 쉬운 일이구나. 저놈은 무기도 없고 독도 없어. 순진하고. 저놈을 왕을 삼자.'

그래서 그 새끼양을 왕을 삼았습니다. 그리고 새끼양이 아름답고 착하고, 이웃나라 국민들이 우러러보고, 그 참을성 많은 친절 때문에 신하와 백성들에게서 사랑을 받기 때문에 그 왕을 자랑으로 여겼습니다.

세월이 흘러 어린 양이 어른 양이 되었는데, 양은 이렇게 말했습니다. '이제는 정말로 다스릴 때가 되었다. 이제는 내가 내 사명을 완전히 알고 있다. 내가 왕으로 뽑히기를 허락하신 하느님의 뜻은 내게 다스릴 능력을 주셔서 나를 내 사명에 알맞게 육성하셨다. 그러므로 하느님의 선물을 소홀히하지 않기 위해서만이라도 내 통치력을 완전히 행사하는 것이 마땅하다' 하고.

신민들이 미풍양속이나 사랑이나 친절이나 성실, 또는 절제, 순종, 존경, 신중 등등에 어긋나는 일을 하는 것을 보고 왕은 목소리를 높여 그들을 나무랐습니다.

고양이과 동물들의 으르렁거리는 소리나 먹이를 덮치려고 빨리 날아 내려오면서 지르는 독수리의 소리처럼 무섭지 않고, 뱀이 새액새액 하는 소리나, 심지어는 겁이 나게 하는 개의 짖는 소리까지도 무섭지 않는 양의 얌전하고 부드러운 울음을 신민들은 비웃었습니다.

어른 양이 된 어린 양은 매애매애 하고 우는 데 그치지 않고, 범죄자들에게 그들의 의무를 다시 다하게 하려고 그들을 찾아갔습니다. 그러나 뱀은 양의 다리 사이로 미끄러져 들어갔고, 독수리들은 양을 내팽개치고 높이 날아

올라 갔습니다. 고양이과 동물들은 펠트같이 부드러운 발로 양을 떼밀면서 위협했습니다. '지금은 당신을 떼밀기만 한 부드러운 우리 발 속에 무엇이 들어 있는지 알고 있어? 발톱이 들어 있어' 하고. 말들과 일반적으로 달리는 짐승들은 양을 놀리면서 그 주위로 마구 달리기 시작했습니다. 육중한 코끼리들과 가죽이 두꺼운 다른 짐승들은 주둥이짓으로 양을 이리저리 던지고, 암원숭이들은 나무 위에서 물건들을 양에게 던졌습니다.

어른 양이 된 어린 양은 마침내 걱정이 되어서 이렇게 말했습니다. '나는 뿔과 힘을 쓰려고 하지 않았다. 나도 이 목에 힘이 있으니까. 그래서 사람들은 전쟁할 때에 장애물을 쳐부수기 위해 내 목을 모형으로 한 무기를 만들 것이다. 나는 사랑과 설득을 쓰고자 했기 때문에 뿔과 힘은 쓰지 않으려고 했었다. 그러나 너희가 이 무기를 가지고 나를 공격하기 때문에 나도 힘을 쓰겠다. 너희들은 나와 하느님께 대한 너희 의무를 게을리하지만, 나는 하느님과 너희들에게 대한 의무를 게을리하고 싶지 않기 때문이다. 나는 너희들을 정의와 선으로 인도하라고 너희들과 하느님에 의해서 이 자리에 앉혀졌다. 그래서 나는 정의와 선이, 즉 질서가 여기에서 지배하기를 원한다' 하고.

그리고 양은 이웃들에게 계속 귀찮게 구는 고집센 발바리를 뿔을 써서 벌했습니다. 그러나 양은 착하기 때문에 가볍게 벌했습니다. 그런 다음 탐욕스럽고 이기주의적인 돼지가 다른 짐승들의 손해는 돌보지 않고 식량을 쌓아둔 우리의 문을 그 힘센 목으로 부수었고, 음란한 원숭이 두 마리가 그놈들의 부정한 사랑을 위해서 고른 담장이 덩굴이 우거진 덤불도 부수었습니다.

'저 왕이 너무 강력해졌다. 진짜로 통치하려고 한다. 왕은 우리더러 얌전하게 살라고 한다. 이건 우리 마음에 안들어. 왕을 물러나게 해야 한다' 하고 짐승들이 결정했습니다.

그러나 교활한 작은 원숭이 한 마리가 그놈들에게 권고했습니다. '그렇게 하더라도 정당한 동기를 꾸며 가지고서만 하자. 그렇지 않으면 우리가 다른 민족들에게 초라하게 보이고 하느님께 불쾌감을 주는 존재가 될 거다. 그러니까 어른 양이 된 어린 양의 일거일동을 살펴서 정의를 가장해서 그놈을 고발할 수 있도록 하자.'

'내가 그걸 생각한다' 하고 뱀이 말했습니다.

'나도 생각해' 하고 암원숭이가 말했습니다.

한 놈은 풀 속으로 기어 들어가고, 한 놈은 나무 꼭대기에 남아 있으면서 어른 양이 된 어린 양의 행동을 놓치지 않았습니다. 매일 저녁, 양이 그의 임무를 하느라고 피로한 것을 쉬고, 국민의 반란을 억제하고 그들의 죄를 이기기 위해 취해야 할 조치와 써야 할 말을 깊이 생각하려고 그의 방으로 돌아갈 때에, 짐승들은 얼마 안 되는 성실하고 충실한 놈들만 빼놓고는 두 첩자, 즉 두 배반자의 보고를 듣기 위해 모이곤 했습니다.

사실 뱀과 암원숭이는 첩자이고 배반자였으니까요.

뱀은 왕에게 이렇게 말하는 것이었습니다. '저는 임금님을 사랑하기 때문에 임금님을 따라다닙니다. 그리고 누가 임금님을 공격하면 저는 임금님을 보호할 수 있기를 바랍니다.'

암원숭이는 왕에게 이렇게 말했습니다. '저는 정말 임금님을 우러러 봅니다! 저는 임금님을 돕고자 합니다. 보십시오. 여기서 저는 목장 너머에서 죄를 짓고 있는 것을 봅니다. 달려 가세요!' 그리고는 동료들에게 이렇게 말하는 것이었습니다. '오늘도 양은 어떤 죄인들의 잔치에 참석했다. 양은 그들을 회개시키러 간다고 가장하고 그리로 갔지만, 그후 실제로는 그들과 같이 푸짐한 식사를 했다.'

또 뱀은 이렇게 보고했습니다. '양은 그의 백성 밖에까지 가서 나비와 파리와 끈적끈적한 괄태충(括胎虫)들과 사귄다. 양은 불신자다. 부정한 외국인들과 관계를 유지한다.'

그놈들은 죄없는 양이 아무것도 알지 못하는 줄 알고, 무죄한 양에게 손해를 끼쳐 가며 이렇게 말하는 것이었습니다.

그러나 양의 사명을 다하도록 그를 양성하셨던 주님의 영은 국민들의 음모의 실상도 그에게 밝혀 주셨습니다. 양은 분개해서 짐승들을 저주하며 도망칠 수 있었을 것입니다. 그러나 어린 양은 마음이 온순하고 겸손했습니다. 어린 양은 사랑하고 있었습니다. 사랑하는 잘못을 저지르고 있었고, 하느님의 뜻을 채우기 위해 자기의 목숨을 희생해 가며 그의 사명을 다하면서 끝까지 꾸준히 사랑하고 용서하는 한층 더 큰 잘못을 저질렀습니다.

오! 사람들이 보기에 그 잘못들은 어떤 것들이었습니까? 용서할 수 없는 것이었습니다! 그것들이 얼마나 용서할 수 없는 것이었던지, 그로 인해서 양은 유죄 선고를 받게까지 되었습니다.

'그놈은 죽어야 한다! 우리가 그놈의 압제에서 풀려나려면 말이다.'

그리고 뱀이 어린 양을 죽이는 소임을 맡았습니다. 뱀은 항상 배반자이니까요….
 이것이 둘째 우화입니다. 나자렛의 주민 여러분, 이 우화를 이해하고 안하고는 여러분에게 달렸습니다. 나는 나자렛에 나를 결합시키는 사랑 때문에 여러분이 적어도 반감에나 머물러 있고 그 이상으로 가지는 않기를 바랍니다. 아주 어릴 때에 와서 여러분을 사랑하고 여러분의 사랑을 받으면서 자란 이 땅에 대한 사랑으로 나는 여러분 모두에게 이렇게 말하게 됩니다. '반감을 가지는 이상의 일은 하지 마시오. 〈그를 넘겨준 배반자와 그의 불공평한 재판관들도 나자렛에서 왔다〉고 역사가 말하도록 행동하지는 마시오' 하고.
 안녕히들 계십시오. 여러분의 판단을 올바르게 하고 한결 같은 뜻을 가지도록 하시오. 내 동향인 여러분, 첫째 우화는 모두 여러분에 관한 것입니다. 그리고 둘째 우화는 여러분 중에서 올바르지 못한 생각으로 정신이 흐려진 사람들을 위한 것입니다. 나는 갑니다. 평화가 여러분과 함께 있기를 바랍니다."
 그리고 예수께서는 당신을 찬성하는 두세 사람의 목소리로만 깨지는 비통한 침묵이 흐르는 가운데 서글프게 고개를 떨어뜨리시고 나자렛의 회당에서 나오신다.
 맨끝에 알패오의 아들들이 있는데, 그들의 눈은 분명히 온순한 어린 양의 눈은 아니다. … 그들은 적의를 품은 군중을 엄하게 바라다보고, 유다 타대오는 서슴지 않고 그의 형 시몬의 앞에 똑바로 서서 이렇게 말한다. "나는 형이 더 성실하고 기개가 있는 줄로 생각했었어" 하고.
 시몬은 머리를 떨어뜨리고 말을 하지 않는다. 그러나 다른 형은 나자렛의 다른 사람들에게 격려되어 말한다. "너는 형님을 모욕하는 것이 부끄럽지도 않으냐?"
 "아니야, 나는 당신들 모두를 부끄럽게 생각해. 나자렛은 메시아에 대해서 그냥 계모가 아니라 타락한 계모야. 그렇지만 내 예언을 들으라구. 당신들은 샘에 물을 대어 줄 만큼 눈물을 많이 흘리면서 울 거야. 그러나 그 눈물도 역사의 책에서 이 읍내와 당신들의 진짜 이름을 지우는 데에는 충분치 못할 거야. 그 이름이 무언지 알지? '어리석음'이야. 안녕."
 야고보는 그들에게 지혜의 빛을 축원하면서 더 아량있는 인사를 한다. 그리고 시라의 알패오와 두 소년과 같이 나온다. 내가 제대로 알아본다면 그 소년들은 죽어가던 쿠자의 요안나의 마중을 나가는 데 쓰인 나귀를 몰고 갔던 그 두 나귀몰이들이다.

어리둥절한 군중은 속삭인다. "그렇지만 그 사람에게 어디서 그 많은 지혜가 오는 걸까?"

"또 기적을 행하는 능력은 어디서 받은 거야? 기적을 행하기는 행하니까 말이야. 팔레스티나 전체가 그 얘기를 하고 있거든."

"저 사람은 목수 요셉의 아들이 아니야? 우리는 저 사람이 나자렛의 목공소에서 탁자와 침대를 만들고, 수레 바퀴와 자물쇠를 맞추는 것을 다들 보았어. 저 사람은 학교에도 가지 않았고, 저 사람의 어머니만이 그의 선생이었어."

"그것도 우리 아버지가 비난한 파렴치한 행위였어" 하고 알패오의 요셉이 말한다.

"그렇지만 자네 아우들도 요셉의 마리아의 학교에서 공부를 끝마쳤어."

"이봐! 우리 아버지는 우리 어머니한테는 약했단 말이야…" 하고 역시 요셉이 대답한다.

"그러면 자네 아버지의 아우도 그랬고?"

"그랬어."

"하지만 저 사람이 정말 목수의 아들이야?"

"보면 모르나?"

"아! 서로 비슷한 사람이 하도 많아서! 내 생각에는 저 사람이 목수의 아들로 통하려고 하는 사람 같아."

"그렇다면 요셉의 아들 예수는 어디 있어?"

"그의 어머니가 저 사람을 알지 못한다고 생각하나?"

"저 사람은 여기에 형제 자매들을 가지고 있는데, 이들이 모두 저 사람을 친척이라고 부르고 있단 말이야. 그렇지 않은가, 자네 두 사람?"

알패오의 두 큰 아들은 그렇다는 표시를 한다.

"그렇다면 저 사람은 미쳤거나 마귀가 들리거나 했어. 목수에게서는 저 사람이 말하는 것 같은 말이 나올 수가 없으니까 말이야."

"저 사람의 말을 듣지 말아야 해. 저 사람의 가르침이라고 하는 것은 헛소리거나 마귀들린 사람의 말이니까."

예수께서는 광장에서 걸음을 멈추시고, 어떤 사람과 말하고 있는 사라의 알패오를 기다리신다. 그런데 예수께서 기다리시는 동안 회당 문 곁에 남아 있었던 나귀몰이 중의 한 소년이 거기서 사람들이 말한 중상을 예수께 일러 바친다.
 "슬퍼하지 말아라. 예언자는 일반적으로 그의 고향과 그의 집에서 존경을 받지 못한다. 사람은 예언자가 되려면 말하자면 생활과는 아무 관계가 없는 사람이 돼야 한다고 생각할 정도로 어리석다. 그런데 동향인들과 친척의 성격을 다른 모든 사람들보다도 더 잘 알고 기억한다. 그러나 진리가 승리할 것이다. 이제 나는 너와 헤어진다. 평화가 너와 함께 있기 바란다."
 "선생님, 제 어머니의 병을 고쳐 주신 거 고맙습니다."
 "너는 믿었기 때문에 그럴 만한 자격이 있었다. 내 능력이 여기서 힘이 없는 것은 여기에는 믿음이 없기 때문이다. 친구들, 가자. 내일은 새벽에 떠난다."

110. 성모님이 막달라의 마리아를 가르치신다

 "주님, 어디에서 숙박을 합니까?" 전체가 경작되고, 밑에서 꼭대기까지 푸른 두 야산 사이에 있는 좁은 골짜기로 일행이 길을 가는 동안 제베대오의 야고보가 묻는다.
 "갈릴래아의 베들레헴에 묵는다. 그러나 제일 더운 시간에는 메랄라 위로 불쑥 나온 산 위에서 쉬기로 하자. 그렇게 하면 네 동생이 바다를 두 번째로 보고 기뻐할 것이다." 예수께서는 빙그레 웃으시고 덧붙이신다. "우리 남자들은 길을 더 많이 올 수 있었을 것이다. 그러나 우리 뒤에는 여자 제자들이 따라온다. 여자들은 절대로 불평을 하는 일이 없지만, 지나치게 피로하게 해서는 안 된다."
 "여자 제자들이 결코 불평을 하지 않는다는 것은 사실입니다. 저희가 더 쉽게 불평을 합니다" 하고 바르톨로메오가 인정한다.
 "그렇지만 우리보다는 이 생활에 습관이 덜 되어 있는데도 말이야…" 하고 베드로가 말한다.
 "그렇기 때문에 기꺼이 그렇게 하는 지도 몰라" 하고 토마가 말한다.
 "아니다, 토마야. 여자들은 사랑으로 이 생활을 하는 것이다. 내 어머니와 알패오의 마리아와 살로메와 수산나 같은 다른 주부들이 심심풀이로 집을 떠나 세상의 길을 사람들 가운데로 돌아다니는 것이 아님을 분명히 알아라. 또 마르타와 아직 오지 않았지만 요안나도 오게 될 터인데, 피로에 습관이 되지 않은 그들도 사랑에 이끌리지 않고서는 기꺼이 그렇게 하지 않을 것이다. 막달라의 마리아로 말하면, 강력한 사랑만이 이런 고통을 참아내는 힘을 줄 수 있다" 하고 예수께서 말씀하신다.
 "그것이 고통인 줄을 아시면, 왜 그 여자에게 그것을 강요하셨습니까?" 하고 가리옷 사람이 묻는다. "이것은 그 여자에게 또 우리에게도 좋은 일이 아닙니다."
 "그가 변했다는 의심의 여지가 없는 명백한 증거 외에는 아무것도 세상 사람들을 설득할 수가 없었다. 마리아는 그것을 세상 사람들에게 믿게 하고자 한 것이다. 과거와의 그의 단절은 완전하였다. 그 단절은 완전한 것이다."

"그것은 봐야 알 것입니다. 지금은 그렇게 말하기에는 시간이 매우 이릅니다. 어떤 생활방식에 습관이 되고 나면, 거기서 완전히 벗어나기는 어렵습니다. 우정들과 향수에 끌려서 우리는 그리로 돌아가게 됩니다" 하고 가리옷 사람이 말한다.

"그럼 자네는 자네의 이전 생활에 대해서 향수를 느끼는 건가?"

"나는… 아니야. 그러나 그것은 말하기 나름이야. 나는 나야, 즉 선생님을 사랑하는 남자야, 그리고… 요컨대 나는 내 계획에 충실한 채로 있는 데 소용되는 요소들을 내 안에 가지고 있단 말이야. 그러나 저 여자는 여자야, 여자라도 이만저만한 여자가 아니란 말이야! 그리고 또 혹 저 여자가 굳센 마음이 없지 않다 하더라도, 저 여자를 우리와 같이 있게 하는 것은 여전히 별로 기분좋은 일이 아니야. 혹 라삐나 사제들이나 유력한 바리사이파 사람이라도 만나게 되면 그들이 이러쿵저러쿵 하는 말이 기분좋은 것은 아닐 거야. 그걸 생각하면 지금부터 얼굴이 빨개지네."

"유다야, 스스로 모순되는 말을 하지 말아라. 만일 네가 말하려는 것처럼 네가 과거와 실제로 관계를 끊었다면, 선으로 그의 변화를 완성하려고 한 불쌍한 영혼이 우리를 따라오는 것을 왜 그다지도 슬퍼하느냐?"

"선생님, 그야 사랑으로 그러는 것입니다. 저도 모든 것을 사랑으로 합니다. 선생님께 대한 사랑으로."

"그러면 그 사랑에 숙달하여라. 사랑은 정말 사랑이 되기 위하여는 절대로 배타적이어서는 안 된다. 어떤 사람이 한 대상만을 사랑할 줄 알고, 다른 대상은 사랑할 줄을 모르면, 그 사람이 사랑하는 대상에게서 사랑을 받는다 하더라도, 참다운 사랑을 가지고 있지 않다는 것을 드러내는 것이다. 완전한 사랑은 필요불가결한 정도의 차이는 있어도 온 인류를 사랑하고, 또 모든 것을 하느님을 통하여 보기 때문에 동물과 식물, 별과 물까지도 사랑한다. 배타적인 사랑은 흔히 이기주의라는 것에 유의하여라. 그러므로 다른 사람들도 사랑으로 사랑하기에 이를 줄을 알아라."

"그러겠습니다, 선생님."

토론의 대상인 막달라 마리아는 그동안 자기가 이렇게 중대한 토론의 원인이 되었다는 것은 생각지도 못하고, 다른 여자들과 같이 성모님 곁에서 걸

110. 성모님이 막달라의 마리아를 가르치신다

어간다.

　일행은 야이파의 도시지역에 이르러, 그것을 건너질러 지나갔는데도, 선생을 따르거나 그를 붙잡으려는 욕망을 나타내는 시민은 한 사람도 없었다. 일행은 길을 계속하는데, 사도들은 그곳 사람들의 무관심을 걱정하고, 예수께서는 그들을 진정시키려고 애쓰신다.

　계곡은 서쪽으로 계속되고, 그 끝에는 다른 산 밑에 전개된 다른 마을이 하나 보인다.

　메라바라고 부르는 것을 내가 들은 이 마을도 무관심하다. 어린이들만이 사도들이 어떤 집에 붙어 있는 맑은 샘에서 물을 뜨는 동안, 그들에게 가까이 온다. 예수께서 그들을 쓰다듬어 주시며 이름을 물으시니, 어린이들도 예수의 이름을 묻고, 누구이며, 어디로 가며, 무엇을 하는 사람인지 묻는다. 반소경이며 늙고 몸이 굽은 거지도 가까이 와서 동냥을 얻으려고 손을 내미는데, 과연 동냥을 받는다.

　다시 걷기 시작하는데 깊은 계곡을 가로막은 야산으로 올라간다. 야산에서는 작은 개울물들이 계곡으로 흘러 들어오는데, 지금은 가느다란 물줄기가 되었거나 돌들이 드러나 쨍쨍 내리쬐는 햇볕에 뜨거워져 있기도 하다. 그러나 길은 좋고, 처음에는 올리브나무 숲 속으로 지나가다가 다음에는 다른 나무들 사이로 지나가는데, 그 가지들이 서로 얽혀 길 위에 푸른 회랑을 만들어 놓았다. 일행은 숲이 우거진 꼭대기에 올라갔는데, 나무들이 바람에 살랑거리는 소리가 들린다. 내 생각이 틀리지 않다면 물푸레나무 숲인 것 같다. 일행은 거기에 앉아 쉬고 음식도 먹는다. 그리고 매력있는 경치도 즐긴다. 서쪽을 바라다보면 왼쪽에 보이는 가르멜 산맥과 더불어 파노라마가 기막히게 아름답기 때문이다. 그것은 매우 푸르른 산맥인데, 거기서는 녹색의 가장 아름다운 모든 색조를 발견하게 된다. 산맥이 끝나는 곳은 반짝이는 바다이다. 바다는 끝간 데가 없이 환히 트였고, 움직이는 천 같은 가벼운 파도에 덮인 채 북쪽으로 뻗어 간다. 바다가 적시고 있는 해안은 가르멜산의 지맥(支脈)이 이루어놓은 곳의 끝에서부터 프톨레마이와 다른 여러 도시들을 향하여 올라가서 마침내 시로-페니키아 쪽에서 가벼운 안개에 가려 보이지 않게 된다. 이와는 반대로 가르멜산 지맥의 곶 남쪽으로는 바다가 보이지 않는다. 일행이 있는 야산보다 더 높은 산맥이 시야를 가리기 때문이다. 통풍이 잘 되는 숲속의 살랑거리는 그늘 속에서 시간은 흘러간다. 어떤 사람들은 자고, 어떤 사람들은 작은 목소리로 이야기를 하고, 또 어떤 사람들은 경치를 바라다 본다. 요한은 동료들을 떠나 더 잘 보기 위하여 할 수 있는 대로 가장 높이 올라간다. 예수께서는 기도하고 묵상하시려고 나무로 가려진 곳으로 물러가신다. 여자들은 여자들대로 꽃이 만발한 인동덩굴이 물결치는 휘장처럼 드리워진 뒤로 물러갔다. 그곳에서 아주 조그마한 샘물로 몸을 식혔다. 그 샘물은 개울로는 변하지 못하는 물구덩이를 땅에 만들어 놓았다. 그런 다음 제일 나이 많은 여자들은 피곤해서 잠이 들었는데, 성모님과 마르타와 수산나는 멀리 떨어져 있는 그들의 집 이야기를 하고, 성모님은 당신의 작은 동굴을 꾸미게 그 작은 수풀을 가졌으면 좋겠다고 말씀하신다.

막달라 마리아는 머리 무게를 감당할 수가 없게 되어 머리를 풀었었는데, 그것을 다시 모으면서 말한다. "저는 지금 시몬과 같이 있는 요한에게 가서 같이 바다를 보겠어요."

"나도 가겠다" 하고 성모님이 대답하신다.

마르타와 수산나는 잠든 동료들 곁에 남아 있다.

두 사도가 있는 곳에 가려면, 여자들은 예수께서 기도하시려고 외따로 와서 계신 작은 숲 곁을 지나가야 한다.

"내 아들은 기도하는 것으로 휴식을 취한다" 하고 성모님이 조용히 말씀하신다.

막달라 마리아는 성모님께 이렇게 대답한다. "저는 세상이 선생님의 놀라운 자제력에 힘든 시련을 겪게 하는데 그 놀라운 자제력을 유지하기 위해서는 저렇게 외따로 계시는 것도 선생님께 꼭 필요하다고 생각합니다. 어머님, 아시겠습니까? 저는 어머님이 하라시는 대로 했습니다. 저는 매일밤 많은 것이 깨뜨리는 평온을 제 마음 속에 다시 자리잡게 하기 위해서 혹은 더 오래 혹은 잠깐 동안 외따로 떨어져 지냅니다. 그런 다음에는 훨씬 더 강해진 것을 느끼게 됩니다."

"지금은 더 강하다고 느껴지지만, 이 다음에는 더 행복하다고 느껴질 거다. 마리아야, 이것도 믿어라. 기쁠 때나 괴로울 때나, 평화를 누릴 때나 싸울 때나, 세상과 인생의 역경이 쓰러뜨리는 것을 다시 세우고, 점점 더 높이 올라가도록 새로운 힘을 만들어내기 위해서는 우리의 정신이 묵상이라는 큰 바다 속에 완전히 잠겨야 한다는 것 말이다. 이스라엘에서 우리는 말로 하는 기도를 쓰고 또 남용한다. 그것이 나쁘다거나 하느님께서 좋지 않게 보신다는 뜻은 아니다. 그렇지만 마음으로 하느님께 올라가는 것인 묵상이 우리 영에 훨씬 더 유익하단 말이다. 묵상을 할 때에는 하느님의 완전과 우리의 비참이나 다른 많은 사람의 무가치함을 곰곰이 생각하면 우리는 실제로 기도를 하기에 이른다. 즉 사랑하기에 이르는 것이다. 다른 사람들의 하찮음을 곰곰이 생각하는 것은 그것을 비난하려는 것이 아니고 동정하고 이해하려고 그러는 것이며, 우리를 붙들어 죄를 짓게 못하게 하시거나 우리를 쓰러진 채 내버려두지 않으시려고 우리를 용서해 주신 주님께 감사를 드리기 위해서이다. 내가 실제적인 기도를 사랑이라고 한 것은 묵상기도가 실제로 본래 그래야 할 것과 같은 것이 되기 위해서는 사랑이어야 하기 때문이다. 그렇지 않으면 입술만 움직일 뿐, 영혼이 들어 있지 않은 것이다."

"그렇지만 입술이 너무나 많은 불경한 말로 더럽혀져 있을 때 하느님께 말씀을 드려도 됩니까? 저는 지극히 상냥한 제 사도이신 어머님이 가르쳐 주신 대로 지내는 명상의 시간에는 '저는 당신을 사랑합니다'… 하고 하느님께 말씀드리고 싶어하는 제 마음을 억제합니다."

"안 된다! 왜 그렇게 하느냐?"

"제 마음을 바치면 제가 하느님을 모독하는 제물을 드리는 것같이 생각되기 때문입니다…."

"내 딸아, 그렇게 하지 말아라, 그렇게 하지 말아. 네 마음은 무엇보다도 먼저 아들의 용서로 다시 거룩하게 되었고, 아버지께서는 이 용서밖에 보지 않으신다. 그러나 만일 예수가 너를 아직 용서하지 않았다 해도, 알려지지 않은 고독 속에서 ― 이 고독은 물질적일 수도 있고 정신적일 수도 있다 ― 네가 하느님께 '아버지, 저는 아버지를 사랑합니다, 제 하찮은 일들이 아버지께 드리는 고통 때문에ㅡ그것들이 제 마음에 들지 않으니 그것들을 용서해 주십시오' 하고 부르짖으면, 마리아야, 하느님 아버지께서 자진해서 네 죄를 사해 주실 것이고, 네 사랑의 부르짖음이 아버지께 소중하리라는 것을 단단히 믿어라. 너를 맡겨라, 사랑에 맡겨. 사랑을 억제하지 말고, 오히려 화재처럼 맹렬하게 되도록 내버려두어라. 화재는 물질적인 것은 모두 살라버리지만 공기는 한 분자(分子)도 파괴하지 못한다. 공기는 형체가 없기 때문이다. 오히려 반대로 바람에 불려 오는 아주 작은 부스러기들을 깨끗이 태워서 공기를 더 가볍게 만든다. 정신에 대해서 사랑도 이와 같다. 사랑은 만일 하느님께서 허락하시면 사람의 물질을 더 빨리 불사를 것이다. 그러나 정신은 파괴하지 않는다. 오히려 정신의 활기를 더 증가시키고 더 빠르게 해서 하느님께로 올라가게 한다. 저기 요한이 보이지? 요한은 정말 아직 소년이다. 그러나 독수리와 같다. 요한은 모든 사도들 가운데 가장 강하다. 그것은 그가 힘의 비결, 정신 도야(陶冶)의 비결, 즉 사랑 가득한 묵상을 터득했기 때문이다."

"그렇지만 요한은 깨끗합니다. 그런데 저는… 요한은 소년입니다. 그런데 저는…"

"그러면 열성당원을 보아라. 그 사람은 젊은이가 아니다. 그 사람은 산전수전 다 겪었고, 싸웠고, 미워했다. 그가 이것을 솔직하게 인정한다. 그러나 그 사람은 묵상하는 것을 배웠다. 그래서 그 사람도 매우 높이 올라갔다. 정말이다. 알겠느냐? 저 두 사람은 서로 닮았기 때문에 서로 찾는다. 그들은 똑같은 완전한 정신의 나이에 이르렀고 또 같은 방법으로, 즉 묵상으로 거기에 이르렀다. 묵상을 통해서 젊은이가 정신으로 성년이 되었고, 묵상을 통해서 벌써 늙고 피로한 사람이 다시 대단히 씩씩하게 되었다. 그리고 사도는 아니면서 묵상에 대한 타고난 경향 때문에 매우 앞서게 될, 아니 벌써 매우 앞서 가는 다른 사람을 너는 안다. 그 사람은 예수의 친구가 된 다음부터 예수의 정신적인 필요가 되었다. 그건 네 오빠다."

"제 라자로 오빠가요? … 아이고! 어머님! 어머님은 하느님께서 가르쳐 주시기 때문에 많은 것을 알고 계시니, 오빠가 저를 처음 만날 때 어떻게 대하겠는지 말씀해 주세요. 전에는 오빠가 멸시하는 태도로 침묵을 지켰습니다. 그러나 오빠가 그렇게 한 것은 제가 타이르는 말을 참지 못했기 때문이었습니다. 저는 오빠와 언니에게 대단히 잔인했습니다. … 이제 저는 그것을 깨닫습니다. 오빠가 말할 수 있다는 것을 아는 지금은 제게 무슨 말을 할까요? 오빠가 터놓고 비난하지 않을까 걱정이 됩니다. 오! 오빠는 저 때문에 생겼던 모든 마음 고통을 틀림없이 제게 상기시킬 것입니다. 저는 오빠에게로 날아 가고 싶습니다. 그렇지만 겁이 납니다. 전에도 집에 가긴 했지만, 돌아가신 엄마의 추억이며, 엄마가 쓰시던 물건에 아직 남아있는 눈물, 저를 위해 제 잘못 때문에 엄마가 흘리신 눈물, 이런 것들이 하나도 제 마음을 움직이지 못했습니다. 제 마음은 파렴치 하고, 뻔뻔스럽고, '악'의 목소리가 아닌 어떤 목소리도 받아들이지 않았습니다. 그러나 지금은 악의 나쁜 힘은 없어졌습니다. 그래서 떨립니다. … 오빠가 제게 어떻게 할까요?"

"라자로는 네게 팔을 벌리고, 너를 '지극히 사랑하는 동생'이라고 부를 것이다. 입술보다는 마음으로 그렇게 할 것이다. 라자로는 하느님께 대한 교육이 너무도 잘 되어서 이 방법 밖에 쓰지 못한다. 염려하지 말아라. 라자로는 네게 과거에 대해서는 한마디도 하지 않을 것이다. 라자로는 저기 베다니아에 있지만, 기다리는 세월이 그에게는 몹시 길게 느껴진다. 내가 지금 라자로를 보는 것이나 다름없다. 라자로는 너를 가슴에 꼭 껴안고 그의 오빠로서의 사랑을 만족시키려고 너를 기다리고 있다. 같은 뱃속에서 났다는 즐거움을 맛보기 위해서는 오빠가 너를 사랑하는 것처럼 너도 오빠를 사랑하기만 하면 된다."

"저는 오빠가 제게 비난하는 말만 해도 오빠를 사랑할 것입니다. 저는 그런 말을 들어 마땅하니까요."

"그러나 라자로는 너를 사랑하기만 할 것이다. 그 이상은 아무것도 없을 것이다."

성모님과 막달라 마리아는 장래의 여행에 대하여 말하고 있는 요한과 시몬이 있는 데까지 갔다. 이들은 주님의 어머니가 도착하시자 공손하게 일어난다.

"우리도 주님이 창조하신 아름다운 작품들에 대해서 주님을 찬미하러 왔다."

"어머님은 바다를 보신 적이 있습니까?"

"아! 보았지. 그리고 그때에는 바다가 폭풍으로 너울진 것이 내 마음이 불안한 것보다 덜했고, 아기를 안고, 뒤쫓아 오는 헤로데에 대한 공포를 피해서 홍해를 향해 가자의 해안으로 도망하는 동안에 흘린 내 눈물보다 덜 짰느니라. 그리고 또 돌아올 때에도 보았다. 그러나 그때는 땅에도 봄이 왔었고, 내 마음에도 봄이 왔었다. 그리고 예수는 새로운 것을 보고 기뻐서 그 작은 손으로 손뼉을 치곤 했다. … 비록 인자하신 주님께서 마타레아의 피난 생활을 여러가지로 덜 고생스럽게 해 주셨지만, 요셉과 나도 역시 기뻤었다."

그분들의 이야기는 계속되었다. 그러나 나는 그 이상 보고 들을 수가 없게 되었다.

111. 갈릴래아의 베들레헴에서

 일행이 갈릴래아의 베들레헴에 도착한 것은 저녁때였다. 이 이름을 가진 도시들은 풀덤불과 수풀과 목장으로 둘러싸인 기복이 있는 언덕들 위에 전개되고, 그 목장에서는 양떼들이 풀을 뜯어먹다가 밤을 지내려고 양의 우리로 내려오는 그런 운명을 가지고 있다는 것을 알 수 있다.
 하늘은 다 끝나가는 짙은 황혼이 아직 남아있어 붉게 물들어 있다. 대기에는 양들의 방울소리와 매애매애 하고 우는 떨리는 울음소리, 거기에 노는 어린이들의 즐거운 외침과 그들을 부르는 어머니들의 목소리까지 합쳐진 전원음악이 가득 차 있다.
 "시몬의 유다야, 너는 시몬과 같이 가서 우리와 여자들이 묵을 숙소를 구해라. 주막은 마을 한가운데에 있다. 우리는 그리로 너희를 따라 가마." 그러니까 유다와 열성당원은 순종하고, 예수께서 어머니께로 몸을 돌리고 말씀하신다. "이번에는 다른 베들레헴과 같지 않을 것입니다. 어머니가 쉬실 곳을 찾아내실 것입니다. 이 계절에는 여행자들이 많지 않고, 또 칙령도 없으니까요."
 "이 계절에는 풀밭에서나 저 목자들 가운데에서 양들과 같이 자는 것도 기분좋을 거다." 그러시면서 성모님은 아들에게 미소를 보내시고, 당신을 유심히 바라다보는 호기심 많은 목동들에게도 미소를 보내신다. 성모님이 어떻게나 자상하게 웃으셨던지 목동 중의 하나가 다른 목동을 팔꿈치로 치며 가만히 말한다. "이 여인은 그분일 수 밖에 없어." 그러면서 자신있게 앞으로 나아오며 말한다. "은총이 가득하신 마리아, 인사드립니다. 주님이 어머님과 함께 계십니까?"
 성모님은 한층 더 다정스러운 미소로 대답하신다. "주님은 저기 계시다." 그러시면서 예수를 가리키신다. 예수께서는 사촌들과 말씀하시려고 몸을 돌리시고, 애처로운 말로 동냥을 청하며 가까이 오는 거지들에게 동냥을 주는 임무를 맡기신다. 그래서 어머님은 아들을 가볍게 건드리시며 말씀하신다.

"아들아, 이 목동들이 너를 찾는다. 그리고 어떻게 알아보았는지 모르지만 나를 알아보았다."

"틀림없이 이사악이 이리로 지나가면서 계시의 향기를 남겼을 것입니다. 애야, 이리 오너라."

목동은 열 두살 내지 열 네살쯤 된 거무스름한 소년인데, 마르기는 했어도 몸이 튼튼하고, 매우 날카로운 검은 눈에 칠흑 같은 더부룩한 머리가 길게 늘어져 있고, 양가죽을 두르고 있어, 어린 선구자(세례자 요한) 판박이 같은데, 그는 황홀한 듯이 행복한 미소를 지으며 예수께로 가까이 온다.

"애야, 네게 평화가 있기 바란다. 그런데 어떻게 마리아를 알아보았니?"

"구세주의 어머니만이 그런 미소와 그런 얼굴을 가지실 수 있기 때문에요. 저는 이런 말을 들었어요. '얼굴은 천사의 얼굴 같고, 눈은 별과 같고, 미소는 어머니의 입맞춤보다도 더 다정스럽고, 갓 나신 하느님께로 몸을 숙여 들여다 볼 수 있을 정도로 거룩한 그분의 마리아라는 이름처럼 다정스럽다'고. 저는 이것을 어머님에게서 발견했고, 주님을 찾고 있었기 때문에 어머님께 인사를 드렸습니다. 저희들은 주님을 찾고 있었습니다. 그런데… 저는 주님께 감히 먼저 인사를 드리지 못했습니다."

"누가 우리 이야기를 해주었니?"

"다른 베들레헴의 이사악 아저씨입니다. 이사악 아저씨는 가을에 저희를 주님께 데려가겠다고 약속했습니다."

"이사악이 여기 왔었느냐?"

"아직 이 지방에 많은 제자들과 같이 있습니다. 그렇지만 우리 목동들에게는 이사악 아저씨가 직접 말했습니다. 그리고 저희들은 아저씨의 말을 믿었습니다. 주님, 저희들에게도 복된 밤의 저희 동료들처럼 주님께 경배하게 허락해 주십시오." 그러면서 길바닥의 먼지에 무릎을 꿇는다. 그리고 읍내의 문에(말하자면 문이란 말이다. 이 도시에는 성곽이 없으니까 말이다) 양떼를 멎게 한 다른 목자들에게 소리를 지른다. 그곳은 예수께서 여자들을 기다려서 같이 마을로 들어가시려고 걸음을 멈추신 곳이기도 하다.

목동은 이렇게 소리친다. "아버지, 형들, 친구들, 우리는 주님을 만났어요. 오세요, 같이 경배합시다."

목자들은 고통의 양떼를 데리고 예수 곁으로 와 모여서 다른 데로 가시지 말고 멀리 떨어져 있지 않은 그들의 보잘 것 없는 집에 친구들과 같이 머무시는 것을 수락해 주십사고 청한다.
 그들은 이렇게 설명한다. "하느님께서 저희를 보호하시기 때문에 큰 양의 우리가 있습니다. 그리고 방도 여럿 있고, 냄새가 좋은 건초가 가득 차 있는 헛간들도 있습니다. 어머니와 자매님들은 여자들이니까 방을 쓰십시오, 그러나 주님이 쓰실 방도 하나 있습니다. 다른 사람들은 저희들과 같이 헛간의 건초 위에서 잘 수 있습니다."
 "나도 당신들과 같이 있겠어요. 그리고 그것은 내게 있어서 왕의 방에서 자는 것보다도 더 아늑한 휴식이 될 것입니다. 그러나 우선 유다와 시몬에게 알리러 가자."
 "선생님, 제가 가겠습니다" 하고 베드로가 말하고 제베대오의 야고보와 같이 간다.
 일행은 길가에 가서 멈추어 서서 네 사도가 돌아오기를 기다린다.
 목자들은 예수를 마치 벌써 영광 중에 계신 하느님이신 것처럼 쳐다본다. 그리고 가장 어린 목동들은 예수와 성모님께 대한 세세한 것을 모두 머리 속에 새겨두려고 하는 것 같다. 성모님은 매애매애 하고 울면서 와서 당신 무릎에 주둥이를 비비는 어린 양들을 쓰다듬어 주시려고 몸을 숙이셨다.
 "내 친척 엘리사벳의 집에도 어린 양이 한 마리 있었는데, 나를 볼 때마다 땋아늘인 내 머리를 핥곤 했어요. 나는 그 어린 양을 친구라고 불렀어요. 내게는 정말 어린이같은 친구였고, 또 할 수 있을 때면 언제나 내게로 달려오곤 했으니까요. 이 어린 양이 눈이 두 가지 빛깔이어서 영락없이 그 어린 양을 연상시켜요. 이 어린 양을 잡지 마세요! 그 어린 양도 내게 대한 그 사랑 때문에 살려 주었어요."
 "부인, 이놈은 새끼 양 암컷인데, 눈빛깔이 두 가지기 때문에 팔려고 했었습니다. 게다가 한 눈은 잘 보이지 않는 것같습니다. 그러나 어머님이 원하시면 그대로 기르겠습니다."
 "오! 그래요! 나는 사람들이 어린 양은 절대로 죽이지 말았으면 해요. … 어린 양들은 정말 순진하고, 또 그 목소리는 엄마를 부르는 어린아이의 목소리 같아요. 어린 양을 한 마리 죽이면 어린 아이를 하나 죽이는 것같은 생각이 들어요."
 "부인, 그러나 그렇게 되면, 즉 모든 어린 양이 살아남아야 한다면, 이 세상에 우리가 있을 자리는 없어지겠습니다" 하고 제일 나이많은 목자가 말한다.
 "나도 그건 압니다. 그렇지만 나는 어린 양들의 고통과 어미 양들의 고통을 생각하는 것입니다. 어미 양들은 새끼들을 빼앗기면 너무나 많이 울어요. 어미 양들은 정말 우리처럼 어머니 같아요. 그런데 아무도 괴로워하는 것을 볼 수가 없지만, 이렇게 가슴이 찢어지는 듯한 고통을 당하는 어머니에 대해서는 애를 끊는 듯한 고통을 느낍니다. 이것은 다른 어떤 고통과도 다른 고통입니다. 그것은 우리 어머니들에게는 아이의 죽음으로 인한 충격으로 가슴과 뇌만 찢어지는 것이 아니라, 우리의 태까지 찢어지기 때문입니다. 우리 어머니들은 언제까지나 우리 아이와 결합해 있어요. 그래서 그 아이를 우리에게서 빼앗아 가는 것은 우리를 갈기갈기 찢어놓는 것과 같아요." 성모님은 이제는 미소짓지 않으시고, 눈물 한 방울이 그 파란 눈에서 반짝인다. 그리고 당신의 말씀을 듣고 당신을 바라다보시는 예수를 쳐다보시고, 마치 누가 당장 예수를 당신 곁에서 빼앗아 갈까 봐 겁이 나는 듯이 예수의 팔에 손을 얹으신다.
 먼지가 뽀얗게 일어나는 길로 무장을 한 사람들의 작은 집단이 온다. 여섯 명인데, 그들과 같이 여러 사람이 소리를 지르며 온다. 목자들은 바라다보고 자기들끼리 작은 목소리로 수군거린다. 그리고 성모님과 예수를 쳐다본다. 제일 나이많은 목자가 말한다. "오늘 저녁 베들레헴에 들어가지 않으시는 것이 다행입니다."
 "왜요?"
 "지금 막 지나간 저 사람들은 읍내로 들어가는데, 어떤 어머니한테서 아들을 빼앗아 가려고 가는 겁니다."
 "아이고! 그렇지만 왜 그래요?"
 "죽이려구요."
 "아이고! 맙소사! 무슨 일을 했기에 죽여요?"
 예수께서도 그것을 물으신다. 그리고 사도들은 들으려고 가까이 다가온다.
 "산길에서 돈많은 요엘이 피살체로 발견되었습니다. 요엘은 시카미논에서 돈을 많이 가지고 돌아오는 길이었습니다. 그러나 그것은 도둑들이 한 짓이 아니었습니다. 돈은 죽은 사람의 몸에 그대로 있었으니까요. 요엘과 같이 여행을 한 하인의 말로는 주인이 돌아온다는 것을 먼저 달려 가서 알리라고 했었는데, 길에서 살인이 있은 장소로 가다가 지금 사람들이 죽이러 가는 청년 혼자만이 있는 것을 보았답니다. 그뒤 마을사람 두 사람도 그 청년이 요엘을 습격하는 것을 보았다고 맹세합니다. 그래서 지금 죽은 사람의 친척들이 젊은이를 죽이라고 요구하는 겁니다. 그런데 만일 그 청년이 살인자라면 ….″

″당신은 그걸 믿지 않는 것입니까?″

″이건 있을 수 없는 일로 생각됩니다. 젊은이는 소년기를 조금 지난 나이이고, 착합니다. 그 젊은이는 외아들인데 항상 어머니와 같이 살고, 어머니는 과부인데, 거룩한 과부입니다. 그 청년은 재산도 있고, 여자들을 생각지도 않습니다. 그 젊은이는 싸움꾼도 아니고 미치지도 않았습니다. 그런데 왜 사람을 죽였겠습니까?″

″그렇지만 원수들이 있는지도 모르지요.″

″누가요? 죽은 요엘 말입니까, 또는 죽였다는 비난을 받는 아벨 말입니까?″

″비난받는 사람 말입니다.″

″아! 그건 모르겠습니다. … 아니… 그건 모르겠습니다.″

″여보시오, 솔직히 말하시오.″

″주님, 이건 제가 생각하는 것인데, 이사악은 이웃에 대해서 나쁘게 생각하지 말라고 말했습니다.″

″그러나 죄없는 사람을 구하기 위해서는 말하는 용기가 있어야 합니다.″

″만일 제가 말을 하면, 제 말이 옳건 그르건 여기서 도망쳐야 할 것입니다. 아세르와 야곱은 유력자들이니까요.″

″염려말고 말하시오. 당신은 도망칠 필요가 없을 것입니다.″

″주님, 아벨의 어머니는 아름답고 젊고 얌전합니다. 아세르는 품행이 단정하지 않고 야곱도 그렇습니다. 아세르는 과부를 좋아하고, 야곱은… 그가 요엘의 처와 정을 통한다는 것을 마을에서는 알고 있습니다. 제 생각에는…″

″알았습니다. 친구들, 가자. 여자들은 목자들과 남아 있도록 해요. 곧 돌아올 터이니까.″

″아니다, 아들아. 나도 같이 가겠다.″

예수께서는 시내 중심지로 빨리 가신다. 목자들은 어떻게 할지 결정을 내리지 못하고 있다가 예수를 따라 가시는 성모님과 알패오의 마리아를 빼놓고 모든 여자들과 같이 남아 있는 가장 나이어린 목동들에게 양떼를 내맡기고, 사도들의 무리를 따라잡으려고 걸음을 재촉한다.

베들레헴의 제일 큰 길을 가로지르는 셋째 교차로에서 일행은 가리옷 사람과 시몬과 베드로와 야고보를 만났는데, 이들은 쉴 새없이 요란한 손짓을 하고 큰 소리로 떠들면서 온다.

"선생님, 기막힌 사건입니다! 기막힌 사건이요! 그리고 얼마나 가슴아픈 일입니까!" 하고 베드로가 엉망이 된 얼굴로 말한다.

"한 아들을 죽이려고 어머니에게서 강제로 빼앗아 갑니다. 어머니는 하이에나처럼 아들을 방어합니다. 그러나 여자의 몸으로 무장을 한 여러 사람에 대항하니" 하고 열성당원 시몬이 덧붙인다.

"그 여자는 벌써 여기저기서 피를 흘립니다" 하고 가리옷 사람이 말한다.

"여인이 그의 집 대문을 꽉 잠갔기 때문에 그 사람들은 대문을 부수었습니다" 하고 제베대오의 야고보가 말을 끝맺는다.

"그 여자를 가서 만나겠다."

"그러세요, 예! 선생님만이 그 여인을 위로하실 수 있습니다."

일행은 마을 중심지를 향하여 오른쪽으로 돌았다가 왼쪽으로 돈다. 아벨의 집 근처로 몰려들어 심하게 움직이는 소란스러운 군중이 벌써 보이고, 비통하고 끔찍하고 사납고 그러면서도 동시에 불쌍한 여인의 울부짖음 소리가 여기까지 들려온다.

예수께서는 서둘러 소란이 극도에 달하여 있는 아주 작은 광장에 이르신다. 광장이라기보다는 오히려 길이 좀 넓어진 곳이다.

여인은 경비병들에게 아들을 빼앗기지 않으려고 아직도 싸우고 있다. 여인은 쇠발톱같이 된 한 손으로는 무너진 문조각에 매달리고, 또 한 손으로는 아들의 허리띠에 매달려 있다. 만일 누가 그를 아들에게서 떼어놓으려고 하면 그를 사납게 물며, 매를 맞는 것도 머리가 뒤로 젖혀질 정도로 사납게 머리채를 잡아당기는 데서 오는 고통도 개의치 않는다. 그리고 물지 않을 때에는 이렇게 부르짖는다. "내 아들을 놔라! 살인자들아! 내 아들은 죄가 없다! 요엘이 맞아 죽던날 밤에 내 아들은 내 곁에서 침대에 누워 있었다! 살인자들! 살인자들! 중상하는 자들! 더러운 놈들! 위증자들!"

그를 납치해 가려는 자들에게 어깨가 붙잡히고 팔이 끌리는 젊은이는 엉망이 된 얼굴로 뒤돌아보며 외친다. "엄마! 엄마, 내가 아무 짓도 안했는데,

왜 내가 죽어야 해요?" 하고.
 그 젊은이는 검고 부드러운 눈에 가볍게 곱슬곱슬한 새까만 머리카락을 가진 키가 크고 날씬한 미남자이다. 찢어진 그의 옷 사이로는 거의 어린이의 몸같이 나긋나긋한 젊은 육체가 보인다.
 예수께서는 같이 오는 사람들의 도움으로 꽉 들어찬 군중을 헤치시고 길을 내어 하찮은 집단이 있는 데까지 가신다. 그때 바로 힘이 다 빠진 여인이 문착에서 나꿔채져서 아들의 몸에 묶인 부대처럼 길바닥의 돌들 위로 끌려가고 있었다. 그러나 그것은 몇 미터밖에 계속되지 못한다. 더 맹렬한 일격이 어머니의 손을 아들의 허리띠에서 떼어내니 여인은 앞으로 고꾸라지며 얼굴을 땅바닥에 세게 부딪고 피를 더 많이 흘린다. 그러나 여인은 즉시 무릎을 꿇고 다시 일어나 두 팔을 앞으로 내민다. 그동안 그들이 잘 비끼지 못하는 군중들을 헤치고 할 수 있는 대로 빨리 끌고가는데 네 아들은 왼팔을 빼서 몸을 뒤로 뒤틀면서 흔들며 외친다. "엄마 안녕! 엄마만이라도 내가 죄가 없다는 걸 기억하세요!"
 여인은 미친 여자와 같은 눈으로 아들을 바라보다가 기절하여 땅에 쓰러진다.
 예수께서는 경비병의 집단 앞에 가서 서시며 "잠깐 멈추시오. 명령이오!" 하고 말씀하시는데, 그분의 얼굴은 대꾸를 용납하지 않는 얼굴이다.
 "당신은 누구요?" 하고 그 집단의 한 민간인이 공격적인 어조로 묻는다.
 "우린 당신을 알지 못하오. 비끼시오, 그리고 밤이 되기 전에 이놈을 죽이게 내버려두시오."
 "나는 선생이오. 가장 위대한 선생. 야훼의 이름으로 명하니, 멈추시오, 그렇지 않으면 하느님께서 당신들에게 벼락을 내리실 거요." 이 때에는 예수께서 벼락을 치실 것 같다. "누가 이 젊은이에 대한 증인이오?"
 "나요, 그리고 이 사람도, 이 사람도" 하고 처음에 말한 사람이 대답한다.
 "당신들의 증언은 진실한 것이 아니기 때문에 가치가 없소."
 "그런데 당신은 왜 그런 말을 할 수 있소? 우린 그걸 맹세할 용의가 있소."
 "당신들의 맹세는 죄요."
 "우리가, 죄를 짓는다구요? 우리가?"
 "당신들이. 당신들이 음란을 은밀히 꾸미고, 미워하는 마음을 품고, 재물을 탐내고, 살인을 하는 것과 마찬가지로 위증도 하고 있소. 당신들은 부도덕에 매수되었소. 당신들은 어떤 비열한 언동도 할 수 있는 사람들이오."
 "당신 말 조심하시오. 난 아세르요."
 "그럼, 나는 예수요."
 "당신은 이곳 사람도 아니고, 사제도 재판관도 아니오. 당신은 아무것도 아니오. 당신은 외부 사람이오."
 "그렇소, 내 나라는 이 세상이 아니니까 나는 외부 사람이오. 그러나 나는 심판자이고 사제요. 이스라엘의 이 조그마한 부분뿐 아니라, 이스라엘 전체와 전세계의 심판자이고 사제요."
 "자! 자! 우린 미친 사람은 상대할 필요가 없소!" 하고 다른 증인이 말하면서 예수를 비끼게 하려고 밀친다.
 "한 걸음도 더 나오지 마시오." 예수께서는 당신이 원하실 때에는 목숨과 기쁨을 돌려주시는 것과 같이 굴복시키고 마비시키는 기적의 눈길로 그를 들여다보시며 고함을 지르신다. "당신은 한 걸음도 더 나아가지 못하오. 내 말을 믿지 않소? 그렇다면 보시오. 여기에는 성전의 먼지도 없고 물도 없고, 질투와 간음에 대한 심판인 물을 아주 쓰게 만들기 위한 잉크로 쓴 말들도 없소. 그러나 여기에는 내가 있소. 그리고 내가 심판을 하오." 예수의 목소리는 어떻게나 날카로운지 꼭 나팔소리 같다.
 사람들은 보려고 서로 떼민다. 성모님과 알패오의 마리아만이 기절한 어머니를 도우려고 남아 계신다.
 "그리고 내가 어떻게 심판하는지 보시오. 길의 먼지 조금과 물 한 방울을 그릇에 넣어 주시오. 그리고 그것을 내게 주는 동안, 고발하는 당신들은 대답하시오. 그리고 고발을 당한 너도 대답하여라. 아들아, 너는 죄가 없느냐? 네게 구세주인 나에게 성실하게 대답하여라."
 "주님, 저는 죄가 없습니다."
 "아세르, 당신은 진실을 말했다고 맹세할 수 있소."
 "맹세하오. 나는 거짓말을 할 이유가 없소. 나는 제단을 걸고 맹세하오. 만일 내가 진실을 말하지 않으면 하늘에서 불꽃이 내려와 나를 태우라고 하시오."
 "야곱, 당신은 진정으로 고발하고 당신에게 거짓말을 시키는 은밀한 동기가 없다고 맹세할 수 있소?"

"야훼를 걸고 맹세하오. 암살을 당한 내 친구에 대한 사랑으로만 말을 하게 되는 거요. 이 사람하고는 개인적으로 어떤 일도 없소."

"그러면 하인인 당신도 진실을 말했다고 맹세할 수 있소?"

"필요하다면 난 그걸 천번이라도 맹세하오! 내 주인님! 가엾은 내 주인님!" 그러면서 겉옷으로 머리를 가리며 운다.

"좋소. 여기 물과 먼지가 있소. 그리고 말이 여기 있소. '지극히 높으신 하느님이시며 거룩하신 아버지, 생명과 명예가 무죄한 사람과 비탄에 빠진 그의 어머니에게 돌려지고, 죄가 없지 않은 자에게는 정당한 벌이 내리도록 저를 통하여 진실의 심판을 내려 주십시오. 그러나 제가 아버지의 눈에 총애를 받는 것 때문에 불꽃도 죽음도 내리지 마시고, 죄를 지은 사람에게 긴 속죄가 내리게 하십시오'."

예수께서는 마치 사제가 미사를 드릴 때 봉헌기도를 하면서 하는 것처럼 손을 그릇 위로 펴시고 이 말씀을 하신다. 그리고 오른 손을 그릇에 담그셨다가 젖은 손으로 심판을 받는 네 사람에게 물을 뿌리시고, 그들에게 그 물을 한 모금씩 마시게 하신다. 우선 젊은이에게, 그 다음에는 나머지 세 사람에게.

그런 다음 팔을 가슴에 †로 포개얹으시고 그들을 바라다보신다. 군중도 바라다본다. 그러다가 잠시 후에 고함을 지르며 얼굴을 땅에 박고 엎드린다. 그러니까 나란히 서있던 네 사람도 서로 쳐다보고 고함을 지른다. 첫째 사람, 즉 젊은이는 깜짝 놀라서 고함을 지르고, 다른 사람들은 공포의 소리를 지른다. 그들은 젊은이는 아무렇지도 않은데 자기들의 얼굴에는 갑자기 문둥병 헌 데가 뒤덮인 것을 보기 때문이다.

하인은 예수의 발앞에 엎드린다. 예수께서는 병사들을 포함한 모든 사람과 같이 비껴서시며, 젊은 아벨이 세 문둥병자 곁에서 감염하지 않도록 그의 손을 잡고 물러나신다. 하인은 이렇게 부르짖는다. "안 됩니다! 안 됩니다! 용서하십시오! 저는 문둥병자가 되었습니다! 이 사람들이 저를 매수해서 사람 없는 길에서 주인을 죽이려고 주인을 밤까지 지체하게 한 것입니다. 이 사람들이 일부러 제 노새의 편자를 빼게 했던 것입니다. 이 사람들은 제가 앞서 왔다고 말하게 해서 제게 거짓말을 하도록, 가르쳐주었습니다. 그와 반대로 저는 주인을 죽이려고 이들과 같이 있었습니다. 이 사람들이 왜 그렇게 했는지도 말하겠습니다. 요엘은 야곱이 자기 아내를 사랑한다는 것을 알아챘기 때문이었고, 또 아세르는 아벨의 어머니를 탐내는데, 그 여자가 거절하기 때문이었습니다. 이 사람들은 여자들을 차지하려고 요엘과 아벨을 동시에 죽이기로 의견의 일치를 본 것입니다. 저는 말했으니, 제게서 문둥병을 없애 주십시오, 문둥병을 없애 주세요. 아벨, 너는 착하니, 나를 위해 기도해 다오!"

"너는 어머니에게로 가거라. 어머니가 의식을 회복하면 네 얼굴을 보고 다시 조용한 생활로 돌아가게 해라. 그리고 당신들은… 당신들에게는 내가 '당신들이 한 대로 당하기를 바란다'고 말할 수 있을 거요. 그리고 그것은 인간적인 정의가 될 거요. 그러나 나는 당신들에게 초인간적인 속죄를 시키겠소. 당신들을 소스라치게 놀라게 하는 문둥병 때문에 당신들이 그렇게 되어야 마땅한 것처럼 붙들려서 죽임을 당하는 것을 면하게 되었소. 베들레헴의 주민 여러분, 비껴서고 바닷물처럼 갈라져서 이 사람들이 그들의 오랜 도형장(徒形場)으로 가게 내버려두시오. 무서운 도형! 즉각적인 죽음보다도 더 끔찍한 도형! 그런데 이것은 그들이 원하기만 하면 뉘우칠 수 있는 가능성을 주시기 위한 하느님의 연민입니다. 자!"

군중은 길 가운데를 비워 놓으려고, 벽에 달라붙는다. 벌써 여러해 전부터 병에 걸린 것같이 문둥병 헌데가 뒤덮인 세 사람은 한 줄로 서서 산으로 간다. 내리덮이는 황혼의 정적 속에 새들과 네 발 가진 짐승들의 모든 소리도 잠잠해졌는데, 세 사람의 울음소리만이 들려온다.

"길에 불을 피운 다음 물을 많이 부어서 깨끗하게 하시오. 그리고 당신들 병사들은 가서 벌이 내려졌고, 그것도 가장 완전한 모세의 율법에 따라 벌이 내려졌다고 보고하시오."

예수께서는 당신 어머니와 알패오의 마리아가 여인을 돕고 있는 곳으로 가려고 하신다. 여인은 천천히 정신이 돌아오는데, 그동안 아들은 어머니의 얼음장 같은 손을 쓰다듬고 입맞춤을 한다. 그러나 베들레헴 사람들은 두려움이 섞인 경의를 표하며 예수께 청한다. "주님, 저희들에게 말씀해 주십시오. 주님은 참으로 능력을 많이 가지고 계십니다. 주님은 틀림없이 이리로 지나가면서 메시아를 알린 사람이 말한 그분이십니다."

"밤에 목자들의 양 우리 곁에서 말하겠습니다. 지금 당장은 젊은이의 어머니가 건강을 회복하도록 도우러 가겠습니다."

그리고 알패오의 마리아의 무릎 위에 앉아 있는 여인을 보러 가신다. 여인은 그에게 미소를 보내시는 성모님의 다정스러운 얼굴을 쳐다보면서 점점 더 기력을 되찾는다. 여인은 그의 떨리는 손위로 몸을 구부리고 있는 아들의 칠흑같은 머리를 바라볼 때까지도 잘 알아차리지 못하고 이렇게 묻는다.
"나도 죽은 겁니까? 여기가 림보입니까?" 하고.
"아니예요, 여긴 세상이예요. 그리고 이 사람은 죽음에서 구출된 당신 아들이구요. 그리고 이분은 구세주인 내 아들 예수예요."
여인은 매우 인간적인 최초의 충동을 보인다. 여인은 있는 힘을 다해서 그의 아들이 숙인 머리를 잡으려고 앞으로 나아온다. 그가 무사한 것을 보고는 으스러져라 하고 껴안으며 울고 웃고 하면서 아들이 어렸을 때에 그에게 기쁨을 표하기 위해서 부르던 이름을 모두 다시 부른다.
"예, 엄마, 예. 그렇지만 이제는 저를 보지 말고 이분을 보세요. 이분이 저를 구해 주셨어요. 주님을 찬미하세요."
여인은 일어나거나 무릎을 꿇기에는 아직 너무 약해서 떨리고 아직도 피가 흐르는 두 손을 내민다. 여인은 예수의 손을 잡고 눈물로 적시면서 자꾸 입맞춤을 한다.
예수께서는 그의 머리에 왼손을 얹으시고 말씀하신다. "행복하고 평화롭게 사시오, 그리고 항상 착하게 사시오. 아벨, 너도."
"아닙니다, 주님. 제 목숨과 제 아들의 목숨을 주님이 구해 주셨으니, 주님의 것입니다. 제자들이 이곳에 온 때부터 제 아들이 원했던 것처럼 이 애가 제자들과 같이 가는 것을 허락해 주십시오. 저는 이 애를 아주 기꺼이 주님께 바칩니다. 그리고 제발 제가 아들을 따라 다니면서 시중을 들고 하느님의 종들의 시중도 들게 허락해 주십시오."
"그러면 당신 집은 어떻하구요?"
"아이고! 주님! 다시 살아나는 사람이 죽기 전에 가졌던 감정을 가질 수 있습니까? 주님에 의해서 마르타는 죽음과 지옥에서 나왔습니다. 이 고장에서는 제 아이를 통해서 저를 괴롭힌 사람들을 미워하게 될지도 모릅니다. 그런데 주님은 사랑을 설교하신다는 것을 저도 압니다. 그러니 이 가엾은 미르타에게 사랑을 받을 자격이 있는 오직 한 분을, 그리고 그분의 사명과 종들을 사랑하게 허락해 주십시오. 지금은 제가 아직 기운이 없어서 주님을 따라 갈 수 없을 것입니다. 그러나 그렇게 할 수가 있게 되면, 주님, 허락해 주십시오. 저는 주님을 따르고, 제 아들 아벨 곁에 있게 될 것입니다…."

"당신 아들을 따라오시오. 그리고 그와 함께 나를 따르시오. 행복하시오. 이제는 평안히 있으시오. 내 평화와 함께 안녕."

그리고 그 여인이 아들과 몇몇 경건한 사람의 부축을 받으며 집으로 돌아가는 동안 예수께서는 목자들과 제자들과 어머니와 알패오의 마리아와 더불어 마을에서 나오셔서 들판으로 통하는 길 끝에 있는 양의 우리로 가신다.…

…모이는 곳을 밝히기 위하여 큰 불을 피워 놓았다. 많은 사람이 밭에 반원형으로 앉아 예수께서 와서 말씀하시기를 기다린다. 그동안 그들은 그날 일어난 일들을 이야기한다. 아벨도 거기에 많은 사람과 같이 있는데, 이들은 **모두가** 그의 무죄를 믿었다고 말하면서 기뻐하였다.

"그렇지만 당신들은 나를 죽일 차비가 되어 있었지요! 그 사람들이 요엘을 죽이던 그 시간에 내 집 문 앞에서 내게 인사를 했던 자네까지도." 젊은이는 참지 못하고 이렇게 말한다. 그리고 이렇게 덧붙인다. "그러나 나는 예수의 이름으로 자네를 용서하네."

예수께서 양의 우리에서 이들에게로 오신다. 흰옷을 입으시고 키가 크신 예수께서 사도들에 둘러싸여 오시는데, 목자들과 여인들이 따라온다.

"여러분 모두에게 평화.

만일 내가 온 것이 여러분 가운데 하느님의 나라를 세우는 데 도움이 되었다면, 주님을 찬미합시다. 만일 내가 온 것이 어떤 사람이 죄없음을 분명히 나타나게 하는 데 도움이 되었다면, 주님을 찬미합시다. 만일 어떤 범죄를 막기에 알맞은 시기에 온 것이 죄있는 세 사람에게 속죄할 방법을 주는 데 도움이 되었다면, 주님을 찬미합시다.

이제 오늘 일어난 일들은 우리로 하여금 많은 것을 묵상하게 합니다. 밤이 내려와 두 사람의 마음의 기쁨과 다른 세 사람의 가책을 어두움으로 감싸는 동안 우리는 이 많은 것을 묵상합시다. 밤은 두 사람의 기쁜 눈물과 다른 사람들의 타는 듯한 눈물을 마치 조심성있는 보자기로 덮듯이 어두움으로 가립니다. 그러나 하느님께서는 그것을 보십니다. 이 모든 일 가운데 하느님께서 율법으로 주신 것을 효력없고 무익한 것으로 보는 이 경향이 있습니다.

하느님께서 주신 율법이 이론적으로는 이스라엘서 매우 잘 지켜지고 있습니다. 그러나 실제적으로는 그렇지 않습니다. 율법이 여기 있기는 합니다, 그러나 치밀한 고문으로 그것을 죽게 할 정도로 분석하고, 해부하고, 산산조각을 냅니다. 율법이 여기 있기는 합니다. 그러나 미이라가 된 시체 같아서 겉으로 보기에는 잠이 들어서 꼼짝하지 않고 있는 사람 같지만 생명이 없고, 숨을 쉬지 못하고, 피가 돌아다니지 않습니다. 이와 같이 너무나, 너무나, 너무나 많은 사람의 마음 속에서 율법은 생명도 없고 호흡도 못하고 피도 없습니다. 미이라 위에는 걸상 모양으로 앉기도 하고, 물건이나 옷이나 또 하고 싶으면 쓰레기까지도 올려놓을 수 있습니다. 그런데도 미이라는 생명이 없기 때문에 반항을 하지 않습니다. 이와 같이 너무나 많은 사람이 그들의 양심에서 율법이 반항을 하지 않는다는 것을 확실히 알고 율법을 가지고 걸상이나 받침대나 쓰레기통을 만듭니다. 그것은 그들 생각에 율법이 죽었기 때문입니다.

나는 이스라엘의 대부분을 나일강 계곡과 에집트의 사막 여기저기에서 볼 수 있는 화석이 된 수풀과 비교할 수 있을 것입니다. 그것들은 수풀이었습니다. 수액으로 영양이 주어지고 햇빛을 받으며 바람에 살랑거리고, 아름다운 잎과 꽃과 열매가 뒤덮인 살아 있는 초목의 수풀이었습니다. 그 수풀들 때문에 그 나무들이 자란 그곳은 사람들과 짐승들에게 소중한 작은 지상낙원이 되었었습니다. 그곳에서 사람들과 짐승들은 사막의 황량한 메마름과 모래가 목 안으로 스며들어 오는 뜨거운 먼지로 사람에게 일으키는 타는 듯한 갈증을 잊게 되는 것이었습니다. 사람들과 짐승들은 잠깐 사이에 시체를 바싹 마르게 하고, 살을 먼지가 되게 해서 시체를 석회처럼 만들어 놓고, 정성스러운 일꾼이 다듬은 것처럼 다듬어진 해골, 또 해골을 모래 물결 속에 내버려 두는 무자비한 태양을 잊어버렸습니다. 그들은 기운을 차리게 하고 위로하고, 이제 갈 길에 대해서 용기를 다시 주는 물과 과일이 풍부한 그 녹음 속에서 모든 것을 잊어버리는 것이었습니다.

그러다가 알려지지 않은 원인으로 저주받은 물건들과 같이 나무들이 그러는 것처럼 말라 버렸다. 그러나 나무들은 죽었어도 아직 사람들의 화덕에 불을 피우거나, 밤을 밝히는 장작불을 피워 맹수를 쫓거나 고향에서 멀리 떨어져 있는 여행자들을 위해 밤의 습기를 제거하는 데 소용됩니다. 그러나 그 나무들은 이런 땔나무로 사용되지 못했습니다. 그 나무들은 돌이 된 것입니다. 돌이. 무수규산(無水硅酸)이 마술에 의해서 땅에 있는 뿌리에서 줄기로 가지로 잎으로 올라온 것 같습니다. 그리고 바람이 불어서 단단하면서도 동시에 무른 설화석고(雪花石膏)같이 된 가장 약한 가지들을 뿌러뜨렸습니다. 그러나 가장 굵은 가지들은 굵은 줄기에 그대로 달려 있어서 피로한 대상들을 속입니다. 그 대상들은 대피할 곳이나 우물이나 신선한 과일같이 요기할 것을 찾다가 햇빛의 눈부신 반사로나 유령같은 달빛 아래 물이라고는 풍요를 가져다주는 강의 범람 때에나 구경하는 평야나 계곡 안쪽에 나무줄기 그림자가 윤곽을 나타내는 것을 봅니다. 그래서 아무것도 가려 주는 것이 없는 모래에 반사하는 햇빛으로 피로해진 눈으로 대상들은 유령 수풀로 달려갑니다. 진짜 유령들입니다! 겉으로 보기에는 살아 있는 물체 같은 환상이고, 실제로는 죽은 물건들이 있는 것입니다.

나는 그런 것들을 보았습니다. 비록 그때 나는 아주 어린아이보다 조금 더 큰 정도였지만, 그것을 이 세상에서 가장 비참한 것 중의 하나로 기억에 간직했습니다. 완전히 죽었기 때문에 완전히 비참한 이 세상의 물건들을 만져보고 재보고 달아보기 전까지는 그것들이 이 세상에서 가장 비참한 것으로 내 눈에 보였었습니다. 죽은 것이란 비물질적인 것, 즉 덕행과 영혼을 말합니다. 덕행이 영혼 안에서 죽으면, 영혼도 스스로를 죽이기 때문에 죽는 것입니다.

율법이 이스라엘에 있기는 합니다. 그러나 사막에서 화석이 된 나무들과 같이 규토(硅土)가 되어 있습니다. 죽어 있다는 말입니다. 오류의 원인이고, 유용성없이 부식될 운명을 지닌 물건입니다. 화석이 된 나무들과 같이 해롭기까지 한 물건입니다. 그것들이 신기루를 만들어서 사람들을 끌어 들여 진짜 오아시스에서 멀어지게 하고, 그것들과 같은 죽음으로 끌어 들여 굶주림과 목마름과 고뇌로 죽게 하기 때문입니다. 이교도들의 어떤 신화에 있는 것 같이 다른 사람들을 죽음으로 끌어들이는 죽은 물건들입니다.

오늘 여러분은 역시 돌같이 된 영혼 안에서 돌의 상태가 된 율법이 어떤 것인가 하는 데 대한 본보기를 보았습니다. 이것은 여러 가지 죄와 불행의 근원입니다. 여러분이 율법을 온전히 살 줄을 알고 또 여러분 안에 율법이 온전히 살게 할 줄을 알게 되는 이것이 도움이 되기를 바랍니다. 나는 그 율법을 자비의 빛으로 비춥니다.

밤이 깊었습니다. 별들이 우리를 내려다보고, 하느님께서도 별들과 함께 우리를 내려다보십니다. 눈을 들어 별이 총총 박힌 하늘을 쳐다보고, 여러분의 정신을 하느님께로 올리시오. 벌써 하느님께 벌을 받은 불행한 사람들을 비난하지 마시오. 그리고 그들과 같은 죄가 없다고 교만한 생각을 가지지 말고, 에집트의 사막과 계곡의 저주받은 초목과 같은 메마른 상태에 빠지지 않겠다고 하느님과 여러분 자신에게 약속하시오.
 평화가 여러분과 함께 있기 바랍니다."
 예수께서는 그들에게 강복하시고, 촌스러운 헛간들로 둘러싸인 넓은 양의 우리 울타리 안으로 물러가신다. 헛간 바닥에는 목자들이 주님의 종들에게 침대 노릇을 하라고 건초를 두툼하게 깔아 놓았다.

112. "부르심은 핏줄보다 더하다." 시카미논으로 가는 도중에

 조용하고 해가 잘나는 아침나절이다. 여전히 서쪽으로 향해 있는, 즉 바다 쪽으로 향한 야산들을 올라가는 것이 수월하다.
 "아침나절 이른 시간에 야산에 도착하길 잘했습니다. 이 햇볕 아래서는 돌판에 남아 있을 수가 없었을 것이다. 그러나 여기는 그늘이 있고 시원합니다. 겨울철에나 좋은 로마인들의 길을 가는 사람들은 불쌍합니다" 하고 마태오가 말한다.
 "이 야산들을 지나면 바닷바람을 만나게 된다. 바닷바람으로 공기가 항상 완화되어 있다" 하고 예수께서 말씀하신다.
 "저 위에서 식사를 하지요. 저번날은 대단히 아름다웠습니다. 그런데 여기서는 가르멜산도 더 가깝고 바다도 더 가까우니까 한층 더 아름다울 것입니다" 하고 알패오의 야고보가 덧붙인다.
 "역시 우리 고향은 아름다워!" 하고 안드레아가 감탄한다.
 "맞아. 정말 무엇이든지 있단 말이야. 눈덮인 산과 비탈이 가파르지 않은 야산, 호수, 강, 가지각색의 나무가 있고, 또 바다까지 있단 말이야. 정말이지 우리 시편 작가들과 우리 예언자들과 우리 전사(戰士)들과 우리 시인들이 찬양한 더없이 매력적인 고장이야" 하고 타대오가 말한다.
 "많은 것을 알고 있는 자네가 그 시편의 어떤 대목을 말해 보게" 하고 제베대오의 야고보가 간곡하게 청한다.
 "'낙원의 아름다움으로 하느님은 유다의 땅을 만드셨다.
 천사들의 미소로 네프탈리의 땅을 꾸미셨고, 하늘의 꿀물이 흐르는 강으로 그 땅의 과일에 맛을 주셨다.
 온 우주가 하느님께서 당신의 거룩한 백성에게 주신 하느님의 보석인 네게 제 모습을 비춰본다.

복된 땅아, 네 자녀들의 마음에는 네 아름다움이 네 산비탈에서 익는 촘촘한 포도송이보다 더 달고, 네 암양들의 젖을 통통하게 불리는 양젖보다도 더 감미로우며, 너를 뒤덮어 꾸미는 꽃맛을 내는 꿀보다도 더 도취하게 한다.
 하늘이 내려와 두 보석을 연결시키는 강을 만들었고, 푸른 네 옷에 목걸이와 귀걸이와 허리띠를 만들어 주었다.
 네 요르단강은 노래하고, 바다는 미소짓는다. 그리고 바다는 또한 하느님께서 무서우시다는 것을 일깨우며, 야산들은 풀밭에서 춤추는 명랑한 소녀들과 같이 저녁때쯤에 춤을 추는 것 같고, 네 산들은 천사같은 새벽에 기도를 드리거나 찌는 듯한 햇볕 아래서 알렐루야를 노래하며, 또는 별들과 동시에 당신의 권능을 노래합니다. 지극히 높으신 하느님.
 당신은 우리를 사방이 둘러막힌 국경 속에 가두지 않으시고, 세상이 우리의 것이라는 것을 말씀해 주시려고 우리 앞에 바다를 열어 놓으셨습니다.'"
 "아름답다! 오! 정말 아름답다! 나는 호수와 예루살렘밖에 가본 일이 없어. 나는 여러 해 동안, 오랜 세월 동안 다른 건 아무것도 보지 못했어. 이제야 비로소 팔레스티나를 알게 되었어. 그렇지만 이 세상에 이보다 더 아름다운 것은 아무것도 없다고 확신해" 하고 베드로가 자기 나라에 대한 긍지를 잔뜩 가지고 말한다.
 "어머님은 나일강의 계곡도 매우 아름답다고 내게 말씀하셨어" 하고 요한이 말한다.
 "또 엔도르 사람은 키프로스를 낙원 같다고 말하는데" 하고 시몬이 덧붙인다.
 "오! 그래, 그렇지만 우리 땅은!…"
 예수와 같이 조금 앞서 가는 가리옷 사람과 토마를 빼놓은 사도들은 계속하여 팔레스티나의 아름다움을 찬양한다.
 그 뒤로는 여자들이 오는데, 여자들은 그들의 화단이나 정원에 뿌리려고 꽃씨를 따고 싶은 마음을 억제하지 못한다. 그것은 그 꽃들이 아름답기 때문이기도 하고, 그들의 여행의 추억도 되겠기 때문이다.
 아마 바다수리 같은 수리, 아니면 독수리들이 야산 꼭대기 위를 넓게 빙빙 돌다가 이따금씩 먹이를 찾아 내리박히고, 또 독수리 두 마리 사이에 결투가 시작되어 깃들을 잃어 가며 우아하고도 사나운 싸움을 하고 또 하는데, 결국 진 놈이 도망치는 것으로 끝이 난다. 틀림없이 그놈은 멀리 떨어진 산꼭대기에 가서 죽으려고 가는 것이다. 적어도 모든 이가 그렇게 생각하는 것이다. 그만큼 그놈이 날아 가는 것이 힘들고 지친 것 같다.

"폭음폭식이 저놈을 해쳤구먼" 하고 토마가 해석을 한다.

"폭음폭식과 고집은 언제나 해를 끼치는 법이야. 어제의 그 세 사람도 그래!… 맙소사! 정말 무서운 운명이야!" 하고 마태오가 말한다.

"절대로 낫지 않을까?" 하고 안드레아가 묻는다.

"선생님께 여쭈어 보게나."

예수께서는 질문을 받으시고 이렇게 대답하신다. "그들이 회개를 하겠는지 묻는 것이 더 나을 것이다. 나 진정으로 너희에게 말하지만, 문둥병자이면서 거룩하게 죽는 것이 건강하지만 죄인으로 죽는 것보다 더 낫기 때문에 문둥병은 세상에, 무덤에 남아 있지만, 죄는 영원히 남아 있는 것이다."

"어젯밤에 하신 연설이 제게는 대단히 마음에 들었습니다" 하고 열성당원이 말한다.

"저는 그렇지 않습니다. 그 연설은 이스라엘의 많은 사람에게는 매우 엄혹한 것이었습니다" 하고 가리옷 사람이 말한다.

"너도 그런 사람들 축에 끼느냐?"

"아닙니다, 선생님."

"그렇다면 왜 분개하느냐?"

"그러나 그것이 선생님께 해로울 수도 있으니까요."

"그렇다면 그런 불안을 피하기 위해서 내가 죄인들과 타협하고 그들의 공범이 되어야 하겠느냐?"

"그렇게 말하는 것은 아닙니다. 선생님은 그렇게 못하실 것입니다. 그러나 입을 다물고, 실력자들을 선생님과 맞서게 하지 않으시는 것입니다…."

"말을 하지 않는 것은 의견을 같이 하는 것이다. 나는 하층민의 죄이건 실력자들의 죄이건 죄와는 타협하지 않는다."

"그러나 세례자가 어떤 일을 당했는지 아시지요?"

"그의 영광이다."

"그의 영광이라구요? 제 생각에는 그의 파멸인 것 같은데요."

"우리의 의무에 충실해서 박해를 당하고 죽는 것은 사람에게 영광이 되는 것이다. 순교는 항상 영광스러운 것이다."

"그러나 죽음은 그에게 선생으로 있는 것을 막고, 제자들과 가족들에게 고통을 줍니다. 그는 일체의 고통에서 벗어났지만, 다른 사람들에게는 훨씬 더 큰 고통을 남겨 주었습니다. 세례자가 친척이 없는 것은 사실입니다. 그러나 그에게는 제자들에 대한 의무가 항상 있습니다."

"세례자가 친척이 있었더라도 마찬가지이다. 부르심은 핏줄보다 더한 것이다."

"그러면 넷째 계명은요?"

"넷째 계명은 하느님께 관계되는 계명들 다음에 온다."

"어머니가 자기 아들 때문에 얼마나 괴로워하는지 어제 보셨지요…."

"어머니! 이리 오십시오" 하고 예수께서 말씀하신다.

성모님이 예수 곁으로 달려오셔서 물으신다. "아들아, 무슨 일이냐?"

"어머니, 가리옷의 유다가 어머니를 사랑하고 저도 사랑하기 때문에 어머니의 입장을 변호합니다."

"내 입장이라니? 무슨 일에?"

"유다는 제가 우리 친척인 세례자처럼 베어지지 않기 위해서 조심성을 더 많이 가지도록 결심을 시키려고 합니다. 넷째 계명이 그렇게 하라고 명하니까 어머니들을 불쌍히 여겨서 어머니들을 위해 몸을 아껴야 한다고 말합니다. 어머님은 어떻게 생각하세요. 어머님이 우리 유다를 다정스럽게 가르치시도록 어머니께 언권을 드립니다."

"만일 내 아들이 그의 완전을 굽혀서 그의 생각을 낮추어 인간적인 고려를 하고, 초인간적인 고려를 잊어버리는 것을 내가 보게 된다면, 내 아들을 하느님으로서는 사랑하지 않게 될 것이고, 내가 그의 본성에 대해서 항상 잘못 생각하지 않았는지, 항상 착각을 하지 않았는지 의아하게 생각하게 될 걸세. 초인간적인 고려라는 것은 자기에게 곤란한 일들과 원한을 스스로 만들 각오를 하고 사람들에 대한 사랑과 하느님의 영광을 위해 사람을 구속하는 것, 구속하려고 애쓰는 것일세. 그렇게 되면 그가 내 아들이니까, 불행한 사람일 터이니까 아직 사랑은 하겠지만, 악의있는 힘에 의해서 길을 잃은 아들처럼 동정으로 사랑하지, 그가 주님께 충실한 것을 보는 지금 내가 사랑하는 것처럼 이렇게 충만한 사랑으로 사랑하지는 않을 거네."

"선생님 자신께 충실하다는 말씀이겠지요."

"주님께 충실하다는 말일세. 지금 내 아들은 주님의 메시아이니 누구나가 그런 것처럼 주님께 충실해야 하네. 아니 다른 누구보다도 더 충실해야 하네.

그것은 내 아들이니 그보다 더 큰 사명이 일찍이 없었고, 지금도 없고, 장차도 절대로 없을 만큼 큰 사명을 가지고 있기 때문이고, 이렇게 큰 사명과의 관련으로 분명히 하느님의 도우심을 받고 있기 때문일세."

"그렇지만 선생님께 불행한 일이 생기면, 어머님은 울지 않으시겠습니까?"

"내 눈에 있는 눈물을 다 흘리면서 울 걸세. 그렇지만 내 아들이 하느님께 충실하지 못한 것을 보면 눈물과 피를 흘릴 걸세."

"그렇게 되면 선생님을 박해할 사람의 죄가 많이 가벼워질 것입니다."

"어째서?"

"그것은 선생님도 어머님도 말하자면 그 죄들을 변명하시니까요."

"그렇게 생각하지 말게. 우리가 그것을 불가피하다고 판단하거나 또는 이스라엘의 어떤 사람도 메시아에 대해 죄있는 사람이 되어서는 안 된다고 생각하거나 하느님의 눈에는 그것들이 같은 죄로 남아 있을 걸세."

"이스라엘의 사람이라니요? 그러면 만일 이방인이면 다르단 말씀입니까?"

"그렇네. 이방인들에게는 그들과 같은 사람들 중의 한 사람에게 대한 죄밖에 되지 않을 걸세. 그러나 이스라엘은 예수가 누구라는 것을 알고 있네."

"이스라엘의 대부분이 그것을 모르고 있습니다."

"알고자 하지 않고 있는 걸세. 의식적으로 불신하는 거야. 대부분의 이스라엘 사람들은 그러니까 사랑이 없는 데에다 불신을 합치고 바람을 부인하네. 이 세 가지 주요한 덕행을 짓밟는 것은 작은 죄가 아닐세, 유다. 그건 중대한 거야, 내 아들에 대한 어떤 신체적인 행위보다도 영적으로 또 중대한 걸세."

유다는 논거(論據)가 모자라서 샌들 끈을 매느라고 몸을 구부리고 뒤에 처진다.

일행은 야산 꼭대기에 이르렀다. 꼭대기라기보다는 오히려 끝없이 펼쳐지는 아름다운 파란 바다를 향하여 달려가려는 듯이 불쑥 내민 정상의 한 부분이다. 위풍당당한 가르멜 산맥 맞은 편에 아주 가까이에 있는 해안에 이르는 기분좋고 통풍이 잘 되는 이 산꼭대기에 빽빽한 푸른 참나무 숲이 엷은 에머랄드 빛을 내고 있는데, 군데군데 뚫린 구멍으로 기분좋은 햇빛이 내려온다. 내민 이마가 마치 날아가려는 듯이 앞으로 숙여 있는 이 산밑 저 아래 중턱에 있는 작은 밭 몇 떼기를 지나서 깊은 급류가 흐르고 있는 좁은 계곡이 있다. 이 급류는 물이 불을 때에는 힘이 대단하겠지만, 지금은 개울바닥 한가운데를 흘러 내려가는 물빛 거품에 지나지 않는다. 급류는 가르멜 산밑을 스치며 바다를 향하여 흘러 간다. 급류 오른 편에 개울을 끼고 높은 길이 한 가닥 나 있는데, 그 길은 만(湾) 중간에 있는 도시와 내륙쪽에 있는 마을들을 연결한다. 내가 방향을 제대로 안다면 아마 사마리아의 마을들일 것이다.

"저 도시가 시카미논이다" 하고 예수께서 말씀하신다. "우리는 저 도시에 오늘 저녁 해질 무렵에 가기로 한다. 내려가는 길은 시원하고 짧지만 어려우니까 지금은 쉬기로 하자."

일행은 빙 둘러 앉는다. 그동안 투박한 쇠꼬챙이에 꿴 어린 양이 구워지고 있다. 틀림없이 목동들의 선물일 것이다. 제자들은 자기들끼리 또 여자 제자들과 말하고 있다….

113. 시카미논의 제자들에게 말씀하신다. "자기 자신을 불살라야 한다"

바로 급류의 기슭에서 예수께서는 이사악과 많은 제자들을 만나시는데, 아는 제자들도 있고 알지 못하는 제자들도 있다.

아는 제자들 중에는 "고운 내"의 회당장인 티몬과 근친상간죄(近親相姦罪)로 고발되었던 엠마오의 요셉, 예수를 따르기 위하여 아버지의 장례를 포기한 젊은이, 스테파노, 지난 해에 코라진 근처에서 친구 사무엘과 더불어 깨끗하게 된 문둥병자 아벨이 있고, 예리고의 뱃사공 솔로몬, 그리고 내가 알아보기는 하겠는데, 어디에서 보았는지도 모르겠고 이름도 알 수 없는 다른 사람들이 많이 있다. 아는 얼굴이 이제부터는 너무도 많은데, 모두 제자의 얼굴로 아는 얼굴들이다. 그리고 또 이사악이나 내가 방금 이름을 말한 제자들 자신이 얻은 다른 사람들도 있는데 그들은 예수를 만나기를 바라면서 주요한 제자집단을 따라다닌다.

만남은 다정스럽고 반갑고 경의를 곁들였다. 이사악은 선생님을 뵙고 선생님께 그의 새로운 양떼를 보여드리는 것이 기뻐서 얼굴이 환하다. 그리고 상급으로 그가 데리고 있는 무리를 위하여 예수께서 한 말씀해 주시기를 청한다.

"사람들이 모일 수 있는 조용한 곳을 아는 데가 있느냐?"

"만의 끝에 한적한 해변이 있는데 거기에 어부들의 오막살이들이 있습니다. 이 계절은 건강에 해롭기도 하고, 또 절이는 생선잡는 계절이 끝나서 어부들이 자주 조개를 잡으러 시로-페니키아에 가기 때문에 그 오막살이들은 비어 있습니다. 그들 중에는 해안도시 여러 군데에서 선생님의 말씀을 들었거나 제자들을 만났거나 했기 때문에 벌써 선생님을 믿는 사람이 많이 있습니다. 그래서 저희들에게 거기서 쉬라고 오막살이를 내주었습니다. 저희들은 전도를 한 번 한 다음에는 그리로 돌아오곤 합니다. 이 해안에는 할 일이 많이 있으니까요. 이 해안은 여러 가지 일로 완전히 타락했습니다. 저는 시로-페니키아까지 가고 싶습니다. 그런데 이것은 바다로 해서 할 수 있습니다. 해안은 햇볕이 너무 뜨거워서 걸어서 갈 수는 없으니까요. 그렇지만 저는 목동이지 뱃사람이 아닙니다. 그리고 이 사람들 중에도 돛단배를 조종할 줄 아는 사람은 한 사람도 없습니다."

예수께서는 가벼운 미소를 띠시고 주의깊게 들으신다. 키가 대단히 크신 예수께서는 마치 병사가 장군에게 모든 것을 보고하듯이 보고하는 작은 목동 앞으로 약간 몸을 숙이고 계시다. 예수께서는 이렇게 대답하신다. "네가 겸손하기 때문에 하느님께서 너를 도와주신다. 내가 여기에 알려진 것은 제자인 너를 통해서지 다른 사람들을 통해서가 아니다. 이제는 호수 사람들에게 돛단배로 바다를 항해할 수 있다고 생각하는지 물어서 할 수 있다면 시로-페니키아로 가자." 그리고 베드로와 안드레아와 야고보와 요한을 찾으시느라고 몸을 돌리신다. 이들은 어떤 제자들과 떠들썩하게 이야기하고 있다. 그 동안 가리옷 사람 유다는 뒤에 쳐져서 스테파노에게 인사말을 하느라고 여념이 없고, 열성당원과 바르톨로메오와 필립보는 여자들 곁에 있다. 다른 네 사람은 예수 곁에 있다.

네 사람의 어부는 즉시 온다. "너희들은 바다에서 배를 다룰 수 있다고 생각하느냐?" 하고 예수께서 물으신다.

네 사람은 어쩔 줄 몰라하며 서로 얼굴을 쳐다본다. 베드로는 머리를 긁적거리며 곰곰이 생각하다가 묻는다. "그렇지만 어디로 가는 겁니까? 먼 바다루요? 저희는 민물고기인데요…."

"아니다. 해안을 끼고 시돈까지 가는 것이다."

"흠! 저는 할 수 있다고 생각합니다. 자네들은 어떤가?"

"나도 할 수 있다고 생각해. 바다거나 호수거나 어쨌든 같은 거지 뭐. 물이란 말이야" 하고 야고보가 말한다.

"그리고 더 아름답고 더 쉽기까지 할 거야" 하고 요한이 말한다.

"그렇지만 네가 어디다 근거를 두고 그렇게 생각하는지 모르겠구나" 하고 형이 요한에게 대답한다.

"바다에 대한 그의 사랑 때문이지. 어떤 것을 사랑하는 사람은 거기에 모든 완전이 있다고 생각하거든. 자네가 어떤 여자를 그렇게 사랑하면, 자넨 완전한 남편이 될 걸세" 하고 요한을 정답게 흔들면서 베드로가 농담을 한다.

"아니야. 내가 이렇게 말하는 건 배를 다루는 방법이 같다는 걸 아스칼론에서 보았고, 또 항해는 대단히 기분좋은 일이기 때문이야" 하고 요한이 대답한다.

"그럼 가세!" 하고 베드로가 외친다.

"그렇지만 어쨌든 이곳 사람 누군가를 데리고 가는 게 나을 거야. 우린 이 바다를 알지 못하고 어디가 얕은 곳인지도 모른단 말이야" 하고 야고보가 지적한다.

"오! 난 그건 생각지도 않아! 우린 예수님을 모시고 있거든! 전에는 안심을 못했었지만, 선생님이 호수를 잔잔하게 하신 다음부터는! 자, 선생님을 모시고 시돈에 가세. 아마 좋은 일 할 게 있을 거야" 하고 안드레아가 말한다.

"그러면 가자. 너는 내일 쓰게 배들을 마련하여라. 시몬의 유다에게 돈주머니를 달라고 하여라."

사도들과 제자들이 함께 섞인다. 대부분의 사람에게는 이것이 무슨 축제인지 말할 필요가 없다. 그런데 그 사람들은 예수께 가장 잘 알려진 사람들이다. 그들은 발걸음을 돌려 시내로 향하여 시내의 변두리를 지나 마침내 구부린 팔처럼 바다로 길게 뻗어 있는 만의 맨끝에 이른다. 자갈이 뒤덮인 작은 해변 여기저기에 흩어져 있는 몇 채 안 되는 오막살이들은 시의 가장 비참하고 가장 사람이 적은, 그리고 때때로만 사람이 사는 장소를 나타낸다. 오막살이들은 소금기를 머금은 바람과 낡음으로 인하여 벽이 풍화(風化)한 입방체이다. 집들은 모두 닫혀 있는데, 제자들이 문을 여니, 연기로 검게 된 초라한 모습과 정말 최소한의 필요한 가구만이 보일 뿐이다.

"자, 이 집들은 아름답지는 않지만 매우 편하고 깨끗합니다" 하고 이사악이 집들을 자랑한다.

"아름다운 건 고사하고 초라하구먼. '고운 내'는 여기 비하면 대궐이었네. 그런데도 그걸 불평하는 사람이 있었지…" 하고 베드로가 투덜거린다.

"그러나 우리에게는 이것이 한 재산입니다."

"물론이지, 물론이야! 중요한 건 집이 하나 있고 서로 사랑하는 거야. 그러나 우리 요한이 어디 있나 보게! 잘 있었소? 당신은 어디 있었소?"

그러나 엔도르의 요한은 베드로에게 미소를 보내면서 예수께 인사를 드리려고 뛰어 간다. 예수께서는 매우 다정스러운 말로 그에게 인사하신다.

"요한이 몸이 썩 좋지 않기 때문에 오라고 하지 않았었습니다. … 저는 이 사람이 여기 남아 있는 것이 낫다고 생각합니다. 요한은 이 도시 사람들과 메시아에 대해서 문의하는 사람들을 썩 잘 다룰 줄 압니다…" 하고 이사악이 말한다.

사실 엔도르의 사람은 전보다 훨씬 더 야위었다. 그러나 얼굴은 차분하다. 야윈 모습으로 인하여 그의 표정이 더 고상해 보이고, 벌써 육체와 정신의 두 가지 고뇌로 충격을 받은 사람과 같다는 생각이 들게 된다.

예수께서는 그를 살펴보시고 물으신다. "요한아, 어디가 아프냐?"

"선생님을 뵙기 전보다 더 아프지는 않습니다. 그런데 이것은 육체에 대한 말씀입니다. 그러나 영혼에 대해서 말씀드리면, 제 생각이 옳다면 저는 제 개인적인 상처가 나아가고 있는 중입니다."

예수께서는 그의 가라앉은 눈과 관자놀이가 움푹 들어간 이마를 다시 들여다보시며 아무 말씀도 덧붙이지 않으신다. 그러나 그와 함께 어떤 오막살이로 들어가시는 동안 그의 어깨에 한 손을 얹으신다. 집안에는 피로한 발을 식히라고 바닷물 대야들을 갖다 놓았고, 목마름을 풀라고 시원한 물병들도 갖다 놓았다. 그동안 밖에서는 덩굴식물이 덮인 정자 같은 것으로 그늘이 진 투박한 탁자 위에 식사 준비를 하고 있다.

그리고 밤이 내려앉고, 바다는 자갈깔린 작은 해변에 되밀려 오는 파도의 가벼운 소리로 저녁기도를 드리는 동안 예수께서는 여자들과 사도들과 같이 투박한 식탁에 앉으시고, 다른 사람들은 땅바닥이나 의자에 또는 바구니들을 뒤집어 놓고 주된 식탁을 가운데 두고 빙 둘러 앉아서 저녁식사를 하는 것을 보니 아름다운 광경이다. 식사는 이내 끝났고, 식탁을 치우는 일은 더 빨리 끝났다. 식기가 별로 없었고, 그것도 가장 중요한 손님들에게만 차례가 갔기 때문이다. 바다는 아직 달이 뜨지 않은 밤에 남빛을 띠었고, 해변 특유의 장엄하고도 지극히 쓸쓸한 이 시간에 그 위엄이 한껏 드러난다.

점점 더 어두워져 가는 그림자들 가운데 커다란 흰 존재이신 예수께서는 식탁에서 일어나셔서 제자들의 작은 집단 가운데로 오시는데, 그동안 여자들은 물러간다. 이사악과 또 한 사람이 어두움도 밝힐 겸 틀림없이 아주 가까이에 있는 늪에서 몰려 오는 구름 같은 모기떼도 쫓을 겸 해서 모래밭에 작은 불들을 피워 놓는다.

"너희들 모두에게 평화.

자비로우신 하느님께서는 우리를 정해진 시간보다 일찍 모으셔서 우리 마음에 서로 같이 나누어 가지는 기쁨을 주셨다. 나는 너희들이 나를 기다리고 내게 알맞게 자신을 형성하면서 여기에 와 있는 것으로 나타나는 것과 같이 도덕적으로 착한 너희들의 마음을, 그리고 너희들의 어떤 반응이 보이는 것과 같이 아직은 영적으로 불완전한 그 마음들을 모두 유심히 살펴보았다. 그 반응들은 너희 안에 이스라엘의 묵은 사람이 그 사상과 편견을 가지고 아직 남아 있으며, 이 묵은 사람에게서는 마치 번데기에서 나비가 나오듯이 아직 나오지 않았다는 것을 나타낸다. 새 사람이란 그리스도의 넓고 빛나고 자비로운 심성(心性)과 그보다도 한층 더 넓은 사랑을 가지고 있는 그리스도의 사람이다. 그러나 내가 너희들의 마음을 자세히 살펴보고 그 비밀을 모두 알아냈다고 해서 괴로워하지 말아라. 선생은 제자들의 결점들을 고쳐 주기 위해 제자들을 알아야 한다. 그런데 내 분명히 말하지만 그 선생이 착한 선생이면 결점을 가장 많이 가진 제자들에게 혐오를 느끼지 않고, 반대로 그들을 더 좋은 사람으로 만들려고 그들에게 관심을 가진다. 너희들은 내가 착한 스승이라는 것을 안다.

그러면 이제는 그 반응과 편견들이 어떤 것인지 함께 살펴보고, 우리가 왜 여기 와 있는지를 같이 생각해 보기로 하자. 그리고 이 모임으로 인해서 우리가 맛보는 기쁨 때문에, 개인적인 선에서 항상 집단적인 선을 끌어내시는 주님을 찬미할 줄을 알자.

나는 너희 입으로 엔도르의 요한에 대한 감탄을 들었는데, 그가 스스로 회개한 죄인임을 인정하는 만큼 더 크게 감탄한다는 말을 들었다. 그런데 그것은 요한이 내게로 데려오기를 원하는 사람들에 대한 전도의 기초를 삼는 그의 옛날 상태이기도 하고 새로운 상태이기도 하다. 사실, 그는 죄인이었다. 그러나 지금은 제자이다. 너희 중의 많은 사람이 이제 요한의 덕택으로 메시아에게 왔다. 그러므로 너희들은 이스라엘의 묵은 사람이 업신여길 바로 이 방법들로 하느님께서 하느님의 새 백성을 만들어내신다는 것을 알게 된다.

이제 나는 너희들에게 그 여자가 제자라는 것을 묵은 이스라엘 사람은 이해하지 못하는 한 자매에 대해서 건전하지 못한 판단을 삼가라고 부탁한다. 나는 여자들에게 가서 쉬라는 명령을 내렸다. 그러나 여자들에게 휴식을 주고자 하는 바람에서 그랬다기보다는, 너희들에게 회개에 대한 거룩한 평가를 줄 수 있는 가능성을 가지기 위해서, 그리고 너희가 사랑과 정의를 거스르는 죄를 짓는 것을 막기 위해서였다. 이것이 여자 제자들을 틀림없이 슬프게 한 그 명령을 그들에게 내린 이유이다.

이스라엘의 큰 죄녀, 자기 죄에 대해서 변명을 할 수가 없었던 죄녀인 막달라의 마리아가 주님께로 돌아왔다. 그런데 마리아가 하느님과 하느님의 종들에게서 성실과 자비를 기대하지 않고 누구에게서 기대하겠느냐? 이스라엘 전체가, 그리고 이스라엘과 더불어 우리 가운데 있는 외국인들, 마리아를 잘 알고 그들의 방탕에 공범이 되어 주지 않게 된 지금은 마리아를 엄혹하게 심판하는 외국인들은 이 부활을 비평하고 웃음거리를 만든다.

부활. 이것이 가장 정확한 단어이다. 육체를 다시 살아나게 하는 것이 가장 큰 기적이 아니다. 그 기적은 어느 날 죽음으로 인해서 무효가 되기로 정해져 있기 때문에 언제나 상대적인 기적이다. 나는 육체를 부활시키는 사람에게는 불멸(不滅)을 주지 않는다. 그러나 영으로 부활한 사람에게는 불멸을 준다. 그리고 육체로 죽은 사람은 다시 살아나겠다는 그의 의지를 내 의지에 결합시키지 않고, 따라서 다시 살아나는 데에는 아무 공로도 없지만, 영으로 부활하는 사람에게는 그의 의지가 있고, 또 그의 의지가 먼저 있어야 하는 것이기도 한다. 그러므로 그가 부활하는 데에 그의 공로가 없지 않다.

내가 이 말을 하는 것은 내가 정당했음을 증명하기 위해서가 아니다. 나는 오직 하느님께만 내 행동에 대한 설명을 드릴 의무가 있다. 그러나 너희들은 내 제자들이다. 내 제자들은 또 다른 예수가 되어야 한다. 내 제자들에게는 어떤 무지도 있어서는 안 되고, 그로 인해서 많은 사람이 이름으로만 하느님과 일치하게 되는 저 만성적인 잘못이 아무것도 있어서는 안 된다.

모든 것이 착한 행동을 일으킬 수 있다. 가장 행동을 일으킬 능력이 가장 적은 것으로 보이는 것까지도 말이다. 어떤 재료가 하느님의 뜻 앞에 나타나면, 그것이 가장 생기가 없고 가장 차갑고 가장 불쾌한 것일지라도 움직임이 되고 불꽃이 되고 순수한 아름다움이 될 수 있다. 나는 너희들에게 마카베오서에서 따온 비유를 하나 말하겠다.

느헤미야가 페르시아 왕의 명으로 예루살렘으로 돌아왔을 때 재건된 성전에서 사람들은 정화된 제단 위에 제물을 바치고자 하였다. 느헤미야는 그들이 페르시아인들의 포로가 되려고 할 때에 하느님께 대한 예배를 담당하던 사제들이 어떻게 제단의 불을 꺼내다가 어떤 계곡 안쪽에 있는 비밀 장소인 깊고 물이 마른 우물 속에 감추었는지, 그리고 그 일을 어떻게나 잘 하고 비밀하게 했던지 거룩한 불이 어디 있는지는 사제들만이 알게 되었는지를 기억해 냈다. 느헤미야는 그것을 기억해 냈고, 그것을 기억해 내면서 그 사제들의 후손들을 불을 갖다 둔 곳으로 보내서 — 과연 사제들은 그것을 아들들에게 말했었고, 아들들은 또 그들의 아들들에게 말해서, 비밀이 이렇게 자자손손 전해 내려왔었다 — 제사지내는 불을 붙이기 위한 신성한 불을 가져오라고 하였다.

그러나 비밀의 우물 속으로 내려간 사제들의 손자들은 불을 발견하지 못하고, 페허가 된 예루살렘의 혼잡한 하수도의 찌꺼기인 걸쭉한 물과 썩어서 고약한 냄새가 나고 무거운 개흙만을 발견하였다. 그들이 느헤미야에게 그 말을 했다. 그러나 느헤미야는 그 물을 퍼서 가져오라고 말하였다. 느헤미야는 제단 위에 나무를 쌓고, 나무 위에 제물을 올려놓게 하고는 전부가 흥건히 젖도록 흙탕물을 잔뜩 뿌리게 하였다. 백성은 놀라고 사제들은 눈살을 찌푸리며 바라다보고 경건하게 그렇게 하기는 했지만 그것은 그 명령을 하는 사람이 느헤미야였기 때문에 하는 것이었다. 그러나 그들의 마음 속은 얼마나 서글펐는지 모른다! 그리고 얼마나 불신했는지 모른다! 하늘에는 구름이 잔뜩 덮여 날씨가 음산한 것과 같이 마음 속에는 의혹이 있어 사람들을 우울하게 하였다.

그러나 해가 구름을 흩뜨리고 햇살이 재단으로 내려오더니, 흙탕물을 뿌린 나무에 불이 붙어 활활 타올라 대번에 제물을 불살랐다. 그동안 사제들은 제물 전체가 완전히 불살라질 때까지 느헤미야가 지은 기도문을 외고 이스라엘의 가장 아름다운 찬송가들을 불렀다. 그리고 하느님께서는 가장 적당치는 않지만 올바른 의향으로 사용한 재료를 가지고 기적을 행하실 수 있다는 것을 군중들에게 믿게 하기 위해, 느헤미야는 물 남은 것을 큰 돌들 위에 뿌리게 하였다. 물을 뿌린 돌들은 불이 붙어서 제단에서 오는 빛 속에서 불타버렸다.

영혼은 어떤 영혼이건 창조주에 대한 사랑으로 생명의 제물을 불사르는 데 쓰이라고 하느님께서 마음의 제단 위에 놓으신 신성한 불이다. 생명은 어떤 것이건 번제물(燔祭物)이니, 그것을 잘 쓰면 하루하루가 거룩함으로 불살라야 하는 제사가 된다.

그러나 약탈자들, 즉 사람과 사람의 영혼을 못 살게 구는 자들이 온다. 그러면 불이 깊은 우물 속에 잠긴다. 거룩한 필요에 의해서 그렇게 되는 것이 아니라, 불행한 어리석음으로 그렇게 되는 것이다. 그리고 그 우물 속에서는 온갖 악습의 소굴인 하수에 잠겨서 썩은 냄새가 나는 끈적거리는 진흙이 되는데, 마침내 한 사제가 그 깊은 우물 속으로 내려가 그 진흙을 햇빛있는 데로 가지고 올라와서 자기 자신의 제사의 번제물 위에 올려 놓는다. 이것을 너희가 알아야 하겠는데, 회개해야 할 사람의 영웅적 행위만으로는 넉넉지 않고 회개시키는 사람의 영웅적 행위도 필요하기 때문이다. 그리고 회개시키는 사람의 영웅적 행위가 회개하는 사람의 영웅적 행위보다 오히려 먼저 있어야 한다. 영혼들은 우리의 희생이 있어야 구원되기 때문이다. 그것은 이렇게 함으로써만 진흙이 불꽃으로 변하게 하는 목적을 달성하게 되고, 하느님께서 불살라지는 희생제물을 완전하고 당신의 거룩하심에 기분좋은 것으로 판단하시게 되기 때문이다.

　보통 불은 비록 그것이 축성된 불이라 하더라도 그저 타기에 알맞은 재료인 나무와 희생들을 태우는 데 소용될 뿐이니까, 회개한 타락한 상태가 오히려 보통 불보다 한층 더 활활 탄다는 것이 세상 사람들을 설득하는 데 충분하지 못한데, 이 회개한 진흙탕 같은 존재가 타지 않는 물건인 돌까지 불을 붙이고 태울 정도로 강해지는 것이다.

　그런데 너희들은 이 진흙에 그런 특성이 어디에서 오는지 묻지 않느냐? 너희들은 그것을 알지 못하느냐?

　내가 말해 주마. 그것은 타는 듯한 뉘우침으로 그 진흙이 하느님과 섞이어 불꽃이 불꽃과 합쳐지기 때문이다. 올라가는 불꽃과 내려오는 불꽃이, 사랑으로 자기를 바치는 불꽃과 사랑으로 자기를 주는 불꽃이, 서로 사랑하고 다시 만나고 결합해서 하나가 되는 두 존재의 포옹이기 때문이다. 그리고 그중에서 더 큰 불꽃이 하느님의 불꽃이기 때문에, 하느님의 불꽃이 넘쳐흐르고, 너무도 성하고 스며들어가고 빨아들이고 해서, 뉘우친 진흙의 불꽃이 이제는 피조물의 상대적인 불꽃이 아니라, 창조되지 않으신 분, 지극히 높으신 분, 지극히 능하신 분, 무한하신 분, 즉 하느님의 무한한 불꽃이 되는 것이다.

　참으로 회개하고 전적으로 회개해서, 과거의 것을 아무것도 남기지 않은 채 자기를 너그럽게 바치고, 그들의 진흙에서 올라오는 불꽃으로 우선 자기 자신들의 무거운 부분을 불사르고, 은총을 맞이하러 가서 은총의 충격을 받는 큰 죄인들은 이런 것이다.
 정말 진정으로 말한다마는, 이스라엘에서 하느님의 불이 많은 돌 속에 뚫고 들어가 그 돌들이 인성을 불사르기까지 점점 더 세게 타오르는 화덕이 될 것이고, 하늘 나라에 있는 그들의 옥좌에서 삼위일체이신 하느님의 빛을 모으는 초자연적인 활활 타는 거울이 되어 하느님의 빛을 인류에게로 집중해서 하느님으로 불타오르게 하고, 계속해서 세상의 돌과 냉담과 의혹과 소심(小心)을 불사를 것이다.
 되풀이해 말한다마는, 나는 내 행동의 정당함을 내세울 필요는 없었다. 그러나 지금 당장도 그렇고, 내가 너희들과 같이 있지 않게 될 미래에 이와 비슷한 다른 경우들을 위해서도 그렇고, 너희들이 내 생각을 받아들여 너희 생각으로 만들기를 원하였다.
 뉘우친 죄인을 하느님께 가게 하는 것은 그분을 더럽힌다는 정도(正道)를 벗어난 생각, 바리사이파적인 의혹으로 인해서 너희들이 이 일을 하지 않게 되는 일은 절대로 있어서 안 된다. 이 일이야말로 내가 너희들에게 정해 주는 사명의 완성이다. 나는 성인들을 구원하러 오지 않고 죄인들을 구원하러 왔다는 것을 항상 기억하여라. 그리고 제자가 스승보다 높지 않으니까 너희들도 그와 같이 하여라. 또 하늘의 필요를 느끼고 마침내 하늘을 맛보게 되는 세상의 찌꺼기들을 손으로 잡는 것을 내가 불쾌하게 생각하지 않고 그들을 아주 기쁘게 하느님께로 데려가는 것은 이것이 내 사명이기 때문이고, 획득은 어떤 것이건 무한을 괴롭히는 내 강생에 대한 변호가 되기 때문이다. 죄인인 너희 형제들과 같은 본성으로 되어 있기 때문에 모두가 많게든 적게든 불완전을 경험한 일이 있는 한정된 사람인 너희들도 이렇게 하는 것을 싫어 하지 말아라. 너희들은 내가 수천년을 사는 존재같이, 이 세상에서 계속 사는 것같이 이 세상이 다할 때까지 내 사업을 계속하라고 구원자로 뽑은 사람들이다. 그리고 이렇게 될 것이다. 그것은 내 사제들의 일치가 내가 생명을 주는 영이 될 내 교회의 큰 몸의 필요불가결한 부분 같은 것이 되겠기 때문이다. 그리고 이 필요불가결한 부분 둘레로 믿는 이들의 모든 무한한 작은 조각들이 모여서 오직 하나인 몸을 이룰 것인데, 이 몸이 내 이름에서 이름을 딸 것이다. 그러나 만일 이 사제 집단에 생명력이 없게 되면 무한히 많은 그 작은 조각들이 생명을 가질 수 있겠느냐?
 사실 이 몸 안에 있는 나는 그들의 할 일을 거부하는, 막히고 무익하게 된 빗물받이 웅덩이와 도관(導管)들을 제쳐놓고 가장 멀리 떨어진 작은 조각들에게까지 내 생명을 보낼 수 있을 것이다. 과연 비는 내리고 싶은 곳에 내려가고, 그래서 스스로 생명을 원할 능력이 있는 착한 조각들은 골고루 내 생명으로 살 것이다. 그러나 그렇게 되면 그리스도교는 어떻게 되겠느냐? 영혼과 영혼들 사이에 이웃이 생길 것이다. 이웃해 있지만, 이제는 유일한 중심에서 오는 생명을 주는 피를 작은 조각 하나하나에 나누어 주어서 서로 결합시켜주는 유대가 아닌 도관과 빗물받이 웅덩이로 분리되어 있을 것이다. 그러나 그것들은 갈라놓는 담과 절벽들이어서, 인간적으로 적대적인 작은 조각들은 그 담과 절벽을 통해 서로 바라다보며 초자연적인 비탄 속에서 마음속으로 이렇게 생각할 것이다. '하지만 우리는 형제였다. 그리고 비록 우리가 갈라져 있기는 하지만 아직도 형제라는 것을 느낀다!' 하고. 이웃일 뿐, 융합이 아니고, 하나의 유기체(有機體)가 아니다. 그리고 그 폐허 위에서 내 사랑은 고통스럽게 빛나고 있을 것이다.

그뿐이 아니다. 이것은 종교적인 분립에만 적용된다고 생각하지 말아라. 그렇지 않다. 이것은 내가 말하고 행하는 대로, 즉 '모두 내게로 오너라, 그러면 내가 너희를 하느님께로 인도하겠다' 고 하는 대로 말하고 행해야 하는 그들의 임무를 사제들이 어기어서 영혼들을 뒷받침하고 돌보고 사랑하기를 거절하기 때문에 혼자 남아 있는 모든 영혼에게도 적용된다.

이제는 평안히들 가거라. 그리고 하느님께서 너희와 함께 계시기를 바란다."

사람들은 천천히 헤어져 각기 제가 들어가야 하는 오막살이를 찾아간다. 엔도르의 요한도 일어난다. 요한은 예수께서 말씀하시는 동안 자기가 쓰는 것을 볼 수 있기 위하여 뜨거운 불빛을 받아 가면서 필기하기를 그치지 않았다. 그러나 예수께서는 그를 붙드시며 말씀하신다. "네 선생과 같이 좀 남아 있어라" 하고. 그리고 모든 사람이 떠날 때까지 곁에 붙잡아 두신다.

"물가에 있는 저 바위까지 가자. 달이 점점 더 높이 올라와서 길을 볼 수가 있다."

요한은 아무 말없이 하라시는 대로 한다.

두 사람은 집들 있는 곳에서 200미터 가량 멀어져 가서 큰 바위 위에 앉는다. 그것이 방파제의 나머지인지 또는 바닷 속에 잠겨 있는 암초의 연장인지 또는 오막살이가 무너져 물에 반쯤 잠긴 것인지 모르겠다. 아마 오랜 세월을 두고 생긴 해안의 앞부분인 것 같다. 내가 아는 것은 작은 해변에서는 울퉁불퉁해서 마치 디딤돌같이 된 곳을 딛고 그리로 올라갈 수가 있는데, 바다 쪽으로는 절벽이 말하자면 수직으로 내려가서 청록색의 물에 잠긴다는 것이다. 지금은 밀물이 물결로 바위를 둘러싸서 젖게 하고 엄청나게 크게 빨아들이는 소리를 내고, 그리고는 한동안 잠잠하다가 또다시 움직이며 돌아와서는 마치 신코페이션(Syncopation)을 많이 사용한 음악과 같이 철썩거리는 소리와 빨아들이는 소리와 침묵으로 이루어진 규칙적인 소리를 되풀이한다.

두 사람은 바로 바닷물이 부딪는 그 덩어리의 위에 앉는다. 달은 물 위에 은빛 길을 만들어 놓고, 달이 뜨기 전에는 캄캄한 밤 속에 거무스름한 막연한 공간이던 바다에 아주 짙은 남빛깔을 띠게 한다.

"요한아, 너는 네 육체가 왜 고통을 당하는지 그 이유를 네 선생에게 말하지 않느냐?"

"주님은 그것을 알고 계십니다. 그러나 '고통을 당한다'고 말씀하지 마시고, '소멸한다'고 말씀하십시오. 이것이 더 정확합니다. 그리고 그렇다는 것을 주님이 아시고, 제 육체가 기쁘게 소멸한다는 것도 아십니다. 주님, 고맙습니다. 저도 불꽃이 되는 진흙에서 저 자신을 알아보았습니다. 그러나 저는 돌에 불을 붙일 시간이 없을 것입니다. 주님, 저는 멀지 않아 죽을 것입니다. 저는 세상의 증오로 너무나 많은 고통을 겪었습니다. 그래서 하느님의 사랑으로 몹시 기뻐합니다. 그러나 저는 생명을 애석하게 여기지 않습니다. 여기서 저는 아직 죄를 지을 수 있고, 주님이 저희들에게 주시는 사명을 게을리할 수가 있을 것입니다. 저는 제 일생에 벌써 두 번이나 실패했습니다. 선생으로서의 제 사명에 실패했습니다. 저는 교직에서 저 자신을 도야할 만한 것을 찾아내야 했을 터인데, 저 자신을 도야하지 못했습니다. 남편으로서의 제 임무에도 실패했습니다. 저는 아내를 도야할 줄 몰랐으니까요. 저는 제자로서의 사명도 게을리할 수가 있을 것입니다. 주님께 결례하는 것을 저는 원치 않습니다. 그렇기 때문에 만일 죽음이 저를 죄지을 수 없게 되는 곳으로 데려간다면 그 죽음은 축복받기 바랍니다! 그러나 제가 가르치는 제자로서의 처지는 가지지 못했다 해도 희생되는 제자로서의 처지는 가질 것입니다. 그런데 이것이 주님의 처지와 가장 비슷한 처지입니다. 오늘 저녁, 주님은 '우선 자기 자신을 불사르면서' 하고 말씀하셨지요."

"요한아, 그것은 네가 당하는 운명이냐, 그렇지 않으면 네가 바치는 제물이냐?"

"불이 된 진흙을 하느님께서 마다하지 않으신다면 제가 드리는 제물입니다."

"요한아, 너는 많은 고행을 하는구나."

"성인들도 합니다. 주님이 제일 먼저 하시구요. 갚아야 할 것이 너무나 많은 사람이 고행을 하는 것은 당연합니다. 그러나 어쩌면 주님이 제 속죄를 하느님의 뜻에 맞지 않는 것으로 생각하시는지도 모르겠군요. 주님이 그것을 제게 금하시는 것입니까?"

"나는 사랑하는 영혼의 착한 열망에 절대로 장애물을 갖다 놓지 않는다. 나는 고통 속에 속죄가 있고, 고통 속에 구속이 있다는 것을 행동으로 가르치려고 왔다. 그러니 나 스스로 모순되는 말을 할 수가 없다."

"주님, 고맙습니다. 이것이 제 사명일 것입니다."

"요한아, 무엇을 쓰고 있었느냐?"

"아이고! 선생님! 때로는 옛날 펠릭스가 아직도 선생적 습관을 가지고 다시 나타납니다. 저는 마륵지암 생각을 합니다. 마륵지암은 일생 동안 주님을 전해야 합니다. 그런데 어리기 때문에 선생님의 전도에 참석하지 못합니다. 저는 선생님께서 저희들에게 주시는데 아이는 장난에 정신이 팔려 있거나 저희들 중의 어떤 사람하고 멀리 떨어져 있거나 해서 듣지 못한 어떤 가르침을 적어 둘 생각을 했습니다. 선생님의 말씀에는 아무 중요하지 않은 말이라도 지혜가 너무나 많이 들어 있습니다! 선생님의 친숙한 회화가 벌써 하나의 교훈인데, 바로 각 사람이 날마다 하거나 당하는 일에 대한 교훈이고, 저 자질구레한 일들에 대한 교훈인데, 사실은 그 자질구레한 일들 전체가 그것을 인종(忍從)을 요구하는 하나의 중요한 전체를 이루기 때문에 인생의 중요한 일이 되는 것입니다. 꾸준한 덕행의 적용을 요구하는 천 가지 만 가지 자질구레한 일보다 다만 한 가지 훌륭한 영웅적 행위를 하는 것이 더 쉽습니다. 그러나 겉으로 보매 하찮은 작은 행위들을 오랫동안 쌓지 않으면 악에 있어서나 선에 있어서나 중요한 행위에 이르지 못합니다. 악에 대해서는 제가 이것을 압니다. 저는 아내의 경박에 지쳐서 아내에게 경멸의 눈길을 처음으로 보냈을 때 사람을 죽이기 시작했습니다. 저는 마륵지암을 위해서 선생님의 자질구레한 설명들을 적었습니다. 그리고 오늘 밤에는 선생님의 중요한 가르침을 적으려고 했습니다. 어린 아이가 옛날 선생인 저를 기억하라고, 그리고 달리는 그애가 가지지 못할 이 가르침을 가지라고 제가 쓴 것을 그애에게 남겨 주겠습니다. 그의 찬란한 보물인 주님의 말씀을. 허락하시겠습니까?"

"허락한다. 그러나 모든 것에 대해서 이 바다처럼 평온하여라. 알겠느냐? 너로서는 뜨거운 햇볕을 참아내는 것이 너무나 견디기 어려울 것인데, 사도의 생활은 정말 불같이 뜨거운 것이다. 너는 일생 동안 대단히 많이 싸웠다. 이제는 하느님께서 모든 것을 가라 앉히고 깨끗하게 하는 이 조용한 달빛 아래서 너를 당신께로 부르신다. 하느님의 즐거움 속에서 걸어 가거라. 네게 분명히 말한다마는 하느님께서는 너를 만족스럽게 생각하신다."

엔도르의 요한은 예수의 손을 잡고 입맞춤하면서 속삭인다. "그렇지만 세상 사람들에게 '예수께로 오너라!' 하고 말하는 것도 아름다웠을 것입니다."

"그 말을 천국에서 하여라. 너도 뜨거운 거울이 될 것이다. 요한아, 가자. 네가 쓴 것을 읽고 싶구나."

두 사람은 그들이 있던 바위에서 내려와, 해변의 조약돌들을 은으로 바꾸어 놓은 눈부시게 하얀 달빛을 받으며 집들 있는 곳으로 돌아온다. 서로 인사를 나누는데, 요한은 무릎을 꿇고, 예수께서는 손으로 강복을 주시고 평화를 주시면서 손을 요한의 머리에 얹으신다.

114. 띠로에서. "끝까지 항구하여라. 이것이 중요한 말이다"

아침 이른 시간에 예수께서 해안에 있는 어떤 도시에 이르신다. 배 네 척이 예수의 배를 따라온다. 도시는 마치 지협(地峽)에 건설된 것처럼, 아니 오히려 마치 좁은 지협이 바다 위에 나타나는 부분을 해안에 있는 부분에 연결하는 것처럼 바다 위로 이상하게 툭 튀어나왔다.

바다 쪽에서 보면 이 도시는 머리를 물결 위로 뻗고 뿌리는 해안에 박고 있는 어마어마하게 큰 버섯과 같다. 지협이 그 대가 된다. 지협의 양쪽에 항구 둘이 있다. 하나는, 그러니까 북쪽에 있는 것은 덜 막혀 있고 작은 배들이 가득 차 있으며, 남쪽에 있는 또 한 항구는 방파제가 더 잘 되어 있고 큰 배들이 들어오기도 하고 나가기도 한다.

"저기로 가야 합니다" 하고 이사악이 작은 배들이 있는 항구를 손가락으로 가리키며 말한다. "어부들이 저기 있습니다."

그들은 섬을 돌아간다. 그래서 나는 지협이 인공적인 것으로 섬을 뭍에 연결하는 일종의 거대한 제방이라는 것을 알아차리게 되었다. 옛날에는 어렵지 않게 건설하였었다! 이 공사와 항구에 있는 배들의 수를 보고 나는 이 도시가 얼마나 부유하고 상업이 번창하였는지 추론한다. 도시 뒤로는 평야 지대를 지나 보기 좋은 작은 야산들이 있고, 매우 멀리에는 대헤르몬산과 레바논 산맥이 보인다. 그래서 나는 이 도시가 레바논에서 본 도시 중의 하나라는 결론도 내린다.

예수의 배는 지금 북쪽 항구의 정박지에 이르고 있는 중이다. 배를 바닷가에 가까이 대지 않고 노를 저어서 앞으로 뒤로 천천히 가다가 마침내 이사악이 찾는 사람들을 발견하고 큰 소리로 부른다.

그러니까 아름다운 어선 두 척이 앞으로 나아오고 뱃사람들은 제자들이 탄 더 작은 배들 위로 몸을 구부린다.

"여보시오, 선생님이 우리와 같이 계시오. 선생님의 말씀을 듣고 싶으면 오시오. 선생님은 오늘 저녁 시카미논으로 돌아가십니다" 하고 이사악이 말한다.

"곧 가겠습니다. 어디로 갑니까?"

"우선 조용한 곳으로 갑시다. 선생님은 띠로에도 내리지 않으시고, 해안도시에도 내리지 않으시오. 배에서 말씀하실 거요. 그늘지고 바람없는 곳을 택하시오."

"우리 뒤에 있는 바위들 쪽으로 오세요. 조용하고 그늘진 작은 만들이 여럿 있어요. 여러분들이 뭍에 내릴 수도 있습니다."

일행은 더 북쪽에 바위들이 오목하게 들어간 해안은 해를 가린다. 조용한 곳이다. 거기에는 갈매기와 산비둘기들만이 살고 있다. 그놈들은 나와서 바다 위를 급습하고는 큰 소리를 지르면서 바위 틈에 있는 둥지로 돌아온다. 그러나 다른 배들이 지휘하는 배들과 합쳐져서 하나의 아주 작은 소선대(小船隊)를 이룬다. 이 손바닥만한 만 안쪽에는 좁은 해변, 즉 해수욕장 비슷한 곳이 있다. 조약돌이 깔린 좁은 공간이다. 그러나 백명 가량을 수용할 수 있다.

그들은 천연 방파제 모양으로 물 위로 솟아 있는 넓고 판판한 바위를 이용하며 내려서 소금이 반짝이는 자갈 깔린 작은 해변에 자리를 잡는다. 그들은 햇볕에 바닷바람에 그을린 갈색 피부를 가진 마른 사람들이다. 짧은 속옷을 입어서 그들의 날쌔고 마른 팔다리를 볼 수 있다. 거기 있는 유다인들과의 인종의 차이는 뚜렷한데, 갈릴래아 사람들과는 차이가 덜 나타난다. 이 시로―페니키아 사람들은 그들과 더 가까이 살고 있는 사람들보다는 꽤 멀리 떨어져 있는 펠리시데 사람들과 더 비슷한 것 같다. 적어도 내가 보는 사람들은 그렇다.

예수께서는 해안을 등지시고 말씀을 시작하신다.

"열왕기에 보면, 3년 이상이나 세상을 괴롭힌 가뭄과 기근의 시절에 어떻게 주님이 엘리야에게 시돈의 사렙다에 가라고 명령하셨는지에 대한 이야기가 있습니다.

주님께서는 당신 백성을 어떤 장소에서든지 배불리 먹이실 수 있는 방법들이 없지 않았습니다. 그리고 이 도시에는 식량이 넉넉했기 때문에 엘리야를 사렙다로 보내신 것은 아닙니다. 아닙니다. 그곳에서도 사람들이 벌써 굶어 죽어 가고 있었습니다. 그러면 하느님께서 왜 티스벳 사람 엘리야를 그리로 보내셨습니까?

사렙다에는 마음이 곧은 여인이 있었는데, 어린 아들을 둔 과부요 거룩한 여인이었습니다. 그 여인은 가난하고 외톨이였지만, 그 무서운 벌에 반항하지 않았고, 굶주리는데도 불구하고 이기적이 아니었고 불순종하지도 않았습니다. 하느님께서는 이 여인에게 세 가지 기적을 주셔서 우대하고자 하셨습니다. 하나는 목이 마른 엘리야에게 그 여인이 갖다 준 물에 대한 것이었고, 둘째 것은 밀가루가 한 줌밖에 남지 않았는데 그것을 가지고 잿속에 넣어서 구워낸 작은 빵에 대한 것이었고, 셋째 것은 예언자를 환대한 데 대한 것이었습니다. 주님은 그 여인에게 빵과 기름을 주셨고, 아들의 생명을 주셨고, 하느님의 말씀에 대한 지식을 주셨습니다.

여러분이 보다시피 애덕의 행위는 육체를 배불리 먹이고 죽음의 고통을 없애줄 뿐 아니라, 영혼에게 주님의 지혜를 가르치기도 합니다.

여러분은 주님의 종들에게 숙소를 주었는데, 주님은 여러분에게 지혜의 말씀을 주셨습니다. 주님의 말씀이 도달하지 않는 이 땅에 자선의 행위가 그것을 가져왔습니다. 나는 여러분을 예언자를 받아들인 사렙다의 하나밖에 없는 여인에 비교할 수 있습니다. 여러분도 여기에 예언자를 맞아들인 유일한 사람입니다. 왜그러냐 하면, 만일 내가 시내에 들어갔더라면 부자들과 유력자들이 나를 맞아들이지 않았을 것이고, 분주한 상인들과 큰 배의 선원들은 나를 본 체 만 체 했을 것이고, 그래서 내가 온 것은 성과가 없었을 것입니다.

이제는 내가 여러분을 떠날 참인데 여러분은 이렇게 말할 것입니다. '아니 우리가 뭐란 말이야? 몇 명 안 되는 사람뿐이야. 우리가 가진 게 뭐야? 가진 거라곤 지혜 아주 조금뿐이야' 하고. 그러나 나는 여러분에게 이렇게 말합니다. '나는 구세주를 전하라는 책임을 주고 여러분을 떠납니다' 하고. 나는 예언자 엘리야가 한 말을 되풀이하면서 여러분을 떠나겠습니다. '더 너그럽게 나누어 주실 분이 오실 때까지 항아리의 밀가루가 떨어지지 않을 것이고 기름이 없어지지도 않을 것입니다.'

여러분은 벌써 그 일을 했습니다. 여기에는 가르멜산 너머에서 와서 여러분과 섞인 페니키아 사람들이 있으니까 말입니다. 이것은 다른 사람들이 여러분에게 말한 것과 같이 여러분도 말했다는 표입니다. 여러분이 보다시피

한줌밖에 없는 밀가루와 한방울밖에 없는 기름이 떨어지지 않고, 오히려 끊임없이 더 많아졌습니다. 계속해서 더 많아지게 하시오. 그리고 여러분이 이 일을 할 능력이 없다고 느끼는데 하느님께서 이 일을 하라고 여러분을 뽑으신 것이 이상하게 생각되면, 이렇게 큰 신뢰의 말을 하시오. '저는 하느님의 말씀을 믿고 말씀하시는 대로 하겠습니다' 하고."

"선생님, 그렇지만 저희가 저 이교도들과 어떻게 처신해야 합니까? 저희는 그 사람들을 고기잡이를 통해서 압니다. 같은 일로 일치해 있는 것입니다. 그러나 다른 사람들은 어떻합니까?" 하고 어떤 이스라엘 어부가 묻는다.

"같은 일로 우리가 일치해 있다고 당신이 말했지요. 그렇다면 같은 기원에서 왔다는 사실도 일치시켜야 되지 않겠어요? 하느님께서는 이스라엘 사람들과 페니키아 사람들을 모두 창조하셨습니다. 사론 평야의 사람들이나 상부 유다의 사람들도 이 해안의 사람들과 다르지 않습니다. 낙원은 모든 인간 자손을 위한 것이었습니다. 그리고 사람의 아들은 모든 사람을 천국으로 데려가려고 왔습니다. 하늘을 얻고 아버지께 기쁨을 드리는 것이 목적입니다. 그러므로 여러분은 같은 길에서 서로 만나, 여러분이 일 때문에 서로 사랑하는 것과 같이 영적으로 서로 사랑하시오."

"이사악이 저희들에게 많은 말을 해주었습니다. 그러나 저희들은 거기 대해서 더 많이 알고 싶습니다. 이렇게 멀리 떨어져 있는 저희들 몫으로 제자 한 사람을 주실 수 있습니까?"

"선생님, 엔도르의 요한을 보내십시오. 그 사람은 매우 능력이 있고, 또 이교도들과 사는 것이 습관이 되어 있으니까요" 하고 가리옷 사람 유다가 암시한다.

"아니다, 요한은 우리와 함께 있어야 한다" 하고 예수께서 단호하게 대답하신다. 그리고 어부들에게로 몸을 돌리시고 "자주조개 잡이가 언제 끝납니까?" 하고 물으신다.

"가을의 폭풍우 때에 끝납니다. 그 다음에는 이곳 바다가 너무 너울집니다."

"그때에는 시카미논으로 돌아갑니까?"

"그곳과 가이사리아로 돌아갑니다. 저희들은 로마인들에게 많이 팔거든요."

"여러분은 그때 제자들을 만날 수 있을 것입니다. 그동안 꾸준히 계속하시오."

"제 배에는 제가 받아들이려고 하지 않았는데, 선생님의 이름으로 온다고 하면서 온 사람이 하나 있습니다."

"아스칼론의 나이어린 어부입니다."

그 사람은 배로 갔다가 새파랗게 젊은 사람을 데리고 돌아오는데, 젊은이는 이렇게까지 친절한 대우를 받게 된 것을 매우 부끄러워한다.

사도 요한이 그를 알아본다. "선생님, 이애는 저희들에게 생선을 준 아이들 중의 하나입니다." 그러면서 인사를 하려고 일어선다. "헤르마스테아, 너 왔니? 혼자 왔니?"

"혼자 왔어요. 가파르나움에서는 부끄러웠어요. … 저는 바라면서 해변에 혼자 남아 있었어요…."

"바라다니, 무얼?"

"아저씨의 선생님보는 걸요."

"그런데 내 선생님이 아직 네 선생님은 아니란 말이냐? 애야, 왜 아직 주저하는 거냐? 너를 기다리시는 빛으로 오너라. 선생님이 너를 어떻게 살펴보시며 미소짓고 계신지 보아라."

"제가 어떤 대우를 받을까요?"

"선생님, 저희에게로 잠깐 오십시오."

예수께서 일어나셔서 요한 있는 데로 가신다.

"얘는 외국인이기 때문에 감히 오지 못한답니다."

"내게는 외국 사람이 없다. 그래 네 동무들은? 너희들은 많지 않았느냐? … 불안해 하지 말아라. 오직 너만이 끝까지 꾸준할 줄 알았다. 너 하나 때문에라도 나는 기쁘다. 나하고 같이 가자."

예수께서는 새로 얻은 제자와 같이 당신 자리로 돌아오신다.

"그래, 이 아이는 엔도르의 요한에게 맡기자" 하고 가리옷의 유다에게 말씀하신다. 그리고 나서 모든 사람에게 말씀하신다.

"한 떼의 광부가 보물들이 들어 있다는 것을 아는 갱(坑) 속으로 내려갔습니다. 그러나 보물들은 땅 속 깊은 곳에 잘 감추어져 있었습니다. 그래서 그들은 파기 시작했습니다. 그러나 땅은 단단하고 일은 힘들었습니다.

많은 사람이 싫증이 나서 곡괭이를 내던지고 가버렸습니다. 어떤 사람들은 작업반장을 비웃고 거의 바보 취급을 했습니다. 또 어떤 사람들은 그들의 운명과 일과 땅과 금속에 책임을 돌리면서 성을 내며 땅속을 두드려서 광맥을 산산 조각을 내서 못쓰게 만들어놓고 나서 모든 것을 망쳐놓고 아무 성과도 올리지 못한 채 역시 가버렸습니다. 이제는 제일 꾸준한 사람 하나밖에 남지 않았습니다. 그 사람은 저항하는 지층(地層)을 부드럽게 다루어서 아무것도 망치지 않으며 땅을 뚫고 시험을 해보고 더 깊이 팠습니다. 그 사람은 마침내 귀금속의 굉장한 광맥을 발견하고야 말았습니다. 광부의 꾸준함은 상을 받았습니다. 그리고 그는 자기가 발견한 그 매우 순수한 금속을 가지고 많은 일을 시작해서 많은 영광과 많은 단골을 얻을 수 있었습니다. 게으르거나 성을 잘 내는 다른 사람들은 아무것도 얻지 못한 곳에서 오직 꾸준함만으로 발견할 수 있었던 그 금속을 모든 사람이 원했기 때문입니다.

그러나 발견된 금도 아름답게 되고 금은 세공사에게 쓰일 수 있는 알맞은 상태가 되기 위해서는 다루어지겠다는 꾸준한 뜻이 있어야 합니다. 만일 금이 발견되는 첫번째 수고가 있은 다음 어려운 일을 겪기를 원치 않으면 자연 그대로 있을 것이고 가공을 할 수 없을 것입니다. 그러므로 여러분은 처음 열정만으로는 사도로도 제자로도 신자로도 성공하는 데 충분하지 못하다는 것을 알 것입니다. 끝까지 항구해야 합니다.

헤르마스테아의 동무는 많았습니다. 그리고 뜨거운 열광으로 모두 오기로 약속했었습니다. 그런데 이 애 하나만이 왔습니다. 내 제자들은 많고, 또 점점 더 많아질 것입니다. 그러나 반의 3분의 1만이 끝까지 제자로 있을 수 있을 것입니다. 끝까지 꾸준한 것. 이것이 중요한 말입니다. 모든 좋은 일에 있어서 그렇습니다.

여러분은 자주조개를 잡으려고 3단(段) 그물을 칠 때에, 혹 한 번만 치고 맙니까? 아니지요. 한 번이 아니라, 몇 시간 동안, 며칠 동안, 몇 달 동안 치고 또 치고, 그렇게 하면 여러분과 여러분의 가족의 먹을 것과 안락을 얻게 되니까 다음해에도 그곳에 또 올 작정을 합니다. 그런데 하느님의 이익, 그리고 여러분이 신자이기만 하면 여러분의 영혼의 이익, 그리고 여러분이 제자들이라면 여러분의 영혼과 여러분의 형제들의 영혼의 이익이라는 더 중요한 일에 대해서 달리 행동하려고 하겠습니까? 내가 분명히 말합니다만, 영원한 옷의 자주빛을 빼내기 위해서는 끝까지 꾸준해야 합니다.

그럼 이제는 돌아가는 시간까지 친한 친구로 지냅시다. 그래야 우리가 서로 더 잘 알게 될 것이고, 서로 쉽게 알아보게 될 것입니다…."

그래서 그들은 바위가 많은 작은 만에 흩어진다. 그들은 바위에서 뜯어 낸 섭조개와 게들, 그리고 작은 그물로 잡은 고기들을 굽는다. 그리고 지진으로 인해서나 또는 파도로 인해서 바위로 된 해안에 생긴 동굴 속에서 마른 해초를 깔고 잠을 잔다. 그동안 하늘과 바다는 눈부시게 파란 빛깔로 수평선에서 만나 서로 얼싸안고, 갈매기들은 회전목마같이 바다에서 둥지로 계속해서 날아들며 소리를 지르고 날개를 친다. 숨이 막힐 정도로 더운 이 시간에 들리는 것이라고는 물결 찰랑거리는 소리와 갈매기의 울음소리뿐이다.

115. 시카미논의 제자들에게 말씀하신다. 믿음

시카미논 사람들은 호기심에 끌려서, 선생님이 돌아오시기를 기다리는 제자들이 있는 곳을 하루종일 못 살게 굴었다. 그러나 그동안에도 여자 제자들은 시간을 허송하지 않고 먼지와 땀투성이 옷들을 빨았다. 그래서 작은 해변에는 바람과 햇볕에 마르고 있는 옷들의 명랑한 전시가 있다. 해가 기울기 시작하고, 저녁과 더불어 소금기를 머금은 습기가 느껴지려고 하는 지금은 아직 조금 덜 마른 옷들을 서둘러 걷어서 두드리고 개키기 전에 이리저리 잡아당겨서 잘 정돈된 모습으로 각기 주인들 앞에 나타날 수 있게 한다.

"마리아에게 옷을 즉시 갖다 주도록 하세" 하고 알패오의 마리아가 말한다. 그리고 이렇게 덧붙인다. "어제하고 오늘, 공기가 통하지 않는 그 오막살이에 있은 건 마리아에게 큰 희생이었어!…"

이래서 나는 예수께서 이 곳에 계시지 않은 것이 하루 더 되었다는 것과 옷이 한벌밖에 없는 막달라의 마리아는 얻어 입은 그의 옷이 마를 때까지 숨어 있어야 했다는 것을 알게 되었다.

수산나가 대답한다. "다행히도 마리아는 절대로 불평을 안해요! 저는 마리아가 그렇게 착하리라고는 생각지 못했어요."

"그리고 겸손하다고도 자넨 말해야 할 걸세. 그리구 조심성있구. 가엾게두! 정말이지 마귀가 그를 괴롭혔던 거야! 우리 예수에게 구출되어서 다시 자기 자신이 된 거야. 틀림없이 아주 어렸을 적에 그랬을 것처럼 말이야."

두 여자는 이렇게 말하면서 빨래한 옷들을 가지고 집으로 돌아온다.

그동안 부엌에서는 마르타가 음식을 준비하는 데 골몰하고, 성모님은 구리냄비에 야채를 씻은 다음 저녁에 먹게 하려고 익히신다.

"자, 모두 마르고, 모두 깨끗하게 개켜졌어요. 그럴 필요가 있었지요. 마리아한테 가서 옷을 주세요" 하고 수산나가 마르타에게 옷을 주면서 말한다.

조금 후에 두 자매가 함께 돌아온다. "두 분 고맙습니다. 여러 날 동안 갈아 입지 못한 옷으로 인한 희생이 제게는 가장 힘들었어요" 하고 막달라의 마리아가 미소지으면서 말한다. "이제는 아주 산뜻해진 것 같아요."
 "밖에 가서 앉아라, 기분좋은 산들바람이 불고 있어. 그렇게 오랫동안 틀어박혀 있었으니 넌 그럴 필요가 있을 거다" 하고 마르타가 지적한다. 마르타는 동생보다 키가 작고 몸이 홀쭉하기 때문에 그의 옷을 빠는 동안 수산나나 알패오의 마리아의 옷을 입고 있을 수가 있었다.
 "이번에는 이렇게 해서 어려운 고비를 넘겼지만, 이 다음에는 우리도 다른 사람들처럼 작은 배낭을 만들어 가지고 다녀야겠어. 그래야 이런 난처한 일을 당하지 않을 거야" 하고 막달라 마리아가 말한다.
 "뭐라구? 너도 우리처럼 선생님을 따라다닐 생각이냐?"
 "물론이지. 그와 반대되는 명령을 내리지 않으시면 말이야. 이젠 그분들이 돌아 오는지 보러 해변엘 가봐야지. 오늘 저녁에는 돌아오실까?"
 "그럴 걸로 생각한다" 하고 성모님이 대답하신다. "나는 예수가 페니키아에 갔기 때문에 걱정이 된다. 그러나 나는 예수가 사도들과 같이 있다는 생각을 하고, 또 페니키아인들이 어쩌면 다른 많은 사람들보다 더 나을지 모른다는 생각도 한다. 그렇지만 예수를 기다리는 사람들 때문에 그가 돌아왔으면 한다. 샘에 갔더니 어떤 어머니가 나를 붙잡고 '부인은 갈릴래아 선생님, 사람들이 메시아라고 부르는 분과 같이 계십니까? 그럼 와서 제 아이를 보세요. 일년째나 열병에 시달리고 있답니다' 하고 말했어. 그래서 어떤 작은 집으로 들어갔었다. 가엾은 어린 것! 꼭 죽어가는 작은 꽃 같았어! 예수한테 말하겠다."
 마르타가 말한다. "병을 고쳐 달라고 청하는 다른 사람들도 있습니다. 가르침보다는 병나음을 바랍니다."
 "사람은 아주 영적인 존재가 되기가 어렵다. 사람은 육체의 호소와 그 요구를 더 많이 듣는다" 하고 성모님이 대답하신다.
 "그렇지만 기적이 있은 다음에는 영의 생명에 태어나는 사람이 많습니다."
 "마르타야, 그렇다. 그래서 내 아들이 그렇게 많은 기적을 하는 것이다. 사람들에게 대한 인자로 그러기도 하지만, 이 방법으로 사람들을 그의 길로 끌어들이기 위해서 그러기도 한다. 그렇지 않으면 너무나 많은 사람이 그 길을 따르지 않을 것이다."
 예수와 같이 가지 않았던 엔도르의 요한이 집으로 돌아오고, 그와 더불어

115. 시카미논의 제자들에게 말씀하신다. 믿음

그들이 사는 작은 집으로 갔던 많은 제자들이 온다. 거의 동시에 막달라 마리아가 돌아오면서 말한다. "돌아들 오세요. 어제 새벽에 떠났던 배 다섯 척이예요. 저는 아주 잘 알아봤어요."

"피로하고 목들이 마를 거야. 물을 또 길으러 가야지. 샘물이 아주 시원해" 하고 알패오의 마리아가 말하면서 물병들을 들고 나간다.

"예수, 마중을 나가자. 오너라" 하고 성모님이 말씀하신다. 그러면서 막달라 마리아와 엔도르의 요한과 같이 나가신다. 마르타와 수산나는 화덕 옆에 남아서 얼굴이 새빨갛게 되어 가지고 식사 준비를 마저 하느라고 골몰해 있기 때문이다.

해안을 끼고 가서 다른 어선들이 들어와서 쉬고 있는 작은 부두에 이르렀다. 부두 끝에서는 만(灣) 전체와 만의 이름과 같은 이름을 가진 도시가 보이고, 항행하느라고 약간 기운 채 빨리 달려오는 배 다섯 척도 보인다. 돛들은 유리한 북풍으로 팽팽하게 부풀었고, 바람은 더위에 시달린 사람들을 식혀준다.

"시몬과 다른 사람들이 얼마나 요령있게 일을 처리하는지 보세요. 암초를 지났습니다. 이제는 이곳에는 해류가 세기 때문에 그것을 우회하느라고 먼 바다로 나갑니다. 보세요. … 이제는 모두가 잘 되었습니다. 곧 이리로 올 겁니다" 하고 엔도르의 요한이 말한다. 과연 배들이 점점 더 가까이 오고, 배 안에 있는 사람들을 구별할 수 있게 되었다.

예수께서는 첫배에 이사악과 같이 계시다. 예수께서는 일어서셨다. 그러니까 그분의 큰 키가 대단히 위엄있게 나타난다. 그러다가 내리는 돛에 가려 몇분동안 안 보이시게 된다. 과연 배는 빙 돌아서 방향을 바꾸어 부두 윗쪽에 있는 여자들 앞을 지나서 작은 부두의 안전지대로 들어가려고 한다. 예수께서는 여자들에게 인사하시느라고 미소를 보내시고, 여자들은 하선지점에 동시에 도착하려고 빨리 걷기 시작한다.

"아들아, 하느님의 축복을 받아라!" 하고 성모님이 부두에 내려오시는 예수께 인사를 하신다.

"어머니, 하느님의 축복을 받으십시오. 걱정하셨습니까? 시돈에 갔더니 우리가 찾는 사람이 없었습니다. 그래서 띠로에까지 갔는데, 거기서 그 사람을 만났습니다. 헤르마스테아야, 오너라. … 요한아, 자, 이 젊은이는 사람들이 가르치기를 원하는 아인데, 네게 맡기겠다."

"선생님의 말씀에 대해서 이 애를 가르쳐서 선생님의 기대를 저버리지 않겠습니다. 선생님, 고맙습니다! 선생님을 기다리는 사람이 많이 있습니다" 하고 엔도르의 요한이 말한다.

"아들아, 가엾은 어린 병자도 하나 있는데, 그 어머니가 너를 보기를 원한다."

"곧 가겠습니다."

"선생님, 그가 누군지 제가 압니다. 제가 선생님을 모시고 가겠습니다. 헤르마스테아야, 너도 가자. 우리 주님의 무한한 인자를 알기 시작해라" 하고 엔도르 사람이 말한다.

둘째 배에서는 베드로가 내리고, 셋째 배에서는 야고보가, 넷째 배에서는 안드레아가, 다섯째 배에서는 요한이 내린다. 이 네 조종사를 따라 그들과 같이 있던 사도들이나 제자들이 내려서 예수와 성모님 둘레에 모인다.

"집으로 가거라. 나도 곧 가마. 그동안 식사에 필요한 것을 준비하여라. 그리고 기다리는 사람들에게는 저녁 늦게 말하겠다고 일러라."

"그런데 병자들이 있으면요?"

"그 사람이 행복하게 집으로 돌아갈 수 있게 식사 전에라도 우선 그들을 고쳐 주겠다."

그들은 헤어진다. 예수께서는 엔도르의 사람과 헤르마스테아와 같이 시내 쪽으로 가신다. 다른 사람들은 자갈이 깔린 해변을 다시 걸어오며, 마치 어머니에게로 돌아오는 아이들같이 기뻐서 그들이 보고 들은 모든 것을 이야기한다. 가리옷 사람 유다도 만족한다. 그는 자주조개잡이 어부들이 그에게 주고자 한 모든 헌금을 보이고, 특히 값진 물질이 들어 있는 아름다운 꾸러미를 보인다.

"이건 선생님이 쓰실 것이야. 만일 선생님이 이걸 달지 않으시면 누가 이걸 달 수 있겠어? 그 사람들은 나를 따로 불러 가지고 이렇게 말했어. '우리 배에는 값진 산호들이 있습니다. 그리고 진주도 하나 있습니다. 생각해 보세요! 이건 보물입니다. 어떻게 그런 행운이 우리에게 왔는지 모르겠어요. 그렇지만 선생님을 위해서 기꺼이 당신에게 그것들을 주겠습니다. 와서 보세요.' 그래서 선생님이 기도하시려고 어떤 동굴로 들어가신 동안 나는 그 사람들을 기쁘게 하려고 그리 갔었어. 매우 아름다운 산호들이 있고, 진주도 하나 있었지. 크진 않지만 아름다운 것이었어. 나는 그 사람들에게 이렇게 말했어. '이것들을 포기하지 마시오. 선생님은 보석을 지니지 않으십니다. 차라리 이 주홍빛 옷감을 조금 주시오. 선생님의 옷에 장식을 좀 만들어 드리게' 하고. 사람들은 이 꾸러미밖에 없었는데, 막무가내로 내게 다 주겠다는 거야. 어머님, 받으세요. 우리 주님을 위해서 어머님이 그렇게도 잘 하시는 아름다운 물건을 만드십시오. 아니, 그렇게 하세요, 아시겠습니까? 선생님이 그걸 눈치채시면, 가난한 사람들을 위해서 그걸 팔라고 하실 것입니다. 그런데 저희들은 선생님께서 입으셔야 마땅한 대로 입으신 것을 보는 것이 저희는 마음에 좋습니다. 그렇지?"

"오! 그렇구말구, 그건 사실이야! 선생님이 다른 사람들 가운데에서 그렇게도 수수한 옷을 입고 계신 것을 보면 난 가슴이 아파. 선생님은 왕이신데. 그들은 노예보다도 못한 자들인데 리본을 여기저기 달아서 장식하고 찬란한 옷을 입었단 말이야. 그러면서 선생님을 마치 그들에게는 어울리지 않는 가난뱅이로 본단 말이야!" 하고 베드로가 말한다.

"형 보았어, 응? 우리가 어부들과 작별 인사를 할 때 띠로의 양반들이 웃는 걸 말이야?" 하고 베드로의 아우가 대답한다.

제베대오의 야고보가 이렇게 말한다. "나는 그들에게 이렇게 말해 주었어. '이 비겁한 인간들, 부끄러움을 아시오! 선생님의 흰옷의 실 한오라기만으로도 당신들의 그 모든 싸구려 장신구보다 더 값어치가 있소' 하고."

"이왕 유다가 그걸 얻을 수 있었으니, 저는 아주머니께서 장막절을 위해 그걸 마련하셨으면 합니다" 하고 다른 유다, 즉 타대오가 말한다.

"나는 자주빛 옷감을 길쌈한 적은 한번도 없었다. 그러나 해보겠다…." 성모님은 빛깔이 찬란한 부드럽고 가볍고 폭신폭신한 아주 고운 양털을 만지시면서 말씀하신다.

"제 유모가 그걸 잘 압니다" 하고 아름다운 것에는 정통한 막달라 마리아가 말한다. "우리는 가이사리아에서 유모를 보게 될 것입니다. 유모가 어머님께 어떻게 하는지 보여 드릴 것입니다. 어머님은 무엇이든지 잘 할 줄 아시니까 이내 배우실 것입니다. 저는 목과 소매와 옷 아래에 선을 두르겠습니다. 아주 하얀 아마포나 아주 하얀 모직 위에 자주빛 옷감을 달고, 성소의 대리석에 있는 것과 같은 종려나무 가지와 장미꽃 모양의 장식을 하고, 한가운데에는 다섯 매듭을 만들어 놓겠습니다. 그러면 썩 잘 어울릴 것입니다."

마르타가 말한다. "저희 어머니가 이 무늬가 아름답기 때문에 오빠의 옷에 그 그림을 넣었었습니다. 오빠는 시리아의 토지가 생겨서 그리로 여행을 갈 때 그 옷을 입고 갔습니다. 그것이 저희 어머니가 마지막으로 지으신 옷이기 때문에 보관해 두었습니다. 그걸 어머님께 보내 드리겠습니다."

"나는 너희 어머니를 위해 기도하면서 그것을 만들겠다."

집들 있는 데까지 왔다. 사도들은 선생님을 원하는 사람들, 특히 병자들을 모으려고 사방으로 흩어진다….

예수께서는 엔도르의 요한과 헤르마스테아와 함께 돌아오셔서 작은 집들 앞에 밀려드는 사람들 사이로 인사를 하며 지나가신다. 예수의 미소는 축복이다.

궤양성 안염으로 인하여 거의 소경이 된 어쩔 수 없는 안질 병자를 사람들이 예수께 보여 드리니, 예수께서는 그의 병을 고쳐 주신다. 그 다음에는 마르고 중국 사람처럼 노란, 분명히 말라리아를 앓는 어떤 사람의 차례다. 예수께서는 그 사람도 고쳐 주신다. 그 다음에는 예수께 이상한 기적을 청하는 여인이다. 젖이 나오지 않는 유방에 젖이 나오게 해달라는 것이다. 그러면서 영양실조가 되고 체온과도로 인한 것처럼 새빨갛게 된 난지 며칠밖에 안 된 아이를 보인다. 그 여자는 울면서 말한다. "보세요. 저희들은 남자에게 복종하고 자녀를 낳으라는 계명을 가지고 있습니다. 그렇지만 아이를 낳은 다음에 저희 아이들이 쇠약해지는 것을 보게 된다면 그것이 무슨 소용이 있습니까? 이 애가 제가 세번째 낳은 아인데, 이 메마른 가슴 때문에 두 아이는 벌써 무덤에 데려다 주었습니다. 이 애도 더운 때에 났기 때문에 벌써 죽어 갑니다. 다른 아이들은 하나는 열 달을 살았고, 또 하나는 여섯 달을 살았습니다. 그애들이 장이 나빠져서 죽을 때 저는 더 울리려고 그랬던 것입니다. 제가 젖이 있었더라면, 그런 일은 안 일어났을 것입니다…."

예수께서는 그 여자를 들여다보시며 말씀하신다. "당신 아이는 죽지 않을 것입니다. 믿음을 가지시오. 집으로 돌아가시오. 그리고 집에 도착하거든 아기에게 젖을 물리시오. 믿음을 가지시오."

여인은 복종해서 가엾은 어린 것을 데리고 간다. 아이는 고양이 새끼처럼 앓는 소리를 내고, 엄마는 아기를 꼭 껴안는다.

"그렇지만 저 여자가 젖이 나게 될까?"

"물론이지, 젖이 날 거야."

"나는 아이는 죽지 않겠지만 젖은 나지 않을 거라고 장담하네. 그렇지만 아이가 살면 그것만으로도 벌써 기적일 거야. 아이는 먹지 못해서 죽은 거나 마찬가지거든."

"천만에. 난 젖이 나올 거라고 장담하네."

"그래."

"아니야."

사람에 따라서 의견이 다르다. 그러는 동안 예수께서는 식사를 하시려고 물러 가신다. 예수께서 전도하시려고 다시 나오실 때에는 사람들이 훨씬 더 많아졌다. 사실 예수께서 배에서 내리시는 즉시 행하신 열병을 앓던 어린이에 대한 기적의 소문이 시내에 퍼졌다.

"나는 내 말을 듣도록 여러분의 정신을 준비시키기 위해 여러분에게 내 평화를 줍니다. 폭풍우 속에서는 주님의 목소리가 도달할 수 없습니다. 지혜는 하느님에게서 오는 만큼 평화로운 것이기 때문에 혼란은 어떤 것이건 지혜에 해롭습니다. 반대로 혼란은 하느님에게서 오지 않습니다. 그것은 불안, 번민, 의혹 따위는 사람의 아들들을 불안에 빠뜨리고 그들을 하느님과 갈라놓기 위한 마귀의 작용이기 때문입니다.

이 가르침을 여러분이 더 잘 이해하도록 이 비유를 말하겠습니다.

한 농부가 그의 밭에 열매가 많이 열리는 나무와 포도나무를 많이 가지고 있었는데, 포도나무 중에는 큰 값어치가 있는 것이 하나 있어서 그것을 대단히 자랑스럽게 생각했습니다.

한 해는 그 포도나무에 잎은 무성한데 포도송이는 별로 달리지 않았습니다. 어떤 친구가 농부에게 말했습니다.'그건 자네가 가지를 별로 쳐주지 않았기 때문이야' 하고. 다음해에는 그 사람이 가지를 많이 쳐주었습니다. 그랬더니 햇가지가 별로 많이 생기지 않고 포도송이는 훨씬 덜 달렸습니다. 셋째해에는 그 사람이 포도나무를 그대로 놓아두었습니다. 그랬더니 포도나무에는 포도송이가 하나도 달리지 않고, 잎도 별로 많이 나지 않은데다가 빈약하고 오그라들고 곰팡이 얼룩이 뒤덮였습니다. 셋째 친구가 이렇게 선언했습니다. '이 포도나무는 땅이 좋지 않아서 죽는 걸세. 태워버리고 말게' 하고 '아니, 다른 포도나무들하고 같은 땅이고, 똑같이 보살피는데 왜 그런 거야? 처음에는 포도가 많이 열렸었는데!' 그 친구는 어깨를 들썩해 보이고 가버렸습니다.

알지 못하는 길손이 지나가다가 시름없이 포도나무에 기대어 서있는 농부를 살펴보려고 걸음을 멈추었습니다.
 '왜 그러고 계십니까? 댁에 초상이라도 났습니까?' 하고 그 길손이 물었습니다.
 '아닙니다. 그렇지만 내가 대단히 사랑하던 이 포도나무가 죽어 가고 있어서 그럽니다. 이제는 수액이 없어서 열매를 맺지 못합니다. 한해는 별로 많이 내지 못하더니, 다음해에는 그보다도 못했고, 올해는 아무것도 없었습니다. 나는 사람들이 하라는 대로 했는데, 그게 아무 소용이 없었습니다.'
 알지 못하는 길손은 밭으로 들어가 포도나무로 다가갔습니다. 그러더니 잎을 만져보고, 흙덩어리 하나를 집어 가지고 냄새를 맡아보고, 손가락으로 비벼 부수어 보고, 포도나무를 받쳐 주고 있는 나무 줄기를 쳐다보았습니다.
 '이 나무줄기를 치워야 합니다. 이 나무줄기가 포도나무가 열매를 맺지 못하게 합니다.'
 '그렇지만 포도나무가 여러해 전부터 그 줄기에 의지하고 있는데요?!'
 '여보시오, 바른 대로 대답하시오. 당신이 이 포도나무를 심을 때 포도나무는 어떠했고 이 나무줄기는 어떠했습니까?'
 '오! 이 포도나무는 3년된 아름다운 나무였습니다. 이걸 내 다른 포도밭 하나에서 파온 것인데, 여기다 심으려고, 이것이 자라던 곳에서 파낼 때에 뿌리를 상하지 않게 하려고 구덩이를 깊게 팠습니다. 여기도 구덩이를 마찬가지로 팠고, 포도나무가 이내 편하게 있으라고 훨씬 더 크게 팠습니다. 그리고 뿌리가 편하고 쉽게 뻗어 나가라고 그 둘레에 있는 땅을 두번 갈아서 뿌리에 닿는 흙을 더 부드럽게 했습니다. 그리고 밑에 완전하게 된 퇴비를 주어서 땅을 정성스럽게 손질했습니다. 아시다시피 뿌리는 이내 영양분을 만나면 강하게 됩니다. 느릅나무는 덜 보살폈습니다. 이것은 포도나무 묘목을 버티어 주기만 하기로 된 작은 나무였습니다. 그래서 이 나무를 포도나무 묘목 가까이 거의 지면에다 심고 북을 주고는 갔습니다. 땅이 좋기 때문에 두 나무가 모두 뿌리를 내렸습니다. 그러나 포도나무는 해가 가는 데 따라서 점점 더 자라고 사랑을 받고 전지가 되고 밑에 땅은 김이 매지고 했습니다. 반대로 느릅나무는 가까스로 자라고 있었습니다. 그러나 가치가 별로 없었으니까요! … 그러다가 느릅나무가 튼튼해졌습니다. 지금은 얼마나 아름다운지 보시지요? 제가 멀리서 돌아올 때는 탑처럼 우뚝 솟아 있는 이 느릅나무 꼭대기가 보입니다. 그래서 제 작은 왕국의 간판과도 같습니다. 전에는 포도나무가 느릅나무를 덮어서 그 아름다운 잎들이 보이지 않았었습니다. 그러나 지금은 저 위의 잎들이 햇빛을 받아 얼마나 아름다운지 보십시오! 그리고 줄기는 또 어떻구요! 늘씬하고 힘있습니다. 이 나무는 포도나무가 이스라엘 탐험가들이 그라페의 계곡에서 파온 포도나무들만큼이나 힘있게 되었어도 여러 해 동안 포도나무를 버티어 줄 수 있었습니다. 그런데 반대로 ….'

'그런데 반대로 포도나무를 죽였지요. 느릅나무가 포도나무를 말라 죽게 한 것입니다. 모든 것이 포도나무가 사는 데 유리했습니다. 땅도, 위치도, 빛도, 햇볕도, 또 당신이 그에 쏟은 정성도 그랬습니다. 그러나 이 나무가 포도나무를 죽였습니다. 이 나무가 힘이 너무 세어졌습니다. 이 나무가 포도나무의 뿌리를 묶어서 마르게 했고, 흙의 진을 전부 빼앗았고, 포도나무에 재갈을 물려 숨을 못 쉬게 했고, 빛을 이용하지 못하게 했습니다. 이 쓸 데 없고 기운이 센 나무를 즉시 베어 버리세요. 그러면 당신의 포도나무가 다시 살아날 것입니다. 그리고 당신이 참을성을 가지고 땅을 파서 느릅나무의 뿌리를 드러나게 해서 새싹이 나지 못하도록 확실하게 하면 한층 더 잘 다시 살아날 것입니다. 뻗어 나간 마지막 잔 뿌리들이 땅속에서 썩어서 죽음을 주는 대신에 생명을 줄 것입니다. 그것은 그것들의 이기주의에 대한 마땅한 벌을 받아 퇴비가 될 것이기 때문입니다. 줄기는 태우시오. 그러면 당신에게 이익이 될 것입니다. 무익하고 해로운 나무는 불때는 데에나 소용될 뿐입니다. 그래서 좋은 것은 모두 좋고 유익한 나무에게로 가도록 쓸 데 없고 해로운 나무는 치워버려야 합니다. 내가 말하는 것을 믿으시오. 그러면 당신이 만족하게 될 것입니다.'

'그러나 당신은 누구이십니까? 내가 믿음을 가질 수 있게 그걸 말씀해 주십시오.'

'나는 지혜로운 사람입니다. 나를 믿는 사람은 안전할 것입니다.' 이렇게 말하고 그 길손은 갔습니다.

농부는 조금 망설였습니다. 그리고는 결정을 하고 톱을 들었습니다. 그 사람은 도와 달라고 친구들을 부르기도 했습니다.

'아니, 자넨 바본가?' '포도나무를 잃은 위에 느릅나무까지 마저 잃으려고 하는 구먼.' '나 같으면 포도나무에 공기가 통하게 느릅나무 꼭대기만 자르는데 그칠 걸세, 그 이상은 아무것도 안할거야.' '포도나무에는 그래도 버팀목이 필요할 건데. 자넨 쓸 데 없는 일을 하네.' '자네에게 조언을 한 사람이 어떤 사람인지 어떻게 알아? 혹 자네가 모르는 사이에 자네를 미워하는 어떤 사람인지도 몰라.' '미친 사람인지도 모르구?' 이런 말들을 했습니다.

'나는 그 사람이 말한 대로 할 거야. 나는 그 사람을 믿어.' 그러면서 느릅나무 밑둥을 바짝 잘랐습니다. 그리고 그에 그치지 않고 빙 둘러서 넓게 파서 두 나무의 뿌리를 드러냈습니다. 그 사람은 참을성있게 포도나무의 뿌리를 상하지 않게 하려고 조심하면서 느릅나무의 뿌리를 잘랐습니다. 그리고 큰 구덩이를 다시 메우고는 버팀목이 없이 서 있는 포도나무에 쇠로 만든 단단한 말뚝을 세워 주었습니다. 그 말뚝 꼭대기에는 널판에 쓴 '믿음' 이라는 말이 달려 있었습니다.

다른 사람들은 머리를 내저으면서 갔습니다. 가을이 가고, 겨울이 지나고 봄이 왔습니다. 버팀대에 감긴 포도나무의 햇가지에는 우선 은빛 벨벳 주머니 속에 든 것같이 오무린 수많은 싹이 달리고, 그 다음에는 새로 돋아나는 작은 잎들의 에머랄드 빛깔로 벙싯 벌어지고, 그 다음에는 완전히 벌어지고, 그 다음에는 줄기에서 든든한 햇가지들이 돋아나고, 작은 꽃들이 피더니, 포도알들이 많이 생겨났습니다. 잎보다 포도송이가 더 많았는데, 잎들은 넓고 푸르고 튼튼해서 포도송이를 둘, 셋, 그 이상까지도 달고 있었고, 포도송이 하나하나에는 살찌고 물많고 눈부신 포도알이 빽빽히 달라붙어 있었습니다.

'그래 이제는 뭐라고 말하겠나? 내 포도나무를 죽게 하는 것이 그 나무였나, 아니었나? 그 현자의 말이 옳았나 옳지 않았나? 이 널판에 〈 믿음〉이라는 말을 쓴 것이 잘한 일인가, 아닌가?' 이렇게 그 사람이 믿지 않았던 친구들에게 말했습니다.

'자네가 옳았네. 그리고 믿음을 가질 줄 알고, 자네에게 말해 준 과거와 해로운 것들을 때려부술 수 있었으니 자네도 행복하네.'

비유는 이렇습니다. 젖이 말라붙었던 여인의 일에 대해서는 시내 쪽을 보시오.”

모든 사람이 시내 쪽으로 머리를 돌리니 조금 전의 그 여인이 뛰어 오는 것이 보인다. 그 여인은 뛰어 오면서도 불은 젖에서 아기를 떼어놓지 않는다. 퉁퉁 불은 젖을 아기가 어떻게나 게걸스럽게 먹는지 거기 빠져 들어가는 것 같다. 그런데 그 여인은 예수의 발 앞에까지 와서야 걸음을 멈추고, 예수 앞에서 잠시 아기를 젖에서 떼어놓으면서 외친다. “아기가 선생님을 위해서 살게 강복해 주십시오, 강복을요!"

이 막간이 있은 후, 예수께서는 말씀을 다시 계속하신다 . "그러면 여러분은 기적에 관한 여러분의 추측에 대한 대답을 받은 셈입니다. 그러나 비유는 보상을 받은 믿음의 이 조그마한 삽화(揷話)보다 더 넓은 뜻이 있습니다. 그것은 이런 것입니다.

하느님께서는 당신의 포도나무, 즉 당신의 백성을 유리한 장소에 갖다 놓으시고 , 나무가 자라서 점점 더 큰 열매를 맺는 데 필요한 모든 것을 마련해 주시고, 율법을 쉽게 이해하고 그것을 힘을 만들어 가질 수 있게 선생님들에게 의지하게 했습니다. 그러나 선생들이 입법자 위에 올라서고자 했고, 자라고, 자라고, 또 자라서 자신들을 영원한 말씀보다 더 인정하게 만들었습니다. 그래서 이스라엘은 열매를 맺지 못하게 되었습니다. 그래서 주님은 이스라엘에서 올바른 영혼을 가지고 이 번식불능을 괴로워하고 선생들이 하는 말이나 조언을 따라 이런 약 저런 약을 시험해 보는 사람들이 정말 유익한 조언을 받을 수 있도록 현자를 보내셨습니다. 사실 그 선생들은 인간적인 지식을 가지고 있었지만, 초자연적인 지식은 가지고 있지 못했고, 따라서 이스라엘의 정신에 생명을 다시 주기 위해서 해야 할 것에 대한 지식에서는 멀리 떨어져 있는 사람들이었습니다.

그런데 무슨 일이 일어났습니까? 왜 이스라엘이 기운을 다시 차리지 못하고, 주님께 충실하던 좋은 시절에 그랬던 것처럼 다시 기운차게 되지 못합니까? 그것은 거룩한 것, 즉 타협도 없고 망설임도 없고 위선도 없이, 주어진 그대로의 십계명의 율법을 희생으로 해서 발달한 모든 기생충 같은 존재를 치워버리라고, 그것들을 치워버리고, 포도나무, 즉 하느님의 백성에게 공기와 공간과 영양을 주고, 구부러지지 않는 강력하고 곧은 버팀목, 즉 믿음이라는 찬란한 이름을 가진 유일한 버팀대를 하느님의 백성에게 주라고 권고해야 하겠기 때문입니다. 그런데 이 권고를 사람들이 받아들이지 않는 것입니다.

그러므로 나는 이스라엘이 멸망하리라고 말합니다. 만일 이스라엘이 믿을 줄을 알고 용감하게 뉘우치고, 근본적으로 바꿀 줄을 알면 다시 살아나서 하느님의 나라를 차지할 수 있을 터인데 말입니다.

평안히들 가시오. 그리고 주님이 여러분과 함께 계시기를 바랍니다."

116. 예수께서 막달라 마리아에게 말씀하신다. "나는 너를 불에 달구어 모루에 놓고 단련하겠다"

아직 밤이다. 달이 서쪽으로 기울고 있는 매우 아름다운 밤이다. 이때에 예수께서 사도들과 여자들과 엔도르의 요한과 헤르마스테아와 함께 홀로 깨어 있는 이사악에게 조용히 인사를 하신다. 그리고 모두 해변을 끼고 걷기 시작한다. 발소리는 샌들이 밟는 조약돌들 위에서 들리는 바드득 하는 소리 밖에 들리지 않고, 맨 마지막 오막살이를 지나서 몇 미터 가기까지는 아무도 말을 하지 않는다. 틀림없이 이 마지막 오막살이에서 자는 사람들이니 그전에 지나온 오막살이들에서 자는 사람들은 선생님과 그분의 친구들이 조용히 떠나는 것을 알아차리지 못하였다. 깊은 침묵이 흐르고 있다. 오직 바다만이 멀지 않아 지게 될 달에게 말을 하는데, 시작되는 밀물의 길어진 물결로 해변의 마른 공간을 점점 더 좁혀 가면서 깊은 바닷속 이야기를 해변에게 해준다.

이번에는 여자들이 요한과 열성당원과 유다 타대오와 알패오의 야고보와 같이 앞장을 서서 가는데, 이들은 소금물로 젖어서 미끄러운 여기저기 널려 있는 작은 바위들을 여자들이 지나가는 것을 도와준다. 열성당원은 막달라 마리아와 같이 가고, 요한은 마르타와 같이 가는데 알패오의 야고보는 그의 어머니와 수산나를 돌보고, 타대오는 예수와 또한가지 비슷한 점인 그의 튼튼하고 긴 손으로 성모님의 작은 손을 붙잡고 어려운 목에서 도와드리는 영광을 아무에게도 양보하지 않는다. 각자는 자기가 같이 가는 여자와 작은 목소리로 말한다. 모두가 땅의 잠을 존중하는 것 같다.

열성당원은 끊임없이 막달라의 마리아와 말을 하는데, 시몬이 "그래, 달리할 일은 아무것도 없다" 하는 뜻을 나타내는 몸짓으로 팔을 여러 번 벌리는 것이 보인다. 그러나 그들이 더 앞서 가기 때문에 무슨 말을 하는지는 들리지 않는다.

요한은 같이 가는 마르타에게 이따금씩만 말하는데, 바다를 가리키고 또 서쪽 비탈에 아직 흰 달빛을 받고 있는 가르멜산을 가리키면서 말한다. 아마 지난번에 가르멜산의 저쪽을 끼고 갔던 길에 대하여 이야기하는 모양이다.

알패오의 마리아와 수산나 사이에 있는 야고보도 가르멜산에 대하여 말한다. 그는 어머니에게 이렇게 말한다. "예수가 저하고만 저위로 올라가기로 약속했어요. 그리고 저한테만 무슨 말을 해주겠다고 약속했어요" 하고.

"얘야, 무슨 말을 하려고 그러는 거냐? 나중에 내게 말해 줄래?"

"어머니, 그게 비밀이면 말씀드릴 수 없어요" 하고 야고보가 매우 다정스러운 미소를 지으면서 말한다. 야고보는 얼굴 모습이 성모님의 남편 요셉과 몹시 닮았고, 그 조용하고 온순함은 한층 더 비슷하다.

"어머니에 대해서는 비밀이 없는 거다."

"사실 어머니께 대해서는 비밀이 없어요. 그렇지만 예수가 저와 단둘이서만 말하기 위해서 저를 산위로 데려가려고 한다면, 내게 할 말을 아무도 알기를 원치 않는다는 표입니다. 그리고 어머니는 제가 지극히 사랑하는 내 소중한 어머니이시지만, 예수가 어머니 위에 있고 예수의 뜻도 어머니보다 더해요. 그렇지만 때가 되면 제가 예수의 말을 어머니에게 말씀드려도 되는지 물어보겠습니다. 어머니 만족하세요?"

"예수한테 물어보는 걸 너는 잊어버릴 거다."

"어머니, 아니예요. 어머니가 제게서 멀리 떨어져 계셔도 절대로 어머니를 잊지 않습니다. 무슨 아름다운 말을 듣거나 무슨 아름다운 것을 보거나 하면, 저는 언제나 '어머니가 여기 계셨으면 얼마나 좋을까?' 하고 생각합니다."

"귀여운 내 자식. 아들아, 어미에게 입맞춤해라." 알패오의 마리아는 감격하였다. 그러나 감동이 호기심을 없애지는 못한다. 얼마 동안 침묵을 지키다가 다시 공격을 한다. "너는 예수의 뜻이라는 말을 했지. 그러면 너는 예수가 그의 뜻 하나를 네게 말하고자 한다는 걸 너는 깨달은 거로구나. 자, 그것만이라도 말할 수 있겠지. 그 말을 다른 사람들이 있는 데서했니?"

"사실은 제가 예수하고만 앞에 있었어요" 하고 야고보가 빙그레 웃으면서 말한다.

"그렇지만 다른 사람들도 들을 수 있었지."

"어머니, 예수는 제게 많은 말을 하지 않았어요. 가르멜산에서 한 엘리야의 말과 기도를 상기시켰어요. '주님의 예언자들 중에서 남아 있는 사람이 오직 나 하나뿐이다.' '당신이 주 하느님이시라는 것을 백성이 알아보도록 제 기도를 들어주십시오' 하는 기도를."

"그래 그게 무슨 뜻이었단 말이냐?"

"어머니는 많이도 알고 싶어하시는군요! 예수한테 가보세요. 그럼 어머니께 말씀드릴 거예요" 하고 야고보가 질문을 회피하면서 말한다.

"선생님의 말씀은 이런 뜻일 겁니다. 세례자가 붙잡혔으니, 선생님만이 홀로 이스라엘에 예언자로 남아 계시고, 그래서 백성이 가르침을 받도록 하느님께서 선생님을 오래 보존하셔야 할 것이라고 말입니다" 하고 수산나가 말한다.

"흠! 나는 예수가 오래 남아 있기를 바란다고 믿기는 어렵네. 예수는 자기를 위해서는 아무것도 청하지 않아. … 자, 야고보야, 어미한테 말해다오!"

"호기심은 결점입니다. 그것은 쓸 데 없고 위험하고, 때로는 고통스러운 겁니다. 훌륭한 고행을 하나 하세요…."

"아이고! 네 형이 갇히고, 어쩌면 죽음을 당할지도 모른다는 뜻이 아니었니?!" 하고 알패오의 마리아가 깜짝 놀라서 말한다.

"어머니, 어머니의 사랑으로 어머니의 아들 하나하나가 온 세상과 마찬가지겠지만, 유다 형은 '모든 예언자'가 아니예요…."

"나는 다른 사람들도 생각하는 거다. 그건… 그건 너희가 틀림없이 미래의 예언자 축에 들기 때문이다. 그러면… 그러면, 만일 너 혼자만 남게 된다면… 너 혼자만 남게 된다면, 그건 다른 사람들이, 내 유다가… 아이고!…" 알패오의 마리아는 야고보와 수산나를 내버려두고, 타대오가 물어보는 것은 상관도 하지 않고 처녀처럼 빠르게 뒤로 돌아온다. 알패오의 마리아는 마치 쫓기는 듯이 예수께서 계신 집단으로 온다.

"내 예수… 난 내 아들하고 예수가 그애에게… 가르멜산에 대해서… 엘리야에 대해서… 예언자들에 대해서… 말한 거… 야고보가 혼자 남아 있을 거라고… 그럼 유다는 어떻게 될 건가? 그앤 내 아들이야, 알지." 알패오의 마리아는 극도의 불안과 뛰어온 것으로 인하여 숨을 헐떡이며 말한다.

"아주머니, 저도 압니다. 그리고 그가 제 사도가 된 것을 아주머니가 기뻐하신 다는 것도 압니다. 아주머니는 어머니로서 모든 권리를 가지고 계시고, 저는 선생과 주님으로서 권리를 가지고 있다는 것을 아주머니는 아시지요."

"사실이야⋯ 사실이야⋯ 그렇지만 유다는 내 아들인 걸!⋯"하고 장래를 예감하면서 마리아는 비통하게 운다.

"오! 쓸 데 없는 눈물을 많이도 흘리십니다! 그러나 어머니의 마음에는 모든 것을 용서합니다. 아주머니, 이리 오세요. 울지 마세요. 전에도 한 번 아주머니를 제가 위로해 드렸지요. 그때에도 아주머니가 겪던 큰 고통이 하느님에게서 아주머니와 남편 알패오와 아이들을 위해서 큰 은총들을 얻게 한 것이라고 제가 약속했습니다⋯." 예수께서는 아주머니의 어깨에 손을 얹으시고 당신 곁으로 끌어당기신다. ⋯ 예수께서 는 당신과 같이 있던 사람들에게 "너희들은 앞으로 먼저 가거라⋯" 하고 명령하신다.

그리고 클레오파의 마리아와 단둘이서 다시 말씀을 시작하신다. "그런데 저는 거짓말을 하지 않았습니다. 알패오 아저씨는 저를 부르면서 돌아가셨습니다. 이 이유로 하느님께 대한 아저씨의 빚은 전부 없어졌습니다. 전에 인정하려고 하지 않았던 이해하지 못하는 친척, 메시아에게로 돌아온 그 회개는 아주머니의 고통이 얻어낸 것입니다. 이제는 아주머니가 게으시는 고통이 결단을 내리지 못하는 시몬과 고집센 요셉이 알패오 아저씨를 본받도록 하게 만들 것입니다."

"그래, 그렇지만⋯ 유다에게는, 내 유다에게는 어떻게 할 건가?"

"저는 유다를 지금 사랑하는 것보다 한층 더 사랑하겠습니다."

"안 돼, 안 돼. 그 말에는 위협이 한 가지 있어. 오! 예수! 오! 예수!⋯"

성모님도 그것이 어떤 성질의 것인지는 아직 알지 못하시는 동서의 고통을 위로하시려고 뒤로 돌아오신다. 그리고 성모님이 곁에 와 계신 것을 보고 알패오의 마리아가 한층 더 섧게 울면서 그것을 가르쳐주자, 성모님은 달 자체보다도 더 창백해지신다. 알패오의 마리아는 탄식한다. "동서가 예수에게 말해줘요. 안 돼, 안 돼, 내 유다가 죽어서는 안 돼⋯."

한층 더 창백해지신 성모님이 그에게 말씀하신다. "제 아들이 죽음을 면하도록 그렇게 청하지도 못하는데, 형님을 위해서 그것을 제가 청할 수 있어요? 형님, 저와 함께 '아버지, 아버지의 뜻이 하늘과 땅과 어미들의 마음 속에 이루어지기를 바랍니다' 하고 말씀하세요. 자식들의 운명을 통해서 하느님의 뜻을 행하는 것, 이것이 우리 어머니들의 구속하는 고통이예요. ⋯ 그리고 한편⋯ 유다가 죽임을 당해야 한다거나 형님이 세상을 떠나기 전에 죽임을 당해야 한다는 것도 아니예요. 진리와 사랑의 나라에서 형님이 모든 것을 하느님의 빛과 신령하게 된 형님의 모성을 통해서 보실 때에는 유다가 아주 고령에까지 이르기를 위해서 형님이 지금 하는 기도가 얼마나 짐스럽게 느껴지겠습니까? 그때에는 복된 사람으로서도 그렇고 어머니로서도 그렇고, 유다가 그 구속하는 사람의 처지로 내 예수와 비슷해지기를 바라실 것이고, 유다를 다시 영원히 형님 곁에 두기를 열망하실 거라고 확신합니다. 어머니들의 고통은 자식들과 헤어져 있는 것이니까요. 그 고통은 하도 큰 것이어서 우리를 받아들일 하늘에서조차도 사랑의 고민으로 그대로 남아 있을 것이라고 나는 생각해요."

밝아오는 새벽의 고요 속에서 매우 크게 들린 마리아의 울음 때문에 모든 사람이 무슨 일인지 알기 위하여 뒤로 돌아오게 되었다. 그래서 성모님의 말씀을 듣고 모두가 감동하게 된다.

막달라의 마리아가 이렇게 중얼거리면서 운다. "그런데 나는 그 고통을 이 세상에서부터 어머니께 드렸어요."

마르타도 이렇게 말하면서 운다. "자녀들과 어머니 사이의 헤어짐은 양쪽에서 다 겪는 고통이에요.."

베드로도 눈에 눈물이 글썽하고, 열성당원은 바르톨로메오에게 이렇게 말한다. "복된 여자의 모성이 어떠할지 어떤 지혜의 말로 설명할 수 있을까!"

"그리고 복된 어머니는 이런 일들을 얼마나 높이 평가하겠어! 하느님의 빛과 영성화된 모성의 빛을 통해서 말이야. … 이걸 생각하면 마치 찬란한 신비 앞에서처럼 놀라워" 하고 나타나엘이 대답한다.

가리옷 사람은 안드레아에게 말한다. "이렇게 말하면, 모성은 일체 감각이라는 답답함을 벗어나서 날개가 달린 것같이 된단 말이야."

"사실이야, 형, 우리 어머니가 우리를 이렇게 사랑할 거야. 그때에는 어머니의 사랑이 얼마나 완전할지 상상할 수 있어?" 하고 요한이 형 야고보에게 말한다. 그리고 환한 미소를 짓는 사람은 요한 한 사람뿐이다. 그만큼 그는 그의 어머니가 완전하게 사랑하게 되리라는 생각에 감격해서 명랑한 것이다.

"저는 이렇게 많은 고통을 드린 것을 후회합니다" 하고 알패오의 야고보가 말한다. "그러나 어머니는 제가 말한 것 이상의 것을 본 것입니다. … 정말이에요, 예수님."

"나도 알아요, 알아. 그러나 아주머니는 지금 무진 애를 쓰고 있는 중인데,

그것은 메스의 칼질보다도 더 심한 타격이다. 그렇지만 그 타격으로 아주머니에게서 커다란 헛수고가 없어지게 되었다" 하고 예수께서 말씀하신다.

"자, 어머니, 이제 그만 우세요! 어머니가 마치 하느님 나라의 확실성을 모르는 불쌍한 여인처럼 괴로워하시는 것을 보니 마음이 아픕니다. 어머니는 마카베오 형제들의 어머니는 조금도 닮지 않으셨어요" 하고 타대오가 어머니를 껴안으면서 통렬하게 나무란다. 그리고 반백이 된 어머니의 머리에 입맞춤하면서 말을 마친다. "어머니는 그를 무서워하게 하려고 말해 주는 이야기와 귀신들을 무서워하는 계집아이와 같으세요. 그렇지만 제가 어디 있는지 아세요. 예수님한테요. 어머니두 참! 어머니두 참! 어머니는 제가 이 담에 예수를 배반하고 버려서 지옥에 떨어지게 될 거라고 누가 말해 주었다면 우셔야 할 겁니다. 그때에는 우셔야지요. 피눈물까지도 흘리셔야 할 겁니다. 그러나 하느님의 도우심으로 어머니에게 그런 고통은 절대로 드리지 않을 것입니다. 저는 영원히 예수님과 같이 있을 것입니다……."

처음에는 나무라고 다음에는 애무를 하니까 마침내 알패오의 마리아의 눈물이 마르고, 이제는 자기가 마음 약했던 것을 몹시 부끄러워한다.

밤에서 아침으로 건너오는 동안 빛이 약해졌다. 달은 졌는데 날은 아직 시작되지 않았기 때문이다. 그러나 그것은 짧은 동안의 어스름한 중간시간이다. 이내 빛이 나타나 처음에는 남빛깔이다가 회색을 띤 빛깔이 되고, 그 다음에는 푸르스름하게 되었다가 파란 흔적이 섞인 젖빛깔이 되고, 마침내 거의 비물질적인 빛깔이 되어 점점 확실해져서 물결이 물러가서 드러난 축축한 해변을 걸어가기 쉽게 한다. 그동안 눈은 더 엷은 파란 빛을 띠고 멀지 않아 보석처럼 빛나는 결정면(結晶面)들로 환해질 바다를 보고 즐긴다. 그리고 공기는 그 은빛깔에 장미빛깔을 스며 들게 하는데, 이 장미빛깔이 점점 더 분명해져서 마침내 새벽의 금빛도는 그 장미빛깔이 바다와 얼굴과 들판에 붉은 장미의 비를 쏟아지게 하여 색조의 대조를 더욱 심하게 하고, 이 색조들이 내 생각에는 하루의 가장 아름다운 순간에 가장 완전하게 된다. 내 생각에 하루의 가장 아름다운 순간은 해가 동녘 경계선 밖으로 솟아오르며 처음 햇살을 산과 비탈과 수풀과 풀밭과 무한히 넓은 바다와 하늘의 공간으로 보내서, 눈의 흰 빛깔이거나, 벽옥과 같은 초록빛으로 변하는 먼 산들이 남빛이거나, 엷어져서 장미빛깔을 받는 하늘의 코발트색이거나, 비취색 무늬가 있고 진주색 줄이 있는 바다의 사파이어 빛깔이거나, 모든 빛깔을 두드러지게 하는 순간이다.

그리고 오늘은 참다운 아름다움의 기적이다. 무거운 고요 속에 죽어 있는 바다도 아니고, 바람들의 싸움으로 마구 뒤죽박죽이 된 바다도 아니고, 꼭대기에 거품이 없던 주름으로 표시가 된 매우 약한 파도로 살아 있는 듯하게 된 장엄한 생명을 지닌 바다이다.

"우리는 해가 뜨겁기 전에 도라에 도착할 것이다. 그리고 황혼에 다시 떠난다. 내일 가이시리아에서는 너희들 자매의 피로가 끝날 것이다. 그리고 우리도 쉴 것이다. 너희 마차가 틀림없이 기다리고 있다. 거기서 우리는 헤어진다. 마리아야, 왜 우느냐? 그러면 오늘은 내가 모든 마리아가 우는 것을 보아야 한단 말이냐?" 하고 예수께서 막달라 마리아에게 말씀하신다.

"선생님을 떠나는 것이 얘는 괴로워서 그럽니다" 하고 언니가 마리아를 변호하며 말한다.

"우리가 다시, 그것도 멀지 않아 만나게 되지 않는다는 것도 아닌데."

마리아는 아니라는 표시를 한다.

열성당원이 설명한다. "마리아는 선생님께서 곁에 계시지 않으면 착하게 되지 못할까 봐 두려워합니다. 마리아는 두려워합니다. … 선생님이 아주 가까이 계셔서 마귀를 멀리해 주지 않으시면 너무 심한 유혹을 당할까 봐 두려워합니다. 조금 전에 제게 그 말을 했습니다."

"그런 염려는 말아라. 나는 내가 준 은총을 절대로 다시 빼앗지 않는다. 네가 죄짓기를 원하느냐? 아니야? 그러면 안심하여라. 깨어 있어라. 그래, 이렇게는 하여라. 그러나 두려워하지는 말아라."

"주님… 제가 우는 것은 가이사리아에는… 가이사리아는 제 죄가 가득 차 있기 때문이기도 합니다. 이제는 그것이 모두 보입니다. … 저는 제 인간성으로 많은 고통을 당해야 할 것입니다…."

"그것이 내 마음에 든다. 네가 고통을 당하면 당할수록 더 나을 것이다. 그것은 그러고 나면 네가 그런 쓸 데 없는 마음의 고통으로 괴로워하지 않게 되겠기 때문이다. 데오필로의 딸 마리아야, 너는 굳센 사람의 딸이고, 굳센 마음을 가진 여자이고, 내가 너를 매우 굳세게 만들기를 원한다는 것을 기억하여라. 네 언니를 포함해서 다른 여자들은 항상 온순하고 겁이 많았기 때문에 그들의 약함은 용서해 준다. 그러나 네게서는 약함을 용납하지 않는다. 나는 너를 불에 달구어서 모루에 놓고 단련하겠다. 너는 네 의지와 내 의지의 기적을 망치지 않기 위해서는 이렇게 단련해야 하는 기질이기 때문이다. 너도 그렇고, 여기 있는 사람이나 없는 사람들 중에서, 내가 너를 몹시 사랑하기 때문에 네게 대해서 마음이 약해질 수 있으리라고 생각할지 모를 사람들도 그렇고, 이것을 알아야 한다. 네가 뉘우침과 사랑으로 우는 것은 허락한다. 그러나 다른 일 때문에 우는 것은 허락하지 않는다. 알아들었느냐?" 예수께서 암시를 주시기도 하고 엄격하기도 하시다.

막달라의 마리아는 눈물과 흐느낌을 삼키려고 애를 쓰면서 무릎을 꿇는다. 그리고 예수의 발에 입맞춤하면서 목소리를 굳세게 하려고 애쓰며 말한다.

"예, 주님, 주님이 하라시는 대로 하겠습니다."

"그러면 일어나거라. 그리고 침착하여라."

117. 그리이스 여자노예 신디카

도라시는 보이지 않는다. 해가 지려고 한다. 여행자들은 가이사리아를 향하여 걸어간다. 그러나 나는 도라에서 정지하는 것은 보지 못하였다. 어쩌면 특기할 만한 것이 아무것도 없는 잠시 동안의 정지였는지 모른다. 바다는 고요한 가운데 어떻게나 하늘의 붉은 빛을 반사하는지 불이 붙어 빨갛게 된 것 같다. 어떻게나 강렬한지 거의 실제 같지 않은 빨간 빛깔이다. 하늘의 둥근 지붕에 피를 쏟은 것 같다.

바다 바람으로 이 더위가 견딜 만하게 되기는 하였어도 아직 덥다. 일행은 마른땅의 뜨거운 기운을 피하려고 항상 바다를 끼고 걸어 간다. 많은 사람은 아예 샌들을 벗고 옷을 걷어 올리고 물속으로 들어간다. 베드로가 말한다. "여자들만 없으면 난 발가벗고 물속으로 들어가 목까지 잠기겠다."

그러나 베드로는 그 생각도 버려야 한다. 그것은 다른 사람들과 같이 앞서 가던 막달라 마리아가 뒤로 돌아와 이렇게 말하였기 때문이다. "선생님, 저는 이 근처를 잘 압니다. 저기 파란 바다 가운데 노란 줄이 하나 있는 데가 보이지요? 거기에는 여름에도 항상 물이 많은 개울이 흘러 들어갑니다. 그래서 거기를 건너갈 수 있어야 합니다…."

"우리는 개울을 많이 건넜는 걸! 그게 나일강은 아닐 테지. 저 개울로 우선 건너 갈 거야" 하고 베드로가 말한다.

"나일강은 아니지만요, 그 물속과 물가에는 해를 끼칠 수 있는 물짐승들이 있어요. 상처를 피하려면 조심성없이 건너서도 안 되고 신발을 벗고 건너도 안 돼요."

"아이구! 그놈들이 어떤 놈들이기에 그래? 거대한 바다 괴물인가?"

"시몬, 바로 말했어요. 정확히 말해서 악어들이에요. 작기는 하지만 얼마 동안 걸음을 걷지 못하게 할 수는 있어요."

"그런데 그놈들은 거기서 뭘 하는 거야?"

"페니키아인들이 이 지방을 지배하던 시절부터 종교예식을 위하여 데려온 것으로 생각해요. 그러다가 저기 남아 있는데, 점점 더 작아졌지만, 그렇다고 덜 공격적인 것이 되진 않았어요. 신전에서 개울의 개흙 속으로 와서 사는 거지요. 이제는 큰 도마뱀처럼 됐어요. 그렇지만 이빨은 여전해요! 로마인들은 사냥도 하고 여러 가지 오락을 하느라고 여길 오지요. … 저도 그들과 같이 왔었어요. 심심풀이를 하는 데는 무엇이든지 다 소용되거든요. 그리고 가죽은 매우 아름다워서 여러가지로 쓰입니다. 그러니까 이곳에 대한 제 경험 때문에 제가 안내를 하게 허락하세요."

"좋아, 그놈들을 봤으면 좋겠는걸…" 하고 베드로가 말한다.

"하도 잡아서 거의 멸종이 되다시피 했지만 어쩌면 몇 마리쯤 볼지도 몰라요."

일행은 해안을 버리고 뭍쪽으로 향하여 마침내 야산들과 바다 중간에 있는 큰 길을 만난다. 그들은 이내 활처럼 매우 구부러진 다리가 놓여 있는 작은 강에 이른다. 그 하상(河床)은 어지간히 넓으나 하상 가운데로 얼마 안 되는 물이 흐르고, 물이 없는 곳에는 여름 더위로 반쯤 말라 죽은 골풀과 갈대가 보이는데, 그곳은 다른 계절에는 물가운데에 떠 있는 조그마한 섬들이 되는 곳이다. 한편 강 양쪽으로는 울창한 수풀과 나무들이 있다.

길손들이 눈을 들어 모든 것을 찾아보아도 아무 짐승도 보이지 않는다. 그래서 여러 사람이 실망한다. 그러나 아마 물이 불을 때에 물살에 떠내려가지 않게 하려고 그랬겠지만 대단히 높은 아치가 하나 밖에 없는 다리를 거의 다 건너가게 되었을 때 — 아마 로마 사람들이 만들었을 튼튼한 건조물이다 — 마르타가 날카로운 소리를 지르며 겁에 질려 뒤로 도망쳐 온다. 커다란 도마뱀이, 그놈은 다른 짐승 같아 보이지는 않는다. 그러나 머리는 영락없는 악어 머리를 가졌는데, 그놈이 자는 체 하면서 길을 가로질러 엎디어 있다.

"무서워하지 말아" 하고 막달라 마리아가 외친다. "그놈들이 여기 있을 땐 위험하지 않아. 위험한 건 그놈들이 숨어 있는데 사람이 보지 못하고 밟고 지나갈 때야."

그러나 마르타는 조심성있게 뒤에 남아있고, 수산나도 그것을 재미있어 하지 않는다. …알패오의 마리아는 더 용감하여 조심은 하면서도 아들들 곁에 그대로 있다. 알패오의 마리아는 앞으로 가서 바라다본다. 사도들은 정말 무서워 하지 않고 그놈을 바라다보면서, 앞쪽도 보라고 천천히 머리를 돌려주는 기분 나쁜 그 짐승에 대하여 이러쿵 저러쿵 말을 한다. 그런데 그놈이 움직일 기색을 보이고 저를 성가시게 구는 사람들을 향하여 오려는 것같이 보인다. 마르타가 또 한 번 소리지르며 더 뒤로 도망치고, 이제 수산나와 클레오파의 마리아도 그렇게 한다. 그러나 막달라 마리아는 조약돌 하나를 집어서 짐승에게로 던진다. 옆구리를 맞은 그놈은 강변으로 급히 내려가서 물속으로 잠긴다.

"겁쟁이 언니. 이리 나와. 이젠 없어" 하고 막달라 마리아가 언니에게 말한다. 여자들이 가까이 간다.

"그렇지만 더러운 짐승이로구먼" 하고 베드로가 주석을 단다.

"선생님, 옛날에는 저놈들에게 사람 제물을 먹이로 주었다는 것이 사실입니까?" 하고 가리옷 사람이 묻는다.

"악어는 신성한 동물로 여겨졌었다. 악어는 신을 상징했었고, 마치 우리가 하느님께 바친 제물을 먹어 치우는 것과 같이 불쌍한 우상 숭배자들은 그들의 처지에 포함된 관습과 오류로 그런 일을 했었다."

"그렇지만 이젠 그런 일이 없겠지요?" 하고 수산나가 묻는다.

"우상숭배를 하는 지방에서는 그런 일이 행해질 수도 있다고 생각합니다" 하고 엔도르의 요한이 말한다.

"아이고! 맙소사! 그렇지만 적어도 죽은 사람이나 주겠지요?"

"아닙니다. 만일 그런 일이 아직 행해진다면, 산 사람을 줍니다. 일반적으로 처녀나 어린 아이들을 주지요. 국민 중에서 제일 나은 것 말입니다. 적어도 내가 읽은 것으로는 그렇습니다" 하고 역시 요한이 여자들에게 대답한다. 여자들은 겁이 나서 사방을 둘러본다.

"나는 그놈들 가까이로 가야 한다면 무서워서 죽을 거예요" 하고 마르타가 말한다.

"정말입니까? 그러나 저건 진짜 악어에 비하면 아무것도 아닙니다. 진짜 악어는 적어도 세 곱절이나 더 길고 더 굵습니다."

"그리고 굶주리기도 하고. 저놈은 뱀이나 산토끼를 잡아먹어서 배가 불렀어요."

"맙소사! 뱀도 잡아먹어! 아니, 주님은 저희들을 어디로 데려오신 것입니까?" 하고 마르타가 신음한다. 마르타가 너무도 겁을 집어먹는 바람에 모두가 참을 수 없이 웃음을 터뜨린다.

항상 입을 다물고 있던 헤르마스테아가 말한다. "조금도 무서워하지 마세요. 요란스럽게 소리만 많이 내면 모두 도망치니까요. 저는 이걸 잘 알아요. 아랫쪽 에집트에 여러 번 갔었거든요."

일행은 손뼉을 치고 나무 줄기를 치면서 다시 걷기 시작한다. 위험한 통로는 지나갔다. 마르타는 예수 가까이에 있으면서 자주 묻는다. "그렇지만 이젠 정말 없을까요?"

예수께서는 마르타를 내려다보시며 미소를 띠시고 머리를 저으신다. 그러나 그를 안심시키시느라고 말씀하신다. "사론 평야는 그저 아름다울 뿐이다. 그런데 이제 우리는 거기 들어와 있다. 그러나 정말이지 오늘은 여자 제자들이 나를 몹시 놀라게 했다! 네가 왜 그렇게 겁이 많은지 정말 모르겠구나."

"저도 모르겠습니다. 그러나 기어 다니는 것은 무엇이든지 몹시 무섭습니다. 틀림없이 차고 끈적끈적할 그놈들의 몸의 찬기운을 제 몸에 느끼는 것 같습니다. 그리고 그놈들이 왜 있나 하고 의아하게 생각됩니다. 그놈들이 아마 필요한 모양이지요?"

"그것은 그놈들을 만들어내신 분께 여쭈어 보아야 할 것이다. 그러나 하느님께서 그놈들을 창조하셨으니 그놈들이 유익할 것이라고, 다만 마르타의 용맹을 빛나게 하기 위해서만이라도 유익하다고 생각해라" 하고 예수께서는 눈을 예민하게 반짝이시며 말씀하신다.

"아이고! 주님! 주님은 농담을 하시는데 그 말씀이 옳습니다. 그렇지만 저는 겁이 많아서 절대로 자제를 하지 못할 것입니다."

"두고 보자. ⋯ 저 수풀 속에서 무엇이 움직이느냐?" 예수께서는 얼굴을 들어 선인장으로 된 울타리로 기어 올라가는 가시나무와 다른 초목들이 엉클어진 쪽으로 앞을 바라보시며 말씀하신다. 그 선인장들은 좀 더 뒷쪽에 있는데, 주걱같이 생긴 잎은 다른 초목들의 나긋나긋한 가지들보다도 더 단단하다.

"주님, 악어가 또 한마리 있습니까?!⋯" 하고 마르타가 겁을 집어먹고 신음한다.

그러나 소리가 더 커지면서 거기서 사람의 얼굴이 여자의 얼굴이 나온다. 그 여자는 바라다보다가 그 모든 남자들을 보고는, 들판으로 도망칠까 엉클어진 수풀 속으로 숨을까 하고 망설인다. 그러다가 첫번 생각이 우세해져서 비명을 지르며 도망친다.

"일행은 문둥병자인가?", "미친 여자인가?", "마귀들린 여자인가?" 하고 생각하며 어쩔 줄 모르고 그대로 있다.
 그러나 벌써 매우 가까운 가이사리아에서 로마 마차 한 대가 오고 있기 때문에 그 여자는 뒤로 돌아온다. 여자는 덫에 걸린 쥐와 같다. 여자는 어디로 갈지를 모른다. 그것은 예수와 제자들이 이제는 그 여자의 피신처 노릇을 하던 수풀 근처에 있기 때문에 그리 돌아갈 수가 없고, 마차 쪽으로는 가기가 싫기 때문이다. … 짙은 황혼이 지난 다음에는 밤이 빨리 오기 때문에 초저녁에 피어오르는 안개 사이로 사람들은 그 여자가 비록 머리가 헝클어지고 옷이 찢어지기는 하였으나 젊고 귀엽다는 것을 알 수 있다.
 "여보시오! 이리 오시오!" 하고 예수께서 명령조로 말씀하신다.
 여자는 팔을 내밀며 애원한다. "저를 때리지 마세요!"
 "이리 오시오. 당신은 누구요? 나는 당신을 때리지는 않소!" 하고 예수께서 아주 상냥하게 말씀하시니, 그 여자가 설득을 당한다.
 여자는 몸을 구부리고 앞으로 나아오더니 땅에 엎드리며 말한다. "선생님이 누구시든지 불쌍히 여겨 주십시오. 저를 죽여 주십시오. 그렇지만 주인에게는 넘겨 주지마십시오. 저는 도망쳐 나온 노예입니다…."
 "당신 주인은 누구였소? 그리고 당신은 어디서 왔소? 당신은 분명 히브리 여자는 아니오. 당신의 억양으로 알 수 있고, 당신 옷으로도 알 수 있소."
 "저는 그리이스 여자입니다. … 그리이스의 여자노예입니다. 아이고! 제발! 저를 숨겨 주십시오! 마차가 곧 도착합니다…."
 그들은 땅바닥에 몸을 움츠리고 있는 불쌍한 여자 둘레로 모두 한 무리를 이룬다. 가시나무에 걸려 찢어진 옷 사이로는 매맞은 자국과 긁힌 자국이 있는 어깨가 보인다. 마차는 타고 있는 사람이 아무도 울타리 곁에 멈추어 서 있는 집단에 관심을 보이지 않은 채 지나간다.
 "저 사람들은 더 멀리 갔소. 말하시오. 우리가 할 수 있으면, 당신을 도와주겠소" 하고 예수께서는 손가락 끝을 헝클어진 그 여자의 머리에 대시며 말씀하신다.
 "저는 총독의 수행원 중의 한 사람인 로마 귀족의 그리이스인 노예 신디카입니다."
 "아니 그럼, 당신은 발레리아의 노예이군요!" 하고 막달라의 마리아가 외친다.
 "아! 불쌍히 여기십시오! 불쌍히 여겨 주세요! 저를 그 사람에게 고발하지 마십시오." 하고 그 불행한 여자가 애원한다.

"염려 마세요. 이제는 절대로 발레리아에게 말하지 않겠어요." 하고 막달라 마리아가 대답한다. 그리고 예수께 설명을 드린다. "그 사람은 여기 있는 가장 돈많고 가장 불쾌한 로마인 중의 한 사람입니다. 그리고 기분나쁜 것만큼이나 포학합니다."

"왜 도망쳤소?" 하고 예수께서 물으신다.

"저는 영혼이 있기 때문입니다. 저는 상품이 아닙니다. …(여자는 자기를 동정하는 사람들을 만난 것을 알고 대담해진다) 저는 상품이 아닙니다. 그 사람이 저를 산 것은 사실입니다. 그러나 그 사람은 그의 집을 꾸미고, 독서로 그의 여가를 즐겁게 하고, 그의 시중을 들라고 제 몸을 샀을 수는 있습니다. 그러나 그 이상의 것은 아무것도 사지 못했습니다. 제 영혼은 제 것입니다! 이것은 사는 물건이 아닙니다. 그런데 그 사람은 제 영혼도 가지려고 했습니다."

"당신이 영혼이 있다는 것을 어떻게 아오?"

"주님, 저는 무식한 여자가 아닙니다. 아주 어려서부터 전리품이었지만 서민은 아닙니다. 그 사람은 제 세번째 주인인데, 몹시 더러운 염색가입니다. 그러나 제게는 우리 철학자들의 말이 남아 있습니다. 그래서 저는 우리에게는 육체만 있지는 않다는 것을 압니다. 우리 안에는 죽지 않는 어떤 것이 들어 있습니다. 우리가 그 정확한 명칭을 알지 못하는 어떤 것이 들어 있습니다. 그렇지만 얼마 전부터는 그 이름을 저는 압니다. 어느 날 가이사리아로 어떤 사람이 지나갔습니다. 그분은 기적을 행하고 소크라테스와 플라톤보다 더 말을 잘 했습니다. 공동 목욕탕과 3인용 식탁이 놓인 식당, 또는 금빛을 칠한 회당에서 그분에 대한 말을 많이 했습니다. 더러운 술타령을 하는 방에서 그 엄숙한 이름을 말해서 그것을 더럽히면서 말입니다. 그런데 제 주인이 제게, 하느님께만 속해 있고 노예 시장에서 상품처럼 살 수 없는 어떤 것이 있다는 것을 벌써 예감하고 있던 바로 저에게 철학자들의 저서를 다시 읽게 했습니다. 그것은 그 저서들을 대조해서, 가이사리아에 왔던 그 사람이 '영혼'이라고 부른 그 무엇이 그 저서들에도 언급되어 있는지 찾으려는 것이었습니다. 그것을 저더러 읽으라는 것이었습니다. 그의 본능의 노예로 만들기를 원하는 저에게 말입니다! 이렇게 해서 저는 그 불멸의 것이 영혼이라는 것을 알았습니다. 그리고 발레리아와 그 동류들이 제 목소리를 들으면서 드림과 하품을 하는 가운데 이해하고 비교하고 토론해 보려고 하는 동안, 저는 그들의 이야기를 모으고 알지 못하는 그 사람의 말을 철학자들의 말과 비교하면서 여기에 집어넣고, 그의 격정을 물리치기 위해 점점 더 강한 자존심을 품게 되었습니다. … 며칠 전 밤에는 제가 이빨로 물면서 그를 물리쳤기 때문에 저를 죽도록 때렸습니다. … 그래서 그 이튿날 도망쳤습니다.… 이 숲속에서 밤에 오디와 선인장 열매를 따 먹으면서 사는 것이 닷새째 됩니다. 그러나 저는 잡히고야 말 것입니다. 그 사람은 틀림없이 저를 찾고 있을 것입니다. 그 사람은 저를 아주 비싼 값으로 샀고, 또 제가 그의 관능을 위해 너무도 마음에 들기 때문에 저를 가게 가만 내버려두지는 않을 것입니다. … 불쌍히 여기십시오! 제발 부탁입니다. 선생님은 히브리인이시니 틀림없이 그분이 어디 계신지 아실 것입니다. 제발 노예들에게 말씀하시는 그분, 영혼에 대해서 말씀하시는 그분에게 저를 데려다 주십시오. 그분이 가난하시다는 말을 들었습니다. 저는 배고픔은 견디겠습니다. 그러나 그분 곁에 있어서 그분이 저를 가르쳐 주시고 일으켜 주시기를 바랍니다. 짐승 같은 사람들과 같이 살면, 비록 그들에게 저항하더라도 바보가 됩니다. 저는 제 정신적 품위를 다시 찾고 싶습니다.”

"당신이 찾는 그 사람, 알지 못하는 그 사람이 당신 앞에 있소."

"선생님이? 아크로폴리스의 알지 못하는 신이시여, 인사드립니다!" 그러면서 그 여자 이마가 땅에 닿도록 몸을 구부린다.

"당신은 여기 남아 있을 수가 없소. 그러나 나는 가이사리아로 가오."

"주님, 저를 버리지 마십시오!"

"나는 당신을 버리지는 않소. … 곰곰히 생각하고 있는 거요."

"선생님, 저희 마차가 분명히 약속장소에 있을 것입니다. 기다리고 있을 것입니다. 누구를 보내서 알리십시오. 마차 안에 있으면 이 여자가 저희 집에 있는 거나 다름없이 안전할 것입니다" 하고 막달라의 마리아가 조언을 한다.

"아이고! 그렇습니다. 주님. 이스마엘 노인 대신에 저희 곁에 있으면, 저희가 선생님께 대한 것을 이 여자에게 가르치겠습니다. 이 여자는 이교에서 벗어날 것입니다" 하고 마르타가 애원한다.

"우리와 같이 가겠소?" 하고 예수께서 물으신다.

"주님의 사람이면 누구와도 같이 가겠습니다. 다시 그 사람과 같이 있게 되지만 않으면요. 그러나… 그러나 여기 그 사람을 안다고 말한 여자분이 있는데, 저를 저버리지 않을까요? 그…"

"걱정 마세요. 베다니아에는 로마인들이 오지 않아요. 특히 그런 부류의 로마인은" 하고 막달라 마리아가 그 여자를 안심시키려고 말한다.

"시몬과 시몬 베드로는 마차를 찾으러 가라. 우리는 여기서 기다리겠다. 그런 다음 시내로 들어가자" 하고 예수께서 명령하신다.

말굽 소리와 바퀴 소리, 그리고 맨 꼭대기에 달아맨 등불로 휘장을 둘러친 육중한 마차가 온다는 것이 알려지자, 기다리던 사람들이 길가에서 일어나 길로 간다. 그들은 분명 길가에서 저녁을 먹었을 것이다. 마차는 단층이 생긴 길가에 덜커덩거리며 멎고 베드로와 요한이 내린다. 바로 뒤에 나이든 여자가 따라 내려와 뛰어 가서 막달라 마리아를 껴안으면서 말한다. "나는 잠시도 지체하지 않고 내가 행복하다고 네게 말하고 싶고, 네 어머니도 나와 함께 기뻐하신다고 말하고 싶고, 네가 마치 내 젖을 빨아먹은 다음 네 요람에서 잘 때처럼 다시 우리 집안의 금빛 장미꽃이 되었다고 말하고 싶구나" 하고. 그러면서 끝없이 입맞춤한다.

마리아는 그의 품에 안겨 운다.

"아주머니, 이 젊은 여자를 아주머니에게 맡깁니다. 그리고 여기서 온 밤을 기다리는 희생을 치르기를 부탁합니다. 내일은 집정관 도로에 있는 첫째 마을로 가서 기다려도 됩니다. 우리는 아침 아홉시 전에 올 것입니다" 하고 예수께서 유모에게 말씀하신다.

"무엇이든지 선생님께서 원하시는 대로 하겠습니다. 선생님은 축복받은 분이시니! 다만 제가 가져온 옷을 마리아에게 주도록 허락해주십시오." 유모는 성모님과 마리아와 마르타와 같이 마차로 다시 올라간다. 여자들이 마차에서 나올 때에는 막달라 마리아가 이후에 우리가 언제나 보게 될 그런 모습이다. 수수한 옷과 대단히 넓은 아마포 베일과 장식이 없는 겉옷.

"신디카, 안심하고 가시오. 내일은 우리도 오겠소. 안녕" 하고 예수께서는 신디카에게 인사하시며 말씀하신다. 그리고 가이사리아 쪽으로 다시 길을 가기 시작하신다.

산책길은 노예들이 들고 다니는 횃불이나 등불의 빛으로 길을 밝히며 산책하는 사람들로 매우 붐빈다. 그들은 여름의 숨막히는 더위로 피로해진 허파에 매우 원기를 회복시켜 주는 바다에서 오는 공기를 들이마신다. 그런데 이 산책객들은 부유한 로마인 계급의 사람들이다. 히브리인들은 그들의 집에 있으면서 옥상에서 더위를 식힌다. 산책길은 손님이 많을 때의 매우 큰 방과 비슷하다. 그곳에서 산책한다는 것은 자세히 관찰을 당한다는 것을 내포한다. 그런데도 예수께서는 그리로 해서 지나가신다. … 누가 당신을 살피고, 이러쿵 저러쿵 평을 하고, 조롱하는 것은 상관하지 않으시고 산책길을 이 끝에서 저 끝까지 지나가신다.

"선생님이 여기엘? 이 시간에요?" 하고 길가에 노예들이 메고 있는 안락의자 또는 긴 의자 같은 것에 앉아 있는 리디아가 묻는다. 그러면서 일어난다.

"나는 도라에서 오는 길인데 지체했어요. 숙소를 찾아가는 길이지요."

"여기 제 집이 있습니다, 하고 선생님께 말씀드리겠습니다." 그러면서 리디아는 뒤에 있는 아름다운 건물을 가리킨다. "그러나 선생님이… 어떠실지는 모르겠군요."

"아니, 감사합니다만 받아들이지 못하겠습니다. 나는 일행이 많고, 또 두 사람은 내가 아는 사람들에게 알리려고 벌써 앞서 갔습니다. 그 사람들이 나를 환대할 것으로 생각합니다."

리디아의 눈길은 예수께서 그의 제자들과 같이 보이시는 여자들에게로 가서 멎었다. 그리고 즉시 막달라 마리아를 알아본다.

"마리아? 당신이? 아니 그럼 그게 참말이로구먼?"

막달라 마리아는 궁지에 몰린 영양(羚羊)과 같은 고통스러운 눈을 하고 있다. 그도 그럴 것이 마리아가 과감히 맞서야 할 사람은 리디아뿐이 아니라 그를 바라다보는 많은 사람들이기 때문이다. … 그러나 마리아는 예수를 쳐다보고 용기를 낸다.

"맞아요."

"그럼 우리는 당신을 잃었구먼!"

"아니예요, 당신들은 나를 발견한 거예요. 적어도 나는 내가 마침내 찾아낸 길에서 어느날 더 나은 우정을 가지고 당신들을 다시 만나기를 바라요. 나를 아는 모든 사람에게 제발 이 말을 해주세요. 안녕, 리디아. 내가 행하는 것을 본 모든 잘못을 잊으세요. 거기 대해서 당신에게 용서를 빕니다…."

"하지만, 마리아! 왜 당신의 품위를 떨어뜨려요? 우리는 부유하고 한가한 사람들로 같은 생활을 해왔어요. 그런데 그것밖에는…."

"아니예요, 나는 더 나쁜 생활을 했어요. 그러나 거기서 나왔어요. 그것도 영원히요."

"리디아, 안녕히 계시오." 하고 주께서 대화를 줄이시고 당신께로 토마와 같이 오는 사촌 유다에게로 가신다.

리디아는 아직 잠시 동안 막달라 마리아를 붙잡고 말한다. "아니, 이젠 우리끼리만 있으니 진실을 말해 줘요. 당신은 정말 확신을 가진 거예요?"

"확신을 가진 게 아니라, 제자가 되어서 행복해요. 나는 한 가지 후회밖에 없어요. 빛을 더 일찍 알지 못했다는 것, 그리고 그 빛을 마음의 양식을 삼지 않고, 진흙을 먹었다는 거예요. 리디아, 안녕."

대답은 두 여자 주위에 이루어진 정적 속에 분명하게 울린다. 거기 있는 많은 사람 중에 말을 하는 사람은 하나도 없다….

마리아는 몸을 돌려 빨리 선생님을 따라가려고 한다.

청년 하나가 길을 막고 말한다. "그게 네 마지막 정신착란이야?" 그러면서 마리아를 껴안으려고 한다. 그러나 반쯤 취해 있기 때문에 그렇게 하지를 못한다. 그리고 마리아는 그에게서 빠져나가면서 외친다. "아니오. 내 유일한 지혜요."

마리아는 그 악습에 젖은 사람들이 보는 것이 하도 역겨워서 회교도 여자들처럼 베일로 얼굴을 감싸고 있는 동행들을 따라잡았다.

"마리아야, 너 많이 괴로웠지!" 하고 마르타가 몹시 걱정하며 말한다.

"아니야, 그리고 선생님의 말씀이 옳아, 이제 다시는 절대로 이것 때문에 괴로워하지 않을 거야. 선생님의 말씀이 옳아…."

모두가 어둠컴컴한 골목길로 돌아서 밤을 지내려고 어떤 넓은 집으로 들어간다. 틀림없이 여관이다.

118. 마르타와 막달라 마리아와 신디카와의 작별

그들은 동쪽으로 방향을 바꾸어 들판 쪽으로 다시 길을 간다.
 이제는 사도들과 두 제자가 어머니와 라자로의 두 여동생과 같이 계신 예수에게서 몇 미터 떨어져서 클레오파의 마리아와 수산나와 같이 간다. 예수께서는 쉬지 않고 말씀하신다. 이와 반대로 사도들은 말이 없다. 그들은 피로하거나 낙담한 것 같다. 그들은 들판이 아름다움에도 마음이 끌리지 않는 것 같다. 가르멜 산맥과 사마리아 산맥의 전조로 여기저기 몇 미터 높이로 올라가 있는 야산들과 더불어 이 들판은 거대한 왕의 발 아래 놓여 있는 푸른 방석처럼 평야에 가벼운 기복이 널려 있어 참으로 눈부시게 아름답다. 이 근방에 우위를 차지하고 있는 평야에도 작은 야산들과 땅의 기복에도 초목에 꽃이 만발하였고, 익어 가는 과일들의 향기가 가득 차 있다. 그 위치와 계절에도 불구하고 이곳은 관개가 잘 되어 있는 것이 틀림없다. 꽃이 너무 많은 것으로 보아 물이 많지 않을 수가 없으니까 말이다. 나는 성경에서 왜 그렇게도 여러 번 사론 평야의 이름을 열광적으로 말하는지 이제야 이해하겠다. 그러나 사도들은 조금도 이 열광을 같이 하지 않는다. 그들은 조금 침울하게 걸어가고 있다. 이 맑은 날씨와 이 아름다운 지방에서 슬픈 모양을 하는 것은 오직 그들뿐이다.
 상태가 매우 좋은 집정관 도로가 그 흰 리본으로 매우 기름진 이 평야를 갈라놓는데, 아직 이른 아침인 이 시간에 식료품을 잔뜩 지고 가는 농부들이나 가이사리아 쪽으로 가는 여행자들을 자주 만나게 된다. 부대를 실은 나귀 여러 마리를 줄지어 데리고 가는 여행자 중의 한 사람이 사도들 있는 데로 와서 그의 나귀떼에 자리를 내도록 비끼라고 강요한다. 그리고 거만하게 "여기가 키손이오?" 하고 묻는다.
 "더 뒷쪽이오" 하고 토마가 퉁명스럽게 대답한다. 그리고 입속으로 투덜거린다. "버릇없는 곰 같으니라구!"
 "저자는 사마리아인이야, 그러면 알만하지!" 하고 필립보가 대답한다.

118. 마르타와 막달라 마리아와 신디카와의 이별

그들은 다시 침묵에 잠긴다. 몇 미터쯤 더 가서 베드로가 마치 속으로 하던 이야기를 끝내는 것처럼 말한다 "그게 무슨 소용이 있었어! 그렇게도 많은 길을 갈 필요가 있었어?"

"그렇구말구! 그런 다음 선생님이 한마디 말씀도 안하셨으니 우리는 왜 가이사리아에 간 거야? 나는 선생님이 로마인들을 설득하시려고 깜짝 놀라게 하는 어떤 기적을 행하실 줄 알았어. 그런데 그 반대였단 말이야…" 하고 제베대오의 야고보가 말한다.

"선생님은 우릴 웃음거리가 되게 하셨어, 그뿐이었어" 하고 토마가 해석을 붙인다. 그리고 가리옷 사람이 한술 더 뜬다. "선생님은 우릴 괴롭히셨어. 그렇지만 선생님은 모욕을 좋아하셔서, 그래서 우리도 모욕을 좋아하는 줄 아신단 말이야."

"사실 이번 기회에 고통을 당한 건 데오필로의 마리아야" 하고 열성당원이 조용히 지적한다.

"마리아! 마리아! 마리아가 이 세상의 중심이 됐어? 고통을 당하는 건 마리아밖에 없고, 영웅적인 것도 자기를 형성하는 것도 마리아밖에 없어. 나중에 이후 아주 많은 존경의 대상이 되기 위해서 도둑이 되고 살인자가 되기를 바라야 할 판이야" 하고 가리옷 사람이 성이 나서 말한다.

"사실을 말하자면, 지난번에 우리가 가이사리아에 와서 선생님이 기적을 행하시고 복음을 전하셨을 때 우리는 선생님이 그렇게 하셨기 때문에 우리 불평으로 선생님을 몹시 슬프게 해드렸어" 하고 주님의 사촌이 지적한다.

"사실은 말이야" 하고 요한이 정색을 하고 말한다. "우리가 무엇을 원하는지 모른단 말이야. …선생님이 이렇게 하시면, 우린 투덜거려. 선생님이 그와 반대되는 일을 하시면 우린 또 투덜거린단 말이야. 우린 결점투성이야."

"오! 또 다른 현자가 말한다! 그렇지만 우리가 오래 전부터 좋은 일하는 게 아무것도 없다는 건 확실해."

"아무것도 없다구, 유다? 그럼 저 그리이스 여자는 어때? 그리고 헤르마스테아는 어떻구 아벨은 어떻구, 마리아는 어떻구, 또…."

"선생님은 그런 무가치한 사람들을 가지고 나라를 세우지는 못하실 거야" 하고 현세적인 승리라는 생각에 사로잡힌 유다가 대꾸한다.

"유다, 제발 내 사촌이 하는 일을 비판하지 말게. 그건 우스꽝스러운 주장이야. 모든 것을 지배하려고 하는 무가치한 사람이라고는 안하더라도 선생을 비판하려고 하는 어린 아이와 같아" 하고. 같은 이름을 가지고 있지만, 자기와 같은 이름을 가진 그 사람에 대하여 어찌할 수 없는 무관심을 느끼는 타대오가 말한다.
 "나를 어린 아이라고 부르는 데 그친 거 고맙네. 정말이지 나는 성전에서 그렇게 오랫동안 살고 난 뒤에 적어도 사람들이 나를 어른 대접은 해줄 줄 알았는데" 하고 가리옷 사람이 빈정대며 대답한다.
 "아이고! 그 말다툼, 기분나쁘기도 하구먼!" 하고 안드레아가 탄식한다.
 "정말이야!" 하고 마태오가 지적한다. "우리가 서로 융합하기는 고사하고, 함께 살면 살수록 점점 더 갈라진단 말이야. 그런데 시카미논에서 선생님이 우리가 양떼와 일치해야 된다고 말씀하신 것을 생각하란 말이야. 우리가 목자들끼리 일치해 있지못하면 어떻게 양떼와 일치할 수 있겠어?"
 "그런 말을 해선 안 된단 말이야. 제 생각을 절대로 말하지 말아야 한단 말이야? 우린 노예가 아니라고 생각해."
 "그야 아니지, 유다" 하고 열성당원이 침착하게 말한다. "우리는 노예는 아니야. 그렇지만 우리는 선생님을 이해하지 못하기 때문에 선생님을 따를 자격이 없어."
 "난 선생님을 썩잘 이해해."
 "아니야, 자넨 이해 못하는 거야. 그리고 자네와 같이 선생님을 비판하는 사람은 많게도 적게도 선생님을 이해하지 못한단 말이야. 이해한다는 것은 인도하시는 분의 거룩하심을 확신하기 때문에 따지지 않고 순종하는 거야" 하고 열성당원이 또 말한다.
 "아! 그렇지만 자네는 선생님의 성덕에 대한 이해를 빗대서 말하는구먼. 나는 선생님의 말씀에 대해서 말하던 건데. 선생님의 성덕은 이론의 여지가 없고 또 따질 것도 없어" 하고 가리옷 사람이 서둘러 말한다.
 "그래 자넨 그 두 가지를 서로 떼어놓을 수 있다는 건가? 성인은 항상 지혜를 가지고 있을 것이고, 그의 말은 항상 지혜로울 거야."
 "그건 사실이야. 그렇지만 선생님은 해로운 일을 하셔. 분명히 지나친 성덕으로 그러신다는 것은 나도 인정해. 그렇지만 세상은 거룩하지 않아, 그래서 선생님은 귀찮은 일들을 스스로 만드신단 말이야. 가령 저 펠리시데 사람, 저 그리이스 여자가 우리에게 유익하다고 생각하나?"

"그렇지만 만일 내가 해롭다면 물러 가겠어요. 저는 선생님을 공경하고 무슨 의로운 일을 하겠다는 생각으로 왔었어요" 하고 헤르마스테아가 기분이 상해서 말한다.

"네가 이런 동기로 가면 선생님께 고통을 드릴 거다" 하고 알패오의 야고보가 대답한다.

"저는 선생님께서 내가 생각이 변한 줄로 생각하시게 하겠어요. 그리고 선생님께 인사를 드리고… 가겠어요."

"정말이지 안 된다! 넌 가선 안 돼. 남의 신경과민 때문에 선생님께서 좋은 제자 하나를 잃으시는 것은 옳지 않아" 하고 베드로가 화를 낸다.

"그렇지만 그가 이같은 일쯤으로 가려고 한다면, 자기의 뜻을 확실히 모른다는 표야. 그러니까 가게 내버려둬" 하고 가리옷 사람이 대답한다.

베드로는 더 이상 참을 수가 없게 된다. "나는 선생님이 마륵지암을 내게 주셨을 때 모든 사람에게 온정이 넘치는 사람이 되겠다는 약속을 드렸는데, 그 약속을 어기는 것이 마음에 들진 않아. 하지만 자네가 그렇게 하도록 강요하네. 헤르마스테아는 여기 있고, 또 여기 그대로 있어야 하네. 네가 자네한테 무슨 말을 해야 하는지 아나? 다른 사람들의 뜻을 동요시켜서 결정을 내리지 못하게 하는 것은 자네란 말이야. 자네는 분리와 무질서의 원인이야. 자넨 그런 사람이란 말이야. 그걸 부끄럽게 생각하라구."

"자넨 뭐야? 그들의… 보호자"

"아무렴! 자네가 제대로 말했네. 자네 말이 무슨 뜻인지 알겠네. 베일쓴 여자의 보호자, 엔도르의 요한의 보호자, 헤르마스테아의 보호자, 저 여자노예의 보호자, 그리고 예수께서 얻으신 다른 모든 사람들의 보호자란 말이지. 이런 사람들은 성전의 공작들, 성전의 거룩한 회반죽과 거미줄과 등잔의 고약한 냄새가 나는 심지로 이루어진 사람들, 요컨대 비유를 더 분명하게 하려면 자네 같은 사람들의 훌륭한 표본이 되진 못하는데 그렇단 이 말이지. 내가 왜 이런 말을 하느냐 하면 성전도 중요하지만, 내가 바보가 되지 않은 한 선생님은 성전보다 더 중요하신데, 자네는 선생님께 모욕을 드리기 때문이야…" 베드로가 어떻게나 크게 소리를 치는지 선생님께서 걸음을 멈추시고 몸을 돌리시고 여자들 곁을 떠나 뒤로 돌아오시려고 한다.

"선생님이 들으셨어! 이젠 선생님이 몹시 슬퍼하시게 됐어" 하고 사도 요한이 말한다.

"아닙니다. 선생님, 오지 마십시오. 저희들은 길가는 데 지루한 걸 달래려고 토론을 하던 중입니다" 하고 이내 토마가 말한다.

그러나 예수께서는 서 계시다. 그래서 그들이 예수와 합치게 되었다.

"무슨 토론을 하고 있었느냐? 여자들이 너희들보다 낫다는 말을 또 한 번 해야 하겠느냐?" 부드러운 나무람에 모두 감동한다. 그들은 고개를 숙이고 말이 없다.

"이 사람들아! 지금 막 빛에 태어나는 사람들에게 빈축의 대상이 되지 말아라! 너희들에게 있는 결점이 이교에 있는 오류들보다도 더 이교도나 죄인의 구속에 해가 된다는 것을 알지 못하느냐?"

아무도 대답을 하지 못한다. 그것은 변명을 하거나 누구를 비난하지 않으려면 무슨 말을 해야 할지 알지 못하기 때문이다.

물이 마른 개울 위에 놓인 다리 근처에서 라자로의 동생들의 마차가 멎어 있다. 말 두 마리는 개울가에 있는 무성한 풀을 뜯어먹고 있다. 개울물은 마른 지가 얼마 안 되는 모양이어서, 개울가에는 우거진 풀이 쫙 깔려 있다. 마르타의 하인과 아마 마차를 모는 사람인 또 한 사람은 개울가에 있는데, 여자들은 마차 안에 그대로 들어 있다. 마차에는 두꺼운 커어튼처럼 바닥에까지 내려오는 이긴 가죽으로 만든 두꺼운 포장이 둘러쳐져 있다. 여자 제자들이 마차를 향하여 걸음을 재촉하는데, 그들을 제일 먼저 본 하인이 유모에게 알리고, 그 동안 다른 하인은 서둘러 말들에 마차를 메운다.

그동안 하인은 여주인들에게로 뛰어 와서 땅에 닿도록 몸을 숙여 인사한다. 올리브색이 돌지만 기분좋은 빛깔의 얼굴빛을 한 아름다운 여인인 나이든 유모가 재빠르게 내려와서 여주인들 쪽으로 간다. 그러나 막달라의 마리아가 무슨 말인지 하니까 유모는 이내 성모님께로 가서 말한다. "용서하십시오. …그러나 마리아를 보는 기쁨이 너무도 커서 마리아밖에는 보이지가 않습니다. 복되신 어머니, 이리 오십시오, 해가 너무 뜨겁습니다. 마차 안에는 그늘이 있습니다."

그래서 여자들은 모두 마차로 올라가서 매우 뒤에 쳐져 있는 남자들을 기다린다. 여자들이 기다리고, 전날 막달라 마리아가 입었던 옷을 입은 신디카가 여주인들의 ── 마르타와 마리아는 신디카가 그들에게는 하인도 아니고 노예도 아니고, 예수의 이름으로 받아들인 손님일 뿐이라고 말하지만 신디카는 끝끝내 그렇게 부른다 ── 발에 입맞춤하는 동안 성모님은 귀중한 자주

118. 마르타와 막달라 마리아와 신디카와의 이별

조개 꾸러미를 보이시며 습기도 받지 않고 꿀 수도 없는 그 섬유 뭉치를 어떻게 길쌈하는 것인지 물으신다.

"어머님, 그것은 그렇게 쓰는 것이 아닙니다. 그것을 가루를 만들어야 합니다. 그리고는 다른 어떤 물감과도 같이 쓰는 것입니다. 이것은 조개의 침이지 머리카락도 아니고 털도 아닙니다. 이것이 마른 지금 얼마나 잘 부서지기 쉬운지 아시겠지요? 이것을 곱게 빻아서 체에 쳐서 실이나 옷감을 얼룩지게 할 긴 섬유가 남아 있지 않게 합니다. 실은 타래로 되어 있으면 물이 더 잘 듭니다. 양홍(洋紅)이나 사프란이나 양람(洋藍) 가루나 다른 나무껍질이나 뿌리나 열매를 가지고 그렇게 하는 것처럼 모두 가루를 만든 것이 확실할 때에는 그것을 씁니다. 맨 마지막 헹굴 때에는 진한 식초로 물감을 빠지지 않게 합니다."

"고마워요. 노에미. 자네가 일러 주는 대로 하겠어요. 자주빛 실로 수를 놓은 일은 있지만 벌써 다 쓸 수 있게 준비된 것을 받았었어요. … 자 예수가 온다. 딸들아, 이제 작별인사를 할 시간이다. 너희 모두에게 주님의 이름으로 축복한다. 평안히 가거라. 그리고 평화와 기쁨을 라자로에게 전해주어라.

마리아야, 잘 가거라. 네가 내 가슴에서 행복의 첫번 눈물을 흘렸다는 것을 기억해라. 이렇게 해서 나는 네게 어머니가 되었다. 어린 아이는 엄마의 가슴에서 첫번 눈물을 흘리기 때문이다. 나는 네게 어머니가 되었고, 언제까지나 어머니로 있을 것이다. 언니 중에서 제일 다정스러운 언니에게, 유모 중에서 가장 많이 사랑하는 유모에게 말하는 것이 네게 고통을 줄 수 있을 때에는 내게 와서 말해라. 나는 너를 항상 이해할 것이다. 내 예수는 인간성이 너무 가득 차 있는 것은 네게 원치 않기 때문에 그런 말을 예수에게 감히 못하겠으면 내게 와서 말해라. 나는 언제나 네게 관대하게 굴겠다. 또 이다음에 네 승리도 내게 말하고 싶으면 ― 그러나 네 승리들은 향기로운 꽃처럼 예수에게 바치는 것이 더 낫다고 생각한다. 네 구세주는 예수지 내가 아니기 때문이다 ― 나도 너와 함께 기뻐하겠다.

마르타야, 잘 가거라. 이제는 네가 행복하게 가는데, 언제나 그 초자연적인 행복에 남아 있어라. 그러니까 네게 필요한 것은 이제는 네 안에서 아무 것도 어지럽게 하지 못하는 평화 가운데에서 의덕의 길에 전진하는 것뿐이다. 너를 너무 사랑해서 네가 완전히 사랑하는 네 동생을 사랑하게 된 예수에게 대한 사랑으로 그렇게 해라.

노에미, 잘 가요. 유모가 다시 찾은 보물을 가지고 가시오. 유모가 마리아를 유모의 젖으로 기른 것과 같이 이제는 마리아와 마르타가 하는 말을 마음의 양식을 삼으시오. 그리고 내 아들을 사람들의 마음을 악에서 구해내는 마귀쫓는 사람보다 훨씬 더한 사람으로 보게 되도록 하시오.

신디카, 잘 가거라, 너 혼자서 육체보다 더한 무엇이 있다는 것을 볼 줄 안 그리이스의 딸. 이제는 하느님 안에서 꽃펴서 그리이스의 새로운 꽃들 중에서 첫째꽃이 되어라.

나는 너희들이 이렇게 결합해 있는 것을 남겨두는 것이 매우 기쁘다. 너희들에게 사랑으로 축복한다."

이제는 발소리가 아주 가까워졌다. 여자들은 포장을 들고 예수께서 마차에서 2미터쯤 떨어진 곳에 계신 것을 본다. 여자들은 길에 내리쬐는 뙤약볕을 무릅쓰고 내려온다.

막달라의 마리아는 예수의 발 앞에 무릎을 꿇고 말한다. "주님, 모든 것을 감사합니다. 또 이 여행을 하게 하신 데 대해서도 감사합니다. 주님만이 지혜를 가지고 계십니다. 이제는 옛날 마리아의 흔적을 떨어버리고 떠납니다. 주님 제가 점점 더 굳세어지게 강복을 주십시오."

"그래, 네게 강복한다. 형제들이 있는 것을 즐겨라. 그리고 형제들과 더불어 점점 더 나를 통하여 너를 형성하여라. 마리아야, 잘 가거라. 마르타야, 잘 가거라. 라자로에게 내가 축복을 보낸다고 말하여라. 너희에게 이 여자를 맡긴다. 너희에게 주는 것이 아니다. 이 여자는 네 제자이다. 그러나 그에게 내 가르침을 이해할 수 있는 최소한의 가능성을 너희가 주기를 바란다. 그런 다음 내가 가마. 노에미, 아주머니에게도 축복을 합니다. 그리고 너희 두 사람에게도."

마르타와 마리아는 눈에 눈물이 글썽거린다. 열성당원은 그들에게 특별히 인사를 하며, 그의 하인에게 보내는 편지를 준다. 다른 사람들은 함께 인사한다. 그리고 마차가 움직이기 시작한다.

"그럼 이제는 그들을 찾아가자. 하느님께서 저들과 함께 계시기를 바란다. … 아주머니는 저들이 간 것이 매우 섭섭하시지요?" 하고 조용히 울고 있는 알패오의 마리아에게 말씀하신다.

"그래요. 그 사람들은 매우 착했거든…"

"곧 다시 만나게 됩니다. 그것도 더 많이 말입니다. 아주머니는 많은 자매들을… 또는 더 좋으시다면 많은 딸을 가지시게 될 것입니다. 어머니의 사랑이건 형제의 사랑이건 모두가 사랑입니다" 하고 예수께서 그를 위로하려고 말씀하신다.

"그에게 난처한 일이 생기지 않는다면 좋겠는데…" 하고 가리옷 사람이 말한다.

"서로 사랑하는데, 난처한 일이라고?"

"아닙니다. 다른 민족과 다른 나라에서 온 사람들을 데리고 있는 것으로 인한 난처한 일들 말입니다."

"신디카를 두고 하는 말이지?"

"그렇습니다, 선생님. 따지고 보면 그 여자는 한 로마인의 물건인데, 그것을 가로채는 것은 좋지 않은 일입니다. 이것으로 인해서 그 사람이 우리에게 대해 악의를 가지게 될 것이고, 우리는 배후에 준엄한 수단을 가진 본시오 빌라도를 적으로 가지게 될 것입니다."

"아니, 그에게 딸린 사람이 여자노예를 잃었다고 해서 그게 빌라도에게 어떻다는 거야? 그것이 얼마나한 값어치가 있는지나 알겠지! 그리고 또 사람들이 말하는 것처럼 좀 집안에서만이라도 기품있는 사람이면, 그 여자가 도망치길 잘했다고 말할 거야. 그리고 만일 점잖지 못한 사람이면 '거 잘 됐다! 이렇게 되면 어쩌면 내가 그 여자를 만나게 될지도 모르거든' 하고. 불성실한 사람들은 남의 고통에는 민감하지 않거든. 그리고! 아이고! 불쌍한 본시오! 우리가 그에게 주는 모든 걱정거리를 하고, 여자노예를 도망치게 한 사람의 불평 때문에 시간을 허비하는 것보다는 다른 할 일이 많단 말이야!" 하고 베드로가 말한다. 그러니까 여러 사람이 음란한 로마 사람을 비웃으면서 그의 말이 옳다고 말한다.

그러나 예수께서는 문제를 더 높은 차원으로 가져가신다. "유다야, 신명기(申命記)를 아느냐?"

"알구말구요, 선생님. 그리고 저만큼 아는 사람이 별로 없을 거라고 서슴지 않고 말하겠습니다."

"그것을 어떻게 생각하느냐?"

"하느님의 대변자로 생각합니다."

"대변자. 그러니까 하느님의 말씀을 되풀이하는 대변자란 말이지?"

"정확히 그렇습니다."

"잘 생각하였다. 그러면 왜 신명기가 명하는 것을 하는 것을 좋게 생각하지 않느냐?"

"저는 그런 말은 하지 않았습니다. 오히려 그 반대입니다! 우리가 새로운 율법을 따르느라고 신명기를 너무 소홀히한다고 생각합니다."

"새로운 율법은 이전 율법의 결과이다. 아니 오히려 믿음의 나무가 도달한 완전이다. 그러나 내가 아는 한 우리 중의 아무도 이전 율법을 소홀히하지 않는다. 그것은 내가 제일 먼 이전 율법을 존중하고, 다른 사람들이 그것을 소홀히하지 못하게 막기 때문이다." 예수께서 이 말씀을 하실 때에 매우 단호하시다. 예수께서는 다시 말씀을 이으신다. "신명기는 건드릴 수 없는 것이다. 내 나라가 승리하고, 내 나라와 더불어 새 법전과 새 조항들을 가진 새 율법이 승리할 때에도 신명기는 여전히 새 계명에 적용될 것이다. 마치 옛날 건축에 쓰였던 큰 돌들이 새 건축에 쓰이는 것과 같다. 그 돌들이야말로 튼튼한 벽을 만드는 완전한 돌들이니까. 그러나 지금은 아직 내 나라가 아니다. 그리고 나는 충실한 이스라엘 사람으로 모세의 책을 모욕하지도 않고 소홀히하지도 않는다. 이것이 내 행동방식과 내 가르침의 기초이다. 사람과 선생의 기초 위에 아버지의 아들은 그의 본질과 그의 지혜의 천상 건축을 세우는 것이다.

신명기에 이런 말이 있다. '네게 피신해 온 노예를 그 주인에게 돌려 주지 말아라. 그는 자기가 좋다고 생각하는 곳에서 너와 같이 살아야 하고, 그는 네 읍내들에서 안심하고 있어야 하고, 너는 그를 괴롭히지 말아야 한다.' 이것은 어떤 사람이 비인간적인 노예상태를 피할 수밖에 없게 된 경우에 적용되는 것이다. 내 경우와 신디카의 경우에 있어서는 제한된 자유를 향한 도망이 아니라 하느님의 아들의 한없는 자유를 향한 도망이다. 그런데 너는 사냥꾼의 그물에서 빠져나온 저 종달새를 다시 그물로 덮쳐서 도로 그의 감옥에 집어넣어서 자유에 대한 바람까지도 빼앗아버리란 말이냐? 그것은 절대로 안 된다! 나는 엔도르 여행이 저 아들을 아버지께 데려오고, 가이사리아 여행이 이 딸을 내게 데려와서 아버지께로 데려가게 해주신 데 대해서 하느님을 찬미한다. 시카미논에서는 내가 믿음의 힘에 대해서 너희들에게 말해 주었다. 그런데 오늘은 바람(소망)의 빛에 대해 말해 주겠다. 그러나 이제는 마치 지옥이 활짝 열린 것같이 해가 몹시 뜨거우니, 저 우거진 과수원에 들러서 음식도 먹고 쉬기로 하자."

119. 예수께서 바람(소망)에 대하여 말씀하신다

　마치 호박으로 만들어진 것같이 황금빛이 나는 포도 광주리를 들고 과수원으로 지나가던 포도밭에서 일하는 몇 사람이 사도들을 보고 질문을 한다.
　"당신들은 길손입니까. 그렇지 않으면 외국 사람들입니까?"
　"우리는 갈릴래아 사람들인데 가르멜산으로 가는 길입니다" 하고 제베대오의 야고보가 모두를 대신하여 대답한다. 그는 동료 어부들과 같이 덜 깬 잠을 이겨보려고 다리 저린 것을 풀고 있다. 가리옷 사람과 마태오는 그들이 누워 있던 풀 위에서 잠이 깨는 중이고, 반대로 제일 나이많은 사람들은 피곤해서 아직 자고 있다. 예수께서는 엔도르의 요한과 헤르마스테아와 말씀하시고, 그동안 성모님과 클레오파의 마리아는 그들 곁에 있지만 말이 없다.
　포도 재배인들은 말한다. "그런데 멀리서 오십니까?"
　"마지막으로 묵은 곳은 가이사리아입니다. 그러나 그전에는 시카미논에, 또 더 멀리까지 갔었지요. 우리는 가파르나움에서 왔습니다."
　"아이고! 이런 계절에 먼 길을 오셨군요! 아니 그런데 왜 우리 집으로 안 오십니까? 우리 집은 저기 있습니다. 저기 보이지요? 오셨으면 손발의 피로를 풀게 시원한 물을 드리고 촌스럽지만 맛있는 음식을 드렸을 텐데. 이제는 가십시다."
　"우리는 떠날 참입니다. 그렇지만 하느님께서 당신들에게 갚아 주시기 바랍니다."
　"가르멜산이 그의 예언자처럼 불수레를 타고 달아나지는 않을 겁니다" 하고 한 농부가 반쯤 정색을 하고 말한다.
　"이제는 예언자를 데려가려고 하늘에서 마차가 오지 않는단 말이야. 이젠 이스라엘에 예언자가 없어. 요한이 벌써 죽었다고들 하거든" 하고 다른 농부가 말한다.
　"죽었어요? 얼마나 됐습니까?"
　"요르단강 저편에서 온 사람들이 그말을 해주었습니다. 당신들은 요한을 존경했습니까?"
"우리는 그분의 제자였습니다."
"왜 그분을 떠났습니까?"
"그분이 알린 하느님의 어린 양, 메시아를 따르려고요. 이거 보시오. 이스라엘에는 아직 이것이 있습니다. 그리고 그분을 어울리게 하늘로 옮겨 모시려면 불수레보다 훨씬 더 나은 것이 필요할 것입니다! 당신들은 메시아를 믿지 않으십니까?"
"왜요, 믿지요! 우리는 수확이 끝나면, 그분을 찾아 나서기로 결정했어요. 그분은 율법을 열심히 지키고, 규칙으로 정해진 큰 명절에는 성전에 간다는 말을 들었습니다. 우리는 멀지 않아 장막절에 갈 겁니다. 그리고 그분을 보러 날마다 성전에 갈 겁니다. 그리고 만일 그분을 만나지 못하면 그분을 찾아낼 때까지 찾아 다닐 것입니다. 그분을 아는 당신들, 말해 주시오. 그분이 거의 항상 가파르나움에 있다는 것이 사실입니까? 그분은 키가 크고, 젊고, 얼굴이 희고, 금발이고, 모든 사람들의 목소리와 다른 목소리를 가지고 있고, 그 목소리는 사람들의 마음을 감동시키고 짐승들과 초목들도 그 목소리를 듣는다는 것이 사실입니까?"
"가말라, 바리사이파 사람들의 마음만 빼놓고는 모든 사람의 마음을 감동시킨대. 바리사이파 사람들은 더 고집이 세졌다는 거야."
"바리사이파 사람들은 짐승도 아니야. 나하고 같은 이름을 가진 사람을 포함해서 모두가 마귀들이야. 하지만 말해 주시오. 그분이 이렇다는 것이 사실입니까? 대단히 친절해서 누구와도 말을 하고, 모든 사람을 위로하고, 병을 고쳐 주고, 죄인들을 회개시킨다는 것이 참말입니까?"
"당신들은 그걸 믿습니까?"
"예, 그렇지만 그분을 아는 당신들에게서 그 사실을 알았으면 좋겠습니다. 아이고! 우리들을 그분께 데려다 주시면 참 좋겠군요!"
"그렇지만 당신들은 포도나무들을 돌보아야 하지 않습니까?"
"우리는 돌봐야 할 영혼도 있습니다. 그런데 영혼이 포도나무보다 더 중요합니다. 그분이 지금 가파르나움에 있습니까? 걸음을 빨리 걸으면 열흘동안에 갔다 올 수가 있을 것입니다…."
"당신들이 찾는 그분이 여기 계십니다. 그분은 당신들의 과수원에서 쉬셨고, 지금은 저 나이든 사람과 저 젊은이와 같이 말씀하고 계십니다. 곁에는 그분의 어머니와 어머니의 동서가 있습니다."

"저분이요!… 아이고!… 어떻하지?"

그들은 몹시 놀라서 몸을 움직이지를 못한다. 그들은 예수를 주시한다. 그들의 온 생명력은 눈동자에 집중되었다.

"자! 당신들은 그분을 보기를 갈망했는데, 이제는 움직이지를 않는군요? 당신들은 소금상이 되었습니까?" 하고 베드로가 놀린다.

"아닙니다. … 그건… 그렇지만 메시아가 저렇게 수수하시다니?"

"아니 그럼 당신들은 메시아가 어떠하시기를 원했습니까? 번쩍거리는 옥좌에 곤룡포(袞龍袍)를 입고 앉아 계시기를 바랐습니까? 메시아가 새로운 앗수에루스 왕인 줄로 생각했습니까?"

"아닙니다. 그렇지만… 그렇게도 거룩하신 분이 저렇게까지 수수하시다니!"

"이거 보시오, 저분은 거룩하시기 때문에 수수하신 것입니다. 자, 이렇게 합시다. … 선생님! 오십시오, 여기 오셔서 기적을 하나 행하십시오. 여기 선생님을 찾다가 선생님을 보고는 몸이 굳어 버린 사람들이 있습니다. 오셔서 이 사람들을 다시 움직이게 하시고, 말을 다시 하게 하십시오."

부르는 소리를 들으시고 몸을 돌리신 예수께서 웃으시며 일어나셔서 포도재배 농부들 쪽으로 오시니, 그들은 어떻게나 놀라는지 겁에 질린 사람들 같다.

"당신들에게 평화. 나를 원했다구요? 자 여기 왔습니다." 그러시면서 마치 당신을 내맡기시는 것처럼 팔을 펴서 좀 내미시는 늘 하시는 몸짓을 하신다. 포도재배 농부들은 무릎을 꿇고 말을 못한다.

"두려워 마시오. 당신들이 무엇을 원하는지 말하시오."

그들은 말없이 포도송이가 가득한 광주리들을 내민다. 예수께서는 훌륭한 과일을 감탄하여 바라다보시며 말씀하신다. "고맙소." 그러시면서 손을 내밀어 포도송이 하나를 집어서 포도알을 잡숫기 시작하신다.

"오 지극히 높으신 하느님! 선생님은 우리처럼 잡수시는군요!" 하고 가말라라는 이름을 가진 사람이 한숨을 쉬면서 말한다. 이 엉뚱한 말을 듣고는 웃지 않을 수가 없다. 예수께서도 더 크게 미소지으시며 마치 변명을 하듯이 말씀하신다. "나는 사람의 아들이오!" 하고.

그러나 예수의 행동은 그들의 넋을 잃은 무기력을 이겼다. 그래서 가말라가 이렇게 말한다. "저녁 때까지만이라도 저희들 집에 들어오지 않으시겠습니까? 저희들은 7형제에다 저희 아내들과 아들들이 있고, 게다가 조용히 죽음을 기다리시는 연세많은 부모님도 계시기 때문에 사람이 많습니다."

"갑시다. 당신들은 동료들을 불러서 우리 있는 데로 오시오. 어머니, 아주머니와 같이 오십시오."

그리고 예수께서는 다시 일어난 농부들 뒤로 길을 가기 시작하신다. 농부들은 예수께서 걸으시는 것을 보려고 약간 비스듬히 걷는다. 포도줄기로 서로 연결된 나무줄기들 사이로 난 오솔길은 좁다.

그들은 이내 집에 도착했다. 아니 오히려 집들이라고 해야 하겠다. 집들이 하나의 작은 네모꼴을 만들고 한가운데에는 우물이 있는 넓은 공동 마당이 있기 때문이다. 그 마당에는 현관 노릇을 하는 속이 깊숙한 복도로 해서 들어가는데, 밤에 무서운 문으로 막아 놓을 것이 틀림없다.

"이 집과 이 집에 사는 사람들에게 평화가 있기를 바랍니다" 하고 예수께서 집에 들어가시면서 그리고 강복하시려고 손을 드시며 말씀하신다. 그런 다음 손을 내리셔서 황홀한 눈으로 당신을 뚫어지게 쳐다보는 반쯤 벗은 귀여운 아기를 쓰다듬으신다. 포동포동한 어깨에서 늘어진 소매없는 샤쓰를 입은 그 아기는 매우 귀여운데, 한 손가락은 입에 넣고 고사리 같은 또 한손에는 기름에 튀긴 빵껍질을 들고 맨발로 서 있다.

"제 아우의 아기 다윗입니다" 하고 가말라가 설명하는데, 그동안 또한 포도재배 농부는 알리기 위하여 가장 가까운 집으로 들어간다. 그리고 그 집에서 나와서 다른 집으로 들어가고, 모든 집에 대하여 이렇게 한다. 그래서 모든 연령층의 얼굴이 나타났다가 대충 화장을 한 다음에 다시 나오려고 물러간다. 앞으로 툭 튀어나오고, 위에는 어머어마하게 큰 무화과나무가 덮여 있는 차양 그늘에 지팡이를 두 손으로 든 노인이 있다. 그 노인은 아무 일에도 흥미가 없는 듯이 머리도 들지 않는다.

"저희 아버지이십니다" 하고 가말라가 설명한다. "집에 계신 노인들중의 한분이십니다. 야고보의 아내도 홀로 되신 친정 아버지를 모셔 왔거든요. 그리고 막내의 아내의 늙으신 친정 어머니도 계십니다. 저희 아버지는 앞을 못 보십니다. 눈동자에 각막 백반(白斑)이 생겼습니다. 밭에는 햇빛이 너무 세니까요. 그리고 땅은 몹시 뜨겁구요! 가엾은 아버지! 아버지는 매우 침울하십니다. 그러나 대단히 착하십니다. 지금은 손자들을 기다리고 계십니다. 손자들이 아버지의 유일한 낙이니까요."
 예수께서는 노인에게로 가신다. "할아버지, 하느님께서 할아버지께 강복하시기를 바랍니다."
 "당신이 누구이든 하느님께서 당신의 축복을 갚아 주시기 바라오" 하고 노인은 목소리가 들려오는 쪽으로 머리를 들며 말한다.
 "할아버지의 운명은 괴롭지요?" 하고 다정스럽게 물으시며, 말을 하는 사람이 누구인지 말하지 말라는 눈짓을 하신다.
 "내 운명은 내 오랜 일생 동안에 하느님께서 내게 주신 많은 행복 뒤에 하느님께서 오는 거요. 하느님에게서 행복을 받았으니, 내 시력의 불행도 받아들여야 해요. 결국 이 불행은 영원한 것이 아니지요. 아브라함의 품에서 끝날 것이니까요."
 "할아버지, 말씀 잘하셨습니다. 할아버지 영혼의 눈이 보이지 않으면 더 나쁠 것입니다."
 "나는 항상의 시력을 보존해 주려고 애를 썼어요."
 "어떻게 하셨습니까?"
 "말하는 당신은 젊구려. 당신 목소리로 알 수 있소. 당신은 신앙이 없기 때문에 모두 눈이 먼 지금의 젊은이들과 같지 않겠지요, 응? 믿지를 않고 하느님께서 말씀하시는 것을 하지 않는 것은 정말 큰 불행이오. 젊은이, 이 말은 늙은이가 하는 거요. 만일 당신이 율법을 버리면, 당신은 세상에서도 소경이 되고 내세에서도 소경일 거요. 당신은 절대로 하느님을 더 이상 뵙지 못하게 될 거요. 왜냐하면 메시아 구세주가 우리에게 하느님의 문을 열어 줄 날이 언젠가 틀림없이 오겠기 때문이오. 나는 너무 늙어서 세상에서 이 날을 보지 못할 거요. 그러나 아브라함의 품에서 볼 거요. 그래서 나는 아무것도 불평하지 않아요. 나는 이 어두움으로 하느님께 대한 내 배은망덕을 갚기를 바라고, 영원한 생명을 위해 하느님을 누릴 자격을 얻기를 바라오. 그러나 당신은 젊으니, 충실해서 메시아를 볼 수 있도록 하오. 왜그러냐 하면 때가 가까웠단 말이오. 세례자가 그렇게 말했소. 당신은 메시아를 볼 거요. 그러나 만일 당신의 영혼의 눈이 멀면, 당신은 이사야가 말하는 사람들과 같을 거요. 당신은 눈이 있지만 보지 못할 거요."
 "할아버지, 메시아를 보고 싶으세요?" 하고 예수께서 흰 머리에 한 손을 얹으시면서 말씀하신다.

"메시아를 보기를 원하오. 그래요. 하지만 나는 메시아를 보는데 내 아이들은 그분을 알아보지 못하는 것보다는 내가 그분을 보지 못하고 가는 편을 택하겠소. 나는 아직 옛날 믿음을 가지고 있으니, 그것이 내겐 충분하오. 그러나 내 아이들은… 아이고! 요즘 세상은!…"

"할아버지, 그러면 메시아를 보십시오. 그리고 할아버지의 만년을 기쁨 속에서 마치시기를 바랍니다." 그러시면서 예수께서는 마치 노인을 어루만지시기 위한 것처럼 손을 노인의 흰 머리에서 이마로 그리고 수염이 난 턱에까지 미끄러져 내려오게 하시고, 동시에 노인의 얼굴 위치에까지 내려오시려고 몸을 기울이신다.

"오! 지극히 높으신 주님! 아니 내 눈이 보여요! 눈이 보입니다. … 알지 못하는 얼굴이면서도 당신을 벌써 보았던 것처럼 낯익은 얼굴을 가진 당신은 누굽니까? … 아니… 아이고! 내가 정말 바보로구먼! 내 눈을 보게 해주신 선생님은 축복받으신 메시아이십니다! 오! 오!" 노인은 예수의 두 손을 붙잡고 눈물로 적시며 입맞춤을 하고 눈물을 흘린다. 온 일가가 감동한다.

예수께서는 한 손을 빼서 아직도 노인을 어루만지시며 말씀하신다. "그렇습니다. 제가 메시아입니다. 오십시오. 그래서 제 얼굴 외에 제 말을 들으십시오." 그리고 온통 빽빽한 푸른 잎으로 뒤덮여 그늘이 진 옥상으로 올라가는 층계 쪽으로 향하신다. 그러니까 모두가 예수를 따라간다.

"나는 제자들에게 바람에 대해서 말하겠다고 약속했었는데 비유로 설명을 했을 것입니다. 그 비유는 여기 있습니다. 이 연세높으신 이스라엘 노인입니다. 하늘에 계신 아버지께서 그 비유의 소재를 내게 주셔서 멍에의 두 대와 같이 믿음과 사랑을 받쳐 주는 큰 덕행을 여러분 모두에게 가르치게 하십니다.

대단히 기분좋은 멍에. 십자가의 가로대와 같은 인류의 가로대요, 광야에서 높이 쳐들려진 유익한 뱀의 의지와 같은 구원의 옥좌입니다. 인류의 가로대. 영혼이 빛속으로 자유롭게 날아오를 수 있게 하는 영혼의 다리로서, 없어서는 안 되는 믿음과 매우 완전한 사랑 사이에 놓여 있습니다. 그것은 바람없이는 믿음이 있을 수 없고, 바람이 없으면 사랑이 죽기 때문입니다.

믿음은 확신이 가득한 바람을 전제(前提)합니다. 하느님의 인자하심에 희망을 걸지 않고 어떻게 하느님을 믿게 되겠습니까? 영원에 대해 희망을 걸지 않고는 어떻게 인생에서 의지할 곳을 얻을 수 있겠습니까? 우리의 착한 행동 하나하나를 하느님께서 보시기를 바라는 마음으로 움직이지 않으면 그리고 하느님에게서 거기에 대한 갚음을 받기 위해서가 아니면, 우리가 어떻게 정의를 꾸준히 지켜 나갈 수 있겠습니까? 이와 마찬가지로 만일 우리에게 바람이 없으면 어떻게 사랑을 살릴 수가 있겠습니까? 바람은 사랑보다 앞서 가며 그것을 준비합니다. 사람이 사랑할 수 있기 위하여는 바람을 가질 필요가 있기 때문입니다. 실망한 사람들은 사랑을 못하게 됩니다. 여기 살과 기둥으로 만들어진 사다리가 있습니다. 믿음은 살이고, 바람은 기둥입니다. 위에는 사랑이 있는데, 이 두 가지 다른 수단을 써서 그리로 올라가게 됩니다. 사람은 믿기 위하여 바라고, 사랑하기 위하여 믿습니다.

이분은 바랄 줄을 알았습니다. 날 때에 다른 모든 아기들과 같이 이스라엘 아기였습니다. 다른 어린이들과 같은 가르침을 받으면서 컸습니다. 다른 모든 어린이들과 같이 율법의 아들이 되었습니다. 어른이 되고, 남편, 아버지, 노인이 되면서 성조들에게 주어지고 예언자들에 의해서 되풀이 된 약속에 대한 바람을 항상 가졌습니다. 노년에 이르러 어두움이 이분의 눈동자에 내려 덮었습니다. 그러나 마음에는 어두움이 내려 깔리지 않았습니다. 이분에게는 항상 바람의 불이 켜져 있었습니다. 하느님을 뵙겠다는 바람, 내세에서 하느님을 뵙겠다는 바람입니다. 그리고 영원히 뵙겠다는 바람 속에는 '메시아를 보겠다는' 더 내적이고 더 소중한 바람이 들어 있었습니다. 그리고 그분은 당신에게 말하는 젊은 사람이 누구인지를 모르고 '만일 당신이 율법을 버리면 이 세상에서도 소경이 되고 하늘에서도 소경이 될 거요. 당신은 하느님을 뵙지 못할 것이고, 메시아도 알아보지 못할거요' 하고 말씀하셨습니다.

이분은 현자로서 말씀하셨습니다. 이스라엘에는 지금 소경이 너무나 많습니다. 율법에 대한 반항이 그들 안에 바람을 죽였기 때문에 그들은 이제 바람을 가지고 있지 못합니다. 만일 하느님의 말씀을 남김없이 받아들이는 것이 아니면. 비록 신성한 장식 아래 감추어져 있더라도 그것은 어쨌든 반항입니다. 내가 하느님의 말씀을 말하는 것이지 사람이 그 위에 덧붙여 놓은 상부(上部) 구조물을 말하는 것이 아닙니다. 이 상부 구조물들은 너무 많고 순전히 인간적인 것이기 때문에 그것을 만든 사람들 자신이 그것을 소홀히 하고, 다른 사람들은 기계적으로 어쩔 수 없이 무기력하게 보람없이 따라갑니다. 그들은 이제 바람을 가지지 못하고, 오히려 영원한 진리를 비웃습니다. 그러므로 그들은 이제 믿음도 없고 사랑도 없게 되었습니다. 그것을 가지고 순종을 하고 공로를 세우라고 사람에게 주신 하느님의 숭고한 명에, 악의 뱀들을 쫓고 거기서 구원을 얻어내라고 하느님께서 사람에게 주신 하늘의 십자가가 그 가로대를, 즉 믿음과 사랑이라는 흰 불꽃과 붉은 불꽃을 받쳐 주던 가로대를 잃었고, 그래서 그들의 마음에는 어두움이 내려왔습니다.

노인은 내게 이런 말을 하셨습니다. '믿지 않고, 하느님께서 우리에게 말씀하시는 것을 행하지 않는 것은 큰 불행이오' 하고.

사실입니다. 내가 이 말을 여러분에게 확인해 줍니다. 이것은 육체적인 맹목(盲目)보다 더 나쁩니다. 육체적인 맹목은 아직 고칠 수가 있습니다. 고쳐서 의인에게 해와 풀밭과 땅의 열매들과 자녀들과 손자들의 얼굴을 다시 보는 기쁨을 주고, 무엇보다도 더 그의 바람 중의 바람이었던 '주님의 메시아를 보는' 기쁨을 줄 수 있습니다. 나는 이런 덕행이 온 이스라엘 전체의 영혼과, 그리고 특히 율법에 대해서 더 많은 지식을 가지고 있는 사람들의 영혼 안에 살아 있기를 바랍니다. 성전에 갔다거나 성전에 속해 있었다고 해서 충분한 것이 아니고, 성경의 말씀을 왼다고 해서 충분한 것이 아닙니다. 그것을 가지고 이 세 가지 대신덕(對神德)에 의해 우리 생명의 생명을 만들 줄 알아야 합니다.

여러분은 그 본보기를 가지고 있습니다. 이 덕행들이 살아 있는 곳에서는 무엇이든지, 불행까지도 견디기가 쉽습니다. 하느님의 멍에는 육체에만 무겁게 느껴지지 정신의 힘은 꺾지 않는 항상 가벼운 멍에이기 때문입니다. 훌륭한 이스라엘 사람들의 집인 이 집에서 사는 사람들은 평안히 계십시오. 연로하신 할아버지, 안녕히 계십시오. 할아버지는 하느님께서 할아버지를 사랑하신다는 확증을 가지고 계십니다. 할아버지의 지혜를 혈족의 어린이들의 마음에 심어 주시면서 의인으로서의 여생을 마치십시오.

나는 머무를 수가 없습니다. 그러나 내 축복은 이 포도밭의 포도송이들처럼 풍부한 은총으로 이 집 안에 남아 있을 것입니다."

그러면서 예수께서는 떠나려고 하신다. 그러나 모든 연령층이 다 있는 이 대가족을 알기 위해서도 그렇고, 배낭들이 가죽부대처럼 불룩해지도록 당신께 드리려고 하는 모든 것을 받기 위해서도 그렇고, 머물러 계셔야 한다.… 그런 다음 포도재배 농부들이 일러드리는 포도밭 사이로 난 지름길로 해서 다시 큰 길로 가실 수 있다. 농부들은 큰 길에 와서야 예수를 떠나보낸다. 거기서는 벌써 예수님과 일행이 밤을 지낼 수 있을 작은 마을이 보인다.

120. 예수께서 알패오의 야고보와 같이 가르멜산으로 가신다

"내가 돌아올 때까지 에스드렐론 평야에서 복음을 전하여라" 하고 어느 청명한 날 아침 나절 사도들이 키손 근처에서 음식을 조금, 즉 빵과 과일을 먹고 있는 동안에 예수께서 명령하신다.

사도들은 마음이 썩 내키지 않는 것 같다. 그러나 예수께서는 그들의 행동방식에서 지켜야 할 기준을 주시면서 그들을 격려하시고 이렇게 말씀을 끝맺으신다. "그뿐 아니라, 내 어머니가 너희와 같이 계시다. 내 어머니께서 너희에게 좋은 의견을 주실 것이다. 죠가나의 농부들에게 가서 안식일에 도라의 농부들에게 말을 하도록 노력하여라. 그들에게 원조금을 주고, 마륵지암의 할아버지께 아이의 안부를 전하고 장막절 임시해서 아이를 데려갈 것이라고 말해서 격려해 드려라. 그 불행한 사람들에게 너희가 가진 것을 줄 수 있는 모든 애정, 너희들에게 있는 돈을 모두 주어라. 걱정하지 말아라. 돈은 나가는 것처럼 또 들어온다. 비록 우리가 빵과 과일로만 산다 하더라도 절대로 굶어 죽지는 않을 것이다. 그리고 그중에 헐벗은 사람을 보거든 옷을 주어라. 내 옷까지도, 아니 내 옷을 제일 먼저 주어라. 우리는 절대로 헐벗지는 않을 것이다. 그리고 특히 나를 찾는 비참한 사람들을 보거든 무시하지 말아라. 너희는 그렇게 할 권리가 없다. 어머니, 다녀오겠습니다. 하느님께서 내 입으로 너희 모두에게 강복하시기를 바란다. 아주 안심하고 가거라. 야고보야, 오너라."

"선생님은 배낭도 안 가지고 가십니까?" 하고 주님이 길을 떠나시면서 배낭을 가지고 가시지 않는 것을 보고 토마가 말한다.

"필요없다. 길 가는 데 더 자유로울 것이다."

비록 그의 어머니가 서둘러서 빵과 치즈와 과일을 가득 넣었지마는, 야고보도 그의 배낭을 가지고 가지 않는다.

두 분은 얼마 동안은 키손 개울의 제방을 따라 가다가 가르멜산으로 가는 처음 비탈을 오르기 시작하더니, 남아 있는 사람들의 시야에서 사라진다.

"어머님, 저희들은 어머님께 맡겨져 있습니다. 저희들을 인도해 주십시오. … 저희들은 아무것도 할 줄 모르니까요" 하고 베드로가 겸손하게 인정한다.

성모님은 안심시키는 미소를 지으시며 말씀하신다. "아주 간단하네. 자네들은 예수의 명령을 따르기만 하면 되네. 그러면 모든 것이 잘 돼 나갈 거야. 가세."

예수께서는 사촌 야고보와 같이 올라 가시며 말씀을 하지 않으시고, 야고보도 말을 하지 않는다. 예수께서는 당신 생각에 집중하여 계시고, 야고보는 어떤 계시를 받기 직전에 있다는 것을 느껴 경의를 곁들인 사랑과 영적인 두려움에 완전히 사로잡혀 가끔 예수를 쳐다본다. 예수께서는 당신의 장엄한 얼굴에 빛나는 미소를 띠고 계시다. 야고보는 마치 아직 강생하지 않으시고 그 모든 무한한 위엄으로 빛나시는 하느님을 쳐다보듯이 예수를 쳐다본다. 그리고 성 요셉의 얼굴을 몹시 닮은, 거무스름하지만 그래도 광대뼈 윗쪽에는 붉은 빛이 도는 그의 얼굴이 흥분으로 창백해진다. 그러나 여전히 예수의 침묵을 존중한다.

푸른 참나무와 떡갈나무와 물푸레나무와 그밖에 키른 나무 수풀 아래 있는 푸른 풀밭에서 양떼에 풀을 뜯기고 있는 목자들은 보지 못하는 것처럼 가파른 지름길로 해서 쉬지 않고 올라가는데, 그들의 겉옷은 노간주나무의 청록색 숲과 금작화(金雀花)의 금빛나는 숲, 또는 진주가 여기저기 박힌 에메랄드 빛깔의 미르타* 무더기나 인동덩굴과 꽃이 만발한 참으아리의 움직이는 커어튼을 스친다.

두 분은 나무꾼과 목자들을 뒤에 남겨 두고 지치지 않고 걸은 다음 산꼭대기까지, 아니 오히려 산꼭대기에 기대고 있는 작은 평평한 땅에 이르렀다. 그 꼭대기에는 어마어마하게 키가 큰 떡갈나무들이 덮여 있고, 가에는 키른 나무들이 죽 늘어져 있고, 그 뿌리 근처까지는 비탈에 있는 다른 나무들의 꼭대기가 받침 노릇을 하는 것 같다. 그래서 그 작은 평평한 풀밭이 그 살랑거리는 수풀에 기대어 있는 것 같고, 그 밑에 있는 우거진 나뭇잎들

---

*역주 : *myrta*, 식물 이름.

때문에 볼 수가 없는 산의 나머지 부분과는 외따로 떨어져 있는 것 같다. 그리고 뒤로는 하늘로 나무들을 올려보내고 있는 산봉우리가 있고, 그 위로는 확 트인 하늘이 있고, 앞에는 황혼에 붉어진 확 트인 지평선이 온통 불이 붙은 것 같은 바다에 가서 멎는다. 선반 모양의 돌출부의 땅에 갈라진 틈이 있는데, 사람 한명이, 그것도 뚱뚱하지 않은 사람이 겨우 지나갈 수 있을 만한 넓이다. 그 갈라진 틈이 무너져 내리지 않는 것은 다만 어마어마하게 큰 떡갈나무들의 뿌리가 엉기어 그물과 같이 된 것으로 흙을 고정시키고 있기 때문이다. 선반 모양의 이 돌출부의 중턱에서 어지럽게 헝클어진 덤불이 수평으로 깔려 있어 그 돌출부가 연장되는 것같이 보인다.

예수께서 말씀하신다. "내 사촌 야고보야, 오늘밤은 여기서 머무르자, 그리고 육체는 매우 피로하겠지만 기도로 밤을 새기를 부탁한다. 오늘밤과 내일 온 종일 이 시간까지. 내가 네게 주고자 하는 것을 받는 데에는 온 하루가 지나친 것이 아니다."

"주님이시며 내 선생님이신 예수님, 언제나 하라시는 대로 하겠습니다" 하고 야고보가 대답하는데, 그의 얼굴은 예수께서 말씀하기 시작하실 때부터 한층 더 창백해졌었다.

"안다. 이제는 우리 위(胃)를 위해 검은 딸기와 월귤나무 열매를 따러 가자. 그리고 이 아래에서 물소리를 들었는데 그 샘에 가서 목을 축이자. 그러니 겉옷을 동굴 속에 놓아두어라. 가져갈 사람이 아무도 없다."

그리고 사촌과 함께 선반 모양의 돌출부를 돌아 큰 나무 밑에 자란 작은 나무덤불에서 야생 열매들을 따신다. 그리고 몇 미터 아래, 올라온 비탈과 반대쪽 비탈의 나무뿌리가 뒤엉긴 속으로 흘러 나오는 요란스러운 샘물에서 그분들이 가지고 온 유일한 물건인 수통을 채우고, 높은데도 아주 심한 더위를 식히려고 세수를 한다. 그런 다음 두 분은 그들이 자리잡은 평평한 곳으로 다시 올라가, 서쪽으로 넘어가려고 하는 햇빛을 받은 산꼭대기의 대기가 새빨갛게 되는 동안, 그분들이 따온 것을 들고 물을 또 마시면서 행복한 두 어린이처럼 또는 두 천사처럼 서로 미소를 보낸다. 말은 별로 없다. 평야에 남아있는 사람들에 대한 생각, 해가 지는 지극히 아름다운 광경에 대한 감탄, 두 어머니의 이름을 부르는 것… 이것이 고작이고 다른 것은 아무것도 없다.

그런 다음 예수께서는 사촌을 낭신께로 끌어 당기시고, 사촌은 요한이 늘 취하는 것과 같은 자세를 취하여 머리를 예수의 가슴 꼭대기에 기대고, 한손은 예수의 무릎에 내맡기고, 다른 손은 예수의 손에 쥐어져 있다. 그리고 두 분이 이렇게 하고 있는 동안, 새들이 요란스럽게 지저귀며 나뭇잎을 찾아 들고, 방울소리가 점점 더 멀어져 가서 차차 희미해지고, 꼭대기들을 어루만지며 식혀서 한낮의 축 늘어지게 하는 더위 뒤에 다시 생기를 찾게 해주고, 이슬을 예고하는 가벼운 바람이 살랑거리는 가운데 저녁이 내려온다.

두 분은 오랫동안 이대로 있다. 그런데 나는 이것이 입술의 침묵일 뿐, 그 어느 때보다도 활발하게 움직이는 영은 초자연적인 회화를 나누고 있다고 생각한다.

121. "거룩하게 지도자 노릇을 하기 위하여는 완전하게 사랑하여라 "

같은 시간이다. 그러나 다음날이다.

아직 산 갈라진 틈 안에 들어간 채로 무릎을 세우고 두 팔로 감싸고 있는 위에까지 거의 닿을 정도로 머리를 숙이고 잔뜩 웅크리고 앉아 있는 야고보는 깊은 묵상에 잠겨 있거나 잠이 들어 있는 것 같다. 잘 알 수가 없다. 분명히 그의 주위에서 일어나고 있는 일, 즉 어떤 특별한 동기로 작은 풀밭에서 싸우고 있는 큰 새 두마리의 싸움에는 무감각하다. 그놈들은 멧닭이나 뇌조(雷鳥)나 꿩인 것 같다. 그것은 그놈들이 크기가 어린 수탉만하고 깃이 여러 빛깔이지만, 볏이 없고, 다만 머리 꼭대기와 양쪽 뺨에 산호처럼 붉은 살의 작은 투구 모양의 돌기가 있기 때문이다. 그런데 머리는 작지만 정말이지 부리는 강철로 된 칼끝과 같을 것이 틀림없다. 깃들이 공중으로 날아 올라가고, 피가 땅에 흘러 내리고, 그놈들이 내는 격렬한 소리에 나뭇가지에서 들려오던 휘파람 같은 소리와 떨리는 소리와 룰라드* 소리가 잠잠해진다. 어쩌면 새들이 이 사나운 싸움을 구경하는지도 모르겠다.…

야고보는 아무 소리도 듣지 못한다. 반대로 예수께서는 들으시고, 올라가셨던 산꼭대기에서 내려오시며 손바닥을 쳐서 싸우는 놈들을 떼어놓으신다. 그 놈들은 피투성이가 되어 한 놈은 산비탈 쪽으로 달아나고 한 놈은 떡갈나무 꼭대기로 날아 올라가서 마구 곤두서고 엉클어진 깃을 다듬는다. 야고보는 예수께서 내시는 소리에도 고개를 들지 않는다. 예수께서는 몇 걸음 더 걸어서서 작은 풀밭 한가운데에서 멎으신다. 예수의 흰 옷은 황혼의 붉은 빛이 어떻게나 강한지 오른쪽에 빨간 물이 드는 것 같다. 정말

---

*역주 : Roulade, 한 첫음을 가지고 빨리 가볍게 노래하는 음의 연속.

하늘에 불이 난 것같다. 그러나 야고보는 자고 있지는 않은 모양이다. 그것은 예수께서 "야고보야, 이리 오너라" 하고 속삭이시자, 정확히 말해서 속삭이시자, 무릎에 대고 있던 머리를 들고 무릎을 안고 있던 팔을 풀고 일어나서 예수께로 향하여 가는 것으로 알 수 있다
 야고보는 예수 앞에 두 걸음 떨어져서 걸음을 멈추고 예수를 쳐다본다. 예수께서도 그를 바라다보시는데, 정색을 하셨지만, 그래도 미소로써 야고보를 격려하신다. 그 미소는 입술이나 눈길에서 오는 것은 아니지만, 그래도 뚜렷하다. 예수께서는 당신의 사촌이요 사도인 야고보의 가장 작은 반응과 감정을 읽으시려는 듯이 그를 뚫어지게 들여다보신다. 야고보는 어제와 같이 곧 계시를 받게 되리라는 것을 깨닫고 얼굴이 창백해지는데, 예수께서 팔을 들어 그의 어깨에 두 손을 얹으시고 이렇게 팔을 뻗으신 채로 계시자 그의 얼굴이 그의 아마포 옷 빛깔과 같이 될 정도로 한층 더 창백해진다. 그때에 야고보는 제물이 된 것같이 보인다. 다만 그의 짙은 갈색 머리와 밤색 수염만이 그 주의깊은 얼굴에 색채를 띠게 한다.
 "내 사촌 야고보야, 내가 왜 너를 나와 단둘이서 여기 오라고 해서 여러 시간 기도와 묵상을 한 다음 네게 말을 하려고 했는지 아느냐?"
 야고보는 어떻게나 흥분했던지 대답하기가 어려운 것같이 보인다. 그러나 마침 입을 열어 낮은 목소리로 대답한다. "제게 특별한 지시를 주시기 위해서입니다. 미래를 위해서이거나 또는 제가 모든 제자들 중에서 가장 능력이 없기 때문입니다. 나무라기 위해서라 하더라도 지금부터 감사를 드립니다. 그러나 선생님이시요 주님, 저를 믿어 주십시오, 제가 느리고 능력이 없다 하더라도 그것은 능력이 모자라서 그런 것이지 악의로 그러는 것은 아닙니다."
 "나무라는 것이 아니라 지시이다. 그렇다. 내가 너희와 같이 있지 않을 때를 위한 지시이다. 너는 내가 어느 날 이 산밑에서 너와 같이 여기 오겠다고 약속하면서 말한 것을 지난 몇 달 동안 마음 속으로 많이 생각하였다. 그런데 그것은 엘리야 예언자에 대해 말하기 위해서, 또 저기 무한히 펼쳐지며 반짝이는 바다를 바라다보기 위해서뿐 아니라 오늘은 더없이 고요한 물같이 보이지마는 어쩌면 몇 시간 뒤에는 게걸스러운 허기에 배와 사람을 집어삼킬지도 모르는 저 바다보다도 한층 더 크고 변덕스럽고 더 위험한 다른 바다에 대해 네게 말해 주려는 것이었다. 그리고 너는 내가

그때 네게 말한 것에 대한 생각과 여기 오는 것이 네 장래 운명과 관계가 있다는 생각과를 결코 분리시키지를 않았다. 그래서 지금 너는 그것이 매우 부담스러운 운명이고, 영웅까지도 벌벌 떨게 한 만큼 그렇게 큰 책임 가득한 유산이라는 것을 알고, 즉 하느님의 뜻을 실망시키지 않기 위하여는 사람에게 있어서 가능한 모든 성덕을 가지고 수행해야 하는 책임과 사명이라는 것을 알고 점점 더 얼굴이 창백해진다. 그러나 야고보야, 두려워 말아라. 나는 네 파멸을 원치 않는다. 내가 네게 이 일을 맡기기로 하는 것은 네가 여기에서 손해를 보지 않고, 오히려 초자연적인 영광을 얻으리라는 것을 내가 안다는 표이다.

야고보야, 내 말을 들어라. 내 말을 듣고 잘 기억하기 위해 너를 내게 맡기는 아름다운 행위로 네 마음을 평안하게 하여라.

우리가 이렇게 서로 말을 들을 준비가 된 정신을 가지고 이렇게 단둘이서만 있는 일은 다시는 절대로 없을 것이다. 이 세상에 얼마 동안 머무른 모든 사람이 그러는 것과 같이 나도 언젠가는 갈 것이다. 내가 이 세상에 머무르는 것은 사람들이 머무르는 것과는 다른 방식으로 끝나겠지마는 끝나야 하고, 그래서 내가 영으로만 너희 곁에 있지 달리는 있지 않게 될 것이다. 내 영이 너희를 절대로 버려두지 않을 것이라는 보증을 너희에게 준다.

나는 내 가르침을 세상에 발전시키는데 필요한 모든 것을 너희에게 주고, 희생을 완수해서 너희들에게 은총을 얻어주고 나서 떠날 것이다. 지금은 상상하는 것조차 터무니없는 짓이고 자만인 것같이 보일 것을 이 은총과 일곱가지 지혜의 불로 너희들이 할 수 있을 것이다.

나는 가고 너희들은 남아 있을 것이다. 그리고 그리스도를 이해하지 못한 세상은 그리스도의 사도들도 이해하지 못할 것이다. 그러므로 너희들은 이스라엘의 안녕에 가장 위험한 사람들처럼 박해를 당하고 쫓길 것이다. 그러나 너희들은 내 제자이므로 너희 선생과 같은 비탄을 겪는 것을 기뻐해야 한다.

나는 니산달의 어느날 네게 이런 말을 하였다. 너는 주의 예언자들 중에 있는 사람이 될 것이다. 하고 네 어머니는 영적인 작용으로 이 말의 뜻을 거의 알아들으셨다. 그러나 이 말이 내 제자들에게서 확인되기 전에 네게 관하여는 확인될 것이다.

야고보야, 너만 빼놓고는 모든 사도들이 흩어질 것이다. 그리고 이 상태는 하느님께서 너를 당신 하늘로 부르실 때까지 계속될 것이다. 너는 하느님께서 네 형제들의 입을 통하여 임명하신 임지에 남아 있어야 한다. 왕족의 후예인 네가 내 왕권을 높이고 진짜 왕에 대해서 말하기 위하여 왕도(王都)에 남아 있어야 한다. 그것을 계시받은 사람들 외에는 아무도 이해하지 못하는 숭고한 왕권에 의한 이스라엘과 세상의 왕이다. 그것은 끝없는 힘과 꾸준함과 참을성과 총명이 네게 필요한 시기일 것이다.

너는 사랑을 가진 의인, 어린이의 믿음과 같이 순진하고 순수한 믿음을 가진 의인이어야 할 것이고, 동시에 참 스승으로서 박식한 신앙을 가져서, 많은 사람의 마음 속에서 믿음에 반대되는 많은 것으로 공격을 당하는 믿음을 지탱해 주고, 가짜 그리스도인들의 오류와 묵은 이스라엘의 번쇄(煩瑣)한 교리를 반박해야 할 것이다. 묵은 이스라엘은 지금도 벌써 소경이지만 빛을 죽인 다음에는 그 어느 때보다도 더 소경이 될 것이고, 예언자들의 말과 내가 그분에게서 나온 아버지의 계명까지도 왜곡해서 성조(聖祖)들과 예언자들이 말하는 사람이 내가 아니라고 자신도 설득해서 자기의 마음을 평안하게 하고 세상도 설득하려고 할 것이다. 그리고 반대로 나는 묵은 이스라엘의 가장 착한 사람들이 보아도 보잘 것 없는 사람이고, 몽상가이고 미친 사람이며, 가장 좋지 못한 사람들이 볼 때에는 마귀들린 이단자라고 설득하려고 할 것이다.

제발 그때에는 네가 다른 나 자신이 되어 다오. 아니, 이것은 불가능하지 않다. 그렇다. 너는 머리 속에 네 예수와 그의 행위와 말과 업적을 간직해야 할 것이다. 주조공(鑄造工)들이 금속에 어떤 돌을무늬를 넣기 위하여 사용하는 진흙 거푸집에 적응하듯이 내 거푸집에 부어져야 할 것이다. 나는 충실한 내 사람들인 너희와 같이 있고, 하도 생생하게 현존해서 너희가 나와 일치하여 다른 나 자신이 될 수 있을 정도일 것이다. 그렇게 되기를 원하기만 하면 되는 것이다. 그러나 아주 어릴 때부터 나와 같이 있으면서 내 손에서 그것을 받기 전에 내 어머니 마리아의 손에서 지혜의 양식을 받은 너는, 이스라엘이 가졌던 가장 의로운 사람의 조카인 너는 완전한 그리스도가 되어야 한다…."

"주님, 저는 할 수 없습니다! 이 책임을 제 형에게 주십시오. 요한에게 주십시오, 시몬 베드로에게 주십시오. 또 다른 시몬에게 주십시오. 주님,

제게는 주지 마십시오! 왜 제게 주시렵니까? 이 책임을 맡을 만한 무슨 일을 제가 했습니까? 저는 한가지 일밖에 할 줄 모르는, 즉 주님을 아주 많이 사랑하고 주님이 말씀하시는 모든 것을 굳게 믿는 것밖에 할 줄 모르는 아주 보잘 것 없는 사람이라는 것을 모르십니까?"

"유다는 너무 대쪽 같은 기질을 가지고 있다. 유다는 이교를 쓰러뜨려야 하는 곳에서는 썩잘 할 것이다. 그러나 이미 하느님의 백성이어서 자기들이 절대적으로 올바른 길에 있다고 믿고 있는 사람들을 그리스도교로 데려와야 할 여기서는 안 된다. 나를 믿으면서 여러 가지 사건 전개로 실망할 모든 사람을 설득해야 할 여기서는 안 된다. 내 나라는 이 세상의 것이 아니고, 이 나라는 순전히 영적인 것으로 하늘 나라이며, 이것을 준비하는 것은 그리스도인 생활이라는 것을, 즉 영의 가치가 탁월한 가치가 되어 있는 생활이라는 것을 설득해야 할 여기서는 말이다.

확신은 결단력을 갖춘 온유로 얻어진다. 사람들을 설득하려고 그들의 멱살을 잡는 사람은 불행하다. 습격을 당한 사람들은 목졸림에서 벗어나기 위해 그 당장은 '예'하고 말하겠지만 그리고 나서는 타락한 사람이 아니고 다만 탈선한 사람이기만 하더라도 돌아다보기도 원치 않고, 토론을 받아들이기도 원치 않고 도망칠 것이다. 또 그 사람들이 타락한 사람이거나 그저 광신적인 사람이기만 하더라도 무장을 해서 그들의 교리와 다른 교리로 설득하려고 하는 사람들을 죽이려 도망할 것이다.

그런데 너는 그리스도인들 가운데 있는 광신자들과 이스라엘 사람들 가운데 있는 광신자들에 둘러싸일 것이다. 전자들은 네게서 폭력 행위를 원하거나 적어도 폭력 행위를 받기를 원할 터인데, 그것은 고집과 제한 사항을 그대로 가지고 있는 묵은 이스라엘이 그들 안에서 독이 들어 있는 꼬리를 아직 흔들 것이기 때문이다. 또 후자들은 성전(聖戰)에서처럼 옛날 신앙과 그 상징들과 의식들을 지키기 위하여 너와 다른 사람들을 공격하여 전진할 것이다. 그래서 너는 폭풍우가 몰아치는 이 바다 한가운데에 있게 될 것이다.

지도자들의 운명은 이러하다. 그런데 너는 네 예수에 의해 그리스도화된 예루살렘에 있을 사람들의 지도자가 될 것이다. 너는 거룩하게 지도자가 될 수 있기 위하여 완전히 사랑할 줄을 알아야 할 것이다. 유다인들의 무기와 저주에 네가 대항시켜야 할 것은 무기와 저주가 아니라 네 마음이다.

바리사이파 사람들을 본받아서 이방인들을 지저분하고 하찮은 것으로 생각하는 일은 결코 하지 말아라. 나는 그들을 위해서도 왔다. 사실 다만 이스라엘만을 위해서라면, 하느님이 죽음을 당할 수 있는 사람이 되도록 비천하게 되는 것은 균형이 잡히지 않는 일이었을 것이다. 내 사랑은 다만 한 영혼만을 구원하기 위해서도 나로 하여금 기꺼이 사람이 되게 했을 것이라는 것이 사실이지만, 하느님의 속성인 정의는 무한한 존재가 무한을 위하여, 즉 온 인류를 위하여 비천하게 되도록 명한다.

　너는 그들을 멀리 물러가지 않게 하기 위하여 그들에게 대하여도 친절해야 한다. 교리에 있어서만 흔들리지 않는데 그치되, 우리의 생활 양식과는 같지 않은 전혀 물질적인 다른 생활 양식에 대하여도 관대해야 한다. 그러나 정신을 상하게 해서는 안 된다. 이스라엘은 그들의 관습에 완전히 굳어 있기 때문에 너는 이 때문에 형제들과 많이 싸워야 할 것이다. 이스라엘의 관습이란 것은 정신을 바꾸어 놓지 못하기 때문에 전혀 외부적이고 아주 무익한 것이다. 이와 반대로 너는 오로지 정신에만 전념하여라. 그리고 다른 사람들에게도 그렇게 하라고 가르쳐라. 이방인들이 즉시 그들의 습관을 바꾸기를 바라지 말아라. 너도 네 습관을 대번에 바꾸지 못할 것이다. 네 암초에 닻을 내리고 머물러 있지 말아라. 바다에서 표류물들을 건져 그것들을 새로운 생활로 개조하기 위하여 작업장으로 끌고 가려면 항해를 해야지, 한군데 남아 있어서는 안 되기 때문이다. 그래서 너는 표류물들을 찾아 나서야 한다. 표류물은 이교도 나라들에도 있고, 이스라엘에도 있다. 무한히 넓은 바다 저끝에는 당신이 만드신 모든 사람에게, 이스라엘 사람들같이 거룩한 그들의 기원으로 인하여 부유하든지, 이교도이기 때문에 매우 가난하든지 모두에 팔을 벌리시는 하느님께서 계시다.

　나는 '이웃을 사랑하여라'고 말하였다. 이웃은 친척이나 동국인뿐이 아니다. 너희가 그 모습을 알지 못하는 북극지방의 사람도 너희 이웃이고, 지금 이 시간에 너희가 알지 못하는 나라에 새벽빛을 바라다보거나 아시아의 전설적인 산맥들의 눈을 누비고 다니거나, 중앙 아프리카의 알지 못하는 삼림 가운데를 흐르는 강물을 마시는 사람도 너희 이웃이다. 그리고 태양 숭배자나 탐욕스러운 악어를 신으로 섬기는 사람, 또는 자기가 진리를 볼 줄 안 재생한 현자라고 믿으면서, 그러나 진리의 완전에 도달하지 못했고 그의 신자들에게 진리를 구원으로 주지도 못한 어떤 사람이 네게 오던

가, 또는 로마나 아테네의 지긋지긋해진 어떤 주민이 하느님을 알게 해달라고 네게 청하러 오면, 너는 그들에게 '물러들 가시오, 당신들을 하느님께로 데려가는 것은 하느님을 모독하는 것이 될 터이니까' 하고 말할 수도 없고 말해서도 안 된다.

이스라엘은 알지만 그들은 알지 못한다는 것을 항상 기억하여라. 그런데도 정말이지 이스라엘에서 많은 사람이 세상에서 가장 야만적인 우상숭배자보다도 더 우상숭배자이고 더 잔인하며 장래에도 그러할 것이다. 그리고 그들은 이러저러한 우상에 인간 희생을 바치지 않고, 세상 마칠 때까지 지속할 가라앉힐 수없는 갈증이 그들 안에서 생겨난 뒤에 피에 굶주린 그들 자신과 그들의 교만에 제물로 바칠 것이다. 그 갈증을 일으킨 것을 다시 그리고 믿음을 가지고 마시는 사실만이 그 혹독한 갈증을 가라앉힐 수 있을 것이다. 그러나 그때에는 세상도 끝날 것이다. 그것은 '우리는 선생님이 하느님이시고 메시아이심을 믿습니다' 하고 맨 마지막으로 말할 사람들은, 내 천주성에 대해서 내가 주었고 또 줄 모든 증거에도 불구하고, 이스라엘 사람들이겠기 때문이다.

그리스도인들의 믿음이 보람없는 것이 되지 않도록 살피고 주의하여라. 믿음이 위선적인 말이나 실천에 지나지 않으면 보람없는 것이 될 것이다. 생명을 주는 것은 정신이다. 참된 믿음이 아니고 가장한 믿음에 지나지 않는 기계적이거나 위선적인 실천에는 정신이 들어 있지 않다. 신자들의 모임에서 하느님 찬미를 노래하더라도, 그러고 나서 그의 모든 행동이 하느님께 대한 모욕이면, 그것이 사람에게 무슨 소용이 있겠느냐? 하느님께서는 신자들의 놀림감이 되지 않으시고, 자애로우신 가운데서도 하느님과 왕으로서의 특권을 항상 보존하신다.

아무도 자기의 것이 아닌 자리를 차지하지 못하게 신경을 쓰고 보살펴라. 하느님께서 너희 지위에 따라 빛을 주실 것이다. 죄로 인하여 너희 안에 은총이 꺼지지 않는 한, 하느님께서는 너희에게 빛이 부족하게 하지 않으실 것이다. '선생님'이라고 불리기를 좋아하는 사람이 많을 것이다. 선생은 한 사람밖에 없다. 지금 네게 말하는 사람이다. 그리고 여선생도 하나뿐이다. 즉 선생을 영속시키는 교회이다. 교회 안에서는 특별한 책임으로 가르치는 일에 할당된 사람들이 선생이다. 그러나 신자들 가운데에도 하느님의 뜻과 그들의 개인적인 뜻, 즉 그들의 착한 뜻으로 지혜의 소용돌이에 빨려 들어가 말할 사람들이 있을 것이다. 자기 자신으로서는 지혜롭지 못하지만 예술가의 손에 들려 있는 연장과 같이 순종해서 그들이 말하는 것이 어떤 결과를 가져 오는지를 전부는 이해하지 못하면서도 충실한 어린이들과 같이 아버지께서 그들에게 말하라고 하시는 것을 되풀이해서 예술가의 이름으로 말할 사람들도 있을 것이다. 끝으로 마치 자기들이 선생인 것처럼, 그리고 순진한 사람들의 마음을 사로잡을 만큼 번드르르하게 말하지만, 마음이 냉혹함과 동시에 교만하고 질투하고 성 잘내고 거짓말쟁이고 음란한 사람들도 있을 것이다.

주님 안에서 지혜로운 사람들과 성령의 숭고한 어린 아이들인 사람들의 말을 받아들이라고 네게 말하고 하느님의 말씀의 깊은 뜻을 알아듣도록 그들을 도와주라고까지 말하겠다. 그것은 그들이 비록 하느님의 목소리를 전하는 사람들이라 하더라도 내 사도들인 너희는 언제나 내 교회의 교직자이기 때문이다. 그래서 너희들은 하느님께서 형제들에게 갖다 주라고 그들 안에 맡기신 황홀하게 하고 무거운 재물로 인하여 초자연적으로 기진맥진한 사람들을 도와주어야 한다. 이와 마찬가지로 네게 이런 말도 하겠다. 즉 내 가르침에 일치하지 않는 생활을 하는 거짓 예언자들의 거짓말을 물리치라고. 현자들과 하느님의 작은 목소리들에는 훌륭한 생활, 관용, 순결, 사랑 그리고 겸손이 절대로 부족하지 않을 것이다. 그러나 다른 사람들에게는 이것들이 항상 부족할 것이다.

신자들의 모임에 질투와 중상이 없도록, 또 원한과 복수심도 없도록 신경을 쓰고 보살펴라. 육체가 정신보다 우세해지지 않도록 신경을 쓰고 보살펴라. 육체를 지배하는 정신을 가지지 못한 사람은 박해를 견디어내지 못할 것이다.

야고보야, 나는 네가 이렇게 하리라는 것을 안다. 그러나 네 사촌을 실망시키지 않겠다는 약속을 하여라."

"그러나 주님, 주님! 저는 한 가지 두려움밖에 없습니다. 그렇게 할 능력이 없다는 것 말입니다. 주님, 제발 이 책임을 다른 사람에게 주십시오."

"아니다, 그렇게 할 수가 없다…."

"요나의 시몬이 주님을 사랑하고 주님도 그를 사랑하십니다…."

"요나의 시몬은 다윗의 후손 야고보가 아니다."

"요한! 유식한 천사인 요한이요. 요한을 이곳의 주님의 봉사자로 만드십시오."

"안 된다. 나는 그렇게 할 수 없다. 시몬도 요한도 아무것도 아니면서도 사람들에게는 중요한 그것, 즉 친척관계를 가지고 있지 않다. 너는 내 친척이다. 나를… 나를 인정하지 않은 다음, 이스라엘의 가장 착한 부분은 그들이 사탄의 시간에 저주하였던 주님을 찾으려고 힘씀으로써 하느님께와 혈족 자체에서 용서를 얻으려고 애쓸 터인데, 내 대신에 내 혈족의 어떤 사람이 있으면 용서를 받는 것으로, 따라서 내 길에 들어설 힘을 얻는 것으로 생각될 것이다. 야고보야, 이 산위에서는 대단히 중요한 일들이 일어났다. 여기서 하느님의 불이 번제물과 나무와 돌들만 태워버리지 않고, 먼지와 도랑에 있던 물까지도 태워없앴다. 야고보야, 하느님께서 이제는 그런 일을 하실 수 없을 것으로 생각하느냐? 인간 ― 야고보 안에 있는 모든 물질적인 것을 불질러 태워버려서 하느님의 분인 야고보로 만드셔서 말이다. 우리는 황혼이 우리 옷을 불꽃처럼 새빨갛게 물들이는 동안 말을 하였다. 이와 같이 엘리야를 데려간 수레가 다소간 빛났을 것이라고 생각하느냐?"

"그 수레는 하늘의 불로 만들어졌었기 때문에 훨씬 더 빛났을 것입니다."

"그러면 하느님을 안에 모셨기 때문에 불이 된 마음이 어떻게 되겠는지를 생각해 보아라. 하느님께서는 구원의 소식을 전하는 일에 마음이 당신의 말씀을 영속시키기를 원하시기 때문이다."

"그러나 주님, 하느님의 말씀이시고 영원한 말씀이신 주님은 왜 남아계시지 않습니까?"

"나는 말씀임과 동시에 육체를 가진 사람이기 때문이다. 말씀으로서는 가르쳐야 하고, 육체를 가진 사람으로는 구속해야 하기 때문이다."

"오! 내 예수님, 아니 어떻게 구속하실 것입니까? 무엇을 향해 가시는 것입니까?"

"야고보야, 예언자들의 말을 기억하여라."

"그렇지만 그들의 말은 우의적(寓意的)인 것이 아닙니까? 하느님의 말씀이신 주님이 사람들에게 학대를 받으실 수 있습니까? 예언자들의 말은 혹 주님의 천주성과 주님의 완전에 고통이 주어질 것이라는 뜻이고, 그 이상의 것은 아무것도, 정말 아무것도 아니지 않습니까? 제 어머니는 저와 유다 걱정을 합니다. 그러나 저는 주님과 마리아 아주머니 걱정을 합니다. 그리고 이렇게도 약한 저희들 걱정을 합니다. 예수님, 예수님, 만일 사람이 주님을 이긴다면, 저희들 중의 많은 사람이 주님께 탓이 있다고 생각하고 주님께 실망을 느끼고 떠나리라고 생각하지 않으십니까?"

"확실히 그럴 것이다. 내 제자들의 모든 층에 혼란이 있을 것이다. 그러나 그 다음에는 평화가 돌아올 것이고, 제일 훌륭한 부분들의 단결이 오기까지 할 것이고, 이 가장 훌륭한 부분에는 내 제헌과 내 승리 후에 힘과 지혜의 영, 즉 하느님의 성령께서 내려오실 것이다."

"예수님, 그 무서운 시간에 제가 약해지지 않고 실족하지 않게 그들이 주님께 어떻게 할지 말씀해 주십시오."

"네가 묻는 것은 대단히 중대한 일이다."

"주님, 말씀해 주십시오."

"그것을 정확히 아는 것은 네게 고통이 될 것이다."

"상관없습니다. 우리를 결합시킨 그 사랑의 이름으로…"

"이것이 알려져서는 안 된다."

"제게 말씀해 주십시오. 그리고는 그일이 이루어지게 되는 시간까지는 그 기억을 잃게 해주십시오. 그때에 가서 지금처럼 그 일을 제 기억해 다시 넣어 주십시오. 그러면 제가 아무것에도 걸려 넘어지지 않고, 제 마음 속으로 주님의 원수가 되지 않을 것입니다."

"그것은 아무 소용에도 닿지 않을 것이다. 너도 돌풍에 휩쓸릴 것이기 때문이다."

"주님, 말씀해 주십시오!"

"나는 고발을 당하고, 배반당하고, 붙잡혀서 고문을 당하고 십자가의 죽음을 당할 것이다."

"아이고! 안 됩니다. 안 돼요!" 하고 야고보가 부르짖으며 그가 죽임을 당하는 것처럼 몸을 뒤튼다. "안 됩니다!" 하고 야고보는 되풀이한다. "만일 그들이 주님께 그렇게 하면, 저희들에게는 어떻게 하겠습니까? 저희가 어떻게 주님의 사업을 계속하겠습니까? 저는 못합니다. 주님께서 제게 마련해 두시는 책임을 받아들일 수가 없습니다!…저는 못합니다! 주님이 돌아가시고 나면, 저도 아무 힘도 없어져서 죽은 사람이나 마찬가지일 것입니다. 예수님, 예수님! 제 말씀을 들으세요. 주님없이 저를 혼자 남겨

두지 마세요. 약속해 주십시오. 이것만이라도 약속해 주십시오!"
 "내가 영광스러운 부활로 물질의 제한에서 풀려나면 내 영으로 너를 인도하러 오마. 나와 너는 네가 내 품에 안겨 있는 지금과 같이 다시 하나가 될 것이다." 과연 야고보는 몸을 내맡기고 예수의 가슴에서 울고 있는 것이다.
 "이제 울음을 그쳐라. 죽는 것이 어떤 것인지 빼놓고 모든 것을 기억하면서 죽음의 골짜기에서 나오는 사람처럼 빛나면서도 괴로운 이 황홀한 시간에서 나가자. 죽는다는 것은 우리의 가슴을 서늘하게 하는 공포인데 그것은 1분밖에 지속하지 않지만, 기정사실로서는 몇 백 몇 천년을 지속하는 것이다. 이리 오너라. 인간으로서의 내 운명의 짐을 내가 잊어버리도록 도와주기 위해서 너를 이렇게 껴안는다. 필요한 때가 되면, 네가 청한 것과 같이 그 기억을 다시 찾을 것이다. 자, 이스라엘 사람들에게 내 말을 되풀이해야 할 네 입에 입맞춤하고, 내가 말한 것과 같이 사랑해야 할 네 마음에 입맞춤하고, 내게 대한 믿음의 마지막과 동시에 생명이 멎을 이곳 네 관자놀이에 입맞춤한다. 사랑하는 내 사촌아, 이와 마찬가지로 신자들이 모일 때, 묵상을 할 때 위험을 당할 때, 그리고 죽을 때에 네 곁으로 오마! 아무도, 네 수호천사까지도 네 영혼을 거두지 못할 것이다. 그러나 내가 이렇게 입맞춤을 하면서…"
 두 분은 껴안은 채로 오랫동안 그대로 있다. 그리고 야고보는 그의 고통을 잊게 하시는 하느님의 입맞춤을 받는 기쁨으로 거의 잠이 드는 것같이 보인다.
 그가 머리를 다시 쳐들 때에는 다시 알패오의 야고보가 되었다. 성모 마리아의 정배인 요셉을 몹시 닮은 조용하고 착한 야고보가. 그는 예수께 미소를 보낸다. 더 성숙하고 약간 서글픈 미소이지만, 여전히 매우 다정스러운 미소이다.
 "야고보야, 우리 식사를 하자. 그리고 별을 이고 자자. 내일 첫새벽에 계곡으로 내려가서…사람들 있는 데로 가자…." 그러면서 예수께서는 한숨을 쉬신다. …그러나 미소를 지으시면서 "… 그리고 어머니 곁으로" 하고 말을 끝마치신다.
 "그런데, 예수님, 제 어머니께는 뭐라고 여쭐까요? 또 동료들에게는요? 그들은 제게 질문을 하지 않고 그냥 놔두진 않을 것입니다…."

"엘리야가 산에서 아캅과 백성에게 한 대답을 고찰하라고 하면서 네게 말해 준 것과 하느님의 사랑을 받는 사람이 그가 백성들과 모든 기본요소에서 원하는 것을 얻는 데 얼마나 힘이 있느냐 하는 것과 주님께 대한 그의 지칠 줄 모르는 열성에 대하여 네게 말해 준 것은 모두 말해도 된다. 그리고 평화로써 평화 안에서 하느님의 말씀을 듣고 하느님을 섬긴다는 것을 어떻게 네게 고찰하게 했는지도 말할 수 있다. 내가 너희들에게 '오너라' 하고 말했기 때문에, 마치 엘리야가 엘리세오에게 자기의 겉옷을 덮어서 그렇게 한 것과 같이, 너희들도 사랑의 겉옷으로 주님께 새로운 봉사자들을 얻어드릴 수 있으리라고 말했다는 말도 하여라. 그리고 그래도 여전히 걱정을 하는 사람들에게는 엘리세오가 소와 쟁기를 떠남으로써 보여준 과거의 일에서의 즐거운 해방을 네게 지적했다는 말도 하여라. 벨제붓*에 의해 기적을 얻기를 원하는 사람들에게는 엘리야의 말에 의해 오코시아에게 일어난 것과 같이 손해가 돌아오지 이익이 돌아오지 않는다는 것을 내가 어떻게 상기시켰는지 말하여라. 끝으로, 죽을 때까지 충실한 사람에게는 깨끗하게 하는 사랑의 불이 와서 결점들은 불살라 없애고 그를 직접 하늘로 데려갈 것이라고 내가 어떻게 약속했는지도 말하여라. 나머지는 너만 알고 있어야 한다."

---

* 역주: 사탄의 별명.

122. "네게 고통을 주는 사람을 아들이라고 불러라"

예수께서는 가르멜산 꼭대기의 평평한 곳을 떠나 수풀 사이로 이슬에 젖은 오솔길로 해서 내려오신다. 수풀은 산의 동쪽 비탈을 금빛으로 물들이는 첫번 햇살을 받으며 바르르 떨리는 새소리와 사람 목소리로 점점 더 활기를 띤다. 더위로 인하여 생겼던 가벼운 구름이 햇살을 받아 사라지니, 에스드렐론 평야가 집들 주위를 둘러싸고 있는 아름다운 과수원과 포도밭들과 더불어 나타난다. 에스드렐론 평야는 양탄자 같다. 이 양탄자는 대체로 푸른 빛깔이지만, 어쩌다가 누르스름한 오아시스가 있고, 거기에는 또 군데군데 빨간 판대기들이 있는데, 그것은 밀을 베어서 이제는 개양귀비들이 불같이 타오르듯하고 있는 밭들이다. 양탄자는 가르멜산, 다볼산, 헤르몬산(소헤르몬산)으로 이루어진 삼각형의 거미발과 더 멀리 있는 이름을 알 수 없는 산들에 둘러싸여 있는데, 이 산들은 요르단강을 가리고 동남쪽으로 사마리아의 산들과 이어진다.

예수께서는 걸음을 멈추시고, 생각에 잠기신 채 팔레스타인의 이 모든 부분을 바라다보신다. 야고보는 예수를 쳐다보고 말한다. "이 지방의 아름다운 경치를 보시는 것입니까?"

"그렇다, 그것도 있다. 그러나 무엇보다도 장래의 긴 여행과 너희들을 보내야 할 필요성을 생각한다. 제자들을 즉시 보내되, 지금같이 제한된 일을 하라고 보내는 것이 아니라, 진짜 선교의 일을 하라고 보내야 할 필요성을 말이다. 아직도 나를 알지 못하는 지방이 대단히 많은데, 나는 나를 알지 못하는 곳을 남겨두고 싶지는 않다. 이것이 내 끊임없는 관심사이다. 내가 할 수 있는 한 가서 행동하고, 또 모든 것을 하는 것…"

"가끔 여러 가지 일이 주님의 일을 지연시킵니다."

"내 일을 지연시키기보다는 오히려 내가 가야 하는 여행 경로를 변경하게 만들기도 한다. 우리가 하는 여행은 절대로 쓸 데 없는 것이 아니니까 말이다. 그러나 아직도 할 일이 산더미같이 많다. …그리고 또 다른 곳에 갔다가 돌아오면 많은 사람들의 마음이 출발점으로 돌아와 있는 것을 만나게 되어 일을 다시 시작해야 하기 때문이기도 하다."

"그렇습니다. 사람들의 그 무감각, 그 변덕, 그리고 악을 더 좋아하는 그 마음은 견디기 어렵고 혐오감을 불러일으킵니다."

"견디기 어렵기는 하다. 그러나 혐오감을 불러일으킨다고 말해서는 안 된다. 하느님의 일은 절대로 혐오감을 불러일으키지 않는다. 불쌍한 영혼들은 우리에게 연민을 불러일으켜야지, 혐오를 불러일으켜서는 안 된다. 우리는 항상 아버지의 마음, 착한 아버지의 마음을 가져야 한다. 착한 아버지는 자녀들의 병에 대해서 절대로 혐오를 느끼지 않는다. 우리는 누구에 대해서도 혐오를 느껴서는 안 된다."

"예수님, 질문을 몇 가지 해도 되겠습니까? 저는 지난 밤에도 잠을 자지 않았습니다. 자지 않고 주님이 주무시는 것을 보고 많이 생각했습니다. 사촌, 주님이 주무실 때는 몹시 어려보였습니다! 구부린 팔에 머리를 얹고 주님은 꼭 어린 아이처럼 미소짓고 계셨습니다. 지난 밤의 몹시 밝은 달빛 아래서 주님을 잘 보았습니다. 저는 곰곰히 생각했고 마음 속에는 여러 가지 질문이 생겼습니다…."

"말해 보아라."

"저는 이렇게 생각했습니다. 주님이 교회라고 부르신 그 조직체에 우리가 부족한 만큼 어떻게 도달할 수 있는지 예수께 여쭈어 보아야겠다. 내가 제대로 이해했다면 그 조직체에는 교계 제도가 있을 모양인데. 저희가 해야 할 일을 선생님이 모두 일러 주시겠습니까? 그렇잖으면 저희 자신이 생각해서 해야 하겠습니까?"

"때가 오면 나는 교회의 우두머리를 너희에게 일러 주겠다. 그 이상의 일을 하지 않겠다. 내가 너희들과 같이 있는 동안에 사도와 제자, 남자와 여자 사이에 있는 구별과 더불어 여러 가지 유별(類別)을 이미 너희에게 일러 주었다. 사실 이런 구별은 필요하다. 그러나 나는 제자들이 사도들에 대한 존경과 순종이 있기를 바라는 것과 마찬가지로 사도들이 제자들에 대해서 사랑과 참을성을 가지기를 원한다."

"그리고 저희는 무엇을 해야 하겠습니까? 항상 주님을 전하는 일만 합니까?"

"그것이 기본적인 일이다. 그리고 내 이름으로 사죄(赦罪)하고, 강복하고, 은총으로 다시 데려오고, 내가 세울 성사들을 베풀어야 할 것이다…."

"그것은 무엇입니까?"

"그것은 초자연적이고 영적인 방법들이지만 물질적인 방법으로 실시되기도 하는 방법인데, 사제가 무엇인가 한다는 것을 사람들에게 믿게 하기 위해 사용될 것이다. 사람은 보지 않고는 믿지 않는다는 것을 너도 알지. 사람에게는 언제나 무엇인가가 있다는 것을 그에게 말해 주는 어떤 것이 필요하다. 이 이유로 내가 기적을 행할 때에는 손을 머리에 얹거나 침으로 적시거나 물이나 술에 담근 빵 한 입거리를 주거나 한다. 내 생각만으로도 기적을 행할 수 있을 것이다. 그러나 그렇게 되면 사람들이 '하느님께서 기적을 행하셨다'고 말할 것 같으냐? 아니다. 그들은 '저 사람은 병이 나을 때가 돼서 나았다'고 말할 것이다. 그래서 병이 나은 공을 의사나 약이나 병자의 생리적인 저항에 돌릴 것이다. 성사에 대해서도 마찬가지일 것이다. 성사는 신자들에게 은총을 베풀거나 회복시키거나 그들에게 있는 은총을 강화하기 위한 종교 의식의 형식이다. 예를 들어, 요한은 죄를 깨끗이 한다는 것을 나타내기 위하여 물에 잠그는 형식을 썼다. 실제로는 몸을 씻는 물보다 자기가 범한 죄로 인하여 깨끗하지 못하다는 것을 인정하는 모욕을 스스로 당하는 것이 더 유익하였다. 나도 세례를, 내 세례를 가질 것이다. 내 세례는 상징일 뿐 아니라 정말 영혼의 원죄를 깨끗이 씻어 주고, 아담과 하와가 죄를 짓기 전에 가졌던 영적인 상태를 영혼에 돌려줄 것이다. 여기서는 그 상태가 하느님인 사람의 공로 덕택으로 주어지겠기 때문에 더 증가할 것이다."

"그러나… 물은 영혼에 내려가지 않습니다! 영혼은 신령하니까요. 갓난 아기나 어른이나 노인에게 그렇게 된다는 것을 누가 알아듣겠습니까? 아무도 알아듣지 못할 것입니다."

"보시다시피 너도 물은 신령한 것에 대하여는 효과가 없는 물질적인 방법이라는 것을 인정하지? 그러므로 세례받는 사람의 원죄를 구속하는 기적을 행하는 것은 물이 아니라, 그리스도를 섬기기 위하여 봉헌된 그리스도의 교회의 일원인 사제나, 예외적인 경우에 그를 대신하는 참으로 믿는 다른 사람의 말일 것이다."

"알겠습니다. 그러나 사람은 자기 스스로도 죄인입니다. …그러면 다른 죄들은 누가 없애 줍니까?"

"야고보야, 역시 사제이다. 세례받는 사람이 어른이면 원죄와 동시에 다른 죄들도 없어질 것이다. 사람이 이미 세를 받았는데 다시 죄를 지으면, 내가 죄인들에 대하여 하는 것과 같이 사제도 한 분이시고 삼위이신 하느님의 이름으로, 그리고 사람이 된 말씀의 공로 덕택으로 그의 죄를 사해 줄 것이다."

"그러나 주님은 거룩하시지요! 그런데 저희는…"

"너희들은 거룩한 물건을 만지고 하느님께 딸린 것을 베풀기 때문에 거룩해야 한다."

"그러면 그에게 갈 때마다 물에 잠그는 일을 해주는 요한이 하는 것과 같이 저희도 같은 사람에게 여러번 세례를 줍니까?"

"요한이 세례를 줄 때에는 오직 물에 잠기는 사람의 겸손으로만 깨끗하게 된다. 이 말은 내가 이미 네게 해주었다. 너희는 어떤 사람이 사도들에게서 전래하지 않거나 이교적(離敎的)인 양식으로 세례를 받은 경우를 빼놓고는 이미 세례받은 사람에게 다시 세례를 베풀지 말아라. 사도에게서 전래하지 않거나 이교적인 양식으로 세례를 받았을 경우에는, 만일 그 사람이 어른이면 세례를 받아야 하는 사람의 세례를 받기를 원한다는 분명한 요청이 있은 후, 그리고 참다운 교회의 일원이 되기를 원한다는 분명한 선언이 있은 후에 두 번째 세례를 베풀 수 있다. 다른 때에는 하느님의 우정을 돌려 주고 하느님과 의좋게 지내게 하기 위하여 그리스도의 공로에 연결된 용서의 말을 써라. 그러면 참된 뉘우침과 겸손한 고백으로 너희들에게 오는 사람의 죄가 사해질 것이다."

"그러면 움직일 수 없을 정도로 병이 중한 사람은 어떻게 합니까? 그러면 그 사람은 죄중에 죽어야 합니까? 그 사람은 임종의 고통에 하느님의 심판을 두려워해야 하는 고통을 덧붙여야 합니까?"

"아니다. 사제가 죽어가는 사람을 찾아가서 죄를 사해 줄 것이다. 사제는 그에게 더 넓은 형태도 줄 것인데, 총괄적인 형태가 아니라, 일반적으로 사람이 그것으로 죄를 짓게 되는 감각기관 하나하나에 대한 형식일 것이다.

이스라엘에는 지극히 높으신 분이 주신 규칙에 따라 합성된 성유(聖油)가 있어, 그것으로 제단을 축성하고 주교와 사제와 왕을 성성한다. 사람은 참으로 제단이고, 하늘의 자리에 선택됨으로써 왕이 된다. 그러므로 바르는 기름으로 축성될 수 있다. 성유는 이스라엘의 다른 예배 의식과 더불어 채택되어, 비록 다른 용도로 쓰이기는 하지만 내 교회에서 쓰일 것이다. 그것은 이스라엘에 있는 모든 것이 나쁘지는 않으므로 버려야 할 것이 아니고, 오히려 내 교회에는 옛날 관습의 많은 추억이 있겠기 때문이다. 그런데 그중의 하나가 바르는 성유이니, 이 성유는 교회에서도 제단을 축성하는 데와 주교와 모든 성직 계급을 성성할 때에 쓰일 것이고, 왕을 축성하는 데와 신자들이 하늘 나라의 왕세자가 될 때나 일체의 허물이 없어져서 깨끗하게 된 지체와 오관(五官)을 가지고 하느님 앞에 나아가기 위하여 매우 큰 도움이 필요할 때 그들을 축성하는 데 쓰일 것이다. 하느님께서 병자의 이익을 위하여 원하시면 주님의 은총이 영혼은 물론 육체까지도 구제할 것이다.

육체는 그의 평화를 어지럽게 하는 가책과, 그 죽음으로 영혼 하나를 그의 나라로 끌어 가기를 바라고 살아남은 사람들을 실망케 하기까지를 희망하는 사탄의 작용 때문에 병 자체에 대하여 저항하지 않는 때가 많다. 그런데 그러던 병자가 사탄이 물러가는 것까지도 얻어내는 하느님의 용서에 대한 확신으로 사탄의 속박과 내적인 혼란에서 평화로 건너간다. 그리고 첫째 조상들에게 있어서 은총의 선물에 병과 갖가지 고통이 면제되는 선물이 곁들여졌던 것과 같이, 내 세례를 받은 갓난 아기의 은총만큼이나 큰 은총을 돌려받은 병자도 믿음에 있어서의 형제들의 기도로도 도움을 받아 병에 대한 승리를 얻을 수도 있다. 믿음에 있어서의 형제들은 병자에 대한 연민을 가질 의무가 있는데, 그것은 육체적인 연민일 뿐 아니라, 형제의 육체적·영적 구원을 얻는 것을 목표로 하는 특히 영적인 연민이다. 야고보야, 기도는 벌써 기적의 한 형태이다. 너도 엘리야의 경우에 보았지만, 의인의 기도는 대단한 힘을 가지고 있다."

"주님의 말씀을 별로 많이 이해하지는 못하겠습니다. 그러나 제가 이해한 것만으로도 저는 주님의 사제들의 사제로서의 성격에 대해 존경하는 마음을 가득 가지게 됩니다. 제가 제대로 알아들었다면, 저희들은 주님과 여러 가지 공통점을 가지게 될 것입니다. 전교와 사죄와 기적에서 말입니다. 그러니까 세 가지 성사에서."

"아니다, 야고보야. 전교와 기적은 성사가 아니다. 그러나 성사는 더 있을 것이다. 성전의 성스러운 큰 촛대와 사랑의 성령의 선물과 같이 일곱 가지가 있을 것이다. 그리고 사실 성사들은 사람이 주님 앞에서 영원 무궁세에 불타라고 주시는 선물이요 불꽃들이다. 사람들의 혼인을 위한 성사도 있을 것이다. 마귀에게서 구해진 라구엘의 딸 사라의 거룩한 혼인의 상징에 나타난 성사이다. 이 성사는 부부에게 하느님의 계율과 소원에 따른 거룩한 공동생활을 위한 모든 도움을 줄 것이다. 남편과 아내는 어떤 의식, 즉 생식이라는 의식을 행하는 사제도 된다. 남편과 아내는 가정이라는 작은 교회의 사제도 된다. 따라서 그들은 하느님의 강복을 받으며 자녀를 낳고 하느님의 지극히 거룩하신 이름을 찬미하는 후손을 기르기 위하여 축성되어야 한다."

"그런데 저희 사제들은 누가 축성할 것입니까?"

"너희를 떠나기 전에 내가 축성하겠다. 그 다음에는 너희 후계자들과 그리스도교 신앙을 전파하라고 너희가 모을 사람들을 너희가 축성할 것이다."

"주님이 저희들에게 가르쳐 주시겠지요?"

"나도 가르쳐 주겠고, 내가 너희에게 보낼 분도 가르쳐 주실 것이다. 이분이 오시는 것도 하나의 성사일 것이다. 지극히 거룩하신 하느님께서 당신의 첫번째 공현(公現)을 통하여 자발적으로 주실 성사이고, 그다음에는 완전한 사제직을 받았을 사람들이 줄 성사이다. 이 성사는 힘과 총명일 것이고, 믿음을 굳게 하는 것이고, 거룩한 경건심과 거룩한 두려움이고, 의견의 도움과 초자연적인 지혜이고, 그 성질과 힘으로 그 정의를 받는 사람을 어른이 되게 하는 정의를 차지하는 것일 것이다. 그러나 지금 당장은 네가 이 성사를 이해하지 못한다. 그분께서 직접 너희들에게 그것을 이해하게 하실 것이다. 너희가 너희들 안에 그분을 받을 시간에 이르렀을 때 하느님의 성령이시고 영원한 사랑이신 그분이 이렇게 해서 너희가 지금 당장은 이해할 수 없는 또 다른 성사가 한 가지 있는 것이다.

이 성사는 하도 숭고해서 천사들도 거의 이해하지 못할 정도이다. 그러나 순전히 사람인 너희들은 믿음과 사랑의 힘으로 이것을 이해할 것이다. 네게 분명히 말한다만, 이 성사를 사랑하고 그것으로 정신을 기르는 사람은 마귀를 짓밟으면서도 손상을 입지 않을 것이다. 그때에는 내가 그와 함께 있을 것이기 때문이다. 내 사촌, 이것들을 기억하도록 힘써라. 이 말들은 네 동료들과 신자들에게 해주는 것이, 말해도 아주 여러번 말해주는 것이 네 의무일 것이다. 그때에는 너희들이 벌써 하느님의 성직을 통 하여 이 일들을 알 것이다. 그러나 너는 이렇게 말할 수 있을 것이다. '선생님은 어느날 가르멜산에서 내려오면서 이 말씀을 내게 하셨다. 내가 그때부터 이스라엘 교회의 우두머리가 되기로 결정되어 있었기 때문에 내게 모든 것을 말씀해 주셨다'고."

"여기 또 한 가지 다른 질문이 있습니다. 지난밤에 저는 이 생각을 했습니다. '내가 이곳의 우두머리가 될 것이다' 하는 말을 동료들에게 제가 해야 합니까? 이것은 제 마음에 들지 않습니다. 주님이 명령하시면 그렇게 하기는 하겠습니다. 그러나 마음에 들지는 않습니다."

"염려 말아라. 성령께서 너희 모두에게 내려오셔서 거룩한 생각들을 주실 것이다. 너희들은 모두가 당신 교회 안에서의 하느님의 영광에 대하여 같은 생각들을 가질 것이다."

"그리고 지금 있는 것과 같은 몹시… 몹시 기분나쁜 토론도 없어지겠습니까? 시몬의 유다까지도 불화의 원인이 되지 않겠습니까?"

"유다도 그런 원인이 되지 않게 될 것이니, 안심하여라. 그러나 의견의 대립은 아직도 있을 것이다. 그렇기 때문에 너더러 네 의무를 끝까지 다하면서 결코 싫증내지 말고 신경을 쓰고 살피라고 말한 것이다."

"또 한 가지 질문이 있습니다, 주님. 박해 때에는 제가 어떻게 처신해야 합니까? 주님의 말씀에 따르면 열 두 사람 중에 저 혼자만 남아 있어야 되는 것 같은데요. 그러니까 다른 사람들은 박해를 피해서 떠날 것이로군요. 그러면 저는요?"

"너는 네 임지에 남아 있어야 한다. 과연 교회가 튼튼하게 세워지기까지는 너희가 몰살당하지 않는 것이 필요하지만, 그리고 많은 제자들과 거의 모든 사도가 흩어지는 것이 이것으로 정당화되지만, 네가 임지를 이탈하는 것과 예루살렘 교회의 네 몫을 버리는 것을 정당화하는 것은 아무것도 없을 것이다. 오히려 반대로 예루살렘 교회가 위험에 처해 있으면 그럴수록 너는 마치 그 교회가 가장 사랑하는 네 아이인데 죽을 위험에 처해 있는 것처럼 보살펴야 할 것이다. 네 본보기가 신자들의 정신을 강화할 것이다. 그들이 시련을 극복하는 데에는 그것이 필요할 것이다. 그들이 약한 것을 네가 보게 되면 그럴수록 동정과 지혜로 더욱 더 그들의 힘을 돋우어 주어야 할 것이다. 네가 강하다고 약한 사람들에 대하여 무자비하게 굴지 말고, '나는 모든 것을 하느님에게서 받아서 내가 가진 이 힘에 이르게 되었다. 나는 겸손하게 이 말을 해야 하고, 하느님의 은혜라는 면에서 나보다 축복을 덜 받은 사람들에 대해서 자비롭게 행동해야 한다'고 생각하면서 그들의 힘을 돋우어 주고, 말과 도움과 침착과 모범으로 네 힘을 주고 또 주어야 한다."

"그런데 만일 신자들 가운데 다른 사람들에게 스캔들과 위험의 원인이 되는 나쁜 사람들이 있으면 어떻게 해야 합니까?"

"그들을 받아들이는 데 신중해야 한다. 수가 많으면서 좋지 못한 것보다는 수가 적으면서 좋은 것이 더 낫기 때문이다. 성한 사과와 상한 사과에 대한 옛날 우화를 알지. 이 우화가 네 교회에 적용되지 않도록 하여라. 그러나 너도 너를 배반하는 사람들을 만나게 되거든, 모든 방법을 써서 그들을 도로 데려오려고 애쓰고, 엄격은 마지막 수단으로 남겨두어라. 그렇지만 잘못이 작고 개인적인 것인 때에는 무섭게 하는 엄격을 쓰지 말고, 용서하고 또 용서하여라. …사람의 마음을 바로잡아 주는 데에는 눈물과 사랑의 말과 합쳐진 용서가 저주보다 더 효과적이다. 만일 잘못이 중한데 그것이 사탄의 예기치 않은 습격의 결과이면, 그리고 잘못이 너무 커서 죄지은 사람이 네 앞을 피할 필요를 느낄 정도이면, 그 사람은 길잃은 어린 양이고 너는 목자이니까 죄지은 사람을 찾아 나서라. 영혼들을 찾아 더러운 길로 내려가고 늪과 낭떠러지를 헤매서 네 품위를 떨어뜨리는 것을 두려워 말아라. 그때에는 네 이마에 사랑의 순교의 관이 씌워질 것인데, 그것이 세 가지 관의 첫째것이 될 것이다. …그리고 너 자신 세례자와 수많은 다른 사람과 같이 배반을 당하거든 —— 어떤 성인이나 배반자를 가졌으니까 —— 용서하여라. 다른 어떤 사람보다도 그 사람을 더 용서하여라. 하느님께서 사람들을 용서하셨고, 장차도 용서하실 것과 같이 용서하여라. 네게 고통을 주는 사람을 아직도 '아들'이라고 불러라. 아버지께서 내입을 통하여 너희를 이렇게 부르시기 때문이다. 그리고 사실이지, 하늘에 계신 아버지께 고통을 드리지 않은 사람은 없다…."

양들이 여기저기서 풀을 뜯고 있는 방목지들을 지나가는 동안 오랜 침묵이 흐른다.

마침내 예수께서 물으신다. "다른 질문할 것이 없느냐?"

"없습니다, 예수님. 그리고 오늘 아침에는 제 무서운 임무를 더 잘 이해했습니다…."

"그것은 네가 어제보다 마음이 덜 어지럽기 때문이다. 네 때가 이르면, 너는 한층 더 마음이 평화로울 것이고, 한층 더 이해를 잘 할 것이다."

"저는 모든 것을 기억하겠습니다. …모든 것을… 다만…"

"무엇 말이냐, 야고보야?"

"지난 밤에 울지 않고는 주님을 쳐다보지 못하게 하던 것만은 빼놓고 말입니다. 주님이 제게 말씀해 주셨는지 정확히는 알지 못하는 그것 말입니다. 만일 주님이 그 말씀을 하셨다면 믿어야 할 것입니다. 혹은 그것이 저를 무섭게 하고자 하는 마귀에게서 오는지도 모르겠습니다. 그러나 만일 그런 일이 정말 일어나게 되어 있다면… 주님이 어떻게 그다지도 침착하실 수가 있습니까?"

"그러면 만일 내가 '불구가 되었기 때문에 고생스럽게 다리를 질질 끌고 다니는 목자가 있으니, 하느님의 이름으로 그 사람을 고쳐 주도록 힘써라' 하고 말하면 침착해지겠느냐?"

"주님, 아닙니다. 저는 주님의 자리를 빼앗을 유혹을 당하는 것으로 생각해서 몹시 흥분한 것같이 될 것입니다."

"그렇지만 내가 그렇게 하라고 명령하면 어떻겠느냐?"

"저는 순종으로 그렇게 하고 더 이상 불안하지 않을 것입니다. 주님이 무엇을 원하시는지를 제가 알 것이고, 어떻게 할지를 모를까 봐 염려를 하지 않을 터이니까요. 그것은 주님이 저를 보내시면 주님이 원하시는 것을 할 힘을 제게 주실 것이 확실하기 때문입니다."

"네가 그렇게 말하는데, 제대로 말하였다. 그러므로 너는 내가 아버지께 순종해서 항상 마음이 화평하다는 것을 너는 알게 되었다."

야고보는 고개를 숙이고 운다.

"너는 정말 잊기를 원하느냐?"

"주님이 원하시는 것은요….."
"너는 두 가지 중에 한 가지를 골라잡을 수 있다. 잊어버리는 것과 기억하는 것. 잊어버리면 고통과 네 동료들 곁에서 절대적인 비밀을 지키는 데에서 풀려날 것이다. 그러나 너는 준비가 되지 않은 채로 있을 것이다. 기억을 하면 네가 네 사명에 대한 준비가 될 것이다. 그것은 절대로 불평을 하지 않고, 가장 찬란한 빛으로 그리스도의 모든 것을 봄으로써 영적으로 씩씩하게 되기 위하여는 사람의 아들이 세상에서 사는 동안 겪는 것을 기억하기만 하면 되기 때문이다. 골라 잡아라."
"믿고 기억하고 사랑하는 것. 제가 원하는 것은 이것입니다. 그리고 할 수 있는 대로 일찍 죽는 것입니다. 주님…." 그리고 야고보는 여전히 소리없이 운다. 그의 밤색 수염에서 반짝이는 눈물이 아니면 그가 운다는 것을 알아차리지 못할 것이다.
예수께서는 그가 우는 것을 그대로 내버려두신다. …마침내 야고보가 말한다.
"그런데 주님이 장차 주님의…수난에 대해 새로운 암시를 하시면, 제가 안다고 말해야 합니까?"
"아니다. 입을 다물고 있어라. 요셉은 배반을 당한 줄로 믿는 남편으로서의 고통과 내가 동정녀 몸에 잉태됨과 내 천주성의 신비에 대해서 침묵을 지킬 줄 알았다. 요셉을 본받아라. 그것 또한 몹시 무서운 비밀이었다. 그런데도 그 비밀은 지켜져야 하였다. 교만이나 경솔로 그것을 지키지 않는 것은 구속사업을 위태롭게 하는 것이었을 것이기 때문이다. 사탄은 끊임없이 깨어서 행동하고 있다. 이것을 기억하여라. 만일 네가 지금 말하면 너무나 많은 사람에게 너무나 많은 이유로 손해가 될 것이다. 입을 다물어라."
"입을 다물고 있겠습니다. …그런데 그렇게 하면 이중으로 고통스럽겠습니다." 예수께서는 대답하지 않으신다. 그리고 야고보가 아마포로 만든 두건으로 가리고 실컷 울게 내버려두신다.
두 분은 불행한 어린 아이를 어깨에 올려놓고 오는 사람을 만난다.
"당신 아들이요?" 하고 예수께서 물으신다.
"그렇습니다. 이 아이는 제 어미를 죽이고 이 상태로 났습니다. 이제는 제 어머니도 돌아가셨기 때문에 이 애를 보살피려고 일하러 가면서 데리고 갑니다. 저는 나무 베는 일꾼입니다. 저는 풀 위에 겉옷을 깔고 이 애를 뉘어 놓습니다. 그러면 제가 나무를 톱으로 자르는 동안 이 불쌍한 어린 것은 꽃을 가지고 놉니다!"

"당신에게는 큰 불행이로군요."

"그야! 그렇지요. 그러나 하느님께서 원하시는 일이니 평온한 마음으로 받아들여야지요."

"안녕히 가시오. 평화가 당신과 함께 있기를 바라오."

"안녕히 가십시오. 선생님께도 평화."

그 사람은 산으로 올라가고 예수와 야고보는 더 내려오신다.

"참 불행한 일입니다! 저는 주님께서 그애를 고쳐 주시기를 바랐습니다" 하고 야고보가 한숨을 쉬며 말한다.

예수께서는 못 들은 체하신다.

"선생님, 만일 저 사람이 선생님이 메시아시라는 것을 알았더라면 아마 선생님께 기적을 청했을지도 모릅니다…."

예수께서는 대답을 하지 않으신다.

"예수님, 제가 뒤로 돌아가서 저 사람에게 그 말을 해줘도 되겠습니까? 그 아이가 불쌍합니다. 제 마음에는 벌써 고통이 가득 차 있습니다. 그 어린 아이가 병이 나은 것을 보는 기쁨만이라도 주십시오."

"그러면 가거라. 여기서 기다리고 있으마."

야고보는 뛰어 간다. 그는 그 남자를 따라 가서 그를 부른다. "여보시오. 걸음을 멈추고 내 말을 들으시오! 나와 같이 있던 분은 메시아요. 당신 아이를 그분께 데려가게 내게 주시오. 오고 싶으면 당신도 오시오. 그래서 메시아가 이아이를 고쳐 주실지 보시오."

"당신이나 가시오. 나는 이 나무를 전부 잘라야 합니다. 나는 아이 때문에 벌써 일이 늦어졌어요. 나는 일을 하지 않으면 먹을 수가 없어요. 나는 가난하고 이 애는 비용이 대단히 많이 듭니다. 나는 메시아를 믿어요. 그렇지만 당신이 내 대신 말씀드리는 것이 더 낫습니다."

야고보는 풀 위에 누워 있는 어린 아이를 안으려고 몸을 구부린다.

"가만히요" 하고 나무꾼이 주의를 준다. "그애는 사방이 아프니까요."

과연 야고보가 그 아이를 쳐들려고 하자 어린아이는 애처롭게 운다.

"오! 정말 괴로운 일이로군요!" 하고 야고보가 한숨을 쉰다.

"대한히 괴로운 일입니다" 하고 나무꾼이 매우 단단한 나무 줄기를 톱으로 자르면서 말한다. "당신은 그애를 고쳐 줄 수 없습니까?"
"나는 메시아가 아니오. 나는 제자에 지나지 않아요…."
"그래서요? 의사들은 다른 의사들에게서 배우고 제자들은 선생에게서 배웁니다. 자 선심을 쓰시오. 그애를 고통스럽게 하지 마시오. 당신이 해 보세요. 만일 선생님이 여기 오고자 하셨으면, 그렇게 하셨을 것입니다. 선생님이 당신을 보내신 것은 그애를 고쳐 주기를 원치 않으셔서 그랬든가 당신이 고치기를 원해서 그랬을 것입니다."
야고보는 어쩔 줄을 모른다. 그러다가 결심한다. 그는 몸을 일으키고, 그의 예수께서 하시는 것을 본 대로 기도를 드린다. 그리고 나서 명령한다. "이스라엘의 메시아이시고 하느님의 아들이신 예수 그리스도의 이름으로 병이 나아라." 그리고는 즉시 무릎을 꿇고 말한다. "오! 주님, 용서하십시오! 저는 주님의 허락없이 행동했습니다! 그러나 저는 이 이스라엘의 어린이가 불쌍했습니다. 하느님 불쌍히 여겨 주십시오! 이 어린 아이와 죄인인 저를!" 그러면서 누워 있는 어린 아이 위로 몸을 구부리고 눈물을 펑펑 쏟으며 운다. 눈물이 뒤틀려서 꼼짝하지 않는 작은 다리에 떨어진다.
예수께서 갑자기 오솔길에서 나오신다. 그러나 아무도 예수를 보지 못한다. 나무꾼은 일을 하고 있고, 야고보는 울고 있고, 어린 아이는 신기한 듯이 야고보를 쳐다보고 있기 때문이다. 그러다가 어린 아이는 다정스럽게 묻는다. "아저씨, 왜 울어?" 그리고 그를 쓰다듬으려고 귀여운 손을 내민다. 그리고 저도 모르는 사이에 혼자 일어나 앉고 일어서서 야고보를 위로하려고 껴안는다. 야고보가 외치는 소리에 나무꾼이 뒤돌아서서 그의 아이가 이제는 죽지도 않았고 뒤틀리지도 않은 두 다리로 서 있는 것을 본다. 그리고 뒤돌아서면서 예수를 본다.
"저기 오십니다! 저기 오십니다!" 하고 나무꾼은 야고보의 뒤를 가리키며 외친다. 야고보가 몸을 돌리니, 기쁨으로 환해진 얼굴로 그를 바라다보시는 예수께서 보이신다.
"선생님! 선생님! 저는 어떻게 이렇게 되었는지 모르겠습니다. …동정…이 사람…이 어린 아이…용서하십시오!"
"일어나거라. 제자들이 선생보다 더 낫지는 못하다. 그러나 그들이 거룩한 동기로 어떤 일을 할 때에는 선생이 하는 것을 할 수가 있다. 일어나거라. 그리고 나하고 같이 가자. 당신 두 사람은 축복을 받으시오. 그리고 하느님의 봉사자들까지도 하느님의 아들의 일을 할 수 있다는 것을 기억하시오." 그러시면서 야고보를 당신께로 끌어당기면서 가신다. 야고보는 이렇게 말하기를 그치지 않는다. "그러나 제가 어떻게 그렇게 할 수 있었습니까? 아직도 이해하지 못하겠습니다. 제가 무엇을 가지고 선생님의 이름으로 기적을 행했습니까?"

"야고보야, 네 동정으로 그렇게 하였다. 내가 그 죄없는 어린 아이와 믿기도 하고 동시에 의심도 하는 그 사람에게 사랑을 받게 하려는 네 소원으로 그렇게 하였다. 요한은 얌니아 근처에서 죽어가는 사람에게 기름을 바르고 기도를 하는 것으로 병을 낫게 함으로써 사랑으로 기적을 행하였다. 여기서는 네가 네 눈물과 네 동정으로, 그리고 내 이름에 대한 신뢰로 병을 고쳤다. 제자가 올바른 의향을 가지고 있을 때에는 주님을 섬기는 것이 얼마나 화평스러운 일인지 너는 알게 되었다. 저 사람이 우리를 따라 오고 있으니까 이제는 빨리 걷자. 네 동료들이 이 일을 알게 되는 것이 아직은 좋지 않다. 멀지 않아 너희들을 내 이름으로 보내겠다. …(예수께서는 크게 한숨을 쉬신다) 시몬의 유다가 그렇게 하기를 갈망하는 것과 같이(예수께서 다시 한숨을 쉬신다). 그리고 너희도 그렇게 할 것이다. …그러나 그것이 모두에게 유익한 일은 아닐 것이다. 빨리 가자, 야고보야! 시몬 베드로와 네 형과 다른 사람들도 이것을 알면 불공평한 것으로 생각해서 괴로워할 것이다. 그러나 이것은 불공평이 아니다. 너희 열 두명 가운데에서 다른 사람들을 인도할 줄 아는 어떤 사람을 준비하는 것이다. 나뭇잎이 덮인 저 급류의 하상으로 내려가자. 우리는 우리의 흔적을 잃게 할 것이다. …어린 아이 때문에 마음이 내키지 않느냐? 오! 그 어린 아이를 우리가 다시 만나게 될 것이다."

123. 베드로가 에스드렐론에서 전도한다. "사랑은 구원입니다"

"너희들은 이 불 가까이에서 무엇을 하고 있느냐?" 하고 예수께서 제자들이 활활 타는 불 둘레에 있는 것을 보시고 물으신다. 불은 에스드렐론 평야의 한 네거리에서 저녁의 첫번 어두움을 헤치고 빛난다.

사도들은 예수께서 오시는 것을 보지 못하였기 때문에 깜짝 놀란다. 그리고 불은 잊어버린 채 선생님께 인사를 드린다. 선생님을 보지 못하는 것이 백년이나 된 것 같다. 그리고 설명을 한다. "저희들은 에즈라엘의 두 형제 사이의 분쟁을 조정했습니다. 그랬더니 두 형제가 너무도 좋아서 각기 어린 양 한마리를 저희들에게 주었습니다. 저희들은 그놈들을 익혀서 도라의 농부들에게 갖다주려고 생각했습니다. 죠가나의 미케아가 어린 양들의 먹을 따서 준비를 했고, 저희들은 그놈들을 구울 참입니다. 선생님의 어머님은 마리아와 수산나와 같이 도라의 농부들에게 저녁 늦게 관리인이 술을 마시려고 그의 집에 틀어박혀 있을 때에 오라고 이르려고 가셨습니다. 여자들은 남의 시선을 덜 끕니다. 저희들은 여행자들처럼 밭으로 지나오면서 그 사람들을 보려고 해보았지만 별로 한 일이 없었습니다. 저희들은 오늘 저녁 여기 모여서 영혼을 위해서 말을 좀더…해주고 선생님이 다른때 여러 번 하신 것과 같이 그들의 육체에도 기분좋은 느낌을 가지도록 말을 해주기로 결정했었습니다. 그러나 지금은 선생님이 계시니까 더 잘 될 것입니다."

"누가 말하려고 했었느냐?"

"그야!… 모두 조금씩 말하는 거지요. …이렇게 격식부리지 않고요. 더구나 요한과 열성당원과 선생님의 사촌, 그리고 시몬의 유다까지 말을 하려고 하지 않고, 바르톨로메오도 말을 하지 않으려고 하기 때문에, 그 이상의 일을 할 수가 없습니다. …저희들은 그 때문에 다투기까지 했습니다 … " 하고 베드로가 말한다.

"그런데 그 다섯 사람은 왜 말을 하지 않겠다는 거냐?"

"요한과 시몬은 언제나 그들이 말하는 것은 좋지 않다고 말하기 때문이고 …선생님의 사촌은 제가 시작하는 때가 한 번도 없으면…이라고 말하면서 저더러 말하라고 하기 때문이고…바르톨로메오는 너무 선생답게 말하다가 사람들을 설득하지 못할까 봐 겁이 나기 때문…이라고 합니다. 이것이 핑계라는 걸 아시겠지요…."

"그런데 시몬의 유다 너는 왜 말하기를 원치 않느냐?"

"그야 다른 사람들과 같은 이유이지요! 그 이유들이 모두 옳으니까 동시에 그 모든 이유 때문입니다…."

"이유가 많구나. 그런데 너희가 말하지 않은 이유가 하나 있다. 이제는 내가 판결을 한다. 그리고 내 판결은 결정적인 것이다. 타대오가 말한 것과 같이, 말을 해도 지혜롭게 말한 것과 같이 요나의 시몬 네가 말하여라. 또 시몬의 유다, 너도 말하여라. 이렇게 하면 많은 이유 중의 하나, 하느님도 아시고 너도 아는 이유가 존재하지 않게 될 것이다."

"선생님, 정말입니다. 다른 이유는 아무것도 없습니다…" 하고 유다가 대꾸하려고 애쓴다.

그러나 베드로가 그의 말을 막고 이렇게 말한다. "아이고! 주님! 제가 주님 앞에서 말을 하다니요? 저는 그렇게 못하겠습니다! 선생님의 웃음을 자아내게 될까 봐 겁이 납니다…."

"너는 혼자 있기도 원치 않고, 나와 함께 있기도 원치 않는다. …그러면 무엇을 원하는 것이냐?"

"선생님 말씀이 옳습니다. 그러나…제가 무슨 말을 해야 합니까?"

"어린 양들을 가지고 오는 네 아우를 보아라. 그를 도와주어라. 그리고 양들이 익는 동안 그 생각을 해라. 모든 것이 주제를 찾아내는 데 소용된다."

"불 위에 얹은 어린 양두요?" 하고 베드로는 쉽게 믿지 않고 묻는다.

"그렇다. 순종하여라."

베드로는 정말 가엾은 한숨을 내쉰다. 그러나 더 이상 대꾸는 하지 않는다. 그는 안드레아에게 마주 나가서, 쇠꼬챙이 대신을 하는 끝을 뾰족하게 깎은 막대기에 짐승들을 꿰는 일을 도와준다. 그리고 고기가 익는 것을 살피기 시작하는데, 얼굴에는 정신을 집중하는 모습을 띠고 있어, 판결을 하려는 순간의 재판관의 모습과 같다.

"시몬의 유다야, 여자들 마중을 나가자" 하고 예수께서 명령하시고 도라의 황폐한 밭들 쪽으로 가신다.

"유다야, 훌륭한 제자는 선생이 업신여기지 않는 것을 업신여기지 않는다" 하고 예수께서 얼마 후에 서두 없이 말씀하신다.

"선생님, 저는 업신여기는 것이 아닙니다. 그러나 바르톨로메오같이 제가 이해를 받지 못하리라는 것을 느낍니다. 그래서 말을 안하는 편을 택하는 것입니다."

"나타나엘은 내 소원을 만족시키지 못할까 봐, 즉 사람들의 마음을 비추고 도움을 주지 못할까 봐 염려해서 그러는 것이다. 주님께 신뢰를 가지고 있지 않기 때문에 그 사람도 잘못 하는 것이다. 그러나 네게는 네 말을 알아듣지 못하지 않을까 하는 두려움이 아니라, 덕행에 관한 것을 빼놓고는 모든 것에 대해서 무식한 보잘 것 없는 농부들에게 네 말을 알아 듣게 하는 일을 무시하는 생각이 있기 때문에 너는 훨씬 더 잘못 한다. 덕행의 문제에 있어서는 저 농부들이 너희중의 많은 사람보다 정말 우월하다. 유다야, 너는 아직 아무것도 이해하지 못하였다. 복음은 바로 가난한 사람들과 병자들과 노예들과 슬퍼하는 사람들에게 가져다 주는 기쁜 소식이다. 그 다음에는 다른 사람들에게도 가져다 주는 좋은 소식이 될 것이다. 그러나 이 기쁜 소식은 바로 불행한 사람들이 도움과 위안을 받으라고 주어진 것이다."

유다는 고개를 숙이고 대답을 하지 못한다.

어떤 작은 숲에서 성모님과 클레오파의 마리아와 수산나가 나온다.

"어머니, 안녕하셨습니까? 다른 분들에게도 평화!"

"아들아! 나는 큰 고통을 당하는…저 사람들한테 갔었다. 그러나 기쁜 소식을 들어서 지나치게 괴로워하지 않게 되었다. 도라가 이 땅을 처분했고 죠가나가 이 땅을 샀단다. 낙원은 아니지만…그래도 이제 지옥은 아니다. 관리인이 오늘 이 말을 농부들에게 했단다. 관리인이 밀을 마지막 한 알까지 마차에 싣고 떠나서 농부들은 모두 먹을 것이 없이 남아 있게 되었단다. 그리고 죠가나의 관리인은 오늘 그의 사람들이 먹을 식량밖에 가지고 있지 않기 때문에, 도라의 농부들이 굶고 지내야 할 참이었다. 그 어린 양들을 얻게 된 것은 정말 하느님의 섭리였다!"

"그 농부들이 이제는 도라에게 속해 있지 않게 된 것도 섭리입니다. 저희들은 그들이 사는 집을 보았는데요.…돼지우리 같았습니다.…" 하고 수산나가 분개하여 말한다.

"그 불쌍한 사람들이 아주 행복해요!" 하고 클레오파의 마리아가 말을 끝마친다.

"저도 기쁩니다. 어쨌든 그들은 이전보다는 나을 것입니다" 하고 예수께서 대답하시며 사도들에게로 돌아오신다.

엔도르의 요한이 헤르마스테아와 같이 물병들을 들고 예수께로 온다. 그리고 예수께 경배한 후에 설명을 드린다. "죠가나의 농부들이 이것을 주었습니다."

모두가 어린 양 두 마리가 구름같이 피어 오르는 짙은 연기 속에서 구워지고 있는 곳으로 온다. 베드로는 계속해서 막대기를 돌리며, 그동안에 생각을 가다듬는다. 한편 유다 타대오는 동생의 허리를 껴안고 끊임없이 말하면서 왔다갔다 한다. 다른 사람들로 말하면, 어떤 사람은 나무를 가져오고 어떤 사람은 걸상으로 쓰려는지 식탁으로 쓰려는지 모르지만, 커다란 돌들을 갖다가 식탁을…준비한다.

도라의 농부들이 오는데, 전보다도 더 마르고 더 누더기 옷을 걸쳤다. 그러나 몹시 행복하다! 20명쯤 되는데 어린이와 여자가 한명도 없다. 가엾은 남자들뿐이다….

"여러분 모두에게 평화가 있기를 바랍니다. 그리고 여러분에게 더 나은 주인을 주신 데 대해서 함께 주님을 찬미합시다. 여러분을 대단히 괴롭힌 사람의 회개를 위해 기도하면서 하느님을 찬미합시다. 그렇지요? 할아버지, 행복하세요? 저도 행복합니다. 제가 아이를 데리고 더 자주 올 수 있을 것입니다. 이 사람들이 그 말씀을 드렸습니까? 할아버지가 기뻐서 우시는 거지요? 오세요, 두려워 말고 오세요…." 예수께서 마륵지암의 할아버지에게 이렇게 말씀하신다. 노인은 몸을 잔뜩 구부려 울면서 예수의 손에 입맞춤하면서 중얼거린다. "저는 이제 지극히 높으신 분께 아무것도 청하지 않습니다. 하느님께서는 제가 청한 것 이상의 것을 주셨습니다. 이제는 너무 오래 살아서 다시 고통을 당하게 될까 봐 겁이 나기 때문에 죽었으면 좋겠습니다."

선생님과 같이 있는 것이 조금 거북하였던 농부들은 이내 대담해졌다. 아까 가져온 돌들 위에 넓은 나뭇잎들을 깔고 그 위에 두 마리 어린 양을 놓고 노느매기를 하여 각 사람의 몫을 접시 대신 접시 노릇을 하는 얇고 넓은 일종의 밀전빙에 놓는다. 농부들은 순진하게 벌써 침착해져서 맛있게 먹어 쌓이고 쌓인 허기를 달래고 지난 일들을 이야기한다.
 그중 한 사람이 이렇게 말한다. "저는 메뚜기와 두더쥐와 개미들을 늘 저주했습니다. 그렇지만 이제는 그놈들이 모두 주님의 심부름꾼같이 생각됩니다. 그놈들 덕분에 저희들이 지옥을 떠나게 됐으니까요." 비록 메뚜기와 개미들을 천사의 무리들과 비교하는 것이 좀 지나치기는 하지만 모든 사람이 그 말 속에 숨어 있는 비극적인 일을 느끼기 때문에 아무도 웃지 않는다.
 불꽃이 그 사람들의 집단을 비춘다. 그러나 얼굴들은 불꽃을 향하지 않고, 그들 앞에 있는 것을 보는 얼굴은 별로 없다. 모든 눈이 예수의 얼굴로 향해 있고, 다만 노느매기를 하는 일을 맡은 알패오의 마리아가 허기진 농부들의 밀전병에 새로운 몫을 놓으려고 다시 올 때에만 잠깐 눈을 돌린다. 알패오의 마리아는 구운 양의 넓적다리 고기 두 덩어리를 다른 넓은 나뭇잎에 싸는 것으로 일을 마치며 마륵지암의 할아버지에게 이렇게 말한다. "받으세요. 여러분은 내일 또 조금씩 잡술 것이 있을 겁니다. 그동안 죠가나의 관리인이 마련해 주겠지요."
 "그렇지만 아주머니네는?…"
 "우리는 짐이 덜어질 것입니다. 받으세요, 할아버지, 받으세요."
 두 마리 어린 양에서 남은 것이라고는 갉아먹은 뼈와 꺼져 가는 나무 위에서 아직 타고 있는 녹은 비계의 오래 가는 냄새뿐이다. 이제는 피워 놓았던 불 대신 달빛이 비춘다.
 죠가나의 농부들도 다른 농부들과 합친다. 이제 말을 할 시간이다. 예수께서는 파란 눈을 들어 조금 그늘진 나무 곁에 있는 가리옷의 유다를 찾으신다. 그리고 유다가 그 눈길의 뜻을 이해하지 못하는 체 하므로 예수께서는 큰 소리로 "유다야!" 하고 부르신다. 그래서 그로 하여금 어쩔 수 없이 일어나서 오게 하신다.
 "떨어져 있지 말아라. 제발 내 대신 복음을 전하여라. 나는 매우 피곤하다. 그리고 내가 오늘 저녁에 오지 않았더라면 너희들이 말을 해야 했을 것 아니냐?"
 "선생님… 저는 무슨 말을 해야 할지 모르겠습니다. … 제게 질문이라도 해주십시오."
 "질문을 할 것은 내가 아니다. 여러분이 질문할 것입니다. 여러분은 무슨 말을 듣기를 원하십니까? 또는 무엇에 대한 설명을 듣기를 원하십니까?" 하고 이어서 농부들에게 물으신다.

그 사람들은 서로 쳐다본다 …그들은 어쩔 줄을 모른다.…마침내 한 농부가 묻는다. "저희들은 주님의 능력과 주님의 친절은 알았습니다. 그렇지만 주님의 가르침에 대해서는 정말 별로 아는 것이 없습니다. 지금은 죠가나와 같이 있게 되었으니까 어쩌면 그것을 더 많이 알게 될지도 모릅니다. 그렇지만 메시아가 약속하시는 나라를 얻기 위해서 반드시 해야 할 일들이 어떤 것인지 알고 싶은 간절한 소원을 가지고 있습니다. 저희들이 할 수 있는 그 아무것도 아닌 것을 가지고 그 나라를 얻을 수 있겠습니까?"

유다가 대답한다. "여러분이 매우 고생스러운 처지에 있다는 것은 확실합니다. 여러분의 안과 주위에 있는 모든 것이 결합해서 여러분을 나라에서 멀어지게 하려고 합니다. 여러분이 마음대로 선생님께 올 자유가 없는 것, 도라같이 잔인하고 비열한 사람은 아니지만, 어떻든 제 하인들을 포로처럼 잡아두는 집지키는 개 같은 주인의 하인이라는 사실은 모두 여러분이 나라에 선택되는 데 불리한 조건들입니다. 그것은 여러분을 가혹하게 다루는 사람에 대해서 여러분이 원한과 앙심과 비판과 복수의 감정을 품지 않기가 어렵겠기 때문입니다. 그런데 최소한의 필요한 것은 하느님과 이웃을 사랑하는 것입니다. 이것 없이는 구원이 없습니다. 여러분은 여러분의 운명에 나타나는 하느님의 뜻에 소극적으로 복종하는 마음을 늘 가지도록 주의해야 하고 여러분의 주인을 인내심을 가지고 참아견디고, 마음대로 판단하는 생각은 여러분에게 들어오지도 못하게 해야 합니다. 그 판단은 여러분의 주인에 대해서 호의적일 수가 없을 것이고 또 여러분의… 여러분의…무엇에 대해서 감사하는 것일 수가 없을 것입니다. 요컨대 여러분은 반항하지 않기 위해서 깊은 생각을 하지 말아야 합니다. 그 반항이 사랑을 죽일 것이니까 말입니다. 그런데 사랑이 없는 사람은 구원을 얻지 못합니다. 첫째 계명을 어기는 것이니까요. 그러나 나는 말하자면 여러분이 구원을 받을 수 있다고 확신합니다. 그것은 여러분 안에 착한 뜻이 있고, 그 착한 뜻과 더불어 미움과 복수심을 여러분에게서 멀리할 줄을 알 것이라는 희망을 주는 온화한 마음씨가 있는 것을 내가 보기 때문입니다. 그뿐 아니라 하느님의 자비는 매우 크기 때문에 여러분의 완전에 아직 부족한 것이 있는 것은 용서해 주실 것입니다."

침묵. 예수께서는 머리를 대단히 숙이고 계셔서 그분의 얼굴 표정을 볼 수가 없다. 그러나 다른 얼굴들은 볼 수 있는데, 그 얼굴들은 참말이지 만족한 얼굴이 아니다 . 농부들은 전보다 더 모욕을 당한 것 같아 보이고 사도들과 여자들은 깜짝 놀란 얼굴이다. 거의 공포에 사로잡힌 얼굴이라고 할 수 있겠다.

"우리는 참을성과 용서가 아닌 어떤 생각도 우리에게 일어나지 않게 하도록 힘쓰겠습니다" 하고 노인이 겸손하게 대답한다.

또 다른 농부 한 사람이 한숨지으면서 말한다. "우리로서는 완전한 사랑에 이르기가 물론 어려울 것입니다. 우리로서는 우리를 괴롭히는 사람들을 죽이는 살인자가 되지 않는 것만도 대단한 것입니다! 정신은 괴로워하고, 괴로워하고, 또 괴로워합니다. 그리고 비록 미워하지는 않는다 해도 저 빼빼 마른 어린 아이들이 자라기가 어려운 것과 같이 사랑하기가 어렵습니다 …."

"여보시오. 그렇지 않아요. 나는 오히려 여러분이 고통을 그렇게까지 당하면서도 살인을 하거나 복수를 하기에 이르지 않은 바로 그것 때문에, 사랑에 있어서는 우리 정신보다 더 강한 정신을 가지고 있다고 생각합니다. 여러분은 사랑한다는 것을 알아차리지도 못하면서 사랑하는 것입니다" 하고 베드로가 농부들을 위로하려고 말한다. 베드로는 그가 발언을 하였다는 것을 알아차리고 말하던 것을 중단하고 이렇게 말한다. "아이고! 선생님!… 그러나 … 선생님은 제가 말을 해야 한다고 말씀하셨지요. 저는 우리 형제들을 위해서 그들의 처지에 알맞은 좋은 말을 찾으려고 계속 어린 양을 들여다보았습니다. 그러나 확실히 저는 어리석은 사람이기 때문에 적당한 것은 아무것도 찾아내지 못했습니다. 그런데 어떻게 그렇게 되었는지 모르지만 제 생각이 아주 먼 데까지 미쳤습니다. 그 생각들이 엉뚱한 생각인지 거룩한 생각인지 말하지 못하겠습니다. 엉뚱한 생각이면 분명히 제게서 오는 것이고, 거룩한 생각이면 분명히 하늘에서 오는 것입니다. 저는 그 생각들을 떠오른 그대로 말하겠습니다. 그러면 선생님이 그 설명을 제게 해주시든지 틀렸다고 말씀하시든지 하십시오. 그리고 이 경우에는 여러분 모두가 저를 동정하십시오.

그러니까 나는 우선 불꽃을 바라다보았습니다. 그랬더니 이런 생각이 떠올랐습니다. '자, 불꽃은 무엇으로 이루어졌는가? 나무로 이루어졌다. 그러나 나무는 제 힘으로 타오르지는 못한다. 또 잘 마르지 않아도 전혀 불이 붙지 않는다. 물이 나무를 무겁게 해서 부싯깃이 나무를 타오르지 못하게 한다.

나무가 죽으면 벌레들의 작용으로 썩고 먼지가 된다. 그러나 제 힘으로 불이 붙지는 못한다. 그런데 누가 나무를 적당히 모아놓고 부싯깃과 부시를 가까이 갖다 대고 불똥을 튀게 하고, 불꽃을 크게 하기 위해서 잔가지들 위를 불어서 — 언제나 제일 가는 가지부터 시작하니까 — 불이 잘 붙게 하면 불꽃이 일어나서 아름답고 유익하게 되어서 전체에 미치고 굵은 장작에까지도 불이 붙는다'하고. 그리고 이렇게 생각했습니다. '우리는 나무다. 우리 힘으로는 불이 붙지 않는다. 그래도 살과 피의 둔한 물이 너무 우리에 배지 못하게 조심해서 부싯깃이 우리에 불을 붙일 수 있게 해야 한다. 그리고 우리는 불살라지기를 바라야 한다. 우리가 움직이지 않은 채로 있으면 악천후와 벌레에 의해서, 즉 인간성과 마귀에 의해서 파괴될 수 있기 때문이다. 이와 반대로 만일 우리가 사랑의 불꽃에 우리를 내맡기면, 그 사랑의 불이 우선 잔가지들을 태워 없애고 — 그런데 내 생각에 이 잔가지들은 결점들이었습니다 — 그 다음에게 더 커져서 가장 굵은 장작들을, 즉 가장 강한 열정들을 공격할 것이다. 그리고 물질적이고 단단하고 빽빽하고 거칠기도 한 나무인 우리는 불꽃이라는 아름답고 비물질적이고 빠른 물건이 될 것이다. 그런데 이 모든 일은 죄인들이라는 비참한 우리 존재를 가지고 미래의 천사와 하늘 나라의 시민을 만드는 부시와 부싯깃인 사랑에 우리가 동의했기 때문에 일어나는 것이다.'

내 첫번째 생각은 이런 것이었습니다."

예수께서는 약간 고개를 드셨다, 그리고 눈을 감으시고 입술에는 가벼운 미소를 머금으시고 귀를 기울이고 계시다. 다른 사람들은 아직 놀라서 베드로를 쳐다보고 있다. 그러나 이제는 겁에 질려 있지는 않다. 베드로는 침착하게 계속한다.

"짐승들이 익고 있는 동안에 다른 생각이 또 하나 머리에 떠올랐습니다. 내 생각이 유치하다고 말하지 마시오. 선생님께서 나더러 내가 보는 것에서 생각들을 찾으라고 말씀하셨습니다. …그래서 나는 순종했습니다.

그러니까 나는 짐승들을 들여다 보면서 이렇게 생각했습니다. '자, 여기 죄없고 온순한 짐승 두 마리가 있다. 우리 성경에는 어린 양에 대한 기분좋은 암시가 대단히 많다. 그것은 모세의 어린 양으로 그분이 상징된 때부터 언약된 메시아와 구세주이신 분을 상기시키기 위한 것임과 동시에 하느님께서 우리를 불쌍히 여기신다는 것을 말하기 위해서이다. 예언자들이 이렇게 말하는 것이다. 메시아는 당신의 양들을 모아서 상처입은 양들은 구해주고 다리가 부러진 양들은 안아 데려오시려고 오셨다. 이 얼마나 큰 인자인가!' 하고 나는 생각했습니다. '보잘것 없는 우리를 이다지도 불쌍히 여기시는 하느님을 정말이지 무서워해서는 안 된다! 그러나' 또 이렇게도 생각했습니다. '우리는 죄없는 사람들은 아니니만큼 온순하기는 해야 한다. 적어도 온순하기는 해야 한다. 온순도 해야 하고 사랑으로 불살라지기를 갈망도 해야 한다. 왜냐하면 아무리 온순하고 깨끗한 어린 양이라도 죽고 나서 불꽃으로 익혀지지 않으면 어떻게 되느냐 말이다. 썩은 냄새가 나는 시체가 된다. 그러나 불에 둘러싸이면 건전하고 축복받은 영양들이 된다' 이렇게요.

그래서 나는 이렇게 결론을 내렸습니다. '요컨대 모든 선은 사랑으로 이루어진다. 사랑은 우리에게서 인간성의 둔함을 없애서 우리를 빛나고 유익하게 만들고, 형제들에게 친절하고 하느님의 뜻에 맞는 사람을 만든다. 사랑은 우리의 타고 난 좋은 자질들을 높은 곳으로 올려서 정화한다. 거기서 그것들은 초자연적인 덕행이라는 이름을 얻게 된다. 그런데 덕행이 있는 사람은 거룩하고, 거룩한 사람은 하늘을 차지한다. 왠고하니 완전의 길을 닦아 주는 것은 지식도 아니고 공포도 아니고 사랑이기 때문이다. 사랑은 주님을 슬프게 해드리지 않겠다는 소원으로 벌에 대한 두려움보다도 훨씬 더 우리를 악에서 멀어지게 한다. 그것은 우리에게 우리 형제들에 대한 동정을 준다. 그들이 하느님에게서 오기 때문이다. 그러므로 사랑은 사람의 구원이고 성화이다' 하고요.

어린 양이 구워지는 것을 들여다보면서 또 내 예수님께 순종하면서 내가 생각한 것은 이런 것이었습니다. 이 생각들밖에 없다는 것을 용서해 주시오. 그러나 이 생각들이 내게는 이로웠습니다. 여러분에게도 이로우리라는 희망을 가지고 이 생각들을 여러분에게 드립니다."

예수께서 눈을 뜨시는데, 그 눈이 빛난다. 예수께서는 팔을 뻗어 손을 베드로의 어깨에 얹고 말씀하신다. "정말이지 너는 찾아내야 할 생각들을 찾아냈다. 순종과 사랑이 있었기 때문에 네가 그 생각들을 찾아 내게 되었다. 겸손과 형제들에게 위로를 주겠다는 소원은 그 생각들을 가지고 그들의 하늘의 밤에 별이 되게 할 것이다. 요나의 시몬아, 하느님께서 네게 강복하시기를 바란다!"

"선생님께 하느님께서 강복하시기를! 그런데 선생님은 말씀을 안하십니까?"
 "내일 이 사람들은 새 주인 밑으로 들어가게 된다. 나는 이들이 들어가는 것을 말로 축복해 주겠다. 이제는 평안히들 가시오. 그리고 하느님께서 여러분과 함께 계시기를 바랍니다."

124. 예수께서 죠가나의 농부들에게 말씀하신다. "사랑은 순종이다"

아직 완전히 새벽이 되지는 않았다. 예수께서는 황폐하게 된 도라의 과수원 가운데에 계시다. 죽거나 죽어가는 나무들이 줄지어 서 있는데, 그 중에는 벌써 쓰러지고 뽑힌 나무도 많이 있다. 예수의 둘레에는 도라와 죠가나의 농부들과 사도들이 더러는 서 있고 더러는 쓰러진 나무 줄기에 앉아 있다.

예수께서 말씀을 시작하신다. "새 날이 밝아오고 새 출발이 시작될 참입니다. 그런데 떠나는 것은 나만이 아니고 여러분도 다른 주인에게로 넘어가기 때문에 물질적으로는 아니지만 정신적으로는 떠납니다. 그러므로 여러분은 착하고 경건한 다른 농부들과 합쳐져서 오직 하나의 가정을 이룰 것인데, 거기서 여러분은 그렇게 하는 데 기만책을 쓰지 않고는 하느님과 그분의 말씀에 대해 말할 수 있을 것입니다. 여러분은 서로서로 믿음을 부축해 주시오. 서로서로 도우시오. 다른 사람들의 결점을 너그럽게 보아 주시오. 서로서로 교화의 원인이 되도록 하시오.

이런 것이 사랑입니다. 그리고 비록 다른 방식으로 말하기는 했지만, 어제 저녁 사도들에게서 구원은 사랑에 있다는 말을 들었습니다. 시몬 베드로는 어떻게 사랑이 둔중한 인간성을 초자연적인 성질로 바꾸는지, 사랑이 없으면 죽인 다음 익히지 않은 짐승처럼 썩거나 썩히는 것이 될 수 있고, 또는 적어도 불을 피우기에 알맞은 나무가 되지 못하고 물 속에서 썩는 나무처럼 무익한 존재가 될 수 있는 사람을 가지고 사랑이 어떻게 벌써 하느님의 분위기 속에서 사는 사람이 되게 하고, 따라서 부패를 면하고 이웃에게 유익한 존재가 되게 하는지를 순박하고 훌륭한 말로 여러분에게 지적해 주었습니다.

여러분, 정말이지 우주의 큰 힘은 바로 사랑이기 때문입니다. 나는 이 말을 결코 싫증내지 않고 계속 하겠습니다. 지극히 높으신 주님께 대한 사랑을 아담과 하와가 거절한 데서 생겨난 죽음과 병들을 위시해서 이 세상의 모든 불행이 사랑이 없는 데에서 옵니다.

사랑은 순종이기 때문입니다. 순종하지 않는 사람은 반란자입니다. 반란자는 그가 반란을 일으킨 대상을 사랑하지 않습니다. 그러나 전쟁이나 경쟁을 하다가 망하는 어떤 가정이나 두 가정의 파멸 같은 전반적이거나 개인적인 다른 불행들은 또 어디에서 옵니까? 이기주의에서 오는데, 이것은 사람의 결핍입니다. 그리고 가정의 파멸과 더불어 하느님의 벌로 물질적인 파산도 옵니다. 하느님께서는 일찍이든 늦게든 사랑없이 사는 사람을 항상 벌하시기 때문입니다. 나는 이 곳에 전설이 돌아다니고 있다는 것을 압니다 — 그리고 그 전설 때문에 어떤 사람들은 나를 미워하고, 어떤 사람들은 공포심을 가지고 나를 보고, 또는 새로운 벌 모양으로 내 예를 들고, 또는 벌이 무서워서 감수합니다 — 전설은 내 눈길이 이 밭들에 저주를 가져왔다는 것입니다. 그러나 그것은 내 눈길이 아니었고, 옳지 않고 잔인한 사람의 이기주의에 대한 벌이었습니다. 만일 내 눈길이 나를 미워하는 사람의 땅을 불태워야 한다면, 정말이지 팔레스티나에는 푸르름이 별로 남지 않을 것입니다.

나는 나 자신에게 한 모욕은 절대로 복수를 하지 않고, 이웃에 대한 이기주의의 죄에 고집스럽게 남아 있고 계명을 독성적(瀆聖的)으로 비웃는 사람들은 아버지께 맡깁니다. 그런 사람들은 그들을 설득하려고 애쓰는 말과 그들을 사랑으로 끌어들일 수 있는 말을 들으면 들을수록 더 잔인해집니다. 나는 언제나 손을 들어 뉘우치는 사람에게 '네 죄를 사해 준다. 안심하고 가거라' 하고 말할 준비가 되어 있습니다. 그러나 변하기를 원치 않는 냉혹에 동의해서 사랑을 모욕하지는 않습니다. 이것을 항상 머리에 새겨 두어서 사물을 저의에 알맞는 빛으로 보도록 하고, 또 존경으로 인해서 생겼거나 분노를 곁들인 공포로 인해서 생겼거나, 어쨌건 진실과 다른 전설들을 논박하도록 하시오.

여러분은 다른 주인에게로 갑니다. 그러나 이 땅을 떠나지는 않습니다. 이 땅의 지금 상태로 보아서 이 땅을 보살피는 것은 어리석은 일로 보입니다. 그러나 나는 여러분에게 이 땅에서 여러분의 의무를 다하라고 말합니다. 여러분이 이제까지는 무자비한 벌이 무서워서 이 땅을 돌보았습니다. 이제는 그 일을 또 하되, 여러분이 받은 것과 같은 취급을 받지 않으리라는 것을 알면서 하시오. 나는 여러분에게 이런 말까지도 하겠습니다. 즉 여러분이 인정

있는 대우를 받으면 그럴수록 여러분에게 인정을 쓰는 사람에게 일로써 인정을 갚기 위하여 기쁜 열성을 가지고 일해야 한다고. 주인들이 그들에게 딸린 사람들에 대해 인정을 가져야 하는 것은 사실입니다 ─ 이런 것을 기억하고 그렇게 해야 합니다. 즉 우리는 모두가 같은 조상에서 나왔고, 사실 모든 사람이 똑같이 벌거숭이로 나서, 죽은 다음에는 부자나 가난한 사람이나 똑같이 썩고, 재산이라는 것이 그것을 가진 사람들의 일의 결과로 오는 것이 아니라, 정직하게든 부정직하게든 그것을 모은 사람들에게서 오는 것이며, 그것을 영광으로 여길 것이 아니고 그 때문에 사람들을 압제할 것이 아니라, 하느님이신 진짜 주인이 엄한 눈초리로 보시지 않게 하기 위하여 그 재산을 사랑과 조심성과 정의를 가지고 써서 다른 사람들을 위해서도 좋은 일을 해야 합니다. … 매수되지 않으시고 보석과 금전으로도 사로잡을 수 없고 우리의 착한 행동 덕택으로 우리의 벗을 삼을 수 있기 때문입니다 ─ 그러니까 주인들이 그들에게 딸린 사람들에게 인정을 베풀어야 하는 것이 사실이지만, 한편 하인들도 주인들에게 착하게 굴어야 하는 것도 사실입니다.

여러분을 이 비천한 처지에 두고자 하시는 하느님의 뜻을 순박하게 착한 뜻을 가지고 행하시오. 여러분은 나쁜 부자의 비유를 아시지요. 여러분은 하늘에서 상을 받는 것은 금이 아니라 덕행이라는 것을 알지요. 덕행과 하느님의 뜻에 대한 순종은 하느님을 사람의 벗으로 만들어 줍니다. 사람들의 행동을 통하여 하느님을 볼 수 있다는 것은 매우 어렵다는 것을 나는 압니다. 일이 잘 되어 나갈 때에는 쉽습니다. 그러나 나쁜 상황에서는 어렵습니다. 그런 상황으로 인해서 하느님께서 인자하지 않다고 정신이 생각하게 될 수 있기 때문입니다. 그러나 여러분은 사탄의 유혹을 받은 사람이 여러분에게 행하는 나쁜 짓을 이기고, 여러분에게 눈물을 자아내는 이 장벽 너머로 고통의 진리와 그 아름다움을 보시오. 고통은 악에서 옵니다. 그러나 이 힘이 존재하고 또 그것이 하느님의 아들들의 영적인 금에 대한 시금석이기 때문에 그것을 없애지는 못하시는 하느님께서 그 악으로 하여금 그 독에서 영원한 생명을 주는 약즙을 뽑아내도록 강요하십니다. 그것은 고통이 그 날카로움으로 인해서 그들을 점점 신령하게 만들어서 그들을 성인이 되게 할 만한 그런 반응을 착한 사람들에게 일으키기 때문입니다.

그러므로 여러분은 착하고 공손하고 순종하시오. 주인들을 판단하지 마시오. 그들은 벌써 심판자를 가지고 있습니다. 나는 여러분에게 명령하는 사람이 의인이 되어서 여러분의 길을 더 쉽게 하고 그에게는 영원한 생명을 주게 되기를 바랍니다. 그러나 의무는 다하기가 힘들면 힘들수록 하느님께서 보시기에 공로가 더 크다는 것을 기억하시오. 주인을 속이려고 하지 마시오. 부정한 수단으로 얻은 돈과 식료품은 부유하게 하지도 못하고 배부르게 하지도 못합니다. 여러분의 손과 입술과 마음을 깨끗하게 간직하시오. 그러면 여러분이 밭에 매달려 있더라도 하느님의 눈에 귀엽게 보이며 여러분의 안식일과 의무적인 명절들을 지키는 것이 될 것입니다.

정말이지, 자기 자신과 집안에 있는 사람들을 위해서 안식일과 이스라엘의 큰 명절들에 대한 계명을 지키라고 하는 율법에 복종하지 않음으로 실제로는 계명을 어기면서 세상 사람들의 칭찬을 듣기 위해 계명을 지키러 가는 사람들의 위선적인 기도보다는 여러분의 피로가 더 가치있을 것입니다. 기도는 행위에 있는 것이 아니라 감정에 있기 때문입니다. 그리고 만일 여러분의 마음이 어떤 상황에서도 하느님을 거룩하게 사랑하면, 안식일과 명절들의 의식을 여러분에게 거기에 참례하지 못하게 하는 다른 사람들보다 더 잘 행할 것입니다.

나는 여러분에게 강복하고 떠납니다. 해가 뜨는데, 더위가 너무 심해지기 전에 야산에 도달하고자 하기 때문입니다. 가을이 그리 멀지 않으니 우리는 멀지 않아 다시 만나게 될 것입니다. 죠가나의 새 하인과 이전 하인 여러분 모두에게 평화가 있기를 바랍니다. 그리고 이 평화가 여러분의 마음을 평온하게 하기를 바랍니다."

그러면서 예수께서 농부들 가운데로 한 사람 한 사람에게 강복하시며 지나가서 떠나신다.

말라 죽은 큰 사과나무 뒤에 반쯤 숨어 있는 사람이 있다. 그러나 예수께서 못 본 채하시며 지나가려고 하시자 갑자기 나타나면서 말한다. "저는 죠가나의 관리인입니다. 죠가나는 제게 이렇게 말했습니다. '만일 이스라엘의 선생님이 오시면 내 땅에 머무르시게 하고 하인들에게 말씀을 하시게 내버려두게. 그분은 좋은 일만 가르치시니까 그렇게 하면 나는 더 좋은 결과를 얻어낼 걸세.' 그리고 어제는 오늘부터 이 사람들이(그러면서 도라의 농부들을 가리킨다) 저와 같이 있게 되고 이 땅이 죠가나의 것이 된다는 것을 제게 알리면서 편지에 이런 말을 써보냈습니다. '선생님이 오시면 말씀하시는 것을 귀담아 듣고 기기 따라시 행동하게. 우리에게 불행이 닥쳐오지 않도록.

선생님께 많은 경의를 표하게, 그러나 선생님이 이 땅에 대한 저주를 취소하시려는지 보게' 하고 말입니다. 왜냐하면 죠가나가 이 땅을 사는 데에 명예를 걸었기 때문입니다. 그러나 저는 그 사람이 벌써 그렇게 한 것을 후회한다고 생각합니다. 이 땅은 목장이나 만드는 것이 고작일 것입니다."

"내가 말하는 것을 들었소?"

"예, 선생님."

"그러면 당신과 당신 주인이 하느님의 강복을 받으려면 어떻게 처신해야 할지 알 것입니다. 이것을 주인에게 알리시오. 그리고 당신에게 관해서는, 농사꾼의 피로가 어떤지를 실제로 알고 또 주인에게 잘 보인 당신이 그의 명령을 조절도 하시오. 그러나 당신 영혼을 잃는 것보다는 주인의 호의와 당신 자리를 잃은 편이 더 낫소. 안녕."

"그러나 저는 선생님께 경의를 표해야 합니다."

"나는 우상이 아니오. 나는 은총을 주기 위해 타산적인 경의를 받을 필요가 없소. 당신이 들은 것을 실천해서 당신 정신으로 나를 공경하시오. 그러면 하느님을 섬긴 것이 될 것이고, 동시에 선생님도 섬긴 것이 될 것이오."

그리고 예수께서는 제자들과 여자들과 그뒤에 따라오는 모든 농부들의 앞장을 서서 밭들을 지나가셔서, 다시 모든 사람의 인사를 받으시며 야산 쪽으로 가는 길로 들어서신다.

125. 지극히 거룩하신 성모님의 말씀. "내 동정은 그 무엇보다도 더 강하다"

그 위로 나자렛으로 가는 길이 전개되는 계속되는 야산들에서 예수께서는 기름지고 잘 가꾸어진 이 지방의 대부분을 덮고 있는 올리브밭과 과수원들의 그늘을 이용하시며 나자렛을 향하여 가신다.

그러나 프톨레마이스로 가는 길과 만나는 네거리에 이르시자 걸음을 멈추시고 말씀하신다. "내가 여러 번 들른 일이 있는 저 집 근처에 머물러서 식사를 하자. 그리고 해가 있는 동안에는 우리가 다시 헤어지기 전에 함께 있기로 하자. 우리는 티베리아로 가고 내 어머니와 아주머니는 나자렛으로 가시고, 요한은 헤르마스테아와 함께 시카미논으로 간다."

일행은 올리브밭으로 해서 넓고 낮은 농부의 집으로 향한다. 그 집은 으레 있기 마련인 무화과나무로 장식되어 있고, 꽃줄장식 같은 포도덩굴이 엉기어 있는데, 포도나무는 작은 층계를 따라 올라가서 옥상을 가지로 덮고 있다.

"평화가 당신들과 함께 있기를. 내가 또 왔습니다."

"선생님, 어서 오십시오. 선생님이 오시는 것은 언제나 환영입니다. 하느님께서 선생님과 선생님의 사람들에게 평화를 돌려 주시기를 바랍니다" 하고 나뭇가지를 한아름 안고 마당을 건너질러 가던 나이먹은 남자가 대답한다. 그리고는 "사라! 사라! 선생님이 제자들과 같이 오셨소. 빵만드는 데 밀가루를 보태시오" 하고 아내를 부르고 말한다.

어떤 방에서 밀가루를 하얗게 뒤집어 쓴 여자가 나오는데, 안에 밀가루가 섞인 밀기울이 들어 있는 체를 아직 들고 있는 것으로 보아 체질을 하고 있던 것이다. 그 여인은 미소지으면서 예수 앞에 무릎을 꿇는다.

"아주머니에게 평화, 약속했던 대로 어머니를 모시고 왔습니다. 여기 계십니다. 그리고 이분은 어머니의 동서이십니다. 야고보와 유다의 어머니시지요. 디나와 필립보는 어디 있습니까?"
　여인은 두 마리아에게 인사를 하고 나서 대답한다. "디나는 어제 세 번째 딸을 낳았습니다. 저희는 손자를 가지게 되지 못했기 때문에 좀 슬픕니다. 그렇지만 그래도 만족합니다. 그렇지요 여보?"
　"그렇습니다, 예쁜 손녀이고 어쨌건 우리의 피니까요. 이제 보여 드리겠습니다. 필립보는 양친에게서 안나와 노에미를 데려오려고 갔습니다. 그렇지만 곧 돌아올 것입니다."
　여인은 빵 만들러 돌아가고, 그동안 남자는 나뭇가지를 화덕에 넣은 다음 손님들에게 자리를 마련해 주고, 양젖을 원하는 사람에게 갓 짠 양젖을 갖다 주고 올리브를 더 좋아하는 사람에게는 올리브를 갖다 주면서 그들을 돌본다.
　아랫층은 넓기도 하고 집 앞뒤로 문이 열려 있기 때문에 시원하고 그늘이 졌다. 두 문 가운데 하나는 우거진 무화과나무로 그늘이 져 있고, 또 하나는 별모양으로 생긴 꽃이 만발한 큰 울타리로 그늘이 져 있는데, 그 꽃들은 모양은 해바라기처럼 생겼지만 꽃부리는 해바라기보다 작다. 에머랄드 빛깔의 환한 빛이 이렇게 큰 방으로 들어와서 지나친 햇빛에 피로한 눈들을 달래 준다. 큰 방에는 걸상들과 탁자들이 있는데, 아마 여자들이 실을 잣고 옷감을 짜고, 남자들은 농기구를 고치거나 밀가루나 과일을 저장해 두는 방인 것 같다. 작은 들보에는 작은 갈고리들이 많이 박혀 있고, 벽을 끼고 나무로 만든 긴 상자들 외에 까치발에 얹혀 있는 선반들을 보니 그렇게 생각하게 된다. 아마나 삼의 복슬복슬한 부스러기들은 회칠을 한 흰 벽에 엮은 끈을 풀어놓은 것같고, 그대로 드러나 있는 베틀에 펼쳐진 불같이 빨간 색 옷감은 그 화려하고 아름다운 빛깔로 전체의 분위기를 명랑하게 하는 것 같다.
　주인 여자는 빵 굽는 일을 마치고 나서 돌아와 손님들에게 갓난 아기를 보겠느냐고 묻는다.
　예수께서 대답하신다. "물론입니다. 내가 가서 강복하겠습니다."
　성모님도 일어나시면서 말씀하신다. "나는 산모에게 인사하러 가겠어요."
　모든 여자들이 나간다.
　"여긴 좋구먼" 하고 확실히 피로해 보이는 바르톨로메오가 말한다.
　"그래, 그늘이 있고 조용하고. 우린 아무래도 잠이 들고 말겠는 걸" 하고 벌써 반쯤 졸고 있는 베드로가 확인한다.

"이제 사흘만 있으면 우리들 집에 가서 오래 있게 된다. 너희들은 가파르나움에서 가까운 곳에 복음을 전하러 갈 터이니까 쉬게 될 것이다" 하고 예수께서 말씀하신다.

"그러면 선생님은요?"

"나는 거의 항상 가파르나움에 있으면서 가끔 베싸이다에 머무르기도 하겠다. 그리고 그리로 나를 찾아오는 사람들에게 복음을 전하겠다. 그리고 티쉬리달 시초에 여행을 다시 시작하자. 그러나 저녁에는 너희들을 완전하게 하는 일을 계속하겠다 …"

예수께서 잠 때문에 말이 소용없는 것을 보시고 입을 다무신다. 예수께서는 피로로 기진맥진하여 다소간 편한 자세로 잠들어 가는 사람들의 무리를 바라다보시면서 머리를 흔드시며 빙그레 웃으신다. 집과 햇볕을 받는 들판이 아주 고요하다. 마술에 걸린 곳 같다. 예수께서는 꽃이 만발한 울타리 곁에 있는 문지방에 오셔서 움직이지 않는 올리브나무들로 온통 회색을 띤 갈릴래아의 완만한 야산들을 나뭇가지 사이로 바라다보신다.

갓난 아기의 분명치 않은 옹알거리는 소리와 더불어 가벼운 발소리가 머리 위에서 울린다. 예수께서는 얼굴을 들어 아주 하얀 작은 꾸러미를 안고 내려오시는 어머니께 미소를 보내신다. 꾸러미에서는 세 개의 빨간 물건이 비주룩이 나와 있다. 작은 머리와 흔들리는 두 작은 주먹이다.

"예수야 보아라, 얼마나 예쁜 아기냐! 아기는 난 지 하루되었을 때의 너와 좀 비슷하다. 너도 이렇게 금발이었는데, 그때부터 머리카락이 구름송이같이 가볍게 곱슬거려서 들려 있지 않았더라면 머리카락이 없는 것처럼 보일 정도였다. 그리고 이렇게 살갗이 장미꽃 빛깔과 같았다. 그리고 보아라, 보아. 이 그늘에서 그 작은 눈을 뜨고서 엄마 젖을 찾는 것을 보니 꼭 네 눈같이 짙은 파란색이로구나!…오! 귀여운 것, 하지만 나는 젖이 없단다. 귀여운 것, 귀여운 장미꽃, 내 귀여운 작은 멧비둘기!" 그러시면서 성모님이 아기를 흔들어 주시니 아기는 울음을 그치고 정말 작은 멧비둘기가 내는 꾸르륵 소리를 내면서 잠이 든다.

"어머니, 저도 그렇게 해주셨습니까?" 작은 금발 머리에 뺨을 대고 아기를 흔들어 주시는 어머니를 보시며 예수께서 물으신다.

"그렇다. 그러나 네게는 '내 작은 어린 양'이라고 말했다. 아기가 예쁘지?"

"예쁘고 튼튼하군요. 엄마가 기뻐할 수 있겠습니다." 예수께서도 아기의 잠자는 모습을 들여다보시려고 몸을 숙이시면서 동의하신다.

"반대로 어미는 기뻐하질 않습니다. …사위는 아이 셋이 모두 계집 아이기 때문에 화가 나 있습니다. 우리가 가지고 있는 밭들 때문에 사내아기들이 더 나은 것은 사실입니다. 그렇지만 이것은 저희 딸의 탓은 아닙니다…" 하고 방금 도착한 주인 여자가 한숨을 쉬면서 말한다.

"그들은 젊고 서로 사랑하니까 사내 아이들도 낳게 될 것입니다" 하고 주께서 자신있게 말씀하신다.

"저기 필립보가 옵니다. …이제는 분위기가 침울해질 것입니다…" 하고 여인이 불안해서 말한다. 그리고 더 큰소리로 "필립보, 나자렛의 선생님이 오셨네" 하고 말한다.

"선생님을 뵙게 되니 매우 기쁩니다. 선생님께 평화."

"필립보, 자네에게도 평화가 있기를. 나는 자네의 예쁜 아기를 보았네. 지금도 아직 아기를 들여다보고 있는 중일세. 아기가 칭찬을 들을 만해. 하느님께서 자네에게 예쁘고 건강하고 착한 아이들을 주시는 것으로 자네에게 강복하시네. 그것을 하느님께 감사해야 하네. …대답을 안하나? 자네 성이 난 것 같구먼…."

"저는 아들을 바랐었습니다!"

"그렇지만 자네는 아기가 딸이라고 비난을 해서 옳지 못한 사람이 되고, 더구나 자네 아내에게 냉혹한 태도를 취해서 옳지 못한 사람이 되겠다고 말하려는 것은 아니겠지?" 하고 예수께서 엄하게 물으신다.

"저는 아들을 원했습니다! 주님을 위해서도 저를 위해서도!" 하고 필립보가 성이 나서 외친다.

"그래서 불의와 반항으로 아들을 얻는다고 믿는 건가? 자넨 아마 하느님의 생각을 읽은 모양이지? 자네는 하느님보다 더 강해서 그분께 '이것이 옳으니까 이렇게 하시오' 하고 말하겠다는 건가? 내 제자인 이 여자는 아이가 없는데 내게 와서 이렇게 말했네. '저는 선생님을 따르기 위한 날개를 제게 주는 수태하지 못함을 축복합니다' 하고. 또 네 아들의 어머니인 이 부인은 아들 넷 모두가 자기의 것이 아니게 되는 순간을 갈망하고 있네. 수산나 아주머니, 그렇지요? 들었나? 그런데 자네는 아기를 잘 낳는 여자와 결혼한 지가 몇 해 안 되는데, 자네 사랑을 요구하는 장미 꽃봉오리 셋으로 축복을 받았으면서도 성이 나 있단 말인가? 누구한테? 왜? 말하기 싫은가? 내가 말하지. 그건 자네가 이기주의자이기 때문이야. 즉시 자네 원한을 버리고 자네에게서 태어난 이 아기를 품에 안고 사랑하게. 자! 아기를 안으라구!" 그러면서 예수께서는 작은 꾸러미를 들어 젊은 아버지의 팔에 안겨 주신다. 예수께서 말씀을 이으신다. "울고 있는 자네 아내에게 가서 사랑한다고 말하게. 그렇지 않으면 하느님께서 정말 장래에 자네에게 아들을 절대로 주시지 않을 걸세. 분명히 말하네. 자 가게!…"

그 사람은 그의 아내가 있는 방으로 올라간다.

"선생님, 고맙습니다!" 하고 장모가 가만히 말한다, "저 사람이 어제부터 대단히 흉포했습니다…."

그 사람이 몇 분 후에 다시 내려와서 말한다. "시키시는 대로 했습니다. 주님, 아내는 주님께 감사하며 아기 이름을 주님께 청하라고 말합니다. 왜냐하면…제가 옳지 않은 미움으로 아기에게 너무 기분나쁜 이름을 붙여주려고 했기 때문입니다…."

"마리아라고 부르게. 아기는 첫번 젖방울과 더불어 쓴 눈물도 마셨네. 자네의 무정으로 인해서 쓴 눈물이기도 했지. 아기를 마리아라고 할 수 있네. 그리고 마리아가 아기를 사랑할 걸세. 어머니, 그렇지요?"

"그렇다. 가엾은 어린 것. 아기는 아주 귀엽게 생겼고 분명히 착하게 되어 하늘의 작은 별이 될 것이다."

일행은 피로한 사도들이 깊은 잠을 자고 있는 방으로 돌아온다. 가리옷 사람만이 자지 않고 곤란한 입장에 있는 것 같다.

"유다야, 나를 보고자 했느냐?" 하고 예수께서 물으신다.

"아닙니다. 선생님. 그러나 저는 잠을 이룰 수가 없습니다. 그래서 밖에 좀 나가고 싶습니다."

"누가 나가지 말라느냐? 나도 나간다. 나는 저 작은 언덕에 올라간다. 거긴 아주 그늘이 많다. …나는 기도하면서 쉬겠다. 나와 같이 가겠느냐?"

"아닙니다, 선생님. 저는 기도를 드릴 상태가 아니기 때문에 선생님께 방해가 될 것입니다. …아마 저는 속이 좀 거북한 모양이어서 이 때문에 불안해지는 것 같습니다."

"그러면 남아 있거라. 나는 아무에게도 강요하지 않는다. 잘 있어라. 부인들, 안녕. 어머니, 엔도르의 요한이 깨거든 제게로 보내 주십시오, 혼자만요."

"그러마, 평화가 너와 함께 있기를."

예수께서는 나가신다. 마리아와 수산나는 베틀에 매 있는 옷감을 보려고 몸을 굽힌다. 성모님은 손을 무릎에 얹고 앉으신다. 아마 성모님도 기도를 하시나 보다.

알패오의 마리아가 일감을 들여다보는 데 이내 싫증이 난다. 그래서 가장 어두운 구석에 앉는다. 그리고 빨리 잠이 든다. 수산나도 그렇게 할 생각이다. 깨어 있는 사람은 성모님과 유다뿐이다. 성모님은 완전히 정신집중을 하고 계시고, 유다는 성모님을 바라다보는데, 눈을 크게 뜨고 성모님에게서 결코 눈을 떼지 않는다.

마침내 일어나서 소리를 내지 않고 천천히 성모님께로 가까이 간다. 나는 그가 분명히 미남자인데도 불구하고 웬지 모르게 그가 먹이에 가까이 가는 고양이과 동물이나 뱀과 같다는 생각을 하게 된다. 어쩌면 내가 그에 대하여 가지는 반감 때문에 그의 걸음까지도 음험하고 잔인한 것으로 보게 되는지도 모르겠다. …그는 낮은 목소리로 "어머님?" 하고 부른다.

"유다, 무슨 일인가?" 하고 성모님은 조용히 물으시며 매우 다정스러운 눈으로 바라다보신다.

"어머님께 말씀을 드렸으면 합니다…."

"말하게나. 들을 테니."

"여기서 말구요. …저는 다른 사람들이 듣는 것이 싫습니다. …저기 밖으로 좀 나가실 수 없겠습니까? 저기도 그늘이 있는데요…."

"그러면 가세. 그러나 자네도 보다시피…모두 자고 있으니…여기서도 말할 수 있을 건데" 하고 성모님이 말씀하신다, 그러나 일어나셔서 꽃이 만발한 높은 울타리에 의지하며 먼저 나가신다.

"날더러 어떻게 하라는 것인가, 유다?" 하고 성모님은 날카로운 눈길로 사도를 뚫어지게 보시면서 다시 물으신다. 사도는 약간 혼란에 빠지고 할 말을 찾아내기가 어려운 것같이 보인다. "몸이 거북한가? 그렇지 않으면 나쁜 짓을 했는데, 그것을 어떻게 말할지를 모르는 건가? 아니면, 자네가 나쁜 짓을 할 찰나에 있는데, 유혹을 당한다고 고백하기가 힘들어서 그러는 건가? 여보게, 말해 보게. 자네 육체를 돌보아준 것같이 자네 영혼도 돌보아 주겠네. 무엇 때문에 자네가 불안에 빠지는지 말하게. 그러면 내가 할 수 있는 일이면 자네 마음을 다시 차분하게 해주겠네. 만일 내가 혼자서 할 수 없으면 예수에게 말하겠네. 자네가 죄를 많이 지었다 하더라도 내가 자네 대신 용서를 빌면 예수가 자네를 용서해 줄 걸세. 참말이지 예수도 자네를 즉시 용서해 줄 걸세. …그러나 혹 선생인 그에게는 자네가 말하기가 부끄러울지도 모르지.… 나는 어머니일세. …내게 말하는 것은 부끄러울 것이 없네….”

"그렇습니다. 어머님은 어머니이시고 또 너무도 인자하시니까 부끄럽지 않습니다. 어머님은 정말 저희들 가운데 평화이십니다. 저는…저는 대한히 불안에 빠져 있습니다. 저는 아주 고약한 성격을 가지고 있습니다. 어머님. 제 피와 마음 속에 무엇이 들어 있는지 모르겠습니다. …때때로 저는 그것들을 억누를 줄을 모르게 됩니다. …그때에는 제가 아주 이상한 일과…가장 나쁜 일도 하게 될 것입니다.”

"예수를 아주 가까이 모시고 있으면서도 유혹하는 자에게 저항을 하지 못하게 된단 말인가?”

"그런 때에도 그렇습니다. 그리고 그것이 괴롭습니다, 진정입니다. 그러나 어떻든 이것은 사실입니다. 저는 불행한 사람입니다.”

"유다, 내가 자네를 위해 기도하겠네.”

"그것으로는 부족합니다.”

"내가 의인들에게 청하는 기도가 누구를 위한 것이란 말을 하지 않고 기도를 하라고 시키겠네.”

"그것도 부족합니다.”

"어린이들에게 기도하라고 하겠네. 내 집 정원에는 낟알을 찾는 새들처럼 어린이들이 아주 많이 오네. 그런데 그들의 낟알은 내가 주는 애무와 말이야. 나는 하느님에 대해서 말을 하지.…그러면 그 죄없는 어린이들은 놀이나 옛날이야기보다도 그걸 더 좋아하네. 어린이들의 기도는 주님의 뜻에 맞는 걸세.”

"절대로 어머님의 기도만큼은 못합니다. 그러나 이것도 아직 충분치 않습니다.”

"예수더러 자네를 위해 아버지께 기도하라고 말하겠네.”

"그것으로도 아직 부족합니다.”

"그렇지만 그것보다 더한 것은 없는데! 예수의 기도는 마귀들까지도 이기네.”

"맞습니다, 그러나 예수께서는 항상 기도하지는 않으실 것이고, 저는 도로 저 자신이 되고 말 것입니다. 예수께서는 언젠가는 떠나실 것이라는 이 말씀을 끊임없이 하십니다. 저는 예수님이 안 계시게 될 때를 생각해야 합니다. 예수님은 이제 저희들을 복음을 전하라고 보내고자 하십니다. 저는 제 원수, 즉 저 자신이라는 이 원수를 데리고 하느님의 말씀을 펴러 가는 것이 겁이 납니다. 저는 그 시간을 위해서 교육받았으면 합니다."

"그러나 여보게, 예수 자신이 성공하지 못하는 것을 누가 할 수 있단 말인가?"

"어머님이요! 얼마동안 어머님과 같이 있게 허락해 주십시오. 이교도들과 창녀들도 어머님 댁에 머물렀습니다. 저도 거기 머무를 수 있습니다. 밤에 어머님이 사시는 곳에 제가 머물러 있는 것을 원치 않으시면, 알패오의 집과 클레오파의 마리아의 집에 가서 자겠습니다. 그러나 낮에는 어머님과 어린이들과 같이 지내겠습니다. 다른 때에는 저 혼자서 해보려고 했는데, 그것은 더 나빴습니다. 제가 예루살렘에 가면 저는 나쁜 친구가 너무나 많습니다. 그래서 제가 처해 있는 여건에서는 걸려 들기만 하면 그들의 노리개가 됩니다. …다른 도시에 가더라도 마찬가지입니다. 길가는 데에서 오는 유혹은 제가 이미 가지고 있는 유혹과 동시에 저를 흥분시킵니다. 가리옷의 어머니 곁에 가면 저는 교만의 노예가 됩니다. 만일 제가 호젓한 곳에 가면 정적이 사탄의 목소리로 제게 극심한 고통을 줍니다. 그러나 어머님 댁에서는…오! 어머님 댁에는 사정이 다르리라는 것을 느낍니다! 가게 허락해 주십시오! 제게 그것을 허락해 주시라고 예수님께 말씀해 주십시오! 제가 파멸하는 것을 원하십니까? 제가 무서우십니까? 어머님은 마치 습격하는 사람 앞에서 달아날 힘이 없게 된 상처입은 영양과 같은 눈길로 저를 바라보시는군요. 저는 절대로 어머님께 모욕을 드리지 않겠습니다. 저도 어머니가 있습니다. 그런데 저는 어머님을 제 어머니보다도 더 사랑합니다. 어머님, 죄인을 불쌍히 여겨 주십시오! 보십시오, 저는 어머님 발 앞에서 울고 있습니다…." 그러면서 유다는 실제로 성모님 발 앞에서 운다. 성모님은 공포가 섞인 동정과 고민의 눈길로 그를 바라다보신다. 성모님의 얼굴은 매우 창백하다.

그러나 성모님은 한 걸음 앞으로 나아오신다. 너무 가까이 오는 유다를 피하시려고 거의 울타리 속에 가서 박히다시피 하셨기 때문이다. 그리고 가리옷 사람의 갈색 머리에 한 손을 얹으시고 말씀하신다. "입을 다물게! 사람들

125. ··· 성모님의 말씀. "내 동정은 그 무엇보다도 더 강하다" 335

이 듣지 않게. 예수에게 말하겠네. 그래서 예수가 원하면···내 집에 오게. 나는 세상 사람들의 판단은 상관하지 않네. 세상 사람들의 판단은 내 영혼에 상처를 입히지 못하네, 그리고 내가 하느님께 죄짓는 것만을 나는 몹시 싫어할 걸세. 나는 중상을 당해도 아무렇지도 않네. 그러나 나자렛은 그의 딸이 그의 도시에 대해서 스캔들이 아니라는 것을 아니까 나는 중상을 당하지 않을 걸세. 그리고 어떤 일이 일어나더라도 상관없네. 나는 자네가 정신적으로 구원을 받는 것에 큰 관심을 가지고 있으니까. 예수를 만나러 가겠네. 마음을 편히 가지고 있게." 성모님은 당신의 옷과 같이 흰 베일로 얼굴을 감싸시고, 올리브나무가 뒤덮인 작은 언덕으로 가는 오솔길로 해서 빨리 가신다.

성모님은 당신의 예수를 찾으시다가 깊은 묵상에 잠겨 계신 것을 발견하시고 말씀하신다. "아들아, 나다. ···내 말좀 들어라!"

"오! 어머니! 저와 같이 기도하러 오십니까? 참 기쁘군요, 제게 큰 위로를 주시니!"

"뭐라구? 아들아! 정신적으로 피로하냐? 슬프냐? 어미한테 말해라."

"어머니 말씀대로 피로하고 몹시 슬픕니다, 피곤한 것과 사람들의 마음속에 있는 불행들을 보기 때문에 그런 것보다는 오히려 제 친구인 사람들이 변하지 않는 것을 보기 때문에 더 슬픕니다. 그러나 그들을 부당하게 다루고자 하지는 않습니다. 한 사람만이 저를 피로하게 하는데, 그 사람은 시몬의 유다입니다···."

"아들아, 나는 그 사람에 대해서 말하러 온 거다···."

"그 사람이 나쁜 짓을 했습니까? 어머니께 고통을 드렸습니까?"

"아니다. 그러나 몹시 타락한 사람을 보는 것만큼이나 가슴이 아팠다. 불쌍한 사람! 그 사람의 정신은 대단히 병들었다!"

"그래서 그 사람을 불쌍히 여기시는 것입니까? 이제는 그 사람이 무섭지 않으십니까? 전에는 그 사람을 무서워하시더니···"

"아들아, 내 연민은 내 공포보다 더 크다. 그리고 나는 그의 정신을 구하는 일에 너와 그 사람을 돕고 싶다. 너는 모든 것을 할 수 있고 내 도움이 필요 없다, 그러나 너는 모든 사람이 구속사업에 그리스도와 협력해야 한다고 말했지. ···그런데 저 사람이 구속이 몹시 필요하구나!"

"제가 그 사람을 위해 하는 것 외에 또 무슨 일을 해야 합니까?"

"너는 더 이상의 일을 할 수 없다. 그렇지만 내가 하는 일을 가만 놔둘 수 있을 거다. 그 사람은 우리 집에 머물게 허락해 달라고 내게 청했다. 거기에서는 그 사람이 그의 괴물에게서 해방될 수 있을 것같이 생각되기 때문이란다. …너는 머리를 흔드는구나. 너는 원치 않는단 말이냐? 그 사람에게 그렇게 말하마."

"아닙니다, 어머니. 제가 원치 않는다는 뜻이 아닙니다. 제가 머리를 흔드는 것은 그것이 무익한 일이라는 걸 알기 때문입니다. 유다는 물에 빠진 사람과 같은데요. 자기가 빠져 죽는다는 것을 깨달으면서도 사람들이 그를 물가로 도로 데려오려고 보내는 밧줄을 교만으로 인해서 물리치는 사람과 같습니다. 때로는 물에 빠져 죽게 되었다는 공포에 사로잡혀 도와달라고 찾고 부르고 밧줄에 매달리기도 합니다. …그러다가 다시 교만에 사로잡혀서 밧줄을 놓고 밀어내고, 혼자서 곤경에서 빠져나오려고 합니다. …그래서 그를 집어삼키는 흙탕물 속으로 점점 더 빠져 들어갑니다. 그러나 제가 한 가지 약은 시험도 하지 않고 내버려두었다는 말을 사람들이 하지 못하도록 이 시도를 또 해보십시다. 가엾은 어머니… 그렇습니다. 한 영혼에 대한 사랑으로 … 어머니가 무서워하시는 어떤 사람을 아주 가까이에 두시는 고통을 자진해서 받으시는 가엾은 어머니십니다."

"아니다, 예수야. 그렇게 말하지 말아라. 나는 아직 반감을 가질 수 있으니까 보잘 것 없는 여자이다. 그것 때문에 나를 비난해라. 나는 비난을 받아 마땅하다. 나는 네게 대한 사랑으로 누구에 대해서도 반감을 가지지 말아야 할 것이다. 그러나 나는 다른 것에 대해서는 가난하지 않다. 오! 내가 정신적으로 병이 나은 유다를 네게 돌려줄 수 있으면 얼마나 좋겠니! 네게 한 영혼을 주는 것은 보물을 주는 것인데, 보물을 주는 사람은 가난한 사람이 아니다. 아들아!…유다에게 가서 네가 허락한다는 말을 하랴? 너는 이런 말을 했지. '어머니께서 〈구세주의 어머니 노릇하기는 정말 어렵구나〉 하고 말씀하실 때가 올 것입니다' 하고. 나는 이 말을 벌써 한 번 했다. …아글라에 때문에 … 그러나 절대로 한 번밖에 안한다는 것은 뭐냐? 인류는 수가 그렇게도 많은데! 그리고 너는 모든 사람의 구세주인데. 아들아!… 아들아!… 네가 강복을 주도록 내가 아기를 품에 안았던 것처럼 유다를 네 강복에 데려가기 위해 내 품에 안는 것을 가만 내버려두어라…."

"어머니… 어머니… 그 사람은 그럴 만한 자격이 없습니다…."

"내 예수야, 네가 마륵지암을 베드로에게 주는 것을 망설일 때에 나는 그렇게 하면 베드로가 명랑하게 될 것이라고 말했었다. 그런데 너는 베드로가 그때부터 딴사람이 되지 않았다고 말할 수가 없을 거다. 유다에게 대해서도 내가 하는 대로 내버려두어라."

"어머니께서 원하시는 대로 하세요! 그리고 저와 유다에게 대한 사랑의 이향 때문에 축복받으시기 바랍니다! 이제는 함께 기도하십시다, 어머니. 어머니와 함께 기도하는 것은 몹시 즐겁습니다…."

…황혼이 겨우 시작되었는데, 일행을 받아들였던 집에서 일행이 떠나는 것이 보인다.

엔도르의 요한과 헤르마스테아는 큰길에 나오자마자 즉시 예수께 하직인사를 한다. 한편 성모님은 여자들과 더불어 야산의 올리브나무들 사이로 아들과 같이 길을 계속하신다. 그들은 자연 그날 있었던 일을 이야기한다. 베드로가 말한다. "저 필립보는 단단히 미친 사람입니다! 선생님이 설복하지 않으셨더라면, 그 사람은 아내와 딸을 버릴 뻔했습니다."

"하지만 그 사람이 지금의 뉘우치는 마음을 그대로 간직해서 이내 다시 여자들을 경시하는 고정관념에 사로잡히지 않았으면 좋겠어. 요컨대… 여자들 덕택으로 세상이 발전하거든" 하고 토마가 말하니, 그의 엉뚱한 말에 모두 웃는다.

"물론이지, 그건 사실이야. 그러나 여자들은 우리보다 더 부정해, 그리고…" 하고 바르톨로메오가 대답한다.

"설마! 부정으로 말하면!… 우리도 천사가 아니야. 자, 나는 구속 후에도 여자가 여전히 지금 같은 취급을 당할지 알고 싶은 걸. 우리는 어머니를 공경하고, 누이들과 딸들과 아주머니들과 며느리들과 형수, 제수, 처제 등등에 대해서…아주 큰 경의를 표하라고 배우는데 말이야.… 그런데 여기서도 배척하고, 저기서도 배척하고! 성전에는 문제도 안 되고. 여자들과 자주 만나는 것도 안 된단 말이야.… 하와가 죄를 지었다구? 그건 사실이야. 그렇지만 아담도 죄를 지었단 말이야. 하느님께서 하와에게 벌을 주셨어. 그것으로 충분하지 않아?"

"그렇지만, 토마! 모세도 여자를 부정한 것으로 보는 걸."

"그런데 모세는 여자들이 아니었더라면 물에 빠져 죽었을 거야. …그렇지만 바르톨로메오, 내 말 좀 들어보게. 나는 자네처럼 유식하지 않고 그저 금은세공사뿐이긴 하지만 말이야, 모세가 여자의 육체적인 더러움에 대해서 말하는 것은 여자를 존중하라고 그런 것이지 여자를 맹렬히 비난하라고 그런 것이 아니라는 걸 상기시키겠네."

토론이 열을 띤다. 마침 여자들과 요한과 가리옷 사람과 같이 앞에 가시던 예수께서 걸음을 멈추시고 돌아서시며 끼어드신다. "하느님께서는 도덕적으로 영적으로 틀이 잡히지 않고 우상숭배자들과의 접촉으로 오염한 백성을 대하고 계셨다. 하느님께서는 그 백성을 육체적으로 정신적으로 강한 백성을 만들고자 하셨다. 그래서 육체적으로 튼튼하게 되는데 유익하고 품행을 올바르게 지키는 데에도 유익한 규범을 계명으로 주셨다. 그런 죄로 인해서 땅이 물에 잠겼었고, 고모라와 소돔이 불에 타버린 그 죄들이 되풀이 되지 않도록 남자들의 격정을 억제하기 위해서는 달리 하실 수가 없었다. 그러나 장래에는 구속된 여자가 지금 당하는 것과 같은 압제는 당하지 않을 것이다. 육체적인 조심성에 관한 금지사항은 그대로 남아 있을 것이다. 그러나 여자가 주님께 오는 것을 막는 장애는 없어질 것이다. 나는 미래의 첫번째 여사제들을 준비하기 위해서 그 장애물들을 벌써 없앤다."

"아이고! 여사제들이 있게 됩니까?" 하고 필립보가 깜짝 놀라서 묻는다.

"착각하지들 말아라. 여자들은 남자들의 사제직을 가지지는 못할 것이고, 하느님의 선물을 축성하지도 못하고 베풀지도 못할 것이다. 너희들이 지금은 알지 못하는 그 선물들을 말이다. 그러나 그래도 여자들은 여러 가지로 사제와 더불어 영혼들의 이익에 협력함으로 사제계급에 속할 것이다."

"여자들도 전도를 하게 됩니까?" 하고 바르톨로메오가 쉽게 믿지 않고 묻는다.

"내 어머니가 벌써 전도하시는 것과 같이."

"여자들도 사도로서의 여행을 하게 됩니까?" 하고 마태오가 묻는다.

"그렇다, 믿음을 먼 곳에 전하면서 그렇게 할 것이다. 그리고 내가 말해야 할 것은 남자들보다도 한층 더 용감하게 그렇게 하리라는 것이다."

"기적도 행하게 됩니까?" 하고 가리옷 사람이 웃으면서 묻는다.

"어떤 여자들은 기적도 행할 것이다. 그러나 너희들은 기적을 절대로 필요한 것처럼 근거를 삼지 말아라. 여자들, 즉 거룩한 여자들은 기도로 많은 회개의 기적을 행할 것이다."

"흠! 여자들이 기적을 행할 정도로 기도한다구요?" 하고 나타나엘이 투덜거린다.

"바르톨로메오야, 율법학자 모양으로 시야를 좁게 가지지 말아라. 네가 생각하기에 기도란 어떤 것이냐?"

"저희들이 아는 경문으로 하느님께 말씀드리는 것입니다."

"그것도 있고, 또 한층 더한 것이 있다. 기도는 하느님과의 마음의 대화이며, 이것이 사람의 일상적인 상태이어야 할 것이다. 여자는 우리 생활보다 더 호젓한 생활 때문에, 그리고 우리가 가지고 있는 것보다 더 강한 애정을 나타내는 기능으로 인해서 우리보다 더 쉽게 하느님과 대화를 하는 경향을 가지고 있다. 여자는 이 하느님과의 대화에서 그의 고통에 대한 위안을 얻고, 가사와 해산에서 오는 피로뿐 아니라 우리 남자들을 참아견디는 데에서 오는 것이기도한 그의 피로에 대한 위안을 얻으며, 그의 눈물을 씻어주고 미소를 마음에 도로 가져다주는 것을 얻는다. 그것은 여자가 하느님과 말을 할 줄 알기 때문이고, 또 미래에는 훨씬 더 잘 알겠기 때문이다. 남자들은 가르치는 일에 거장(巨匠)이 될 것이고, 여자들은 그들의 기도로 항상 거장들과 세상까지도 뒷받침해 주는 사람이 될 것이다. 여자들의 기도 덕택으로 많은 불행이 막아질 것이고 많은 벌을 면하게 되겠기 때문이다. 그러므로 여자들은 대개의 경우 사람의 눈에는 보이지 않고 하느님만이 아시는 기적을 행할 것이다. 그렇다고 그 기적이 비현실적인 것은 아니다."

"선생님도 오늘 눈에는 보이지 않지만 그래도 실제적인 기적을 행하셨지요?" 하고 타대오가 묻는다.

"그렇다."

"볼 수 있는 기적을 행하셨으면 더 좋았을 텐데요" 하고 필립보가 지적한다.

"너는 내가 아기를 사내 아이로 바꾸기를 바랐었느냐? 사실에 있어서 기적은 고정된 현실의 변질이고, 따라서 하느님께서 사람의 기도를 승낙하시기 위하여, 또는 당신이 사람을 사랑하신다는 것을 그에게 보이시기 위해서나 당신이 존재하시는 분이시라는 것을 사람에게 믿게 하기 위하여 허락하시는 이로운 무질서이다. 그러나 하느님께서 질서이신 만큼 질서를 지나치게 어기지는 않으신다. 계집 아이는 여자로 태어났으니, 여자로 있는 것이다."

"나는 오늘 아침에 매우 슬펐었다!" 하고 성모님이 한숨을 쉬신다.

"왜요? 계집 아이가 어머님의 딸은 아니었는데요" 하고 수산나가 말한다. 그리고 이렇게 덧붙인다. "저는 어떤 아이에게 무슨 불행이 일어나는 것을 보면 이렇게 말합니다. '나는 아이가 없어 다행이다!' 하고요."

"수산나야, 그런 말 하지 말아라. 나도 내 유일한 출산은 자연 법칙을 뛰어넘는 것이기 때문에 그렇게 말할 수 있을 거다. 그러나 내가 그런 말을 하지 않는 것은 늘 이렇게 생각하기 때문이다. '만일 하느님께서 내가 동정녀이기를 원치 않으셨더라면, 어쩌면 그 씨가 내게 떨어져서 저 불행한 사람의 어미가 되었을지도 모른다' 하고. 그래서 나는 모든 사람을 동정한다. …그것은 내가 '저 사람이 내 아들이었을 수도 있다'고 말하기 때문이다. 그리고 어머니로서 나는 그 아이들이 모두 착하고 건강하고 사랑받고 사랑스럽기를 바란다. 이것이 자녀들에 대한 어머니들의 소원이기 때문이다" 하고 성모님이 조용히 말씀하신다. 그리고 예수께서 어머니를 바라다보실 때에 어떻게나 빛나는 얼굴이 되시는지 어머니를 빛으로 감싸시는 것 같다.

"그렇기 때문에 저를 동정하시는군요…" 하고 가리옷 사람이 낮은 목소리로 말한다.

"모든 사람을 불쌍히 여기네. 내 아들을 죽인 사람이라 하더라도. 그것은 그 사람이야말로 용서와…사랑이 가장 필요하겠기 때문일세. 틀림없이 모든 사람이 그를 미워할 터이니까 말일세."

"어머님, 어머님은 그 사람에게 회개할 시간을 주시기 위해서 그를 옹호하느라고 많은 고생을 하셔야 될 것입니다. …저 같으면 우선 그 사람을 즉시 제거하겠습니다…" 하고 베드로가 말한다.

"우리가 헤어질 곳에 왔습니다, 어머니. 하느님께서 어머니와 함께 계시기 바랍니다. 아주머니와도 함께 계시기를. 또 유다 너와도 함께 계시기를 바란다."

그들은 서로 포옹한다. 그리고 예수께서는 더 덧붙이신다. "유다야, 내가 네게 큰 은혜를 베풀었다는 것을 기억하여라. 그것을 가지고 선을 만들지, 악을 만들지 말아라. 안녕."

그리고 예수께서는 남아 있는 열 한 사도와 수산나와 더불어 동쪽을 향하여 빨리 가시고, 성모님과 성모님의 동서와 가리옷 사람은 곧바로 간다.

126. "선을 행하는 것은 시편을 읊는 것보다 더 큰 기도이다"

예수께서 가파르나움의 회당에 들어가신다. 안식일이기 때문에 회당에는 천천히 신자들이 가득 찬다. 사람들이 예수를 보고 몹시 놀란다. 모두가 수근거리며 예수를 손가락으로 가리키고, 어떤 사람은 이 사도 또는 저 사도의 소매를 잡아당기면서 그들이 언제 돌아왔는지 묻는다. 그들이 돌아온 것을 아무도 알지 못했었기 때문이다.

"우리는 베싸이다에서 오면서 허락된 것 이상 한 걸음도 더 걷지 않으려고 바로 '무화과나무 우물'에서 상륙한 길이오, 이 친구" 하고 베드로가 바리사이파 사람 우리아에게 대답하니, 이 사람은 어부에게 친구라고 불린 것이 기분이 나빠서 경멸하는 태도로 맨 앞줄에 있는 동료들에게로 간다.

"형, 저 사람들을 자극하지 말아!" 하고 안드레아가 주의를 준다.

"저 사람들을 자극한다구? 그 사람이 내게 물어 보길래, 안식일을 존중해서 걷는 것을 피했다고도 말하면서 대답했는데."

"저 사람은 우리가 배로 오느라고 피로했다고 말할 거야…."

"저 사람들은 우리가 숨쉬느라고 피로했다고까지 말하게 될 거다! 바보 같으니! 우리가 배를 타고 갈 때에는 배가 피로하고 바람과 물이 피로하지 우리가 피로한 게 아니야."

안드레아는 질책을 꾹 참고 입을 다문다.

시작 기도가 끝난 다음 성경 구절을 읽고 해석할 시간이 되었다. 회당장이 예수께 그렇게 하기를 청한다. 그러나 예수께서는 바리사이파 사람들을 가리키면서 "저분들에게 하라고 하시오" 하고 말씀하신다. 그러나 그들이 그렇게 하기를 원치 않으므로 예수께서 말씀을 하셔야 한다.

예수께서는 열왕기 1권(사무엘서 상)에서 다윗이 어떻게 지프 지방 사람들에게 배반을 당하여 가바아에 있던 사울에게 밀고되었는지를 이야기한 대목을 읽으신다. 그리고 두루마리를 회당장에게 돌려주시고 말씀을 시작하신다.

"사랑과 환대와 성실의 계명을 어기는 것은 항상 죄입니다. 그러나 사람은 그런 일을 서슴지 않고 아주 아무렇지도 않게 합니다. 우리는 여기서 위반에 대한 두 가지 이야기와 이 위반을 벌하신 하느님의 벌에 대한 이야기를 보았습니다.

지프 지방 사람들의 행동은 음흉했습니다. 그리고 사울의 행동도 그보다 덜 음흉하지 않았습니다. 지프 지방 사람들은 더 강한 자를 자기 편을 만들어서 거기에서 이익을 얻어내려는 의향 때문에 비열했고, 사울은 주님의 기름 부음을 받은 사람을 제거하려는 의향 때문에 비열했습니다. 따라서 이기주의가 그들을 맺었었습니다. 그리고 비열한 제안에 대해서 이스라엘의 죄인이고 가짜인 왕이 감히 주님의 이름이 들어 있는 대답을 해서 '주님의 축복을 받으시오' 하고 말했습니다.

하느님의 정의에 대한 조롱! 흔히 있는 조롱입니다! 사람의 악의를 두고 상이나 보증의 명목으로 주님의 이름과 그분의 축복을 내세우는 일이 너무도 많습니다. '하느님의 이름을 헛되이 부르지 말라'고 했습니다. 그런데 이웃에 대한 죄악을 저지르기 위해서 하느님의 이름을 부르는 것보다 더 헛되고 더 나쁜 것이 있을 수 있습니까? 그런데도 이것이 다른 어떤 죄보다도 더 흔한 죄이고, 주님의 모임과 의식과 가르침에서 항상 앞장서는 사람들까지도 아무렇지도 않게 저지르는 죄입니다. 이웃에게 해를 끼칠 수 있는 모든 것을 찾고 적어두고 준비하는 것은 죄라는 것을 기억하시오.. 이웃에게 해를 끼칠 수 있는 모든 것을 다른 사람들에게 찾게 하고 적어두게 하고 준비하게 하는 것도 죄입니다. 그것은 상이나 보복의 위협으로 다른 사람들을 유혹하여 죄로 이끌어가는 것입니다.

나는 이것이 죄라는 것을 여러분에게 경고합니다. 이러한 행동은 미움이고 이기주의라는 것을 경고합니다. 그런데 여러분이 미움과 이기주의가 사랑의 원수라는 것을 아십니다. 내가 여러분에게 이것을 지적하는 것은 여러분의 영혼을 걱정하기 때문입니다. 내가 여러분을 사랑하기 때문입니다. 여러분이 죄인이 되는 것을 나는 원치 않기 때문입니다. 사울이 그렇게 된 것과 같이 하느님께서 여러분을 벌하시는 것을 내가 바라지 않기 때문입니다. 사울이 다윗을 붙잡아 죽이려고 쫓아 다니는 동안 그의 나라는 펠리시데인들에게 박멸당했습니다. 참말이지 이런 일은 이웃에게 해를 끼치는 사람에게는 항상 일어날 것입니다. 그의 승리는 풀밭에 있는 풀만큼이나 지속할 것입니다. 풀은 자라기도 빨리 자라지마는, 이내 마르기도 하고 지나가는 사람들의 무관심한 발에 빨리 밟히기도 합니다. 그런데 올바른 품행, 즉 성실한 생활은 생기는 것이 고생스럽고 굳혀지는 것도 힘들지만, 습관적인 생활처럼 되고 나면, 튼튼하고 잎이 우거진 나무가 되어서 회오리바람이 불어도 뽑아지지 않을 것이고 삼복더위에도 시들지 않습니다. 참으로 율법에 충실한 사람, 사실로 충실한 사람은 격정에도 휘지 않고 사탄의 불에도 타지 않는 튼튼한 나무가 됩니다.

내 말은 이것으로 끝났습니다. 무슨 말을 덧붙이고 싶은 분이 계시면 그렇게 하십시오."

"우리는 선생께서 말씀하신 것이 우리 바리사이파 사람들을 두고 하신 말인지 묻고자 합니다."

"회당에 바리시아파 사람이 가득 차 있습니까? 선생들은 네 분인데 일반 군중은 수백명이 됩니다. 내 말은 모든 사람에게 한 것입니다."

"하지만 암시는 분명했는 걸요."

"정말이지, 비유로 지적된 어떤 사람이 자기 자신을 책하고 나서는 것은 일찍이 보지 못한 일입니다! 그런데 선생들은 그렇게 하시는군요. 그러나 나는 여러분을 비난하지 않는데, 여러분은 왜 자신을 책하십니까? 여러분은 혹 내가 말한 대로 행동한다는 것을 아시는 것입니까? 나는 어떤지 모릅니다. 그러나 만일 그렇다면 그것을 뉘우치십시오. 사람은 약해서 죄를 지을 수가 있는 것이니까요. 그러나 죄지은 사람에게 진실한 뉘우침이 생기고, 다시는 죄를 짓지 않겠다는 소원이 생기면, 하느님께서는 그를 용서하십니다. 그렇지만 분명히 악을 끈질기게 계속하는 것은 이중으로 죄가 되고 그에게는 용서가 내려오지 않습니다."

"우리는 그런 죄가 없습니다."

"그렇다면 내 말 때문에 슬퍼하지는 마십시오."

사건은 일단락이 되고 회당에는 찬송가가 울려퍼진다. 그리고 다른 사건 없이 모였던 사람들이 헤어지려는 것 같다. 그러나 바리사이파 사람 요아킴이 군중 속에서 한 사람을 찾아내서 손짓과 눈짓으로 앞줄로 오라고 지시한다. 쉰 살쯤 된 남자인데 한팔이 손까지 위축되어, 위축증으로 근육이 파괴

되었기 때문에 다른 팔보다 훨씬 작다.
 예수께서 그를 보시고, 또 그 사람을 예수께 보이려고 그들이 꾸며낸 모든 것을 아셨다. 예수의 얼굴에는 불쾌감과 동정의 표정이 번갯불처럼 지나간다. 그러나 아주 뚜렷한 표정이다. 그러나 예수께서는 공격을 피하지 않으신다. 오히려 꿋꿋하게 상황에 대처하신다.
 "이리 가운데로 나오시오." 하고 그 사람에게 명령하신다.
 그리고 그 사람이 예수 앞으로 오자 예수께서는 바리사이파 사람들에게로 향하시어 말씀하신다. "왜 나를 시험하십니까? 내가 계략과 미움에 대해서 방금 말을 끝낸 길이 아닙니까? 그리고 선생들은 '우리는 그런 죄가 없습니다' 하고 말한 길이 아닙니까? 대답을 안하십니까? 그러면 적어도 이 말에는 대답을 하십시오. 안식일에 선을 행해도 됩니까, 또는 악을 행해도 됩니까! 대답을 안하십니까? 내가 여러분 대신 대답하지요. 그것도 여러분보다 더 낫게 판단할 모든 사람이 있는 앞에서 대답하겠습니다. 이 군중은 순박하고 미움과 교만이 없기 때문입니다. 안식일에는 일을 해서는 안 됩니다. 그러나 기도를 하는 것이 허락되는 것과 같이 선을 행하는 것도 허락됩니다. 선행은 우리가 노래한 찬송가와 시편곡(詩扁曲)보다도 훨씬 더 훌륭한 기도이기 때문입니다. 반면에 안식일에도 다른 날에도 악을 행하는 것은 허락되지 않습니다. 그런데 선생들은 내가 베싸이다에 있다는 것을 알고, 내 도시에 오리라고 생각하고, 가파르나움 사람도 아닌 이 사람이 이틀 전에 오도록 일을 꾸밈으로 악을 행했습니다. 그런데 선생들은 나를 비난해 보려고 이런 일을 했습니다. 그래서 선생들은 선생들의 영혼을 고치기는 고사하고 그것을 죽이는 죄를 짓습니다. 그러나 나는 선생들을 용서합니다. 그리고 선생들이 나를 함정에 빠뜨리고자 하면서도 내가 병을 고쳐 줄 것이라고 말해서 오게 한 이 사람의 믿음을 저버리지는 않겠습니다. 이 사람은 병을 고치겠다는 것 말고 다른 의향은 가지지 않고 왔기 때문에 죄가 없습니다. 그러니까 그렇게 되기를 바랍니다. 여보시오, 손을 펴시오. 그리고 평안히 돌아가시오."
 그 사람이 시키시는 대로 하니 그의 손이 다른 손과 같이 성하게 되었다. 그는 그 손을 즉시 예수의 겉옷 자락을 잡고 입맞춤하는 데 쓰면서 말한다. "선생님은 제가 이 사람들의 참다운 의향을 알지 못했었다는 것을 아시지요. 만일 제가 그것을 알았더라면, 제 손을 선생님을 반대해서 쓰기보다는 차라리 죽은 손을 그대로 가지고 있는 길을 택해서 여기 오지 않았을 것입니다. 그러니까 저를 원망하지 마십시오."

"여보시오, 평안히 가시오. 나는 진실을 압니다. 그래서 당신에게 대해서는 오직 호의를 가질 뿐이오."

군중은 이러쿵저러쿵 말하면서 나오고 예수께서는 열 한 사도들과 더불어 맨 마지막에 나오신다.

127. 가리옷 사람이 나자렛에서 하루를 보낸다

나자렛의 집은 정신을 향상시키는 데 가장 적합할 것이다. 거기에는 평화와 정적과 질서가 있다. 거룩함이 거기 있는 돌들에서 발산되는 것 같고, 정원의 초목에서 풍겨 나오고, 하늘의 둥근 천장처럼 이 집을 덮고 있는 맑은 하늘에서 쏟아져 내려오는 것 같다. 사실은 그 거룩함이 이 집에 사시고 날렵하고 조용하게 움직이시는 성모님에게서 발산하는 것이다. 성모님은 신부로서 이 집에 들어오셨을 때의 가벼운 걸음과 더불어 젊은이다운 몸짓을 그대로 가지고 계시고, 마음을 가라앉히고 상냥한 미소를 간직하고 계시다.

이 아침 시간에 해는 집의 오른쪽, 즉 야산의 기복이 시작되는 곳에 의지하고 있는 쪽을 비추고, 나무 꼭대기들만이 햇빛을 받을 뿐인데, 우선 뿌리가 엉기어서 비탈의 흙을 흘러내려 가지 않게 하려고 심은 올리브나무들이 햇빛을 받는다. 그것들은 오래 살아 남아서 뒤틀리고 튼튼하게 되었고, 그중 제일 굵은 가지들은 마치 하늘의 축복을 빌거나 평화로운 이곳에서 저희들도 기도를 드리는 듯이 하늘을 향하여 올라가고 있다. 이 올리브나무들은 요아킴의 올리브밭에서 살아 남은 올리브나무들인데, 옛날에는 올리브밭과 다른 밭들이 끝나면서 목장이 시작되는 데까지 멀리 떨어진 밭에까지 기도를 드리는 길손같이 늘어서 있는 나무가 많았었는데, 지금은 잘려 나간 요아킴의 소유지의 경계선에 몇 그루만이 남아 있을 뿐이다.

그 다음에는 가지를 정원 위에 양산처럼 펴고 있는 크고 튼튼한 편도나무와 사과나무들이 햇빛을 받고, 셋째로는 석류나무가 햇살을 마시고 있고, 끝으로 집에 바짝 붙어 있는 석류나무가 햇빛을 받는데, 그때에는 이미 햇살이 장방형의 화단과 포도송이가 주렁주렁 달려 있는 시렁 아래 배치된 울타리를 끼고 잘 손질이 된 꽃과 야채들을 어루만져 주고 있는 때이다. 달고 향기로운 즙을 줄 수 있는 모든 것 위로 날아다니는 금빛 물방울 같은 벌들이 웡웡거린다. 벌들이 공략(攻略)하는 작은 인동덩굴이 있고, 이름을 알 수 없는 무더기로 핀 꽃들이 있는데, 짙은 향기를 내뿜는 그 꽃들은 오므라들고 있다

― 아마 밤에 피는 꽃인 모양이다. 벌들은 꽃부리가 자려고 그 꽃잎들이 오므라들기 전에 그 꽃들의 즙을 서둘러 빨고 있다.

성모님은 가벼운 걸음으로 비둘기 둥지에서 작은 동굴 가까이에 흘러 가는 작은 샘으로, 작은 샘에서 집으로 왔다갔다 하시며 일을 하신다. 그러나 일을 하시는 중에도 꽃들과 오솔길에 깡충깡충 뛰거나 집과 정원 위에서 원을 그리고 날아다니는 비둘기들을 감상할 방법을 찾아내신다.

가리옷의 유다가 화초와 꺾꽂이 가지들을 잔뜩 가지고 돌아온다. "어머님, 안녕하십니까? 그 사람들이 제가 원하는 것을 모두 주었습니다. 이것들이 상하지 않게 하려고 빨리 했습니다. 그렇지만 인동덩굴처럼 뿌리를 내릴 것으로 생각합니다. 내년에는 어머님이 꽃바구니 같은 정원을 가지시게 될 것입니다. 그래서 가엾은 유다를 기억하시고 유다가 이 집에 머물렀던 것을 기억하실 것입니다" 하고 말하면서 유다는 주머니 하나에서는 흙으로 뿌리를 둘러싼 잎이 축축한 화초들을 조심해서 꺼내고, 다른 주머니 하나에서는 꺾꽂이 가지들을 꺼낸다.

"유다, 정말 고맙네. 나는 이 인동덩굴을 작은 동굴 곁에 심게 된 것이 얼마나 기쁜지 자넨 알 수 없을 걸세. 내가 아주 어렸을 때에는 그때는 우리 것이었던 저 밭들 끝에 더 아름다운 동굴이 하나 더 있었네. 담쟁이덩굴과 인동덩굴이 가지와 꽃으로 동굴을 덮고 있어서 동굴 안에까지 돌아다니던 아주 작은 백합꽃을 가려주는 커어튼 노릇을 했어. 동굴은 온통 고사리따위 양치류로 고운 수를 놓은 것처럼 덮여 있어 아주 푸르렀네. 마침 거기엔 샘이 있었기 때문이었지. …성전에서 나는 늘 저 동굴 생각을 했네. 그리고 정말이지 성전의 동정녀인 내가 지성소의 휘장 앞에서 기도할 때에 하느님의 현존을 더 느끼지 못했네, 그보다도 훨씬 더 저 동굴에서 주님과 나눈 내 영의 즐거운 대화 생각이 꿈처럼 돌아오곤 했네. …내 요셉은 내가 유용하게 쓸 물줄기가 있는 이 동굴을 내게 발견하게 해주었지만, 그래도 다른 동굴의 재판인 작은 동굴의 기쁨을 내게 주려는 생각을 훨씬 더 많이 가졌었네. 요셉은 아주 작은 일에서까지도 친절했었네. …그리고 거기에다 인동덩굴과 담쟁이덩굴을 심었었는데 담쟁이덩굴은 아직 살아 있지만 인동덩굴은 우리가 여러 해 피난가 있었던 동안에 죽었어. …그후 또 한 그루를 심었었는데, 그것도 3년 전에 죽었어. 그런데 이제는 자네가 그걸 대신 심었구먼. 자네도 보다시피 뿌리를 박았네. 자네는 훌륭한 정원사야."

"그렇습니다. 제가 어릴 때는 화초를 무척 좋아했습니다. 그리고 어머니가 화초돌보는 일을 가르쳐 주었습니다. …지금 어머님 곁에 있으니까 옛날 재간이 되살아나는군요. 어머님을 즐겁게 해드리기 위해서입니다. 어머님은 제게 무척 친절하십니다!…" 하고 유다는 숙련된 솜씨로 화초들을 가장 유리한 곳에 심는 일을 하면서 대답한다. 그리고 울타리 곁에는 밤에 피는 꽃들과 화초 뿌리 덩어리들을 심으려고 하는데, 그 뿌리들이 은방울꽃인지 다른 꽃들인지는 모르겠다. "여기서는 이것들이 잘 살 겁니다" 하고 땅에 묻은 뿌리 위에 작은 괭이로 흙을 한 켜 엷게 덮으면서 말한다. "이것들은 햇볕을 많이 볼 필요가 없습니다. 엘르아잘의 하인이 주지 않으려는 것을 하도 졸랐더니 결국은 주었습니다."

"이 인도 쟈스민도 그 사람들이 요셉에게 주려고 하지 않았지. 그러나 요셉이 이것들을 내게 장만해 주려고 그 사람들의 일을 거저 해주었어. 이것들은 계속 번성했네."

"어머님, 다 되었습니다. 이제 물을 주면 모두가 다 잘돼 나갈 것입니다." 유다는 물을 준다. 그런 다음 샘에 가서 손을 씻는다.

성모님은 당신 아들과는 몹시 다르고 또 감정이 폭발할 때의 유다와도 아주 다른 그를 바라다보신다. 성모님은 그를 유심히 살피시고, 곰곰히 생각하시고, 그에게로 다가 가시어 그의 팔에 손을 얹으시고 부드럽게 물으신다. "유다, 좀 나은가? 자네 정신이 좀 나으냐는 말일세."

"아이고! 어머님! 무척 낫습니다. 어머님도 보시다시피 저는 지금 평화를 누리고 있습니다. 저는 보잘 것 없는 일과 어머님 곁에서 즐거움과 구원을 얻고 있습니다. 저는 이 평화와 이 정신 집중에서 절대로 나가지 말아야 할 것입니다. 여기에는… 이 집에서는 세상이 아득히 먼 곳에 있습니다!…" 그러면서 유다는 정원과 나무들과 작은 집을 바라다보다가…말을 마친다. "그러나 만일 제가 이 곳에 남아 있으면 저는 결코 사도가 되지 못할 것입니다. 그런데 저는 사도가 되기를 원합니다…."

"그렇지만 정말이지 옳지 못한 사도가 되기보다는 의로운 영혼이 되는 것이 나을 걸세. 만일 자네가 세상과 접촉하는 것으로 마음이 어지러워진다는 것을 깨닫고, 사도가 받는 칭찬과 영광이 자네에게 해를 입힌다면, 단념하게 유다. 자네에게는 죄인인 사도가 되는 것보다는 내 예수 곁에서 단순히 신자로 있는 것이 더 좋을 일이네."

유다는 생각에 잠긴 채 고개를 떨어뜨린다. 성모님은 그가 심사숙고하도록 내버려두시고 당신 일을 하시려고 집안으로 들어가신다.

유다는 한동안 꼼짝 않고 있다가 정자 밑을 이리저리 왔다갔다 한다. 그는 팔짱을 끼고 고개를 숙이고 있다. 그는 곰곰히 생각하고 또 생각하고 혼잣말을 하고 혼자서 몸짓을 하기 시작한다. …알아들을 수 없는 혼잣말이다. 그러나 몸짓은 서로 격렬하게 충돌하는 생각을 가진 사람이 하는 것과 같은 몸짓이다. 애원하고 떼미는 것 같기도 하고, 또는 신음하거나 무엇을 저주하는 것 같기도 하며, 자문하는 사람의 표정이다가 겁에 질리고 몹시 불안해 하는 사람의 표정이 되고, 그가 겪은 가장 나쁜 순간에 가졌던 얼굴이 되기까지 하고, 그런 얼굴로 갑자기 오솔길 한가운데에서 걸음을 멈추고, 정말 마귀와 같은 얼굴로 한동안 그렇게 머물러 있다. …그러다가 두 손으로 얼굴을 가리고는 올리브나무들이 있는 비탈로 달아나 성모님의 눈에서 보이지 않게 된다. 그는 얼굴을 두 손으로 가리고 울다가 마침내 진정 되어서 정신나간 사람처럼 올리브나무에 기대어 앉아 있다….

…이제는 아침이 아니라, 힘찬 황혼이 끝나가는 시간이다. 나자렛 사람들은 여름날, 그것도 동방의 여름날의 견디기 힘든 더위를 막으려고 하루 종일 닫아 두었던 문들을 연다. 여자, 남자, 어린이들이 바람을 쐬려고 정원으로 나오거나 아직은 덥지만 햇볕은 없어진 거리로 나와서 저녁을 기다리는 동안 샘으로 가거나 놀이하는 데로 가거나 이야기를 나누는 데로 가거나 한다. …남자들은 남자들끼리, 여자들은 여자들끼리, 어린이들은 어린이들끼리 장황한 인사가 오가고 떠드는 소리와 웃음소리와 외치는 소리가 들린다.

유다도 나와서 구리로 만든 물병들을 가지고 샘 쪽으로 간다. 나자렛 사람들이 그를 보고 '성전의 제자'라는 별명으로 그를 가리킨다. 그 소리가 유다의 귀에까지 와서 음악처럼 울린다. 그는 친절하게 인사를 하면서 지나간다. 그러나 조심성을 가지고 그렇게 하는데, 그 조심성이 불손한 교만까지는 아니라 하더라도 그에 매우 가깝다.

"유다, 당신은 마리아에게 대단히 친절하시군요" 하고 수염이 있는 나자렛 사람이 그에게 말한다.

"그분은 이런 친절을 받을 자격이 있고도 남습니다. 그분은 정말 이스라엘의 위대한 여인입니다. 당신들은 그분을 동향인으로 가지고 있으니 정말 행복하십니다."

 나자렛의 여자에 대한 칭찬은 매우 나자렛 사람들의 마음에 들었다. 그들은 유다가 한 말을 이 사람 저 사람에게 옮긴다.

 유다는 그러는 동안 샘에 이르러서 차례를 기다리는데, 대단한 친절을 베풀어 한 작은 노파의 물병들을 들어다 주기까지 하여 그 노파에게서 끝없는 축복을 받고, 아기를 안고 있어서 물뜨기가 거북한 두 여자를 위하여 물을 길어 주기까지 한다. 그 여자들은 베일을 살짝 들고 "하느님께서 갚아 주시길 바랍니다" 하고 속삭인다.

 "이웃 사랑은 예수의 친구의 첫째 의무입니다" 하고 가리옷 사람은 몸을 숙이며 말한다. 그리고 물병들을 채워 가지고 집으로 돌아온다.

 집으로 돌아오는 동안 유다는 나자렛의 회당장과 다른 사람들에게 붙들렸다. 그들은 다음 안식일에 말을 하라고 청한다.

 "당신이 우리하고 같이 있는 것이 두 주일이나 되었는데, 우리 모두에게 대해서 큰 친절의 교훈 말고 다른 가르침을 주지 않았습니다" 하고 이 고장의 다른 연장자들과 같이 있던 회당장이 한탄하며 말한다.

 "그러나 당신들의 가장 위대한 아들의 말을 듣는 것이 당신들 마음에 들지 않는데, 그의 제자의 말이 당신들의 뜻에 맞을 수가 있겠습니까? 게다가 그 제자가 유다 사람인데" 하고 유다가 대답한다.

 "당신의 의심은 옳지 못하고 우리를 슬프게 합니다. 우리의 초대는 진정입니다. 당신이 제자이고 유다 사람이라는 것은 사실입니다. 그러나 당신은 성전 사람입니다. 그러니까 당신은 말할 수가 있습니다. 성전에는 지식이 있으니까요. 요셉의 아들은 목수에 지나지 않습니다…."

 "그러나 그분은 메시아이십니다!"

 "그 사람은 그렇게 말하지요. …그러나 그것이 사실입니까? 혹은 헛소리를 하는 것 아닙니까?"

 "그러나 나자렛 사람들, 그분의 성덕이오! 그분의 성덕!" 유다는 나자렛 사람들의 불신에 분개한다.

 "성덕이 크기는 해요. 그러나 거기서 메시아라는 것까지는! … 그리고 또 …왜 그 사람의 말투가 그다지도 무자비합니까?"

 "무자비하다구요? 아닙니다! 내게는 그분의 말투가 무자비하게 생각되지 않습니다. 그러나 차라리 뭐랄까, 그렇지요, 그분은 너무 솔직하고 너무 비타협적이십니다. 잘못은 감추어진 채로 내버려두지 않으시고, 폐습은 서슴지 않고 고발하십니다. …그런데 이것이 사람들의 마음에 들지 않아요. 그분은 남의 아픈 데를 건드리는데, 그렇게 하니까 아프지요. 그러나 그것은 성덕으로 그러시는 것입니다. 오! 분명히 그래요! 다만 그 때문에만 그렇게 하시는 것입니다. 내가 그분께 여러번 그 말을 했습니다. '예수님, 그것은 예수님께 해롭습니다' 하고. 그러나 그분은 그것을 시인하려고 하지 않으십니다!…"

"당신이 그 사람을 대단히 사랑하고 있는데, 당신이 그렇게 유식하니까 그 사람을 인도할 수 있을 것입니다."

"아이고! 유식하다는 것은 아니지요. …그러나 경험은, 그건 있어요. 성전에 관해서 말입니다!? 그곳 관습을 알아요. 친구들도 있습니다. 안나의 아들이 내게는 형제와 같은 사람이지요. 그리고 또 최고회의에 대해서 무엇을 원하면, 말해 보시오, 말해요. …그러나 지금은 저녁식사 때문에 나를 기다리고 있는 마리아에게 물을 갖다 주게 나를 놔주시오…."

"나중에 다시 오시오. 우리 집 옥상은 시원해요. 친구들끼리 있을 테니 우리 말을 합시다…."

"그럽시다. 안녕" 그러면서 유다는 집으로 가서 회당장과 이 고장의 연장자들에게 붙잡혔기 때문에 늦어졌다고 성모님께 변명을 한다. 그리고 이렇게 말을 끝맺는다. "그 사람들이 저더러 오는 안식일에 말을 하라고 합니다. 선생님께서는 제게 그런 명령은 하지 않으셨습니다. 어머님은 어떻게 생각하십니까? 어머님이 지도해 주십시오."

"회당장에게 말하라는 것인가?…그렇잖으면 회당에서 말하라는 것인가?"

"두 가지 다입니다. 저는 그 사람들이 예수님을 반대한다는 것을 알기 때문에, 그리고 또 예수님만이 선생님 노릇을 하실 권리가 있는 곳에서 말하는 것은 신성 모독으로 생각되기 때문에 저는 아무하고도 또 아무에게도 말을 하고 싶지는 않습니다. 그러나 그 사람들이 하도 졸라서요! 저녁식사 후에 저를 보고 싶다고 합니다. …저는 약속을 하다시피 했습니다. 그래서 제게 그다지도 고통스러운 선생님께 대한 그 반대의 정신을 제 말로 그들에게서 없앨 수 있다고 어머님이 생각하신다면, 비록 괴로운 일이기는 하지만 가서 말을 하겠습니다. 제가 할 줄 아는 것처럼 솔직하게 그 사람들의 고집을 대하고, 매우 인내심을 가지려고 힘쓰면서 말입니다. 엄격하다는 것은 아무 값어치도 없다는 것을 저는 잘 깨달았으니까요. 아이고! 제가 에스드렐론에서 저지른 잘못에 다시는 빠지지 않을 것입니다! 그 때문에 선생님께서 매우 성이 나셨었습니다! 아무 말씀도 없었지만, 저는 알아들었습니다. 그러나 저는 선생님께서 메시아이시고, 그분을 믿고 사랑해야 한다는 것을 설득한 다음에 나자렛을 떠나고 싶습니다."

유다는 예수의 자리에 앉아서 성모님이 만드신 음식을 먹는 동안 말을 한다. 그런데 유다가 그의 말을 들으시고 어머니처럼 시중을 드시는 성모님 맞은 편 그 자리에 앉아 있는 것을 보니 나의 마음이 아프다.

이제는 성모님이 대답하신다. "과연 나자렛 사람들이 진리를 깨닫고 받아들이면 좋겠네. 나는 자네를 붙잡지 않겠네. 가보게. 예수가 사랑을 받을 만한 자격이 있는지를 자네보다 더 낫게 말 할 수 있는 사람은 아무도 없네. 예수가 자네를 얼마나 사랑하는지, 자네를 항상 용서하고, 할 수 있을 때면 즉시 자네를 만족시켜 주고 해서 어떻게 그 사랑을 보여 주는지를 생각하게… 이 생각으로 자네가 건전한 생각과 행동을 가지게 되기를 바라네."

저녁식사는 이내 끝났다. 유다는 너무 어두워지기 전에 정원에 가서 화초에 물을 준다. 그리고 말리려고 넣었던 빨래를 개키는 일을 하시는 성모님을 옥상에 남겨두고 밖으로 나간다.

그리고 유다는 클레오파의 마리아의 집 문 앞에서 같이 이야기를 하는 사라의 알패오와 클레오파의 마리아에게 인사를 하고 곧장 회당장의 집으로 간다. 거기에는 다른 연장자 여섯 사람외에 주님의 두 사촌도 있다.

장중한 인사를 나눈 다음, 그들은 모두 방석을 얹은 의자에 점잖게 앉아서 아니스의 열매나 박하가 든 음료수를 마시면서 목을 축인다. 나자렛 북쪽에 있는 야산에서 불어와서 나무 꼭대기를 흔드는 바람에도 불구하고 아직 더운 공기와 대단히 찬 액체 사이에 있는 온도의 차이로 인하여 금속으로 된 병에 물기가 맺히는 것으로 보아 음료수가 매우 찬 모양이다.

"와주셔서 기쁩니다. 당신은 젊습니다. 기분전환을 좀 하는 것은 몸에 이롭습니다" 하고 회당장이 말한다. 그는 유다에게 대단한 경의를 표한다.

"전에는 제가 오면 귀찮은 존재가 될까 봐 염려했습니다. 여러분이 예수와 예수를 따르는 사람들을 무시한다는 것을 알거든요."

"무시한다구요? 아닙니다. 믿지 않는 거지요. 그리구 그의 진리…그렇지요, 그의 너무 노골적인 그의 진리로 기분이 상하는 것입니다. 우리는 당신

127. 가리옷 사람이 나자렛에서 하루를 보낸다   353

이 우리를 무시하는 것으로 생각했어요. 그래서 당신을 청하지 않았던 것입니다."

"제가 여러분을 무시한다구요? 아니, 오히려 그 반대입니다! 저는 여러분을 아주 잘 이해합니다. …그렇구말구요! 그러나 여러분과 그분 사이에 평화가 이루어지고야 말 것입니다. 이것이 그분에게는 언제나 적합하고, 여러분에게도 적합합니다. 그분에 적합하다는 것은 그분에게는 모든 사람이 필요하기 때문이고, 여러분에게도 적합하다는 것은 여러분이 메시아의 적이라는 이름을 가지게 되는 것이 적합하지 않기 때문입니다."

"그래 당신은 그가 메시아라고 정말 믿습니까?" 하고 알패오의 요셉이 묻는다. "그에게는 예언자들이 우리에게 말한 왕자다운 모습이 조금도 없어요. 어쩌면 그가 목수였다는 것을 우리가 기억하고 있어서 그런지도 모르지요. …하지만… 그에게 해방자인 왕의 모습이 어디에 있습니까?"

"다윗도 목동에 지나지 않는 것으로 보였습니다. 그러나 다윗보다 위대한 왕이 없었다는 것을 여러분도 아시지요. 솔로몬 자신도 그 영광 중에서도 다윗에 비길 수가 없었습니다. 요컨대 솔로몬은 다윗의 업적을 계속하는 데 지나지 않았고, 또 다윗만큼 영감을 받은 적은 결코 없었으니까요. 그런데 다윗은! 그러나 다윗의 모습을 살펴 보십시오! 그 모습은 거인 같고, 벌써 하늘을 스치는 왕자다운 맛이 있습니다. 다윗은 왕이며 목자, 아니 그보다도 목자였다가 왕이었습니다. 예수님도 왕이며 목수, 아니 그보다도 목수였다가 왕이 되십니다."

"당신은 선생같이 말하는군요. 당신이 성전에서 교육받았다는 것을 느끼게 됩니다" 하고 회당장이 말한다. "회당장인 내가 개인적인 이유로 성전의 도움이 필요하다는 것을 당신이 최고회의에 알릴 수 있겠습니까?"

"있구말구요! 물론 있지요! 엘르아잘하고면! 생각해 보세요! 그리고 장로 요셉, 아시지요? 아리마태아의 부자요. 그리고 율법학자 사독… 그리고 …오! 말씀만 하세요!"

"그럼, 내일, 우리 집에 오십시오. 이야기합시다."

"제가 회당장님의 손님이 된다구요. 안 됩니다. 저는 마리아라는 저 거룩하고 괴로워하는 여인을 내버려두지 않습니다. 저는 그분 곁에 있으려고 일부러 왔습니다…."

"우리 아주머니에게 무슨 일이 있습니까? 우리는 아주머니가 건강하시고 가난한 가운데에도 행복하시다는 것을 아는데요…" 하고 알패오의 시몬이 말한다.

"그래요, 그리고 우리는 아주머니를 저버리지 않습니다" 하고 알패오의 요셉이 한숨을 쉬면서 말한다. "우리 어머니가 항상 아주머니 곁에 계시고, 나도 내 아내도 그렇게 합니다. 하긴…하긴 아들에 대해서 아주머니가 마음이 약한 것을 용서할 수가 없고, 또 예수 때문에 아들 둘만이 병상 곁에 모시는 가운데 돌아가신 아버지의 고통을 용서할 수가 없지만요. 또 그리고! 또 그리고… 하지만 집안 걱정을 밖에 나가서 떠들어대지는 않는 법이지요!"

"옳은 말씀입니다. 그런 것은 친한 사람의 가슴에 털어놓으면서 조용히 비밀히 이야기하는 거지요. 그러나 이 말은 많은 고통에 대해서도 할 수 있습니다! 저도 제자로서 제 고통이 있습니다. …그러나 말하지 맙시다!"

"오히려 말을 합시다! 무슨 일입니까? 예수에게 대한 걱정입니까? 우리는 그의 행동을 인정하지는 않습니다. 하지만 그래도 우리는 친척입니다. 그래서 예수의 적에 대해서는 예수와 공동의 이익을 위해 손을 잡을 용의가 있습니다. 말하시오!" 하고 요셉이 또 말한다.

"걱정이오? 아닙니다! 저는 그저 그렇게 말한 것뿐입니다. …그리고 제자의 고통은 너무도 많습니다! 그것은 선생님이 자신에게 해를 끼치면서 친구들과 적들에게 대해서 행동하시는 그 방식에 대한 고통뿐이 아니라, 그분이 사랑을 받지 못하시는 것을 보는 고통이기도 합니다. 저는 여러분 모두가 선생님을 사랑하시기를 바랍니다."

"그렇지만 어떻게 합니까? 당신 자신이 그렇게 말하면서! 그 사람의 행동 방식이… 그 사람이 어머니를 떠나기 전에는 그렇지 않았어요" 하고 회당장이 변명하면서 말한다. "그렇지요, 여러분 모두?"

모두가 옛날의 말이 없고 상냥하고 조심성있던 예수를 많이 칭찬하면서 점잖게 동의한다.

"그에게서 지금과 같은 사람이 나타나리라고 누가 생각할 수 있었겠어요? 집과 부모가 그에게는 전부였지요. 그런데 지금은?" 하고 나이가 매우 많은 나자렛 사람이 말한다.

유다가 한숨을 쉰다. "가엾은 여자!"

"아니 도대체 당신은 무엇을 알고 있는 거요? 말하시오" 하고 요셉이 외친다.

"하지만 당신이 알지 못하는 것은 아무것도 없습니다. 돌보아지지 않는 것이 마리아에게 즐거우리라고 생각하십니까?"

"요셉이 자네 아버지처럼 행동했더라면 이런 일은 일어나지 않았을 건데" 하고 역시 나이가 대단히 많은 나자렛 노인이 점잔을 빼며 말한다.

"그렇게 생각하지 마십시오, 할아버지. 그분도 마찬가지였을 것입니다. 어떤… 사상에 사로잡히면!" 하고 유다가 말한다.

하인 한 사람이 등잔들을 갖다가 탁자에 얹어놓는다. 별이 총총 박혀 반짝이고 있지만 달이 없는 밤이기 때문이다. 그리고 등불과 더불어 다른 음료들을 가져왔는데, 회당장은 그것을 곧 유다에게 권한다.

"고맙습니다. 더 오래 있지 않겠습니다. 저는 마리아에게 대한 의무가 있습니다" 하고 유다가 일어나면서 말한다. 알패오의 두 아들도 일어나면서 말한다. "우리도 당신과 같이 가겠습니다. 같은 길이니까요…" 그리고 거창한 인사들을 나눈 후 모였던 사람들이 헤어지고, 회당장은 연장자 여섯 사람과 같이 남아 있다.

거리는 이제 사람이 없고 조용하다. 집들의 옥상에서는 어린이들이 작은 목소리로 속삭이는 소리가 들려온다. 어린이들은 벌써 그들의 작은 침대에서 자고 있다. 그래서 명랑한 새들과 같은 그들의 조잘거리는 소리가 들리지 않는다. 가장 부유한 집들의 옥상에서는 목소리와 더불어 기름을 쓰는 등잔의 불빛이 퍼져 나온다.

알패오의 두 아들과 유다는 몇 미터를 말없이 걷다가 요셉이 발을 멈추고 유다의 팔을 잡으며 말한다. "이거 보시오. 나는 당신이 무엇인지 알고 있는데 다른 사람들 있는 앞에서 말하려고 하지 않았다는 것을 알았어요. 하지만 이제는 나하고만 있으니 말해야 합니다. 나는 집의 장자요, 그래서 모든 것을 알 권리와 의무가 있어요."

"그리고 저는 그걸 당신들에게 말해서 선생님과 마리아와 당신네 형제들과 당신네 평판을 보호할 생각으로 여기 왔습니다. 이것은 간첩행위같이 보이기 때문에 말하기도 거북하고 듣기도 거북하고 행하기는 대단히 힘드는 일입니다. 그러나 저를 이해해 주시길 바랍니다. 이건 간첩행위가 아닙니다. 이건 다만 사랑과 지혜일 뿐입니다. 저는 많은 것을 알고 있습니다. 하긴 당신들도 그걸 모르시지는 않지요. 저는 그것을 성전의 친구들에게서 들어서 압니다. 그리고 그것들이 예수님께 위험한 일이고, 집안의 명예를 위해서도 위험한 일이라는 것을 저는 압니다. 그것을 선생님께 이해시키려고 해보았습니다. 그러나 성공하지 못했습니다. 그 반대입니다! 충고를 드리면 그럴수록 선생님의 처신은 더 나빠져서 점점 더 비판과 미움을 삽니다. 그것은 그분이 너무 거룩하셔서 세상이 어떻다는 것을 이해하지 못하시기 때문입니다. 그러나 결국 설립자의 무분별로 인해서 거룩한 일이 멸망하는 것을 보는 것은 매우 슬픈 일입니다."

"그러나 결국 무슨 일이 있습니까? 전부 말해 주시오. 그러면 우리가 대비책을 강구하겠습니다. 그렇지, 시몬아?"

"물론이지. 그렇지만 예수가 무모하고 또 그의 사명에 어긋나는 일을 한다는 것은 불가능한 것으로 생각돼…."

"하지만, 그래도 예수를 사랑하는 이 선량한 청년이 그렇게 말하는데!? 너는 네가 어떤지 아니? 늘 그렇단 말이야! 자신이 없구 망설이구. 결정적인 순간에 너는 언제나 나를 혼자 내버려둔단 말이다. 모든 일가친척과 대항해서 나 혼자란 말이야. 너는 우리의 명성과 또 파멸로 가는 불쌍한 우리 사촌에 대해서 동정하는 마음이 없어!"

"아닙니다! 파멸로 가는 것은 아닙니다! 그러나 자기 자신을 해치기는 한다, 이것입니다."

"말해라, 말해!" 하고 요셉이 재촉한다. 그러나 시몬은 어쩔 줄을 몰라하며 침묵을 지킨다.

"나는 당신들에게 말하겠습니다. …그러나 당신들이 예수님 앞에서 내 이름을 말하지 않겠다는 것을 확실히 알고 싶습니다. …그러겠다고 맹세하세요."

"거룩한 휘장을 걸고 맹세합니다. 말하시오."

"그리고 내가 말하는 것을 당신들 어머니에게도 말하지 마십시오. 더군다나 동생들에게는 말하지 말구요."

"침묵에 대해서는 안심하시오."

"그리구 마리아에게도 말하지 않겠지요? 그분에게 고통을 주지 않기 위해서입니다. 내가 말없이 하고 있는 것과 같이 저 가엾은 어머니의 평화에 신경을 쓰는 것은 하나의 의무입니다…."

"우리는 모든 사람과 침묵을 지키겠어요. 그걸 맹세합니다."

"그럼 들으세요. …예수님은 이제 이교도들과 세리들과 창녀들과 상종하

127. 가리옷 사람이 나자렛에서 하루를 보낸다

고 바리사이파 사람들과 다른 실력자들의 감정을 상하게 하는 데 그치지 않습니다. 이제는 정말 상식 밖의 일을 하십니다. 선생님이 펠리시데인들의 고장에 갔었고, 우리에게 새까만 염소 한 마리를 데리고 여행을 시켰다는 것을 생각해 보십시오. 그리고 지금은 펠리시데 사람 한 명을 제자들 중에 끼어주셨습니다. 또 그전에 거두어주신 저 어린 아이는 어떻구요? 어떤 비난들이 있었는지 모르시지요? 또 바로 며칠 전에 로마인 주인의 집을 빠져나온 그리이스인 여자노예가 있었습니다. 그리고 지혜에 어긋나는 말을 하십니다. 요컨대 미치신 것 같아서 자기 자신에 해를 끼치십니다. 펠리시데인들의 고장에서는 마술사들의 의식에 잘못 끼어들어서 그들과 직접 시합을 하기까지 하셨습니다. 그들을 이기셨지요. 그러나… 벌써 율법학자들과 바리사이파 사람들이 선생님을 미워합니다. 그러나 이런 일들이 그들의 귀에 들어가는 날이면 무슨 일이 일어나겠습니까? 당신들은 손을 써서 막을 의무가 있습니다…."

"이것은 중대한 일입니다. 매우 중대한 일이예요. 그러나 우리가 그걸 어떻게 알 수가 있었겠어요? 우리는 여기 있는데… 그리고 지금도 우리가 어떻게 이 일을 알 수 있겠어요?"

"그렇지만 당신들은 손을 써서 막을 의무가 있습니다. 어머니는 어머니입니다. 어머니는 너무 착하셔요. 당신들은 그분을 이렇게 내버려두어서는 안 됩니다. 선생님을 위해서도 세상을 위해서도. 그리고 마귀들을 내쫓는 그 고집이라니… 선생님이 벨제붓* 의 도움을 받는다는 소문이 돌고 있습니다. 이런 일이 선생님께 유익하겠는지 알아차리십시오. 그리고 또! 군중이 벌써부터 선생님을 우습게 여기거나 분개하고 있다면, 어떤 왕이 되실 수 있겠습니까?"

"그렇지만…예수가 정말 그런 일들을 합니까?" 하고 시몬이 의심쩍게 묻는다.

"선생님께 직접 물어보세요. 그렇다고 하실 것입니다. 그 일을 자랑까지 하시니까요."

"당신이 우리에게 알려 줘야 할 텐데…"

"물론 알려드리지요! 무엇인가 새로운 것을 보게 되면 당신들께 알리겠습

---

*역주: 사탄의 별명.

니다. 그렇지만 제발! 지금도 또 언제나 누구에게나 침묵입니다!"
"우리는 맹세했어요. 언제 떠나십니까?"
"안식일 후에는 떠납니다. 이제는 여기 남아 있을 이유가 없어졌습니다. 제 의무는 다했으니까요."
"그리고 우리는 당신에게 감사합니다. 이봐! 나는 그가 변했다고 말했지! 내 아우 너는 내 말을 믿으려고 하지 않았다. …그런데 내 말이 옳다는 것을 알게 됐지?" 하고 알패오의 요셉이 말한다.
"나는… 나는 아직 선뜻 믿어지지 않아. 요컨대 유다와 야고보가 바보는 아니야. 그런데 그애들이 왜 우리한테 아무 말도 하지 않았어? 이런 일이 정말 일어난다면 그애들은 왜 대비책을 강구하지 않는 거야?" 하고 알패오의 시몬이 말한다.
"이거 보세요, 내 말을 믿지 않는 모욕을 제게 주시는 것은 아니겠지요?!" 하고 유다가 화를 내며 대꾸한다.
"아닙니다!… 그러나… 그만해둡시다. 나는 보게 되면 믿겠소 하고 말하는 것을 용서해 주시오."
"좋습니다. 당신은 멀지 않아 보게 될 것이고 '당신 말이 옳았소' 하고 말해야 하게 될 것입니다. 자, 당신들 집에 다 왔군요. 헤어져야겠습니다. 하느님께서 당신들과 함께 계시기를."
"하느님께서 당신과 함께 계시기를 바랍니다. 유다. 그리고… 내 말 잘 들으시오. 당신도 다른 사람들에게 말하지 마시오. 우리 명예 때문에…"
"공중에 대고도 말하지 않겠습니다. 안녕히 계십시오."
그리고 빨리 걸어 유다는 집으로 돌아와 성모님이 무릎에 손을 얹으시고 별이 총총 박힌 하늘을 올려다보고 계신 옥상으로 올라온다. 그런데 유다가 층계를 올라오기 위하여 켠 작은 등잔 불빛에 성모님의 뺨에 반짝이는 눈물이 보인다.
"어머님, 왜 우십니까?" 하고 유다가 걱정스러운 친절로 묻는다.
"하늘에 총총 박혀 있는 별보다도 더 많은 계략이 세상에 가득 차 있는 것 같아서 그러네. 내 예수에 대한 계략이…" 유다는 불안하고 주의깊게 성모님을 뚫어지게 들여다본다. 그러나 성모님은 조용히 덧붙이신다. "그러나 나는 제자들의 사랑으로 위안이 되네. …내 예수를 많이 사랑들 하게. …예수를 사랑하라고…유다, 그대로 있고 싶은가? 나는 내 방으로 내려가겠네.

클레오파의 마리아는 내일 쓸 누룩을 준비한 다음 벌써 잠자리에 들었네."
"예, 저는 그대로 있겠습니다. 여기는 좋습니다."
"평화가 자네와 함께 있길 바라네, 유다."
"평화가 어머님과 함께 있기를 바랍니다."

128. 사도직 시초를 위하여 사도들에게 주신 지시

예수께서 사도들과 같이 계신데, 사도들이 모두 있다. 이것은 가리옷 사람 유다가 그의 일을 끝내고 동료들과 합류하였다는 것을 보여 준다. 그들은 가파르나움의 집 식탁에 앉아 있다. 저녁이다. 져 가는 햇빛이 활짝 열어젖뜨린 문과 창문들로 해서 들어온다. 황혼의 주홍빛이 환상적인 짙은 보랏빛도는 빨강으로 변하고, 가장자리가 오그라들면서 풀리는데, 처음에는 청회색을 보랏빛이다가 회색으로 변하는 열어 놓은 문과 창으로 해서 볼 수가 있다. 그것을 보니까 불에 집어넣은 종이 한 장을 생각하게 된다. 종이는 그것을 던져 넣은 숯불과 같이 불이 붙지만, 불이 타오른 다음에는 가장 자리가 오그라들고 푸르스름한 납빛깔이 되면서 꺼지는데, 그 빛깔은 마침내 거의 흰 빛깔과 비슷한 진주빛이 된다.

"굉장히 덥겠는 걸" 하고 베드로가 이런 빛깔들로 물들여진 서쪽 하늘을 덮고 있는 큰 구름을 가리키면서 점잔을 빼며 말한다. "덥기는 하겠지만 비는 안 오겠고. 저건 안개지 구름이 아니야. 난 오늘밤은 좀 더 서늘하게 배에서 자겠어."

"안 된다. 오늘 밤에는 우리가 올리브나무들 가운데로 간다. 너희들에게 말할 필요가 있다. 이제 유다가 돌아왔으니, 말을 할 시간이다. 나는 통풍이 잘 되는 곳을 한군데 알고 있다. 거기 가 있으면 괜찮을 것이다. 일어들 나거라, 가자."

"멉니까"? 하고 그들은 겉옷들을 집으면서 묻는다.

"아니다, 아주 가깝다. 마지막 집 있는 데서 활 한 바탕 거리다. 겉옷을 두고 가도 된다. 그러나 돌아올 때에 길을 보게 부싯깃과 부시를 가지고 가자."

그들은 윗층 방에서 나와 옥상에서 바람을 쐬고 있는 집주인과 그의 아내에게 인사를 한 뒤에 계단을 내려온다. 예수께서는 호수로 완전히 등을 돌리시고 동네를 지나신 다음 마을 뒤에 있는 첫번째 작은 야산의 올리브나무들 사이로 2, 3백미터를 가신다. 예수께서는 작은 언덕 위에서 걸음을 멈추신다. 그 언덕은 탁 트이고 장애물이 없는 그 위치로 인하여 공기를 전부 받고 있어 이 숨막힐 듯한 더운 밤에 그 공기를 즐길 수가 있다.

"앉자, 그리고 내 말을 주의해 들어라. 너희에게는 복음을 전할 시간이 왔다. 나는 사람들의 마음을 내 나라에 어울리도록 준비하기 위한 공생활의 중간 쯤에 와 있다. 지금 내 제자들도 이 나라를 준비하는 데 한몫 거들 순간이다. 왕들도 한 나라를 쟁취하기로 결정했을 때 이렇게 한다. 우선 그들은 조사를 하고, 사람들의 반응을 알아차려서 그들을 자기들이 추구하는 사상에 끌어들이기 위해 그들과 자주 만난다. 그리고 정복해야 할 나라에 확실한 정탐꾼들을 보냄으로 계획 준비를 진전시킨다. 그리고 그 나라의 지리적·정신적 특성이 모두 알려질 때까지 정탐꾼을 점점 더 많이 보낸다. 그런 다음 왕은 자기를 그 나라의 왕으로 선포하고 왕위에 오름으로써 그의 사업을 완성한다. 그런데 여기에 이르는 데에는 피가 흐른다. 승리는 항상 피라는 댓가를 치르는 것이기 때문이다…".

"저희들은 선생님을 위해 싸우고 피를 흘릴 각오가 되어 있습니다" 하고 사도들이 이구동성으로 약속한다.

"나는 거룩한 분과 거룩한 사람들의 피밖에는 흘리지 않겠다."

"선생님은 제사 시간에 침입해서 성전부터 우선 정복하고자 하십니까?"

"이 사람들아, 횡설수설하지 말아라. 미래는 너희들이 그때 가서 알게 될 것이다. 그러나 두려움으로 몸을 떨지 말아라. 확실히 말하지만 나는 침입이라는 폭력으로 의식을 뒤엎지는 않겠다. 그러나 의식들이 뒤죽박죽이 되기는 할 것이고, 공포로 인해서 의식에 따른 기도를 못하게 될 저녁이 있을 것이다. 죄인들의 공포일 것이다. 그러나 나는 그날 저녁 평안할 것이다. 내 영과 육체에 평화를 누릴 것이다. 전적이고 지극히 행복한 평화일 것이다…."

예수께서는 열 두 사도를 한 사람씩 한 사람씩 들여다보신다. 그런데 마치 같은 책장을 열 두 번 들여다보시고, 거기 씌어 있는 말을 열 두번 읽으시는 것과 같다. 그 말은 알아듣지 못함이라는 말이다. 예수께서는 빙그레 웃으시고 계속하신다.

"그러므로 나는 나 혼자서는 할 수 없을 만큼 더 멀리 더 깊숙히 뚫고 들어가라고 너희를 보내기로 결정하였다. 그러나 복음을 전파하는 내 방식과 너희들의 방식 사이에는 조심성으로 인하여 어쩔 수 없이 생기는 차이가 있다. 너희들이 너무 큰 어려움을 당하지 않게 하고, 너희 영혼과 육체에 너무 중대한 위험을 당하지 않게 하기 위해서, 그리고 내 사업에 해를 끼치지 않기 위해서 나는 이 조심성을 써야 한다. 너희는 아직 너희나 어떤 사람에게 손해를 끼치지 않고 아무에게나 접근할 수 있을 만큼 넉넉히 단련되어 있지 않고, 또 아직 세상의 복수를 무릅쓰고 사상으로 세상에 도전할 정도로 용맹하지는 못하다.

그러므로 너희들이 돌아다닐 때에 이방인들에게로 전도하러 들어가지 말고, 사마리아인들의 도시에도 들어가지 말고, 이스라엘 집안의 길잃은 양들에게로 가거라. 이 양들 가운데에서 할 일이 아직 매우 많다. 진정으로 너희에게 말한다만 내 둘레에 그렇게도 많이 모여드는 것같이 보이는 군중들도 이스라엘에서 메시아를 아직 기다리면서 그가 살아 있다는 것을 알지 못하는 군중의 100분의 1이 될 뿐이기 때문이다. 그들에게 내게 대한 믿음과 지식을 전하여라. 너희들은 다니면서 '하늘 나라가 가까웠습니다' 하는 말로 전도하여라. 이것이 너희가 전하는 것의 바탕이 되어야 한다. 너희 전도의 근거를 여기에 두어라. 너희는 나라에 대해 말하는 것을 내게서 대단히 많이 들었다. 내가 너희에게 말한 것을 되풀이하기만 하면 된다. 그러나 사람이 영적인 진리에 끌리고 설득되기 위하여는 물질적인 이익이 필요하다. 사람은 어머니가 주는 과자에 끌리지 않으면 공부를 하지 않는 영원한 어린 아이와도 같고, 학교 선생이나 실습 강사의 상에 끌리지 않으면 기술습득을 하지 않는 영원한 어린이와도 같다. 그래서 나는 사람들이 너희 말을 믿고 너희를 찾게 할 수단을 너희가 가질 수 있도록 하려고 너희에게 기적을 행하는 재능을 준다."

알패오의 야고보와 요한을 빼놓고 다른 사도들은 펄쩍 뛰어오르며, 각자의 기질에 따라 외치기도 하고 항의하기도 하고 흥분하기도 한다.

실제로, 기적을 행한다는 생각에 으스대는 사람은 가리옷 사람밖에 없다. 그는 무의식적으로 거짓되고 타산적인 비난을 하면서 이렇게 외친다. "우리가 군중에 대해서 최소한의 권위를 가지려면 우리가 그렇게 할 때가 되었어!"

예수께서는 그를 바라다보신다. 그러나 아무 말씀도 하지 않으신다. "아니올시다. 주님! 저희는 그렇게 큰 일을 할 자격이 없습니다! 이런 일은 성인들이나 할 일입니다" 하고 말하고 있는 베드로와 열성당원이 유다의 말문이 막히게 한다. 열성당원은 유다에게 이렇게 말한다. "어리석고 교만한 사라, 자네가 어떻게 감히 선생님을 비난하나?" 그리고 베드로는 "최소한이라고? 그럼 자넨 기적보다 더한 무엇을 하기를 원하나? 자네도 하느님이 되기를 원하나? 자네도 루체페르* 와 같이 하고 싶어 안달인가?"

"조용해라!" 하고 예수께서 명하신다. 그리고 말씀을 계속하신다. "기적보다 더하고 역시 군중을 설득하되 더 깊숙히 더 오래 가게 설득하는 것이 있다. 그것은 거룩한 생활이다. 그러나 너희들은 거룩한 생활에는 멀리 미치지 못했고, 너 유다는 다른 사람들보다도 더 멀리 미치지 못했다. 그러나 이 교훈은 긴 교훈이니까 내가 말하게 가만놔두어라.

그러니까 병약자들을 고치고, 문둥병자들을 깨끗하게 하고 육체와 영혼이 죽은 사람을 다시 살려내면서 다녀라. 이 말을 하는 것은 육체와 정신이 똑같이 병들고 문둥병자가 되고 죽을 수가 있기 때문이다. 그리고 기적을 행하기 위하여는 어떻게 행동해야 하는지도 알아야 한다. 속죄의 생활, 열심한 기도, 하느님의 능력을 빛나게 하겠다는 진실한 소원, 깊은 겸손, 살아 있는 사랑, 열렬한 믿음, 어떤 어려움을 당해도 낭패하지 않는 바람으로 행동해야 한다. 분명히 말하지만, 이런 요소들을 가지고 있는 사람은 무엇이든지 할 수 있을 것이다. 만일 너희가 내가 말한 것을 가지고 있으면 너희가 부르는 주님의 이름을 듣고 마귀들도 도망칠 것이다. 이 능력은 나와 우리 아버지가 너희에게 주는 것이다. 이 능력은 돈으로 사지는 못한다. 우리의 뜻만이 이것을 주고, 의로운 생활만이 이것을 유지한다. 그러나 너희가 이 능력을 거저 받은 것과 같이 이것을 필요로 하는 사람들에게 거저 주어라. 만일 너희가 하느님의 선물을 너희들의 돈주머니를 채우는 데 쓰이게 해서 그 가치를 낮추면 너희는 불행할 것이다. 이것은 너희 힘이 아니라 하느님의 힘이다. 이것을 쓰기는 하되, '이것은 내 것이다' 하고 말해서 이것을 가지고 너희 소유를 만들지 말아라. 이 능력을 너희에게 준 것과 같이 너희에게서 빼앗아갈 수도 있는 것이다. 조금 전에 요나의 시몬이 시몬의 유다에게 '자네도 루치페르와 같이 하고 싶어 안달인가' 하고 말하였다. 시몬은 올바른 정의를 내렸다. '나는 하느님과 같기 때문에 하느님이 하는 것을 한다' 고 말하는 것은 루치페르를 본받는 것이다. 그리고 그가 무슨 벌을 받았는지는 잘 알려져 있

---

*역주:Lucifer. 사탄의 별명. 마귀의 두목.

다. 금지된 열매를 먹은 낙원의 두 사람이 어떤 일을 당했는지 알려진 것과 같이 말이다. 그들은 벌써 지옥에 들어가 있는 반역한 천사들 외에 그의 지옥에 다른 불행한 자들을 끌어 넣고자 하던 부러워하는 자(사탄)의 선동으로 금지된 열매를 먹기도 했지만 그들의 완전한 교오의 강한 욕구로 먹기도 하였었다. 너희들이 하는 것에서 너희가 얻는 것이 허락되는 유일한 이익은 너희가 기적으로 주님께 끌어들여서 그분께 드려야 하는 영혼들이다. 이것이 너희 돈이고, 다른 것은 아무것도 없다. 내세에서 너희는 이 보물을 누릴 것이다.

재물을 가지지 말고 다녀라. 금도 은도 지니고 다니지 말고, 너희 전대에 돈도 넣어 가지고 다니지 말고, 두 벌이나 여러 벌 옷을 넣은 여행용 배낭도 지지 말고, 갈아 신을 샌들도 길갈 때 짚는 지팡이도 무기도 가지고 가지 말아라. 그것은 당장은 사도로서의 너희 방문의 기간이 짧고, 안식일 전날마다 우리가 다시 모일 것이므로 갈아 입을 옷을 가지고 가지 않아도 땀에 젖은 너희 옷을 갈아입을 수 있겠기 때문이다. 지팡이가 필요없다고 말한 것은 길이 더 완만하기 때문이고, 또 야산과 평야에서 쓰이는 것은 사막과 높은 산에서 쓰이는 것과 매우 다르기 때문이다. 무기도 필요없다. 무기는 거룩한 가난을 알지 못하고 하느님의 용서를 모르는 사람들에게나 쓸모있는 것이다. 그러나 너희들은 도둑들에게서 지키고 보호해야 할 보화가 없다. 두려워해야 할 유일한 도둑은 너희들의 유일한 도둑인 사탄이다. 그런데 사탄은 꾸준함과 기도로 지지, 겁이나 단도로 지지는 않는다. 만일 사람들이 너희들을 모욕하거든 용서하여라. 만일 사람들이 너희 겉옷을 벗겨 가거든 너희 속옷까지 내주어라. 온유와 재물에 대한 초탈로 벌거벗고 있기까지 하여라. 그래도 너희들은 주님의 천사들을 분개시키지 않을 것이고, 하느님의 무한한 순결을 분개시키지도 않을 것이다. 그것은 너희의 사랑이 너희 벗은 몸에 금으로 된 옷을 입혀 줄 것이고, 온유는 허리띠 노릇을 할 것이며, 도둑에 대한 용서는 너희에게 겉옷을 주고 왕관도 씌워 줄 것이기 때문이다. 그러므로 너희들은 왕보다도 더 좋은 옷을 입고 있을 것이다. 그리고 그 옷은 썩을 수 있는 옷감으로 지어지지 않고 썩지 않는 재료로 만들어질 것이다.

너희 먹을 것을 걱정하지 말아라. 너희는 언제나 너희 처지와 너희 임무에 어울리는 것을 가지게 될 것이다. 일꾼은 사람들이 갖다 주는 음식을 먹을 자격이 있기 때문이다. 언제나 그렇다. 만일 사람들이 마련해 주지 않으면,

하느님께서 당신 일꾼에게 필요한 것을 마련해 주실 것이다. 살고 전도하기 위하여는 우리가 게걸스럽게 먹는 음식으로 배가 불러 있을 필요가 없다는 것은 내가 이미 너희들에게 보여주었다. 이것은 죽임을 당해서 사람들을 살찌게 하기 위하여 살이 쪄야 하는 사명을 가진 더러운 짐승들의 운명이다. 그러나 너희들은 너희 정신과 다른 사람들의 정신을 다만 지혜를 가져다 주는 음식으로만 살찌게 해야 한다. 지혜는 음식의 무절제로 흐려지지 않은 정신과 초자연적인 음식으로 영양을 취하는 마음에 자기를 드러낸다. 너희는 산에서 피정을 하고 난 다음만큼 말을 잘 한 적이 일찍이 없었다. 그런데 그 때 너희들은 죽지 않는 데 불가결한 것밖에 먹지 못하였었다. 그런데도 너희들은 그 어느 때보다도 더 힘이 세고 명랑하였었다. 혹 그렇지 않았더냐?

어떤 도시나 고장에 들어가든지 너희를 받아들일 만한 사람이 있는지 알아보아라. 그것은 너희가 시몬이나 유다나 바르톨로메오나 야고보나 요한 등등이어서가 아니라 주님의 사자들이기 때문이다. 비록 너희가 지금은 뉘우쳐서 내게 봉사를 하지만 전에 쓰레기 같은 사람, 살인자, 도둑, 세리들이었다 하더라도 너희들은 나의 사자들이기 때문에 존경을 받을 자격이 있다. 나는 그 이상의 말도 하겠다. 만일 너희들이 자신을 내 사자라고 소개하면서 속으로는 비열하고 사탄에게 붙들려 있으면 너희들은 불행하다. 정말 너희들은 불행할 것이다! 너희들의 속임을 벌하는 데에는 지옥도 오히려 부족할 것이다. 그러나 비록 너희들이 공공연하게는 하느님의 사자이면서 비밀리에는 인간 쓰레기, 세리, 도둑, 살인자일지라도, 또는 사람들이 너희들에 대하여 의심을 품고, 거의 확신을 가지고 있다 하더라도, 너희들은 내 사자들이기 때문에 사람들은 너희들에게 경의를 표하고 존경해야 한다. 사람의 눈은 중간인물을 넘어서서 사자(使者)와 목적을 보아야 하고 흔히 결함이 있는 중간인물을 넘어서서 하느님과 그분의 일을 바라다보아야 한다. 사람들의 마음의 믿음을 손상하는 중대한 잘못이 있는 경우에만, 지금은 내가, 그리고 이 다음에는 내 후계자들이 썩은 지체를 잘라내기로 결정해야 할 것이다. 과연 마귀인 사제 때문에 신자들의 영혼이 파멸한다는 것은 있을 수 없는 일이다. 사도들의 몸에 생길 헌 데를 감추기 위하여 그들의 불쾌한 모습으로 신자들을 멀리 도망가게 하고, 그들의 마귀 같은 악취로 신자들을 중독시키는 부패한 물체가 그 몸에 남아 있도록 허락하는 것은 절대로 용납되지 않을 것이다

그러므로 가장 단정한 생활을 하는 가정, 즉 여자들이 다소곳이 있을 줄 알고, 품성이 청렴한 가정이 어떤 가정인지 알아보아라. 그리고 그 집에 들어가서 그곳을 떠날 때까지 거기에 머물러 있어라. 한 꽃의 꿀을 빨아먹은 다음에는 먹을 것이 더 많은 다른 꽃으로 옮겨가는 수펄들처럼 하지 말아라. 너희들은 편한 잠자리와 맛있는 음식을 제공하는 사람들이 맡았던지, 그저 덕행만이 부유한 사람들이 맡았던지 너희들이 있는 집에 그대로 머물러라. 죽을 육체에 가장 좋은 것을 결코 찾지 말고, 오히려 육체에 제일 좋지 못한 것만을 주고, 모든 권리는 정신에게 남겨두어라. 그리고 너희들이 이렇게 하는 것이 좋은 일이기 때문에 이 말을 한다마는, 할 수만 있으면 너희가 머무르는 것에 대하여 가난한 사람들에게 우선권을 주어라. 가난하고 또 가난한 채로 있고, 또 가난한 것을 자랑으로 삼고 있는 나를 생각해서 가난한 사람들에게 모욕을 주지 않기 위해서, 그리고 또 가난한 사람이 흔히 부자들보다 더 나은 사람들이기 때문에 그렇게 하여라. 너희들은 의로운 가난한 사람들을 항상 만날 것이다. 그러나 부정이 없는 부자를 만나는 기회는 그리 많지 않을 것이다. 그러므로 너희들은 안락을 원하는 너희 욕망을 정당화하기 위하여 '저는 부자들에게서만 친절을 발견했습니다' 하고 말할 핑계가 없다.

어떤 집에 들어가면, 가장 친절한 방식인 내 인사방식으로 인사해서 '평화가 여러분과 함께 있기를 바랍니다. 평화가 이 집에 있길 바랍니다.' 또는 '평화가 이 집에 오기를 바랍니다' 하고 말하여라. 과연 예수와 기쁜 소식의 사자인 너희는 평화를 가지고 다니며, 너희가 어떤 곳에 가는 것은 그곳에 평화를 가져다 주기 위한 것이다. 만일 그 집이 평화를 누릴 자격이 있으면, 평화가 가서 그집에 머무를 것이고, 만일 그집이 평화를 누릴 자격이 없으면 평화가 너희에게로 돌아올 것이다. 그러나 하느님을 아버지로 모시도록 평화로운 사람이 되기를 힘써라. 아버지는 항상 도와준다. 그리고 너희는 무슨 일이든지 하느님의 도움을 받아 할 것이고, 또 잘하게 될 것이다.

또 너희를 받아들이지 않고, 사람들이 너희 말을 들으려고 하지 않고, 너희를 쫓아내고, 너희를 조롱하거나 귀찮은 예언자들 모양으로 돌을 던져서 괴롭힐 도시나 집이 있을 수도 있다. 아니 분명히 있을 것이다. 그런 때야말로 너희가 그 어느 때보다도 생활태도를 평화롭고 겸손하고 친절하게 가질 필요가 더 있을 것이다. 사실 그렇지 않으면 너희가 회개시켜야 하는 사람들의 빈축을 사고 그들의 불신을 증가시킴으로써 너희가 죄를 지을 것이다. 그러나 만일 너희가 쫓겨나고, 조롱을 당하고, 괴롭힘을 당하는 모욕을 화평하게 받아들이면 가장 훌륭한 전도로, 즉 참된 덕행의 말없는 전도로 사람들을 회개시킬 것이다. 너희가 어느 날 길을 가다가 오늘의 적들을 다시 만나게 될 것이다. 그러면 그들은 너희에게 이렇게 말할 것이다. '선생들의 생활태도를 보고 선생들이 전하는 진리를 믿게 되었기 때문에 선생을 찾아다녔습니다. 우리를 용서해 주시고 제자로 받아 주십시오. 우리가 그때에는 선생들을 알지 못했었지만, 지금은 선생들을 성인으로 아는데, 선생들이 성인이면, 성인의 사자일 것이 틀림없습니다. 그래서 지금은 그분을 믿기 때문입니다' 하고, 그러나 너희를 받아들이지 않은 도시나 집에서 나올 때에는 너희 샌들에 묻은 먼지까지도 털어버려 그곳의 교만과 냉혹이 너희 신바닥에도 묻어 있지 않게 하여라. 나 너희에게 분명히 말한다. '심판날에 소돔과 고모라가 그 도시보다 덜 가혹한 대우를 받을 것이다.'

나 이제 너희를 마치 양들을 늑대들 가운데로 보내듯이 보낸다. 그러므로 너희는 뱀같이 조심성있고 비둘기처럼 순진하여라. 사실 양보다는 늑대가 더 많은 세상이 그리스도인 내게 대해서까지도 어떻게 하는지를 너희가 알고 있기 때문이다. 나는 내 능력으로 나 자신을 방어할 수 있다. 그리고 세상의 일시적인 승리의 시간이 될 때까지는 그렇게 하겠다. 그러나 너희는 이 능력을 가지지 못하였다. 그래서 더 큰 조심성과 순진이 필요하다. 그러므로 현재에는 감옥과 채찍질을 피하기 위하여 더 많은 총명이 필요하다. 사실에 있어서 너희들은 나를 위하여 피를 흘리고자 한다고 맹세하는데도 불구하고, 너희들은 빈정거리거나 성난 눈길조차도 참아견디지를 못한다. 그런 다음에는 너희가 모든 박해에 대항해서 영웅과 같이 강해지고, 사람들이 '광기'라고 부를 정도로 세상사람들로서는 생각할 수도 없고 설명할 수도 없는 용맹으로 영웅들보다도 더 강하게 될 때가 올 것이다. 그런데 그것은 '광기'가 아닐 것이다! 그것은 사랑의 힘으로 이루어지는 하느님인 사람과 인간의 동일화(同一化)일 것이고, 너희들은 내가 이미 한 것과 같이 할 수가 있을 것이다. 그 영웅적인 행위를 이해하려면, 그것을 이 세상을 초월한 관점에서 보고 연구하고 판단해야 할 것이다. 그것은 인성의 모든 한계를 초월하는 초자연적인 것이기 때문이다. 내 영웅들은 왕, 정신의 왕일 것이고, 영원히 왕이요 영웅일 것이다.

그때에는 그들이 너희를 체포하여 재판으로, 우두머리들과 왕들 앞으로 끌고 가, 그들로 하여금 너희들을 재판하게 하고, 하느님의 종이요, 선을 베풀고 보호하는 사람들이며, 덕행을 가르치는 선생들이라는, 세상의 눈으로 볼 때에는 큰 죄가 되는 것 때문에 너희들에게 유죄를 선고하게 할 것이다. 그리고 이 때문에 너희들은 채찍질을 당하고 여러가지 벌을 받아, 마침내 죽음을 당하게 될 것이다. 그래서 너희들은 왕들과 재판장들과 많은 사람들 앞에서 나를 증거할 것이고, 너희가 참 하느님의 참된 아들인 그리스도를 사랑한다는 것을 너희 피로 선언할 것이다.

너희가 그들의 손에 붙잡혔을 때, 어떤 말을 대답해야 할지 무슨 말을 해야 할지 걱정하지 말아라. 그때에는 다른 걱정은 조금도 하지 말고, 진리에 대해서 눈을 멀게 할 정도로 사탄이 타락시키는 재판관들과 고발자들에 대한 비탄만을 가져라. 해야 할 말은 너희에게 그때에 주어질 것이다. 너희 아버지께서 그 말들을 너희 입술에 얹어 주실 것이다. 그때에는 믿음으로 개종시키고 진리를 공언하는 것이 너희가 아니고, 너희 안에서 말씀하실 너희 아버지의 성령이시겠기 때문이다.

그때에는 형제가 형제를 죽일 것이고, 아버지가 아들을 죽일 것이며, 아들들이 부모에게 대항해서 들고 일어나 부모를 죽게 할 것이다. 자, 기절하지 말고, 분개하지 말아라! 대답들 하여라. 너희 생각에 아버지를 죽이는 것, 형제나 어린 아이나 하느님 자신을 죽이는 것 중에서 어떤 것이 제일 큰 죄악이냐?"

"하느님은 죽일 수 없습니다" 하고 가리옷의 유다가 퉁명스럽게 말한다.

"맞습니다. 하느님은 붙잡을 수 없는 영이십니다" 하고 바르톨로메오가 확인한다. 다른 사람들은 말을 하지는 않지만 같은 의견이다.

"나는 하느님인데 육체를 가졌다" 하고 예수께서 침착하게 말씀하신다.

"아무도 선생님을 죽일 생각을 하지 않습니다" 하고 가리옷 사람이 대꾸한다.

"제발 내 물음에 대답하여라."

"그야 하느님을 죽이는 것이 더 중하지요! 그것은 명백한 일입니다!"

"그런데 하느님이 그의 하느님이요 사람인 육체로 죽임을 당할 것이고, 하느님이요 사람인 이를 죽일 사람들의 영혼 안에서 죽임을 당할 것이다. 그러므로 이 죄악을 저지르게 하는 장본인이 거기에 대하여 두려움을 느끼지 않는 가운데 사람들이 이 죄를 짓게 될 것과 같이, 아들들과 형제들과 아버지들에 대한 아버지들과 형제들과 아들들의 죄도 마찬가지로 저지르기에 이를 것이다. 너희는 내 이름 때문에 모든 사람에게서 미움을 받을 것이다. 그러나 끝까지 꾸준한 사람은 구원을 받을 것이다. 그리고 그들이 한 도시에서 너희를 박해하면 다른 도시로 피하여라. 그것은 비겁해서가 아니라, 갓 태어난 그리스도의 교회가 약하고 능력이 없는 갓난 아기와 같은 나이가 아니라 죽음을 두려워하지 않고 삶과 죽음과 과감히 맞설 수 있을 나이가 될 시간의 여유를 주기 위해서이다. 성령에게서 피하라는 충고를 받는 사람들은 피신하여라. 내가 아주 어렸을 때에 피난했던 것과 같이 말이다. 정말이지, 내 교회의 일생에는 사람으로서의 내 일생의 모든 역경이 되풀이 될 것이다. 모두. 그 신비로운 형성에서부터 비천한 처음 시절까지, 그리고 사람들의 사나운 마음이 가져올 불안과 계략에 이르기까지, 또 존재를 계속하기 위하여 피신할 필요에 이르기까지 가난과 부지런한 일에서부터 내가 지금 당하고 있는 많은 다른 일에 이르기까지, 그리고 내가 영원한 승리에 이르기 전에 장차 겪을 다른 많은 일에 이르기까지 말이다. 이와 반대로 성령에게서 그 자리에 머물러 있으라는 권고를 받는 사람들은 그대로 남아 있어라. 그들이 죽어서 쓰러지면 살 것이고 교회에 유익하게 될 것이기 때문이다. 하느님의 성령께서 권고하시는 것은 항상 좋은 일이기 때문이다.

나 분명히 너희에게 말하지만, 너희와 너희 후계자들이 사람의 아들이 올 때까지 이스라엘의 거리와 도시를 모두 두루 다니지 못할 것이다. 이스라엘은 그의 무서운 죄 때문에 회오리바람에 휩쓸 깍지와 같이 흩어져서 온 세상에 퍼지겠기 때문이다. 그리고 이스라엘이 예부세와 사람 아라우나의 마당에 다시 모이기 전에 수백년 수천년의 세월이 차례로 흘러가고 또 흘러갈 것이다. 정해진 시간이 되기 전에 시도를 할 때마다 이스라엘은 다시 회오리바람에 휩쓸려서 흩어질 것이다. 그것은 세상의 죄를 위하여 제물로 바쳐진 하느님의 어린 양의 핏줄에서 쏟아져 나올 핏방울 수만큼이나 많은 세월 동안 이스라엘이 자기 죄를 한탄해야 하겠기 때문이다. 그리고 나와 내 사도들과 제자들을 통하여 이스라엘에게서 해침을 당할 내 교회도 그의 어머니다운 팔을 벌려, 마치 암탉이 멀리 떨어진 병아리들을 그렇게 하는 것과 같이 이스라엘을 그의 겉옷 속으로 모아들이도록 힘써야 할 것이다. 이스라엘이 전부 그리스도의 교회의 망또 아래로 들어오게 되면, 그때에는 내가 올 것이다.

그러나 이것은 미래의 일이다. 지금은 멀지 않아 오게 될 때에 대해서 말하자.

제자가 선생보다 낫지 못하고, 하인이 명령을 내리는 주인보다 더 낫지 못하다는 것을 기억하여라. 따라서 제자로서는 선생과 같이 되기만 하면 넉넉하고, 그렇게 되는 것도 분에 넘치는 명예이다. 또 하인도 명령을 하는 사람과 같이 되기만 하면 넉넉한데, 이렇게 되도록 너희에게 허락하는 것도 벌써 초자연적인 친절이다.

그들이 집주인을 벨제붓이라고 불렀으니, 그의 하인들을 무엇이라고 부르겠느냐? 그리고 주인이 반항하지 않고 미워하지도 않고 저주도 하지 않고, 그의 정의를 가지고 침착하게 그의 일을 계속하면서 심판은 나중으로 미루는데, 즉 그들을 설득하려고 온갖 시도를 다하고 나서도 그들이 악을 고집하고 있다는 것을 확인할 때로 미루는데, 하인들이 반항할 수 있겠느냐? 아니다. 하인들은 주인이 하지 않는 것을 하지 못할 것이고, 오히려 주인은 죄가 없는데, 자기들은 죄인이라는 것을 생각하고 주인을 본받을 수 있을 것이다.

그러므로 너희를 '마귀'라고 부르는 사람들을 두려워하지 말아라. 진실이 알려지는 날이 올 것인데, 그때에는 너희와 그들 가운데 누가 마귀였는지를 알게 될 것이다. 드러나지 않고 감추어져 있을 것이 아무것도 없고, 알려지지 않을 비밀이 아무것도 없다.

세상은 말씀의 모든 말을 알 자격이 없고, 아직은 그럴 자격이 없으며, 자격이 없는 사람들에게 말할 시간이 아니기 때문에 내가 지금 세상에 알려지지 않은 가운데 비밀히 너희에게 말하는 것을, 모든 것이 알려져야 할 시간이 되면, 너희는 대낮에 말하여라. 내가 지금 너희에게 아주 작은 목소리로 말해서 너희 귀에 말하는 것보다는 오히려 너희 영혼에 말하는 것을 너희는 지붕 위에서 외쳐라. 그때에는 세상이 피로 세례를 받았을 것이고, 사탄에게 대항하는 군기가 있어 그 덕택으로 세상은 원하기만 하면 하느님의 비밀을 이해할 수 있을 것인데, 사탄은 그가 물어뜯는 것을 원하고 그것을 내 입맞춤보다 낮게 생각하는 사람들만 해칠 수 있겠기 때문이다. 그러나 세상의 열의 여덟 부분은 이해하고자 하지 않을 것이다. 소수만이 내가 가르친 것은 무엇이든지 따르려고 모든 것을 알고자 할 것이다. 아무래도 좋다. 그 거룩한 두 부분을 옳지 못한 대중에게서 떼어놓을 수는 없으므로 내 가르침을 지붕 위에서도 전하고, 산 위에서도 전하고, 끝없는 바다 위에서도 전하고, 땅

속에서도 전하여라. 사람들이 그것을 귀담아 듣지 않더라도 새들과 바람과 물고기와 파도들이 들을 것이고, 땅속 깊은 곳도 그 메아리를 간직해서 샘과 광물과 금속에게 그것을 말해 주어 모두가 그것을 즐길 것이다. 왜그러냐 하면 그것들도 내 발에 발판 노릇을 하고 내 마음에 기쁨이 되라고 하느님께 창조되었기 때문이다.

육체는 죽이지만 영혼은 죽이지 못하는 자들을 무서워하지 말고, 너희 영혼 영벌로 보낼 수 있고, 마지막 심판 때에 그 영혼을 부활한 육체와 다시 결합시켜 지옥불에 던질 수 있는 이를 두려워하여라. 무서워하지 말아라. 혹 사람들이 동전 한푼에 참새 두 마리를 팔지 않더냐? 그렇지만 아버지의 허락이 없으면, 사람들이 아무리 올가미를 놓더라도 그중 한 마리도 거기에 걸리지 않을 것이다. 그러니까 무서워하지 말아라. 내 아버지께서 너희를 아신다. 아버지께서는 너희 머리에 있는 머리카락 수효도 아신다. 너희는 많은 수의 참새보다도 더 값어치가 있다.

그리고 너희에게 말하지만, 사람들 앞에서 나를 안다고 하는 사람은 나도 하늘에 계신 내 아버지 앞에서 그를 안다고 말하겠다. 그러나 사람들 앞에서 나를 모른다고 말하는 사람은 나도 내 아버지 앞에서 그를 모른다고 하겠다. 안다고 말하는 것은 여기서는 따르고 실천에 옮긴다는 말이고, 모른다고 한다는 것은 비겁함으로나 세 가지 사욕(邪慾)으로나 째째한 계산이나 내게 반대하는 너희 동류(同類)중 한 사람에 대한 인간적인 애정으로 내 길을 버린다는 뜻이다.

내가 이 세상에, 그리고 이 세상을 통해서 화합을 이루어 놓으려고 왔다고 생각하지 말아라. 내 평화는 그날그날 곤경에서 빠져나오기 위해서 타산적으로 이루어진 평화들보다 더 높은 것이다. 나는 평화를 가지고 오지 않고 칼을 가지고 왔다. 진흙 속에 붙잡아 매놓은 칡덩굴을 자르고 초자연적인 것이 날아 올라갈 길을 터주기 위한 날카로운 칼을 말이다. 그러므로 나는 아들을 아버지와 딸을 어머니와, 며느리를 시어머니와 갈라 놓으려고 왔다. 그것은 내가 군림하는 사람이어서 내 신민(臣民)들에 대해서 모든 권리를 가지고 있기 때문이고, 애정에 대한 권리가 문제될 때 나보다 더 위대한 사람이 없기 때문이며, 모든 사랑이 내게로 집중되고 승화되기 때문이다. 즉 나는 아버지이고 어머니이고 남편이고 형제이고 친구이며, 너희를 그런 자격으로 사랑하며, 또 그런 자격으로 너희에게 사랑받아야 하는 것이다. 그래서 내가 '원한다'고 말할 때에는 저항할 수 있는 유대가 없고, 그 인간은 내 것이 된다. 내가 그를 아버지와 함께 창조하였고, 나 자신으로서 그를 구원한다. 그래서 내가 그를 차지할 권리가 있다.

정말로 사람의 원수는 마귀들 외에 바로 사람들이며, 사람의, 그리스도인의 원수는 푸념이나 위협이나 애원을 하는 집안 식구들일 것이다. 그러므로 이제부터는 아버지와 어머니를 나보다 더 사랑하는 사람은 내 사람이 될 자격이 없고, 아들이나 딸을 나보다 더 사랑하는 사람은 내 사람이 될 자격이 없다. 인종(忍從)과 포기와 순종, 영웅적인 용기, 고통, 병, 싸움, 하느님의 뜻이 나타내는 모든 것이나 사람에게서 오는 시련으로 이루어진 복잡한 십자가를 날마다 받아서 그것을 지고 나를 따르지 않는 사람은 내 사람이 될 자격이 없다. 이 세상의 생명을 영신의 생명보다 더 여기는 사람은 참 생명을 잃을 것이다. 내게 대한 사랑으로 인하여 세상의 생명을 잃은 사람은 그 생명을 다시 얻을 것인데, 그 생명은 영원하고 지극히 행복할 것이다.

너희를 받아들이는 사람은 나를 받아들이는 것이고, 나를 받아들이는 사람은 나를 보내신 분을 받아들이는 것이다. 예언자를 예언자로 받아들이는 사람은 그가 예언자에게 베푸는 애덕에 알맞은 상을 받을 것이다. 의인을 의인으로 받아들이는 사람은 그가 의인에게 베푸는 애덕에 알맞은 상을 받을 것이다. 그런데 이것은 예언자를 예언자로 알아보는 사람은 그 사람도 예언자, 즉 지극히 거룩한 사람이기 때문이니, 하느님의 성령께서 그를 안고 계시기 때문이다. 그리고 의인을 의인으로 알아보는 사람은 자기도 의인이라는 것을 증명하는 것이니, 서로 비슷한 영혼들은 서로 알아보기 때문이다. 그러므로 각자에게는 그의 의덕에 따라서 주어질 것이다.

그러나 내 봉사자들 중 한 사람에게, 비록 그 봉사자가 가장 보잘 것 없는 사람이라 하더라도 맑은 물 한 잔만이라도 준 사람에게는 — 그런데 거룩한 생활로 예수를 전하는 사람은 모두가 예수의 봉사자이니, 왕이나 거지, 현자들이나 아무것도 알지 못하는 사람들, 노인들이나 아주 어린 아이들도 예수의 봉사자가 될 수 있다. 모든 연령층, 모든 계층의 사람이 내 제자가 될 수 있기 때문이다 — 그러니까 내 제자 중의 한 사람에게 내 이름으로, 그리고 그가 내 제자이기 때문에 그저 맹물 한 잔만이라도 준 사람은, 나 분명히 말한다만 그의 상급을 잃지 않을 것이다.

말 다 끝났다. 이제는 기도를 드리고 집으로 가자. 너희들은 새벽에 떠나

거라. 그리고 이렇게. 요나의 시몬은 요한과 함께, 열성당원 시몬은 가리옷의 유다와 함께, 안드레아는 마태오와 함께, 알패오의 야고보는 토마와 함께, 필립보는 제베대오의 야고보와 함께, 내 사촌 유다는 바르톨로메오와 함께. 이번 주에는 이렇게 한다. 그 다음에는 새로운 지시를 주겠다. 기도하자."

그리고 그들은 큰 소리로 기도를 드린다.

129. "선생님이 메시아이십니까?" 하고 세례자가 보낸 사람들이 묻는다

예수께서 마태오와 단둘이 계신다. 마태오는 발에 상처를 입어서 다른 사도들과 같이 전도하러 가지 못하였다. 그러나 병자들과 기쁜 소식을 듣기를 원하는 사람들이 예수의 말씀을 듣고 도움을 얻기 위하여 옥상과 정원의 빈 자리를 차지하고 있다.

예수께서는 당신의 말씀을 이렇게 끝맺으신다. "'정의의 풍요 속에 가장 큰 힘이 들어 있다'고 한 솔로몬의 훌륭한 말을 깊이 명상하고 나서 나는 여러분에게 이 풍요를 가지도록 하라고 권합니다. 이것이 하늘 나라에 들어가는 데 필요한 돈이기 때문입니다. 내 평화를 가지고 계십시오. 그리고 하느님께서 여러분과 함께 계시기를 바랍니다."

그리고 가난한 사람들과 병자들에게도 몸을 돌리시고 ─ 그런데 많은 경우에 이 두 가지를 겸한 사람들이다 ─ 그들의 하소연을 친절히 들으시고, 원조금을 주시고, 조언을 주시고, 손을 얹으시고 말씀을 하시는 것으로 병을 고쳐주고 하신다. 마태오는 예수 곁에서 돈을 나누어 준다.

예수께서는 한 불쌍한 과부가 며칠 전에 목수인 남편이 작업대에서 갑자기 죽었다는 말을 울면서 하는 것을 주의깊게 들으신다. "저는 선생님을 찾으려고 이리로 달려 왔었습니다. 그런데 제 죽은 남편의 친척들은 저를 무례하고 마음이 냉혹한 여자라고 비난했고, 지금은 저를 저주합니다. 그렇지만 저는 선생님이 죽은 사람을 다시 살게 하신다는 것을 알기 때문에 왔던 것이고, 만일 제가 선생님을 만날 수 있었더라면 제 남편이 다시 살아났으리라는 것을 압니다. 그런데 선생님은 여기 안 계셨습니다.

이제 제 남편은 무덤 속에 있는 지가 두 주일이나 되었고…저는 다섯 아이를 데리고 혼자 남았습니다. …친척들은 저를 미워하고 도와주지 않습니다. 저는 올리브나무와 포도나무들이 있습니다. 많지는 않습니다만, 그것들을 수확할 때까지 가지고 있을 수 있으면 겨울을 지낼 만한 식량은 얻을 것입니다.

 그렇지만 남편이 얼마 전부터 건강이 좋지 못했었기 때문에 저는 돈이 없습니다. 남편은 일은 별로 하지 못하고, 먹고 또 술을 너무 많이 마시기만 했습니다. 남편은 술이 자기 몸에 이롭다고 말하고 있었습니다. …그러나 반대로 남편은 자기를 죽이고, 일을 별로 하지 못해서 그렇지 않아도 줄어든 저축을 낭비하는 두 가지 잘못을 저질렀습니다. 남편은 수레 한 채와 궤 하나를 거반 끝냈었고, 침대 두 개와 겹친 선반들을 만들기 시작했었습니다. 그렇지만 지금은…아무것도 끝낸 것이 없고, 제 아들은 아직 여덟 살도 채 안 됐습니다. 저는 돈을 잃게 되었습니다. …연장과 나무를 팔아야 하겠습니다. 수레와 궤는 거반 다 되기는 했지만 수레와 궤도 팔 수도 없으니, 땔 나무로나 내주어야 할 것입니다. 그리고 돈이 모자랄 것입니다. 저와 늙고 병든 어머니와 아이 다섯 해서 모두 일곱 식구가 되니까요. …포도밭과 올리브나무들을 팔겠습니다. …그렇지만 세상이 어떤지 선생님도 아시지요. …가난에 쪼들리는 사람의 목을 조르는 것입니다. 어떻게 해야 할지 말씀해 주십시오. 작업대와 연장은 나무에 대해서 벌써 좀 아는 아들을 위해서 그대로 두고 싶었습니다. …살기 위해서, 그리고 딸들의 지참금을 마련하기 위해서 땅을 그대로 가지고 있고 싶었습니다…."

 이 이야기에 귀를 기울이고 계신 중인데, 군중들 사이에서 소란이 일어나 무슨 새로운 일이 일어났다는 것을 아시게 된다. 얼굴을 돌려서 보시니 군중 사이를 헤치면서 나오는 세 사람이 보인다. 예수께서는 다시 몸을 돌리시고 과부에게 말씀하신다. "어디 사세요?"

 "코라진에서 삽니다. 온천으로 가는 길 근처입니다. 무화과나무 두 그루 사이에 있는 낮은 집입니다."

 "알겠습니다. 내가 가서 수레와 궤를 끝내 줄 테니, 그것을 주문한 사람들에게 파시오. 내일 새벽에 가겠으니 기다리시오."

 "선생님이! 선생님이 저를 위해 일을 하시다니!" 여인은 놀라서 기가 막힐 지경이다.

 "나는 전에 하던 내 일을 다시 하고 당신에게는 평화를 주겠습니다. 동시에 코라진의 인정없는 사람들에게 사랑의 교훈을 주겠습니다."

 "아이고! 그렇습니다! 인정머리가 없습니다. 이사악 노인이 아직 살아 있었으면! 저를 굶어 죽게 내버려두지는 않았을 것입니다. 그렇지만 그분은 아브라함에게로 돌아갔습니다…."
"울지 마시오. 안심하고 가시오. 자 여기 당신에게 오늘 사는 데 필요한 것이 있습니다. 내일은 내가 가겠습니다. 편안히 가시오."
여인은 땅에 엎디어 예수의 옷에 입맞춤하고 더 평온한 마음으로 떠나 간다.
"지극히 거룩하신 선생님, 인사드려도 되겠습니까?" 하고 뜻밖에 온 세 사람 중의 한 사람이 묻는다. 그들은 예수 뒤에 공손히 멈추어 서서 예수께서 여인을 돌려보내시기를 기다리고 있었다. 그러므로 예수께서 약속하시는 것을 들었다. 그런데 인사를 하는 그 사람은 마나엔이다.
예수께서는 몸을 돌리시고 미소를 지으시며 말씀하신다. "마나엔, 당신에게 평화가 있기를! 그러니까 당신은 나를 기억한 것이로군요?"
"선생님, 항상 기억했습니다. 그리고 라자로의 집이나 올리브나무 동산으로 선생님을 찾으러 가서 같이 모시고 있기로 결정했었습니다. 그러나 과월절 전에 세례자가 붙잡혔습니다. 배신으로 인해서 다시 붙잡혔습니다. 그런데 저는 헤로데가 과월절 때문에 예루살렘에 와서 없는 동안에 헤로디아가 성인을 죽이라고 명령하지 않을까 하고 걱정이 되었습니다. 헤로디아는 병이 들었다고 말하면서 명절을 지내러 시온에 가고자 하지 않았습니다. 병이 들기야 들었지요. 미움과 음탕의 병이오. …저는 제 손으로 죽일 수도 있는 위험한 그 여자를 감시하고…제지하려고 마케론테에 갔었습니다. …그런데 그 여자가 그렇게 못하는 것은 헤로데의 총애를 잃을까 봐 두려워서입니다. 헤로데는…무서워서 그러는지 신념을 가져서 그러는지 요한을 옥에 가두는 데 그치고, 그를 보호합니다. 지금은 헤로디아가 마케론테의 견딜 수 없는 더위를 피해서 그의 소유인 성관(城館)에 갔습니다. 그래서 제 친구들은 요한의 제자들과 같이 왔습니다. 요한은 선생님께 질문을 하라고 그들을 보냈는데, 제가 그들과 같이 왔습니다."
사람들은 헤로데에 대하여 말하는 것을 듣고, 또 말을 하는 사람이 어떤 사람인지를 깨닫고 호기심을 가지고 예수와 세 사람 둘레로 몰려든다.
"내게 무슨 질문을 하려고 하셨습니까?" 하고 예수께서 준엄한 두 사람과 인사를 나누신 다음에 물으신다.
"마나엔, 모든 것을 다 알고, 또 선생님과 더 가까운 당신이 말씀드리시오" 하고 두 사람 중의 한 사람이 말한다.

"선생님, 말씀드리겠습니다. 혹 제자들이 지나친 사랑으로 그들의 선생과 대립하거나 선생의 자리를 빼앗으려고 하는 줄로 생각하는 사람을 경계하더라도 너그럽게 보아주셔야 합니다. 선생님의 제자들도 그렇게 하고 요한의 제자들도 그렇게 합니다. 이것은 스승에 대한 제자들의 사랑 전체를 보여주는 이해할 수 있는 질투입니다. 저는…공평무사(公平無私)합니다. 저와 같이 온 사람들도 이것을 말할 수 있습니다. 그것은 제가 선생님을 알고 요한도 알며, 선생님의 인격 때문에 선생님을 사랑해서 요한 곁에 있는 것을 희생하는 쪽을 택할 정도로 선생님을 올바르게 사랑하기 때문입니다. 요한 곁에 있는 것을 희생했다고 말씀드리는 것은 제가 요한도 그의 인격 때문에, 그리고 지금은 선생님보다 더 위험을 당하고 있어서 존경하기 때문입니다. 이제는 바리사이파 사람들이 그들의 원한으로 인해서 불러일으키는 이 사랑 때문에 요한의 제자들이 선생님이 메시아이시라는 것을 의심하기에 이르렀습니다.

그리고 그렇게 하면 요한을 기쁘게 하리라고 생각하고 이렇게 말해서 그것을 고백했습니다. '저희 생각에는 선생님이 메시아이십니다. 선생님보다 더 거룩한 사람은 있을 수가 없습니다' 하고. 요한은 우선 그들을 하느님을 모독하는 자들이라고 나무랐고, 비난을 한 다음에는 좀 더 부드럽게 선생님을 참 메시아로 지칭하는 모든 것을 설명해 주었습니다. 마침내 그들이 그래도 설득되지 않은 것을 보고, 그중 두 사람을 골라서 ― 바로 이 사람들입니다 ― 말했습니다. '그분을 찾아가서 내 이름으로 이렇게 말씀드려라.〈오시기로 된 분이 선생님이십니까, 그렇지 않고 저희가 다른 분을 기다려야 합니까?〉하고.' 요한은 전에 목자였던 제자들은 보내지 않았습니다. 그것은 그 사람들은 믿고 있기 때문에 그 사람들을 보내는 것은 아무 소용에도 닿지 않을 것이기 때문이었습니다. 그렇지 않고, 요한은 의심하는 제자들 중에서 골라서 이들이 선생님께 가까이 오게 했고, 이들의 말로 이들과 같은 제자들의 의심을 풀게 하려고 했습니다. 저는 선생님을 뵐 수 있도록 이들과 동행했습니다. 제 말씀은 끝났습니다. 이제는 선생님이 이들의 의심을 풀어 주십시오."

"선생님, 그러나 저희가 적의를 가지고 있다고는 생각지 마십시오. 마나엔의 말을 들으시면 그렇게 생각하시게 될 수도 있을 것입니다. 저희는…저희는…여러 해 전부터 세례자를 알고, 그분이 항상 거룩하고 속죄하고 영감을 받으신 것을 보아 왔습니다. 그런데 선생님은…그저 남의 말을 들어서 알 뿐입니다. 그러나 사람들의 말이 어떤 것인지는 선생님도 아시지요. …사람들의 말은 찬양하는 사람들과 비방하는 사람들 사이의 대립으로 명성과 칭찬을 만들어내기도 하고 뒤엎기도 합니다. 마치 반대 방향에서 오는 두 가지 바람으로 생기기도 하고 사라지기도 하는 구름과 같습니다."

"압니다, 알아요. 나는 당신들의 생각을 읽고 있습니다. 그리고 당신들의 눈은 당신들 둘레에 있는 것에서 진실을 읽고, 마찬가지로 당신들의 귀는 내가 과부와 말하는 것을 들었습니다. 이것이 당신들을 넉넉히 설득할 것입니다. 그러나 나는 당신들에게 내 주위에 있는 것을 살펴보라고 말하겠습니다. 여기에는 부자도 없고, 쾌락을 추구하는 사람도 없고, 파렴치한 사람도 없습니다. 그런 사람들은 없고, 가난한 사람들, 병자들, 하느님의 말씀을 알기를 원하는 성실한 이스라엘 사람들이 있습니다. 다른 것은 아무것도 없어요. 이 사람, 저 사람, 저 여인, 그리고 저 소녀, 저 노인은 병든 몸으로 여기 왔는데 지금은 건강한 몸이 되었습니다. 저 사람들에게 물어보시오. 그러면 그들이 무슨 병이 있었는지, 내가 어떻게 그들의 병을 고쳐 주었는지, 지금은 몸이 어떤지 말해 줄 것입니다. 그렇게 하시오. 그렇게 해요. 나는 그동안 마나엔과 이야기 하겠습니다." 그러면서 예수께서 물러가려고 하신다.

"아닙니다, 선생님. 저희는 선생님의 말씀을 의심하지 않습니다. 다만 요한에게 가져갈 대답은 주십시오. 그래서 저희가 온 것을 요한이 알게 하시고, 요한이 그 대답에 근거를 두고 저희 동료들을 설득할 수 있게 해주십시오."

"요한에게 가서 이렇게 보고하시오. '귀머거리가 듣는다고. 그런데 이 소녀는 귀머거리이고 벙어리였습니다. 벙어리가 말을 한다고. 그런데 이 사람은 나면서 벙어리였습니다. 소경이 본다'고. 여보시오. 이리 오시오. 당신이 어떤 병이 있었는지 이 사람들에게 말하시오." 예수께서 기적을 받은 한 사람의 팔을 붙잡으며 말씀하신다.

그 사람은 이렇게 말한다. "나는 미장이였었는데, 생석회가 가득 들어 있는 양동이가 얼굴에 떨어져서 눈이 타버렸습니다. 4년째 앞을 보지 못했었습니다. 그런데 메시아께서 당신 침으로 말라버린 내 눈을 축이시니까, 스무 살 쩍 눈보다도 더 싱싱하게 되었습니다. 메시아는 찬미받으시길 바랍니다."

예수께서 다시 말씀을 이으신다. "또 병이 고쳐진 소경과 귀머거리와 벙어리들과 더불어 절름발이가 똑바로 걷고 불구자가 되어 다닙니다. 이 노인을 보시오. 이 노인이 조금 전에는 보기가 흉했었는데, 이제는 사막의 종려나무처럼 곧고 영양처럼 날쌥니다. 아주 대단히 중한 병자들이 고쳐집니다. 아주머니는 무슨 병이 있었습니까?"

"아귀아귀 먹는 입 여럿에 젖을 먹였더니 젖이 아팠고, 병이 젖과 더불어 생명을 갉아먹고 있었습니다. 그런데 이제는 보세요." 그러면서 옷을 조금 벌려 상하지 않은 젖을 내보이며 덧붙인다. "내 젖은 상처투성이였습니다. 아직 고름투성이인 속옷을 보면 알 수 있습니다. 이제는 집에 가서 깨끗한 옷을 입겠습니다. 나는 튼튼하고 행복합니다. 어제만 하더라도 다 죽어 가고 있어서 인정많은 분들이 여기 데려다 주었습니다. 그리고 어미가 없게 될 아이들 때문에…불행했었습니다. 주님께 영원한 찬미를 드립니다!"

"들었습니까? 그리고 이 도시의 회당장에게 그의 딸의 부활에 대한 것을 물어보시오. 그리고 예리고로 가면서 나임으로 지나가시오. 온 시내 사람들이 보는 앞에서 그것도 사람들이 무덤에 묻으려고 가던 때에 다시 살아난 젊은 이에 대해 알아보시오. 이렇게 해서 당신들은 죽은 사람들이 부활한다고 보고할 수 있을 것입니다. 많은 문둥병자가 나았다는 것은 이스라엘의 많은 곳에서 알 수 있을 것입니다. 그러나 시카미논에 갈 생각이 있으면, 제자들 가운데에서 그런 사람을 찾으시오. 그러면 여러 사람을 만날 것입니다. 그러니까 문둥병자들도 깨끗해진다고 요한에게 말하시오. 그리고 당신들이 보고 있으니 기쁜 소식이 가난한 사람들에게 전해진다고 말하시오. 그리고 내 일을 가지고 분개하지 않는 사람은 정말 지극히 행복한 사람입니다. 이 말을 요한에게 하시오. 그리고 내 온 사랑을 기울여 그에게 축복한다고 말하시오."

"고맙습니다, 선생님. 저희가 떠나기 전에 저희들에게도 강복해 주십시오."

"당신들은 이 더위에 떠날 수 없으니, 저녁까지 내 손님으로 있으시오. 당신들은 요한은 아니지만, 그가 누구인지를 요한이 알기 때문에 사랑하는 선생님의 생활을 하룻동안 사시오. 집으로 갑시다. 집은 시원합니다. 그리고 식사도 제공하겠습니다. 청중 여러분, 안녕. 평화가 여러분과 함께 있기를 바랍니다." 그리고 군중을 보내신 다음 손님 세 사람과 같이 집으로 돌아오신다….

…나는 이 숨막히는 더위가 계속 되는 동안 그들이 무슨 말을 하는지 모른다. 내가 지금 보는 것은 예리고로 떠나려는 두 제자의 출발 준비이다. 튼튼한 두 마리 나귀와 함께 마나엔의 말을 마당을 둘러싼 담에 나 있는 문 앞에 끌어 오지 않는 것으로 보아 마나엔은 떠나지 않는 모양이다. 요한의 두 사자는 선생님과 마나엔에게 여러 번 절을 한 다음 안장에 오른다. 그러고도 몸을 돌려 또 바라다보고 길모퉁이를 돌아서 보이지 않게 될 때까지 또 인사를 한다.

많은 가파르나움 사람들이 이 출발을 보려고 모였다. 그것은 요한의 제자들이 왔다는 소식과 예수께서 그들에게 하신 대답이 이 고장에 쫙 퍼졌기 때문이다. 내 생각에는 이웃에 있는 다른 마을에도 퍼진 것 같다. 베싸이다와 코라진 사람들도 보이는데, 그들은 요한의 사자들 앞에 가서 요한의 소식을 묻고 안부를 전하기도 하였다. — 아마 세례자의 이전 제자들인 모양이다 — 그들이 이제는 가파르나움 사람들과 한떼를 이루고 이러쿵저러쿵 이야기를 한다. 예수께서는 옆에 마나엔을 데리시고 말씀을 하시면서 집으로 돌아가려고 하신다. 그러나 헤로데의 젖형제와 예수께 대한 그의 지극히 공손한 태도를 살펴보고 싶어서 예수 둘레로 몰려 들고, 또 선생님과 말을 하길 갈망한다.

회당장 야이로도 있다. 그러나 다행히도 바리사이파 사람들은 없다. 마침 야이로가 이렇게 말한다. "요한이 기뻐하겠습니다! 선생님께서 철저한 대답을 그에게 보내셨을 뿐 아니라, 제자들을 붙잡아 두셔서 그들을 가르치시고, 그들에게 기적을 보여주실 수도 있었으니까요."

"또 그리고 기적은 이만저만한 기적입니까!" 하고 한 사람이 말한다.

"저는 오늘 그 사람들이 보라고 제 어린 딸을 일부러 데려왔었습니다. 그애는 그 어느 때보다도 몸이 좋았고, 또 그애에게는 선생님을 만나러 오는 것이 기쁜 일이기도 합니다. 당신들 들었지요? 응, 그애 대답을? '난 죽음이 어떤 건지 기억이 안 나요. 그렇지만 천사 하나가 나를 불러서 점점 더 환해지는 빛을 지나가게 했는데. 그 빛 끝에는 예수님이 있었던 것은 기억나요. 그런데 그때 돌아오는 정신으로 본 것과 같은 예수님을 지금은 볼 수가 없어요. 여러분과 나는 지금 사람을 보고 있지만, 내 정신은 사람 안에 들어 있는

129. "선생님이 메시아이십니까?" … **381**

하느님을 보았어요' 하고. 그리고 그때부터 그애는 얼마나 착해졌는지요! 전에도 착했습니다. 그러나 지금은 정말 천사입니다. 아! 모든 사람이 뭣이라고 말하던, 제게는 선생님밖에 거룩한 분이 없습니다!"

"하지만 요한도 거룩해요" 하고 어떤 베싸이다 사람이 말한다.

"맞아요, 그렇지만 요한은 너무 엄해요."

"요한은 자기 자신에게보다 다른 사람들에게 더 엄하지는 않아요."

"하지만 그이는 기적은 행하지 않아요, 그리고 마술사처럼 되려고 단식을 한다고 해요."

"그래도 그이는 거룩합니다." 토론이 군중 사이로 퍼진다.

예수께서는 당신이 말씀하고 싶으시니까 조용하고 주의를 기울이라고 요구하실 때에 으레 하시는 손짓으로 손을 들어 내미신다. 그러니까 즉시 조용해진다.

예수께서 이렇게 말씀하신다. "요한은 거룩하고 위대합니다. 그의 하는 방식이라든지 기적이 없는 것을 고려하지 마시오. 정말 잘 들어 두시오. '그분은 하느님 나라의 위대한 인물입니다.' 하느님 나라에서는 그의 위대함이 전부 나타날 것입니다.

요한이 무자비한 사람으로 보일 정도로 엄격했고, 지금도 그렇게 엄격하다고 불평하는 사람이 여럿이 있습니다. 나 분명히 여러분에게 말합니다만, 요한은 주의 길을 닦기 위해 거인과 같은 일을 했습니다. 그런데 그렇게 일하는 사람은 무기력으로 헛되이 보낼 시간이 없습니다. 요한이 요르단강가에 있을 때에 이사야가 그와 메시아를 예고한 말을 하지 않았습니까? '모든 골짜기는 메워지고, 높은 산과 작은 언덕은 낮아지고, 굽은 길은 곧아지며, 험한 길은 고르게 될 것이라'고. 그리고 이것은 구세주와 왕이신 분의 길을 닦기 위한 것이라고 말입니다. 그러나 사실 요한은 내 길을 닦기 위해 이스라엘 전체보다 더 많은 일을 했습니다. 그리고 산을 깎아내려 골짜기를 메우고, 굽은 길을 곧게 하고 올라가기 힘든 치받이를 가파르지 않게 만들어야 하는 사람은 거칠게 일할 수밖에 없습니다. 그것은 그가 선구자였고, 나보다 몇 달밖에는 앞서가지 않아서, 구속의 날에 해가 높이 올라오기 전에 모든 것을 해야 했기 때문입니다. 이제는 그 날이 왔고, 해는 올라와서 시온 위에서 찬란히 빛나고, 거기에서부터 온 세상에 빛나려고 하고 있습니다. 요한은 그가 해야 하던 것과 같이 길을 닦았습니다.

여러분은 무엇을 구경하러 광야에 나갔습니까? 이리저리 흔들리는 갈대입니까? 아니면 무엇을 보려고 갔습니까? 부드러운 옷을 입은 사람입니까? 그런 사람들은 왕궁에서 부드러운 옷을 입고 수많은 하인과 궁인(宮人)의 공손한 섬김을 받으며 살아갑니다. 그 궁인들도 역시 보잘 것 없는 한 사람의 궁인입니다. 여기 그런 사람이 한 분 있습니다. 이분에게 궁중생활에 싫증이 나지 않았는지, 외따로 떨어진 거친 바위에 감탄하지 않은지 물어보시오. 벼락과 우박이 달려들어도 소용없고, 얼빠진 바람이 뽑으려고 대들어도 소용없는 거칠은 바위 말입니다. 그 바위는 모든 부분이 하늘을 향해 돌진하는 것 같으면서도 든든히 자리잡은 채 있고, 그 꼭대기는 하도 위로 올라가는 불꽃과 같이 뾰족하고 날씬해서 그 위에서 기쁨을 전하는 것 같습니다.

요한은 이러합니다. 마나엔은 요한을 이렇게 보는 것입니다. 마나엔은 삶과 죽음의 진리를 깨달았고, 비록 위대함이 거칠은 외양 속에 감추어져 있더라도 그것이 들어 있는 곳에서 위대함을 보기 때문입니다.

그러면 여러분은 요한을 보러 갔을 때 그를 무엇으로 보았습니까? 예언자로 보았습니까? 성인으로 보았습니까? 예언자보다 더 위대한 사람이라고 나는 말하겠습니다. 요한은 많은 성인들보다 더하고, 성인들보다 더 훌륭한 사람입니다. 그것은 '내가 네 앞에 천사를 네 길을 닦게 하겠다'고 씌어 있는 것이 요한에 대한 말이기 때문입니다.

천사를 곰곰히 생각해 보십시오. 여러분은 천사가 하느님께서 영적으로 당신과 비슷하게 창조하신 순수한 신령체(神靈體)로 볼 수 있고 물질적인 피조물 중에서 가장 완전한 사람과 신령계와 동물계의 창조주이시며 하늘과 땅에서 가장 완전하신 분이신 하느님 사이에 유대 노릇을 한다는 것을 아시지요. 아무리 거룩한 사람이라도 사람에게는 살과 피가 있어 그와 하느님 사이에는 심연이 가로놓여 있습니다. 그리고 이 심연은 사람 안에 있는 신령한 것까지도 둔중하게 하는 죄로 인해 더 깊어집니다. 그래서 하느님께서는 광물이 피조물계의 바다이 되는 것과 같이 피조물계의 단계의 꼭대기에 이르는 피조물인 천사들을 창조하셨습니다. 광물이란 땅을 이루는 먼지와 일반적으로 무기체(無機體)를 말합니다. 천사들은 하느님의 순수한 거울이고, 사랑으로 작용하려고 전념하는 불꽃이며, 이해할 준비를 갖추고, 행동할 열의가 있고, 우리와 같이 자유로운 의지를 가졌지만, 반항과 죄의 유혹을 모르는 거룩한 의지를 가졌습니다. 하느님을 흠숭하는 천사들, 사람들에게 보내진 하느님의 사자, 그들을 둘러싸고 있는 빛과 그들의 흠숭에서 얻어내는 불을 우리에게 주는 우리의 보호자인 천사들은 이러합니다.

요한은 예언자의 말로 '천사'라고 불렸습니다. 그런데 나는 '여자의 몸에서 태어난 사람 중에서 세례자 요한보다 더 큰 인물은 일찍이 없었다'고 말하겠습니다. 그러나 하늘 나라에서 가장 작은 사람이라도 세례자 요한보다 더 큽니다. 그것은 하늘 나라에 있는 사람은 하느님의 아들이지 여자의 아들이 아니기 때문입니다. 그러므로 여러분은 모두 하늘 나라의 시민이 되도록 힘쓰시오.

여러분은 서로 무슨 말을 물었습니까?"

"저희들은 '하지만 요한이 하늘 나라에 갈 것인가? 간다면 어떤 모습을 하고 있을 것인가?' 하고 말했습니다."

"요한은 영으로는 벌써 하늘 나라에 속해 있고, 죽은 다음에는 거기에서 영원한 예루살렘의 가장 빛나는 태양 중의 하나로 있을 것입니다. 그리고 이렇게 되는 것은 그의 안에서는 결함이 없는 하느님의 은총 때문에 그렇기도 하고, 그 자신의 의지 때문에 그렇기도 합니다. 그것은 그가 어떤 거룩한 목적을 위하여 자기 자신에 대해서까지도 과격하였고 지금도 과격하기 때문입니다. 세례자에서부터 하늘 나라는 악과 반대되는 힘으로 그것을 쟁취할 줄 아는 사람들의 것입니다. 그리고 그것을 쟁취하는 사람들은 맹렬한 사람들입니다. 이제는 무엇을 해야 하는지를 사람들이 알고, 또 이 쟁취를 위해서 모든 것이 주어졌기 때문입니다. 지금은 율법과 예언자들만이 말하던 때가 아닙니다. 율법과 예언자들은 요한에 이르기까지 말했습니다.

그러나 이제는 하느님의 말씀이 말하는데, 그 말씀은 이 쟁취를 위해서 알아야 할 것은 점 하나도 감추지 않습니다. 그러므로 만일 여러분이 나를 믿으면, 요한을 오기로 되어 있는 엘리야로 보아야 합니다. 들을 줄 아는 귀를 가진 사람은 들으시오. 그러나 이 세대 사람들을 누구에 비길까요? 이 세대 사람들은 마치 장터에 앉아서 동무들에게 '우리가 피리를 불어도 너희는 춤추지 않았고, 우리가 곡을 해도 너희는 울지 않았다' 하고 외치는 저 아이들이 묘사하는 세대의 사람들과 같습니다. 사실 요한이 와서 먹지도 않고 마시지도 않으니까 이 세대 사람들은 '저 사람이 그렇게 할 수 있는 것은 그를 도와주는 마귀를 가지고 있기 때문이야' 하고 말합니다. 사람의 아들이 와서 먹기도 하고 마시기도 하니까 그들은 '저 사람은 즐겨 먹고 마시며 세리와 죄인들하고 어울린다'고 말합니다. 이렇게 해서 하느님의 지혜는 당신의 아들들이 당신의 권리를 잘도 인정한다는 것을 아십니다! 정말 잘 들어두시오. 아주 작은 어린이들만 이 진리를 알아봅니다. 그것은 그들 안에는 악의가 없기 때문입니다."

"선생님, 말씀 잘 하셨습니다" 하고 회당장이 말하였다. "그렇기 때문에 아직 악의가 없는 제 딸이 선생님을 저희가 보기에 이르지 못하는 그런 분으로 보는 것입니다. 그렇지만 이 도시와 이웃 도시들은 선생님의 능력과 선생님의 지혜와 친절이 그들 위에 넘쳐흐르는 것을 보는데도, 저는 이 도시들이 선생님께 대한 악의만 점점 늘어간다는 것을 인정해야 하겠습니다. 이 도시 사람들은 뉘우치지를 않고, 선생님께서 그들에게 베푸시는 자선은 선생님께 대한 미움을 끓어오르게 합니다."

"야이로, 당신은 어떻게 그런 말을 할 수 있어요? 당신은 우리를 중상하는 거요! 우리는 그리스도께 충실하기 때문에 여기 있는 겁니다" 하고 어떤 베싸이다 사람이 말한다.

"그렇습니다. 우리는 그래요. 하지만 우리가 얼마나 됩니까? 예수님 발 앞에 와 있어야 할 세 도시에서 백 명도 못 되는 사람뿐입니다. 여기 오지 않은 사람들에서 — 나는 남자들에 대해서 말하는 것입니다 — 반은 적의를 품고 있고, 4분의 1은 무관심하고, 나머지 4분의 1은 올 수 없다고 생각하고 싶습니다. 이것이 하느님의 눈에 잘못으로 보이지 않습니까? 하느님께서는 이 모든 원한과 이렇게 악을 고집하는 것을 벌하지 않으시겠습니까? 이것을 알고 계신 선생님께서 말씀하십시오. 말씀을 하지 않으시는 것은 선생님의 인자 때문이지 선생님께서 모르셔서 그러시는 것은 아닙니다. 선생님은 너그러우십니다. 그런데 사람들은 이것을 무식으로 생각하고 무능으로 생각합니다. 그러니까 말씀하십시오. 그래서 선생님의 말씀이 무관심한 사람들만이라도 격려할 수 있게 하십시오. 악의가 있는 사람은 회개하지 않고 점점 더 고약하게 되니까요."

"그렇습니다. 그것은 잘못이고, 그래서 벌을 받을 것입니다. 하느님의 선물은 절대로 무시해서도 안 되고, 악을 행하는데 쓰여도 안 되기 때문입니다. 코라진아, 너는 불행하다, 베싸이다야, 너도 불행하다. 너희는 하느님의 선물을 잘못 쓰고 있다! 만일 너희 가운데에서 일어난 기적들이 띠로와 시돈에서 일어났더라면, 그 주민들은 벌써 오래 전부터 말총으로 만든 내의를 입고 머리에는 재를 뿌리고 회개하여 내게로 왔을 것이다. 그러므로 나 너희에게 말하거니와 심판날에 띠로와 시돈에게는 너희에게보다 더 큰 관용을 베풀 것이다. 또 너 가파르나움아, 너는 나에게 숙소를 제공한 것만으로 하늘에게까지 끌어올려질 것으로 생각하느냐? 아니다, 너는 지옥까지 내려갈 것이다. 만일 내가 너에게 베풀어 준 기적들이 소돔에서 행해졌더라면, 나를 믿고 회개했을 것이므로 지금까지 번영하고 있을 것이다. 그러므로 마지막 심판날에 네게 대해서보다 소돔에 대해서 더 많은 관용이 있을 것이다. 너는 메시아를 알고 그의 말을 들었는데도 회개하지 않았지만, 소돔은 구세주를 알지 못하고 그의 말을 듣지 못했으며, 따라서 그의 죄는 네 죄만큼 크지 않기 때문이다. 그러나 하느님께서는 공평하시므로 내 말을 믿고 내 말에 복종해서 자기를 거룩하게 한 가파르나움과 베싸이다와 코라진 사람들에게는 큰 자비가 베풀어질 것입니다. 그것은 의인들이 죄인들이 멸망하는 데 휩쓸려 들어가는 것은 옳지 않기 때문입니다. 야이로, 당신의 딸, 시몬, 당신의 딸, 즈가리야, 당신의 아이, 그리고 베냐민, 당신의 손자들로 말하면, 나 분명히 말하지만, 악의가 없는 그 아이들은 벌써 하느님을 뵙니다. 그리고 얼마나 그들의 믿음이 순수하고, 어른들은 가지지 못한 천상의 지혜와 사랑하고자 하는 갈망과 합쳐져서 그 믿음이 그들 안에서 얼마나 작용하고 있는지 여러분은 아십니다."

그리고 예수께서는 저녁이 되어 가며 어두워지는 하늘로 눈을 들어올리시며 외치신다. "하늘과 땅의 주님이신 아버지, 이 일들을 지혜로운 사람들과 유식한 사람들에게는 감추시고, 어린 아이들에게는 드러내 보이신 것에 대해 감사하나이다. 아버지, 이렇게 된 것은 아버지께서 이렇게 되기를 원하셨기 때문이옵니다. 내 아버지께서 모든 것을 내게 맡기셨습니다. 그리고 이것은 아들과 아들이 알리고 싶어하는 사람들 외에는 아무도 알지 못합니다. 그런데 나는 이것을 어린 아이들과 비천한 사람들과 깨끗한 사람들에게 드러내보였습니다. 그것은 하느님께서 이들에게 말하기를 좋아하시고, 마치 씨가 아무것도 심지 않은 땅에 떨어지듯이 진리가 내려오고, 그 진리 위에 아버지께서 당신 빛을 비가 오듯이 내리게 하시어 뿌리를 내리고 초목이 되도록 하시기 때문입니다. 정말이지, 아버지께서는 나이로나 그들의 의지로 어린 아이들인 사람들의 그 정신을 준비하셔서 그들로 하여금 진리를 알게 하시고, 나는 그들의 믿음으로 기쁨을 맛보게 하십니다."

130. 예수께서 코라진의 과부를 위하여 목수로서 일하신다

예수께서 어떤 목공소에서 부지런히 일하신다. 마차 바퀴 하나를 끝마쳐 가시는 중이다. 홀쭉하고 초라한 어린이 한 명이 이것저것을 갖다 드리며 예수를 도와드린다. 도움은 안 되지만 탄복하는 증인인 마나엔은 벽 근처에 있는 걸상에 앉아 있다.

예수께서는 아름다운 아마포옷을 벗고 짙은 빛깔 옷을 입으셨는데, 당신 옷이 아니어서 다리 중간까지 올라온다. 깨끗하기는 하지만 기운 일옷인데, 아마 죽은 목수의 옷인 모양이다.

예수께서는 미소와 말씀으로 어린 아이를 격려하시며, 풀을 알맞게 만들려면 어떻게 하며, 궤의 거죽을 반짝거리게 하려면 어떻게 해야 하는지를 가르쳐 주신다.

"선생님, 빨리 끝내셨군요" 하고 마나엔은 일어나서 아이가 액체를 발라 반짝거리게 하는 다 된 궤의 도드라진 장식을 손가락으로 어루만지면서 말한다.

"거의 다 만들어졌었는 걸요!…"

"선생님께서 만드신 이 작품을 제가 가지고 싶습니다만, 사려던 사람이 벌써 왔는데, 그 사람이 권리가 있는 것 같군요. 그 사람을 실망시키셨습니다. 그 사람은 선금으로 준 몇 푼 안 되는 돈을 벌충하기 위해서 모든 것을 가져가길 바랐었는데, 그렇게 하지 못하고 제 물건만 가져가고, 그것으로 끝났습니다. 적어도 선생님을 믿는 사람이었더라면, 그 물건들이 그에게는 무한한 가치가 있었을 텐데요. 하지만 그 사람의 말하는 것을 들으셨습니까?"

"가만 내버려두시오. 게다가 여기 나무가 있는데, 여인은 이 나무를 써서 이득을 얻어내는 것이 매우 기쁠 것입니다. 내게 궤를 하나 주문하시오. 그러면 만들어 주겠습니다…."

"참말입니까 선생님? 아니 그런데 선생님은 일을 더 하실 생각이십니까?"
"나무가 없어질 때까지요. 나는 양심적인 일꾼입니다" 하고 예수께서는 더 활짝 웃으시며 말씀하신다.
"선생님께서 만드신 궤! 아이고! 얼마나 귀중한 기념물이겠습니까! 그러나 거기다 무얼 넣어야 합니까?"
"마나엔, 당신이 넣고 싶은 것은 무엇이든지. 그것은 하나의 궤에 지나지 않을 것입니다."
"그러나 선생님께서 만드신 궤일 텐데요!"
"그래서요? 아버지께서도 사람을 만드셨습니다. 모든 사람을. 그렇지만 사람이 자기 안에 무엇을 넣었습니까? 그리고 지금도 사람들이 자기들 안에 무엇을 넣고 있습니까?" 예수께서는 말씀하시면서 일을 하시는데, 당신에게 필요한 연장을 여기저기서 찾으시고, 필요에 따라서는 바이스로 죄기도 하시고 나사송곳으로 뚫기도 하시고, 대패질도 하시고 같이 기계에 걸어서 돌리기도 하신다.
"저희들은 저희 안에 죄악을 넣었습니다. 그것은 사실입니다."
"알겠지요! 그런데 하느님께서 창조하신 사람은 내가 만든 궤보다 훨씬 더 훌륭하다는 것을 아시오. 물건과 행동을 혼동하지 마시오. 내가 만든 물건을 당신 정신의 기념물을 만드시오."
"무슨 뜻입니까?"
"그것은 내가 하는 것에서 얻어낸 교훈을 당신 정신에 주라는 말입니다."
"그러면 선생님의 사랑, 선생님의 겸손, 선생님의 활동…이런 덕행 말씀이지요?"
"그래요. 그리고 당신도 장차 같은 일을 하시오."
"선생님, 그러겠습니다. 그러나 궤를 만들어 주시는 것입니까?"
"만들어 주지요. 그러나 당신이 그것을 여전히 기념물로 생각하고 있으니, 기념물로서의 값을 받겠다는 것에 유의하시오. 적어도 사람들은 나도 한 번 돈에 욕심을 낸 적이 있다고 말할 수 있을 것입니다. …그러나 당신은 그 돈이 누구를 위한 것인지 알지요. …이 고아들을 위한 것입니다…."
"얼마든지 마음대로 청구하십시오. 드리겠습니다. 적어도 저는 하느님의 아들이신 선생님께서 일을 하시는데 아무것도 하지 않고 한가하게 있는 데 대한 핑계는 얻게 될 것입니다."

"'이마에 땀을 흘려야 낟알을 얻어 먹으리라'는 말이 있어요."

"그러나 이것은 죄지은 사람을 두고 하신 말씀이지 선생님을 두고 하신 말씀은 아닙니다."

"오! 언젠가 내가 죄있는 사람이 될 것이고, 세상의 모든 죄를 짊어지게 될 것입니다. 내가 첫번째 떠날 때에 그 죄들을 가지고 갈 것입니다."

"그럼 세상 사람들이 다시는 죄를 짓지 않으리라고 생각하십니까?"

"그래야 할 것입니다. …그러나 여전히 죄를 지을 것입니다. 이 때문에 내가 짊어질 죄가 너무도 무거워서 내 가슴이 터질 지경이 될 것입니다. 나는 아담에게서부터 이 시간까지, 그리고 이 시간부터 세상 끝날 때까지 지어졌고 지어질 모든 죄를 짊어질 것이니까요. 나는 모든 사람의 죄를 갚을 것입니다."

"그런데 사람들은 아직 선생님을 이해하지 못하고 사랑하지 않을 것입니다. …선생님께서 한 가족을 구제하기 위해서 하신 일로 주고 계신 이 말없는 거룩한 교훈으로 코라진 사람들이 회개하리라고 생각하십니까?"

"아닙니다. 코라진 사람들은 '그 사람은 시간을 보내기 해서 일을 하고 돈을 버는 쪽을 택했다'고 말할 것입니다. 그러나 나는 돈이 없었습니다. 다 주었었거든요. 나는 가진 것을 항상 마지막 동전 한 푼까지 다 줍니다. 그리고 또 돈을 주기 위해서 일했습니다."

"그러면 선생님과 마태오가 잡수실 것은요?"

"하느님께서 마련해 주셨을 것입니다."

"그러나 선생님께서는 저희에게 먹을 것을 주셨지요."

"그것은 사실입니다."

"어떻게 그렇게 하셨습니까?"

"그것은 집주인에게 물어보시오."

"우리가 가파르나움으로 돌아가자마자 틀림없이 그 말을 물어보겠습니다."

예수께서는 금빛 수염 속에서 조용히 웃으신다.

침묵이 흐른다. 그동안 수레 바퀴의 나무 두 토막을 물리고 죄는 바이스의 삐걱거리는 소리만이 들릴 뿐이다.

그러다가 마나엔이 묻는다. "안식일 전에 무슨 일을 하실 생각이십니까?"

"가파르나움에 가서 사도들을 기다리겠습니다. 매금요일 저녁에 모여서 안식일 하루 종일 함께 있기로 약속되어 있습니다. 그리고는 내가 명령을 줄 것입니다. 그리고 마태오가 나으면 여섯쌍이 복음을 전하게 될 것입니다. 그렇지 않으면 …당신도 그들과 같이 가고 싶습니까?"

"선생님, 저는 선생님을 모시고 남아 있는 편을 택하겠습니다. …그러나 선생님께 조언을 하나 드려도 되겠습니까?"

"말해 보시오. 옳은 조언이면 받아들이지요."

"절대로 혼자 계시지 마십시오. 선생님께는 적이 많습니다."

"나도 압니다. 그러나 위험한 경우에 사도들이 대단한 일을 하리라고 생각합니까?"

"그들이 선생님을 사랑하는 걸로 믿습니다."

"그것은 틀림없습니다. 그러나 그것은 무익한 일일 것입니다. 원수들이 나를 잡을 생각을 가지고 있으면 사도들의 힘보다 훨씬 더 큰 힘을 가지고 올 것입니다."

"어쨌건, 혼자 계시지는 마십시오."

"2주 후에는 많은 제자들이 내게로 올 것입니다. 나는 그들도 복음을 전파하라고 보내려고 준비를 시키고 있어요. 그러니까 혼자 있지는 않을 것입니다. 염려 마시오."

두 사람이 이렇게 말하고 있는 동안에 코라진의 많은 구경꾼이 와서 한번 들여다보고는 말없이 간다.

"저 사람들은 선생님께서 일하시는 것을 보고 놀랍니다."

"그래요. 그러나 그 사람들은 '저분은 저렇게 해서 우리에게 교훈을 준다'고 말할 정도로 겸손할 줄은 모릅니다. 내가 이곳에서 얻은 가장 착한 사람들은 세상을 떠난 한 노인을 빼놓고는 제자들과 같이 있습니다. 어쨌거나 상관없습니다. 교훈은 언제나 교훈이니까요."

"선생님께서 일꾼 노릇을 하신다는 것을 알고 사도들이 뭐라고 하겠습니까?"

"마태오는 이미 의사를 표시했으니까 이제 열 한 명이 있는 셈이지요. 그래서 열 한 가지 다른 의견이 있을 것인데, 대부분은 반대되는 의견이겠지요. 그러나 그것은 그들을 가르치는 데 소용될 것입니다."

"선생님께서 가르치시는 데 제가 참석해도 되겠습니까?"

"당신이 남아 있고 싶으면…"
"그러나 저는 제자이고, 그 사람들은 사도들인데요!"
"사도들에게 이익이 되는 것은 제자에게도 유익할 것입니다."
"그 사람들은 제 앞에서 책망을 듣는 것이 거북할 것입니다."
"그것이 그들의 겸손에 유익할 것입니다. 마나엔, 그대로 남아 있으시오. 남아 있어요. 기꺼이 붙잡아두겠습니다."
"또 저는 기꺼이 머물러 있겠습니다."
과부가 와서 말한다. "선생님, 식사가 다 되었습니다. 그렇지만 일을 너무 많이 하십니다…."
"아주머니, 나는 밥벌이를 하는 겁니다. 그리고…여기 또 다른 손님이 한 사람 있습니다. 이 손님도 궤를 하나 만들어 달라고 합니다. 그리고 이 손님은 값을 잘 쳐 줍니다. 나무있던 자리가 비게 될 것입니다." 이렇게 말씀하시면서 예수께서 앞에 걸치고 계시던 찢어진 앞치마를 벗으신다. 그리고 여인이 정원에 갖다 놓은 대야에 손을 씻으시려고 방에서 나오신다.
그리고 여인은 오랫동안 울고 난 뒤에 나타나는 어렴풋한 미소를 지으면서 말한다. "나무있던 자리는 비겠지만 집에는 선생님의 체취가 가득차 있겠고, 마음에는 평화가 가득 차 있을 것입니다. 선생님, 저는 이제 내일이 두렵지 않습니다. 그리고 선생님은 저희가 선생님을 잊어버리지 않을까 하고 염려하지 마십시오."
그들은 부엌으로 들어간다. 그리고 환시는 끝이 났다.

131. "사랑은 영광의 비결이요 계명이다"

예수께서는 마나엔과 같이 과부의 집에서 나오시며 말씀하신다. "평화가 아주머니와 가족들에게 있기를 바랍니다. 안식일 후에 우리가 다시 만나게 될 것입니다. 어린 요셉아, 잘 있거라. 내일은 쉬고 놀아라, 그런 다음 또 나를 도와다오. 왜 우니?"

"선생님이 다시 오지 않으실까 봐 걱정이 돼요…."

"나는 언제나 진실을 말한다. 그러나 내가 가는 것이 그렇게도 싫으냐?"

어린 아이는 머리를 끄덕거린다.

예수께서는 그를 쓰다듬으시며 말씀하신다. "하루는 이내 지나간다. 내일 너는 어머니와 동생들과 같이 있거라. 나는 내 사도들과 같이 있으면서 그들에게 말을 하겠다. 요사이는 네게 일하는 것을 가르쳐 주느라고 말을 했다. 이제는 사도들에게 전도하는 법과 착하게 되는 방법을 가르치기 위해서 그들을 만나러 간다. 너는 나하고 가면 어른들이 많은데 아이가 혼자뿐이니까 재미가 없을 거다."

"아이고 선생님하고 같이 있을 테니까 즐거울 거예요."

"아주머니, 알겠습니다. 아주머니의 아들도 많은 어린이들과 같이 하는데, 이들이 가장 착한 어린이들입니다. 이애가 나를 떠나기 싫어하는데, 나를 믿고 이 애를 모레까지 내게 맡기겠습니까?"

"아이고! 주님! 아니 제 아이들을 전부 드리기라도 하겠습니다! 주님과 같이 있으면, 하늘에 있는 것처럼 안전합니다. …그리고 제 아버지와 제일 많이 같이 있은 이 아이는 너무나 괴로워했습니다. 그때에…이애가 거기 있었거든요. … 보세요. …이애는 그저 울고 괴로워하기만 합니다. 얘야, 울지 말아라. 내가 말하는 것이 참말이 아닌지 주님께 여쭈어보아라. 선생님, 저는 이애를 위로하기 위해서 늘 이렇게 말해 줍니다. 제 아버지는 잃어버린 것이 아니라, 당분간만 우리에게서 멀리 가 있을 뿐이라고요."

"그건 사실이다. 요셉아, 꼭 어머니가 말씀하시는 대로다."

"그렇지만 내가 죽을 때까지는 아버지를 다시 만나지 못해요. 그런데 나는 어려요. 내가 만일 이사악 할아버지처럼 늦게까지 살게 되면 얼마나 기다려야 해요?"

"가엾어라! 그러나 시간은 빨리 지나간다."

"주님, 아닙니다. 아버지가 없는 것이 3주일 됐는데, 시간이 정말 아주 느려요! … 난 아버지없이 살 수 없어요…." 그러며 소리없이, 그러나 몹시 슬퍼하면서 운다.

"보세요. 이애는 늘 이렇답니다. 특히 무슨 일에 골몰하지 않을 때는 그렇습니다. 안식일은 고민입니다. 이애가 죽을까 봐 걱정이 됩니다…."

"아닙니다. 내게는 아버지, 어머니가 없는 다른 어린 아이가 하나 있습니다. 그애는 마르고 침울했었는데, 지금은 베싸이다의 한 친절한 여자 곁에서, 그리고 부모와 떨어져 있지 않다는 확신을 가지고 육체적으로 정신적으로 다시 활짝 피어났습니다. 아주머니의 아들도 그렇게 될 것입니다. 그리고 내가 말해 줄 것 때문에, 또 세월이 약이니까, 그리고 아주머니가 일용할 양식 때문에 덜 걱정하는 것을 보면 이애도 더 안심이 될 것입니다. 아주머니, 안녕히 계세요. 해가 기울었으니 나는 가야 합니다. 요셉아, 가자. 어머니와 동생들과 할머니께 인사드려라. 그리고 뛰어서 나를 따라오너라."

그러면서 예수께서는 떠나신다.

"그러면 이제는 사도들에게 뭐라고 말씀하시렵니까?"

"오래된 제자와 새 제자를 데려온다고 말하지요."

일행은 사람의 무리가 북적거리는 코라진을 건너질러 간다. 한 떼의 사람이 예수를 붙잡고 말한다. "가십니까? 안식일을 여기서 지내지 않으십니까?"

"아닙니다. 가파르나움으로 갑니다."

"일주일 동안에 한마디 말씀도 하지 않으시고요?"

"내가 일주일 동안에 가장 훌륭한 말을 해주지 않았습니까?"

"언제? 누구에게요?"

"모두에게요. 목수의 작업대에서요. 여러 날 동안, 나는 이웃을 사랑하고 여러 가지 방법으로 도와주어야 한다고, 특히 과부와 고아와 같이 힘없는 사람인 때에는 더 그렇게 해야 한다고 설교했습니다. 코라진의 주민들, 안녕히들 계십시오. 내가 여러분에게 준 교훈을 안식일에 묵상하시오." 그러시면서

131. "사랑은 영광의 비결이요 계명이다"

예수께서는 어리둥절한 시민들을 뒤에 남겨두시고 다시 길을 가기 시작하신다.

그러나 뛰어서 예수를 쫓아온 어린이가 다시 그들의 호기심을 불러일으킨다. 그래서 그들은 다시 예수를 붙들고 말한다. "과부의 아들을 데리고 가십니까? 왜요?"

"하느님이 아버지이시고, 하느님 안에서 돌아가신 아버지도 만나리라는 것을 이 아이에게 가르치려고 그럽니다. 그리고 또 늙은 이사악 대신에 여기에도 믿는 사람이 있게 하려고 데려갑니다."

"선생님의 제자들과 코라진 사람 셋이 있는데요."

"내 제자들과 같이 있지, 여기 있지는 않습니다. 이 아이는 여기 있을 것입니다. 안녕." 그리고 어린 아이를 당신과 마나엔 사이에 두시고 마나엔과 말씀을 하시면서 들판을 지나 빨리 가파르나움 쪽으로 가신다.

그들이 가파르나움에 이르니 사도들은 벌써 와 있다. 옥상에 포도나무를 올린 정자의 그늘에 마태오를 둘러싸고 앉아서, 아직 낫지 않은 동료에게 그들이 한 일을 이야기한다. 그들은 계단을 올라오는 가벼운 샌들 소리에 뒤를 돌아보다가 옥상의 낮은 담장 위로 조금씩 나타나는 예수의 금발 머리를 본다. 그들은 미소를 지으시는 예수께로 달려오다가 예수 뒤에 보잘 것 없는 어린 아이가 있는 것을 보고는 화석처럼 굳어져서 멈추어 선다. 흰 아마포 옷을 입어 찬란하게 보이는 마나엔도 올라온다. 그 옷은 값진 허리띠의 아름다움으로 인하여 더 돋보이며, 불꽃같이 새빨간 물을 들인 아마포 겉옷은 어떻게나 반짝이는지 비단으로 지은 것같이 보이는데, 어깨에만 겨우 고정되어 뒤로 일종의 긴 자락이 되어 있으며, 가는 왕관형 금장식으로 고정된 고운 아마포 두건을 썼는데, 그 왕관형 금장식이란 끌로 새겨진 금속판으로 그것이 그의 넓은 이마 한가운데를 가로질러 그에게 일종의 에집트 왕과 같은 풍채를 띠게 한다. 그가 있기 때문에 눈사태처럼 쏟아져 나오려는 질문들이 딱 막혔다. 그러나 눈들은 그것을 분명히 나타낸다.

그러나 서로 인사를 나누고 나서, 이제는 예수 곁에 앉은 사도들이 어린 아이를 가리키며 질문을 한다. "그런데 이애는요?"

"이애는 내가 가장 최근에 얻은 제자이다. 내 아버지 노릇을 하신 큰 요셉과 같이 목수인 어린 요셉이다. 그러므로 이애가 내게는 매우 소중하고, 나도 이애에게 매우 소중하다. 애야, 그렇지? 이리 오너라, 네가 하도 많이 말하는 것을 들은 내 친구들을 소개해 주마. 이 사람은 시몬 베드로다. 이 세상에서 어린이들에게는 제일 좋은 사람이다. 이 사람은 요한이다. 큰 어린이인데 놀면서도 네게 하느님 이야기를 해줄 거다. 또 이 사람은 요한의 형 야고보인데, 형처럼 착실하고 친절하다. 저 사람은 시몬 베드로의 아우인데, 어린 양처럼 온순하기 때문에 네가 이내 친하게 될 거다. 그리고 여기는 열성당원 시몬인데, 아버지 없는 어린이들을 어떻게나 사랑하는지 만일 나하고 같이 있지 않았더라면 그런 어린이들을 찾아서 온 세상을 두루 돌아다닐 거다. 그리고 시몬의 유다, 그리고 그와 함께 베싸이다의 필립보와 나타나엘이 있다. 이 사람들이 얼마나 너를 바라다보는지 알겠니? 이 사람들도 아이들이 있다. 그리고 어린이들을 사랑한다. 그리고 이 두 사람은 내 사촌들 야고보와 유다이다. 이 사람들은 내가 사랑하는 것은 무엇이든지 사랑한다. 그러니까 너도 사랑할 거다. 이제는 발이 아픈 마태오를 보러 가자. 그 사람은 그래도 까불면서 놀다가 뾰족한 돌멩이로 발을 상하게 한 어린이들에 대해서 앙심을 품고 있지 않다. 마태오, 그렇지?"

"아이고! 선생님, 안 품습니다. 이애는 과부의 아들입니까?"

"그렇다. 매우 선량하지만 대단히 침울하게 지내고 있었다."

"오! 가엾어라! 어린 야고보를 불러 줄 테니 그애하고 놀아라." 그러면서 마태오는 어린 아이를 자기 가까이로 끌어당겨서 쓰다듬어 준다.

예수께서는 토마를 마지막으로, 소개를 마치신다. 토마는 실제적인 사람답게 포도덩굴에서 포도송이 하나를 따서 어린 아이에게 주는 것으로 소개를 보충한다.

예수께서는 다시 앉으시면서 "이제는 너희들이 친구가 되었다" 하고 결론을 내리신다. 그동안 어린 아이는 그들 곁에 붙잡아 두고 있는 마태오에게 대답을 하면서 포도를 먹는다.

"그런데 일주일 내내 혼자서 어디에 가 계셨습니까?"

"요나의 시몬아, 코라진에 가 있었다."

"그것은 저도 압니다. 그러나 거기서 뭘 하셨습니까? 이사악에게 가셨습니까?"

"어른 이사악은 세상을 떠났다."

"그러면요?"

"마태오가 네게 그 말을 하지 않았느냐?"

"아니오. 그저 저희가 떠난 다음날부터 코라진에 가 계셨다는 말만 했습니다."

"마태오는 너보다 더 충실하다. 마태오는 입을 다물 줄 안다. 그런데 너는 호기심을 억제할 줄을 모른다."

"제 호기심이 아니라, 모든 사람의 호기심입니다."

"그렇다면, 나는 사랑을 행동으로 설교하려고 코라진에 갔었다."

"사랑을 행동으로요? 그게 무슨 말씀입니까?" 하고 여럿이 묻는다.

"코라진에는 아이 다섯을 데리고 병든 할머니를 모시고 있는 과부가 한 사람 있다. 남편은 작업대 곁에서 갑자기 죽어서 곤궁과 끝내지 못한 일거리를 뒤에 남겼다. 코라진 사람들은 이 불행한 가족에 대해서 조그마한 동정심도 찾아낼 줄을 몰랐다. 나는 일을 끝내주려고 갔다. 그리고…"

야단법석이 벌어졌다. 물어보는 사람에, 항의하는 사람에, 그것을 하시게 내버려 두었다고 마태오를 몹시 꾸짖는 사람에, 감탄하는 사람에, 비난하는 사람에, 가지각색이다. 하기는 비난하거나 항의하는 사람이 대부분이다.

예수께서는 소동이 일어난 것과 같이 가라앉게 내버려두신다. 그리고 대답으로는 그저 이렇게만 말씀하신다. "그리고 모레 또 그 집에 간다. 끝마칠 때까지 이렇게 할 것이다. 또 적어도 너희만이라도 이해하기를 바라고 싶다. 코라진은 빽빽하고 배자(胚子)가 없는 딱딱한 씨와 같다. 적어도 너희는 배자가 있는 딱딱한 씨가 되어야 한다. 애야, 시몬이 네게 준 호두를 이리 다오. 그리고 너도 내 말을 잘 들어라.

이 호두가 보이지! 그리고 내가 이 호두를 든 것은 딱딱한 씨가 당장은 없기 때문이다. 그러나 비유를 이해하려면 잣이나 종려나무 열매를 생각하고, 가장 단단한 열매, 예를 들어 올리브의 씨를 생각해 보아라. 그것들은 틈이 없고, 매우 단단하고, 빽빽한 껍질로 된 꼭 닫힌 곽과 같은 것이다. 그것들은 폭력으로나 열 수 있는 마술 상자 같은 것이다. 그런데도 그것을 땅에 심거나 그저 땅에 놓기만 해도, 어떤 행인이 지나가다가 흙속으로 들어갈 만큼만 밟아서 들여보내게 되면 어떤 일이 일어나느냐? 껍질이 벌어져서 뿌리와 잎이 돋아난다. 어떻게 저절로 그렇게 되느냐? 우리는 그것을 깨뜨리려면 망치로 세게 쳐야 하는데, 반대로 단단한 씨는 저절로 벌어진다. 도대체 그 씨는 마술이 걸렸단 말이냐? 아니다. 그 씨 안에는 과육(果肉)이 있다. 오! 단단한 껍질에 비하면 약한 물건이다! 그런데도 그것은 훨씬 더 작은 물건인

배자에게 영양을 준다. 그리고 이 배자가 지렛대 노릇을 해서 껍질을 밀어 열고, 뿌리와 잎을 가진 식물을 주는 것이다. 단단한 씨를 땅에 묻어 보아라. 그리고 기다려라. 어떤 것은 돋아나고 어떤 것은 그렇지 않는 것을 볼 것이다. 싹이 트지 않은 씨를 꺼내서 망치로 두드려 깨뜨려 보아라. 그것들은 속이 빈 씨라는 것을 알게 될 것이다. 그러니까 단단한 씨를 벌어지게 하는 것은 땅의 습기나 따뜻한 기운이 아니라, 과육 혼, 즉 부풀어서 지렛대 노릇을 해서 껍질을 벌어지게 하는 배자이다.

이것은 비유이다. 그러나 이 비유를 우리에게 적용하자.

내가 해서는 안 되는 무슨 일을 했느냐? 위선은 죄이고, 말은 행동이 힘을 주러 오지 않으면 바람에 지나지 않는다는 것을 이해하지 못하다니, 도대체 우리는 아직 그렇게도 별로 서로 이해하지 못했단 말이냐? 내가 너희에게 항상 무슨 말을 했느냐? '서로 사랑하여라. 사랑은 영광의 비결이요 계명이다' 이렇게 말했다. 그런데 권장하는 내가 사랑이 없어야 한단 말이냐? 거짓말쟁이 선생이라는 본보기를 너희에게 주어야 한다는 말이냐? 절대로 그렇지 않다!

오! 벗들아 우리의 육체는 단단한 씨다. 이 단단한 씨 안에 과육, 즉 영혼이 들어 있고, 이 영혼에는 내가 넣어준 배자가 있다. 이 배자는 여러 가지 요소로 이루어져 있다. 그러나 가장 중요한 것은 사랑이다. 사랑이 지렛대의 역할을 해서 단단한 껍질을 열어 정신을 물질의 속박에서 해방시키고, 사랑이신 하느님께 결합시킨다. 말이나 돈을 가지고만 사랑을 베풀지는 않는다. 사랑은 사랑만으로 베푼다. 이것을 말장난으로 생각하지 말아라. 나는 돈이 없었고, 또 이 경우에는 말만으로는 충분하지 않았다. 여기에는 일곱 식구가 굶주림과 극도의 불안의 일보 직전에 가 있었다. 실망이 그 시꺼먼 발톱을 내밀어 움켜잡아 물에 빠뜨리려고 하고 있었다. 세상 사람들은 냉정하고 이기주의적으로 이 불행 앞에서 멀어져 가고 있었다. 세상은 선생의 말을 알아듣지 못한 것 같았다. 선생은 행동이라는 방법으로 복음을 전했다. 나는 그렇게 할 능력도 있었고 자유도 있었다. 그리고 나는 세상이 사랑을 베풀지 않고 내버려두는 그 어린 것들을 모든 사람을 대신해서 사랑할 의무가 있었다. 이 모든 것을 내가 한 것이다. 너희가 아직도 나를 비난할 수 있느냐? 그렇지 않고 내가 너희를 비난해야 하겠느냐? — 선생을 버리지 않기 위해서 눈살을 찌푸리지 않고 톱밥과 대팻밥 가운데까지 왔고, 또 내가 옥좌에 앉아 있는 것을 애착을 느꼈을 것보다도 나무 위에 몸을 굽히고 있는 나를 보고 내게 더 애착을 느끼게 되었을 것이라고 내가 확신하는 제자 앞에서, 그리고 그의 무식과 그를 찍어누르는 불행과 메시아가 실제로 어떤 지에 대해서 전혀 알지 못하는데도 불구하고 내 정체를 알아본 어린 아이 앞에서 말이다.

너희들 말이 없느냐? 잘못된 생각을 바로 잡아 주기 위해 내가 목소리를 높인다고 기분나빠 하지 말아라. 사랑으로 이렇게 하는 것이다. 그러나 거룩하게 하고 단단한 껍질을 벌리는 배자를 너희 안에 넣도록 하여라. 그렇지 않으면 너희가 항상 무익한 사람들이 될 것이다. 내가 한 것을 너희도 할 준비를 갖추고 있어야 한다. 이웃 사랑을 위하여, 한 영혼을 하느님께 데려오기 위하여는 어떤 일도 너희가 너무 벅차다고 생각해서는 안 된다. 일은 어떤 것이건 절대로 창피스러운 것이 아니다. 그러나 비열한 행동, 위선, 거짓말로 하는 밀고, 냉혹, 부정, 고리대금, 중상, 음란 따위는 창피스러운 것이다. 이것이야말로 사람을 모욕하는 것이다. 그런데도 이것은 부끄러움없이 행해지는데, 자기를 완전한 사람이라고 말하고 싶어하고, 또 내가 톱과 망치를 들고 일하는 것을 보고는 틀림없이 눈살을 찌푸렸을 사람들까지도 이런 일을 한다. 오! 오! 망치! 멸시할 만한 망치도, 만일 고아들에게 먹을 것을 주는 물건을 만들기 위하여 나무에 못을 박는 데 쓰이면, 얼마나 고상한 물건이 되느냐! 고상하지 않은 망치도, 그것이 내 손에 들리고 거룩한 목적을 위해 쓰이면 얼마나 그 고상하지 못한 외양이 사라지겠으며, 지금은 그 망치 때문에 파렴치한 짓이라고 비난하기 시작할 사람 모두가 그것을 얼마나 가지고 싶어 하겠느냐!

오! 빛과 진리이어야 할 피조물인 사람아, 네가 얼마나 어둡고 거짓말쟁이이냐! 그러나 적어도 너희만은 선이 무엇인지, 사랑이 무엇인지, 순종이 무엇인지 깨달아라! 나 진정으로 너희에게 말한다마는 바리사이파 사람이 많고, 또 내 둘레에 있는 사람들 가운데에도 없지 않다."

"아닙니다. 선생님. 그렇게 말씀하지 마십시오! 저희는…저희는 선생님을 사랑하기 때문에 어떤 일들은 원치 않는 것입니다!…"

"그것은 너희가 아직 아무것도 알아듣지 못했기 때문이다. 나는 믿음과 바람에 대해서 너희에게 말하였다. 그리고 사랑에 대하여 말하는 데에는 내가 사랑을 하도 많이 발산해서 너희에게 그것이 잔뜩 채워져 있을 것이기 때문에 새로운 말이 필요없다고 믿고 있었다. 그러나 너희가 사랑을 이름으로

만 알고, 그 본질과 형태는 알지 못한다는 것을 알겠다. 너희가 달에 대해서 아는 것 모양으로 말이다.

바람은 믿음과 사랑을 받쳐 주는 가벼운 멍에의 가로대 같은 것이고, 인류의 십자가이고, 구원의 옥좌라고 내가 말해 준 말을 기억하느냐? 기억한다고? 그러나 내 말의 뜻을 알아듣지 못하였다. 그런데 왜 설명을 해달라고 청하지 않았느냐? 설명을 해주마. 바람은 사람으로 하여금 영원한 진리의 무게에 눌려 그의 어리석은 교만을 낮추지 않을 수 없게 하기 때문에 멍에이고, 또 그 교오의 십자가이다. 그의 주님이신 하느님께 바라는 사람은 자기를 '신'이라고 선언하고 싶어하는 그의 교만을 필연적으로 깎아내리고, 자기는 아무것도 아니고 하느님은 전부이시며, 자기는 아무것도 할 수 없고 하느님은 무엇이든지 다 하실 수 있으며, 사람인 자기는 지나가는 먼지이고 하느님은 먼지에게 영원이라는 상을 주시어 더 높은 단계로 올려 주시는 영원하신 분이라는 것을 인정한다. 사람은 생명에 이르기 위하여 자신을 그의 거룩한 십자가에 못박고, 믿음과 사랑의 불꽃으로 거기에 못박혀 있다. 그러나 그가 하늘에 들어 올려지는 것은 믿음과 사랑 둘 사이에 있는 바람에 의한 것이다. 그러나 이 가르침을 기억해 두어라. 만일 사랑이 없으면, 옥좌에는 빛이 없고, 한쪽에 못이 빠져서 몸이 진흙 쪽으로 기울어진다. 하늘을 이제는 보지 못하게 되었기 때문이다. 사람은 이렇게 해서 바람의 유익한 결과의 효과를 없애버리고, 마침내 믿음 자체도 열매를 맺지 못하는 것이 되게 하고 만다. 그것이 사람이 대신덕(對神德) 셋중에 둘에서 떨어져 나오면 무기력과 죽음을 가져오는 냉기에 빠지기 때문이다.

가장 보잘 것 없는 일에 있어서도 하느님을 물리치지 말아라. 그런데 이교도적인 교만 때문에 이웃을 돕기를 거절하는 것은 하느님을 물리치는 것이다.

내 가르침은 죄지은 인류의 몸을 숙이게 하는 멍에이고, 단단한 껍질을 깨뜨려서 정신을 해방하는 망치이다. 멍에이고 망치이다. 그렇다. 그러나 내 가르침을 받아들이는 사람은 인간의 모든 주의와 인간의 다른 모든 것이 주는 권태는 느끼지 않는다. 그리고 이 망치로 맞는 사람은 그의 인간적인 자아(自我)가 부수어지는 데에서 고통을 느끼지 않고 오히려 해방감을 맛본다. 왜 너희들은 이 멍에를 벗어버리고 납이요 고통인 모든 것을 대신 메려고 하느냐? 너희 모두가 고통이 있고 피로가 있다. 인류 전체가 때로는 인간의 힘에 겨운 고통과 피로를 가졌다. 그의 몸을 굽게 하고 그의 입술에서 어린이다운 미소를 빼앗아 가고, 그의 정신에서는 태평한 마음을 빼앗아 가서 인간적으로 말하면 결코 어린이다운 것이 되지 못하게 하는 크고 무거운 짐을 벌써부터 그 작은 어깨에 메고 있는 이 어린이와 같은 어린 아이에서부터, 그 긴 일생의 모든 실망과 피로와 무거운 짐과 상처를 가지고 무덤을 내려다보는 노인에 이르기까지. 그러나 내 가르침과 내 믿음에는 이 견디기 어려운 무거운 짐을 덮어주는 것이 들어 있다. 그렇기 때문에 내 가르침을 '기쁜 소식'이라고 부르는 것이다. 그리고 내 가르침을 받아들이고 그것을 따르는 사람은 이 세상에서부터 지극히 행복할 것이니, 그것은 그를 위로해 주시는 하느님을 모실 것이고, 마치 다정스러운 자매들을 둔 것같이 그의 길을 쉽고 밝게 해주는 덕행들을 가지겠기 때문이다. 이 자매들은 그의 손을 붙잡고, 등불을 켜서 그의 길과 생활을 밝혀 주고, 그가 피로한 몸을 땅에 조용히 넘어지게 내버려두어서 천국에 가서 다시 깨어나게 될 때까지 하느님의 영원한 언약들을 노래해 준다.

사람들아, 너희가 도움을 받고 위로를 받을 수 있는데, 어찌하여 피로하고, 비탄에 잠기고, 싫증나고, 진저리나고, 비관하고자 하느냐? 어찌하여 내 사도들인 너희도 너희 사명에 대하여 싫증을 느끼고 그것이 어렵고 엄격함을 느끼고자 하느냐? 어린 아이와 같은 신뢰를 가지고 있으면 그 임무를 수행하는 것을 지극히 쉽게 느끼고 즐거운 열의만을 느낄 터인데 말이다. 그리고 그 임무가 하느님을 알지 못하고 회개하지 않는 사람들에게는 엄혹하지만, 하느님께 충실한 사람들에게는 마치 길에서 자기 어린 것을 부축해 주면서 그의 확실치 않은 발이 조약돌에 걸리지 않고 가시덤불이나 뱀굴을 밟지 않고 도랑에 빠지지 않게 일일이 일러주어 그것들을 알아서 죽지 않게 하는 어머니와 같다는 것을 깨닫고 느끼기가 그렇게도 쉬운데 말이다.

지금 너희는 슬퍼하고 있다. 너희 비탄은 그 시작이 매우 보잘 것 없는 것이었다! 너희는 우선 내 겸손을 나 자신에 대한 죄인 것처럼 슬퍼하였다. 그 다음에는 너희가 나를 슬프게 했고, 그러므로 너희가 완전하게 되려면 아직 멀었다는 것을 깨달았기 때문에 슬퍼하였다. 그러나 이 슬픔에 교만이 들어 있지 않은 사람은 너희 가운데 얼마되지 않는다. 너희들이 교만으로 완전한 사람이기를 원하는데 아직 아무것도 아니라는 것을 확인함으로 손상을 입은 교만 말이다. 꾸지람을 받아들이고, 인간적인 것을 초월하는 목적에서 완전하기를 원한다는 다짐을 마음 속으로 하면서 너희가 잘못 생각했다는 것을 인정하며 동의하는 겸손을 가지기만 하여라. 그런 다음 내게로 오너라. 내가 너희들을 꾸중한다. 그러나 너희를 이해하고 동정한다.

사도들인 너희들, 내게로 오너라. 그리고 물질적인 고통과 정신적인 고통과 영적인 고통으로 괴로워하는 사람들, 너희 모두 내게로 오너라. 영적인 고통은 하느님 사랑을 위하여, 또 열의를 가지고 악으로 돌아가는 일없이 너희를 거룩하게 하고 싶은데, 그렇게 할 줄을 모르는 데에서 오는 고통으로 너희에게 주어지는 것이다. 성화의 길은 길고 알 수 없으며, 때로는 입안에 독약 맛을 느끼며 어둠 속을 걸어가고, 앞으로 나아가지 못한다고 생각하고, 하늘의 액체를 마시지 못하고, 또 이 영적인 눈먼 상태가 바로 완전의 요소라는 것도 알지 못하는 길손이 모르는 사이에 완성되기도 한다.

빛과 즐거움을 누리지 못하면서 전진을 계속하고, 아무것도 보지 못하고 느끼지 못한다고 해서 물러서지도 않고 멈추어 서지도 않고 '하느님께서 내게 더없는 기쁨을 주시지 않는 한 내가 앞으로 나아가지는 못한다'고 말하는 사람은 지극히 행복하고 세 번 행복하다. 너희들에게 분명히 말하지만 지극히 어둡던 길이 하늘의 풍경으로 빠져나가면서 갑자기 대단히 환해질 것이다. 이 용맹한 사람의 경우에는 독약이 인간적인 것에 대한 맛을 모두 없애버린 다음 천국의 단맛으로 변할 것이다. 그래서 그 용맹한 사람들은 '이게 어떻게 된 일인가? 왜 내가 이렇게 단맛과 이렇게 큰 기쁨을 맛보는 것인가?' 하고 말할 것이다. 그것은 그들이 끝까지 꾸준하였으므로 하느님께서 이 세상에서부터 천상에 있는 것으로 그들을 몹시 기쁘게 하시겠기 때문이다.

그러나 그동안 견디어내기 위하여는, 피로하고 지친 너희들, 너희 사도들, 그리고 하느님을 찾으면서 그들이 이 세상에서 만나는 고통 때문에 울고 외로운 가운데에서 기진맥진하는 모든 사도 너희와 함께 내게로 오너라. 내가 너희 원기를 회복시켜 주겠다. 내 멍에를 메어라. 내 멍에는 무거운 짐이 아니라 받쳐 주는 것이다. 내 가르침을 사랑하는 아내처럼 껴안아라. 그 가르침에 축복을 하는 데 그치지 않고, 가르침이 하라고 시키는 것을 하는 너희 선생을 본받아라. 마음이 온유하고 겸손한 나에게서 배워라. 온유와 겸손은 세상과 하늘에서 나라를 마련해 주기 때문에 너희는 영혼의 안식을 얻을 것이다. 이것은 이미 너희에게 한 말이다마는, 사람들 가운데에서 진짜 승리자는 이 나라를 사랑으로 쟁취하는 사람이며, 사랑은 항상 온유하고 겸손하다. 나는 너희에게 힘에 부치는 일은 절대로 시키지 않겠다. 내가 너희를 사랑하고, 하늘 나라에서 너희를 데리고 있고 싶기 때문이다. 그러므로 내 기장(記章)을 차고 내 제복(制服)을 입고, 나와 비슷비슷한 사람, 내 가르침이 시키는 것과 같은 사람이 되도록 힘써라. 내 멍에는 부드럽고 그 무게는 가벼운데, 너희가 충실하면 누리게 될 영광은 무한히 큰 것이니 두려워 말아라. 그 영광은 무한하고 영원하다…."

잠깐 너희를 떠나겠다. 아이를 데리고 호수 쪽으로 가겠다. 이애가 친구들을 만날 것이다. …그런 다음 식사를 같이 하자. 요셉아, 오너라. 나를 사랑하는 어린이들을 네게 소개해 주마."

132. "마음은 할례를 받지 않는다"

먼젓번 환시 때와 같은 장면. 예수께서는 벌써 어린 요셉의 손을 잡으시면서 과부에게 작별인사를 하시며 그에게 말씀하신다. "내가 돌아올 때까지는 이방인이면 몰라도 아무도 오지 않을 것입니다. 그러나 누가 오거든 내가 틀림없이 온다고 말하면서 모레까지 붙잡아 두시오."

"선생님, 그렇게 말하겠습니다. 그리고 만일 병자들이 있으면 선생님이 가르쳐 주신 대로 제 집에 머무르게 하겠습니다."

"그러면 안녕히 계시오. 그리고 평화가 당신과 함께 있기를 바랍니다. 마나엔, 갑시다."

이 짤막한 정보로 나는 병자들과 불행한 사람들이 예수를 찾아 코라진으로 왔었고, 예수께서는 일에 의한 교훈에 기적에 의한 교훈을 합치셨다는 것을 알게 되었다. 그리고 코라진이 여전히 무관심한 채로 있는 것은 그곳이 경작할 수 없는 황량한 땅이라는 표이다. 그러나 예수께서는 당신께 인사하는 사람들에게 아무 일도 없었던 것처럼 인사를 하시면서 읍내를 지나가신다. 그리고 중단되었던 마나엔과의 대화를 다시 시작하신다. 마나엔은 마케론테로 돌아갈까 아직 한 주일을 더 머무를까 생각해 본다….

…그동안 가파르나움의 집에서는 안식일을 준비한다. 약간 다리를 저는 마태오는 동료들을 맞이하여 그들에게 시원한 물과 과일을 내오며 그들의 전도에 대해서 알아본다.

베드로는 벌써 바리사이파 사람들이 집 근처에서 서성거리는 것을 보고 뽀로통해 있다. "제자들은 우리 안식일을 잡치려고 하는 거야. 나는 누구더러 선생님 마중을 가서 제자들을 머쓱하게 놔두시고 베싸이다로 가시라고 말씀드리게 하겠어."

"그렇지만 선생님이 그렇게 하실 거라고 생각해?" 하고 그의 아우가 묻는다.

"그리고 아랫방에는 선생님을 기다리는 저 불쌍한 사람이 있단 말이야"

하고 마태오가 말한다.

"그 사람은 누가 배로 베싸이다에 데려가고, 나나 누구 다른 사람이 선생님 마중을 나갈 수 있을 거야."

"그렇지, 그래…" 하고 가족이 베싸이다에 있기 때문에 기꺼이 그리 갈 마음이 있는 필립보가 말한다.

"더군다나…자, 보라구! 오늘은 율법학자들이 경비를 강화했단 말이야. 시간을 허비하지 말고 가자구. 자네들은 병자를 데리고 정원으로 해서 집 뒤 길로 가게. 나는 자네들이 탈 배를 '무화과나무 우물'에 대겠어. 그리고 야고보도 그렇게 하고. 열성당원 시몬과 예수님의 사촌들은 선생님 마중을 가고."

"나는 마귀들린 사람하고 같이 가지 않겠어" 하고 가리옷 사람이 선언한다.

"왜? 마귀가 자네한테 대들까 봐 겁이 나나?"

"요나의 시몬, 날 귀찮게 굴지 말아. 내가 안 간다고 말했으면 안 가는 거야."

"예수의 사촌들과 같이 예수 마중을 나가게."

"싫어."

"어이구! 배로 가세."

"싫어."

"아니, 대관절 어떻하겠다는 거야? 자넨 언제나 훼방을 놓는 사람이란 말이야."

"나는 있는 곳에 그대로 있고 싶어, 여기에. 나는 아무도 무섭지 않아. 그래서 도망치지 않아. 또 게다가 선생님도 자네들 생각을 고맙게 여기지 않으실 거야. 그래서 또 다른 꾸지람 설교를 듣게 될 텐데, 나는 자네들 때문에 설교를 듣고 싶지 않단 말이야. 자네들이나 가게. 나는 여기 남아서 찾아오는 사람들에게 사정이나 알려주지…."

"바로 그게 안 된단 말이야! 다들 가든지, 아니면 아무도 안 가든지" 하고 베드로가 외친다.

"그러면 아무도 안 가는 거야. 선생님이 여기 계시니까. 저기 오신단 말이야" 하고 길쪽을 살피고 있던 열성당원이 정색을 하고 말한다.

베드로는 불만이어서 수염 속에서 투덜거린다. 그는 다른 사람들과 같이 예수의 마중을 나간다. 처음 인사가 끝난 다음 그들은 예수께 여러 시간 전부터 예수께서 오시기를 부모와 같이 기다리고 있는 소경이요 벙어리인 마귀들린 사람에 대하여 말씀드린다.

마태오가 설명한다. "그 사람은 생기가 없는 것 같습니다. 그 사람은 빈 부대더미에 쓰러져서 다시는 움직이지 않았습니다. 부모들은 선생님께 희망을 걸고 있습니다. 오셔서 식사를 하시고 나서 그 사람을 구제하십시오."

"아니다. 지금 곧 보러 가겠다. 어디 있느냐?"

"아랫층 방 화덕 곁에 있습니다. 제가 그 사람과 부모를 거기 있게 한 것은 망을 보는 것 같은 바리사이파 사람들이 많이 있고 율법교사들도 있기 때문입니다…."

"그렇습니다. 그리고 그 사람들을 기쁘게 해주지 않는 편이 더 낫습니다" 하고 베드로가 투덜댄다.

"시몬의 유다는 여기 없느냐?" 하고 예수께서 물으신다.

"그 사람은 집에 그대로 있습니다. 그 사람은 언제나 다른 사람들과 달리 해야 하거든요" 하고 베드로가 또 투덜댄다.

예수께서는 그를 바라다보신다. 그러나 나무라지는 않으신다. 그리고 마침 베드로에게 아이를 맡기시고 집 쪽으로 빨리 가신다. 베드로는 아이를 쓰다듬어 주고 허리띠에서 호각을 꺼내면서 말한다. "하나는 네 것이고, 하나는 내 아들의 것이다. 내일 저녁 내 아들을 만나라고 너를 데려가마. 이 호각들은 내가 예수님 이야기를 해준 목자더러 만들어 달라고 한 거다."

예수께서는 집안으로 들어가셔서 식기를 정리하는 일에 골몰한 체 하는 유다에게 인사를 하시고는 화덕에 기대어 지은 낮고 어두운 일종의 식량저장실 쪽으로 직접 가신다.

"병자를 나오게 하시오." 하고 예수께서 명령하신다.

가파르나움 사람이 아닌, 그러나 이 고장의 바리사이파 사람들보다도 더 한층 무뚝뚝한 바리사이파 사람이 말한다. "저 사람은 병자가 아니라 마귀들린 사람입니다."

"이것 역시 정신의 병입니다."

"그러나 저 사람은 눈과 혀가 묶여 있습니다…."

"그것도 역시 마귀들림을 지체와 기관에까지 확장하는 정신의 병입니다. 만일 당신이 내가 말을 마저 하게 가만 있었더라면 그것이 무슨 뜻인지를 알

앉을 것입니다. 사람이 병들었을 때 피 속에 있는 열도 피에서부터 몸의 이 부분 저 부분을 침범하는 것입니다."

바리사이파 사람은 어떻게 대꾸할지를 몰라서 입을 다문다.

마귀들린 사람이 예수 앞에 끌려 나왔다. 마태오가 말한 것과 같이 꼼짝하지 않는다. 그는 마귀로 인하여 단단히 부자유스럽게 되었다. 그동안 사람들이 많이 왔다. 말하자면 오락 시간에 사람들이 구경거리가 있는 곳에 어떻게나 빨리 몰려드는지 놀랍다. 이제는 가파르나움의 거물들도 있는데, 그 가운데에는 바리사이파 사람 넷과 야이로, 그리고 한구석에는 질서를 유지한다는 핑계로 로마의 백부장이 있고, 그와 함께 다른 도시의 사람들도 있다.

"하느님의 이름으로, 이 사람의 눈동자와 혀에서 나가라. 내 명령이다! 이 사람을 네게서 풀어 주어라! 이제는 이 사람을 붙잡고 있는 것이 네게 허락되지 않는다. 가라!" 예수께서 손을 펴고 명령하시며 외치신다.

기적은 마귀의 분노한 울부짖음으로 시작되어서 해방된 사람이 "다윗의 후손! 다윗의 후손! 거룩하신 분이며 임금님!" 하고 외치는 기쁨의 절규로 끝난다.

"어떻게 해서 저 사람이 자기를 고쳐준 사람이 누구인지 알지요?" 하고 어떤 율법교사가 묻는다.

"그야 이 모두가 연극이니까요! 이자들은 연극을 하라고 매수된 겁니다!" 하고 한 바리사이파 사람이 어깨를 들썩하면서 말한다.

"하지만 누가 매수했단 말입니까? 당신에게 질문하는 것이 허락된다면 말이오" 하고 야이로가 묻는다.

"당신까지도 말이오."

"그러면 무슨 목적으로?"

"가파르나움을 유명하게 하려고요."

"어리석은 말을 해서 당신 지성의 가치를 떨어뜨리지 말고, 거짓말로 당신 혀를 더럽히지 마시오. 당신은 그것이 사실이 아니라는 것을 알고 있습니다. 그리고 당신이 어리석은 말을 한다는 것을 깨달아야 할 것입니다. 여기서 일어난 일은 이스라엘의 여러 곳에서 일어났습니다. 그러면 매수하는 사람이 사방에 있단 말입니까? 사실 나는 이스라엘에서는 서민들이 대단히 부자라는 것을 알지 못했었습니다! 당신들은, 그리고 당신들과 같이 다른 모든 유력자들은 분명히 이 일에 돈을 내지 않을 것이니까 말입니다. 그렇다면

서민이 돈을 내는 거지요. 선생님을 사랑하는 유일한 사람인 서민이 말입니다."

"당신은 회당장인데 그를 사랑합니다. 여기에는 마나엔이 있고, 베다니아에는 데오필로의 라자로가 있습니다. 이 사람들은 서민이 아닙니다."

"그러나 그 사람들은 정직합니다. 나도 그렇구요. 그리고 우리는 무슨 일에도 아무도 속이지 않습니다. 더구나 믿음의 일에서는 더욱 속이지 않습니다. 우리는 감히 그렇게 하지 못합니다. 우리는 하느님을 두려워하기 때문이고, 또 하느님의 마음에 드는 것은 정직이라는 것을 깨달았기 때문입니다."

바리사이파 사람들은 야이로에게 등을 돌리고 병이 고쳐진 사람의 부모를 공격한다. "누가 당신들에게 이리로 오라고 말했소?"

"누가요? 많은 사람이 말했습니다. 이미 병이 고쳐진 사람들이나 그들의 부모요."

"하지만 그 사람들이 당신들에게 무엇을 주었소?"

"주다니요? 선생님이 이애를 고치실 거라는 보증을 주었지요."

"하지만 저 사람이 정말 병이 들었었소?"

"아이고! 음험한 사람들! 당신들이 이 모두가 조작이라고 생각하는 겁니까? 가다라에 가보시오. 그리고 믿지 않으면 이스마엘의 안나의 가족의 불행에 대해서 알아보시오."

가파르나움 사람들은 분개해서 떠들썩하게 시위를 하는데, 나자렛 근처에서 온 갈릴래아 사람들은 말한다. "그렇긴 해도 저 사람은 목수 요셉의 아들인데!"

예수께 충실한 가파르나움 주민들은 외친다. "아닙니다. 그분은 당신도 그렇다고 말씀하시고 병이 고쳐진 사람도 '하느님의 아들이요 다윗의 후예'라고 부른 그분입니다."

"그러나 당신들의 단언으로 민중을 더 이상 열광케 하지 마시오."

"그럼 당신의 견해로는 누구란 말입니까?"

"벨제붓이오!"

"아이고! 독설가! 하느님을 모독하는 사람! 마귀들린 놈! 마음이 눈먼 사람들! 우리를 파멸시키는 사람! 메시아의 기쁨까지도 우리에게서 빼앗아 가려는 거요, 응? 고리대금업자들! 바싹 마른 조약돌 같은 사람들!" 굉장한 야단법석이다.

물을 좀 마시려고 부엌으로 물러가셨던 예수께서 마침 때맞추어 문지방에 나타나셔서 바리사이파 사람들이 되풀이하는 이치에 닿지 않는 비난을 다시 한 번 들으신다. "마귀들이 그 사람에게 복종하는 것을 보면, 그 사람은 벨제붓에 지나지 않아요. 그의 아비 대벨제붓에 지나지 않아요. 그의 아비 대벨제붓이 그를 돕는 거지요. 그래서 다만 마귀들의 왕 벨제붓의 영향으로만 마귀들을 쫓아내는 것입니다."

예수께서는 문지방의 두 단을 내려오셔서 엄하고 침착하게 곧바로 앞으로 나아가시어 바로 율법학자와 바리사이파 사람들의 집단 앞에서 걸음을 멈추신다. 그리고 꿰뚫어 보는 눈길로 그들을 똑바로 들여다보시며 말씀하신다. "이 세상에서도 적대하는 파당으로 갈라진 나라는 내부적으로 약해져서 쉽게 공격을 받게 되고, 이웃 나라들이 유린해서 예속시키는 것을 우리가 봅니다. 이 세상에서도 반대되는 파당으로 갈라진 도시는 번영을 잃는 것을 우리가 봅니다. 식구들이 미움으로 서로 갈라진 집안도 마찬가지입니다. 그런 가족은 쇠퇴해서 산산조각이 나서 아무에게도 소용이 되지 않고, 동향인들의 웃음을 사게 됩니다. 화합은 의무일 뿐 아니라 좋은 솜씨이기도 합니다. 화합하면 사람들이 예속하지 않고 강하고 사랑하는 사람으로 있을 것이니까요. 개인적인 이익을 갈망해서 분리와 억압으로 이끌릴 때에 애국자들이나 동향인들이나 같은 가족의 식구들이 이것을 깊이 생각해야 할 것입니다. 분리와 억압은 이 집단 저 집단을 서로 대립시키고 애정을 파괴하기 때문에 항상 위험한 것입니다.

사실 세상의 지배자들이 이용하는 것은 이 좋은 솜씨입니다. 우리에게는 지극히 괴로운 로마의 그 부정할 수 없는 힘을 살펴 보시오. 로마는 세계를 지배합니다. 그러나 '지배한다'는 같은 목적과 오직 하나의 의지로 결합해 있습니다. 그들 가운데에도 분명히 대립과 반감과 반항이 있을 것입니다. 그러나 이것이 밑바닥에 남아 있습니다. 표면으로는 분열이 없고 소란이 없는 오직 하나의 덩어리일 뿐입니다. 그들은 모두가 같은 것을 원하고 있고, 또 원하기 때문에 성공합니다. 그리고 같은 것을 원하는 동안은 성공할 것입니다.

빈틈없는 단결의 이 인간적인 예를 보고 이렇게 생각하시오. 이 세상의 자식들이 저러하니 사탄은 어떠하겠는가. 우리가 볼 때에 저들은 사탄들입니다. 그러나 저 이교도들의 악마성(惡魔性)은 사탄과 그 부하마귀들의 악마성에 비하면 아무것도 아닙니다. 세월도 없고 끝도 없고 계략과 악의가 한이 없는 저 영원한 나라 그곳에서는 하느님과 사람들을 해치는 것을 즐기며, 해치는 것을 숨쉬듯 하고, 그것이 저주스러울 만큼 완전히 잔인하고 고통스러운 유일한 즐거움이 되어 있는 그곳에서는 '해친다'는 오직 한 가지 의지로 일치한 마귀들의 융합이 이루어졌습니다.

그런데, 당신들이 내 능력을 의심하게 하려고 주장하려는 것과 같이, 만일 내가 부하 벨제붓이기 때문에 사탄이 나를 도와주는 자라면, 그래서 그가 차지하고 있던 사람들에게서 마귀들을 쫓아 낸다면, 사탄이 자기 자신과 그의 마귀들과 대립해 있는 것이 되지 않겠습니까? 그런데 만일 불화가 있으면, 그의 나라가 지속할 수가 있겠습니까? 아니, 그렇게는 안 됩니다. 사탄은 더없이 음흉한 자여서 자기 자신을 해치지는 않습니다. 그놈은 사람들의 마음 속에 그의 왕국을 확장하는 것을 노리지, 축소하는 것을 노리지는 않습니다. 그놈의 생활은 '훔치고, 해치고, 거짓말하고, 상처를 입히고, 혼란시키는' 것입니다. 하느님에게서 영혼들을 훔치고, 사람들에게서 평화를 훔치는 것이고, 아버지의 피조물들을 해쳐서 아버지께 큰 슬픔을 드리는 것이며, 길을 잘못 들게 하려고 거짓말을 하는 것이고, 즐기기 위해서 상처를 입히는 것이고, 그놈은 무질서이기 때문에 혼란을 일으키는 것입니다. 그런데 그놈은 변할 수가 없습니다. 그놈은 영원히 같은 존재이고, 같은 방법을 씁니다.

그러나 이 물음에 대답하시오. 만일 내가 벨제붓의 이름으로 마귀를 쫓아낸다면, 당신들의 아들들은 누구의 이름으로 마귀를 쫓아냅니까? 그렇다면 그들도 벨제붓이라고 인정하려는 것입니까? 그러나 만일 당신들이 그렇게 말하면, 그들은 당신들을 중상(中傷)하는 사람으로 볼 것입니다. 그리고 만일 그들의 성덕이 대단해서 비난에 대해서 반응을 일으키지 않으면, 이스라엘에 마귀가 많다고 인정함으로 당신들 자신이 자기를 심판하게 될 것입니다. 그리고 하느님께서는 마귀라고 비난을 받은 이스라엘의 아들들의 이름으로 당신들을 심판하실 것입니다. 심판이 어디에서 오건, 심판이 인간의 영향으로 매수되지 않은 곳에서는 결국 당신들의 아들들이 당신네 심판자가 될 것이기 때문입니다.

그리고 만일 사실이 그런 것과 같이 내가 하느님의 영으로 마귀들을 쫓아내면, 하느님의 나라와 그 나라의 왕이 당신들에게 왔다는 증거입니다. 이 왕은 너무나 큰 힘을 가지고 있어서 그의 나라에 반대하는 어떤 힘도 그에게 대항할 수가 없을 지경입니다. 그렇기 때문에 나는 내 나라의 아들들의 권리를 침해하는 자들인 마귀들을 결박해서 그놈들이 차지하고 있는 곳에서 나가게 강요해서 그들의 희생물을 내가 다시 차지하도록 돌려주게 하는 것입니다. 힘센 사람이 살고 있는 집에 들어가서 정당하게나 부정하게 얻은 그의 재산을 빼앗으려고 하는 사람은 혹 이렇게 하지 않던가요? 그 사람은 이렇게 합니다. 그 사람은 들어가서 집에 있는 사람을 묶고, 내게서 빼앗아 갔던 재물을 그에게서 도로 빼앗습니다. 그리고 나만이 강한 사람이고 장차 올 세월의 아버지이고 평화의 왕이기 때문에 나만이 이렇게 할 수 있습니다."

"'장차 올 세월의 아버지'라고 당신이 말할 적에 무슨 뜻으로 말한 것인지 설명해 주시오. 새 세기까지 살겠다고 믿는 것입니까? 또 그보다도 한층 더 어리석게 시간을 창조한다고 생각하는 것입니까? 보잘 것 없는 사람인 당신이? 시간은 하느님의 것입니다" 하고 한 율법학자가 묻는다.

"그런데 율법학자인 당신이 그것을 내게 묻는단 말입니까? 시작은 있지만 끝이 없을 세기가 있으리라는 것, 그리고 그것이 내 세기일 것이라는 것을 모르십니까? 나는 이 세기에서 그 세기의 아들들인 사람들을 내 주위에 모아서 성공을 거둘 것이고, 그 아들들은 내가 창조한 이 세기와 같이 영원히 살 것입니다. 그리고 나는 육체와 세상과 내가 쫓아내는 지옥보다도 정신을 강조함으로써 이 세기를 벌써 창조하고 있는 중입니다. 나는 무엇이든지 할 수 있기 때문입니다.

이러한 이유로 나와 함께 있지 않은 사람은 내게 반대하는 사람이고, 나와 함께 모으지 않는 사람은 흐트러놓는다고 내가 말하는 것입니다. 그리고 이미 예언된 이것을 믿지 않는 사람은 성령께 대한 죄를 짓습니다. 성령의 말씀은 예언자들을 통하여 말씀하셨고, 그 말씀은 거짓말도 아니고 틀린 것도 아니어서 반대하지 않고 믿어야 하는 것입니다.

나 분명히 말합니다만, 하느님께서는 사람이 영만 가지고 있지 않고 육체도 가지고 있는데, 그 육체가 유혹을 당하고 뜻하지 않게 약해질 수 있다는 것을 아시기 때문에 어떤 죄에 대해서도 하느님을 모독하는 어떤 말에 대해서도 사람이 모두 용서를 받을 것입니다. 그러나 성령을 모독하는 언사는 용서받지 못할 것입니다. 사람의 아들을 반대해서 말하는 사람은 그래도 용서를 받을 것입니다. 그것은 나를 둘러싸고 있고 또 나를 반대해서 말하는 사람을 둘러싸고 있는 둔한 육체로 인해서 사람이 아직 오류에 끌려 들어갈 수가 있기 때문입니다. 그러나 성령을 반대해서 말한 사람은 이 세상에서도 내세에서도 용서받지 못할 것입니다. 그것은 진리는 본질적으로 명백하고 거룩하고 부정할 수 없는 것이며, 오류로 이끌어 가지 않는 방식으로 정신에 나타나기 때문입니다. 이런 뜻에서 스스로 오류를 원하는 사람이 오류를 범하는 것이기 때문입니다. 성령께서 말씀하신 진리를 부인하는 것은 하느님의 말씀과 이 말씀이 사람들에 대한 사랑으로 준 사랑을 부인하는 것입니다. 그런데 사랑을 거스르는 죄는 용서받지 못합니다.

그러나 각 사람은 그의 나무의 열매를 맺습니다. 당신들은 당신들의 열매를 맺는데 그것은 좋은 열매가 아닙니다. 만일 당신들이 좋은 나무를 주어서 과수원에 심게 하면 그 나무는 좋은 열매를 맺을 것입니다. 그러나 만일 당신들이 나쁜 나무를 주면, 그 나무에서 따는 열매는 나쁠 것이고, 모든 사람이 '이 나무는 좋지 않다'고 말할 것입니다. 열매를 보고 그 나무를 알아보기 때문입니다.

그런데 좋지 못한 당신들이 어떻게 좋은 말을 할 수 있다고 생각하십니까? 입은 마음에 가득 차 있는 것으로 말하기 때문입니다. 그리고 우리 안에 잔뜩 가지고 있어서 넘치는 것에서 우리의 행위와 말이 오는 것입니다. 선한 사람은 그의 좋은 저장물에서 좋은 물건들을 꺼내고, 악한 사람은 그의 저장물에서 나쁜 물건들을 꺼냅니다. 사람은 안에 들어 있는 것에 따라서 말하고 행동합니다.

정말 잘 들어 두시오. 게으름은 잘못입니다. 그러나 나쁜 일을 하는 것보다는 아무것도 하지 않는 것이 낫습니다. 또 분명히 말합니다만, 쓸 데 없는 말이나 악의있는 말을 하는 것보다는 입을 다물고 있는 편이 더 낫습니다. 비록 침묵이 무위(無爲)라 하더라도 혀로 죄를 짓기보다는 차라리 침묵을 지키시오. 한가함으로 한 말은 어떤 말에 대하여도 심판날에 사람들에게 그의 무죄를 증명하라고 요구되리라는 것을 확언합니다. 그리고 사람들은 그들이 한 말로 무죄가 증명되기도 하고, 그들의 말로 인하여 단죄를 받을 것이라는 것도 분명히 말합니다. 따라서 한가한 것 이상의 말을 그렇게도 많이 하는 당신들은 조심하시오. 그 말들이 한가한 말일 뿐 아니라, 해를 끼치는데, 그것도 내가 당신들에게 말하는 진리에서 사람들의 마음을 멀리 떠나가게 할 목적으로 그렇게 하기 때문입니다."

바리사이파 사람들은 율법학자들과 서로 상의한다. 그리고는 모두 함께 공손한 체하며 청한다. "선생님, 우리가 보는 것을 믿기가 더 쉽습니다. 그러니 선생님께서 선생님의 말씀하시는 분이라는 것을 우리가 믿을 수 있게 표를 하나 보여 주십시오."

"당신들은 내가 사람이 된 말씀이라고 여러 차례에 걸쳐 알려주신 성령을 거스르는 죄가 당신들 안에 있다는 것을 알아차립니까? 내가 여러 가지 예언적인 표를 앞세우고 뒤따르게 하면서 정해진 때에 와서 성령께서 말씀하시는 것을 행하는 말씀이요 구세주라는 것을 말입니다."

그들은 이렇게 대답한다. "우리는 성령은 믿습니다. 그러나 우리 눈으로 어떤 표를 보지 않으면 어떻게 선생님을 믿을 수 있습니까?"

"그렇다면 당신들의 눈으로 감각할 수 있는 내 행동을 믿지 않으면서, 어떻게 신령한 행동을 하는 영을 믿을 수 있습니까? 내 생활에는 표가 가득차 있습니다. 그런데 그것이 아직 충분하지 않습니까? 충분하지 않습니다. 나는 나 자신 넉넉치 않다고 대답하겠습니다. 이것은 충분하지 않습니다. 표를 찾는 간음하고 타락한 이 세대에는 표가 하나밖에 주어지지 않을 것입니다. 그것은 요나의 표입니다. 과연 요나가 사흘 동안 고래 뱃속에 들어가 있었던 것과 같이 사람의 아들도 사흘 동안 땅속에 들어가 있을 것입니다. 나 분명히 말합니다마는, 니니베 사람들이 심판날에 다른 모든 사람과 함께 부활해서 이 세대를 반대하고 단죄할 것입니다. 그들은 예언자 요나의 목소리를 듣고 회개했지만 당신들은 회개하지 않기 때문입니다. 그런데 여기에는 요나보다 더한 어떤 사람이 있습니다. 또 이와 같이 남쪽 나라의 여왕이 부활해서 당신들을 반대하고 단죄할 것입니다. 그것은 그 여왕이 솔로몬의 지혜의 말을 들으려고 땅끝에서 왔었기 때문입니다. 그런데 여기에는 솔로몬보다 더한 어떤 사람이 있습니다."

"왜 이 세대를 간음하고 타락했다고 말씀하십니까? 이 세대가 다른 세대들보다 더 그렇지는 않습니다. 다른 세대들에 있었던 것과 같은 성인들이 있습니다. 이스라엘 사회는 변하지 않았습니다. 선생님은 우리를 모욕하십니다."

"당신들은 당신들의 영혼을 해침으로써 스스로 당신들을 모욕합니다. 당신들의 영혼을 진리에서 멀어지게 하고, 따라서 구원에서 멀어지게 하기 때문입니다. 그래도 당신들에게 대답은 하겠습니다. 이 세대는 옷과 거죽으로만 거룩하고, 속으로는 거룩하지 않습니다. 이스라엘에는 같은 사물을 가리키는 같은 이름들이 있습니다. 그러나 사물의 실재는 없습니다. 같은 풍습이고 같은 옷이고 같은 의식이지만, 거기에는 정신이 들어 있지 않습니다. 당신들이 간통자인 것은 당신들이 하느님의 율법과의 영적인 결혼을 버리고, 불륜의 두 번째 결합으로 사탄의 율법과 결혼했기 때문입니다. 당신들은 탈락성(脫落性)의 지체에만 할례를 받았지, 마음의 할례는 받지 않았습니다. 그리고 당신들이 나쁜 것은 자신을 악마에게 팔았기 때문입니다. 내 말은 끝났습니다."

"선생님은 우리를 너무 모욕하십니다. 그러나 그렇다면 선생님은 왜 이스라엘을 마귀에게서 구해내서 거룩하게 되게 하지 않으십니까?"

"이스라엘이 그런 의향을 가지고 있습니까? 아닙니다. 자기들 안에 마귀를 무거운 짐과 수치로 느끼고 있기 때문에 해방되기 위해서 오는 저 불쌍한 사람들은 그런 의향을 가지고 있습니다. 그러나 당신들은 그것을 느끼지 못하고 있습니다. 그리고 거기에서 해방된다 하더라도 쓸 데 없는 일일 것입니다. 왜 그런고 하니 당신들은 해방되고자 하는 의욕이 없으므로 곧 다시 붙잡힐 것이고, 그것도 한층 더 단단히 붙잡히겠기 때문입니다. 더러운 마귀가 어떤 사람에게서 나가면 메마른 곳을 돌아다니면서 휴식을 찾지만 얻지를 못합니다. 물질적으로 메마른 곳을 말하는 것이 아니라는 점에 유의하시오. 그곳들이 메마르다고 하는 것은 마치 메마른 땅이 씨앗에 대해서 적대적인 것과 같이 그곳들이 그를 받아들이지 않아서 그에게 적대적이기 때문입니다. 그러면 마귀는 이렇게 말합니다. '강제로 그리고 그의 의사에 어긋나게 내가 쫓겨난 내 집으로 돌아가겠다. 나는 그가 나를 받아들여 내게 평온을 주리라고 확신한다.' 과연 마귀는 그에게 속해 있었던 사람에게로 돌아오는데, 흔히는 그를 맞아들일 마음 준비가 되어 있는 것을 발견합니다.

그것은, 나 분명히 말합니다만, 사람이 하느님보다는 오히려 사탄을 더 그리워해서 사탄이 다시 그의 지체를 차지하지 않으면 한탄을 하기 때문입니다. 그러니까 마귀는 그 집으로 가서 집이 비고 청소되고 꾸며지고 순수한 향수를 뿌려서 향기롭게 된 것을 발견합니다. 그러자 그 마귀는 그 집을 다시 잃고 싶지 않기 때문에 다른 마귀 일곱을 가서 데려옵니다. 그래서 그보다 더 고약한 마귀 일곱 놈과 함께 그 집에 들어가서 모두 자리를 잡습니다. 그리고 한 번 회개했다가 다시 타락한 어떤 사람의 이 두 번째 처지는 첫번째 처지보다 더 나쁩니다. 그것은 사람이 어느 정도까지 사탄에게 애착을 느끼고 하느님께 대해서 배은망덕하는지를 마귀가 평가할 수 있기 때문이고, 또 하느님께서는 사람들이 당신의 은총을 짓밟는 곳에는 다시 오지 않으시고, 또 한 번 마귀에게 차지되었던 사람들은 더 심하게 차지되는 것을 다시 환영하기 때문입니다. 악마정신에 다시 빠지는 것은 이미 한 번 나았던 치명적인 폐병에 다시 걸리는 것보다 더 나쁩니다. 그것은 더 이상 개선될 수도 없고 나을 수도 없습니다. 세례자에 의해서 회개하였다가 나보다는 악에 대해서 더 애착을 느끼기 때문에 다시 죄인이 된 이 세대도 이와 같을 것입니다."

찬성이나 항의에서 오는 것이 아닌 웅성거리는 소리가 군중 사이에서 일어난다. 군중이 이제는 얼마나 많이 몰려오는지 정원과 옥상은 물론 거리까지도 꽉 찼다. 낮은 담에 걸터앉은 사람들도 있고, 어떤 사람들은 정원에 있는 무화과나무에 올라가 있고, 옆집 정원에 있는 나무에도 올라가 있다. 모두가 예수와 그분의 적대자들 사이에 벌어지는 토론을 듣기를 원하기 때문이다. 웅성거리는 소리는 먼 바다에서 기슭으로 오는 파도와 같이, 입에서 입으로 전해져서 예수의 가장 가까이에 있는 사도들, 즉 베드로와 요한과 열성당원과 알패오의 아들들에게까지 이른다. 과연 다른 사도들은 혹은 옥상에 혹은 부엌에 있고, 가리옷의 유다만은 길 위에 군중들 틈에 있다.

그리고 베드로와 요한과 열성당원과 알패오의 아들들이 이 웅성거리는 소리를 알아듣고 예수께 말한다. "선생님, 어머님과 형제들이 왔습니다. 저기 밖에 길에 계신데, 선생님께 말씀드리려고 하기 때문에 선생님을 찾습니다. 그분들이 선생님을 찾으려고 여기까지 오신 것은 확실히 중요한 동기 때문일 것이니까 그분들이 선생님께 오실 수 있도록 비끼라고 군중에게 명령하십시오."

예수께서는 머리를 들어 군중 뒤에서 알패오의 요셉이 몹시 흥분해서 당신에게 말하는 동안 울지 않으시려고 애쓰시는 어머니의 괴로워하시는 얼굴을 보신다. 그리고 요셉이 고집하는데도 불구하고 어머니께서 여러 번 되풀이해서 힘있게 부정하시는 표를 보신다. 예수께서는 또 분명히 괴로워하고 진저리내는 시몬의 당황한 얼굴도 보신다. ···그러나 예수께서는 미소도 짓지 않으시고 명령도 하지 않으신다. 예수께서는 고민하시는 어머니가 고통당하시는 것을 그대로 내버려두시고 사촌들도 있는 그 자리에 그대로 내버려두신다.

예수께서는 눈을 내리떠서 군중을 내려다보시고, 또 당신 곁에 있는 사도들에게 대답하시고, 의무보다는 핏줄을 더 강조하려고 하는 멀리 있는 분들에게도 대답하여 이렇게 말씀하신다. "누가 내 어머니이고, 내 형제들입니까?" 그리고 의무를 애정과 혈연 위에 두시고, 또 아버지를 섬기기 위하여 당신을 어머니께 매어놓는 관계를 부인하기 위하여 당신 감정을 억제해야 하는 노력 때문에 창백해지는 얼굴로 엄한 눈길을 돌리시고, 횃불의 붉은 빛과 거의 만월이 된 달의 은백색 빛 아래 당신 주위로 몰려드는 군중을 커다란 손짓으로 가리키시며 말씀하신다. "여기 내 어머니와 내 형제들이 있습니다. 하느님의 뜻을 행하는 사람들은 내 형제이고 자매이며 내 어머니입니다. 나는 다른 형제자매와 어머니가 없습니다. 그리고 내 일가친척들도 제일 먼저, 그리고 다른 모든 사람들보다 더 완전하게 하느님의 뜻을 행해서 일체의 다른 의사나 혈연과 애정의 목소리를 전적으로 희생하기까지 하면 내 형제자매와 어머니가 될 것입니다."

군중은 마치 갑자기 바람이 불어서 흔들린 바다 소리같이 더 큰 웅성거리는 소리를 낸다.

율법학자들은 "저 사람은 마귀들렸다! 제 핏줄까지 모른다고 한다"고 말하면서 도망하기 시작한다.

친척들은 "저 사람 미쳤어! 제 어머니까지 괴롭힌단 말이야!" 하고 말하면서 앞으로 나아온다.

사도들은 말한다. "정말이지 이 말씀은 아주 영웅적인 말씀이야!"

군중은 이렇게 말한다. "선생님이 우리를 그처럼 사랑하시는구먼!"

성모님은 요셉과 시몬과 함께 간신히 군중을 헤치신다. 성모님은 그저 상냥하실 뿐인데, 요셉은 아주 미친 듯이 화가 났고, 시몬은 어쩔 줄을 모른다. 그들은 예수 가까이에 왔다.

그리고 요셉은 즉시 예수를 공격한다. "자네는 미쳤어! 자넨 모든 사람을 모욕한단 말이야. 자넨 어머니조차도 존경하지 않아. 그러나 이제는 내가 여기 왔으니까, 내가 자네가 그러지 못하게 막겠어. 자네가 일꾼으로 여기저기 다닌다는 게 참말인가? 그래 그게 사실이라면, 자넨 왜 자네 가게에서 일을 해서 어머니를 봉양하지 않나? 게으르고 배운 망덕하는 자네가 자네 일은 전도하는 거라고 말하면서, 그 다음에는 돈을 벌려구 다른 사람 집에 가서 일을 한다면, 왜 그런 거짓말을 하는 건가? 정말이지 내게는 자네가 마귀들려서 횡설수설하는 것같이 생각되네. 대답해 보게."
 예수께서는 이런 요셉의 손을 붙잡아 당신 곁으로 끌어당기셔서 그의 겨드랑이에 손을 넣어 들어올리시며 말씀하신다. "내가 일한 것은 이 죄없는 어린 아이와 그 가족들에게 먹을 것을 주고 하느님께서는 인자하시다는 것을 그들에게 믿게 하기 위한 것이었습니다. 내 일은 코라진에서 겸손과 사랑을 설교하는 것이었습니다. 그리고 코라진 사람들에게뿐 아니라, 옳지 못한 요셉 형님에게도 가르치기 위해서입니다. 그러나 나는 형님이 뱀의 이빨에 물렸다는 것을 알기 때문에 형님을 용서합니다. 또 마음이 잘 변하는 시몬 형도 용서합니다. 어머니는 정의로 판단하시니까 어머니께 용서해 드릴 것이 아무것도 없고, 어머니께 용서받을 것도 아무것도 없습니다. 세상은 저 하고 싶은 대로 하라고 하십시오. 나는 하느님께서 원하시는 것을 합니다. 그리고 아버지와 내 어머니의 축복이 있으니까 온 세상이 나를 세상의 기준에 의한 왕으로 환호하는 것보다 더 행복합니다. 어머니, 울지 마시고 오십시오. 저 사람들은 자기들이 무슨 일을 하고 있는지 모릅니다. 그들을 용서하십시오."
 "아이고! 아들아! 나는 안다. 그리고 너도 안다. 더 할 말이 하나도 없다…."
 "사람들에게는 '평안히들 가시오' 하는 이 말밖에 다른 말할 것이 하나도 없습니다."
 예수께서는 군중에게 강복하신다. 그런 다음 오른 손으로는 어머니를, 왼손으로는 어린 아이를 잡으시고 계단 쪽으로 가셔서 제일 먼저 올라가신다.

133. 세례자 요한의 죽음

예수께서 병자들을 고치시는데 마나엔 외에는 보는 사람이 없다. 그들은 가파르나움의 집에, 이른 아침 시간인 지금에는 그늘이 진 정원에 있다. 마나엔은 이제 값진 허리띠도 띠지 않았고, 아마에 금으로 만든 얇은 테도 두르지 않았다. 옷은 모직으로 된 끈으로 졸라맸고, 두건은 천으로 만든 좁은 띠로 잡아맸다. 예수께서는 집에 계실 때는 늘 그러시는 것과 같이 맨머리로 계시다.

병자들을 고치시고 위로하시는 일을 마치신 다음 예수께서는 마나엔과 같이 윗층 방으로 올라가셔서 두 분이 다 야산 쪽으로 난 창문 곁에 앉는다. 호수로 향한 쪽은 햇볕이 잔뜩 드는데, 비록 삼복은 얼마 전에 지났지만 아직 매우 뜨겁기 때문이다.

"얼마 안 있어 포도수확이 시작되겠군요." 하고 마나엔이 말한다.

"그래요, 그리고 장막절이 올 것이고…그러면 이내 겨울이 성큼 다가오구요. 당신은 언제 떠날 작정이오?"

"흠! … 저는 아주 떠나지 않고 싶습니다. …하지만 세례자를 생각합니다. 헤로데는 약한 사람입니다. 그에게 좋은 감화를 줄 수 있었을 때에도 그가 좋아지지는 않습니다. 그러나 적어도…피흘리기를 좋아하지는 않습니다. 그러나 그에게 좋은 조언을 하는 사람은 별로 많지 않습니다. 그리고 그 여인! … 그 여자! … 그러나 저는 선생님의 사도들이 돌아올 때까지 남아 있고 싶습니다. 저를 너무 과대평가해서 그러는 것은 아닙니다만…그러나 저는 아직 좀 쓸모가 있습니다. …제가 선의 길을 따르고 있다는 것을 그들이 깨달은 뒤로는 제 영향력이 많이 줄기는 했지만요. 그러나 그것은 제게 별 상관이 없습니다. 저는 선생님께서 기다리시는 제자들과 같이 선생님을 완전히 따르기 위해 모든 것을 버리는 진짜 용기를 가지고 싶습니다. 그러나 제가 그렇게 되는 날이 언젠가 올까요? 서민이 아닌 저희들은 선생님을 따르는 것을 더 많이 망설입니다. 왜 그렇습니까?"

"그것은 당신들이 당신들을 붙잡는 보잘 것 없는 문어발 같은 재산을 가지고 있기 때문이지요."

"사실을 말씀드리자면 엄밀히 말해서 부자는 아니지만 학자이거나 학자가 될 가망이 있는 사람들도 오지 않는다는 것도 저는 압니다."

"그 사람들도 문어발 같은 보잘 것 없는 재산에 붙들리는 겁니다. 돈만 있어야 부자가 되는 것이 아니지요. 지식이라는 재산도 있는 것입니다. 전도서에 물질적으로뿐 아니라 깊이 있게 다루어지고 부연된 '헛되고 또 헛되다. 세상 만사가 헛되다'라는 말을 솔로몬처럼 인정하기에 이르는 사람이 별로 많지 않아요. 당신은 이 생각을 머리에 새겨두고 있소? 인간의 지식은 헛된 것입니다. 인간적인 지식만 쌓는 것은 '정신의 피로이고 고뇌이며, 지식을 발전시키는 사람은 근심도 발전시키기' 때문이오. 사실이 이렇다는 것을 나는 분명히 말하겠소. 만일 인간적인 지식이 초자연적인 지혜와 하느님께 대한 거룩한 사랑으로 지탱되고 튼튼해지면, 이렇지 않으리라는 것도 분명히 말하겠소. 쾌락은 헛된 것이오. 그것은 지속하지 않고, 타오른 다음에는 빨리 사라지고 뒤에는 재와 공허를 남기기 때문이오. 여러가지 술책으로 모은 재산도 사람에게는 헛된 것이지요. 사람은 죽어서 그 재산을 다른 사람들에게 남겨주게 마련이고, 또 그의 재산으로 죽음을 물리칠 수 없기 때문이오. 여자로만 보고 또 여자이기 때문에 원하는 여자도 헛된 것이지요. 그래서 헛된 것이 아닌 유일한 물건은 하느님께 대한 거룩한 두려움과 그분의 계명에 복종하는 것, 즉 육체적인 것만이 아니고, 제 2의 본성인 신령한 본성도 가진 사람의 지혜라는 결론에 이르게 되오. 이런 결론을 내리고 또 원할 줄을 아는 사람은 문어발 같은 일체의 보잘 것 없는 소유에서 초탈해서 자유로이 태양을 맞이하러 갈 줄을 압니다."

"이 말씀들을 기억하기를 원합니다. 요사이 선생께서 얼마나 제게 주셨습니까! 이제는 제가 더러운 궁중으로 갈 수가 있습니다. 궁중은 어리석은 사람들에게나 빛나게 보일 뿐이고, 강대하고 자유로운 것으로 보이지마는 비참이고 감옥이고 어두움에 지나지 않습니다. 그런데 저는 가장 좋은 것을 기다리면서 그 곳에서 더 낫게 살 수 있게 할 보물을 가지고 갈 수 있습니다. 그러나 전적으로 선생님의 것이 되는 것인 이 가장 좋은 것에 제가 이를 수 있을까요?"

"이르게 될 거요."

"언제요? 내년입니까? 또는 더 나중입니까? 또는 제가 늙어서 현명하게 될 때입니까?"

"몇 시간 동안 일이 전개되는 동안 정신이 성숙하게 되고 의지가 완전하게 되면서 거기에 이를 것입니다."

마나엔은 생각에 잠기고 질문을 하는 듯한 시선을 보낸다. …그러나 다른 말을 묻지는 않는다.

침묵이 흐른다. 그러다가 예수께서 말씀하신다. "베다니아의 라자로를 가까이 한 적이 있소?"

"없습니다. 선생님. 없었다고 말할 수 있습니다. 몇 번 만난 일이 있다 하더라도 그것을 우정이라고 부를 수는 없습니다. 아시지요. …헤로데가 저하고 있는데 헤로데가 그 사람은 반대하고 있습니다. …그러니…"

"라자로가 이제는 당신은 그런 일을 초월해서 하느님 안에 볼 것입니다. 당신은 동료 제자로서 그를 가까이 하도록 힘써야 할 거요."

"선생께서 원하시면 그렇게 하겠습니다."

흥분한 사람들의 목소리가 정원에서 들려온다. 그들은 걱정스럽게 묻는다."선생님! 선생님! 선생님이 여기 계십니까?"

듣기 좋은 여주인의 목소리가 대답한다. "윗층 방에 계십니다. 댁들은 누구십니까? 병자들입니까?"

"아닙니다. 요한의 제자들입니다. 그런데 나자렛의 예수님을 뵙고 싶습니다."

예수께서 창문에 나타나시며 말씀하신다. "평화가 당신들에게 있기를… 오! 당신들이군요? 오시오! 와요!"

그들은 세 사람의 목자, 요한과 마티아와 시메온이다. "아이고! 선생님!" 하고 그들은 머리를 들고 몹시 슬퍼하는 얼굴을 보이면서 말한다. 예수를 뵙는데도 그들의 얼굴이 명랑해지지 않는다.

예수께서는 방을 나오셔서 옥상으로 그들을 맞이하러 가신다. 마나엔이 예수를 따라 온다. 그들은 계단이 햇볕드는 옥상으로 통하는 바로 그 곳에서 만난다.

세 사람은 무릎을 꿇으면서 바닥에 입맞춤한다. 그리고 요한이 모두를 대신해서 말한다. "주님, 저희들은 주님이 차지하실 유산이니, 저희들을 받아들이실 때가 되었습니다." 그러면서 눈물이 이 제자와 동료들의 얼굴에 흘러내린다.
　예수와 마나엔이 똑같이 외친다. "요한이!?"
　"그들이 요한을 죽였습니다."
　이 말은 세상의 어떤 소음도 들리지 않게 하는 격렬한 소리처럼 떨어진다. 그러나 이 말은 아주 조용히 한 말이었다. 그러나 이 말은 말을 하는 사람이나 듣는 사람이나 모두 더없이 놀라게 한다. 땅은 이 말을 받아 들이고 공포에 몸을 떠느라고 모든 소음을 중단시키는 것 같다. 그만큼 한순간 동물들과 나뭇잎들과 공중에 깊은 침묵이 흐르고 모두가 꼼짝하지 않는다. 비둘기들의 구구 하는 소리가 중단되었고, 티티새의 피리소리 같은 노래도 중단되었고, 참새들의 짹짹거리는 합창소리도 멎었으며, 갑자기 그 발성기관이 깨진 것같이 날카롭게 울어대던 매미도 갑작스레 잠잠해진다. 그동안 비단 스치는 소리와 말뚝 긁히는 소리와 같은 소리를 내면서 포도나무 가지와 잎을 어루만지던 바람도 잔다.
　예수의 얼굴은 상아 빛깔같이 창백해지고 눈이 커지면서 눈물이 글썽거린다. 예수께서는 팔을 벌리면서 말씀하시는데, 그 목소리는 자신있는 목소리가 되게 하려고 노력하심으로 인하여 그윽하게 들린다. "정의의 순교자요 내 예고자에게 평화." 그리고는 팔을 † 로 포개시고 정신을 가다듬으신다. 틀림없이 하느님의 성령과 세례자의 영과 일치하셔서서 기도를 하시는 것이다.
　마나엔은 몸짓 하나도 감히 하지 못한다. 예수와는 반대로 얼굴이 시뻘개졌고, 분노의 충동이 있었다. 그런 다음 몸이 뻣뻣해졌고, 그의 마음의 동요 전체가 그의 옷끈을 잡아당기는 오른손의 기계적인 움직임과 얼떨결에 단도를 찾는 왼손의 기계적인 움직임으로 나타난다. …그러다가 마나엔은 "온유하신 분 곁에서 온유하신 분의 제자가" 되기 위하여 무기를 지니지 않았다는 것을 기억하지 못하는 정신의 약함을 한탄하면서 머리를 흔든다.
　예수께서는 다시 입을 여시고 눈을 뜨신다. 얼굴과 눈길과 목소리가 다시 당신이 늘 가지는 숭고한 위엄을 찾았다. 예수께는 이제 평화로 완화되는 엄숙한 슬픔이 남아 있을 뿐이다. "오시오. 내게 이야기해 주시오. 오늘부터는 당신들이 내 제자요."
　그리고 그들을 방으로 인도하시고, 문을 닫으시고 빛을 완화하고 그들의 고통과 세례자의 아름다운 죽음을 둘러싸고 정신집중의 분위기를 만들기 위하여 커어튼을 반쯤 친 대로 놓아두신다. 이런 것들은 그 완전한 생애와 부패한 세상 사이를 분리시키기 위한 것이기도 하다. "말하시오" 하고 예수께서 명령하신다.

마나엔은 화석이 된 것 같다. 이들 가까이에 있지만 한마디도 말을 하지 않는다.

"생일잔칫날 저녁이었습니다. …사건은 예측할 수 없는 것이었습니다. 두 시간 전만 하더라도 헤로데가 요한과 이야기를 나누고 친절하게 돌려 보냈었습니다. …그리고 살인, 순교, 범죄, 영광스럽게 됨…이 있기 아주 직전에도 헤로데는 잡혀 있는 요한에게 하인을 시켜 설탕을 입힌 과일들과 진귀한 술을 보냈었습니다. 요한은 그 물건들을 저희에게 나누어 주었었습니다. 요한은 그의 엄격한 생활을 절대로 바꾸지 않았습니다. …저희들밖에 없었던 것은 마나엔의 덕택으로 저희는 궁궐에 들어가서 부엌과 마구간에서 일하고 있었기 때문입니다. 그런데 이것은 저희가 항상 우리 요한을 볼 수 있게 하는 우대였습니다. …요한과 저는 부엌에 있었고, 시메온은 손님들의 말을 잘 보살피도록 마구간 하인들을 감독했습니다. …궁궐에는 갈릴래아의 유력자들과 군대의 우두머리들과 귀족들이 가득차 있었습니다. 헤로디아는 그날 아침 헤로데와 갑자기 심하게 다투고 나서 그의 방에 틀어박혀 있었습니다…."

마나엔이 말을 중단시킨다. "그 잔인한 여자가 언제 왔나?"

"이틀 전에 왔습니다. 사람들은 그 여자가 올 것으로는 생각지 않았었습니다. …그런데 그 여자가 왕에게 그와 멀리 떨어져서 살 수가 없고, 또 왕의 생일에 곁에 있지 않을 수는 없다고 말했답니다. 언제나와 같이 음험하고 마술사 같은 그 여자는 헤로데를 장난감 다루듯 합니다. …그러나 그날 아침 벌써 술과 음탕으로 취해 있으면서도 헤로데는 아내가 청하는 것을 소리소리 지르면서 주기를 거절했었습니다. …그런데 그것이 요한의 목숨이라는 것은 아무도 생각하지 못했었습니다!…

그 여자는 거만하게 자기 방에 남아 있었습니다. 그리고 헤로데가 값진 식기에 담아 보낸 훌륭한 요리를 돌려보냈었습니다. 과일이 잔뜩 담긴 쟁반만을 그대로 두고, 그대신 약물을 탄 포도주 한 항아리를 헤로데를 위해 보냈었습니다. …약물을 탄…아! 그렇게 취했으니 그의 타락한 성질은 그를 범

죄로 이끌어 가기에 충분했습니다!
　식탁 시중을 들던 하인들을 통해서 저희가 안 일인데, 궁중의 무언(無言) 광대극 배우들의 춤이 있은 다음, 아니 그 춤이 한창 벌어지고 있는 중에 살로메가 춤을 추면서 갑자기 연회장으로 들어왔고, 무언광대극 배우들은 왕녀 앞에서 물러나 벽에 찰싹 달라 붙었습니다. 춤은 나무랄 데 없이 완벽하고 음탕했다고 합니다. 손님들에 어울리는…헤로데는…오! 어쩌면 근친상간의 새로운 욕망이 그의 안에서 술렁이고 있었는지도 모릅니다. …헤로데는 그 춤이 끝난 다음 흥분해서 살로메에게 말했습니다. '너 춤을 훌륭하게 추었다. 나 분명히 말하지만 네가 상을 받을 만한데, 나는 맹세코 그 상을 주겠다. 네가 청할 수 있는 것은 무엇이든지 주겠다고 맹세한다. 모든 손님 앞에서 그걸 맹세한다. 그리고 왕의 말은 맹세가 없이도 성실하다. 그러니 네가 가지고 싶은 것을 청해라.'
　그러니까 살로메는 당황하고 순진하고 정숙한 체 하면서 그렇게 많은 외설을 보이고 나서 얌전하게 입을 뽀로통 내밀고 베일로 몸을 감싸면서 이렇게 말했습니다. '대왕이시여 잠시 생각할 시간을 주십시오. 대왕님의 특별한 호의로 제 마음이 어지러우니까 물러갔다가 다시 오겠습니다.' …그러면서 제 어머니를 보러 나갔습니다.
　셀마에게서 들은 말인데 살로메는 웃으면서 들어와서 ' 어머니, 어머니가 이겼어요, 쟁반을 주세요' 하고 말했답니다. 헤로디아는 승리의 함성을 지르면서 자기가 전에 보관했던 쟁반을 딸에게 주라고 노예에게 명령했답니다. 그리고 이렇게 말했답니다.' 가서 내가 미워하는 머리를 가지고 돌아오너라. 그러면 진주와 금으로 된 옷을 입혀 주마' 하고. 셀마는 소스라치게 놀라서 시키는 대로 했답니다.
　살로메는 춤을 추면서 연회장으로 들어와서, 춤을 추면서 왕의 발 앞에 가서 엎드리면서 말했습니다. '대왕님이 제 어머니와 저를 사랑한다는 것을 표시하기 위해 제 어머니에게 보내신 이 쟁반에 요한의 머리를 담아 주시기를 바랍니다. 그런 다음, 대단히 대왕님의 마음에 드는 춤을 또 추겠습니다. 제가 이겼으니까 승리의 춤을 추겠습니다! 제가 임금님을 이겼습니다. 대왕님! 제가 생명을 이겼습니다. 그래서 행복합니다!' 이렇게 말했답니다. 이것이 친구인 술 따르는 사람이 저희에게 말해 준 것입니다.
　그러니까 헤로데는 자기가 한 말을 잘 지키느냐 또는 정의로운 일을 하느냐 하는 두 가지 결정을 놓고 어쩔 줄을 몰라 당황했습니다. 그러나 원래 부정한 사람이라 정의로울 수가 없었습니다. 그는 왕의 자리 뒤에 있던 사형집행인에게 눈짓을 했습니다. 그러니까 이 사람이 살로메가 내밀고 있던 쟁반을 그의 손에서 받아 가지고 연회장에서 아랫층 방으로 내려갔습니다. 요한과 저는 그가 마당을 건너질러 가는 것을 보았습니다. … 그리고 얼마 안 돼서 '살인자!' 하고 외치는 시메온의 고함을 들었습니다. 그리고 사형집행인이 쟁반에 머리를 담아 가지고 다시 지나가는 것을 보았습니다. …선생님의 예고자 요한이 죽은 것이었습니다….”

 “시메온, 요한이 어떻게 죽었는지 말해 줄 수 있겠소?” 예수께서 잠시 후에 물으신다.

 “예, 요한은 기도를 드리고 있었습니다. …그전에 요한은 제게 이런 말을 했었습니다. '얼마 안 있으면 두 사자가 돌아올 터인데, 그러면 믿지 않는 사람들이 믿을 것이다. 그러나 만일 그들이 돌아오기 전에 내가 죽으면, 죽음이 가까운 사람처럼 네게 다시 한 번 〈나자렛의 예수는 진짜 메시아이시다〉 하는 말을 해서 그들에게 되풀이하게 했다는 것을 기억하여라.' 요한은 항상 선생님을 생각하고 있었습니다. …사형집행인이 들어왔습니다. 저는 큰 소리로 외쳤습니다. 요한은 고개를 들어 그를 보았습니다. 그리고 일어나서 말했습니다. '너는 내 목숨만은 빼앗아 갈 수가 있다. 그러나 악을 행해서는 안 된다는 것은 변하지 않는 진리이다.' 그리고 제게 무슨 말을 하려는 참이었는데, 요한이 서 있는 동안 사형집행인이 무거운 칼을 휘둘렀고, 머리가 몸에서 떨어지면서 피가 콸콸 쏟아져 나와 요한의 염소 가죽옷을 붉게 물들였고, 마른 얼굴은 백지장같이 희어졌습니다. 눈은 살아 있는 듯이 떠진 채로 비난을 하고 있었습니다. 머리는 제 발 앞에 떨어졌습니다. …저는 너무나 큰 고통으로 인해서 까무러쳐서 요한의 몸과 동시에 쓰러졌습니다. …그후 …그후… 헤로디아가 난도질을 한 다음 머리는 개들에게 던져졌습니다. 그러나 저희는 재빨리 머리를 거두어 값진 베일로 몸통에 붙여 놓았습니다. 밤에 저희는 시체를 다시 맞추어서 마케론테 밖으로 옮겼습니다. 해가 뜨자마자 그곳에서 아주 가까운 아카시아숲에서 다른 제자들의 도움을 받으며 시체에 향유를 발랐습니다. …그러나 시체를 다시 빼앗겨서 또 난도질을 당했습니다. 그 여자는 요한을 때려부술 수가 없는데, 그를 용서할 수가 없기 때문입니다. 그리고 그의 노예들은 재칼들보다도 더 사납게 그 머리를 저희에게서 빼앗아 갔습니다. 마나엔, 당신이 그곳에 계셨더라면!…"
 "내가 거기 있었더라면… 그러나 그 머리가 헤로디아에게 저주가 되거든 … 몸이 불완전하더라도 예고자의 영광에는 손상이 없네. 그렇지요, 선생님?"
 "그렇소. 개들이 그 머리를 파괴했더라도 그의 영광은 변함이 없을 거요."
 "또 요한의 말도 변함이 없습니다. 비록 상처를 입고 갈기갈기 찢어졌어도 그의 눈은 아직 '너는 그렇게 해서는 안 된다'고 말하고 있습니다. 그러나 저희는 요한을 잃었습니다!" 하고 마티아가 말한다.
 "그래서 이제는 저희가 선생님의 제자입니다. 요한은 선생님이 이미 알고 계신다고 하면서 이렇게 말했으니까요."
 "그렇소. 여러 달 전부터 당신들은 내 제자였소. 어떻게 왔소?"
 "여러 군데에서 숙박하면서 걸어서 왔습니다. 뙤약볕 아래서 뜨거운 모래밭으로 해서 온 멀고도 고생스러운 길이었는데, 고통으로 인해서 더 뜨거워진 길이었습니다. 저희는 한 스무날쯤 걸었습니다…."
 "이제는 쉬도록 하시오."
 마나엔이 묻는다. "여보게. 내가 없는 것을 헤로데가 이상하게 생각하지 않았나?"
 "왜요? 그가 처음에는 불안해 하고, 다음에는 화를 몹시 냈습니다. 그렇지만 화가 사그러지자 '심판자가 한 명 줄었군' 하고 말했습니다. 술심부름하는 친구가 저희에게 말해 준 것입니다."
 예수께서 말씀하신다. "심판자가 한 사람 줄었다고! 그는 하느님을 심판자로 가지고 있는데, 이것으로 그에게는 충분하오. 우리가 자는 곳으로 갑시다. 당신들은 피로하고 먼지를 뒤집어 썼는데, 당신 동료들의 옷과 샌들이 있으니, 그것을 입고 신으시오. 한 사람의 것은 모든 사람의 것이오. 마티아 당신은 키가 크니까 내 옷을 하나 입으면 되오. 저녁 나절에는 안식일 전날이기 때문에 내 사도들이 돌아올 거요. 다음 주에는 이사악이 그의 제자들과 같이 올 것이고, 그런 다음 장막절 후에는 베냐민과 다니엘이 올 것이오. 그리고 엘리야와 요셉과 레위도 올 거요. 다른 사람들이 열 두 사도와 합쳐질 때가 되었소. 이제는 가서 쉬시오."
 마나엔이 그들과 같이 갔다가 돌아온다. 예수께서는 마나엔과 함께 계시다. 눈에 띄게 슬퍼하시고 생각에 잠기신 채, 팔꿈치를 무릎에 얹으시고 손으로 기울인 머리를 괴시고 앉아 계시다. 마나엔도 탁자 옆에 앉아서 움직이지 않고 있다. 그러나 그는 침울하다. 그의 얼굴에는 격동의 빛이 나타난다.
 한참 후에 예수께서 고개를 들어 그를 바라다보시며 말씀하신다. "그런데 당신은? 이제 어떻게 할 생각이오?"
 "아직 모르겠습니다. …마케론테에 남아 있으려던 계획은 끝났습니다. 그러나 알기 위하여… 그래서 선생님을 보호하기 위하여 아직 궁중에 머물러 있고 싶습니다."
 "지체하지 않고 나를 따르는 것이 더 좋을 텐데요. 그러나 강요하지는 않겠소. 묵은 마나엔을 속속들이 파괴하고 나면 오시오."
 "저는 그 여자에게서 그 머리를 빼앗아 오기를 원하기도 합니다. 그 여자는 그 머리를 차지할 자격이 없습니다…."
 예수께서는 희미한 미소를 지으시며 솔직하게 말씀하신다. "그리고 당신은 아직 인간적인 재산에 미련이 있소. 그래도 당신은 내게 소중하오. 나는 기다리더라도 당신을 잃지 않는다는 것을 알고 있소. 나는 기다릴 줄을 알아요…."
 "선생님, 저는 선생님을 위로하기 위해 후한 인심을 드리고 싶습니다.… 선생님께서 괴로워하고 계시니까요. 저는 그것을 압니다."
 "그렇소. 나는 괴로워하고 있소. 많이! 많이!"
 "요한 때문에만 그러십니까? 저는 그렇게 생각하지 않습니다. 선생님께서는 요한이 평화를 누리고 있다는 것을 아시지요."
 "그가 평화를 누리고 있다는 것을 알고 있소. 그리고 그가 아주 가까이 있는 것을 느끼오."
 "그러면요?"
 "그런데! …마나엔, 새벽 다음에는 무엇이 옵니까?"
 "그야 낮이 오지요. 그걸 왜 물으십니까?"
 "요한의 죽음 뒤에는 내가 구속자가 될 날이 오기 때문이오. 그리고 내 안에 있는 인간적인 것이 이 생각에 몸을 떨고 있소. …마나엔, 나는 야산에 올라가겠소. 당신은 남아서 오는 사람들을 맞이하고, 이미 온 사람들을 도와주시오. 내가 돌아올 때까지 남아 있으시오. 그런 다음에는… 마음대로 하시오. 안녕."
 그리고 예수께서는 방을 나가신다. 계단을 가만히 내려가셔서 정원을 건

너 지르시고, 뒷쪽에 버려진 정원들과 올리브나무, 사과나무, 포도나무, 무화과나무들이 있는 과수원들 가운데로 나 있는 오솔길로 들어서시어, 작은 야산으로 올라가는 비탈길을 다시 올라가셔서 내 눈에서 보이지 않게 되신다.

134. "다리케아로 가자"

 예수께서 집에 돌아오신 때는 밤이다. 소리없이 정원으로 들어오셔서 잠깐 동안 어두운 부엌 앞에서 걸음을 멈추신다. 부엌이 비어 있는 것을 보신다. 자리와 침대들이 있는 두 방으로 가신 거기에도 사람이 없다. 갈아 입은 옷들만이 방바닥에 널려 있어 사도들이 돌아왔음을 알려준다. 얼마나 조용한지 사람이 살지 않는 집 같다.
 예수께서는 그림자보다도 소리를 덜 내시며 계단을 올라오시는데, 흰 달빛 속에서 흰 빛깔로 옥상에 이르신다. 그리고 옥상을 한바퀴 도신다. 예수께서는 소리없이 움직이는 유령과도 같으시다. 빛을 발하는 유령. 빛나는 달빛 아래 예수께서는 더 호리호리하고 커보이신다. 예수께서는 윗층 방문에 걸려 있는 커어튼을 젖히신다. 커어튼은 요한의 제자들이 예수와 같이 방에 들어간 때부터 내려져 있었다. 방안에는 사도들이 요한의 제자들과 마나엔과 같이 떼를 지어 또는 혼자서 앉아 있고, 베드로의 무릎을 베고 잠이 든 마륵지암도 있다. 달이 열린 창으로 해서 인광(燐光)과 같은 빛으로 들어와 방을 비추는 일을 맡는다. 아무도 말을 하지 않는다. 방바닥 자리에 앉아 자는 어린 아이를 빼놓고는 아무도 자지 않는다.
 예수께서 조용히 들어오시는데 토마가 제일 먼저 보고 소스라쳐 놀라며 "아이고! 선생님!" 하고 말한다.
 다른 모든 사람도 몸을 움직인다. 베드로는 성급한 탓으로 벌떡 일어나려고 한다. 그러나 아이 생각이 나서 마륵지암의 갈색 머리를 그가 앉았던 의자에 기대놓고 조용히 일어난다. 그래서 맨 마지막으로 예수 가까이에 온다. 그동안 선생님은 고통을 많이 겪은 사람과 같은 피곤한 목소리로 그들의 고통을 말하는 요한과 야고보와 안드레아에게 대답하신다. "이해한다. 그러나 믿지 않는 사람만이 어떤 죽음에 대해서 슬픔을 느낀다. 알고 또 믿는 우리는 그렇지 않다. 요한은 우리와 갈라져 있지 않다. 전에는 우리와 갈라져 있었다. 전에는 우리를 갈라놓기까지 했었다. 나와 같이 있느냐, 그와 같이 있느냐였다. 이제는 그것이 끝났다. 요한이 있는 곳에 내가 있고, 요한은 내 곁에 있다."

베드로가 젊은 머리들 가운데로 반백이 된 그의 머리를 들이미니, 예수께서 그를 보시고 말씀하신다. "요나의 시몬아, 너도 울었느냐?" 그러니까 베드로는 평소보다 더 쉰 목소리로 말한다. "예, 주님, 저는 요한의 제자였으니까요. … 또 그리고… 또 그리고… 그리고 바리사이파 사람들이 있음으로 인해서 우리의 안식일이 매우 고통스러울 것이라고 슬퍼한 것을 생각하니! 그렇습니다. 이번 안식일이야말로 슬픔의 안식일입니다! 저는 더 아름다운 안식일을 지내려고… 어린 아이까지 데려왔었는데요. …오히려 그 반대가 되었으니요….″

"요나의 시몬아, 낙심하지 말아라. 요한은 없어진 것이 아니다. 네게도 이 말을 한다. 그리고 그 대신 우리는 잘 교육받은 제자 세 명을 얻었다. 아이는 어디 있느냐?"

"저기서 자고 있습니다. 선생님…"

예수께서는 조용히 자고 있는 작은 갈색머리에 몸을 구부리시고 "자게 내 버려두어라" 하고 말씀하신다. 그런 다음 "저녁식사를 했느냐?" 하고 또 물으신다.

"안 먹었습니다. 선생님을 기다리고 있었습니다. 그리고 지금은 어디로 찾아 가야 할지도 모르고 해서 늦어지시는 것 때문에 걱정을 하고 있었습니다. …저희들은 선생님도 잃은 것으로 생각했었습니다."

"우리는 아직 함께 있을 시간이 있다. 자, 저녁 준비를 하여라. 그 다음에는 다른 곳으로 가기 때문이다. 나는 친구들 사이에서 외따로 떨어져 있을 필요가 있는데, 내일 우리가 여기 있으면, 언제나 사람들이 와서 우리를 둘러싸고 있겠기 때문이다."

"그런데 저는 맹세코 그들을 용납하지 않겠습니다. 특히 바리사이파 사람들의 영혼의 뱀과 같은 술책은 용납하지 않겠습니다. 그리고 회당에서 우리들을 향해 빙글거리는 웃음이 새나오기만 해도 위험할 것입니다."

"시몬아, 침착해라! …그러나 나도 그 생각을 했었다. 그렇기 때문에 너희를 데리러 돌아왔다."

식탁 양쪽에 켜 놓은 작은 등잔 불로 얼굴빛이 변한 것이 더 잘 보인다. 오직 예수만이 엄숙한 위엄을 잃지 않으셨고, 마륵지암은 자면서 미소를 짓고 있다.
"아이는 벌써 먹었습니다" 하고 베드로가 설명한다.
"그러면 자게 그냥 두는 것이 더 낫다" 하고 예수께서 말씀하신다.
그리고 제자들 가운데에서 음식을 바치시고 조금씩 나누어 주시는데, 그것을 모두 마지 못해 먹는다. 그래서 저녁식사는 이내 끝난다.
"이제는 너희가 무슨 일을 했는지 말하여라…" 하고 예수께서 그들의 용기를 북돋아 주시려고 말씀하신다.
"저는 필립보와 함께 베싸이다의 시골에 갔습니다. 저희는 복음을 전하고 병든 어린 아이 하나를 고쳐 주었습니다" 하고 베드로가 말한다.
"사실은 시몬이 그애를 고쳐 주었습니다" 하고 필립보가 자기의 것이 아닌 영광을 제 것인 체 하지 않기 위해서 말한다.
"아이고! 주님! 저는 제가 어떻게 했는지 모릅니다. 그 어린 병자가 불쌍하기에 진심으로 기도를 많이 드렸습니다. 그리고 그애에게 기름을 바르고 제 투박한 손으로 문질렀습니다. …그랬더니 그애가 나았습니다. 그애의 얼굴에 화색이 돌고 눈이 떠지고, 요컨대 다시 살게 되었을 때 저는 거의 무서웠습니다."
예수께서는 말없이 그의 머리에 손을 얹으신다.
"요한은 마귀를 쫓아냈기 때문에 사람들을 대단히 놀라게 했습니다. 그렇지만 말을 하는 것은 제 소임이었습니다" 하고 토마가 말한다.
"선생님의 사촌 유다도 그렇게 했습니다" 하고 마태오가 말한다.
"안드레아도 그와 같이 했습니다" 하고 알패오의 야고보가 말한다.
"열성당원 시몬은 문둥병자 한 사람을 고쳤습니다. 오! 시몬은 무서워하지 않고 그 문둥병자를 만졌습니다! 그러나 나중에 제게 이렇게 말했습니다. '걱정말아. 하느님의 뜻으로 아무런 육체적인 병도 우리에게 덤벼들지 못할 걸세' 하고요." 이렇게 바르톨로메오가 말한다.
"시몬아, 네가 말을 잘 했다. 그러면 너희들은?" 하고 예수께서 제베대오의 야고보와 가리옷 사람에게 물으신다. 그들은 조금 떨어져 있는데, 야고보는 요한의 제자들과 말을 하는 중이고, 가리옷의 유다는 혼자서 얼굴을 찌푸리고 있다.
"아이고! 저는 아무것도 하지 않았습니다" 하고 야고보가 말한다. "그렇지만 유다는 굉장한 기적을 셋이나 행했습니다. 소경과 중풍환자와 마귀들린 사람, 이렇게요. 제게는 그 사람이 간질병자로 보였지만, 사람들이 그렇게 부르더군요…."

"그런데 자네는 하느님께서 그렇게도 많이 도와주셨는데, 그런 심통스런 얼굴을 하고 있나?" 하고 베드로가 말한다.

"나도 겸손할 줄 안단 말이야" 하고 가리옷 사람이 대답한다.

"그런 다음 저희는 어떤 바리사이파 사람에게 접대를 받았습니다. 저는 마음이 편하지 않았습니다. 그러나 유다는 더 솜씨있게 행동할 줄 알아서 그 사람을 정말 길들였습니다. 첫째 날은 그 사람이 경계를 했지만 나중에는… 그렇지, 유다?"

유다는 말없이 동의한다.

"썩 잘했다. 이제 점점 더 잘 하여라. 다음 주에는 우리가 함께 있기로 한다. 그동안… 시몬아, 배들을 준비하여라. 야고보, 너도."

"선생님, 모든 사람을 위해서입니까? 우리 모두가 타지는 못할 텐데요."

"다른 배 한 척을 얻을 수 없느냐?"

"제 처남에게 부탁하면, 할 수 있습니다. 지금 가겠습니다."

"가거라, 그리고 그렇게 한 다음에는 곧 돌아오고 긴 설명은 하지 말아라."

어부 네 사람이 떠난다. 다른 사람들은 겉옷과 배낭들을 가지러 내려간다. 마나엔은 예수와 함께 남아 있고, 어린 아이는 계속 자고 있다.

"선생님, 멀리 가십니까?"

"아직 모르겠소. …저 사람들은 피로했고 몹시 슬퍼하고 있소. 나도 그렇소. 나는 우리가 외따로 떨어져서 조용히 있게 다리케아의 시골로 갈 생각이오."

"선생님, 저는 말이 있습니다. 그러나 선생님께서 허락하시면 호수를 따라서 가겠습니다. 오래 머무르시겠습니까?"

"아마 일주일 내내 있을 겁니다. 그 이상은 아니고."

"그러면 저는 가겠습니다. 선생님, 이 첫번째 작별에 강복을 주십시오. 그리고 제 마음에서 무거운 짐을 내려 주십시오."

"마나엔, 무슨 짐 말이오?"

"요한을 버리고 온 것에 대해서 가책을 느낍니다. 제가 있었더라면 혹…"

"아니오. 그것이 그의 때였소. 그리고 요한은 당신이 내게로 오는 것을 보고 틀림없이 기뻐했소. 그런 양심의 가책을 느끼지 마시오. 오히려 당신이 가지고 있는 유일한 무거운 짐, 즉 사람으로 있는 취미에서 빨리 그리고 완전히 해방되도록 힘쓰시오. 마나엔, 영이 되시오. 당신은 그렇게 할 수 있어요. 당신은 그렇게 될 능력을 가지고 있어요. 마나엔, 잘 가오. 내 평화가 당신과 함께 있기를. 멀지 않아 유다에서 다시 만납시다."

마나엔은 무릎을 꿇고, 예수께서는 그에게 강복하신다. 그리고 그를 일으키시고 포옹하신다.

다른 사람들이 돌아와서 사도들과 요한의 제자들 모두가 서로 인사를 나눈다. 맨 마지막으로 어부들이 온다. "선생님, 다 마련됐습니다. 이제 떠날 수 있습니다."

"좋다. 내일 황혼까지 여기 남아 있을 마나엔에게 인사하여라. 식량을 모아 가지고 물도 가지고 떠나자. 소리를 많이 내지 말아라."

베드로가 마륵지암을 깨우려고 몸을 구부린다.

"아니다, 가만 놔두어라. 울지 모르니까. 내가 안겠다." 예수께서 이렇게 말씀하시면서 아이를 살짝 들어올리시니, 아이는 조금 낑낑거린다. 그러나 본능적으로 예수의 품에서 편안해진다.

그들은 등잔 불을 끄고 밖으로 나온다. 문을 닫고 내려온다. 정원 어귀에서 그들은 다시 마나엔에게 인사하고 나서 한줄로 서서 달빛을 환히 받고 있는 길을 따라 호수로 간다. 중천에 떠 있는 달빛 아래 펼쳐진 어마어마하게 큰 은거울이다. 고요한 거울 위에 붉은 반점 세 개, 벌써 물에 잠겨 있는 이 물에 걸려있는 세 개의 현등(舷燈)이 이렇게 보인다. 그들은 나뉘어서 배에 오르는데, 어부들이 맨 마지막으로 올라온다. 베드로와 사환 한 명은 예수님 계신 배에 오르고, 요한과 안드레아는 둘째 배에, 야고보와 사환 한 명은 셋째 배에 오른다.

"선생님, 어디로 갑니까?" 하고 베드로가 묻는다.

"다리케아로 간다. 게라센 사람들의 기적이 있은 다음 우리가 배에서 내렸던 곳이다. 지금은 늪도 없을 것이고, 거기 가면 방해도 받지 않을 것이다."

베드로는 깊은 곳으로 나가고, 뒤에 있는 배에 탄 다른 사람들도 앞서 가는 배를 따라간다. 먼 곳으로 나와서 그 은빛 먼지로 모든 것을 하나로 만드는 달빛 아래 가파르나움이 사라지자, 베드로는 키의 손잡이에 대고 말하는 것처럼 말한다. "난 이게 참 좋다. 이봐, 내일 그자들이 우릴 찾겠지만, 네 덕택으로 우릴 찾아내지 못할 거란 말이다."

"시몬, 자네 누구에게 말하는 건가?" 하고 바르톨로메오가 묻는다.

"배에다 말하는 거지. 어부들에게는 배가 아내 같다는 걸 자넨 모르나? 내가 이 배와 말을 얼마나 많이 했는지 몰라! 폴피레아하고 말한 것보다 더 많이 했어. 선생님! …아이가 옷을 넉넉히 입었습니까? 호수에는 밤에 이슬이 있거든요…."

"그래. 이봐라, 시몬아. 이리 오너라. 네게 할 말이 있다…."

베드로는 키의 손잡이를 사환에게 넘겨주고 예수께로 간다.

"내가 다리케아라고 말했다마는, 그곳에는 마나엔에게 다시 인사를 하러 안식일 후에 가면 된다. 그 근처 어디에 우리가 조용히 있을 만한 곳을 찾아낼 수 없겠느냐?"

"아이고! 선생님! 조용히 있다니, 우리만 말입니까, 배하고 말입니까? 배로 말하면 다리케아나 맞은편 호안의 항구에 가야 합니다. 그러나 우리들에 대한 말이라면 요르단강 건너로 깊숙이 들어가시기만 하면 됩니다. 거기서는 짐승들이나 만나실 것입니다. …또 어쩌면 통발을 지키고 있는 어부 한 사람쯤 만날지도 모르구요. 배는 다리케아에 놔둘 수 있을 것입니다. 그곳에 새벽이면 닿을 텐데, 얕은 곳으로 해서 건너가서 빨리 가버리도록 하지요 뭐."

"좋다. 그렇게 하자…."

"선생님도 세상이 싫어지시는 거지요? 물고기와 모기가 더 좋으시지요, 예? 선생님 생각이 옳습니다."

"나는 세상에 대해서 혐오를 느끼지 않는다. 혐오를 가져서는 안 된다. 그러나 나는 너희들이 소란을 피우는 것을 피하고 싶고, 또 안식일의 이 시간들이 흐르는 동안 너희들과 같이 있어서 위로를 받고 싶다."

"선생님!…" 베드로는 예수의 이마에 입맞춤하고, 눈에서 정말 흘러서 수염쪽으로 내려가려고 하는 굵은 눈물을 닦으면서 물러간다. 그는 키의 손잡이로 다시 돌아가서 과단성있게 선수를 남쪽으로 돌린다. 그동안 달빛은 한 야산 너머로 내려가는 지구의 서쪽으로 줄어지면서 내려가 그 넓다란 얼굴이 사람들의 눈에서 보이지 않게 된다. 그러나 그 빛으로 하늘은 아직 흰빛깔이 되어 있고, 호수의 동쪽 호반에는 어렴풋한 은빛 미광이 아직 남아 있다. 나머지는 짙은 양람(洋藍) 빛인데, 그것은 선수에 걸린 현등의 불빛으로 겨우 알아볼 수 있다.

135. 한 율법학자와 말씀하시면서

예수께서는 요르단강 우안(右岸)*, 작은 다리케아 반도에서 한 마을 확실히, 아마 그 이상 되는 곳에 발을 들여놓으신다. 그곳은 푸르른 들판뿐이다. 땅이 지금 말라 있지만, 땅속 깊이 습기가 있기 때문에 아주 약한 초목들도 살아 있기 때문이다. 그때에 예수께서 당신을 기다리고 있는 사람 한 떼를 만나신다.

예수의 사촌들이 열성당원 시몬과 함께 마중을 나오며 말한다. "선생님, 배들이 우리를 배신했습니다. …어쩌면 마나엔이 정보를 주었는지도 모르겠습니다…."

마나엔은 변명한다. "선생님 저는 사람들에게 들키지 않으려고 밤에 떠났고, 아무에게도 말하지 않았습니다. 믿어 주십시오. 선생님께서 어디 계시냐고 묻는 사람이 여럿 있었습니다. 그러나 저는 모두에게 '선생님은 떠나셨소' 하고만 말했습니다. 그러나 불행은 자기 배를 선생님께 드렸다고 말한 어부에게서 왔다고 생각합니다…."

"바보 같은 내 처남녀석!" 하고 베드로가 버럭 소리를 지른다. "말하지 말라고 내가 일렀는데 말이야! 또 우리가 베싸이다로 간다고 말했는데 말이야! 말을 하면 수염을 뽑아놓겠다고 했는데 말이야! 뽑아놓구말구. 그래서 이제는! 평화여, 조용함이여, 휴식이여, 안녕! 이란 말이야!"

"시몬아, 침착해라! 우리는 벌써 여러 날 동안 조용히 있었다. 그뿐 아니라, 내가 추구하던 목적을 부분적으로는 달성하였다. 그것은 너희들을 가르치고 위로하고, 또 너희들을 진정시켜서 너희와 가파르나움의 바리사이파 사람들 사이에 모욕과 충돌을 막으려는 것이었다. 이제는 우리를 기다리는 사람들을 만나러 가자. 그들의 믿음과 사랑을 상주기 위해서. 그리고 이 사랑까지도 우리에게 위안이 되지 않느냐? 우리는 미움에서 오는 것 때문에

---

*역주 : 어떤 강의 우안, 좌안하고 말하는 것은 강의 하류를 보면서 하는 말이다.

고통을 당한다. 그런데 여기에는 사랑이 있다. 그러니까 기쁨이 있는 것이다."

베드로는 갑자기 잔잔해지는 바람과 같이 진정된다. 그리고 예수께서는 얼굴에 분명히 나타나는 소원을 가지고 당신을 기다리는 병자들의 무리가 있는 곳으로 가셔서 병든 어린 자식을 당신께 내미는 율법학자에게 대해서까지도 친절하시고 인내하시며 하나씩 차례로 고쳐 주신다.

그 율법학자가 예수께 이렇게 말한다. "보십시오. 선생님께서는 도망하시지만 소용이 없습니다. 미움과 사랑은 선생님을 찾아내는 재간이 있습니다. 여기서는 아가에서 말하는 것처럼 사랑이 선생님을 찾아냈습니다. 이제부터는 너무나 많은 사람에게 선생님께서 아가의 신랑과 같으셔서, 마치 아미나답의 순찰대와 사두이륜전차(四頭二輪戰車)들을 대수롭게 여기지 않고 남편을 찾아 가는 술라미 여인과 같이 선생님께로 옵니다!"

"당신은 왜 그런 말을 하시오? 왜?"

"그것이 사실이기 때문입니다. 사람들이 선생님을 미워하기 때문에 선생님께 오는 것은 위험합니다. 로마가 선생님을 감시하고 성전이 선생님을 미워한다는 것을 모르십니까?"

"여보시오, 왜 나를 시험하시오? 당신의 말은 내 대답을 로마와 성전에 보고하기 위한 함정이오. 나는 당신 아들을 고쳐 주면서 당신에게 함정을 파지 않았는데…"

부드러운 나무람을 듣고 율법학자는 부끄러워 고개를 숙이며 고백한다. "선생님께서는 정말 사람들의 마음을 보신다는 것을 알겠습니다. 선생님께서는 정말 성인이시라는 것을 알겠습니다. 용서하십시오. 사실 저는 다른 사람들이 넣어 준 효모(酵母)가 제 안에서 괴고 있는 동안에 왔었습니다…."

"그런데 그 효모는 발효에 적당한 온도를 당신에게서 얻었던 것이지요."

"예, 그렇습니다. …그러나 이제는 제가 효모없이, 아니 그보다도 새로운 효모를 가지고 돌아갑니다."

"나도 압니다. 그리고 나는 원한을 품지 않소. 자기 자신의 의지로 죄중에 있는 사람도 많고, 남의 의지로 죄중에 있는 사람도 많소. 정의로우신 하느님께서 그들을 심판하시는 데 쓰실 척도가 다를 것입니다. 율법학자인 당신은 의로운 사람이 되시오. 그리고 이후로는 사람들이 당신을 타락시킨 것과 같이 타락시키지 마시오. 세상이 당신에게 압력을 가할 때에는 죽음에서 구해진 당신 아들이라는 살아 있는 은총을 들여다보고, 거기 대해서 하느님께 감사하시오."

"선생님께 감사하겠습니다."

"하느님께요. 어떤 영광과 어떤 찬미도 하느님께 드려야 합니다. 나는 그분의 메시아이니, 내가 제일 먼저 하느님을 찬미하고 그분께 영광을 돌려드립니다. 내가 제일 먼저 하느님께 순종합니다. 사람은 하느님을 공경하고 섬김으로써 스스로 품격을 떨어뜨리지 않고, 죄를 섬김으로써 품위가 떨어지기 때문입니다."

"선생님께서는 말씀을 잘 하십니다. 모든 사람에게 항상 이렇게 말씀하십니까?"

"모든 사람에게. 내가 안나나 가믈리엘에게 말하거나 시골길에서 문둥병자 거지에게 말하거나 똑같은 말이오. 진리는 하나이기 때문이오."

"그러면 말씀하십시오. 저희들은 모두가 선생님의 말씀 하나 아니면 선생님의 은총 하나를 애원하기 위해서 여기 왔으니까요."

"그들의 신념을 성실하게 지키는 사람들에 대해서 내가 선입관을 가졌다는 말을 듣지 않기 위해서 말하겠소."

"제가 가지고 있던 선입관은 죽었습니다. 그러나 그것은 사실입니다. 저는 성실했습니다. 선생님께 반대하는 것이 하느님을 섬기는 것이라고 믿고 있었습니다."

"당신은 솔직하오. 그 때문에 결코 거짓말을 하지 않으시는 하느님을 이해할 자격이 있소. 그러나 당신의 신념이 아직 죽지는 않았소. 내가 분명히 그렇게 말하오. 그것은 마치 사람들이 태운 개밀속(屬)과 같소. 표면상으로는 그것이 부수어진 것 같고, 또 사실에 있어서 심한 습격을 받아 약해지기는 했소. 그러나 뿌리는 살았고, 땅이 뿌리에 영양을 주고, 이슬이 뿌리들에게 줄기를 내도록 이끌고, 줄기들은 새잎을 돋아나게 하도록 이끕니다. 이런 일이 생기지 않도록 감시해야 하오. 그렇지 않으면 다시 개밀 속에 침범을 당하게 되오. 이스라엘의 목숨은 끈질겨요!"

"그러면 이스라엘이 죽어야 합니까? 이스라엘 잡초입니까?"

"이스라엘은 다시 살아나가기 위해서 죽어야 하오."

---

*역주 : 영혼이 한 육체에서 다른 육체로 옮아가서 산다고 하는 것.

"영혼의 전생(轉生)* 말씀입니까?"
"영적인 변화 말이오. 전생은 어떤 종류의 것도 없소."
"그것을 믿는 사람들이 있습니다."
"그 사람들은 유견(謬見)을 가지고 있소."
"그리이스 문화가 이 믿음도 우리에게 갖다 주었습니다. 그리고 학자들은 이 믿음들을 즐기고, 매우 고상한 양식처럼 이것들을 영광으로 여깁니다."
"613개의 부차적인 계율 중의 하나를 소홀히 하는 데 대하여 저주를 외치는 사람들로서는 터무니없는 모순이오."
"맞습니다. 그러나… 그것이 사실입니다. 사람들은 미워하는 것을 본받는 데에서 즐거움을 느낍니다."
"그렇다면, 당신들은 나를 미워하니 나를 본받으시오. 그것이 당신들에게는 더 나을 거요."
 율법학자는 예수의 이 엉뚱한 말을 듣고 억지로 미소를 짓는 체 할 수 밖에 없다. 사람들은 입을 딱 벌리고 듣고 있고, 멀리 떨어져 있는 사람들은 가장 가까이 있는 사람들에게 두 사람의 말을 되풀이 하게 한다.
"그러나 우리끼리 이야기입니다만, 선생님께서는 영혼의 전생(轉生)을 어떻게 생각하십니까?"
"그것은 오류요. 내가 이미 말했소."
"존재하는 것은 파괴될 수가 없기 때문에 살아 있는 자들은 죽은 자들에게서 오고, 죽은 자들은 산 자들에게서 간다고 주장하는 사람들이 있습니다."
"과연 영원한 것은 파괴되지 않소. 그러나 당신 생각에는 조물주께서 당신에 대하여 한계가 있는지 말해 보시오."
"아닙니다, 선생님. 그렇게 생각하는 것은 조물주를 작게 하는 것이 될 것입니다."
"당신이 바로 말했소. 그렇다면 영이 일정한 수효밖에 있을 수 없기 때문에 조물주께서 영의 전생을 허락하신다고 생각할 수가 있겠소?"
"그렇게 생각해서는 안 될 것입니다. 그러나 그렇게 생각하는 사람들이 있습니다."
"그리고 더 나쁜 것은 이스라엘 사람들이 그렇게 생각한다는 것입니다. 그것만으로도 벌써 중요한 영혼의 불멸에 대한 이 생각이, 비록 이교도에게 있어서는 이 불멸이 생겨나는 방식에 대하여는 정확하지 못한 평가라는 오류와 합쳐졌다 하더라도, 이스라엘에서는 완전해야 할 거요. 그런데 오히려 반대로 이 생각을 이교적인 주장의 개념에 의해서 인정하는 사람들에게 있어서는 그것이 축소되고 가치가 떨어지고 사악한 생각이 되오. 그것은 그것만이 홀로 영원하신 진리를 스쳤으므로 우러러 볼 만한 것으로 나타나고, 또 인간의 혼합된 성질을 증언하는 어떤 생각의 영광이 되지 못하오. 이교도의 경우에는 우리가 영혼이라고 부르며 우리를 동물과 구별짓는 신비스러운 것의 불멸의 생명에 대한 그의 직관 때문에 영광이 되지만 말이오. 그러나 이것은 하느님의 지혜와 참 하느님을 알면서, 그처럼 철저하게 영적인 것에 대해서까지도 물질주의적인 것이 되는 생각의 타락이오. 영의 이행(移行)은 조물주에게서 인간으로, 인간에게서 조물주께로 가는 것밖에 없소. 조물주께는 사람이 죽은 다음에 삶이나 죽음의 심판을 받기 위하여 가는 거요. 이것이 진리요. 그리고 사람이 보내진 곳에 영원히 남아 있는 것이오."

"선생님께서는 연옥을 인정하지 않으십니까?"

"왜요? 인정하오. 왜 그것을 묻소?"

"선생님께서는 '사람은 보내진 곳에 남아 있다'고 말씀하셨기 때문입니다. 연옥은 일시적인 것인데요."

"그것은 내 생각으로는 연옥을 영원한 생명과 동일시(同一視)하기 때문이오. 연옥은 벌써 '삶'이오. 축소되고 구속되고 했지만 역시 생명이오. 연옥에 일시적인 체류가 끝나면 영혼은 완전한 생명을 얻고 더 이상 한계도 속박도 없이 생명을 누리게 되오. 남아 있는 것은 둘뿐일 거요, 하늘과 — 심연. 천당과 — 지옥, 두 가지 부류의 사람이 있을 것입니다. 지극히 복된 사람들과 — 영벌을 받는 사람. 그러나 지금 존재하는 이 세 가지 나라에서는 어떤 영혼도 결코 돌아와서 육체를 다시 차지하지 못할 겁니다. 그리고 최후의 부활에 이르기까지 이렇게 될 것입니다. 그때에는 — 영이 육체 안에 들어가 사는 것과 불멸의 것이 죽을 것 안에 들어가 사는 것이 영원히 끝날 것입니다."

"그렇소. 어떤 사람이 살기 위하여 창조되는 순간부터 영과 은총과 그의 의지로 영원한 생명에 이를 수 있소. 그러나 영원에 이르지는 못하오. 일생은 시작을 가정하오. 하느님께서는 시작이 없으셨기 때문에 '하느님의 생명'이라는 말은 없소."

"그러면 선생님은요?"

"나도 육체를 가졌고, 사람의 육체 안에 그리스도의 영혼을 하느님의 영에 결합시켰기 때문에 나도 살 것입니다."

"하느님은 '살아 계신 분'이라고 말하는데요."

"과연 하느님께서는 죽음을 모르시오. 하느님은 생명 자체이시니까요. 한없는 생명. 하느님의 생명이 아니라 바로 생명이시오. 이것뿐이시오. 율법학자 양반, 이것은 뉘앙스요, 그러나 지혜와 진리는 뉘앙스로 외관이 장식되오."

"이방인들에게도 이렇게 말씀하십니까?"

"이방인들에게는 이렇게 말하지 않소. 그들은 알아듣지를 못해요. 그래서 그들에게는 태양을 보여주오. 그러나 마치 그때까지 눈이 멀고 바보였다가 기적으로 눈을 뜨고 총명해진 어린이에게 보여주듯이 보여주오. 따라서 하나의 천체로 보여주고, 그 구성을 설명하기에 이르지는 않소. 그러나 당신들 이스라엘 사람들은 소경도 아니고 바보도 아니오. 무척 오래 전부터 하느님의 손가락이 당신들의 눈을 뜨게 하셨고, 당신들의 정신을 비추어 주셨소…."

"맞습니다, 선생님. 그런데도 우리는 소경이요 바보들입니다."

"당신들이 그렇게 된 거요. 그러면서 당신들, 당신들을 사랑하는 사람의 기적을 원치 않소."

"선생님…"

"율법학자 양반, 이것은 사실이오."

율법학자는 고개를 숙이고 입을 다문다. 그리고 예수께서는 그를 떠나 더 멀리로 가신다. 그리고 지나시는 길에 여러 가지 빛깔의 조약돌을 가지고 놀기 시작한 마특지암과 율법학자의 어린 아들을 쓰다듬어 주신다. 예수의 전도는 차라리 이 집단 혹은 저 집단과의 대화이다. 그러나 그 전도는 모든 의문을 풀어주고, 어떤 생각이든지 다 밝혀 주고, 이미 한 말이나 어떤 사람이 부분적으로 기억한 생각들을 요약하거나 부연하기 때문에 계속적인 전도이다. 그리고 시간은 이렇게 지나간다.

136. 빵을 많아지게 하신 첫번째 기적

여전히 같은 장소이다. 다만 해는 호수의 물이 강의 하상(河床)으로 흘러 들어가는 곳 가까이에 있는 황량한 이곳에 요르단강가에 우거진 덤불을 통해서 동쪽에서 오지 않고, 마찬가지로 비스듬히 오기는 하지만, 마지막 햇살로 하늘에 줄을 그으면서 영광스러운 빨간 빛으로 내려오는 동안 서쪽에서부터 온다. 그리고 우거진 나뭇잎들 아래를 지나오는 빛은 매우 부드럽게 되어 저녁의 조용한 색채를 띠기 시작한다. 하루종일 본 해에 취하고, 이웃 들판에서 얻어먹은 풍부한 먹이에 취하여 나무 꼭대기에 앉아서 떨리는 목소리로 노래를 신나게 부른다. 저녁은 하룻날의 마지막을 화려하게 장식하며 내려앉는다. 사도들은 당신 앞에 나타나는 예에 따라서 계속 교훈을 주시는 예수께 이 점을 지적한다.

"선생님, 저녁이 가까웠는데, 이곳은 집과 마을에서 멀리 떨어져 있는 황량한 곳이고, 그늘이 지고 축축한 곳입니다. 얼마 안 있어, 여기서는 저희들이 볼 수도 없고 걸어다닐 수도 없게 될 것입니다. 달은 늦게 뜹니다. 사람들을 돌려보내셔서 다리케아나 요르단강 근처 마을들에 가서 음식을 사고 잘 곳을 찾게 하십시오."

"저 사람들이 갈 필요는 없다. 너희가 먹을 것을 그들에게 주어라. 그들은 나를 기다리면서 잔 것과 같이 여기서 잘 수 있다."

"저희에게는 빵 다섯 개와 생선 두 마리가 남았을 뿐입니다. 선생님도 그걸 아시지요."

"그것들을 가져오너라."

"안드레아야, 아이를 찾으러 가거라. 그애가 주머니를 가지고 있다. 조금 전에 그애가 율법학자의 아들과 다른 어린이 둘과 같이 왕놀이를 하면서 꽃으로 관을 만드는 일을 하고 있었다."

안드레아는 찾으러 가고, 요한과 필립보도 계속 자리를 옮기는 군중 가운데에서 마륵지암을 찾기 시작한다. 그들은 마륵지암을 거의 동시에 찾아냈다. 아이는 식량이 든 배낭을 어깨에서 허리로 비스듬히 메고, 머리에는 참으아리의 긴 덩굴을 메고, 허리에는 참으아리 덩굴 허리띠를 맸는데, 거기에서는 검 대신으로 부들이 매달려 있다. 칼밑은 부들 전체로 되어 있고, 칼날은 부들대로 되어 있다. 마륵지암과 함께 같은 차림을 한 어린이 일곱 명이 있다. 그들은 율법학자의 아들을 따라다니는데, 이 아이는 많이 고통을 당한 사람다운 매우 사려깊은 눈을 가진 대단히 가냘픈 어린이로, 다른 아이들보다 더 화려하게 꾸며져서 왕의 역할을 하고 있다.

"마륵지암아, 오너라. 선생님께서 부르신다."

마륵지암은 친구들을 그자리에 남겨두고 꽃장식을…떼버리지도 않은 채 빨리 간다. 그러나 다른 어린이들도 그를 따라온다. 그래서 예수께서는 이내 꽃줄 장식을 한 어린이들에게 둘러싸이신다. 예수께서는 그들을 쓰다듬어 주신다. 그동안 필립보는 배낭에서 빵이 있고 그 가운데 큰 생선 두 마리, 2킬로그램 혹은 조금 더 되는 생선이 들어 있는 꾸러미를 꺼낸다. 열 일곱, 아니 마나엔까지 치면 열여덟 명이 되는 예수의 일행에게도 부족한 양이다. 그 음식을 선생님께 가져온다.

"좋다. 이제는 바구니들을 가져오너라. 각자가 하나씩 열일곱 개를. 마륵지암은 어린이들에게 먹을 것을 주어라.…" 예수께서는 여전히 당신 곁에 남아 있는 율법학자를 똑바로 들여다보시며 물으신다.

"당신도 배고픈 사람들에게 먹을 것을 주고 싶소?"

"그렇게 했으면 좋겠습니다만 저도 먹을 것이 없습니다."

"내 것을 주시오. 당신에게 그것을 허락하오."

"하지만… 선생님께서는 그 생선 두 마리와 빵 다섯 개를 가지고 여자와 어린이들 말고도 거의 5천명이나 되는 사람을 배불리 먹이실 생각입니까?"

"확실히 그렇소. 의심하지 마시오. 믿는 사람은 기적이 행해지는 것을 볼 것입니다."

"아이고! 그러면 저도 먹을 것을 나누어 주고 싶습니다."

"그러면 당신도 바구니를 하나 달라고 하시오."

사도들은 넓고 낮거나 깊고 좁은 바구니들을 가지고 돌아온다. 그리고 율법학자는 꽤 작은 바구니를 가지고 돌아온다. 그가 믿었기 때문에 또는 믿음이 없었기 때문에 그가 가장 크다고 생각되는 대로 골라왔다는 것을 알 수 있다.

"좋다. 모두 이 앞에 놓고 군중들을 질서있게 할 수 있는 대로 줄을 맞추어서 앉게 하여라."

이 작업을 하는 동안, 생선을 얹은 빵들을 들어올려 봉헌하시고, 기도하시고, 강복하신다. 율법학자는 잠시도 눈을 예수에게서 떼지 않는다. 그런 다음 예수께서는 빵 다섯 개를 쪼개서 열여덟 몫을 만드시고, 생선 두 마리도 마찬가지로 열 여덟 몫을 만드신다. 예수께서 생선 한 조각을, 아주 작은 조각을, 바구니마다 넣으시고, 빵 열 여덟 덩어리를 가지고 한입에 들어갈 만한 크기로 쪼개신다. 덩어리 하나하나를 여러 입거리로 쪼개신다. 그 조각들은 비교적 많아서 스무개 가량 되지만, 그 이상은 아니다. 이렇게 쪼개진 다음 빵 덩어리 하나하나가 생선 조각과 함께 바구니에 넣어진다.

"자 이제는 가지고 가서 실컷 먹게 나누어 주어라. 자, 가라. 마륵지암아, 가서 네 친구들에게 주어라."

"아이고! 무거워라!" 마륵지암은 그의 바구니를 쳐들고 즉시 그의 어린 친구들에게로 가면서 말한다. 그는 무거운 짐을 들고 가는 것처럼 걷는다.

사도들과 제자들과 마나엔과 율법학자는 마륵지암이 가는 것을 바라다보면서 어떻게 생각해야 할지를 모른다. …그러다가 바구니를 들고 머리를 흔들면서 서로 말한다. "어린 것이 장난을 하는구먼! 전보다 더 무겁지도 않은데" 하고. 율법학자도 바구니 속을 들여다보고, 이제 별로 환하지 않기 때문에 손을 넣어 바구니 밑을 더듬어본다. 좀 저쪽 나무가 없는 곳은 아직 꽤 밝은데, 예수께서 계신 나무 그늘 밑에는 그리 환하지 않은 것이다. 그러나 그들은 그렇게 확인했음에도 불구하고 사람들에게로 가서 나누어주기 시작한다. 그들은 주고, 주고, 또 준다. 그들은 점점 더 멀리 가면서 놀라 이따금씩 예수 쪽을 돌아다본다. 예수께서는 팔짱을 끼고 나무에 기대어 서시어 그들의 대경실색을 보시고 빙긋이 웃으신다.

분배는 오래 걸리고 풍부하다. …놀람을 나타내지 않는 사람은 오직 마륵지암뿐이다. 그는 그 많은 가엾은 어린이들의 손에 빵과 생선을 가득 채워주는 것이 기뻐서 싱글벙글한다. 예수께 돌아오는 것도 그가 제일 먼저이다. "저는 많이, 많이, 많이 주었어요! …배고픈 게 어떤 건지 저는 알거든요…." 그러면서 얼굴을 쳐드는데, 이제는 사라진 추억 속에서나 그럴 뿐 야윈 얼굴이 아니다. 그러나 눈을 크게 뜨면서 얼굴이 창백해진다. …그러나 예수께서 그를 쓰다듬어 주시니 그 어린 얼굴에 다시 환한 미소가 돌아온다. 마륵지암은 탁 믿고, 그의 선생님이요 보호자이신 예수께 몸을 기댄다.
 사도들과 제자들이 천천히 돌아오는데, 너무 놀라서 말을 못한다. 맨 마지막에 율법학자가 돌아오는데, 그는 아무 말도 하지 않는다. 그러나 연설보다도 더한 행동을 한다. 무릎을 꿇고 예수의 옷자락에 입맞춤을 하는 것이다.
 "너희 몫도 가지고, 내게도 좀 다오. 하느님께서 주시는 음식을 먹자."
 과연 그들은 각기 식욕대로 음식을 먹는다. …그동안 배부르게 먹은 사람들은 그들의 느낌을 서로 말한다. 예수 둘레에 있는 사람들까지도 마륵지암을 바라다보면서 감히 말을 한다. 마륵지암은 생선을 마저 먹으면서 다른 어린이들과 장난친다.
 "선생님"하고 율법학자가 묻는다. "왜 어린 아이는 이미 무게를 느꼈는데, 저희들은 느끼지 못했습니까? 저는 바구니 속을 뒤지기까지 했습니다. 여전히 저 빵 몇 조각과 생선 한 조각밖에 없었습니다. 저는 군중에게 가면서 무게를 느끼기 시작했습니다. 그러나 제가 준 분량만큼 무게가 나갔다면 그것을 운반하는 데는 노새 한 쌍이 필요했을 것이고, 바구니가 아니라 먹을 것을 잔뜩 실은 마차 한 채가 필요했을 것입니다. 처음에는 조금씩 주었습니다. … 그러다가 주고 또 주고하기 시작했습니다. 그리고 불공평하지 않기 위해서 첫번 사람들에게로 돌아오면서 또 나누어 주었습니다. 첫번째 사람들에게는 별로 많이 주지 않았었기 때문입니다. 그런데도 넉넉히 있었습니다."
 "저도 가는 동안에 바구니가 무거워지는 것을 느꼈습니다. 그리고 선생님이 기적을 행하시는 것을 알아차렸기 때문에 즉시 푸짐하게 주었습니다" 하고 요한이 말한다.
 "저는 반대로 걸음을 멈추고 앉아서 알아보려고 짐을 옷에 쏟았습니다.… 그러나 빵이 빵이 얼마든지 보였습니다. 그래서 나누어주기 시작했습니다" 하고 마나엔이 말한다.
 "저는 초라하게 보이지 않으려고 세어보지도 않았습니다. 작은 빵이 쉰 개가 있었습니다. 저는 '쉰 명에게 줘야지, 그리고 돌아와야지'라고 혼잣말을 했습니다. 그리고 세면서 주었습니다. 그러나 쉰까지 갔는데도 여전히 같은 무게였습니다. 바구니 속을 들여다보았습니다. 그만큼 그대로 있더군요. 그래서 앞으로 가면서 백 명씩 주었습니다. 그러나 도무지 줄어들지 않았습니다" 하고 바르톨로메오가 말한다.

"저는 믿지 않았다는 것을 자백합니다. 저는 빵 조각들과 그 조그만 생선 덩어리를 손에 들고 들여다보면서 말했습니다. '이게 무엇에 쓰일 건가? 예수께서는 농담을 하려고 하신 거야!' 그러면서 나무 뒤에 숨어서 그것들을 들여다보고 또 들여다보았습니다. 그러나 여전히 같은 것이었습니다. 저는 돌아오려고 했습니다. 그때 마태오가 지나가면 말했습니다. '그것들이 얼마나 아름다운지 보았나?' '뭐가 말이야?'라고 저는 말했습니다. '그야 빵하고 생선 말이지!…' '자네 미쳤나? 내게는 여전히 빵조각들이 보이는데?' '믿음을 가지고 가서 나누어 주게, 그러면 알게 될 걸세.' 저는 그 몇 조각을 바구니에 집어넣고 말을 하지 않고 갔습니다. …그랬더니…저는 죄인이니, 예수님, 용서하십시오!" 하고 토마가 말한다.

"아니다. 너는 세상의 정신을 가진 사람이다. 너는 세상 사람들과 같이 추론한다."

"그럼 저두요, 주님" 하고 가리옷 사람이 말한다. "저는 심지어 빵조각과 돈 한푼씩을 줄 생각까지 하면서 '저 사람들이 다른 데 가서 음식을 먹겠지' 하고 생각했습니다. 저는 선생님을 더 훌륭하게 보이시게 하는데 도움이 되기를 바랐었습니다. 그러면 저는 무엇입니까? 토마와 같습니까, 아니면 더 합니까?"

"너는 토마보다 훨씬 더하다. 너는 바로 '세상'이다."

"그러나 저는 하늘이 되기 위해서 애긍을 하려고 생각했는데요. 그것은 제 돈이었거든요…."

"너 자신과 네 교만에 하는 애긍이지 하느님께 하는 애긍은 아니다. 하느님께는 애긍이 필요없고, 네 교만에게 하는 애긍은 죄가 되지 공로가 되지는 않는다."

유다는 고개를 숙이고 입을 다문다.

"저는요" 하고 열성당원 시몬이 말한다. "저는 그 생선 한 조각, 그 빵조각들이 충분하게 하기 위해서는 제가 더 잘게 쪼개야 할 것이라고 생각했습니다. 그러나 저는 그 조각들이 수효와 영양가로는 충분하리라는 것을 의심하지 않았습니다. 선생님이 주시는 물 한방울이 연회 한번 하는 것보다 더 영양이 될 수가 있습니다."

"그럼 자네들은 무슨 생각을 했나?" 하고 베드로가 예수의 사촌들에게 묻는다.

"우리는 가나의 일을 생각해 내고…의심을 하지 않았어" 하고 유다가 정색을 하고 말한다.

"그럼 사촌 야고보, 너는 이 생각밖에 하지 않았느냐?"

"아닙니다. 저는 이것이 성사라고 생각했습니다. 제게 말씀하신 것과 같이 …그렇습니까, 그렇지 않으면 제 생각이 틀렸습니까?"

예수께서는 빙그레 웃으시며 말씀하신다. "그렇기도 하고 그렇지 않기도 하다. 사실은 시몬이 말한 물 한방울의 영양가에다 훗날의 상징에 대한 네 생각을 덧붙여야 한다. 그러나 이것은 아직 성사가 아니다."

율법학자는 빵부스러기 하나를 손가락 사이에 끼고 있다.

"그걸로 뭘 할 거요?"

"기념…품이오."

"나도 가지겠어. 난 이걸 작은 주머니에 넣어서 마륵지암의 목에 걸어 줄 거야" 하고 베드로가 말한다.

"나는 어머니한테 갖다 드릴 거야" 하고 요한이 말한다.

"그럼 우리는? 우린 다 먹었으니 말이야…" 하고 다른 사람들은 원통해서 말한다.

"일어들 나거라. 바구니들을 가지고 한바퀴 돌아서 남은 것들을 거두어 오너라. 가장 가난한 사람들을, 다른 사람들과 갈라놓고, 바구니를 가져올 때에 이리로 데려오너라. 그리고 너희 내 제자들은 모두 배로 가서 먼 바다로 나가 겐네사렛 평야로 가거라. 나는 가장 가난한 사람들에게 나누어준 다음 사람들을 떠나 보내겠다. 그리고 너희들 있는 데로 가마."

사도들은 순종한다. … 그래서 남은 것을 가득 채운 열 두 광주리를 가지고 돌아온다. 뒤에는 거지나 대단히 가난한 사람 30명 가량이 따라온다.

"됐다. 이제는 가거라."

사도들과 요한의 제자들은 마나엔에게 인사하고, 예수를 떠나는 것을 좀 서운해 하며 간다. 그러나 순종한다. 마나엔은 예수를 떠나기 위하여 군중이 저녁의 마지막 희미한 빛을 받으며 마을들 쪽으로 가거나 키가 크고 마른 골풀 속에서 자려고 자리를 찾기를 기다린다. 그리고는 하직인사를 드린다. 율법학자는 그보다 먼저 떠났다. 그는 아들과 함께 사도들을 따라갔기 때문에 제일 먼저 떠난 사람들 중의 한 사람이기도 하다.

모든 사람이 떠나거나 잠들었을 때 예수께서는 일어나셔서 자는 사람들에게 강복하시고, 천천히 호수를 향하여, 다리케아 반도를 향하여 가신다. 다리케아 반도는 마치 야산이 호수 안으로 쑥 내민 것같이 수면에서 몇 미터쯤 들려 있다. 그 밑에까지 오셨을 때 예수께서 시내로 들어가지 않으시고, 그 반도를 끼고 돌으시면서 작은 산을 올라가셔서, 파란 호수와 청명한 하늘에 떠 있는 달의 흰 빛을 마주 보시며, 기도를 하시려고 어떤 바위 위에 자리를 잡으신다.

137. 예수께서 물위를 걸으신다

저녁 늦은 시간이다. 여기저기 나무들이 보이는 언덕으로 올라가는 오솔길이 겨우 보이는 것으로 보아 이제는 밤이 다 된 것 같다. 그 나무들은 올리브나무 같지만 빛이 없기 때문에 확실히 말할 수는 없다. 요컨대 그 나무들은 보통 올리브나무들이 그런 것처럼 키가 중키이고 잎이 우거지고 줄기가 뒤틀린 나무들이다.

예수께서는 흰옷 위에 짙은 파란색 겉옷을 입고 혼자이시다. 올라가시며 나무들 사이로 깊숙히 들어가신다. 예수께서는 서두르지 않으시고 성큼성큼 조용히 걸으신다. 그러나 보폭(步幅)이 넓기 때문에 서두르지 않으셔도 길을 많이 가신다. 예수께서는 일종의 자연적인 발코니에 이르시기까지 걸으신다. 거기서는 지금 하늘에 빛나는 눈처럼 총총 박혀 있는 별빛을 받으며 아주 고요한 상태인 호수가 내려다보인다. 고요가 예수를 감싸 휴식을 드린다. 고요는 예수를 군중과 땅에서 떼어놓아 그것들을 잊으시게 하고 하늘과 결합시킨다. 하늘은 하느님의 말씀께 경배하고 그 천체들의 빛으로 어루만져 드리기 위하여 내려앉는 것 같다.

예수께서는 늘 취하시는 자세로, 즉 서서 팔을 †로 포개시고 기도하신다. 예수님 뒤에는 올리브나무 한 그루가 있어서, 그 우중충한 줄기에 예수께서 십자가에 못박히신 것처럼 보인다. 예수의 키가 크기 때문에 나뭇잎들은 예수의 머리보다 별로 높이 떨어져 있지 않아서 그리스도께 어울리는 말로 십자가에 달았던 게시를 대신한다. 거기에는 "유다인들의 왕"이라고 쓰어 있었는데, 여기에서는 "평화의 왕"이라고 말한다. 평화스러운 올리브나무는 들을 줄 아는 사람에게는 그 의사를 잘 표현한다. 예수께서는 오랫동안 기도하신다. 그리고는 올리브나무의 바탕 노릇을 하는 발코니 위에 튀어나와 있는 굵은 뿌리에 걸터 앉으셔서 일상 취하시는 자세를 취하신다. 즉 양손을 모으시고 팔꿈치는 무릎에 얹으셨다. 묵상을 하신다. 혼자 계시면서 아마 온전히 하느님께 전념하고 계시는 이 순간에 예수께서 아버지와 성령과 더

불어 하느님으로서의 어떤 대화를 나누고 계신지 누가 알겠는가? 하느님께서 하느님과 하시는 대화!

　별들이 이동하여 여러 별이 벌써 서쪽으로 기울어 있는 것을 보면 여러 시간이 이렇게 지나가는 것같이 생각된다.

　빛 같은 것, 아니 그것을 아직 빛이라고 부를 수는 없기 때문에 오히려 빛남 비슷한 것이라고나 할까 그런 것이 동쪽 지평선 저끝에 보이기 시작하는 바로 그때에 산들바람이 불어 올리브나무가 흔들린다. 그러다가 고요해진다. 그 다음에는 바람이 더 세차게 다시 분다. 바람은 멎었다 다시 불었다 하면서 점점 더 세차진다. 겨우 시작되던 새벽빛은 점점 더 세게 몰아치는 돌풍에 밀려 와서 하늘을 뒤덮는 시꺼먼 구름 덩어리 때문에 그 진행이 멎었다. 호수도 이제는 잔잔하지 않다. 호수는 내가 폭풍우의 환시 때에 이미 본 것과 같은 광풍을 겪을 것 같다. 조금 전만 해도 그렇게 조용할 수가 없던 공간이 이제는 나뭇잎 살랑거리는 소리와 파도의 으르릉거리는 소리로 가득 차 있다.

　예수께서는 명상에서 깨어나신다. 일어나셔서 호수를 바라다보신다. 예수께서 아직 남아 있는 별들과 탈이 난 새벽의 빛으로 베드로의 배를 찾으시다가 발견하신다. 베드로의 배는 건너편 호안을 향하여 애써 나아가고 있으나 거기에 도달하지 못한다. 예수께서는 겉옷을 꼭 여미시고, 너풀거려 내려가는 데 방해가 될 깃을 두건 모양으로 머리 위로 올리시고 빨리 내려오시는데, 올라오실 때 이용하셨던 길로 내려오지 않으시고, 직접 호수로 가는 가파른 오솔길을 따라 내려오신다. 어떻게나 빨리 걸으시는지 꼭 날아가시는 것 같다.

　예수께서는 모래사장에 요란스럽고 거품이 이는 선을 둘러치는 파도가 후려치는 호숫가에 이르신다. 예수께서는 마치 몹시 출렁이는 물 위를 걷지 않으시고 매끈하고 단단한 마루 위를 걸으시는 것처럼 길을 계속하신다. 이제는 예수께서 빛이 되셨다. 져가는 드문드문한 별들과 폭풍이 몰아치는 새벽에서 아직 오고 있는 얼마 안 되는 빛이 예수께로 집중해서 일종의 인광(燐光)을 이루어서 그분의 날씬한 몸을 비추는 것 같다. 예수께서는 파도 위로, 거품이 하얗게 이는 파도 꼭대기 위로, 파도와 파도 사이의 어두운 골 사이로 팔을 앞으로 내미시고 날아 가신다. 겉옷은 **뺨** 둘레로 부풀어 오르고, 몸에 꼭 달라붙게 졸라매진 상태에서 할 수 있는 만큼 날개를 치듯 펄럭인다.
 사도들이 예수를 보고 무서워서 비명을 올린다. 그 소리가 바람에 불려 예수께 이른다.
 "무서워하지 말아라, 나다." 예수의 목소리는 맞바람이 부는데도 어렵지 않게 호수에 퍼진다.
 "정말 선생님이십니까?" 하고 베드로가 묻는다. "만일 선생님이시면, 저더러 선생님처럼 물 위를 걸어서 마중 나오라고 말씀하십시오."
 예수께서는 빙그레 웃으시면서 마치 물 위를 걷는 것이 세상에서 가장 자연스러운 일인 것같이 그저 "오너라" 하고만 말씀하신다.
 그러니까 베드로는 소매가 없는 속옷을 입고 있는 터이라 반라(半裸)의 몸으로 뱃전을 뛰어 넘어, 예수께로 향하여 간다.
 그러나 배에서 50미터쯤, 예수께서도 그쯤 되는 곳에 이르렀을 때 그는 겁이 더럭 났다. 그때까지는 그의 사랑의 충동으로 지탱되었던 것이다. 그런데 이제는 인성이 그를 눌러 이겨서…그의 목숨 때문에 몸이 떨리게 되는 것이다. 꺼지는 땅이나 움직이는 모래를 밟고 있는 사람과 같이 그는 비틀거리고 몸이 흔들리고 잠겨 들어가기 시작한다. 몸을 흔들고 겁이 나서 떨면 그럴수록 점점 더 빠져 들어간다.
 예수께서는 걸음을 멈추시고 그를 내려다보신다. 정색을 하시고 기다리고 계시지만 그에게 손도 내밀지 않으신다. 예수께서는 팔짱을 끼신 채로 계시다. 이제는 한걸음도 나오지 않고 한마디 말씀도 하지 않으신다.
 베드로는 빠져 들어간다. 발목이 사라지고, 다음에는 정강이, 다음에는 무릎이 보이지 않게 된다. 물은 서혜부(鼠蹊部)까지 와서 거기를 지나 허리쪽으로 올라온다. 공포가 그의 얼굴에 역력히 나타난다. 그의 생각도 마비시키는 공포이다. 이제는 물에 빠져 죽을까 봐 겁을 내는 육체에 지나지 않는다. 그는 물로 뛰어들 생각조차 하지 못한다. 아무것도 생각하지 못한다. 그는 공포로 인하여 얼이 빠졌다.
 마침내 베드로는 예수를 쳐다보기로 결심한다. 그리고 그의 정신이 이치를 따지고 구원이 어디에 있는지 파악하기 시작하는 데에 예수를 쳐다보는 것으로 넉넉하였다. "선생님, 주님, 살려 주십시오."
 예수께서는 팔짱끼고 계시던 팔을 뽑으시고 마치 바람에 불리시고 물결에 밀리신 것처럼 사도에게로 달려가셔서 손을 내미시며 말씀하신다. "오! 믿음이 부족한 사람. 왜 내게 대해 의심을 가졌느냐? 왜 너 혼자서 행동했느냐?"

예수의 손을 꼭 잡은 베드로는 대답을 하지 않는다. 그는 예수께서 화가 나셨는지 보려고 쳐다본다. 솟아나기 시작하는 뉘우침과 섞인 아직 남아 있는 공포를 가지고 예수를 쳐다본다.

그러나 예수께서는 미소를 지으시고, 배에까지 이르러서 뱃전을 넘어서 배안으로 들어갈 때까지 베드로의 손목을 꼭 잡고 계시다. 그리고 예수께서 명령하신다. "호숫가로 가자. 이 사람은 흠뻑 젖었다." 그러시면서 창피를 당한 제자를 들여다보시며 빙그레 웃으신다.

파도가 가라앉아 배를 대기 쉽게 되었다. 그리고 지난번에는 야산에서 내려다보았던 도시가 이번에는 호숫가 저쪽에 나타난다.

환시가 여기서 끝난다.

138. "만일 너희가 믿음을 가지고 있으면 내가 와서 너희를 위험에서 구해낸다"

예수께서 말씀하신다.

"내 아들들 중의 하나가 위험에 처해 있는 것을 보면 나는 누가 부르기를 기다리지도 않는 때가 많다. 그리고 내게 대해서 배은망덕하는 아들에게도 달려가는 때가 많다.

너희는 자거나 생활의 일이나 생활 걱정에 붙잡혀 있다. 그러나 나는 너희를 위하여 깨어서 기도하고 있다. 모든 사람의 천사로서 너희 위에 몸을 굽히고 있으며, 너희가 너희들 자신의 힘으로 행동하기를 더 좋아하거나, 그보다 더 나쁘게는 악에 도움을 청하면서 내 도움을 거절하기 때문에 내가 개입을 할 수 없는 것보다 내게 더 괴로운 것은 아무것도 없다. '나는 아버지를 사랑하지 않아요. 내게는 아버지가 필요 없어요. 내 집에서 나가세요' 하고 아들이 말하는 것을 듣는 아버지와 같이, 나는 상처를 입어도 그렇지 않았던 만큼 모욕을 당하고 몹시 슬퍼하며 있다. 그러나 만일 나더러 '나가시오' 하고 명령만 하지 않고, 다만 생활로 인해서 정신이 딴 데로 쏠려 있기만 하다면, 나는 불리기도 전에 갈 준비가 되어 있는 영원한 파수꾼이다. 그리고 너희가 내게 말 한마디를 해주기를 기다리는 것은, 그것을 가끔 기다리는 것은 나를 부르는 소리를 듣기 위해서이다. 사람들이 나를 부르는 소리를 듣는 것은 얼마나 큰 애정의 표시가 되고 얼마나 큰 즐거움이냐! 사람들이 내가 '구세주'라는 것을 기억한다는 것을 느끼는 일이 말이다.

나를 사랑하고 또 필요한 때를 기다리지 않고 나를 부르는 사람이 있으면 얼마나 무한한 기쁨이 나를 깊이 감동시키고 흥분시키는지는 네게 말하지 않겠다. 그 사람이 나를 부르는 것은 그가 나를 이 세상에 있는 다른 어느 것보다 더 사랑하기 때문이고, 나를 '예수님, 예수님' 하고 부르는 것만으로도 내 기쁨과 같은 기쁨이 그의 안에 가득 찬다는 것을 느끼기 때문이다. 그것은 마치 어린 아이들이 '엄마, 엄마' 하고 부를 때에 하는 것과 같은 것을 하는데, 어린 아이들은 '엄마'라는 말 한마디만이 엄마의 입맞춤의 맛을 가져오기 때문에 그들의 입술에서 꿀이 흘러나오는 것같이 생각되는 것이다.

사도들은 가파르나움에 가서 나를 기다리라는 내 명령에 순종해서 배를 저어 가고 있었다. 그리고 나는 빵의 기적을 행한 다음에 군중을 떠났었는데, 그것은 군중을 무시해서 그랬거나 권태로 그런 것이 아니었다. 나는 사람들이 내게 대해 악의를 가지고 있어도 그들을 무시하지는 않았다. 율법이 짓밟히는 것과 하느님의 집이 더럽혀지는 것을 볼 때에만 나는 분개하게 되었었다. 그러나 그때에는 내가 문제되는 것이 아니고, 아버지의 이익이 문제되는 것이었다. 그런데 나는 이 세상에서 하늘에 계신 아버지를 섬기는 하느님의 종들 중에서 첫째가는 종이었었다.

군중들이 하도 무관심하고 느리고 너무 인간적이어서 자기 사명에 가장 자신이 많은 사람들에게까지도 용기를 잃게 할 정도인 것을 보더라도 나는 그들에게 헌신하는데 진력나는 일이 절대로 없었다. 바로 그들이 그처럼 부족하기 때문에 설명을 한없이 많이 해주고, 그들을 정말 뒤떨어진 학생들로 생각해서 그들의 정신을 가장 초보적인 발견과 입문(入門)으로 인도하였다. 마치 참을성있는 선생이 어린 학생들의 서투른 작은 손을 잡아서 첫번째 글자들을 그리게 하고, 점점 더 잘 알아듣고 행하게 하려는 것과 같이 말이다. 내가 얼마나 많은 사람을 군중들에게 주었는지 모른다! 나는 그들을 영에게로 데려가기 위해 육체에게 나오게 했었다. 나도 우선 육체로 시작하였다. 그러나 사탄은 그들을 지옥으로 데려가기 위해서 육체에서 출발하는데, 나는 하늘로 인도하기 위해 육체에서 출발하는 것이었다.

나는 빵의 기적을 아버지께 감사하기 위해서 군중을 떠났었다. 그들은 수천명이 그 빵을 먹었었는데, 나는 그들에게 주님께 '고맙습니다' 하고 말씀드리라고 당부했었다. 그러나 도움을 받은 다음, 사람은 '고맙습니다' 하는 말을 할 줄 모른다. 나는 그들을 대신해서 그 말을 했다. 그런 다음… 그런 다음, 내가 무한한 사랑의 향수를 느끼던 아버지와 결합하여 하나가 되었었다. 나는 이 세상에 있었다. 그러나 생명이 없는 유해와 같이 있었다. 내 영은 당신 말씀에게로 몸을 구부리고 계시는 것을 느끼던 아버지의 마중을 하러 달려갔었고, 나는 아버지께 '오 거룩하신 아버지, 저는 아버지를 사랑합니다' 하고 말씀드렸다. '아버지를 사랑합니다' 하고 아버지께 말씀드리는 것은 내 기쁨이었다. 하느님으로서 그분에게 말하는 것외에 사람으로서 그분께 말씀드리는 것이 말이다. 아버지께 하느님으로서의 내 마음의 설렘을 그분께 드리는 것과 같이 인간으로서의 내 감정을 그분께 굴복시키는 것이 말이다. 나는 사람의 모든 사랑을, 하느님을 조금이라도 사랑할 능력이 있는 사람의 모든 사랑을 끌어당겨서, 그것들을 모아 내 마음의 오목한 곳에 담아서 아버지께 드리는 자식인 것같이 생각되었다. 나만이 홀로 사람인 것같이 생각되었다. 즉 죄가 없던 시절에 서늘한 저녁때 하느님과 이야기를 나누기 위하여 돌아오던 인류인 것같이 생각되었다는 말이다.

그러나 그것이 사랑의 지복(至福)이기 때문에 내 지복이 완전하였지만, 그것이 나를 사람들의 필요에서 멀리 떨어져 있게는 하지 않았다. 그래서 나는 호수에 떠 있는 내 아들들의 위험을 알아차렸다. 그리고 나는 사랑을 위하여 사랑을 떠났다. 사랑은 열의가 있어야 하는 것이다.

그들은 나를 유령으로 생각했다. 오! 가엾은 아들들아, 너희들이 얼마나 여러번 나를 유령으로 생각하고 도깨비로 생각하였느냐! 만일 너희가 항상 나를 생각하고 있으면, 나를 즉시 알아볼 것이다. 그러나 너희는 마음속에 아주 많은 다른 환영을 가지고 있어서, 이것이 너희에게 현기증을 일으킨다. 그러나 나는 나를 알게 한다. 오! 너희가 내 말을 들을 줄 알았으면!

왜 베드로가 여러 미터를 걸은 다음 빠져 들어가느냐! 내가 그 말을 했다. 인성이 그의 영을 지배했기 때문이다.

베드로는 지극히 인간적이었다. 그것이 요한이었더라면 그만큼 대담하지 못했을 것이고, 변하기 쉬움으로 인해서 생각을 바꾸지 않았을 것이다. 순결은 조심성과 굳셈을 준다. 그러나 베드로는 문자 그대로 '인간'이었다. 그는 다른 사람들 가운데에서 두각을 나타내고, 그만큼 선생님을 사랑하는 사람이 '아무도' 없다는 것을 보이기를 바랐다. 그는 자기를 인정하게 하고 싶었고, 내 제자중의 한 사람이라는 이유 하나만으로 자기가 벌써 육체의 약점을 초월했다고 생각하고 있었다. 그러나 그와 반대로 가엾은 시몬은 시련 속에서 검증(檢證)을 주었지만, 그것은 조금도 숭고한 것이 아니었다. 그러나 그가 나중에 새로 태어나는 교회에서 선생님의 자비를 영속시킬 사람이되는 데에는 그것이 필요했었다.

베드로는 위험에 처해 있는 그의 목숨 때문에 공포에 지배되었을 뿐 아니라 네가 말한 것과 같이 순전히 '몸을 떠는 육체'가 되었다. 그는 깊은 생각도 하지 않게 되었고, 나를 쳐다보지도 않게 되었다.

너희도 이와 같이 행동한다. 그리고 위험이 급박하면 급박할수록 그만큼 더 너희들 자신의 힘으로 행동하고자 한다. 마치 너희가 무슨 일을 할 수 있는 것처럼. 너희가 내게 바라고 나를 불러야 할 시간에 결코 그렇게 하지 않는 것처럼, 너희는 멀리 떠나가서 내 가슴을 죄게 하고, 나를 저주하기까지 한다.

베드로는 나를 저주하지는 않지만 나를 잊는다. 그래서 나는 그의 정신을 내게로 부르기 위해 이지의 능력을 해방해야 한다. 즉 그의 선생님과 구세주에게로 눈을 들게 하기 위해서 말이다. 나는 이 충동적인 사람을 사랑하기 때문에 그의 의심하는 죄를 미리부터 사해 준다. 이 충동적인 그가 은총에 확고하게 자리잡고 나면 다시는 마음이 흔들리거나 지치지 않고, 순교에 이르기까지, 영혼들을 그의 선생에게로 데려오기 위해 신비의 그물을 죽을 때까지 꾸준히 치면서 앞으로 나아갈 것이다. 그래서 그가 나를 부르면 나는 걸어 가지 않고, 날아가서 그를 구해 주며, 그를 단단히 붙들어 안전한 곳으로 데려간다.

나는 베드로의 약함을 경감하는 모든 것을 이해하기 때문에 내 나무람은 지극히 부드럽다. 나는 지금 있거나 일찍이 있었을 사람들 중에서 가장 마음좋은 변호인이고 가장 마음좋은 재판관이다. 모든 사람에게. 불쌍한 내 아들들아, 나는 너희들을 이해한다! 그래서 내가 너희들에게 하는 나무라는 말도 내 미소가 완화해 준다. 나는 너희를 사랑한다. 이뿐이다. 나는 너희가 믿음을 가지기를 바란다. 그러나 너희가 믿음을 가지면, 나는 가서 너희를 위험에서 건져 준다. 오! 세상 사람들이 '선생님, 주님, 구해 주십시오!' 하고 말할 줄 안다면 얼마나 좋겠느냐! 부르짖음 한마디만 있으면, 온 세상에서 사탄과 그의 맹신자들이 즉시 패해서 쓰러지기에 충분할 것이다. 그러나 너희는 믿음을 가질 줄 모른다. 나는 너희를 믿음으로 데려오기 위한 방법을 증가시키면서 간다. 그러나 그것들이 마치 풀이 늪의 진흙 속에 떨어지듯이 너희 진흙 속에 떨어져서 파묻힌 채로 있다.

너희는 너희 정신의 물을 깨끗하게 하기를 원치 않고, 썩은 냄새가 나는 진흙 속에 있기를 좋아한다. 어쨌거나 상관없다. 나는 영원한 구세주로서의 내 의무를 다한다. 그리고 비록 세상이 구원되기를 원치 않기 때문에 세상을 구원할 수가 없더라도, 내가 사랑받아 마땅한 대로 나를 사랑했기 때문에 이제는 세상에 속하지 않게 된 사람들을 세상에서 구해 내겠다."

139. 제자들과 만나시다

 예수께서는 겐네사렛호수와 메론호수 사이에 있는 상부 요르단강의 계곡을 따라 펼쳐지는 코라진평야에 계시다. 포도밭이 많은 평야인데, 벌써 포도 수확이 시작되었다. 오늘 아침에는 시카미논에 있던 제자들이 예수와 함께 있고, 그중에 또 다시 스테파노와 헤르마가 있는 것으로 보아 예수께서 이곳에 계신 것이 벌써 며칠째 되는 것 같다. 이사악은 더 일찍 오지 못한 데 대해서 용서를 빌면서, 새로 온 사람들을 데리고 오는 것이 잘하는 일인가 하고 생각해 보았고, 이렇게 곰곰히 생각하느라고 늦어진 것이라고 말한다.
 "그렇지만" 하고 또 말한다. "저는 하늘의 길이 착한 뜻을 가진 모든 사람에게 열려 있다고 생각했는데, 이 사람들은 비록 가믈리엘의 제자이긴 하지만 그런 사람들인 것 같습니다."
 "너는 말도 제대로 하고, 행하기도 잘했다. 그들을 이리 데려오너라." 이사악이 갔다가 두 사람과 같이 돌아온다.
 "당신들에게 평화. 사도들의 말이 당신에게 하도 참된 것으로 생각돼서 그것을 따르기를 원하는 겁니까?"
 "그렇습니다. 그리고 선생님의 말씀은 더 참됩니다. 선생님, 저희를 물리치지 마십시오."
 "왜 내가 그렇게 해야 하겠소?"
 "저희가 가믈리엘의 사람들이기 때문입니다."
 "그래서요? 나는 위대한 가믈리엘을 존경하오. 그리고 그분은 나와 같이 있을 자격이 있으니까 그분이 나와 같이 있었으면 하오. 그분의 지혜가 완전하게 되는 데에는 이것만이 부족하오. 당신들이 그분을 떠날 때에 그분이 무슨 말을 합디까? 당신들은 틀림없이 그분에게 인사를 했을 터이니까 말이오."
 "예, 그분은 저희에게 이렇게 말했습니다. '너희는 믿을 수가 있으니 정말 행복하다. 내가 기억할 수 있기 위하여 잊어버리도록 기도하여라' 하고요."

호기심을 가지고 예수 둘레에 바싹 다가서 있는 사도들은 서로 쳐다보며 작은 소리로 묻는다. "그 사람 말이 무슨 뜻이지? 그 사람은 뭘 원하는 거야? 기억하기 위해서 잊어버리다니?"

예수께서 이 속삭임을 들으시고 설명하신다. "그는 내 지혜를 얻기 위해서 자기의 지혜를 잊기를 원한다. 그는 자기가 그리스도를 기다리는 이스라엘의 아들이라는 것을 기억하기 위하여 자기가 가믈리엘 선생이라는 것을 잊어버리기를 원한다. 그는 진리를 기억하기 위하여 자기 자신을 잊기를 원하는 것이다."

"선생님, 가믈리엘은 거짓말을 하는 사람이 아닙니다" 하고 헤르마가 그를 변호하기 위하여 말한다.

"아니오. 그러나 보잘 것 없는 인간의 말로 된 잡동사니가 거짓말이오. 말씀을 대신하는 말들이 그렇소. 그것들을 잊고 그것들을 벗어 던지고 벌거숭이의 순결한 몸으로 진리를 찾아와서 옷을 입고 풍부하게 돼야 하오. 여기에는 겸손이 필요하오. 위험은…"

"그러면 저희도 잊어버려야 합니까?"

"물론이오. 인간적인 것은 무엇이든지 다 잊고, 하느님의 것은 무엇이든지 다 기억해야 하오. 자, 당신들은 그렇게 할 수 있소."

"저희는 그렇게 하기를 원합니다" 하고 헤르마가 단언한다.

"벌써 제자의 생활을 한 일이 있소?"

"예, 세례자의 살해 소식을 들은 날부터요. 헤로데의 궁정인들과 조신(朝臣)들에 의해서 소식이 매우 빨리 예루살렘에 전해졌습니다. 세례자의 죽음은 저희를 저희 무기력에서 끌어냈습니다" 하고 스테파노가 대답한다.

"순교자들의 피는 언제나 무기력 상태에 있는 사람들에 생명이 되오. 스테파노, 이것을 기억하시오."

"그러겠습니다, 선생님. 오늘 말씀을 하시겠습니까? 저는 선생님의 말씀에 굶주렸습니다."

"나는 이미 말을 했소. 그러나 당신들 제자들에게 아직 많은 말을 하겠소. 당신들의 동료인 사도들은 부지런히 준비를 하고 나서 벌써 임무를 시작했소. 그러나 세상의 필요에 그들만으로는 넉넉하지 못하오. 그런데 정확한 시간에 모든 것을 끝마쳐야 하오. 나는 일정한 기한을 가지고 있어서 모든 것을 한정된 시간 안에 끝마쳐야 하는 사람과 같소. 나는 당신들 모두에게 도와주기를 부탁하오. 그리고 하느님의 이름으로 당신들에게 은총과 영광스러운 장래를 약속하오."

예수의 날카로운 눈은 아마포 겉옷으로 몸을 폭 감싼 어떤 사람을 발견하신다. "당신은 사제 요한이 아닙니까?"

"맞습니다, 선생님. 저주받은 골짜기보다도 유다인들의 마음은 더 메마릅니다. 저는 선생님을 찾아 도망쳐 나왔습니다."

"그럼 사제직은 어떻하구요?"

"문둥병이 첫번째로 저를 사제직에서 내쫓았고, 두번째는 제가 선생님을 사랑하기 때문에 사람들이 내쫓았습니다. 선생님의 은총이 자기에게로, 즉 선생님께로 저를 끌어 당깁니다. 그 은총이 저를 더럽혀진 장소에서 내쫓아서 깨끗한 곳으로 데려왔었습니다. 선생님께서는 제 육체와 정신을 깨끗하게 해주셨습니다. 그런데 깨끗한 물건은 더러운 물건에 가까이 갈 수도 없고 가서도 안 됩니다. 그것은 깨끗하게 해주신 분에 대한 모욕이 될 것입니다."

"당신은 엄격한 판단을 하고 있습니다. 그러나 그 판단이 부당하지는 않군요."

"선생님, 집안의 추한 꼴은 집안에 사는 사람이 알게 되는데, 그것은 올바른 정신을 가진 사람 외에는 말하지 말아야 합니다. 그런데 선생님께서는 그런 분이십니다. 하기는 선생님께서도 그것을 알고 계십니다. 다른 사람들에게는 이 말을 하지 않을 것입니다. 여기에는 선생님과 선생님의 사도들, 그리고 선생님과 저같이 사정을 아는 두 사람이 있습니다. 따라서…"

"좋습니다. 아니 그런데… 오! 당신도?! 당신에게 평화가 있기를! 당신은 다른 음식을 주려고 왔소?"

"아닙니다. 저는 선생님의 양식을 얻으려고 왔습니다."

"추수를 망쳤소?"

"아이고! 아니올시다. 이번처럼 풍부한 추수는 일찍이 없었습니다. 그러나 저는 다른 빵과 다른 추수, 즉 선생님의 빵과 추수를 찾습니다. 그리고 저와 함께 선생님께서 제 땅에서 고쳐 주신 문둥병자도 왔습니다. 이 사람은 제 주인에게로 돌아왔습니다. 그러나 이제 이 사람과 제가 따르고 섬겨야 할 주인이 계십니다. 선생님이십니다."

"오시오. 하나, 둘, 셋, 넷… 풍성한 수확이오! 그러나 당신들은 성전에 대한 당신들의 처지를 깊이 생각해 보았소? 당신들 알지요, 나도 알고… 그리고 다른 말은 아무 말도 하지 않겠소….”

"저는 자유로운 사람입니다. 그래서 제가 따르고 싶은 분을 따릅니다” 하고 사제 요한이 말한다.

"저두요” 하고 새로 온 사람이 말한다. 그 사람은 율법학자 요한인데, 안식일에 진복팔단의 산 밑에서 음식을 준 사람이다.

"그리고 저희들두요” 하고 헤르마와 스테파노가 말한다.

그리고 스테파노가 덧붙인다. "주님, 저희에게 말씀해 주십시오. 저희는 저희 임무가 어떤 것인지 모릅니다. 주님께 즉시 봉사할 수 있게 최소한의 것을 주십시오. 나머지는 주님을 따르는 동안 올 것입니다.”

"예, 그렇습니다. 선생님께서는 산에서 진복(眞福)에 대해서 말씀하셨습니다. 그런데 그것은 모든 사람을 위한 가르침이었습니다. 그러나 저희가 다른 사람들에 대해서, 둘째 사랑, 즉 이웃사랑에 대해서는 어떻게 해야 합니까?” 하고 율법학자 요한이 묻는다.

"엔도르의 요한은 어디 있소?” 예수께서 대답 대신 이렇게 물으신다.

"선생님, 저기 병고쳐진 사람들과 같이 있습니다.”

"이리 오라고 하시오.”

엔도르의 요한이 달려 온다. 예수께서는 그의 어깨에 손을 얹으시고 특별히 인사를 하면서 말씀하신다. "자, 이제는 말을 하겠소. 나는 거룩한 이름을 가진 당신들을 내 앞에 두고 싶소. 너는 내 사도, 당신은 사제, 당신은 율법학자, 당신은 세례자의 요한, 그리고 끝으로 하느님이 만드신 은총의 왕관을 끝맺는 당신. 그리고 내가 당신의 이름을 맨끝에 불렀지만 당신이 내 마음 속에서 꼴찌가 아니라는 것은 당신도 알고 있소. 언젠가 당신에게 이 연설을 약속한 일이 있는데, 이제 그것을 들을 참이오.”

그리고 예수께서는 보통 하시는 대로 모든 사람이 당신을 볼 수 있게 조금 비탈진 곳에 올라가신다. 예수 앞에는 다섯 명의 요한이 있다. 그 뒤에는 제자들이 팔레스티나 각지에서 건강 때문에 또는 말씀을 듣기 위하여 몰려온 사람들 가운데 섞여 있다.

"평화가 여러분 모두와 함께 있기를, 그리고 지혜가 여러분에게 내리기를. 자 들으시오. 오래 전 어느 날 어떤 사람이 하느님께서 죄인들에 대해 자비로우신지, 또 어느 정도까지 자비로우신지 물었습니다. 이것을 물은 사람은 용서받은 죄인이었었는데, 하느님의 절대적인 용서를 확신하게 되지 못했던 것입니다. 그래서 나는 몇 가지 비유로 그를 진정시키고 그의 안에서 울고 있는 뉘우친 마음이 벌써 하늘에 계신 아버지를 차지하고 있다는 것을 확실히 느끼도록 그를 위해서 항상 자비에 대해서 말하겠다고 약속했습니다.

하느님께서는 사랑이시기 때문에 하느님께서는 자비이십니다.

하느님의 종은 하느님을 본받기 위하여 자비로워야 합니다.

하느님께서는 길잃은 당신 아들들을 당신께로 끌어당기기 위해서 자비를 쓰십니다.

하느님의 종은 길잃은 아들들을 하느님께로 데려오기 위한 방법으로 자비를 써야 합니다.

사랑의 계명은 모든 사람에게 의무적인 것이어야 합니다. 그러나 하느님의 종들에게는 세 배나 더 의무적인 것이어야 합니다.

사랑하지 않으면 하늘 나라를 쟁취하지 못합니다. 그러나 이것은 믿는 사람들에게는 이렇게 말하는 것으로 충분합니다. 그러나 하느님의 종들에게는 내가 이렇게 말합니다. '만일 완전히 사랑하지 않으면, 믿는 사람들에게 하늘 나라를 쟁취하게 하지 못한다'고. 그런데 여러분은, 이 둘레에 빽빽이 들어차 있는 여러분은 어떤 사람들입니까? 대부분은 하느님의 종, 그리스도의 대리자로서의 완전한 생활, 축복받은 생활, 고생스럽지만 빛나는 생활을 지향하는 사람들입니다. 그런데 여러분은 이 세상에서 종과 대리자로서 어떤 의무를 가지고 있습니까? 하느님께 대한 완전한 사랑, 이웃에 대한 전적인 사랑의 의무입니다. 여러분의 목적은 봉사하는 것입니다. 어떻게 봉사합니까? 세속과 육신과 마귀가 하느님에게서 빼앗았던 사람들을 하느님께 돌려드림으로써 그렇게 합니다. 어떻게요? 사랑으로. 사랑하게 한다는 유일한 목적을 위해 수없이 많은 모양으로 나타나는 사랑으로 말입니다.

우리의 아름다운 요르단강을 생각해 봅시다. 예리고에서는 얼마나 당당합니까! 그러나 그 근원에서부터 그러합니까? 아닙니다. 하나의 가느다란 흐름이었습니다. 그리고 그 물줄기가 홀로 있었더라면 그런 대로 남아 있었을 것입니다. 이와 반대로 산들과 언덕들에서, 계곡 이쪽저쪽에서 수없이 많은 지류가 혹은 홀로 혹은 벌써 많은 개울로 이루어져서 모두 그 하상으로 흘러 들어오고, 그것이 커지고, 커지고, 또 커져서, 조용한 개울이요, 강으로 치면 어린 시절이던 때에 웃고 놀던 하늘빛을 띤 은빛 물 줄기이던 것이 에머랄드 빛깔의 기름진 강 한가운데로 파란 리본처럼 펼쳐지는 넓고 장엄하고, 조용한 강이 되기까지 합니다.
 사랑도 이와 같습니다. 벌이 무서워서 겨우 중죄를 조심할 줄 아는 생명의 길에 있어서의 어린 아이들인 사람들에 있어서는 처음 시작되는 물 줄기이던 것이 완전의 길로 전진하는 동안, 울퉁불퉁하고 메마르고 당당하고 거친 인간성이라는 산에서 사랑의 의지로 인해서 이 주요한 덕행의 수많은 개울이 흘러나오며, 모든 것이, 즉 고통과 기쁨이 이 덕행을 나타나게 하고 솟아오르게 하는데 소용됩니다. 마치 산 위에서 얼어붙은 눈과 그것을 녹이는 해가 개울을 만드는 데 소용되는 것과 같습니다. 모든 것이 즉 겸손과 뉘우침이 그들에게 길을 뚫어 두는 데 소용됩니다. 모든 것이 강의 근원 쪽으로 그들을 인도하는 데 소용됩니다. 그것은 이 길로 이끌려 가는 영혼이 자아(自我)를 소멸시키러 내려가기를 좋아하기 때문인데, 거기서 힘있고 훌륭하고 유익한 강이 된 다음 태양이신 하느님께 끌려 다시 올라오기를 갈망하는 것입니다.
 존경을 곁들인 사랑의 처음 생겨나는 개울에 영양을 공급하는 개울들은 덕행들 외에 덕행들이 행하도록 가르쳐 주는 행동들입니다. 바로 사랑의 작은 시냇물이 되기 위해서 바로 자비의 행동이 되는 그런 행동들입니다. 이 행동들을 함께 생각해 봅시다. 어떤 것들은 이미 이스라엘에 알려져 있고, 어떤 것들은 내가 여러분에게 알려주는 것입니다. 내 율법은 완전한 사랑이기 때문입니다.

 굶주린 사람들에게 먹을 것을 주시오.
 이것은 감사와 사랑의 의무이고, 본받음의 의무입니다. 자식들은 아버지가 그들에게 마련해 주는 빵 때문에 아버지에게 감사하는 마음을 가지고 있고, 어른이 되어서는 아버지를 본받아 자기 자녀들에게 빵을 마련해 주고, 나이가 많아서 이제는 일을 못하게 된 아버지에게도 빵을 마련해 드립니다. 이것은 그들이 받은 귀중한 것에 대한 애정넘치는 갚음이고, 정당한 갚음입니다. 넷째 계명에서는 '부모에게 효도하여라' 하는 말로 이것을 말해줍니다. 부모가 다른 사람들에게 빵을 청하게 되지 않도록 하는 것은 부모의 백발을 공경하는 것이 됩니다.
 그러나 넷째 계명 전에 '하느님을 전심으로 사랑하여라' 하는, 첫째 계명과 '이웃을 네 몸같이 사랑하여라' 하는 둘째 계명이 있습니다. 하느님을 하느님 자신 때문에 사랑하고, 이웃을 통하여 하느님을 사랑하는 것, 이것이 완전입니다.

우리는 그렇게도 여러 번 기적적인 행위로 사람을 배불리 먹이신 하느님을 기억해서 배고픈 사람에게 빵을 줌으로써 하느님을 사랑합니다. 그러나 다만 만나와 매추라기만을 생각하지 말고 하느님의 호의로 싹트는 낟알의 계속적인 기적을 생각합시다. 하느님께서는 농사짓기에 알맞는 땅을 주셨고, 바람과 비와 더위와 계절을 조절하셔서 씨가 이삭이 되고, 이삭이 빵이 되게 하십니다.

또 껄끄러운 비늘 같은 껍질 속에 들어 있는 해와 같이 따뜻한 냄새가 나는 금빛 낟알이삭이 끝에 달린 저 키크고 가는 풀이 거두고 낟알을 꺼내고 가루를 만들고 반죽하고 익혀야 하는 양식이라는 것을 죄지은 당신 아들들에게 초자연적인 지식으로 가르쳐 주신 것은 기적이 아니었습니까? 하느님께서 이 모든 것을 가르쳐 주셨습니다. 그런데 그것을 어떻게 거두고 낟알을 골라내고 빻고 반죽하고 익히겠습니까? 하느님께서는 이삭들 곁에 돌을 놓아 두시고, 돌들 곁에는 물을 놓아두셨습니다. 하느님께서는 물과 해의 반사로 땅 위에 첫번째 불을 붙이셨고, 바람은 낟알들을 불 위에 실어다 얹었는데, 낟알들이 기분좋은 냄새를 풍기면서 구워져서, 이렇게 하는 것이 새들이 먹는 것과 같이 이삭에서 나올 때보다 더 맛있고, 또는 갈고 이겨서 끈적끈적한 반죽을 만들어 불에 굽는 것이 더 맛있다는 것을 알게 되었습니다. 집안의 화덕에서 구워낸 빵을 먹는 여러분은 이 완전한 굽는 기술에 이르렀다는 사실이 얼마나 큰 자비의 증거이며, 사람이 말이 하는 것처럼 씹었던 첫번째 이삭에서부터 지금의 빵에 이르기까지 인간의 지식이 얼마나 먼 길을 걸어오게 되었는지를 생각지 않습니다. 그런데 이것이 누구의 덕택입니까? 빵을 주신 하느님의 덕택입니다. 그리고 죄지은 아들에 대하여 아버지께서 벌을 내리시는 곳인 땅에 조물주에게 가득 채워 놓으신 식물과 동물 가운데에서 사람이 유익한 지식으로 가려낼 줄 안 모든 종류의 양식에 대해서도 같은 말을 할 수 있습니다.

그러므로 굶주린 사람에게 먹을 것을 주는 것은 우리를 배불리 먹이시는 주님이시요 아버지이신 분께 드리는 감사의 기도이고, 우리를 거저 당신을 닮게 하셨고, 또 그분의 행동을 본받음으로써 점점 더 닮게 되어야 하는 아버지를 본받는 것입니다.

목마른 사람들에게 마실 것을 주시오.

여러분은 만일 아버지께서 비를 내려주지 않으시면 무슨 일이 일어날지 생각해 본 적이 있습니까? 혹은 또 하느님께서 '목마른 사람에 대해서 너희가 냉정하기 때문에 나는 구름이 땅으로 내려가지 못하게 하겠다'고 말씀하시면 우리가 항의하고 저주할 수 있겠습니까? 물은 낟알보다도 더 하느님께 속해 있습니다. 낟알은 사람이 가꾸지마는, 안개나 눈이나 비나 이슬이 되어 내려와서 밭과 빗물받이 웅덩이에 물을 대주고, 강과 호수를 가득 채워서 다른 동물과 더불어 사람을 배부르게 하는 물고기들에게 은신처를 제공하게 하는 구름밭은 오직 하느님만이 가꾸시기 때문입니다. 그러니까 여러분에게 '마실 것을 주십시오' 하고 말하는 사람에게 '싫소. 이 물은 내 것이니까 당신에게는 주지 않겠소' 하고 말할 수 있습니까? 거짓말쟁이! 여러분 중에서 누가 눈 한송이나 비 한방울이라도 만들었습니까? 자기의 천체 같은 열로 금강석 같은 이슬 한방울이라도 증발시켰습니까? 그런 사람은 아무도 없습니다. 오직 하느님만이 그렇게 하십니다. 또 물이 하늘에서 내려왔다가 다시 올라가는 것은 다만 하느님께서 나머지 것을 조절하시는 것과 마찬가지로 우주의 이 부분도 조절하시기 때문입니다.

그러므로 여러분은 목마른 사람에게 땅의 수맥에서 나오는 시원한 물이나 여러분의 우물의 깨끗한 물이나 여러분의 빗물받이 웅덩이에 가득차 있는 깨끗한 물을 주시오. 물은 하느님의 것이고, 모든 사람을 위한 것입니다. 그것을 목마른 사람에게 주시오. 여러분에게 돈이 들지 않고, 물잔이나 물병을 내미는 피로 외에 다른 필요를 요구하지 않는 이 아주 작은 행동에 대해서도 여러분은 하늘에서 상을 받으리라는 것을 나는 여러분에게 확실히 말합니다. 그것은 하느님의 눈으로 보시고 평가하시는 데에 중요한 것은 물이 아니라 사랑의 행위이기 때문입니다.

헐벗은 사람들에게 옷을 입히시오

헐벗고 부끄러워하는 가엾고 비참한 사람들이 거리를 지나갑니다. 버림받은 노인들이 있고, 병이나 사고로 불구가 된 사람들도 있습니다. 주님의 호의로 목숨을 다시 찾은 문둥병자들이 있고, 가족이 딸린 과부들이 있고, 안락을 몽땅 앗아간 불행을 겪은 사람들이 있고, 죄없는 고아들이 있습니다.

눈을 들어 넓은 세상을 바라다보면, 헐벗은 사람이나 겨우 부끄러운 곳이나 가리는 누더기를 걸쳐서 추위를 막지 못하는 사람이 사방에 보입니다. 그리고 이 사람들은 화려한 옷을 입고 편안한 샌들을 신고 지나가는 부자들을 모욕을 당한 사람의 눈으로 바라봅니다. 착한 사람들에게는 굴욕감과 착함이 있고, 덜 착한 사람들에게는 모욕감과 미움이 있습니다. 그러나 착한 사람들이면 더 착하게 되게 하고, 덜 착한 사람들이면 여러분의 사랑으로 미움을 없애서 그들의 모욕감에 대해서 도움을 주지 않습니까?

'나 입을 것밖에 없다'고 말하지 마시오. 식탁에 있는 빵과 마찬가지로 여러분의 옷장에는 완전히 버림받은 사람들보다는 더한 무엇인가가 있습니다. 내 말을 듣는 여러분 가운데에는 낡아서 치워 두었던 옷을 가지고 고아나 가난한 어린이를 위한 작은 옷을 만들고, 또 묵은 천을 가지고 기저귀가 없는 아기를 위해 기저귀를 만들 줄 안 사람이 여럿 있습니다. 또 자기가 거지이면서 그가 고생스럽게 동냥해서 얻은 빵을 부자들의 집에 손을 내밀러 갈 수가 없는 한 문둥병자와 여러 해 동안 나누어 먹은 사람이 한 사람 있습니다. 그리고 나 진정으로 말합니다만, 이 자비로운 사람들은 가진 사람들 가운데에서 찾을 것이 아니라, 그들의 처지로 인해서 가난이 얼마나 고생스러운 것인지를 아는 보잘 것 없는 가난한 사람들의 무리 중에서 찾아야 합니다.

또 여기서도 물과 빵에 대해서와 마찬가지로 여러분이 옷을 만들어 입는 양털과 아마포는 동물과 식물에서 오는데, 그것들을 아버지께서 사람들 가운데에서 부자들만을 위해 만들지 않으시고, 모든 사람을 위해서 창조하셨다는 것을 생각하시오. 그것은 하느님께서 오직 한 가지의 부(富), 즉 은총과 건강과 지성의 부를 사람에게 주셨지, 황금이라는 더럽혀진 부를 주지는 않으셨기 때문입니다. 여러분은 다른 금속보다 더 아름답지도 않고, 괭이, 쟁기, 쇠스랑, 낫, 끌, 망치, 톱, 대패, 거룩한 일에 쓰이는 거룩한 연장 따위를 만드는 쇠보다도 훨씬 덜 유익한 황금을 귀금속의 지위에 올려놓았습니다. 이 고귀함은 무익하고 헛된 것으로, 하느님의 아들이던 여러분을 야수들 모양으로 야만인이 되게 한 사탄의 부추김으로 그렇게 한 것입니다. 거룩한 것의 부는 여러분에게 점점 더 거룩하게 될 수 있는 무엇을 주었었습니다! 그 많은 피와 눈물을 흐르게 한 저 살인적인 부를 주지는 않았었습니다. 그리고 여러분은 받은 대로 주시오. 헐벗은 채 있게 될까 봐 걱정하지 말고 주님의 이름으로 주시오. 사랑이 없어서 부드러운 옷을 입고 있으면서도 마음이 얼게 하는 것보다는 거지를 입히느라고 옷을 벗어 주었기 때문에 얼어 죽는 것이 더 나을 것입니다.
　우리가 행한 선의 따스함은 아주 순수한 모직으로 만든 겉옷의 따스함보다 더 아늑합니다. 그리고 옷을 얻어 입은 가난한 사람의 몸은 하느님께 말씀드리며 '저희에게 옷을 준 사람들에게 강복해 주십시오'하고 청합니다.

　다른 사람들에게 주기 위하여 내핍생활을 하면서 배불리 먹이고 목을 축이게 하고 옷을 입히고 하는 것이 거룩한 절제와 지극히 거룩한 사랑을 결합시키고, 하느님이 허락하심으로 우리가 풍부히 가지고 있는 것을, 사람의 악의나 병으로 인해서 가진 것을 잃게 된 사람들을 위해 줌으로써 불행한 형제들의 운명을 거룩하게 바꾸어놓는 지극히 복된 정의도 여러분을 결합시키지만, 길손들에게 베푼 환대(歡待)는 사랑을 이웃에 대한 신뢰와 존경에 결합시킵니다. 이것도 하나의 덕행입니다. 아시겠어요? 이것을 가진 사람에게 있어서는 사랑외에 정직을 나타내는 덕행입니다. 과연 정직한 사람은 행동을 잘하고, 또 다른 사람들도 그가 보통 하는 것과 같이 행동한다고 생각했기 때문에, 말의 진실성을 믿는 신뢰와 순박은 그들의 말을 듣는 사람이 큰 일에 있어서나 작은 일에 있어서나 진실을 말하는 사람이고, 따라서 남의 이야기를 의심하게 되지 않는 사람이라는 것을 나타냅니다.
　여러분에게 재워 주기를 청하는 여행자를 보고, 왜 '그러다가 이 사람이 도둑이거나 살인자면 어떡하나'하고 생각합니까? 그것 때문에 여러분의 집에 오는 어떤 외부사람을 보고도 벌벌 떨 만큼 그렇게 여러분의 재산에 집착하십니까? 목숨을 잃을지도 모른다는 생각으로 무서워서 몸이 떨릴 만큼 여러분의 목숨에 그다지도 집착하십니까? 아니? 하느님께서 여러분을 도둑들에게서 지켜 주실 수 없다고 생각하십니까? 아니? 여러분은 지나가는 행인을 도둑이 아닐까 하고 염려하면서, 다른 것과 바꿀 수 없는 훔쳐가는 어두운 손님은 무서워하지 않습니까? 얼마나 많은 사람이 그들의 마음 속에 마귀를 머무르게 합니까! 모든 사람이 큰 죄를 지니고 있으면서도 그 때문에 떠는 사람은 아무도 없다고 나는 말할 수 있을 것입니다. 도대체 재물과 목숨 밖에 귀중한 것이 없단 말입니까? 우리가 죄로 인해 빼앗기고 죽게 하는 영혼이 더 귀중하지 않단 말입니까? 저 세상으로는 가져가지도 못하는 물건들을 지키기 위해서 집에 바리케이드를 치고, 빗장을 지르고, 개를 기르고, 금고를 설치하면서, 아무것도 아닌 물건인 것처럼 그들의 진짜 보물을 빼앗기고 암살자의 손아귀에 들어가는 가엾고 불쌍한 영혼들!

왜 모든 여행자를 도둑으로 보고자 합니까? 우리는 형제들입니다. 지나가는 형제에게는 집의 문을 열어 주는 법입니다. 길손이 우리와 같은 혈족이 아닙니까? 오! 천만에요! 그도 역시 아담과 하와의 피를 받았습니다. 그가 우리의 형제가 아니라구요? 어떻게 아니란 말입니까?! 아버지는 한 분밖에 안 계십니다. 마치 아버지가 같은 부부에게서 난 아이들에게 같은 피를 주는 것과 같이 우리에게 같은 영혼을 주신 하느님이십니다. 그 길손이 가난합니까? 여러분의 정신이 주님의 우정을 빼앗겨서 그 사람보다 더 가난하게 되지 않도록 하시오. 그 사람의 옷이 찢어졌습니까? 여러분의 영혼이 죄로 인해서 더 찢어지지 않도록 하시오. 그의 발이 진흙이나 먼지투성이입니까? 길을 많이 걸어서 더러워지고, 긴 여행을 해서 해진 그의 샌들보다도 여러분의 자아가 악습으로 인해서 망가지지 않도록 하시오. 그의 모습이 불쾌감을 줍니까? 여러분의 모습이 하느님의 눈에 더 불쾌감을 드리게 되지 않도록 하시오. 그가 외국어로 말합니까? 여러분의 마음의 언어가 하느님의 나라에서 알아들을 수 없는 말이 되지 않게 하시오.

여러분은 길손을 형제로 생각하시오. 우리는 모두가 천국을 향해 가는 길손들이고, 하늘로 가는 길 옆에 있는 문들을 두드립니다. 문들은 성조(聖祖)들과 의인들과 천사들과 대천사들입니다. 우리는 어두운 밤에, 몹시 추워서, 그리고 나쁜 정열과 마귀들이라는 늑대와 재칼들의 함정에 걸려들어서 기진맥진하여 쓰러지지 않고 목적지에 도달하도록 도움과 보호를 얻기 위하여 그들의 호의를 청합니다. 천사들과 성인들이 우리에게 그들의 사랑의 문을 열어 우리를 보호해 주고, 길을 계속할 수 있도록 기운을 다시 차리게 해주기를 바라는 것과 같이, 우리도 이 세상의 길손에 해서 이와 같이 합시다. 그리고 그를 아시는 하느님을 생각하면서 우리가 알지 못하는 사람에게 형제라는 다정한 이름으로 인사하면서 우리 집 문을 열어 주고 팔을 벌릴 때마다 여러분은 하늘 나라로 가는 길을 수 십리 나아가는 것이 되리라는 것을 내가 보증합니다.

병자들에게 문병을 하시오.

오! 정말이지, 사람들이 여행자인 것과 같이 그들은 모두가 병자입니다. 그러데 가장 중한 병은 정신의 병, 눈에 보이지 않고 가장 치명적인 병들입니다. 그런데도 이런 병들은 불쾌감을 일으키지 않습니다. 정신적인 헌 데는 혐오감을 일으키지 않습니다. 악습의 역한 냄새는 구역질이 나게 하지 않습니다. 악마 같은 광기는 무섭지 않습니다. 영적인 문둥병의 회저(懷疽)는 혐오감을 일으키지 않습니다. 영혼이 죽어서 썩은 사람의 오물이 가득 차 있는 무덤을 보고 사람들은 도망하지 않습니다. 이런 부정한 것들중 하나에 가까이 가도 저주를 받지 않습니다. 가련하고 좁은 사람의 생각입니다. 그러나 영이 더 가치가 있습니까, 그렇지 않으면 살과 피가 더 가치가 있습니까? 말해 보시오. 물질적인 것이 가까이 있는 결과로 비물질적인 것을 부패케 할 능력을 가지고 있습니까? 그렇지 않습니다. 분명히 말하지만 그렇지 않습니다. 영은 살과 피와 비교해서 무한 가치를 가지고 있습니다. 이것은 맞습니다. 그러나 육체는 영의 능력보다 더한 능력을 가지고 있지 못합니다. 그리고 영은 물질적인 것에 의해서 부패할 수 없고, 정신적인 것에 의해서 부패합니다. 어떤 사람이 문둥병자를 돌본다 하더라도 그의 정신은 문둥병에 걸리지 않고, 오히려 반대로 형제에 대한 연민으로 죽음의 골짜기에 외따로 떨어져 있기까지 영웅적으로 실천하는 사랑 때문에 그에게서는 일체의 죄의 흠이 떨어져 나갑니다. 사랑은 죄의 사함이고, 깨끗이 하는 것중에서 첫째 가는 것이기 때문입니다.

항상 '만일 내가 이 사람같이 되었다면, 사람들이 내게 어떻게 해주기를 바라겠는가?' 하는 생각에서 출발하시오. 그리고 여러분도 사람들이 여러분에게 해주기를 바라는 그대로 하시오. 지금은 아직 이스라엘이 옛날 율법을 가지고 있습니다. 그러나 이사야가 말한 고통의 사람과 다윗의 시편이 말하는 큰 고통을 당하는 사람이 물질적으로 재현될 어떤 사람의 모습을 절대적인 아름다움의 상징으로 경애할 날이 올 것인데, 그 새벽이 이제는 그리 멀지 않습니다. 그 사람은 스스로 문둥병자같이 되었기 때문에 인류의 구속자(救贖者)가 될 것이고, 그의 상처를 향하여, 마치 사슴이 샘물로 달려가듯이, 목마르고 병들고 지친 모든 사람이, 이 세상에서 우는 모든 사람이 달려올 것이며, 그 사람은 그들의 목을 축여 주고, 병을 고쳐 주고, 기운을 회복시켜 주고, 그들의 정신과 육체를 위로해 줄 것입니다. 그리고 그 중에서 가장 나은 사람들은 그 사람과 같이 되기를 갈망하여 구속해야 할 사람들에 대한 사랑으로 상처투성이가 되고, 핏기가 없어지고, 매맞고, 가시관을 쓰고, 십자가에 못박혀서, 왕들의 왕이요 세상의 구속자인 그 사람의 사업을 계속할 것입니다.

아직 이스라엘 사람들이지만 벌써 하늘 나라를 향하여 날아가려고 날개를 펼치는 여러분은 약점들의 이 새로운 가치를 이해하기 시작하고, 여러분에게 좋은 건강을 주시는 하느님을 찬미하면서 고통당하는 사람들과 죽는 사람들에 대해 관심을 가지시오. 내 사도들 중의 한 사람이 어느날 그의 형제 중 한 사람에게 이런 말을 했습니다. '문둥병자들을 만지는 것을 겁내지 말게. 하느님의 뜻으로 자네에게 아무 불행도 달라붙지 않을 걸세' 하고. 그는 말을 제대로 했습니다. 하느님께서는 당신 종들을 보호하십니다. 그러나 혹 여러분이 병자들을 돌보다가 감염되더라도, 내세에서는 사랑의 순교자들의 명단에 오를 것입니다.

갇힌 사람들을 찾아보시오.

감옥에는 죄인들만이 있는 줄로 생각하십니까? 인간의 사법(司法)은 한 눈은 멀고, 한 눈은 시력 장애가 있습니다. 인간의 사법은 구름들을 낙타들로 보고, 뱀을 꽃핀 나뭇가지로 생각합니다. 판단을 잘못하는 것입니다. 재판을 주재하는 사람이 고의로 연막을 만들어 놓아 사법이 한층 더 잘못 보게 하기 때문에 훨씬 더 잘못 판단합니다. 그러나 옥에 갇혀 있는 사람들이 모두 도둑과 살인자라 하더라도 우리의 업신여김으로 용서에 대한 희망을 그들에게서 빼앗음으로써 우리 자신이 도둑과 살인자가 되는 것은 옳지 않은 일입니다.

불쌍한 수인(囚人)들! 그들은 그들의 죄로 짓눌려 있기 때문에 감히 하느님께로 눈을 들지 못합니다. 사실 사슬은 그들의 발보다는 정신을 더 묶어 놓습니다. 그러나 그들이 하느님께 대해서 실망하면 불행합니다! 그들은 이웃에 대한 죄악에 용서에 대하여 실망하는 죄를 덧붙입니다. 옥살이는 속죄이고 교수대에서 죽는 것도 속죄입니다. 그러나 지은 죄에 대해서 인간 사회에 빚진 것을 갚는 것으로는 넉넉치 못합니다. 속죄를 하고 영원한 생명을 얻기 위하여는 하느님께 갚아야 할 몫도 갚아야 하고, 특히 그 몫을 갚아야 하는 것입니다. 그런데 반항을 하고 실망하는 사람은 인간 사회에 대해서만 속죄를 하는 것입니다. 그런데 유죄선고를 받는 사람이나 갇힌 사람에게 형제들의 사랑이 가면, 그것은 어두움 속에 빛일 것이고 목소리일 것입니다. 그 목소리가 '내 사랑이 당신에게 하느님께서도 당신을 사랑하신다는 말을 하길 바랍니다. 불운한 형제인 당신에 대한 이 사랑을 내 마음 속에 넣어 주신 분은 하느님이십니다' 하고 말하는데 높은 곳을 가리키는 손일 것입니다. 그러면 빛은 동정심 가득한 아버지이신 하느님을 희미하게나마 볼 수 있게 해 줍니다.

여러분의 사랑은 인간의 불의의 희생자들을 위로하러 가는 것이 더 당연합니다. 전혀 죄가 없거나 또는 잔인한 힘에 의해서 죽이도록 끌려가게 된 사람들을 말입니다. 판결이 내려진 곳에서 여러분도 판단을 하지 마시오. 여러분은 사람이 왜 남을 죽일 수 있는지를 알지 못합니다. 여러분은 죽이는 사람이 죽은 사람에 지나지 않고, 이성을 잃은 꼭둑각시에 지나지 않는 일이 많다는 것을 알지 못합니다. 이렇게 말하는 것은 진짜 살인자가 피를 흘리지 않고 비열하고 잔인한 배신으로 그에게서 이성을 빼앗아 갔기 때문입니다. 하느님께서는 아십니다. 이것으로 충분합니다. 내세에는 하늘에서 많은 죄수들과 죽이고 도둑질한 사람들을 보게 될 것이고, 지옥에서는 도둑을 맞고 죽임을 당한 것 같은 사람들을 많이 보게 될 것입니다. 그것은 이들이야말로 사실로 남의 평화와 정직과 신뢰를 훔친 진짜 도둑들이었고, 어떤 사람의 마음을 죽인 진짜 살인자로서, 가짜 희생자들이기 때문입니다. 마지막에 그들이 맞았기 때문에 희생자이지만, 여러 해 동안 자기 자신들이 남몰래 치고 나서 맞은 것입니다. 살인과 도둑질은 죄입니다. 그러나 다른 사람들에 의해서 그렇게 하도록 끌려 갔기 때문에 죽이고 훔치고 한 다음에 뉘우치는 사람과, 다른 사람들을 죄로 이끌어가고서 뉘우치지 않는 사람 중에서 남을 죄로 이끌고서 거기 대해 가책을 느끼지 않는 사람이 벌을 더 많이 받을 것입니다.

따라서 절대로 판단하지 말고 옥에 갇힌 사람들을 많이 동정하시오. 만일 모든 살인과 도둑질이 벌을 받아야 한다면, 감옥에서나 교수대에서 죽지 않을 남자나 여자가 별로 많지 않으리라고 생각하시오. 아기를 배고 그 아기를 낳기를 원치 않는 어머니들은 무엇이라고 부르겠습니까? 오! 말장난은 하지 맙시다! 진정으로 그들에게 '살인자'라는 이름을 붙입시다. 명성과 자리를 저 사람들에게는 어떤 이름을 붙여 주겠습니까? 그야 그저 '도둑'이라고 부르는 거지요. 간통을 하는 저 남자와 저 여자들, 또는 배우자를 괴롭혀서 그들로 하여금 살인을 하거나 자살을 하게 만드는 저 남자와 저 여자들, 그리고 마찬가지로 세상의 권력자로서 그들에게 딸린 사람들을 실망시키고, 또 실망으로 인해서 난폭하게 되도록 만드는 그 사람들의 이름은 무엇입니까? 그 이름은 '살인자'입니다. 그런데! 아무도 도망하지 않습니까? 여러분은 집과 도시를 가득 채우고, 길에서 우리를 스치며 지나가고, 여관에서 우리과 같이 자고, 우리와 같이 식사를 하는, 사법을 모면한 저 죄수들 가운데에서 우리가 살면서 아무런 생각도 하지 않는다는 것을 알 것입니다. 그런데 죄없는 사람이 누구입니까? 만일 하느님의 손가락이 사람의 생각들이 잔치를 하고 있는 방의 벽에, 즉 여러분의 이마에 여러분이 과거에 어떠하였고, 지금 어떠하고 장차 어떠하리라고 비난하는 말을 쓰신다면 빛나는 글자로 '죄없는 사람'이라는 말을 가지게 될 이마는 별로 많지 않을 것입니다. 다른 이마들에는 질투와 같은 푸르거나 배신과 같이 검거나 살인과 같은 붉은 글자로 '간통자', '암살자', '도둑', '살인자'라는 말들이 씌어질 것입니다.

그러므로 같은 죄를 짓고서도 여러분이 속죄하지 않는 것을 속죄하면서 감옥에 있는 인간적으로 덜 행복한 여러분의 형제들에 대해서 교만을 가지지 말고 자비를 베푸시오.

죽은 사람들을 장사지내시오.

죽음을 묵상하는 것은 인생의 학교입니다. 나는 여러분을 죽음 앞으로 데리고 가서 이렇게 말할 수 있었으면 합니다. '여러분이 거룩하게 살 줄 알아서 이 죽음만을 당하지 말고, 나중에 당당하게 부활해서 영원히 다시 결합하여 지극히 행복하게 되도록 육체와 영혼의 일시적인 분리를 겪으시오' 하고.

우리는 모두 알몸으로 태어납니다. 그리고 모두 죽으면서 썩게 되어 있는 시체가 됩니다. 왕이나 거지나 세상에 온 것과 같이 죽습니다. 그리고 왕들의 사치로 인해서 시체를 더 오래 보존할 수 있다 해도, 언제나 부패가 죽은 육체라는 것의 운명입니다. 미이라 자체도 무엇입니까? 육체입니까? 아닙니다. 수지(樹脂)로 화석화되고 목화(木化)한 것입니다. 속이 비고 향유로 변질시켰기 대문에 구더기의 밥이 되지 않지마는 오래된 나무처럼 갉아 먹는 벌레들의 먹이가 됩니다.

그러나 하느님께서 말씀하신 것과 같이 먼지는 다시 먼지가 됩니다. 그렇지만 이 먼지가 영을 둘러쌌었고 그것으로 인해 생명을 얻었었다는 그 이유 하나만으로, 하느님의 영광을 만진 어떤 물건과 같이 — 사람의 영혼이 이러합니다 — 장막에 닿았던 물건과 다르지 않은 방식으로 거룩하게 된 먼지라고 생각해야 하는 것입니다. 영혼이 완전했던 때가 적어도 한 순간은 있었습니다. 그것은 하느님께서 영혼을 창조하시는 동안이었습니다. 그후 원죄가 그의 완전을 빼앗아 가며 영혼을 더럽히기는 했어도, 그 기원만으로도 물질에 아름다움을 주고, 또 하느님에게서 오는 이 아름다움 때문에 육체가 아름다워지고 존경을 받은 자격을 가지게 됩니다. 우리는 성전들입니다. 그리고 성전이라는 이 자체로, 마치 장막이 있었던 장소가 항상 존중된 것과 같이 우리는 존경을 받을 자격을 가지게 되는 것입니다.

그러므로 인간의 육체의 기묘한 조화에서 영혼과 그것을 구상하시고 완전하게 빚으신 하느님의 손을 보고 그 시체에서까지도 주님의 업적을 공경하면서, 죽은 사람들에게 부활을 기다리는 동안 존경받은 휴식의 자선을 베푸시오.

그러나 사람은 살과 피만이 아닙니다. 그는 또한 영혼과 생각이기도 합니다. 영혼과 생각도 역시 고통을 당합니다. 그래서 그들에게 필요한 것도 마련해 주어야 합니다.

선을 알지 못하기 때문에 악을 행하는 무식한 사람들이 있습니다. 하느님의 일과 윤리 법칙까지도 알지 못하거나 제대로 알지 못하는 사람이 얼마나 많습니까! 그들은 아무도 양식을 주는 사람이 없기 때문에 굶주린 사람들과 같이 활기를 잃고, 그들에게 영양을 주는 진리를 가지지 못했기 대문에 무기력하게 됩니다. 영들의 굶주림에 영의 빵을 주시오. 무식한 사람들을 가르치는 것이 영적인 질서에는 굶주린 사람들을 배불리 먹이는 것인데, 활기를 잃어가는 육체가 그날 죽지 않도록 그에게 주는 빵에 대해서 상을 주니, 영에게 영원한 진리를 배불리 먹여 그에게 영원한 생명을 주는 사람에게는 얼마나 큰 상이 주어지겠습니까? 여러분이 아는 것을 아끼지 마시오. 여러분은 그것을 공으로 또 듬뿍 받았습니다. 그것을 아끼지 말고 주시오. 그것은 하늘에서 내려오는 물과 같이 하느님의 것이고, 여러분이 받은 것처럼 그것을 주어야 하기 때문입니다.

여러분이 가진 것에 대해서 인색하게 굴지 말고 우쭐하지 말고, 겸손하고 너그럽게 주시오. 그리고 은총을 목말라하는 산 사람들과 죽은 사람들에게 기도라는 맑고 유익한 청량음료를 주시오. 목마른 사람들에게 물을 거절해서는 안 됩니다. 그렇다면 산 사람들의 마음과 죽은 사람들의 영에 무엇을 주어야 합니까? 기도를 주어야 합니다. 사랑과 희생의 정신으로 하게 되었기 때문에 풍부한 결과를 나타내는 기도를 말입니다.

기도는 참되어야 하고, 길 위를 굴러가는 바퀴의 소리처럼 기계적이어서는 안 됩니다. 마차를 전진하게 하는 것은 바퀴소리입니까, 바퀴입니까? 마차를 전진시키는 데 쓰이는 것은 바퀴입니다. 음성으로 하는 기계적인 기도와 활동적인 기도에 대해서 같은 말을 할 수 있습니다. 음성으로만 하는 기계적인 기도는 소리뿐이고, 그 이상 아무것도 아닙니다. 활동적인 기도는 기운이 소모되고 고통이 커지지만 목적에 도달하는 그런 일입니다. 여러분의 입술보다는 희생으로 더 많이 기도하시오. 그러면 여러분은 영적인 자비의 제2의 행위를 함으로써 산 사람들과 죽은 사람들에게 휴식을 줄 것입니다. 세상은 요란하고 무익하고 많은 인명을 빼앗는 싸움보다는 기도를 할 줄 아는 사람들의 기도에 의해서 더 구원될 것입니다.

세상에서 많은 사람이 압니다. 그러나 굳게 믿을 줄은 알지 못합니다. 마치 서로 적대하는 두 진영 사이에 끼여 있는 것과 같이 한 걸음도 나아가지 못하고 망설이고 또 망설이며, 아무것에도 다다르지 못하면서 다 써버립니다. 이들은 우유부단한 사람들입니다. '그렇지만', '만약', '또 그리고' 하고 말하는 사람들입니다. '그후에는 이렇게 됩니까?', '만일 그렇게 되지 않는다면', '그리고 내가 그렇게 할 수 있을까요?', '그리고 내가 실패하면요?' 하는 것과 같은 말을 묻는 사람들입니다. 이들은 우유부단한 사람들로서, 매달릴 데를 발견하지 못하면 올라가지 못하고, 발견한다 하더라도 여기저기에 매달리는 바람에, 그들을 받쳐 주어야 할 뿐 아니라, 하루가 지나는 동안 새로운 전기를 만날 때마다 붙들어서 올라가게 해야 합니다.

오! 정말이지 그들은 발육이 뒤떨어진 어린 아이보다도 참을성과 자선심을 단련시킵니다. 그러나 제발 그들을 버리지 마시오! 그들 자신과 그들의 알쏭달쏭한 병에 사로잡혀 있는 저 사람들에게 여러분의 빛나는 믿음 전부와 열렬한 사랑 전부를 주시오. 진저리내지 말고 짜증내지 말고, 저 우유부단한 사람들에게 선생이 되어 주고 아버지가 되어 주시오. 그 사람들이 여러분을 낙담하게 합니까? 좋습니다. 여러분도 수없이 나를 낙담시키고, 하늘에 계신 아버지는 더 낙담시킵니다. 아버지께서는 하느님의 말씀이 말하는 것을 사람들이 듣는 지금도 아직 망설이고 있으므로, 말씀이 사람이 된 것이 쓸 데 없는 일인 것 같다고 생각하시는 때가 많습니다.
 여러분은 하느님과 나보다 나은 줄로 생각하려고 하지는 않겠지요! 그러므로 '그렇지만', '만약'이라는 생각에 사로잡혀 있는 사람들의 감옥의 문을 열어 주시오. '내가 할 수 있을까?', '만일 내가 성공을 못하면?' 하는 따위 사슬을 그들에게서 풀어 주시오. 그들이 최선을 다하기만 하면 하느님께서 만족하신다는 것을 그들에게 믿게 하시오. 또 그들이 받침판에서 떨어지는 것을 보거든 그들을 그대로 내버려 두지 말고, 여러분이 다시 일으키시오. 그들의 아이가 넘어지게 되면 그냥 지나치지 않고 걸음을 멈추고, 아이를 일으키고, 털어주고, 위로하고, 또 넘어질 염려가 없을 때까지 붙잡아 주는 어머니들이 하는 것과 같이 하시오. 그런데 어머니들은 아이의 다리가 약하면 몇 달이고 몇 해고 이렇게 합니다.

 여러분을 모욕하는 사람들을 용서해서 정신이 헐벗은 사람에게 옷을 입혀 주시오.
 모욕은 사랑에 반대되는 것입니다. 사랑에 반대되는 것은 하느님을 빼앗아갑니다. 그러므로 모욕을 하는 사람은 옷을 벗었고, 그가 모욕을 준 사람의 용서만이 그에게 하느님을 다시 주기 때문에 그 헐벗음에 옷을 다시 입혀 줍니다. 하느님께서는 모욕당한 사람이 용서하는 것을 기다려서 용서하십니다. 모욕을 당한 사람도 용서하시고, 사람과 하느님을 모욕한 사람도 용서하십니다. 이렇다는 것은, 정말이지, 주님을 모욕하지 않은 사람이 아무도 없기 때문입니다. 그러나 하느님께서는 우리가 이웃을 용서하면 우리를 용서하십니다. 그리고 모욕을 당한 사람이 용서하면, 하느님께서는 이웃도 용서하십니다. 여러분이 누구에게 한 대로 여러분도 당할 것입니다. 그러므로 용서를 받고 싶으면 용서하시오. 그러면 마치 여러분의 거룩한 어깨에 별로 만든 겉옷을 걸쳐 주듯이, 여러분이 베푼 사랑 때문에 하늘에서 복을 누릴 것입니다.

 우는 사람들에게 자비를 베푸시오. 그들은 생활에 상처를 입은 사람들이고, 애정 때문에 마음이 상한 사람들입니다. 여러분은 마치 요새에 틀어박혀 있듯이 여러분의 평온 속에 틀어박혀 있지 말고, 우는 사람들과 함께 울고, 슬퍼하는 사람들을 위로하고, 어버이를 여읜 사람의 빈 마음을 채워 줄 줄을 아시오. 고아들에게는 아버지가 되어 주고, 부모에게는 자식이 되어 주고, 서로서로 형제가 되어 주시오.

사랑하시오. 왜 행복한 사람들만을 사랑합니까? 그들은 이미 그들 몫의 태양을 가지고 있습니다. 우는 사람들을 사랑하시오. 그들은 세상이 볼 때에는 덜 사랑스럽습니다. 그러나 세상은 눈물의 가치를 알지 못합니다. 여러분은 그것을 알고 있습니다. 그들이 슬픔 속에서 체념하고 있으면, 그들을 사랑하시오. 그들이 고통 때문에 반항하면, 그들을 한층 더 사랑하시오. 비난을 하지 말고, 그들이 고통을 당할 때 고통이 유익하다는 것을 그들에게 설득하기 위하여 그들을 다정스럽게 대하시오. 그들은 눈물의 베일을 통해서 하느님의 얼굴을 비뚤게 보아서, 그 얼굴을 온통 복수심에 불타는 권력자의 표정으로 몰아붙일 수도 있습니다. 아니, 눈살을 찌푸리지 마시오! 아니, 그것은 고통으로 인한 흥분에서 모든 환각(幻覺)에 지나지 않습니다. 그들의 흥분을 가라앉히도록 그들을 흔드시오.

여러분의 아주 싱싱한 믿음이 정신착란을 일으키는 사람에게 갖다 대주는 얼음과 같이 되게 하시오. 그리고 흥분의 절정기가 지나고, 심한 충격을 받은 사람이 쇠약해지고 얼이 빠지고 넋을 잃게 되면, 그때에는 병 때문에 발육이 늦어진 아이들에게 하는 것처럼 마치 새로운 일에 대해서 말하듯이 천천히 참을성있게 다시 하느님에 대해서 말하기 시작하시오. … 오! 사람이라는 영원한 어린이를 즐겁게 하기 위한 아름다운 이야기입니다! 그리고는 입을 다무시오. 강조하지 마시오. …영혼은 저 스스로 몹시 애를 씁니다. 그 영혼을 애무와 기도로 도와주시오. 그리고 그 영혼이 '그럼, 그것은 하느님이 아니었나요?' 하고 말하면, '아니오, 하느님께서는 당신을 사랑하시고, 죽음이나 다른 일 때문에 당신을 사랑하지 못하게 된 사람 몫까지 당신을 사랑하시기 때문에 당신을 해치기를 원치 않으십니다' 하고 말하시오. 그리고 영혼이 '그렇지만 나는 하느님을 비난했습니다' 하고 말하거든, '그것은 흥분해서 그런 것이기 때문에 하느님께서는 그걸 잊어버리셨어요' 하고 말하시오. 그리고 영혼이 '그럼, 나도 하느님을 모시고 싶어요' 하고 말하거든, '여기 계셔요! 하느님께서는 당신이 문을 열어 주기를 기다리시면서 당신의 마음 문 앞에 계십니다' 하고 말하시오.

성가신 사람들을 참아견디시오. 그들은 길손들이 우리가 사는 집을 어지르듯이 우리 자아의 작은 집을 어지르러 옵니다. 그러나 길손들을 받아들이라고 내가 말했듯이 이 성가신 사람들도 받아들이시오.

 그들이 성가신 사람들입니까? 그러나 여러분은 그들이 여러분의 일을 방해한다고 해서 그들을 사랑하지 않지만, 그들은 여러분을 혹은 많이 혹은 적게, 어떻든 사랑합니다. 이 사랑 때문에 그들을 받아들이시오. 또 그들이 조심성없는 질문을 하거나 그들이 미워한다는 것을 말하거나 여러분을 모욕하더라도 참을성과 사랑을 보이시오! 여러분의 참을성으로 그들을 더 좋은 사람이 되게 할 수 있고, 여러분의 사랑이 없음으로 인해서 그들이 눈살을 찌푸리게 할 수 있습니다. 여러분은 그들이 스스로 죄를 짓는 것을 보고 괴로워하지요. 그러나 그들을 죄짓게 하고, 여러분 자신이 죄짓는 것을 더 괴로워하시오. 만일 여러분이 그들을 여러분의 사랑으로 받아들이지 못하겠으면, 내 이름으로 받아들이시오. 그러면 하느님께서 나중에 여러분을 찾아오셔서 당신의 초자연적인 애무로 언짢은 추억을 지워 주심으로써 여러분에게 보상을 주실 것입니다.

 끝으로 죄인들이 은총으로 돌아오는 것을 준비하기 위하여 그들을 가려주도록 힘쓰시오. 여러분이 언제 그렇게 하는지 아십니까? 여러분이 그들을 아버지답게 참을성있고 다정하게 간절히 나무라는 것으로 그렇게 합니다. 그것은 마치 여러분이 '일어나서 내게로 오너라' 하시는 하느님의 명령을 기다리면서 몸을 무덤에 맡기기 전에 그 추함을 조금씩 가리는 것과 같습니다.

 우리 히브리인들은 부활하게 되어 있는 육체에 대한 존경으로 우리 몸을 깨끗하게 하지 않습니까? 죄인들을 나무라는 것은 수의를 입히기 전에 그들의 팔다리를 깨끗하게 하는 것과 같습니다. 나머지는 주님의 은총이 할 것입니다. 여러분은 그들을 사랑과 눈물과 희생으로 깨끗하게 하시오. 영혼을 타락에서 빼앗아 오기 위하여 용맹하게 되시오. 영웅적인 사람들이 되시오.

 이것이 상을 받고 그대로 있지는 않을 것입니다. 육체적인 목마름을 풀어주려고 주는 물 한 잔에 대해서도 상을 주는데 영혼에게서 지옥의 목마름을 없애 준 데 대하여는 무엇을 주겠습니까?

 내 말은 끝났습니다. 이것이 사랑을 커지게 하는 육체와 영의 자비의 행위들입니다. 가서 이런 행동을 하시오. 그리고 하느님의 평화와 내 평화가 이제와 항상 여러분과 함께 있기를 바랍니다."

140. 인색과 어리석은 부자

예수께서는 호수의 서쪽가에 있는 야산들 가운데 하나에 올라가 계시다. 예수의 눈에는 이쪽 호숫가와 저쪽 호숫가 이곳저곳에 흩어져 있는 도시와 마을들이 나타난다. 그러나 야산 바로 밑에는 막달라와 티베리아가 있다. 막달라에는 수많은 정원이 있는 부자 동네가 지금은 완전히 물이 마른 급류에 의하여 어부들과 농부들과 서민들의 초라한 집들과 분명히 분리되어 있다. 티베리아는 비참과 쇠퇴라는 것은 전혀 모르는 오직 화려함뿐이며, 호수 앞에서 아름답고 아주 새로운 자세로 해를 보고 웃고 있다. 두 도시 사이의 좁은 평야의 많지는 않지만 손질이 잘 된 과수원들이 있고, 그 다음에는 올리브나무들이 언덕을 기어오르고 있다. 예수의 뒤로는 이 야산 꼭대기에서 안장같이 생긴 진복팔단의 산이 보이는데, 그 아래로 지중해에서 티베리아로 가는 주요도로가 지나간다. 사람이 매우 많이 다니는 이 주요도로에서 가깝기 때문에 아마 예수께서 이곳을 택하신 것 같다. 이곳에는 호수의 수많은 도시나 갈릴래아 안쪽에서 많은 사람들이 올 수 있고, 여기서는 저녁에 집으로 돌아가거나 많은 마을에서 잠자리를 쉽게 얻을 수 있다. 더위도 꼭대기에 올리브나무 대신 들어서 있는 키큰 나무들과 높이로 인해서 완화된다.

과연 사도들과 제자들 말고도 많은 사람이 있다. 건강을 위해서나 조언을 듣기 위해서 예수가 필요한 사람들, 호기심으로 온 사람들, 친구들에게 끌려온 사람들, 혹은 그저 사람들 하는 대로 하느라고 온 사람들이다. 결국 군중이 있다. 계절이 이제는 삼복더위의 영향을 벗어나서 나른한 매력을 향하여 간다. 그래서 그 어느때보다도 선생님을 찾아 길을 떠날 마음이 생기게 된다.

예수께서는 벌써 병자들을 고치시고 사람들에게 말씀을 하셨는데, 분명히 옳지 못한 재물과 하늘을 얻기 위하여는 그런 재물에서 초탈해야 하는 필요성과 당신의 제자가 되기 위하여는 이 초탈이 필요하다는 데 대하여 말씀하셨다. 그리고 지금은 이 요구로 인하여 좀 불안해진 부유한 제자 이 사람 저 사람의 질문에 대답을 하시는 중이다.

율법학자 요한이 말한다. "그러면 제가 가진 것을 부수어서 가족들이 그것을 가지지 못하게 해야 합니까?"

"아니오. 하느님께서는 당신에게 재산을 주셨소. 그것을 정의에 사용되게 하고 그것을 올바르게 쓰도록 하시오. 즉 당신 가족에게 필요한 것을 마련하는 데 쓰시오. 그것은 의무요. 하인들을 인간적으로 다루시오. 그것은 사랑이오. 그것을 가난한 사람들이 이용하게 하고, 가난한 제자들에게 필요한 것을 마련해 주시오. 그렇게 하면 재물이 당신에게 방해가 되지 않고 오히려 도움이 될 겁니다."

그리고 모든 사람을 향하여 말씀하신다. "정말 잘 들어 두시오. 만일 어떤 가난한 제자가 내 사제가 되어서 부자와 타협해서 정의를 어기면, 재물에 대한 사랑으로 인하여 하늘 나라를 잃을 같은 위험이 그 제자의 사실일 수도 있습니다. 부자이거나 악한 사람이 여러분으로 하여금 그의 생활방식과 죄를 인정하게 하기 위해 선물로 여러분을 유혹하려고 할 때가 많을 것입니다. 그리고 내 제자들 가운데에는 선물의 유혹에 넘어가는 사람들도 있을 것입니다. 그런 일이 있어서는 안 됩니다.

세례자가 여러분의 교훈이 되길 바랍니다. 정말이지, 세례자는 비록 재판관도 아니고 행정관도 아니었지만, 신명기에서 묘사하는 재판관과 행정관의 완전을 가지고 있었습니다. '너는 편애(偏愛)를 하지 말고, 선물들을 받지 말아라. 선물은 지혜로운 자들의 눈을 멀게 하고, 의인들의 말을 변질시키기 때문이다' 하고 신명기는 말합니다. 사람은 죄인이 칼날 위에 얹어 주는 황금으로 정의의 칼날의 이를 빠뜨리는 일이 너무나 자주 있습니다. 아니, 이래서는 안 됩니다. 가난할 줄을 알고, 죽을 줄을 아시오. 그러나 죄와는 절대로 타협하지 마시오. 그 금을 가난한 사람들의 이익을 위해 쓰이게 하겠다는 핑계를 가지고도 그렇게 하지 마시오. 그것은 저주받은 황금이니, 가난한 사람들에게 이익을 마련해 주지 못할 것입니다. 그것은 비열한 타협의 황금입니다. 여러분은 선생과 의사와 구속자가 되기 위해서 제자가 되었습니다. 그런데 여러분이 이해관계로 인해서 악에 동의하면 어떻게 되겠습니까? 나쁜 지식을 가르치는 선생, 병자를 죽이는 의사가 되고, 구속자가 아니라, 사람들의 마음의 협력하는 사람들이 될 것입니다."

군중 속에서 한 사람이 앞으로 나아와 말한다. "저는 제자는 아닙니다. 그러나 선생님을 우러러 봅니다. 그러니 이 질문에 대답해 주십시오. '다른 사람의 돈을 가지고 주지 않아도 됩니까?"

"그것은 안 됩니다. 그것은 행인의 돈주머니를 빼앗는 것과 같이 도둑질이오."

"그것이 가족의 돈이라도 그렇습니까?"

"그렇소. 어떤 사람이 누구의 돈이든지 가로채는 것은 옳지 않소."

"그러면 선생님, 다마스커스로 가는 길에 있는 아벨마인에 오셔서, 유언장을 남기지 않고 돌아가신 아버지의 유산을 저와 같이 나누어 가지라고 제 형에게 명령하십시오. 형이 모든 것을 혼자 차지했습니다. 그런데 우리는 처음으로 낳은 쌍둥이고 다른 아이들은 없다는 점에 유의하십시오. 그러니까 저도 형과 똑같은 권리가 있습니다."

예수께서는 그를 들여다보시더니 말씀하신다. "그것은 고통스러운 상황이오. 그리고 분명히 당신 형은 잘 하는 행동이 아니오. 그러나 내가 할 수 있는 일은 다만 당신을 위해 기도하고, 당신의 형을 위해서는 그가 회개하도록 더 많이 기도하는 일뿐이고, 당신 고장에 가서 복음을 전해서 그의 마음을 감동시키는 일뿐이오. 당신들 사이에 평화를 이루게 할 수가 있다면, 내가 길을 가는 것이 고생스럽지 않을 거요."

그 사람은 화가 잔뜩 나서 펄쩍 뛴다. "그래 선생님의 말을 가지고 어떻게 하라는 것입니까? 이 경우에는 말 말고 다른 것이 필요합니다!"

"그러나 당신 형에게… 명령하고 말하지 않았소?"

"명령하는 것은 복음을 전하는 것이 아닙니다. 명령에는 언제나 위협이 따르는 것입니다. 만일 제것을 제게 주지 않으면 형의 신체에 해를 가하겠다고 위협하십시오. 선생님은 그렇게 하실 수 있습니다. 건강을 주시는 것과 같이 병도 주실 수 있습니다."

"여보시오, 나는 회개시키러 왔지 해치려고 오지는 않았소. 그러나 만일 당신이 내 말을 믿으면, 평화를 얻을 거요."

"무슨 말이요?"

"당신이 위로를 받고 당신 형이 회개하도록 당신과 당신 형을 위해 기도하겠다고 말했지요."

"터무니 없는 이야깁니다! 터무니없는 이야기! 와서 명령하세요."

친절하고 참을성있던 예수께서 위엄있고 엄하게 되신다. 예수께서는 몸을 다시 일으키시며 — 지금까지는 살찌고 키가 작고 분노가 이글거리는 그 사람에게로 몸을 조금 구부리고 계셨다 — 말씀하신다. "여보시오, 누가 나를 당신들 사이에 재판관과 심판으로 세웠소? 아무도 그렇게 하지 않았소. 그러나 나는 두 형제 사이에 불화를 없애기 위해서 조정자와 구속자라는 내 임무를 다하러 가겠다고 수락했었소. 그리고 만일 당신이 내 말을 믿었더라면 아벨마인에 돌아가서 당신의 형이 벌써 회개한 것을 보았을 거요. 당신은 믿을 줄을 모르오. 그래서 기적도 얻지 못할 거요. 당신이 만일 재물을 먼저 손에 넣을 수 있었더라면, 당신이 모두 가지고 당신 형에게는 주지 않았을 거요. 그것은 정말이지 당신들이 쌍동이이기도 하지만 격정도 쌍동이같이 가지고 있어서, 당신도 형과 마찬가지로 오직 한 가지 사랑, 즉 황금에 대한 사랑과 오직 한 가지 믿음, 즉 황금에 대한 믿음만을 가지고 있기 때문이오. 그러니 당신 믿음을 가지고 그대로 있으시오. 잘 가시오."

그 사람은 저주하면서 가고, 군중은 분개하며 그를 벌하고 싶어한다. 그러나 예수께서 거기에 반대하셔서 말씀하신다.

"가게 내버려두시오. 왜 짐승 같은 사람을 쳐서 여러분의 손을 더럽히려고 하십니까? 저 사람은 황금의 마귀가 들려서 길잃은 사람이 되었기 때문에 그를 용서합니다. 여러분도 그를 용서하시오. 오히려 저 불행한 사람이 다시 자유로운 아름다운 영혼이 되도록 기도합시다."

"사실이야. 그 사람은 탐욕 때문에 얼굴까지 무시무시하게 돼 있었어. 자네봤나?" 하고 제자들과 욕심많은 사람 가까이 있던 사람들이 서로 묻는다.

"맞아! 맞아! 그 사람은 처음보다도 더 무시무시하게 됐었어."

"그래. 나중에 그 사람이 선생님의 제안을 거부했을 때, 자칫하면 저주하면서 선생님을 때렸을지도 몰라. 그 사람의 얼굴이 마귀의 얼굴처럼 됐었어."

"유혹하는 마귀의 얼굴이었어. 그 사람은 선생님을 악의로 끌어가려고 했어…."

"내 말을 들으시오" 하고 예수께서 말씀하신다.

"참으로 영혼의 변화는 얼굴에 나타납니다. 그것은 마귀가 차지하고 있는 사람의 얼굴에 나타나는 것과도 같습니다. 행위와 태도로 마귀인 사람들이 그들의 본색을 드러내지 않는 일은 별로 많지 않습니다. 그런데 이 얼마 안 되는 사람들도 완전히 악에 파묻혀 있고 완전히 마귀가 들려 있습니다.

이와 반대로 의인의 얼굴은 비록 물질적으로 보기 흉하더라도 내부에서 외부로 퍼져 나오는 초자연적이 아름다움 때문에 항상 아름답습니다. 그런데 말투로 이것이 나타나는 것이 아니라 사실로 나타납니다. 우리는 일체 악습이 없이 깨끗한 사람은 육체까지도 신선함을 보게 됩니다. 영혼이 우리 안에 있어서 우리를 온전히 차지하고 있는 것입니다. 타락한 영혼의 역한 냄새는 육체까지도 썩게 하는데, 깨끗한 영혼의 향기는 육체도 보호합니다. 부정한 영혼은 육체를 음란한 죄로 끌어갑니다. 그리고 이 죄들은 육체를 늙게 하고 보기 흉하게 만듭니다. 깨끗한 영혼은 육체를 깨끗한 생활로 이끌어 가고, 그리고 이것은 신선함을 보존하고 위엄을 옮겨줍니다.

여러분 안에 정신의 깨끗한 젊음이 머물러 있게 하시오. 혹 이미 그것을 잃었으면 그것이 소생하게 하시오. 그리고 관능에 있어서나 권력에 있어서나 일체 탐욕을 경계하도록 주의하시오. 사람의 생명은 그가 가진 재산에 달려 있지 않습니다. 이 세상에서도 그렇고 영원한 생명인 내세에서도 그렇습니다. 사람의 생명은 그의 사는 방식에 달려 있습니다. 그리고 생명과 더불어 이 세상과 하늘의 행복도 그의 생활 방식에 달려 있습니다. 행실이 고약한 사람은 결코 행복하지 못하고 실제로 행복하지 못한데, 덕행이 있는 사람은 비록 가난하고 외롭더라도 항상 천상의 기쁨으로 행복하기 때문입니다. 덕행이 있는 사람은 죽음도 두려워하지 않습니다. 그것은 하느님과의 만남을 두려워하게 할 만한 죄도 없고 가책도 없기 때문이고, 또 세상에 남겨두고 가는 것에 대해서 미련도 없기 때문입니다. 그는 그의 보물이 하늘에 있다는 것을 알고, 그에게 돌아오는 유산을, 거룩한 유산을 차지하러 가는 사람과 같이, 그의 보물이 있는 하늘의 문을 열어주는 죽음을 향해 기쁘게, 그리고 열의를 가지고 마주 갑니다.

즉시 여러분의 보물을 마련하시오. 젊은이들은 젊을 때부터 이 일을 시작하고, 노인들은 나이 때문에 죽음이 더 가까우니까 꾸준히 노력하시오. 그러나 죽음은 언제 올지 모르는 것이어서 어린 아이가 늙은이보다 먼저 죽는 일도 자주 있으니까, 여러분이 하늘 나라를 위해서 보물을 저축하지 않았는데 죽음이 찾아올까 염려되니, 내세를 위하여 덕행과 선생의 보물을 마련하는 일을 내일로 미루지 마시오. '오! 나는 젊고 기운이 팔팔하다! 지금 당장은 세상에서 즐기고, 나중에 회개하겠다' 하고 말하는 사람이 많습니다. 크게 잘못 생각하는 것입니다!

이 비유를 들어보시오. 어떤 사람이 밭에서 풍성한 수확을 거두었습니다.

그 수확은 정말 기적적인 것이었습니다. 그 사람은 밭들과 마당에 수북히 쌓여서 곡식광에 자리가 없어 임시 창고에 넣고, 방에까지 넣어 두게 된 그 모든 재산을 보고 기뻐하면서 말했습니다. '나는 노예처럼 일했다. 그러나 땅이 나를 저버리지 않았다. 나는 추수 열 번을 하도록 일했으니, 이제 그만큼 쉬고 싶다. 이 모든 수확물을 어떻게 넣어둔다? 이걸 팔기는 싫다. 팔면 내년에 또 새로 수확을 하기 위해 일을 해야 할 테니까. 옳지, 이렇게 해야지. 내 광을 헐고 더 큰 광들을 지어서 이 모든 곡식과 내 재물들을 넣어두어야지. 그리고 내 영혼에게 이렇게 말하겠다. 〈오! 내 영혼아! 너는 이제 여러해 쓸 만한 재산이 있다. 그러니 쉬고, 먹고, 마시고, 이 재물을 이용해라〉'하고. 많은 사람이 그러는 것과 같이, 이 사람도 육체와 영혼을 혼동하고 거룩한 것을 세속적인 것과 혼동하는 것이었습니다. 그것은 실제로 향락과 아무것도 하지 않는 상태에서는 영혼이 즐기기는커녕 활기를 잃기 때문입니다. 그리고 이 사람도 많은 사람이 그러는 것과 같이, 선의 밭에서 첫번째 많은 수확을 하고 나서는 할 일을 다한 것같이 생각되었기 때문에 일을 멈추는 것이었습니다.

그러나 쟁기를 잡은 다음에는 1년이고 10년이고 100년이고 목숨이 붙어 있는 동안은 꾸준히 일을 계속해야 한다는 것을 모르십니까? 일을 중단하는 것은 더 큰 영광을 자기에게 거부하는 것이기 때문에 자기 자신에 대한 죄악이고, 또 정지하는 사람은 일반적으로 전진하지 않는 데 그치지 않고 뒤로 돌아오기 때문에 퇴보하는 것입니다. 하늘의 보물은 훌륭한 것이 되려면 해마다 늘어나야 합니다. 그것은 하느님의 자비가 그 보물을 마련하는 데 별로 많은 세월을 가지지 못했던 사람들에 대해서도 관대하셔야 하지만, 오래 살면서 별로 많은 것을 하지 않는 게으른 사람들에 찬동하지는 않으시겠기 때문입니다. 보물은 끊임없이 커져야 합니다. 그렇지 않으면, 그것은 열매를 맺는 보물이 아니라 기력이 없는 보물이 되며, 이것은 약속된 하늘의 평화에 불이익이 되는 것입니다. 하느님께서는 이 어리석은 사람에게 말씀하십니다. '육체와 세상의 재물을 영적인 것과 혼동하고, 하느님의 은총을 가지고 네 불행을 만드는 어리석은 사람아, 바로 오늘밤에 네게서 네 영혼을 요구할 것이고, 영혼이 떠난 다음에는 육체가 생명없이 남아 있으리라는 것을 알아라. 네가 마련한 것이 누구의 것이 되겠느냐? 그것을 네가 가지고 가겠느냐? 아니다. 너는 이 세상의 수확물과 영적인 업적 하나도 없이 내 앞에 올 것이고, 내세에서는 가난할 것이다. 네가 추수한 것을 가지고 이웃과 너를 위하여 자비로운 일을 하는 편이 나았었다. 그것은 다른 사람들에게 대해서 자비를 베풀면, 네 영혼에 대해서도 자비로운 사람이 될 것이기 때문이다. 그리고 한가한 생각을 품지 말고, 내가 너를 부를 순간까지 네 육체에 유익한 이득과 네 영혼을 위한 큰 공로들을 얻어낼 수 있는 활동을 하는 편이 나았었다.' 그래서 그 사람은 그날밤에 죽어서 엄한 심판을 받았습니다.

나는 분명히 말합니다만, 자기 자신을 위하여 돈을 모으고, 하느님의 눈에 부유해지지 않는 사람은 이렇게 됩니다. 이제는 가서 여러분이 받은 교훈을 가지고 보물을 만들어 가지시오. 평화가 여러분과 함께 있기를."

그리고 예수께서는 강복하시고, 식사를 하고 쉬시려고 사도들과 제자들과 같이 어떤 수풀 속으로 들어가신다. 그러나 식사를 하시면서도 아직 앞의 교훈을 계속하시면서 말씀을 하시고, 벌써 여러번 사도들에게 내놓으셨던 주제를 다시 다루시는데, 사람은 근거없는 공포에 너무 사로잡혀 있기 때문에 이 주제가 언제나 불충분하게 제거되리라고 생각한다.

예수께서 이렇게 말씀하신다. "이렇게 덕행으로 부유하게 되는 데에만 몰두해야 한다고 생각하여라. 그리고 너희의 관심이 결코 동요하고 불안한 걱정이 되지 않도록 조심하여라. 선은 불안과 공포와 서두름의 적이다. 이런 것들은 아직 탐욕과 질투와 인간적인 불신의 영향을 너무 많이 받는다.

너희 일은 꾸준하고 자신있고 조용해야 하고, 급작스럽게 떠나고 급작스럽게 멈추는 일이 없어야 한다. 야생 당나귀들이 이렇게 한다. 그러나 안전하게 길을 가기 위해서 정신나간 사람이 아니면 그놈들을 이용하지 않는다. 승리를 해도 평온해야 하고, 실패를 해도 평온해야 한다. 너희가 어떤 잘못으로 인해 하느님의 마음에 들지 않게 되었기 때문에 너희를 슬프게 하는 그 잘못에 대한 괴로움도 조용해야 하고, 겸손과 신뢰로 위로를 받아야 한다. 자기 자신에 대한 낙담과 원한은 항상 교오의 표이고, 불신도 마찬가지이다. 어떤 사람이 겸손하면 그 사람은 자기가 육체의 불행을 면할 수 없는 사람이며, 그 육체가 가끔 지배한다는 것을 안다. 만일 어떤 사람이 겸손하면, 그 사람은 자기 자신보다는 오히려 하느님께 신뢰를 가지고, 실패를 하더라도 침착을 잃지 않고 이렇게 말한다. '아버지, 용서하십시오. 아버지께서는 가끔 저를 압도하는 제 약함을 알고 계신다는 것을 저는 압니다. 아버지께서 저를 불쌍히 여기신다는 것을 저는 믿습니다. 저는 비록 아버지께 만족을 정말 별로 드리지 못하지마는, 아버지께서는 이전보다도 미래에 한층 더 저를 도와주시리라는 굳은 신뢰를 가지고 있습니다' 하고.
 또 하느님께서 주시는 귀중한 것에 대해서 무관심하지도 말고, 그것을 너무 아끼지도 말아라. 지혜와 덕행에 관해서 너희가 가진 것을 나누어 주어라. 사람들이 육체의 일에 부지런한 것과 같이 너희는 영신적인 사항에 부지런하여라. 그리고 육체에 관하여는, 내일 일때문에 끊임없이 벌벌 떨고, 여유가 없게 되지 않을까, 병이 들지 않을까, 죽음이 오지 않을까, 원수들이 자기들을 해치지 않을까 하는 등등의 두려움으로 끊임없이 벌벌 떠는 사람들을 본받지 말아라.
 하느님께서는 너희가 무엇이 필요한지 아신다. 그러므로 너희가 내일 어떻게 될까 하고 걱정하지 말아라. 죄수들의 쇠사슬보다도 더 무거운 공포에서 해방되어라. 너희 생명과 먹을 것과 마실 것과 옷에 대해서 하지 말아라. 영혼의 생명이 육신의 생명보다 더 중요하고, 육체는 옷보다 더 중요하다. 너희가 옷으로 살지 않고 육체로 살며, 육체를 괴롭힘으로 영혼이 영원한 생명을 얻는 것을 돕기 때문이다. 하느님께서는 너희 영혼을 언제까지 너희 육체 안에 그대로 놔두실지 아신다. 그리고 그때까지는 너희에게 필요한 것을 주실 것이다. 시체를 실컷 먹고, 또 우리에게서 썩어가는 시체들을 처치해 주는 임무라는 그들의 임무가 바로 그들의 존재 이유가 되어 있는 부정한 동물인 까마귀들에게도 하느님께서는 필요한 것을 주시는데, 너희에게 필요한 것을 안 주시겠느냐? 까마귀들은 식량을 둘 장소도 없고 곳간도 없다. 그런데도 하느님께서는 그놈들을 먹여 살리신다. 그런데 너희는 사람이지 까마귀가 아니다. 게다가 지금은 너희가 선생님의 제자들이고, 세상에 복음을 전파하는 사람들이고, 하느님의 종들이기 때문에 인간의 정화(精華)이다. 또 골짜기의 백합들을 돌보시고, 그것들이 흠숭하면서 향기를 풍기는 것 외에 다른 일을 하지 않는데도 자라게 하시고, 솔로몬이 입었던 것보다도 더 아름다운 옷을 입히시는 하느님께서 옷에 관해서도 너희를 잊으실 수 있다고 생각할 수 있느냐?
 이가 빠진 너희 입에 너희 힘으로 이 하나도 보태지 못하고, 짧아진 다리를 한 치만큼 늘리지도 못하고, 흐려진 시력을 다시 예민하게 하지도 못하는 너희들이다. 그런데 이런 것들을 할 수 없는 너희가 비참과 병을 너희에게서 멀리 쫓고, 먼지에서 식량을 나오게 할 수 있다고 생각하느냐? 너희가 그렇게 할 수는 없다. 그러나 믿음이 부족한 사람이 되지 말아라. 너희들은 쾌락을 마련하느라고 고생하는 세상 사람들과 같이 걱정을 하지 말아라. 너희들은 너희에게 무엇이 필요한지를 아시는 너희 아버지를 모시고 있다. 너희는 다만 하느님의 나라와 그 정의를 찾아야 한다. 그리고 이것이 너희들의 첫째 가는 관심사이어야 한다. 그러면 나머지 모두는 덤으로 받게 될 것이다.

내 작은 양떼에 속해 있는 너희들은 두려워하지 말아라. 내 아버지께서는 너희가 이 나라를 차지하도록 나라에 부르고자 하셨다. 그러므로 너희는 이 나라를 동경할 수 있고, 너희들의 착한 뜻과 거룩한 활동으로 아버지를 도와 드릴 수 있다. 너희 재산을 팔아서, 너희가 혼자이면 그것으로 애긍을 하여라. 가족들에게는 너희가 나를 따르기 위해 집을 버린 것을 보상하는 생활수단을 주어라. 자식들과 아내에게서 먹을 것을 빼앗지 않는 것이 당연하기 때문이다. 돈으로 된 재산을 희생할 수 없으면, 애정의 재산을 희생하여라. 이 재산도 하느님께서 있는 그대로 존중하시는 돈이니, 다른 어떤 금보다도 더 순수한 금이고, 바다에서 건져낸 진주보다 더 귀중한 진주이며, 땅속에서 캐낸 루비보다도 더 귀한 루비이다. 왜냐하면 나를 위하여 가정을 포기하는 것은 조그만 불순물도 없는 금보다 더 완전한 사랑이고, 눈물로 된 진주이며, 아버지와 어머니, 아내와 자식들과의 이별로 인하여 갈기갈기 찢어진 가슴의 상처로 신음하는 피로 이루어진 루비이기 때문이다.

그러나 이 돈주머니들은 해지지 않고, 이 보물은 결코 작아지지 않는다. 도둑이 하늘에는 뚫고 들어가지 못한다. 하늘에 갖다 놓은 것은 벌레가 갉아 먹지 못한다. 그러니 너희 마음 속에 하늘을 갖다 두고, 너희 마음은 하늘에 있는 너희 보물 곁에 갖다 두어라. 착한 사람이나 악한 사람이나, 마음은 너희들에게 너희의 소중한 보물이라고 생각되는 것이 있는 곳에 가 있기 때문이다. 보물이 있는 곳(하늘)에 마음이 가 있는 것과 마찬가지로 마음이 있는 곳에 (즉 너희들 안에) 보물이 있기 때문이고, 또 보물조차도 마음 속에 있고, 성인들의 보물과 더불어 성인들의 하늘도 마음 속에 있기 때문이다.

곧 길을 떠나려는 사람이나 주인을 기다리는 사람같이 항상 준비하고 있어라. 너희는 주인이신 하느님의 종들이다. 하느님께서 어느 때고 당신 계신 곳으로 너희를 부르시거나 너희가 있는 곳으로 오실 수 있다. 그러므로 여행할 때 띠는 허리띠나 일할 때 띠는 허리띠를 허리에 매고, 손에는 등불을 켜서 들고, 길을 떠나거나 하느님을 맞아들일 준비를 항상 갖추고 있어라. 너희보다 먼저 하늘에 가거나 이 세상에서 하느님께 봉헌을 한 어떤 사람과의 혼인잔치에서 나오시면서, 기다리고 있는 너희를 생각하시고 이렇게 말씀하실 수 있다. '스테파노나 요한의 집에, 그렇지 않으면 야고보나 베드로의 집에 가자' 하고. 그런데 하느님께서는 오시는 것도 빠르고 '오너라' 하고 말씀하시는 것도 빠르다. 그러므로 하느님께서 오실 때에 문을 열어드리거나 부르실 때에 떠날 준비를 갖추고 있어라.

주인이 도착해서 깨어 있는 것을 보게 될 종들은 매우 행복하다. 정말이지, 그들이 충실하게 기다리고 있는 것을 상주기 위해서, 주인은 때로 옷을 졸라매고 종들을 식탁에 앉게 한 다음 그들의 식사 시중을 들기 시작할 것이다. 주인은 초경(初更)에 올 수도 있고, 2경이나 3경에 올 수도 있다. 너희는 그것을 알지 못한다. 그러므로 항상 깨어 있어라. 그리고 너희가 항상 깨어 있고, 또 주인이 너희가 깨어 있는 것을 만나게 되면, 너희는 매우 행복하다! '시간은 있다! 주인이 오늘밤에는 안 오신다' 하고 말하면서 은근히 믿지 말아라. 그러면 너희에게 불행이 올 것이다. 너희는 알지 못한다. 도둑이 언제 오려는지 누가 알면, 그 사람은 강도가 문이나 금고를 부술 수 있도록 집을 지키지 않은 채로 놓아두지는 않을 것이다. 너희가 꿈에도 생각지 않고 있는 때에 사람의 아들이 와서 '시간이 되었다' 하고 말할 것이니까 너희도 준비하고 있어라."

주님의 말씀을 듣느라고 식사를 끝내는 것까지 잊고 있었던 베드로가 예수께서 입을 다무시는 것을 보고, "선생님이 말씀하시는 것이 저희에게 하시는 말씀입니까, 그렇지 않으면 모든 사람에게 하시는 말씀입니까?"

"너희와 모두에게 하는 말이다. 그러나 한층 더 너희에게 하는 말이다. 그것은 너희가 주인이 하인들을 지휘하라고 임명한 관리인과 같은 사람들이어서, 관리인으로서의 너희와 단순히 충실한 종으로서의 너희로서 이중으로 준비하고 있어야 할 의무를 가졌기 때문이다.

주인이 그의 종들을 지휘하라고, 그리고 각자에게 적당한 때에 정당한 몫을 주라고 정해준 관리인은 어떠해야 하느냐? 관리인은 빈틈없고 충실해야 한다. 자기 자신의 의무를 다하기 위해서도 그렇고, 자기 밑에 있는 사람들에게 그들 자신의 의무를 다하게 하기 위해서도 그렇다. 그렇지 않으면, 그를 대신해서 행동하고 그가 없는 동안에 그의 이익을 보살피라고 관리인에게 봉급을 주는 주인의 이익이 손상할 것이다. 주인이 집에 돌아와서 충실하고 재치있고 올바르게 행동하고 있는 것을 만나게 될 종은 정말 행복하다.

140. 인색과 어리석은 부자

정말 잘 들어두어라. 그 주인은 이 하인이 그에게 주는 안심으로 인해서 마음이 편안하고 기뻐서 이 관리인에게 다른 토지, 아니 그의 모든 토지를 돌보게 맡길 것이다.

그러나 만일 이 종이 '아! 좋다! 주인은 아주 멀리 가 있고, 돌아오는 날짜가 늦어지겠다는 편지를 보냈다. 그러니까 내멋대로 할 수 있다. 그러다가 주인이 돌아올 때가 가까워지면, 그때 대비책을 마련하겠다' 하고 말하면서 먹고 마시기 시작해서 취해서 주정꾼의 명령을 내리기까지 한다고 하자. 그리고 그에게 딸린 착한 종들이 주인에게 해를 끼치지 않으려고 그의 명령을 따르기를 거절하면, 그는 남녀 하인들을 때리기 시작해서 그들이 병들고 쇠약해지게까지 할 것이다. 관리인은 행복하다고 생각해서 이렇게 말한다. '마침내 주인노릇하는 것이 어떤 것인지, 모두가 두려워하는 사람 노릇을 하는 것이 어떤 것인지 맛보게 되는구나' 하고. 그러나 그에게 어떤 일이 일어나겠느냐? 그가 조금도 예상하지 않던 때에 주인이 돌아와서 마침 돈을 제 주머니에 넣거나 가장 약한 하인들에서 어떤 하인을 매수하는 것을 알아채는 일이 일어날 것이다. 내 분명히 말하지만, 주인이 그를 관리인 자리에서 내쫓고 하인의 지위에서까지도 쫓아낼 것이다. 불성실하고 배신하는 자들을 정직한 하인들 가운데 그대로 두는 것은 있을 수 없는 일이기 때문이다. 그리고 주인이 그를 더 사랑하고 더 가르쳤던 그만큼 그는 벌을 받을 것이다.

그것은 누가 주인의 뜻과 생각을 더 잘 알면 그만큼 더 정확하게 그 뜻을 행해야 하기 때문이다. 만일 주인이 다른 어떤 사람에게도 그렇게 하지 않은 만큼 자세히 그에게 말해준 것같이 하지 않으면, 그는 매를 많이 맞을 것이다. 그러나 부차적인 등급의 하인으로서 자세한 사정을 알지 못해서 잘하는 줄로 생각하고 잘못한 하인은 벌을 덜 받을 것이다. 많이 받은 사람에게는 많이 요구될 것이고, 많은 책임을 맡은 사람은 많이 갚아야 할 것이다. 내 관리인들은 난 지 한 시간 된 갓난 아기의 영혼에 대해서까지도 보고를 해야 하겠기 때문이다.

나는 꽃이 핀 작은 숲속에서 시원하게 쉬는 것을 택하지 않았다. 나는 세상에 불을 지르러 왔으니, 세상이 불타는 것 말고 무엇을 바랄 수 있겠느냐? 그렇기 때문에 죽기까지 그리고 온 세상이 하늘의 불이 붙어서 벌겋게 단 숯불같이 되기까지 내가 열심히 일하고 너희도 열심히 일하기를 바란다.

나는 어떤 세례를 받아야 한다. 그리고 이 세례가 완전히 이루어지지 않는 동안은 내가 얼마나 애가 탈지 모른다! 왜 그런가 하고 생각들 하지 않느냐? 그것은 이 세례로 너희를 불 운반인과 선동자를 만들 수 있을 것이기 때문인데, 너희들은 사회의 모든 계층에 대항해서 모든 계층 안에서 활동하여 그 사회를 오직 하나의 물건, 즉 그리스도의 양떼를 만들려고 할 것이기 때문이다.

내가 세상에 평화를 갖다 주려고 온 줄로 생각하느냐? 또 세상 사람들이 보는 방식에 따른 평화를 말이다. 아니다. 오히려 반대로 불화와 분열을 갖다 주러 왔다. 이제부터는 그리고 온 땅이 오직 한 양떼가 되기까지는 한 집에 있는 다섯 사람 가운데에서 두 사람이 세 사람과 대립할 것이고, 아버지가 아들과 대립하고, 아들이 아버지와 대립하며, 어머니가 딸들과 딸들이 어머니와 대립할 것이며, 며느리들과 시어머니들은 서로 이해하지 못할 이유가 하나 더 있을 것이다. 그것은 어떤 입술에는 새로운 말투가 있을 것이기 때문이고, 심각한 반란으로 인간적 애정과 초인간적 애정의 왕국이 흔들림으로 인해서 일종의 바벨탑이 생길 것이기 때문이다. 그러나 그 다음에는 나자렛 사람이 구원한 모든 사람이 말하는 어떤 새로운 말속에 모든 것이 일치하고, 감정의 물이 정화되어 찌꺼기는 밑으로 가라앉고 위에는 하늘 나라 호수의 맑은 물이 빛날 때가 올 것이다.

정말이지, 내가 할 일은 사람들이 휴식이란 말에 붙여 주는 뜻으로의 휴식이 아니다. 지칠 줄 모르는 용맹이 필요하다. 그러나 나 분명히 말하지만, 끝에 가서는 너희 시중을 들기 위해서 옷을 띠로 졸라매고, 그런 다음 너희와 함께 영원한 잔칫상에 앉을 예수가 있을 것이고, 그리고 또 언제나 예수가 있을 것이다. 그러면 우리는 피로와 고통을 다 잊을 것이다.

이제는 우리를 찾는 사람이 아무도 없으니, 호수 쪽으로 가자. 막달라에 가서 쉬자. 라자로의 마리아의 집 정원에는 모두가 들어갈 만한 자리가 있는데, 마리아는 그의 집을 나그네와 그의 친구들에게 마음대로 쓰게 맡기었다. 막달라의 마리아는 그의 죄와 더불어 죽었고, 그의 뉘우침에서 나자렛의 예수의 제자, 라자로의 마리아가 태어났다는 것을 너희에게 말할 필요는 없겠다. 이 소식이 마치 수풀 속을 지나가는 바람의 살랑거림과 같이 달려갔기 때문에 너희도 이것은 알고 있다. 그러나 나는 너희가 알지 못하는 것을 말해 주겠다. 그것은 라자로의 마리아의 개인 재산은 모두가 하느님의 종들과 그리스도의 가난한 사람들의 것이라는 사실이다. 가자…."

141. 막달라의 마리아의 집 정원에서

　예수께서는 지난 번 환시에서와 같은 장소에 계시지 않고, 호수까지 이어지는 넓은 정원에 계시다. 정원 저쪽에, 아니, 오히려 정원 한가운데에 집이 있고, 집에 가기까지와 그 둘레로도 이 정원이 둘러싸고 있는데, 뒷쪽으로는 집 양쪽과 앞쪽보다 적어도 세 곱절이나 더 길게 뻗어 있다.
　꽃들도 있지만, 특히 나무들과 작은 숲들과 조용한 푸른 구석들이 있는데, 그 둘레에는 값진 대리석으로 만든 수반들이 빙 둘러 있고, 마치 돌로 만든 탁자와 의자를 둘러싸고 있는 정자들과 같다. 정원길을 따라, 그리고 수반들 가운데에는 조상(彫像)들이 여기저기 있었을 것이다. 그러나 지금은 조상들의 받침만이 남아 있어 월계수와 회양목들 곁에서 조상들의 추억을 일깨워 주거나 맑은 물이 가득 찬 수반에 그림자를 드리우고 있다. 예수께서 사도들과 같이 계시고, 가리옷 사람에게 나쁜 사람이라고 감히 말하였던 어린 베냐민이 끼인 막달라의 사람들이 있기 때문에, 나는 여기가 막달라 마리아의 집 정원이라고 생각하게 된다. …혐오감이나 분노를 일으키고 과거를 회상케 하였을 것을 없애서 그 새로운 역할에 맞게 개정(改訂)된 정원이다.
　호수는 전체가 파랑이 섞인 회색의 주름진 비단 같은데, 가을의 첫번 비를 실은 구름들이 빨리 지나가는 하늘을 반사한다. 그러나 청명하지는 않지만, 그렇다고 비도 오지 않는 날의 고요하고 평온한 이 빛 아래에서도 호수는 아름답다. 호숫가에는 이제는 꽃이 많지는 않다. 그대신 가을이라는 이 훌륭한 화가에 의하여 물들여져서 황토색과 주홍색의 붓자국을 보여주고, 살아 있는 옷을 땅에 떨어뜨리기 전에 빛깔이 변하는 나무들과 포도나무들은 죽어가는 잎들의 기진맥진한 희미한 빛깔을 보여준다.
　이 별장과 같이 바로 호숫가에 있는 한 별장의 정원에는 가을로 인하여 벌겋게 단 숯불을 반영하는 것 같은 구리빛이 든 나긋나긋한 나뭇가지들이 울타리를 이루고 있기 때문에 물속에 피가 넘쳐 흘러 들어간 것같이 붉게 물들여지고, 이와 반대로 얼마 떨어지지 않은 기슭 여기저기에 흩어져 있는 버드나무들에는 죽기 전에 어느 때보다 더 창백한 은빛을 곁들인 회록색의 좁은 잎들이 흔들리고 있는 한 구석이 있다.
 예수께서는 내가 바라다보고 있는 것을 바라다보지 않으시고, 불쌍한 병자들을 바라다보시고 병나음의 은혜를 베푸시며, 늙은 거지들을 바라다보시고 그들에게 돈을 주시고, 어머니들이 강복해 달라고 당신에게 보여드리는 어린 아이들을 바라다보신다. 그리고 어머니를 홧병으로 돌아가시게 하고 자기들을 파산시킨 독자인 오빠의 행동에 대하여 말하는 자매들의 무리를 동정심을 가지고 보신다. 이 가엾은 여자들은 그들에게 조언을 해주고 그들을 위하여 기도해 달라고 청한다.
 "물론 기도하구 말구요. 나는 하느님께서 당신들에게 평화를 주시도록, 그리고 당신들의 오빠가 회개해서 당신들에게 주어야 할 것을 주고, 특히 당신들을 다시 사랑하게 되어서 당신들을 기억하도록 하느님께 기도하겠소. 당신들의 오빠가 이렇게 하면 나머지 일을 모두 할 것이니까요. 그러나 당신들은 오빠를 사랑합니까, 그렇지 않으면 당신들 안에 원한이 있습니까? 당신들이 오빠를 진심으로 용서합니까, 그렇지 않고 당신들의 괴로움이 경멸에서 오는 것입니까? 당신들의 오빠가 당신들보다 더 불행하기 때문입니다. 그리고 재산을 가지고 있어도 당신들보다 더 가난합니다. 그래서 그를 불쌍히 여겨야 해요. 그 사람은 이제 사랑을 가지고 있지 않고, 하느님께 대한 사랑도 없어요. 그가 얼마나 불행한지 압니까? 당신들은 어머니를 위시해서 죽으면 당신들의 오빠가 그렇게 살게 한 슬픈 생활을 기쁨으로 끝마칠 것입니다. 그러나 오빠는 그렇지 못해요. 오히려 그 사람은 한 시간의 거짓 향락에서 영원하고 혹독한 고통으로 건너갈 것입니다. 내 가까이로 오시오. 당신들에게 말하면서 모든 사람에게도 말하겠습니다."
 예수께서는 꽃핀 덤불이 군데군데 있는 잔디밭 가운데로 가신다. 잔디밭 한가운데에는 전에 조상이 하나 있었던것 같다. 지금은 받침이 남아 있는데, 그 둘레에는 미르타*와 작은 장미꽃들이 낮은 울타리를 만들었다. 예수께서는 이 울타리로 등을 돌리시고 말씀하기 시작하신다.
 "평화가 여러분에게 있기를. 자 들으시오.
 '네 이웃을 네 몸같이 사랑하여라' 하는 말이 있습니다. 그러나 이 이름은

---

*역주 : 화초 이름

무엇을 말하는 것입니까? 총체적으로 말해서 온 인류를 가리키는 것입니다. 그 다음에는 더 특별히 같은 나라의 모든 사람들을 가리키고, 한층 더 특별히는 모든 동향인들을 가리키고, 그 다음에는 범위를 점점 더 좁혀서 모든 친척을 가리키고, 끝으로 마치 화심(花心)을 둘러싸고 있는 장미꽃의 꽃잎과 같이 좁혀진 사랑의 화관의 맨 안에 있는 원으로 이웃 중의 첫째 가는 이웃인 친형제에 대한 사랑을 가리킵니다. 사랑의 화심의 중심은 하느님이시니, 하느님께 대한 사랑이 제일 먼저 가져야 하는 사랑입니다. 이 중심 둘레에는 부모에게 대한 사랑이 있는데, 이것이 우리가 가져야 하는 둘째 사랑입니다. 그것은 부모가 세상에 있는 작은 '하느님'이기 때문이고, 부모가 지칠 줄 모르는 사랑으로 우리를 돌보신다는 것을 치지 않더라도, 그분들이 우리를 만들고 우리를 만드는데 하느님과 협력하기 때문입니다. 암술로 타오르고 사랑의 가장 정선된 향기를 발산하는 이 씨방에는 여러 가지 사랑의 원이 빽빽이 둘러쳐져 있습니다. 그 첫째가 우리가 나는 같은 태와 같은 피에서 난 형제들의 원입니다.

그러나 형제를 어떻게 사랑해야 합니까? 그의 살과 피가 우리의 살과 피와 같기 때문에만 사랑해야 합니까? 이것은 같은 둥지에 모여 있는 새새끼들도 할 줄 아는 것입니다. 실제에 있어서 그것들은 공통적인 것이 이것밖에 없습니다. 한배의 새끼들이고, 아비, 어미의 침맛을 혀에 공통적으로 느낀다는 것입니다. 그러나 우리 사람들은 새보다 더 나은 존재이고, 살과 피 이상의 것을 가지고 있습니다. 우리는 아버지와 어머니 외에 하늘에 계신 아버지를 모시고 있습니다. 우리는 영혼을 가지고 있고 모든 사람의 아버지이신 하느님을 모시고 있습니다. 그러니까 우리를 낳아 주신 아버지와 어머니 때문에 형제를 형제로 사랑할 줄 알아야 하고, 모든 사람의 아버지이신 하느님 때문에 형제로서 사랑할 줄 알아야 합니다.

따라서 혈육에 따른 사랑 외에 영적인 사랑으로 형제를 사랑해야 합니다. 살과 피 때문에만 그를 사랑하지 않고, 우리가 공통적으로 가지고 있는 영혼 때문에 사랑해야 합니다. 당연히 그래야 하듯이 우리 형제의 육체보다는 영혼을 더 사랑해야 합니다. 영혼이 육체보다 우월하기 때문입니다. 하느님 아버지께서 사람인 아버지보다 우월하시기 때문입니다. 영혼의 가치가 육체의 가치보다 더하기 때문입니다. 우리 형제가 사람인 아버지를 잃는 것보다 하느님 아버지를 잃는 것이 훨씬 더 불행하겠기 때문입니다. 아버지를 잃는 것이 사람에게 비통한 일이지만, 그것으로는 반밖에 고아가 되지 않습니다. 그것은 지상의 것, 도움과 애무를 받고자 하는 우리 필요에나 손상을 줄 수 있습니다. 그러나 영혼은 믿을 줄 알면, 아버지의 죽음으로 상처를 입지 않습니다. 이와 반대로 의인이 있는 곳으로 아버지를 따라가기 위하여 아들의 영은 사랑의 힘에 끌리는 것처럼 올라갑니다. 그리고 나 진정으로 말합니다만, 이것이 지혜가 있는 곳에 그의 영으로 올라간 사랑, 하느님과 아버지에 대한 사랑입니다. 그는 하느님께서 더 가까이 계시는 그곳으로 올라가고 더 올바르게 행동합니다. 그것은 이제는 완전히 사랑할 줄을 아는 아버지의 기도라는 참다운 도움이 그에게 없지 않기 때문이고, 이제는 살아 있을 때보다도 그의 아들의 행동을 더 잘 본다는 확신이 그에게 주는 구속과 거룩한 생활을 통해 아버지를 다시 만날 수 있다는 소원이 그에게 없지 않기 때문입니다.

그렇기 때문에 친형제의 육체보다 영혼에 대해서 더 관심을 가져야 합니다. 사라지지 않는 것, 그리고 그것을 소홀히 하면 영원한 기쁨을 잃을 수도 있는 것을 소홀히 하면서, 사라지는 것으로만 향하는 사랑은 아주 시시한 사랑일 것입니다. 그런데 정말 필요한 것은 잊어버리고, 무익한 일로 피로하고, 상대적인 이익밖에 없는 것 때문에 기진맥진하는 사람이 너무나 많습니다. 진짜 자매들과 착한 형제들은 옷을 잘 정리하거나 식사를 준비해 두거나 일을 해서 형제들을 돕는 데에만 마음을 써서는 안 됩니다. 오히려 형제들의 영혼에 대해 관심을 가져 그 목소리를 듣고, 그 결점을 알아내서, 그 목소리와 그 결점에서 그들의 영원한 생명에 대한 위험을 보게 되면, 애정이 깃든 참을성을 가지고 그들에게 건강과 거룩함을 생생하게 나타내는 정신을 주도록 애써야 합니다. 그리고 만일 형제들이 그들에게 죄를 지었으면, 그들을 용서하고 사랑으로 돌아옴으로써 그들을 위하여 하느님의 용서를 얻어 주도록 노력해야 합니다. 사랑으로 돌아오지 않으면 하느님께서 용서하지 않으십니다.

레위기(記)에 '네 마음 속에 네 형제에 대한 미움을 품지 말고, 그 때문에 죄를 짊어지지 않게 그를 공공연히 나무라라' 하는 말이 있습니다. 그러나 미움이 없는 것에서 사랑까지에는 아직도 간격이 있습니다. 반감과 관계가 없는 것과, 무관심은 미움이 아니니까 죄가 아닌 것으로 여러분이 생각할 수도 있을 것입니다. 그렇지 않습니다. 나는 사랑에 대해서, 그러니까 당연히 미움에 대해서도 새로운 지식을 여러분에게 주려고 왔습니다. 그것은 사랑을 자세히 설명하는 것은 미움도 자세히 설명하기 때문입니다. 사랑이 높은 영역으로 올라가는 것 자체가 미움과의 더 큰 구별을 가져옵니다. 사랑이 더 높이 올라가면 그럴수록 미움은 점점 더 깊은 구렁으로 빠져 들어가기 때문입니다.

내 가르침은 완전이라는 것입니다. 이것은 세련된 감정이고 세련된 판단입니다. 이것은 비유나 둘러서 말하는 표현법을 쓰지 않는 진리입니다. 그래서 분명히 말하지만, 반감과 관계 단절과 무관심은 벌써 미움입니다. 다만 이것들이 사랑이 아니라는 것 때문입니다. 사랑의 반대가 미움입니다. 반감이 다른 이름을 붙여줄 수 있습니까? 또 어떤 사람에게서 이름을 붙여줄 수 있습니까? 사랑하는 사람은 그가 사랑하는 사람에 대해 호감을 가집니다. 그러므로 반감을 가진 사람은 이미 사랑하지 않게 된 것입니다. 사랑하는 사람은 생활로 인해서 그가 사랑하는 사람과 육체적으로는 떨어져 있다 하더라도, 정신적으로는 계속 그와 가까이 있습니다. 그러므로 다른 사람에게서 정신적으로 떨어져 있으면 그를 사랑하지 않게 된 것입니다. 사랑하는 사람은 그가 사랑하는 사람에 대해서 절대로 무관심하지 않고, 그 사람에게 관계되는 모든 것에 대해서 관심을 가집니다. 그러므로 어떤 사람이 다른 사람에 대해서 무관심하면, 그를 사랑하지 않게 되었다는 표입니다. 그러므로 여러분은 이 세 가지가 같은 초목, 즉 미움이라는 초목의 잔 가지들이라는 것을 알 것입니다. 그런데 우리가 사랑하는 사람이 우리의 감정을 상하게 하면 어떻게 됩니까? 열에 아홉은 미움이 오지 않는다 하더라도 반감이나 멀리함이나 무관심이 옵니다. 안 됩니다. 이렇게 하지 마시오. 미움의 이 세 가지 형태로 여러분의 마음을 얼어붙게 하지 마시오.

그러나 여러분은 아마 '어떻게 그렇게 할 수가 있어?' 하고 생각할 것입니다. 그래서 대답합니다. '당신께 죄를 짓는 사람까지도 사랑하시는 하느님께서 하실 수 있는 것처럼 하시오. 그것은 고통스러운 사랑입니다. 그러나 언제나 훌륭한 사랑입니다.' 여러분은 또 이렇게 말하겠지요. '그러면 어떻게 해야 합니까?' 하고. 나는 죄지은 형제와의 관계에 대해서 새로운 법을 줍니다. '네 형제가 네 감정을 상하게 하거든 그를 공공연하게 나무라서 사람들 앞에서 창피를 주지 말고, 세상 사람들의 눈에 띄지 않게 형제의 잘못을 숨겨 주는 데까지 네 사랑을 이르게 하여라' 하는 것입니다. 그렇게 하면 여러분의 교만의 만족을 어느 것이든지 사랑으로 잘라버림으로써 하느님의 눈에 큰 공로를 세울 것이기 때문입니다.
 오! 사람은 자기가 모욕을 당했다는 것과 그로 인해서 고통을 당했다는 것을 알리는 것을 얼마나 좋아합니까! 그는 미친 거지같이 되어 가지고 값어치 있는 동냥을 달라고 왕에게 가는 것이 아니라, 다른 어리석은 사람들과 저와 같은 부랑배들에게 가서 재와 거름을 몇 줌, 몹시 뜨거운 독약을 몇 모금 달라고 합니다. 모욕을 당하고 나서 불평을 하고 위안을 구걸하러 가는 사람에게 세상이 주는 것은 이런 것입니다. 왕이신 하느님께서는 모욕을 당했으면서도 원한을 품지 않고 오직 당신 발아래 가서 그의 고통을 슬퍼하며, 사랑이시요 지혜이신 당신께 사랑의 위안과 우연히 당한 괴로운 일에 대한 가르치심을 청하는 사람에게 순수한 금을 주십니다. 그러므로 만일 여러분이 위안을 원하면, 하느님께로 가고 사랑으로 행동하시오.
 나는 옛날 법을 고쳐서 여러분에게 이렇게 말하겠습니다. '네 형제가 네게 죄를 지었으면 가서 단둘이 만나 타일러라. 그가 말을 들으면 너는 네 형제를 다시 얻음과 동시에 하느님의 많은 강복을 얻은 것이 된다. 그러나 네 형제가 네 말을 듣지 않고 제 잘못을 고집하며 너를 물리치거든, 네가 그 죄의 공범이라거나 네 형제의 영적 이익에 무관심하다는 말을 사람들이 하지 못하게, 착실하고 착하고 믿음직한 증인 두세 사람을 데리고 네 형제에게 다시 가서, 그들이 보는 앞에서 네가 타이른 말을 친절하게 되풀이 해서 네가 형제를 거룩하게 꾸중하기 위해서 최선을 다했다는 것을 증인들이 그들의 입으로 말할 수 있게 하여라. 그가 네게 대하여 지은 죄가 그의 영혼의 상처가 되고, 또 너는 그의 영혼에 관심을 가져야 하기 때문에, 이렇게 하는 것이 착한 형제의 의무이기 때문이다. 그래도 아무 소용이 없거든 그 일을 회당에 알려, 회당으로 하여금 하느님의 이름으로 그에게 경고를 주게 하여라. 이 경우에까지도 행실을 고치지 않고, 너를 물리친 것과 같이 회당이나 성전도 물리치거든, 그를 세리나 이교도처럼 여겨라.'
 핏줄을 나눈 형제나 사랑의 형제관계를 여러분과 연결된 사람들에게 이렇게 하시오. 여러분과 가장 먼 이웃에 대하여도 탐욕없이 냉혹하게 되지 말고, 미워하지 말고, 거룩하게 행동해야 하기 때문입니다. 또 재판관에게 호소할 필요가 있는 쟁의여서 여러분의 적수와 같이 재판관에게로 가게 되거든, 여러분의 잘못으로 더 좋지 못한 처지에 처하게 되는 일이 혼히 있는 여러분에게 말하지만, 길을 가고 있는 동안에 여러분이 잘했건 잘못했건 그 사람과 화해하도록 힘쓰시오. 인간의 사법이란 항상 불완전하고 일반적으로 교활이 정의보다 우세해서 죄있는 사람이 죄없는 사람으로 통하고 죄없는 여러분이 죄있는 사람으로 통할 수 있을 것이기 때문입니다. 그래서 여러분의 권리가 인정되는 것을 보지 못하게 될 뿐 아니라 소송에 지게 되고, 그래서 여러분이 죄가 없는데도 명예 훼손의 죄가 있는 것으로 간주될 것이고, 그렇게 되면 재판관이 여러분을 사법집행인에게 보내고, 이 사람은 여러분이 마지막 한 푼을 지불할 때까지 놓아주지 않을 것입니다.

타협을 하시오. 그로 인해서 여러분의 자존심이 상합니까? 그래도 좋습니다. 여러분의 돈주머니에서 돈이 빠져 나갑니까? 그러면 더욱 더 좋습니다. 여러분의 성덕이 커지기만 하면 됩니다. 황금에 대해서 향수에 찬 사랑을 가지지 마시오. 칭찬을 탐하지 마시오. 하느님께서 여러분을 칭찬하시게 되도록 하시오. 하늘에 여러분을 위해 큰 재산을 만들어 놓으시오. 그리고 여러분을 모욕하는 사람들을 위해 그들이 뉘우치도록 기도하시오. 그렇게 되면, 그들이 자진해서 여러분에게 경의를 표하고 여러분의 재산을 돌려줄 것입니다. 만일 그들이 그렇게 하지 않으면, 하느님께서 그것을 유념하실 것입니다.

이제는 식사시간이니 돌아가시오. 거지들만 남아서 사도들의 식탁에 앉도록 하시오. 평화가 여러분과 함께 있기를."

142. 예수께서 당신을 알리라고 일흔 두 제자를 보내시다

식사 후에 거지들을 보내시고 나서 예수께서는 막달라 마리아의 집 정원에 사도들과 제자들과 함께 계시다. 그들은 호수의 잔잔한 물 바로 근처 경계에 가서 앉는다. 호수에는 고기잡이하러 가는 배들이 떠난다.

"저 사람들 고기를 많이 잡겠구먼" 하고 그 배들을 지켜보고 있던 베드로가 말한다.

"요나의 시몬아, 너도 고기를 많이 잡을 것이다."

"주님, 저두요? 언제요? 내일 반찬거리를 장만하러 제가 고기잡으러 나가기를 원하십니까? 즉시 가겠습니다. 그리고…"

"이 집에서는 식량이 필요없다. 네가 할 고기잡이는 장래의 이야기이고, 또 영적인 분야에 대한 이야기이다. 그리고 여기 있는 사람들의 대부분은 너와 함께 훌륭한 어부가 될 것이다."

"선생님, 모두는 아닙니까?" 하고 마태오가 묻는다.

"모두는 아니다. 그러나 끈기있게 계속해서 내 사제가 되는 사람들은 고기를 많이 잡을 것이다."

"회개하는 것 말씀이지요?" 하고 제베대오의 야고보가 묻는다.

"회개, 용서, 하느님께로 돌아옴. 오! 하도 일이 많다."

"선생님, 이거 보십시오. 어떤 사람이 증인들이 있는 앞에서도 제 형제의 말을 듣지 않으면 회당이 그를 타이르도록 해야 한다고 아까 말씀하셨지요. 그런데 저희들이 서로 알게 된 때부터 선생님이 저희들에게 말씀하신 것을 제가 잘 알아들었다면, 회당은 선생님이 세우실 교회라는 것으로 대치되리라고 생각됩니다. 그러면 고집센 형들에게 충고를 하기 위해서 저희들은 어디로 가야 하겠습니까?"

"너희들은 너희들 집으로 가거라. 너희가 내 교회이겠기 때문이다. 따라서 신자들은 그들 자신을 위한 조언을 얻기 위해서나 다른 사람들에게 충고를 주기 위해서 너희들에게 올 것이다. 그 이상의 말을 하겠다. 즉 너희는 충고 만 줄 수 있을 뿐 아니라, 내 이름으로 죄를 사해 줄 수도 있을 것이다. 너희 들은 죄의 사슬을 풀 수도 있을 것이고, 서로 사랑하는 두 사람을 맺어서 한 몸이 되게 할 수도 있을 것이다. 그리고 너희가 한 일은 하느님께서 친히 하 신 것과 같이 하느님의 눈에도 유효한 것으로 보일 것이다. 정말 잘 들어두 어라. 너희가 세상에서 맨 것은 하늘에서 매질 것이고, 너희가 세상에서 푼 것은 하늘에서도 풀어질 것이다. 또 형제적인 사랑과 기도에 있어서 내 이름 의 힘을 너희에게 이해시키기 위해서 또 말한다마는, 만일 내 제자중 ― 그 리고 이제는 그리스도를 믿을 모든 사람을 내 제자로 생각한다 ― 두 사람 이 내 이름으로 어떤 의로운 것을 청하기 위하여 모이면, 내 아버지께서 그 것을 그들에게 주실 것이다. 그것은 기도가 큰 힘이고, 형제적인 일치가 큰 힘이고, 내 이름과 내가 너희들 가운데 있는 것은 매우 크고 무한한 힘이기 때문이다. 그런데 두세 사람이 내 이름으로 모여 있는 곳에는 내가 그들 가 운데 있으면서 그들과 같이 기도할 것이며, 아버지께서는 나와 함께 기도하 는 사람들에게는 아무것도 거절하지 않으실 것이다. 많은 사람이 구하는 것 을 얻지 못하는 것은 그들이 혼자서 기도하거나 부정한 동기로 기도하거나 교만으로, 또한 마음에 죄를 가지고 기도하기 때문이다. 내가 너희와 함께 있을 수 있도록 깨끗한 마음을 만들어 가지고 나서 기도하여라. 그러면 너희 들의 기도가 들어질 것이다."

베드로가 생각에 잠겨 있다. 예수께서 그것을 보시고 이유를 물으신다. 그 러니까 베드로가 설명을 드린다. "저희가 어떤 큰 의무를 맡도록 예정돼 있 는가 하고 곰곰히 생각했습니다. 그러니까 겁이 납니다. 제대로 할 줄을 모 를까 봐 겁이 납니다."

"사실, 요나의 시몬이나 알패오의 야고보나 필립보나 다른 사람들은 제대 로 할 수가 없을 것이다. 그러나 베드로 사제, 야고보 사제, 필립보나 토마 사제는 하느님의 지혜와 동시에 하기 때문에 제대로 할 줄 알 것이다."

"그런데… 형제들에게 몇 번이나 용서해 주어야 합니까? 사제들에 대해 서 죄를 지으면 몇 번이나, 하느님께 죄를 지으면 몇 번이나 용서해야 합니 까? 지금과 같은 일이 일어나면, 분명히 그들이 저희들에게 죄를 지을 것입 니다. 지금 선생님께 그렇게도 많이 죄를 짓고 있으니까요. 제가 항상 용서해야 하는지 또는 몇 번만 용서해야 하는지 말씀해 주십시오. 가령 일곱 번인지 또는 그 이상인지요?"

"나는 일곱 번이 아니라, 일곱 번씩 일흔 일곱 번이라고 말하겠다. 수없이란 말이다. 완전해야 할 너희들을 하늘에 계신 아버지께서는 여러 번, 수없이 많이 용서해 주시겠기 때문이다. 그런데 너희가 이 세상에서 하느님을 대리하고 있으니 너희도 하느님께서 너희를 대해서 행동하시는 것과 같이 행동해야 한다. 하긴, 모든 사람에게 유익할 비유를 하나 말할 터이니 들어 보아라."

그리고 회양목으로 둘러싸인 장소에 사도들만이 둘러싼 가운데 계시던 예수께서 제자들을 향하여 가신다. 제자들은 그들대로 맑은 물이 가득 찬 수반으로 장식된 곳에 경건하게 모여 있다. 예수의 미소는 말씀을 하시리라는 신호와도 같다. 그리고 예수께서 느리지만 넓은 보폭으로 걸으셔서 서두르지 않으시면서 얼마 안 되는 시간에 많은 거리를 가시는 동안 제자들은 모두 기뻐하고, 마치 어린이들이 그들을 기쁘게 해주는 사람을 둘러싸듯이 예수를 에워싸서 원을 만든다. 주의를 기울이는 얼굴로 이루어진 화관이다. 마침내 예수께서는 큰 나무에 기대서 자리를 잡으시고 말씀을 시작하신다.

"내가 우선 일반 대중에게 말한 것이 그들 가운데에서 뽑힌 너희들을 위해 완성되어야 한다. 요나의 시몬 사도에게서 이런 질문을 받았다. '몇 번이나 용서해야 합니까? 누구를? 왜?' 하고. 나는 그에게 개별적으로 대답하였다. 그리고 이제부터는 너희들도 그것을 마땅히 알아야 하기 때문에 이제 모두를 위해서 내 대답을 되풀이하겠다.

몇 번이나, 어떻게, 왜 용서해야 하는지 들어라. 하느님께서 용서하시는 것과 같이 용서해야 한다. 하느님께서는 누가 죄를 천 번 짓고, 천 번 뉘우치면 죄지은 사람에게 죄를 짓겠다는 의사가 없고, 죄를 짓게 하는 것을 추구하는 마음이 없다는 것을 보시고, 오히려 그 죄가 사람의 약함의 결과에 지나지 않는다는 것을 보시는 한, 천번이라도 용서해 주신다. 누가 고의로 끝끝내 죄중에 남아있는 경우에는 율법을 어긴 죄에 대해서 용서가 있을 수 없다. 그러나 그 죄들이 너희를 개인적으로 괴롭히더라도 용서하여라. 너희에게 해를 입히는 사람들을 항상 용서하여라. 용서받기 위하여 용서하여라. 너희도 하느님과 형제들에게 죄를 짓기 때문이다. 용서는 용서를 받는 사람에게도 용서를 하는 사람에게도 하늘 나라의 문을 열어준다. 이것은 왕과 그의 하인들 사이에 일어난 이 일과 비슷하다.

한 왕이 그의 하인들과 결산을 하고자 하였다. 그래서 제일 지위가 높은 하인들로부터 시작해서 한 사람씩 차례로 불렀다. 왕에게 1만 달란트* 빚진 사람이 왔다. 그러나 이 사람은 집들을 짓고 여러 가지 자산을 마련할 수 있도록 왕이 그에게 주었던 가불금을 갚을 만한 것이 없었다. 사실은 혹은 정당하고 혹은 별로 옳지 못한 이유로 계획들을 위해 받은 돈을 매우 조심성 있게 쓰지 않았었다. 주인인 왕은 그의 게으름과 그가 약속을 어긴데 분노해서 그가 빚을 갚기까지 그와 그의 아내와 자식들과 그가 가진 모든 것을 팔게 하라고 명령하였다. 그러나 하인은 왕의 발 앞에 넙죽 엎드려서 눈물을 흘리면서 빌고 간청하였다. '저를 보내주십시오. 조금만 더 참아 주십시오. 그러면 빚을 마지막 한 푼까지도 전부 갚아 드리겠습니다' 하고. 왕은 그렇게도 괴로워하는데 감동해서 — 그는 마음이 좋은 왕이었다 — 그 하인의 청을 받아들였을 뿐 아니라, 그 하인이 정성을 덜들인 것과 지불기한을 지키지 않은 원인 중에는 병도 있었다는 것을 알고는 그의 빚을 탕감(蕩減)해 주게 되었다.

그 신하는 기뻐서 떠나갔다. 그러나 거기서 나오다가 길에서 다른 신하를 하나 만났다. 그 사람은 그가 왕에게서 받았던 1만 달란트 중에서 100 데나리온* 을 주어주었던 불쌍한 신하였다. 왕의 우대를 확신한 그는 무엇이든지 마음대로 할 수 있다고 생각하고 그 불쌍한 사람의 멱살을 잡고 말하였다. '네 빚을 즉시 갚아라' 하고. 그 사람은 울면서 몸을 구부려 그의 발에 입맞춤하려고 하면서 '불행을 많이 겪고 있는 저를 불쌍히 여겨 주십시오. 조금만 더 참아 주시면 한 푼 남기지 않고 다 갚아 드리겠습니다' 하고 괴로워하며 말했지만 소용없었다. 무자비한 하인은 병사들을 불러 그 불쌍한 사람을 옥으로 끌고 가게 해서, 자유와 혹은 또 목숨까지도 잃을지 모른다고 위협하면서 빚을 갚을 결심을 시키려고 하였다.

이 불행한 사람의 친구들이 이 일을 알고 몹시 슬퍼하며 주인인 왕에게 가서 이 일을 보고하였다. 왕은 그 일을 알고는 그 무자비한 하인을 데려오

---

*역주 : 달란트는 고대 그리이스의 화폐 단위.

*역주 : 고대 로마시대의 화폐 단위.

게 하고는, 그를 엄하게 내려다보며 말하였다. '악한 종아, 나는 너를 부자가 되게 했었고, 또 네가 하도 참아 달라고 청하는 빚도 탕감해 주어 너를 또 도와 주었기 때문에 너도 자비로운 사람이 되라고 너를 먼저 도와주었다. 그런데 너는 왕인 내가 너를 그렇게도 불쌍히 여겼는데, 너는 너와 비슷한 사람 중의 한 사람에게 동정을 하지 않았다. 너는 왜 내가 한 대로 하지 않았느냐?' 그리고 화가 나서 옥졸들에게 그를 넘겨주어 빚을 전부 갚을 때까지 가두어 두라고 하면서 말하였다. '나는 왕인데도 그를 그렇게까지 불쌍히 여겼는데, 그는 자기에게 아주 조금밖에 빚지지 않은 사람을 불쌍히 여기지 않았으니, 그도 마찬가지로 내 동정을 받지 못해야 한다.'

만일 너희가 너희 형제들에 대하여 무자비하게 굴고, 하느님에게서 아주 많이 받은 너희가 신자보다도 더 죄가 있게 되면, 내 아버지께서도 너희에게 이와 같이 하실 것이다. 너희는 다른 모든 사람들보다 더 죄가 없어야 할 의무가 있다는 것을 기억하여라. 하느님께서 너희에게 큰 재산을 빌려주시지만, 너희더러 거기 대하여 셈을 밝히라고 하신다는 것을 기억하여라. 너희만큼 사랑과 용서를 베풀 줄 알아야 하는 사람이 아무도 없다는 것을 기억하여라.

너희들을 위하여는 많이 요구하고 나서 너희들에게 청하는 사람들에게는 아무것도 주지 않는 그런 종들이 되지 말아라. 너희가 하는 대로 너희도 당할 것이다. 그리고 너희는 너희 본보기로 선이나 악으로 끌려 갔을 다른 사람들의 행동에 대하여도 보고하라는 요구를 받을 것이다. 오! 정말이지, 만일 너희가 거룩하게 하는 사람들이면 하늘 나라에서 무한한 영광을 차지할 것이다! 그러나 만일 너희가 퇴폐의 원인이 되거나, 또는 거룩하게 하는 일을 게을리 하기만 했어도, 이와 마찬가지로 엄하게 벌을 받을 것이다.

다시 한번 말하지만, 너희 중의 어떤 사람이 그 자신의 임무의 희생이 될 용기가 자기에게는 없다고 느끼거든, 그 사람은 떠나도록 하여라. 그러나 자기 임무를 게을리 하지는 말아야 한다. 그리고 분명히 말하지만 자기 자신의 인격 형성과 남의 인격 형성에 참으로 파멸이 되는 일에 소홀하지 말아야 한다. 그리고 마음에 항상 약한 사람들에 대한 용서를 가지고 있어서 하느님을 친구로 모실 줄 알아야 한다. 그러면 용서할 줄 아는 너희 각자가 하느님 아버지의 용서를 받을 것이다.

여기 머무르는 기간이 끝났다. 장막절 시기가 가까워 온다. 오늘 아침에 내가 개별적으로 말한 사람들은 내일부터 나를 앞서 가면서 주민들에게 나를 알려라. 남아 있는 사람들은 낙담하지 말아라. 그들 중의 몇 사람을 붙잡아 둔 것은 신중을 기하느라고 그런 것이지, 그들을 업신여겨서 그런 것은 아니다. 그들은 나와 같이 남아 있겠지만, 내가 맨 처음 일흔 두 명을 보내는 것과 같이 그들도 멀지 않아 보내겠다. 추수할 것은 많은데, 할 일에 비해서 일꾼은 여전히 별로 많지 않다. 그러므로 모두에게 일거리가 있을 것이다. 그리고 그들이 일을 충분히 해내지 못할 것이다. 그러므로 질투하지 말고, 추수를 할 새 일꾼들을 아직도 보내 달라고 거두어들일 곡식의 주인에게 청하여라.

 지금은 물러가거라. 이렇게 쉬는 며칠 동안에 사도들과 나는 내가 열두 사도들을 보내기 전에 한 말을 되풀이 하면서 너희가 할 일에 대한 교육을 보충하였다. 너희 중의 한 사람이 '그렇지만 어떻게 선생님의 이름으로 제가 병을 고칩니까' 하고 물었다. 우선 정신의 병을 고쳐 주어라. 병약자들이 나를 믿을 줄 알거든, 그들에게 하느님의 나라를 약속하여라. 그리고 그들에게서 믿음을 본 다음에는 병에게 물러가라고 명하여라. 그러면 물러갈 것이다. 또 병든 정신을 가진 사람들에게 이렇게 하여라. 우선 믿음의 불을 붙여라. 그리고 자신있는 말로 바람을 주어라. 그러면 이번에는 내가 가서, 마치 너희가 나를 믿고 내 자비를 바란 다음에 너희 마음에 하느님의 사랑을 넣어 준 것과 같이 그들에게 그것을 넣어 주겠다. 그리고 사람도 마귀도 두려워하지 말아라. 그들이 너희에게 해를 끼치지는 못할 것이다. 너희가 두려워해야 할 것은 다만 관능성과 교만과 탐욕뿐이다. 이것들로 너희는 사탄과 사탄 같은 사람들에게 너희 마음을 넘겨줄 수 있을 것이다. 사탄 같은 사람들도 있는 것이다.

 그럼 나보다 앞서 요르단 강으로 가는 길로 해서 가거라. 예루살렘에 도착하거든 베들레헴 골짜기로 목자들을 찾아가라. 그리고 그들과 함께 너희가 아는 장소로 나를 만나러 오너라. 함께 거룩한 명절을 지내자, 그런 다음 그 어느 때 보다도 더 튼튼하게 되어 가지고 우리 임무를 다시 시작하자.

 평화를 가지고 가거라. 주님의 거룩한 이름으로 너희에게 강복한다."

143. 갈릴래아 사람들의 터에서 라자로를 만나시다

유명한 갈릴래아 사람들의 터는 — 예수께서 먼저 보내시는 일흔 두 제자에게 약속 장소를 일러 주시느라고 쓰신 말씀의 뜻이 이것이라고 생각한다 — 다름 아닌 올리브산의 일부분으로, 베다니아로 가는 길에서 더 가깝고 또 그 길이 지나가기도 하는 것이다. 그리고 오래 전 환시에서, 성모님이 잉태되시기 전 장막절에 나뭇가지로 얽어 만든 다른 초막들 곁에 요아킴과 안나가 그때는 아주 어린 아이였던 알패오와 함께 야영하는 것을 본 바로 그곳이다.

올리브산은 꼭대기가 둥글다. 이 산에는 모든 것이 부드럽다. 올라가는 길도 완만하고, 파노라마도 기분좋고, 꼭대기도 부드럽다. 이 산은 올리브나무와 정적으로 감싸여 있기 때문에 실제로 평화를 생생하게 나타낸다. 지금은 초막들을 짓는 데 골몰하고 있는 사람들이 북적거리고 있기 때문에 그렇지 못하다. 그러나 보통 때는 정말 휴식과 명상의 장소이다. 북쪽을 향해서 볼 때에 왼쪽에는 약간 꺼진 곳이 있고, 그 다음에는 올리브산보다도 한층 비탈이 덜진 산꼭대기가 또 하나 있다. 여기 이 산의 평평한 곳에 갈릴래아 사람들이 야영을 하는 것이다. 이것이 벌써 여러 세기째 내려오는 종교적 관습인지, 또는 갈릴래아 사람들에 대하여 별로 예의바르지 않은 유다인들이나 다른 지방 사람들과의 불화를 피할 목적으로 로마가 명령을 해서 이러는 것인지는 모르겠다. 이것만은 안다. 즉 갈릴래아 사람들이 많이 보인다는 것은 안다. 그들 중에는 나자렛에서 온 사라의 알패오가 있고, 메론호수 근처의 늙은 지주 유다가 있고, 회당장 야이로와 베싸이다, 가파르나움, 그리고 내가 이름을 알지 못하는 다른 갈릴래아 도시들에서 온 다른 사람들이 있다.

예수께서는 바로 갈릴래아 사람들의 터 동쪽 경계에 그들의 초막들이 차지해야 할 곳을 가리키신다. 사도들은 몇몇 제자와 같이 초막을 짓는 데 골몰하고 있는데, 제자들 중에는 사제 요한과 율법학자 요한, 회당장 티몬, 그 밖에 스테파노, 헤르마스테아, 엠마오의 요셉, 갈릴래아의 베들레헴 사람 아벨이 있다. 그들은 초막짓는 데 골몰하고 있는데 예수께서는 당신 둘레로 몰려든 가파르나움의 어린이들과 말하고 계신 중이다. 어린이들은 예수께 별별일을 다 묻고, 저희들도 별별 이야기를 다 한다. 그때 베다니아로 통하는 길에서 라자로가 그림자같이 붙어다니는 막시민과 같이 온다. 예수께서는 그쪽으로 등을 돌리고 계시기 때문에 라자로가 오는 것을 보지 못하신다. 그러나 반대로 가리옷 사람이 그를 보고 선생님께 알려드린다. 예수께서는 어린이들을 그 자리에 남겨두시고 미소를 지으시며 친구를 향하여 가신다. 막시민은 두 분이 완전히 자유롭게 처음 만나게 하기 위하여 걸음을 멈춘다. 그리고 라자로는 마지막 몇 미터를 할 수 있는대로 빨리 걸어 온다. 그는 미소를 지으며 그 어느 때보다도 힘들게 걷는데, 그의 미소에는 입과 눈에 동시에 고통과 눈물이 떨리고 있다. 예수께서 그에게 팔을 벌리시니, 라자로는 눈물을 펑펑 쏟으며 예수의 가슴에 쓰러진다.

"아니, 내 친구? 당신 아직도 울고 있소?…" 하고 예수께서 관자놀이에 입맞춤하시며 물으신다. 예수께서는 라자로보다 머리 하나만큼은 더 크신데, 라자로가 사랑과 존경을 가득 담고 예수를 껴안으면서 몸을 구부리고 있기 때문에 훨씬 더 커 보이신다.

마침내 라자로가 고개를 들고 말한다. "저는 웁니다. 예. 지난 해에는 제 슬픈 눈물의 진주를 드렸으니 제 기쁜 눈물의 진주를 받으시는 것이 당연합니다. 오! 선생님! 선생님! 저는 기쁨의 눈물보다 더 겸손하고 더 거룩한 물건이 없다고 생각합니다. … 그리고 저는 제 마리아 때문에 '고맙습니다' 하고 말씀드리기 위해서 이 눈물들을 드립니다. 마리아는 이제 다정스럽고, 행복하고, 차분하고, 깨끗하고, 착한 소녀에 지나지 않습니다. … 오! 소녀였던 때보다도 훨씬 더 착하게 되었습니다. 그리고 율법에 충실한 이스라엘 사람의 자부심으로 그애보다 훨씬 낫다고 느끼고 있던 제가 이제는 사람이 아니라, 불꽃인 그애에 비하면 아주 보잘 것 없고 거의 아무것도 아닌 것으로 느껴집니다. 그애는 거룩하게 하는 불꽃입니다. 저는… 그애가 발견해서 온 집안을 감화하는 지혜와 말과 행위를 어디서 얻어내는지 이해할 수가 없습니다. 저는 사람들이 수수께끼를 보듯이 그애를 봅니다. 그렇지만 그렇게도 센 불이, 그렇게도 많은 보석이 어떻게 그렇게도 많은 오물 밑에 감추어져서 편안히 살 수가 있었습니까? 저도 마르타도 그애가 올라가는 데까지 올라가지 못합니다. 악습으로 인해서 그애의 날개가 부러졌었는데 어떻게 그렇게 올라갈 수가 있습니까? 저는 이해하지 못하겠습니다….”

"그러나 당신이 이해하는 것은 필요치 않소. 나만 이해하면 충분하오. 나 분명히 말하오만, 마리아는 그의 마음의 강한 힘을 선 쪽으로 돌려놓았소. 마리아는 그의 기질을 완전 쪽으로 향하게 했소. 그런데 마리아는 절대적인 힘의 기질을 가지고 있기 때문에 아낌없이 이 길로 돌진하는 거요. 마리아는 그의 경험을 살려 악을 힘있게 행했던 것과 같이 선을 힘있게 행하고, 죄중에서 자기를 온전히 내주던 같은 방법을 사용해서 자기를 하느님께 완전히 바치오. 마리아는 '하느님을 자기의 온 존재로, 즉 그의 육체와 그의 영혼과 그의 온 힘으로 사랑하는' 법을 이해했소. 만일 이스라엘에 마리아 같은 사람만 있으면, 만일 세상에 마리아 같은 사람만 있으면, 저 높은 하늘에 있을 것과 같은 하느님의 나라를 우리가 땅에서 가지게 될 거요.”

"아이고! 선생님, 선생님! 그런데 그 말씀은 막달라의 마리아가 들어 마땅합니다!…"

"라자로의 마리아요. 내 절친한 친구의 여동생인 내 절친한 친구요. 내 어머니께서 아직 베다니아에 도착하지 않으셨는데, 당신들은 내가 여기 있는 줄을 어떻게 알았소?"

"'고운 내'의 관리인이 지치도록 걸음을 빨리 걸어와서 선생님께서 오신다는 것을 제게 알렸습니다. 그래서 저는 날마다 하인 한 사람을 이리로 보냈습니다. 조금 전에 그가 와서 '선생님께서 오셔서 갈릴래아 사람들의 터에 계십니다' 하고 말했습니다. 그래서 저는 즉시 떠났습니다….”

"그러나 당신은 몸이 아픈데…"

"몹시 아픕니다. 선생님! 이 다리가…”

"그런데도 왔구려! 내가 빨리 갔을 텐데…”

"그러나 선생님께 제 기쁨을 말씀드리고 싶은 열의 때문에 제가 너무나 괴로웠습니다. 그 기쁨은 저는 몇 달째 가지고 있습니다. 편지가 있기는 합니다! 그런 것을 말씀드리는 제 편지가 무슨 소용이 있습니까? 저는 더 기다릴 수가 없었습니다. … 베다니아에 오시겠습니까?”

"물론이지요. 명절을 지낸 다음에 즉시.”

"선생님이 몹시 기다려집니다. … 그 그리스 여자요.… 재기가 대단한 여자입니다! 저는 하느님에 대해서 몹시 알고 싶어하는 그 여자와 말을 많이 합니다. 그러나 그 여자는 학식이 대단히 많습니다.…그래서 제가 어떤 것은 잘 알지 못하기 때문에 말이 막힙니다. 선생님께서 오셔야 합니다."

"내가 가겠소. 이제는 막시민을 보러 갑시다. 그런 다음 내 손님이 되어 주기 바라오. 내 어머니께서 당신을 보시면 기뻐하실 것이고, 당신은 마음의 휴식을 얻게 될 거요. 멀지 않아 아이를 데리고 오실 거요."

그러면서 예수께서 막시민에게로 가시고, 막시민은 무릎을 꿇고 인사를 드린다.

144. 일흔 두 제자가 그들이 한 일을 예수께 보고드린다

 10월의 청명한 하루의 긴 황혼이 계속되는 동안, 일흔 두 제자가 엘리야와 요셉과 레위와 같이 돌아온다. 피로하고 먼지투성이지만 몹시 기뻐하는 모습이다! 목자 세 사람은 이제부터 마음대로 선생님께 봉사할 수 있게 되어서 기뻐한다. 또 그렇게 여러 해 동안 떨어져 있다가 옛날 동료들과 다시 함께 있게 된 것을 기뻐한다. 일흔 두 제자는 그들의 첫번 임무를 잘 수행한 것을 기뻐한다. 얼굴들은 이 많은 순례자의 무리를 위하여 지은 초막들을 밝히는 작은 등잔들보다 더 빛난다.
 한가운데에 예수의 초막이 있고, 그 밑에는 성모님이 마륵지암과 함께 계신데, 마륵지암은 성모님이 저녁 지으시는 것을 도와 드린다. 그 둘레로 사도들의 초막들이 있다. 알패오의 마리아는 야고보와 유다의 초막에 있고, 요한과 야고보의 초막에는 마리아 살로메와 그의 남편이 있고, 그 옆에 있는 초막에는 수산나와 남편이 있다. 그는 사도도 아니고… 정식으로 제자도 아니지만, 아내에게 완전히 예수의 사람이 되는 것을 허락하였으므로 거기 머무르는 권리를 행사한 모양이다. 그리고는 빙 돌아가며 가족이 있는 제자들과 가족이 없는 제자들의 초막들이 있다. 그리고 혼자인 제자들이 제일 많은데, 그들은 한 사람 또는 여러 사람의 제자와 합친다. 엔도르의 요한은 외톨이인 헤르마스테아와 같이 있다. 그러나 할 수 있는 대로 예수의 초막 가까이에 있으려고 애썼다. 그래서 마륵지암이 자주 그를 보러 와서 이것저것 갖다 주거나, 예수와 마리아와 베드로와 같이 있고, 게다가 명절을 지내는 것이 기쁜 영리한 어린이의 깊은 생각이 담긴 말로 그를 기쁘게 한다.
 저녁식사 후에 예수께서는 올리브나무 재배지의 언덕을 향하여 가시고, 제자들이 무리를 지어 따라간다. 소음과 군중에서 떨어져서 공동으로 기도를 드린 다음, 제자들은 전에 오가는 사람들 가운데에서 할 수 있었던 보고

보다 더 자세한 보고를 예수께 드린다.

그들은 이렇게 말할 때 놀라고 기뻐한다. "선생님, 병자들뿐 아니라 마귀들까지도 선생님의 이름의 힘으로 저희에게 복종했다는 것을 아십니까? 선생님, 기막힌 일이었습니다! 보잘 것 없는 사람들인 저희가 말입니다. 그저 선생님께서 보내셨다는 그것 하나만으로 마귀의 무서운 힘에서 구해낼 수가 있었습니다!…" 그러면서 여기저기에서 일어난 많은 사실들을 이야기한다. 다만 한 사람에 대하여만 이렇게 말한다. "부모가, 아니 그보다도 어머니와 이웃 사람들이 그를 억지로 저희에게 데려왔습니다. 그러나 마귀가 이렇게 말하면서 저희를 놀렸습니다. '나자렛 예수가 나를 쫓아낸 다음에 이 사람의 뜻으로 내가 다시 여기 왔다. 그리고 이 사람이 너희 선생보다 나를 더 사랑하고, 나를 다시 찾았으니까 다시는 놔주지 않는다.' 그러면서 그 사람을 붙잡고 있던 사람에게서 제어할 수 없는 힘으로 홱 채가지고 낭떠러지 아래로 집어던졌습니다. 저희는 그 사람이 어디가 깨졌나 보려고 달려갔습니다. 그게 아니었습니다! 그 사람은 정말 세상에 없는 하느님을 모독하는 말과 조롱하는 말을 하면서 어린 영양처럼 뛰어 다녔습니다. … 어머니는 불쌍했습니다. …그러나 그 사람은! 그러나 그 사람은! 아이고! 마귀가 그렇게 할 수 있습니까?"

"마귀는 그렇게 할 수 있다. 그보다 더한 일까지도" 하고 예수께서 슬퍼하시며 말씀하신다.

"아마 선생님이 거기 계셨더라면…"

"아니다. 내가 그에게 이렇게 말했었다. '가라, 그리고 네 죄에 다시 떨어질 마음을 가지지 말아라' 하고. 그런데 그 사람은 다시 죄에 떨어지기를 원했다. 그는 그가 악을 원한다는 것을 알면서 그것을 원했다. 그는 파멸이다. 본래의 무식으로 인해서 마귀들리는 사람과 그렇게 하면 자기를 다시 마귀에게 팔아 넘긴다는 것을 알면서 몸을 내맡게 마귀들리는 사람은 다르다. 그러나 그 사람 이야기는 하지 말아라. 그 사람은 떨어져 나가서 희망이 없는 지체이다. 차라리 주께서 너희들에게 주신 승리에 대해서 주님을 찬미하자. 나는 죄지은 사람의 이름과 구원을 받은 사람들의 이름을 안다. 나는 너희와 내 이름의 덕택으로 사탄이 하늘에서 벼락처럼 떨어지는 것을 보았다. 너희 희생과 너희 기도, 그리고 내가 너희에게 하라고 말한 것을 하려고 불행한 사람들에게로 가면서 가지고 간 사랑을 내가 보았기 때문이다. 너희들은 사랑을 가지고 일했다. 그래서 하느님께서 너희에게 강복하신 것이다. 다른 사람들도 너희가 한 일을 할 것이다. 그러나 사랑없이 할 것이다. 그래서 그들은 회개를 얻지 못할 것이다. …그러나 마귀들을 굴복시킨 것을 기뻐하지 말고, 너희 이름이 하늘에 씌어 있는 것을 기뻐하여라. 그것을 거기에서 절대로 없어지게 하지 말아라 …".

"선생님" 하고 내가 이름을 알지 못하는 제자 한 사람이 말한다. "회개를 얻지 못할 사람들이 이제 오겠습니까? 아마 선생님이 저희와 함께 계시지 않게 될 때 그렇겠지요?"

"아니다, 아가보야, 아무때나 그렇다."

"뭐라구요? 선생님이 저희를 가르치시고 사랑하시는 동안에두요?"

"그때에도 그렇다. 그리고 사랑하는 것으로 말하면, 너희가 내게서 멀리 떨어져 있더라도 나는 너희를 항상 사랑할 것이다. 내 사랑이 항상 너희에게로 갈 것이고, 너희는 그것을 느낄 것이다."

"오! 그건 사실입니다. 저는 질문을 하는 어떤 사람에게 어떻게 말해야 할지를 몰라서 괴로워하던 어느 날 저녁 그것을 느꼈습니다. 저는 창피스럽게 도망치려고 했었습니다. 그러나 '걱정하지 말아라. 해야 할 말이 적절한 순간에 너희에게 주어질 것이다' 하신 선생님의 말씀이 생각났습니다. 그래서 마음 속으로 선생님께 구원을 빌었습니다. 저는 이렇게 말했습니다. '분명히 예수께서 나를 사랑하신다. 나를 도와 주십사고 예수님의 이름을 부르겠다' 하고. 그러니까 사랑이 불과 같이 빛과 같이…힘과 같이 … 왔습니다. 제 앞에 있던 사람은 저를 살펴보고 빈정거리는 냉소를 하면서 친구들에게 눈짓을 했습니다. 그 사람은 토론에서 이기리라는 것을 확신하고 있었습니다. 저는 입을 열었습니다. 그랬더니 어리석은 제 입에서 많은 말이 명랑하게 쏟아져 나왔습니다. 선생님, 선생님이 실제로 오셨었습니까, 그렇지 않으면 환상이었습니까? 저는 모르겠습니다. 제가 아는 것은 그 사람이 젊은 율법학자였는데 마침내 제 목을 쓸어안고 '당신은 참으로 행복하오. 그리고 당신을 그런 지혜로 인도하신 분도 지극히 복되시오' 하고 말했다는 것입니다. 그리고 그 사람은 선생님을 찾기를 바라는 것 같았습니다. 그 사람이 올까요?"

"사람의 생각은 물 위에 쓴 낱말 모양으로 불안정하고, 그의 의지는 하루의 마지막 먹이를 찾아 이리저리 날아다니는 제비 날개같이 움직인다. 그러나 너는 그를 위해 기도하여라. …그리고 맞았다. 내가 네게 갔었다. 그리고 네게와 마찬가지로 마티아와 티몬과 엔도르의 요한과 시몬과 사무엘과 요나에게도 갔었다. 어떤 사람은 나를 알아차렸고, 어떤 사람들은 알아차리지 못했다. 그러나 나는 너희와 같이 있었다. 그리고 나는 사랑과 진실로 나를 섬기는 사람과 세상 마칠 때까지 함께 있을 것이다."

"선생님, 여기 있는 사람들 중에 사랑이 없는 사람이 있겠는지 아직 말씀해 주지 않으셨습니다…."

"그것을 아는 것은 필요치 않다. 사랑할 줄 모르는 한 친구에 대해서 멸시를 나타내는 것은 내 편에서 사랑이 없는 것이 될 것이다."

"그렇지만 있기는 합니까? 이건 말씀하실 수 있습니다…."

"있다. 사랑은 모든 것 중에서 가장 순박하고 가장 다정하고 가장 드문 것이다. 그리고 그 씨를 뿌려도 반드시 싹이 나는 것은 아니다."

"그렇지만 만일 저희가 선생님을 사랑하지 않는다면, 누가 선생님을 사랑할 수 있습니까?" 의혹과 고통으로 불안해진 사도들과 제자들 사이에 말하자면 분개가 일고 있다.

예수께서는 눈꺼풀을 눈 위로 내리까신다. 예수께서는 어떤 표를 보이지 않으시려고 당신의 눈길까지도 감추신다. 그러나 손바닥을 바깥쪽으로 펴시어 체념과 온유와 슬픔이 가득한 행위를, 체념하는 고백과 체념하는 확인을 나타내는 행위를 하시며 말씀하신다. "그래야만 할 것이다. 그러나 그렇지 않다. 아직 자기 자신을 알지 못하는 사람이 많다. 그러나 나는 그들을 안다. 그리고 불쌍히 여긴다."

"아이고! 선생님, 선생님! 그렇지만 그게 저는 아니겠지요, 예?" 하고 베드로가 물으면서, 그와 예수 사이에 있는 마륵지암을 찍어누르며 예수께 바짝 다가가서 짧고 튼튼한 팔을 예수의 어깨에 얹고, 예수를 사랑하지 않는 사람이 아닐까 하는 공포로 미친 듯이 예수의 어깨를 잡고 흔든다.

예수께서는 빛나기는 하지만 서글픈 눈을 다시 뜨시고 베드로의 질문하는 듯하고 겁에 질린 얼굴을 들여다보시며 말씀하신다. "요나의 시몬아, 아니다. 너는 아니다. 너는 사랑할 줄 안다. 그리고 점점 더 사랑할 줄 알 것이다. 요나의 시몬아, 너는 내 베드로,* 좋은 돌이다. 나는 내게 제일 소중한 것들을 이 돌 위에 얹어놓겠다. 그리고 네가 동요를 느끼지 않고 그것들을 바치

---

* 역주 : 베드로는 다들 알다시피 바위라는 뜻이다.

리라는 것을 나는 확실히 안다."

"그럼 저는요?","저는요?","저는요?" 질문이 메아리처럼 이 입, 저 입에서 되풀이 된다.

"조용히! 조용히! 안심하여라. 그리고 모두 사랑를 가지도록 힘써라."

"그렇지만 저희 중에서 누가 제일 많이 사랑할 줄을 압니까?"

예수께서는 눈길을 차례차례로 모든 사람에게 돌리신다. 미소짓는 애무이다. … 그리고는 여전히 당신과 베드로 사이에 끼여 있는 마륵지암에게로 눈길을 내리시고, 아이의 얼굴을 작은 군중 쪽으로 돌리시며 말씀하신다. "너희 중에서 가장 많이 사랑할 줄 아는 사람이 여기 있다. 어린 아이이다. 그러나 벌써 뺨에 수염이 나고, 머리카락들 사이에 은실까지 섞여 있는 너희들은 떨지 말아라. 누구든지 내 안에 다시 나는 사람은 '어린 아이'가 된다. 오! 편안히들 가거라! 너희 눈으로 정말 주님의 놀라운 일들을 보고 있으니, 너희를 부르신 하느님을 찬미하여라. 너희가 보는 것을 볼 사람들은 매우 행복하다. 왜그러냐 하면, 나 분명히 말하지만, 많은 예언자와 왕들이 너희가 보는 것을 보기를 간절히 바랐지마는 보지 못하였고, 많은 성조(聖祖)들이 너희가 아는 것을 알고 싶어했지만 알지 못하였고, 많은 의인들이 너희가 듣는 것을 듣기를 원했지만 듣지 못하였다. 그러나 이제부터는 나를 사랑하는 사람은 모든 것을 알 것이다."

"그 다음에는요? 선생님이 말씀하시는 것처럼 선생님이 가시고 나면요?"

"그 다음에는 너희가 내 대신 말할 것이다. 그리고…오! 큰 군중들, 수효로 보아서 큰 군중이 아니라, 지금 너희가 보고, 알고, 듣는 것을 보고, 알고, 들을 사람들의 은총으로 보아서 큰 군중들! 오! 크고, 내 '어린 — 어른들'의 사랑받는 군중들! 영원한 눈, 영원한 정신, 영원한 귀! 나를 사랑하고 내가 사랑할 그들이 영원한 생활방식, 영원보다 더한, 한없는 생활방식을 내 둘레에 있는 너희들에게 어떻게 설명할 수 있겠느냐? 나는 시간을 없애기까지 하도록 그들을 사랑해서, 비록 그들이 이스라엘이 추억 속의 나라에 지나지 않게 될 때에 산다 하더라도 '이스라엘의 시민'일 것이고, 이스라엘에서 사는 예수와 동시대인이 될 것이다. 그리고 그들은 시간이 지우고, 교만이 혼동한 것을 알기까지 나와 함께 내 안에 있을 것이다. 내가 그들을 무엇이라고 부를까? 너희 사도들, 너희 제자들, 그리고 믿는 사람들은 '그리스도인'이라고 불릴 것이다. 그런데 그리스도인들은? 무슨 이름을 가질 것이냐?

하늘에서만 알려지는 이름을 가질 것이다. 그들은 이 세상에서부터 무슨 상을 받겠느냐? 내 입맞춤과 내 말과 내 몸의 온기를 가질 것이다. 모두, 모두, 나 자신 전체를. 나와 그들. 그들과 나. 전적인 일치…

 이젠 가거라. 나는 여기 남아서 장차 나를 알고 나를 아낌없이 사랑할 사람들을 생각하면서 내 정신을 즐겁게 하겠다. 평화가 너희와 함께 있기를."

145. 장막절(帳幕節)을 지내시려고 성전에 가신다

예수께서 성전을 향하여 가신다. 제자들이 떼를 지어 앞서 가고, 여자 제자들이 떼를 지어 따라온다. 예수의 어머니, 클레오파의 마리아, 마리아 살로메, 수산나, 쿠자의 요안나, 벳수르의 엘리사, 예루살렘의 안나리아, 마르타와 마르첼라가 있다. 막달라 마리아는 여기 없다. 예수 둘레에는 열두 사도와 마륵지암이 있다.

예루살렘은 그 성대한 명절을 맞이하여 호화롭다. 길이란 길에는 모든 지방에서 온 사람들이 있다. 찬송가와 연설과 작은 소리로 하는 기도소리와 나귀를 모는 사람들의 저주소리가 들려오고, 아기들의 우는 소리도 간간히 들려온다. 그리고 이 모든 것 위에 집들과 해 사이에 나타나는 맑은 하늘이 있다. 해는 명랑하게 내려와서 옷빛깔을 선명하게 하고, 정원에 둘러친 담과 옥상 너머로 여기저기 보이는 정자처럼 올린 덩굴들과 나무들의 죽어가는 잎들에 뜨겁게 내리쬔다.

때로는 예수께서 아시는 사람들과 마주치시는데, 인사는 마주치는 사람의 기분에 따라 더 공손하기도 하고 덜 공손하기도 하다. 가령 가믈리엘의 인사는 정중하지만 거만하다. 그는 제자들 가운데에서 그에게 미소를 보내는 스테파노를 뚫어지게 바라다본다. 그리고 예수 앞에 몸을 굽혀 인사한 다음 그를 따로 불러 몇 마디 말을 한다. 그런 다음 스테파노는 그가 있던 집단으로 돌아온다. 동향인들과 함께 성전을 향하여 가던 엠마오의 늙은 회당장 클레오파의 인사는 대단히 공손하다. 예수의 인사에 대한 가파르나움의 바리사이파 사람들의 인사는 마치 저주와도 같이 딱딱하다.

관리인에게 인도되어 오는 죠가나의 농부들은 예수의 발에 입맞춤하는 동안 길의 먼지 속에 엎드린다. 군중은 네거리에서 바리사이파 사람도 아니고 유명한 율법학자도 아니며, 태수(太守)도 아니고 세력있는 궁인도 아닌 젊은 사람의 발 앞에 소리를 지르면서 뛰어드는 한 떼의 사람을 놀라 살펴보느라고 걸음을 멈춘다. 그리고 어떤 사람이 저 사람은 누구냐고 묻는다. "나자렛의 선생님인데, 사람들이 메시아라고 말하는 분이오" 하고 어떤 사람이 작은 소리로 대답한다.

그러자 개종자들과 이방인들이 예수를 둘러싸고 그 집단을 벽으로 밀어붙여 작은 광장 전체를 혼잡하게 만든다. 마침내 한 떼의 나귀몰이들이 길을 막는다고 악담을 하면서 그들을 흩뜨린다. 그러나 군중은 이내 다시 모여서 여자들을 남자들에게서 갈라놓고 귀찮고 난폭하게 그들의 의사를 나타내는데, 거기에는 역시 믿음이 들어 있다. 모든 사람이 예수의 옷을 만지고 싶어 한다. 예수께 말을 한마디 하고 질문을 하고 싶어한다. 그러나 그것은 쓸 데 없는 노력이다. 서로 밀치면서 맨 앞줄로 나가려고 서두르고 안달을 하고 소란을 피우는 바로 그것으로 인하여 아무도 앞으로 나오지 못하게 되고, 질문과 대답도 알아들을 수 없는 소음에 섞여버리기 때문이다.

이 장면에서 떨어져 나온 오직 한사람은 마륵지암의 할아버지이다. 그는 손자의 외침에 외침으로 대답하고, 예수께 경의를 표한 다음 즉시 손자를 가슴에 꼭 껴안은 채 발꿈치에 의지하고 무릎을 꿇고는 손자를 가슴에 대고 앉히고 감탄하며 들여다보고, 기쁜 눈물을 흘리고 입맞춤을 하면서 쓰다듬는다. 노인은 어떻게나 행복한지 벌써 천국에 가 있는 것과 같다.

로마 군사들이 무슨 싸움이 벌어진 줄 알고 달려와서 군중을 헤치며 온다. 그러나 예수를 보고는 미소를 지으면서 물러가며, 거기 있는 사람들에게 중요한 네거리의 통행을 자유롭게 할 수 있도록 하라고 권하기만 한다.

그러니까 예수께서는 즉시 복종하셔서, 마치 로마인들이 당신께 길을 터드리기 위한 것처럼 몇 걸음 앞서 가는 로마인들이 만든 자유로운 공간을 이용하신다. 사실은 로마 군사들이 그들의 감시초소로 돌아가기 위한 것이었다. 그것은 마치 빌라도가 군중 사이에 불만이 있는 것을 아는 것처럼, 그리고 예루살렘에 사방에서 온 히브리인들이 가득 차 있는 요사이 무슨 봉기라도 일어날까 봐 염려하는 것처럼 로마군 수비대를 대단히 보강하였기 때문이다.

그런데 예수께서 마치 어떤 왕이 그의 소유지로 가는데 길을 터드리는 것 모양으로 왕처럼 로마군 분견대를 앞세우고 가시는 것을 보니 그것은 아름다운 광경이다. 예수께서는 움직이시면서 아이와 노인에게 "그대로 함께 있으면서 나를 따라오시오" 하고 말씀하시고, 관리인에게는 "당신 사람들을 내게 남겨주길 바라오. 그들은 저녁 때까지 내 손님이 될 거요" 하고 말씀하신다.
 관리인은 공손하게 대답한다. "모든 일을 선생님 원하시는 대로 하십시오." 그리고 몸을 많이 굽혀 인사를 드리고 간다.
 예수께서 이제는 성전 가까이에 계신다. 그리고 정말 개미집 근처에서 개미들이 우글거리는 것처럼 군중이 한층 더 북적거린다. 그때 죠가나의 농부 한 사람이 "주인님이 오셨다!" 하고 외치고 다른 사람들이 따라서 외치는데 그는 주인에게 인사를 하려고 무릎을 꿇는다. 예수께서는 농부들이 당신을 빽빽이 둘러싸고 있기 때문에 농부 집단 가운데 서 계시며 지시된 지점으로 눈길을 돌리신다. 예수의 시선은 호화로운 옷을 입은 바리사이파 사람의 시선과 마주친다. 그 사람은 내가 처음 보는 사람은 아닌데, 어디서 보았는지 알지 못하겠다. 바리사이파 사람 죠가나는 그들 일당의 다른 사람들과 같이 있다. 값진 옷감과 술과 고리쇠와 허리띠와 성서의 글귀를 쓴 양피지(羊皮紙)가 한 무더기인데, 이 모든 것이 여느 때보다 너무 넓다. 죠가나는 예수를 주의깊게 바라다본다. 순수한 호기심이 담긴 시선이지만 불손한 시선은 아니다. 그는 어지간히 뻣뻣한 인사까지 한다. 그저 고개를 까딱할 뿐이다. 그러나 인사는 역시 인사라, 예수께서는 공손히 답례를 하신다. 그리고 다른 바리사이파 사람 두세 사람도 인사를 하는데, 다른 사람들은 경멸의 눈으로 바라다보거나 다른 데를 보는 체하고, 한 사람만이 욕설을 내뱉는다. 예수를 둘러싸고 있는 사람들이 펄쩍 뛰고, 죠가나까지도 갑자기 뒤돌아서서 욕한 사람을 노려보는 것이 보이니까 이것은 확실한 일이다. 그 사람은 죠가나보다 더 젊고 얼굴 모습이 뚜렷하고 딱딱한 사람이다.
 그들을 지나쳐서 농부들이 감히 말을 할 수 있게 되었을 때 그중 한 사람이 말한다. "선생님께 악담을 한 사람은 도라입니다."
 "맘대로 하게 내버려두시오. 내게는 내게 축복을 하는 당신들이 있소" 하고 예수께서 침착하게 말씀하신다.
 마나엔이 다른 사람들과 같이 어떤 장식 홍예창틀에 기대어 서 있다가 예수를 보았기 때문에 두 팔을 들며 기쁨의 환호를 올린다. "선생님을 만났으니, 오늘은 기분좋은 날입니다." 그러면서 같이 있던 사람들의 앞장을 서서 예수께로 와서, 그늘진 장식 홍예창틀 밑에서 예수께 경배한다. 거기서는 목소리들이 둥근 천장 아래서처럼 울린다.
 그가 경배를 하는 바로 그 순간에, 사도들의 무리 아주 가까이 예수의 사촌 시몬과 요셉이 다른 나자렛 사람들과 같이 지나가는데…그들은 인사를 하지 않는다. 예수께서는 그들을 서글프게 바라다보신다. 그러나 아무 말도 하지 않으신다. 유다와 야고보가 흥분하여 서로 말을 주고 받는다. 그러다가 유다가 분노로 얼굴이 시뻘개지더니 동생이 붙잡을 수 있기 전에 뛰어서 간다. 그러나 예수께서 하도 거역 못할 만큼 "유다야, 이리 오너라!" 하고 불러들이시는 바람에 알패오의 흥분한 아들이 뒤로 돌아온다….

"형들이 하는대로 내버려두어라. 저들은 아직 봄을 느끼지 못한 씨앗들이다. 고집센 흙덩어리의 캄캄한 속에 그 씨앗들을 내버려두어라. 흙덩어리가 씨앗을 둘러싼 벽옥(碧玉)이 된다 하더라도 나는 거기까지 뚫고 들어갈 것이다. 나는 때가 오면 그렇게 하겠다."

그러나 유다의 대답소리보다 비탄에 잠긴 알패오의 마리아의 울음소리가 울려 퍼진다. 창피를 당한 사람의 긴 비명이다….

그러나 그 비명이 장식 홍예창틀 아래 뚜렷하게 울려 많은 메아리를 일으키는데도 예수께서는 마리아를 위로하려고 뒤돌아보지 않으신다. 예수께서는 "저와 같이 있는 사람들은 요한의 제자들입니다. 이들도 저와 같이 선생님의 사람이 되기를 원합니다" 하고 말하는 마나엔과 계속 말씀을 하신다.

"좋은 제자들에게 평화가 있기를. 저 앞에는 영원히 나와 같이 있을 마리아와 요한과 시메온이 있소. 나는 저들을 받아들인 것과 같이 당신들도 받아들이오. 거룩한 예고자에게서 내게 오는 것은 무엇이든지 소중하니까요."

그리고 성전 구내에 도착하신 다음에 예수께서는 관례에 따른 물건을 사서 관례에 따른 봉헌을 하라고 가리옷 사람과 열성당원 시몬에게 명령하신다. 그리고 사제 요한을 불러 말씀하신다. "이곳에 속해 있는 당신은 지리를 알 자격이 있다는 것을 아는 어떤 레위파 제관을 청하는 일을 맡아 하시오. 올해에는 내가 참으로 기쁜 명절을 지낼 수 있기 때문이오. 오늘만큼 즐거운 날이 다시는 절대로 없을 거요…."

"주님 왜요?" 하고 율법학자 요한이 묻는다.

"모두가 보이게 또 정신적으로 내 둘레에 있기 때문이오."

"그러나 저희들은 항상 선생님과 같이 있을 것입니다. 그리고 저희와 함께 다른 많은 사람두요" 하고 사도 요한이 격렬하게 단언하고, 모두가 일제히 그 말을 되풀이 한다.

예수께서는 빙그레 웃으시고 말씀을 안하신다. 그동안 사제 요한은 스테파노와 함께 명령을 이행하려고 성전 안으로 나아간다. 예수께서는 그의 뒤에 대고 "우리는 이교도의 회당에 가 있을 터이니 그리 오시오" 하고 외치신다.

그들은 들어간다. 그리고 거의 즉시 니고데모를 만난다. 니고데모는 몸을 깊이 숙여 인사한다. 그러나 예수께로 가까이 오지는 않는다. 그러나 그는 예수와 서로 통하는 조용한 미소를 주고 받는다.

여자들이 그들에게 허락된 곳에서 걸음을 멈추는 동안, 예수께서는 남자들과 같이 히브리인들만이 갈 수 있는 곳으로 기도를 하러 가신다. 그리고 모든 의식을 다 행하신 다음 이교도들의 회랑에서 기다리는 사람들을 다시 만나시려고 돌아오신다.

매우 넓고 높은 회랑 뜰에는 교사들의 가르침을 듣는 군중이 꽉 차 있다. 예수께서는 앞으로 보내신 두 사도와 두 제자가 멈추어 있는 것을 보시는 곳을 향하여 가신다. 즉시 그들이 예수를 둘러싸고, 사람들이 가득 차 있는 대리석 마당 여기저기에 있던 다른 많은 사람도 사도들과 제자들과 합친다. 호기심이 대단해서 유다교 교사들의 어떤 제자들도 예수 주위를 빽빽이 둘러싼 군중에게 가까이 온다. 그들이 자발적으로 오는지 교사들이 보내서 오는 것인지는 모르겠다.

예수께서 느닷없이 물으신다. "왜 내 주위로 몰려오는지 말해 보시오. 여러분은 잘 알려지고 지혜롭고 호평을 받는 교사들을 가지고 있습니다. 그러나 나는 알려지지도 않았고, 호평도 받지 못합니다. 그런데 왜 내게로 옵니까?"

"우리는 선생님을 사랑하기 때문입니다" 하고 어떤 사람들은 말하고, 어떤 사람들은 "선생님은 다른 사람들과는 다른 말씀을 하시니까요" 하고 말하고, 또 어떤 사람들은 "선생님에 대해서 말하는 것을 들었기 때문입니다", "선생님만이 영원한 생명의 말씀을 가지고 계시고, 또 말과 일치하는 행동을 하시기 때문입니다", 또 끝으로 "우리는 선생님의 제자들과 합쳐지기를 원하기 때문입니다" 하고 말한다.

예수께서는 그들의 가장 깊숙이 감추어진 반응을 읽기 위하여 시선으로 그들을 꿰뚫으시려는 듯이 그들이 말하는데 따라서 바라다보신다. 그러니까 어떤 사람들은 이 시선을 감당하지 못하고 떠나가거나, 기둥이나 그들보다 더 큰 사람들의 뒤에 가서 숨는다.

예수께서 다시 말씀하신다. "그러나 여러분은 나를 따라온다는 것이 무슨 뜻인지, 무엇을 명하는지 아십니까? 호기심은 대답을 들을 자격이 없기 때문에, 또 내 말을 갈망하는 사람은 자연 그의 사랑을 내게 주고 또 나와 결합하기를 원하기 때문에 이 말에 대해서만 대답을 하겠습니다. 왜 이런 말을 하느냐 하면, 말을 한 사람들 중에는 두 가지 집단이 있기 때문입니다. 하나는 호기심을 가진 사람들인데, 그 사람들에게는 내가 관심을 가지지 않습니다. 또 하나는 자발적으로 온 사람들인데, 나는 이 사람들에게 이 부름의 엄격함을 거짓없이 가르치겠습니다.

제자로서 내게 온다는 것은 오직 하나의 사랑을 위해서, 즉 내 사랑을 위해서 모든 사랑을 포기한다는 뜻입니다. 자기 자신에 대한 이기주의적인 사랑, 재물이나 관능성이나 권력에 대한 사악한 사랑, 아내에 대한 올바른 사랑, 어머니 아버지에 대한 거룩한 사랑, 자식들과 형제들의 다정한 사랑, 또는 자식들과 형제들에 대한 다정한 사랑, 이 모든 것이, 누가 내 사람이 되고자 하면 내게 대한 사랑에 양보해야 합니다. 정말 잘 들어 두시오. 내 제자들은 하늘을 날아다니는 새들보다 자유로워야 하고, 아무에게도 아무것에도 제지당하지 않고 공간을 돌아다니는 바람보다도 더 자유로워야 합니다. 무거운 물질적인 사랑의 사슬도 없고, 끈도 없고, 가장 보잘 것 없는 방벽의 가는 거미줄까지도 없이 자유로워야 합니다. 정신은 육체라는 무거운 고치 속에 갇혀 있는 약한 나방과 같은 것이어서, 무지개 빛깔로 아롱지고 만져서 느껴지지 않는 거미줄의 작용으로 그 나방이 나는 것이 둔해질 수 있거나 또는 완전히 정지될 수도 있습니다. 거미란 관능성이나 희생에 있어서의 너그러움이 없음을 말하는 것입니다. 나는 모든 것을 하나 남김없이 원합니다. 정신이 영혼들의 도둑인 사탄이라는 그 흉악한 거미가 친 줄과 같은 애정과 풍습과 잔소리와 공포라는 거미줄에 확실히 붙잡혀 있지 않기 위하여는 주는 이 자유, 주는 이 너그러움이 필요합니다.

누가 만일 내게로 오고자 하면서 아버지, 어머니, 아내, 자식들, 형제자매, 그리고 자기의 목숨까지도 거룩하게 미워하지 않으면, 내 제자가 될 수 없습니다. 나는 '거룩하게 미워한다'고 말했습니다. 여러분은 마음 속으로 이렇게 말할 것입니다. '선생님은 미움은 절대로 거룩하지 않다고 가르치시는데, 스스로 모순된 말을 하신다' 하고. 그렇지 않습니다. 나는 스스로 모순된 말을 하지 않습니다. 나는 아버지와 어머니, 아내와 자식들, 형제자매, 그리고 목숨에 대해서도 둔한 사랑, 육체적인 사랑의 격정을 미워하라고 말합니다. 그리고 한편으로는 영들에 특유한 경쾌한 자유로 부모형제와 목숨을 사랑하라고 명합니다. 부모형제와 목숨을 하느님 안에서 하느님을 위하여 사랑해서, 절대로 하느님을 그들 뒤로 가시게 하지 말고, 그들을 돌보고, 그들을 제자가 이른 곳, 즉 진리이신 하느님께로 인도하도록 마음을 쓰시오. 이렇게 하면, 여러분은 부모와 하느님을 거룩하게 사랑해서 두 가지 사랑을 일치시키고, 핏줄의 관계를 가지고 무거운 짐을 만들지 않고 날개를 만들 것이고, 잘못을 만들지 않고 올바름을 만들 것입니다. 여러분의 목숨까지도 나를 따르기 위하여는 미워할 각오를 해야 합니다. 목숨을 잃거나 인간적으로 고통스럽게 하는 것을 두려워하지 않고, 그것을 나를 섬기는 데 바치는 사람은 목숨을 미워하는 것입니다. 그러나 표면적인 미움에 지나지 않습니다. 별로 높이 올라가지 못하는 인간의, 짐승보다 별로 나을 것이 없는 순전히 현세적인 사람의 생각으로 부정확하게 '미움'이라고 부르는 감정입니다. 정신에 점점 더 큰 생명을 주기 위하여 그들의 생활에 관능적인 만족을 거절하는 것인 이 표면상의 미움은 실제로는 사랑입니다. 이것은 이 세상에 있는 것 중에서 가장 고상하고 가장 축복받은 사랑입니다.

 천한 만족에 대한 이 거부, 애정의 관능성에 대한 이 금지, 부당한 비난과 악의있는 언급, 벌, 소박, 저주, 또 어쩌면 박해를 당할지도 모르는 이 위험, 이 모두가 고통의 계속입니다. 그러나 이것들을 받아들여서 십자가처럼 짊어져야 하며, 의인이 되어 하느님께로 가기 위하여 지난 날의 모든 죄를 그 위에서 보속하고, 그것으로써 우리가 사랑하는 사람들을 위하여 참되고 힘있고 거룩한 모든 은총을 하느님에게서 얻는 교수대 모양으로 짊어져야 합니다. 자기의 십자가를 지지 않고 나를 따르지 않는 사람은, 그렇게 할 줄을 알지 못하는 사람은 내 제자가 될 수 없습니다.

 그러므로 '우리는 선생님의 제자들과 합쳐지기를 원하기 때문에 왔습니다' 하고 말하는 사람들은 이것을 많이, 많이 생각하시오. 자기 자신을 자세히 검토하고 판단하고, 자기 자신과 다른 사람들에게 '나는 제자가 될 소질이 없다'고 고백하는 것은 수치가 아니라 지혜입니다. 아니, 도대체, 이교도들도 그들의 교훈들 중의 하나의 바탕에 '자기 자신을 앎' 필요성을 가지고 있는데, 이스라엘 사람인 여러분이 그렇게 하지를 못하겠습니까?

 내게로 오는 사람들은 매우 행복하리라는 것을 항상 기억하시오. 그러나 나와 나를 보내신 분을 배반하려고 오는 것보다는 전혀 오지 않고, 여러분이 지금까지 그랬던 것처럼 율법의 아들로 남아 있는 편이 더 나을 것입니다.

'갑니다' 하고 말하고 나서 그리스도의 사상을 배반하고, 어린이들과 성실한 사람들의 빈축을 사면서 그리스도를 해치는 사람들은 불행합니다! 그 사람들은 불행합니다! 그런데도 그런 사람들이 있을 것이고, 또 언제까지나 있을 것입니다!

그러므로 여러분은 탑을 쌓고자 하는 사람을 본받으시오. 그 사람은 우선 필요한 경비를 주의깊게 계산하고, 기초공사를 한 다음에 돈이 떨어져서 일을 중단해야 하게 되지 않기 위해 가진 돈을 계산합니다. 만일 일을 중단하게 되면 가진 것까지도 잃어서 탑도 없고 돈도 없을 것이고, 그 대신 사람들의 조소만 사게 될 것입니다. 사람들은 이렇게 말할 것입니다. '저 사람은 시작은 하고도 끝마칠 수가 없구먼. 이제는 끝내지 못한 건축의 무너진 것을 먹고 살 수 있겠구먼' 하고.

또 세상의 왕들을 본받아서, 세상의 시시한 사건을 초성적인 교훈에 쓰이게 하시오. 왕들이 다른 왕과 전쟁을 하고자 할 때에는 모든 것을 즉 유리한 점과 불리한 점을 침착하고 면밀하게 검토하고, 정복에서 오는 이익이 국민의 생명을 희생시킬 만한 가치가 있는지 알아보려고 곰곰이 생각하며, 그곳을 정복할 수 있겠는지, 적국 왕의 군대의 수보다 반밖에 안 되는 그들의 군대가 비록 더 공격적이라 하더라도 승리를 거둘 수 있는지를 검토합니다. 그리고 일만명이 이만명을 이길 수는 없을 것 같다고 올바르게 생각하고는 교전이 있기 전에 많은 선물을 가진 사절단을 적국 왕에게 보내서, 상대방의 군대의 움직임 때문에 벌써 불안해진 적국 왕을 진정시키고, 우정의 증거로 화를 풀게 하고, 그의 의심을 사라지게 하며, 그와 더불어 평화조약을 맺습니다. 사실 인간적으로나 영신적으로나 전쟁보다는 이것이 항상 더 유리한 것입니다.

따라서 여러분은 새 생활을 시작하기 전에 행동해서 세상과 대항해야 합니다. 내 제자가 된다는 것은 세속과 육신과 사탄의 유혹의 소용돌이와 맹렬함에 대항한다는 것을 내포하기 때문입니다. 그러므로 만일 여러분이 내게 대한 사랑으로 모든 것을 포기할 용기를 느끼지 못하면, 내게로 오지 마시오. 그런 사람은 내 제자가 될 수 없기 때문입니다."

"좋습니다. 선생님 말씀은 옳습니다" 하고 군중에 섞였던 율법교사가 인정한다. "그러나 우리가 모든 것을 버리면, 그 다음에는 우리가 무엇을 가지고 선생님께 봉사합니까? 율법은 하느님께서 사람에게 주시는 돈과 같은 계명들을 가지고 있어 사람이 그것을 써서 영원한 생명을 얻게 합니다. 그런데 선생님은 '모든 것을 버리라'고 말씀하시면서 아버지, 어머니, 재물, 명예 따위를 지적하십니다. 그렇지만 하느님께서는 이것들을 주시면서 모세의 입을 통하여, 하느님의 눈에 의인으로 보이기 위하여 그것들을 거룩하게 쓰라고 말씀하셨습니다. 그런데 선생님께서 우리에게서 모든 것을 빼앗아 가시면 선생님은 우리에게 무엇을 주십니까?"

"선생, 참다운 사랑을 준다고 내가 말했지요. 나는 여러분에게 내 가르침을 줍니다. 그런데 내 가르침은 옛날 율법에서 점 하나도 없애지 않고, 오히려 반대로 율법을 완성합니다."

"그러면, 우리 모두가 같은 것들을 가지고 있으니까, 모든 같은 제자들이로군요."

"우리는 모두가 그것들을 모세의 율법대로는 가지고 있습니다. 모두가 사랑에 따라서 내가 완성한 율법대로 가지고 있지는 않습니다. 그러나 내게 딸린 제자들까지도 똑같은 총량(總量)의 공로를 가지게 되지는 못할 것이고, 그들 중의 어떤 사람들은 그 총량을 가지지 못할 뿐 아니라, 그들의 유일한 화폐인 영혼도 잃을 것입니다."

"뭐라구요? 많이 받은 사람에게는 많이 남아 있을 것입니다. 선생님의 제자들, 그보다도 선생님의 사도들은 선생님이 전도하시는 데 따라 다녀서 선생님의 행동 방식을 알고 있고, 굉장히 많이 받았습니다. 선생님의 사실상의 제자들도 많이 받았고, 이름으로만 제자인 사람들은 덜 받았고, 저같이 우연히 선생님의 말씀을 듣는 사람들은 아무것도 받지 못했습니다. 사도들은 하늘에서 굉장히 많이 받을 것이고, 사실상의 제자들은 많이 받을 것이고 이름으로만 제자인 사람들은 덜 받을 것이고, 저같은 사람들은 아무것도 받지 못할 것입니다."

"인간적으로는 확실히 그렇습니다. 그리고 인간적으로는 나쁜 일이기도 합니다. 그것은 모두가 그들이 받은 재산을 이익이 나게 할 능력이 없기 때문입니다. 이 비유를 들으시오. 그리고 여기서 내 가르침을 너무 부연하더라도 용서하시오. 그러나 나는 지나가는 제비와 같아서 아버지의 집에 조금밖에 머물러 있지 않습니다. 그것은 내가 온 세상을 위해서 왔는데, 예루살렘의 성전의 이 작은 세상은 내가 나는 것을 중단하고, 하느님의 영광이 나를 부르는 곳에 머물러 있는 것을 원치 않기 때문입니다."

"왜 그런 말씀을 하십니까?"

"이것이 사실이니까요."

율법교사는 주위를 둘러보고 고개를 숙인다. 그는 예수를 둘러싸고 있는 집단을 점점 더 크게 만든 최고회의 의원들과 교사들과 바리사이파 사람들의 너무나 많은 얼굴에 그것이 사실이라고 씌어 있는 것을 본다. 격노하여 파랗게 되었거나 성이 나서 시뻘개진 얼굴들, 저주의 말과 독을 품은 침이나 다를 바 없는 눈길들, 사방에서 술렁이고 있는 원한, 그리스도를 학대하고자 하는 욕망 따위를 본다. 이 욕망은 선생님을 둘러싸고 있는 충성스런 군중, 선생님을 보호하기 위하여는 무엇이든지 할 각오가 되어 있는 군중이 무섭고, 또 아마 온유한 갈릴래아 선생에 대하여 호의를 가진 로마에게서 벌을 받을까 봐 두렵기도 하여 욕망으로만 남아 있다.

예수께서는 다시 침착하게 비유로 당신 생각을 설명하기 시작하신다. "긴 여행을 떠나서 오랫동안 집을 비우게 된 어떤 사람이 모든 하인을 불러 그들에게 자기의 모든 재산을 맡겼습니다. 한 사람에게는 은화 5달란트를 주고, 한 사람에게는 은화 2 달란트, 또 한 사람에게는 금화 1달란트만을 주었습니다. 각자에게 그의 지위와 능력에 따라 주었습니다. 그리고는 길을 떠났습니다.

그런데 은화 5달란트를 받았던 하인은 그의 돈을 가지고 가서 능란하게 이용했고, 얼마 후에는 그 5달란트가 5달란트를 더 벌어 왔습니다. 2달란트를 받은 하인도 마찬가지로 해서 그가 받은 돈을 배로 늘렸습니다. 그러나 주인이 더 많이 주었던 하인, 즉 순금 1달란트*를 주인에게서 받았던 하인은 어떻게 할지를 몰라서 겁이 나고, 도둑도 무섭고, 여러 가지 공상적인 일로 겁이 나고, 특히 게으르기 때문에, 땅에 큰 구덩이를 파고, 주인의 돈을 거기에 감추었습니다.

여러 달이 지나서 주인이 돌아왔습니다. 주인은 즉시 하인들을 불러 그가

---

* 역주 : Talent(달란트)는 고대 그리이스의 무게의 단위로 20내지 27kg의 무게였다고 함. 한편 화폐 단위로는 금이나 은으로 무게 1달란트에 해당하는 값어치였다고 함.

맡긴 돈을 돌려달라고 했습니다. 은전 5달란트를 받았던 하인이 나와서 말했습니다. '여기 있습니다. 나으리께서 제게 은화 5달란트를 주셨습니다. 그런데 나으리께서 주신 돈을 이익을 내게 하지 않으면 좋지 않을 것으로 생각됐기 때문에 요령있게 처리해서 5달란트를 더 벌었습니다. 그 이상은 할 수가 없었습니다.…' '좋다, 착하고 충실한 하인아, 썩 잘 했다. 너는 얼마 안 되는 일에 충실하고 부지런하고 정직했으니, 많은 일에 대해서 네게 권위를 주겠다. 네 주인의 기쁨을 같이해라.'

그 다음 2달란트를 받았던 하인이 나와서 말했습니다. '저는 나으리의 이익을 위해서 감히 나으리의 재산을 썼습니다. 제가 나으리의 돈을 어떻게 썼는지를 보여 주는 회계는 이렇습니다. 아시겠지요? 전에는 은화 2달란트가 있었는데, 지금은 4달란트가 있습니다. 나으리 만족하십니까?' 그러자 주인은 첫번 하인에게와 같은 대답을 했습니다.

끝으로, 주인의 가장 큰 신임을 얻어서 금화 1달란트를 받았던 하인이 나왔습니다. 그는 그 금화를 감추어 두었던 곳에서 꺼내 가지고 와서 이렇게 말했습니다. '나으리께서는 제가 신중하고 충실하다는 것을 아시기 때문에 제게 가장 큰 값어치를 맡기셨습니다. 제가 신중하고 충실한 것은 나으리께서 융통성이 없고 까다로우시며, 나으리의 돈이 축나는 것을 용납하지 않으시고, 손해가 나는 경우에는 나으리 가까이에 있는 사람을 비난하신다는 것을 알기 때문입니다. 사실 나으리께서는 씨뿌리지 않은 곳에서 추수하시고, 아무것도 베풀지 않은 곳에서 거두어들이시며, 나으리의 은행가나 관리인에게 동전 한푼도 선사하지 않으시기 때문입니다. 나으리께는 청구하시는 만큼 돈을 드려야 합니다. 그래서 저는 이 재산을 축낼까 봐 무서워서 가지고 가서 감추었습니다. 저는 아무도 믿지 않았고, 저 자신도 믿지 않았습니다. 이제는 이것을 파내서 나으리께 돌려드리는 것입니다. 여기 있습니다.'

'오 옳지 못하고 게으른 하인아! 정말이지, 너는 나를 알지 못하고, 내 돈을 자고 있게 내버려두어서 내 만족을 사랑하지 않았기 때문에 나를 사랑하지 않았다. 너는 내가 네게 대해서 가졌던 평가를 저버렸고, 너 스스로 모순되는 말을 하고, 너 자신을 비난하고 단죄한다. 너는 내가 씨뿌리지 않은 곳에서 추수하고, 베풀지 않은 곳에서 거두어들인다는 것을 알고 있었다. 그러면 왜 내가 추수를 하고 거두어들일 수 있게 하지 않았느냐? 내 신임에 이렇게 보답하느냐? 네가 나를 이렇게 아느냐? 왜 내 돈을 은행에 갖다 맡겨서 내가 돌아와서 이자와 함께 그 돈을 찾아오게 하지 않았느냐? 나는 이런 목적으로 특별한 관심을 기울여 가르쳤었는데, 게으르고 어리석은 너는 그것을 참작하지 않았다. 그러므로 네 달란트와 일체의 다른 재산을 빼앗아 10달란트를 가진 사람에게 주게 하겠다.'

'그러나 그 사람은 벌써 10달란트나 있는데, 이 사람은 아무것도 없이 있게 되는데요…' 하고 사람들이 반대했습니다.

'맞았다. 많이 가지고, 또 가진 것을 이익이 나게 하는 사람에게는 더욱 더 주어서 넘쳐흐를 만큼 많게 할 것이다. 그러나 가질 마음이 없어서 가지지 못한 사람에게서는 그가 받은 것까지도 빼앗을 것이다. 내 신임을 저버리고, 내가 주었던 선물을 비생산적인 채로 내버려둔 무익한 하인은 내 땅에서 내쫓아서 울고 괴로워하며 떠나가게 하여라.'

이것이 비유입니다. 선생이 보시다시피 제일 많이 받았던 사람에게 제일 적게 남았는데, 그것은 그 사람이 하느님의 선물을 보존할 만하지 못했기 때문입니다. 그래서 그저 이름으로만 제자이고 따라서 이용할 만한 것을 별로 가지지 못한 사람 중의 하나라고 선생이 말한 그 사람이나, 또 선생이 말하다시피 내 말을 우연히 듣고 자본이라고는 그들의 영혼밖에 없는 사람들 중의 한 사람이 더 많이 받았던 사람에게서 빼앗은 금화 1 달란트와 그 금화가 이익을 가져온 것이 있으면 그것까지 가지게 되지 말라는 법이 없습니다. 사람의 반응이 수없이 많기 때문에 주님이 보이시는 뜻밖의 일도 무한히 많습니다. 여러분은 이교도들이 영원한 생명에 이르고 사마리아 사람들이 하늘나라를 차지하는 것을 볼 것이고, 나를 따르는 순수한 이스라엘 사람들이 하늘 나라와 영원한 생명을 잃는 것을 볼 것입니다."

예수께서 입을 다무시고, 마치 일체의 토론에 종지부를 찍으시려는 듯이 성전 구내쪽으로 몸을 돌리신다. 그러나 진지하게 들으려고 회랑 아래 앉아 있던 율법박사 한 사람이 일어나 앞으로 나아오면서 묻는다. "선생님, 영원한 생명을 얻기 위하여는 어떻게 해야 합니까? 선생님께서는 다른 사람들에게 대답하셨으니, 제게도 대답해 주십시오."

"왜 나를 시험하고자 하십니까? 왜 거짓말을 하려고 하십니까? 내가 더 명쾌하고 더 완전한 사상들을 율법에 덧붙이기 때문에 율법을 왜곡하는 말들을 하기를 바라는 것입니까? 율법에 무엇이라고 씌어 있습니까? 대답해 보시오! 율법의 주된 계명은 무엇입니까?"

"네 마음을 다하고 네 목숨을 다하고 네 힘을 다하고 네 생각을 다하여 주님이신 네 하느님을 사랑하라. 그리고 네 이웃을 네 몸같이 사랑하라'입니다."

"자, 잘 대답하셨습니다. 그렇게 하시오. 그러면 영원한 생명을 얻을 것입니다."

"그런데 누가 제 이웃입니까? 세상에는 선인과 악인, 아는 사람이나 모르는 사람, 이스라엘의 친구와 원수가 가득 차 있습니다. 그러니 누가 제 이웃입니까?"

"어떤 사람이 산골짜기 길로 해서 예루살렘에서 예리고로 가고 있었는데, 강도들을 만났습니다. 강도들은 그 사람에게 심한 상처를 입힌 다음 그가 가진 모든 것을 빼앗고 옷까지 벗겨서, 반쯤 죽은 그를 길가에 버려두고 갔습니다.

같은 길로 성전에서 그의 직책을 마친 사제 한 사람이 지나갔습니다. 오! 그 사제의 몸에는 지성소의 향내가 아직 배어 있었습니다! 그리고 그가 하느님의 집에서 말하자면 지극히 높으신 분과 접촉하고 있었기 때문에 초자연적인 친절과 사랑의 향기를 뿌린 영혼을 가지고 있어야 했을 것입니다. 그런데 그 사제는 그의 집에 돌아가는 일이 바빴습니다. 그래서 상처입은 사람을 바라다보기는 했지만 걸음을 멈추지는 않고, 불행한 사람을 길가에 내버려둔 채 빨리 지나가 버렸습니다.

레위파 사람 하나가 지나가게 되었습니다. 성전에서 봉사해야 하는 그 사람이 부정을 타야 했습니까? 천만에! 그는 피로 더럽혀지지 않기 위해 옷을 치켜 올렸습니다. 그는 피투성이가 되어 신음하고 있는 사람을 홀깃 바라다보고는 예루살렘 쪽으로 성전 쪽으로 걸음을 재촉했습니다.

세 번째로 사마리아에서 냇물의 걸어서 건너가는 곳을 향해서 오던 사마리아 사람이 그곳에 이르렀습니다. 그 사람은 피를 보고 걸음을 멈추고, 짙어 가는 황혼빛에 상처입은 사람을 발견하고는 말에서 내려 상처입은 사람에게 가까이 가서 질이 좋은 포도주를 한 모금 먹여 기운을 차리게 했습니다. 그는 자기 겉옷을 찢어 붕대를 만들고 나서 그 사람의 상처를 초로 씻고 기름을 바른 다음 다정스럽게 처매 주었습니다. 그리고 상처입은 그 사람을 자기 말에 얹고, 말을 조심해서 몰고 동시에 부상자를 받쳐 주면서, 피곤한 것은 걱정하지 않고 또 부상자가 유다 사람인데도 무시하지 않고, 좋은 말로 위로해 주었습니다. 시내에 들어가서 그는 상처입은 사람을 여관으로 데리고 가서 밤새껏 보살펴 주고, 새벽에 그 사람의 상태가 좀 나은 것을 보고 여관 주인에게 맡기고 그의 여관비로 돈을 미리 주면서 말했습니다. '이 사람을 나 자신인 것처럼 보살펴 주시오. 내가 돌아올 때에 당신이 가외 비용을 들인 것이 있으면 내가 갚아 주겠소. 그리고 당신이 일을 제대로 잘 했으면 후하게 갚아 주겠소!' 그리고는 떠나갔습니다.

율법박사님, 대답하시오. 이 세 사람 중에서 도둑을 맞은 사람으로 볼 때에 누가 '이웃'이었습니까? 혹 사제였습니까? 혹 레위파 사람이었습니까? 혹은 오히려 사마리아 사람이 아니었습니까? 그 사마리아 사람은 상처입은 사람이 누구인지, 그가 왜 상처를 입었는지, 시간과 돈을 잃고, 그에게 상처를 입혔다고 비난을 받을 위험이 있는데도 그를 돕는 것이 잘못하는 일인지 생각해 보지도 않았습니다."

율법박사는 대답하였다. "이웃은 이 마지막 사람입니다. 그가 자비를 베풀었으니까요."

"선생도 그렇게 하시오. 그러면 선생이 이웃을 사랑하는 것이 될 것이고, 이웃을 통하여 하느님을 사랑하는 것이 될 것입니다. 그렇게 하면 영원한 생명을 얻을 자격을 가질 것입니다."

아무도 감히 말을 하지 못하였다. 예수께서는 그것을 이용하셔서 구내 근처에서 기다리고 있는 여자들 있는 데로 다시 가셔서, 여자들과 같이 다시 시내로 들어가신다. 이제는 제자들에게 사제 두 사람이, 아니 그보다도 사제 한 사람과 레위파 사람 한 명이 합류하였다. 레위파 사람은 새파랗게 젊은 사람이고, 사제는 나이가 매우 많은 사람이다.

그러나 예수께서 이제는 어머니와 말씀하신다. 예수와 어머니 사이에는 마룩지암이 있다. 예수께서 어머니께 물으신다. "어머니, 제 말을 들으셨습니까?"

"아들아, 들었다. 그리고 클레오파의 마리아의 슬픔에 내 슬픔도 보태졌다. 마리아는 성전에 들어가기 전에 좀 울었다…."

"어머니, 저도 압니다. 그리고 이 동기도 압니다. 그러나 마리아는 울어서는 안 됩니다. 다만 기도만 해야 합니다."

"오! 마리아는 기도를 아주 많이 한다. 요 며칠 밤동안, 그의 초막에서 잠든 아들들 사이에서 기도하며 울었단다. 나는 잎으로 된 이웃의 얇은 벽을 통해서 마리아가 우는 소리를 들었다. 요셉과 시몬이 그렇게 가까이 있으면서도 그렇게 갈라져 있는 것을 보고 말이다! …그런데 우는 것은 마리아만이 아니다. 네게는 그렇게도 침착해 보이는 요안나도 나와 함께 울었다….”

"어머니, 왜요?"

"쿠자의… 행동이…설명할 수 없기 때문이다. 쿠자는 무슨 일에나 요안나에게 도움을 좀 주고, 무슨 일에나 요안나를 좀 물리친다. 단둘이 있어서 보는 사람이 아무도 없으면, 여전히 모범적인 남편이다. 그러나 그와 함께 다른 사람들이, 물론 궁중 사람들 말이지, 다른 사람들이 있으면, 그때에는 다정스러운 아내에 대해서 독선적이고 경멸적인 사람이 된단다. 요안나는 웬지 이해를 못한다….”

"제가 말씀드리지요. 쿠자는 헤로데의 하인입니다. 제 말씀을 이해하세요, 어머니, '하인이요.' 저는 요안나에게는 고통을 주지 않기 위해서 이 말을 하지는 않습니다. 그러나 사실이 그렇습니다. 쿠자가 왕의 비난과 조소를 두려워하지 않을 때에는 착한 쿠자입니다. 그런 것들을 염려할 수 있을 때에는 이미 같은 사람이 아닙니다."

"그것은 헤로데가 마나엔 때문에 몹시 성이 나 있기 때문이고, 또…”

"또 헤로데가 헤로디아에게 굴종한 데 대한 뒤늦은 가책으로 인해 제정신을 잃었기 때문입니다. 그러나 요안나는 그의 생활에 이미 대단히 많은 행복을 가지고 있으니, 왕관을 쓴 밑에 말총으로 만든 내의를 입어야 합니다."

"안나리아도 운다….”

"왜요?"

"그의 약혼자가 너를 적대하기 때문이다."

"안나리아는 울어서는 안 됩니다. 그렇게 말씀해 주세요. 그것은 하나의 용단이고, 하느님의 인자(仁慈)입니다. 안나리아의 희생으로 사무엘이 다시 선으로 돌아올 것입니다. 지금 당장은 사무엘이 안나리아에게 결혼에 대한 압력을 당하지 않게 내버려 둘 것입니다. 저는 안나리아를 데려가겠다고 약속했습니다. 안날리아가 저보다 먼저 죽을 것입니다….”

"아들아!…” 성모님은 예수의 손을 꼭 쥐신다. 성모님의 얼굴에서는 핏기가 가신다.

"사랑하는 어머니! 이것은 사람들을 위해서입니다. 어머니도 아시지요. 사람들에 대한 사랑으로 그러는 것입니다. 우리의 쓴 잔을 기꺼이 마십시다.

그러시지요?"

성모님은 눈물을 삼키시며 대답하신다. "그러자." 몹시 고민하고 애절한 "그러자"라는 대답이다.

마륵지암이 고개를 들고 예수께 말한다. "왜 어머님을 슬프게 하는 그렇게도 무정한 말씀을 하세요. 나는 선생님이 돌아가시게 내버려두진 않겠어요. 나는 어린 양들을 보호한 것처럼 선생님도 보호하겠어요."

예수께서는 그를 쓰다듬어 주시고, 슬퍼하는 두 사람의 기력을 북돋아 주시려고 아이에게 물으신다. "네 양들은 이제 뭘 할 거냐? 양들이 보고 싶지 않니?"

"아이고! 난 선생님하고 같이 있는 걸요! 그렇지만 양들 생각은 늘 해요. '어머니가 양들을 풀밭에 데려갔을까? 수푸마가 호수에 가지 못하게 살펴봤을까?' 하고 생각해요. 수푸마는 성질이 아주 급해요? 아시겠어요? 어미가 부르고 또 불러도…소용없어요! 제 맘대로 하니까요. 그리고 네베는 너무 욕심사납게 먹어서 병이 날 지경이예요. 선생님 아시겠어요? 난 선생님의 이름으로 사제가 된다는 것이 어떤 건지 알아요. 난 다른 사람들보다 더 잘 깨달아요. 저이들은(그러면서 뒤에 오는 사도들을 손으로 가리킨다), 저이들은 번드르르한 말을 많이 하고, 계획을 아주 많이 세워요. …그리고서는… 난 이렇게 말해요. '난 양들의 양치기가 되는 것처럼 사람들의 목자가 될 거야. 그리고 이거면 넉넉해' 하고. 어머니가, 내 어머니와 선생님의 어머님이 어제 예언서의 아주 훌륭한 대목을 말해 주었어요. …그리고 이렇게 말했어요. '우리 예수가 꼭 이렇단다' 하고. 그리고 나는 맘속으로 '나두 꼭 그렇게 될 거야' 하고 말했어요. 그리고 우리 어머니에게 이렇게 말했어요. '지금 당장은 내가 어린 양이지만, 이 다음에는 양치기가 될 거예요. 그런데 반대로 예수님은 지금은 목자이지만, 그리고는 어린 양이기도 해요. 그렇지만 어머니는 늘 어린 양이예요. 양젖보다도 더 기분좋은 희고 아름답고 사랑받는 어린 양이요. 그래서 예수님이 정말 진짜 어린 양이예요. 주님이 어린 양인 어머니에게서 났으니까요' 하고."

예수께서는 몸을 홱 구부리시고 그를 껴안으신다. 그리고 "그럼 너는 정말 사제가 되고 싶으냐?"

"물론이지요, 주님. 그래서 착한 사람이 되고 많이 알려고 애를 써요. 난 엔도르의 요한에게 늘 가요. 요한은 언제나 나를 어른 대접을 하고 또 대단히 친절하거든요. 난 길잃은 양과 길 잃지 않은 양의 목자가 되고, 예언자가 말하는 것처럼 상처입고 뼈가 부러진 양들을 고쳐 주는 의사 목자가 되고 싶어요. 오! 정말 아름다워요!" 그러면서 아이는 손뼉을 치며 깡총깡총 뛴다.
"이 조그마한 까만 머리가 무슨 일이 있기에 이렇게도 기뻐하지?" 하고 베드로가 다가오면서 묻는다.
"이 애는 제 길을 보고 있다. 끝까지 똑똑히…그리고 나는 이 애가 거기에 대해서 보는 것을 '오냐' 하는 말로 인정한다."
일행은 높은 집 앞에서 걸음을 멈춘다. 그 집은 내 생각이 틀리지 않는다면 오펠 변두리쪽에 있다. 그런데 이곳은 그곳보다 더 호화롭다.
"우리가 여기 머무릅니까?"
"연회를 하라고 라자로가 우리에게 준 집이다. 마리아는 벌써 여기 와 있다."
"마리아는 왜 우리하고 같이 오지 않았습니까? 조롱이 무서워서 그랬습니까?"
"오! 그건 아니다. 내가 그저 그렇게 하라고 명령한 것이다."
"주님, 왜요?"
"성전은 임신한 아내와 같이 민감하기 때문이다. 내가 할 수 있는 한 성전의 감정을 해치고 싶지는 않다. 그러나 비겁해서 그러는 것은 아니다."
"그렇게 하셔도 선생님께는 아무 소용도 되지 않을 것입니다. 저 같으면 성전에 부딪칠 뿐 아니라, 그 안에 있는 사람들과 아울러서 모리아산 아래로 던져버리겠습니다."
"시몬아, 너는 죄인이다. 자기와 같은 사람들을 위해 기도를 해야지 죽여서는 안 된다."
"저는 죄인입니다. 그러나 선생님은 죄인이 아니십니다. …그리고… 선생님은 그렇게 하셔야 할 것입니다."
"그렇게 하는 분이 있을 것이다. 그런데 사람들이 죄의 한도에 이르렀을 때 그렇게 할 것이다."
"어떤 한도 말씀입니까?"
"성전을 가득 채우고 예루살렘으로 넘쳐흐를 만한 한도 말이다. 너는 알아듣지 못한다. …오! 마르타야! 나그네에게 네 집 문을 열어 주려므나!"
마르타는 누구라는 것을 알리고 문을 열게 한다. 일행은 모두 긴 안뜰로 들어가는데, 그 안뜰을 지나면 네 귀퉁이에 나무 네 그루를 심은 돌을 깐 마당이 나온다. 아랫층 위에는 넓은 방이 열려 있는데, 열린 창문으로 오르락내리락하는 비탈길들이 많은 도시 전체가 내다보인다. 그래서 나는 이 집이 도시의 남쪽 또는 서남쪽 비탈에 있을 것이라는 결론을 내린다.

방은 대단히 많은 손님을 치르도록 준비되어 있다. 식탁이 매우 많이 평행으로 놓여 있다. 백명 가량이 편하게 식사를 할 수 있겠다. 막달라 마리아가 달려온다. 마리아는 다른 곳에서, 즉 부속건물에서 일을 하고 있었는데, 예수 앞에 와서 엎드린다. 라자로도 병색이 깃든 얼굴에 지극히 행복한 미소를 머금고 온다. 손님들이 조금씩 들어오는데, 어떤 사람들은 좀 거북해 하고, 어떤 사람들은 좀 더 스스럼 없다. 그러나 여자들의 친절로 인하여 그들은 이내 마음이 편하게 된다.

사제 요한은 성전에서 데려온 두 사람을 예수께 데려온다. "선생님, 제 친한 친구 요나타와 제 젊은 친구 즈가리야입니다. 이 사람들은 악의와 원한이 없는 진짜 이스라엘 사람들입니다."

"선생들께 평화, 두 분을 모시게 되어 기쁩니다. 이 기분좋은 풍습에서도 관례를 지켜야 합니다. 옛날 믿음이 그 그루에서 돋아난 새 믿음에 다정한 손을 내미는 것은 아름다운 일입니다. 식사 시간이 될 때까지 내 옆에 와서 앉으세요."

나이가 많은 요나타는 말을 하는데, 젊은 레위파 사람은 신기한 듯이 놀란 눈으로 그리고 아마 겁을 먹기도 하며 여기저기를 둘러본다. 나는 그가 거리낌없는 태도를 취하려고 하지만 사실에 있어서는 물 밖에 나온 물고기 같다고 생각한다. 다행히도 스테파노가 와서 그를 구해 주고, 사도들과 주요한 제자들을 하나씩 그에게로 데려온다.

늙은 사제는 눈같이 흰 수염을 쓰다듬으면서 말한다. "요한이 바로 그의 선생인 제게 그가 병이 나은 것을 보이려고 왔을 때 저는 선생님을 알고 싶었습니다. 그러나 선생님, 저는 말하자면 제 울타리 안에서 나오지를 않습니다. 저는 늙었으니까요. …하지만 죽기 전에 선생님을 뵙기를 바랐는데, 야훼께서 제 청을 들어 주셨습니다. 주님은 찬미받으소서! 오늘은 성전에서 선생님의 말씀을 들었습니다. 선생님께서는 현자인 선배 힐렐보다 뛰어나십니다. 선생님께서 제 마음이 기다리는 분이시라는 것을 저는 의심하고 싶지도 않고 의심할 수도 없습니다. 하지만 사람들이 여러 세기에 걸쳐… 생각해

내서 지금 것과 같은 것이 된 이스라엘의 율법을 80년 가까이나 마셨다는 것이 어떤 것인지 아십니까? 그것은 우리의 피가 돼버렸습니다. 그리고 저는 이처럼 늙었구요! 선생님의 말씀을 듣는 것은 신선한 샘에서 나오는 물을 마시는 것과 같습니다. 아이고! 그렇구 말구요! 더럽혀지지 않은 물입니다! 하지만 저는…하지만 저는 아주 멀리서 오고…아주 많은 물건으로 인해서 무거워지고…더러워진 물이 가득 차 있습니다. 이 포화(飽和) 상태에서 벗어나서 선생님을 좋아하려면 어떻게 해야 합니까?"

"저를 믿고 사랑하시면 됩니다. 의인 요나타에게는 다른 것이 필요없습니다."

"하지만 저는 멀지 않아 죽을 건데요! 선생님께서 말씀하시는 것을 모두 믿기에 너무 늦지 않았습니까? 선생님의 말씀을 모두 이해하거나 다른 사람의 입을 통해서 그것을 알게 되지도 못할 것입니다. 그러니 어떻게 합니까?"

"사제님은 하늘에서 배우실 것입니다. 지혜와 영 이별하는 것은 지옥에 떨어지는 사람밖에 없습니다. 하느님의 은총을 가지고 죽는 사람은 영원한 생명에 이르고 지혜 안에서 살게 됩니다. 저를 누구라고 생각하십니까?"

"선생님께서는 제 친구 즈가리야의 아들이 앞서 가며 예고한 기다려지시는 분일 수밖에 없습니다. 그 사람을 아셨습니까?"

"제 친척이었습니다."

"오! 그럼 세례자의 친척이십니까?"

"그렇습니다, 사제님."

"그 사람은 죽었습니다. …그러나 그 사람을 '불쌍하다'고는 말할 수 없습니다. 정의에 충실했고 그의 사명을 다한 다음에 죽었으니까요, 그리고… 아이고! 우리는 흉악한 시대에 살고 있습니다! 아브라함 시대로 돌아가는 것이 더 낫지 않습니까?"

"그렇습니다. 그러나 사제님, 이보다도 더 흉악한 시대가 올 것입니다."

"무슨 말씀을 하시는 것입니까? 로마 말씀을 하시는 것이지요?"

"로마뿐이 아닙니다. 죄지은 이스라엘이 그 첫째 원인이 될 것입니다."

"사실입니다. 하느님께서 우리를 벌하시는 것입니다. 우리는 마땅히 그런 일을 당해야 합니다. 하지만 로마도… 제사를 드리다가 빌라도에게 학살을 당한 갈릴래아 사람들 이야기를 들으셨지요. 그들의 피가 제물의 피와 섞였습니다. 바로 제단 옆에서! 바로 제단 곁에서!"

"그 이야기를 들었습니다."

모든 갈릴래아 사람이 이 불의에 격분하여 외친다. "거짓 메시아 문제였던 것은 사실입니다. 그렇지만 그를 죽이고 나서 그를 따르던 사람들은 왜 죽입니까? 그리고 왜 그 시간에요? 혹 그들이 더 죄인이었던가요?"

예수께서는 조용하라고 명령하시고 나서 말씀하신다. "너희들이 그 사람들이 수많은 다른 갈릴래아 사람들보다 더 죄인이었고, 그 때문에 죽임을 당한 것이 아닌가 하고 생각하느냐? 그렇지 않다. 그들이 더 죄인이 아니었다. 나 진정 너희들에게 말한다마는 그들이 희생을 치렀는데, 만일 너희가 주님께로 회개하지 않으면 다른 사람들도 많이 희생을 치를 것이다. 만일 너희가 모두 속죄를 하지 않으면 갈릴래아에서나 다른 곳에서 모두 똑같은 모양으로 죽을 것이다. 나 분명히 말한다. 타격을 당한 사람들이 언제나 가장 악한 사람들이라고 생각해서는 안 된다. 각자가 자기 성찰을 하고, 다른 사람들을 판단할 것이 아니라 자기 자신을 판단할 것이다. 또 실로에의 탑이 무너져서 깔려 죽은 저 열 여덟 명도 예루살렘에서 가장 죄 많은 사람들이 아니었다. 내 분명히 말하지만 만일 너희가 저 사람들처럼, 다만 정신적으로만이라도 깔려 죽지 않으려거든 속죄를 하고 또 하여라. 이스라엘의 사제님, 가십시다. 식사 준비가 다 되었습니다. 사제는 항상 그가 상징하고 상기시키는 사상 때문에 존경해야 하는 분이니까, 음식을 바치고 축복하는 일은 모두 나이가 아래인 저희들 가운데 제일 연장자이신 사제님께서 하실 일입니다."

"선생님 안 됩니다! 안 됩니다! 선생님 앞에서는 제가 할 수 없습니다. 선생님은 하느님의 아들이신 걸요!"

"사제님은 제단 앞에 향을 드리시지요! 그런데 혹 그곳에는 하느님이 계신다고 생각하지 않으시는 것입니까?

"아 그건 믿습니다! 제 온 힘을 다해서 믿습니다!"

"그러면요? 지극히 높으신 분의 지극히 거룩하신 영광 앞에서 두려워하지 않고 제물을 바치시는데, 사제님께 밤이 찾아오기 전에 사제님에게도 하느님의 강복을 갖다 드리려고 육체를 취한 자비 앞에서는 왜 두려워하고자 하십니까? 오! 이스라엘 사람들인 여러분은 사람이 하느님을 가까이 하면서도 죽지 않을 수 있도록, 바로 그 때문에, 견딜 수 없는 내 천주성에 육체의 베일을 씌웠다는 것을 알지 못합니다. 오셔서 믿고 행복하십시오. 저는 사제님을 통해서 아론에서부터 이스라엘의 정의로운 사제일 마지막 사제에 이르기까지, 어쩌면 사제님에게 이르기까지의 모든 거룩한 사제들을 존경합니다. 이런 말을 하는 것은 사실 우리 가운데에서 사제의 성덕이 마치 돌보지 않고 내버려둔 초목과 같이 시들어 가기 때문입니다."

146. 요셉과 니고데모가 성전 사람들이 엔도르의 요한과 신디카의 존재를 알고 있다고 보고한다

예수께서 사도들과 제자들과 함께 베다니아로 가시는데, 마침 제자들에게 말씀하시면서, 서로 헤어져서 유다 사람들은 유다 지방으로, 갈릴래아 사람들은 요르단강 건너편으로 해서 올라가면서 메시아를 전하라는 명령을 주시는 중이다. 이 명령 때문에 몇몇 이의(異議)가 일어났다. 요르단강 건너편 지방은 이스라엘 사람들 사이에 좋은 평판을 누리지 못하는 것 같다. 그들은 그 지방을 마치 이교도 지방처럼 말한다. 그러나 이 때문에 요르단강 건너편 지방 출신 제자들의 기분이 상했는데, 그중에서도 모든 사람 중에서 제일 권위가 있는 목소리인 "고운 내"의 회당장, 그리고 내가 이름을 알지 못하는 한 젊은이가 그들의 도시들과 동향인들을 악착같이 변호한다.

시몬이 말한다. "주님, 아에라에 와 보십시오. 그러면 그곳 사람들이 주님을 존경하지 않는지 보시게 될 것입니다. 주님께서는 유다 지방에서 그곳만큼 많은 믿음을 발견하지 못하실 것입니다. 그리고 저 자신이 그곳에 가고 싶지도 않습니다. 저를 주님 곁에 있게 해주십시오. 그리고 제 도시에 유다 사람 한 명과 갈릴래아 사람 한 명이 가게 해주십시오. 그들은 그곳 사람들이 어떻게 제 말만 듣고서 믿을 수 있게 되었는지를 볼 것입니다."

그리고 젊은이는 이렇게 말한다. "저는 선생님을 뵌 적이 없었는데도 믿을 줄을 알았습니다. 그리고 제 어머니의 용서가 있은 후에 선생님을 찾았습니다. 그렇지만 제 고장으로 돌아간다는 것은 제가 전에 나쁜 사람이었던 것처럼 나쁜 동향인들의 놀림감이 되고, 또 제 과거의 행실 때문에 좋은 동향인들의 비난을 듣게 된다는 것을 뜻하지만, 그리로 가는 것이 기쁩니다. 그러나 조롱을 받거나 비난을 받거나 상관없습니다. 저는 제 본보기로 선생님을 전하겠습니다."

"당신 말 잘 했소. 당신이 말한 대로 하시오. 그 다음에는 내가 가겠소. 그리고 티몬, 당신도 말 잘했습니다. 그러면 헤르마와 갈릴래아의 베들레헴 출신인 아벨이 아에라에 가서 나를 전하고, 당신은 나와 같이 있으시오. 그러나 나는 이런 토론은 원치 않습니다. 여러분은 이제 유다인들도 아니고, 갈릴래아 사람들도 아니고 제자들입니다. 이것으로 충분합니다. 명칭과 사명으로 여러분은 지방이나 부류나 모든 것에서 동등하게 되었습니다. 여러분이 서로 구별될 수 있는 것은 한 가지뿐입니다. 그것은 성덕입니다. 성덕은 개인적인 것이고, 각자가 도달할 수 있을 것과 균형이 잡힐 것입니다. 그러나 나는 모두 같은 단계에, 즉 완전에 이르기를 바랍니다. 사도들을 보시오. 그들도 당신들처럼 가문이나 다른 것으로 갈라져 있었습니다. 그러나 1년 이상 교육을 받은 지금은 다만 사도들일 뿐입니다. 여러분도 그렇게 하시오. 그리고 여러분 가운데에는 사제가 이런 죄인 곁에 있고, 부자가 전에 구걸을 하던 사람 곁에 있고, 젊은이가 노인 곁에 있으니, 이러저러한 지방 출신이라는 구별을 없애도록 하시오. 이제부터 여러분의 고향은 하늘 나라 하나뿐입니다. 여러분이 자원해서 하늘 나라의 길로 들어섰으니까 말입니다. 내 원수들에게 여러분이 서로 원수라는 인상을 절대로 주지 마시오. 원수는 죄입니다. 다른 것이 아닙니다."

일행은 말없이 한동안 전진한다. 그러다가 스테파노가 선생님께로 다가와서 말한다. "저는 선생님께 무슨 말씀을 드려야 했었는데, 선생님께서 제게 물으시기를 바랐었지만, 선생님께서는 묻지 않으셨습니다. 어제 가믈리엘 선생이 제게 말했습니다."

"나도 그 사람을 보았다."

"그분이 제게 무슨 말을 했는지 묻지 않으십니까?"

"훌륭한 제자는 그의 스승에 대해서 비밀을 가지지 않는 법이니까 네가 말해 주기를 기다리고 있다."

"가믈리엘… 선생님, 저와 함께 몇 미터 앞으로 나가십시다…."

"그래, 가자. 그러나 모두 앞에서 말해도 되는데…"

두 사람은 몇 미터쯤 멀어져 간다. 스테파노는 얼굴을 붉히며 말한다. "선생님께 충고를 한 가지 드려야 하겠습니다. 용서하십시오…."

"좋은 충고면 받아들이마. 말해 봐라."

"선생님, 최고회의에서는 조만간 모두 알게 됩니다. 그것은 눈이 천 개나 있고, 분맥(分脈)이 백 개나 있는 기구입니다. 어디나 파고 들어가서 모든 것을 보고 모든 것을 듣습니다. 최고회의는 성전 담에 벽돌 수보다도 더 많은… 정보 제공자를 가지고 있습니다. 많은 사람이 이렇게… 삽니다."

"간첩행위를 해서 살아간단 말이지. 말을 마저 하여라. 그것은 사실이고 나도 알고 있다. 그래서? 최고회의에서 다소간 진실된 무슨 말을 했다더냐?"

"무슨 말이든지 다했답니다. 저는 그 사람들이 어떤 일들을 어떻게 아는지 모르겠습니다. 또 그것이 사실인지도 저는 모릅니다. …그렇지만 저는 가믈리엘 선생이 제게 말해 준 것을 그대로 옮기겠습니다. '헤르마스테아에게 할례를 받게 하든지 그를 영원히 떠나보내든지 하시라고 선생님께 말씀드려라. 다른 말할 것은 아무것도 없다.' 이렇게 말했습니다."

"사실 다른 말은 아무 말도 할 필요가 없다. 첫째는 내가 바로 그 때문에 베다니아에 가는 것이고, 헤르마스테아가 다시 여행을 할 수 있을 때까지 머물러 있겠기 때문이고, 둘째는 내가 육체적으로 할례를 받지 않은 사람을 데리고 있다는 사실로 인해서 분개한 가믈리엘의 선입관과… 유보조건을 없애 버릴 수 있을 변명이 아무것도 없기 때문이다. 오! 만일 그가 그의 주위를 휘둘러 보기만 하면! 이스라엘에 할례를 받지 않은 사람이 얼마나 많은지!"

"그러나 가믈리엘 선생은…"

"그는 옛날 이스라엘의 완전한 대표이다. …이 조약돌을 보아라. 내가 이 조약돌을 깨뜨릴 수 있을 것이다. 그러나 이것을 늘어날 수 있게 하지는 못할 것이다. 그도 이와 같다. 그를 으깨서 다시 꾸며야 할 터인데, 내가 그렇게 하겠다."

"가믈리엘 선생과 싸우시려는 것입니까? 조심하십시오! 그분은 강력합니다!"

"싸운다고? 그가 적인 것처럼? 아니다. 그와 싸우는 대신, 무력하게 된 그의 뇌 때문에 그의 소원 중의 하나를 만족시킴으로 그를 사랑하고, 그를 다르게 개조하기 위해서 그를 해체할 향유를 부어 주겠다."

"저는 그분을 사랑하니까 그렇게 되도록 저도 기도하겠습니다. 제가 잘못하는 것입니까?"

"아니다. 그를 위해 기도를 하는 것으로 그를 사랑해야 한다. 또 너는 그렇게 할 것이다. 물론 그렇게 하고 말고. 또 바로 네가 향유 배합하는 일에 나를 도와 다오. …그러나 내가 벌써 헤르마스테아에 대한 대비를 했고, 그의 충고를 고맙게 여긴다고 가믈리엘에게 말해서 안심시키도록 하여라. 베다니아에 다 왔다. 여기가 우리가 헤어질 곳이니까 너희 모두에게 강복하게 여기서 걸음을 멈추자."

그리고 제자들과 섞인 사도들의 많은 무리와 다시 합쳐져서 예수께서는 그들에게 강복을 주시고 모두 떠나보내시는데 헤르마스테아와 엔도르의 요한과 티몬은 남겨 놓으신다.

그런 다음 남아 있는 사람들과 같이 예수를 맞이하려고 벌써 활짝 열려 있는 라자로의 집 창살문까지의 몇 걸음을 빨리 걸으신다. 그리고 환대하는 집에 강복하시기 위하여 손을 드시면서 정원으로 들어가신다. 넓은 정원 안에는 여기저기에 집주인들과 경건한 부인들이 있는데, 그들은 마지막 장미꽃으로 장식된 오솔길로 마륵지암이 뛰어가는 것을 보고 웃는다. 그리고 집주인들과 여자들과 더불어, 여자들이 지르는 외침을 듣고, 정원의 한 오솔길에서 아리마태아의 요셉과 니고데모가 갑자기 나온다. 그들도 선생님과 같이 조용히 있을 수 있기 위하여 라자로의 손님으로 온 것이다. 그리고 모두가 예수 앞으로 달려온다. 성모님은 그 다정스러운 미소를 지으시고, 막달라의 마리아는 "선생님!" 하는 사랑의 부르짖음과 더불어, 그리고 라자로는 다리를 절면서 또 최고회의의 엄숙한 두 의원도 달려온다. 맨 끝에는 예루살렘과 갈릴래아의 경건한 부인들이 달려오는데, 주름진 얼굴들도 있고, 젊은 여자들의 매끈매끈한 얼굴들도 있고, 천사의 얼굴과 같이 부드러운 안나리아의 얼굴도 있다. 안나리아는 선생님께 인사를 드리면서 얼굴을 붉힌다.

"신디카는 여기 없습니까?" 하고 첫번 인사가 끝난 다음 예수께서 물으신다.

"신디카는 사라와 마르첼라와 노에미와 함께 식탁을 차리고 있습니다. 그렇지만 저기들 옵니다."

과연, 요안나의 늙은 하녀 에스텔과 함께 나이와 지난 날의 고통의 흔적이 역력한 두 얼굴이 오고, 그 양쪽으로는 차분한 다른 두 얼굴이, 그리고 종족도 다르고 모든 것에 무엇인지 모를 다른 점이 있는 그리이스 여자의 준엄하면서도 평화로운 빛을 풍기는 얼굴이 온다.

그렇기는 하지만 그 여자를 참으로 틀림없는 미인이라고 생각하지는 못하겠다. 그러나 넓고 매우 고상한 이마 아래 짙은 남빛 뉘앙스로 부드럽게 된 그의 검은 눈은 분명히 얼굴보다 더 아름다운 그의 몸매보다도 한층 더 주의를 끈다. 마르지 않고 날씬하며, 걸음걸이와 움직임이 균형잡히고 잘 조화된 육체이다. 그러나 주의을 끄는 것은 눈길이다. 세상을 들이마셔서 정리하여 좋고 유익하고 거룩한 것은 붙들어 두고 나쁜 것은 물리치는 것 같은 영리하고 솔직하고 통찰력이 있는 시선, 솔직해서 속속들이 파헤치게 내버려두는 그 시선, 그리고 거기에서 영혼이 나와 둘레에 있는 것을 유심히 살피는 그런 시선이다. 시선을 가지고 어떤 사람을 알 수 있게 된다는 것이 사실이면, 나는 신디카가 확실한 판단력을 가지고, 생각이 흔들리지 않고 성실한 여인이라고 말하겠다. 신디카도 다른 여자들과 같이 무릎을 꿇고, 선생님의 명령을 기다려서 일어난다.

예수께서는 초록색 정원을 통하여 집앞에 있는 주랑(柱廊)에까지 가시고, 그 다음에는 큰방으로 들어가신다. 그곳에서는 하인들이 찬 음료를 대접하고 식사 전에 하는 정결의식을 하러 오는 사람들을 도울 준비를 갖추고 있다. 여자들은 모두 물러가는데, 예수께서는 사도들과 같이 큰방에 남아 계시고, 엔도르의 요한은 헤르마스테아와 함께 그들이 지고 있는 배낭들을 내려놓으려고 열성당원 시몬의 집으로 간다.

"애꾸눈 요한과 같이 간 젊은이가 선생님께서 받아들이신 펠리시데 사람입니까?" 하고 요셉이 묻는다.

"그렇습니다. 요셉. 어떻게 해서 그것을 아십니까?"

"선생님… 니고데모와 저는 저희가 어떻게 그것을 알 수 있는지 또 불행히도 성전 사람들이 어떻게 그것을 알 수 있는지 얼마 전부터 의아하게 생각하고 있습니다. 그러나 확실한 것은 저희가 그것을 안다는 사실입니다. 장막절 전, 명절 전에는 언제나 열리는 회의에서 선생님의 제자들 중에는 — 라자로 용서하시오 — 알려지고 알려지지 않은 죄녀들과… — 알패오의 아들 마태오, 용서하시오 — 세리를, 그리고 옛날 죄수들 외에 할례를 받지 않은 펠리시데 사람 하나와 이교도 여자 하나가 끼여 있다는 것을 정확히 알고 있다고 어떤 바리사이파 사람들이 말했습니다. 분명히 신디카인 이교도 여자에 대해서는 사람들이 그것을 알 수 있거나 적어도 짐작할 수 있다는 것은 이해가 갑니다. 그 로마 사람이 그 일을 굉장히 떠들었고, 불평을 하고 동시에 위협을 하면서 도망꾼 여자를 찾아다녔기 때문에, 또 그 여자가 요안나의 집에 숨어 있으니까 분봉왕이 자기 집사에게 그 여자를 주인에게 돌려 주게 해야 한다고 말하면서 헤로데까지 괴롭혔기 때문에 그의 동포들과 유다인들 사이에 웃음거리가 되었었으니까요. 그러나 선생님을 따라다니는 그 많은 사람들 가운데 그중 한 사람이 펠리시데인이고 할례를 받지 않은 사람이며, 또 한 사람은 옛날에 죄수였다는 것을 알 수 있다는 것은… 이상합니다, 매우 이상해요. 그렇게 생각되지 않으십니까?"

"그렇기도 하고 그렇지 않기도 합니다. 신디카와 옛날 죄수에 대하여는 대비책을 쓰겠습니다."

"그러십시오. 특히 요한은 멀리 하시는 것이 좋을 것입니다. 그 사람은 선생님의 일행에 어울리지 않습니다."

"요셉, 당신도 바리사이파 사람이 되었습니까?" 예수께서 엄하게 물으신다.

"아닙니다… 하지만…"

"그런데 나는 갱생한 한 영혼에게 순전히 바리사이파 기질의 조심성으로 창피를 주어야 하겠습니까? 아닙니다. 나는 그렇게 하지 않겠습니다! 나는 그의 안녕에 대비하겠습니다. 내 안녕이 아니라 그의 안녕을 위해서요. 나는 죄없는 마륵지암의 교육을 보살피는 것과 같이 그의 교육을 보살피겠습니다. 정말이지 그들의 영적인 무지에는 차이가 없습니다! 한 사람은 하느님께서 그를 용서하셨기 때문에, 하느님 안에 다시 났기 때문에, 하느님께서 죄인을 당신께로 끌어당기셨기 때문에 지혜의 말을 처음으로 합니다. 그리고 또 한 사람은 버려졌던 소년기에서 하느님의 사랑 외에 사람의 사랑도 보살피는 청춘기로 건너가면서 그의 영혼을 마치 꽃부리처럼 태양을 향하여 열고, 또 태양은 그 자체로 그 영혼을 비추기 때문에 지혜의 말을 합니다. 그의 태양은 하느님이십니다. 그리고 첫째 사람은 그의 마지막 말을 할 참입니다.

…당신들은 그가 속죄와 사랑으로 쇠약해진다는 것을 보는 눈이 없습니까? 오! 정말이지, 나는 이스라엘에, 그리고 내 봉사자들 가운데 엔도르의 요한 같은 사람을 많이 두었으면 좋겠습니다. 요셉 당신도, 니고데모 당신도 요한의 마음을 가졌으면 좋겠습니다. 특히 그를 밀고한 사람, 친구라는 외관 속에 숨어서 살인자가 되기 전에 첩자가 되는 비열한 뱀 같은 사람이 그의 마음 같은 마음을 가졌으면 좋겠습니다. 새의 날개를 샘내서 날개를 빼앗아 옥에 집어넣으려고 올가미를 놓는 뱀 말입니다. 오! 그렇게는 안 됩니다! 새는 이제 천사로 변할 것입니다. 또 뱀이 그렇게 할 수 없겠지만, 혹 새의 날개를

빼앗을 수 있다 하더라도 그의 끈적끈적한 몸에 갖다 붙이면, 그 날개들은 마귀의 날개로 변할 것입니다. 밀고자는 누구나 벌써 마귀입니다."

"아니 그 작자가 어디 있습니까? 제가 즉시 가서 그자의 혀를 뽑아 놓을 수 있게 말씀해 주십시오" 하고 베드로가 외친다.

"그놈의 독아(毒牙)를 뽑아 놓는 것이 나을 걸세" 하고 알패오의 유다가 말한다.

"천만에!" 하고 가리옷 사람이 단호한 말투로 말한다. "그자의 목을 조르는 편이 나아! 그렇게 하면 다시는 아무렇게도 해를 끼치지 못할 거야. 그런 자들은 언제나 해를 끼칠 수 있는 자들이야…."

예수께서 그를 똑바로 들여다보시고 그의 말을 끝맺음하신다. "…또 거짓말로 할 수 있고. 그러나 그에 대해서 아무것도 해서는 안 된다. 뱀에 대해서 관심을 가지다가 새를 죽게 내버려두어서는 안 된다. 헤르마스테아에 관해서는 내게 대한 사랑으로 우리 민족의 거룩한 종교에 들어오는 헤르마스테아의 할례를 위해서, 그리고 하찮은 히브리인 정신을 가진 사람들에게서 오는 박해를 피하기 위해서 바로 여기 라자로의 집에 데리고 있겠다. 이것은 어두움에서 빛으로 건너오는 것에 지나지 않는다. 그런데 이 빛이 어떤 마음 속에 꼭 와야 하는 것은 아니다. 그러나 나는 이스라엘의 민감성을 가라앉히기 위해서, 그리고 하느님께로 오고자 하는 펠리시데인의 실제의 의지를 보이기 위해서 그것을 준다. 그러나 분명히 말하지만 그리스도의 시대에는 하느님의 사람이 되는 데 이것이 필요하지는 않다. 뜻과 사랑만 가지고 있으면 되고, 올바른 양심만 가지고 있으면 되는 것이다. 또 그리이스 여자는 우리가 어디에 할례를 행하겠느냐? 그 여자가 자기 스스로 이스라엘의 수많은 사람보다 더 잘 하느님을 느낄 줄 알았으니 그의 정신의 어디에 할례를 행하겠느냐? 정말이지, 여기에 있는 사람들 가운데에서 너희들이 어두움이라고 업신여기는 사람들과 비교해서 진짜 어두움인 사람이 많다. 어떻든 밀고자나 최고회의 의원들인 당신들이나 오늘부터 분노의 거리가 없어졌다는 것을 권한을 가진 사람들에게 알려도 됩니다."

"누구에 대해서 말씀입니까? 세 사람 다요?"

"시몬의 유다야, 아니다. 헤르마스테아에 대해서 말이다. 다른 사람들에 대해서는 내가 대비책을 마련하겠다. 다른 말 물어볼 것이 있느냐?"

"선생님, 저는 없습니다."

"나도 네게 다른 말 할 것이 아무것도 없다. 그러나 당신들이 혹 알면 신디카의 주인이 어떻게 되었는지 말해 주길 바랍니다."

"빌라도가 헤르데와 또 일반적으로 히브리 사람들과 사이에 난처한 일을 피하기 위해 이탈리아로 출범하는 첫번 배로 그 사람을 이탈리아로 보냈다는 것입니다. 빌라도는 지금 어려운 시기에 처해 있습니다. …그것만으로도 걱정거리가 충분한 셈입니다…" 하고 니고데모가 말한다.

"그 소문이 확실한 것입니까?"

"선생님께서 좋다고 생각하시면 제가 확인할 수 있습니다" 하고 라자로가 말한다.

"예, 그렇게 하시오, 그리고 나서 사실을 알려 주시오."

"그러나 제 집에서는 신디카가 아주 안전합니다."

"나도 아오. 이스라엘도 포함한 외국인 주인에 대해서 도망친 노예여자를 보호하오. 그러나 나는 알기를 원하오."

"그리고 저는 밀고자, 정보제공자, 바리사이파 사람들의 보수받지 않는 첩자가 누구인지 알고 싶습니다. …그리고 이것은 알 수가 있는 건데, 저는 밀고한 바리사이파 사람들이 누구인지 알고 싶습니다. 바리사이파 사람들과 그들의 도시 이름을 알고 싶다는 말씀입니다. 저희들 중의 한 사람의 앞서가는 배신 덕택으로 정보를 제공하는 대단한 일을 한 바리사이파 사람들을 말하는 것입니다. 어떤 일은 이전 제자나 새로운 제자나 어떻든 저희 제자들만이 알고 있기 때문입니다. 그래서 선생님의 일을 최고회의에 알린다는 것은 대단한 일인 것입니다. 이 사실들은 확실한 것이어서 이와 반대되는 것을 말하고 생각하는 것은 마귀밖에 없기 때문입니다."

"그만 해두어라, 요나의 시몬아. 명령이다."

"그럼 저는 순종하겠습니다. 제가 노력하는 걸로 인해서 제 심장의 핏줄이 터져도 말입니다. 그렇지만, 우선 오늘의 즐거움은 날아가 버렸습니다…."

"아니다. 왜? 우리들 사이에 변한 것이 무엇이 있단 말이냐? 내 시몬아! 자 이리 가까이 오너라, 좋은 이야기를 하자꾸나…."

"선생님, 식사 준비가 다 되었다고 알려 왔습니다" 하고 라자로가 말한다.

"그럼 갑시다…."

147. 신디카가 라자로의 집에서 말한다

예수께서는 베다니아의 집 안에 있는 회랑이 있는 마당에 앉아 계신다. 예수께서 부활하신 날 아침 제자들이 가득 차 있는 것을 내가 본 그 마당이다. 집주인들과 사도들과 제자 요한과 티몬 그 밖에 요셉과 니고데모, 그리고 경건한 여자들에게 둘러싸이셔서 집의 벽에 기대고 방석을 깐 대리석 의자에 앉으셔서, 당신 앞에 서서 당신이 하신 어떤 질문에 대답하는 것 같은 신디카의 말을 들으신다. 모두 관심을 혹은 더 혹은 덜 가지고 여러 가지 자세로 듣고 있다. 어떤 사람들은 의자에 앉아 있고, 어떤 사람들은 땅바닥에 앉아 있고, 더러는 서 있고, 더러는 기둥이나 벽에 기대어 서 있다.

"…그것은 제 처지의 온 중압을 느끼지 않기 위해 필요한 것이었습니다. 그것은 제가 조국에서 추방된 외톨이이고 노예라는 것을 믿지 않는 것, 믿기를 거부하는 것이었고, 어머니와 오빠를 아버지와 아주 상냥하고 다정한 이스멘을 영원히 잃은 것이 아니라고 생각하는 것이었습니다. 잃은 것이 아니라 로마가 자유인이었던 우리를 마소처럼 갈라 놓고 팔아먹은 것과 같이 온 세상이 우리를 갈라 놓으려고 열중한다 하더라도, 이 세상 저 너머에 우리가 모일 장소가 있을 것이라고 생각하는 것이었습니다.

우리의 생명은 물질, 즉 사람들이 묶는 물질뿐이 아니고, 그 안에는 도덕적인 무질서와 호식(好食) 속에서 살겠다는 의지가 아니면 아무 속박도 사로잡을 수 없는 자유로운 힘이 있다고 생각하는 것이었습니다. 이 도덕적 무질서와 호식을 여러분은 '죄'라고 부릅니다. 제 노예생활의 밤의 어두움 속에서 제 빛이 되었던 사람들은 이것을 다르게 설명합니다. 그러나 그들도 육체적이고 나쁜 열정으로 인해 육체에 못박힌 영혼은 여러분이 하느님 나라라고 부르는 것에 이르지 못한다는 것을 인정합니다. 우리는 이것을 하데스(Hadès)* 안에서의 신들과의 공동생활이라고 부릅니다. 따라서 행복한

---

* 역주:그리이스 신화의 지옥의 신.

불멸을 차지하고 우리가 사랑한 사람들과 결합하기 위하여는 덕행의 유산을 자기에게 주면서 물질주의적 경향에 빠지는 것을 피하고 육체의 자유에 도달하도록 힘써야 합니다.

죽은 사람들의 영혼이 산 사람들의 영혼을 도와주러 오는 것을 막는 것이 아무것도 없다고 생각하고, 따라서 자기 곁에 어머니의 영혼이 와 있는 것을 느끼고, 어머니의 영혼이 딸의 영혼에게 말할 때에 어머니의 눈길과 목소리를 다시 찾아내고, 이렇게 말할 수 있는 일이었습니다. '예, 어머니, 어머니에게로 가기 위해서 그렇게 하겠어요. 어머니의 눈길을 어지럽게 하지 않기 위해서 그렇게 하겠어요. 어머니의 목소리가 눈물에 젖지 않게 하기 위해 그렇게 하겠어요. 어머니가 평안하게 있는 하데스를 슬픔에 잠기게 하지 않기 위해 그렇게 하겠어요. 이 모든 것을 위해서 제 영혼을 자유롭게 보존하겠어요. 제가 가지고 있는 것으로 아무도 제게서 빼앗아 갈 수 없는 유일한 것, 제 이성을 덕행에 굴복시킬 수 있도록 깨끗하게 보존하기를 원하는 유일한 것을 말입니다.' 이렇게 생각하는 것은 자유요 기쁨이었습니다. 저는 이렇게 생각하고 행동하려고 했습니다. 생각은 이렇게 하고 나서 생각과 일치하지 않게 행동하는 것은 일부분이 잘려진 거짓 철학이기 때문입니다.

이렇게 생각하는 것은 유배지(流配地)에서도 조국을 재건해 가지는 것이었습니다. 나 안에 그의 제단과 믿음과 종교와 애정을 담은 내적인 조국을… 위대하고 신비로운 조국을 말입니다. 그러나 지금은 안개낀 어느날 아침 넓은 바다 가운데에 있는 뱃사람이 해안이 어떤지를 아는 것과 같이 알기는 하지만 내세를 모르지는 않는다고 생각하는 영혼의 저 신비 안에서는 그렇게 위대하고 신비스럽지는 못한 조국입니다. 뱃사람처럼 안다는 것은 겨우 어떤 점만이 분명히 나타나는 밑그림같이 희미하게 본다는 말입니다. 그러나 폭풍우로 인해 괴로움을 당한 피로한 항해자는 그것만으로도 충분히 그러믄요! 충분히 이렇게 말할 수 있게 됩니다. '저기 항구가 보인다, 이제는 평안하게 됐다' 하고요. 영혼들의 고향, 영혼들이 떠나 온 그곳… 생명의 장소 말입니다.

생명은 죽음에서 생겨나니까요. … 오! 저는 선생님의 말씀 중의 하나를 알기 전까지는 이것을 반쯤밖에 이해하지 못했습니다. 그 뒤에는… 그 뒤에는 그것이 마치 단단한 제 생각을 쬐는 햇살과도 같았습니다. 모든 것이 환하게 나타났습니다. 그리고 저는 그리이스의 선생들이 어디까지 도달했는지, 그러다가 그들이 어떻게 길을 잃었는지를 깨달았습니다. 그것은 그들에게 한 소여(所與)가 없었기 때문입니다. 삶과 죽음의 정리(定理)를 정확하게 풀기 위한 유일한 소여가 없었기 때문입니다. 그 소여란 주님이시요 존재하는 모든 것의 창조주이신 참 하느님이십니다!

제 이교도의 입술로 그분의 이름을 말할 수 있습니까? 예, 저도 다른 사람들과 마찬가지로 그분에게서 왔기 때문에 그렇게 할 수 있습니다. 그분이 모든 사람의 정신에 그럴 능력을 넣어 주셨고, 또 가장 지혜로운 사람들에게는 뛰어난 지능을 넣어 주셔서 인간의 한계를 넘어서는 능력으로 정말로 신인(神人)이 되게 하셨기 때문입니다. 그렇습니다. 그분이야말로 가장 지혜로운 사람들에게 저 진리들을 쓰게 하셨기 때문입니다. 그 진리들은 벌써 종교인데 선생님의 것과 같은 하느님의 종교는 아니지만 적어도 윤리적인 종교이기는 하고, 영혼들을 여기 이 세상에 머무르는 동안뿐 아니라, 영원히 '산 채로' 보존할 수 있는 종교입니다.

그때부터 저는 '죽음을 통하여 생명이 태어난다'고 하는 말이 무슨 뜻인지를 알아들었습니다. 그 말을 한 사람은 완전히 취한 사람은 아니었지만, 지능이 둔한 사람이었습니다. 그 사람은 숭고한 말을 했습니다. 그러나 그 말을 완전히 이해하지는 못했습니다. 주님, 제 교만을 용서하십시오. 저는 그 사람보다 더 잘 이해했습니다. 그래서 그때부터 저는 그것이 기쁩니다."

"무엇을 이해했단 말인가?"

"이 세상의 생명은 생명의 시초의 근원에 지나지 않고, 참 생명은 죽음이 우리를 낳아줄 때에… 이교도로서 말씀드리면 하데스에, 선생님을 믿는 사람으로서 말씀드리면 영원한 생명에 낳아 줄 때에 시작된다는 것입니다. 제가 잘못 말했습니까?"

"제대로 말했소" 하고 예수께서 인정하신다.

니고데모가 이야기를 가로막는다. "그러나 당신은 어떻게 선생님의 말씀을 알게 되었소?"

"배고픈 사람은 음식을 찾습니다. 저는 제 음식을 찾습니다. 제 교양과 아름다운 목소리와 발음 덕택으로 낭독자가 되어서 제 주인들의 서재에서 많은 책을 읽었습니다. 그러나 저는 아직 만족하지 못했었습니다. 저는 인간 학문의 장식된 벽 너머에 다른 것이 있다는 것을 느끼고, 금으로 된 감옥에 갇힌 사람같이 나가서 발견하려고 벽을 두드리고 문을 밀고 나가려고 했습니다. …제가 마지막 주인과 같이 팔레스티나로 왔을 때 저는 암흑 속으로 떨어지지 않나 하고 걱정했습니다. …그런데 오히려 반대로 빛을 향해 가고 있었습니다. 가이사리아의 하인들의 말은 벽을 잘게 부수는 곡괭이질과 같아서 갈라진 틈을 점점 더 크게 했고, 그리로 해서 선생님의 말씀이 뚫고 들어왔습니다. 그래서 저는 그 말씀과 그 지식을 거두어서, 마치 어린아이가 구슬을 꿰듯이 줄지어 놓아 그것으로 장식을 만들어 가지고, 진리를 받기 위해 점점 더 깨끗해지도록 거기에서 힘을 얻어냈습니다. 저를 깨끗하게 함으로써 발견하리라는 것을 알아차렸습니다. 이 세상에서부터 말입니다. 저는 진리와 지혜와 신성(神性)과 만나기 위해 제 목숨을 바쳐서라도 깨끗하게 되고자 했습니다. 주님, 저는 터무니없는 말들을 하고 있습니다. 저분들이 놀라서 저를 바라다보고 계십니다. 그러나 선생님께서 제게 말을 하라고 요구하셨습니다….”

 “말하시오, 말해요. 그것은 필요하오.”

 “저는 힘과 절제로 외부에서 오는 압력에 저항했습니다. 저는 세상의 기준으로 자유롭고 행복할 수 있었을 것입니다. 그러나 저는 지혜를 쾌락과 맞바꾸고 싶지는 않았습니다. 지혜가 없으면, 다른 덕행들을 가지는 것이 아무 소용도 없으니까요. 철인이 이 말을 했습니다. ‘정의와 절제와 힘도 지혜를 동반하지 않으면 그림으로 그린 무대장치와 같고, 견실한 것과 실제적인 것이 아무것도 없는 진짜 노예의 덕행이다’ 하고 말입니다. 저는 실제적인 것을 가지고 싶었습니다. 제 주인이 어리석게도 제 앞에서 선생님에 대해서 말했습니다. 그러자 벽이 휘장이 되는 것과 같았습니다. 휘장을 찢고 진리와 결합하기 위하여는 원하기만 하면 되는 것이었습니다. 그래서 저는 그렇게 했습니다.”

 “당신은 우리를 찾아내리라는 것을 알지 못했었지요” 하고 가리옷 사람이 말한다.

 “나는 신이 덕행을 상준다는 것을 믿을 줄 알았습니다. 나는 황금도 명예도 육체적인 자유도 원치 않았습니다. 육체적인 자유조차도 원치 않았어요. 나는 진리를 원했습니다. 나는 진리를 하느님께 청했고, 그렇지 않으면 죽기를 청했습니다. 나는 ‘물건’이 되는 타락을 면하게 되기를 원했고, 물건이 되는 것에 동의하는 타락은 한층 더 면하게 되기를 원했습니다. 주님, 저는 주님을 찾으며 육체적인 것은 모두 버렸습니다. 탐구가 오관을 통하게 되면 언제나 불완전하기 때문입니다 — 제가 선생님을 뵈었기 때문에, 제 눈에 속아서 도망쳤을 때 선생님께서 그것을 보셨습니다 — 그래서 저는 우리 위에 또 우리 안에 계시고 영혼에게 당신을 알려 주시는 하느님께 저를 맡겼습니다. 그리고 제 영혼이 저를 선생님께로 인도했기 때문에 선생님을 만났습니다."

"당신의 영혼은 이교도의 영혼인데요" 하고 또 가리웃 사람이 말한다.

"그러나 영혼은 항상 그 안에 신과 같은 것을 가지고 있습니다. 특히 오류에서 보호되었을 때 그러합니다. …따라서 하느님 자신의 성질을 가진 것들을 지향(指向)합니다."

"당신은 당신을 하느님과 비교하는 거요?"

"아닙니다."

"그러면 왜 그런 말을 합니까?"

"뭐라구요? 선생님의 제자인 당신이 그걸 내게 묻습니까? 그리이스인이고, 또 자유인이 된 지가 얼마 안 되는 내게 말입니다. 선생님께서 말씀하실 때에 당신은 듣지 않습니까? 그렇지 않으면 당신 안에는 육체의 요인이 너무 커서 당신을 귀머거리를 만드는 것입니까? 선생님께서는 우리가 하느님의 자녀들이라고 늘 말씀하지 않으십니까? 만일 우리가 아버지의 자녀들이면, 선생님께서 늘 말씀하시는 당신과 우리의 아버지이신 분의 자녀들이면 우리도 신들입니다. 당신은 내가 겸손하지 않다고 비난할 수는 있어도 믿지 않고 주의를 하지 않는다는 비난은 할 수 없을 것입니다."

"그래서 당신이 나보다 낫다고 생각한단 말이오? 당신의 그리이스의 책에서 모든 것을 배웠다고 생각하는 거요?"

"아닙니다. 이것도 저것도 아닙니다. 그러나 현자들의 책은 어디에서 오는 것이든지 내게 처신하는 데 필요한 최소한의 것을 주었습니다. 이스라엘 사람이 나보다 낫다는 것을 나는 의심치 않습니다. 그러나 나는 하느님에게서 오는 내 운명에서 행복합니다. 내가 그이상 무엇을 바랄 수 있습니까? 나는 선생님을 만남으로 모든 것을 찾아냈습니다. 그리고 나는 이것이 내 운명이었다고 생각합니다. 그것은 내게 큰 운명의 표를 새겨 준 어떤 힘이 나를 지켜 준다는 것을 내가 실제로 알기 때문입니다. 나는 그 운명이 좋은 것임을 알아차렸기 때문에 그 큰 운명을 지원했을 뿐입니다."

"좋은 운명이었다구요? 당신은 노예였고, 그것도 가혹한 주인들의 노예였어요. …가령 마지막 주인이 당신을 다시 붙잡았더라면, 그렇게도 현명한 당신이 어떻게 그 운명을 지원했겠소?"
 "당신 이름이 유다지요?"
 "그렇소, 그런데?"
 "그런데… 아무것도 아닙니다. 당신의 빈정거림뿐 아니라 당신의 이름도 기억해 두고 싶어서 그럽니다. 덕행이 사람들에게 있어서도 빈정거림은 분별없는 일이라는데 유의하시오. …내가 어떻게 운명을 지원했겠느냐구요? 어쩌면 내가 자결을 했을지도 모릅니다. 사실 어떤 경우에는 사는 것보다 죽는 편이 낫기 때문입니다. 신들만이 우리를 불러갈 권리가 있기 때문에 이 이익이 자기 자신이 마련해 가지는 것은 좋지 않은 일이고 부도덕한 일이라고 철학자가 말했지만 말입니다. 그리고 신들의 표시가 있어야 그렇게 하겠다고 기다렸기 때문에 내 비참한 운명의 속박 속에서 한 번도 그렇게 하지 못하게 된 것입니다. 그러나 그때에는 만일 저 더러운 주인에게 다시 붙잡혔더라면 그것을 최후의 표시로 생각하고 삶보다 죽음을 택했을 것입니다. 이거 보세요. 나도 존엄성을 가지고 있어요."
 "그리고 그 주인이 당신을 지금 다시 붙잡으면? 당신은 여전히 같은 심경일 거요?"
 "이제는 자결을 하지 않을 것입니다. 이제는 육체에 대한 폭력이 동의하지 않는 정신에는 상처를 주지 못한다는 것을 압니다. 이제는 힘으로 부수어지기까지 폭력으로 죽임을 당하기까지 저항할 것입니다. 그것도 그 폭력으로 나를 당신께로 부르셨을 하느님의 표시라고 생각하겠기 때문입니다. 그리고 이제는 그렇게 하는 것이 소멸하게 되어 있는 것을 잃게 되는 것뿐이라는 것을 알고 안심하고 죽을 것입니다."
 "잘 대답했습니다" 하고 라자로가 말하고, 니고데모도 동의한다.
 "자살은 절대로 용인되지 않아요." 하고 가리옷 사람이 말한다.
 "금지된 일이 많지만, 사람들은 금지를 존중하지 않는다. 그러나 신디카, 당신은 하느님께서 항상 당신을 인도하신 것과 같이, 당신 자신에 대한 폭력에서도 당신을 보호해 주셨다고 생각해야 하오. 이제는 가 보시오. 아이를 찾아서 데려와 주면 고맙겠소" 하고 예수께서 조용히 말씀하신다.
 여자는 땅에까지 머리를 숙여 인사하고 간다. 모두가 그 여자가 가는 것을 지켜본다.

라자로가 중얼거린다. "늘 이렇단 말입니다! 그 여자에 있어서는 '생명'이었던 것들이 왜 이스라엘 사람들인 우리에게는 '죽음'이었는지 저는 이해할 수가 없습니다. 만일 내가 더 조사할 가능성이 있었더라면 이미 지혜를 가지고 있는 우리는 타락시킨 그리이스 문화가 저 여자는 구해 주었다는 것을 알게 될 것입니다. 왜 그럴까요?"

"주님의 길은 놀랍고, 주님께서는 그것을 자격있는 사람들에게 열어 주시기 때문이오. 자 이제는 친구 여러분, 밤이 늦었으니 돌아들 가십시오. 나는 당신들 모두가 그리이스 여자가 말하는 것을 들은 것이 기쁩니다. 하느님께서 어떻게 가장 착한 사람들에게 당신을 드러내 보이시는지를 확인하고, 거기에서 이스라엘에 속하지 않은 어떤 사람도 하느님의 군대에서 제외하는 것은 증오를 품은 일이고 위험한 일이라는 결론을 끌어내시오. 이 결론을 미래의 규정으로 하시오. …시몬의 유다야, 투덜대지 말아라. 그리고 요셉 당신은 부적당한 가책을 가지지 마시오. 당신들 중의 아무도 그리이스 여자 가까이에 있었다고 해서 어떤 일에도 부정을 타지 않았습니다. 마귀를 가까이 하지 말고, 그를 환대하지 않도록만 하시오. 요셉, 안녕히 가십시오, 니고데모, 안녕히 가십시오. 내가 여기에 있는 동안에 당신들을 또 볼 수 있겠습니까? 마륵지암이 여기 왔습니다. …애야 이리 와서 최고회의 의원들께 인사 드려라. 뭐라고 말씀드리겠니?"

"평화가 선생님들과 같이 있기를… 그리고 또 이렇게 말하겠습니다. 향피우는 시간에 저를 위해 기도해 주십시오, 하고."

"애야, 네게는 그것이 필요치 않다. 그러나 왜 하필이면 그 시간에?"

"제가 성전에 예수님과 함께 처음 들어갔을 때, 예수님은 저더러 저녁 기도 얘기를 해주었기 때문이예요. …아이고! 그건 정말 아름다워요!…"

"그럼 너도 우리를 위해 기도해 주겠니? 언제?"

"기도하겠어요. …아침 저녁으로 기도하겠어요. 하느님께서 낮 동안과 밤 동안에 선생님들을 죄에서 보호해 주시라구요."

"애야, 그래 뭐라고 기도하겠니?"

"이렇게 말하겠어요. '지극히 높으신 주님, 요셉 선생님과 니고데모 선생님이 예수님의 진짜 친구가 되게 해주십시오' 하고요. 그리고 이것이면 넉넉할 거예요. 왜냐하면 참다운 친구는 친구에게 고통을 주지 않으니까요. 그리구 예수님한테 고통을 주지 않는 사람은 틀림없이 하늘 나라를 차지할 거예요."

"애야, 하느님께서 너를 이대로 보존하시기를 바란다!"고 최고회의 의원들이 말한다. 그리고 그들은 선생님께 인사를 드리고, 다음에는 성모님과 라자로에게 개별적으로 인사를 하고, 다른 모든 사람에게 한꺼번에 인사를 하고 떠나간다.

148. 네 사도를 유다에 파견하시다

 예수께서 사도들과 함께 베다니아 근처에 사도 순시를 하시고 돌아오신다. 그들이 식량을 넣은 배낭조차 가지지 않은 것을 보면 순시가 짧았을 것이 틀림없다. 서로 이야기들을 한다. "뱃사공 솔로몬이 훌륭한 생각을 했지요, 선생님?"
 "그렇다, 좋은 생각을 했다."
 물론 가리옷 사람은 다른 사람들과 같은 의견이 아니다. "저는 그걸 대단히 훌륭한 일로는 보지 않습니다. 제자인 그에게는 이제 소용이 없는 것을 준 것입니다. 그 사람을 칭찬할 만한 것이 없습니다…."
 "집은 언제나 유익한 거야" 하고 열성당원이 정색을 하고 말한다.
 "자네 집 같으면 그렇지, 그렇지만 그건 뭐야? 건강에 좋지 않은 보잘 것 없는 집이야."
 "그건 솔로몬이 가진 것 전부야" 하고 열성당원이 대꾸한다.
 "그리고 그 사람이 그 집에서 병없이 늙었으니 우리도 이따금씩 거기에 머무를 수 있을 거야. 자넨 뭘 원하나? 라자로의 집과 같은 모든 집을 원하나?" 하고 베드로가 덧붙인다.
 "나는 아무것도 원치 않아. 나는 그 선물의 필요성을 보지 못해. 그곳에 가면 예리고에도 갈 수 있단 말이야. 그곳과 예리고 사이는 몇 리 거리밖에 안 된단 말이야. 그런데 늘 돌아다닐 수밖에 없는 박해받는 사람과 같은 우리에게 몇 리쯤이 그까짓게 뭐야?"
 예수께서 벌써 분명한 표가 드러나는 것과 같이 다른 사람들의 참을성이 한계에 이르기 전에 개입하신다. "솔로몬은 그가 가지고 있는 것에 비례해서 모든 사람보다 더 많이 주었다. 그는 다 주었기 때문이다. 그는 그것을 사랑으로 주었다. 그가 그 집을 준 것은 비가 와서 우리가 인심이 별로 좋지 않은 이 지방에 갇히게 되는 경우나 물이 불었을 경우, 또는 특히 유다인들의 적의가 너무 심해서 그들과 우리 사이에 강이 가로질러 있도록 하라는 충고

가 있을 경우 우리가 몸을 의지할 곳을 마련해 주기 위해서이다. 선물에 대해서는 이쯤 해두고, 보잘 것 없고 교양도 별로 없지만 몹시 충실하고 착한 뜻이 차고 넘치는 한 제자가 영원히 내 제자로 있겠다는 명백한 의지를 가지고 있다는 것을 나타내는 이 아량에 이를 수 있었다는 사실이 내게 큰 기쁨을 안겨 준다. 정말이지, 수많은 제자들이 내게서 받은 얼마 안 되는 지식을 가지고 많은 것을 받은 너희들을 능가했다는 것을 보게 된다. 너희들은, 특히 너는 아무 비용도 들지 않는 것까지도, 즉 개인적인 의견도 내게 희생으로 바치기를 원치 않는다. 네 의견을 너는 어떤 변화에도 저항하면서 단단히 간직하고 있다."

"선생님은 자기 자신에 대한 싸움이 가장 고통스러운 것이라고 말씀하셨지요…."

"그래서 그 말을 가지고 그것이 조금도 비용이 들지 않는다고 말한 것은 틀렸다고 말하려는 것이냐? 그러냐? 그러나 너는 내 말뜻을 잘 알아들었다! 인간에게는, 그런데 너는 정말 인간이다, 거래의 대상이 되는 것만이 가치가 있다. '자아'는 돈으로 팔지 못한다. 하긴… 거기서 이득을 얻어내기를 바라서 어떤 사람에게 매수되지 않으면 말이다. 이것은 영혼이 사탄과 사이에 행하는 것과 같은 부정거래이고, 그보다 더 광범한 것이기도 하다. 거기에는 영혼 외에 사람의 생각이나 판단이나 자유도 포함되기 때문이다. 그것을 너 부르고 싶은 대로 불러라. 그런 불행한 사람들도 있다. … 그러나 지금 당장은 그 사람들을 생각하지 말자. 내가 솔로몬을 칭찬한 것은 그의 행위에 있는 모든 착한 것을 보기 때문이다. 그리고 이것으로 충분하다."

조용해졌다. 그런 다음 예수께서 말씀을 시작하신다. "며칠 후에는 헤르마스테아가 어렵지 않게 걸어 다닐 수 있게 될 것이다. 그러면 나는 갈릴래아로 돌아가겠다. 그러나 너희 모두가 나와 같이 가지는 않을 것이다. 일부분은 유다에 남아 있다가 유다인 제자들과 같이 다시 올라와서 등불명절을 지내러 모두 함께 모이게 하여라."

"그렇게 오랫동안이요? 아이고! 이 일이 누구의 소관이 될 건가?" 하고 사도들이 자기들끼리 말한다.

예수께서 의논하는 것을 들으시고 대답하신다. "이것은 시몬의 유다와 토마와 바르톨로메오와 필립보의 소관이다. 그러나 나는 등불명절까지 유다에 머물러 있으라고는 말하지 않았다. 오히려 나는 너희가 제자들에게 등불명절을 지내기 위해서 여기 와 있으라고 모으거나 알리기를 원한다. 따라서 지금은 가서 그들을 찾고 모으고, 알려라. 그러는 동안 그들을 검토하고 도와주고, 그리고는 나를 따라오는데, 너희들이 만났을 제자들을 데리고 오고, 다른 제자들을 위하여는 오라는 소식을 퍼뜨려라. 이제는 유다의 주요한 지방에 우리가 친구들을 가지게 되었다. 그들이 제자들에게 알려서 우리를 기쁘게 할 것이다. 내가 게라사와 보즈라와 아르벨을 거쳐 아에라까지 가리라는 것을 기억하고, 요르단강 저편 기슭을 따라 갈릴래아로 올라가면서, 내가 지나갈 때에 가르침이나 기적을 청하려고 감히 앞으로 나오지 못했지만, 나중에 그렇게 하지 못한 것을 괴로워할 사람들도 모아서 내게로 데려오너라. 나는 너희들이 도착할 때까지 아에라에 머물러 있겠다."

"그러면 지금 즉시 그리로 가는 것이 좋겠는데요" 하고 가리옷 사람이 말한다.

"아니다, 너희는 내가 떠나기 전날 떠나서 다음 날까지는 요나에서 게쎄마니까지 가라, 그리고 유다로 떠나거라. 그렇게 해서 네 어머니도 뵙고 농사일이 바쁜 이 시기에 도와드리기도 하여라."

"이제는 여러 해 전부터 제 어머니가 혼자서 어려운 일을 해내는 법을 배웠습니다."

"아이고! 작년에는 포도 수확 때문에 자네가 어머니에게 꼭 필요했었다는 걸 기억 못하나?" 하고 베드로가 약간 엉큼하게 묻는다.

유다는 홍당무보다도 더 새빨개지고, 성이 나고 부끄러우니까 추하게 된다. 그러나 예수께서는 이렇게 말씀하셔서 일체 대꾸를 미리 막으신다. "아들은 어머니에게 언제나 도움이 되고 위안이 된다. 그런 다음에는 과월절까지, 그리고 과월절 후에 네 어머니가 너를 보지 못하게 될 것이다. 그러니까 가거라. 그리고 내가 말하는 대로 해라."

유다는 베드로에게 대꾸하지 않고 그의 원한을 예수께로 돌린다. "선생님, 제가 무슨 말씀을 드려야 하는지 아십니까? 저는 선생님이 저를 의심하시기 때문에, 제가 어떤 잘못을 저질렀다고 옳지 않게 생각하시기 때문에, 제게 대해서 사랑을 가지고 계시지 않기 때문에… 저를 제거하려고 하신다는, 적어도 멀리하려고 하신다는 생각이 듭니다."

"유다야! 그만 해 두어라! 나는 네게 많은 말을 할 수 있을 것이다. 그러나 '순종하여라' 하는 이 말만 한다." 예수께서 이 말씀을 하실 때에 위엄이 있다. 키가 크신 분이, 눈은 반짝이고 얼굴은 엄하고… 사람들을 떨게 하신다. 유다까지도 벌벌 떤다. 유다는 다른 모든 사람 뒤에 가서 서는데, 그동안 예수께서는 혼자서 앞장을 서신다. 예수와 유다 사이에 있는 사도들의 무리는 말이 없다.

149. 예수께서 베다니아를 떠나 요르단강 건너편으로 가신다

"내 친구 라자로, 나하고 같이 와 주겠소?" 라자로가 반쯤 누워서 두루마리를 읽고 있는 큰방 문지방에 나타나시면서 예수께서 말씀하신다.

"선생님, 곧 가겠습니다. 어디로 갑니까?" 하고 라자로는 즉시 일어나면서 말한다.

"들판으로. 나는 당신과 단둘이만 있을 필요가 있소."

라자로는 예수께서 불안해 하시는 것을 쳐다보고 말한다. "슬픈 소식을 제게 은밀히 말씀하실 것이 있습니까? 그렇지 않으면⋯ 아니, 그것은 생각하고 싶지 않습니다⋯."

"아니오, 나는 당신에게서 조언을 들을 필요가 있소. 그런데 우리가 말할 것은 공기조차도 들어서는 안 되오. 당신을 피로하게 하고 싶지 않으니까 마차를 준비하라고 시키시오. 우리가 들판 한가운데로 나가면 말하겠소."

"그러면 제가 마차를 몰겠습니다. 그렇게 하면 하인까지도 저희가 말하는 것을 알지 못할 것입니다."

"좋소, 그럽시다."

"선생님, 지금 곧 준비하겠습니다. 조금만 있으면 준비가 다 될 것입니다." 그러면서 라자로가 나간다.

호화로운 방 한가운데에서 생각에 잠겨 계시다가 예수께서도 나오신다. 생각에 잠겨 계시면서도 예수께서는 기계적으로 두세 개의 물건을 옮겨 놓으시고, 방바닥에 떨어져 있는 두루마리를 집어서, 예수께 그렇게도 깊이 박혀 있는 질서에 대한 타고난 본능으로 겹친 선반에 다시 올려놓으시면서 팔을 드신 채 선반의 여러층에 줄지어 놓은 미술품들을 들여다보고 계시다. 그것들은 적어도 이상하고 팔레스티나에서 흔히 볼 수 있는 것과는 다른 것이다. 그것들은 고대 그리이스의 신전의 세부를 나타내는 그림으로 장식된 매우 오래 된 것 같은 돋을무늬 세공을 한 손잡이 둘 달린 항아리와 잔, 그리고 유골단지들이다. 그 물건 너머로 예수께서 무엇을 보시는지는 모르겠다. … 예수께서는 나오셔서 사도들이 있는 안마당으로 가신다.

"선생님, 우리가 어디로 갑니까?" 하고 예수께서 겉옷을 입으시는 것을 보고 사도들이 묻는다.

"아무데도 안 간다. 나는 라자로와 같이 나간다. 너희들은 모두 함께 여기서 나를 기다리고 있어라. 이내 돌아오마."

열 두 사람은 서로들 바라다본다. …그들은 별로 만족한 표정이 아니다. …베드로가 말한다. "선생님 혼자서 가십니까? 조심하십시오…."

"아무 염려 말아라. 나를 기다리는 동안 한가하게 있지 말아라. 헤르마스테아가 율법을 점점 더 잘 알게 더 가르쳐라. 그리고 좋은 동무가 되어 주어라. 다투지도 말고 무례한 언행도 하지 말아라. 친절하고 서로 사랑하여라." 예수께서 정원 쪽으로 가시니 모두 따라온다. 이내 휘장을 친 가벼운 마차가 온다. 그 위에는 벌써 라자로가 있다.

"마차로 가십니까?"

"그렇다, 라자로가 다리가 피로하지 말라고. 마륵지암, 잘 있거라. 얌전하게 있어라. 너희 모두에게 평화."

예수께서 마차에 오르시니, 마차는 길의 자갈부딪치는 소리를 내면서 정원에서 나가 큰길로 들어선다.

"선생님 '고운 내'로 가십니까?" 하고 토마가 뒤에서 외친다.

"아니다. 너희들에게 다시 한 번 말하지만, 친절하게 굴어라."

말은 속보(速步)로 빨리 떠난다. 베다니아에서 예리고로 가는 길은 점점 황량해지는 들판을 지나간다. 그리고 평야로 내려가는 데 따라서 자연이 죽어가는 것을 알아차리게 된다.

예수께서는 곰곰히 생각하신다. 라자로는 말을 모는 데 전념하며 말을 하지 않는다. 두 사람이 완전히 들판에 들어갔을 때 예수께서 라자로에게 마차를 멈추라는 표시를 하신다. 그것은 기름진 평야로, 장차 뿌려질 낟알의 씨앗을 먹여 살릴 준비가 다 되어 있고, 포도밭들은 마치 아기를 방금 낳고 그의 기분좋은 피로를 회복하려고 쉬고 있는 여인과 같이 완전히 잠들어 있다. 라자로는 순종하여 마차를 멈추고, 멀리 떨어져 있는 집들 쪽으로 가는 덜 중요한 작은 길로 말을 몰고 간다. …그리고 설명한다. "여기는 큰길보다도 더 아늑합니다. 저 나무들이 많은 사람의 눈에서 우리를 가려 줍니다." 과연 낮고 잎이 우거진 나무 수풀이 행인들의 호기심을 막는 병풍 역할을 한다. 그리고 라자로는 예수 앞에 서서 기다리고 있다.

"라자로, 엔도르의 요한과 신디카를 멀리 보내야 하겠소. 조심성과 또 사랑이 그것을 권한다는 것은 당신도 알 거요. 그들을 대상으로 다가오는 박해를 안다는 것은 두 사람 모두에게 위험한 시련일 것이고, 무익한 고통이 될 거요. …그리고 그것으로 인해 적어도 그중의 한 사람은 매우 괴로운 뜻밖의 일을 당하게 될지도 모르오."

"제 집에서는…"

"아니오. 당신 집에서도 그렇소. 아마 육체적으로는 그들이 상처를 입지 않을 거요. 그러나 정신적으로는 모욕을 당할 거요. 세상은 잔인하오. 희생자들을 부수어 버리오. 나는 저 아름다운 두 정력이 저렇게 사라지는 것을 원치 않소. 따라서 어느날 늙은 이스마엘을 사라와 결합시킨 것처럼 가엾은 내 요한을 신디카와 결합시킬 참이오. 나는 그가 화평하게 죽기를 바라오, 그리고 혼자가 아니기를, 그리고 '이런 죄수'이기 때문에 다른 데로 보내졌다는 착각을 가지고 죽지 않고, 선생님을 전하라고 보낼 수 있는 개종한 제자이기 때문에 보내졌다는 생각을 가지고 죽기를 바라오. …그리고 신디카가 그를 도와줄 거요. …신디카는 아름다운 마음을 가진 여자이고 장래의 교회 안에서 장래의 교회를 위하여 큰 힘이 될 거요. 그들을 어디로 보내야 할지 내게 조언을 줄 수 있겠소? 유다나 갈릴래아도 안 되고, 데카폴리스도 안 되오, 내가 가고 나와 함께 사도들과 제자들이 가는 곳은 안 되오. 이교도 세상도 안 되고, 그렇다면 어디요? 그들이 유익한 존재가 되고 또 안전하게 있을 곳이 어디요?"

"선생님… 제가… 아니 제가 선생님께 조언을 드리다니요!"

"아니, 아니, 말하시오. 당신은 나를 많이 사랑하고 있소, 그리고 배신하지 않소. 당신은 내가 사랑하는 사람들을 사랑하오, 당신은 다른 사람들처럼 생각이 좁지 않소."

"저는… 그렇습니다. 저는 그들을 제 친구들이 있는 곳으로 보내시라고 권하고 싶습니다. 키프로스나 시리아에. 고르십시오. 키프로스에는 믿을 수 있는 사람들이 있습니다. 그리고 시리아에는! … 저는 거기에 아직 작은 집을 하나 가지고 있습니다. 그 집은 양보다도 더 충실한 관리인이 관리하고 있습니다. 우리 필립보! 그 사람은 저를 위해서는 제가 하라는 대로 다 할 것입니다. 그리고 선생님께서 허락하시면, 이스라엘이 박해하지만 선생님께는 소중한 그 사람들이 집에 안전하게 있으면서 자기들이 제 손님이라고 말할 수 있을 것입니다. …아이고! 그 집은 궁궐은 아닙니다! 필립보가 안티고니오의 정원들을 보살피는 손자와 단둘이서만 살고 있는 집입니다. 안티고니오의 정원들은 제 어머니가 사랑하던 정원들입니다. 저희들은 어머니를 생각해서 그 정원들을 그대로 가지고 있습니다. 어머니는 유다의 정원들에서 초목들을 갖다 심었습니다. 아주 드문 종류의 나무들이었습니다. …그것들을 가지고 가난한 사람들을 얼마나 도와주었는지요. …거기가 어머니의 비밀의 봉토(封土)였습니다. …우리 어머니… 선생님, 저는 어머니에게 가서 이렇게 말하겠습니다. '착하신 어머니, 기뻐하세요. 구세주께서 어머니의 땅에 와 계십니다' 하고. 어머니는 선생님을 기다리고 있었습니다…." 라자로의 괴로워하는 얼굴에는 눈물 자국 두 줄기가 있다. 예수께서는 그를 바라다보시며 빙그레 웃으신다. 라자로는 마음이 진정된다. "그렇지만 선생님에 대해서 말씀하십시다. 그곳이 좋다고 생각됩니까?"

"그렇소. 그리고 다시 한 번 나로서 또 그들 대신으로 감사하오. 당신은 내게서 큰 짐을 덜어주는 거요…."

"그 사람들이 언제 떠나게 됩니까? 이 말씀을 여쭙는 것은 필립보에게 보낼 편지를 준비하기 위해서입니다. 이곳에 있는 제 친구 중의 두 사람인데 조용한 것이 필요한 사람들이라고 말하겠습니다. 그리고 그것으로 충분할 것입니다."

"그렇소. 그것으로 충분할 거요. 그러나 제발 부탁이오, 공기까지도 이 모든 것을 알아서는 안 되오. 알겠지요! 나는 정탐을 받고 있소…."

"알겠습니다. 제 동생들에게도 이 말을 하지 않겠습니다. 그러나 어떻게 그들을 그리로 인도하시겠습니까? 사도들을 데리고 계신데요…."

"이제 나는 유다, 토마, 필립보, 바르톨로메오를 안 데리고 아메라까지 올라갈 참이오. 그동안에 신디카와 요한을 철저하게 가르치겠소. …그들이 진리를 많이 비축해 가지고 떠나게. 그리고는 메론으로 내려오고, 거기서 가파르나움으로 가겠소. 그리고 거기서…그리고 거기서는 그 네 사람을 다른 임무를 주어서 다시 보내겠소. 그리고 나서 두 사람을 안티오키아로 떠나 보내겠소. 나는 그렇게 할 수밖에 없소…."

"선생님의 제자들을 걱정하셔야 한다는 말씀이지요. 선생님 말씀이 옳습니다. … 선생님께서 고민하시는 것을 보니 저는 괴롭습니다…."

"그러나 당신의 훌륭한 우정이 내게 매우 위안이 되오. …라자로, 고맙소. …나는 모레 떠날 터인데 당신 여동생들을 데리고 가겠소. 나는 여자제자를 많이 데리고 가서 신디카가 그들 가운데 섞이게 할 필요가 있소. 쿠자의 요안나도 가오. 요안나는 메론에서 티베리아로 갈 거요, 거기서 겨울을 지낼 터이니까. 그의 남편이 아내를 더 가까이에 두기 위해 그렇게 하라는 거요. 헤로데가 티베리아로 돌아와서 얼마 동안 머무를 것이니까."

"선생님께서 원하시는 대로 다 하겠습니다. 제 동생들은 제가 선생님의 사람인 것처럼 저와 제 집들과 제 하인들과 제 재산이 선생님의 것인 것과 같이 선생님의 사람들입니다. 선생님, 모든 것이 선생님의 것입니다. 선을 위해 모두 사용하십시오. 필립보에게 보낼 편지를 준비해 드리겠습니다. 선생님께서 그 편지를 직접 가지시는 편이 낫습니다."

"라자로, 고맙소."

"이것이 제가 할 수 있는 전부입니다. …제가 건강하면 제가 갈 것입니다. …선생님, 제 병을 고쳐 주십시오, 그러면 제가 가겠습니다."

"아니오, 친구. 나는 지금 그대로의 당신이 필요하오."

"제가 아무것도 못해두요?"

"그래도. 오! 나의 라자로!" 예수께서는 그를 껴안으시고 입맞춤하신다.

두 사람은 다시 마차를 타고 돌아온다. 이제는 라자로가 도무지 말이 없고 생각에 잠겨 있다. 그래서 예수께서 그 이유를 물으신다.

"저는 신디카를 잃는다는 생각이 듭니다. 저는 그 여자의 지식과 착함에 끌렸었습니다…."

"그 여자를 얻는 것은 예수요…."

"맞습니다. 맞아요. 선생님을 언제 다시 뵙게 될까요?"

"봄에."

"봄 이전에는 안 오시구요? 작년에는 등불명절을 지내러 제 집에 오셨었는데요…."

"올해에는 사도들을 만족시키겠소. 그러나 내년에는 당신과 많이 있겠소. 약속하오."

베다니아가 10월의 햇살을 받으며 나타난다. 막 도착하려는 참인데, 라자로가 말을 멈추고 말한다. "선생님, 가리옷 사람을 멀리 하시는 것은 잘 하시는 일입니다. 저는 그 사람이 무섭습니다. 그 사람은 선생님을 사랑하지 않습니다. 그 사람이 마음에 들지 않습니다. 제 마음에 든 적이 도무지 없습니다. 그 사람은 관능주의자이고 욕심이 많은 사람입니다. 그래서 어떤 죄라도 저지를 수 있는 사람입니다. 선생님을 밀고한 것은 그 사람입니다…."

"거기에 대한 증거를 가지고 있소?"

"아닙니다."

"그러면 판단하지 마시오. 판단에 있어서는 당신이 능숙하지 못하오. 당신은 당신의 마리아가 돌이킬 수 없이 파멸했다고 판단하고 있었던 것을 기억하시오. …그것이 내 덕택이었다고 말하지 마시오. 나를 먼저 찾은 것은 마리아였소."

"그것도 사실입니다. 그러나 어떻든 유다는 경계하십시오."

조금 후에 두 사람은 사도들이 호기심을 가지고 기다리는 정원으로 들어온다.

네 사도가, 특히 유다가 없기 때문에 남아 있는 사람들의 집단은 더 친밀하고 더 쾌활하게 되었다. 그들은 예수와 마리아를 가장으로 하는 정말 하나의 가족이다. 이 가족은 10월의 어느 맑은 날 아침나절에 베다니아를 등뒤에 두고, 요르단강 건너편으로 가기 위하여 예리고 쪽으로 가고 있다. 여자들은 성모님을 둘러싸고 가는데, 여자 제자들의 무리에는 안나리아만이 빠졌다. 즉 세 사람의 마리아, 요안나, 수산나, 엘리사, 마르첼라, 사라, 그리고 신디카이다. 예수 둘레에는 베드로, 안드레아, 알패오의 야고보와 유다, 마태오, 제베대오의 요한과 야고보, 열성당원 시몬, 엔도르의 요한, 헤르마스테아와 티몬이 모여 있고, 마륵지암은 새끼 염소 모양 깡총깡총 뛰면서 서로 몇 미터쯤 떨어져서 가고 있는 두 집단 사이를 왔다갔다 한다. 무거운 배낭들을 지고 그들은 들판의 장엄한 평온 속에 따뜻한 해가 내리쬐는 길을 즐겁게 걸어간다.

엔도르의 요한은 어깨를 내리누르는 무거운 짐을 지고 고통스럽게 걸어간다. 베드로가 그것을 알아차리고 말한다. "그 짐을 자네가 다시 가지고 오기로 했으니, 이리 주게. 그것에 대해서 향수를 느꼈나?"

"선생님께서 이렇게 하라고 명령하셨어요."

"그래? 오! 하지만! 뭣 때문에?"

"모르겠어요. 어제 저녁 '네 책들을 챙겨라, 그리고 그걸 가지고 나를 따라오너라' 하고 말씀하셨어요."

"아! 좋아, 좋아! …하지만 선생님이 그렇게 말씀하셨으면, 틀림없이 좋은 일이야. 아마 저 여자 때문일 거야. 그 여자 참 많이도 알고 있어, 그렇지? 그런 거 자네도 아나?"

"대강 저 여자만큼은요. 저 여자는 대단히 유식합니다."

"그렇지만 자네는 그 짐을 지고 계속 우리를 따라올 수는 없네, 그렇지 않은가?"

"아! 그렇게 못할 것 같아요. 모르겠어요. 그렇지만 아직은 지고 갈 수 있습니다…."

"아닐세, 이 사람아. 나는 자네가 병들지 않기를 바라네. 자넨 몸이 좋지 않아, 알고 있나?"

"알고 있어요, 저는 죽어가는 것을 느낍니다."

"농담하지 말게. 우리가 적어도 가파르나움까지는 가게 내버려두게. 그… 없이 우리끼리만 있으니까 지금은 참 좋구먼. 이 몹쓸 혓바닥! 나는 선생님께 드린 약속을 또 어겼어! …선생님, 선생님!"

"무슨 일이냐, 시몬아?"

"저는 유다에 대해서 나쁘게 말했습니다. 다시는 그러지 않겠다고 선생님께 약속을 드렸었는데요. 용서해 주십시오."

"그러마, 다시는 그러지 말도록 애써라."

"아직 사백 여든 아홉 번은 선생님의 용서를 청할 것이 남아 있습니다."

"아니 형, 무슨 말을 하는 거야?" 하고 안드레아가 놀라서 묻는다.

그러니까 베드로는 그 어진 얼굴에 반짝 하는 장난끼를 띠고, 엔도르의 요한의 배낭의 무게로 목이 뒤틀린 채 말한다. "그래 너는 선생님이 일곱번씩 일흔 번을 용서하라고 말씀하신 거 생각 안 나니? 따라서 나는 아직 사백 여든 아홉 번 용서받을 게 남았단 말이야. 계산을 잘 해둘 거야…."

모두가 웃고, 예수께서도 빙그레 웃으실 수밖에 없다. 그러나 예수께서는 이렇게 대답하신다. "네가 착한 일을 할 때마다 계산해 두는 것이 나을 것이다. 오 너는 커다란 어린아이다."

베드로는 예수께로 가까이 가서 오른팔로 예수의 허리를 껴안으며 말한다.

"사랑하는 우리 선생님! … 없이 선생님과 같이 있는 것이 정말 기쁩니다. 자! 선생님도 기쁘시지요. …그리고 제 말이 무슨 뜻인지도 아시지요. 우리들끼리만 있지요. 선생님의 어머님이 계시지요. 아이가 있지요. 우리가 가파르나움으로 가고 있지요. 계절은 아름답지요. …행복할 수 있는 다섯 가지 이유입니다. 아이고! 선생님을 모시고 가는 것은 정말 기분좋은 일입니다! 오늘 저녁은 어디서 머무릅니까?"

"예리고에서."

"지난 해에는 거기서 우리가 베일쓴 여자를 보았지요. 그렇지만 그 여자가 어떻게 되었을까요? …그걸 알고 싶은데요. …그리고 포도밭 이야기한 사람도 만났지요…." 베드로가 어떻게나 요란스럽게 웃는지 웃음이 전염한다. 가리옷의 유다와 만난 장면을 다시 생각하고 모두가 웃는다.

"시몬아, 정말 너는 고치기가 어렵구나" 하고 예수께서 나무라신다.

"선생님, 저는 아무 말도 하지 않았습니다. 그러나 저기… 그의 포도밭에서… 그가 우리를 만났을 때 보였던 표정을 생각하고는 웃지 않을 수가 없었습니다…." 베드로가 어떻게나 마음놓고 웃었던지 다른 사람들도 어쩔 수 없이 웃으면서 길을 계속하는 동안, 그는 걸음을 멈출 수밖에 없었다.

여자들이 베드로를 따라잡았다. 성모님이 그에게 조용히 물으신다. "시몬, 자네 무슨 일인가?"

"아! 사랑을 또 한 번 어기는 것이 될 테니까 그걸 말씀드릴 수는 없습니다. 그렇지만…보세요, 지혜로우신 어머님이 좀 말씀해 주십시오. 만일 제가 무슨 암시를 하거나, 그보다 더 나쁘게 중상을 하거나 하면 물론 죄를 짓는 거지요. 그러나 모두에게 알려진 일, 모두가 아는 사실을 가지고 웃으면, 가령 거짓말쟁이가 거짓말이 들통이 났을 때 그가 당황하고 변명하던 것을 상기시키는 것같이 웃게 하는 사실 때문에 웃고, 우리가 그때 웃었던 것처럼 다시 웃기 시작하는 것도 잘못입니까?"

"그것은 사랑으로 볼 때에 결점일세. 그것은 비방과 중상, 또 암시 같은 것같이 죄는 아니지만, 그래도 역시 사랑에 대한 위반이네. 그것은 옷감에서 실 한 오라기를 빼내는 것과 같은 걸세. 그것은 천이 진짜 찢어진 것도 아니고 해진 것도 아니지. 그러나 역시 천의 온전함과 아름다움을 손상하는 것이고, 찢어지는 것과 구멍나는 것을 준비하는 것이네. 그렇게 생각하지 않나?"

베드로는 이마를 문지르면서 약간 자존심이 상해서 말한다. "예, 그 생각은 한 번도 한 적이 없었습니다."

"이제는 그걸 생각하고, 다시는 그러지 말게. 뺨을 때리는 것보다 더 사랑을 해치는 깔깔거리는 웃음이 있는 걸세. 어떤 사람이 죄를 지었나? 그 사람이 거짓말을 하거나 다른 잘못을 저지르다가 우리에게 들켰나? 그러면? 왜 그것을 상기시키나? 그리고 다른 사람들에게 그것을 생각하게 하나? 항상 '내가 죄지은 사람이라면, 다른 사람이 그 잘못을 상기시키거나 생각하게 하는 것을 내가 좋아하겠는가?' 하는 생각을 가지고 형제의 잘못을 덮어 두세. 시몬, 마음 속으로 얼굴을 붉히게 하지만 몹시 고통을 주는 일들이 있네. 머리를 흔들지 말게. 나는 그게 무슨 뜻인지 아네. …그러나 죄지은 사람들도 그것을 괴로워한다는 것을 알게. 언제나 '내가 이런 일을 당하면 좋아하겠는가?' 하는 생각에서 출발하게. 그러면 자네가 다시는 결코 사랑을 거스르는 죄를 짓지 않으리라는 것을 알게 될 것이고, 마음 속에 늘 크나큰 평화를 누리게 될 걸세.

저기 마특지암을 보게, 얼마나 기쁘게 뛰놀고 노래하나. 그것은 그애가 마음 속에 아무 생각도 가지고 있지 않기 때문이야. 저 애는 여정(旅程)이나 비용이나 할 말에 대해서 생각할 필요가 없네. 저 애는 다른 사람들이 이 모든 것을 제 대신 생각한다는 것을 알고 있네, 자네도 그렇게 하게. 모든 것을 하느님께 맡기게, 사람들에 대한 판단까지도. 하느님께서 인도하시는 어린아이같이 될 수 있는 동안 뭣 때문에 결정하고 판단하는 무거운 짐을 지려고 하나? 자네가 재판관과 심판관이 되어야 할 때가 올 걸세. 그때에는 자네가 이렇게 말할 걸세. '아이고! 그때에는 얼마나 더 쉽고, 또 덜 위험했던가!' 하고. 때가 되기 전에 그렇게도 많은 책임을 지려고 한 자네 자신을 바보로 취급할 걸세. 판단하는 것! 이것이 얼마나 어려운 일인가! 며칠 전에 신디카가 말한 것을 들었나? '오관으로 찾는 것은 언제나 불완전하다'고 한 말을. 신디카는 말을 썩 잘 했네. 우리가 우리 오관의 반응에 따라서, 그러니까 매우 불완전하게 판단하는 일이 아주 많네. 판단하지 말게."

"예, 어머님. 어머님께는 정말 약속드립니다. 그렇지만 신디카가 아는 아름다운 것 모두를 저는 모릅니다."

"그래서 그걸 한탄하시는 겁니까? 나는 당신이 아는 것만을 얻기 위해서 내가 아는 것 모두를 집어치우고 싶어한다는 걸 모르세요?"

"정말이오? 왜?"

"지식을 가지고는 세상에서 자신을 인도해 나갈 수 있지만, 지혜를 가지고는 하늘을 얻기 때문입니다. 나는 지식을 가지고 있고, 당신은 지혜를 가지고 있습니다."

"그렇지만 당신의 지식으로 예수님께 올 줄을 알았지요! 그러니까 그것은 좋은 것입니다."

"유일한 지혜를 갖추기 위해서 떼어버리고 싶은 많은 오류와 섞인 지식이예요. 장식된 쓸 데 없는 옷들을 멀리 벗어 던지고 싶어요. 내 옷은 썩을 수 있는 것 말고 불멸의 것에 불멸의 옷을 입혀 주는 지혜의 겉으로 드러나지 않는 검소한 옷이기를 바랍니다. 지식의 빛은 흔들리고 깜박입니다. 그러나 지혜의 빛은 그것을 낳아 주시는 하느님이신 분과 같이 한결 같고 변함없이 꾸준히 빛납니다."

예수께서도 들으시려고 걸음을 늦추셨다. 예수께서는 몸을 돌리시고 그리이스 여자에게 말씀하신다. "당신은 아는 것을 모두 떼어버리기를 갈망할 것이 아니라, 당신이 아는 것 중에서 부정할 수 없는 가치가 있는 정신을 가진 사람들이 얻은 영원한 지능의 지극히 작은 부분을 선택해야 해요."

"그 사람들은 그러니까 신들에게서 빼앗아 온 불의 신화를 자신들 안에서 실현한 것입니까?"

"그렇소. 그러나 여기서는 그들이 그 불을 훔쳐 오지 않고, 하느님께서 타락한 인류 안에 있는 이성을 가진 존재인 사람이 어떤 것이라는 본보기처럼 그들을 당신의 불로 어루만지실 때 그 불을 거둘 줄을 안 것이오."

"선생님, 제가 어떤 것을 그대로 간직하고 어떤 것을 버려야 할지 선생님께서 일러 주셔야 할 겁니다. 저는 훌륭한 감식가가 되지 못할 것입니다. 그리고 또 빈 곳을 채우기 위해서 선생님의 빛을 넣어 주셔야 할 것입니다."

"내가 그렇게 할 생각이오. 나는 당신이 아는 생각이 어느 정도까지 지혜로운지 일러주고, 그 점에서부터 그것을 연장해서 참된 사상의 끝에까지 가게 하겠소. 당신이 알 수 있도록. 이것은 장차 이방인들과 많은 접촉을 가지기로 된 사람들에게도 좋은 일일 거요."

"주님, 저희들은 그걸 조금도 이해하지 못하겠습니다" 하고 제베대오의 야고보가 한탄한다.

"지금 당장은 너희들이 별로 이해하지 못한다. 그러나 언젠가는 지금 가르치는 것과 그 필요성을 이해할 것이다. 그리고 신디카 당신은 어떤 점이 당신 생각에 가장 이해하기 어려운지 말하시오. 쉬는 시간에 그것들을 밝혀 주겠소."

 "예, 주님. 그것이 주님의 소원 속에 혼합되는 제 영혼의 소원입니다. 제 일생의 꿈은 진리를 차지하는 것입니다."

150. 유프라테스강 저쪽에서 온 상인

 요르단강 건너편의 넓은 지역에 펼쳐지는 기름진 평야를 지나 10월 말이라는 청명하고 온화한 계절에 길을 가는 것은 기분좋은 일이다. 뚜렷하게 두드러진 한 산맥의 첫번 비탈 아래 전개된 작은 마을에서 잠시 머무르신 다음 — 그 산맥의 어떤 봉우리는 정말 산이라고 부를 수 있다 — 예수께서는 수많은 네발 짐승과 무장을 잘 한 사람들로 이루어진 긴 대상과 합쳐져서 다시 걷기 시작하신다. 예수께서는 그 사람들이 마을 광장의 수반에서 짐승들에게 물을 먹이는 동안 그들에게 말씀하셨다.
 그 사람들은 대부분이 키가 크고 살갗이 매우 거무스름한 것이 벌써 아시아인의 모습을 띠고 있다.
 대단히 힘이 센 수노새를 타고 있는 사람이 대상의 우두머리인데, 그 사람은 철저히 무장하였고, 안장에도 무기들이 걸려 있다. 그러나 그 사람이 예수께 대하여는 매우 공손하였다.
 사도들이 묻는다. "누구입니까?"
 "유프라테스강 저쪽에서 오는 부유한 상인이다. 어디로 가느냐고 물었더니 매우 공손하였다. 이 사람은 내가 가려고 하는 도시들을 거쳐 간다. 우리가 여자들을 데리고 가는데, 이 산골에서 이것은 뜻하지 않은 행운이다."
 "무엇인가 염려되는 것이 있습니까?"
 "우리가 가진 것이 아무것도 없으니까 도둑질에 대해서 아무 염려도 없다. 그러나 여자들이 겁을 집어먹는 것으로 충분하다. 몇 명 안 되는 도둑이 이렇게 강한 대상은 절대로 공격하지 않는다. 그래서 이것은 우리가 가장 좋은 통로를 알고 가장 어려운 통로를 지나가는 데 도움이 될 것이다. 저 사람이 내게 '선생님은 메시아이십니까?' 하고 물어서 그렇다고 했더니, 이렇게 말했다. '제가 며칠 전에 이교도들의 마당에 있었는데, 저는 키가 작기 때문에 선생님을 보았다기보다는 선생님의 말씀을 들었습니다. 좋습니다, 제가 선생님을 보호할 테니 선생님은 저를 보호해 주십시오. 저는 값어치가 많은 짐을 가지고 있습니다' 하고."

"개종자입니까?"

"그렇게는 생각하지 않는다. 그러나 아직 우리 민족에서 나온 사람인지도 모르겠다."

대상은 천천히 전진한다. 마치 네발 짐승들을 너무 걷게 해서 그놈들의 기운을 지치게 하지 않으려는 것과 같다. 그러므로 보통 걸음으로 따라가기가 쉽고, 또 짐승 모는 사람들이 어려운 통로에서는 고삐를 잡고 짐 실은 짐승들을 한 마리씩 지나가게 하기 때문에 자주 걸음을 멈추기까지 해야 한다.

비록 본격적인 산이기는 하지만, 이 고장은 매우 기름지고 잘 경작되어 있다. 아마 동북쪽에 있는 점점 더 높아져 가는 산들이 찬 북풍과 해로운 동풍을 막아 주어서, 그 때문에 농사가 잘 되는 모양이다. 대상은 어떤 급류를 끼고 가는데, 그 급류는 틀림없이 요르단강으로 흘러 들어갈 것이고, 물이 아주 많은데, 어느 산봉우리에서 흘러 내려오는지는 모르겠다. 전망이 아름답다. 서쪽으로는 요르단 평야 쪽으로 전개되는데, 올라갈수록 점점 아름다워진다. 저 너머에는 북쪽 유다의 야산과 높은 산들의 우아한 모습들인데, 동쪽에는 파노라마가 계속 변하고 있다. 어떤 전망은 멀리까지 넓게 트여 있고, 어떤 것들은 나무가 우거지거나 바위투성이의 둥근 언덕 꼭대기와 높은 산꼭대기가 얼기설기 뒤얽혀 있는 것이 보여, 마치 미로(迷路)의 뜻하지 않은 담처럼 길을 막는 것 같다.

해는 하늘과 구릉의 비탈들을 새빨갛게 물들이며 유다의 산 뒤로 내려가고 있다. 그때 부유한 상인이 멈추어 서서 대상행렬을 지나가게 하고 예수를 부른다. "밤이 되기 전에 마을에 도착해야 합니다. 그러나 선생님과 함께 있는 사람들 중에 피로해 보이는 사람이 많군요. 이것은 힘든 대목입니다. 호송하는 수노새에 그들을 타게 하십시오. 그놈들은 얌전한 짐승들입니다. 그놈들은 밤새 내내 쉴 터이고, 게다가 여자는 태우고 가기에 힘들지 않습니다."

예수께서 제안을 받아들이시니, 그 사람은 여자들을 짐승에 태우기 위하여 정지를 명한다. 예수께서 엔도르의 요한도 노새에 오르게 하신다. 예수를 포함하여 걸어가는 사람들은 여자들을 위하여 걸음걸이가 더 안전하게 하려고 고삐를 잡는다. 마륵지암도 남자… 노릇을 하고자 하며, 피로해 죽겠는데도 아무하고도 같이 올라타기를 절대로 원치 않고, 오히려 성모님이 타신 노새의 고삐를 잡는다. 그러니까 성모님은 예수와 어린아이 사이에 계시게 되었다. 아이는 용감하게 걸어 나아간다.

상인은 예수 곁에 남아 있었는데 성모님께 이렇게 말한다. "어머니, 저 동네가 보이지요. 저기가 라모입니다. 우리는 거기에 머무를 것입니다. 제가 1년에 두 번씩 이 길로 다니기 때문에 여관 주인이 저를 잘 압니다. 또 두 번은 물건을 팔고 사고 하려고 해안을 끼고 갑니다. 이것이 제 생활입니다. 힘든 생활이지요. 그러나 저는 아이가 열 둘이나 되는데, 다들 어립니다. 저는 늦게 결혼했습니다. 제가 떠날 때 막내는 난 지 아흐레째였습니다. 그런데 이번에 다시 보게 될 때는 첫이가 났을 것입니다."

"다복한 가정이로군요…" 하고 성모님이 말씀하시고 "하느님께서 댁의 가정을 보존해 주시길 바랍니다" 하고 말을 마치신다.

"저는 하느님의 도우심을 받을 자격이 정말 별로 없지만, 그 도우심에 대해서 불평은 하지 않습니다."

예수께서 물으신다. "댁은 적어도 개종자이기는 합니까?"

"그래야 하긴 할 것입니다. …제 조상들은 진짜 이스라엘 사람들이었습니다. 그러다가… 저희들은 그곳 환경에 적응하고 말았습니다…."

"영혼이 적응하는 공기는 하나밖에 없습니다. 그것은 하늘의 공기입니다."

"옳은 말씀입니다. 그러나 아시겠어요? …증조부께서 이스라엘 여자가 아닌 여자와 결혼하셨습니다. 그 아들들은 덜 충실했습니다. …아들들의 아들들은 이스라엘 사람들이 아닌 여자들과 결혼해서 아이들을 낳았는데, 그 아이들은 유다의 이름에 대해서 경의를 가지고 있을 뿐입니다. 우리는 근본을 따지자면 유다인이니까요. 이제 손자들의 손자인 저는… 아무것도 없습니다. 모든 사람과 접촉하는 바람에 모든 사람에게서 따와서 아무에게도 소속되지 않게 되기에 이르렀습니다."

"당신은 틀리게 추론합니다. 내가 그것을 증명하겠습니다. 만일 당신이 좋은 길이라는 것을 알고 있는 이 길로 가다가 대여섯 사람을 만났는데, 그 사람들이 '아니오. 이쪽으로 가시오', '뒤로 돌아가시오', '걸음을 멈추시오', '동쪽으로 가시오', '서쪽으로 도시오' 하고 말하면, 당신은 뭐라고 말하겠습니까?"

"저는 이렇게 말할 것입니다. '나는 이 길이 제일 가깝고 제일 쉬운 길이라는 것을 아오. 그러니 나는 이 길을 버리지 않겠소' 하고요."

"혹은 또 거래를 해야 하고 성공하는 방식을 아는 당신이 순전히 허풍으로나 교활한 타산으로 다르게 하라고 말하는 사람들의 말을 듣겠습니까?"

"아닙니다. 저는 제 경험으로 가장 좋은 것임을 아는 것을 따르겠습니다."

"좋습니다. 근본이 이스라엘 사람인 당신은 당신 뒤에 수천년을 내려온 믿음을 가지고 있습니다. 당신은 어리석지도 않고 무식하지도 않습니다. 그런데 돈 문제나 길의 안전 문제에서는 그것을 물리칠 줄 알면서, 왜 믿음의 문제에서는 모든 사람의 절충을 받아들입니까? 인간적으로만 말한다 하더라도 이것이 불명예스러운 일이라고 생각되지 않습니까? 하느님을 돈과 길 뒤로 물리쳐 놓는다는 것이 말입니다…."

"저는 하느님을 뒤로 물리쳐 놓지 않고, 오히려 하느님을 잊어버렸습니다…."

"그것은 당신이 장사와 돈과 생명을 신으로 삼았기 때문입니다. 그러나 이것들을 당신이 가지도록 허락하시는 것도 역시 하느님이십니다. …그러면 왜 성전에 들어갔었습니까?"

"호기심으로요. 길을 오는 중에 상품매매를 한 집에서 나오다가 선생님을 떠받드는 한떼의 사람을 보았습니다. 그리고 아스칼론에서 양탄자를 짜는 여인집에서 가졌던 대화가 생각났습니다. 그때 저는 선생님이 그 여자가 말한 분이 아닌가 하는 짐작이 들어서 누구냐고 물었습니다. 그리고 사실을 알고서는 선생님을 따라갔습니다. 저는 그날 장사는 끝냈었습니다. …그러다가 선생님을 놓쳤습니다. 예리고에서 선생님을 다시 보았지만 그저 잠시뿐이었습니다. 그러다가 오늘 다시 선생님을 만났습니다. …자, 이렇게 된 것입니다…."

"보시오, 하느님께서 우리를 연결시키시고, 우리의 길을 교차시키십니다. 나는 당신의 친절에 감사하기 위해 당신에게 줄 선물이 없소. 그러나 당신을 떠나기 전에 선물을 하나 주기를 바랍니다. 당신이 그 전에 나를 떠나지 않는다면 말입니다."

"아니, 그렇게는 안 합니다. 알렉산드르 미사스는 한 번 스스로 나선 다음에는 물러나지 않습니다! 이거 보십시오, 저 모퉁이를 지나면 마을이 시작됩니다. 저는 앞서 가겠습니다. 여관에서 다시 만나십시다." 이러면서 그는 수노새에 박차를 가하여 행길가에서 거의 구보(驅步)로 달린다.

"아들아, 그 사람은 성실한데 불행한 사람이로구나" 하고 성모님이 말씀하신다.
"그래서 어머니는 그 사람이 지혜에 따라서 행복하기를 원하시는 거지요?"
두 분은 저녁의 첫 어두움 속에서 조용히 미소지으신다.

… 10월의 긴 저녁시간에 여행자들은 여관의 큰방에 모두 모여서 해지는 시간을 기다린다. 한 구석에는 상인이 혼자서 계산에 골몰하여 있다. 맞은편 구석에는 예수께서 당신의 일행 모두와 함께 계시다. 마굿간에서는 나귀의 울음소리와 말의 울음소리와 양들이 우는 소리가 들려온다. 이로 인하여 여관에 다른 사람들도 있다는 것을 짐작할 수 있는데, 그 사람은 아마 벌써 잠자리에 든 모양이다.
마륵지암이 이번에는 "어른"이라는 것을 잊고 성모님의 품에서 잠들었다. 베드로도 졸고 있는데, 졸고 있는 사람이 그 혼자만은 아니다. 말이 많은 나이 든 여자들도 반쯤 잠이 들어서 말이 없다. 완전히 깨어 있는 사람은 예수님과 성모님, 라자로의 누이동생들, 신디카, 열성당원 시몬, 요한, 그리고 알패오의 유다이다.
신디카는 무엇을 찾으려는 것처럼 엔도르의 배낭을 뒤지고 있다. 그러나 곧이어서 바빌론의 귀양살이의 결과에 대하여 말하고 있는 알패오의 유다 가까이로 오는 편을 택한다. 유다는 이렇게 말해서 이야기를 끝낸다. "… 어쩌면 저 사람도 역시 그 결과인지 몰라요. 귀양살이는 어느 것이나 파멸이예요…." 신디카는 무의식적으로 머리를 끄덕인다, 그러나 아무 말도 하지 않는다. 그리고 알패오의 유다는 이렇게 말을 맺는다.
"그렇지만 어떤 사람이 여러 세기 동안 내려온 보물을 버리고 완전히 새 사람이 될 수 있다는 것은, 특히 종교 문제에서, 그것도 우리의 것과 같은 종교 문제에서 그렇게 될 수 있다는 것은 이상한 일입니다…."
예수께서 대답하신다. "이스라엘 속에 사마리아가 있는 것을 보고 이상히 여겨서는 안 된다."
침묵이 흐른다. …신디카의 검은 눈이 예수의 차분한 옆얼굴을 뚫어지게 쳐다본다. 신디카는 예수를 뚫어지게 쳐다보기는 하지만 말은 하지 않는다. 예수께서 그 눈길을 느끼시고 얼굴을 돌려 그를 바라다보신다.

"취미에 맞는 것을 아무것도 찾지 못했소?"

"못 찾았습니다, 주님. 저는 과거와 현재를, 전에 가졌던 사상과 지금의 사상을 일치시키지 못하는 지점에 이르렀습니다. 그리고 제 이전 사상들이 지금의 사상을 얻는 데 정말 도움이 되었기 때문에, 이것은 말하자면 하나의 배신인 것 같습니다. 선생님의 사도가 말을 잘 했습니다. …그러나 제 파멸은 행복한 파멸입니다."

"그대에게는 무엇이 무너진 것 같소?"

"주님, 이교적인 올림퍼스산의 신들에 대한 신앙이 그렇습니다. 그러나 저는 약간 어리둥절합니다. 그것은 주님네 성경을 읽으면서 — 요한이 성경을 제게 주었습니다, 그래서 지식이 없으면 아무것도 차지하지 못하기 때문에, 그것을 읽고 있습니다. — 주님네 역사에도…시작이라고 할까요? 우리네 역사와 별로 다르지 않은 사실들이 있다는 것을 발견했습니다. 이제 저는 알고 싶습니다…."

"내가 그대에게 말했지, 물어봐요 대답해 줄 테니."

"신들의 종교에는 모든 것이 오류입니까?"

"그래요. 다른 신들에게서 오지 않고, 인간적인 격정에도 필요에도 영향을 받지 않는 신은 다만 한 분뿐이오, 오직 한 분뿐이시고, 영원하시고, 완전하시고, 창조주이신 하느님."

"저는 그걸 믿습니다. 그러나 저는 다른 이교도들이 제게 할 수 있을 질문들에 대해서 대답하고 싶은데, 토론을 용납하지 않는 형태로 하지 않고, 설득하기 위해 토론하는 형태로 대답하고 싶습니다. 저는 저 자신으로 또 자비로우시고 온정이 넘치는 하느님의 덕택으로 틀이 덜 잡히기는 했지만, 제 정신에 평화를 주기에는 충분한 해답들을 얻었습니다. 그러나 저는 진리에 이르고자 하는 의지를 가졌었습니다. 다른 사람들은 저보다 덜 고민하면서 이 진리를 찾을 것입니다. 그러나 모두가 이 탐구를 원해야 할 것입니다. 저는 영혼들 곁에 무기력하게 있을 생각은 없습니다. 제가 얻은 것을 주기를 원합니다. 주기 위해서는 제가 알아야 합니다. 오늘 길을 오면서 산들을 바라다보는 동안, 그리이스의 산맥들과 제 조국의 역사가 생생하게 기억에 떠올랐고, 연상으로 프로메테우스*의 신화와 데우칼리온*의 신화가 생각났습니다. …주님네도 루치페르*가 벼락을 맞은 것, 진흙에 생명을 불어넣은 것, 노아의 홍수에 이와 비슷한 것이 있습니다. 사소한 공존(共存)이기는 하지만, 그래도 하나의 추억이기는 합니다. ⋯그러니 이제는 말씀해 주십시오. 만일 선생님네와 우리들 사이에 접촉이 없었더라면 우리가 어떻게 그런 것들을 알 수 있었겠는지, 또 선생님네가 그것들을 확실히 우리보다 먼저 알고 있었는데 우리도 그것들을 알았다면, 그 기원으로 거슬러 올라갈 방법은 없겠는지요? 우리들은 지금 많은 것을 모르고 있습니다. 그렇다면, 어떻게 우리가 수천년 전에 선생님네 진리들을 상기시키는 전설들을 가지게 되었습니까?"

"이봐요, 그대는 그 누구보다도 그런 질문을 하지 말아야 할 거요. 그대는 과연 그 자체로 그대의 질문에 해답을 줄 수 있을 책들을 읽었소. 그대는 오늘 연상으로 고향의 산에 대한 추억에서 고국의 신화들의 추억과 그 비교로 넘어갔소. 그렇지요? 왜 그렇게 되었소?"

"제 생각이 잠을 깨면서 기억을 했기 때문입니다."

"아주 잘 대답했소. 그대의 땅에 종교를 준 가장 옛날 사람들의 영혼들조차도 기억을 한 거요. 계시된 종교에서 떨어진 불완전한 사람이 할 수 있는 것처럼 희미하게 기억한 거요. 그러나 그 영혼들은 여전히 기억을 한 거요. 세상에는 종교가 많아요. 그런데, 만일 우리가 여기에 분명한 그림으로 그 종교들의 모든 특색을 가지고 있으면, 우리는 많은 진흙 속에 파묻혀 있는 금실 같은 것이 있다는 것을, 참된 진리의 작은 조각들이 들어 있는 매듭들이 있는 실이 있다는 것을 알게 될 거요."

"그러나 우리가 모두 같은 포도나무 그루에서 오지 않았습니까? 선생님께서 그렇게 말씀하셨지요. 그러면 원그루에서 온 옛날 사람들의 또 옛날 사람들은 왜 참된 진리를 가져올 줄을 몰랐습니까? 그들이 진리를 가지지 못하게 한 것은 불공평한 일이 아닙니까?"

"그대는 창세기를 읽었지요? 거기서 무엇을 발견했소? 처음에는 사람의 세 가지 상태, 즉 물질, 생각, 정신을 포괄하는 복잡한 죄를 발견했고, 그 다음에는 형제살해, 다음에는 사람들의 마음 속에 빛을 간직해 두려는 예속의 일을 상쇄하기 위한 이중 살인을, 그 다음에는 하느님의 아들들과 사람의 딸들의 관능적인 결합을 발견했소. 그리고 그대들의 신화에서 말하는 것처럼

---

* 역주:불의 신(그리이스 신화).

* 역주:프로메테우스의 아들. 피라의 남편(그리이스 신화).

* 역주:사탄의 다른 이름(Lucifer).

돌에서가 아니고, 또 인간의 작업으로 생명을 주는 불을 훔쳐온 데서가 아니라 하느님의 활동으로 생명을 주는 불을 불어 넣어주신 것으로 인해서 하느님의 모습을 닮은 사람의 형상으로 빚어진 첫번째 진흙에 생명이 주어졌었는데, 홍수로 깨끗하게 하고 좋은 씨에서부터 인정을 다시 만들었는데도 불구하고, 다시 교오의 누룩이 생겨나고 하느님께 대한 모독이 생겨났소. '우리는 하늘에까지 올라간다' 하고, 그리고 '그들이 흩어지고 서로 말을 알아듣지 못하게 되어라'는 하느님의 저주가 있었소. …그래서 하나밖에 없던 그 루가 마치 물이 바위에 부딪히면서 여러 줄기의 개울로 갈라져 다시 합쳐지지 않는 것 모양으로 갈라져, 하나밖에 없던 인종이 여러 인종으로 갈라졌소. 그의 죄와 하느님의 벌로 인하여 도망치는 인류는 이렇게 흩어져서 다시는 합쳐지지 않으며, 교만이 만들어낸 혼란을 가지고 다니는 거요. 그러나 영혼들은 기억하고 있어요. 영혼에는 항상 무엇인지 남아 있고, 가장 덕이 많고 가장 지혜로운 영혼들은 신화들의 어두움 속에서 비록 희미하나마 빛을, 진리의 빛을 어렴풋이 보는 거야. 생명이 있기 전에 본 이 빛의 기억이 그 영혼들 안에서 계시된 진리의 단편들이 들어 있는 진리들을 움직이는 거요. 내 말 알아들었소?"

"부분적으로 알아들었습니다. 그러나 이제는 그걸 곰곰이 생각해 보겠습니다. 밤은 곰곰이 생각하고 깊이 내성하는 사람의 친구입니다."

"그럼 우리 각기 깊이 내성하러 갑시다. 여자들, 당신들에게 평화. 내 제자들, 너희들에게 평화. 알렉산드르 미사스, 당신에게도 평화."

"주님, 안녕히 가십시오. 하느님께서 선생님과 함께 계시기를" 하고 상인이 몸을 구부리면서 말한다.

151. 라모에서 게라사로

약간 바람이 부는 아침의 강렬한 빛을 받으며 이 마을의 독특한 특징이 그 본래의 아름다움 그대로 나타난다. 이 마을은 혹은 더 높고 혹은 덜 높은 산봉우리들이 빙 둘러 있는 한가운데에 서 있는 바위가 많은 고원 위에 자리 잡고 있다. 그 위에 큰 집들과 작은 집들과 다리들과 샘들을 올려 놓은 화강암으로 된 커다란 고원과 같다. 그것들은 모두 엄청나게 큰 거인 어린아이를 즐겁게 해주기 위하여 거기 있는 것 같다.

집들은 이 지방의 바탕 재료가 되어 있는 석회암을 깎아 지은 것 같다. 어떤 것은 회반죽도 없이, 어떤 것은 네모반듯하지 못한 돌들을 포개 놓아서 지은 집들은 재간있는 큰 어린아이가 나무쌓기 하는 정육면체의 나무로 쌓아서 만든 장난감과 같다.

이 작은 마을 둘레에 빙 돌아가면서 여러 가지 농작물을 심은 나무 많고 기름진 작은 들판이 보인다. 위에서 내려다보면 그것들은 마치 양탄자와 같은데, 그안에는 정사각형과 사다리꼴과 세모꼴을 알아볼 수 있다. 어떤 것들은 괭이로 판 지가 얼마 안 되는 갈색 땅으로 되어 있고, 어떤 것은 가을비를 맞아 다시 돋아난 풀 때문에 에머랄드 같은 초록빛깔이고, 또 어떤 것들은 포도밭과 과수원의 마지막 잎들로 붉게 물들여졌고, 어떤 것들은 포플라와 버드나무로 녹청색이며, 어떤 것들은 떡갈나무와 캐롭나무*로 반들거리는 초록색이거나 실편백과 침엽수로 인하여 청동색을 띤 초록이다. 아주 대단히 아름답다!

그리고 마치 리본의 매듭에서 갈라져 나가는 것과 같이 이 마을에서 먼 평야로, 또는 한층 더 높은 산들 쪽으로 가면서 숲 속으로 들어가거나 푸르른 풀밭들과 갈아 놓은 밭들의 갈색 흙을 흑갈색 줄로 갈라 놓는 길들이 있다.

---

* 역주 : 지중해 연안산 콩과(科)의 상록수.

또 마을 너머로는 수원(水源) 쪽으로 가는 은빛나는 아름다운 개울이 있는데, 반대편에서는 협곡과 비탈 사이의 계곡을 향하여 내려가면서 비췻빛깔을 띤 푸른 빛이 되어, 변덕스럽게 나타났다 사라졌다 하며, 물줄기가 불어나면서 점점 더 힘차고 더 푸르게 되고, 바닥에 있는 갈대와 가문 계절에 바닥에 났던 풀들이 물줄기에 푸른 빛깔을 띠게 하지 못하게 된다. 이제는 벌써 깊어진 많은 물 밑으로 풀줄기들을 잠그고 나서 하늘을 반사하고 있다.

하늘은 환상적인 파란 빛깔이어서, 마치 그 놀랄 만한 덩어리에 갈라진 금하나 없는 짙은 파란색 에나멜의 값진 조가비 같다.

대상 행렬은 여자들을 아직 노새에 태운 채 다시 걷기 시작한다. 상인의 말에 의하면 마을 저쪽으로는 길이 힘들고, 게다가 밤이 되기 전에 게라사에 도착하려면 빨리 가야 하기 때문이다. 쉬고 나서 기운을 차린 일행은 겉옷으로 포근하게 몸을 싸고, 아랫쪽에 있는 다른 산들 위로 엄청나게 큰 덩어리처럼 우뚝 솟은 외딴 산의 더 높은 비탈을 따라 아름다운 수풀 사이로 나 있는 길로 빨리 나아간다. 그 산은 우리네 아페닌 산맥의 가장 높은 지점에서 만나는 것 같은 진짜 거대한 산이다.

여전히 성모님의 노새의 고삐를 잡고 인도하시는 예수 곁에 남아 있던 상인이 손가락으로 가리키면서 "갈아앗입니다" 하고 말한다. 그리고 덧붙인다. "저기만 지나면 길이 더 나아집니다. 여기에 한 번도 안 와 보셨습니까?"

"한 번도 안 왔습니다. 봄에 이곳에 오고자 했었지만, 갈갈라에서 쫓겨났지요."

"선생님을 쫓아내다니? 정말 잘못입니다!"

예수께서 그를 바라다보시며 말씀을 하지 않으신다.

상인은 짐승들의 빠른 걸음을 따라오느라고 그 짧은 다리로 정말 고생을 하고 있는 마륵지암을 안장에 올려 놓았다. 베드로도 그것을 안다. 짐승들이 빠르기도 하다는 것을! 그는 고생스럽게 따라가려고 애를 쓰며 나아가고, 다른 사람들도 따라서 하지만, 대상과의 거리는 자꾸만 커진다. 그는 땀을 흘린다. 그러나 마륵지암이 웃는 소리가 들리고, 성모님이 생기가 있고 예수께서 행복하신 것을 보기 때문에 만족하다. 베드로는 그와 같이 맨 뒤에 처진 마태오와 동생 안드레아와 숨을 헐떡이며 말하고, 다리를 가진 것처럼 날개를 가졌으면 오늘 아침에 행복할 텐데 하고 말해서 그들을 웃긴다. 그도 역시 다른 사람들처럼 짐이란 짐은 모두 벗어서 여자들이 탄 노새의 안장에 매달아 놓았다. 그러나 이슬에 젖어 미끄러운 돌들이 깔린 길은 정말 어렵다. 두 야고보와 요한 그리고 타대오는 더 용감하여 여자들이 탄 노새들을 가까이에서 따라간다. 열성당원 시몬은 엔도르의 요한과 말을 하고 있다. 티몬과 헤르마스테아도 노새들을 모는 일에 골몰하고 있다.

마침내 어려운 고비는 넘었고, 아주 다른 경치가 놀란 눈 앞에 나타난다. 요르단강의 계곡은 완전히 사라졌다. 이제는 동쪽에 엄청나게 넓은 높은 고원이 눈 앞에 나타나는데, 그 위에는 주름 같은 야산들이 겨우 올라와 풍경의 단조로움을 깨뜨린다. 나는 팔레스티나에 이와 비슷한 것이 있으리라고는 일찍이 생각하지 못했었다. 산들의 바위투성이의 폭풍우가 지나간 다음, 그 폭풍우가 거대한 파도로 굳어지면서 가라앉아 밑에 있는 지면과 하늘 사이에 매달려 있고, 처음의 그 광란의 유일한 추억으로는 여기저기 굳어버린 거품 같은 산꼭대기들로 이루어진 저 야산들의 선이 있고, 파도의 물은 놀랄 만큼 화려한 평평한 지면에 퍼져 있는 것 같다. 그리고 이 찬란하게 평온한 이 지방에는 폭풍우의 마지막 두 물결이 서로 부딪히면서 만들어 놓은 심연이 그런 것과 같이 최후의 거칠은 힘으로 해서 이르게 된다. 저 밑에는 거품을 일으키며 서쪽으로 흘러가는 또 다른 급류가 하나 있다. 그 급류는 동쪽에서 이리저리 구불구불 흘러오며 바위들 사이와 폭포를 통하여 성급하게 흘러서 저 멀리에 있는 어마어마하게 큰 고원의 조용함과는 대조를 이룬다.

"이제는 길이 좋아집니다. 선생님께서 허락하시면, 정지를 명하겠습니다" 하고 상인이 말한다.

"여보시오, 나는 당신이 인도하는 대로 따르겠습니다. 당신이 잘 알고 있으니까."

일행은 모두 내려와서 음식을 익힐 나무와 피로한 발과 갈증을 느끼는 목을 위한 물을 얻으려고 비탈 여기저기로 흩어진다. 짐을 내려놓은 짐승들은 우거진 풀을 뜯거나 급류의 맑은 물을 먹으려고 내려간다. 어린 양들을 익히기 위하여 피운 작은 불들에서는 송진 냄새와 구워지는 고기 냄새가 풍긴다.

사도들은 불을 피우고, 미리 급류의 시원한 물에 씻은 절인 생선을 굽는다. 그러나 상인이 그것들을 보고 작은 어린 양인지 염소 새끼인지를 한 마리 가지고 와서 받으라고 강요한다. 그래서 베드로는 그 안에 향신료들을 넣고 나서 구울 각오를 한다.

식사는 빨리 준비되고 빨리 끝났다. 그리고 수직으로 내려오는 오정의 햇살을 받으며 더 좋아진 길로 다시 걸어가기 시작한다. 길은 놀랄 만큼 기름지고 잘 경작되고 양떼와 돼지떼가 많은 지방을 개울을 끼고 동북쪽으로 향하여 간다. 가축떼들은 대상 앞에서 울부짖으면서 달아난다.

"주님, 성곽을 둘러친 저 도시가 게라사입니다. 훌륭한 장래를 가진 도시입니다. 지금 저 도시는 발전하는 중에 있습니다. 그런데 저는 저 도시가 아름다움과 장사와 부유의 면에서 요페와 아스칼론과 티르와 다른 많은 도시들과 경쟁하게 될 것이라고 말해도 틀리지 않는다고 생각합니다. 로마인들도 홍해에서, 따라서 에집트에서 다마스커스를 거쳐 흑해로 가는 이 도로상에 있는 저 도시의 중요성을 압니다. 그들은 게라사 사람들이 건설하는 것을 도와줍니다. …그들은 눈이 좋고 직감이 빠릅니다. 지금 당장은 저 도시에 상업인들만 많이 있지만 이담에는! …오! 저 도시는 아름답고 부유해질 것입니다! 신전들과 수영장, 원형극장, 공중목욕탕들이 있는 작은 로마가 될 것입니다. 저는 저곳에 상점들밖에 가지고 있지 않았습니다. 그러나 상점들을 지을 땅을 많이 사 두었습니다. 그것들을 싸게 샀다가 비싸게 다시 팔려는 것이지요. 어쩌면 또 진짜 부자의 집을 지어서, 발닷사르와 나보르와 펠릭스와 시드미아가 제각기 시노페와 티르와 요페와 나일강 하구에 있는 알렉산드리아에 있는 상점들을 경영하고 지휘할 수 있게 되면 늘그막에 그곳에 와서 자리잡을지도 모릅니다. 그동안에 다른 세 아들도 클 것이고, 그러면 그 애들에게는 게라사와 아스칼론과 어쩌면 예루살렘의 상점을 줄 것입니다. 그리고 부유하고 아름다운 여자들은 인기가 있어서 호화로운 결혼을 하고 많은 손주를 낳아 줄 것입니다…." 상인은 뜬 눈으로 가장 행복한 장래를 꿈꾸고 있다.

예수께서 조용히 물으신다. "그리고 그 다음에는요?"

상인은 몸을 흔들고, 예수를 쳐다보고, 어쩔 줄 몰라하다가 말한다. "그리고 그 다음에는요? 그뿐이지요 뭐. 그 다음에는 죽음이 오지요. …그것은 슬픈 일입니다. 그러나 사실이 그렇습니다."

"그러면 당신은 일체의 활동을 떠나게 되지요? 상점이란 상점을 모두? 일체의 애정을?"

"그야 주님! 저는 그렇게 되기를 원치는 않습니다. 그러나 제가 난 것과 같이 죽기도 해야 합니다. 그리고 모든 것을 떠나야 할 것입니다." 그러면서 그는 그 바람으로 대상을 앞으로 밀 수 있을 만큼 큰 한숨을 쉰다.
 "그러나 죽은 다음에는 모든 것을 떠난다고 누가 말합니까?"
 "누가 말하느냐구요? 그야 사실들이 말하지요! 우리가 죽으면… 아무것도 남지 않습니다. 손도 없고, 눈도 없고, 귀도 없게 됩니다…."
 "당신은 손과 눈과 귀뿐이 아닙니다."
 "저는 사람입니다. 저도 그것을 압니다. 저는 다른 것들도 가지고 있습니다. 그렇지만 모든 것이 죽음과 더불어 끝납니다. 마치 해가 지는 것과 같습니다. 해가 지면 해는 사라지게 됩니다…."
 "그러나 새벽이 해를 다시 만들어 냅니다. 아니 그보다도 해를 다시 데려 옵니다. 당신은 사람입니다. 당신이 그렇게 말했습니다. 당신은 당신이 타고 다니는 짐승과 같은 동물이 아닙니다. 짐승은 죽으면 정말로 끝입니다. 그러나 당신은 그렇지 않습니다. 당신은 영혼을 가지고 있습니다. 그것을 모릅니까? 당신은 이제 이것도 모르게 되었습니까?"
 상인은 고통스러운 비난을 듣는다. 고통스러우면서도 다정스러운 책망을 그리고 고개를 숙이며 중얼거린다. "그것은 아직 알고 있습니다…."
 "그러면? 당신은 영혼이 살아남는다는 것을 모릅니까?"
 "압니다."
 "그러면? 영혼은 내세에서도 여전히 활동을 하고 있다는 것을 모릅니까? 영혼이 거룩하면 거룩한 활동을 하고, 악하면 악한 활동을 합니다. 영혼은 감정을 가지고 있습니다. 오! 가지고 있고 말고요! 거룩한 영혼이면, 사랑의 감정을 가지고 있고, 지옥에 떨어진 영혼이면 증오의 감정을 가지고 있지요. 누구에게 대한 미움입니까? 당신의 경우에는 순전히 활동과 상점과 순전히 인간적인 감정입니다. 사랑의 감정은 누구에 대해서입니까? 같은 것에 대해서입니다. 그리고 주님의 평화 속에 있는 영혼은 자녀들과 자녀들의 활동에 얼마나 많은 축복을 가져올 수 있습니까!"
 그 사람은 생각에 잠겼다가 이윽고 말한다. "이제는 때가 늦었습니다. 저는 이제 늙었거든요." 그러면서 그 사람은 노새를 멈춘다.
 예수께서는 미소를 지으시며 대답하신다. "나는 당신에게 강요하지는 않습니다. 권고를 하는 것입니다." 그러시면서 사도들을 보시려고 몸을 돌리신다. 사도들은 시내에 들어가기에 앞서 멎는 동안에 여자들이 노새에서 내리는 것을 도와주고 그들의 배낭을 다시 짊어진다.

대상은 다시 출발하여 분주한 도시에서 두 탑이 지키고 있는 성문으로 서둘러 들어간다.

상인이 다시 예수께로 온다. "아직 저와 같이 계시겠습니까?"

"만일 당신이 나를 쫓아보내지 않는다면, 왜 당신과 같이 있는 것을 원치 않겠습니까?"

"제가 말한 것 때문에요. 거룩하신 선생님께서는 제가 불쾌감을 드릴 것입니다."

"천만에요! 그렇지 않습니다! 나는 당신과 같은 사람들을 위해서 왔습니다. 당신들이 가장 사랑받을 필요가 있기 때문에 나는 당신들을 사랑합니다. 당신은 아직 나를 모릅니다. 그러나 나는 사랑을 구걸하며 지나가는 사랑입니다."

"그러면 저를 미워하지 않으시는 거로군요?"

"당신을 사랑합니다."

그 사람의 눈 안에 반짝이는 빛이 지나간다. "그러면 같이 계십시다. 저는 게라사에서 장사일 때문에 사흘을 묵을 작정입니다. 거기서 저는 노새들을 두어두고 낙타들을 타고 갑니다. 저는 노정이 긴 곳에는 대상의 교대를 합니다. 그리고 그곳에 제가 남겨 놓은 짐승들을 돌보는 하인이 한 사람 있습니다. 그런데 선생님께서는 무엇을 하시겠습니까?"

"나는 안식일 동안에 복음을 전하겠습니다. 만일 당신이 머무르지 않았더라면 나는 당신을 떠났을 것입니다. 안식일은 주님을 위해 성스러운 날이니까요."

그 사람은 이맛살을 찌푸리고 곰곰히 생각하더니 마지 못한 것처럼 동의한다는 표를 보인다. "… 예… 맞습니다. 이스라엘의 하느님께서는 성스럽지요. 성스럽습니다, 성스러워요." 그는 예수를 쳐다본다…. "선생님께서 허락하시면 안식일을 선생님께 바치겠습니다."

"하느님께 바치시오. 하느님의 종에게 바치지 말고."

"선생님의 말씀을 들으면서 하느님과 선생님께 바치겠습니다. 저는 오늘 사업을 하고, 내일 아침나절에도 사업을 하겠습니다. 그런 다음에는 선생님의 말씀을 듣겠습니다. 이제는 제 여관으로 오시겠습니까?"

"당연히 그래야지요. 나는 여자들을 데리고 있고, 또 이곳에는 내가 알려지지 않았으니까요."

"여기 제 여관이 있습니다. 해마다 제 마굿간들이 여기 있으니까 제 여관입니다. 그러나 제 상품들을 두는 넓은 방들이 있습니다. 선생님께서 쓰실 생각이시면…"

"하느님께서 당신께 갚아 주시기를. 갑시다."

152. 게리사에서 전도하시다

예수께서는 알려지시지 않은 것으로 믿고 계셨다! 그런데 이튿날 아침 알렉산드르의 상점 밖으로 나가시니 벌써 당신을 기다리는 사람들을 만나신다. 예수께서는 사도들하고만 함께 계시다. 여자들과 제자들은 집에 남아서 쉬고 있었다.

사람들은 예수께 인사를 드리고 둘러싸며, 마귀들렸다가 나은 사람이 말하는 것을 들었기 때문에 예수를 안다고 말한다. 마귀들렸다가 나은 사람은 며칠 전에 이리로 지나간 제자 두 사람과 같이 떠났기 때문에 지금은 없다고 한다. 예수께서는 시내로 걸어 다니시면서 이 말들을 친절하게 들으신다. 시내에는 건설 현장의 엄청난 소음이 들려오는 구역이 자주 나타난다. 벽돌쌓는 사람, 토목 인부, 석공, 대장장이, 목수들이 건조(建造)하고, 높이가 다른 땅을 평평하게 하거나 메우고, 벽을 쌓을 돌들을 대충 다듬고, 여러 가지로 쓸 쇠를 다루고, 톱질하고, 대패질하고 단단한 나무 줄기로 말뚝을 만드는 일을 한다.

예수께서는 지나가며 바라다보시고, 바로 시내 한 가운데로 졸졸거리며 지나가는 개울에 놓인 다리를 건너가신다. 집들은 개울 양쪽 기슭에 마치 방파제를 이루는 듯이 줄지어 서 있다. 그런 다음 시내의 윗쪽으로 올라가시는데, 그곳은 약간 땅의 높낮이가 생겼다. 그래서 서북쪽은 동남쪽보다 더 높다. 그러나 양쪽 모두 그 작은 개울로 둘로 갈라진 도시의 중심지보다는 더 높다. 예수께서 멈추어 서신 곳에서는 전망이 아름답다. 꽤 큰 시내가 전부 보이고, 그 뒤로는 동, 남, 서쪽에 비탈이 가파르지 않고 온통 푸른 빛깔인 말 편자 모양의 야산들이 있다. 그런데 북쪽으로는 탁 트인 넓은 평야가 시야에 들어오는데 지평선에는 야산이라고 부르기도 어려운 가벼운 기복이 나타난다. 그 기복은 이 물결과 같은 땅을 뒤덮은 포도나무의 노리끼한 가지들을 황금빛으로 물들이는 아침 햇살을 받아 온통 금빛이 되었다. 마치 화려한 금빛을 한 겹 깔아서 죽은 잎들의 우수(憂愁)를 완화하려는 것 같다.

예수께서는 유심히 살펴보시고, 게라사 사람들은 그대로 서서 예수를 쳐다보고 있다. 예수께서는 그들에게 이렇게 말씀하셔서 그들의 마음을 사로잡으신다. "이 도시는 매우 아름답습니다. 이 도시를 정의와 성덕으로도 아름답게 만드시오. 야산들과 개울과 푸른 들판, 이것들은 하느님께서 여러분에게 주신 것입니다. 로마가 이제 집을 짓고 아름다운 건물들을 짓는 일에 여러분을 도와줍니다. 그러나 여러분의 도시에 거룩하고 올바른 도시라는 이름을 주는 것은 오직 여러분만의 할 일입니다. 한 도시는 성곽 안에 갇혀 있는 사회의 일부분이기 때문에 한 도시는 그 주민이 만드는 것입니다. 그러나 도시가 어떤 것이냐 하는 것은 주민들에게 달렸습니다. 도시 자체는 죄를 짓지 않습니다. 개울이나 다리나 집이나 탑은 죄를 지을 수 없습니다. 그것들은 물질들이지 영혼이 아닙니다. 그러나 도시의 성곽 안에, 집안에, 가게 안에 들어 있는 사람들, 다리를 건너가는 사람들, 개울에서 목욕하는 사람들은 죄를 지을 수 있습니다. 반역적이고 흉포한 도시에 대해서 사람들은 '저 도시는 대단히 나쁜 도시이다' 하고 말합니다. 그러나 이것은 잘못 말하는 것입니다. 도시가 나쁜 것이 아니라 주민들이 나쁜 것입니다.

일치해서 오직 하나인 어떤 복잡한 것이 되는 저 개인들이 그래도 유일한 어떤 것을 만들어 놓는데, 이것이야말로 도시라는 이름을 들을 자격이 있는 것입니다. 이제는 똑똑히 들으시오. 만일 어떤 도시에 주민 만 명은 착하고, 천 명만이 착하지 않으면, 그 도시를 나쁜 도시라고 말할 수 있겠습니까? 아닙니다. 그렇게 말할 수 없을 것입니다. 이와 마찬가지로 인구 만 명의 도시에 당파가 많고, 각 당파가 자기 당파만 돋보이게 하려고 하면 그 도시가 화합해 있다고 말할 수 있습니까? 아니, 그렇게 말할 수 없습니다. 또 그 도시가 번영하리라고 생각하십니까? 아닙니다. 번영하지 못할 것입니다.

게라사의 주민 여러분, 여러분은 지금 여러분의 도시를 훌륭한 곳으로 만들려는 생각에 모두 일치해 있습니다. 그런데 여러분은 모두가 같은 일을 원하고, 또 이 목적을 달성하기 위해 서로 경쟁하고 있으니까 이 일을 성취할 것입니다. 그러나 만일 여러분 가운데 여러 가지 당파가 생겨서, 한 당파에서는 '아니야, 서쪽으로 뻗어 나가는 것이 더 나아' 하고 말하고, 다른 당파에서는 '천만에, 우리는 북쪽 평야 쪽으로 갈 거야' 하고 말하고, 또 다른 당파에서는 '여기도 아니고 저기도 아니야, 우리는 개울 가까이 중간에 모여 살 거야' 하고 말하게 되면 어떤 일이 일어나겠습니까? 시작된 공사가 중단

되고, 자본을 빌려 주는 사람들이 자본들을 거두어 가고, 이곳에 와서 자리 잡을 생각을 가지고 있던 사람들이 화합이 더 잘 되는 다른 도시로 가게 될 것입니다. 그리고 이미 이룩된 것도 주민들의 분열로 인해서 끝나지 못한 채 비바람에 내맡겨지겠기 때문에 쓰러지고 말 것입니다.

그렇습니까, 안 그렇습니까? 여러분은 그렇다고 말하는군요. 바로 말했습니다. 그러므로 도시의 이익이 되는 일, 따라서 시민들의 이익이 되는 일을 하려면 협조가 필요합니다. 어떤 사회에서 그 사회 자체에 이익이 되는 것은 그 사회를 구성하는 사람들의 복지(福祉)가 되기 때문입니다.

그러나 여러분이 생각하는 사회, 즉 같은 도시나 같은 나라에 딸린 사람들의 사회나 가족이라는 작고 소중한 사회만이 있는 것이 아닙니다. 더 넓고 무한한 사회가 있습니다. 그것은 영의 사회입니다. 살아 있는 우리 모두는 영혼을 가지고 있습니다. 이 영혼은 육체와 더불어 죽지 않고, 그 뒤에도 영원히 살아남습니다. 사람에게 영혼을 주신 창조주 하느님의 생각은 모든 사람의 영혼이 같은 곳, 즉 하늘에 모이는 것이었습니다. 하늘이 하늘 나라를 이루는 것인데, 이 나라의 임금님은 하느님이시고, 이 나라의 지극히 행복한 신민(臣民)은 거룩하게 살다가 조용히 죽은 후의 사람들이었을 것입니다. 그런데 사탄이 파괴하고 하느님과 영들을 괴롭히기 위해서 갈라 놓고 뒤죽박죽이 되게 하려고 왔습니다. 사탄은 사람들의 마음 속에 죄를 가져왔고, 죄와 더불어 인생의 마지막에 육체에 죽음을 가져왔습니다. 그러면서 영들에까지도 죽음을 주기를 바랐습니다. 영들의 죽음은 지옥에 떨어지는 것입니다. 그것은 아직 존재하는 것이기는 합니다. 그러나 참 생명과 영원한 기쁨이 되는 것, 즉 하느님을 지극히 행복하게 뵙는 것과 영원한 빛 안에서 하느님을 영원히 차지함이 없는 존재입니다. 그래서 인류는 마치 한 사회가 반대되는 당파로 갈라지듯이 뜻들이 서로 갈라졌습니다. 이렇게 해서 인류는 파멸로 갔습니다.

나는 다른 곳에서 내가 벨제붓의 도움으로 마귀들을 쫓아낸다고 비난하는 사람들에게 '어떤 나라도 그 안에 분열이 생기면 멸망한다'고 말했습니다. 과연 만일 사탄이 자기 자신을 내쫓으면 그와 그의 캄캄한 나라는 멸망할 것입니다. 나는 하느님께서 당신이 창조하신 인류에 대해 가지시는 사랑 때문에 오직 한 나라만이, 즉 하늘 나라만이 거룩하다는 것을 상기시키려고 왔습니다. 나는 하늘 나라를 전파해서 가장 착한 사람들이 그리로 달려오게 하려고 왔습니다. 오! 나는 가장 악한 사람들까지도 회개하고 마귀에게서 해방되어 그리로 오기를 바랍니다. 마귀는 영적으로 차지하는 것 외에 드러나게 육체적으로도 차지하거나 또는 비밀히 영적으로만 차지하는 것으로 악인들을 붙잡아 둡니다. 그렇기 때문에 나는 여러분에게 내 능력을 믿게 하고 하느님께서 나와 함께 계시다는 것을 설득하기 위하여, 병자들을 낫게 하고, 마귀들린 사람들의 몸에서 마귀들을 쫓아내고, 죄인들을 회개시키고, 주님의 이름으로 용서하며, 나라를 위하여 가르치고, 기적들을 행하면서 돌아다닙니다. 하느님께서 나와 함께 계시다는 것은 누가 하느님을 친구로 모시고 있지 않으면 기적을 행할 수 없기 때문입니다. 그리고 내가 하느님의 뜻으로 마귀들을 쫓아내고, 병자들을 낫게 하고, 문둥병자들을 깨끗하게 하고, 죄인들을 회개시키며, 나라를 전하고, 그 나라에 가는 길을 가르치고, 하느님의 이름으로 그 나라에 사람들을 부르고, 하느님께서 분명하고 이론의 여지없게 내게 친절을 베푸셔서 비열한 적들만이 반대할 수 있다면, 이 모든 것은 나라가 여러분 가운데 와 있다는 표이고, 나라를 세워야 하는 시간이기 때문에 그것이 건설되어야 한다는 표이기 때문입니다.

하느님의 나라가 세상과 사람들의 마음에 어떻게 세워집니까? 모세의 율법으로 돌아오는 것으로, 그것을 모르면 정확히 앎으로, 특히 어떤 일이 생기든지 일생의 각 순간에 그 율법을 자기 자신에게 전적으로 적용하는 것으로 세워집니다. 이 율법은 어떤 성질의 것입니까? 너무 엄격해서 실행할 수 없을 정도의 것입니까? 아닙니다. 이것은 도덕적으로 착한 사람, 정말 착한 사람이면 알 수 없는 아프리카의 가장 들어가기 어려운 수풀이 우거지고 뒤얽힌 속에 틀어박혀 있더라도 지켜야 한다는 의식을 가지게 되는 거룩하고도 쉬운 열 가지 계명의 총체입니다. 율법은 이렇게 말합니다.

'나는 주 네 하느님이다, 나 이외에 다른 신은 없다.

주의 이름을 쓸 데 없이 부르지 말아라.

하느님의 계명과 피조물의 필요에 따라 안식일을 지켜라.

오래 살고 땅과 하늘에서 행복을 얻기 위하여 너희 아버지와 어머니를 공경하여라.

살인하지 말아라.

도둑질하지 말아라.

간음하지 말아라.

이웃에게 불리한 거짓 증언을 하지 말아라.
남의 아내를 탐내지 말아라.
남이 가진 것을 탐내지 말아라.'

비록 미개인일지라도 착한 영혼을 가진 사람이면 자기 둘레에 있는 것을 둘러보면서 '이 모든 것이 저절로 생겨날 수는 없었다. 그러니까 자연과 사람 자신보다 더 능력이 있어서 이것을 만드신 분이 계시다'고 생각하게 되지 않을 사람이 누가 있겠습니까? 그래서 그 사람은 그가 알지 못하거나 그 지극히 거룩한 이름은 알지 못하지만, 그 존재는 느끼는 그 능력있는 분을 흠숭합니다. 그리고 그분에 대해 어떻게나 존경하는 마음을 가지는지 그가 그분에게 붙였거나 그분을 이렇게 부르라고 누가 가르쳤거나 하는 이름을 부르면서도 몸을 떨 지경이고, 존경하는 마음을 가지고 그분을 부르는 것만으로도 그분께 기도를 드리는 것이라는 의식을 가지게 될 정도입니다. 사실 하느님을 흠숭하거나 그분을 모르는 사람들에게 그분을 알게 할 생각으로 하느님의 이름을 부르는 것은 기도입니다.

마찬가지로 정신적인 조심성으로도 어떤 사람이든지 그가 살아 있는 동안은 그의 지체가 저항력을 가지도록 그것을 쉬게 해야 한다는 것을 느낍니다. 우주의 창조주이시고 주님이신 이스라엘의 하느님을 모르지 않는 사람은 더 옳게, 피로해서 잠자리짚 위에서 쉬면서 그 튼튼한 이로 귀리를 씹고 있는 마소와 같이 되지 않으려면 그 동물적인 휴식을 주님께 바쳐야 한다는 의식을 가지고 있습니다.

핏줄 자체가 자기를 낳아 준 것들에 대한 사랑을 외칩니다. 우리는 지금 시장에서 돌아오는 어미에게 앙앙 울면서 마주 달려가는 저 나귀 새끼에게서 그것을 확인합니다. 나귀 새끼는 짐승떼에 섞여 놀고 있다가 어미를 보고는 어미가 제게 젖을 먹여 주었다는 것, 정답게 핥아 주었다는 것, 어미가 보호해 주고 따뜻하게 해주었다는 것을 기억합니다. 그래서 여러분이 보시다피 저렇게 합니다. 그의 연한 주둥이로 어미의 목을 비비고, 그 어린 엉덩이를 저를 가졌던 옆구리에 비비면서 기쁘게 뜁니다. 부모를 사랑하는 것은 의무이기도 하고 즐거움이기도 합니다. 그리고 짐승도 저를 낳아 준 어미를 사랑하지 않는 놈은 없습니다. 그런데 아니? 사람이 진흙 속에 사는 지렁이만도 못하겠습니까?

도덕적으로 착한 사람은 살인을 하지 않습니다. 폭력은 그에게 혐오감을 일으킵니다. 그는 아무에게서도 목숨을 빼앗아서는 안 된다는 것, 생명을 주신 하느님만이 그것을 빼앗을 권리를 가지고 계시다는 의식을 가지고 있습니다. 그래서 그는 살인하기를 거부합니다.

이와 마찬가지로 도덕적으로 건전한 사람은 남의 물건을 빼앗지 않습니다. 그 사람은 도둑질해서 생긴 맛좋은 구운 고기보다는 은빛나는 샘 곁에서 편안한 양심으로 먹는 빵을 더 낫게 여깁니다. 도둑질해 온 침대에서 자는 뒤숭숭한 잠보다는 땅바닥에서 돌을 베고 정직한 양심 위에 평화와 위안을 비를 내리듯 내려주는 정다운 별들을 이고 자는 것을 더 좋아합니다.

그리고 만일 그 사람이 도덕적으로 건전하면 자기 아내 아닌 다른 여자들을 원치 않고 비열하게 남의 침대에 들어가 그것을 더럽히지 않습니다. 그러지 않고 친구의 아내를 자매로 보고, 그 여자에 대하여 자매에게 대해서 가지지 않는 눈길과 욕망을 가지지 않습니다.

올바름이 가득 찬 그의 양심이 주는 선에 대한 지식 말고 선에 대한 다른 지식이 없이 그저 천성적으로만이라도 곧은 마음을 가지고 있는 사람은 감히 진실을 상하게 하는 증언을 하지 않습니다. 그에게는 그것이 살인과 도둑질과 같은 것으로 생각되기 때문인데, 사실 또 그렇기도 합니다. 그렇지 않고 그의 입술은 그의 마음과 같이 정직하고, 또 남의 아내를 욕심내는 눈길을 가지지 않습니다. 그럴 욕망조차도 가지지 않습니다. 그것은 욕망이야말로 죄로 이끌어가는 것임을 알기 때문입니다. 그리고 그 사람은 착하기 때문에 샘을 내지 않습니다. 착한 사람은 절대로 샘을 내지 않고, 자기 운명에 만족합니다.

이러한 요구를 하는 이 율법이 여러분에게는 실행불가능한 것으로 보입니까? 여러분 자신을 해치는 일을 하지 마시오. 나는 여러분이 그렇게 하지 않으리라는 것을 확신합니다. 그리고 여러분이 그렇게 하지 않으면, 여러분과 여러분의 도시 안에 하느님의 나라를 세울 것입니다. 그리고 어느날 여러분은 여러분이 사랑한 사람들, 여러분과 같이 끝없는 하늘의 기쁨 속에 있는 영원한 나라를 얻은 사람들과 행복하게 다시 만날 것입니다.

그러나 바로 우리 마음 속에 어떤 도시의 성곽 안에 주민들이 들어박혀 있듯이 열정들이 들어 있습니다. 사람들의 열정 모두가 같은 것, 즉 성덕을 원해야 합니다. 그리고, 일부분은 하늘을 향하는데, 그 다음에 다른 부분이 성문을 열어 놓아서 유혹자가 뚫고 들어오게 내버려두거나 토론과 게으름으로 영적인 일부분의 주민들의 행동을 무력하게 만들어서 시의 내부가 멸망하게 하고, 쐐기풀과 독초와 개밀 속(屬)과 뱀과 전갈과 쥐와 재칼과 올빼미, 즉 나쁜 열정과 사탄의 졸개들에게 시를 넘겨 주면 아무 소용이 없을 것입니다. 우리가 하느님의 나라를 건설하기를 원하는 곳에 악마가 들어오는 것을 막기 위하여는 성곽을 지키라고 배치하는 보초들과 같이 절대로 게을리 하지 않고 지켜야 합니다.

정말 잘 들어 두시오. 무장을 한 강한 사람이 그의 집 문을 지키고 있으면 집안에 있는 모든 것이 안전합니다. 그러나 그보다 더 힘센 사람이 오거나 그의 문을 지키지 않고 그대로 놓아두면, 그때에는 더 힘센 사람이 그 사람을 꺾어 이기고 무장을 해제합니다. 그래서 그 사람은 그가 믿던 무기를 빼앗겨서 비굴하게 굴고 항복합니다. 그러면 힘센 사람이 그를 사로잡고 진 사람의 전리품(戰利品)을 빼앗습니다. 그러나 사람이 율법을 충실히 지키고 정의를 거룩하게 실천함으로써 하느님 안에서 살면, 하느님께서 그와 함께 계시고 나도 그와 함께 있어 아무 해도 그에게 올 수 없습니다. 하느님과의 일치는 어떤 힘센 사람도 이길 수 없는 무기입니다. 나와의 일치는 승리와 영원한 덕행의 전리품을 얻는 확실성이며, 그 영원한 덕행 때문에 그는 하느님의 나라에서 자리를 하나 얻을 것입니다. 그러나 나와 갈라지거나 내 원수가 되는 사람은 따라서 내 말의 무기와 안전을 물리치는 것입니다. 말씀을 물리치는 사람은 하느님을 배척하는 것입니다. 하느님을 물리치는 사람은 사탄을 부르는 것입니다. 사탄을 부르는 사람은 그가 나라를 쟁취하기 위하여 가졌던 것을 부수어 버립니다.

따라서 나와 함께 있지 않는 사람은 나를 반대하는 사람이고, 내가 씨뿌린 것을 가꾸지 않는 사람은 원수가 씨뿌린 것을 거두는 사람입니다. 나와 함께 거두지 않는 사람은 흩뜨리고 가난하고 헐벗은 채로 최고의 심판자에게로 갈 것이며, 최고의 심판자는 그가 벨제붓을 그리스도보다 낫게 생각해서 자기를 스스로 팔아먹은 주인에게로 보낼 것입니다.

게라사의 주민 여러분, 여러분과 여러분의 도시 안에 하느님의 나라를 건설하시오."

감탄하여 마지않는 군중이 내는 소리를 누르고, 한 여자의 날카로운 목소리가 찬미의 노래같이 맑게 올라오면서 새로운 지복, 즉 성모님의 영광을 노래한다. "선생님을 가졌던 태와 선생님이 잡수신 젖은 지극히 복됩니다."

예수께서는 아들에 대한 감탄으로 어머니를 찬양하는 여인 쪽으로 몸을 돌리신다. 어머니께 드리는 찬미는 예수께 즐거운 것이기 때문에 예수께서는 미소를 지으신다. 그러나 곧 이어서 이렇게 말씀하신다. "오히려 하느님의 말씀을 듣고 그것을 실천에 옮기는 사람들이 지극히 행복합니다. 부인, 그렇게 하시오."

그런 다음 예수께서는 강복하시고 들판 쪽으로 가신다. 사도들이 따라오면서 묻는다. "왜 그렇게 말씀하셨습니까?"

"나 진정으로 말한다마는, 하늘에서는 이 세상에서 쓰는 척도를 가지고 측정하지 않기 때문이다. 그래서 내 어머니 자신도 당신의 티없는 영혼 때문에보다도 하느님의 말씀을 들으시고 순종하는 마음으로 그것을 실천에 옮기셨기 때문에 행복하실 것이다. '마리아의 영혼이 죄없이 만들어져라' 하신 말씀은 조물주의 기적이다. 그러므로 거기에 대한 찬미는 조물주께로 간다. 그러나 '지금 말씀대로 저에게 이루어지기를 바랍니다' 하신 말씀은 내 어머니의 경탄할 만한 일이다. 그로 인하여 어머니의 공로가 큰 것이다. 그 공로가 얼마나 큰지 가브리엘의 입을 통해 말씀하시는 하느님의 말씀을 듣는 이 능력과 하느님의 말씀에 동의하는 데에서 올 현재와 미래의 어려움들을 가늠하느라고 머뭇거리지 않으시고 하느님의 말씀을 실천에 옮기려는 그 의지 때문에 세상의 구세주가 온 것이다. 그러므로 내 어머니는 나를 낳으시고 내게 젖을 먹이셨기 때문에만 지극히 복되신 어머니가 아니시고, 하느님의 말씀을 들으시고 그것을 순종하는 마음으로 실천에 옮기셨기 때문에 복되시다는 것을 너희는 알게 되었다. 그러나 이제는 집으로 돌아가자. 내 어머니는 내가 잠깐 동안만 밖에 있으려고 한 것을 아시기 때문에 내가 늦어지는 것을 보시고 걱정을 하실지도 모른다. 우리는 반쯤 이교적인 고장에 있으니까. 그러나 정말로 이 도시가 다른 도시들보다 더 낫다. 그러므로 나를 또 붙잡을 군중을 피하기 위해서 떠나자, 그리고 성곽 뒤로 해서 돌아가자. 저 우거진 작은 숲 뒤로 해서 빨리 가자…."

153. 게라사에서 지내신 안식일

우리가 무엇을 할지 모르는 때에는 하루의 시간이 길다. 그런데 예수와 같이 있는 사람들은 아는 사람이 없는 도시에서 그들을 대상의 짐승 몰이꾼들과 알렉산드르 미시스의 하인들과 떨어져 있는 데에 히브리인들의 편견만으로는 부족한 것처럼, 말과 풍습이 다른 것으로•인하여 그들을 갈라놓는 집에서 안식일에 무엇을 해야 할지 정말 모른다. 그래서 여러 사람이 침대에 남아 있거나, 그 집의 네모반듯한 넓은 마당을 따뜻하게 하는 햇살을 받으며 졸고 있다. 수반들이 있고, 사면으로 빙 돌아가며 있는 촌스러운 주랑(柱廊)들의 벽과 기둥들에 고리들이 박혀 있고, 삼면에는 건초나 짚을 넣어두는 헛간이 달린 많은 마굿간이 있어서, 정말 대상들을 받아들이기 위하여 만든 마당이다. 여자들은 그들이 있는 방으로 물러갔다. 여자는 한 사람도 보이지 않는다.

마륵지암은 사방이 막힌 마당에서도 심심풀이를 찾아낸다. 그는 노새들을 글경이로 빗질하고, 잠자리짚을 갈고, 굽을 살펴보고, 덜렁덜렁하는 편자를 매만지고 하는 마부들의 일을 살펴보거나, 또는, 그에게는 그것이 새로운 것이기 때문에 한층 더 흥미가 있는 것인데, 낙타 부리는 사람들이 짐승 하나하나에 알맞게 하고 균형잡히게 하면서 오늘부터 한 마리 한 마리의 짐을 준비하기 위하여 낙타들을 어떻게 능란하게 다루는지를 매우 기쁘게 살펴보고, 낙타에 짐을 싣고 짐을 내리기 위하여 어떻게 무릎을 꿇게 하고 일으키는지를 살펴보고, 그런 다음에는 잠두(蠶豆)같이 생각되는 마른 야채 한 줌씩을 상으로 주고, 맨 마지막에는 캐롭 열매를 나누어 주고 사람들도 즐겨 씹는 것을 살펴본다.

마륵지암은 정말 놀랐다, 그리고 그의 놀람을 같이 할 어떤 사람을 찾으려고 휘 둘러본다. 그러나 어른들은 약대에 관심이 없기 때문에 마륵지암은 실망한다. 어른들은 서로 이야기를 하고 있거나 졸고 있다. 그는 부드러운 건초에 머리를 기대고 쿨쿨 자고 있는 베드로를 찾아가서 소매를 잡아 흔든다.

베드로는 눈을 거슴츠레하게 뜨고 묻는다. "뭐냐? 누가 나를 보자고 하니?"
"나야요. 약대들을 보러 가세요."
"나 자게 내버려둬라. 약대는 너무도 많이 봤다. … 못 생긴 짐승들이야."
어린아이는 현금 계산을 하고 있는 마태오를 찾아간다. 이번 여행에는 그가 회계를 맡은 것이다. "이거 보세요, 나는 약대들 곁에 가보았는데요, 약대들도 양들처럼 먹어요. 그리고 사람들처럼 무릎을 꿇고, 그놈들이 걸을 때에는 좌우로 흔들려서 꼭 배 같아요. 약대들을 봤어요?"
중단되는 바람에 계산이 어떻게 되었는지 모르게 된 마태오는 "그래" 하고 퉁명스럽게 대답하고는 다시 돈을 다룬다.
또 한 번 실망하였다. … 마륵지암은 주위를 둘러본다. …열성당원 시몬과 유다 타대오가 이야기를 하고 있다. …"약대들이 얼마나 아름다운지 몰라요! 또 착하구요! 사람들이 짐을 싣고 내리고 했는데, 그놈들은 사람이 애쓰지 말라고 땅에 엎드렸어요. 그리구는 캐롭 열매들을 먹었어요. 사람들두 먹었어요. 나두 먹었으면 좋겠는데… 그렇지만 내 말을 알아듣게 할 수가 없어요. 아저씨, 오세요 …." 그러면서 시몬의 손을 잡는다.
타대오와 조용한 토론에 여념이 없는 시몬은 건성으로 대답한다. "그래 그래… 가봐라 가봐, 그리고 다치지 않게 조심해라."
마륵지암은 놀라서 그를 쳐다본다. …시몬은 그에게 같은 어조로 대답하지 않았다. 마륵지암은 거의 울상이 되었다. 그는 낙망하여 그곳을 떠나가 어떤 기둥에 기대어 섰다….
예수께서 어떤 방에서 나오시다가 그가 뿌르퉁해서 혼자 있는 것을 보신다. 예수께서는 아이를 보러 가셔서 그의 머리에 손을 올려 놓으신다. "혼자서 시무룩하니 뭘 하고 있니?"
"아무도 내 말을 듣지 않아요."
"다른 사람들에게 무슨 말을 하려고 했는데?"
"아무것두요. …나는 약대들 이야기를 했어요. …그놈들이 아름답구. 내 마음에 들어요. 약대를 타고 가면 배를 타고 가는 것 같을 거예요. …또 그놈들은 캐롭 열매를 먹어요. 사람들두 먹어요…."
"그래서 너는 약대를 타고 캐롭 열매를 먹고 싶은 거로구나. 오너라, 약대들을 보러 가자." 그러면서 예수께서는 아이의 손을 잡고, 명랑해진 아이와 함께 마당 안쪽으로 가신다. 예수께서는 곧장 어떤 약대 부리는 사람에게로 가셔서 미소로 인사하신다. 그 사람은 고개를 숙여 인사를 하고, 계속 그의 짐승을 살펴보고, 이마의 장식을 바로잡아 주고 고삐를 조절한다.

"여보시오, 내 말 알아듣소?"

"예, 주님 저는 선생님네를 아는 지가 20년이 되는 걸요."

"이 아이가 약대를 타 보겠다는 큰 소원과… 캐롭 열매를 먹고 싶다는 작은 소원을 가지고 있소" 하고 예수께서 말씀하시면서 한층 더 크게 미소지으신다.

"선생님의 아들입니까?"

"나는 아들이 없소. 아내가 없어요."

"그렇게 미남이시고 그렇게 든든하신 선생님이 아내를 못 구하셨습니까?"

"찾지 않았소."

"여자에 대한 욕망을 느끼지 않으십니까?"

"안 느끼오, 절대로."

그 사람은 어안이 벙벙해서 예수를 쳐다보다가 말한다. "저는 이스키오에 아이가 아홉이 있습니다. 거기에 한 번 가면, 아이 하나 또 가면, 또 하나, 늘 그렇습니다."

"당신 아이들을 많이 사랑하시오?"

"물론이지요! 그렇지만 일은 힘듭니다. 저는 여기 있고, 아이들은 저기 있고. 멀리요.. …그렇지만 그애들을 먹이기 위해서입니다. 아시겠어요?"

"이해하오. 그러면 당신은 약대를 타고 캐롭 열매를 먹고 싶어하는 이 아이를 이해할 수 있소?"

"예. 이리 오너라. 무서우냐? 안 무서워? 좋다! 예쁜 아이로군요! 저도 이런 아이가 하나 있습니다. 얘처럼 머리가 까맣고. 여길 붙잡아라. 꽉 쥐어라." 그러면서 그 사람은 안장 앞에 있는 이상한 손잡이 같은 것을 쥐어준다. "그대로 있어라. 이제 내가 탄다. 그러면 약대가 일어 선다. 무섭지 않으냐, 응?"

그리고 그 사람은 높은 안장에 기어 올라와서 자리를 잡고 약대를 부른다. 그러니까 약대는 복종해서 앞뒤로 몹시 흔들리면서 일어선다. 마륵지암은 행복하게 웃는다. 그 사람이 훌륭한 캐롭 열매 하나를 입에 넣어 주었기 때문에 더 행복하다. 그 사람은 약대를 마당에서 천천히 걸어가게 하다가 속보로 달리게 한다. 마침내 마륵지암이 무서워하지 않는 것을 보고, 동료 중의 한 사람에게 소리치니, 그 동료는 마당 뒷쪽에 있는 큰 문을 열고, 약대는 탄 사람들과 함께 푸르른 들판으로 사라진다.

예수께서는 집으로 돌아오셔서 여자들이 있는 방으로 들어가신다. 예수께서 어떻게나 환히 웃으시는지 성모님이 물으신다. "아들아, 네가 그렇게 기뻐하니 무슨 일이냐?"

"저는 약대를 타고 달리고 있는 마륵지암의 기쁨을 가지고 있습니다. 나와서 그 애가 돌아오는 것을 보세요."

모두가 마당으로 나와서 수반들 곁에 있는 낮은 담에 올라앉는다. 자고 있지 않던 사도들이 가까이 온다. 2층 방 창문으로 아래를 내다보던 사람들도 이들을 보고 온다. 요한과 두 야고보가 오는 것을 알리는 맑고 젊은 목소리가 베드로와 안드레아도 깨우고, 마태오를 흔든다. 엔도르의 요한도 두 제자와 같이 왔기 때문에 이제는 다 모였다.

"아니! 그런데 마륵지암은 어디 있습니까? 보이지를 않으니요" 하고 베드로가 묻는다.

"약대를 타고 산책하고 있다. 너희는 아무도 그애 말을 듣지 않았다. …나는 그 애가 시무룩해 하고 있는 것을 보고 거기에 대해 대책을 세웠다."

베드로와 마태오와 시몬은 기억한다. "아! 그렇습니다! 그애가 약대 이야기를 했습니다. …그리고 캐롭 열매 이야기도. 그러나 저는 졸렸거든요!", "저는 게라사 사람들에게서 받은 것과 애긍으로 준 것에 대해서 선생님께 보고드리기 위해 계산을 해야 했습니다.", "또 저는 선생님의 사촌과 믿음에 대해서 말하고 있었습니다."

"상관없다. 내가 생각했으니까. 그러나 부수적으로 말하지만 어린아이의 장난에 관심을 가지는 것도 사랑이다. …그렇지만 다른 이야기를 하자. 밖에는 온 시내가 온통 축제 분위기이다. 우리의 안식일에서는 그저 추억이 있을 뿐이다, 즉 모두 기뻐하는 추억 말이다. 그러니까 집안에 그대로 남아 있는 것이 더 낫다. 더구나 그들이 원하기만 하면, 우리를 찾을 수 있으니까. 그들은 우리가 어디 있는지 안다. 저기 알렉산드르가 약대를 점검하고 있다. 이제 나는 내 탓으로 한 마리가 빈다고 말하겠다."

예수께서는 상인을 빨리 찾아가셔서 말씀하신다. 두 사람은 함께 돌아온다. 상인이 말한다. "좋습니다. 그애가 즐길 것이고, 또 햇살을 받으면서 달리는 것은 그애의 건강에도 유익할 것입니다. 선생님께서는 그 사람이 어린 아이를 잘 다루리라는 것을 안심하셔도 됩니다. 갈리피오는 착한 사람입니다. 달리기 대신 저는 제게 무슨 말씀을 해주시기를 청합니다. 지난 밤에 저는 선생님의 말씀을 생각했습니다. …라모에서 들은 선생님과 여자와의 말씀, 어제의 말씀을 말입니다. 어제 저는 제가 사는 고장의 산들, 정말 꼭대기가 구름에까지 닿는 산들과 같이 높은 산에 올라가는 것 같았습니다. 선생님께서 저를 위로 높이, 높이 데리고 가시는 것이었습니다. 저는 독수리에게 우리네 제일 높은 산에 있는 독수리 중의, 하나에게 챈 것 같았습니다. 대홍수 이후의 첫번 나들이와 같았습니다. 저는 일찍이 상상도 하지 못했던 새로운 것들을 보았습니다. 모든 것이 오직 빛일 뿐이었습니다. …그리고 그것들을 이해했습니다. 그러다가 흐려졌습니다. 또 말씀해 주십시오."

"무슨 말을 해야 합니까?"

"그야, 저는 모릅니다. …모두가 아름다웠습니다. 선생님께서는 우리가 하늘에서 다시 만날 것이라고 말씀하셨지요. …저는 그곳에 우리가 다르게 사랑하지만 모두 고르게 사랑하리라는 것으로 이해했습니다. 가령 우리는 지금과 같은 걱정은 안하게 되겠지만, 우리가 한 가족인 것처럼 모두가 한 사람을 위하고 한 사람이 모두를 위할 것이라고 말입니다. 제가 표현을 잘못했습니까?"

"아니, 그 반대입니다! 우리는 산 사람들과도 오직 한 가족일 것입니다. 영혼들은 죽음으로 인해 서로 갈라지지 않습니다. 나는 의인들에 대해서 말하는 것입니다. 그들은 오직 한 가족을 이룹니다. 경배하고 기도하는 사람들이 있고, 애쓰는 사람들이 있는 큰 신전을 상상하시오. 기도하는 사람들은 애쓰는 사람들을 위해서도 기도합니다. 그리고 애쓰는 사람들은 기도하는 사람들을 위해서도 일합니다. 영혼들도 이와 같습니다. 우리는 세상에서 애를 쓰고, 저 사람들은 그들의 기도로 우리를 지원합니다. 그러나 우리는 우리의 고통을 그들을 안심시키기 위해서 바쳐야 합니다. 이것은 끝이 없는 사슬입니다. 떠나간 사람들과 남아 있는 사람들을 연결하는 것은 사랑입니다. 그리고 세상에 남아 있는 사람들은 먼저 떠나가서 우리가 그들과 함께 있기를 바라는 사람들을 다시 만나기 위해 착한 사람이 되어야 합니다."

신디카가 무의식적인 몸짓을 하다가 이내 멈춘다. 그러나 예수께서는 그를 보시고 그 여자가 계속 보이고 있는 조심성을 떨어버리라고 권하신다.

"저는 곰곰히 생각했습니다. …그리고 이렇게 곰곰히 생각하는 것이 여러 날째 되는데, 사실을 말씀드리자면 저는 불안해집니다. 선생님의 천국을 믿는 것은 제 어머니와 제 자매들을 영원히 잃는 것이라고 생각되기 때문입니다…." 흐느낌이 신디카의 목소리를 막는다. 신디카는 울지 않으려고 말을 중단한다.

"너를 그렇게까지 불안하게 하는 그 생각이란 어떤 것이냐?"

"지금 저는 선생님을 믿습니다. 그런데 제 어머니를 저는 이교도로밖에 볼 수 없습니다. 어머니는 착했습니다. …오! 아주 착했어요! 그리고 제 자매들도 몹시 착했구요! 어린 이스멘은 세상에 둘도 없이 착한 계집애였습니다. 그러나 그들은 이교도들이었습니다. …그런데 제가 그들과 같았을 때에는 하데스를 생각하면서 '우리가 다시 모일 거다' 하고 말했었습니다. 그런데 이제는 하데스가 없어졌습니다. 참 하느님을 올바르게 섬긴 사람들에게는 선생님의 천국, 하늘 나라가 있습니다. 그러면 저 불쌍한 영혼들은요? 그들이 그리이스인으로 태어난 것은 그들의 탓이 아닙니다! 이스라엘의 사제는 아무도 우리에게 와서 '참 하느님은 우리의 하느님이시다' 하고 말하지 않았습니다. 그러면요? 그들의 덕행은 아무것도 아닙니까? 그들의 고통도 아무것도 아닙니까? 그리고 영원한 어두움과 저와의 영원한 이별은요? 솔직히 말씀드려 큰 고민입니다! 저는 어머니와 자매들을 거의 부인한 것같이 생각됩니다. 주님, 용서하십시오. …저는 웁니다…." 그러면서 무릎을 꿇고 몹시 슬피 운다.

알렉산드르 미사스는 이렇게 말한다. "맞습니다. 저도 내가 의인이 되면 아버지, 어머니, 형제, 친구들을 혹 다시 만나게 될까 하고 생각했습니다…."

예수께서는 신디카의 갈색 머리에 손가락을 얹으시고 말씀하신다. "진리를 알고도 계속 오류에 남아 있으면 잘못이 있다. 그러나 자기가 진리를 가지고 있다고 확신하는데, 아무 목소리도 와서 '내가 당신들에게 가져오는 것이 진리요. 당신들의 망상을 버리고 이 진리를 받아들이시오, 그러면 하늘을 얻을 것입니다' 하고 말해 주지 않았다면, 죄가 없다. 하느님은 공평하시다. 덕행이 이교도 세상의 타락 속에서 저 혼자 이루어졌다면, 하느님께서 그 덕행을 갚아 주지 않으시리라고 생각하느냐? 마음편히 있거라."

"그러나 원죄는요? 그리고 증오할 만한 예배는요? 그리고…" 만일 예수께서 손짓으로 침묵을 명령하지 않으셨더라면, 이스라엘 사람들은 그렇지 않아도 고민하고 있는 신디카의 마음을 괴롭히는 다른 말을 하였을 것이다.
　예수께서 말씀하신다. "원죄는 이스라엘 사람이건 아니건 모든 사람에게 공통된 것이다. 이교도들의 특권이 아니다. 이교신앙은 그리스도의 율법이 세상에 전파되었을 때에는 죄가 될 것이다. 그러나 덕행은 하느님께서 보시기에 언제나 덕행일 것이다. 그리고 아버지와의 내 일치로 지극히 거룩하신 생각의 말씀을 설명하여 아버지의 이름으로 말한다마는, 자비로우신 능력의 길들은 너무도 넓고 모두가 덕행이 있는 사람들을 기쁘게 하는 것을 지향하기 때문에 한 영혼과 다른 영혼 사이에 있는 장벽이 없어질 것이고, 평화를 누릴 자격이 있는 사람들에게는 평화가 있을 것이다. 그것뿐이 아니다. 내 분명히 말하지만, 미래에 있어서 자기들이 진리를 가지고 있다는 확신을 가지고 정의와 성덕으로 자기 조상들의 종교를 따를 사람들은 하느님께 잘못 보이지 않고 그분께 벌을 받지 않을 것이다. 의인들의 영혼을, 죄인들의 영혼을 정말로 영원히 갈라지게 할 것은 악의와 나쁜 의지와 알려진 진리를 확고하게 거부하는 것이고, 특히 계시된 진리를 공격하고 반대하는 것이며 타락한 생활을 하는 것이다. 신디카야, 기가 죽은 네 정신에 활기를 불어 넣어라. 그 우울은 그에게는 영원히 잃은 먹이가 된 네게 대해서 사탄이 느끼는 분노에서 오는 지옥의 습격이다. 하데스는 없다. 내 천국이 있는 것이다. 내 천국은 고통을 가져다 주지 않고, 오히려 기쁨을 가져다 준다. 진리에서 오는 것은 아무것도 낙담의 의심의 원인이 되어서는 안 되고, 오히려 점점 더 기쁘고 안전하게 믿는 힘이 되어야 한다. 그러나 너는 항상 네 논거들을 말하여라. 나는 네 안에 태양빛과 같이 평온하고 안정된 빛이 있기를 원한다."
　아직 무릎을 꿇고 있는 신디카는 예수의 손을 잡아 입맞춤한다….
　낙타 몰이의 크르르르, 크르르르 하는 소리가 낙타가 뒷문 밖에 있는 우거진 풀 위를 소리내지 않고 걸어서 돌아오리라는 것을 알린다. 하인 한 사람이 그 문을 이내 연다. 그러니까 달렸기 때문에 얼굴이 새빨개진 마륵지암이 기뻐하며 돌아온다. 약대의 엉덩이 꼭대기에 올라앉아 팔을 내저으며 웃고 있는 조그만 꼬마이다. 그동안 약대가 무릎을 꿇으니 마륵지암은 갈색 피부를 가진 낙타 몰이를 어루만지면서 이상한 안장 아래로 미끄러져 내려온다. 그리고 예수께로 달려가면서 외친다. "정말 아름다워요! 저런 짐승들을 타고 동방의 현자들이 선생님께 경배하러 온 거지요? 나도 이 짐승들을 타고서 사방에 선생님을 전하러 갈래요! 저 위에서 보니까 세상이 더 커 봬요,

'기쁜 소식을 아는 여러분은 오시오' 하고 말합니다. 오! 아세요? …저 사람도 기쁜 소식이 필요해요. …그리고 장사꾼 아저씨와 아저씨의 하인들두요. …기쁜 소식을 기다리는 사람이 얼마나 많은지, 또 기쁜 소식을 들을 수가 없이 그냥 죽는 사람이 얼마나 많은지 몰라요. …강에 있는 모래알 수보다도 더 많은 사람들이예요. 모두 선생님인 예수님이 없이요! 아이고! 정말 모두에게 빨리 기쁜 소식을 전하게 하세요." 그러면서 고개를 쳐들고 예수 곁으로 달라붙는다. 그러니까 예수께서는 몸을 구부려 그를 안아 주시며 약속하신다. "하느님의 나라가 로마의 가장 먼 끝에까지 전파되는 것을 네가 볼 것이다. 기쁘냐?"

"나는 기뻐요. 그런 다음 나는 선생님한테 와서 '보세요, 이 나라, 저 나라, 또 저 나라가 선생님을 알아요' 하고 말할 거예요. 그때에는 내가 그 먼 지방들의 이름을 알 거예요. 그러면 선생님은 나보고 뭐라고 말할 거야요?"

"나는 네게 이렇게 말하겠다. '오너라, 귀여운 마륵지암아. 네가 나를 알린 나라 하나마다 상 하나를 받아라. 그리고 게라사에서 그날 그랬던 것처럼 이리 내 곁으로 오너라. 또 너는 충실한 봉사자였으니 네 피로를 풀게 쉬어라. 그리고 이제는 네가 내 나라에서 지극히 행복하게 되는 것이 당연하다' 하고."

154. 게라사에서 출발

대상은 열병식을 하는 것처럼 줄을 서서 알렉산드르의 마당에서 나온다. 맨 끝에 예수께서 당신의 모든 사람들과 같이 가신다. 약대들은 무거운 짐을 싣고 율동적인 걸음으로 몸을 가볍게 흔들면서 나아가는데, 그놈들의 머리는 한 걸음 옮겨 놓을 때마다 "왜? 왜?" 하고 묻는 것 같다. 말없는 운동이지만, 보는 것마다 줄곧 "예, 예" 하고 말하는 것 같은 비둘기들의 움직임과 같이 독특한 움직임이다. 대상은 시내를 지나가야 한다. 아침의 맑은 공기 속에 줄지어 지나간다. 춥기 때문에 모두가 옷을 포근하게 싸맸다. 약대들의 방울소리와 낙타 몰이들의 크르르르, 크르르르 하는 소리와 조용한 외양간을 못잊어 하는 어떤 약대의 우는 소리로 게라사 사람들은 예수의 출발을 알게 된다.

소식은 번갯불처럼 빨리 퍼진다. 그리고 게라사 사람들이 예수께 인사를 드리러 와서 과일과 그밖의 음식들을 선물로 드린다. 그런데 어떤 사람이 어린 병자 하나를 데리고 달려오면서 말한다. "애가 병이 낫게 축복해 주십시오. 불쌍히 여기십시오!"

예수께서는 손을 들어 강복을 주시며 덧붙이신다. "안심하고 가시오. 믿음을 가지시오."

그러나 그 남자가 어떻게나 신뢰가득한 '예'라는 대답을 했던지 한 여인이 이렇게 묻는다. "제 남편이 눈의 궤양을 앓고 있는데 고쳐 주시겠습니까?"

"당신들이 믿을 수 있다면 고쳐 주겠습니다."

"그럼 남편을 데리러 갈 테니, 주님, 기다려 주십시오." 그리고 그 여자는 제비만큼이나 빨리 뛰어간다.

기다리라는 말은 쉽게 했다! 약대들은 계속 나아가고 있다. 행렬 맨 앞에 있는 알렉산드르는 맨 뒤에서 무슨 일이 일어나는지를 알지 못한다. 그 사람에게 알리기만 하면 된다.

"마륵지암아, 뛰어가서 상인에게 성문을 나가기 전에 멈추라고 말하여라" 하고 예수께서 말씀하신다. 그러니까 마륵지암은 제 임무를 다하려고 쏜살같이 뛰어간다.

대상이 정지한다. 그동안 상인이 예수께로 온다. "무슨 일이 있습니까?"

"그대로 계시오, 그러면 보게 될 것입니다."

게라사의 여인은 눈병을 앓고 있는 남편과 함께 빨리 돌아왔다. 그것은 궤양 정도가 아니다! 그것은 얼굴 가운데에 뚫려 있는 잔뜩 썩은 두 구멍이다. 눈이 거기에 한가운데에 있기는 한데, 흐르고 붉게 되고 반쯤 소경이 되었고, 불쾌한 액체가 거기에서 흘러 나온다. 그 사람이 빛을 가리는 어두운 빛깔의 눈가리개를 떼자마자 빛 때문에 병든 눈이 더 아프기 때문에 신음소리가 더 커진다.

그 사람은 구슬프게 부르짖는다. "불쌍히 여기십시오! 저는 너무 괴롭습니다!"

"당신은 죄도 많이 지었소. 그런데 거기에 대해서는 한탄을 하지 않습니까? 당신의 보잘 것 없는 이 세상의 시력을 잃을 수 있다는 것만을 슬퍼하오? 당신은 하느님에 대해서 아무것도 알지 못하오? 영원한 어두움이 무섭지 않소? 왜 죄를 지었소?"

그 사람은 울면서 말없이 고개를 숙인다. 그의 아내도 울면서 탄식한다. "저는 용서했습니다…."

"당신 남편이 다시는 죄를 짓지 않겠다고 여기서 내게 맹세하면 나도 그를 용서해 주겠소."

"예, 예! 용서해 주십시오. 저는 이제 죄가 무엇을 가져오는지를 압니다. 저를 용서해 주십시오. 아내가 용서해 준 것처럼 저를 용서해 주십시오. 선생님은 인자하십니다."

"나는 당신을 용서하오. 저 개울에 가서 물로 얼굴을 씻으시오, 그러면 병이 나을 거요."

"주님, 찬 물은 제 남편에게 해롭습니다" 하고 여인이 탄식한다.

그러나 남자는 개울에 갈 생각밖에 안하고 더듬으면서 간다. 마침내 사도 요한이 불쌍히 여겨서 그의 손을 잡고 혼자서 데리고 간다. 그러나 곧 이어서 여인이 그의 다른 손을 잡는다. 남자는 조약돌 위로 튀면서 흘러가는 찬 물가에까지 내려가서 두 손으로 물을 떠서 얼굴을 씻고 또 씻는다. 그는 고통의 표를 보이지 않고 오히려 고통의 완화를 느끼는 것 같다.

그런 다음 아직 젖은 얼굴로 개울뚝으로 다시 올라와 예수께로 돌아온다. 예수께서 그에게 물으신다. "그래 어떻소? 나았소?"

"주님, 지금 당장은 낫지 않았습니다. 그러나 주님이 나으리라고 말씀하셨으니 나을 것입니다."

"그러면 바람을 잃지 마시오. 안녕."

여인이 울면서 털썩 주저앉는다. …여인은 낙심하였다. 예수께서는 상인에게 다시 떠나도 된다는 손짓을 하신다. 역시 실망을 한 상인은 명령을 전달하게 한다. 약대들은 앞뒤로 흔들리는 배와 같은 움직임으로 다시 걷기 시작하여 성 밖으로 나간다. 그놈들은 서쪽으로 가는 넓고 먼지 많은 대상들의 길로 해서 간다.

사도들의 집단의 맨 끝에 있는 두 사람, 즉 엔도르의 요한과 열성당원 시몬이 성을 20미터쯤 지나왔는데, 그때 외치는 소리가 조용한 공기 속에 울려 퍼진다. 그 외침은 세상을 가득 채우는 것 같고, 점점 더 크게, 점점 더 신이 나서, 점점 더 열광적으로 되풀이된다. "눈이 보입니다! 예수님! 복되신 예수님! 눈이 보입니다! 보여요! 저는 믿었습니다! 눈이 보입니다! 예수님, 예수님! 복되신 예수님!" 그러면서 얼굴이 다시 완전히 건강하게 되고 눈이 빛나고 생기있는 두 개의 석류석(石榴石) 같이 다시 아름답게 된 그 사람은 사도들의 틈을 헤치고 와서 예수의 발 앞에, 거의 상인의 약대의 발 아래에 엎드린다. 상인은 엎드려 있는 사람에게서 겨우 약대의 발들을 치울 시간의 여유밖에 없었다.

그 사람은 예수의 옷에 입맞춤하면서 되풀이해 말한다. "저는 믿었습니다! 저는 믿었습니다, 그랬더니 눈이 보입니다. 복되신 예수님!"

"일어나시오, 그리고 행복하시오, 그리고 무엇보다도 착하게 사시오. 당신 아내에게 완전히 믿을 줄 알라고 말하시오. 안녕." 그러면서 예수께서는 기적을 받은 사람이 매달리는 데에서 벗어나 다시 걷기 시작하신다.

상인은 생각에 잠겨서 수염을 쓰다듬는다. …그러다가 마침내 이렇게 묻는다. "그럼 저 사람이 얼굴을 씻고 나서 실망한 다음 계속해서 믿지 않았더라면요?"

"그런 상태 그대로 있었을 것입니다."

"기적을 행하시는 데 왜 그다지도 많은 믿음을 요구하십니까?"

"그것은 믿음이 하느님께 대한 바람과 사랑이 있음을 증명하기 때문입니다."

"그런데 왜 우선 뉘우침을 원하셨습니까?"

"뉘우침은 하느님의 친구가 되게 하기 때문입니다."

"병이 없는 저는 제가 믿음을 가지고 있다는 것을 증인하려면 어떻게 해야 하겠습니까?"

"진리에 오는 것입니다."

"그런데 하느님의 우정없이 올 수가 있겠습니까?"

"하느님의 인자(仁慈)가 없으면 당신이 오지 못할 것입니다. 주님은 아직 뉘우치지는 않으면서 당신을 찾는 사람이 당신을 찾아내도록 허락하십니다. 그것은 일반적으로 뉘우침은 사람이 의식적으로나 또는 그의 영혼이 원하는 것에 대한 약간의 의식을 가지고 하느님을 알게 될 때에 오기 때문입니다. 그전에는 사람이 다만 그의 본능만으로 인도되어서 얼빠진 것 같기 때문입니다. 당신은 믿을 필요를 느낀 적이 한번도 없었습니까?"

"여러번 있었습니다. 저는 제가 가진 것에 만족하지 못했습니다. 저는 돈보다 더 강한 것, 제 자식들과 제 바람들보다 더 강한 다른 것이 있다는 것을 느꼈습니다.…그러나 그런 다음 제가 무의식적으로 찾던 것을 알려고 찾는 수고를 하지 않았습니다."

"당신의 영혼은 하느님을 찾고 있던 것입니다. 인자하신 하느님께서는 당신이 하느님을 찾아내도록 허락하셨습니다. 하느님을 멀리 떠난 보람없는 당신의 과거에 대한 뉘우침이 당신에게 하느님의 우정을 줄 것입니다."

"그러면 영혼으로 진리를 보는 기적을 얻기 위하여는… 제가 과거를 뉘우쳐야 합니까?"

"물론이오. 뉘우치고, 또 당신의 생활을 완전히 바꾸겠다고 결심해야 합니다…."

그 사람은 다시 자기 수염을 쓰다듬기 시작하며, 어떻게나 한 군데만 들여다보고 있는지, 악대의 목의 털을 조사하고 세어보는 것 같다. 본의 아니게 그는 발뒷꿈치로 짐승을 부딪는다. 그러니까 짐승은 그것을 걸음을 빨리 옮기라는 독촉으로 알고 걸음을 빨리 하여 상인을 대상 맨 앞에 데려다 놓는다. 예수께서는 그를 붙잡지 않으신다. 오히려 걸음을 멈추시고 여자들과 사도들을 앞서 가게 그냥 두시어 마침내 열성당원 시몬과 엔도르의 요한이 예수를 따라오게 되었다. 예수께서 그들과 합치신다.

"무슨 말을 하느냐?" 하고 예수께서 물으신다.

"아무것도 믿지 않거나 그가 가졌던 믿음을 잃은 사람이 느껴야 하는 낙망에 대해서 말하고 있었습니다. 신디카는 완전한 믿음으로 넘어왔지만, 어제는 정말 고민하고 있었습니다" 하고 열성당원이 대답한다.

"저는 시몬에게 선에서 악으로 건너가는 것도 가슴아프게 하는 일이지만, 악에서 선으로 건너오는 것도 어리둥절하게 하는 것이라고 말하고 있었습니다. 첫째 경우에는 우리를 나무라는 양심 때문에 큰 고통을 당합니다. 둘째 경우에는… 고민을 합니다. …조금도 알지 못하는 외국에 끌려가게 된 사람이 고민할 것과 같이 말입니다. …혹은 또 왕의 조정 한가운데에 학자들과 부자들이 있는 가운데로 끌려간 보잘 것 없고 교양없는 사람이 느끼는 공포감과도 같습니다. 그것은 고통입니다. …저는 그 고통을 압니다. …대단히 큰 고통입니다. …그것이 사실인지, 그 상태가 계속될 수 있을지 믿지 못하게 됩니다. …그럴 자격이 있는지 말입니다. …특히 더럽혀진 영혼을 가지고 있을 때에는… 제 영혼과 같이 말입니다…."

"요한이, 그럼 지금은?" 하고 예수께서 물으신다.

엔도르의 요한의 극도로 피로한 얼굴이, 극도로 피로하고 침울한 얼굴이 미소로 환해지며, 덜 수척해 보이게 된다. 그는 말한다. "지금은 그렇지 않습니다. 감사하는 마음이 남아 있습니다. 그리고 그렇게 원하신 주님께 대해 감사의 정이 더 커지기까지 합니다. 저를 계속 겸손한 사람으로 있으라고 과거에 대한 기억이 남아 있습니다. 그러나 안심을 하고 있습니다. 이제는 제가 다정스러움과 용서와 사랑의 세계라는 선생님의 세계에 생소한 사람이 아니라 적응했음을 느낍니다. 저는 평화를 찾았고, 차분하고, 행복합니다."

"너는 네 경험을 좋은 것으로 생각하느냐?"

"예. 제가 제 죄로 하느님을 슬프게 해드렸기 때문에, 죄를 지었다는 제 고통만 없으면 제 과거인 이 과거가 하나의 선이었다고 말할 것입니다. 착한 뜻을 가지고 있으면서도 그들의 새로운 신앙 초기에 방황하는 영혼들에 이 과거가 많은 도움이 될 수 있습니다."

"시몬아, 어린 아이에게 가서 너무 그렇게 깡총깡총 뛰지 말라고 일러라. 오늘 저녁에는 그애가 기진맥진할 거다."

시몬이 예수를 쳐다본다. 그러나 명령의 진의를 알아듣고, 암암리의 양해를 나타내듯 씩 웃고는 둘이만 있게 한다.
 "요한아, 이제 우리 단둘이만 남았으니, 내 소원을 들어라. 너는 많은 이유로 나를 따르는 사람 중의 아무도 가지지 못한 넓은 판단력과 사고력을 가지고 있다. 그리고 일반 이스라엘 사람들보다 넓은 교양을 가지고 있다. 그래서 부탁인데 나를 도와다오…."
 "제가 선생님을 도와드려요? 무슨 일을요?"
 "신디카를 위해서이다. 너는 정말 친절한 교사이다! 마륵지암은 네게서 빨리 그리고 잘 배운다. 그래서 너희들을 몇 달 동안 같이 있게 할 생각이다. 나는 마륵지암이 이스라엘의 일반 어린이들보다 넓은 지식을 가지기를 바라기 때문이다. 네게는 그애를 돌보는 것이 기쁜 일이지. 내게도 너희가 함께 있는 것을 보는 것이 기쁜 일이다. 너는 가르치고, 그애는 배우고 하면서 너는 젊어지고 그애는 열심히 일하면서 성숙해지게 말이다. 그러나 너는 신디카도 떠맡아야 할 것이다. 방황하는 누이동생 모양으로 네가 그렇게 말했지. 그것은 방황이다. …신디카가 내 환경에 적응하도록 도와주어라. 내게 이 특별한 배려를 해주겠느냐?"
 "아니, 그렇게 하는 것은 제게 하나의 은총이 됩니다. 주님! 저는 그렇게 하는 것이 쓸 데 없는 일이라고 생각되었기 때문에 신디카를 가까이 하지 않았습니다. 그러나 선생님께서 원하시면 신디카는 제 두루마리들을 읽습니다. 신성한 것들도 있고, 단지 교육만을 위한 다른 것들도 있습니다. 로마와 아테네의 교양 말입니다. 신디카가 생각을 많이 하고 그 두루마리들을 참조하는 것을 저는 봅니다. 그러나 그를 도와주기 위해서 개입한 적은 한번도 없습니다. 그러나 선생님께서 원하시면…"
 "그렇다, 나는 그것을 원한다. 너희가 친하게 지내는 것을 보기를 원한다. 신디카도 마륵지암과 너와 같이 얼마 동안 나자렛에 머물러라. 그것은 아름다운 광경일 것이다. 내 어머니와 네가 하느님께 눈을 뜨는 두 영혼의 선생이 될 것이다. 내 어머니는 하느님의 지식을 가르치는 천사와 같은 선생님이실 것이고, 너는 인간지식의 노련한 선생일 것이다. 그러나 지금은 네가 그 인간지식을 초자연적인 적용으로 설명할 수 있다. 그것은 아름답고 또 유익한 일일 것이다."
 "그렇습니다. 복되신 주님! 불쌍한 요한에게는 너무나 아름다운 일일 것입니다!…" 그러면서 그는 예수님의 집에서 성모님 곁에서 지낼 가까운 저 평화로운 날들을 생각하며 미소짓는다….

그런데 길은 게라사 다음에 있는 작은 야산들을 끼고 가다가, 이제는 아주 평평한 매력있는 평야 가운데로 점점 더 느낄 수 있는 따뜻한 햇살을 받으며 전개된다. 상태도 좋은 길이어서 걷기가 쉽다. 점심때 잠깐 쉰 다음 다시 걷기 시작한다. 거의 저녁이 다 되었는데, 그때에 마륵지암이 무슨 이야기인지 신디카에게 이야기를 하자 모든 여자들도 다 웃고 신디카도 처음으로 기꺼이 웃는 것을 들었다. 그리이스 여자가 몸을 숙여 어린 아이를 쓰다듬어 주고 이마에 살짝 입맞춤하는 것이 보인다. 그런 다음 어린 아이는 피로를 느끼지 않는 듯이 다시 깡총깡총 뛰기 시작한다.

그러나 다른 사람들은 모두 피로하였다. 그래서 "낙타 몰이들의 샘"에서 밤을 지내기로 결정하였다는 말을 듣고 기뻐한다. 상인은 이렇게 말한다. "나는 거기서 항상 밤을 지냅니다. 게라사에서 보즈라까지의 구간은 사람들과 짐승들에게 너무 길거든요."

"저 상인은 인정이 많구먼" 하고 사도들이 그 사람을 도라와 비교하면서 서로 말한다….

"낙타 몰이들의 샘"은 많은 우물 둘레에 있는 몇 채 안 되는 집들에 지나지 않는다. 일종의 오아시스이다. 이곳은 메마르지 않기 때문에 메마른 사막의 오아시스는 아니다. 그러나 몇 마일이나 계속되는 사람이 살지 않는 밭과 과수원의 이 무한한 공간에 있는 하나의 오아시스이다. 그 밭과 과수원들은 10월의 저녁나절이 되면 황혼의 바다와 같은 쓸쓸한 기운을 내뿜는다. 그래서 집들을 보고, 목소리와 아기들의 울음소리를 듣고, 연기를 내뿜는 굴뚝들의 냄새를 맡고, 불이 켜진 첫번째 등불들을 보는 것은 자기집에 도착하는 것과 같이 기분좋은 일이다.

낙타 몰이들이 처음으로 약대들에게 물을 먹이려고 걸음을 멈추는데, 사도들과 여자들은 예수를 따라간다. 예수께서는 상인과 함께 아주 구식 여관…에 들어가신다. 이 여관에서 그들이 밤을 지낼 것이다….

그들이 식사를 한 연기가 가득한 방에서 남자들이 잘 것인데, 하인들은 벌써 격자에 건초를 쌓아올려 잠자리를 준비하고 있다. 그동안 모두는 방의 좁은 안쪽 전부를 차지한 넓은 화덕 가까이로 모인다. 저녁이 되면서 습기와 추위가 몰려왔기 때문에 불을 피웠다.

"제발 비만 오지 말았으면 좋겠는데" 하고 베드로가 한숨을 짓는다.

상인이 그를 안심시킨다. "좋지 않은 날씨가 되려면 아직 이달 말을 기다려야 합니다. 저녁이 되면 여기는 날씨가 이래요. 하지만 내일은 우리가 해를 볼 겁니다."

"여자들 때문에 그럽니다. 아시겠어요? 나 때문에 그러는 게 아닙니다. 나는 어부라 물 속에서 살지요. 그리고 정말이지 나는 산과 먼지보다는 물을 더 좋아합니다."

예수께서는 여자들과 두 사촌과 말씀하신다. 엔도르의 요한과 열성당원도 예수의 말씀을 듣고 있다. 한편 티몬과 헤르마스테아와 마태오는 요한의 두 루마리를 읽고 있는데, 두 이스라엘 사람이 헤르마스테아에게 그가 잘 이해하지 못하는 성경의 대목들을 설명해 준다.

마륵지암도 매우 만족해서 그들의 설명을 듣는다. 그러나 졸음이 오는 얼굴로 듣고 있다. 알패오의 마리아가 그것을 보고 말한다. "이애는 피곤하구나. 애야, 오너라, 우리는 자러 간다. 엘리사, 와요, 살로메도 오고. 노인들과 어린 아이들은 잠자리에 드는 것이 더 나아요. 당신들 모두 자러 가는 게 좋을 거요. 피곤들 해요."

그러나 나이 많은 여자들 외에 마르첼라와 쿠자의 요안나를 빼놓고는 아무도 움직이지 않는다.

강복을 받고 나서 그 여자들이 간 다음 마태오가 중얼거린다. "조금 전만 하더라도 누가 저 여자들에게 그들의 집에서 멀리 떨어진 곳에서 짚을 깔고 자야 할 거라고 누가 말했겠어!"

"나는 이보다 더 잘잔 적이 없었어요" 하고 막달라의 마리아가 결연히 단언하고, 마르타도 같은 말을 한다.

그러나 베드로가 동료의 말이 옳다고 인정한다. "마태오의 말이 옳아요. 그리고 나는 선생님이 우리를 왜 여기 데려오셨을까 하고 생각해 보지만 이해를 못하겠어요."

"그야 우리가 여자제자들이니까 그렇지요!"

"그럼 선생님이… 사자들이 있는 데로 가시면 거기도 갈 거요?"

"그야 물론이지요, 시몬 베드로! 몇 걸음 걷는 것이 그렇게 큰일 이예요! 더구나 선생님을 아주 가까이 모시고 걷는데!"

"맞아요, 이건 정말 대단히 많은 걸음이야, 그리고 이런 일이 습관이 들지 않은 여자들로서는…"

그러나 여자들이 어떻게나 반대를 하는지 베드로는 어깨를 들썩 하고는 입을 다물고 만다.

알패오의 야고보는 고개를 들고 예수의 얼굴에서 너무도 빛나는 미소를 보았기 때문에 예수께 이렇게 묻는다. "우리끼리 여자들과 함께 또… 피로에 비해서는 아주 보잘 것 없는 결과를 얻으면서 하는 이 여행의 진짜 목적을 말씀해 주시겠습니까?"

"너는 우리가 지나온 밭들 속에 묻혀 있는 씨앗들의 결과를 지금 보기를 바랄 수 있겠느냐?"

"저는 그러지 않습니다. 봄에나 보게 될 것입니다."

"나도 네게 말하겠다. '때가 되면 네가 그것을 볼 것이라'고."

사도들은 아무 말도 대꾸하지 않는다. 그런데 성모님의 맑은 목소리가 들려 온다. "아들아, 오늘 우리는 네가 라모에서 말한 것에 대해서 우리끼리 이야기를 했다. 그런데 제각기 다른 느낌과 생각을 가지고 있었다. 네 생각을 말해 주겠니? 나는 즉시 너를 부르는 편이 나을 거라고 말했었다. 그러나 너는 엔도르의 요한과 말을 하고 있었다."

"확실히 제가 문제를 일으켰던 것입니다. 저는 가엾은 이교도이어서 여러분의 믿음의 훌륭한 빛을 가지지 못했기 때문입니다. 저를 불쌍히 여기셔야 해요."

"언니, 그렇지만 나는 언니의 영혼을 가졌으면 해요" 하고 막달라의 마리아가 말한다. 그리고 항상 발랄한 마리아는 신디카를 한 팔로 꼭 껴안으면서 그에게 입맞춤한다. 그의 찬란한 아름다움으로 마리아는 그 혼자만으로 이 누추한 집을 비추고 그의 호화로운 집의 호사를 여기에 가져온 것 같다. 그에게 착 달라붙어 있는 그리이스 여자는 완전히 다르지마는 개성이 강하여, 열정적인 마리아에게서 항상 풍겨 나오는 것 같은 사랑의 외침 곁에 사고력의 색조를 곁들인다. 그런가 하면 기도하시는 것처럼 두 손을 모으시고, 그 온화한 얼굴을 당신 아들 쪽으로 드시고 앉아 계셔서 어두운 벽에 지극히 깨끗한 그 옆모습이 두드러지게 나타나는 성모님은 영원히 흠숭하시는 분이시다.

수산나는 한 구석의 희미한 곳에 있으면서 졸고 있는데, 마르타는 지치기도 하고 다른 사람들이 말리는데도 불구하고 역시 부지런하여 화덕의 불빛을 이용하여 마륵지암의 작은 옷에 고리들을 단다.

예수께서 신디카에게 말씀하신다. "그러나 고통스러운 생각은 아니었지. 네가 웃는 소리를 들었으니까 말이다."

"예, '나는 예수님이 갔다 오시지 않으면 갔다 오지 않을래요. 그렇지만 아줌마가 무엇이든지 다 알고 싶으면 여기서 떠나세요, 그랬다가 다시 와서 기억이 나는지 말해줘요' 하고 말해서 문제를 급하게 딱 잘라 해결한 어린 아이 때문이었습니다…." 여자들이 모두 또 웃는다. 그러면서 신디카가 성모님께 영혼들이 보존하고 있는 것으로, 이교도들이 진리에 대한 막연한 기억을 가지는 어떤 가능성들을 설명하는 기억에 대하여 그가 잘 이해하지 못한 것을 설명해 주십사고 청하였다는 말을 한다.

"저는 이렇게 말했습니다. '어쩌면 이것이 많은 이교도들이 믿는 영혼이 다른 육체에 환생한다는 이론을 확인하는지도 모르겠습니다' 하고 말했더니, 선생님의 어머니께서 선생님께서 말씀하시는 것은 딴 뜻이라고 설명해 주셨습니다. 주님, 이제는 그것도 설명해 주십시오."

"똑똑히 들어라. 너는 정신이 진리를 자발적으로 기억하고 있다는 사실로 그것이 우리가 여러 일생을 산다는 것을 증명한다고 믿어서는 안 된다. 이제는 네가 사람이 어떻게 창조되었고, 어떻게 죄를 지었고, 어떻게 벌을 받았는지를 알 만큼 넉넉히 배웠다. 동물적인 사람 안에 어떻게 유일한 영혼이 하느님에 의해서 합해졌는지 설명해 주었다. 영혼은 매번 창조되고 절대로 계속적인 화신(化身)을 위하여 이용되지 않는다. 이 확실성이 영혼들의 기억에 대해서 네가 단언한 것을 무효로 만들어야 할 것이다. 하느님께서 만드신 영혼을 가진 사람이 아닌 다른 어떤 존재에 대하여도 그래야 할 것이다. 동물은 한번밖에 나지 않기 때문에 아무것도 기억할 수가 없다. 사람은 비록 한번밖에 나지 않지만 기억을 할 수 있다. 그 안에 있는 가장 훌륭한 것인 영혼으로 기억한다. 영혼은 어디서 오느냐? 사람의 영혼은 어느 영혼이나 말이다. 하느님에게서 온다. 하느님은 누구시냐? 지극히 지적이고, 지극히 능하신 완전한 영이시다. 영혼이라는 이 기묘한 것, 그분의 부성(父性)의 명백한 표로 사람에게 당신의 모습을 닮게 하려고 창조하신 이것은 그것을 창조하신 분 자신의 특성에서 유래한다. 그러므로 영혼은 그것을 창조하신 아버지처럼 지능이 있고, 신령하고, 자유롭고, 불멸의 것이다. 영혼은 하느님의 생각에서 완전한 것으로 나온다. 그래서 그것이 창조되는 순간에는 천분의 일순간 동안 첫사람의 영혼과 같다. 즉 공으로 받은 선물로 인하여 진리를 이해하는 완전한 존재이다. 천분의 일 그리고는 형성이 되고 나서는 원죄로 손상을 입는다. 네게 이것을 더 잘 이해시키기 위해 나는 이렇게 말하겠다. 즉 하느님께서 당신이 창조하시는 영혼을 가지고 계신데, 그 창조되는 존재는 나면서 지워지지 않는 표로 상처를 입는다고 말이다. 내 말 알아듣겠느냐?"

"예, 영혼이 생각되는 동안은 완전합니다. 창조된 이 생각이 천분의 일순간. 그리고 생각이 사실로 나타나면, 그 사실은 죄로 인해 생긴 법칙을 따르게 됩니다."

"잘 대답했다. 그러므로 영혼은 사람의 육체에 결합할 때에 그의 신령한 존재 안에 그 비밀의 싹인 창조주이신 존재, 즉 진리의 기억을 가지고 온다. 아기가 태어난다. 아기는 착하고 훌륭할 수도 있고 불성실할 수도 있다. 아기는 자유의지를 가지고 있기 때문에 무엇이든지 될 수 있다. 그의 '기억'에 천사들의 임무는 빛을 비추어 주고, 덫을 놓고 다니는 자는 어두움을 던진다. 사람이 빛을 추구하고, 따라서 점점 더 큰 덕행들을 추구하여 영혼을 자기 전체 존재의 주인이 되게 하는 데 따라서 영혼 안에는 마치 그 영혼과 하느님 사이에 가로질러 있는 장벽을 점점 얇게 만드는 것처럼 기억하는 기능이 발달하는 것이다. 그렇기 때문에 모든 나라의 덕행있는 사람들이 진리를 느끼는 것이다. 반대되는 주장이나 치명적인 무지로 인하여 흐려져 있기 때문에 완전히 느끼지는 못하지만, 그들이 속해 있는 민족들에게 윤리적 지식의 글들을 공급할 만큼은 넉넉히 깨닫는다. 알아들었느냐? 이제 확실히 알게 되었느냐?"

"예, 결론을 내리자면, 영웅적으로 실천한 덕행을 가진 종교는 영혼에 참 종교와 하느님을 아는 지식에 대한 소질을 가지게 한다는 것이군요."

"바로 그것이다. 이제는 가서 쉬고 축복을 받아라. 어머니도, 또 너희 자매들과 여자제자들도. 하느님의 평화가 너희들의 휴식 위에 내리기를."

155. 보즈라로 가는 길에

상인의 말이 옳았다. 이 10월에 이보다 더 아름다운 날씨가 길손들에게 주어질 수는 없었다. 마치 자연이 초목들이 잠자는 위에 휘장을 펴놓으려고 한 것처럼 들판을 덮고 있는 안개가 걷히자, 햇살이 따뜻하게 하는 경작된 들판 전체가 장엄하게 나타난다. 안개들은 먼 곳에 있는 산꼭대기들을 투명한 거품의 리본으로 장식하여 청명한 하늘을 배경으로 하고 한층 더 몽롱하게 하려고 모인 것 같다.

"저 산들은 무슨 산들입니까? 우리가 넘어가야 할 산들 말입니다" 하고 베드로가 걱정이 되어 묻는다.

"아닙니다. 아니에요. 저 산들은 아우란산인데, 우리는 저 산들 이쪽 평야에 있게 됩니다. 저녁나절에는 아우라니뜨의 보즈라에 도착할 터인데, 아름답고 좋은 도시이고 상업이 번창한 도시입니다" 하고 상인이 단언하면서 그 도시 칭찬을 하는데, 이 사람은 어떤 곳의 아름다움의 바탕에는 언제나 상업의 번창을 깐다.

예수께서는 따로 떨어져 계시고자 하실 때에는 매번 그러시는 것처럼 뒤에 혼자 쳐져서 가신다. 마륵지암은 예수를 쳐다보려고 여러 번 돌아본다. 그러다가 참지 못하고, 베드로와 제베대오의 요한을 떠나서 길가에 있는 표지 위에 앉아서 기다린다. 그 표지는 로마인들의 군대 표지임이 틀림없다. 예수께서 그가 있는 위치에 이르시자, 아이는 일어나 아무 말없이 예수 곁에 가서 따라간다. 다만 그가 있는 것을 보는 것으로라도 예수께 방해가 되지 않기 위하여 약간 뒤에 쳐져 있으면서 살펴보고 또 살펴본다….

그리고 계속 살펴보는데, 마침내 예수께서 당신의 명상을 마치시고 당신 뒤에서 가벼운 발소리가 나는 것을 들으시고 돌아보신다. 그리고 어린 아이에게 손을 내미시고 미소지으시면서 말씀하신다. "오! 마륵지암! 너 혼자 여기서 뭐하니?"

"선생님을 쳐다보고 있었어요. 나는 여러 날째 선생님을 쳐다보고 있어요.

모든 사람이 눈을 가지고 있지만, 모두가 같은 걸 보진 못해요. 나는 선생님이 대단히 자주 혼자 있는 걸 봤어요. …처음 며칠 동안은 선생님이 무슨 일로 기분이 상한 줄 알았어요. 그렇지만 얼마 후에는 선생님이 늘 같은 시간에 그러는 걸 보고, 또 선생님이 슬퍼할 때에는 언제나 위로하는 선생님의 어머님이 선생님이 그런 얼굴을 할 때는 아무 말도 하지 않고, 반대로 말을 하고 있었으면 어머님도 입을 다물고 정신을 가다듬는 걸 봤어요. 난 볼 줄 알거든요, 아세요? 그건 내가 선생님과 어머니가 하는 대로 하려고 늘 선생님과 어머니를 쳐다보고 있기 때문이야요. 난 사도들에게 선생님이 뭘 하느냐고 물었어요. 선생님은 분명 뭘 하고 있거든요. 그랬더니 '기도하신다'고 말했어요. 그래서 '뭐라고 말하면서 기도해요?' 하고 물었더니 아무도 대답을 못했었어요. 사도들은 모르니까요. 몇 해째 선생님하고 같이 있으면서 그걸 몰라요.

오늘 나는 선생님이 그런 얼굴을 할 때마다 따라왔어요, 그리고 선생님이 기도하는 걸 봤어요. 그렇지만 늘 같은 얼굴이 아니예요. 오늘 아침 새벽에는 선생님이 빛의 천사 같았어요. 선생님이 어떻게나 강한 눈길로 물건들을 바라다보는지 그것들을 해보다도 더 어두움에서 끌어내는 것같이 생각했어요. 물건들과 사람들을. 그 다음에는 하늘을 쳐다봤는데, 그때는 식탁에서 빵을 바칠 때와 같은 얼굴이었어요. 그 다음 우리가 마을을 지나올 때에는 선생님이 혼자서 맨 뒤에 처졌는데, 그 마을의 가난한 사람들에게 얼마나 좋은 말을 열심으로 해주는지 아버지같이 보였어요. 그 사람들 중의 한 사람에게 선생님은 이렇게 말했지요. '내가 멀지 않아 자네를 도와주고, 자네 같은 사람들을 도와줄 테니까 참을성있게 견디어내게' 하고 그 사람은 우리에게 개를 덤비게 한 짐승 같은 사람의 노예였지요. 그리고, 사람들이 음식을 준비하고 있는 동안에는 선생님이 우리를 아주 사랑 가득한 인자한 눈으로 보고 있었어요. 그때에는 선생님이 어머니 같았어요. …그렇지만 지금은 선생님의 얼굴이 고통스러운 얼굴이예요. …예수님, 지금 뭘 생각하길래 항상 그런 얼굴을 하세요? …어쩌다 저녁때 내가 자지 않고 있을 때엔 선생님이 매우 심각한 걸 보게 되거든요, 선생님이 어떻게 기도하는지, 왜 기도하는지 말해주세요."

"물론 네게 말해 주고 말고. 그러면 네가 나와 함께 기도할 거다. 하루는 하느님께서 전부 주시는 거다. 환한 날이나 어두운 날이나, 낮이나 밤이나 말이다. 사는 것과 빛을 가지는 것은 하나의 은혜이다. 사람이 사는 방식은 거룩하게 하는 것의 일종이다. 그렇지 ? 그러면 자기를 거룩하게 지키고, 우리 마음에 항상 지극히 높으신 분과 그분의 인자를 생각하고, 또 동시에 마귀를 먼 곳에 붙들어 두기 위해서는 온 하루의 모든 순간을 거룩하게 해야 한다. 새들을 살펴보아라. 해가 처음 나타날 때에 노래를 하고 빛을 찬미한다. 우리도 하느님의 선물인 빛을 찬미해야 하고, 우리에게 빛을 주시며 당신 자신이 빛이신 하느님을 찬미해야 한다.

아침에 날이 밝자마자 밝아지는 오늘 하루 위에 빛의 도장을 찍고 빛의 색조를 띠게 하여 온 하루가 빛나고 거룩하게 되도록 하기 위하여 하느님을 찬미하기를 원해야 하고, 조물주께 환희의 노래를 부르기 위하여 온 피조물과 일치하기를 바라야 한다. 그리고 시간이 지날 때에, 그리고 시간이 지나는 데 따라서 이 세상에 있는 고통과 무지에 대한 확인을 우리에게 가져다 줄 때에, 고통이 덜어지고 무지가 없어지고 모든 사람이 하느님을 알고 사랑하고 하느님께 기도를 드리도록 또 기도해야 한다.

사람들은 만일 그들이 하느님을 알면 그들의 고통 속에서도 항상 위로를 받을 것이다. 또 오정 때에는 가정의 사랑을 위하여 기도해야 하고, 우리를 사랑하는 사람들과 결합해 있는 이 선물을 맛보아야 한다. 이것도 하느님의 선물이다. 그리고 음식이 그 유익한 성질에서 죄의 기회가 되는 성질로 변하지 않도록 기도해야 한다. 또 황혼에는 죽음이 우리 모두를 기다리는 황혼이라는 것을 생각하고 기도해야 한다. 우리의 하루나 우리의 일생의 황혼이 항상 은총 지위에 있는 우리 영혼과 더불어 끝나도록 기도해야 한다. 그리고 등불이 켜질 때에는 끝나는 하루에 대해서 감사하고, 뜻밖의 심판과 마귀의 습격을 두려워하지 않고 잠들도록 보호와 용서를 청하기 위하여 기도해야 한다. 끝으로 밤동안에는 — 그러나 이것은 어린아이가 아닌 사람들의 경우이다 — 밤의 죄악을 방비하고, 약한 사람들에게서 사탄을 물러가게 하고, 죄있는 사람들에게는 반성과 좋은 결심과 더불어 뉘우침이 와서 그것이 날이 밝음과 동시에 현실이 되도록 하기 위하여 기도해야 한다. 이제는 의인이 하루종일 어떻게 또 왜 기도하는지 알았지."

"그렇지만 선생님은 오후 세시에 왜 그렇게 심각하고 위엄있게 생각에 골몰하는지는 말하지 않았어요…."

"그것은… 나는 이렇게 말한다. '이 시간의 희생으로 이 세상에 당신의 나라가 오게 하시고, 당신의 말씀을 믿는 사람들이 모두 구속되게 하십시오' 하고. 너도 그렇게 말해라…."

"그게 무슨 희생인데요? 향은 아침 저녁으로 올린다고 선생님이 말하셨지요. 희생제물은 날마다 같은 시간에 성전의 제단에 드리구요. 그리고 소원과 속죄를 위한 희생제물은 매시간 올리구요. 그렇지만 오후 세시는 특별한 의식을 하는 걸로 돼 있지 않아요."

예수께서는 걸음을 멈추시고, 아이를 두 손으로 잡으신다. 그리고 아이를 쳐들어 당신 앞에 드신 채 시편 구절을 외시는 것처럼 얼굴을 드시고 말씀하신다. "'그리고 오정과 세시 사이에는 구세주와 속죄자로 온 그가 배신의 쓴 빵을 먹고 생명의 단 빵을 준 다음, 양조(釀造)통 속에 있는 포도송이와 같이 자기 자신을 짠 다음, 자기 자신 전체로 사람들과 초목의 갈증을 풀어준 다음, 자기 피로 왕의 주홍빛 옷을 만들어 입고, 왕관을 쓰고 왕홀(王笏)을 들고, 시몬과 이스라엘과 세상이 보도록 그의 옥좌를 높은 곳으로 옮긴 다음 그의 제사를 완성할 것이다. 그의 수없이 많은 상처로 만들어진 주홍빛 옷을 입고, 어두움 속에서 빛을 주기 위하여, 죽음 속에서 생명을 주기 위하여 그는 오후 세시에 죽을 것이고, 세상은 구속될 것이다.'"

마륵지암은 깜짝 놀라 얼굴이 하얘져서 예수를 쳐다보며, 입술은 울려고 비죽거리고, 겁에 질린 눈에는 눈물이 글썽거린다. 그는 헐떡이는 목소리로 말한다. "그렇지만 구세주는 선생님이지요! 그럼 선생님이 그 시간에 죽을 거야요?" 눈물이 뺨으로 흘러내리기 시작하고, 벙싯 벌어진 작은 입이 눈물을 마시고 있는데, 아이는 그렇지 않다는 말을 기다리고 있다.

그러나 예수께서는 이렇게 말씀하신다. "어린 제자야, 그것은 나일 것이다. 그리고 그것은 너를 위한 것이기도 할 것이다." 그리고 어린 아이가 발작적인 울음을 터뜨리므로 어린 아이를 가슴에 안으시면서 말씀하신다. "그러면 너는 내가 죽는 것이 슬프냐?"

"오! 하나밖에 없는 내 기쁨! 나는 그거 싫어요! 나는… 선생님 대신 나를 죽게 하세요…."

"너는 나를 온 세상에 전해야 한다. 알았지. 그러나 잘 들어라. 네가 나를 사랑한다는 것을 알기 때문에 나는 기꺼이 죽겠다. 그리고 나는 부활할 것이다. 너 요나를 기억하고 있지? 요나는 고래의 뱃속에서 쉬고 힘세게 되고 더 아름답게 되어서 나왔다. 나도 그럴 것이다. 그리고 곧 네게로 와서 이렇게 말하겠다. '어린 마륵지암아, 네 눈물이 내 목마름을 없앴고, 네 사랑이 무덤 속에서 나와 같이 있어 주었다. 이제는 네게 〈내 사제가 되어라〉하고 말하려고 왔다.' 그러면서 내게서 아직 천국의 향기를 풍기면서 네게 입맞춤하겠다."

"그렇지만 나는 어디 있을 거야요. 베드로 아버지와 같이 있지 않을 거야요? 선생님의 어머니와 함께 있지 않을 거야요?"

"나는 그 며칠 동안의 지옥의 물결에서 너를 구해 주겠다. 가장 약하고 가장 죄없는 사람들을 구해 주겠다. 한 사람만 빼놓고… 내 어린 사도 마륵지암아, 그 시간을 위해서 내가 기도하는 것을 도와주겠니?"

"도와주구 말구요, 주님! 그럼 다른 사람들은요?"

"이것은 너와 나만의 비밀이다. 큰 비밀. 이것은 하느님께서 어린이들에게 당신을 나타내보이기를 좋아하시기 때문이다. …이젠 울지 말아라. 그 다음에는 내가 다시는 고통을 당하지 않을 것이고, 네 사랑을 시작으로 해서 모든 사람의 모든 사랑만을 기억하리라는 것을 생각하고 웃어라. 가자, 가자. 다른 사람들이 얼마나 멀리 갔는지 보아라. 뛰어 가서 따라잡자." 그러시면서 예수께서는 마륵지암을 내려놓으신다. 예수께서는 어린 아이의 손을 잡고, 일행을 따라잡을 때까지 두 사람은 뛴다.

"선생님, 뭘 하셨습니까?"

"마륵지암에게 하루의 시간들을 설명해 주었다."

"그런데 이애가 울었어요? 애가 못되게굴었는데, 선생님이 인자롭게 용서하시는 거로군요" 하고 베드로가 말한다.

"아니다, 시몬아 이 아이는 내가 기도하는 것을 보고 있었다. 너희들은 그렇게 하지 않았지. 이 아이는 그 이유를 물었다. 그래서 말해 주었다. 이 아이는 내 말을 듣고 감격했다. 이제는 얘를 가만 놔두어라. 마륵지암아, 내 어머니 곁으로 가라. 그리고 너희들 모두 똑똑히 들어라. 이 교훈을 듣는 것은 너희들에게도 해롭지는 않을 것이다."

그리고 예수께서는 하루의 주요한 시간들에 하는 기도의 유익함을 다시금 설명하신다. 다만 오후 세시에 대한 설명은 하지 않으신다. 그리고 이렇게 끝을 맺으신다. "하느님과의 일치는 그분을 찬양하고 그분의 가호를 빌기 위하여 하느님을 항상 기억하고 있는 것이다. 이렇게 하여라. 그러면 정신생활에 향상이 있을 것이다."

이제는 보즈라가 가까워졌다. 평야에 펼쳐진 이 도시는 성곽과 탑들이 있어 크고 아름다워 보인다. 기울어가는 저녁해는 성곽과 집들과 들판의 색조에 뉘앙스를 주어, 우수(憂愁)가 잔뜩 깃든 회색을 띤 릴라빛깔을 띠게 한다. 이 빛깔 속에서 물체의 윤곽이 사라진다. 한편 성곽 밖의 우리에 가둔 양들의 매애매애 우는 소리와 돼지들의 꿀꿀거리는 소리가 들판의 적막을 깨뜨린다. 성문을 지나 대상이 좁은 골목길들이 뒤얽힌 데로 들어서자 적막은 끝나는데, 그 좁은 골목들은 밖에서 보고 도시를 아름답다고 생각하던 사람들을 실망시킨다. 사람들의 목소리와 냄새 그리고… 역한 냄새가 복잡한 좁은 길에 맴돌고 있는데, 여관이 있는 장마당인 듯한 광장에까지 여행자들을 따라온다.

이렇게 하여 일행은 보즈라에 도착하였다.

156. 보즈라에서

계절 때문에 그런지, 또는 좁은 길들에 갇혀 있기 때문에 그런지, 보즈라 는 아침에 안개가 잔뜩 끼었다. 안개가 끼고 매우 더럽다. 시장에 가서 물건 을 사 가지고 돌아오는 사도들이 그 이야기를 주고 받는다. 그 시대의 그 곳 숙박업은 하도 구식이어서 손님이 각자 자기의 식량보급을 떠맡아야 하는 것이다. 여관 주인들이 손해를 보고 싶어하지 않는다는 것은 이해할 수 있 다. 그들은 손님들이 가져오는 것을 익혀 주는 것으로 만족하는데, 거기서 그들의 몫을 떼지 않기를 바라자. 기껏해야 그들이 비축하고 있는 보급품을 손님을 위해서 사거나 손님에게 팔거나 하는데, 이번 기회에는 구이감인 가 엾은 어린 양들을 가지고 푸주한 노릇을 한다.

여관 주인에게서 물건을 사야 하는 이 사실이 베드로의 마음에 들지 않는 다. 그래서 지금 사도와 여관 주인 사이에는 입씨름이 벌어지고 있다. 여관 주인은 거의 고관과 같은 표정을 하고 사도를 "갈릴래아놈"으로 취급하며 모욕을 주기를 잊지 않는다. 반면 베드로는 지나가는 손님들을 위하여 여관 주인이 목을 딴 돼지 새끼를 가리키면서 대꾸한다. "그때 나는 갈릴래아놈 이오, 당신은 돼지 같은 이교도요. 내가 선생님이라면 구린내가 나는 당신 여관에 한시간도 머물지 않겠소. 도둑놈에다… (더 표현력이 강한… 다른 말은 잉크병 속에 남겨둔다)."

이것으로 보아, 나는 보즈라 사람들과 갈릴래아 사람들 사이에는 이스라 엘이나, 그보다도 팔레스티나에 가득 차 있는 이런 많은 지방적이고 종교적 인 불상용성(不相容性) 중의 하나가 있다는 결론을 내리게 된다.

여관 주인은 더 큰 소리로 외친다. "만일 당신이 나자렛 선생님과 같이 있 지 않고, 또 내가 이유없이 나자렛 선생님을 미워하는 당신들의 바리사이파 사람들보다 나은 사람이 아니면, 돼지 피를 당신 얼굴에 문질러 주겠소. 그 러면 당신은 세수를 하려고 나가야 할 거요. 하지만 나는 확실히 능력을 가 지고 계신 선생님을 존경하오. 그리고 분명히 말하지만, 당신들이 무슨 이야기를 하든지 당신들은 죄인이오. 우리가 당신들보다 나아요. 우리는 함정을 파놓지 않고, 배신을 하지 않소. 당신들은 체! 당신들 가운데 있는 몇 안되는 성인들까지도 존중하지 않는 부당하고 사악한 배신자의 족속들."

"누굴 배신자라고? 우릴? 아! 이젠 정말이지 …" 베드로는 몹시 화가 나서 주먹다짐을 할 참이었는데, 그의 아우와 야고보가 붙잡고, 열성당원 시몬이 마태오와 함께 개입한다.

그러나 분노를 가라앉히는 데에는 그들의 개입보다 예수의 목소리가 더 유효하다. 예수께서 한 문에 나타나셔서 말씀하신다. "시몬아, 이제 입 다물어라, 그리고 여보시오, 당신도 입 다무시오."

"주님, 이 여관 주인이 먼저 저를 모욕하고 위협했습니다."

"나자렛 선생님, 이 사람이 먼저 저를 모욕했습니다."

저 사람이 나를. 저 사람과 내가. 그들은 서로 잘못을 상태편에게 미룬다. 예수께서는 근엄하고 침착하게 앞으로 나아가신다.

"당신들 둘 다 잘못이오. 그리고 시몬, 너는 이 사람보다 더 잘못이다. 너는 사랑과 용서와 온유와 인내와 우애의 가르침을 알고 있기 때문이다. 갈릴래아 사람으로 홀대를 받지 않으려면 성인으로 존경받도록 해야 한다. 그리고 당신도 만일 당신을 다른 사람들보다 낫다고 느끼거든 그것에 대해서 하느님을 찬미하고, 점점 더 좋은 사람이 될 자격을 얻도록 하시오. 그리고 무엇보다도 거짓된 비난으로 당신의 영혼을 더럽히지 마시오. 내 사도들은 배신자들도 아니고 — 계략을 꾸미는 사람들도 아니오."

"나자렛 선생님, 그것이 확실합니까? 그렇다면 왜 저 네 사람이 와서 선생님이 오셨는지, 누구하고 오셨는지, 그 밖에 여러 가지를 물었습니까?"

"뭐라구요? 뭐라구요? 그게 누구요? 그들이 어디 있소?" 하고 사도들은 돼지 피투성이인 사람에게 가까이 간다는 것을 잊어버리고 여관 주인을 에워싼다. 전에는 그들이 질겁을 하고 멀찍이 떨어져 있을 터인데.

"너희들은 볼 일을 보러 가거라. 미시스, 당신은 남아 계시오."

사도들은 예수께서 나오신 방으로 들어가고 마당에는 예수와 여관 주인만이 마주 서 있다. 예수께서 몇 걸음 떨어진 곳에는 상인이 놀라서 이 광경을 지켜보며 서 있다.

"여보시오, 솔직히 대답하시오. 그리고 내 제자 중 한 사람이 성질이 괄괄해서 성을 냈더라도 용서하시오. 그 네 사람은 누구며, 무슨 말을 했소?"

"그들이 누군지 정확히는 모릅니다. 그렇지만 분명히 저쪽에서 온 율법교사나 바리사이파 사람들입니다. 누가 그들을 이리 보냈는지도 모릅니다. 그 사람들을 본 적이 없습니다. 그러나 그들이 선생님에 관한 일은 환히 알고 있습니다. 선생님이 어디서 오시는지, 어디로 가시는지, 누구와 같이 계신지 알고 있습니다. 그러나 그들은 저더러 그걸 확인해 달라고 하는 것이었습니다. 안 됩니다. 제가 간악한 인간이더라도, 저는 제 직업을 압니다. 저는 아무도 모르고, 아무것도 못 보고, 아무것도 모릅니다. 물론 다른 사람들에게 말하기 위해서 알지는 못한다는 말이지요. 왜냐하면 저 혼자서는 다 알고 있으니까요. 그러나 제가 아는 것을 왜 다른 사람들에게 말해야 합니까? 더구나 저 위선자들에게요? 제가 용병(傭兵)입니까? 그렇습니다. 필요한 경우에는 도둑놈들을 돕기도 합니다. 선생님은 그걸 썩잘 아시지요. …그러나 저는 선생님의 자유나 명예나 목숨을 훔치거나 훔치려고 시도할 줄은 모릅니다. 그런데 그들은 — 제가 말하는 것이 사실이 아니면 저는 성을 갈겠습니다 — 그들은 선생님을 해치려고 뒤를 밟습니다. 그런데 그들을 누가 보냈습니까? 혹 베레아나 데카폴리스의 어떤 사람입니까? 혹은 드라고니트와 가울라니트나 아우라니트의 어떤 사람입니까? 아닙니다. 저희는 선생님을 잘 모릅니다. 혹은 안다 하더라도, 비록 선생님을 성인으로 믿지는 않아도 의인으로 생각하고 존경은 합니다. 그러면 누가 그들을 보냈습니까? 선생님 편에 있는 누구나 선생님의 친구 중의 누군가가 보냈습니다. 그들이 너무나 많은 걸 알고 있거든요…."

"내 대상에 대한 정보를 아는 것은 쉬운 일이오…" 하고 미사스가 말한다.

"상인인 당신에 대해서가 아니라, 예수님과 같이 있는 다른 사람들에 대해서 말이오. 나는 알지 못하고, 또 알고 싶지도 않아요. 나는 보지도 않고, 보고자 하지도 않아요. 그렇지만 분명히 말씀드리지만, 혹 선생님이 잘못이 있다는 것을 아시면, 거기에 대한 대책을 세우셔야 합니다. 만일 배신당한 것을 아시면, 대비책을 마련하셔야 합니다."

"여보시오, 잘못한 사람도 없고, 배신도 없소. 그저 이스라엘이 나를 이해하지 못한다는 것이 있을 뿐이오. 그런 당신은 어떻게 나를 알았소?"

"어떤 사내아이를 통해서요. 보즈라와 아르벨라에서 사람들의 입에 많이 오르내리던 말썽꾸러기였지요. 여기서 그가 죄를 지으러 오기 때문에 그랬고, 아르벨라에서는 집안의 명예를 손상하기 때문에 그랬습니다. 그러다가 그가 회개했습니다. 그가 의인보다도 더 성실하게 되었고, 이제는 저도 제자가 되어서 선생님의 제자들과 같이 지나갔는데, 아버지 어머니와 함께 선생님께 경의를 표하려고 아르벨라에서 선생님을 기다리고 있습니다. 그런데 그 사람은 그의 어머니가 청해서 선생님이 그의 마음을 바꿔 놓았다고 모든 사람에게 말합니다. 그는 야곱의 필립보인데, 만일 이 지방이 거룩하게 되면 그가 이 지방을 거룩하게 한 공로가 있을 것입니다. 또 만일 보즈라에 누군가 선생님을 믿는 사람이 있으면, 그의 덕택일 것입니다."

"여기 왔던 율법교사들이 지금 어디 있소?"

"모르겠습니다. 그들에게 줄 방이 없다고 말했더니, 그들은 갔습니다. 자리가 있기는 했습니다. 그러나 비둘기 곁에 뱀들을 묵게 하기는 싫었습니다. 그들이 이 지방에 있을 것은 확실합니다. 조심하십시오."

"고맙소. 이름이 무엇이오?"

"파라입니다. 저는 제 의무를 다했습니다. 저를 기억해 주십시오."

"그러겠소. 그리고 당신도 하느님을 기억하시오, 그리고 내 시몬을 용서하시오. 시몬은 내게 대한 큰 사랑으로 인해서 가끔 분별없는 때가 있소."

"잘못된 거 아무것도 없습니다. 저도 그 사람을 모욕했는 걸요.…그러나 욕을 먹으면 기분이 좋지 않습니다. 선생님은 욕을 하지 않으시는데…"

예수께서는 한숨을 쉬시고 나서 말씀하신다. "나자렛 선생을 도와주겠소?"

"제가 할 수 있으면요…."

"내가 이 마당에서 말을 했으면 좋겠는데요…."

"말씀하게 하겠습니다. 언제요?"

"오정과 오후 세시 사이에."

"안심하고 어디든지 가십시오. 보즈라 사람들은 선생님이 말씀하신다는 것을 알게 될 것입니다. 제가 유념하겠습니다."

"하느님께서 당신에게 갚아 주시기를 바랍니다." 이렇게 말씀하시면서 그에게 미소를 보내신다. 이것이 벌써 상급이다. 그런 다음 처음에 계시던 방 쪽으로 가신다.

알렉산드르 미사스가 예수께 말한다. "선생님, 제게도 그렇게 웃어 주십시오. …저도 주민들에게 인자하신 선생님께서 말씀하시는 것을 들으러 오라고 말하겠습니다. 저는 이곳 주민을 많이 압니다. 안녕히 가십시오."
 "당신께도 하느님께서 상을 주시기를 바랍니다" 하고 말씀하시며 예수께서 그에게 미소를 보내신다.
 예수께서 방으로 들어가신다. 여자들은 슬픈 얼굴을 하고 계신 성모님을 둘러싸고 있는데, 성모님은 곧 일어나셔서 당신 아들에게로 가신다. 성모님은 말씀을 하지 않으신다. 그러나 성모님 전체가 질문으로 꽉 차 있다. 예수께서는 성모님께 미소를 지어보이시고, 모든 사람에게 말씀하신다. "오정에는 틈을 내도록 하시오. 그런 다음 내가 군중에게 말을 할 겁니다. 그동안 시몬 베드로와 요한과 헤르마스테아만 빼놓고 너희는 가서 나를 알려라, 그리고 애긍을 많이 하여라."
 사도들이 떠나간다.
 베드로가 여자들 곁에 계신 예수께 천천히 다가가서 묻는다. "저는 왜 안 보내십니까?"
 "충동적일 때는 집에 남아 있는 법이다. 시몬아, 시몬아! 도대체 너는 언제 이웃에게 사랑을 베풀 줄 알겠느냐? 지금은 다만 나를 위해 켜진 불꽃이고, 곧고 뻣뻣한 칼날이지만, 다만 나를 위해서만 그렇다. 요나의 시몬아, 온유하여라."
 "주님의 말씀이 맞습니다. 선생님의 어머니께서도 벌써 저를 나무라셨습니다. 어머님이 하실 줄 아시는 대로 괴로움을 주지 않고 나무라셨습니다. 그러나 어머님의 꾸지람은 제 속 깊이 파고들었습니다. 그럼에도 불구하고 … 선생님도 저를 나무라십시오, 그렇지만 그리고 나서는 저를 그렇게 슬픈 얼굴로 저를 보지 마십시오."
 "착한 마음을 가져라, 착한 마음을 가져 … 신디카야, 네게 따로 말하고 싶다. 옥상으로 올라가자. 어머니도 오십시오…."
 그리고 건물의 한쪽 익면(翼面)을 덮고 있는 촌스러운 옥상에서 해가 따뜻하게 내리쬐는 가운데, 예수께서는 성모님과 그리이스 여자 사이에서 거닐으시며 말씀하신다. "내일 우리는 얼마 동안 헤어지기로 한다. 아르벨라 근처에 너희 여자들은 엔도르의 요한과 같이 갈릴래아바다 쪽으로 가서, 함께 계속 나자렛까지 가거라. 그러나 너희를 좀 서투른 남자 한 사람과만 보내지 않기 위해 내 사촌들과 시몬 베드로를 같이 가게 하겠다. 이 이별에 대해서 내키지 않는 마음들이 있으리라는 것을 예견한다. 그러나 순종은 의인의 덕행이다. 너희들이 쿠자가 헤로데를 대신해서 감독할 임무를 맡은 관할 구역으로 지나갈 터이니까 그 나머지 길을 위해서 요안나가 호위를 받을 수 있을 것이다. 그때에는 알패오의 아들들과 시몬 베드로를 돌려보내라. 그러나 내가 너를 이리 올라오라고 한 이유는 이런 것이다. 신디카야, 네가 내 어머니의 집에 얼마 동안 머물러 있도록 결정했다는 것을 네게 말하고자 한다. 어머니께서는 벌써 이 일을 알고 계신다. 너와 함께 엔도르의 요한과 마륵지암도 있을 것이다. 점점 더 지혜를 단련하면서 기꺼운 마음으로 거기에 있거라. 나는 네가 가엾은 요한을 많이 돌봐 주기를 바란다. 내 어머니께는 그렇게 말씀드리지 않는 것은 어머니께는 조언이 필요없기 때문이다. 너는 요한을 이해하고 불쌍히 여길 수 있고, 요한은 빈틈없는 선생이니까 네게 많은 이익을 줄 수 있다. 그리고 내가 갈 것이다. 오! 곧 갈 거다! 그리고 우리는 자주 만날 것이다. 나는 네가 점점 더 진리로 지혜로워진 것을 보기를 바란다. 신디카에게 특별히 강복을 준다. 이번에는 이것이 네게 대한 내 작별인사이다. 나자렛에서 너는 어디에서나 그런 것처럼 사랑과 미움을 만나게 될 것이다. 그러나 내 집에서는 평화를 만날 것이다. 항상."

"나자렛은 저를 모를 것이고, 저도 나자렛을 모를 것입니다. 주님, 저는 진리를 먹으며 살 것이고, 세상은 제게 아무것도 아닐 것입니다."

"좋다. 신디카야, 이제는 좋을 대로 하거라, 그리고 지금 당장은 침묵을 지켜라. 어머니, 어머니는 사정을 잘 아시지요. …어머니께 제 가장 귀중한 보물들을 맡겨 드립니다. 어머니, 우리끼리 조용히 있는 동안 어머니의 애무로 어머니의 예수의 용기를 북돋아 주십시오…."

"아들아, 미움은 얼마나 많으냐!"
"사랑은 얼마나 많습니까!"
"지극히 사랑하는 예수야, 고민은 얼마나 많으냐!"
"친절은 얼마나 많습니까!"
"아들아, 몰이해는 얼마나 많으냐!"
"어머니, 이해는 또 얼마나 많습니까!"
"오! 지극히 사랑하는 내 아들!"
"어머니! 하느님의 기쁨이시고 제 기쁨이신 어머니!"

두 분은 껴안으신다, 그리고는 옥상의 낮은 담을 끼고 놓여 있는 돌로 된 걸상에 나란히 앉아 계시다. 예수께서는 보호자로서 다정스럽게 어머니를 안고 계시다. 성모님은 아들의 어깨에 기대시고 두 손은 예수의 손에 맡기셨다. 행복들 하시다. …세상은 사랑과 충실의 물결에 묻혀… 저 멀리에 떨어져 있다….

157. 보즈라에서 하신 연설과 기적

　… 그리고 세상은 미움과 배반과 고통과 욕구와 호기심의 물결과 더불어 몹시 가까이에 있기도 하다. 그리고 그 물결은 바다의 물결이 항구에 와서 죽듯이 이곳 보즈라의 여관 마당에 와서 죽는다. 그런데 얼굴을 보고 상상할 수 있는 것보다 더 착한 마음을 가진 여관 주인의 경의는 그 마당에서 짐승들의 배설물과 쓰레기를 말끔히 치웠다. 이곳이나 다른 곳에서, 그러나 역시 이 지방에서 온 사람들이 많이 있고, 이야기하는 것을 들어서 먼 곳에서, 즉 호수 연안이나 호수 저쪽에서 왔다는 것을 알 수 있는 사람들도 있다. 사람들이 예수를 기다리는 동안 서로 뒤섞이는 대화에 여러 고장 이름들이 나오고, 고통에 대한 표시가 나타난다. 가다라, 입보, 게르게사, 가말라, 아페카, 그리고 나임, 엔도르, 이즈르엘, 막달라, 코라진의 이름이 입에서 입으로 옮아가고, 그 이름들과 더불어 그들이 그렇게 먼 곳에서 여기까지 오게 된 동기에 대한 설명이 나온다.
　"나는 선생님이 요르단강 건너편 마을들을 지나가신다는 것을 알고는 낙망했었어요. 그렇지만 이즈르엘로 돌아가려고 하는데 제자들이 와서 가파르나움에서 기다리는 우리에게 이렇게 말했어요. '지금 이 시간에는 선생님이 틀림없이 게라사 저쪽에 계십니다. 시간을 허비하지 말고 보즈라나 아르벨라로 가시오' 하고, 그래서 그들과 같이 왔어요…."
　"나는 가다라에서 오면서 바리사이파 사람들이 지나가는 것을 보았어요. 그들은 나자렛의 예수가 이 지방에 와 있느냐고 묻더군요. 내 아내가 병이 들었어요. 나는 그 사람들과 함께 왔어요. 그리고 어제 아르벨라에서 선생님이 먼저 보즈라에 오신다는 말을 들었어요. 그래서 이리 왔어요."
　"나는 이 아이 때문에 가말라에서 왔어요. 이 애는 성난 암소에게 받혔어요. 그래서 이런 상태가 되어 버렸어요…." 그러면서 팔도 마음대로 움직일 수 없는 몸이 아주 오그라든 그의 아이를 가리킨다.
　"나는 내 아들을 데리고 올 수가 없었어요. 나는 마젯도에서 왔어요. 어떻게 생각하세요? 선생님이 여기서도 고쳐 주실까요?" 하고 울어서 얼굴이 빨개진 여인이 괴로워하며 말한다.

"그렇지만 병자가 여기 있어야 해요."

"아닙니다. 믿음만 있으면 됩니다."

"아닙니다. 선생님이 손을 얹지 않으시면 낫지 않아요. 선생님의 제자들도 그렇게 합니다."

"아주머니는 그 먼 길을 공연히 온 셈이군요."

여인은 울기 시작하면서 말한다. "아이고! 나는 불행하기도 하지! 그런데 나는 거의 죽게 된 그 아이를 희망을 가지고 내버려두고 왔지.… 선생님이 병을 고쳐 주지 않으실 것이니 나는 그애가 죽을 때 위로해 주지도 못하게 됐어…."

다른 여자가 그 여인을 위로한다. "아주머니, 그렇게 생각하지 마세요. 나는 선생님이 말씀하시던 산을 떠나지 않으신 채 큰 기적을 내게 베푸셨기 때문에, 고맙다는 인사를 드리러 왔어요."

"아주머니의 아이는 무슨 병이 있었는데요?"

"내 아이가 아니라, 미쳤던 내 남편이었어요…." 그러면서 두 여자는 작은 목소리로 계속 이야기한다.

"사실입니다. 아르벨라의 어머니도 선생님이 그의 아들을 보지 않으셨는데도 아들을 되찾았습니다" 하고 아르벨라에서 온 어떤 사람이 말한다, 그리고 곁에 있는 사람들과 계속 이야기를 한다….

"비끼세요, 제발! 비껴 주세요!" 하고 사방이 막힌 가마를 멘 사람들이 외친다.

군중이 갈라지고, 가마는 고통받는 사람을 실은 채 지나간다. 그들은 안쪽으로 가서 거의 짚을 쌓아올린 낟가리 뒤에 자리잡는다. 가마에 누워 있는 사람은 남자인가 여자인가? 알 수가 없다!

거만하고 건강한 바리사이파 사람 둘이 그 어느 때보다도 거드름피우며 들어온다. 그들은 두 미치광이같이 외치며 가엾은 여관 주인을 몰아세운다. "이 고약한 거짓말쟁이! 당신은 왜 그 사람이 여기 있지 않다고 말했소? 당신도 그 사람의 공범이오? 이스라엘의 성자들인 우리를 그렇게 조롱하는데, 누구를… 이롭게 하려고 그러는 거요? 당신은 그 사람에 대해 뭘 알고 있소? 그 사람이 당신에게 뭐요?"

"뭐냐구요? 당신들과 같지 않은 사람이지요. 그렇지만 나는 거짓말하지 않았어요. 그분은 당신들이 오고 나서 조금 후에 오셨소. 그분은 숨어 있지 않고, 나도 숨겨 두지 않았소. 그렇지만 내가 여기 주인이니까 당신들에게 당장 말하겠소. '내 집에서 나가시오!' 여기서는 나자렛 선생님께 욕을 하지 못하오. 알겠소? 그리고 말로 해서 못 알아 듣겠다면, 재칼 같은 당신들에게 행동으로 말해 줄 수 있겠소."

튼튼한 여관 주인이 하도 행동으로 옮기고자 하는 것처럼 보였기 때문에 두 바리사이파 사람은 태도를 바꾸어 채찍으로 위협을 당하는 개들처럼 비굴해진다. "아니, 우리는 그분을 숭배하려고 찾던 거요! 어떻게 생각하고 그러시오? 우리가 화가 난 것은 당신 탓으로 그분을 보지 못하게 됐다는 생각 때문이었소. 우리는 그분이 누구이신지 알아요. 우리가 감히 쳐다볼 자격도 없는 거룩하고 복되신 메시아이시지요. 우리는 하찮은 인간들이고, 그분은 이스라엘의 영광이시오. 우리를 그분께 데려다 주시오. 우리 마음은 그분의 말을 듣기를 열망하고 있소."

여관 주인은 이렇게 대답해서 그들에게 복수를 한다. "오! 저런! 바리사이파 사람들의 올바름을 평판으로 알고 있는 내가 어떻게 그렇지 않다고 생각할 수 있었을까? 아 물론이지요, 당신들이 그분에 경배하러 왔구말구요! 당신들은 그걸 열망하고 있지요! 그분에게 그 말을 하겠소. 갑니다. …안 되오, 절대로! 따라오지 마시오! 또 당신도. 그렇지 않으면, 독이 있는 늙은 말라깽이 당신 둘을 서로 부딪혀서 한 덩어리가 되게 하겠소. 여기 있어요. 당신은 내가 팽개쳐버리는 여기에 있고, 또 당신은 거기에. 당신들을 목까지 땅속에 박아 넣어서 당신들을 마치 내가 잡아야 하는 돼지들 매놓는 말뚝 모양으로 쓰지 못하는 것이 유감이오." 그러면서 말에 행동을 곁들여 우선 더 마른 바리사이파 사람의 겨드랑이를 쥐고 번쩍 들었다가 어떻게나 세차게 땅에 내리꽂는지 땅이 단단하지 않았더라면 적어도 발목까지는 빠져들어갈 지경이었다. 그러나 땅이 단단하기 때문에, 한 번 세게 흔들리더니 그 사람은 꼭둑각시처럼 서 있다. 그런 다음 여관 주인은 또 한 사람을 붙잡아서, 비록 어지간히 뚱뚱한 사람이지만, 그 사람도 쳐들었다가 똑같이 격렬하게 내리꽂는다. 그런데 그 사람은 반항하고 몸부림을 치기 때문에 똑바로 세워 놓는 대신에 땅바닥에 밀어붙여 앉혀 놓는다. 진짜 살과 옷감 덩어리 같다. 그리고 상스러운 말을 하면서 가는데, 그 말은 두 사람의 푸념과 많은 사람의 깔깔거리는 웃음 속에 사라져 간다.
 그는 복도로 들어갔다가 작은 마당을 지나 층계를 올라가서 회랑으로 된 긴 방에 발을 들여 놓고, 거기서 예수께서 당신 모든 식구들과 상인과 함께 식사를 끝내 가시는 넓은 방으로 들어간다.
 "바리사이파 사람 넷 중에서 둘이 왔습니다. 좀 보십시오. 지금 당장은 그들을 적당한 자리에 놓아 두었습니다. 저를 따라오려고 하기에 못 따라오게 했습니다. 그들은 지금 많은 병자들과 다른 사람들도 있는 저 아래 마당에 있습니다."
 "곧 가겠소. 고맙소, 파라 당신도 가도 되오."
 모두 일어난다. 그러나 예수께서는 제자들에게 그대로 그곳에 남아 있으라고 명령하시고, 어머니와 클레오파의 마리아와 수산나와 살로메를 빼놓고는 여자들에게도 그대로 있으라고 명하신다. 제외된 사람들의 얼굴에 나타나는 슬픔을 보시고 말씀하신다. "옥상으로 가거라, 거기서도 잘 들릴 것이다."
 예수께서는 사도들과 여자 네 사람과 같이 나오신다. 그리고 여관 주인이 간 길을 도로 걸으셔서 큰 마당으로 들어서신다. 사람들은 보려고 얼굴을 쳐들고, 가장 약삭빠른 사람들은 짚더미나 옆쪽에 세워 놓은 마차들이나 수반의 전 위에… 올라간다.
 두 바리사이파 사람은 지나치게 공손한 태도로 예수께 마주 간다. 예수께서는 마치 그들이 당신의 가장 충실한 친구이거나 한 것처럼 늘 하시는 대로 인사를 하신다. 그러나 그들의 번지르르한 질문인 "선생님 일행이 이렇게 적습니까? 그리고 제자도 없구요? 그들이 선생님을 버렸습니까?" 하는 말에 대답하시려고 걸음을 멈추지는 않으신다.
 예수께서는 걸어가시면서 정색을 하고 대답하신다. "버린 것이 아닙니다. 당신들은 아르벨라에서 왔으니 거기서 나보다 앞서 간 사람들을 만났겠고, 또 유다에서는 시몬의 유다와 토마와 나타나엘과 필립보를 만났지요."
 뚱뚱한 바리사이파 사람은 이제는 감히 예수를 따라가지 못하고 홍당무같이 새빨개져서 걸음을 멈춘다. 더 뻔뻔스러운 또 한 사람은 계속 말한다. "맞습니다. 그러나 저희들은 마침 선생님께서 충실한 제자들과 여자들과 함께 계시다는 것을 알고 있었기에 선생님께서 이렇게 얼마 안 되는 사람을 데리고 계신 것을 보고 놀랐습니다. 저희들은 선생님께서 새로 마음을 사로잡으신 사람들을 보고 선생님과 같이 기뻐하려고 했습니다." 그러면서 거짓 웃음을 웃는다.

"내가 새로 마음을 사로잡은 사람들이오? 여기 있습니다!" 그러면서 예수께서는 군중들을 가리키시며 당신 앞으로 반원을 그리신다. 그들의 대부분은 요르단강 건너편, 즉 보즈라가 있는 이 지방에서 온 사람들이다. 그리고 바리사이파 사람에게 대꾸할 시간을 주지 않으시고 말씀을 시작하신다.

"처음에는 내게 대해서 물어보지 않던 사람들이 나를 찾았고, 처음에는 나를 찾지 않던 사람들이 나를 발견했습니다. 그래서 나는 내 이름을 부르며 호소하는 민족에게 '내가 여기 왔소, 내가 여기 왔소' 하고 말했습니다. 예언자들의 입에 진리를 담아 주신 주님께 영광을! 정말이지, 나는 내 둘레에 몰려든 이 군중을 보고 주님 안에서 몹시 기뻐합니다. 그것은 영원하신 분께서 나를 이 세상에 보내실 때에 하신 약속들이 이루어진 것을 보기 때문입니다. 나 자신이 아버지와 성령과 더불어 예언자들의 생각과 입과 마음에 알려 주었던 그 약속들, 내가 사람이 되기 전에 알았었고, 육체를 취하도록 내게 용기를 준 그 약속들이 말입니다. 그리고 그 약속들은 내게 힘을 주는 약속들입니다. 그렇습니다. 그 약속들은 일체의 미움과 원한과 의심과 거짓말에 대해서 내 용기를 돋우어 줍니다. 처음에는 내게 대해서 물어보지 않던 사람들이 나를 찾았고, 나를 찾지 않던 사람들이 나를 발견했습니다. 그런데 왜 반대로 내가 손을 내밀면서 '내가 여기 왔소' 하고 말한 사람들은 나를 배척했습니까? 그렇지만 전자들은 나를 모르고 있었는데 후자들은 나를 알고 있었습니다. 그렇다면 이것이 어떻게 된 일입니까?

수수께끼의 해답은 이렇습니다. 모르는 것이 죄가 아니라, 거짓으로 부인하는 것이 죄입니다. 그런데 내게 관해서 잘 알고 있고, 또 내가 손을 내민 사람들 중에서 너무나 많은 사람이 마치 내가 사생아나 도둑, 또는 타락시키는 사탄인 것처럼 나를 거짓으로 부인했습니다. 그것은 그들의 교만으로 믿음의 불을 꺼버리고, 내 목소리가 그들에게 가리키던 길을 떠나 좋지 않고 구불구불하고 죄되는 길로 빗나갔기 때문입니다. 나를 배척하는 이 민족의 마음과 음식과 잠자리와 정신에 죄가 있습니다. 그들은 사방에서 자기 자신의 더러움의 반영을 보고, 그들의 미움은 그 더러움을 한층 더 거듭 쌓아올립니다. 그리고는 나에게 '이 더러운 자야, 물러가라' 하고 말합니다.

그러면 그때에는 붉은 물을 들인 그의 옷을 입고, 그의 옷을 입어 아름다운 그가, 그리고 위대한 그의 힘을 가지고 걸어오는 그가 무슨 말을 하겠습니까? 그는 이사야가 말한 것을 완수하고, 또 입을 다물지 않고, 저들이 받아 마땅한 것을 그들의 가슴에 부어넣겠습니까? 아닙니다. 그는 우선 모든 사람에게 버림을 받고 혼자서 구속의 포도주를 빚기 위하여 그의 압착기에 넣고 찧어야 합니다. 의인들을 취하게 하여 지극히 행복한 사람들을 만드는 포도주이고, 큰 죄를 지은 사람들을 취하게 하여 그들의 독성적(瀆聖的)인 능력을 산산 조각을 내는 포도주입니다. 그렇습니다. 영원한 사랑의 태양으로 시시각각 익어가는 내 포도주는 어떤 예언서에서 말하는 것과 같이 많은 사람의 파멸과 구원이 될 것입니다. 이 예언은 아직 쓰여지지는 않고 갈라진 틈이 없는 바위 속에 넣어두었는데, 그 바위에서는 영원한 생명의 포도주를 만들게 하는 포도나무가 솟아 나왔습니다.

당신들 알아들었습니까? 이스라엘의 박사들인 당신들은 못 알아들었지요. 당신들이 알아듣고 못 알아듣고는 별로 상관이 없습니다. 이사야가 말하는 어두움이 당신들에게 내려올 것입니다. '그들은 눈이 있으나 보지 못하고, 귀가 있으나 듣지 못한다고 이사야는 말합니다. 당신들은 당신들의 미움으로 빛을 가립니다. 그렇기 때문에 빛이 어두움에게 배척을 당했다고, 또 세상이 빛을 알고자 하지 않았다고 말할 수 있습니다.

그러나 여러분은 몹시 기뻐합니다! 어두움 속에 있으면서도 여러분에게 예고되었던 빛을 믿을 줄 안 여러분, 그 빛을 바라고 찾아서 발견한 여러분입니다. 산과 들을 지나고 강과 호수를 건너 먼 길의 피로를 아랑곳하지 않고 구원을 찾아온 충실한 백성들, 기뻐하시오. 다른 길, 즉 영적인 길도 그러할 것이니 보즈라의 주민 여러분, 이 길은 여러분을 무지에서 지혜의 빛으로 인도할 것입니다.

아우라니트의 주민들 기뻐하시오! 지식의 환희 속에서 기뻐하시오. 여러분의 쌍봉(雙峰) 약대와 단봉(單峰) 약대들이 참 하느님께 조배(朝拜)를 가져오고, 거룩하고 힘들지 않는 율법으로 하느님을 섬기는 사람들이 되기 위하여 납달리와 즈불룬의 길에 밀려들 것이라고 예언자가 노래한 것은 정말이지 여러분과 여러분의 주위에 있는 사람들에 대해서도 말한 것입니다. 그 거룩하고 어렵지 않은 율법은 하느님이 아버지가 되어 주시고 영원한 복락을 주는 데 다른 것은 명하지 않고 주님의 열 가지 계명을 지키라고만 명합니다. 열 가지 계명은 이렇습니다. 참 하느님을 온 힘을 다하여 사랑하고 이웃을 자기 몸같이 사랑하고, 안식일을 더럽히지 말고 지키며, 부모를 공경하고, 사람을 죽이지 말고, 도둑질을 하지 말고, 간음을 범하지 말고, 거짓 증언을 하지 말고, 남의 아내나 재산을 원하지 말라는 것입니다. 오! 더 먼 곳에서 온 여러분이 만일 주님의 집에 속해 있다가 거기서 나간 사람들을 능가하면, 여러분은 지극히 행복한 사람들입니다. 주님의 집에 속해 있던 사람들은 하느님과의 원수짐, 자존심, 예배행위의 타락, 부모에게 대한 냉대, 살인에 대한 욕망, 남의 성덕을 훔치려는 시도, 사탄과의 야합, 거짓 증언, 말씀의 본성과 사명에 대한 샘, 그리고 사람들의 마음 속에서 너무나 많은 마음 속에서 술렁이고 있는 소름끼치는 죄악이라는 사탄의 열 가지 계명의 자극을 받아 주님의 집에서 나간 것입니다.

목마른 여러분은 기뻐하시오! 굶주린 여러분은 기뻐하시오! 슬퍼하는 여러분은 기뻐하시오! 여러분이 배척당했습니까? 여러분이 추방되었습니까? 여러분이 업신여김을 당했습니까? 여러분이 외국인이었습니까? 오시오! 기뻐하시오! 이제는 그것이 사실이 아닙니다. 나는 여러분에게 집과 재산과 부성과 조국을 줍니다. 나는 여러분에게 하늘 나라를 줍니다. 구세주인 나를 따르시오! 구속자인 나를 따르시오! 생명인 나를 따르시오! 아버지께서 은총을 거절하지 않으시는 사람인 나를 따르시오! 내 사랑 속에서 기뻐하시오! 기뻐하시오! 그리고 고통을 당하면서도 나를 찾은 여러분, 나를 알기도 전에 나를 믿은 여러분, 내가 여러분을 사랑한다는 것을 여러분이 보도록, 이 날이 진짜 환희의 날이 되도록 나는 이렇게 기도합니다. '아버지! 거룩하신 아버지! 모든 상처와 병에, 육체의 괴로움, 고뇌, 고민, 양심의 가책, 돋아나는 모든 믿음, 흔들리는 믿음, 단단해지는 믿음에 내리소서, 오 구원과 은총과 평화를 내리소서! 제 이름으로 평화를! 아버지의 이름으로 은총을! 우리 서로간의 사랑을 위하여 구원을 내리소서! 지극히 거룩하신 아버지, 강복하소서! 저와 아버지의 흩어진 아들들을 모두 모아서 한 양떼로 합치소서! 거룩하신 아버지, 이들이 아버지와 하나가 되고, 아버지와 저와 지극히 거룩한 성령과 하나가 되어 제가 있는 곳에 이들도 있게 하소서'."

팔을 † 모양으로 들어 손바닥 윗쪽으로 하늘을 향하게 하시고, 얼굴을 드시고 은나팔 소리같이 울리는 목소리로 말씀하시는 예수님은 저항할 수 없는 힘을 가지셨다. …예수께서는 이렇게 말없이 몇 분 동안을 그대로 계신다. 그리고는 그 사파이어빛 눈이 하늘을 쳐다보던 것을 그치고, 감동하여 한숨짓거나 희망으로 몸을 떠는 군중이 가득 찬 마당을 내려다보시고, 손은 앞으로 내밀 듯이 합장을 하시고, 당신의 얼굴을 빛나게 하는 미소를 지으면서 마지막으로 외치신다. "믿고 바라는 여러분은 기뻐하시오! 고통을 당하는 백성은 일어나시오, 그리고 당신들의 주 하느님을 사랑하시오!"

모든 병자가 동시에 병이 완전히 나았다. 열광적인 고함, 주님께 환희의 노래를 부르는 우뢰 같은 목소리가 올라온다. 그리고 마당 저 안쪽에서 그를 덮었던 홑이불을 아직 끌면서 한 여인이 군중을 헤치고 나와 주님의 발 앞에 쓰러진다. 군중은 다른 비명을, 공포의 비명을 지른다. "요아킴의 아내 문둥병자 마리아다!" 그러면서 사람들이 사방으로 도망친다.

"두려워하지 마시오! 이 여자의 병은 나았습니다. 이 여자와의 접촉은 이제 여러분에게 해를 끼칠 수 없습니다!" 하고 예수께서 안심시키신다. 그런 다음 땅에 엎드려 있는 여인에게 말씀하신다. "아주머니, 일어나시오. 당신의 큰 바람이 당신에게 상을 주었고, 당신이 오라비들에 대해 신중하지 못했던 것을 용서받게 했습니다. 유익한 정결의식을 한 다음 집으로 돌아가시오."

젊고 꽤 아름다운 그 여인은 일어나면서 운다. 예수께서는 조금 가까이 오면서 감탄의 소리를 지르며 기적을 찬미하는 군중에게 그 여인을 가리키신다.

"저 여자를 몹시 사랑하던 남편이 그의 소유지 안쪽에 아내의 은신처를 지어 주고, 매일 저녁 울타리 쪽으로 갔어. 그리고 울면서 음식을 갖다 주었어…."

"저 여자는 문둥병자인 것을 신고하지 않은 거지를 돌보다가 동정심 때문에 병에 걸렸었어요."

"하지만 저 선량한 마리아가 어떻게 왔지?"

"저 들것에 들려 왔어. 저 사람들이 요아킴의 하인이라는 걸 우리가 어떻게 생각하지 못했을까?"

"그 때문에 저 사람들은 돌에 맞아 죽을 위험을 무릅썼어…."

"그들의 여주인인걸! 저 사람들은 여주인을 사랑해. 저 여자는 사람들이 자기 자신을 사랑하는 것보다 자기를 더 사랑하게 할 줄을 안단 말이야…."

예수께서 손짓을 하시니 모두가 입을 다문다. "여러분은 사랑과 친절이 기적과 기쁨을 가져다 준다는 것을 보았습니다. 그러므로 착하게 될 줄을 아시오. 아주머니, 가보시오. 아무도 당신을 해치지 않을 것입니다."

여인이 마당 가운데에서 들것을 불사른 하인들의 앞장을 서서 나가는데, 많은 사람이 따라간다.

예수께서는 군중을 떠나보내시고 몇 사람의 말을 들으신 다음, 당신과 같이 있던 사람들이 뒤따르는 가운데 물러가신다.

"선생님 말씀은 훌륭했습니다!"

"선생님의 얼굴이 얼마나 빛났는지요!"

"목소리는 어떻구요!"

"그리고 기적들은 또 얼마나 굉장합니까?"

"바리사이파 사람들이 도망칠 때 보셨습니까?"

"처음 말씀을 시작하신 다음 두 마리 도마뱀처럼 기어서 가버렸습니다."

"보즈라와 다른 마을 사람들은 선생님에 대해서 훌륭한 추억을 가지게 되었습니다."

"어머니는 어떻게 생각하십니까?"

"아들아, 나는 나와 저들을 위해서 네게 축복한다."

"그러면 어머니의 축복이 우리가 다시 만날 때까지 저를 따라다닐 것입니다."

"주님, 왜 그런 말씀을 하십니까? 그럼 여자들은 우리를 떠나는 것입니까?"

"그렇다, 시몬아. 내일 새벽에 알렉산드르는 아에라로 떠난다. 우리는 그와 같이 아르벨라로 가는 길까지 간다, 그리고는 그를 떠난다. 나그네의 정중한 안내인이었던 당신 알렉산드르 미사스, 정말이지 헤어지기 섭섭합니다. 알렉산드르, 나는 당신을 항상 기억하겠습니다…."

노인은 매우 감격하였다. 그는 팔을 가슴에 †모양으로 포개 얹어 동방식의 정중한 인사를 하며 예수 앞에 몸을 약간 숙이고 서 있다. 그러나 이말을 듣고 이렇게 말한다. "특히 선생님께서 선생님의 나라에 가셨을 때 저를 기억해 주십시오."

"미사스, 그것을 바라십니까?"

"예, 주님."

"나도 당신에게서 한 가지를 원하는 것이 있습니다."

"주님, 그것이 무엇입니까? 제가 할 수 있는 일이기만 하면, 제가 가진 것

중에서 가장 귀중한 것이라도 드리겠습니다."

"가장 귀중한 것입니다. 나는 당신의 영혼을 원합니다. 내게로 오시오. 여행을 시작할 때에 내가 마지막에 당신에게 선물 하나를 주길 바란다고 말했지요. 그 선물은 믿음입니다. 미사스, 나를 믿습니까?"

"믿습니다. 주님"

"그러면 당신의 영혼을 거룩하게 해서 당신의 믿음이 당신에게 있어서 기력이 없는 것이 되지 않게 할 뿐 아니라 손해를 끼치는 것이 되지 않게 하시오."

"제 영혼은 늙었습니다. 그러나 그것을 새로운 것이 되게 하도록 힘쓰겠습니다. 주님, 저는 늙은 죄인입니다. 그러나 주님은 제 죄를 사해 주시고, 지금부터는 새로운 삶을 시작하도록 강복을 주십시오. 저는 선생님의 강복을 선생님의 나라로 가는 길에 가장 훌륭한 호위대처럼 가지고 가겠습니다. …주님, 우리가 다시는 만나지 못하게 됩니까?"

"이 세상에서는 다시 만나지 못합니다. 그러나 당신은 내 소식을 들을 것이고, 또 당신을 복음전파 없이 내버려두지 않을 터이니까 당신은 점점 더 많이 믿을 것입니다. 안녕히 가십시오, 미사스. 내일은 작별인사를 할 시간이 별로 없을 것입니다. 마지막으로 함께 음식을 들기 전에 지금 작별인사를 합시다."

예수께서는 그를 껴안으시고 입맞춤하신다. 사도들과 제자들도 그렇게 한다. 여인들은 그에게 인사만을 한다. 그러나 미사스는 성모님 앞에 거의 무릎을 꿇다시피하며 말한다. "어머니의 깨끗한 샛별의 빛이 죽을 때까지 제 생각 안에서 빛나기를 바랍니다."

"알렉산드르, 살 때까지지요. 제 아들을 사랑하세요, 또 저도 사랑하세요, 저도 당신을 사랑하겠습니다."

시몬 베드로가 묻는다. "그렇지만 아르벨라에서 우리는 아에라로 갑니까? 불시에 좋지 않은 날씨를 만날까 봐 걱정이 됩니다. 안개가 몹시 끼어서요. …새벽과 황혼에 안개가 끼는 것이 사흘째나 되거든요…."

"그것은 우리가 이리로 내려왔기 때문입니다. 당신에게는 많이 내려온 것 같이 생각되지 않지요. 그러나 사실이 그렇습니다. 내일부터는 당신이 데카폴리스의 산을 향해 올라갈 것이고 안개를 만나지 않을 것입니다" 하고 미사스가 설명한다.

"내려왔다구요? 언제요? 길이 평평했는데요…."

"그렇습니다. 그러나 계속 내려왔어요. 오! 아주 느리게 내려왔기 때문에 알아차리지를 못하는 겁니다. 그러나 몇 마일이고 몇 마일이고 계속되면! …"

"아르벨라에서 얼마 동안이나 머무릅니까?"

"너와 야고보와 유다는 한 시간도 머무르지 않는다" 하고 예수께서 잘라서 말씀하신다.

"저와… 야고보와 유다는… 한 시간두요? 여러 사람과 같이 머무르지 않으면 저는 어디로 갑니까?"

"길을 떠나 쿠자가 경비를 맡고 있는 영지에까지 가는 것이다. 너는 다른 두 사람과 같이 그곳까지 내 어머니와 여자들과 동행하여라. 그런 다음 여자들만이 요안나의 하인들과 같이 갈 것이니, 너희는 아에라에 내가 있는 곳으로 돌아오너라."

"오! 주님! 주님은 제게 대해서 화를 내고 계셔서 제게 벌을 주시는 거로군요. …주님은 제게 너무나 큰 고통을 주십니다!"

"시몬아, 죄 있는 사람이 벌을 받는다고 느낀다. 이 유죄성(有罪性)이 네게 고통을 주어야지, 벌 자체가 고통을 주어서는 안 된다. 그러나 나는 돌아가는 길에 내 어머니와 여자제자들과 동행하는 것이 벌이라고는 믿지 않는다."

"그러나 선생님이 저희와 같이 가시는 것이 낫지 않았습니까? 아에라에 가시는 것은 그만 두시고, 저희와 같이 가십시다."

"거기 가겠다고 약속했으니까 간다."

"그러면 저도 그리 가겠습니다."

"내 사촌들처럼 항의하지 말고 순종하여라."

"그러다가 바리사이파 사람들을 만나시면요?"

"너는 분명히 그 사람들을 회개시키는 데 가장 적합한 사람이 아니다. 그러나 바로 내가 그들을 만나겠기 때문에 너와 야고보와 유다가 여자들과 엔도르의 요한과 마륵지암과 함께 그곳을 피해 가기를 원하는 것이다."

"예! … 알아들었습니다! 좋습니다."

예수께서는 여자들에게로 몸을 돌리시고 한 사람 한 사람에게 강복하시며, 각자에게 알맞은 충고를 주신다.

막달라 마리아는 그의 구세주의 발에 입맞춤하기 위하여 몸을 구부리며 말한다. "베다니아에 돌아가기 전에 선생님을 또 뵐 수 있을까요?"

"물론이지, 마리아야. 에다님달에는 호숫가에 있겠다."

158. 여자제자들에게 작별인사를 하신다

　미사스의 존경은 다음날 아침에 드러난다. 처음 몇 킬로미터 길을 가는 데에는 그가 서투른 기수(騎手)들을 위하여 편리한 요람이 되도록 약대들의 짐을 손질하게 하였다. 그래서 귀까지 내려오는 남자들의 긴 머리카락이나 여자들의 베일 밑으로 나타나는 많아늘인 머리카락이 있는 갈색이나 금발 머리들이 꾸러미와 상자들 사이로 나타나는 것을 보니 꽤 재미있다. 약대들이 빨리 달리기 때문에 일어나는 바람으로 가끔 베일들이 뒤로 젖혀진다. 그래서 막달라의 마리아의 금빛나는 머리카락과 성모님의 더 부드러운 금발이 햇빛에 반짝이는 것이 보이고, 요안나와 신디카와 마르타와 마르첼라와 수산나와 사라의 다소간 짙은 머리들은 양람(洋藍)이나 짙은 청동색 광택이 나고, 엘리사와 살로메와 클레오파의 마리아의 백발이 된 머리들은 그것을 따뜻하게 하는 햇빛 아래 은가루를 뿌려 놓은 것같이 반짝인다.
　남자들도 새로운 교통수단을 이용하여 앞으로 나아가고, 마륵지암은 좋아서 웃고 있다. 사람들은 뒤를 돌아볼 때에 탑들과 좁은 길이 얼기설기한 가운데 높은 집들이 있는 보즈라가 저 아래에 내려다보이자, 상인의 설명이 맞았다는 것을 알아차린다. 가파르지 않은 비탈로 된 야산들이 서북쪽에 나타난다. 그 아래로 아르벨라로 가는 길이 나 있는데, 거기서 길손들을 내리게 하고 작별을 하기 위하여 대상이 멎는다. 약대들은 움직이는 짐을 실은 채 무릎을 꿇는다, 그러니까 소리를 지르는 여자가 여럿 있다. 나는 여자들은 조심스럽게 안장에 잡아맸었다는 것을 알아차린다. 여자들은 좌우로 흔들려서 약간 어리둥절하지만 생기가 도는 얼굴로 내려온다.
　마륵지암을 안장에 태웠던 미사스도 내려와서, 낙타 몰이들이 짐을 늘 하는 방식대로 다시 정리하는 동안 다시 인사를 드리려고 예수께로 가까이 온다.
　"미사스, 고맙습니다. 당신은 우리에게 많은 피로를 덜어 주었고, 시간을 허비하지 않게 해주었습니다."

"예, 20마일 되는 거리를 한 시간 채 안 걸려서 왔습니다. 약대들은 걸음걸이가 부드럽지는 못하지만 다리가 깁니다. 여자들이 너무 고통스럽지 않았으면 합니다."

여자들은 모두 잘 쉬었고 괴롭지는 않았다고 단언한다.

"이제는 아르벨라까지 6마일 남았습니다. 하느님께서 여러분과 함께 가시고, 여러분의 길을 유쾌하게 해주시기를 바랍니다. 주님, 안녕히 가십시오. 주님의 거룩한 발에 입맞춤하게 허락하십시오. 주님을 만난 것이 기쁩니다. 저를 기억해 주십시오." 미사스는 예수의 발에 입맞춤하고 나서 다시 안장에 올라탄다. 그리고 그의 끄르르르, 끄르르르 하는 소리에 약대들은 다시 일어난다. …그리고 대상은 평평한 길에 먼지를 구름같이 일으키며 구보로 출발한다.

"친절한 사람이야! 난 몸은 엉망진창이 됐지만, 발은 쉬었어. 그렇지만 흔들리는건 대단하더군! 호수에서 북쪽에서 오는 폭풍우는 비교가 안 돼! 자네들 웃나? 난 여자들처럼 방석이 없었거든. 내 배 만세다! 배는 역시 가장 깨끗하고 가장 안전한 거야. 자 이젠 배낭을 짊어지고 출발하세."

누가 가장 무거운 짐을 지느냐를 가지고 서로 경쟁한다. 그러나 예수와 같이 남아 있기로 된 사람들, 즉 마태오, 열성당원, 야고보와 요한, 헤르마스테아와 티몬이 이겼다. 그들은 여자들과 같이 가기로 된 세 사람의 수고를 덜어 주기 위하여 모든 짐을 떠맡는다. 아니, 엔도르의 요한까지 치면 여자들과 같이 가는 사람이 네 명이다, 그러나 그는 건강이 나쁜 상태이므로 그의 도움은 대단치 않았을 것이다.

그들은 몇 킬로미터를 빨리 걸어간다. 그들은 서쪽에 병풍 노릇을 하던 야산꼭대기에 이르렀다. 거기에는 다시 기름진 평야가 나타나는데, 처음에 만났던 야산들보다 더 높은 야산들이 빙 둘러 있고, 평야 가운데에서 외따로 떨어진 긴 야산이 하나 있다. 평야에는 도시가 하나 있는데, 그것이 아르벨라이다.

그들은 내려간다, 그리고 평야에서는 빨리 간다. 얼마 동안 더 걷다가 예수께서 발을 멈추시고 말씀하신다. "이제 헤어질 시간이 되었다. 같이 식사를 하고 헤어지자. 여기가 가다라로 가는 갈림길이다. 너희들은 이 길로 가라, 그러면 저녁이 되기 전에 쿠자가 경비를 맡아 가지고 있는 영지에 갈 수 있을 것이다."

별로 열광을 하지 않는다. …그러나 결국 순종한다. 식사를 하는 동안 마르그지암이 말한다. "그럼 지금 이 돈주머니를 선생님한테 드려야겠어요. 내가 상인과 같이 안장에 앉아 있을 때 그이가 준 거예요. 나보고 이렇게 말했어요. '네가 예수님을 떠나기 전에 이걸 드려라. 그리고 너를 사랑하시는 것처럼 나를 사랑해 주십사고 말씀드려라' 하고. 자 여기 있어요. 이 주머니가 여기 내 옷 속에 있어서 무거웠어요. 조약돌이 잔뜩 들어 있는 것 같아요."

"어디 보자! 어디 봐! 돈은 무거운 거다!"

모두가 보고 싶어한다. 예수께서는 영양 가죽으로 만든 것으로 생각되는 주머니를 졸라맨 가죽끈을 끌르시고 속에 들어 있는 것을 당신 옷에 쏟으신다. 영양의 가죽으로 만든 주머니라고 말한 것은 야생 영양 가죽으로 만든 것같이 보이기 때문이다. 돈이 굴러 나온다. 그러나 그것은 양이 오히려 적은 편이다. 올이 가는 아마포로 만든 주머니가 많이 나온다. 실로 졸라맨 작은 주머니들이다. 우아한 빛깔들이 매우 고운 아마포를 통하여 비쳐 나오고, 햇빛이 이 주머니들 속에 작은 숯불을 붙여 놓은 것 같다. 마치 재를 한 켜 덮은 밑에 있는 잉걸불이라나 할까?

"뭡니까? 뭡니까? 선생님, 끌러 보십시오."

모두가 예수께로 몸을 구부린다. 예수께서는 침착하게 첫번째 황금색 불빛이 나는 첫번째 꾸러미의 매듭을 풀으신다. 아직 가공하지 않은 크기가 각각인 황옥(黃玉)이 거침없이 햇빛에 반짝인다. 또 한 꾸러미는 엉기어 붙은 핏방울 같은 홍옥(紅玉)들이다. 또 한 꾸러미는 아름다운 초록색의 에머랄드 조각들이다. 또 다른 꾸러미는 하늘 조각 같은 순수한 사파이어들이다. 또 한 주머니는 은은한 자수정(紫水晶)들이다. 또 한 주머니는 보라빛을 띤 남빛의 녹주석(綠柱石)들이다. 또 한 꾸러미는 눈부시게 까만 줄마노(瑪瑙)들이다. …이와 같은 꾸러미가 열 두 개가 있다. 제일 무거운 마지막 꾸러미에는 찬란한 금빛깔인 황옥(黃玉)들이 있는데, 그 속에는 "참 대사제이시고 왕이신 선생님의 흉패(胸牌)를 위하여"라고 씌인 작은 양피지(羊皮紙)가 있다.

예수님의 옷은 빛나는 꽃잎들을 뜯어서 흐뜨러 놓은 풀밭과도 같다. …사도들은 여러 가지 빛깔의 물체가 된 그 빛 속에 손을 집어넣는다. 그들은 깜짝 놀랐다. 베드로가 중얼거린다. "만일 가리옷 사람이 있었더라면…"

"입 다물어! 그 사람이 없는 편이 나아" 하고 갑자기 타대오가 말한다.

예수께서는 이 보석들을 한 꾸러미를 만들기 위하여 헝겊 한 조각을 달라고 하신다. 그리고 사도들이 계속 이러쿵저러쿵 말하는 동안 곰곰히 생각하신다.

사도들이 말한다. "정말 그 사람은 대단한 부자로군요!" 그리고 베드로는 이렇게 말해서 사람들의 웃음을 자아낸다. "우린 보석으로 만든 옥좌에 앉아 종종걸음으로 왔구먼. 난 이렇게 찬란한 걸 깔고 앉은 줄은 몰랐어. 그렇지만 그게 좀더 부드러웠더라면 좋았을 걸! 선생님, 이제는 그것을 어떻게 하시겠습니까?"

"이것을 팔아서 가난한 사람들에게 줄 터이다." 예수께서는 눈을 드시고 미소지으시며 여자들을 바라다보신다.

"그렇지만 이 물건을 살 보석상인을 여기 어디서 찾아내시렵니까?"

"어디서? 여기서다. 요안나, 마르타, 마리아, 내 보물을 사겠느냐?"

세 여인은 서로 의논도 하지 않고 급히 "예" 하고 대답한다. 그러나 마르타가 덧붙인다. "여기서는 저희가 돈을 별로 가지고 있지 못합니다."

"새 달에 막달라에서 주면 된다."

"주님, 얼마나 드릴까요?"

"나를 위해서는 아무것도 원치 않고 가난한 사람들을 위해서는 많이 원한다."

"그러면 이리 주십시오. 많이 드리겠습니다" 하고 막달라 마리아가 말하면서 주머니를 받아 가슴에 집어넣는다.

예수께서는 돈만 보관하신다. 그리고 일어나셔서 어머니께 입맞춤하시고, 아주머니와 사촌들과 베드로와 엔도르의 요한과 마륵지암에게 입맞춤하신다. 그리고 여자들에게 강복하시고 떠나보내신다. 그러니까 여자들은 떠나는데, 길이 구부러져서 보이지 않게 될 때까지 돌아보고 또 돌아보고 한다.

예수께서는 남아 있는 사람들과 함께 아르벨라를 향하여 가신다. 이제 여덟 사람뿐인 아주 작은 집단이다. 그들은 점점 더 가까워지는 도시를 향하여 말없이 빨리 걸어간다.

그리고 오늘도 우리는 양쪽에서 많은 참을성을 가지고 끝냈다. 어제는 스물네 번, 오늘은 열 네 번 중단이 있었다. 예수의 무한한 참을성이 그분에게서 나와서 내 안으로 흘러 들어오지 않았더라면 정말이지 나는 몹시 화가 날 것이다. 그러나 예수님은 어떻게나 참을성이 많으신지! 중단하셨다가 침착하게 미소지으시며 다시 시작하신다. 나도 이렇게 즐겁게 이렇게 은밀히 이루어지는 신비를 가려서 쓸 데 없는 호기심에 노출되지 않게 하려고 몇 분 동안 공책을 덮고 펜을 옆에 내려 놓도록 하는 방해로 인하여 중단 할 수 밖에 없더라도 짜증을 내게 되지는 않는다. 그런데 나를 참을성있는 사람이 되게 한 것은 하나의 큰 기적이다. …내가 참을성이 있는 것이 분명한데, 그것은 예수님이 불러 주시는데, 예수님은 이야기의 흐름을 잃지 않으신다는 것을 내가 알기 때문이다. 왜냐하면 오늘 아침처럼 내가 편지를 쓰든가 다른 것을 쓰든가 할 때에는 내 곁에서 말하는 것만 들어도 즉시 이야기 줄거리를 잃어버리고, 참을 수가 없게 되기 때문이다. 그리고 마르타도 내가 나를 위해서 글을 쓸 때에는 몇 번이나 "조용히 해! 문 닫아!" 하고 외치는지를 알고 있다.

159. 아르벨라에서

야곱의 필립보의 소식을 물으려고 말을 걸었던 첫번째 사람을 보고 그들은 젊은 제자가 어떤 일을 하였는지 알아차리게 된다. 그들의 질문을 받은 주름투성이의 늙은 여자는 물이 가득 찬 물병을 아주 힘들게 가져가고 있었는데, 나이먹어서 푹 꺼진 눈으로 요한의 아름다운 얼굴을 뚫어지게 들여다 본다. 요한은 미소를 지으면서 말을 물었는데, 그전에 먼저 "평화가 할머니와 함께 있기를" 하는 말을 어떻게나 다정스럽게 하였던지 노파는 거기에 매료되어서 "젊은이가 메시아요?" 하고 말한다.

"아닙니다. 저는 그분의 사도입니다. 메시아는 저기 오십니다."

작은 노파는 물병을 땅에 내려놓고 가리키는 방향으로 가서 예수 앞에 무릎을 꿇는다.

쓰러져서 안에 들어 있던 물이 반이나 엎질러진 물병 앞에 시몬과 둘이만 남아 있던 요한은 웃으면서 동료에게 말한다. "이 물을 집어 가지고 할머니한테로 가는 것이 좋겠구먼." 그러면서 물병을 주워 가지고 길을 가기 시작한다. 그러니까 동료는 이렇게 덧붙인다. "그리구 우린 모두 목이 마르니까, 그걸 마시는 데 소용이 될 거야."

그들이 작은 노파있는 데로 갔더니, 노파는 꼭 무슨 말을 해야 할지 몰라서 "지극히 거룩하신 어머니의 아름답고 거룩하신 아드님!" 하는 말만 계속 되풀이 하고 있다. 노파는 무릎을 꿇은 채로 예수의 얼굴을 빨려 들어가듯이 올려다본다. 예수께서는 노파에게 미소를 보내시며 말씀하신다. "할머니, 일어나세요. 일어나시라니까요!" 사도들이 노파있는 곳까지 가서 요한이 말한다. "할머니, 물병을 가져왔습니다, 그렇지만 쓰러져서 물이 조금밖에 안 남았어요. 하지만 할머니가 좋다고 하시면, 저희가 이 물을 마시고 나서 물병을 채워 오겠습니다."

"그렇게 하우, 젊은이, 그렇게 해요. 그리구 당신들에게 물밖에 줄 게 없어서 안 됐수. 우리 유다를 기를 때처럼 이 세상에 있는 것 중에 제일 맛있는 것인 어미의 젖을 주었으면 좋겠는데. 당신들에게 기운을 나게 하도록 포도주를, 제일 맛있는 포도주를 주었으면 좋겠는데, 그렇지만 엘리세오의 마리안나는 늙고 가난해서…"

"할머니의 물은 사랑으로 주시는 것이기 때문에 제게는 포도주요 젖입니다" 하고 예수께서 요한이 드리는 물병에서 물을 제일 먼저 드시면서 대답하신다. 그런 다음 다른 사람들도 마신다.

마침내 일어선 작은 노파는 천국을 바라다보는 것처럼 그들을 쳐다본다. 노파는 그들 모두가 물을 마신 다음 남을 물을 쏟아 버리고 길 끝에 흐르고 있는 샘으로 가려는 것을 알아차린다. 그러자 작은 노파는 앞으로 내달아 물병을 보호하며 말한다. "안 돼요, 안 돼. 깨끗이 하는 물보다도 메시아가 드신 이 물이 더 거룩해요. 내가 죽은 다음에 이 물로 나를 깨끗이 씻으라고 정성껏 보관하겠어요." 그러면서 그의 물병을 빼앗으며 말한다. "이 물병을 집으로 가져가겠어요. 다른 물병들이 또 있으니까 그것들을 채우겠어요. 그렇지만 거룩하신 선생님, 우선 필립보의 집을 가리켜 드리겠어요." 그러면서 기쁨으로 다시 활기를 띠게 된 주름진 얼굴과 눈에 미소를 띠고 몸을 잔뜩 구부리고 종종걸음을 친다. 노파는 예수께서 그에게서 빠져 나가실 수 있을까 봐 염려되는 듯이 손가락으로 예수의 겉옷 자락을 잡고 종종걸음을 치며, 그 무게를 노파에게서 덜어 주려고 하는 사도들의 간청에 대해서 그의 물병을 보호한다. 노파는 저녁 어두움이 내리덮이면서 사람의 왕래가 끊어진 아르벨라의 길과 문에 닫힌 집들을 바라다보면서 승리를 기뻐하는 정복자의 눈길 같은 눈길을 가지고 지극히 행복하게 종종걸음을 친다.

마침내 덜 중요한 길에서 좀 더 시내쪽으로 있는 다른 길로 들어서니, 거기에는 집으로 돌아가는 발걸음을 재촉하는 사람들이 있다. 사람들은 놀라서 노파를 살펴보고 손가락질을 하면서 부른다. 노파는 꽤 많은 사람이 둘러싸기를 기다렸다가 외친다. "나는 필립보가 전한 메시아를 모시고 있어요. 뛰어 가서 사방에 이 소식을 전하고, 우선 야곱의 집에 알려요. 거룩하신 분께 경의를 표할 준비를 하라구." 노파는 숨이 끊어질 정도로 외친다. 노파는 복종시킬 줄을 안다. 이것이 혼자사는 무명의 보잘 것 없는 서민 노파에게 있어서 명령을 하는 그의 시간이다.

노파보다 키가 무척 크신 예수께서는 노파가 이따금씩 쳐다볼 때에 그에게 미소를 보내시고, 손을 노파의 늙은 머리에 얹으시고, 아들과 같이 쓰다듬으신다. 그러니까 노파는 너무 기뻐서 거의 정신을 잃을 지경이다.

야곱의 집은 시내 중심의 한 거리에 있다. 문을 활짝 열어 놓고 불을 밝힌 그 집에는 정문을 지난 다음 긴 통로가 있는데, 거기에 사람들이 등들을 들고 웅성거리고 있다가 예수께서 길에 나타나시자마자 기뻐하며 나온다. 젊은 제자 필립보, 그리고 어머니, 아버지, 친척들, 하인들, 친구들이다.

예수께서는 걸음을 멈추시고 야곱의 깊은 절에 장중하게 답례하시고 나서 무릎을 꿇고 경배하는 필립보의 어머니에게로 몸을 숙이시고 일으키시고 강복하신 다음 말씀하신다. "당신의 믿음 때문에 항상 행복하시오." 그런 다음 친구와 함께 달려온 제자에게 인사하시고, 친구에게도 인사하신다.

늙은 마리안나는 그래도 그들이 안마당에 발을 들여 놓을 때까지 예수의 겉옷 자락을 놓지 않고 예수의 옆자리를 떠나지 않는다. 그때에 노파는 한탄을 한다. "제가 행복하게 강복을 주세요! 이제는 선생님은 여기 머무르시고 … 저는 제 보잘 것 없는 집으로 가고 그러면… 이 아름다운 모든 일이 끝이 나는군요!" 늙은이의 목소리에는 큰 슬픔이 깃들었다.

아내가 조용히 무슨 말을 하니까 야곱은 이렇게 말한다. "아닙니다, 엘리세오의 마리안나 아주머니. 아주머니도 제자같이 제 집에 남아 계셔요. 선생님이 우리와 함께 계시는 동안은 우리와 함께 계셔요, 그리고 행복하세요."

"하느님께서 당신께 강복하시기를 바랍니다. 당신은 사랑을 이해하는군요."

"선생님… 아주머니가 선생님을 제 집에 모시고 왔습니다. 선생님은 제게 은총과 사랑을 베푸셨습니다. 저는 그저 갚을 뿐입니다. 그것도 선생님께 받은 많은 것을 항상 인색하게 갚을 뿐입니다. 들어오십시오, 다들 들어오십시오, 그리고 제 집이 환대하는 집이 되길 바랍니다."

밖에 길에 있던 군중은 예수께서 들어가시는 것을 보고 외친다. "그럼 우리는요? 우리는 선생님의 말씀을 듣고 싶습니다."

예수께서 몸을 돌리시고 말씀하신다. "밤이 되어가고, 여러분은 피로했습니다. 거룩한 휴식으로 여러분의 영혼을 준비하시오, 그러면 내일 하느님의 목소리를 들을 것입니다. 지금 당장은 평화와 축복이 여러분과 함께 있기를 바랍니다." 그리고 이 집의 더없는 행복을 감싸고 정문이 닫힌다.

여행 뒤에 행하는 정결의식을 하는 동안 제베대오의 야고보가 주님께 말씀드린다. "아마 즉시 말씀하시고 새벽에 떠나는 것이 더 나았을 것 같습니다. 바리사이파 사람들이 시내에 있습니다. 필립보가 그 말을 제게 했습니다. 그들이 선생님을 난처하게 하려 들 것입니다."

"그 사람들이 난처하게 할 수 있었을 사람들은 여기서 멀리 떨어져 있다. 그 사람들이 내게 당하게 할 수도 있을 난처한 일들은 가치가 없는 것이다. 그것들을 효력없게 만드는 사랑이 여기 있다…."

이튿날 아침… 필립보의 집안과 가까운 사람들과 사도들 사이에서 즐거운 외출이다. 작은 노파도 뒤에 있다. 참을성있게 기다리는 아르벨라 사람들과의 만남이다.

주된 광장에 이르러서 예수께서는 말씀을 시작하신다.

"에즈라 2서* 8장에는 내가 여기서 되풀이 하는 이런 말들이 있습니다. '칠월이 되자…' (예수께서 내게 말씀하신다. '다른 말은 아무것도 덧붙이지 말아라. 성경 말씀을 전부 되풀이 하겠다').

한 민족이 언제 송환됩니까? 그들이 조상들의 땅으로 돌아올 때입니다. 나는 여러분을 여러분의 아버지의 땅에, 즉 아버지의 나라에 도로 데려가려고 왔습니다. 그런데 내가 이렇게 할 수 있는 것은 내가 이를 위하여 보냄을 받았기 때문입니다. 그러니까 나는 여러분을 하느님의 나라에 데려가려고 왔습니다. 따라서 여러분을 조로바벨과 같이 주님의 도성인 예루살렘으로 송환된 사람들과 비교하는 것은 정당한 일이고, 율법학자 에즈라가 다시 거룩한 성안에 모인 백성에 대해서 한 것과 같이 내가 여러분에 대해서 하는 것도 정당한 일입니다. 그것은 도성을 재건하여 주님께 바치면서, 모두가 하느님의 작은 도시들과 비슷한 영혼들을 재건하지 않는 것은 비길 데 없이 어리석은 일이기 때문입니다.

수많은 이유로 무너진 이 작은 영적 도시들을 어떻게 재건합니까? 그 도시들을 튼튼하고 아름답고 오래 가게 하려면 어떤 재료를 써야 합니까?

재료들은 주님의 계명 안에 들어 있습니다. 십계명인데, 이것을 여러분의 아들이고 내 제자인 필립보가 환기시켰기 때문에 여러분은 알고 있습니다. 그 거룩한 계명들 중에서도 거룩한 두 가지 계명은 이렇습니다. '하느님을 네 온 힘을 다하여 사랑하여라. 이웃을 네 몸같이 사랑하여라.' 이것이 율법

---

*역주:느헤미야서를 말한다. 불가타판에는 느헤미야서라는 제목 아래 "에즈라 2서 라고도 한다"는 부제(副題)가 달려 있다.

을 요약한 것이고, 내가 권장하는 것이 이 계명들입니다. 그것이 있으면 하느님의 나라를 확실히 얻기 때문입니다. 사랑 안에는 자기를 거룩하게 보존하거나 거룩하게 되는 힘이 들어 있고, 용서하는 힘, 덕행을 영웅적으로 닦는 힘이 들어 있습니다. 모든 것이 사랑에 들어 있습니다.

사람을 구원하는 것은 공포가 아닙니다. 하느님의 심판에 대한 공포, 인간들의 처벌에 대한 공포, 병에 대한 공포말입니다. 공포는 절대로 건설적인 것이 아닙니다. 공포는 붕괴와 풍화작용과 해체와 파괴를 유발합니다. 공포는 실망으로 이끌어가고, 나쁜 행실을 감추기 위한 간책으로 이끌어가며, 우리 안에 이미 악이 들어와 있기 때문에 이제는 두려워하는 것이 무익하게 되었을 때 두려워하도록 이끌어갑니다. 누가 건강한 동안에 자기 몸에 대한 동정으로 신중하게 행동할 생각을 합니까? 그런 사람은 아무도 없습니다. 그러나 열의 첫번 오한이 핏줄을 타고 달리거나 어떤 반점이 더러운 병을 생각하게 하기가 무섭게, 병에 보태지는 고민이고, 벌써 병이 해체시키는 육체 안에서 붕괴시키는 힘인 공포가 오는 것입니다.

이와 반대로 사랑은 건설적입니다. 사랑은 건설하고, 견고하게 하고, 단단하게 유지하고, 보호합니다. 사랑은 악을 도망하게 합니다. 사랑은 이기주의자들과 자기 자신을 거짓 사랑하는 사람들이 믿고 또 다른 사람들에게도 믿게 하는 것처럼 우주의 중심이 아닌 자기 자신에 대하여 신중하도록 이끌어갑니다. 이기주의자들과 자기 자신을 거짓 사랑하는 사람들이 그렇게 생각하는 것은 그를 자신의 일부분만을, 즉 불멸이고 거룩한 부분을 희생으로 해서 가장 덜 고귀한 부분만을 사랑하기 때문입니다. 그러나 이 가장 덜 고귀한 부분을 하느님께서 원하시는 동안은 자기 자신과 부모와 자기 도시와 조국 전체에 유익한 것이 되도록 좋은 건강상태에 보존하기 위하여 항상 돌보는 것도 의무입니다. 병이 불시에 오는 것은 피치 못할 일입니다. 어떤 병이든지 반드시 어떤 악습이나 벌의 결과는 아닙니다.

쾌락을 그의 전부라고 생각하고 모든 것을 쾌락에 소용되게 하는 세상에 다른 사람들을 위한 전쟁의 볼모와 같은 성인들이 있도록 하기 위하여 주님이 당신의 의인들에게 보내시는 거룩한 병이 있습니다. 그 성인들은 세상이 날마다 거듭해서 마침내 인류 위에 무너져 내려 인류를 그 저주 속에 파묻고 말게 될 많은 죄가 그들의 고통으로 속죄되도록 그들의 몸으로 대가를 치릅니다. 나이가 많아서 여호수아가 주의 이름으로 싸우는 동안 기도를 드린 모세를 기억하십니까? 거룩하게 고통을 당하는 사람은 사람들과 민족들의 외양 속에 숨어 있는 세상에서 가장 사나운 전사(戰士)인 사탄, 고문하는 자, 모든 악의 근원과 가장 큰 싸움을 하고 있다는 것을 여러분은 알아야 하고, 그 사람은 다른 모든 사람을 위하여 싸운다는 것을 알아야 합니다. 그러나 하느님께서 보내시는 이 거룩한 병들과 관능적인 쾌락에 대한 죄되는 사랑의 결과도 악습에서 오는 병들 사이에는 얼마나 큰 차이가 있습니까! 전자는 하느님 유익한 뜻의 증거이고, 후자는 악마적인 타락의 증거입니다.

그러므로 거룩하게 되려면 사랑해야 합니다. 사랑은 창조하고, 보존하고, 거룩하게 하기 때문입니다.

나도 이 진리를 전하면서 느헤미야와 에즈라와 같이 말합니다. '이 날은 주 우리 하느님께 바친 날입니다. 그러므로 슬픔도 눈물도 있어서는 안 됩니다.' 주님의 날을 보게 되면 어떤 슬픔도 사라지기 때문입니다. 죽음의 쓰라림을 잃습니다. 그것은 아들이나 남편이나 아버지나 어머니나 형제를 잃는 것이 잠시 동안의 한정된 이별이기 때문입니다. 잠시 동안이라고 한 것은 그 이별이 우리 자신의 죽음과 더불어 끝나기 때문입니다. 또 한정된 것이라고 말한 이유는 그 이별이 육체와 오관(五官)에만 한정된 것이기 때문입니다. 영혼은 사라진 부모친척의 죽음으로 아무것도 잃는 것이 없습니다. 그러나 반대로 자유는 한쪽에서만 제한을 받습니다. 영혼이 아직 육체에 둘러싸여 있는 살아남은 사람 쪽입니다. 반면 다른 편으로 내세로 건너간 사람은 자유를 누리고, 우리를 지켜 주고, 우리에게 많은 것을 얻어 줄 수 있는, 그가 육체의 감옥에 갇혀서 우리를 사랑할 때보다도 훨씬 더 많은 것을 얻어 줄 가능성을 가지게 됩니다.

나도 느헤미야와 에즈라와 같이 이렇게 말하겠습니다. '가서 기름진 고기를 먹고 맛있는 포도주를 드시오. 그리고 그것을 가지지 못한 사람들에게 한 몫을 보내시오. 오늘은 주님을 위하여 거룩한 날이니 이날에는 아무도 고통을 당해서는 안 되기 때문입니다. 여러분 가운데 있는 주님의 기쁨은 자기 집안에, 자기 마음 속에 지극히 높으신 주님의 은총을 받는 사람의 힘이 되니까 슬퍼들 하지 마시오.'

여러분은 이제 장막들을 세우지 못하게 되었습니다. 장막 만드는 시기가 지나갔으니까요. 그러나 여러분의 마음 속에 영적인 장막들을 세우시오. 산을 올라가시오, 즉 완전을 향하여 올라가시오. 올리브나무, 미르타나무, 종려

나무, 떡갈나무, 히솝 가지들을, 가장 아름다운 모든 나무들의 가지를 꺾어 오시오. 평화와 순결, 용맹, 극기, 힘, 바람, 정의의 덕행, 그밖의 모든, 모든 덕행의 가지를 꺾어 오시오. 그래서 주님의 명절을 지내며 여러분의 영을 꾸미시오. 주님의 장막이 여러분을 기다립니다. 주님의 장막이. 그런데 주님의 장막은 아름답고, 거룩하고, 영원하고, 주님 안에서 사는 모든 사람에게 활짝 열려 있습니다. 그러니까 여러분은 오늘 나와 함께 과거에 대해서 속죄하고 새 생활을 시작하겠다는 목표를 정하시오.

주님에게서는 아무것도 두려워 마시오. 주님은 여러분을 사랑하시기 때문에 여러분을 부르십니다. 여러분도 이스라엘의 자녀들과 같이 주님의 자녀가 되시오. 주님이 우주만물과 하늘을 만드시고, 아브라함과 모세를 일으키시고, 바다를 갈라놓으시고, 길을 인도하는 구름을 만드시고, 율법을 주시기 위하여 하늘에서 내려오시고, 만나를 내려보내시기 위하여 구름을 갈라 놓으시고, 여러분에게 물을 주시려고 바위를 기름지게 하신 것, 이 모든 것이 여러분을 위해서도 하신 것입니다. 그리고 지금, 오! 지금은 여러분을 위해서도 여러분의 굶주림을 달래시려고 하늘에서 살아 있는 빵을 내려보내시고, 여러분의 목마름을 풀기 위하여 참 포도나무와 영원한 생명의 샘을 보내십니다. 그리고 내 입을 통하여 여러분에게 이렇게 말씀하십니다. '들어와서 내가 너희에게 주기 위하여 그위에 손을 든 땅을 차지하여라' 하고. 내 영적인 땅, 즉 하늘 나라를 말입니다."

군중은 열광적인 말들을 주고 받는다. …그리고 병자들이 온다. 대단히 많다. 예수께서는 그들을 두 줄로 정렬시키신다. 그리고 그렇게 하는 동안 아르벨라의 필립보에게 물으신다. "왜 저 사람들을 고쳐 주지 않았느냐?"

"그 사람들도 제가 받은 것을 받게 하려구요. 선생님의 손으로 낫는 것 말입니다."

예수께서는 병자 한 사람 한 사람에게 강복하시며 지나가신다. 그러니까 늘 일어나는 기적이 되풀이 된다. 소경들이 눈을 뜨고, 귀머거리들이 듣고, 벙어리들이 말을 하고, 꼽추들이 꼿꼿해지고, 열이 떨어지고, 무력증이 사라진다.

병고침이 끝났다. 그리고 마지막 병자 다음에는, 보즈라에 갔던 바리사이파 사람 둘과 다른 두 사람이 있다. "선생님께 평화. 그런데 우리에게는 아무 말씀도 하지 않으십니까?"

"나는 모든 사람에게 말했습니다."

"그러나 우리는 그 말이 필요없었습니다. 우리는 이스라엘의 성자이니까요."

"선생들인 당신들에게는 이렇게 말하겠습니다. 당신들끼리 다음장, 즉 에즈라 2서의 제9장을 해석하면서, 하느님께서 당신들에게 대해서 이제까지 얼마나 여러 번 자비를 베푸셨는지를 기억하고, 가슴을 치면서 마치 그것이 기도인 듯 그 장의 결론을 말하시오."

"선생님, 잘 말씀하셨습니다. 잘 말씀하셨어요! 그래 선생님의 제자들은 그렇게 합니까?"

"그렇습니다. 그것이 내가 제일 먼저 요구하는 것입니다."

"모두요? 선생님의 한 패 속에 있는 살인자들까지두요?"

"당신들은 피냄새를 맡습니까?"

"그것은 하늘을 향해 지르는 부르짖음입니다."

"그러면 피를 흘리게 하는 사람들을 본받지 않도록 힘쓰시오."

예수께서는 당신의 눈길로 그들을 꿰뚫어보시며 똑바로 바라다보신다. 그들은 얼마 동안 감히 한 마디도 말을 더 하지 못한다. 그러나 필립보의 집으로 돌아오는 집단을 따라온다. 필립보가 그들을 잔치에 참석하라고 초청해야 할 것으로 생각한 것이다.

"아주 기꺼이 가겠네! 그래야 선생님과 더 오랫동안 같이 있을 터이니까." 그들은 크게 경례를 하며 말한다.

그러나 집에 도착하자 그들은 경찰의 정보원 같다. …사방으로 훔쳐보는 듯한 시선을 던져 바라다보고, 하인들에게 간사한 질문을 하고, 자석에 끌리는 쇠처럼 예수께 끌리는 것 같은 작은 노파에게까지도 간사한 질문을 한다. 그러나 노파는 격렬하게 대답한다. "난 어제 이분들밖에 못 봤수. 당신들 꿈을 꾸는군요. 내가 이분들을 이리 데리구 왔는데, 요한이라구는 이 천사같이 착한 금발의 젊은이밖에 없었수."

그들은 작은 노파에게 욕설을 퍼부으며 무섭게 노려본다. 그리고 다른 쪽으로 시선을 돌린다. 그러나 한 하인이 그들에게 직접 대답하지 않고, 앉으셔서 집주인과 말씀을 하시는 예수께로 몸을 구부리고 묻는다. "엔도르의 요한은 어디 있습니까? 저 어른이 그 사람을 찾으십니다."

그 바리사이파 사람은 하인을 무섭게 노려보며 그를 바보 취급을 한다. 그러나 예수께서는 그들의 의향을 잘 알고 계셔서 할 수 있는 대로 거기에 대한 대책을 세우셔야 한다. 바리사이파 사람은 그러니까 이렇게 말한다. "선생님의 가르치심의 그 기적을 기뻐하고, 또 그 회개에 대해서 선생님께 경의를 표하기 위해서였습니다."

"요한은 영원히 멀리 가 있고, 또 점점 더 멀리 갈 것입니다."

"그 사람이 자기 죄에 다시 떨어졌습니까?"

"아닙니다. 하늘을 향해 올라갑니다. 그 사람을 본받으시오, 그러면 내세에서 그를 만날 것입니다."

네 사람은 더 이상 무슨 말을 할지 몰라서 조심스럽게 다른 이야기를 한다. 하인들이 식사가 준비되었다고 알린다, 그러니까 모두가 연회장으로 건너간다.

참말이다. 희망은 더 환하게 빛난다. …그런데 나는 누구에게 거두어질 것인가? 이렇게도 몸이 불편하고, 쏠아먹는 벌레에게 쏠리듯이 사탄의 고문으로 쏟아지는 내가 말이다. 사탄은 내게 휴식을 주지 않는다. 달리는 나를 붙잡을 수 없으므로, 이렇게 붙잡고 늘어진다. 즉 내가 쓰는 것이지 예수님이 보여 주고 불러 주고 하시는 것이 아니라는 암시를 주는 것이다. 사탄은 만일 그가 나를 설득할 수 있으면 내가 비탄에 잠기고 죄를 지었다는 공포에 사로잡혀 내성적인 사람이 되고, 죽음과 심판을 두려워하리라는 것을 알고 있다. 아이고! 사탄이 나를 얼마나 괴롭히는지! 사탄이 그의 끊임없는 말로 어떻게나 내 정신을 멍하게 만들어 놓는지, 나는 예수님이 환시와 말씀을 끝내시면, 내 생활을 이루는 것, 즉 나를 감싸고 나로 하여금 "대변자"가 되게 하는 그 초자연적인 것을 즐길 가능성을 전혀 잃게 된다.

내 글을 읽는 당신들에게는 이 삽화들이 그렇게도 아름다워 보이는가? 전에는 나도 그런 느낌을 가졌었다. 그런데 지금은 예술적인 면을 빼놓고는 다른 것은 아무것도 느끼지 못한다. 내가 그 말들을 듣는 순간에는 나를 무상의 기쁨으로 들어올리던 말들을 찾고 또 찾지만 소용이 없다. 내가 그것을 볼 때에는 그 다정스러움에 그렇게도 강한 인상을 받았던 태도들을 생각하고 또 생각하고 하지만 소용이 없다. …모든 것이 꺼졌고, 모든 것이 재가 되어버렸다. 천국이 — 사실 그것은 천국이니까 — 그 광채를 잃었다. 아니, 그보다도 대변자로서의 내 일상의 업무가 계속되는 동안은 천국이 열려 그 온갖 빛과 노래와 다정스러움과 기쁨을 내게 넘쳐흐르게 한다. 그러다가 일이 끝나기만 하면 모든 것이 단단히 닫히고, 나는 의심과 부정(否定)의 목소리 말고 다른 목소리는 듣지도 못한 채 안개와 어두움에 휩싸이고 잠기는 것이다. 이것이 큰 마음 고통이 아닌가? 그러나 나는 실망해서 "이것은 내 일이니까 집어치우겠다"고 말하고 싶지는 않다. 아니다, 이것은 내 일이 아니다! 특히 지금 많은 일 때문에 기진맥진하고 짓눌리며 그밖에 다른 많은 것을 모르는 내가 이렇게 할 수는 없을 것이다. 나는 내가 지금 처해 있는 육체적인 허약의 상태와 정신적인 우울의 상태에서 여기에 대하여 심한 불쾌감을 느낄 수밖에 없어 아무것도 쓰지 않게 될 것이다. 육체적으로 생각을 못하게 되고, 정신적으로는 생각하는 것이 지긋지긋해져서…

160. 아에라로 가는 동안

아르벨라도 이제는 멀어졌다. 예수의 일행 중에 이제는 아르벨라의 필립보가 있고, 또 다른 제자 한 사람이 있는데, 나는 그 사람을 마르코라고 부르는 것을 듣는다.

길은 비가 많이 온 것처럼 질척질척하다. 하늘은 회색이다. 강이라는 이름을 넉넉히 들을 만한 작은 강이 아에라로 가는 길을 가로막는다. 분명히 이 지방에 쏟아진 비로 물이 불은 이 강은 확실히 파란 하늘빛이 아니고, 철분이 섞인 땅을 지나온 물을 흘려 내려보내는 것처럼 불그스럼한 누런 색이다.

"이제는 날씨가 잔뜩 찌푸렸군요. 선생님이 여자들을 돌려보내시기를 잘 하셨습니다. 이제는 여자들이 길을 다닐 날씨가 아닙니다" 하고 야고보가 점잔을 빼며 말한다. 그러니까 자기를 선생님께 절대적으로 바쳐 항상 평온한 열성당원 시몬이 언명한다. "선생님이 하시는 것은 모두 잘 하시는 거야. 선생님은 우리처럼 우둔하지 않으셔. 선생님은 모든 것을 최고로 잘 보시고 예견하시는데, 당신을 위해서보다는 오히려 우리를 위해서 그러셔."

예수 곁에 있는 것이 기쁜 요한은 웃는 얼굴로 아래에서 올려다보며 말한다. "선생님은 가장 거룩하신 외에도, 저희가 모실 수 있었고, 모실 수 있고, 모실 수 있을 가장 사랑하는 가장 착하신 선생님이셔요."

"저 바리사이파 사람들… 얼마나 실망했겠습니까! 그리고 날씨가 고약한 것도 그 사람들이 엔도르의 요한이 여기 있지 않은 것이 이유 있다고 생각하게 되는 데 도움이 됐습니다. 그렇지만 그 사람들이 엔도르의 요한에 대해서 그런 태도를 취합니까?" 하고 엔도르의 요한에 대하여 많은 애정을 가지고 있는 헤르마스테아가 묻는다.

예수께서 대답하신다. "그 사람들의 미움은 요한을 향한 것도 아니고, 요한에 대한 것도 아니다. 그렇지 않고 그것은 내게 대해서 조종하는 방편이다."

아르벨라의 필립보가 말한다. "그러면 비가 그들을 설득해서 기다리는 것과 엔도르의 요한에 대해서 의심을 품는 것이 쓸 데 없는 일이라는 것을 알게 했군요. 비 만세! 비는 또 선생님을 제 집에 닷새 동안 붙잡아 두는 데도 소용됐습니다."

"아에라에 있는 사람들이 얼마나 걱정을 하는지 누가 알겠어! 형이 우리 마중을 나오는 것이 보이지 않는 게 이상해" 하고 안드레아가 말한다.

"우리 마중을 나온다고? 우리 뒤에 올 거야" 하고 마태오가 말한다.

"아니야, 형은 호수로 가는 길로 갔을 거야. 그건 가다라에서 호수까지 가고, 거기서 배로 베싸이다에 가서 형수님을 보고, 어린아이가 나자렛에 갔는데, 곧 돌아올 거라고 말했을 거야. 베싸이다에서 메론으로 가는 데에는 얼마 동안 다마스커스로 가는 길로 가다가 아에라로 가는 길로 갔을 거야. 형은 분명히 아에라에 있어."

침묵이 흐른다. 그런 다음 요한이 미소를 지으면서 말한다. "그런데 주님, 저 작은 할머니 말입니다!"

"저는 선생님이 가리옷의 사울에게와 같이 선생님 품에서 세상을 떠나는 기쁨을 주실 줄로 생각했었습니다" 하고 열성당원 시몬이 말한다.

"나는 그리스도가 하늘의 문을 열 찰나에 있기를 기다려서 할머니를 내게로 부르기로 했으니까 그에게 더 많은 행복을 원하기까지 한 것이다. 그 작은 할머니는 나를 오래 기다리지 않을 것이다. 이제는 할머니가 추억으로 살 것이고, 또 필립보 네 아버지의 도움으로 그의 생활은 덜 고통스러울 것이다. 나는 너와 네 부모에게 다시 한 번 강복한다."

요한의 기쁨은 하늘을 덮고 있는 구름보다도 더 두꺼운 암영(暗影)으로 가려진다. 예수께서 그것을 보고 말씀하신다. "너는 저 작은 노파가 빨리 천국에 가는 것이 기쁘지 않으냐?"

"왜요, 기쁘지요. 그렇지만 이것은 선생님이 떠나신다는 뜻이 되니까 기쁘지가 않습니다. …주님, 왜 돌아가십니까?"

"여인에게서 난 사람은 죽기 마련이다."

"주님은 그 할머니만 데리고 가실 것입니까?"

"오! 아니다! 그리고 내가 하느님으로서 구원하고, 내가 사람으로서 사랑한 사람들의 행진은 얼마나 즐겁겠느냐…."

아주 가까이에 있는 두 개울을 건넜다. 계곡을 이용하여 북쪽으로 계속 되는 길과 교차하는 곳에서 야산들을 넘은 여행자들 앞에 펼쳐지는 평야지대에 비가 오기 시작한다.

 북쪽, 아니 오히려 서북쪽에는 높고 우람한 산맥이 나타나는데, 그 위로 어마어마하게 큰 구름 덩어리들이 겹쳐져서, 산허리에는 수풀이 우거지고 산꼭대기에는 눈이 덮인 바위투성이의 실제적인 산꼭대기에 구름으로 된 허위의 산꼭대기를 이루고 있다. 그러나 그것은 매우 멀리 떨어져 있는 산맥이다.

 "여기는 비가 오고, 저 위에는 눈이 있고. 저것은 헤르몬 산맥입니다. 저 산맥은 꼭대기에 눈으로 된 더 큰 겉옷을 입었습니다. 우리가 아에라에서 해를 보게 되면, 태양이 장미빛으로 물들일 때 저 큰 봉우리가 얼마나 아름다운지 보실 것입니다." 고향에 대한 사랑으로 자기 고장의 아름다움을 자랑할 충동을 느끼는 티몬이 말한다.

 "그렇지만 지금 당장은 비가 오는 걸요. 아에라는 아직 멀었나요?" 하고 마태오가 묻는다.

 "그렇습니다. 저녁 늦게나 도착할 것입니다."

 "그러면 하느님께서 우리 건강의 걱정을 덜어 주시기를" 하고 이런 날씨에 길을 가는 것이 썩 마음에 내키지 않는 마태오가 말한다.

 그들은 겉옷으로 몸을 푹 감쌌다. 그리고 그들의 옷을 습기에서 보호하여 도착하면서 이내 옷을 갈아 입을 수 있게 하려고 여행용 배낭들을 그 밑으로 메고 간다. 지금 입고 있는 옷들은 물이 줄줄 흐르고, 아랫도리는 진흙으로 인하여 무거워졌기 때문이다.

 예수께서는 앞장을 서서 가시는데, 생각에 잠겨 계시다. 다른 사람들은 그들의 빵을 조금씩 갉아먹는데, 요한이 농담을 하며 이렇게 말한다. "목을 축이려고 샘을 찾을 필요는 없는 걸. 머리를 뒤로 젖히고 입을 벌리고만 있으면 돼. 그러면 천사들이 우리에게 물을 준단 말이야."

 젊음으로 인하여 아르벨라의 필립보와 요한과 더불어 모든 것을 즐겁게 받아들이는 부러운 처지에 있는 헤르마스테아가 말한다. "요나의 시몬은 약대에 대해서 불평을 했지만, 나는 이 진흙탕보다는 지진으로 흔들리는 그 탑에 있는 게 낫겠어. 어떻게 생각해?"

 그러니까 요한이 말한다. "나는 예수님만 계시면 아무 데 있어도 좋다고 생각해…."

 세 젊은이는 그들끼리 끊임없이 이야기하기 시작한다.

더 나이많은 네 사람은 예수 계신 데로 따라가려고 걸음을 재촉한다. 남아 있는 티몬과 마르코의 집단은 맨 뒤에 처진다….

"선생님, 아에라에는 시몬의 유다가 있겠지요…" 하고 안드레아가 말한다.

"물론. 그리고 그와 함께 토마와 나타나엘과 필립보도 있고."

"선생님… 저는 평화스럽던 요 며칠 동안이 그리워집니다" 하고 야고보가 말한다.

"야고보야, 그렇게 말하면 못 쓴다."

"저도 그건 압니다. …그렇지만 그렇게 안할 수가 없습니다…." 그러면서 그는 또 한 번 한숨을 내쉰다.

"시몬 베드로도 내 사촌들과 같이 있을 것이다. 그것이 너는 기쁘지 않으냐?"

"저는 대단히 기쁩니다! 선생님, 그런데 시몬의 유다는 왜 저희들과 그렇게 다릅니까?"

"왜 비가 해와 갈마들고, 더위가 추위와, 빛이 어두움과 갈마드느냐?"

"그야 사람이 항상 같은 것을 가질 수는 없을 터이니까 그렇습니다. 그렇게 된다면 세상에 있는 생명의 끝일 것입니다."

"야고보야, 말 잘했다."

"그렇습니다. 그러나 그것이 유다와는 관계가 없습니다."

"그럼 대답해 보아라. 왜 별들이 모두 해와 같이 크고 뜨겁고 아름답고 강력하지 않으냐?"

"그것은… 그 많은 불의 작용으로 지구가 타버릴 터이니까요."

"왜 초목들 모두가 저 호두나무 같지 않으냐? 초목이란 말은 무슨 식물이든지 다 말하는 것이다."

"그것은… 짐승들이 그것을 먹지 못하겠으니까 그렇습니다."

"그러면 왜 그것들이 모두 풀 같지 않으냐?"

"그것은… 우리가 땔나무나 집을 짓고 연장과 마차와 배와 가구들을 만들 나무를 얻지 못할 터이니까요."

"왜 새들은 모두가 수리 같지 않고, 짐승들은 모두가 코끼리와 약대 같지 않으냐?"

"만일 그렇게 된다면 우리 꼴이 말이 아닐 것입니다."

"그러니까 이 다양성이 네게는 좋은 것으로 생각된다는 말이지?"
"물론입니다."
"그러니까 네 생각에는… 그런데 네 생각에는 왜 하느님께서 그것들을 만드셨겠느냐?"
"우리에게 가능한 모든 도움을 주시려구요."
"그러니까 좋은 의향으로 만드셨다는 말이지? 확실하냐?"
"제가 지금 살고 있는 것과 마찬가지로요."
"그러면 동물과 식물과 천체의 종류에 다양성이 있는 것은 당연하다고 생각하면서, 왜 사람들은 모두가 같기를 바라느냐? 각자가 그의 임무를 가지고 있고 그의 재능을 가지고 있는 것이다. 종류가 무한히 다양한 것이 조물주의 능력의 표로 생각되느냐, 무능의 표로 생각되느냐?"
"능력의 표로 생각됩니다. 하나가 다른 것을 돋보이게 합니다."
"말 썩 잘 했다. 유다도 같은 일에 소용된다. 또 너도 동료들에게 소용되고, 동료들도 네게 소용된다. 우리 입안에는 이가 서른 두 개가 있다. 그런데 그것들을 잘 들여다보면, 서로들 매우 다르다. 그리고 세 가지 부류 사이에만 그런 것이 아니라, 같은 부류의 개체들 사이에도 그렇다. 그렇지만, 마침 네가 무엇을 먹고 있는 중이니 이들의 구실을 살펴 보아라. 별로 유익해 보이지 않고, 별로 일을 하지 않는 그 이들이 바로 빵을 잘라서 다른 이들에게로 가져다 주는 첫번째 일을 하고, 다른 이들이 그것을 부스러기를 만들어서 또 다른 이들에게 넘겨 주면, 이 이들이 그것을 죽 모양을 만드는 것을 보게 될 것이다. 그렇지 않으냐? 네 생각에는 유다가 아무것도 하지 않거나 잘못 하는 것으로 보인다. 그러나 그가 유다 남쪽에 복음을 전했고, 전해도 잘 전했으며, 너도 말한 것과 같이 그가 바리사이파 사람들과 요령있게 접촉할 줄 안다는 것을 기억하여라."
"그것은 사실입니다."
마태오는 이런 지적을 한다. "그리고 그 사람은 또 가난한 사람들을 위해 돈을 얻는 재능이 대단히 많기도 해. 그 사람은 청하는 데도 내가 할 줄 모르는 방식으로 청할 줄을 안단 말이야. …아마 이제 나는 돈에 진저리가 나서 그런지도 모르겠어."
열성당원 시몬이 붉어지다 못해 새빨개지는 얼굴을 숙인다. 안드레아가 그것을 보고 묻는다. "어디 불편한가?"

"아니, 아니야. …피로해서… 모르겠어."

예수께서 그를 뚫어지게 바라다보신다. 그러니까 그는 점점 더 얼굴이 빨개진다. 그러나 예수께서는 아무 말씀도 하지 않으신다.

티몬이 앞으로 뛰어와서 말한다. "선생님, 저기 아에라 못 미쳐 있는 마을이 보입니다. 거기에 들러서 나귀들을 구할 수 있을 것입니다."

"그러나 비가 그친다. 그대로 계속 가는 것이 낫겠다."

"선생님 좋으실 대로 하겠습니다. 그러나 허락하시면 제가 앞서 가겠습니다."

"가거라."

티몬은 마르코와 같이 뛰어 간다. 그러니까 예수께서 빙그레 웃으시며 지적하신다. "저 사람은 우리가 위풍당당하게 들어가기를 원하고 있다."

모두가 다시 한 집단이 되었다. 예수께서는 그들이 여러 지방의 다양성에 대하여 활발하게 이야기하는 것을 내버려두시고 열성당원을 데리시고 뒤로 가신다. 단둘이 되자 예수께서 물으신다. "시몬아 왜 얼굴을 붉혔느냐?"

시몬의 얼굴은 홍당무가 되는데, 그는 말을 하지 않는다. 예수께서 거듭 물으시니, 그는 점점 더 얼굴이 빨개지고 말이 없다. 예수께서는 질문을 되풀이 하신다.

"주님, 주님은 알고 계십니다! 그런데 왜 저더러 그 말을 하라고 그러십니까?" 하고 열성당원은 고문이라도 당하는 듯이 괴로워하며 외친다.

"거기에 대한 확신이 있느냐?"

"그 사람도 그것을 부인하지 않았습니다. 그러나 이렇게 말했습니다. '나는 선견지명으로 이렇게 하는 거야. 난 분별력이 있거든. 선생님은 미래 생각은 조금도 하지 않으신단 말이야' 하고요. 그것이 사실인지도 모릅니다. 그렇기는 하지만… 그것은 언제나… 그것은 언제나… 선생님이 정확한 단어를 말씀하십시오."

"그것은 언제나 유다가 오직 하나의 '인간'일 뿐이라는 증거이다. 그는 영만이 되기 위하여 고상해질 줄을 모른다. 그러나 더하고 덜한 차이는 있어도 너희는 모두가 같다. 너희는 바보스런 일을 두려워한다. 너희는 쓸 데 없는 배려를 하느라고 몹시 걱정한다. 섭리가 효력이 있고 너희와 같이 있다는 것을 너희는 믿을 줄을 모른다. 그런데, 이것은 우리 둘만 알고 있기로 하자. 알았지?"

"예, 선생님."

잠깐 침묵이 흐른 다음 예수께서 말씀하신다. "우리는 곧 호수로 돌아간다. …이렇게 많이 걷고 난 후에는 명상을 좀 하는 것도 좋을 것이다. 우리 둘이는 등불 명절께쯤 얼마 동안 나자렛에 가 있자. 너는 혼자 몸이지. …다른 사람들은 가족과 같이 있을 것이다. 그러니 너는 나와 같이 있어라."

"주님, 유다와 토마, 그리고 마태오까지도 혼자 몸입니다."

"그렇게 생각하지 말아라. 각자가 가족과 함께 명절을 지낼 것이다. 마태오는 누나가 있다. 너는 너 혼자다. 라자로의 집에 가고 싶다면 모르지만…"

"아닙니다, 주님" 하고 시몬은 감정이 폭발한다. "아닙니다. 저는 라자로를 사랑합니다. 그러나 주님을 모시고 있는 것은 천국에 있는 것입니다. 주님, 고맙습니다." 그러면서 예수의 손에 입맞춤한다.

작은 마을을 지나친 지가 얼마 안 되었는데, 소나기가 다시 쏟아지는 가운데 티몬과 마르코가 물이 흥건한 길에 다시 나타나며 외친다. "멈추세요! 시몬 베드로가 작은 당나귀들을 끌고 옵니다. 오는 걸 만났어요. 비를 맞으면서 짐승들을 끌고 여기 오는 것이 사흘째나 된답니다."

일행은 비를 조금 피할 수 있는 참나무들 밑에 가서 걸음을 멈춘다. 그러니까 베드로가 타는 짐승 여러 마리를 한줄로 끌고 맨앞에 있는 나귀에 걸터앉아 오는 것이 보인다. 베드로는 담요를 써서 머리와 어깨를 가린 바람에 꼭 수사 같아 보인다.

"선생님, 하느님의 강복받으시기를! 정말이지 저는 선생님은 호수에 빠진 사람처럼 흠뻑 젖어 계실 것이라고 말했습니다. 자, 어서 어서 모두 안장에 올라들 앉아요. 선생님의 옷을 말려드리기 위해서 난로란 난로는 모두 불을 피워 놓고 있기 때문에 아에라는 사흘 전부터 타고 있습니다! 빨리, 빨리… 꼴 좋구먼! 아니 좀 보라구! 아니, 그래 자네들은 선생님을 말릴 수도 없었나? 아! 내가 없으면! 좀 보라구! 선생님은 물에 빠져 죽은 사람처럼 머리가 착 달라붙었단 말이야. 선생님 몹시 추우시겠습니다. 이런 비를 맞으시면서! 무분별도 유분수지! 또 자네들은? 자네들은 말이야? 아이고! 쓸모없는 사람들! 너부터 그렇다. 이 바보 같은 아우야, 그리구 모두 다 그래! 꼴들 좋구먼! 자네들은 연못에 빠진 자루들 같아. 자, 빨리! 아! 이젠 선생님을 자네들에게 맡겨드릴 자신이 없어졌네. 소름이 쫙 끼치네…."

"말도 많다, 시몬아" 하고 예수께서 타신 나귀가 일행의 앞장을 서서 베드로의 나귀와 나란히 종종걸음을 치고 있는 동안 예수께서 침착하게 말씀하신다. 예수께서 되풀이해 말씀하신다. "쓸 데 없는 말만 하고, 또 하고 하는구나. 다른 사람들이 왔는지… 여자들이 떠났는지, 네 아내가 잘 있는지는 말하지 않고 너는 아무 말도 하지 않았다."

"전부 다 말씀드리겠습니다. 그러나 왜 이 비를 맞으면서 떠나셨습니까?"

"그러면 너는 왜 왔느냐?"

"그것은 선생님이 빨리 뵙고 싶어서였습니다. 내 선생님."

"나는 너를 빨리 다시 만나고 싶어서였다, 내 시몬아."

"아이고! 사랑하는 내 선생님! 저는 선생님을 얼마나 사랑하는지 모릅니다! 아내요? 아이요? 집이요? 아무것도 아무것도 소용없습니다! 선생님이 안 계시면 모든 것이 추합니다. 제가 선생님을 이렇게 사랑한다는 걸 믿으십니까?"

"믿는다. 시몬아, 나는 네가 어떤 사람인지를 안다."

"어떤 사람입니까?"

"작은 결점을 잔뜩 가지고 있는 큰 아이이다, 그런데 그 작은 결점들 밑에는 아주 많은 훌륭한 장점들이 묻혀 있다. 그러나 묻혀 있지 않은 장점이 하나 있다. 모든 일에 있어서의 네 성실성이다. 그런데, 아에라에는 누가 있느냐?"

"선생님의 사촌 유다와 야고보가 있구요, 그리고 가라옷의 유다와 다른 사람들도 있습니다. 유다가 좋은 일을 많이 했나 봅니다. 모두가 그 사람을 칭찬합니다…."

"그 사람이 네게 질문을 하더냐?"

"오! 많이 했습니다! 저는 아무것도 알지 못한다고 말하면서 아무 질문에도 대답하지 않았습니다. 사실 여자들을 가다라 근처까지 데려다 준 것 외에 제가 무엇을 압니까? 아시겠지요. …엔도르의 요한에 대해서는 아무 말도 하지 않았습니다. 그 사람은 요한이 선생님과 같이 있는 줄 알고 있습니다. 선생님이 다른 사람들에게도 그 말씀을 하셔야 할 것입니다."

"아니다. 그들도 너처럼 요한이 어디 있는지 모른다. 거기에 대해서는 더 이상 말해야 소용없다. 그러나 이 나귀들은! …사흘 동안이나! …쓸 데 없는 낭비다! 또 가난한 사람들은 어떡하고?"

"가난한 사람들은… 유다가 돈을 잔뜩가지고 있어서 가난한 사람들을 돌봅니다. 이 나귀들은 돈 한 푼 들지 않습니다. 아에라 사람들은 선생님을 위해서라면 돈을 주지 않아도 나귀를 천 마리나 제게 주었을 것입니다. 그 사람들이 나귀를 많이 끌고 선생님 마중을 나오겠다는 것을 제가 언성을 높여서야 막을 수 있었습니다. 티몬의 말이 맞습니다. 여기서는 모든 사람이 선생님을 믿습니다. 그 사람들이 저희들보다 낫습니다…." 그러면서 베드로는 한숨을 쉰다.

"시몬아, 시몬아! 요르단강 건너편에서도 우리는 존경을 받았다. 그리고 죄수와 이교도 여자들과 죄녀들과 여자들이 너희에게 완전의 교훈을 주었다. 요나의 시몬아, 그것을 기억하여라. 항상."

"주님, 그렇게 하도록 힘쓰겠습니다. 보십시오, 저기 아에라의 첫번째 사람들이 나옵니다. 얼마나 사람이 많이 오는지 보십시오! 저기 티몬의 어머니가 옵니다. 저기 군중 속에 선생님의 사촌들이 있습니다. 저기 가리옷의 유다와 같이 온 사람들보다 먼저 보내신 제자들이 있습니다. 저기 아에라의 제일 큰 부자가 하인들을 데리고 옵니다. 저 사람이 자기 집에 선생님을 모시려고 했습니다. 그러나 티몬의 어머니가 그의 권리를 행사했습니다. 그래서 그 집에 머무르시게 됩니다. 보십시오, 보세요! 저 사람들은 비로 인해서 횃불이 꺼지기 때문에 난처해 합니다. 병자들이 많습니다. 아시겠습니까? 병자들은 선생님을 즉시 뵈려고 성문 가까운 시내에 있습니다. 나뭇광을 가진 사람이 병자들은 광에 들어가 있게 했습니다. 그 가엾은 사람들이 그곳에 있는 지가 나흘이나 됩니다. 저희가 도착해서 선생님이 안 계신 것을 보고 이상히 여긴 그때부터요."

군중의 함성으로 베드로는 말을 계속할 수 없게 되어, 입을 다물고 시종(侍從)처럼 예수 곁에 모시고 있다. 군중있는 데까지 가니 군중이 양쪽으로 갈라졌고 예수께서는 나귀 새끼를 탄 채 지나가시는데, 지나가시면서 줄곧 강복을 하신다.

일행은 시내로 들어간다.

"즉시 병자들에게로 가자." 예수께서는 당신이 너무 고통을 당하실까 봐 걱정이 되어 집안으로 모시고 음식을 대접하고 불을 쬐시게 하려고 하는 사람들은 상관하지 않으시고 이렇게 말씀하신다. 그러면서 "병자들은 나보다 더 고통을 당한다"고 대답하신다.

일행은 오른쪽으로 돈다. 저기 나뭇광의 투박한 울타리가 보인다. 문이 활짝 열려 있고, 안에서는 신음소리가 들려 나온다. "다윗의 후손 예수님, 저희들을 불쌍히 여겨 주십시오!"

호칭기도(呼稱祈禱)처럼 끈질지게 애원하는 합창이다. 어린이들의 목소리, 여자들의 목소리, 남자들의 목소리, 늙은이들의 목소리. 아파서 매애매애 하고 우는 어린 양들의 울음소리와 같이 슬픈 목소리, 죽어가는 어머니들의 목소리와 같이 괴로워하는 목소리, 다만 한 가지 바람밖에 없는 사람들의 목소리와 같이 낙심한 목소리, 이제는 울 줄밖에 모르게 된 사람들의 목소리 같이 떨리는 목소리들이다….

예수께서 울타리 안으로 발을 들여 놓으신다. 등자(鐙子)를 밟고 할 수 있는 대로 높이 서시어 오른 손을 드시고 우람한 목소리로 말씀하신다. "나를 믿는 모든 이에게 인사와 강복을 드립니다."

예수께서 다시 안장에 앉으셔서 길로 돌아오려고 애쓰신다. 그러나 군중이 몰려들고, 병이 고쳐진 사람들이 예수 곁으로 바싹 몰려든다. 그리고 문간 지붕에 가려 타면서 황혼을 비추는 횃불들의 빛에 열광적인 기쁨을 나타내며 주님을 환호하는 군중을 볼 수 있다. 주님은 어머니들이 팔과 가슴과 심지어 나귀의 목에까지 올려놓고 떨어지지 않게 붙잡고 있는 병이 고쳐진 어린아이들로 이루어진 꽃다발 가운데 파묻혀 보이지 않다시피 되셨다. 예수께서는 어린아이들이 꽃인 양 팔에 가득 안으시고, 그렇게 안고 계시므로 강복은 하실 수가 없으므로 입맞춤을 하시며 지극히 행복하게 미소지으신다. 마침내 어린아이들은 예수에게서 내려졌다. 그러니까 예수께서 병을 고쳐 주신 노인들이 기쁨의 눈물을 흘리며 그분의 옷에 입맞춤을 하고, 다음에는 남자들과 여자들이 그렇게 한다….

아주 캄캄한 밤이 되어서야 예수께서는 티몬의 집으로 들어가셔서 마른 옷을 입으시고 불 옆에서 쉬실 수 있게 되었다.

161. 예수께서 아에라에서 전도하신다

예수께서 아에라의 제일 큰 광장에서 말씀하신다. "…그러니까 나는 다른 곳에서 말한 것과 같이 구원을 받으려면 맨 먼저 반드시 알고 또 행해야 할 것들을 여러분에게 말할 생각은 없습니다. 여러분은 티몬의 덕택으로 그것을 알고 있고, 알아도 썩 잘 알고 있습니다. 티몬은 옛날 율법의 지혜로운 회당장인데, 지금은 이전 율법을 새 율법에 비추어 새롭게 하기 때문에 매우 지혜롭습니다. 그러나 나는 여러분이 지금 있는 상태에서는 볼 수가 없는 어떤 위험을 경계하게 하고자 합니다. 여러분이 지금 내게 대해서 가지고 있는 믿음에서 여러분을 떼어 놓으려고 하는 압력과 암시로 인하여 빛나게 될 위험 말입니다. 이제 나는 티몬을 얼마 동안 여러분에게 남겨두겠습니다. 그러면 티몬이 다른 사람들과 함께 그가 믿는 내 진리의 새로운 빛으로 성경 말씀들을 해석해 줄 것입니다. 그러나 여러분의 마음을 탐색해서 여러분의 마음이 진정한 사랑을 가지고 있고, 착한 뜻이 가득하고 겸손하다는 것을 알고 났으니 여러분을 떠나기 전에 열왕기 4권*의 어떤 점을 여러분과 함께 해설하고자 합니다.

유다의 왕 히즈키야가 산헤립의 공격을 받았을 때, 적국의 왕의 고관 세 사람이 왕에게 공포감을 주려고 왔습니다. 동맹이 파기된 것과 그를 벌써 포위하고 있는 열강들에 대한 두려움으로 공포감을 가지게 하려고 왔습니다. 그리고 사자로 온 고관들의 말에 엘리야킴과 셉나와 요아는 이렇게 대답했습니다. '백성들이 알아들을 수 없도록 말씀하십시오' 하고. 그런데 이것은 백성이 공포에 사로잡혀 강화를 청할까 봐 두려워서 그런 것이었습니다. 그러나 산헤립의 사자들이 원하는 것이 바로 그것이었습니다. 그래서 완전한 히브리말로 큰 소리로 이렇게 말했습니다. '히즈키야에게 속지 말라. …우리와 함께 너희에게 유익한 일을 해서 항복하여라. 그러면 각자가 그의 포도

---

* 역주:공동번역에는 열왕기 하서로 되어 있음.

나무와 무화과나무에서 포도와 무화과를 따먹고 그의 빗물받이 웅덩이의 물을 마실 수 있을 것이다. 그러다가 너희들의 땅과 같은 땅에, 훌륭한 포도밭이 있는 땅에, 밀과 포도가 많이 나는 땅에, 올리브와 기름과 꿀이 나는 땅에 너희를 옮겨 줄 것이니, 너희는 죽지 않고 살 것이다…' 하고. 그리고 '그러나 백성들은 침묵을 지키고 아무런 대답도 하지 않았다. 아무 대꾸도 하지 말라고 왕이 명령했기 때문이었다'고 씌어 있습니다.

자 이렇습니다. 나도 산헤립의 군대보다 한층 더 사나운 세력에 의해서 포위된 여러분의 영혼을 불쌍히 여겨서 — 산헤립은 영은 해치지 못하고 육체만 공격했지만, 여러분의 적은 만물 중에서 가장 교만하고 가장 잔인한 폭군이 지휘하는 군대의 힘을 빌어 여러분의 영을 공격하는 것입니다 — 그러니까 여러분을 통하여 나를 공격하기 위하여 무서운 벌을 준다는 위협으로 나와 여러분에게 공포감을 주려고 하는 사자들에게 이렇게 청했습니다. '나에게만 말하고, 지금 막 빛에 태어나는 영혼들은 가만 내버려두어라. 나를 괴롭히고, 고문하고, 비난하고, 죽여라. 그러나 빛의 저 어린 자식들은 못 살게 굴지 말아라. 그들은 아직 약하다. 언젠가는 강해지겠지만, 지금은 약하다. 그들에게 악착같이 덤벼들지 말아라. 영들이 자유롭게 길을 택하는 것을 공격하지 말아라. 순박과 사랑으로 하느님을 찾는 사람들을 당신께로 부르시는 하느님의 권리에 악착스럽게 대들지 말아라' 하고.

그러나 미워하는 어떤 사람이 그가 미워하는 사람의 부탁을 들어 줄 수가 있습니까? 미움에 사로잡힌 사람이 사랑을 인정할 수가 있습니까? 그렇게 하지 못합니다. 따라서 그들은 한층 더 냉혹하게, 점점 더 냉혹하게 여러분에게 와서 말할 것입니다. '그리스도에게 속지 말아라. 우리와 같이 가자, 그러면 너희가 모든 좋은 것을 다 가지게 될 것이다' 하고. 그리고 그들은 여러분에게 이렇게도 말할 것입니다. '만일 너희가 그리스도를 따르면, 너희에게 불행이 올 것이다. 너희는 박해를 받을 것이다' 하고. 그리고 여러분을 괴롭힐 것입니다. '너희들의 영혼을 구해라. 저 사람은 사탄이다' 하고 말하면서 말입니다. 그들은 내게 관해서 많은 말을 할 것이고, 여러분이 빛을 떠나도록 설득하려고 별별 말을 다 할 것입니다.

그러나 나는 여러분에게 '유혹자들에게는 침묵으로 대답하시오' 하고 말합니다. 그 다음 주님의 힘이 메시아이고 구세주인 예수 그리스도의 신자들의 마음에 내려오면, 그때에는 여러분이 말을 할 수 있을 것입니다. 그것은 여러분이 말하는 것이 아니라, 하느님의 성령께서 친히 여러분의 입술로 말씀하실 것이기 때문이고, 여러분의 영이 은총으로 어른이 되고, 믿음으로 굳세어지고 피할 수 없게 될 것이기 때문입니다.

끝까지 꾸준하시오. 나는 여러분에게 이것밖에 요구하지 않습니다. 하느님께서는 내 원수 중의 하나의 요술에 지실 수가 없다는 것을 기억하시오. 여러분의 병자들과 그들의 정신에 위안과 평화를 얻은 사람들은 여러분 가운데 와서 '내 사랑을 꾸준히 가지고 내 가르침을 꾸준히 따르시오, 그러면 하늘 나라를 얻을 것입니다' 하고 말한 사람이 누구인지에 대해 언제나 거기에 있는 것만으로 말을 해야 합니다. 내 행적은 내 말보다도 한층 더 말을 합니다. 그리고 증거의 필요가 없이 믿을 줄 아는 것이 완전한 지복(至福)이기는 하지만, 나는 여러분의 믿음이 단단해지도록 하느님의 놀라운 일들을 볼 수 있게 해주었습니다. 빛의 원수들의 유혹을 당하는 여러분의 뇌에 여러분의 영혼의 말로 대답하시오. '나는 그분의 행적 속에 하느님을 보았기 때문에 믿는다'고 하는 말 말입니다. 원수들에게는 활동적인 침묵으로 대답하시오. 그러면 이 두 가지 대답으로 여러분 빛 안에서 전진할 것입니다. 평화가 항상 여러분과 함께 있기를."

그리고 나서 광장을 떠나시면서 군중을 떠나보내신다.

"주님 그 사람들에게는 왜 그렇게 조금만 말씀하셨습니까? 시몬이 실망할지도 모르겠습니다" 하고 나타나엘이 말한다.

"그 사람은 의인이고, 또 어떤 사람에게 위험을 알리는 것이 더 큰 사랑으로 사랑하는 것임을 이해하기 때문에 실망하지 않을 것이다. 그 위험이 아주 가까웠다."

"역시 바리사이파 사람들입니까?" 하고 마태오가 묻는다.

"그들과 또 다른 사람들."

"주님, 쇠약해지셨습니까?" 하고 요한이 몹시 불안해 하며 묻는다.

"아니다. 여느 때보다 더 그렇지도 않다…."

"그렇지만 지난 며칠 동안은 더 행복하셨는데요…."

"아마 제자들을 데리고 계시지 못하게 돼서 그러신 거겠지. 그렇지만 제자들을 왜 돌려 보내셨습니까? 아마 여행을 계속하실 생각이신 모양이지요?" 하고 가리옷 사람이 말한다.

"아니다. 이것이 마지막 숙박지이다. 여기서는 집으로 돌아간다. 그러나 여자들은 이 계절에 여행을 더 계속할 수가 없었다. 여자들은 많은 일을 했다. 그 이상의 일을 해서는 안 된다."

"그런데 요한은요?"

"요한은 병이 들어서 네가 그랬던 것처럼 어떤 인심좋은 집에 가 있다."

그리고 예수께서는 티몬과 그 지방에 남아 있는 다른 제자들과 작별을 하신다. 그런데 그들에게 다른 충고를 주시지 않는 것을 보니, 틀림없이 미래에 대한 명령을 주신 모양이다.

일행은 티몬의 집 문지방에 있다. 예수께서 여주인에게 다시 한 번 강복을 주시고자 하셨기 때문이었다. 군중은 공손하게 예수를 지켜보고 있다가, 변두리와 정원들과 들판을 향하여 다시 길을 걷기 시작하시자 예수를 따라온다. 그리고 가장 끈질긴 사람들은 약간 떼를 지어 따라오는데, 그 집단은 점점 수가 적어져서 마침내는 아홉 사람이 남았다가 다섯 사람, 세 사람, 한 사람이 남게 되었다. …이 마지막 사람까지도 아에라로 돌아가고, 예수께서는 열 두 사도만 데리고 서쪽을 향하여 가신다. 헤르마스테아는 티몬과 같이 남아 있었다.

예수께서 말씀하신다.

"이렇게 해서 여행, 두 번째 큰 사도적 여행은 끝났다. 이제는 갈릴래아의 잘 아는 들판으로 돌아간다.

가엾은 마리아, 너는 엔도르의 요한보다도 더 한계에 이르렀다. 우리는 호기심많은 연구자들에게 많은 것을 주었다. 그런데도 그들은 여전히 '호기심많은 연구자들'일 것이다. 그 이상의 아무것도 아닐 것이다. 그러나 이제는 그만이다. 네 기운이 파해간다. 이제는 말만을 위해 너를 남겨두어라. 내 수많은 피로가 무익하다는 것을 확인한 그 같은 정신으로 수많은 네 피로도 무익하다는 것을 나는 확인한다. 그래서 네게 말한다. '말만을 위해서 나를 지켜라.'

너는 '대변자'이다. 오! 정말이지 '우리가 피리를 불었는데, 너희들은 노래를 하지 않았고, 우리가 곡을 했는데 너희들은 울지 않았다' 하는 말이 네 경우에 되풀이 된다. 너는 내 말만을 되풀이 했다. 그랬더니 까다로운 박사들은 코를 찡그렸다. 너는 내 말에 네 묘사를 합쳤다. 그랬더니 사람들은 트집을 잡았다. 이제 그 사람들은 또 트집을 잡을 것이다. 그런데 너는 한계에 이르렀다. 네가 여행을 묘사해야 할 것을 내가 말해 주마. 나 혼자만이. 내가 너를 친 것이 거의 1년이 되어간다. 그러나 이 해가 끝나기 전에 내 가슴에 와서 다시 쉬고 싶으냐? 그러면 오너라, 어린 순교자야…."

162. 마리아와 마티아

나는 비가 오는 어둠침침한 날에 메론호수를 다시 본다. …진흙탕과 구름. 적요와 안개. 지평선은 구름 속으로 사라진다. 헤르몬 산맥은 낮게 깔린 구름층에 묻혀 있다. 그러나 이곳에서는 — 물이 불은 수많은 개울에서 흘러 들어오는 흙탕물과 11월의 구름덮인 하늘 때문에 아주 회색과 누런 색이 된 작은 호수 가까이에 있는 높은 고원 — 요르단강 상류의 물이 흘러 들어오는 저 작은 거울 같은 물이 잘 보인다. 요르단강은 나중에 이 호수에서 빠져 나가 더 큰 다른 호수, 즉 겐네사렛 호수에 물을 대준다.

점점 더 음산하게 비가 오는 저녁 어두움이 내려오는데, 예수께서는 메론 호수 아랫쪽에서 요르단강을 건너지르는 길로 걸어가시며, 직접 어떤 집으로 가는 오솔길로 들어서신다….

(예수께서 말씀하신다. "1944년 8월 20일에 보여준 마티아와 마리아에 대한 환시를 여기에 삽입하여라.")

또 다른 예수와 두 어린이의 기분좋은 환시.

예수께서 밭사이 작은 길로 지나가시는 것이 보인다. 씨를 갓 뿌린 뒤처럼 흙이 곱고 빛깔이 짙은 것을 보면 이 밭들은 씨를 뿌린 지가 얼마 안 되는 것 같다. 예수께서는 두 어린이를 쓰다듬어 주시려고 걸음을 멈추신다. 네 살이 넘지 않았을 사내아이와 여덟 살이나 아홉 살쯤 되었을 계집아이이다. 그들이 빛이 바래고 찢어지기까지 한 초라한 두 작은 옷을 입고 작은 얼굴은 침울하고 고통스러운 것으로 보아 매우 가난한 어린이들임이 틀림없다.

예수께서는 아무 말씀도 묻지 않으신다. 그들을 쓰다듬으시는 동안 뚫어지게 들여다보기만 하신다. 그리고는 작은 길 끝에 있는 어떤 집을 향하여 걸음을 재촉하신다. 시골집이기는 하지만 손질이 잘 되어 있고, 바깥에 지면에서 옥상으로 올라가는 층계가 있는 집이다. 옥상에는 정자같이 올린 포도 덩굴이 있는데, 지금은 포도송이와 잎이 없어졌다. 다만 벌써 누렇게 된 마지막 몇 잎만이 매달려 을씨년스러운 가을날의 습기찬 바람 때문에 흔들리고 있다. 집의 난간 위에는 구름 덮인 회색 하늘이 예고하는 비를 기다리면서 비둘기들이 구구하고 울고 있다.

예수께서는 제자들의 앞장을 서서, 집을 둘러싼 작은 돌담에 있는 투박한 격자문을 밀고 타작마당이라고 할 수 있을 마당으로 들어가신다. 마당에는 우물이 있고, 한구석에는 화덕이 있다. 나는 연기 때문에 벽이 더 어둡게 된 저 광이 화덕인 것으로 짐작한다. 지금은 거기서 나오는 연기가 바람에 밀려서 땅쪽으로 기어 간다.

발소리에 어떤 여자가 광 문지방에 나타나더니 예수를 보고는 기쁘게 인사를 하고 알리려고 집 쪽으로 달려간다.

늙수그레한 살찐 남자가 집 문에 나타나더니 예수를 향하여 급히 온다. "선생님을 뵙게 되다니 큰 영광입니다!" 하고 말하면서 예수께 인사를 드린다.

예수께서도 인사를 하신다. "평화가 영감님과 함께 있기를" 그리고 덧붙이신다. "밤이 되어 가고 비가 오려고 합니다. 나와 내 제자들을 위해 보호처와 빵을 청합니다."

"선생님, 들어오십시오. 제 집은 선생님의 집입니다. 하녀가 빵을 화덕에서 꺼낼 참입니다. 제 양들에게서 나온 치즈와 제 소유지에서 나온 과일들과 함께 그 빵을 선생님께 드리는 것이 대단히 기쁩니다. 들어오십시오, 들어오세요. 바람이 습하고 찹니다…." 그리고 예수께서 지나가시는 앞에 몸을 구부리고 열린 문을 친절하게 붙잡고 있다. 그러나 곧 이어 그가 보는 어떤 사람에게 대하여 갑자기 어조를 바꾸어 성을 내며 말한다. "또 네가 여기 왔어? 가라. 네게 줄 건 아무것도 없다. 가란 말이다. 알아들었니? 여긴 떠돌이들이 있을 자리는 없단 말이다…." 그리고 입속으로 중얼거린다. "…그리고 어쩌면 너같이 도둑인지도 모르는 사람들은 말이다."

애처로운 작은 목소리가 대답한다. "나으리, 불쌍히 여겨 주셔요. 제 동생에게 빵 하나만이라도 주셔요. 저희는 배가 고파요…."

화덕에서 활활 타는 불이 등불 역할을 해서 명랑해진 넓은 부엌에 들어가셨던 예수께서 문지방으로 오신다. 예수의 얼굴은 변하였다. 예수께서는 엄하고 슬프게 "누가 배가 고프냐?" 하고 물으시는데, 그 말을 주인에게 물으시는 것이 아니라, 말이 없는 타작마당과 잎이 떨어진 무화과나무와 침침한 우물에 대고 통틀어 물으시는 것 같다.

"주님, 제가요. 제 동생과 제가요. 빵하나만 주셔요, 그러면 저희는 가겠습니다."

예수께서 이제는 밖으로 나오셨다. 점점 더 짙어가는 황혼빛과 다가오는 비 때문에 어두워진 대기 속에 나와 계시다. "이리 오너라" 하고 말씀하신다.

"주님, 무서워요."

"오라니까 그러는구나. 나를 무서워하지는 말아라."

집 모퉁이 뒤에서 계집아이가 나온다. 그의 초라한 작은 옷에 그의 어린 동생이 매달렸다. 몹시 무서워하면서 온다. 겁많은 눈길로 예수를 쳐다보고, 겁에 질린 눈으로 집주인을 쳐다본다. 집주인은 그 아이를 무섭게 노려보며 말한다. "선생님, 얘들은 떠돌이들입니다. 그리고 도둑들입니다. 조금 아까 얘들이 압착기 옆을 파다가 들켰습니다. 틀림없이 도둑질을 하려고 들어오려고 했던 것입니다. 얘들이 어디서 왔는지는 아무도 모릅니다. 이 고장 애들이 아닙니다."

예수께서는 그의 말을 들으시는 것 같다. 창백한 작은 얼굴에 땋아내린 머리가 흐트러진 계집아이를 뚫어지게 들여다보신다. 땋아내린 두 갈래 머리가 귀까지 내려와 있는데, 머리 끝은 헝겊 두 조각으로 잡아맸다. 그러나 가엾은 계집아이를 보시는 예수의 얼굴은 엄하지 않다. 예수의 얼굴은 슬프다. 그러나 계집아이의 용기를 북돋아 주시려고 미소를 보이신다. "네가 도둑질을 하려던 것이 사실이냐? 바른대로 말해라."

"아닙니다. 배가 고파서 빵 한 조각을 달라고 청했는데, 주지 않았습니다. 기름을 바른 빵껍질이 저기 압착기 곁에 땅에 떨어져 있는 것을 보고 그것을 집으러 갔습니다. 주님, 배가 고파요. 어제는 빵 한 개만을 받았어요. 그걸 마티아를 주려고 두었었어요. …사람들은 왜 우리를 엄마와 함께 무덤에 묻지 않았어요?" 계집아이는 슬퍼서 울고 동생도 누나와 같이 운다.

"울지 말아라." 예수께서는 계집아이를 쓰다듬으며 위로하시고 당신께로 끌어당기시면서 말씀하신다. "대답해라, 어디서 왔니?"

"에스드렐론 평야에서 왔어요."

"그리고 여기까지 왔단 말이냐?"

"그렇습니다, 주님."

"네 엄마가 죽은 지가 오래 됐니? 그리고 아버지는 있니?"
 "아빠는 추수할 때에 일사병으로 죽었어요. 그리고 엄마는 지난 달에 죽었어요. …엄마가 아기를 낳다가 둘 다 죽었어요…." 그러면서 더 운다.
 "너는 친척도 없니?"
 "우리는 아주 멀리서 왔어요! 우린 가난했어요. …그리고 아빠는 고용살이를 해야 했는데, 이젠 죽었어요, 엄마도 아빠와 같이 죽었구요."
 "주인이 누구였었는데?"
 "바리사이파 사람 이스마엘이요."
 "바리사이파 사람 이스마엘!…(예수께서 이 이름을 되풀이 하시는 방식을 나타내는 것을 불가능한 일이다). 네가 스스로 나왔니, 그렇지 않으면 그 사람이 내쫓았니?"
 "내쫓았어요. 그 사람은 '길바닥으로 나가라, 굶주린 개 같은 것들'이라고 말했어요."
 "그런데 야곱, 당신은 왜 이 어린 것들에게 빵을 주지 않았소? 빵과 양젖 조금과 이들의 피로를 풀어줄 건초 한 줌을?…"
 "하지만…선생님…제게는 그저 저 먹을 빵이 있을 뿐입니다. …양젖도 별로 없구요. …또 이애들을 집에 들인다는 것은…이애들은 떠돌이 짐승과 같습니다. 좋은 얼굴로 대해 주면 떠나지를 않습니다…."
 "그래 당신에게는 이 두 불행한 아이들에게 줄 자리와 빵이 없단 말이오? 야곱, 당신이 정말 그런 말을 할 수 있소? 풍성한 추수와 포도주, 많은 기름, 수많은 과일 때문에 올해에 당신의 토지는 그 소출로 인해서 유명하게 되었소. 당신 아직도 기억하시오? 작년에는 우박이 당신 재산을 망쳐 놓아서 당신은 목숨의 불안을 느끼고 있었소. …그때 내가 와서 빵을 청했었소. …당신은 어느 날 내가 말하는 것을 듣고, 나를 충실히 따르고 있었소. …그리고 당신의 고뇌 중에서도 당신의 마음과 집의 문을 열어 내게 빵과 거접(居接)할 곳을 주었소. 그리고 이튿날 아침 나가면서 내가 뭐라고 말했소. '야곱, 당신은 진리를 깨달았습니다. 항상 자비를 베푸시오, 그러면 자비를 얻을 것입니다. 당신이 사람의 아들에게 준 빵의 대가로 이 밭들이 당신에게 풍부한 밀을 줄 것이고, 마치 이 밭에 바다의 모래알들이 있듯이 가득 찰 것이고 올리브나무들은 올리브로 뒤덮일 것이며, 당신의 사과나무들은 사과의 무게로 가지가 휠 것입니다' 하고 말했소. 당신은 이 모든 것을 받았고, 그래서 올해는 당신이 이 지방에서 제일 부유한 사람이 되었소. 그런데 당신이 두 어린 아이에게 빵을 거절하는구려!…"

"하지만 선생님은 선생님이셨습니다…."

"바로 나는 선생님이었기 때문에 돌을 가지고도 빵을 만들 수가 있었소. 이 어린 것들은 그렇게 못하오. 이제 나는 당신에게 말하오. 당신은 새로운 기적을 보게 될 것이고, 그 때문에 고뇌를 겪게 될 거요. 큰 고뇌를… 그러나 그때에는 가슴을 치면서 '나는 이렇게 당해 마땅하다'고 말하시오." 예수께서 어린이들에 "울지 말고, 저 나무에 가서 과일을 따오너라" 하고 말씀하신다.

"그렇지만 저 나무에는 아무것도 없습니다. 주님" 하고 계집아이가 반대를 한다.

"가봐라."

계집아이는 가더니, 옷을 올려서 아름다운 빨간 사과를 가득 담아 가지고 돌아온다.

"먹어라, 그리고 나를 따라오너라." 그리고 사도들에게 말씀하신다. "이 두 어린 아이를 쿠자의 요안나에게 데려다 주자. 요안나는 받은 은혜를 기억할 줄 알고, 또 자기에게 자비를 베풀어 준 사람에 대한 사랑으로 자비를 베푼다. 가자."

그 사람은 깜짝 놀라고 자존심이 상하여 용서를 받으려고 해본다. "선생님, 밤이 되어 갑니다. 그리고 길을 가시는 동안 비가 올지도 모릅니다. 제 집으로 도로 들어오십시오. 하녀가 빵을 화덕에서 꺼낼 참입니다. …저애들 줄 것도 선생님께 드리겠습니다."

"소용없소. 당신은 그 빵을 사랑으로 주지 않고, 순전히 약속된 벌이 무서워서 줄 거요."

"그러면 이것은 (그러면서 처음에 아무것도 없던 나무에서 따다가 굶주린 두 아이가 아귀아귀 먹고 있는 사과들을 가리킨다), 이것은 그 기적이 아니란 말씀입니까?"

"아니오." 예수께서는 매우 엄하시다.

"아이고! 주님, 주님, 저를 불쌍히 여겨 주십시오! 저는 깨달았습니다! 주님은 제 추수를 통해서 저를 벌하려고 하시는군요! 주님, 불쌍히 여겨 주십시오!"

"나보고 '주님'이라고 말하는 사람 모두가 나를 차지하지는 못할 것이오. 사랑과 존경을 보이는 것은 말로 하는 것이 아니라 행위로 하는 것이기 때문이오. 당신이 가진 만큼 동정을 받을 것이오."

"저는 주님을 사랑합니다."

"그것은 사실이 아니오. 사랑하는 사람이 나를 사랑하오. 이것이 내 가르침이기 때문이오. 당신은 당신 자신밖에 사랑하지 않소. 당신이 내가 가르친 대로 사랑하면 주님이 다시 올 거요. 지금은 나는 가오. 내 머무름은 선을 행하고 슬퍼하는 사람들을 위로하는 데 있고, 내가 고아들의 눈물을 씻어 줄 때에 있소. 암탉이 방어능력 없는 병아리들을 날개를 펴서 보호하듯이 나도 마찬가지로 고통을 당하고 괴롭힘을 당하는 사람들 위에 내 능력을 발휘하오. 애들아, 가자. 너희들은 곧 집과 빵을 얻을 거다. 야곱, 잘 있으시오."

그리고 걸음을 걷는 것으로 만족하지 않으시고, 피로한 계집애를 안게 하신다. 안드레아가 계집애를 안고 그의 겉옷으로 감싼다. 예수께서는 꼬마를 안으신다. 그리고 일행은 울지 않게 된 불쌍한 짐을 안고 이제는 어두워진 작은 길로 해서 떠나간다.

베드로가 말한다. "선생님! 애들에게는 선생님이 갑자기 오신 것이 큰 행운입니다. 그러나 야곱에게는!…선생님, 어떻게 하실 겁니까?"

"정의를. 그의 곡식광이 가득 차 있어서 오래 갈 터이니까 굶주리지는 않을 것이다. 그러나 파종한 것이 낟알을 내지 않을 것이고, 올리브나무와 사과나무에는 잎밖에 없을 터이니까 흉년이 들 것이다. 이 죄없는 어린 아이들은 빵과 집을 내게서 얻은 것이 아니라, 내 아버지에게서 얻은 것이다. 내 아버지는 고아들의 아버지이기도 하시기 때문이다. 수풀 속에 있는 새들에게 둥지와 먹을 것을 주시는 그분이 말이다. 이 아이들은, 또 이 아이들과 더불어 모든 불행한 사람들은 아버지께 '죄없고 다정스러운 아들들'로 남아 있을 줄 아는 불행한 사람들은 그들의 작은 손에 하느님께서 먹을 것을 놓아 주셨고, 온정이 넘치는 배려로 자기들을 인심좋은 집으로 데려다 주셨다고 말할 수 있을 것이다."

환시가 끝나고, 내게는 그로 인하여 크나큰 평화가 남아 있다.

163. "사랑이 부족하면 성사를 자주 받는 것이 무익하다"

예수께서 말씀하신다.

"이것은 과거의 십자가와 미래의 먹구름을 쳐다보며 울고 있는 영혼인 너를 위하여 특별히 하는 말이다. 아버지께서는 언제나 네 손에 놓아 주실 빵과 울고 있는 당신의 멧비둘기를 거두어 줄 둥지를 가지고 계실 것이다.

내가 정의를 가진 '주님'일 줄을 안다는 것은 모든 사람을 위한 교훈이다. 그러나 거짓 존경으로 나를 속이지 못하고 나를 즐겁게 하지 못한다.

형제에게 마음의 문을 닫는 사람은 하느님께 마음의 문을 닫는 것이고, 하느님께서도 그에게 마음의 문을 닫으신다.

사람들아, 이것이 첫째 계명이다. 사랑과 사랑. 사랑하지 않는 사람이 자기를 그리스도인이라고 내세우면 거짓말을 하는 것이다. 사랑이 없으면 성사를 자주 받고 전례에 자주 참례하는 것이 무익하며, 기도도 소용없다. 그것은 틀에 박힌 말투가 되고, 독성(瀆聖)이 되기까지 한다. 너희들이 굶주린 사람에게 빵을 거절하고서 어떻게 영원한 빵을 찾아와서 배불리 먹을 수 있느냐? 너희 빵이 내 빵보다 더 귀중하냐? 더 거룩하냐? 위선자들아! 나는 너희 비참에 나를 줄 때에 한계를 두지 않는다. 그런데 하찮은 존재인 너희들은 다른 사람들의 비참에 대해서 동정을 가지지 않는다. 그 비참들은 불행이고, 너희들의 비참은 죄악이기 때문에 하느님의 눈으로 볼 때에는 너희들의 비참같이 추악한 것이 아닌데 말이다. 너희들은 너희 이익에 대해서 내가 친절을 베풀게 하려고 '주님, 주님' 하는 말을 너무 자주 한다. 그러나 너희들은 그 말을 이웃에 대한 사랑으로 하지 않고, 이웃을 위하여 주님의 이름으로 아무것도 하지 않는다.

보아라, 집단에 있어서나 개인에 있어서나 너희의 거짓 신앙심과 너희의 사랑의 진짜 결핍이 너희에게 무엇을 주었느냐? 하느님의 저버림을 주었다. 그리고 내가 가르친 대로 너희가 사랑할 줄 알게 될 때에 주님은 다시 오실 것이다. 그러나 착하면서 고통을 당하는 사람들의 작은 양떼인 너희들에 대하여는 내가 이렇게 말한다. '너희는 결코 고아가 아니다. 너희는 절대로 버림받지 않는다. 하느님의 아들들에게 섭리의 돌보심이 없다면 하느님이 존재하지 않으실 것이다. 손을 내밀어라. 아버지께서는 너희에게 모든 것을 〈아버지〉로서, 즉 품위를 떨어뜨리지 않는 사랑으로 주신다. 너희 눈물을 닦아라. 나는 너희의 의기소침을 불쌍히 여기기 때문에 너희를 붙잡고 안아 준다'고. 피조물 중에서 가장 사랑받는 것이 사람이다. 너희들은 아버지께서 충실한 사람보다 새를 더 불쌍히 여기시리라고 의심하고자 하겠느냐? 죄인에 대해서까지도 참을성을 가지시고, 그에게 당신께로 올 시간과 가능성을 주시는 아버지께서 충실한 사람을 덜 불쌍히 여기시리라고 의심하고자 하느냐 말이다. 오! 세상이 하느님께서 어떤 분이신지를 이해하면 얼마나 좋겠느냐!

마리아야, 화평한 마음으로 있어라. 너는 네가 본 두 고아와 마찬가지로, 아니 한층 더 소중하다. 화평한 마음으로 있어라. 내가 너와 함께 있다."

예수께서 말씀하신다.

"내가 내 공생활의 알려지지 않은 삽화(揷話)들을 네게 알려줄 때에 나는 벌써 까다로운 박사들이 입을 모아 '그러나 이 사실은 복음서에 언급되어 있지 않다. 어떻게 저 여자가 〈나는 이것을 보았다〉고 말할 수 있는가?' 하고 말하는 것을 듣는 것 같다. 그들에게 나는 복음서의 말을 가지고 대답하겠다.

'예수께서는 모든 도시와 마을을 두루 다니시며 가시는 곳마다 회당에서 가르치시고 하늘 나라의 복음을 선포하셨다. 그리고 병자와 허약한 사람들을 모두 고쳐 주셨다'고 마태오는 말한다.

또 이렇게 말한다. '너희가 듣고 본 대로 요한에게 가서 알려라. 소경이 보고 절름발이가 제대로 걸으며, 나병환자가 깨끗해지고 귀머거리가 들으며 죽은 사람이 살아나고 가난한 사람들에게 복음이 전하여진다'고.

또 이렇게도 말한다. '코라진아, 너는 화를 입으리라. 베싸이다야, 너도 화를 입으리라. 너희에게 베푼 기적들을 띠로와 시돈에서 보였더라면 그들은 벌써 베옷을 입고 재를 머리에 들쓰고 회개하였을 것이다. …네 가파르나움아! 네가 하늘에 오를 성 싶으냐? 지옥에 떨어질 것이다. 너에게 베푼 기적들을 소돔에서 보였더라면 그 도시는 오늘까지 남아 있었을 것이다' 하고.

　또 마르코는 이렇게 말한다. '… 갈릴래아에서 많은 사람들이 따라왔다. 또 유다와 예루살렘과 에돔과 요르단강 건너편에 사는 사람들이며 띠로와 시돈 근방에 사는 사람들까지도 예수께서 하시는 기적들을 전해 듣고 많이 몰려 왔다….'

　또 루가는 이렇게 말한다. '예수께서는 여러 도시와 마을을 두루 다니시며 하느님 나라를 선포하시고 그 복음을 전하셨는데 열 두 제자도 같이 따라 다녔다. 또 악령이나 질병으로 시달리다가 나은 여자들도 따라 다녔다.'

　또 내 요한은 이렇게 말한다. '그후 예수께서는 갈릴래아 바다 저편으로 가셨는데, 많은 군중이 따라왔다. 그들이 예수께서 병약자들에게 행하신 기적들을 보았기 때문이었다.'

　그리고 요한은 내가 3년 동안에 행한 어떤 성질의 기적이든 모두 보았기 때문에 내 사랑하는 제자는 내게 대하여 한없는 증언을 해준다. '그 제자는 이 일들을 증언하고 또 글로 기록한 사람이다. 우리는 그의 증언이 참되다는 것을 알고 있다. 예수께서는 이 밖에도 여러 가지 일을 하셨다. 그 하신 일들을 낱낱이 다 기록하자면 기록한 책은 이 세상을 가득히 채우고도 남을 것이다.'

　그러면? 트집을 잡는 박사들이 이제는 무슨 말을 하느냐?

　만일 내 친절이 너희들 대신으로 내 십자가를 짊어진 내 사랑하는 사람 중의 하나의 짐을 덜어 주기 위하여 ─ 그 사람은 내가 슬퍼하는 것을 보기보다는 차라리 자기가 죽기를 원할 정도로 나를 사랑하기 때문에 내 어깨에서 십자가를 내려서 자기가 짊어졌다 ─ 만일 내 친절이 그 안에서 너희가 죽어가고 있는 혼수상태에서 너희들을 깨우기 위하여 내가 임무를 수행하는 동안의 삽화들을 알려 준다면, 거기에 대하여 이 친절을 비난하고자 하겠느냐? 정말이지 너희들은 이 선물을 받을 자격이 없고, 너희를 질식시키는 가스에서 너희를 꺼내 주려고 너희 구세주가 하는 노력을 할 만한 가치가 없다. 그러나 내가 이 선물을 너희에게 주니, 그것을 받고 일어나라. 이것은 내 복음서들이 노래하는 합창에 들어갈 새 가락이다. 이 가락들이 복음서들의 알려진 삽화를 앞에 두고 이제는 기력이 없게 되었고, 또 기력이 없는 채로 있는 너희의 주의를 적어도 깨우는 데 소용되었으면 한다. 게다가 너희들은 복음서들을 아주 잘못 읽고 또 방심한 채 읽는다.

그래도 너희들은 내가 3년 동안에 복음서에서 이야기하는 얼마 안 되는 기적만을 행했다고 생각하려는 것은 아니겠지? 너희들은 복음서에서 말하는 얼마 안 되는 여자들만이 병이 고쳐졌다고 생각하거나 복음서에서 이야기하는 기적들만 행해졌다고 생각하려는 것은 아니겠지? 베드로의 그림자가 병에 고치는 데 소용되었는데, 내 그림자는 무엇을 하는 데 소용되었겠느냐? 또 내 호흡은? 내 눈길은? 출혈증에 걸린 여자의 이야기를 기억하여라. '저분의 옷자락만 만지게 되어도 내 병이 나을 것이다.' 또 사실 그렇게 되었다. 기적의 힘이 내게서 끊임없이 나가고 있었던 것이다. 나는 사람들을 하느님께로 데려가고, 죄지은 날부터 막혔던 사랑의 둑을 터놓으려고 왔었다. 수백 수천 년 동안 쌓인 사랑이 팔레스티나라는 작은 세상에 쏟아져 들어왔다. 사람들을 피로 구속하기에 앞서 사랑으로 구속하기를 갈망했기 때문에 마침내 퍼질 수 있는 사람에 대한 하느님의 사랑 전체가 말이다.

그러나 너희들은 아마 이렇게 말할 것이다. '하지만 왜 아주 보잘 것 없는 저 여자에게?' 하고. 너희들은 업신여기지만 나는 사랑하는 그 여자가 덜 기진맥진하게 되었을 때 너희들에게 대답하겠다. 너희들은 내가 헤로데 앞에서 지켰던 침묵을 지켜 마땅할 것이다. 그러나 나는 너희들을 구속하려고 애쓰고자 한다. 교만으로 인해서 가장 설득하기 어렵게 된 너희들을 말이다."

1944년 8월 21일.
예수께서 말씀하신다.
"나는 사도 바울로의 말로 너희들에게 대답하겠다. '가장 약한 것으로 보이는 지체들이 가장 필요합니다. 우리 몸에서 가장 덜 고상하다고 생각하는 지체를 가장 많은 장식으로 꾸밉니다. 그리고 가장 점잖지 못한 지체를 가장 정중하게 다룹니다. 반면에 점잖은 부분은 주의가 필요치 않습니다. 이제 하느님께서는 명예롭지 못하던 지체에 더 큰 명예를 주시도록 몸을 정리하셨습니다.'

너희들은 혹 이 '작은 목소리'가 자기를 어떤 위대한 물건인 것처럼 생각한다고 믿느냐? 너희들이 그에게 물으면 그는 이렇게 대답할 것이다. '나는 그리스도의 몸에서 가장 약하고 가장 덜 고상한 지체입니다' 하고. 그는 너희들에게 진정으로 솔직하게 이렇게 대답할 것이다. 그러나 너희들은 그의 말을 믿지 않을 것이다. 각자가 자기의 척도(尺度)를 다른 사람들에게도 적용하니까. 그리고 겸손하지 않고 솔직하지 못하여 '나는 나쁜 사람입니다' 하고 말하지만 '원 별말씀을, 선생은 착하십니다' 하는 말을 듣기 위해서 그렇게 말하는 너희들은 너희들에 대하여 최고도로 그렇다고 생각한다. 그래서 만일 솔직해서 너희를 별로 착하지 않다고 여기거나 조금도 착하지 않다고 여겨서 사랑으로 말을 하지 않지만 솔직하기 때문에 너희를 칭찬하지 않으면, 너희들은 그가 너희를 칭찬하지 않았기 때문에 그에게 성을 내고 그를 미워한다. 그러나 너희들은 그 '작은 목소리'가 솔직하다고 믿을 수가 없다. 하지만 나는, 그의 생각을 읽고, 그의 마음 속을 보는 나는 그 여자가 자기에게 대하여 그 생각을 가지고 있는지 가지고 있지 않은지를 안다. 이 영혼과 하느님의 대화 중에 그 여자가 '그렇지만 주님은 아무 가치도 없는 저를, 주님께 그렇게도 많이 결례를 했고, 아직도 많이 결례를 하는 저를 택하실 수 있었습니까?' 하고 말하기 때문에 하느님의 안심시키는 말씀이 몇 번이나 울려 퍼졌는지 모른다. 그리고 그 여자는 내가 이 임무를 위하여 그를 선택했다는 것이 불가능한 일로 생각되기 때문에 나를 의심하는 것 같다.

그 여자는 자기가 약하다고, 매우 약하다고 생각하고 있다. 만일 그 여자를 완전과 비교하면 갓난 아기의 머리카락 한 올보다도 더 약하다. 그 여자는 자기를 천하다고 생각한다. 또 그를 하느님과 비교하면 땅에서 나는 벌레보다도 못하다. 그러나 그 여자는 오직 하나인 힘을 가지고 있다, 그것은 전적인 사랑이다. 그 여자가 무엇을 바치거나 자신을 바치거나 할 때에는 절대로 자기 자신을 생각하거나 다른 사람들에게서 그에게 올 수 있는 이익을 생각하지 않는다. 오직 내 마음에 들고 오직 내게 유익할 것만을 생각한다. 이 이유로 세상의 미움을 사게 되더라도. 그 여자는 육체로서의 자기를 미워하기에 이르렀다. '자기 생명(이 세상의)을 구하고자 하는 사람은 그것을(영원한 생명까지도) 잃을 것이고, 내게 대한 사랑으로 자기의 생명을 잃는 사람은 그것을 얻을 것이다' 하고 말하면서 내가 가르친 그 거룩한 미움으로 말이다. 말씀을 알아들은 사람의 거룩한 미움!

약함을 이겨내는 이 사랑 때문에 나는 그 여자를 택하였다. 어느 날 나는 한 어린아이를 데려다가 내 사도들 가운데 세워놓고 그들에게 본보기로 주었다. 어린아이는 온 힘을 다하여 사랑하고 교만한 생각을 가지고 있지 않기 때문이다. 작은 어린아이를, 아주 작은 어린아이를 본보기로 준 것은 사탄의 씨앗은 맨 처음 나는 이삭으로 교만을 내기 때문인데, 이 이삭은 씨가 줄기를 모래에서 내밀기가 무섭게 패고, 다음에는 관능성의 둘째 이삭이 패고, 권력이나 돈의 이삭, 즉 힘의 이삭인 셋째 이삭이 팬다. 그러나 첫번째 이삭은 언제나 교만인데, 이것은 엄마의 젖의 단 맛을 잊자마자 입술에서 나오는 것이다.

나는 내 제자들에게 생명의 말을 주기 위하여 그들이 아주 작은 자들, 아주 작은 어린아이가 되기를 원한다. 어린이들이 그 작은 손에 꽃을 잔뜩 들고 내게 와서 '자요' 하고 말하고는 웃으면서 빠져나갔다가 다른 작은 꽃들을 가지고 사랑의 장난을 하면서, 믿고, 솔직하고, 다정스럽게 다시 오곤 하는 것을 보는 것은 얼마나 아름다운 광경이었느냐. …아주 작은 어린아이들을, 나는 세상을 거룩하게 하기 위하여 그들을 원한다. 그런데 너희들 가운데로 지나가고 너희들 가운데에서 사는 죄없는 어린이들이 너희들을 더 낫게 할 능력이 없으므로 — 사실은 죄없는 어린이들이 너희를 더 좋은 사람이 되게 해야 할 것이다. 그것은 죄없는 어린아이는 하늘에 있는 존재이고, 순결과 평화를 발산하는 존재이고, 말하지 않으면서도 자기를 만드신 하느님에 대하여 말하는 존재이며, 말하지 않으면서도 하느님께 딸린 것에 대한 존경을 하도록 명령하는 존재이며, 오염해서는 안 되는 그의 어림과 사랑해야 하는 그의 약함에 대하여 동정과 사랑을 애원하는 존재이기 때문이다. 죄없는 어린이는 병자와 고통받는 사람이 꽃인 것과 같이 너희 이웃의 꽃인데, 어린이는 순박한 꽃이고, 병자와 고통받는 사람은 붉은 꽃과 자주 꽃이다. 이 꽃들을 너희는 우리의 사랑을 받을 권리가 있는 모든 이웃 가운데에서 더 특별한 사랑으로 사랑해야 할 것이다 — 그러니까 나이가 어려서 죄없는 어린이의 순진함이 넉넉하지 못하므로 나는 영적인 어린이들을 만든다. 이 영적인 어린이들은 너희가 가지지 못한 하느님에게서 받은 지식을 가지고 있고, 웃으면서 첫발걸음을 내디디는 어린이들과 같이 겸손하고, 순진하고, 신뢰하고, 솔직하다. 첫 걸음마를 떼어놓는 어린이들은 엄마가 없으면 넘어지리라는 것을 알고 — 이것은 그들이 잘 안다 — 엄마를 결코 놓지 않는다.

그래서 영적인 어린이들과 그 여자도 결코 나를 놓지 않는다. 그렇기 때문에 약한 지체이고 — 너희들에게는 그렇게 보인다 — 비천한 지체인 — 너희들에게는 그렇게 보인다 — 그 여자와 그 여자와 같은 사람들에게 너희에게 주어지지 않은 것이 주어진 것이다.

신비체에서는 교만한 사람들의 사회가 업신여기는 바로 그 지체들이 가장 활동을 많이 한다. 손가락은 뇌가 아니다. 그러나 손가락이 없으면 너희가 무엇을 하겠느냐? 가장 평범하고 가장 보잘 것 없는 행위도 할 수 없고, 엄마가 입술에 물려 주지 않으면 젖꼭지조차도 찾아 물고 거기서 영양을 취할 수 없는 배내옷에 싸인 갓난 아기 같은 것이다. 너희가 매우 유식하고 매우 총명하더라도 너희 뇌의 생각을 종이에 적어두지 못할 것이다.

그 여자도 마찬가지이다. 그 여자는 손가락이다. …그러나 이 작은 지체에 나는 너희들에게 빛을 보여 주고 너희들을 빛에 다시 불러들일 임무를 주었다. 합리주의의 김으로 인하여 연기가 나거나 사랑의 결핍에서 돈으로, 돈에서 관능성으로, 관능성에서 사랑의 결핍으로 가는 여러 가지 원인으로 인하여 불이 꺼진 등불들아, 너희들에게 다시 불을 켜기를 원하는 빛 말이다. 자, 무릎을 꿇어라. '작은 목소리' 앞에 무릎을 꿇을 것이 아니라, 말을 하는 말씀 앞에 무릎을 꿇어라. '작은 목소리'는 말씀의 말을 되풀이하는 것이다. 그의 하느님의 연장이다. 말씀하시는 주님을 흠숭하여라. 주님을. '작은 목소리'는 익명(匿名)이다. 나는 그가 세상에 알려지지 않고 있기를 원한다. 이 다음에는 알려질 것이다. 그러나 지금은 하나의 '목소리'에 지나지 않는다. 내 목소리를 가지고 있는 목소리이다. 그의 영광은 그의 고통이다. 하느님께서 선택하시는 것은 어느 것이나 사람을 십자가에 못박는 것이기 때문이다.

나는 너희들에게 그 여자를 사랑하라고 부탁하지는 않는다. 이것에는 나로서 충분하고, 또 그 여자는 다른 것은 아무것도 청하지 않는다. 다만 나는 너희들이 그 여자를 귀찮게 하지 않고 조용히 내버려두기를 바란다. 너희들이 하느님께서 쓰시는 물건에 대하여 가져야 하는 존경심을 가지고."

164. "예수가 부유함으로 바꿀 수 없는 빈곤은 없다"

성모님이 말씀하신다.

"마리아야, 어머니가 말하는 것이다.
내 예수는 네게 나라를 얻는 데에는 반드시 요구되는 정신의 어린이다움에 대해서 말해 주었다. 어제는 그의 선생님으로서의 생활의 한 장면을 네게 보여 주었다. 너는 어린이들을, 불쌍한 어린이들을 보았다. 다른 말할 것이 아무 말도 없겠니? 있다, 그리고 내가 그것을 말하겠다. 예수에게 점점 더 소중해지기를 내가 원하는 네게 말이다. 이것은 많은 사람의 정신을 위해서 네 정신에 말한 그림 안에 있는 뉘앙스이다. 그러나 그것들은 그림을 아름답게 하는 뉘앙스들이고, 화가의 재주와 관찰자들의 지혜를 나타내는 것이 이 뉘앙스들이다.
나는 내 예수의 겸손을 네게 지적해 주고 싶다.

저 불쌍한 계집아이는 그 순진한 무지로 돌 같은 마음을 가진 죄인을 내 아들과 달리 취급하지 않는다. 그애는 선생님이나 메시아에 대해서 아무것도 알지 못한다. 선생님을 업신여기던 밭과 집에서 — 바리사이파 사람 이스마엘은 내 예수를 업신여겼으니까 — 살았기 때문에 어린 미개인보다 조금 덜한 그 계집아이는 예수에 대해 말하는 것을 들은 적도 없었고 본 적도 없었다.
아버지와 어머니는 잔인한 주인이 요구하는 지치게 하는 일 때문에 피로해서 그들이 개간하는 땅에서 머리를 들 시간도 가능성도 없었다. 그들이 곡식을 베는 동안, 또는 과일과 포도를 따거나 힘드는 돌절구에 올리브를 으깨는 동안 어쩌면 기쁨의 함성을 들었는지도 모르고, 피로한 머리를 잠깐동안 쳐들었는지도 모른다. 그러나 공포와 피로로 인해서 멍에에 짓눌린 그들의 머리가 즉시 다시 숙여졌었다. 그래서 그들은 세상이 그저 미움과 괴로움에 지나지 않는다고 생각하며 죽었었다. 내 예수가 그의 지극히 거룩한 발을 디딘 순간부터는 반대로 세상이 사랑과 선일 뿐이었는데 말이다. 무자비한 주인의 노예인 그들은 내 예수의 시선과 미소를 단 한 번도 만난 적이 없었고, 정신에 부유함을 주는 내 예수의 말을 들은 적도 없었다. 그 부유함의 덕택으로 극빈자들이 자기들이 부유한 것으로 느끼고, 굶주린 사람들이 실컷 먹은 것으로 느끼고, 병자들은 건강이 좋다고 느끼며, 고통을 당하던 사람들은 위로를 받는 줄로 느낀다.

그런데 예수는 이렇게 말하지 않는다. '주님인 내가 네게 말한다, 이렇게 하여라' 하고. 예수는 이름을 숨긴 채로 있다.

그래서 잎까지도 다 떨어진 사과나무의 가지 중의 하나에 그들의 허기를 달랠 실과들이 달린 기적을 보고도 깨닫지 못할 정도로 무지한 그 어린 것은 그의 주인 이스마엘과 잔인한 야곱을 부르던 것과 같이 예수를 '주님'(나으리)이라고 계속 부른다. 친절은 항상 사람을 끌어당기기 때문에 그 아이는 친절한 주님께로 끌리는 것을 느낀다. 그러나 그 이상의 것은 아무것도 없다. 그애는 탁 믿고 예수를 따라간다. 세상에서, 그리고 세상이, '권력자들과 향락추구자들의 상류사회'가 원하는 무지 속에서 길을 잃고 있는 불쌍한 어린 인간인 그 계집아이는 본능적으로 즉시 예수를 사랑한다. 그러나 권력자들과 쾌락추구자들은 아랫사람들을 더 마음대로 괴롭히고, 더 가증스럽게 착취할 수 있도록 그들을 무지 속에 그대로 두기를 원한다. 이 계집아이는 그뒤에 이 '주님'이 누구인지를 알 것이다. 사람에 대한 사랑으로, 가엾은 계집아이인 그 보잘 것 없는 인간인 자기를 위해서도 모든 것을 버렸기 때문에 집도 없고 먹을 것도 없고 어머니도 없이 자기처럼 가난한 그 주님을, 그의 입술과 마음에서 권력자들에 대한 불행한 사람들의 증오가 만들어내는 인간의 악의라는 쓴 맛을 없애고자 해서, 그러나 뒤늦게 준 빵덩어리로 그렇게 하지 않고 아버지의 과일을 주었던 그 주님을 알게 될 것이다. 뒤늦게 준 빵덩어리가 그애에게는 언제나 냉혹과 눈물의 맛을 냈을 것이다.

정말로 그 사과들은 낙원의 실과들을 상기시키는 것이었다. 선과 악을 나타내는 가지에 열린 실과인 그 과일은 모든 불행, 우선 그 두 고아의 경우에는 하느님에 대한 무지라는 불행에서의 구속을 나타냈을 것이고, 이미 말씀을 알면서도 그것을 알지 못하는 것처럼 행동한 사람의 경우에는 벌을 나타냈을 것이다. 그 계집아이는 나중에 예수의 이름으로 그를 거두어준 자선을 하는 여자를 통해서 예수가 누구인지를 알 것이다. 그애에게는 여러 가지로 구원자인 예수를. 굶주림과 악천후와 세상의 위험과 원죄에서 구해준 구원자인 예수를.

그러나 그 계집아이의 경우에는, 예수를 항상 그날에 비추어서 보았다, 그래서 예수는 항상 동화에 나오는 것 같은 친절을 가진 마음착한 주님, 애무와 선물을 주는 주님, 아버지와 어머니가 없고, 집과 옷이 없다는 것을 잊게 한 주님으로 나타났었다. 그것은 예수가 아버지처럼 자애롭고, 어머니처럼 다정스러웠고, 피로할 때 쉴 곳을, 헐벗은 것을 그의 가슴과 겉옷으로, 그리고 그와 같이 있던 자선심 많은 사람들의 겉옷으로 덮어 주었기 때문이었다.

그 애에게 있어서 예수는 온정이 넘치는 그윽한 빛이었다. 예수가 고통을 당하고 십자가에 못박혀 죽었다는 것을 알았을 때에도, 초대 교회의 어린 신자로서 그의 '주님'의 얼굴이 매를 맞고 가시관을 써서 어떻게 되었는지를 보았을 때에도, 지금은 어떻게 하늘에 아버지의 오른편에 앉아 계신지를 곰곰히 생각하고 나서 펑펑 쏟은 눈물로도 꺼지지 않은 온정넘치는 그윽한 빛이었다. 이 세상에서의 마지막 시간에 그에게 미소를 보내고, 겁내지 말라고 하며 그의 구세주께로 자기를 데려다준 빛, 찬란한 천국에서 이루 형언할 수 없을 만큼 다정스럽게 또 미소를 보내준 빛이었다.

예수는 너도 이렇게 본다. 너도 예수를 저 옛날에 너와 같은 이름을 가졌던 계집아이가 본 것과 같이 보아라, 그리고 예수가 네게 대해서 가지는 사랑을 기뻐하여라. 네가 안 가엾은 어린 마리아처럼 순진하고 겸손하고 충실하여라. 그애가 비록 이스라엘의 보잘 것 없는 작은 무식쟁이이지만 어디에 도달했는지 보아라. 하느님의 가슴에 이르렀다. 사랑이 네게와 마찬가지로 그애에게 나타났고, 그애는 참다운 지혜로 유식하게 되었다.

믿음을 가지고 안심하고 있어라. 내 아들이 부유함으로 바꿀 수 없는 빈곤은 없고 내 아들이 채울 수 없는 고독이 없고, 그가 지울 수 없는 과오도 없다. 사랑이 과거를 무효로 하면 이미 과거는 존재하지 않는다. 몹시 무서운 과거까지도. 도둑 디스마가 두려워하지 않았는데, 네가 두려워하고자 하느냐? 사랑하고 또 사랑하여라, 그리고 아무것도 두려워 말아라.

어머니는 네게 강복을 주며 떠난다."

165. "나는 고아들이 어머니를 가지기를 바란다"

티베리아호수는 회색 수면에 지나지 않는다. 호수는 잔잔하기 때문에 김이 서린 무거운 수은과 같다. 잔잔하기 때문에 피곤한 파도 같은 것이 거품도 일으키지 못하고 겨우 가벼운 움직임을 보인 다음 멎고 움직이지 않게 되고, 찬란하지 않은 하늘 아래 펼쳐진 수면 전체가 같은 빛깔을 띠게 된다.

베드로와 안드레아는 그들의 배 둘레에 있고, 야고보와 요한은 그들의 배 가까이에 있다. 그들은 베싸이다의 작은 호반에서 출발 준비를 하고 있다. 풀냄새와 물이 잔뜩 밴 땅냄새, 코라진 쪽으로 풀이 무성한 공간, 모든 것 위에 감도는 11월의 쓸쓸한 기운.

예수께서는 어린 마티아와 마리아의 손을 잡고 베드로의 집에서 나오신다. 이 아이들은 폴피레아가 어머니다운 정성으로 옷을 입혔는데, 마리아의 작은 옷은 마륵지암의 옷 하나로 대치되었다. 그러나 마티아는 너무 작아서 같은 우대를 이용할 수가 없어 아직 빛이 바랜 무명 속옷을 입고 있어서 떨고 있다. 그래서 폴피레아가 가엾은 생각이 들어서 집으로 다시 들어가 담요 한조각을 가지고 나와 담요가 겉옷인 양 그것으로 어린 것을 감싸 준다. 예수께서 그에게 고맙다는 말씀을 하시는데, 폴피레아는 무릎을 꿇고 작별인사를 드리고, 두 고아에게 마지막 입맞춤을 한 다음 물러간다.

"아이들을 가지려고 이애들도 거두어 주었을 거야" 하고 이 광경을 지켜보고 있던 베드로가 한마디 한다. 그러면서 이번에는 그도 배의 걸상 밑에 따로 두었던 빵과 꿀을 두 어린 아이에게 주려고 몸을 구부린다. 이것을 보고 안드레아가 웃으면서 말한다. "또 형은 그렇지 않고, 응? 형은 이 두 아이를 좀 기쁘게 하려고 아주머니에게서 꿀을 훔치기까지 했어."

"훔쳤다구! 훔쳤다구! 꿀은 내거다!"

"맞아, 그렇지만 아주머니는 그게 마륵지암의 것이기 때문에 소중히 여기는 거란 말이야. 그런데 형은 그걸 알면서 지난 밤에 그 빵에 곁들일 걸 훔치려고 도둑놈처럼 신발을 벗고 부엌으로 살그머니 들어갔었지. 난 형을 봤어.

그리구 엄마한테 손바닥으로 맞을까 봐 무서워하는 아이처럼 휘휘 둘러보는 바람에 나는 웃었어."

"이 몹쓸 정탐꾼" 하고 베드로가 웃으면서 말하며 동생을 껴안으니, 안드레아도 마주 껴안으며 "사랑하는 내 형" 하고 말한다.

예수께서 지켜보시며 빵을 아귀아귀 먹고 있는 두 어린 아이 가운데에서 환히 미소지으신다.

베싸이다 안쪽에서 다른 여덟 명의 사도가 나온다. 아마 필립보와 바르톨로메오의 집에 들렀었나 보다.

"빨리!" 하고 베드로가 소리를 지르며 한꺼번에 두 어린이를 안아서 그들의 맨발을 적시지 않게 하면서 배안으로 옮긴다. 그는 무릎 위로 손바닥 너비 하나만큼은 착실히 되게 옷을 걷어올린 채 물 속에서 철벅거리면서 "너희들 무섭지 않니?" 하고 묻는다.

"아닙니다, 나으리" 하고 계집아이가 말하면서 베드로의 목을 꼭 껴안고 역시 배에 오르신 예수의 몸무게로 기우뚱거리는 배에 그를 내려놓을 때는 눈을 감는다. 어린 동생은 더 용감한지 더 깜짝 놀랐는지 말도 하지 않는다. 예수께서는 두 어린 아이를 끌어당기시며 앉으셔서 당신 겉옷으로 그들을 덮어 주신다. 겉옷은 병아리 두 마리를 보호하느라고 편 날개와 같다.

배 하나에 여섯 사람, 또 한 배에 여섯 사람, 이렇게 하여 모두 배에 올랐다. 베드로가 배에 오르는 데 쓰이는 널빤지를 치운다. 힘찬 발길질로 배를 호숫가에서 멀리 떨어지게 밀고 뱃전을 뛰어넘어 배안으로 들어간다. 야고보도 그의 배를 가지고 베드로가 하는 대로 따라 한다. 베드로가 미는 바람에 배가 흔들리니, 계집아이는 "엄마!" 하고 얼굴을 예수의 가슴에 파묻고 예수의 무릎을 잡는다. 그러나 그뒤로는 네번째 노젓는 사람인 필립보와 함께 노를 저어야 하는 베드로와 안드레아와 사환으로서는 피곤한 일이지만 배가 조용히 나아간다. 무겁고 습기찬 무풍상태 속에서 돛은 무기력하게 매달려 있다. 그들은 노를 저어서 전진해야 한다.

"훌륭한 산보로구먼!" 하고 한쌍을 이루는 다른 배에 있는 사람들에게 소리친다. 그 배에는 가리옷 사람이 넷째 노젓는 사람 노릇을 하는데, 노질을 완전히 하기 때문에 베드로가 칭찬을 한다.

"힘껏 젓게, 시몬!" 하고 야고보가 대답한다. "힘껏 저으라구, 그렇잖으면 우리가 앞지를 거야. 유다는 갤리선의 노예만큼이나 힘이 세단 말이야.

잘한다, 유다!"

"그래, 자넬 갤리선 노예의 두목을 삼겠네" 하고 베드로가 확인하며 두 사람몫이나 젓는다. 그리고 웃으면서 말한다. "하지만 요나의 시몬에게서는 아무도 일등 자리는 빼앗지 못하네. 스무살 때에 벌써 나는 여러 고장 사이의 경쟁에서 노젓는 사람들의 두목이었단 말이야." 그러면서 그의 배의 노젓는 사람들에게 "어영차! 어영차!" 하고 쾌활하게 박자를 쳐준다. 이른 아침 이 시간에 텅빈 호수의 고요 속에 목소리들이 울려 퍼진다.

어린 아이들은 대담해진다. 여전히 겉옷 속에 있지만, 그들을 안고 있는 선생님의 양쪽으로 여윈 얼굴을 내밀고 살짝 미소를 짓는다. 그들은 노젓는 사람들의 일에 흥미를 느끼며 이러쿵저러쿵 말을 한다.

"바퀴없는 마차를 타고 가는 것 같다" 하고 꼬마가 말한다.

마리아는 배앞의 뾰죽한 끝이 솜 같은 구름을 반사하는 곳으로 뚫고 들어가는 것을 보면서 "아니야, 구름 위를 달리는 마차를 타고 가는 거야. 저거 봐, 저거 봐, 우리가 구름 위로 올라가지!" 그러면서 살짝 미소를 짓는다. 그러나 해가 안개를 흩뜨린다. 그리고 비록 11월의 창백한 태양이기는 하지만, 구름이 황금색이 되고, 호수에 찬란하게 반영된다.

"야! 이쁘다! 이제는 우리가 불 위를 걸어간다. 야! 정말 이쁘다! 정말 이뻐!" 그러면서 꼬마가 손뼉을 친다.

그러나 계집아이는 입을 다물더니 흐느껴 울기 시작한다. 모두가 왜 그렇게 우느냐고 묻는다. "엄마는 그렇게 슬픈 중에도 우리가 아직 기도를 드릴 수 있도록 우리를 착한 사람으로 두려고 신지 시편인지를 말하곤 했어요. 빛이 있고 즐거운 불이 있는 호수 같은 천국의 그 시를 말했는데, 그 천국에는 하느님과 기쁨만이 있고 … 또 구세주가 온 다음에는… 착한 사람 모두가 그리 갈 거라고 말했어요..…금빛나는 이 호수를 보니까 그 생각이 나요. …엄마!"

그러나 여러 가지 목소리의 중얼거림과 두 고아의 탄식을 누르고 예수의 부드러운 목소리가 들려 온다. "울지들 말아라. 너희 엄마가 너희를 내게로 데려왔다. 그리고 너희를 아이가 없는 어머니에게 데려가는 동안 네 엄마가 여기 너희와 같이 있다. 그 어머니는 너희 엄마가 있는 곳에 가 있는 자기 아이 대신에 착한 두 어린 아이를 얻게 된 것을 매우 기뻐할 것이다. 그 어머니도 울었으니까 말이다. 알겠니? 그 어머니의 아이도 너희 엄마처럼 죽었단다….”
 "오! 그럼 우리는 그 어머니에게로 가고, 그 어머니의 아이는 우리 엄마한테 가는 거로군요!" 하고 마리아가 말한다.
 "바로 그대로다, 그리고 너희는 모두 행복할 거다."
 "그 여자는 어떤 사람이야요? 뭘 하는 사람이야요? 농사꾼인가요? 주인은 착해요?" 어린 것들은 관심을 보인다.
 "그 여자는 농사꾼은 아니다. 그러나 장미꽃이 가득한 정원을 가지고 있고, 또 천사처럼 착하다. 남편도 착하단다. 남편도 너희를 많이 사랑할 거다."
 "선생님, 그렇게 생각하십니까?" 하고 마태오가 쉽게 믿지 않고 묻는다.
 "나는 확신한다. 그리고 너희들도 믿을 것이다. 얼마 전에 쿠자가 마륵지암을 기사(騎士)를 삼기를 원했었다."
 "아, 그건 안 됩니다!" 하고 베드로가 외친다.
 "마륵지암은 그리스도의 기사가 될 것이다. 그것만이 될 것이다. 시몬아 안심하여라."
 호수가 다시 회색이 된다. 가벼운 바람이 일어서 호수가 주름잡힌다. 돛이 올라가고 배는 떨면서 달린다. 그러나 어린 아이들은 이제는 무서움을 느끼지 않을 정도로 그들의 새 엄마 생각에만 잠겨 있다.
 녹음 사이에 흰 집들이 있는 막달라를 지나고, 막달라와 티베리아 사이에 있는 들을 지난다. 이제는 티베리아의 첫번째 집들이 나타난다.
 "선생님, 어디로 갈까요?"
 "쿠자네 작은 포구로."
 베드로는 배를 돌리며 소년 선원에게 명령을 내린다. 배가 작은 포구에 다가가서 들어가는 동안 돛이 내려지고 작은 부두에 가서 멎는다. 다른 배도 따라와서 그렇게 한다. 배들은 피로한 두 물오리새끼 모양 나란히 서 있다. 모두가 내리고, 요한은 정원사들에게 알리려고 먼저 뛰어 간다.
 어린 아이들은 겁내며 예수께 바싹 다가서고, 마리아는 한숨을 쉬고 예수의 옷을 잡아당기면서 묻는다. "그 여자가 정말 착할까요?"
 요한이 돌아와서 말한다. "선생님, 하인이 격자문을 여는 중입니다. 요안나는 벌써 일어나 있답니다."
 "좋다. 모두 여기서 기다려라. 내가 앞서 가겠다."

165. "나는 고아들이 어머니를 가지기를 바란다"

그리고 예수께서 혼자 걷기 시작하신다. 다른 사람들은 예수께서 시도하시는 것에 대하여 혹은 더 호의적이고 혹은 덜 호의적인 논평을 하면서 예수께서 가시는 것을 바라다보고 있다. 의심과 비판이 없지 않다. 그러나 그들이 있는 곳에서는 달려 와서 격자문 문지방에서 땅에 닿게 몸을 구부린 다음 예수의 왼편에 서서 정원으로 들어가는 쿠자밖에 보이지 않는다. 그 다음에는 아무것도 보이지 않는다.

그러나 나는 본다. 나는 예수께서 쿠자의 곁에서 천천히 걸어가시는 것을 본다. 쿠자는 예수를 손님으로 모시게 된 그의 온 기쁨을 나타낸다. "제 아내 요안나가 매우 기뻐하겠습니다. 저도 매우 기쁩니다. 제 아내는 점점 더 나아집니다. 아내는 여행 이야기를 해주었습니다. 주님, 굉장한 성공이었더군요!"

"당신 그 때문에 짜증나지 않았소?"

"요안나는 행복합니다. 그리고 저도 요안나가 행복한 것을 보는 것이 기쁩니다. 주님, 저는 아내를 여러 달 전에 잃을 뻔했습니다."

"그럴 뻔했소. …그런데 내가 요안나를 당신에게 돌려주었소. 거기에 대해서 하느님께 감사할 줄을 아시오."

쿠자는 어리둥절하여 예수를 쳐다본다. …그리고 속삭인다. "주님, 저를 나무라시는 것입니까?"

"아니오, 충고를 하는 거요. 쿠자, 착하게 사시오."

"선생님, 저는 헤로데의 하인입니다."

"아오, 그러나 당신의 영혼은 당신이 원하기만 하면 하느님 이외의 아무의 종도 아니오."

"맞습니다, 주님, 제 행실을 고치겠습니다. 때로는 제가 체면을 차립니다."

"지난해에 요안나를 구하고자 할 때에도 체면을 차렸겠소?"

"아이고, 아닙니다. 저는 일체의 명예를 잃을 위험을 무릅쓰고, 아내를 구할 수 있다고 제가 생각하는 그분께 호소했을 것입니다."

"당신의 영혼을 위해서도 그렇게 하시오. 당신의 영혼은 요안나보다도 훨씬 더 귀중하오. 저기 요안나가 오고 있소."

두 사람은 마주 달려 오는 요안나를 향하여 걸음을 빨리 한다.

"선생님! 저는 이렇게 일찍 선생님을 뵙기를 바라지는 못했었습니다. 어떤 호의로 제자의 집을 찾으셨습니까?"
"한가지 필요가 있어서 왔다. 요안나야."
"필요라구요? 어떤 필요입니까? 말씀하십시오, 그래서 저희가 할 수 있는 일이면 도와드리겠습니다." 이렇게 두 부부가 말한다.
"어제 저녁 사람이 없는 길에서 두 불쌍한 어린이를 만났소. …사내아이와 계집아이 … 맨발에, 허기가 지고, 찢어진 옷을 입고, 외롭게 … 그리고 그 아이들이 늑대 같은 마음을 가진 사람에게서 늑대들처럼 쫓겨나는 것을 보았소. 그 아이들은 몹시 허기가 져 있었소. …그 사람에게는 내가 작년에 행복을 주었었소. 그런데 그 사람이 두 고아에게 빵을 거절했소. 그 어린이들은 고아였소. 고아인데 무정한 세상의 길을 헤매는 것이오. 그 사람은 벌을 받을 거요. 당신들은 내 강복을 얻기를 원하오? 나는 당신들에게 손을 내미오, 집 없고 옷이 없고, 먹을 것도 없고, 사랑도 받지 못하는 고아들을 위해 사랑을 구걸하면서 말이오. 나를 도와주겠소?"
"아니, 선생님께서 그것을 제게 물으십니까? 선생님께서 원하시는 것을, 선생님께서 원하시는 것을 모두 말씀하십시오!…" 하고 쿠자가 격렬하게 말한다.
그리고 요안나는 말은 하지 않고, 다만 두 손으로 가슴을 꼭 껴안고, 긴 속눈썹에는 눈물 한 방울이 맺히고 붉은 입술에는 희망의 미소를 띤 채 기다리며, 말을 하는 것보다도 더 많은 말을 한다.
예수께서 요안나를 내려다보시며 미소지으시며 말씀하신다. "나는 그 어린 아이들이 어머니와 아버지와 집을 가졌으면 한다. 그리고 어머니가 요안나라는 이름을 가졌으면 한다…."
예수께서 말씀을 채 끝내시기도 전에 요안나의 외침은 마치 감옥에서 나오는 사람의 함성과 같으며, 요안나는 그의 주님의 발에 입맞춤하려고 땅에 엎드린다.
"그럼 쿠자 당신은 어떻소? 내가 사랑하는 그 어린 아이들을 내 이름으로 받아들이겠소? 내 마음에는 소중한, 오! 보석보다도 훨씬 더 귀중한 그 아이들을?"
"선생님, 그애들이 어디 있습니까? 그애들에게로 저를 데려다 주십시오. 그리고 제 명예를 걸고 맹세합니다만, 그 죄없는 어린 것들의 머리에 제 손을 얹는 순간부터 선생님의 이름으로 진짜 아버지로서 그들을 사랑하겠습

165. "나는 고아들이 어머니를 가지기를 바란다" 681

니다."

"그러면 이리 오시오. 나는 쓸 데 없이 오는 일이 되지 않으리라는 것을 잘 알고 있었소. 갑시다. 그들은 버릇없고 겁을 내고 있소, 그러나 마음은 착하오. 마음 속과 미래를 아는 나를 믿으시오. 그 아이들이 당신들의 결합에 평화와 일치를 줄 것이오. 지금보다도 오히려 미래에. 그들의 사랑 속에서 당신들의 사랑을 다시 찾아낼 것이오. 그들의 죄없는 포옹은 당신들 부부의 집을 위해 가장 훌륭한 유대가 될 거요. 그리고 하늘은 당신들의 사랑 때문에 항상 당신들에 대해 호의적이고 자비로울 거요. 그애들은 격자문 밖에 있소. 우리는 베싸이다에서 오는 길이오."

요안나는 이제 듣고 있지 않다. 어린 아이들을 쓰다듬어 주려는 욕망에 사로잡혀 앞으로 달려간다.

그리고 두 고아를 가슴에 껴안으려고 무릎을 꿇고 그들의 야윈 뺨에 입맞춤하면서 쓰다듬는다. 그러는 동안 두 어린 아이는 보석이 많이 달린 옷을 입은 아름다운 부인을 놀라서 보고 있다. 그리고 그들은 자기들을 쓰다듬어 주고 마티아를 안는 쿠자를 쳐다본다. 그리고 찬란한 정원과 달려오는 하인들을 바라다본다.…그리고 재산이 가득 찬 현관을 예수와 사도들에게 열어주는 집을 바라다본다. 그리고 그들은 그들에게 수없이 입맞춤을 하는 에스텔을 쳐다본다.

길을 헤매던 어린 것들에게 꿈의 세계가 열린 것이다….

예수께서는 지켜보시고 빙그레 웃으신다.

166. 나임에서, 다시 살아난 다니엘의 집에서

나임시(市)는 온통 명절 분위기이다. 예수께서 젊은 다니엘의 부활 후 처음으로 그곳에 들르신 것이다. 많은 사람이 앞서 가고 뒤따르고 하는 가운데 예수께서 강복을 주시며 시내를 지나가신다. 나임 사람들에게 다른 여러 곳에서 온 다른 사람들도 합류하였다. 그들은 예수를 찾아 가파르나움으로 갔다가, 거기 사람들이 가나로 보내서 그리로 갔다가 거기서 나임으로 온 것이었다. 나는 예수께서 이제는 많은 제자를 가지고 계시고, 일종의 연락망을 조직하셔서 끊임없이 옮겨 다니시는데도 불구하고 당신을 찾는 여행자들이 찾아낼 수 있게 하셨다는 느낌을 가지게 된다. 계절과 짧은 해가 허락하는데 따라 하루에 몇 마일씩밖에 다니지 못하시지만. 그리고 다른 곳에서 예수를 찾아 온 사람들 중에는 겉으로는 매우 공손한 바리사이파 사람들과 율법학자들이 없지 않다.

예수께서 다시 살아난 젊은이의 집에 맞아들여지셨다. 거기에는 이 도시의 유력자들도 모여 있다. 다니엘의 어머니는 율법교사들과 바리사이파 사람들을 — 7죄종(罪宗)같이 일곱 명이다 — 보고 그들에게 더 어엿한 집을 드리지 못하는 것에 대하여 변명하며 겸손하게 초대한다.

"여보시오, 선생님께서 계시오. 선생님께서 계셔요. 오두막집이라도 이것으로 인해 가치가 있게 될 것인데, 당신의 집은 오두막집보다는 훨씬 낫소. 그래서 우리는 '당신과 당신 집에 평화가 있기를' 하고 말하면서 들어가오."

과연 그 여인은 분명히 부자는 아니면서도 예수를 공경하기 위하여 전력을 다하였다. 틀림없이 나임의 모든 재물이 모여서 집과 식탁을 꾸미는 일에 참가하였다. 그리고 물건을 빌려준 여주인들도 각각, 할 수 있는 모든 지점에서, 이 집 여주인이 식탁들을 차려놓은 두방으로 가는 입구의 복도로 지나가는 일행을 살펴본다. 어쩌면 그 여자들은 식기와 식탁보와 의자들을 빌려주고 화덕에서 일을 하는 대가로 이것만을 요구했는지도 모른다. 즉 선생님을 가까이서 보고 그분이 호흡하는 공기를 호흡하는 것 말이다. 그래서 이제는 그들이 어떤 요리만드는 일을 하느냐에 따라서 얼굴이 벌개졌거나 밀가루가 묻었거나 재투성이가 되었거나 또 손에서 물을 뚝뚝 떨어뜨리면서 여기저기에 나타난다. 그 여자들은 쳐다보고, 하느님의 눈길의 작은 몫을, 하느님의 목소리의 작은 몫을 얻고, 눈과 귀에 온 신경을 집중하여 기분좋은 강복과 온화한 얼굴을 마시다시피한다. 그리고는 얼굴이 더 벌개져서 기쁘게 화덕과 빵 반죽통과 개수대로 일을 하러 돌아간다.

여주인과 함께 귀빈들에게 손씻는 물대야를 가져다 주는 여자도 매우 행복하다. 머리와 눈이 까맣고 살갗이 장미빛깔인 처녀이다. 그리고 집주인 여자가 예수께 그 처녀가 아들의 약혼녀이고, 곧 결혼식이 있을 것이라고 알려드리자 그 처녀는 얼굴이 더 빨개진다. "집 전체가 선생님에 의해서 거룩하게 되게 하려고 선생님이 오시는 것을 기다려서 혼인을 하기로 했습니다. 그러나 지금은 이애가 이 집의 착한 아내가 되게 이애에게 강복을 주십시오."

예수께서는 처녀를 들여다보신다. 그리고 처녀가 머리를 숙이자 두 손을 얹으시며 말씀하신다. "사라와 레벡카와 라헬의 덕행이 네게서 다시 피어나기를 바라며, 하느님의 영광과 이 집의 기쁨을 위하여 네게서 참된 하느님의 자녀들이 나기를 바란다."

이제는 예수와 귀빈들이 정결의식을 끝내고 젊은 집주인과 같이 연회실로 들어가고, 사도들과 영향력이 덜한 나임의 다른 사람들은 맞은편 방으로 들어간다. 그리고 식사가 시작된다.

사람들이 이야기하는 것을 들으니까 이 환시가 시작되기 전에 예수께서 나임에서 설교를 하시고 병을 고치셨다는 것을 알겠다. 그러나 바리사이파 사람들은 이 일에 대하여는 주의하지 않고, 반대로, 다니엘이 무슨 병으로 죽었었는지, 죽음과 부활사이에 몇 시간이나 흘렀었는지, 다니엘의 시체에 완전히 방부처리를 하였었는지 등등에 대한 상세한 사정을 알기 위하여 나임 사람들에게 질문을 퍼부어 괴롭힌다. 예수께서는 이 모든 탐색에서는 초연하시어 부활한 사람과 말씀하신다. 이 사람은 아주 건강하고 굉장한 식욕으로 식사한다.

그러나 한 바리사이파 사람이 예수를 불러 다니엘의 병에 대한 것을 알고 계셨느냐고 묻는다.

"나는 제베대오의 요한에 대해서 한 것처럼 가리옷의 유다를 기쁘게 하려고 엔도르에 갔다가 아주 우연히 오는 길이었습니다. 나는 과월절 순례를 위해 여행을 시작했을 때는 나임으로 지나게 되리라는 것조차 알지 못했습니다."

"아! 선생님께서는 엔도르에 일부러 가신 것이 아니로군요?" 하고 어떤 율법교사가 놀라서 묻는다.

"아닙니다. 그때에는 그곳에 갈 생각은 조금도 없었습니다."

"그런데 왜 가셨습니까?"

"그 말을 했지요. 시몬의 유다가 거길 가기를 원했습니다."

"그런데 그런 변덕을 왜 부렸습니까?"

"여자마술사의 동굴을 보기 위해서였지요."

"아마 선생님께서 거기 대한 말씀을 하셨던 모양이지요…."

"절대로! 나는 그럴 이유가 없었습니다."

"제 말씀은…어쩌면 선생님께서…입문(入門)지도를 하시려고 그 삽화(揷話)를 가지고 다른 요술을 설명하셨는지도 모른다는 말씀입니다."

"무슨 입문지도요? 성덕에 입문지도를 하는 데에는 순례를 할 필요가 없습니다. 이를 위하여는 작은방이나 광야, 산꼭대기나 외따로 떨어진 집으로 충분합니다. 가르치는 사람에게는 엄격과 성덕이 있고. 그의 말을 듣는 사람에는 자기를 거룩하게 하겠다는 의지만 있으면 됩니다. 내가 가르치는 것은 이것이지 다른 아무것도 아닙니다."

"그러나 제자들이 행하는 기적들은 놀라운 일이 아니고 무엇입니까? 그리고…"

"그리고 하느님의 뜻입니다. 그것뿐입니다. 그리고 그들이 거룩하게 되면 기적을 더 많이 행할 것입니다. 기도와 희생과 하느님께 대한 순종으로. 다르게는 안 됩니다."

"그렇게 확신하십니까?"하고 한 율법교사가 턱을 손으로 괴고 밑에서 예수를 쳐다보며 묻는다. 그런데 그의 말투는 남의 눈에 잘 띄지 않게 비꼬는 투이고 동정하는 투이기까지 하다.

"나는 그들에게 이 무기와 이 가르침을 주었습니다. 그런데 그들 중에 — 제자가 대단히 많거든요 — 교만이나 다른 일로 인하여 파렴치한 행동을 하도록 천해지는 사람이 있다면, 그런 조언을 준 것이 내가 아닐 것입니다. 나는 그 죄있는 사람을 구속하기 위하여 기도할 수 있고, 하느님께서 그 사람이 그의 오류를 보도록 당신 지혜의 빛으로 특별히 도와주시게 하는 목적을 달성하기 위하여 속죄하는 힘드는 고행을 자청해서 할 수 있습니다. 그 사람의 발 앞에 엎드려서 잘못을 고치라고 형제와 스승과 친구로서의 내 모든 사랑을 기울여 그에게 간청할 수는 있습니다. 그리고 그렇게 하는 것으로 나를 스스로 비천하게 한다고 생각하지는 않을 것입니다. 한 영혼의 값은 그 영혼을 얻기 위하여 어떤 모욕이라도 당할 만한 가치가 있는 그런 것이니까요. 그러나 나는 그 이상의 것은 할 수가 없습니다. 그리고 이런데도 불구하고 잘못이 계속되면 배반을 당하고 이해를 받지 못한 선생과 친구로서의 내 눈과 마음에서는 피눈물이 흐를 것입니다." 예수의 목소리와 모습에는 얼마나 친절하고 서글픈 기분이 들어 있는지 모른다!

율법교사들과 바리사이파 사람들이 서로 쳐다본다. 눈길이 의미심장하게 움직이기는 하지만, 이 문제에 대하여 다른 말은 하나도 하지 않는다. 그 대신 젊은 다니엘에게 죽음이 무엇인지 기억하는지, 다시 살아나면서 무엇을 느꼈는지, 삶과 죽음 사이에서 무엇을 보았는지를 묻는다.

"제가 아는 것은 죽도록 병이 중했다는 것과 임종의 고통을 당했다는 것입니다. 아이고! 정말 무서운 일이었습니다! 그 생각은 하게 하지 마십시오. …그렇지만 언젠가 다시 그 고통을 겪어야 할 날이 올 것입니다! 오! 선생님!…" 그러면서 다시 죽어야 한다는 생각에 얼굴이 창백해지고 공포에 질려서 예수를 쳐다본다.

예수께서는 그의 용기를 복돋아 주시려고 조용히 이렇게 말씀하신다. "죽음은 그 자체로 속죄가 되는 것이다. 너는 두번 죽음으로 흠이 완전히 깨끗하게 없어질 것이고, 즉시 하늘을 즐길 것이다. 그러나 이 생각으로 네가 거룩하게 살게 되어서 네 안에는 본의 아닌 가벼운 죄밖에 없도록 해야 한다."

그러나 바리사이파 사람들은 공격을 다시 시작한다. "하지만 너는 다시 살아나면서 무엇을 느꼈느냐?"

"아무것두요, 저는 길고 깊은 잠에서 깨어난 것처럼 제가 살아 있고 건강하다는 것을 발견했습니다."

"하지만 네가 죽었었다는 것은 기억했겠지?"

"저는 임종의 고통을 당하기까지 병이 대단히 중했다는 것을 기억하고 있었습니다. 그것뿐입니다."

"그리고 저 세상에 대해서는 무엇을 기억하느냐?"

"아무것두요, 아무것도 없습니다. 제 생활에는 꺼먼 구멍, 빈 공간이 하나 있었습니다. …그리고는 아무것도 없었습니다."
 "그러면 네 생각에는 고성소〈(古聖所) - 림보=Limbo〉도 없고, 연옥도 없고, 지옥도 없단 말이냐?"
 "누가 그런 것들이 없다고 합니까? 그것들은 물론 있습니다. 그렇지만 저는 그것들이 기억나지 않습니다."
 "그러나 네가 죽었었다는 것이 확실하냐?"
 나임의 모든 사람이 펄쩍 뛴다. "이 사람이 죽었었느냐구요? 그래 선생들은 무엇을 더 원하십니까? 우리가 이 사람을 들것에 놓을 때에는 벌써 역한 냄새가 나기 시작했습니다. 그리고 또! 그 모든 방향성 수지(樹脂)와 그 모든 붕대로 거인이라도 죽을 겁니다."
 "하지만 너는 죽었었다는 것을 기억하느냐?"
 "기억 못한다니까요." 젊은이가 짜증을 내며 말한다. 그리고 덧붙인다. "그렇지만 선생님들은 이 긴 이야기로 뭘 증명하려고 하십니까? 제 어머니와 죽을 것 같은 슬픔을 안고 침대 머리에 있었던 제 약혼녀와 붕대로 결박이 되고 방향성 수지가 발라졌던 저까지 포함해서 한 도시 사람 전체가 제가 죽었던 체했던 것을 증명하시려는 겁니까? 죽었던 것이 사실이 아니었는데 말이지요? 그럴 수가 있습니까? 나임 사람들은 모두가 농담을 하기를 원하는 어린 아이들이나 바보였단 말씀입니까? 제 어머니는 몇 시간 동안에 머리가 하얘졌습니다. 제 약혼녀는 슬픔과 기쁨으로 거의 미치다시피 되었기 때문에 치료를 해야 했습니다. 그런데 선생님들은 의심을 하십니까? 대관절 저희가 왜 그런 짓을 했겠습니까?"
 "왜? 사실이야! 우리가 왜 그런 짓을 했겠어?" 하고 나임 사람들이 말한다.
 예수께서는 말씀을 하지 않으신다. 마치 방심하신 양 식탁보를 만지작거리신다. 바리사이파 사람들은 무슨 말을 해야 할지 모른다. …그러나 회화와 토론이 끝난 것 같을 때에 뜻밖에 입을 여신다. "그 이유는 이렇다. 저분들은(그러시면서 바리사이파 사람들과 율법교사들을 가리키신다) 네 부활이 군중들 사이에 내 명성을 높이기 위해서 꾸며낸 연극에 지나지 않는다는 것을 증명하고자 하는 것이다. 나는 하느님과 이웃을 속이기 위하여 꾸며내는 사람이고, 너희들은 공범자들이라는 것이다. 그러나 그렇지 않다. 나는 속임수는 비열한 자들에게 남겨둔다. 나는 지금 있는 대로의 나이기 위해서는 요술도 계략도 필요없고, 연기(演技)나 공범도 필요없다. 선생들은 왜 하느님께 육체에 영혼을 돌려주시는 능력을 거부하려고 하십니까? 하느님께서 육체가 형성 될때에, 그리고 영혼들을 창조하실 때에 매번 영혼을 주시는데, 그분의 메시아의 기도를 들으셔서 그 영혼을 돌려주실 수 없겠습니까? 육체에 돌아옴으로 많은 군중에 진리에 오게 하는 원인이 될 수 있는 그 영혼을 말입니다. 선생들은 하느님께 기적의 능력을 거부하려고 하십니까!"

"선생님이 하느님이십니까?"

"나는 있는 자입니다. 내 기적들과 내 가르침이 내가 누구라는 것을 말해줍니다."

"하지만 그렇다면 불러낸 영들은 내세가 어떤지를 말할 줄 아는데, 이 사람은 기억을 못합니까?"

"그것은 이 영혼은 첫번째 죽음의 보속으로 거룩하게 되었기 때문에 이미 성화되어서 진실을 말하지마는 강신술(降神術)을 하는 사람들의 입술에서 말하는 것은 진실이 아니기 때문입니다."

"그러나 사무엘은…"

"그러나 사무엘은 율법을 배반하는 자에게 그분의 계명을 조롱해서는 안 되는 주님의 판결을 가져다 주려고 하느님의 명령으로 온 것이었지, 여자마술사의 명령으로 온 것은 아니었습니다."

"그렇다면 왜 선생님의 제자들은 그런 일을 합니까?" 아픈 데를 찔린 바리사이파 사람 하나의 목소리가 토론의 음조를 높이는 바람에 격리시키는 문이나 두꺼운 휘장도 없이 너비 1미터 되는 복도로만 갈라져 있는 맞은편 방에 있는 사도들의 주의가 끌렸다. 자기들을 문제삼는 것을 듣고, 사도들은 소리를 내지 않고 복도로 와서 귀를 기울인다.

"그들이 무슨 일에 율법을 어깁니까? 설명을 해주십시오. 그래서 만일 선생의 비난이 사실이면, 율법에 어긋나는 일을 다시는 하지 말라고 그들에게 주의를 주겠습니다."

"무슨 일에 그렇게 하는지를 나는 압니다. 그리고 나와 함께 다른 사람도 많이 압니다. 그러나 죽은 사람들을 다시 살리시고 자신을 예언자보다 더한 사람이라고 말씀하시는 선생님이 직접 그것을 알아내십시오. 우리는 그 사실을 분명히 선생님께 말하지 않겠습니다. 그뿐 아니라 선생님은 하지 말아야 할 것을 하거나 해야 할 것을 하지 않은 다른 많은 일들을 보기 위한 눈을 가지고 계십니다. 그런데 선생님께서는 그런 것은 상관하지 않으십니다."
"그중의 어떤 것을 하나 내게 말해 주시겠습니까?"
"왜 선생님의 제자들은 선인(先人)들의 가르침을 어깁니까? 오늘 우리는 그들을 살펴보았습니다. 바로 오늘, 바로 한 시간도 채 안 되는 아까! 그들은 식사를 하려고 그들의 방으로 들어갔는데 그전에 손을 씻지 않았습니다!" 바리사이파 사람들이 "그런데 그들이 주민들을 죽였습니다" 하고 말한다 해도 그만큼 심한 혐오를 나타내는 말투로는 말하지 않았을 것이다.
"선생들은 그들을 살펴보셨군요. 예. 보아야 할 것, 그리고 아름답고 좋은 것들이 대단히 많습니다. 우리가 그것들을 볼 가능성을 가지도록 하기 위하여 우리에게 생명을 주신 것 때문에, 그리고 주님이 그것들을 만드시거나 허락하셨기 때문에 주님을 찬미하게 하는 것들 말입니다. 그런데도 당신들은 그것들은 보지 않습니다. 그리고 선생들과 더불어 다른 많은 사람도 보지 않습니다. 그러지 않고 선생들은 좋지 않은 것을 뒤쫓느라고 당신들의 시간과 평화를 잃습니다.
당신들은 재칼과 같습니다. 아니, 그보다도 향기가 가득 차 있는 동산에서 바람에 불려 오는 향기로운 파동은 소홀히 하고 악취의 흔적을 따라다니는 하이에나와 같습니다. 하이에나는 백합과 장미, 쟈스민과 장뇌, 계피와 카네이션은 좋아하지 않고, 협곡 안쪽이나 수레바퀴 자국에서 썩고 있거나 살인자 파문은 가시덤불 속에 파묻혀 있거나 폭풍우에 밀려 인적이 없는 해변에 표류해서 부풀어 오르고, 자주빛이 되고, 터지고, 소름끼치는 썩어 가는 시체의 악취를 좋아합니다. 오! 그런 것들은 하이에나에게 얼마나 기분좋은 향기입니까! 그래서 하이에나들은 그놈들을 유인하는 그 막연한 냄새를 막기 위하여, 태양이 가열한 다음 발산시키는 모든 냄새들을 응축시키고 운반하는 저녁바람을 맡으며, 그 냄새들을 알아내고 그 방향을 찾아낸 다음에는 주둥이를 쳐들고, 히스테릭한 웃음과도 같은 턱뼈를 떨면서 벌써 이빨을 내놓고 부패가 있는 곳으로 가기 위하여 그리로 달려 갑니다. 그리고 사람이나 네 발 달린 짐승의 시체이거나, 농부에게 맞아 죽은 뱀의 시체이거나, 주부에게 맞아 죽은 담비의 시체이거나, 다만 쥐 한 마리의 시체만이라도, 오! 그놈들의 마음에 들고 또 드는 것입니다! 그리고 그 역한 악취 속에 그놈들의 이빨을 박고, 맛있게 먹고, 입술을 핥습니다….
사람들이 날로 거룩해집니까? 이것은 관심밖의 일입니다! 그러나 다만

한 사람이라도 악을 행하거나 또는 하느님의 계명이 아니고 인간적인 관습인 — 그것을 관습이라고 하거나 규범이라고 하거나 좋을 대로 부르시오. 그래도 역시 인간적인 관습입니다 — 어떤 것을 소홀히 하는 여러 사람이 있으면, 그때에는 움직이고 관심을 보입니다. 의심을 따르기까지 합니다. …의심도 하나의 현실이라는 것을 알고 다만 그것을 즐기기 위해서 그러는 것입니다.

그러나 그렇다면 사랑이나 믿음이나 예절로 오지 않고, 고약한 의향을 가지고 온 당신들은 대답해 보시오. 당신들은 그래도 관습이 계명보다 더한 것이라고 말하지는 않겠지요? 그런데 '하느님께서는 아버지와 어머니를 공경하여라, 그리고 아버지나 어머니에게 악담을 하는 자는 죽어 마땅하다'고 말씀하십니다! 그런데 당신들은 반대로 이렇게 말합니다. '누구든지 아버지와 어머니에게 〈제게서 받으셔야 할 것은 재물로 바칠 것입니다〉 하고 말하는 사람은 그것을 아버지와 어머니를 위하여 쓸 의무가 없어진다'고 말입니다. 그러므로 당신들은 당신들의 관습으로 하느님의 계명을 폐기했습니다.

위선자들! 이사야가 예언하면서 '이 백성이 입술로는 나를 공경하지만 마음은 내게서 멀리 떨어져 있다. 그것은 그들이 인간적인 교리와 계명을 가르침으로 나를 헛되이 공경하기 때문이다' 하고 말한 것은 바로 당신들에 대하여 말한 것입니다.

당신들은 하느님의 계명은 어기면서 항아리와 잔과 접시와 손을 씻는 것이나 그와 비슷한 다른 일들과 같은 사람들의 관습을 중시합니다. 자기를 낳아 주었고, 도움이 필요한 분, 그리고 아버지이기 때문에 공경할 의무가 있는 분에게 빵을 주지 않도록 아들에게 재물로 바칠 것이라는 핑계를 제공함으로써 그의 배은망덕과 인색을 정당화하면서, 당신들은 손을 씻지 않는 어떤 사람 때문에 분개합니다. 당신들은 당신들이 만들어서 규범의 지위에 올려 놓은 말들에 복종하기 위하여 하느님보다 더 옳다고 선언하는 것입니다. 하느님만이 홀로 당신 백성의 입법자이신데, 당신들은 입법자의 권리를 가로챕니다. 당신들은 …" 예수께서는 계속 말씀하셨을 것이다. 그러나 적의 집단은 빗발치는 비난을 받으면서 나간다. 사도들과 집안에 있는 사람들, 즉 손님이거나 주인여자를 도와주는 사람들로 예수의 쩡쩡 울리는 목소리에 끌려 복도에 모여 있던 사람들을 떼밀면서.

일어나셨던 예수께서는 거기 있는 사람들에게 당신이 계신 곳으로 들어오라는 손짓을 하시면서 앉으셔서 말씀하신다. "모두 내 말을 듣고 이 진리를 이해하시오. 사람 밖에 있는 것으로 사람 안에 들어와서 그를 오염시킬 수 있는 것은 아무것도 없습니다. 그러나 사람에게서 나오는 것이 오염시키는 것입니다.

들을 줄 아는 귀를 가진 사람은 들으시오, 그리고 이해할 줄 아는 그의 지능과 행동할 줄 아는 그의 의지를 실천에 옮기시오. 그럼 이제는 가자. 나임의 여러분은 선행에 꾸준하시오. 그리고 내 평화가 여러분과 함께 있기를 바랍니다."

예수께서는 일어나셔서 집주인 남자와 여자 주인에게 개별적으로 인사하시고 복도에서 물러가신다. 그러나 한구석에 모여서 대단히 만족하여 당신을 쳐다보는 집주인의 여자친구들을 보시고 그들에게 직접 가시며 말씀하신다. "아주머니들에게도 평화. 여러분이 사랑으로 나를 맞아 주어서 내가 어머니의 식탁을 그리워하지 않게 하신데 대해서 하늘이 여러분에게 갚아 주시기를 바랍니다. 나는 모든 빵조각에서, 모든 소스와 구운 고기에서, 단 꿀 맛에서, 시원하고 향기나는 포도주에서 여러분의 어머니다운 사랑을 맛보았습니다. 나임의 착한 부인들, 나를 항상 이렇게 사랑하시오. 그리고 다음번에는 나를 위해 그렇게 고생하지 마시오. 나는 빵 한 덩어리와 여러분의 어머니다운 미소와 여러분의 성실하고 착한 눈길로 양념을 한 올리브 한 줌이면 충분합니다. 박해를 받는 사람의 감사가 여러분 위에 있고, 그 사람은 여러분의 사랑으로 위로를 받고 떠나니까 여러분은 집안에서 행복하시오."

행복하면서도 눈물을 흘리는 여인들은 모두 무릎을 꿇고 있다. 그리고 예수께서 지나가시면서 그 여자들에게 강복을 주시는 것처럼 희거나 검은 그들의 머리를 살짝스치신다. 그리고 나오셔서 다시 길을 가기 시작하신다.

저녁의 처음 어두움이 내려 덮이며 너무 많은 일로 슬퍼하시는 예수님의 창백함을 감춘다.

167. 엔도르의 양의 우리에서

예수께서 이제는 엔도르에만 다시 가신다. 그 소도시의 첫째 집에서 걸음을 멈추시는데, 집이라기보다는 양의 우리라고 하는 편이 낫겠다. 그러나 마침 낮고 사방이 막히고 건초가 가득한 외양간들이 있는 양의 우리 같은 집이기 때문에 열 세 사람 비바람을 피할 장소를 제공할 수 있다. 거칠기는 하지만 친절한 집주인은 서둘러 등불과 거품이 많은 양젖 한 통에 매우 검은 둥근 빵들을 가져온다. 그리고 예수의 축복을 받으며 물러간다. 그리고 예수께서 열 두 제자와만 계시다.

예수께서는 빵을 바치시고 나누어 주신다. 그리고 사발이나 컵이 없기 때문에 각자가 빵 덩어리를 통에 담갔다가 먹고, 목이 마르면 통에서 직접 마신다. 예수께서는 그저 양젖만 조금 마시실 뿐이다. 심각한 얼굴이고, 말씀을 안하신다. …하도 그러시기 때문에 식사가 끝나고 항상 맛있게 먹는 사도들이 시장기를 달래고 나자 예수께서 말씀을 하지 않으시는 것을 알아차린다.

안드레아가 제일 먼저 예수께 묻는다. "선생님, 무슨 일입니까? 선생님은 슬프거나 피로하신 것 같은데요…."

"내가 그렇다는 것은 부인하지 않겠다."

"왜요? 저 바리사이파 사람들 때문에 그러십니까? 그러나 이제는 선생님이 거기에 습관이 되어 계셔야 할 텐데요. …저는 이제 거의 거기에 익숙해졌습니다. 제가요. …자! 보십시오. 선생님은 제가 처음에는 그들을 어떻게 대했는지 아시지요. 그들은 항상 같은 말을 되풀이 합니다! …사실 뱀들은 새액새액 하는 소리밖에 낼 줄 모릅니다. 그리고 어떤 뱀도 결코 밤꾀꼬리의 노래를 모방할 수는 없을 것입니다. 그래서 결국은 그걸 무시하게 되고 맙니다" 하고 베드로가 반은 확신을 가지고, 반은 예수를 명랑하게 해드리기 위하여 말한다.

그런데 이렇게 해서 통제력을 잃고 그놈들의 엉김 위에 떨어지는 것이다. 마치 악의 목소리가 해가 없는 것처럼 절대로 거기에 습관이 되지 않도록 부탁한다.

"오! 그렇습니다! 그러나 그 때문에만 선생님이 슬퍼하신다면 선생님의 생각은 틀렸습니다. 선생님은 세상이 얼마나 선생님을 사랑하는지 아시지요" 하고 마태오가 말한다.

"그러나 그 때문에만 선생님이 슬퍼하십니까? 착하신 선생님, 말씀해 주십시오. 혹 선생님을 사랑하는 저희들에 대해서 거짓말로 고자질하거나 중상이나 의심을 넌지시 일으키게 하거나 또는 제가 모르는 무슨 일을 선생님께 했습니까?" 하고 가리옷 사람이 그의 곁에 건초에 앉아 계신 예수를 한 팔로 껴안으면서 친절하고 상냥하게 말한다.

예수께서는 얼굴을 유다 쪽으로 돌리신다. 예수의 눈은 등불의 떨리는 빛에 인광을 발한다. 그 등불은 걸상 노릇을 하라는 것처럼 둥글게 배치한 건초에 앉은 사도들이 만들어 놓은 원의 한가운데에 놓여 있다. 예수께서는 가리옷의 유다를 뚫어지게 들여다보신다. 그리고 그를 들여다보시면서 물으신다. "그러면 너는 혹 내가 어떤 사람이 넌지시 말하는 것도 받아들여 그 때문에 마음이 불안하게 되기까지 할 정도로 몹시 어리석은 사람으로 생각하느냐? 유다야 내 마음을 어지럽게 하는 것은 사실들이다." 그러면서 예수의 눈길은 마치 측연(測鉛)과 같이 유다의 갈색 눈동자를 파고들기를 그치지 않는다.

"어떤 사실들이 선생님의 마음을 어지럽게 합니까?" 하고 가리옷 사람이 태연스럽게 묻는다.

"왕위에서 떨어져 나온 사람들의 마음 속에서 내가 보고 그들의 이마에서 내가 읽는 사실들 말이다." 예수께서는 왕위에서 떨어져 나왔다는 말을 매우 강조하신다.

모두가 불안해 한다. "왕위에서 떨어지다니요? 왜요? 무슨 뜻입니까?"

"어떤 왕이 옥좌에 남아 있을 자격이 없을 때에는 거기서 떨어진다. 그리고 사람은 우선 사람의 가장 고귀한 장소로서의 이마에 그가 쓰고 있던 왕관을 빼앗는다. 사람의 가장 고귀한 장소라고 한 것은 사람이 이마를 하늘을 향하여 쳐들고 있는 유일한 동물이어서 그러는 것이다. 사람이 물질적으로는 동물이지만 영혼을 가지고 있는 존재로서는 초자연적인 존재이기 때문이다. 그러나 왕위에서 쫓겨나기 위하여 세상에 왕좌에 앉은 왕이 될 필요는 없는 것이다. 사람은 누구나 영혼으로 왕이고 그의 옥좌는 하늘에 있다. 그러나 사람이 영혼을 더럽혀서 짐승이 되고 마귀가 되면, 그때에는 옥좌에서 떨어진다. 세상에는 왕관을 잃고 하늘을 쳐다보지 못하고, 사탄이 그들 위에 새겨놓은 말로 인하여 무거워져서 심연 쪽으로 기울어져 있는 이마가 가득 차 있다. 사탄이 새겨 놓은 말을 알고 싶으냐? 내가 이마 위에서 읽는 말은 이것이다. 거기에는 '배반자!'(매수된 자)라고 씌어 있다. 그리고 너희가 매수한 자에 대하여 의심을 가지지 않도록 말하지만, 매수한 자는 사탄 자신이거나 이 세상에 있는 그의 종들을 통한 사탄이다."

"알아들었습니다! 예를 들어 저 바리사이파 사람들은 그들보다 더 높은 종의 종들인데, 그들보다 더 높은 종 자신도 사탄의 종이란 말입니다" 하고 베드로가 자신있게 말한다. 예수께서는 대꾸를 하지 않으신다.

"그렇지만 … 선생님, 그 바리사이파 사람들이 선생님이 하신 말씀을 들은 다음 분개하며 간 것을 아십니까? 출입구에서 그들이 저를 떠밀면서 그 말을 했습니다. …선생님은 대단히 단호하셨습니다" 하고 바르톨로메오가 지적한다.

그러니까 예수께서 대꾸하신다. "그것은 대단히 옳은 말이다. 내가 어떤 말들을 해야 하는 것은 내 탓이 아니라 그들의 탓이다. 그리고 그들에게 그 말을 하는 것도 그들에게 자비를 베푸는 것이다. 내 아버지께서 심지 않으신 초목은 어느 것이든지 뽑힐 것이다. 그런데 거룩한 말씀의 씨를 질식시키는 짓누르고 가시투성이인 기생 식물이 우거진 쓸 데 없는 덤불은 아버지께서 심지 않으신 초목이다. 십계명을 찍어누르고, 왜곡하고 생기가 없게 만들고 지킬 수가 없는 것이 되게 하는 관습과 규범을 뿌리뽑는 것은 자비를 베푸는 일이다. 그렇게 하는 것은 성실한 영혼들을 위하여 자비를 베푸는 일이다. 거만하고 고집세고 사랑의 어떤 영향도 어떤 권고도 받아들이지 않는 저 사람들에 관하여는 그들 하는 대로 가만 내버려두어라. 그리고 정신과 경향으로 저들과 비슷한 사람들은 저들을 따르라고 하여라. 저들은 소경을 인도하는 소경들이다. 만일 소경이 다른 소경을 인도하면, 둘 다 구렁에 빠질 수밖에 없을 것이다. 그들이 '깨끗함'이라고 부르는 오탁(汚濁)을 먹고 살게 내버려두어라. 그 오탁들은 그것들이 나오는 모태(母胎)에 적응시키는 일밖에 하지 않기 때문에 그들을 더 이상 오염시키지는 못한다."

"선생님이 지금 말씀하시는 것은 다니엘의 집에서 말씀하신 것과 관련이 있는 것이지요? 사람 안으로 들어가는 것이 그를 오염시키지 않고, 사람에게서 나오는 것이 오염시킨다고 하신 말씀이요" 하고 열성당원 시몬이 곰곰히 생각하는 듯이 묻는다.

"그렇다" 하고 예수께서는 짤막하게 대답하신다.

예수의 진지한 태도가 가장 발랄한 성격까지도 얼어붙게 하기 때문에 베드로가 잠시 침묵이 흐른 후에 묻는다. "선생님, 저는 비유를 잘 알아듣지 못했습니다. 그리고 이해하지 못한 것은 저 혼자만이 아닙니다. 그걸 좀 설명해 주십시오. 어떻게 되서 들어가는 것은 오염시키지 않고 나오는 것은 오염시킵니까? 만일 제가 깨끗한 항아리에다가 더러운 물을 넣으면 저는 그 항아리를 오염시킵니다. 따라서 그 안에 들어가는 것이 오염시킵니다. 그렇지만 깨끗한 물이 가득 차 있는 항아리에서 물을 땅에 쏟으면, 저는 항아리를 오염시키지 않습니다. 항아리에서는 깨끗한 물이 나오니까요. 그렇다면?"

그러니까 예수께서 이렇게 말씀하신다. "시몬아, 우리는 항아리가 아니다. 이 사람들아, 우리는 항아리가 아니야. 그리고 사람 안에 있는 모든 것이 깨끗하지도 않다! 그러나 너희는 지금도 아직 이해하지 못하느냐? 바리사이파 사람들이 너희를 비난한 일을 자세히 생각해 보아라. 그들은 너희가 먼지 묻고 땀을 흘린, 요컨대 더러운 손으로 음식을 입에 가져가기 때문에 너희가 오염한다고 말하였다. 그러나 음식물이 어디로 갔느냐? 입에서 위로, 위에서 배로, 배에서 수채로 간다. 그러나 만일 그것이 육체에 영양을 주는 그 역할을 다하기 위하여 그 소용으로 만들어진 관을 통하여 지나가기만 한다면, 순전히 그 역할만 해서 그렇게 끝나는 것이 마땅한 것처럼 수채에 가서 끝난다면, 그것이 몸 전체에, 그리고 몸에 포함되어 있는 것에 부정을 갖다 줄 수가 있느냐? 사람을 오염시키는 것은 그것이 아니다!

사람을 오염시키는 것은 그의 것인 것, 그의 자아에 의해서 만들어져서 나오는 순전히 그의 것이다. 즉 사람이 마음 속에 가지고 있는 것, 그리고 마음에서 입술과 머리로 올라와서 생각과 말을 타락시키고, 사람 전체를 오염시키는 것이다. 나쁜 생각, 살인, 간통, 우상숭배, 도둑질, 거짓증언, 하느님을 모독하는 말들은 마음에서 오는 것이다. 탐욕과 방탕한 성향, 교만, 질투, 분노, 지나친 식욕, 죄되는 게으름은 마음에서 오는 것이다. 모든 행동에 대한 자극은 마음에서 오는 것이다. 그래서 만일 마음이 나쁘면 행동들도 마음과 같이 나쁠 것이다. 우상숭배에서부터 진실성이 없는 험담에 이르기까지 모든 행동이 … 안에서 밖으로 가는 이 모든 나쁜 것들이 사람을 오염시키는 것이지, 손을 씻지 않고 식사를 하는 사실이 사람을 오염시키는 것은 아니다. 하느님의 지식은 속된 것이 아니고, 어떤 발이든지 짓밟을 수 있는 진흙이 아니다. 그렇지 않고 오히려 별이 있는 곳에서 사는 숭고한 것이며, 거기에서 빛살을 가지고 내려와 의로운 사람들의 빛이 된다. 너희들만이라도 그것을 하늘에서 빼앗아다가 품위를 떨어뜨리려 하지 말아라 ….

　이제는 가서 쉬어라. 나는 나가서 기도를 드리겠다."

168. 엔도르에서 막달라로

비, 비, 또 비 … 사도들은 비를 맞으면서 이렇게 걸어가는 것이 그다지 만족스럽지 않아 멀리 떨어져 있지 않은 나자렛에 가서 비를 피하는 것이 더 나을 것이라는 암시를 예수께 드린다. …그리고 베드로가 이렇게 말한다. "그리고 아이를 데리고 떠날 수 있을 것입니다…."

예수의 "안 된다"는 말씀이 너무도 단호하여 아무도 감히 중언부언하지 못한다. 예수께서는 혼자서 앞서 가시고 … 다른 사람들은 뒤에 얼굴을 찌푸린 사람들의 두 집단을 이루며 따라온다.

그러다가 베드로가 견디지를 못하고 예수 가까이에 간다. "선생님, 저를 원망하십니까?" 하고 약간 풀이 죽어 묻는다.

"시몬아, 너는 항상 내게 소중하다. 이리 오너라."

베드로는 명랑해져서, 긴 다리로 쉽게 길을 많이 가시는 예수 곁에서 종종걸음을 친다. 조금 후에 그는 "선생님 … 명절때 아이를 데리고 있으면 참 좋겠는데요 …."

예수께서는 대답을 하지 않으신다.

"선생님, 왜 저를 기쁘게 해주지 않으십니까?"

"시몬아, 네가 그렇게 하면 내가 네게서 아이를 빼앗을 염려가 있다."

"안 됩니다! 주님! 왜요?" 베드로는 그 위협에 겁이 더럭 나고 몹시 슬퍼한다.

"그것은 네가 어떤 것에도 붙들려 있는 것을 내가 원치 않기 때문이다. 내가 마륵지암을 네게 줄 때에 그 말을 했다. 그런데 너는 반대로 그 애정 속에 빠져 들어가고 있다."

"사랑하는 것은 죄가 아니지요, 더구나 마륵지암을 사랑하는 것은요. 선생님도 마륵지암을 사랑하시지요 …."

"그러나 이 사랑은 내가 내 사명에 전념하는 데 방해가 되지 않는다. 인간적인 애정에 대해서 내가 한 말을 기억하지 못하느냐? 쟁기에 손을 대고자 하는 사람에게는 벌써 명령이 될 만큼 그렇게 분명한 내 권고를 말이다. 요나의 시몬아, 너는 영웅적으로 내 제자가 되는 데 싫증이 나느냐?"

"아니올시다, 주님. 저는 모든 것을 기억하고 있습니다. 그리고 싫증나지 않습니다. 오히려 저는 그와 반대라는 느낌이 듭니다. …선생님을 따르기 위해 모든 것을 떠난 가엾은 시몬인 제게 선생님이 싫증을 내신다구요." 이렇게 대답할 때에 베드로의 목소리는 눈물로 인하여 쉰 목소리가 되었다.

"나를 따름으로 모든 것을 얻은 요나의 시몬이란 말이지."

"아니 … 예 … 선생님 … 저는, 저는 불쌍한 사람입니다 …."

"나도 안다. 바로 그렇기 때문에 너를 단련하는 것이다. 그것은 불쌍한 사람을 가지고 한 사람을 만들고, 사람을 가지고 한 성인을, 내 사도를, 내 반석(盤石)을 만들기 위한 것이다. 나는 나를 단단하게 만들기 위해 엄격하다. 나는 네가 이 진흙처럼 무르기를 원치 않는다. 나는 네가 다듬은 완전한 바윗덩어리, 주춧돌이 되기를 원한다. 이것이 사랑이라는 것을 너는 깨닫지 못하느냐? 너는 현자를 기억하지 못하느냐? 사랑하는 사람은 엄하다고 현자는 말했다. 그러나 나를 이해하여라, 최소한 너만이라도 나를 이해하여라! 내가 그 수많은 이해의 거부와 너무도 많은 책략과 수많은 사랑의 결핍과 한 층 더 많은 실망으로 인해 짓눌리고 비탄에 잠겨 있는 것을 너는 보지 못하느냐?"

"선생님이 … 선생님이 그러십니까? 아이고! 하느님 맙소사! 그런데 저는 그것을 눈치채지 못했었군요! 저는 정말 짐승 같은 사람입니다! … 그렇지만 언제부터입니까? 누구 때문에요? 말씀해 주십시오 …."

"소용없다. 너는 손쓸 도리가 없을 것이다. 나도 손쓸 도리가 없다 …."

"선생님의 짐을 덜어드리기 위해서 정말 제가 아무것도 할 수 없겠습니까?"

"내가 이미 네게 말했다. 내 엄격은 사랑이라는 것을 이해하는 것, 네게 대한 내 모든 행동을 사랑으로 보는 것이다."

"예, 예. 사랑하는 선생님! 저는 더 이상 말을 하지 않겠습니다. 그리고 선생님 진짜 짐승 같은 저를 용서해 주십시오. 선생님이 저를 용서하신다는 증거를 보여 주십시오 …."

"증거를! 참말이 내 말이 네게는 충분할 것이다. 그러나 증거를 주마, 잘 들어라, 내가 나자렛에 갈 수가 없는 것은 나자렛에는 마륵지암 말고도 엔도르의 요한과 신디카가 있기 때문이다. 그리고 이것은 알려져서는 안 되는 것이다."

"저희들에게까지두요? 왜요?… 아!… 선생님?! 선생님?! 선생님은 저희들 중의 누군가를 믿지 않으시는 거로군요?"

"어떤 일에 대해서 비밀을 지켜야 하는 경우에는 두 사람이 그 일을 아는 것만도 이미 너무 많은 사람이 아는 것이라고 조심성이 가르친다. 무심코 하는 말 한마디도 해를 끼칠 수 있는 것이다. 그런데 너희 모두가, 또 언제나 신중하지는 못하다."

"정말… 저도 그렇지를 못합니다. 그러나 제가 하고자 할 때에는 침묵을 지킬 줄 압니다. 그래서 이제는 입을 다물겠습니다. 오! 아무렴요, 입을 다물고 말고요. 제가 침묵을 지킬 줄 모르면 요나의 시몬이 아닙니다. 선생님, 저를 좋게 평가해 주셔서 고맙습니다. 이것은 사랑의 큰 증거입니다. …그러면 이제는 다리케아로 갑니까?"

"그렇다. 거기서는 배로 막달라에 간다. 보석을 판 돈을 받아야 한다…."

"제가 침묵을 지킬 줄 안다는 것을 아시겠지요. 저는 유다에게 절대로 아무 말도 하지 않았습니다. 아시겠습니까?"

예수께서는 말씀을 중단시킨 것을 이러쿵저러쿵 말씀하시지 않고 계속하신다. "금전을 받은 다음에는 너희 모두에게 등불 명절 다음 날까지 자유를 주겠다. 너희 중의 어떤 사람을 내가 원하면 나자렛으로 오라고 부르겠다. 열성당원 시몬만 빼놓고, 유다 사람들은 라자로의 누이동생들과 그 하녀들, 그외에 벳수르의 엘리사를 베다니아의 집으로 데리고 간다. 그리고는 각기 가정으로 가서 등불 명절을 지낼 것이다. 나로서는 우리가 여행을 다시 시작할 스밧달 말에 그들이 돌아오기만 하면 된다. 시몬 베드로야, 이것은 너 혼자만 알아야 하는 것이다, 그렇지?"

"저 혼자만 압니다. 그래도… 선생님이 말씀하셔야 될 텐데요…."

"적당한 시기에 그 말을 하겠다. 이제는 동료들에게로 가거라. 그리고 내 사랑을 확신해라."

베드로는 만족하여 순종하고, 예수께서는 다시 생각에 잠기신다.

두 배가 11월의 어떤 오후 늦게 막달라의 작은 해변에 닿았을 때 그 해변에는 파도들이 부서지고 있었다. 큰 파도는 아니다. 그러나 옷이 젖기 때문에 배에서 내리는 사람들에게는 언제나 기분나쁜 것이다. 그렇지만 곧 막달라의 마리아의 집에 가 있게 된다는 기대 때문에 달갑지 않은 목욕을 불평하지 않고 참아받게 된다.

"배들을 안전하게 해놓고 우리 있는 데로 오너라" 하고 예수께서 견습선원들에게 말씀하신다. 그리고 즉시 해안을 끼고 나 있는 길로 걷기 시작하신다. 그것은 그들이 시외에 있는 비스듬한 작은 부두, 막달라의 다른 어선들이 있는 곳에서 배에서 내렸기 때문이다.

"시몬의 유다와 토마는 이리 나 있는 데로 오너라" 하고 예수께서 부르신다.

두 사람이 달려온다.

"나는 너희에게 신임할 수 있는 사람에게만 맡길 수 있는 임무를 맡기기로 결정했는데, 그것은 또한 기쁨이기도 할 것이다. 임무란 라자로의 누이동생들을, 그리고 그들과 같이 엘리사를 베다니아로 데려다주는 것이다. 나는 제자들을 너희에게 맡길 만큼 너희를 넉넉히 높이 평가한다. 동시에 내 편지 한 장을 라자로에게 갖다 주어라. 그리고 이 임무를 다한 다음에는 너희들 집에 가서 등불 명절을 지내도록 하여라. …내 말을 중단하지 말아라, 유다야. 올해에는 우리 모두가 자기들 집에서 등불 명절을 지내기로 한다. 비가 너무 자주 와서 여행하기가 어려운 겨울이다. 또 너희가 보다시피 병자도 그리 많지 않다. 그러므로 이것을 이용해서 쉬기도 하고 우리 가정들을 기쁘게 해주기도 하자. 스밧달 월말에 가파르나움에서 너희를 기다리겠다."

"그렇지만 선생님은 가파르나움에 그대로 계십니까?" 하고 토마가 묻는다.

"어디에 남아 있을 것인지 아직 확실치 않다. 여기나 저기나 내게는 마찬가지이다. 내 어머니만 가까이 계시면 된다."

"저는 등불 명절을 선생님을 모시고 지냈으면 더 좋겠는데요" 하고 가리옷 사람이 말한다.

"나도 그렇게 생각한다. 그러나 나를 기쁘게 하기를 원하면 순종하여라. 너희의 순종이 돌아온 제자들을 사방으로 흩어지도록 도와줄 수 있게 하겠기 때문에 더 한층 순종해야 한다. 이 일에 나를 도와주어야 한다! 가정에서는 나이를 더 먹은 아들들이 부모를 도와 어린 아들들을 가르쳐야 한다. 너희는 제자들의 형들이고, 제자들은 너희 아우들이다. 그리고 너희는 내가 너희를 믿는 것을 기뻐해야 한다. 이것은 너희들의 최근의 일에 내가 만족한다는 증거가 된다."
　토마는 이렇게만 말한다. "선생님은 너무 착하십니다. 그러나 저는 이제 한층 더 잘하기로 힘쓰겠습니다. 그렇기는 하지만 저는 선생님을 떠나는 것이 싫습니다. … 그러나 이 기분도 이내 사라지겠지요. …그리고 제 늙은 아버지가 명절을 저와 같이 지내시는 건 기뻐하실 겁니다.…또 제 누이동생들도… 또 제 쌍동이 누이동생도! … 그애는 아기를 낳았던가 낳게 되었거나 할 겁니다. …제 첫번째 조카입니다. …아기도 사내아이고, 또 제가 거기에 있는 동안에 나면, 무슨 이름을 붙여줄까요?"
　"요셉."
　"그리고 계집아이면요?"
　"마리아, 이보다 더 기분좋은 이름은 없다."
　그러나 유다는 임무를 자랑스럽게 생각하여 으스대고 걸으면서 여러 가지 계획을 연달아 하고 있다. …그는 예수를 떠난다는 것을 완전히 잊었다. 그리고 내 기억이 틀리지 않으면 바로 얼마전 장막절 무렵에 얼마 동안 예수를 떠나 있으라는 명령에 대하여 길들지 않은 망아지처럼 반발하였던 것을 완전히 잊었다. 그는 또 그것이 자기를 멀리하려는 예수의 소원이라고 그때 가졌던 의심도 완전히 잊어버린다. 그는 모든 것을 잊고… 마음을 쓰는 임무를 맡길 수 있는 사람으로 여겨지는 것을 기뻐한다. 그는 이렇게 약속한다. "가난한 사람들을 위해 돈을 많이 갖다 드리겠습니다." 그리고 그의 돈주머니를 꺼내면서 말한다. "자, 받으십시오. 우리가 가진 것은 이것이 전부입니다. 저는 다른 것을 아무것도 가지고 있지 않습니다. 베다니아에서 집으로 가는 여비를 제게 주십시오."
　"그렇지만, 우리는 오늘 저녁 떠나는 게 아니야" 하고 토마가 반대한다.
　"상관없어. 마리아의 집에서는 돈이 필요없어, 그러니까… 돈을 다루지 않게 되는 것은 지극히 행복한 일이야. …제가 돌아올 때에는 선생님의 어머니께 꽃씨를 가져오겠습니다. 제 어머니더러 달라고 하겠습니다. 마특지암에게도 선물을 가져오려고 합니다…." 그는 흥분해 있다.
　예수께서는 그를 바라보신다….
　일행이 이제는 막달라 마리아의 집에 왔다. 누구라는 것을 알리고 모두 들어간다. 여자들이 기뻐하며 달려 나와 그들의 집에 들러 오신 선생님을 맞이한다….

그리고 저녁식사 후에 피로한 사도들이 물러갔을 때, 예수께서는 어떤 방 가운데 여자제자들 가운데 앉으셔서 그들이 할 수 있는 대로 일찍 떠나기를 바라신다는 소원을 밝히신다. 사도들과 반대로 여자제자는 아무도 반대하지 않는다. 그들은 동의를 표하기 위하여 고개를 숙인 다음 짐을 꾸리려고 나간다. 그러나 예수께서는 벌써 문지방까지 가있는 막달라 마리아를 불러들이신다.

"그래, 마리아야, 내가 도착할 때에 왜 아주 작은 소리로 '선생님께 비밀히 말씀드려야 할 것이 있습니다' 하고 말했느냐?"

"선생님, 보석을 팔았습니다. 티베리아에서요. 마르첼라가 이사악의 도움을 받아서 팔았습니다. 제 방에 그 돈이 있습니다. 저는 유다가 도무지 보지 못하기를 바랐습니다…." 그러면서 마리아는 얼굴이 몹시 빨개진다.

예수께서 그를 뚫어지게 들여다보신다. 그러나 말씀은 한마디도 하지 않으신다.

막달라 마리아는 나갔다가 무거운 돈주머니를 가지고 돌아와서 예수께 드리며 "여기 있습니다. 값을 잘 받았습니다" 하고 말한다.

"고맙다, 마리아야."

"선생님, 이 도움을 제게 부탁하신 것을 감사드립니다. 제게 또 다른 부탁하실 것이 있습니까?…"

"마리아야, 없다. 그런데 너는 내게 다른 말 할 것이 있느냐?"

"없습니다. 주님, 선생님, 강복해 주십시오."

"그래, 강복한다. …마리아야… 오빠에게로 돌아가는 것이 기쁘냐? 내가 팔레스티나에 없다고 생각하여라. 그러면 네가 기꺼이 집으로 돌아가겠느냐?"

"예, 주님, 그렇지만…"

"마저 말해 봐라. 겁내지 말고 네 생각을 말해라."

"그렇지만 가리옷의 유다 대신에 저희 집안의 절친한 친구인 열성당원 시몬이 있었으면 더 기꺼이 돌아갈 것입니다."

"시몬은 중요한 임무를 위해서 내게 필요하다."

"그러면 선생님의 사촌들이나 비둘기 같은 마음을 가진 요한이나요. 그 사람만 빼놓고는 다요. …주님, 저를 엄하게 바라보지 마십시오. …음란을 맛본 사람은 그것이 가까이 있는 것을 느낍니다. …저는 그것을 두려워하지 않습니다. 저는 유다보다 더한 사람도 나무랄 줄을 압니다. 그리고 제가 몹시 두려워하는 것은 용서를 받지 못할까 하는 것이고, 제 자아이고, 틀림없이 제 둘레를 돌아다니고 있을 사탄이고, 세상입니다. …그러나 데오필로의 마리아가 아무도 무서워하지 않지만, 예수님의 마리아는 그를 사로잡았던 방탕을 몹시 싫어합니다. 그리고… 주님… 관능에 몸을 내맡기는 사람은 제게 혐오감을 불러일으킵니다 ….”

"마리아야, 네가 혼자서 여행할 것이 아니다. 그리고 너와 마찬가지로 나도 그가 생각을 바꾸지 않을 것으로 확신한다. …내가 신디카와 요한을 안티오키아로 떠나보내야 한다는 것을, 그리고 이 일을 조심성없는 사람이 알아서는 안 된다는 것을 기억하여라 ….”

"맞습니다. 그러면 가겠습니다. …선생님, 언제 다시 뵐까요?”

"모르겠다. 어쩌면 과월절에나 다시 볼지도 모르겠다. 이제는 평안히 가거라. 오늘 저녁과 매일 저녁 네게 강복하고, 너와 더불어 네 언니와 착한 라자로에게도 강복한다.”

마리아는 몸을 숙여 예수의 발에 입맞춤하고, 조용한 방에 예수 혼자 남겨두고 나간다.

169. 예수께서 등불 명절을 지내러 나자렛에 가신다

춥고 바람부는 12월의 어느 날 벌써 어두워진 저녁이다. 죽은 도시의 거리같이 어두운 나자렛의 거리에는 아직 잎이 달려 있는 나무에서 떨어져서 획획 소리를 내는 바람에 불려 소리를 내는 나뭇잎들 말고는 다른 소리가 없다.

그런데 반대로 나자렛의 거리로는 하느님의 어린 양이 곧바로 자기 집을 향하여 가고 있다. 충충한 옷을 입은 어두운 큰 그림자가 별이 없는 밤의 어두움 속으로 사라지는 것 같다. 마른 낙엽이 쌓인 위에 놓여지는 그의 발걸음은 겨우 들릴까 말까 한다. 낙엽들은 공중에서 바람에 불려 빙글빙글 돌다가 땅에 떨어져 있지만 또 다른 곳으로 불려 갈 채비를 하고 있다.

예수께서는 클레오파의 마리아의 집 앞에 이르신다. 예수께서는 정원으로 들어가서 부엌문을 두드려야 하나 그렇지 않고 그대로 계속 가야 하나 잠시 결정을 내리지 못하고 계시다. …그러나 곧 멈추지 않고 길을 계속하신다. 이제는 당신 집이 있는 골목에 오셨다. 집이 기대 서 있는 비탈 위에 있는 올리브나무들이 심하게 움직이는 것이 벌써 보인다. 그 나무들이 캄캄한 하늘에 꺼멓게 흔들리는 것이 보인다. 예수께서는 걸음을 재촉하신다. 문에 이르셔서 주의깊게 귀를 기울이신다. 그렇게도 작은 이 집에서 일어나는 것은 듣기가 아주 쉽다! 문틀에 귀를 대기만 하면 듣는 사람과 말하는 사람 사이에는 문의 나무 몇 센티미터밖에는 없게 된다. …그런데도 아무 목소리도 들려 오지 않는다.

"늦었구나" 하고 한숨을 쉬시며 말씀하신다. "새벽을 기다려서 문을 두드려야지."

그러나 문앞을 떠나려고 하시는 순간 베틀의 율동적인 소리가 들려 온다. 예수께서는 미소를 지으시며 말씀하신다. "어머니가 깨어 계시며 옷감을 짜고 계시구나. 틀림없이 어머니셔. …분명히 어머니의 장단이다."

예수의 얼굴을 볼 수는 없다. 그러나 나는 예수께서 미소짓고 계시다는 것을 확신한다. 그것은 처음에는 서글프다가 지금은 명랑해진 그분의 목소리에 미소가 깃들어 있기 때문이다.

　예수께서는 문을 두드리신다. 잠깐 동안 소리가 멎더니, 이윽고 의자를 미는 소리가 나고, 그 다음에는 "누구세요?" 하고 묻는 맑은 목소리가 들려온다.

　"어머니, 저예요!"

　"내 아들!" 즐거운 기쁨의 외침, 낮은 음역(音域)의 외침이기는 하지만 외침은 외침이다. 빗장 움직이는 소리가 들리고는… 문이 열리면서 캄캄한 밤에 금빛의 찢어진 부분이 나타나게 한다. 성모님은 거기 문지방에서 예수의 품에 안기신다. 마치 예수님은 어머니를 받는데 일분도 기다릴 수가 없고, 또 성모님은 그 가슴에 뛰어드는 것을 일분이라도 기다리실 수 없는 것처럼.

　"아들아! 아들아! 내 아들아!" 입맞춤과 "어머니 — 아들"하는 다정한 말들… 그런 다음 두 분은 들어가시고 문은 조용히 다시 닫힌다.

　성모님이 가만히 설명하신다. "모두 자고 있는데, 나는 깨어 있었다.…야고보와 요한이 돌아와서 네가 뒤따라온다고 말한 때부터 나는 항상 늦은 시간까지 너를 기다렸다. 예수야, 춥지? 그래, 몸이 얼었구나. 이리 오너라. 나는 화덕에 그대로 불을 피워 놓았다. 나무 한 단을 더 넣겠다. 몸을 녹여라." 그러면서 여전히 어린 예수인 것처럼 손을 잡고 인도하신다.… 불을 다시 활활 타게 한 화덕에서는 불꽃이 탁탁 소리를 내며 신나게 빛나고 있다. 성모님은 손을 녹이려고 불꽃 쪽으로 내밀고 계신 예수를 들여다보신다. "무척 야위었구나! 우리가 헤어질 때는 네가 이렇지 않았었는데! 아들아, 너는 점점 더 야위고 얼굴이 핼쑥해졌다. 전에는 네가 젖빛깔과 장미빛깔이었는데. 그러나 지금은 오래 된 상아로 된 것 같구나. 아들아, 무슨 일이 또 있었느냐? 역시 바리사이파 사람들이?"

　"예… 그리고 또 다른 것도 있습니다. 그러나 이제는 여기 어머니와 같이 있으니까 행복합니다. 그리고 곧 좋아질 겁니다. 어머니, 올해에는 등불 명절을 여기서 지냅니다! 저는 여기 어머니 곁에서 완전한 나이가 되었습니다. 만족하십니까?"

　"그래. 그렇지만 얘야, 네게는 완전한 나이가 아직 멀었다.…너는 젊고, 또 내게는 네가 언제나 내 어린 것이다. 자, 양젖이 따뜻해졌다. 여기서 마시겠니, 그렇지 않으면 저기 가서 마시겠니?"

"저기 가서요. 제가 이제는 몸이 녹았습니다. 어머니가 베틀을 다시 덮으시는 동안 이걸 마시겠습니다."

두 분은 작은 방으로 돌아오시고, 예수께서는 식탁 옆에 있는 걸상에 앉으셔서 양젖을 드신다. 성모님은 아들을 들여다보시며 미소지으신다. 성모님은 예수의 배낭을 집어서 탁자에 올려놓으실 때 미소지으신다. 성모님이 하도 웃으시는 바람에 예수께서 물으신다. "무슨 생각을 하고 계셔요?"

"네가 마침 우리가 베들레헴으로 떠난 그날을 기념하는 날에 왔다는 것을 생각하고 있다. …그때에도 배낭들과 뚜껑이 열린 옷이, 특히 배내옷과 기저귀가 가득 찬 궤들이 있었다. …나는 요셉에게 그때 날지도 모르는 갓난아기의 옷이라고 말했다. 나는 속으로 유다의 베들레헴에서 나기로 되어 있는 아기라고 생각하고 있었다. …요셉이 그것을 두려워하기 때문에 나는 그 배내옷과 기저귀들을 밑에 감추었었다. …요셉은 하느님의 아들의 탄생이 그 자신을 위해서도 그의 어머니를 위해서도 분만과 출생의 일반적인 걱정거리를 당하게 되지는 않으리라는 것을 아직 알지 못하고 있었다. 요셉은 그것을 알지 못했었고, 그래서 그런 상태에 있는 나를 데리고 나자렛에서 멀리 떨어져 있는 것을 무서워했었다.

나는 거기서 어머니가 되리라는 것을 분명히 알고 있었다. …네가 네 탄생일에, 구속의 날에 이르렀다는 기쁨으로 내 속에서 너무나 기뻐하고 있었다. 따라서 내가 잘못 생각할 수가 없었다. 천사들은 내 하느님인 너를 가리고 있는 여인의 주위를 돌고 있었다. …그것은 고상한 대천사도 아니었고, 지난 여러 달 동안 그랬던 것처럼 나를 지키는 수호천사도 아니었다. 이제는 하느님의 하늘에 내 작은 하늘, 즉 네가 있던 내 태중으로 오는 수많은 천사의 무리들이었다. …나는 천사들이 노래하는 것을 들었고, 그들이 주고 받는 빛나는 말들을… 사람이 되신 하느님인 너를 보고 싶어서 안절부절하는 말들을 듣고 있었다. …나는 천사들이 내 태중에 숨어 있는 아버지의 사랑인 네게 경배하러 오려고 사랑으로 잠시 천국을 떠나는 동안 주고 받는 말을 듣고 있었다. 그리고 그들의 말을 …그들의 노래를… 그들의 열의를 배우려고 애썼다. …그러나 인간은 하늘의 것을 말할 수도 없고 차지할 수도 없다…."

예수께서는 어머니의 말씀을 들으신다. 예수님은 앉아 계시고 성모님은 식탁옆에 서서 예수께서 얼마나 지극히 행복하신가를 생각하시며 …한 손은 우중충한 나무에 올려놓으시고, 한 손은 가슴에 대고 계시다. …그러니까 예수께서는 희고 가냘프고 작은 손을 덜 흰 긴 손으로 덮으시고 당신 손으로 그 거룩한 손을 꼭 쥐신다. …그리고 성모님이 천사들에게서 그들의 말과 그들의 노래와 그들의 열의를 배우지 못한 것을 애석하게 여기는 듯이 입을 다무시자, 예수께서는 이렇게 말씀하신다. "천사들의 모든 말과 모든 노래와 모든 열의도 만일 제가 어머니의 말과 노래와 열의를 가지지 못했더라면 이 세상에서 저를 행복하게 하지는 못했을 것입니다! 어머니는 천사들이 제게 줄 수 없었던 것을 말씀하셨고 주셨습니다. 어머니께서 그들에게서 배우신 것이 아니라, 그들이 어머니에게서 배웠습니다. …어머니, 이리 제 곁으로 오셔서 또 이야기 해주십시오. …그때 이야기 말고… 지금 이야기요. 뭘하고 계셨습니까?"

"일하고 있었다."

"그건 저도 압니다. 그러나 그것이 무엇이었습니까? 어머니께서 저를 위해 애쓰신다고 확신합니다. 보여 주세요…."

성모님의 얼굴은 베틀에 걸려 있고, 예수께서 일어나셔서 들여다보시는 천보다도 더 빨개진다.

"주홍빛 물감? 누가 어머니께 드렸습니까?"

"가리옷의 유다, 시돈의 어부들에게서 받았다나 보더라. 그 사람은 내가 네게 왕의 옷을 만들기를 원한다. …옷은 내가 네게 만들어 준다마는, 네가 왕이 되는 데에는 주홍빛 옷감이 필요치 않다."

"유다는 노새보다도 더 고집이 셉니다." 이것이 바쳐진 주홍빛 물감에 대한 유일한 논평이었다. …그리고 어머니께로 몸을 돌리시고 말씀하신다. "그런데 그 사람이 어머니께 드린 것으로 옷 한 벌을 만들 수 있습니까?"

"아이고! 아니다! 옷과 겉옷의 가장자리 술 장식을 만드는 데에나 쓰일 수 있을 거다. 그 이상은 안 되고."

"좋습니다. 어머니께서 그걸 왜 좁은 띠로 만드시는지를 알겠습니다. 그러면 … 그 생각이 제 마음에 듭니다. 그 띠들을 저를 위해 따로 둬두세요.. 그러면 제가 어느 날 그걸 가지고 아름다운 옷을 하나 만드시라고 말씀드리겠습니다. 그러나 지금은 그 시기가 아닙니다. 애쓰지 마세요."

"나는 나자렛에 있을 때에는 일을 한다…."

"맞습니다. …그럼 다른 사람들은 그동안 무엇을 했습니까?"

"공부를 했지."

"아니 그보다도 어머니께서 그들을 가르치셨지요. 어떻게 생각하세요?"

"오! 그들은 세 명의 훌륭한 학생들이다. 너를 빼놓고는 그들보다 더 말 잘듣고 더 주의를 기울이는 학생들을 둔 적이 없었다. 나는 또 요한을 조금 튼튼하게 하려고 애썼다. 그 사람 병이 중하다. 오래 살지 못할 거다."

"저도 압니다. 그러나 그에게는 그것이 좋은 일입니다. 그뿐 아니라, 그 사람이 그것을 바랍니다. 그 사람은 스스로 고통과 죽음의 가치를 깨달았습니다.···그리고 신디카는요?"

"신디카를 떠나보내는 것은 아까운 일이다. 그 여자는 성덕과 초자연적인 것을 이해하는 적성(適性)이라는 면으로 제자 백 명의 가치는 있다."

"알겠습니다. 그러나 저는 그렇게 해야 할 겁니다."

"아들아, 네가 하는 일은 언제나 잘하는 일이다."

"그리고 어린 아이는요?"

"그애도 배운다. 그러나 요새는 매우 침울하다.···일년 전에 있었던 불행을 기억하고 있단다.···오! 이곳은 그리 명랑하지 않았었다. 요한과 신디카는 여기서 떠날 것을 생각하고 한숨을 쉬고 있지, 어린 아이는 죽은 어머니를 생각하면서 울고 있지···."

"그럼 어머니는요?"

"나는··· 너도 알다시피, 네가 내게서 멀리 떨어져 있을 때에는 태양이 없는 거나 마찬가지다. 세상이 너를 사랑한다 해도 태양이 여기에 없을 것이다. 그러나 적어도 안심은 있을 거다.···그러나 반대로···"

"눈물이 있군요, 불쌍한 어머니!··· 요한과 신디카에 대해서 질문을 받지는 않으셨습니까?"

"대관절 누가 질문을 하겠니? 알패오의 마리아는 알고 있지만 말을 하지 않는다. 사라의 알패오는 벌써 요한을 보았다. 그러나 그 사람은 호기심이 없다. 그 사람은 요한을 '제자'라고 부른다."

"그럼 다른 사람들은요?"

"알패오의 마리아를 빼놓고는 우리 집에 아무도 오지 않는다. 어쩌다가 여자가 일을 하거나 조언을 들으려고 온다. 그러나 나자렛의 남자들은 이제는 우리 집 문지방을 넘지 않는다."

"요셉과 시몬까지두요?"

"… 아니 … 시몬은 기름과 밀가루와 올리브와 땔나무와 달걀 따위를 보내 준다. …마치 너를 이해하지 못하는 것을 용서받기 위한 것처럼, 선물로 말을 하려는 것처럼. 그러나 그는 그것들을 어머니 마리아에게 주고, 여기 오지는 않는다. 게다가 누가 온다 하더라도 나밖에 보지 못할 것이다. 신디카와 요한은 누가 문을 두드리면 물러가니까 …."

"매우 쓸쓸한 생활이군요."

"그렇다. 그 때문에 어린 아이가 좀 괴로워한다. 그래서 이제는 마리아가 장보러 갈 때에 그애를 데리고 간다. 그러나 이제는 우리가 침울하지 않을 거다. 내 예수야, 네가 여기 있으니까!"

"알겠습니다. …이제는 자러 가시지요. 어머니, 제가 어렸을 때처럼 강복을 주십시오."

"아들아, 네가 내게 강복을 다오, 내가 네 제자이니까."

두 분은 껴안으신다. …그리고 등불을 하나 더 밝히시고 쉬시려고 나가신다.

170. 예수께서 나자렛에서 엔도르의 요한과 신디카와 함께

"선생님! 선생님! 선생님!" 그의 작은 방에서 나와 수반으로 세수를 하러 가다가 거기서 오시는 예수와 마주친 엔도르의 요한의 이 세 마디 외침에 마륵지암이 잠을 깼다. 마륵지암은 성모님의 방 밖으로 소매가 없는 짧은 속옷 바람에 아직 맨발로 뛰어 나오면서 예수를 보고 "예수님이 오셨다!" 하고 외치려고 온 몸이 눈과 입이 되다시피하며 전속력으로 달려가서 예수의 팔에 매달린다. 그리고 그 외침으로 요셉의 옛날 작업장에서 자고 있던 신디카도 잠깨어 조금 후에 나오는데, 벌써 옷을 다 입었다. 그러나 그의 매우 검은 땋아늘인 머리는 아직 반쯤 헝클어진 채 어깨에 늘어져 있다.

아직 어린 아이를 안고 계신 예수께서는 요한과 신디카에게 인사를 하시고, 북풍이 매우 세게 불기 때문에 집안으로 들어오라고 권하신다. 그리고 그의 열광에도 불구하고 이를 딱딱 마주치는 반쯤 벗은 마륵지암을 안으시고 먼저 들어오셔서 벌써 불이 피워진 화덕 곁으로 오신다. 성모님은 서둘러 양젖을 거기에 데우시고 어린 아이가 병이 들지 않도록 그의 옷도 따뜻하게 불에 쬐신다.

다른 두 사람은 말은 하지 않는다. 그러나 황홀한 기쁨의 화신(化身) 같다. 예수께서는 어린 아이를 무릎에 올려 놓으신 채 앉아 계시고, 성모님은 따뜻하게 불에 쬐신 옷을 그에게 서둘러 입히신다. 예수께서는 얼굴을 드시고 그들에게 미소를 보내시며 말씀하신다. "내가 오겠다고 너희에게 약속했었지. 그리고 오늘이나 내일 열성당원 시몬도 온다. 시몬은 내가 맡긴 어떤 일 때문에 다른 곳에 갔다. 그러나 곧 올 것이다. 그래서 우리는 여러 날동안 함께 있을 것이다."

마륵지암의 단장이 끝났고, 추위로 인하여 핏기가 없어졌던 작은 뺨에 다시 화색이 돈다. 예수께서는 그를 무릎에서 내려놓고 일어나셔서 옆에 있는 작은 방으로 건너가시니, 모두가 따라간다. 성모님은 어린 아이의 손을 잡고 맨 나중에 오시면서 아이를 조용히 꾸짖으신다. "이젠 내가 네게 어떻게 해야 하겠니? 너는 말을 안 들었다. '내가 돌아올 때까지 침대에 있어라' 하고 말했었는데, 너는 그 전에 왔다…."

"요한 아저씨가 외치는 바람에 잠이 깼어요…" 하고 마륵지암이 변명하느라고 말한다.

"바로 그런 때에 네가 순종할 줄을 알아야 할 거다. 자는 동안에 침대에 있는 것은 순종이 아니고, 그렇게 한다 해도 아무런 공로도 없다. 너는 그렇게 하는데 공로가 있을 때에 그렇게 할 줄을 알아야 했다. 그렇게 하는 데에는 의지가 있어야 하니까. 그랬으면 예수를 네게 데리고 갔을 거다. 네가 예수를 온전히 독차지했을 거고, 병들 염려도 없었을 거다."

"그렇게 추운 줄은 몰랐어요."

"그러나 나는 그걸 알고 있었다. 나는 네가 순종을 하지 않는 것을 보니 슬프다."

"안 돼요. 어머니, 어머니가 그러는 걸 보면 저는 더 마음이 아파요.…예수님 때문이 아니었으면, 어머니가 잊어버리고 먹을 것도 주지 않고 저를 침대에 놔두었더라도 일어나지 않았을 거예요. 예쁜 어머니, 어머니!… 어머니, 입맞춤해 주세요. 어머닌 제가 가엾은 아이라는 걸 아시지요!…"

성모님은 그를 안으시고 입맞춤하신다. 이렇게 해서 작은 얼굴에 눈물을 멎게 하시고 미소가 돌아오게 하시며 아울러 이렇게 약속하게 하신다. "다시는 절대로, 절대로, 절대로 말을 안 듣는 일이 없을 거예요!"

예수께서는 그동안 두 제자와 말씀하신다. 그들의 지혜가 얼마나 향상하였는지 물으시고, 성모님의 말씀으로 그들에게는 모든 것이 분명해진다고 말하자 예수께서는 이렇게 말씀하신다. "나도 안다. 하느님의 초자연적으로 빛나는 지혜도 어머니께서 말씀하시면 아무리 무딘 마음을 가진 사람들에게도 이해할 수 있는 빛이 된다. 그러나 너희는 마음이 무디지 않았으니, 그 때문에 어머니의 가르침의 혜택을 완전히 입는다."

"이제는 네가 여기 있으니, 여선생은 다시 학생이 된다."

"아이고! 아닙니다! 어머니께서 계속 선생님으로 계셔요. 저는 이 사람들처럼 듣겠습니다. 저는 요사이는 '아들'일 뿐, 그 이상의 아무것도 아닙니다. 어머니께서 그리스도인들의 어머니와 선생님이 되실 것입니다. 어머니께서 지금부터 벌써 그렇게 되셨습니다. 저는 어머니의 맏아들이고 첫번째 학생이고, 이 사람들, 그리고 시몬이 오면 그 사람도 이 사람들과 더불어, 또 다른 사람들… 어머니, 아시겠어요? 세계가 여기에 있습니다. 제가 '그리스도의 세계'가 되리라는 것을 알아차리지도 못할 순수한 작은 이스라엘의 세계 속에 내일의 세계가 있습니다. 세계가, 이스라엘의 묵은 세계는 열성당원 안에 있을 것이고, 인간성의 세계는 요한 안에, 이방인들의 세계는 신디카 안에 있을 것입니다. 그리고 그들은 모두가 세계와 세월에 지혜의 젖과 생명을 주시는 기르는 어머니이신 어머니께로 옵니다. 얼마나 많은 입이 어머니의 젖을 먹기를 바랐습니까? 또 장차 얼마나 많은 사람이 그렇게 하기를 갈망하겠습니까! 어머니의 풍부한 가슴에서 사람들의 영양이 오기로 되어 있었기 때문에 성조(聖祖)들과 예언자들이 어머니를 갈망했습니다. 그리고 '제 사람들'이 모두 마륵지암처럼 용서받고 가르침을 받고, 보호받고, 사랑받기 위해서 어머니를 찾을 것입니다. 또 그렇게 하는 사람들은 지극히 행복할 것입니다! 은총이 가득하신 어머니, 만일 은총이 어머니의 도움으로 강해지지 않으면 그리스도 안에 꾸준히 남아 있을 수가 없을 것이기 때문입니다."

당신 아들의 찬사에 성모님의 얼굴이 어떻게나 달아오르는지 짙은 빛깔 옷 안에 한 송이 장미꽃 같다. 매우 초라한 짙은 밤색의 거칠은 모직 옷 안에 피어난 찬란한 장미꽃이다….

문을 두드리더니 알패오의 마리아와 야고보와 유다가 우르르 들어온다. 야고보와 유다는 물병들과 나뭇단들을 들고 있다. 만나는 기쁨은 피차 마찬가지이다. 그리고 열성당원이 곧 오리라는 것을 알게 되자 기쁨은 더해진다. 알패오의 아들의 시몬에 대한 애정은 그들의 이 기쁨을 알아차린 어머니의 지적에 대한 유다의 이 대답에서도 잘 나타난다. "어머니, 바로 이 집에서, 또 저희에게는 매우 침울한 어느 날 저녁에 시몬은 저희에게 아버지와 같은 애정을 주었고, 또 계속 저희에 대해서 그 애정을 가지고 있습니다. 저희는 그것을 잊을 수가 없습니다. 저희에게는 그 사람이 '아버지'입니다. 저희는 그에게 대해서 '아들들'이구요. 어떤 아들이 인자한 아버지를 다시 보는 것을 기뻐하지 않겠어요?"

알패오의 마리아는 곰곰히 생각하며 한숨을 쉰다. …그리고 슬픔 가운데에서도 실제적인 그는 묻는다. "그럼 그 사람은 어디서 자나? 여긴 자리가 없으니, 내 집으로 보내요."
 "아주머니, 아닙니다. 그 사람은 제 집에서 살 겁니다. 그러나 이것은 빨리 될 겁니다. 신디카는 제 어머니와 같이 자고, 저는 마륵지암을 데리고, 시몬은 작업실에서 잘 것입니다. 그리고 그걸 즉시 마련하는 것이 나을 겁니다. 자 시작하자."
 그러니까 남자들은 신디카와 함께 마당으로 나오고, 그동안 두 분 마리아는 일을 하려고 부엌으로 간다.

171. 예수께서 마륵지암을 가르치신다

　예수께서는 어린 아이의 손을 잡고 집에서 나오신다. 그들은 나자렛의 중심지로 들어가지 않고, 반대로 예수께서 공생활을 위하여 집을 떠나실 때에 처음 가셨던 같은 길로 해서 시내에서 나간다. 그리고 첫번 올리브밭에 이르자 큰길을 버리고 나무들 사이로 나 있는 오솔길로 들어서서 돌풍이 불었던 여러 날 후에 나타난 약한 해를 찾아 간다. 예수께서는 아이에게 달리고 깡총깡총 뛰라고 권하신다. 그러나 마륵지암은 이렇게 대답한다. "저는 선생님 곁에 있는 것이 더 좋아요. 저는 이제 큰 사람이예요. 저는 제자입니다."
　예수께서는 나이와 자존심에 대한 이 … 진지한 선언을 들으시고 빙그레 웃으신다. 사실 예수 곁에서 걸어 가는 것은 정말 작은 어른이다. 아무도 그를 열 살 이상으로는 보지 않을 것이다. 그러나 그가 제자가 아니라고 말할 수 있는 사람은 아무도 없고, 모든 사람보다도 예수께서는 더 그렇게 말씀하실 수 없다. 예수님은 그저 이렇게만 말씀하신다. "내가 묵상기도 하는 동안 말을 하지 않고 있는 것이 네게는 지루하겠구나, 나는 너를 재미있게 놀게 하려고 데려왔는데."
　"저는 요새는 즐길 수가 없을 거예요.…그렇지만 선생님 곁에 있으면 마음이 많이 가벼워져요.…요새 저는 선생님이 몹시 보고 싶었어요. …그건… 그건…" 아이는 떨리는 입술을 꼭 다물고 말을 하지 않는다.
　예수께서 그의 머리에 한 손을 얹으시고 말씀하신다. "내 말을 믿는 사람은 믿지 않는 사람들처럼 슬퍼해서는 안 된다. 나는 언제나 진리를 말한다. 아브라함의 품에 있는 의로운 사람들의 영혼과 이 세상에 있는 의로운 사람들의 영혼들에게는 이별이 없다고 잘라 말할 때에도 그렇다. 마륵지암아, 나는 부활이요 생명이다. 그리고 이 생명을 나는 내 임무를 다하기 전에도 가져다 준다. 너는 네 부모가 메시아가 오기를 간절히 바랐고, 메시아를 보게 오래 살게 해달라고 하느님께 청했다고 늘 말했지. 그러면 네 부모는 나를 믿은 거다. 네 부모는 이 믿음을 가지고 잠든 것이다. 따라서 네 부모는 이 믿음으로 벌써 구원을 받았고, 이 믿음으로 벌써 부활해서 살고 있다. 이것은 정의에 대한 갈망을 줌으로써 생명을 주는 믿음이다. 네 부모가 구세주를 만날 자격이 있는 사람이 되기 위해 얼마나 많이 유혹을 물리쳐야 했는지 생각해 보아라 ….”

"그렇지만, 주님, 제 부모는 주님을 보지 못하고 죽었어요.…죽어두 얼마나 참혹하게 죽었다구요! … 저는 사람들이 마을의 죽은 사람들을 다 꺼냈을 때 제 어머니, 아버지 … 동생들을 봤어요. 아세요? … 그 사람들이 저를 위로하려고 '네 가족들은 이렇지 않다. 고통을 당하지 않았다' 하고 말했지만 그게 무슨 상관이 있어요? 아이고! 제 가족들이 고통을 당하지 않았다구요? 부모 형제의 숨을 막히게 한 흙과 물이 공기였나요? 그리고 부모가 자기들이 죽는다는 걸 깨달았을 때 그들의 이성이 저를 생각하면서 반항하지 않았겠어요?…" 아이는 고통으로 인하여 매우 흥분하였다. 그는 예수 앞에 서서 거의 도발적으로 쉴 새 없이 손짓을 한다….

그러나 예수께서는 그 고통을 그 말할 필요성을 이해하신다. 그래서 말하는 대로 가만 내버려 두신다. 예수는 참된 고통 때문에 이상한 말을 하는 사람들에게 "입 다물어. 너 때문에 눈살이 찌푸려진다"고 말하는 사람 축에 끼시는 분이 아니다.

아이는 말을 계속한다. "그리고 그 다음에는요? 그 다음엔 무슨 일이 일어났어요? 그후 어떤 일이 일어났는지는 선생님이 아셔요! 선생님이 오시지 않았더라면 저는 야수가 됐든지, 수풀 속에서 뱀처럼 죽었든지 했을 거예요. 그리구 저는 도라를 미워했구 또… 엄마가 있으면서 저를 사랑하고 이웃을 사랑하게 하던 그전만큼은 하느님을 사랑하고 있지 않으니까, 저는 엄마와 아버지와 동생들에게로 가지도 못했을 거예요. 배가 고프고 찢어진 옷을 입고 집도 없던 저는 배불리 먹고 따뜻한 깃털을 가지고 있고, 또 둥지를 다시 만들고 하는 새들을 미워하다시피 했어요.… 새를 사랑하는 제가 저를 그놈들과 비교할 때는 화가 치밀어 오르기 때문에 그놈들을 쫓아버리곤 했어요. 그리고는 제가 심술궂었다는 것과 지옥에 떨어져 마땅하다는 것을 깨닫고는 울곤 했어요….”

"아! 그러면 너는 고약한 짓을 한 것을 뉘우쳤구나?”

"예, 주님. 그렇지만 착한 사람이 되려면 어떻게 해야 했어요? 늙은 할아버지는 착했어요. 그렇지만 할아버지는 '얼마 안 있으면 모두 끝난다. 나는 늙었으니까 …' 하고 말하곤 했어요. 그렇지만 저는 늙은이가 아니었어요! 들개처럼 말고 사람처럼 일해서 먹을 수 있으려면 몇 해를 더 있어야 했을까요? 선생님이 오지 않았으면 저는 도둑이 됐을 거예요."

"네 어머니가 너를 위해 기도하고 있었으니까 너는 도둑이 되지 않았을 거다. 내가 가서 너를 데려온 걸 알지? 이것은 하느님께서 너를 사랑하시고 네 어머니가 너를 보살피고 있었다는 증거다."

아이는 입을 다물고 곰곰히 생각한다. 그가 예수 곁에서 지난 며칠 동안의 북풍으로 좀 누렇게 된 풀을 밟고 걸으면서 어떻게나 그가 밟고 지나가는 땅을 뚫어지게 들여다보는지 그 땅에 빛을 청하는 것 같다. 그러다가 고개를 쳐들면서 묻는다. "그렇지만 하느님이 엄마를 죽지 않게 했으면 더 훌륭한 증거가 되지 않았겠어요?"

예수께서 그 작은 지능의 인간적인 논리 때문에 빙그레 웃으신다. 그러나 진지하고 친절하게 설명하신다. "마륵지암아, 들어봐라, 나는 비유로 이 일을 네게 이해하게 하겠다. 너는 새들을 사랑한다고 말했지? 이제는 좀 들어봐라. 새들은 날아다니라고 만들어졌니, 그렇지 않으면 새장 안에 있으라고 만들어졌니?"

"날아다니라구요."

"맞았다. 그런데 어미새들은 새끼들이 어릴 때는 어떻게 해서 기르니?"

"먹이를 물어다 주어서 길러요."

"그래, 그러나 뭘 갖다 먹이니?"

"어미새들이 이리저리 날아다니면서 만나는 낟알, 파리, 애벌레, 빵부스러기, 또는 과일 조각 같은 거요."

"맞았다. 이제는 잘 들어라. 만일 오는 봄에 새끼들이 속에 있고 어미새가 그 위에 앉아 있는 둥지가 땅에 떨어져 있는 것을 만나면 어떻게 하겠니?"

"주울 거예요."

"통째로? 있는 그대로? 어미까지 함께?"

"통째로 줍겠어요. 어미 없이 새끼들만 있는 건 너무 나쁠 테니까요."

"사실은 신명기(申命記)에는 번식을 위해서 신성한 어미는 자유롭게 놔두고 새끼들만 거두어 주라는 말이 있다."

"그렇지만 착한 어미면 가지 않고 제 새끼들이 있는 곳으로 달려와요. 제 어머니도 그렇게 했을 거예요. 엄마는 제가 아직 어린 아이니까 선생님에게도 영원히 주지는 않았을 거예요. 엄마는 제 동생들이 저보다도 훨씬 더 어리니까 저하고 같이 올 수도 없었을 거예요. 그러니까 제가 떠나게 내버려두지 않았을 거예요."

"좋다. 그러나 잘 들어라. 그럼 너라면 네가 새장을 열어 놓아서 어미가 마음대로 왔다갔다 하면 새끼들에게 적당한 먹이를 갖다 주게 하는 것이 그 새들의 어미와 새끼들을 더 사랑하는 것이 되겠니, 그렇지 않고 어미를 가두어두는 것이 더 사랑하는 것이 되겠니?"

"그야! … 저는 새끼들이 클 때까지 어미가 왔다갔다 하게 내버려두는 게 더 좋겠어요. …또 새끼들을 데리고 있으면 그놈들이 크면 어미를 마음대로 가게 내버려두면 더 좋겠어요, 새는 날아다니라고 만들어졌으니까요. …정말 …아주 착하게 되려면 … 새끼들이 큰 다음에는 새끼들도 날아가게 내버려 둬서 자유를 줘야 할 거예요. …그것이 제가 새끼들에게 가질 수 있을 제일 참다운 사랑일 거예요. 그리고 가장 옳구요. …그러믄요! … 가장 옳지요. 제가 하는 일은 하느님께서 새들을 위해서 원하신 것이 이루어지도록 허락하는 게 될 뿐일 테니까요…."

"아니, 착한 마륵지암! 너는 정말 지혜로운 사람처럼 말했다. 너는 네 주님의 훌륭한 선생이 될 것이다. 그리고 네가 지혜로운 사람으로 말할 터이니까 네 말을 듣는 사람이 네 말을 믿을 것이다!"

"예수님, 그게 참말이에요?" 처음에는 불안하고 침울하다가, 곰곰히 생각하느라고 어두워지고, 무엇이 가장 좋은 것인지 판단하느라고 하는 노력 때문에 무감각한 표정이 되었던 작은 얼굴이 칭찬을 받는 기쁨으로 밝아지고 환해진다.

"사실이다. 이제 좀 생각해 봐라! 너는 다만 착한 소년이기 때문에 그렇게 판단한다. 그러면 모든 일에 있어 완전하신 분이신 하느님께서 영혼들과 영혼들의 참된 이익에 대해서 어떻게 판단하시겠는지 곰곰히 생각해 봐라. 영혼들은 육체가 그 장 속에 가두어 놓은 새들과 같다. 이 세상은 새들이 장에 갇힌 채 끌려 온 곳이다. 그러나 영혼들은 하늘의 자유를 갈망하고, 하느님이신 태양을 갈망하고, 영혼들을 위하여 만들어진 양식인 하느님을 뵙는 것을 갈망한다. 어떤 인간적인 사랑도, 자식들에 대한 어머니의 거룩한 사랑이나 어머니에 대한 자식들의 거룩한 사랑도 하느님이라는 그들의 근원에 결합하고자 하는 영혼들의 이 갈망을 억누를 만큼 강하지는 못하다. 따라서 하느님께서는 우리에 대한 완전한 사랑 때문에 당신을 갈망하는 영혼과 결합하기를 바라는 당신의 소원을 능가할 만큼 확고한 이유를 아무것도 찾아내지 못하신다. 그러면 어떤 일이 일어나느냐? 때로는 하느님께서 영혼을 너무 사랑하셔서 '오너라! 너를 해방한다' 하고 말씀하시게 된다. 그리고 어떤 어머니 둘레에 자녀들이 있어도 그렇게 말씀하시는 때가 있다. 하느님께서는 모든 것을 보시고, 모든 것을 아시며, 하느님께서 하시는 일은 무엇이든지 잘 하시는 일이다. 하느님께서 어떤 영혼을 해방하실 때는 — 이것은 그저 원만한 지능만 가지고 있는 사람들에게는 명백하지 않은 것이다 — 그러니까 하느님께서 한 영혼을 해방하실 때는 언제나 그 영혼 자신과 그 영혼과 일치해 있는 사랑들의 더 큰 이익을 위해서 하신다.

그때에는, 내가 벌써 여러 번 네게 말한 것과 같이, 하느님께서 당신께로 도로 불러 가신 영혼, 그가 하느님을 통해서 사랑하는 부모를 인간적인 장애가 없는 순수한 사랑으로 사랑하는 그 영혼의 임무에다 수호천사의 임무를 보태 주신다. 하느님께서 어떤 영혼을 해방하실 때에는 남아 있는 사람들에게 필요한 보살핌을 그 영혼 대신 해주시려고 애쓰신다. 하느님께서 네게 그렇게 해주시지 않았느냐? 이스라엘의 어린 아들인 너를 가지고 하느님께서 내 제자를, 미래의 내 사제를 만들지 않으셨느냐?"

"주님, 그렇게 하셨어요."

"자 이제는 좀 곰곰히 생각해 보아라. 네 어머니는 나에 의해서 해방될 것이고, 네 전구(傳求)는 필요치 않을 것이다. 그러나 만일 네 어머니가 구속 후에 죽었으면, 그래서 전구가 필요했더라면, 네가 사제로서 전구를 마련해 드릴 수 있었겠느냐? 곰곰히 생각해 보아라. 너는 성전의 사제에게 헌금을 해서 그로 하여금 어머니를 위해 어린 양이나 비둘기나 농산물 같은 제물을 바치게 하는 쓰라린 결과를 감당하는 일밖에 못할 것이다. 만일 네가 네 어머니 곁에서 어린 농부 야베로 남아 있었더라면 그렇게밖에는 못했을 것이다. 그와 반대로 그리스도의 사제인 너 마륵지암은 그 이름으로 모든 용서가 내려지는 완전한 희생을 바치는 완전한 제사를 네 어머니를 위해 직접 드릴 수 있을 것이다!"

"그런데 제가 그걸 못하게 됐나요?"

"네 아버지와 네 어머니와 네 동생들을 위해서 못할 것이다. 그러나 친구들과 네 제자들을 위해서는 그렇게 할 수 있을 것이다. 이 모두가 훌륭하지 않으냐?"

"훌륭해요, 주님."

"그러면 명랑해진 기분으로 집으로 돌아가자."

"예 … 그렇지만 저는 선생님이 묵상기도를 하시게 놔두지 않았어요! … 그게 마음에 언짢아요 …."

"그러나 우리가 묵상기도를 했다! 우리는 진리를 고찰하고, 하느님의 인자하심을 곰곰히 생각해 보았다. …이것이 모두 묵상기도이다. 그런데 너는 그것을 참다운 어른처럼 했다. 자! 이제는 우리 안에 있는 기쁨을 위해서 아름다운 시편의 찬미나 노래하자."

그러면서 이렇게 노래하기 시작하신다. "'아름다운 노래가 내 마음에서 나왔네 …'" 마륵지암은 예수의 청동과 금을 울리는 것 같은 목소리에 은처럼 울리는 그의 목소리를 합친다.

172. 열성당원 시몬이 나자렛에 오다

    12월에는 저녁이 빨리 어두워진다. 그래서 등불들을 일찍 켜고, 가족이 한 방에 모인다. 나자렛의 작은 집도 마찬가지이다. 그래서 두 여자가 한 사람은 베틀에서 일하고 한 사람은 바느질을 하는 동안, 예수께서는 엔도르의 요한과 함께 식탁 곁에 앉으셔서 그와 조용히 말씀을 나누시고, 그동안 마륵지암은 방바닥에 놓여 있는 궤 둘을 마저 윤내고 있다.
    아이는 그 일에 전력을 들이고 있는데, 마침내 예수께서 일어나셔서 몸을 숙여 나무를 들여다보시고 만져 보시며 말씀하신다. "이제 이만하면 되었다. 궤가 넉넉히 윤이 나니까 내일 옻칠을 할 수 있을 것이다. 이제는 내일 또 일하게 모두 정리하여라." 그리고 마륵지암이 윤내는 연장들을 — 우리네 사포(砂布) 역할을 하는, 꺼칠꺼칠한 물고기 껍질을 못박아 고정시킨 칼모양의 단단한 주걱과 같은 일에 쓰이는 분명히 강철로 만들지 않은 칼들 — 가지고 나가는 동안 예수께서는 튼튼한 팔로 궤 하나를 들고 작업장으로 가져가신다. 이 기회에 방 한가운데로 다시 옮겨놓은 작업대 중 하나 곁에 톱밥과 대팻밥이 있는 것으로 보아 여기서 일을 한 것이 틀림없다. 마륵지암은 연장들을 받침대에 다시 올려놓고, 불에 갖다 넣으려고 대팻밥을 줍고 톱밥도 치우려고 한다. 그러나 엔도르의 요한이 그 일을 하기로 한다.
    예수께서 둘째 궤를 가지고 오셔서 첫번째 궤 옆에 놓으실 때에는 모든 것이 정돈되었다. 그리고 세 사람이 나가려고 하는데, 집 대문을 두드리는 소리가 나고 곧 이어서 성모님께 정중한 인사를 드리는 열성당원의 굵은 목소리가 울린다. "주님의 어머니, 인사올립니다. 그리고 어머님의 지붕 밑에 살게 허락하시는 친절을 찬미합니다."
    "시몬이 도착했구나. 이제는 그가 왜 늦어졌는지를 알게 되었다. 가자…" 하고 예수께서 말씀하신다.
    그들이 사도가 여자들과 같이 있는 작은 방으로 들어갔을 때, 시몬은 지고 있던 큰 꾸러미를 내려놓고 있었다.

"시몬아, 네게 평화…."

"오! 복되신 주님! 제가 늦었지요? 그러나 저는 모든 것을 제대로 했습니다…."

그들은 서로 입맞춤한다. 그리고 시몬은 보고를 계속한다. "저는 목수의 과부집에 갔습니다. 선생님의 도움은 매우 유익했습니다. 늙은 여자는 병이 대단하고, 따라서 비용이 늘어납니다. 어린 목수는 저처럼 작은 물건들을 만드느라고 애를 쓰고, 항상 선생님을 생각하고 있습니다. 모두가 선생님을 찬미합니다. 그리고 나라와 사미라와 시라의 집에 갔습니다. 오빠는 그 어느 때보다도 더 매정합니다. 그러나 그 여자들은 실제로 그렇기도 하지만 성녀들처럼 화평한 마음으로 있고, 눈물과 용서로 양념을 한 그들의 보잘 것 없는 빵을 먹고 있습니다. 보내 주신 도움에 대해서 그 여자들은 선생님을 찬미합니다. 그러나 무자비한 그들의 오빠가 회개하도록 기도해 주십사고 선생님께 간청합니다. 늙은 라헬도 애긍에 대해서 선생님을 찬미합니다. 끝으로 물건을 사려고 티베리아로 갔습니다. 제대로 했다고 생각합니다만, 여자분들이 살펴보셔야겠지요.…그러나 티베리아에서 저를 선생님의 속달파발꾼으로 생각하는 어떤 사람들에게 붙들렸었습니다. 그 사람들이 저를 사흘 동안 불법 감금했습니다.…오! 말하자면 부자의 감옥이었지요! 그러나 감옥은 감옥이었습니다.…그 사람들은 아주 많은 것을 알고자 했습니다.…저는 선생님이 우리 모두에게 휴가를 주시고, 선생님께서도 혹한 동안은 집으로 돌아가셨다고 말해서 진실을 말했습니다.…그들이 요나의 시몬의 집과 필립보의 집에 가서도 선생님을 찾아내지 못하고 그 이상 아무것도 알아낼 수가 없기 때문에 제 말이 사실이라는 것을 확신하고는 저를 떠나게 내버려 두었습니다. 좋지 못한 날씨의 핑계까지도 그 좋은 날씨들 때문에 필요가 없게 되었었습니다. 그래서 늦어졌습니다."

"상관없다. 우리는 같이 있을 시간이 있을 것이다. 모든 것에 대해서 고맙게 생각한다. …어머니, 신디카와 같이 꾸러미 속에 무엇이 들어 있는지 보십시오. 그리고 어머니께서 알고 계신 것을 위해 넉넉해 보이는지 어떤지 말씀해 주십시오…." 그리고 여자들이 꾸러미를 푸는 동안 예수께서는 앉으셔서 시몬과 말씀을 하신다.

"그런데 선생님은 무슨 일을 하셨습니까?"

"한가롭게 있지 않으려고, 그리고 그것들이 쓸모가 있겠기에 궤 둘을 만들었다. 그리고 산책을 하고, 내 집을 즐겼다…."
　시몬은 예수를 뚫어지게 자세히 들여다본다.…그러나 아무 말도 하지 않는다.
　꾸러미에서 아마포와 모직물과 샌들들과 베일과 허리띠들이 나오는 것을 보고 마륵지암이 소리를 지르는 바람에 예수께서 그쪽을 돌아다보시고 같이 있는 두 사람도 그렇게 한다.
　성모님이 말씀하신다. "모두가 잘 됐다. 썩잘 됐어. 우리는 곧 일을 시작하겠다. 그러면 이내 다 꿰매질 거다."
　아이가 묻는다. "예수님, 결혼하세요?"
　모두가 웃고, 예수께서는 이렇게 물으신다. "어디서 그런 생각이 왔니?"
　"남자와 여자의 이 혼수하고, 선생님이 만든 궤 두 개를 보구요. 이건 선생님과 신부의 혼수감이지요. 신부를 제게 소개해 주시겠지요?"
　"네가 정말 내 신부를 알고 싶으냐?"
　"오! 그럼요! 얼마나 예쁘고 착하겠어요! 이름이 뭐야요?…"
　"그건 지금은 비밀이다. 이름이 둘이 있으니까 처음에는 야베라고 했다가 그 다음에 마륵지암이 된 너같이 말이다."
　"그럼 그 두 이름을 저는 알 수 없어요?"
　"지금은 알 수 없다. 그러나 언젠가는 너도 알게 될 거다."
　"결혼식에 저를 초대하시겠어요?"
　"그것은 어린이들의 축제는 아닐 것이다. 혼인잔치에는 너를 초대하마. 너는 손님과 증인의 한 사람이 될 것이다. 그러면 되겠니?"
　"그렇지만 얼마 후에요? 한 달 후에요?"
　"오! 훨씬 더 오래 지난 다음에!"
　"그러면 왜 손에 물집이 생기도록까지 일하셨어요?"
　"물집이 생긴 것은 이제는 내가 손으로 일을 하지 않게 됐기 때문이다. 얘야, 한가하게 있는 것이 힘드는 일이라는 걸 알겠니? 항상 그렇다. 그 다음 일을 다시 시작할 때에는 너무 허약해졌기 때문에 곱절 고생하게 된다. 잘 생각해 봐라! 그렇게 하는 것이 손에도 해가 될 적에야 영혼에는 얼마나 큰 해가 되겠니? 알겠니? 오늘 저녁 나는 하도 손이 아파 줄을 쥘 수가 없어서 너더러 '도와다오' 하고 말해야 했다. 2년 전만 해도 고통을 느끼지 않고 하루에 열 네 시간까지도 일을 했는데 말이다. 열심과 의지가 누그러지는 사람도 마찬가지이다. 무슨 일에든지 쉽게 싫증을 낸다. 그가 약하기 때문에 영적인 병의 독이 더 쉽게 그에게 뚫고 들어간다. 반대로 전에는 단련이 되어 있기 때문에 좋은 일을 하는 것이 힘들지 않았었는데, 지금은 곱절이나 더 힘들게 그런 일을 하게 된다. 오! '이 기간만 지나면 더 활기차게 일을 다시 시작하겠다' 하고 말하면서 한가롭게 있어서는 안 된다! 그렇게 하게 되지 못한다. 또 그렇게 하게 된다 하더라도 대단히 고생해야 할 것이다."

"그렇지만 선생님은 게으름피우지 않았어요."

"그렇다, 나는 다른 일을 했다. 그러나 내 손이 한가하게 있었던 것이 손에 해로웠다는 것을 너는 알았다." 그러면서 예수께서는 벌겋게 되고 여기저기 물집이 생긴 손바닥을 보이신다.

마륵지암은 거기에 입맞춤하면서 말한다. "어머니는 제가 아플 때 이렇게 해주었어요. 사랑은 아픈 걸 낫게 하니까요."

"그렇다, 사랑은 아주 많은 것을 낫게 한다. …그러면 … 시몬은 이리 오너라. 너는 목수의 작업장에서 자거라. 네 옷을 어디에 놓을 수 있을지를 일러줄 터이니까 이리 오너라, 그리고 …" 두 분은 나가고 모든 것이 끝난다.

173. 나자렛의 집의 어느날 저녁

　성모님과 신디카가 열성당원이 가져온 천을 가지고 급히 바느질을 하기 때문에 베틀은 쉬고 있다. 벌써 마름질을 한 옷감들이 접혀서 빛깔 따라 탁자 위에 차곡차곡 쌓여 있고, 이따금씩 여자들이 그중의 한 조각을 집어가고, 그 다음에는 탁자 위에서 시침질을 한다. 그래서 남자들은 베틀이 쉬고 있는 구석으로 밀려나 있고, 그래도 여자들이 일하는 데 아주 가까이에 있지만 그 일에 관심을 기울이지 않는다. 알패오의 유다와 야고보 두 사도도 있는데, 그들은 여자들이 일하는 것을 바라다보며 질문은 하지 않지만, 호기심은 없지 않은 것 같다.
　그리고 두 사촌은 그들의 형들, 특히 문에까지 그들과 같이 왔다가 간 시몬에 대하여 말하고 있다. "아이가 아프기 때문에"라고 야고보가 소식을 완화하고 형을 변명하기 위하여 말한다. 유다는 더 엄격해서 이렇게 말한다. "바로 그렇기 때문에 형이 와야 했을 거야. 그러나 형도 정신이 멍해진 모양이다. 하긴 알패오와 두 제자만 빼놓고는 나자렛 사람들 모두가 멍청해져 있어. 그리고 그 두 제자는 지금 어디 있는지도 모른단 말이야. 나자렛이 다른 것 좋은 것은 아무것도 가지고 있지 못하다는 것을 알겠다. 착함이라는 건 마치 우리 도시에는 맛이 언짢은 물건인 것처럼 전부 뱉아 버리고 말았단 말이야…."
　"그렇게 말하지 말아라" 하고 예수께서 부탁하신다. "네 정신을 해치지 말아라. …그것은 그들의 탓이 아니다…."
　"그럼 누구의 탓입니까?"
　"여러 가지 일의 탓이다. …그걸 찾지는 말아라. 그러나 나자렛 전체가 적의를 품고 있지는 않다. 어린이들…"
　"그건 어린 아이들이니까 그렇습니다."
　"여자들…"
　"그건 여자들이니까 그렇습니다. 그렇지만 어린 아이들과 여자들이 선생님의 나라를 튼튼하게 하지는 못할 것입니다."

"왜 그러냐, 유다야? 너는 잘못 생각하고 있다. 오늘의 어린이들은 바로 내일의 제자들일 것이고, 나라를 세상에 전파하는 제자들이 될 것이다. 그리고 여자들은… 왜 여자들이 그 일을 못한단 말이냐?"

"선생님은 분명히 여자들을 가지고 사도들을 만들지는 못하실 것입니다. 여자들은 기껏해야 선생님이 말씀하신 것과 같이 제자들을 돕기 위한 여자 제자나 될 것입니다."

"사촌, 너는 장차 많은 것에 대해서 생각이 바뀔 것이다. 그러나 나는 네 생각을 바꾸게 하려고 시도하지는 않는다. 여러 세기를 두고 내려오는 여자들에 대한 사상과 잘못된 선입관에 부딪힐 테니까. 다만 네가 여자제자들과 남자제자들 사이에서 보는 차이를 마음 속으로 살펴보고 알아보고, 여자제자들이 내 가르침에 어떻게 부응했는지를 공평무사하게 알아보기를 부탁한다. 시간과 용맹의 순서로 말하자면 첫번째 여자제자였고 지금도 그러한 네 어머니부터 시작해서 너는 여자들이 너희들보다 낫다는 것을 볼 것이다. 네 어머니는 내게 충실하기 때문에 그를 비웃는 고장 사람들에게 용감하게 정면으로 대항하고, 그가 내게 충실하기 때문에 비난을 아끼지 않는 혈육의 목소리에까지도 대항하고 있다."

"그것이 사실이라는 것은 저도 인정합니다. 그러나 나자렛에는 여자제자들인들 어디에 있습니까? 알패오의 딸들, 이스마엘과 아세르의 어머니들과 그들의 자매들, 이뿐입니다. 너무나 적습니다. 저는 이 모든 것을 보지 않게 다시는 나자렛에 돌아오고 싶지 않습니다."

"가엾은 어머니! 너는 어머니께 큰 고통을 드릴 것이다" 하고 성모님이 회화에 끼여드시면서 말씀하신다.

"사실입니다" 하고 야고보가 말한다. "어머니는 우리 형들과 예수님과 우리를 화해시키기를 몹시 바라셔. 나는 어머니가 이것만을 바라신다고 생각해. 그러나 우리가 멀리 떨어져 있으면서는 분명히 우리가 그렇게 하지 못할 거야. 지금까지는 형의 생각이 옳다고 여겨서 떨어져 있었지만, 내일부터는 나가서 이 사람 저 사람에게 다가 갈래.···우리가 이방인들에게까지 복음을 전해야 하는데, 왜 우리 도시에는 복음을 전하지 않겠어? 나는 우리 도시가 회개시킬 수 없는 전적으로 나쁜 도시라고 생각하기는 싫어."

유다 타대오는 대꾸는 하지 않는다. 그러나 분명히 불안하다.

173. 나자렛의 집의 어느날 저녁

여전히 잠자코 있던 열성당원 시몬이 끼어든다. "나는 의심을 암시하고 싶지는 않네. 그렇지만 자네들의 정신을 가볍게 하기 위해 자네들에게 질문을 하나 하게 해주게. 이런 질문일세. 나자렛의 유보적인 태도에는 다른 곳에서 온 외부적인 힘이 있어서, 올바르게 추리하면 선생님이 하느님의 성인이라는 확신을 주는 가장 훌륭한 보증을 제공하게 될 요소에 의해서 여기서 작용을 잘하고 있지 않다고 확신하나? 나자렛의 시민이신 예수님의 완전한 생애를 아는 것이 나자렛 사람들로 하여금 예수님을 약속된 메시아로 더 쉽게 받아들이게 해야 할 걸세. 자네들보다도 나는, 그리고 나와 함께 나자렛의 많은 내 연배의 사람들이 자칭 메시아를 적어도 평판으로는 알았네. 그런데 분명히 말하지만, 그들의 사적 생활은 자기들이 메시아라는 끈질긴 주장과 모순되는 것이었네, 로마는 그들을 반역자로 몰아서 사납게 괴롭혔지, 그러나 로마가 지배하는 곳에 저 거짓 메시아들의 존재를 그가 용납할 수 없었다는 정치적 사상 말고도, 특별한 많은 이유로 그들은 벌을 받아 마땅했을 걸세. 우리는 그들이 로마에 대한 우리 반항 정신을 기르는 것을 도왔기 때문에 그들을 흥분시키고 지지하고 했어. 우리가 그들에게 도움을 준 것은 우둔한 우리가 그들을 약속된 '왕'으로 생각하려고 했기 때문이었네. 이렇게 하기를 선생님이 진리를 분명히 드러내실 때까지 했는데, 그럼에도 불구하고 우리는 불행히도 제대로 즉 전적으로 믿지는 못하고 있네. 저 거짓 메시아들은 고민하는 우리 정신을 국가의 독립 이스라엘 왕국의 재건에 대한 바람으로 달랬었네. 그러나 아! 그럴 수가! 그것은 얼마나 불안정하고 부패한 왕국이었겠나?! 아니야, 정말이지 저 거짓 메시아들을 이스라엘의 왕이라고, 언약된 왕국의 창건자라고 선포하는 것은 메시아 사상의 품격을 떨어뜨리는 것이었네. 선생님에 있어서는 가르치심의 깊이에 생활의 거룩함이 합쳐졌네. 그리고 나자렛은 이것을 다른 어떤 도시보다도 잘 알고 있네. 나는 나자렛 사람들이 모르는 예수님의 내림의 초자연적인 성격 때문에 나자렛이 믿지 않는 것을 비난하려고도 생각하지 않네. 그러나 생활이! 선생님의 생활이 있네!… 지금은 그렇게도 원한이 많고, 그렇게 뚫을 수 없는 저항이 있네. …아니, 그게 아니야! 이처럼 발전한 저항은 적의 술책에 그 기원을 둔 것이 아닐까? 우리는 예수님의 적들을 알고 있네. 그들이 어떤 능력이 있는지도 알고 있네. 그들이 어떤 능력이 있는지도 알고 있네. 그들이 어디에서나 그리스도의 사업을 때려 부수기 위해서 우리를 앞서 가거나 우리와 같이 다니거나 따라다니거나 했는데, 여기서만 그들이 활동하지 않고 멍하니 있으리라고 생각하나? 나자렛만이 죄가 있다고 비난하지 말게. 차라리 예수님의 원수들에 의해서 빗나간 길로 들어선 나자렛을 슬퍼하게."

"시몬아, 말 잘했다. 나자렛을 슬퍼하여라…" 하고 예수께서 말씀하신다. 그리고 슬퍼하신다.

엔도르의 요한이 이렇게 지적한다. "시몬님은 유리한 요소가 불리한 요소가 된다고도 적절하게 말씀하셨습니다. 그것은 사람이 곰곰히 생각할 적에 올바르게 하는 일이 드물기 때문입니다. 여기서 첫째 장애가 되는 것은 우리 예수님의 탄생의 비천, 어린 시절의 비천, 소년 시절의 비천, 청년 시절의 비천입니다. 무가치한 사람이 유력자의 탈을 쓰고 대중에게 자기를 인정하게 하는 반면에 유능한 사람은 수수한 외양 속에 숨어 있다는 것을 사람들은 잊고 있습니다."

"그럴 수도 있을 거야. …그렇지만 내 동향인들에 대한 내 생각을 바꾸어 놓을 것은 아무것도 없어. 누가 그들에게 무슨 말을 할 수 있었다 하더라도 선생님의 실제 행동을 보고 판단할 것이고, 모르는 사람들의 말들을 가지고 판단하지 않을 줄을 알았어야 할 거야."

오랜 침묵이 계속 되고, 다만 성모님이 옷의 밑자락 장식을 만들려고 띠 모양으로 자르시는 천 소리만이 이 침묵을 깰 뿐이다. 신디카는 매우 주의를 기울이고 있으면서도 한번도 말은 하지 않았다. 신디카는 항상 깊은 존경과 조심성있는 태도를 취하는데, 그 태도는 성모님과 어린 아이에 대해서만 덜 딱딱해진다. 그러나 이제는 아이가 바로 신디카의 발 앞에 걸상에 앉아서 그의 무릎에 머리를 기대고 한 팔 구부려 베개 삼고 잠이 들었다. 그래서 신디카는 움직이지를 않고, 성모님이 헝겊 조각들을 건네 주시기를 기다린다.

"정말 악을 모르는 잠이로구나! …웃고 있어…." 성모님이 잠자는 아이의 작은 얼굴을 들여다보시면서 말씀하신다.

"무슨 꿈을 꾸고 있는지 알 수 없지요" 하고 시몬이 빙그레 웃으면서 말한다.

"이애는 매우 영리한 어린이입니다" 하고 요한이 말한다. "배우기도 빨리 배우고, 분명한 설명을 듣고자 합니다. 매우 미묘한 질문을 하고 또 분명한 대답을 원합니다. 모든 것에 대해서요. 저는 어떤 때 어떤 대답을 해야 할지 당황하는 일이 있다는 것을 인정합니다. 그런 것들은 그만 나이를 초월하고 제 설명 능력도 초월하는 논리입니다."

"예, 그래요. 저번 날처럼 … 요한, 기억하세요? 그날 당신은 아주 까다로운 생도들을 데리고 있었어요! 그리고 대단한 무식한 생도들을!" 하고 신디카가 미소를 짓고 그 그윽한 눈길로 제자를 똑바로 쳐다보면서 말한다.

요한도 빙그레 웃으면서 말한다. "그래요. 그리고 당신들은 진짜 여선생님께 도움을 청해야 한 대단히 능력없는 선생을 가졌었고 … 왜냐하면, 내가 읽은 많은 책 중에서 아무 책에도 어리석은 선생인 내가 아이에게 해야 할 대답을 찾아내지 못했었거든. 이것은 내가 아직도 무식한 선생이라는 표요."

"인간의 지식은 여전히 무식이예요, 요한 선생이 부족한 것이 아니라, 선생노릇을 하라고 그에게 준 것이 부족했던 거예요. 보잘 것 없는 인간의 지식! 오! 제게는 그것이 얼마나 훼손된 것으로 보이는지 몰라요! 이 때문에 저는 그리이스에서 공경하는 어떤 신화의 신을 생각하게 돼요. 날개가 없어지면 승리는 영원히 그리이스 사람들의 차지가 될 것이라고 믿을 수 있는 데에는 이교적인 물질주의가 필요했어요! 그런데 승리의 여신에게서 날개만 떨어져 나간 것이 아니라, 우리가 자유를 빼앗기고 말았어요. … 우리의 믿음대로 승리의 여인이 날개를 가지고 있는 것이 나았을 것입니다. 우리는 그 승리의 여신이 날 수가 있어서 하늘의 벼락을 훔쳐다가 적들에게 쏠 수 있다고 믿을 수 있었을 거예요. 그러나 승리의 여신이 그런 상태로 있어 가지고는 바람을 주는 것이 아니고 낙망과 슬픈 말을 주는 것이었어요. 저는 그것을 보면서 고통을 느끼지 않을 수가 없었어요. … 그것은 그렇게 훼손된 것으로 인해 천해져서 괴로워하는 것같이 보였어요. 그것은 고통의 상징이었지 기쁨의 상징은 아니었어요. … 그리고 실제로 고통의 상징이었지요. 그러나 사람들은 승리의 여신에 대해서 하는 것 모양으로 지식에 대해서도 그렇게 해요. 사람들은 지식에게서 초자연적인 것에 대한 지식에 도달해서 사람들에게 알 수 있는 것과 우주 만물의 그 많은 비밀을 열어주는 열쇠를 줄 수 있을 날개들을 잘라버립니다. 사람들은 지식의 날개를 잘라버림으로 그것을 사로잡아 가지고 있다고 믿었고, 지금도 믿고 있어요. … 그러나 그들은 지식을 불완전하게 만드는 일밖에 하지 않았어요. … 날개가 있는 지식, 그것은 지혜일 거예요. 지금의 상태로는 지식은 부분적인 이해에 지나지 않아요."

"그래 내 어머니는 그날 너희에게 대답을 해주셨느냐?"

"아주 명백하게, 그리고 어린 아이와 성(性)이 다른 두 어른이 아무도 얼굴을 붉히지 않고 들을 수 있을 만큼 순결하게 대답해 주셨습니다."
"무슨 문제였었는데?"
"선생님, 원죄에 관한 문제였습니다. 저는 기억하기 위해서 선생님의 어머니의 설명을 적어 두었습니다" 하고 신디카가 또 말한다. 그리고 엔도르의 요한도 말한다. "저도 그랬습니다. 저는 저희가 어느 날 이방인들 가운데 가 있게 되면, 이것이 사람들이 저희에게 많이 물어볼 문제라고 생각합니다. 저는 이방인들 가운데 갈 것으로 생각하지는 않습니다. 그것은…"
"요한아, 왜 그렇게 생각하느냐?"
"제 여생이 얼마 남지 않았으니까요?"
"그러나 기꺼이 가긴 하겠느냐?"
"저는 편견을 가지지 않았기 때문에 이스라엘의 다른 많은 사람보다 더 기꺼이 갈 것입니다. 그리고 또… 또 이 때문에도 그렇습니다. 저는 친티움과 아나톨리아에서 이방인들 가운데에 나쁜 모범을 보였습니다. 저는 제가 악을 행한 곳에서 선을 행하게 되었으면 했습니다. 선을 행하는 것은 그곳에 선생님의 말씀을 전하고 선생님을 알게 하는 것입니다. …그러나 그것은 너무나 큰 영광일 것입니다. …저는 그럴 자격이 없습니다."
예수께서는 미소지으시면서 그를 바라보신다. 그러나 그 문제에 대하여는 아무 말씀도 하지 않으신다. 그리고 이렇게 물으신다. "그러면 너희가 내게 다른 질문할 것은 없느냐?"
"저는 하나 있습니다. 이 질문은 저번 날 저녁 선생님께서 한가함에 대해서 이애와 말씀하실 때 제 머리에 떠올랐습니다. 저는 저 스스로 대답을 얻으려고 애썼지만 성공하지 못했습니다. 저는 저희 손이 일을 하지 않고, 저희 영혼이 선생님의 손 안에서 하느님께로 향해 올라가는 안식일을 기다려서 선생님께 여쭈어보려고 했습니다" 하고 신디카가 말한다.
"쉴 시간을 기다리고 있는 지금 네 질문을 말해보아라."
"선생님, 이렇습니다. 선생님께서는 누가 영적인 일에 열의가 없어지면 약하게 되고 영의 병의 소지를 스스로 마련하게 된다고 말씀하셨습니다. 그렇지요."
"그렇다."
"그런데 이것은 제가 선생님과 선생님의 어머니에게서 원죄와 그것이 우리에게 미치는 결과, 선생님의 중개로 이 죄에서 해방되는 데 대해서 들은 것과는 반대되는 것같이 생각됩니다. 선생님께서는 구속으로 원죄가 없어질 것이라고 제게 가르쳐 주셨습니다. 원죄가 모든 사람에게 없어지지 않고, 다만 선생님을 믿는 사람에게서만 없어진다고 제가 말하면 제 말은 틀리지 않는다고 생각합니다."

"그것은 사실이다."

"그러면 저는 다른 사람들은 제쳐놓고, 저 구원받은 사람 중의 하나를 다룹니다. 저는 그 사람을 구속의 결과를 얻은 다음의 상태로 생각합니다. 그의 영혼에는 이제는 원죄가 없어졌습니다. 그러니까 그 영혼의 첫 조상들이 가졌던 것과 같은 은총을 다시 차지하게 됩니다. 그러면 이것이 그 영혼에게 어떤 무기력도 공격할 수 없는 기운을 주지 않습니까? 선생님은 '사람은 본죄(本罪)도 짓는다'고 말씀하시겠지요. 저도 동감입니다. 그러나 저는 본죄도 선생님의 구속으로 소멸하리라고 생각합니다. 어떻게 되는지는 여쭈어보지 않겠습니다. 그러나 제가 추측하기로는 그 구속이 실제로 있었다는 것을 증명하기 위하여 — 하기는 성서에 선생님께 관계되는 것은 우리를 벌벌 떨게 만들지마는 구속이 어떻게 이루어질지는 모르겠습니다. 그리고 그 고통이 정신적인 것에만 한정되는 상징적인 고통이기를 바랍니다. 비록 정신적인 고통이 환상이 아니고, 어쩌면 육체적인 경련보다도 더 혹독한 경련일지도 모르지만요 — 그러니까 제가 추측하기로는 선생님께서 어떤 방법들을, 어떤 상징들을 남겨 놓으실 거라는 것입니다. 모든 종교가 그런 상징을 가지고 있는데, 그때에는 그것을 비의(秘儀)라고 부르고 있습니다. …이스라엘에서 지금 행해지고 있는 세례도 그런 것 중의 하나이지요."

"그렇다. 내 종교에도 네가 그 상징들에 붙여준 이름과 다른 이름을 가진 내 구속의 표시들이 있을 것이다. 그 표시들은 영혼들을 깨끗하게 하고, 굳세게 하고, 비추고, 부축하고, 영혼들에게 영양을 주고, 그들의 죄를 사해 주기 위하여 그들에게 적용될 것이다."

"그러면요? 만일 영혼들이 본죄까지도 사함을 받으면 항상 은총 지위에 있겠구먼요. …그러면 어떻게 그 영혼들이 약하고 영적인 병에 대한 소질이 있겠습니까?"

"네게 한 가지 비유를 말하겠다. 매우 건강한 부모에게서 방금 태어난 건강하고 튼튼한 아기가 있다고 하자. 그 아기에게는 아무런 육체적·유전적 결함도 없다. 그의 인체는 골격과 기관이 완전하다. 그는 건강한 피를 누리고 있다. 따라서 튼튼하고 건강하게 자라는 데 요구되는 모든 것을 가지고 있다. 어머니도 젖이 많고 영양가치가 있으니까. 그러나 태어나자마자 아기는 원인을 알 수 없는 매우 중한 병이 들었다. 정말 치명적인 병이다. 그러다가 벌써 그 작은 육체를 떠나려는 찰나에 있는 생명을 그에게 보존해 주시는 하느님의 연민의 덕택으로 어렵게 그 고비에서 벗어났다. 그러면 그 아이가 그후 그 병을 앓지 않았던 것과 마찬가지로 튼튼하리라고 생각하느냐? 그렇지 않다. 그에게는 오래 지속하는 약함이 있다. 그 약함이 눈에 보이지는 않는다 하더라도 있기는 있을 것이고, 그 아이가 병을 앓지 않았더라면 피했을 병들에 대한 소질을 가지게 할 것이다. 어떤 기관이 전처럼 온전하지 못할 것이고, 그의 피도 전보다 저항력이 덜하고 덜 깨끗할 것이다. 이 모든 이유로 인해서 그 아이는 병에 더 쉽게 걸릴 것이고, 병들이 그에게 들면 또 다시 병에 걸리는 소질을 가지게 할 것이다.

영적인 분야에서도 마찬가지이다. 나를 믿는 사람들에게 원죄가 지워질 것이다. 그러나 정신은 원죄가 없었더라면 가지지 않았을 죄에 대한 경향을 여전히 가지고 있을 것이다. 그렇기 때문에 마치 마음을 쓰는 어머니가 유아병으로 인하여 약해진 채로 있는 사랑하는 자식을 위해서 하는 것과 같이 끊임없이 자기의 정신을 보살피고 돌보아야 한다. 그러므로 한가함을 피하고, 항상 부지런히 덕행을 튼튼하게 닦아야 한다. 만일 어떤 사람이 게으름이나 냉담에 빠지면, 그 사람은 사탄의 유혹을 더 쉽게 당할 것이다. 그리고 중한 죄는 어떤 것이든지 중병의 재발과 같은 것이기 때문에, 점점 더 그의 정신의 병약과 죽음에 대한 소질을 가지게 할 것이다. 이와 반대로 만일 구속으로 인하여 회복한 은총이 활동적이고 지칠 줄 모르는 의지의 도움을 받으면, 그때에는 그 은총이 보존된다. 그뿐이 아니다. 은총이 사람이 닦아서 얻은 덕행에 합쳐지면 더 커진다. 성덕과 은총! 하느님께로 날아 올라가는 데 이 얼마나 확실한 날개들이냐! 알아들었느냐?"

"알아들었습니다. 주님, 주님. 즉 지극히 거룩하신 삼위일체께서 사람에게 그에게 필요한 기초를 주십니다. 사람은 그의 노력과 주의로 자신의 파괴를 피해야 합니다. 알아들었습니다. 주님이 저희들에게 남겨주실 표들은 저희들에게 건강을 돌려줄 것은 사실입니다. 그러나 죄와 싸우기를 거부하는 완고한 죄인은 매번 용서를 받더라도 매번 더 약해질 것입니다. 그러므로 멸망하지 않기 위하여는 싸워야 합니다. 주님, 고맙습니다. … 마륵지암이 잠이 깨는군요. 시간이 늦어졌습니다 ….”
　“그렇다. 다 같이 기도하고 쉬러 가자.”
　예수께서 일어나시고, 모두 따라 일어난다. 아직 반쯤 잠이 덜 깬 아이도. 그리고 “주의 기도”가 힘차게 조화를 이루며 작은 방안에 울려 퍼진다.

174. 예수께서 사촌 시몬의 아내 살로메와 말씀 하신다

예수께서 열성당원 시몬과 마룩지암과 함께 가나 쪽으로 뻗어 있는 들판을 향하여 나자렛을 건너질러 가신다. 그리고 믿지 않고 적의를 품은 당신의 도시를 건너질러 가시는데, 바로 가장 중심부에 있는 거리로 해서 이 아침 시간에 사람들이 많이 다니는 장마당을 비스듬히 건너 가신다. 여러 사람이 예수를 보기 위하여 뒤돌아보고, 많지 않은 몇몇 사람이 인사를 하는데, 여인들, 특히 나이 많은 여자들이 미소를 보낸다. 그러나 어떤 어린이를 빼고는 아무도 예수께 가까이 오지 않는다. 예수께서 지나가신 다음에는 중얼거리는 소리가 들려온다. 예수께서는 분명히 모든 것을 보시지만, 그런 표시를 나타내지 않으신다. 시몬과 또는 두 어른 사이에 있는 아이와 말씀을 하시면서 길을 계속 가신다.

그들이 이제는 마지막 집들이 있는 데에 왔다. 어떤 문지방에 마흔 살쯤 된 한 여인이 있다. 누구를 기다리는 것 같다. 예수를 보고 그 여자는 앞으로 나아오려고 하다가 멈칫하고 얼굴을 붉히며 고개를 숙인다.

"친척이다. 알패오의 시몬의 아내다" 하고 예수께서 사도에게 말씀하신다.

여인은 곤란한 입장에 있는 것 같고, 서로 대립되는 감정에 사로잡혀 있는 것 같다. 얼굴빛이 변하고 눈을 치떴다가 다시 내리깐다. 얼굴 전체가 말을 하고자 하는 욕망을 나타내는데, 어떤 동기로 그 욕망이 억제된다.

"살로메, 아주머니에게 평화" 하고 그 여인의 위치에 이르신 예수께서 인사를 하려고 말씀하신다.

여인은 그의 친척의 다정스러운 말투에 놀란 것처럼 예수를 쳐다보고, 한층 더 얼굴을 붉히며 "평화가…" 하고 대답한다. 울음이 나와서 말을 마치지 못한다. 여인은 한 팔을 구부려 얼굴을 가리고, 집 대문 문틀에 기대 서서 몹시 불안해 하며 운다.

"왜 그렇게 울고 계셔요. 아주머니? 제가 아주머니를 돕게 아무것도 할

174. … 사촌 시몬의 아내 살로메와 말씀하신다   733

수가 없습니까? 이쪽으로 오셔서, 무슨 일인지 말씀하세요 ….” 그러시면서 여인의 팔꿈치를 잡으시고, 그의 집과 이웃집 정원 사이에 있는 작은 골목길로 데려가신다. 시몬과 깜짝 놀란 마욱지암은 골목 어귀에 남아 있다.

"아주머니, 무슨 일이세요. 아주머니는 제가 아주머니를 사랑한다는 것을 아시지요, 그리고 집안 식구들을 모두 항상 사랑했다는 걸. 모두요. 또 항상 그렇다는 걸 아시지요. 그걸 믿으셔야 해요, 그리고 이런 이유로 신뢰를 가져야 해요 ….”

이 말을 듣고 그 참뜻을 이해하기 위한 것처럼 울음이 그치더니 더 세게 다시 시작되며 일관성이 없는 말들과 갈마든다. “아주버니는 그래요. … 저희는 … 그래도 저는 안 그래요. … 시몬까지도 안 그래요. … 그렇지만 그이는 저보다도 더 바보예요. … 저는 그이에게 말했어요. ‘예수를 불러 와요’ 하고 … 그렇지만 이 도시 전체가 우릴 반대해요. … 아주버니를 반대하고 … 저를 적대하고 … 제 아이를 적대하고 …” 비극적인 지점에 이르러서는 눈물까지도 비극적인 것이 된다. 여인은 마치 고통으로 인하여 정신착란을 일으키는 것같이 몸을 뒤틀고 얼굴을 때리면서 신음한다.

예수께서는 그의 손을 잡고 말씀하신다. "이러지 마세요. 저는 아주머니를 위로하려고 여기 왔습니다. 말씀하세요. 그러면 제가 무엇이든지 다 하겠습니다.”

여인은 놀람과 괴로움으로 눈을 크게 뜨고 예수를 쳐다본다. 그러나 희망이 그에게 말할 힘을 준다. 그래서 침착하게 말한다. “시몬이 비난받아 마땅하더라도 저를 불쌍히 여기시겠어요? 정말? … 오! 모든 사람을 구원하시는 예수님! 제 어린 것이! 막내 알패오가 아픕니다. …죽어 갑니다. …아주버니는 알패오를 사랑하셨지요. 그애에게 나무로 장난감을 오려 주셨지요. …그애를 번쩍 들어서 아주버니네 나무의 포도와 무화과를 따게 하셨지요. …그리고 떠나시기 전에 … 세상에 가시려고 떠나시기 전에 벌써 좋은 것을 많이 가르쳐 주셨지요. …이제는 아주버니가 그렇게 하실 수 없게 됐어요. 죽은 거나 마찬가지예요. …이제는 포도도 무화과도 먹지 못할 거예요. 이젠 아무것도 배우지 못할 거예요 ….” 그러면서 눈물을 펑펑 쏟으며 운다.

"아주머니, 착한 마음씨를 가지고, 그애가 무슨 병인지 말씀하세요.”

"배가 몹시 아픕니다. 소리를 지르고, 경련을 일으키고, 여러 날 동안 헛소리를 했어요. 이제는 말도 못합니다. 머리를 얻어맞은 사람 같아요. 신음은 하지만 대답은 하지 못해요. 제가 신음하고 있는 것조차도 몰라요. 납빛입니다. 벌써 몸이 식어갑니다. 그리고 벌써 여러 날 전부터 시몬더러 아주버니를 만나러 가라고 했어요. 그렇지만… 오! 저는 시몬을 늘 사랑했습니다. 그러나 이제는 그이를 미워합니다. 어떤 어리석은 생각 때문에 제 아이를 죽게 하니까요. 그렇지만 아이가 죽으면, 저는 다른 아이들을 데리고 친정으로 갈 겁니다. 그이는 그래야 할 때에 아버지 노릇을 하지 못해요. 그래서 저는 제 아이들을 보호해요. 저는 떠나요. 그래요. 세상 사람들이 하고 싶은 대로 말하라지요. 저는 떠납니다."

"그렇게 말씀하지 마세요. 그 복수의 생각을 즉시 버리세요."

"정의의 생각입니다. 저는 반항합니다. 보시지요? 저는 아무도 아주버니에게 '오게' 하고 말하지 않기 때문에 아주버니를 기다렸어요. 저는 아주버니에게 오시라고 말하겠어요. 그렇지만 저는 그것을 무슨 나쁜 짓을 하는 것처럼 해야 했어요. 그리고 아주버니에게 '들어오세요' 하고도 말하지 못해요. 집안에 요셉 아주버니의 식구들이 와 있으니까요, 그리고…"

"그럴 필요가 없습니다. 시몬 형을 용서하겠다고 약속하시겠어요? 항상 그의 착한 아내로 있겠다고? 아주머니가 그걸 약속하시면 저는 아주머니에게 이렇게 말하겠습니다. '집으로 들어가세요, 그러면 아주머니의 아들이 병이 나아서 미소를 보낼 것입니다' 하고. 그것을 믿으실 수 있습니까?"

"저는 아주버니를 믿습니다. 모든 사람을 반대해서라도 저는 믿습니다."

"그리고 믿음을 가지는 것과 같이 용서도 하실 수 있습니까?"

"… 정말 제 아이를 고쳐 주시겠습니까?"

"그것만이 아닙니다. 제게 대한 시몬형의 의심이 풀리고, 어린 알패오와 그리고 그와 함께 다른 아이들, 그리고 아주머니가 애들 아버지인 남편과 함께 모두 제 집에 다시 오리라는 것을 약속합니다. 어머니께서 아주머니 이름을 대단히 자주 말씀하십니다…."

"오! 마리아, 마리아 아주머니! 아주머니가 집에 오셨을 때 알패오가 났습니다. …예, 예수님, 저는 용서하겠습니다. 그이에게 아무 말도 하지 않겠습니다. …아니, 그보다도 이렇게 말하겠어요. '예수 아주버니가 당신의 행동방식에 어떻게 대응하시는지 보세요. 당신에게 아들을 살려 주셨어요' 하고요. 이 말은 제가 할 겁니다!"

"그 말은 하셔도 됩니다. …아주머니, 가세요. 이젠 울지 말고 가세요! 안녕히 계십시오. 착한 살로메 아주머니에게 평화. 가세요, 가세요!" 예수께서는 여인을 대문으로 데려다 주시고 들어가는 것을 바라보시며, 몹시 걱정이 되어 대문도 닫지 않은 채 집의 입구쪽으로 뛰어 가는 것을 보시면서 빙그레 웃으신다. 그리고 천천히 다가가셔서 대문을 완전히 닫으신다.

예수께서는 두 동행에게로 몸을 돌리시면서 말씀하신다. "그럼 이제는 우리가 가기로 되어 있었던 곳으로 가자…."

"시몬이 회개하리라고 생각하십니까?" 하고 열성당원이 묻는다.

"믿음이 없는 사람이 아니다. 다만 더 강한 사람에 지배되어 질질 끌려가는 사람이다."

"오! 그러면! 기적보다도 더 강한 자로군먼요!"

"너는 너 자신에게 스스로 대답한다는 것을 알겠지. …아이를 구해준 것이 기쁘다. 나는 그애가 난 지 몇 시간 되었을 때 보았다. 그리고 그애는 나를 늘 좋아했다…."

"저처럼이요? 그리고 그애도 제자가 될 건가요?" 하고 마륵지암이 흥미를 가지고 묻는다. 그리고 마륵지암은 어떤 사람이 자기만큼 예수를 사랑할 수 있다는 것은 믿기가 어렵다.

"너는 나를 어린이로서 또 제자로서 사랑하는데, 알패오는 그저 어린이로서만 나를 사랑했다. 그러나 이 다음에는 제자로서도 나를 사랑할 것이다. 그러나 지금은 아직 어린 아이이다. 여덟 살쯤 되었으니까. 네가 그애를 보게 될 거다."

"그럼 어린이로 제자는 저밖에 없어요?"

"지금은 너 하나뿐이다. 네가 어린이 제자들의 대장이다. 네가 완전히 어른이 되거든 네가 어른보다 못하지 않은 제자가 될 줄 알았다는 것을 기억해라. 따라서 나를 찾아 네게로 와서 '나는 그리스도의 제자가 되고 싶어요' 하고 말하는 모든 어린이들을 두 팔을 벌려 맞이하여라. 그렇게 하겠느냐?"

"그렇게 하겠어요" 하고 마륵지암이 진지하게 대답한다….

이제는 햇볕이 쨍쨍 내리쬐는 탁 트인 그들을 감싸고, 그들은 햇빛 속으로 내게서 멀어져 간다….

175. 사촌 시몬이 예수께로 돌아온다

그들은 열 살에서 두 살 가량까지의 많은 아이들에게 둘러싸인 작은 노파가 있는 초라한 집에 맞아들여진다. 집은 별로 손질이 잘 되어 있지 않은 작은 밭들 가운데 있는데, 밭 여러 뙈기가 풀밭으로 변하였고, 살아남은 과수들이 우뚝우뚝 서 있다.

"요안나 할머니에게 평화. 오늘은 좀 낫습니까? 그 사람들이 도움을 드리러 왔습니까?"

"예, 선생님 그리고 예수님. 그리고 그 사람들은 다시 와서 씨를 뿌리겠다고 말했습니다. 시기가 늦었을 겁니다. 그렇지만 그 사람들은 아직도 싹이 날 거라고 말했습니다."

"물론 싹이 날 겁니다. 그것은 땅의 기적일 것이고, 또 씨가 하느님의 기적이 될 것입니다. 할머니의 밭들은 이 지방에서 제일 훌륭한 밭이 될 것이고, 할머니를 둘러싸고 있는 이 아이들은 입을 가득 채울 풍부한 낟알을 가질 것입니다. 할머니, 이젠 울지 마세요. 오는 해에는 벌써 훨씬 더 나아질 겁니다. 그렇지만 저는 할머니를 더 도와 드리겠습니다. 아니 그보다도 할머니는 할머니와 같은 이름을 가진 어떤 사람의 도움을 받으실 것인데, 그 사람은 친절이 싫증나는 일이 결코 없는 사람입니다. 보세요, 이건 할머니께 드리는 것입니다. 이걸 가지면 곡식을 거둘 때까지 가실 수 있을 것입니다."

작은 노파는 돈주머니를 받고 동시에 예수의 손을 잡고 그 손에 입맞춤하며 운다. 그리고 묻는다. "제가 주님께 그 이름을 말씀드리게 그 착한 여자가 누군지 말씀해 주세요."

"제 제자 중의 한 사람이고, 할머니의 자매입니다. 그 이름은 저와 하늘에 계신 아버지께서 아십니다."

"아이고! 선생님이시군요!…"

"요안나 할머니, 저는 가난합니다. 저는 다른 사람에게서 받은 것을 줍니다. 저 자신으로서는 기적밖에 주지 못합니다. 그리고 할머니의 불행을 더 일찍 알지 못한 것을 애석하게 생각합니다. 수산나가 제게 그 말을 해주자마자 왔습니다. 벌써 늦었었습니다. 그러나 이렇게 해서 하느님의 업적이 더 빛날 것입니다."

"늦었었지요! 예, 늦었었어요! 여기서는 죽음이 그렇게도 빨리 쓰러뜨렸습니다! 그것도 젊은이들을 빼앗아 갔지요. 쓸 데 없는 저를 데려가지 않고, 또 능력이 없는 이것들을 데려가지 않고, 튼튼해서 일할 수 있는 놈들만 데려갔습니다. 화를 미치게 하는 작용을 잔뜩 가지고 있는 고약한 엘룰달입니다!"

"달을 저주하지 마세요. 달은 이 일에 아무 상관도 없습니다. …이 어린 아이들이 착합니까? 이리들 오너라. 알겠니? 이애도 아버지와 어머니가 없는 아이다. 그리고 할아버지하고도 같이 살 수가 없단다. 그러나 하느님께서는 이 아이를 버리지 않으신다. 그리고 이 아이가 착한 아이로 있는 동안은 버리지 않으실 것이다. 그렇지, 마륵지암아?"

미륵지암은 수긍한다. 그리고 그에게 바싹 다가오는 어린 아이들에게 말한다. 나이는 그보다 더 어리지만, 어떤 아이들은 마륵지암보다 눈에 띄게 더 크다. 마륵지암은 이렇게 말한다. "오! 하느님께서 버리지 않으신다는 건 정말 사실이야. 나는 이 말을 할 수 있다. 할아버지가 나를 위해서 기도했고, 또 아버지 어머니도 저 세상에서 분명히 기도했어. 그러니까 하느님께서도 그 기도들을 들어 주셨어. 하느님은 대단히 착하시니까. 그리고 죽었든지 살아 있든지 의로운 사람들의 기도는 언제나 들어주신다. 너희들을 위해서도 너희 집의 죽은 사람들이 틀림없이 기도했어. 그리고 이 사랑하는 할머니도 기도하셨고. 할머니를 많이 사랑하니?"

"응, 응…" 한떼의 고아들의 재잘거리는 소리가 열광적으로 일어난다.

예수께서는 당신의 어린 제자와 고아들이 이야기하는 것을 들으시느라고 잠자코 계시다.

"너희들 생각이 옳다. 노인들을 울게 해서는 안 된다. 하긴 아무도 울게 해서는 안 된다. 이웃에게 고통을 주는 사람은 하느님께 고통을 드리는 거니까. 그렇지만 노인들은! 선생님은 모든 사람을 잘 대우하신다. 그렇지만 노인들은 어린이들에게 하시는 것처럼 아주 다정하게 어루만져 주신다. 그건 어린 아이들은 죄가 없고, 노인들은 고통을 겪고 있기 때문이야. 노인들은 벌써 많이 울었단 말이야! 노인들을 사랑하지 않게 된 모든 사람을 대신해서 노인을 곱절, 세 곱절, 열 곱절 사랑해야 한다. 노인을 공경하지 않는 사람은 어린 아이를 구박하는 사람처럼 곱절 고약한 사람이라고 예수님이 늘 그랬어. 노인들과 어린이들은 자기를 지킬 수가 없기 때문이야. 그러니까 너희들은 할머니한테 착하게 굴어야 한다."

"나는 어떤 때 할머니를 도와주지 않아…" 하고 큰 아이들 중 하나가 말한다.

"왜? 그렇지만 너는 할머니가 힘들여 만들어 주는 빵을 먹지! 네가 할머니를 슬프게 할 때에는 할머니의 눈물 맛이 나지 않니? 그럼, 너 여인은 할머니를 도와드리니? (문제의 여인은 기껏해야 열 살이나 되었을 가냘프고 창백한 계집아이다.)"

어린 동생들이 입을 모아 말한다. "오! 라헬은 착해! 라헬은 우리가 가지고 있는 얼마 안 되는 양털과 목화로 실을 잣느라고 늦게까지 안 자고 일해. 그리고 아빠가 앓는 동안 씨 뿌릴 걸 준비하느라고 밭에서 일하다가 열병이 걸렸어."

"하느님께서 네게 갚아 주시기를 바란다" 하고 마특지암이 정색을 하고 말한다.

"하느님은 할머니의 고생을 덜어주시는 걸로 벌써 내게 갚아 주셨어."

예수께서 개입하신다. "너는 그 이상 청하지 않니?"

"아니요. 주님."

"그렇지만 너 병이 나았니?"

"아니요. 그렇지만 상관없어요. 이제는 제가 죽어도 할머니가 도움을 받아요. 전에는 제가 할머니를 도왔기 때문에 죽는 것이 싫었어요."

"그러나 죽음은 고약한 것이란다. 애야…."

"하느님께서 제가 살아 있는 동안에 도와주시니까, 제가 죽을 때에도 도와주실 거예요, 그리고 저는 가서 엄마를 만날 거예요.…아이고! 할머니 울지 말아! 할머니 정말 사랑해. 이 말 해서 할머니가 울어야 한다면 다신 이 말 안 할게. 그리고 할머니가 그러기를 원하면 내 병을 고쳐 달라고 주님께 청하겠어. … 할머니 울지 말아…." 그러면서 슬퍼하는 할머니를 껴안는다.

"주님, 이애 병이 낫게 해주세요. 주님은 제 할아버지를 저 때문에 행복하게 하셨지요. 이제는 이 할머니를 행복하게 해주세요."

"은총은 희생으로 얻어지는 것이다. 너는 이 은총을 얻기 위해 어떤 희생을 하겠니?" 하고 예수께서 정색을 하고 물으신다.

마륵지암은 곰곰히 생각한다. …그는 무엇을 포기하는 것이 그에게 더 괴롭겠는지를 찾는다. …그리고는 미소를 짓는다. "한달 동안 내내 꿀을 안 먹겠어요."

"그것은 별로 많지 않다. 기슬레달은 벌써 많이 흘렀다…."

"제가 한 달이라고 하는 건 4주를 말하는 거예요. 그리고 요새는 등불 명절때라 꿀 바른 비스켓이 있다는 걸. …생각하세요…."

"그렇구나. 그럼 라헬이 네 덕택으로 나을 거다. 이제는 가자. 요안나 할머니, 안녕히 계세요. 떠나기 전에 또 오겠습니다. 안녕, 라헬 그리고 토비아 너도 항상 착하게 굴어라. 꼬마들, 모두 안녕. 너희들 위에는 내 강복이 머무르고, 너희들 안에는 내 평화가 있기를."

그들은 작은 노파와 어린 아이들의 축복의 배웅을 받으면서 나온다.

일단 "사도와 희생"의 역할을 하고 난 마륵지암은 어린 염소처럼 깡총깡총 뛰면서 앞으로 달려가기 시작한다.

시몬이 미소를 지으며 지적한다. "저애의 첫번째 설교와 첫번째 희생. 선생님, 장래가 유망한 것 같지 않습니까?"

"그렇다, 그러나 설교는 벌써 여러 번 했다. 시몬의 유다를 위해서도 했다…."

"… 그 사람에게는 주님이 어린이들을 시켜서 말씀하시는 것 같습니다. …어쩌면 그 사람 편에서 앙갚음이 오는 것을 피하기 위한 것인지도 모르겠군요…."

"앙갚음은 아니다. …나는 그가 그런 지경에 이르리라고는 생각하지 않는다. 그러나 날카로운 반응은 있을 수 있다. 비난받아 마땅한 사람은 진실을 좋아하지 않는다. …그러나 진실을 말해야 한다…."

시몬은 예수를 살펴보고 나서 묻는다. "선생님, 진실을 말씀해 주십시오. 선생님이 그를 멀리하시고, 등불 명절을 지내라고 모두를 집으로 보내기로 결정하신 것은 그때에 유다가 갈릴래아에 있는 것을 막기 위해서지요. 가리옷 사람이 우리 가운데 있지 않은 것이 왜 좋은지 선생님께 여쭈어 보지도 않고 제게 말씀해 주시는 것도 원치 않습니다. 제가 알아맞췄다는 것만 알면 됩니다. 모두가 그렇게 생각하고 있습니다. 아시겠어요? 토마 자신도. 그래서 토마는 제게 이런 말을 했습니다. '나는 밑에 중대한 이유가 깔려 있다는 걸 이해하기 때문에 나는 반항하지 않고 떠나네.' 그리고 이렇게 덧붙였습니다. '그리고 선생님이 그렇게 하시는 게 잘하시는 거야. 유다와 친한 사람 중에는 나훔, 사독, 죠가나, 엘르아잘 같은 사람이 너무 많아…' 토마는 우둔하지 않습니다! … 비록 대단히 인간적이긴 하지만 나쁜 사람은 아닙니다. 선생님께 대한 그의 애정은 매우 진실합니다….''

"나도 안다. 그리고 너희가 생각한 것도 사실이다. 너희들은 곧 그 이유를 알게 될 것이다…."

"저희는 선생님께 그 이유를 여쭈어 보지 않습니다."

"그러나 내가 너희에게 도움을 청할 일이 있고, 그 이유를 너희에게 말해야 할 것이다."

마륵지암이 빨리 돌아온다. "선생님, 저기 오솔길이 큰길로 합쳐지는 데에 선생님의 사촌 시몬이 있어요. 많이 뛰어온 것처럼 땀을 뻘뻘 흘리고 있어요. 그이는 저보고 '예수가 어디 있니?' 하고 물었어요. 저는 '이 뒤에 열성당원 시몬과 같이 계셔요' 하고 대답했어요. 그랬더니 '이리로 지나가니?' 하고 말하기에, '물론이지요' 하고 대답했어요. '날아서 사방으로 돌아다니다가 제 둥지로 오는 새들처럼 하지 않으면 이리로 해서 집으로 돌아가지요. 예수님을 보려고 하세요?' 하고 묻기도 했어요. 선생님의 사촌은 어떻게 할지 확실히 알지 못하고 있었어요. 그렇지만 선생님을 보고 싶어해요. 확실히 그래요."

"선생님, 그 사람은 벌써 자기 아내를 본 것입니다. …이렇게 하십시다. 마륵지암과 저는 선생님이 마음대로 하시도록 하겠습니다. 저희들은 뒷길로 해서 가겠습니다. 어떻든… 저희는 집에 돌아가는 것이 급하지는 않습니다. 선생님은 곧은 길로 가시지요."

"그러자, 시몬아, 고맙다. 두 사람, 안녕."

그들은 헤어지고, 예수께서는 큰길을 향하여 걸음을 재촉하신다. 시몬이 저기 어떤 나무 줄기에 기대어 서서 숨을 헐떡거리며 땀을 씻고 있다. 예수를 보자, 그는 팔을 쳐들었다가… 떨어뜨리며, 창피해서 고개를 떨어뜨린다.

예수께서 그에게로 가셔서 한 손을 어깨에 얹으시며 물으신다. "시몬 형, 내게서 뭘 원하고 있어? 내가 오래 전부터 기다리는 사랑의 말을 해서 나를 기쁘게 하려는 거야?"

시몬은 한층 더 고개를 숙이고 말이 없다.

"말해 봐. 혹 내가 형에게는 관계가 없는 사람이야? 아니야, 사실은 형이 내게는 언제나 착한 시몬 형이고, 또 나는 형에게 있어서 우리가 나자렛에 돌아왔을 때 힘들게, 그렇지만 많은 사랑을 가지고 안아 주던 어린 예수이고."

그 사람은 두 손으로 얼굴을 가리고 무릎을 꿇으며 신음한다. "오! 내 예수! 내가 죄지은 놈일세, 그렇지만 나는 벌을 넉넉히 받았네…."

"자, 형, 일어나요! 우리는 친척이야, 자. 형은 뭘 원하는 거야?"

"우리 아이가! 저…" 눈물로 목이 멘다.

"형의 아이가? 그래서?"

"그애가 정말 죽어가네. 그리고 그애와 함께 살로메의 사랑도 죽어가고… 그리고 나는 두 가지 가책을 가지고 있네, 아이와 아내를 동시에 잃었다는 … 지난 밤에는 그애가 벌써 죽은 줄 알았네, 그리고 살로메는 하이에나 같아 보였네. 살로메는 내 얼굴에다 대고 '당신 아들의 살인자!' 하고 외쳤네. 나는 만일 아이가 살아나면, 내가 쫓겨난다 하더라도 — 또 사실 나는 쫓겨나 마땅하지 — 자네에게 와서 자네만이 내 불행을 막을 수 있다고 알리겠다고 맹세하면서 그렇게 되지 않도록 해주십사고 기도를 드렸네. 새벽에 아이가 정신을 다시 좀 차렸네. …나는 집을 빠져 나와 장애를 만나지 않으려고 뒷길로 해서 집엘 갔네. …문을 두드렸더니, 자네 어머니가 놀라서 문을 열어 주셨네. 아주머니는 나를 냉대하실 수 있었는데, 이렇게만 말씀하셨네. '가엾은 시몬, 무슨 일이냐?' 하고. 그리고 내가 어린 아이이기나 한 것처럼 나를 어루만져 주셨어. …그래서 나는 많이 울었네. 교만과 망설임이 이렇게 해서 사라졌네. 유다가, 내 아우 말고 자네의 사도 유다가 말한 것이 사실일 수가 없어. 이 말을 아주머니께는 드리지 않았네. 하지만 그때부터 가슴을 치고 나 자신에게 갖은 욕설을 다 퍼부으면서 나 자신에게는 그 말을 했네. 아주머니께는 이렇게 말씀드렸네. '예수가 집에 있습니까? 알패오 때문에 그럽니다. 그애가 죽어갑니다…' 그랬더니 아주머니는 이렇게 말씀하셨네. '뛰어 가라! 예수는 아이와 사도 한 사람과 가나 쪽으로 갔다. 가나로 가는 길로. 그러나 빨리 해라. 새벽에 나갔으니까 돌아오는 참일 거다. 네가 예수를 만나도록 기도하마.' 비난하는 말은 한마디도 없었네. 비난을 얼마든지 들어 마땅할 내게 비난하는 말 한마디도 없었어!"

"나도 형에게 비난하는 말을 하지 않겠어. 오히려 두 팔을 벌리고…"

"아아! 알패오가 죽었다는 말을 내게 하려는 거지!…"
"아니야. 형을 정말 사랑한다고 말하려고 그러는 거야."
"그럼, 가세! 빨리! 빨리!"
"아니야. 그럴 필요가 없어."
"가지 않겠다는 건가? 아! 나를 용서하지 않는 건가? 혹은 또 알패오가 죽은 건가? 그러나 그애가 죽었다 하더라도, 예수, 예수, 예수, 죽은 사람들도 다시 살아나게 하는 자네는 내 아들을 다시 살려주게! 오! 착한 예수! … 오! 거룩한 예수! … 오! 내가 버린 예수! … 오! 예수, 예수…" 사나이의 울음이 사람없는 거리에 울려퍼진다. 그동안 그는 예수의 옷을 경련적으로 구기거나 고통과 가책과 부정애에 짓눌린 채 예수의 발에 입맞춤하거나 한다….
"형은 여기 오기 전에 집에 들르지 않았어?"
"아니. 나는 미친 사람처럼 여기까지 달려왔네.…왜? 또 다른 고통이 있는 건가? 살로메가 벌써 도망치고 있나? 살로메가 미쳤나? 살로메는 지난밤에 벌써 미친 것 같았어…."
"형수가 내게 말했어. 형수는 울었고, 믿었어. 시몬 형, 집으로 가봐. 형의 아들은 나았어."
"자네가! … 자네가! …그 교활한 자의 말을 믿고 자네를 모욕한 내게 자네가 그렇게 해주었나? 오! 주여! 나는 그만큼 은혜를 받을 자격이 없네! 용서하게! 용서하게! 용서해! 속죄하기 위해서, 자네를 사랑한다는 말을 하기 위해서, 거리를 두고 살아오는 것이 괴로웠다는 것을 자네에게 믿게 하기 위해서, 자네가 여기 와 있는 때부터 알패오가 병이 들기 전에 벌써 내가 자네에게 말을 하기를 간절히 바랐다는 말을 하기 위해 나더러 어떻게 하라는지 말해 주게! …그러나 …그러나 …"
"그만둬요. 그건 모두가 과거야. 나는 그걸 더 이상 기억하지 않겠어. 가리옷의 유다의 말에 대해서도 마찬가지로 잊어버려요. 그 사람은 어린 아이야. 형에게서는 이것만을 원해, 즉 지금도 또 어느 때도 이 말을 내 제자들과 사도들에게 하지 말고, 또 누구에게보다도 내 어머니께는 더구나 하지 말라는 거야. 이것뿐이야. 이제는 시몬형, 집에 가봐. 가라구. 그리고 마음편히 있어요.…형의 집에 가득 차 있는 기쁨을 지체하지 말고 누려요. 가보아요." 예수께서는 그를 껴안으시고 나자렛 쪽으로 가만히 미신다.

"나하고 같이 가지 않을 건가?"

"우리 집에서 형이 형수와 알패오와 같이 오는 것을 기다리겠어. 가봐요. 그리고 형이 지금의 기쁨을 가지는 것은 진리를 믿을 줄 알기만 한 형의 아내 때문이라는 것을 기억해요. 형수 때문이라는 것을."

"자네 말은 내게는…"

"아니야. 형에게서는 뉘우침을 느꼈다는 뜻이야.…그런데 형의 뉘우침은 형수의 비난하는 어조에서 왔어.…정말이지 하느님께서는 착한 사람들의 입을 통해 말씀하시고, 그들을 통해 주의를 주시고 권고를 하셔!…그런데 나는 형수의 겸손하고 강한 믿음을 보았어. 빨리 집에 가보라니까. 더 지체하지 말고 형수에게 가서 '고맙다'고 말해요."

예수께서는 그에게 가도록 결심시키기 위하여 거의 거칠게 밀다시피 하신다. 그리고 마침내 시몬이 떠나자, 그에게 강복하신다. …그런 다음 소리없는 혼잣말을 하시며 머리를 끄덕이시고, 창백한 얼굴에는 눈물이 천천히 흘러 내린다.…"유다!"라는 한마디 말만이 예수의 생각이 어디로 가는지를 말해 준다….

예수께서는 열성당원이 간 작은 길로 들어서서 시의 경계 뒤로 해서 당신 집을 향하여 가신다.

176. 시몬 베드로가 나자렛에 온다. 마륵지암의 너그러움

아침나절 시간이 꽤 흘렀는데 기다리지도 않던 베드로가 혼자서 나자렛의 집에 온다. 그는 짐꾼 모양으로 배낭들을 메고 꾸러미들을 들고 있다. 그러나 너무도 행복해서 무게와 피로를 느끼지 못할 지경이다.

문을 열어 주러 가신 성모님께 그는 지극히 행복한 미소를 보내고, 명랑하면서도 존경이 깃든 인사를 드린다. 그리고 묻는다. "선생님은 어디 계시고 마륵지암은 어디 있습니까?"

"동굴 위에 있는 비탈에 있는데, 알패오의 집쪽일세. 마륵지암은 올리브들을 따고 있을 거고, 예수는 틀림없이 묵상을 하고 있으리라고 생각하네. 내가 가서 불러오겠네."

"제가 하겠습니다."

"그 꾸러미들만이라도 내려놓게."

"아닙니다. 아니예요. 이건 아이를 놀래 주려는 선물들입니다. 저는 그애가 눈을 크게 뜨고 걱정스럽게 짐속을 뒤지는 것을 보는 것이 좋습니다. 귀여운 아이의 기쁨을요."

베드로는 정원으로 나가, 비탈 아래로 가서 동굴 안에 잘 숨는다. 그리고 목소리를 좀 바꾸어서 외친다. "선생님께 평화" 그리고 자연스러운 목소리로 "마륵지암아!…" 하고 부른다.

조용히 공기에 가득 울려 퍼지던 마륵지암의 작은 목소리가 잠잠해진다. …잠시 조용하더니, 계집아이의 목소리 같은 작은 목소리가 묻는다. "선생님, 저를 부른 사람이 아버지가 아니었어요?"

아마 예수께서는 너무도 생각에 깊이 잠겨 계셨기 때문에 아무 말도 듣지 못하신 것 같으며, 그것을 솔직히 인정하신다.

베드로는 다시 "마륵지암아!" 하고 부른다. 그리고 크게 웃음을 터뜨린다.
"오! 틀림없어요! 아버지예요! 아버지! 어디 계셔요?"

마륵지암은 몸을 기울여 정원을 내려다본다. 그러나 아무것도 보이지 않는다. …예수께서도 앞으로 나아오시며 바라보신다. …문에서 미소짓고 계신 성모님이 보이고, 정원 안쪽 화단 근처에 있는 방에서 역시 미소짓고 있는 요한과 신디카가 보인다.

그러나 마륵지암은 결정을 내리고 비탈에서 동굴 아주 가까이로 뛰어내린다. 그러자 베드로가 그가 땅에 닿기 전에 재빨리 움켜 잡는다.

두 사람의 인사는 감동적이다. 예수님과 성모님과 정원 안쪽에 있는 두 사람은 빙그레 웃으며 그들을 지켜본다. 그러다가 다정스러운 작은 집단에 다가간다.

베드로는 할 수 있는 대로 아이의 포옹에서 벗어나 예수 앞에 몸을 구부리고 다시 인사를 드린다. 그러니까 예수께서 그를 껴안으시고, 동시에 사도에게서 떨어지지 않는 아이도 껴안으신다. 아이는 "어머니는요?" 하고 묻는다.

그러나 베드로는 "왜 이렇게 일찍 왔느냐?" 하고 물으시는 예수께 대답한다.

"그럼 제가 선생님을 그렇게 오랫동안 뵙지 않고 지낼 수 있다고 생각하십니까? 또 그리고… 아! 폴피레아가 '마륵지암을 보러 가세요. 이것도 갖다 주고, 저것도 갖다 주세요' 하고 말하면서 저를 가만두지 않았습니다. 폴피레아는 마치 마륵지암이 도둑놈들 가운데에나 사막에 있는 것으로 생각하는 것 같았습니다. 그리고 지난 밤에는 일부러 비스켓을 만들러 일어났습니다. 그리고 비스켓을 굽자마자 저를 떠나보냈습니다…."

"오! 비스켓!…" 하고 마륵지암이 외친다. 그러나 곧 입을 다문다.

"그래. 비스켓은 이 안에 화덕에 말린 무화과와 올리브와 빨간 사과들과 같이 있다. 그리고 어머니는 네 양들의 젖으로 만든 치즈들도 보냈다. 그리고 물에 젖지 않는 옷도 있다. 또 그리고, 또 그리고… 또 다른 거 뭣이 있는지 모르겠다. 아니? 너 울고 있니? 아니! 왜?"

"나는 이 모든 것보다 아버지가 어머니를 데리고 왔으면 더 좋았겠어요. …나는 정말 어머니가 좋거든요, 아시겠어요?"

"오! 아뿔사! 그렇지만 누가 그걸 알았어야지?! 네 어머니가 이 말을 들으면 버터처럼 녹아내릴 거다…."

"마륵지암의 말이 맞네. 아내를 데리고 와도 되는 건데 그랬어. 자네 아내는 아주 오래 전부터 아이가 보고 싶었을 거야. 우리 여자들은 자식에 대해서 그렇다네…" 하고 성모님이 말씀하신다.

"좋습니다. …그러나 멀지 않아 제 아내가 이애를 보게 될 거지요, 선생님?"

"그래. 등불 명절 후에 우리가 떠날 때. …아니, 그전에라도… 그래, 네가 등불 명절을 지내고 돌아올 때 같이 오너라. 아이와 며칠 동안 같이 지낸 다음 네 아내와 아이는 함께 베싸이다로 돌아가기로 한다."

"아이고! 참 좋겠다! 여기 어머니가 두 분 있을 테니까!" 하고 아이는 명랑해져서 기뻐한다.

그들은 모두 집안으로 들어가고 베드로는 짐을 내려 놓는다.

"여기 말린 생선, 소금에 절인 생선, 그리고 신선한 생선이 있습니다. 이것은 선생님의 어머니께 편리할 것입니다. 여선생님이 대단히 좋아하시는 연한 치즈가 있습니다. 그리고 여기는 요한을 위한 달걀이 있습니다. 깨지지 않았으면 좋겠는데… 다행히도 안 깨졌군요. 그리고 포도가 있습니다. 이것은 가나에서 수산나가 준 것입니다. 제가 가나에서 잤거든요. 또 그리고… 아! 그리고 이거! 마륵지암아, 얼마나 금빛깔이 나는지 봐라. 어머니의 머리칼 빛깔 같다…." 그러면서 끈적거리는 꿀이 가득 찬 단지를 연다.

"그렇지만 왜 이렇게 많은 걸 가져왔나? 희생을 했구먼, 시몬" 하고 성모님이 탁자를 뒤덮은 크고 작은 꾸러미들과 그릇과 항아리들을 보면서 말씀하신다.

"희생을 하다니요? 아닙니다. 저는 고기잡이를 많이 했는데 고기가 잘 잡혔습니다. 생선에 대해서는 그렇구요. 나머지는 집에서 난 것들이라, 돈은 한푼도 들지 않았습니다. 반면 이것들을 가져오는 것은 대단히 기뻤습니다. 또 그리고…등불 명절인데요. …이것이 관습 아닙니까?! 너 꿀맛보지 않니?"

"나는 못해요." 마륵지암이 정색을 하고 말한다.

"왜? 너 어디 아프냐?"

"아니오. 그렇지만 먹을 수가 없어요."

"아니, 왜?"

아이는 얼굴이 빨개진다. 그러나 대답을 하지 않는다. 그는 예수를 쳐다보고 말을 하지 않는다. 예수께서 빙그레 웃으시며 설명하신다. "마륵지암은 어떤 은총을 얻기 위해서 서원을 하나 했다. 이애는 네 주일 동안 꿀을 먹지 못한다."

"아! 그래요! 그럼 나중에 먹어라.…그래도 단지는 받아라.…아니 보세요! 저는 이애가 그렇게까지 … 그렇게까지 …"

"그렇게까지 아량이 있는 줄은 몰랐단 말이지, 시몬아? 어려서부터 보속을 시작하는 사람은 일생동안 덕행의 길을 쉽게 찾아낼 것이다" 하고 예수께서 말씀하신다. 그동안 아이는 작은 단지를 들고 간다.

베드로는 매우 감탄하며 아이가 가는 것을 바라본다. 그리고 묻는다. "열성당원은 여기 없습니까?"

"그 사람은 알패오의 마리아의 집에 갔다. 그러나 곧 올 것이다. 오늘 저녁은 너희 둘이 같이 자거라. 시몬 베드로야, 이리 오너라."

두 사람은 나가고, 그동안 성모님과 신디카는 여러 꾸러미로 어수선해진 방을 정돈한다.

"선생님 … 저는 선생님과 아이를 보러 왔습니다. 그것은 사실입니다. 그러나 요사이, 특히 귀찮게 구는 저 세 사람이 온 뒤로 많이 생각했기 때문에 오기도 했습니다. …그자들에게는 바다에 물고기가 있는 것보다도 더 많이 거짓말을 했습니다. 지금 그 사람들은 게쎄마니에서 엔도르의 요한을 찾아낼 줄로 생각하고 그리로 가는 중입니다. 그리고 신디카와 또 선생님도 찾아내기를 바라면서 라자로의 집으로 갈 것입니다. 가라지요 뭐! … 그렇지만 곧 돌아올 것이고 또 … 선생님, 그자들은 저 불행한 두 사람 때문에 선생님께 난처한 일을 당하시게 하고자 합니다 …."

"나는 벌써 여러 달 전부터 모든 대비책을 마련해 놓았다. 그들이 뒤쫓는 저 두 사람을 찾으러 돌아왔을 때는 팔레스티나의 어느 곳에서도 그들을 찾아내지 못할 것이다. 저 궤들이 보이느냐? 저 사람들의 것이다. 베틀 곁에 개켜 놓은 옷들을 보았느냐? 저 사람들의 것이다. 놀랐느냐?"

"예, 선생님. 그러나 그들을 어디로 보내십니까?"

"안티오키아로."

베드로는 의미심장한 휘파람을 한번 불고는 묻는다. "그런데 누구네 집으로요? 그리고 저들이 어떻게 거길 갑니까?"

"라자로의 집으로 간다. 그의 아버지가 로마 총독으로 다스린 곳에 라자로가 가지고 있는 마지막 집이다. 그리고 바다로 해서 갈 것이다…."

"아! 그렇군요! 왜냐하면 만일 요한이 걸어서 가야 한다면 …"

"바다로 해서 간다. 나는 이 말을 네게 할 수 있는 것이 기쁘다. 나는 모든 것을 준비하기 위하여 너더러 '오너라' 하고 말하라고 시몬을 보내려고 했었다. 잘 들어라. 등불 명절이 지난 후 2, 3일 뒤에 우리는 여기서 떠날 터인데, 사람들의 주의를 끌지 않기 위해서 여러 작은 집단으로 떠난다. 우리 일행에는 나와 너, 네 아우, 야고보와 요한, 내 두 사촌, 그리고 요한과 신디카가 있을 것이다. 우리는 프톨레마이스로 간다. 거기서 네가 배로 그들을 띠로까지 데리고 가거라. 띠로에서는 집으로 돌아가는 개종자들처럼 안티오키아로 가는 큰배를 타라. 그리고 돌아와서 악지브로 나를 찾아오너라. 나는 날마다 산꼭대기에 있겠다. 게다가 성령께서 너희를 인도하실 것이다…."

"뭐라구요? 선생님은 저희와 같이 가지 않으십니까?"

"나는 너무 주목을 받을 것이다. 나는 요한의 정신을 평안하게 하기를 바란다."

"그런데 여기서 밖에 나간 일이 한 번도 없는 제가 어떻게 해야 합니까?"

"너는 어린 아이가 아니다. …그리고 멀지 않아 안티오키아보다도 훨씬 더 멀리 가야 할 것이다. 나는 너를 믿는다. 내가 너를 높이 평가한다는 것을 알겠지?"

"그러면 필립보와 바르톨로메오는요?"

"그들은 우리를 기다리는 동안 복음을 전하면서 요타파트로 우리 마중을 나올 것이다. 내가 그들에게 편지를 쓸 터이니 네가 편지를 갖다 주어라."

"그런데 … 여기 있는 저 두 사람은 그들의 운명을 알고 있습니까?"

"모른다. 나는 그들에게 편안한 마음으로 명절을 지내게 하겠다…."

"아이고! 불쌍한 사람들! 좀 보십시오, 어떤 사람이 악인들에게 박해를 받아야 하는 것인지, 그리고 …"

"입을 더럽히지 말아라, 시몬아."

"그러겠습니다. 선생님 … 이거 보십시오. …그렇지만 이 궤들을 어떻게 가져갑니까? 그리고 요한을 데리고 가려면요? 그 사람 정말 병이 대단한 것 같은데요."

"나귀를 한마리 구하자."

"아닙니다. 작은 마차를 하나 마련하지요."

"그러나 그 마차는 누가 모느냐?"

"어! 시몬의 유다가 노젓는 걸 배웠으니, 요나의 시몬도 마차 모는 걸 배울 것입니다. 또 그리고 고삐를 잡고 나귀를 모는 일은 어려운 일이 아닐 것입니다! 마차에는 궤와 저 두 사람을 싣고, 저희는 걸어가지요. 예, 예! 정말 그렇게 하는 것이 좋겠습니다."

"그런데 마차는 누가 우리에게 준다는 거냐? 나는 우리가 떠나는 것이 알려지는 것을 원치 않는다는 것을 기억해라."

베드로가 곰곰히 생각한다. …그러더니 결정한다. "선생님, 돈을 가지고 계십니까?"

"그렇다. 미사스의 보석으로 생긴 돈이 아직 많이 있다."

"그러면 모든 일이 쉬워집니다. 제게 돈을 좀 주십시오. 어떤 사람에게 가서 나귀와 마차를 장만하겠습니다. 그리고… 예, 그렇지요. …나중에 나귀는 어떤 불행한 사람에게 주고, 마차는… 두고 보지요. …제가 오길 잘했습니다. 그런데 이번에는 정말 제 아내와 같이 돌아와야 합니까?"

"그래. 좋다."

"그럼 참 좋을 겁니다. 그러나 불쌍한 저 두 사람! 요한이 저희들과 같이 있지 않게 되는 것이 제 마음에 언짢습니다. 그렇지 않아도 그 사람을 볼 날이 별로 많이 남지 않았었는데 … 하지만 가엾은 사람! 그 사람이 요나처럼 여기서 죽을 수 있었을 텐데 …"

"세상이 그에게 그렇게 되는 것을 허락하지 않았을 것이다. 세상은 구속되는 사람을 미워한다."

"이 때문에 그 사람 마음이 아플 것입니다 …."

"나는 그를 너무 섭섭해 하지 않고 떠나보낼 이유를 하나 찾아내겠다."

"어떤 이유입니까?"

"시몬의 유다를 보내는 데 소용된 것과 같은 이유이다. 나를 위해서 일한다는 이유."

"아! … 다만 요한에게는 성덕이 있을 것입니다. 그러나 유다에게는 교만이 있을 뿐입니다."

"시몬아, 험담하지 말아라."

"그건 물고기에게 노래를 시키는 것보다도 더 어려운 일입니다. 선생님,

이것은 사실이지, 험구가 아닙니다.…그런데 열성당원이 선생님의 사촌들과 같이 온 것 같군요. 가십시다."
 "가자. 그리고 아무에게도 말하지 말아라."
 "그 말씀을 제게 하시는 것입니까? 제가 말을 할 때에는 진실을 감추지 못합니다. 그렇지만 제가 하고자 할 때는 입을 딱 봉할 줄도 압니다. 그런데 그렇게 하고자 합니다. 저는 저 자신에게 그렇게 맹세했습니다. 제가 안티오키아에까지 가다니! 세상끝까지! 오! 저는 언제 돌아올지 모르겠습니다! 저는 모든 것이 끝나기 전에는 잠을 자지 못하겠습니다…."
 그들은 나간다. 그리고는 아무것도 알 수 없다.

177. "보편적인 사랑의 거룩한 체계(體系)안에 서는 아무것도 잃어지지 않는다"

같은 날인지 확실히는 모르겠다. 그러나 나자렛의 가족 식탁에 베드로가 있기 때문에 그렇다고 추측한다. 식사가 거의 끝났고, 신디카는 저녁식사를 끝내는 사과와 호두와 포도와 편도들을 식탁에 갖다 놓으려고 일어난다. 저녁식사라고 한 것은 저녁이 되어서 벌써 등불을 켰기 때문이다.

신디카가 과일을 가져오는 동안 마침 등불이 화제에 오른다. 베드로가 말한다. "올해에는 내 아들 너를 위해서 등불 하나를 더 켜겠네. 그리고 이 다음에도 항상 하나를 더 켜겠다. 네가 여기 있더라도 우리는 너를 위해 등불 하나를 켜고 싶으니까. 아이를 위해서 등불을 켜는 것은 이번이 처음이다…" 그리고 베드로는 "물론… 네가 집에 있으면 더 훌륭하겠지만…" 하고 말을 마치면서 조금 비감해진다.

"시몬, 지난해에는 아들이 그렇게 멀리 있는 것을 그리워했네, 그리고 나와 함께 가리옷의 집에서 알패오의 마리아와 살로메, 그리고 시몬의 마리아, 그리고 토마의 어머니도 그랬어…."

"오! 유다의 어머니! 올해에는 아들이 같이 있을 것입니다.…그러나 더 행복하리라고는 생각하지 않습니다. …그 생각은 그만합시다. …우리는 라자로의 집에 있었는데, 불이 얼마나 많이 켜졌던지! … 온통 금과 불로 이루어진 하늘 같았어요. 올해에는 라자로가 누이동생과 함께 있지요. …그러나 선생님이 거기 계시지 않을 것을 생각하면서 한숨지으리라고 생각합니다. 그리고 내년에는? 우리가 어디 있을까요?"

"저는 아주 멀리 가 있을 것입니다…" 하고 요한이 중얼거린다.

베드로는 요한이 곁에 앉아 있기 때문에 그를 보려고 얼굴을 돌린다. 그리고 무슨 말을 물으려고 하다가 예수께서 눈짓을 하시는 바람에 다행히 멈출 줄을 안다.

마르지암이 묻는다. "아저씨는 어디 가 있을 거예요?"

"주님의 자비로 아브라함의 품에 가 있기를 바란다…."

"아이고! 아저씨는 죽기를 원하는 거예요? 복음을 전하고 싶지는 않아요? 아저씨는 복음을 전하지 않고 죽는 걸 아깝게 생각하지 않겠어요?"

"주님의 말씀은 거룩한 입술에서 나와야 한다. 주님의 말씀을 들을 수 있게 되고, 그 말씀의 덕택으로 내가 구원을 받게 되는 것만도 다행이다.…내가 그렇게 했으면 기뻤을 거다. …그러나 이미 늦었다…."

"그러나 너는 복음을 전할 것이다. 너는 사람들의 주의를 네게 끈 만큼 벌써 복음을 전했다. 그렇기 때문에 네가 기쁜 소식을 전하려고 다니지 않아도 복음을 전파하는 제자라고 불릴 것이다. 그리고 내세에서 너는 내 복음전파자들에게만 주기로 한 상급을 받을 것이다."

"선생님의 약속을 들으니 저는 죽음을 바라게 됩니다. …생활의 각 순간에 계략 하나가 숨어 있을 수 있습니다. 그리고 저는 약하기 때문에 아마 그것을 피할 수 없을 것입니다. 만일 하느님께서 제가 한 것을 만족히 여기시고 저를 받아들여 주시면, 그것은 찬미해야 할 큰 인자하심이 아니겠습니까?"

"나 분명히 네게 말한다마는, 사람이 어느 정도까지 악마같이 될 수 있는지를 이렇게 알아서, 평화가 이 지식으로 그들을 위로하고 죽음을 환희의 노래로 바꾸어 놓을 지점에 이를 많은 사람에게는 죽음이 최고의 인자함이 될 것이다. 그것은 죽음이 고성소에서 해방되는 이루 형언할 수 없는 기쁨과 결합하겠기 때문이다."

"그리고 그 다음 여러 해 동안에는 우리가 어디에 있겠습니까, 주님?" 하고 주의를 기울이던 열성당원이 묻는다.

"영원하신 분이 원하시는 곳에. 우리가 지금 살고 있는 순간에 대해서도 확실한 것을 알지 못하고 이 순간을 끝마칠지도 확실히 알지 못하는데, 너는 먼 장래의 일을 미리 알고 싶으냐? 그뿐 아니라, 장래의 등불 명절을 지낼 곳이 어디이든지, 너희가 그곳에 하느님의 뜻을 행하기 위해서 있으면 그곳은 항상 거룩할 것이다."

"모두들 그곳에 있을 건가요? 그럼 선생님은요?" 하고 베드로가 묻는다.

"나는 항상 내가 사랑하는 사람들이 있는 곳에 있겠다."

성모님은 말씀을 도무지 하지 않으셨다. 그러나 눈은 아들의 얼굴을 끊임없이 살펴보고 있었다. …성모님의 얼굴은 마륵지암의 지적으로 예수의 얼굴에서 돌려진다. 마륵지암은 "어머니, 왜 꿀반죽을 한 비스켓을 식탁에 안 놓으셨어요? 예수님이 좋아하시고, 또 요한 아저씨의 목에도 좋을 텐데요. 또 그리고 아버지도 좋아하셔요…."

"또 너도 좋아하지" 하고 베드로가 말을 끝낸다.

"나는 … 비스켓이 없는거나 마찬가지예요. 나는 약속했거든요 …."

"얘야, 그 때문에 비스켓을 놓지 않았단다 …" 하고 성모님이 말씀하시며 그를 쓰다듬으신다. 마륵지암은 식탁 한쪽에 성모님과 신디카 사이에 앉아 있고 네 남자는 맞은 편에 앉아 있는 것이다.

"아니예요, 아니예요. 비스켓을 모두에게 갖다 주셔도 돼요. 아니 가져오셔야 해요. 그러면 제가 모두에게 드리겠어요."

신디카가 등불을 하나 들고 나갔다가 비스켓을 가지고 돌아온다. 마륵지암은 쟁반을 받아서 노느매기를 시작한다. 금빛나고 일류 과자제조인이 만든 것처럼 잘 부풀어오른 제일 좋은 것은 예수께 드린다. 똑같은 것 하나는 성모님께 드린다. 그 다음에는 베드로, 시몬, 신디카 차례이다. 그러나 요한에게 주기 위하여는 아이가 일어나서 나이많고 병든 교사 곁으로 가서 말한다. "아저씨에게는 아저씨것과 제것을 드리겠어요. 그리고 그 위에 아저씨가 제게 가르쳐 주시는 모든 것에 대해서 입맞춤을 하나 드리구요." 그리고는 제 자리로 돌아와 쟁반을 용감하게 식탁 한가운데에 내려놓고 팔짱을 낀다.

"너 때문에 이 맛있는 것을 제대로 넘기지를 못하겠구나" 하고 베드로가 마륵지암이 정말 비스켓을 먹지 않는 것을 보고 말한다. 그리고 덧붙인다. "조그만 조각 하나만이라도. 자, 내 것을 조금 먹어라, 그저 먹고 싶어 죽지 않기 위해서. 너는 너무 괴로워한다. …예수님도 허락하신다."

"그렇지만, 내가 괴롭지 않으면 공로가 없을 거예요, 아버지. 나는 그렇게 하면 괴로울 것이라는 걸 알고 그 희생을 했으니까 이게 좋아요. …또 게다가 … 나는 그렇게 한 것이 아주 좋아서 꿀이 잔뜩 들어 있는 것같이 보여요. 나는 사방에서 꿀맛을 느끼고, 공기와 함께 들이마시는 것 같아요 …."

"그건 네가 이걸 먹고 싶어 죽겠으니까 그러는 거다."

"아니예요. 하느님께서 나더러 '아들아, 너 잘한다' 하고 말씀하시기 때문이예요."

"그 희생없이도 선생님은 너를 기쁘게 해주셨을 거다. 너를 무척 사랑하시니까!"

 "그래요. 사랑을 받는다고 그것을 이용해서는 안 돼요. 그뿐 아니라, 선생님은 선생님의 이름으로 준 물 한잔에 대해서도 하늘에서 큰 상을 받을 거라고 말씀하셨어요. 만일 선생님의 이름으로 다른 사람에게 준 물 한 잔에 대해서 큰 상이 있으면, 어떤 형제에 대한 사랑을 위해서 먹지 않는 비스켓 하나나 꿀 조금에 대해서도 그러리라고 생각해요. 선생님, 제가 말을 잘못했어요?"

 "너는 총명하게 말한다. 과연 나는 네 희생없이도 어린 라헬을 위해서 네가 청하는 것을 네게 허락할 수 있었다. 그것은 해서 좋은 일이었고, 또 내 마음도 그것을 원했으니까. 그러나 네 도움을 받았기 때문에 더 기쁘게 그 일을 했다. 우리 형제들에 대한 사랑은 인간적인 방법과 한계에만 한정되지 않고 더 높이 올라간다. 그 사랑이 완전할 때에는 하느님의 옥좌에까지 닿고 하느님의 무한한 자비와 인자와 합쳐진다. 성인들의 통공(通功)이 바로 이 계속적인 행동이고, 이와 마찬가지로 하느님께서도 끊임없이 또 모든 방식으로 형제들에게 그들의 물질적인 필요나 영신적인 필요, 또는 동시에 두 가지 필요에 대한 도움을 주신다. 마륵지암의 경우가 그렇다. 마륵지암은 라헬의 병나음을 얻음으로써 라헬을 병에서 구해 주고, 동시에 늙은 요안나 할머니의 낙담한 정신의 고통을 덜어 주고, 그 집안의 모든 식구의 마음 속에 주님께 대한 점점 더 커지는 신뢰를 일으킨다. 우리가 희생하는 꿀 한 숟가락도 슬퍼하는 사람에게 평화와 희망을 도로 가져다 주는 데 소용될 수 있고, 사랑의 목적으로 우리가 포기하는 비스켓이나 다른 음식도 멀리 떨어져 있어서 우리에게는 언제까지나 알지 못하는 사람으로 남아 있을 굶주린 사람에게 기적적으로 제공되는 빵 하나를 얻을 수 있다. 그리고 분노의 말, 정당한 분노의 말 한마디를 희생 정신으로 참는 것도 멀리 떨어진 곳에서 죄 하나를 막을 수 있으며, 과일 하나를 따고자 하는 욕망을 사랑으로 누르는 것도 어떤 도둑에게 뉘우치는 생각을 나게 해서 도둑질을 막는 데 소용될 수도 있다. 보편적인 사랑의 거룩한 체계 안에서는 아무것도 잃어지지 않는다. 비스켓 쟁반 앞에서 한 어린이가 행하는 영웅적인 희생도 한 순교자의 희생과 마찬가지로 잃어지지 않는다. 한 순교자의 희생은 흔히 그 근원이 어린 때부터 하느님과 이웃에 대한 사랑에 관하여 받은 단호한 교육에 있다는 말까지도 하겠다."

"그러면 우리가 박해를 받을 때를 위해서 제가 항상 희생을 하는 것이 정말 유익한 일이군요" 하고 마륵지암이 확신을 가지고 말한다.

"박해를 당하다니?" 하고 베드로가 묻는다.

"그래요. 아버지는 선생님이 그 말을 하신 걸 기억 못하세요? '너희는 나 때문에 박해를 받을 것이다' 한 말을? 아버지는 여름동안 혼자서 처음으로 베싸이다에 복음을 전하러 왔을 때 내게 그런 말을 했어요."

"이애는 무엇이든 기억하고 있단 말이야" 하고 베드로가 몹시 감탄하며 말한다.

저녁식사가 끝났다. 예수께서 일어나셔서 모든 사람을 대신하여 기도하시고 강복하신다. 그런 다음 여자들이 설겆이를 하러 가는 동안 예수께서는 남자들과 같이 방 한 구석으로 가셔서 나무 토막하나를 깎으시는데, 그것이 마륵지암이 감탄하며 바라보는 앞에서 양이 된다….

178. "엔도르의 요한아, 안티오키아로 가거라"

비가 오는 겨울 아침나절이다. 예수께서는 벌써 일어나셔서 당신 작업장에서 일을 하신다. 작은 물건들을 만드신다. 그러나 한 구석에는 새 베틀이 하나 있다. 새 것이고 별로 크지는 않지만 잘 만들어진 베틀이다.

성모님이 김이 나는 우유 한 잔을 가지고 들어오신다. "예수야, 마셔라. 네가 일어난 지가 무척 오래 됐지. 날씨가 습기차고 춥다…."

"예. 그러나 어머니, 저는 모두 끝낼 수가 있었습니다. …이 1주일 동안의 명절 때문에 일이 마비되었었습니다…." 예수께서는 목수의 작업대 위에 비스듬히 올라 앉으셔서 양젖을 드신다. 그동안 성모님은 베틀을 살펴보시며 어루만지신다.

"어머니께서 베틀에 강복하십니까?" 하고 예수께서 빙그레 웃으시며 말씀하신다.

"아니다, 네가 이것을 만들었기 때문에 어루만지는 거다. 강복이야. 네가 이걸 만들면서 주었지. 네가 좋은 생각을 했다. 이것은 신디카에게 소요될 거다. 신디카는 베짜기에 매우 재간이 있다. 그리고 이것은 신디카가 여인들과 처녀들을 가까이 하는 데에 도움이 될 거다. 다른 것 또 무엇을 했느냐? 선반(旋盤) 옆에 올리브나무 같은 지저깨비들이 보이니 말이다."

"요한에게 유익한 물건들을 만들었습니다. 보세요. 철필(鐵筆)을 넣을 상자와 글씨를 쓸 작은 탁자가 있구요. 그리고 요한의 책을 넣을 뚜껑이 비스듬한 책상들이 있구요. 만일 요나의 시몬이 작은 마차 생각을 하지 않았더라면 저는 이런 것을 만들지 않았을 것입니다. 그러나 이제는 이 물건들로 실을 수 있을 것입니다. …그리고 그들은 제가 이 작은 물건들을 만들면서도 그들을 사랑했다는 것을 느낄 것입니다…."

"저 사람들을 멀리 보내는 것이 괴롭지?"

"괴롭습니다. …저 때문에도, 저 사람들 때문에도. 저 사람들에게 말하려고 지금까지 기다렸습니다. …그리고 시몬이 폴피레아와 같이 도착하지 않은 것만도 다행입니다.···지금이 말할 시간입니다. 날마다 제 마음을 찍어누르고, 수많은 등불의 빛까지도 음산하게 하던 고통입니다.···지금은 제가 다른 사람들에게 주어야 하는 고통입니다.···아! 어머니, 저는 그 고통을 저 혼자서 당하고 싶었습니다···."

"착한 내 아들!" 성모님은 예수를 위로하기 위하여 그의 손을 어루만지신다. 잠깐동안 침묵이 흐른 다음 예수께서 말씀을 다시 시작하신다. "요한은 일어났습니까?"

"그래. 그가 기침하는 소리를 들었다. 어쩌면 부엌에서 양젖을 마시고 있는지도 모르겠다. 가엾은 요한!···" 눈물 한방울이 성모님의 뺨으로 흘러 내린다.

예수께서 일어나신다. "그리 가겠습니다.··· 가서 말을 해야 합니다. 신디카하고는 말이 더 쉬울 것입니다.···그러나 요한의 경우에는··· 어머니 마룩지암에게 가셔서 깨우셔서 제가 저 사람에게 말하는 동안 함께 기도하십시오.···그의 내장을 후벼 파야 하는 것과 같습니다.···제가 그를 죽이거나 그의 정신생활을 마비시키거나 할 수도 있습니다.···참으로 괴롭습니다, 아버지! ···가겠습니다" 그러시면서 정말로 짓눌린 모습으로 나가신다.

예수께서는 작업장에서 요한의 방으로 가는 몇 걸음을 가신다. 그 방은 요나가 죽은 바로 그 방, 즉 요셉의 방이다. 예수께서는 화덕에서 나뭇단 하나를 가지고 돌아오는 신디카를 만나셨는데, 신디카는 아무것도 알지 못하고 예수께 인사한다. 예수께서는 생각에 잠기신 채 그리이스 여자의 인사에 답례를 하시고는 꼼짝하지 않으시고 겨우 꽃망울이 앉기 시작한 백합꽃 화단을 내려다보신다. 그러나 그것들을 보시는지는 모르겠다.···그러다가 결심을 하신다. 예수께서 돌아서시며 요한의 방문을 두드리신다. 요한이 나타나는데, 예수께서 그를 만나러 오신 것을 보고 그의 얼굴 전체가 환해진다.

"네 방에 잠깐 들어가도 되겠느냐?" 하고 예수께서 물으신다.

"오! 선생님! 그야 언제든지! 저는 선생님께서 어제 저녁 조심성과 순종에 대해서 말씀하신 것을 적고 있었습니다. 그리고 선생님께서 이것을 보아주시는 것이 좋겠습니다. 조심성에 대해서 말씀하신 것을 잘 기억하지 못한 것 같으니까요."

예수께서는 이미 정돈이 잘 된 작은 방으로 들어가셨다. 그 방에는 늙은 교사의 편리를 위하여 작은 탁자 하나를 보태 놓았다.

예수께서는 양피지 위로 몸을 숙이시고 읽으신다. "썩잘 썼다. 제대로 옮겨 썼다."

"보십시오. 저는 이 구절을 잘못 이해한 것 같았습니다. 선생님께서는 내일에 대해서, 그리고 자신의 육체에 대해서 걱정을 해서는 안 된다고 항상 말씀하십니다. 그런데 이제는 내일에 관계되는 일에 대해서까지도 조심성은 덕행이라고 하는 것은 틀린 생각같이 보였습니다. 물론 이 틀린 생각은 제게도 오는 것이지만요."

"아니다. 너는 잘못 생각하지 않았다. 내가 분명히 그렇게 말했다. 이기주의자의 지나치고 겁에 질린 걱정과 의인의 조심성 있는 배려는 다른 것이다. 우리가 결코 누리지 못할지도 모르는 내일에 대한 인색은 죄이다. 그러나 자기의 빵을 보장하고, 또 기근이 드는 시기에 부모를 위한 빵을 보장하기 위하여 절약하는 것은 죄가 아니다. 자기 자신의 육체를 이기적으로 위해서, 우리 주위에 있는 사람들에게 우리 육체를 걱정하라고 요구하면서, 자기 육체가 그로 인해서 고통을 당할까 봐 무서워서 자기는 일체 노력도 하지 않고 희생도 하지 않는 것은 죄이다. 그러나 조심성없음으로 인해서 걸려 가족에 짐이 되고, 우리를 위해서도 유익한 일의 손실이 되는 무익한 병에 걸리지 않게 육체를 보호하는 것은 죄가 아니다. 하느님께서 생명을 주셨다. 이것은 하느님에게서 오는 선물이다. 우리는 생명을 무모하지 않게, 또 이기주의를 가지지 않고 거룩하게 써야 한다. 알겠느냐? 때로는 어떤 행동들이 순전히 조심성에 지나지 않고, 갑자기 나타난 새로운 사실들의 결과에 지나지 않는데도 어리석은 사람들에게는 비열한 행동이나 변덕으로 보일 수도 있는데, 조심성이 그런 행동을 하도록 권고하기도 한다. 예를 들어 만일 내가 지금 마침 네게 해를 끼칠 수 있을 사람들 가운데로 … 가령 네 아내의 부모라든지 네가 일을 했던 광산을 지키는 사람들 가운데로 보낸다면, 내가 잘하는 일이겠느냐 잘못하는 일이겠느냐?"

"저는… 저는 판단하고 싶지는 않습니다만, 제 너무나 큰 부덕(不德)이 너무 시련을 받을 위험이 없는 다른 곳으로 보내시는 것이 나을 것이라고 말씀드리겠습니다."

"됐다. 너는 지혜롭고 신중하게 판단할 것이다. 그렇기 때문에 나는 네가 전에 가 있었던 비티니아나 미시아에는 너를 절대로 보내지 않을 것이고, 또 비록 네가 정신적으로 그곳에 가기를 희망했어도 친티움에도 결코 보내지 않겠다. 네 정신이 그곳에서 수많은 인간적 냉혹에 찍어눌려 퇴보할 수도 있을 것이다. 그러므로 조심성은 나와 이웃의 영혼들과 너 자신의 영혼을 위하여 유익하게 다른 곳으로 보낼 수가 있는데, 네가 무익한 존재가 될 곳에 보내지는 말라고 가르친다. 그렇지 않으냐?"

요한은 운명이 그에게 무엇을 결정해 놓고 있는지를 모르기 때문에 팔레스티나 밖으로 파견되는 가능성에 대한 예수의 암시를 이해하지 못한다. 예수께서는 그의 얼굴을 살펴보시고, 그가 침착하고 당신 말씀을 듣는 것을 기뻐하고 다음과 같이 대답할 준비를 갖추고 있음을 보신다. "선생님, 물론 저는 다른 곳에서 더 쓸모있을 것입니다. 며칠 전에 '저는 나쁜 본보기를 준 곳에서 좋은 본보기를 주기 위해 이방인들 가운데 갔으면 합니다' 하고 말하고 나서는 그 말을 한 것을 자책하며 이렇게 말했습니다. '네가 이스라엘의 다른 사람들의 선입관의 대상이니까 이방인들 가운데 가는 것은 좋을 거다. 그러나 친티움에도 안 되고, 네가 죄수 모양으로 또 늑대 모양으로 살았던 황량한 산에 가도 안 되고, 납 광산과 귀중한 대리석을 생산하는 채석광에 가도 안 된다. 절대적인 희생에 대한 갈망으로도 그곳에 가서는 안 될 것이다. 네 마음이 여러 가지 견디기 어려운 추억으로 혼란에 빠지겠기 때문이다. 또 만일 네 정체가 드러나면, 혹 네게 덤벼들지는 않는다 하더라도 그들은 〈살인자야, 입닥쳐라. 우리는 네 말을 들을 수가 없다〉고 말할 것이다' 하고요. 저 혼자 이렇게 생각했습니다. 그런데 이것이 올바른 생각입니다."

"그러니까 네가 조심성을 가지고 있다는 것을 알겠지. 나도 조심성을 가지고 있다. 그렇기 때문에 다른 사람들이 하는 것 같은 사도직의 피로를 네게 덜어주었고, 이곳 휴식과 평화 속으로 너를 데려왔다."

"오! 그렇습니다! 얼마나 큰 평화입니까! 제가 여기서 백년을 산다 해도 이 평화는 항상 같을 것입니다. 그리고 제가 떠나게 되면 이 평화를 가지고 가겠습니다. 저 세상에까지도 가지고 가겠습니다.····저는 사람이니까 추억이 아직 제 마음을 어지럽게 할 수 있을 것이고, 모욕이 저를 괴롭힐 수는 있을 것입니다. 그러나 제가 이제는 미워할 수가 없을 것입니다. 여기에서는 미움이 가장 멀리 떨어진 그 새싹에 이르기까지 거세(去勢)되었기 때문입니다. 여자를 이 세상에서 가장 더럽고 가장 경멸할 만한 동물같이 생각하던 제가 이제는 여자에 대해서까지도 반감을 가지지 않게 되었습니다. 선생님의 어머님은 문제밖입니다.

저는 어머님을 뵙자마자 존경했습니다. 그것은 어머님이 모든 여자와 다르신 것을 보았기 때문입니다. 어머님은 여자의 향기이십니다. 그러나 거룩한 여자의 향기이십니다. 누가 가장 순수한 꽃 향기를 사랑하지 않습니까? 그러나 다른 여자들, 클레오파의 마리아와 엘리사같이 슬픔의 무거운 짐을 지고서도 참을성있고, 그렇게도 철저하게 생활을 바꾼 막달라의 마리아같이 용감하고, 마르타와 요안나같이 우아하고 순결하며, 신디카와 같이 온전한 사고력을 가지고, 온전히 올바른 생각을 가진, 의젓하고 영리하며, 모두 애정가득한 착한 제자들인 다른 여자들도 저를 여자와 화해시켰습니다. 선생님께 고백합니다만 저는 신디카가 제일 좋습니다. 정신적으로 유사함도 신디카를 제게 소중한 사람이 되게 하고, 처지가 비슷한 점도 그렇게 합니다.

신디카는 노예였었고, 저는 죄수였었다는 이 신분의 유사성도 그에 대해서 다른 여자들의 차이로 인하여 가지지 못하게 되는 신뢰를 그에게 가질 수 있게 합니다. 신디카가 제게는 안식이 됩니다. 제가 신디카에 대해서 어떤 감정을 가지고 있는지, 제가 그를 어떻게 보는지를 정확히 말씀드리지는 못하겠습니다. 신디카에 비해서 나이가 많은 저는 그를 딸로 보기도 합니다. 제가 가지기를 바랐던 총명하고 근면한 딸로요. …신디카가 깊은 애정을 기울여 보살피는 병자인 저, 일생동안 어머니를 슬퍼하고 그리워하고, 모든 여자에게서 어머니인 여자를 찾았지만 찾아내지 못한 침울하고 외로운 저는 신디카에게서 제가 꾸었던 꿈의 현실을 보게 됩니다. 그래서 지친 제 머리와 죽음을 맞이하러 가는 제 영혼에 모성애의 이슬이 내리는 것을 느낍니다. … 신디카에게서 딸과 어머니의 마음을 느끼면서 저는 그에게서 여자의 완전을 느끼고, 또 신디카 때문에 여자에게서 제게 온 모든 고통을 용서한다는 것을 아시겠지요. 불가능한 일이지만 제 아내였었는데 제가 죽인 그 불행한 여자가 혹 우연히 다시 살아난다면 그를 용서해 주리라고 느낍니다. 이제는 쉽게 다정해지고 악이거나 선이거나 … 몸을 바칠 때에는 열렬하게 되는 여자의 마음을 제가 깨달았기 때문입니다."

"나는 네가 이 모든 것을 신디카에게서 발견한 것이 매우 기쁘다. 신디카는 네 여생의 좋은 동반자가 될 것이고, 너희는 함께 좋은 일을 많이 할 것이다. 그래서 신디카를 너와 결합시키겠다 …."

예수께서는 요한을 다시 살펴보신다. 그러나 피상적인 사람이 아닌 이 제자가 눈치를 챘다는 표가 도무지 없다. 하느님의 어떤 자비가 선고를 결정적인 순간까지 그에게 가려놓으시는가? 모르겠다. 내가 아는 것은 요한이 "저희는 저희들의 최선을 다해서 주님을 섬기겠습니다" 하고 말하면서 미소짓는다는 것이다.

"그래. 그리고 너희가 바라는 것이 아니라 하더라도 일과 장소를 따지지 않고 그렇게 하리라는 것을 확신한다…."

요한은 무엇이 그를 기다리고 있는지에 대한 첫번째 예감을 가진다. 그의 얼굴 표정과 안색이 변한다. 그는 심각해지고 창백해진다. 하나밖에 없는 그의 눈이 이제는 예수의 얼굴을 주의깊게 살피며 똑바로 쳐다본다. 예수께서는 계속 말씀하신다. "요한아, 내가 어느 날 하느님의 용서에 대한 네 의심을 가라앉히기 위해서 이렇게 말한 것을 기억하느냐? '네게 자비를 깨닫게 하기 위해서 나는 너를 특별한 자비의 사업에 쓰겠다. 그리고 너를 위해 자비에 대한 비유들을 말해 주겠다'고."

"예. 그리고 그것은 사실이었습니다. 선생님께서는 저를 설득하셨고, 바로 자비의 일들을, 그것도 어린아이와 펠리시데 사람과 그리이스 여자를 가르치는 것과 애긍을 하는 것 같은 말하자면 가장 마음을 써야 하는 일들을 제게 하도록 허가하셨습니다. 이것은 하느님께서 제 참된 뉘우침을 넉넉히 아시고 그것을 실제적인 것으로 보셨기에 죄없는 영혼들과 개종시켜야 할 영혼들을 제게 맡기셔서 당신의 사람을 만들게 하셨으리라는 것을 제게 말해 주는 것이었습니다."

예수께서는 다른 요한에게 대하여 늘하시는 것과 같은 태도로 요한을 껴안으시고 당신 곁으로 끌어당기신다. 그리고 그에게 주셔야 하는 고통 때문에 얼굴이 창백해지면서 말씀하신다. "지금도 하느님께서는 네게 미묘하고 거룩한 임무를 맡기신다. 특별한 사랑의 임무이다. 너그러운 너만이, 편협하지 않고 편견이 없고, 지혜로운 너만이, 특히 정화(淨化)의 그 나머지, 네가 하느님께 아직 지고 있던 빚을 갚기 위하여 모든 포기와 모든 속죄를 받아들인 너만이 할 수 있는 임무이다. 다른 사람은 아무도 그것을 하기 싫어할 것인데, 그들의 생각이 옳은 것이다. 그것은 그들이 요구되는 필요한 것을 가지고 있지 못하겠기 때문이다. 내 사도들 중의 아무도 주님의 길을 준비하기 위하여 네가 가진 것을 가지지 못했다. …게다가 너는 세례자 요한을 기억하지. 그러므로 너는 내 가르침을 미리 알리는 사람이 될 것이다. … 너는 네 선생님의 길을 닦을 것이다. … 너는 그렇게까지 멀리 가지 못하는 선생님을 대리하기까지 할 것이다…(요한은 소스라치게 놀라서 예수를 정면에서 보려고 예수의 팔에서 빠져 나가려고 애쓴다. 그러나 예수의 입이 최후의 일격을 가하는 동안 예수의 포옹은 부드럽지만 위력이 있기 때문이다)… **그렇게까지 멀리 … 시리아까지 …안티오키아에까지 … 가지 못하는 선생을 말이다 …**."

"주님!" 하고 요한이 예수의 포옹에서 세차게 벗어나면서 외친다. "주님! 안티오키아에요? 제가 잘못 알아들었다고 말씀해 주십시오! 제발 그렇게 말씀해 주세요!…" 그는 서 있다. … 그의 하나 밖에 없는 눈, 잿빛이 된 얼굴, 떨리는 입술, 앞으로 내민 떨리는 손, 그 소식으로 짓눌린 것같이 땅으로 숙여지는 것같이 보이는 머리, 모든 것이 오직 애원이다.

그러나 예수께서는 "네가 잘못 알아들었다"고 말씀하실 수가 없다. 예수께서도 일어나시며 늙은 교사를 품에 안으시려고 팔을 벌리시고, 확인하시기 위하여 팔을 벌리신다. "그렇다, 안티오키아에. 신디카와 함께 라자로의 집에. 내일이나 모레떠나라."

요한의 슬픔은 가슴을 찢는 듯하다. 그는 포옹에서 반쯤 벗어나, 야윈 뺨으로 흘러내리는 눈물에 젖은 얼굴로 예수의 얼굴을 향하여 부르짖는다. "아! 선생님께서는 저를 데리고 있기를 원치 않으시는군요!! 주님, 제가 어떻게 해서 주님의 마음에 들지 않았습니까?" 그리고 포옹에서 벗어나 탁자 위에 엎드려 가슴을 찢는 것 같은 고통을 주는 흐느낌으로 몸이 흔들리고, 가끔 심한 기침의 발작을 일으키면서, 예수의 모든 애정의 표시는 아랑곳하지 않고 푸념을 한다. "선생님께서는 저를 내쫓으시는군요, 저를 내쫓으셔요, 이제 저는 다시는 선생님을 뵙지 못하겠군요…."

예수께서는 분명히 괴로워하시며 기도하신다. …그리고 조용히 나가시다가 부엌문 문지방에서 성모님과 마륵지암을 만나신다. 마륵지암은 그 울음소리에 질겁을 하였다. 그밖에 신디카도 있는데, 역시 깜짝 놀라 있다. "어머니, 잠깐 이리 오십시오."

성모님은 얼굴이 매우 창백해지시면서 즉시 들어가신다. 두 분은 함께 들어가신다. 성모님은 울고 있는 어른이 마치 가엾은 어린아이인 것처럼 그에게로 몸을 숙이시며 말씀하신다. "착하고 착한 가엾은 내 아들! 그러지 말게! 몸에 해가 될 걸세."

요한은 엉망이 된 얼굴을 들고 부르짖는다. "선생님께서 저를 내쫓으시니

178. "엔도르의 요한아, 안티오키아로 가거라" **763**

다! … 저는 멀리서 혼자 죽을 참입니다. …오! 선생님께서는 몇달 동안 기다리셔서 저를 여기서 죽게 내버려두실 수도 있었는데, 왜 이런 벌을 주십니까? 제가 무슨 죄를 지었습니까? 제가 선생님께 난처한 일을 당하시게 했습니까? 왜 제게 이 평화를 주시고서 이내 … 이내 …" 그는 다시 탁자 위에 쓰러져 숨을 헐떡거리며 더 크게 운다 ….

예수께서는 들썩거리는 야윈 어깨에 한 손을 얹으시고 말씀하신다. "그래 너는 내가 그렇게 할 수 있었는데 너를 여기 그대로 있게 하지 않았으리라고 생각할 수 있느냐? 오! 요한아! 주님의 길에는 무서운 필요성들이 있다! 그리고 그로 인하여 괴로움을 당해야 하는 것은 나이다. 내 고통과 모든 사람의 고통을 짊어진 나이다. 요한아, 나를 보아라. 내 얼굴이 너를 미워하는 사람의 얼굴인지, 네게 싫증이 난 사람의 얼굴인지 보아라. … 이리 내 가슴으로 와서 내 심장이 얼마나 고통으로 뛰는지 들어보아라. 요한아, 내 말을 듣고, 나를 잘못 이해하지 말아라. 이것은 하느님께서 네게 하늘나라의 문을 열어 주시기 위해서 요구하시는 마지막 속죄이다. 내 말을 들어라 …." 그리고 그를 쳐들어서 품에 안으신다. "이거 보셔요.…어머니, 잠깐 나가 계십시오. … 이제 우리 둘이만 있으니 들어라. 너는 내가 누구인지를 안다. 내가 구세주라는 것을 굳게 믿느냐?"

"어떻게 제가 그것을 믿지 않겠습니까? 이 때문에 제가 항상 죽을 때까지 선생님과 함께 있기를 원한 것입니다 …."

"죽을 때까지 … 내 죽음은 끔찍할 것이다!…"

"제 죽음 말입니다. 제 죽음이요!…"

"네 죽음은 내가 네 곁에 있어 하느님의 사랑에 대한 확신을 네게 불어넣어 주겠기 때문에, 또 신디카의 사랑으로, 게다가 안티오키아에 내 복음의 승리를 준비했다는 기쁨으로 인해서 평온할 것이다. 그러나 내 죽음은! 너는 내가 상처투성이의 살덩어리가 되고, 침투성이가 되고, 모욕을 당하고, 미친듯이 성이 난 군중에게 맡겨져서 악당의 십자가와 같은 십자가에 매달려 죽는 것을 볼 것이다. …너는 이것을 견딜 수 있겠느냐?"

수난때에 예수께서 당하실 것을 상세하게 하나하나 들을 때마다 "안 됩니다, 안 됩니다!" 하고 신음하던 요한이 "안 됩니다" 하고 거칠게 부르짖고는 이렇게 덧붙인다. "그렇게 되면 저는 인간을 다시 미워하게 될 것입니다. …그러나 저는 이미 죽었을 것입니다. 선생님은 젊으시니까 …."

"그런데 나는 등불 명절을 한번 밖에는 더 보지 못할 것이다."
 요한은 공포에 질려 예수를 뚫어지게 들여다본다….
 "내가 네게 비밀히 이 말을 한 것은 이것이 내가 너를 멀리 보내는 이유중의 하나라는 것을 설명하기 위해서이다. 이 운명을 가질 사람은 너 하나만이 아닐 것이다. 그들의 힘에 겹게 마음이 어지러워지기를 내가 원치 않는 사람은 모두 그전에 다른 곳으로 보낼 것이다. 그래 이것이 네게는 사랑이 없는 것으로 보이느냐?"
 "아닙니다. 고통을 당하시는 내 하느님 … 그러나 저는 선생님을 떠나야 하고 … 먼 곳에서 죽어야 합니다."
 "진리인 내 이름으로 네게 약속한다마는, 네 임종의 머리맡에 내가 너를 들여다보고 있겠다."
 "제가 그렇게 멀리 떨어져 있고, 또 선생님께서는 너무 멀어서 못가신다고 말씀하시면서 어떻게 그렇게 되겠습니까? 선생님께서는 저를 덜 슬프게 보내시려고 그렇게 말씀하신 거지요…."
 "쿠자의 요안나는 레바논산 밑에서 죽어가고 있었는데 나를 보았다. 그러나 나는 거기에서 아주 멀리 떨어져 있었고, 요안나는 아직 나를 알지 못했었다. 그런데 나는 그를 거기에서 이 세상의 보잘 것 없는 생명으로 다시 데려왔다. 요안나는 내가 죽는 날 자기가 산 것을 후회하리라는 것을 알아라! … 그러나 스승으로서의 둘째해에 내 마음의 기쁨인 너를 위해서는 그보다 더한 것을 해주겠다. 나는 기다리는 사람들에게 이렇게 말하라는 임무를 주면서 너를 평화 속으로 데려가기 위해 갈 것이다. '주님의 때가 왔습니다. 마치 지금 땅 위에 봄이 오는 것과 같이 우리에게는 천국의 봄이 시작됩니다' 하고 말하라는 것이다. 그러나 그때에는 나 혼자 가지는 않을 것이다. … 내가 갈 것이고, 너는 항상 나를 느낄 것이다. … 나는 그렇게 할 수 있다. 그리고 그렇게 하겠다. 너는 일찍이 나를 차지했던 것보다도 더 네 안에 나를 차지할 것이다. 사랑은 그가 사랑하는 사람에게 전달될 수 있는데, 정신뿐 아니라 관능에까지도 충격을 줄 수 있을 만큼 넉넉히 느껴지게 전달될 수 있기 때문이다. 요한아, 이제는 좀 더 안심이 되느냐?"
 "예, 주님, 그러나 정말 괴롭습니다!"
 "그래도 반항은 하지 않는구나…."
 "반항을 하다니요? 절대로 안 합니다! 그랬다간 선생님을 완전히 잃게요. 저는 '제' 주기도문을 욉니다. 아버지의 뜻이 이루어지소서."

"네가 나를 이해하리라는 것을 알고 있었다." 예수께서는 비록 진정은 되었지만 계속 눈물이 흐르고 있는 그의 뺨에 입맞춤하신다.

"아이에게 인사를 해도 되겠습니까? …이것은 또 하나의 다른 고통입니다. … 저는 그애를 무척 사랑했습니다…." 눈물이 더 세게 흐른다….

"그래. 그애를 곧 부르마. …그리고 신디카도 부르겠다. 신디카도 괴로워할 것이다. … 너는 남자이니, 네가 신디카를 도와야 한다…."

"예, 주님."

예수께서 나가신다. 그동안 요한은 울면서 그를 거두어준 작은 방의 벽과 여러 가지 물건을 어루만진다.

성모님과 마륵지암이 함께 들어온다.

"아이고! 어머님! 들으셨습니까? 어머님은 알고 계셨습니까?"

"알고 있었네, 그리고 가슴아파하고 있었네. … 그러나 나도 예수와 헤어졌네. …그런데 나는 어미일세…."

"맞습니다! …마륵지암아, 이리 오너라. 내가 떠난다는거, 그리고 우리가 이제는 다시 보지 못한다는 걸 아니?…" 그는 용맹하고자 한다. 그러나 어린아이를 안고 침대가에 앉아서 운다. 마륵지암의 갈색머리에 대고 운다. 마륵지암도 따라서 울려고 한다.

예수께서 신디카와 같이 들어오신다. 신디카는 말한다. "요한, 왜 그렇게 눈물을 많이 흘리세요?"

"선생님께서 우리를 내쫓으셔, 당신은 그걸 모르고 있소? 아직 모르고 있느냐 말이야? 우리를 안티오키아로 보내신단 말이오!"

"그래서요? 선생님께서는 두 사람이 당신 이름으로 모여 있으면 당신이 그들 가운데 계시겠다고 말씀하지 않으셨어요? 자, 요한! 당신은 아마 지금까지 당신 자신이 당신의 운명을 택했고, 그래서 당신으로서는 다른 의지에 인종(忍從)하는 것은, 비록 그것이 사랑에서 온다 하더라도 무서운 모양이로군요. 저는… 남이 제게 강요하는 운명을 참아견디는데 습관이 돼 있어요. 그런데 그것이 어떤 운명이었습니까! …그렇기 때문에 저는 이 새 운명을 기꺼이 받아들입니다. 아니! 제가 횡포한 속박에 반항한 것은 오직 제 영혼까지도 속박하려고 했기 때문이었지, 다른 이유에서 그러지는 않았어요. 그런데 이제 우리 영혼에 모욕을 주지 않고 우리에게 주님의 봉사자가 되는 자격과 실제성을 주는 사랑의 다정스러운 속박에 반항해야 하겠어요? 당신은 아프기 때문에 내일을 걱정하는 겁니까? 제가 당신을 위해 일하겠어요. 외로울까 봐 걱정하세요? 그러나 저는 당신을 절대로 떠나지 않을 거예요. 틀림없어요. 저는 제 인생에 하느님과 이웃을 사랑하는 것 외에 다른 목적이 없어요. 당신은 하느님께서 제게 맡겨주시는 이웃이세요. 당신이 얼마나 제게 소중하겠는지 생각해 보세요!"

"너희는 라자로의 집에 있을 터이니까 살기 위해 일할 필요는 없을 것이다. 그러나 사람들에게 접근하기 위하여 교육 방법을 쓰라고 너희에게 권고한다. 너는 선생으로서, 여자인 너는 여자들이 하는 일로. 그것이 사도직에 소용될 것이고, 너희들의 나날에 목적을 주는 데 소용될 것이다."

"주님, 그렇게 하겠습니다" 하고 신디카가 꿋꿋하게 대답한다.

요한은 여전히 어린아이를 안고 조용히 울고 있다. 마륵지암이 요한을 어루만진다….

"너 나를 기억하겠니?"

"요한 아저씨, 늘 기억할 거야. 그리고 아저씨를 위해 기도하겠어요. …그리고… 잠깐 기다려요…." 마륵지암은 뛰어 나간다.

신디카가 묻는다. "저희는 안티오키아에 어떻게 갑니까?"

"바다로 해서. 무서우냐?"

"아닙니다, 주님. 게다가 주님이 저희를 보내시니, 이것이 저희를 보호할 것입니다."

"너희는 두 시몬, 내 사촌들, 제베대오의 아들들, 안드레아 그리고 마태오와 같이 간다. 여기서부터 프톨레마이스까지는 마차로 갈 터인데, 마차에는 궤들과 신디카 너를 위해 내가 만든 베틀과 요한에게 유익한 물건들을 실을 것이다…."

"저는 궤들과 옷들을 보고 어떤 일을 상상하고, 제 마음에 초탈(超脫)에 대한 각오를 시켰습니다. 여기서 사는 것은 지나치게 행복한 일이었습니다!…" 흐느낌을 참느라고 신디카의 목소리가 약해진다. 그러나 요한의 용기를 북돋우기 위하여 침착해진다. 그리고 단단해진 목소리로 "저희가 언제 떠납니까?" 하고 묻는다.

"사도들이 도착하는 대로, 어쩌면 내일일지도 모른다."

"그러면, 선생님께서 허락하시면 옷을 궤 안에 정리하겠습니다. 요한, 당신 책을 주세요."

나는 신디카가 울기 위하여 혼자 있기를 바라는 것으로 생각한다. …요한이 대답한다. "가져가요. … 그렇지만 파란 리본을 맨 그 두루마리를 내게 주오."

마륵지암이 그의 꿀단지를 가지고 돌아온다.

"요한 아저씨, 자 받으세요. 제대신 잡수세요…."

"아니다. 애야! 왜 그러느냐?"

"희생하는 꿀 한 숟가락이 슬퍼하는 사람에게 평화와 희망을 줄 수 있다고 예수님이 말씀하셨기 때문에요. 아저씨는 슬퍼하지요. 저는 아저씨가 아주 위로를 받으라고 꿀을 전부 드려요."

"애야, 그러나 그건 너무나 큰 희생이다."

"아니예요! 예수님의 기도에 '우리를 유혹에 빠지지 말게 하시고, 악에서 구하소서' 하는 말이 있지요. 이 단지가 제게는 유혹이었어요. … 그리고 악이 될 수도 있었어요, 제 서원을 깨뜨리게 할 수도 있었으니까요. 이렇게 하면 이 단지를 다시는 못보고… 그러면 더 쉽고… 그리고 하느님께서 이 새 희생으로 아저씨를 도와주시리라고 꼭 믿어요. 그렇지만 이젠 울지 마세요. 신디카 아줌마도 울지 말고…"

과연 그리이스 여자는 요한의 책들을 모으는 동안 소리없이 울고 있다. 그리고 마륵지암이 두 사람을 번갈아가며 어루만지는데, 저도 몹시 울음이 터지려고 한다. 그러니 신디카가 두루마리들을 가지고 나가고, 성모님도 꿀단지를 들고 따라 나가신다.

요한은 곁에 앉아 계신 예수와 그가 안고 있는 아이와 함께 남아 있다. 그는 침착하다. 그러나 괴로움에 시달려 있다.

"네가 마지막으로 쓴 것도 두루마리에 넣어라" 하고 예수께서 권하신다. "나는 네가 그것을 마륵지암에게 주기를 원하는 것으로 생각한다마는…"

"그렇습니다. … 제것으로는 또 하나 베껴놓은 것이 있습니다. …애야, 여기 선생님의 말씀이 있다. 네가 없을 때에 말씀하신 것들과 다른 말씀들도 … 너는 앞이 창창하니까 너를 위해서 선생님의 말씀을 계속 베껴 두려고 했었는데 … 또 네가 얼마나 많은 사람에게 복음을 전할지 누가 알겠니 … 그러나 이제는 베낄 수가 없게 되었다. …이제는 내가 선생님의 말씀을 듣지 못하고 있게 되었다…." 요한은 다시 엉엉 울기 시작한다.

마륵지암의 새로운 태도는 부드럽고도 씩씩하다. 그는 요한의 목에 매달리면서 말한다. "이제는 제가 선생님의 말씀을 써서 아저씨에게 보내겠어요. … 그러지요, 선생님 ? 그렇게 할 수 있지요 ?"

"물론 할 수 있고 말고, 그리고 그렇게 하는 것은 큰 자선이 될 것이다."

"그렇게 하겠어요. 그리고 제가 없을 때는 열성당원 시몬 아저씨더러 해 달라고 하겠어요. 시몬 아저씨는 저를 많이 좋아하고 아저씨도 많이 사랑해요. 그리고 아저씨에게 인정을 베풀기 위해서 그렇게 할 거예요. 그러니까 이젠 울지 마세요. 그리고 제가 아저씨를 보러 갈 거예요. … 아저씨는 틀림없이 아주 멀리 가진 않지요 …."

"아이고 ! 얼마나 먼데 ! 수백마일이나 된다. … 그리고 나는 멀지 않아 죽을 거다."

아이는 실망하고 낙담하였다. 그러나 모든 것이 쉬운 것으로 생각되는 어린이의 아름다운 침착성으로 다시 제 정신을 차린다. "아저씨가 거길 가니까 저도 아버지하고 같이 갈 수 있을 거야, 그리고 … 우린 서로 편지를 주고 받을거예요. 성경을 읽으면 하느님과 같이 있는 것 같지요 ? 그러면 편지를 읽으면 우리가 사랑하는 사람, 그 편지를 쓴 사람과 같이 있는 것과 같을 거예요. 자, 저하고 이쪽으로 가요 …."

"그래, 요한아, 가자. 곧 내 사촌들이 열성당원과 같이 올 거다. 그들을 오라고 불렀다."

"그분들이 이 일을 알고 있습니까 ?"

"아직 알지 못하고 있다. 모두 오기를 기다려서 말하려고 한다 …."

"좋습니다. 주님, 가십시다 …."

요셉의 방에서 나오는 사람은 허리가 많이 구부러진 늙은이이다. 성모님과 신디카가 말없이 물건과 옷들을 궤 안에 차곡차곡 정돈하고 있는 작업장 쪽으로 가는 동안 풀 하나하나, 나무 하나하나, 그리고 수반과 동굴에 인사를 하는 것 같은 늙은이이다 ….

그리고 이렇게 말없고 눈물에 젖은 그들을 시몬과 유다와 야고보가 만난다. 사도들은 그들을 바라본다. 그러나 질문은 하지 않는다. 그래서 나는 그들이 진실을 알아차리는지 어떤지를 알 수가 없다.

178. "엔도르의 요한아, 안티오키아로 가거라"

예수께서 말씀하신다.

"나는 독자들에게 정보를 주기 위해서 요한이 갇혔던 장소를 지금 통용되는 이름으로 알려주었다. 그런데 사람들이 이의를 제기했다. 그래서 옛날 이름을 원하는 사람들에게는 '비티니아와 미시아'라고 이제 명확히 밝혀 말하겠다. 그러나 이 복음서는 단순한 사람들과 보잘 것 없는 사람들을 위한 것이지 박사들을 위한 것은 아니다. 박사들에게는 대부분 이 복음서가 받아들일 수 없고 무익한 것이다. 단순한 사람들과 보잘 것 없는 사람들은 '비티니아나 미시아'보다는 '아나톨리아'를 더 잘 이해할 것이다. 엔도르의 요한의 고통을 생각하고 울고 있는 작은 요한(마리아 말또르따의 애칭임)아, 그렇지? 그러나 세상에는 엔도르의 요한이 너무도 많다! 그들은 내가 그들을 위해 지난해에 네게 고통을 겪게 한 비통에 잠긴 형제들이다. 작은 요한아, 이제는 쉬어라. 너는 결코 선생님에게 멀리 떨어진 곳으로 보내지지 않을 것이고, 오히려 반대로 점점 더 가까이 있을 것이다.

그리고 이렇게 해서 전도와 공생활의 둘째 해, 자비의 해가 끝난다. … 그리고 나는 첫해를 끝내면서 한 탄식을 되풀이 하는 수밖에 없다. 그러나 이 탄식은 갖가지 장애에도 불구하고 일을 계속한 내 대변자와는 관계가 없다. 정말이지 영웅적인 길을 두루 돌아다니며, 너무나 많은 일에 찍어눌리는 사람들을 위해서까지도 그들의 희생으로 그 길들을 평탄하게 할 사람들은 '거물들'이 아니라 '보잘 것 없는 자'들일 것이다. '보잘 것 없는 사람들', 즉 순박하고 온유한 사람들, 마음과 머리가 깨끗한 사람들 말이다. 그리고 나는 보잘 것 없는 자들인 너희들에게, 로무알도와 마리아 같은 너희들에게, 또 너희들과 더불어 너희와 비슷한 사람들에게 말한다. '내게로 와서 너희들을 사랑하기 때문에 너희들에게 말하고 너희들에게 강복하기 위하여 말하는 〈말씀〉의 말을 또 그리고 항상 들어라. 내 평화가 너희들과 함께 있기를'."

출판 허가서
신앙교리성성 제144 / 58 i 호
1994년 6월 21일

하느님이시요 사람이신 그리스도의 시
제4권 공생활 둘째해 (하)

1991년 5월 1일 초판
2025년 1월 10일 12쇄

저 자   마리아 발또르따
        (Maria Valtorta)
역 자   안 응 렬
추 천   파 레 몬 드 (현우)
        (Fr. Raymond Spies)
발행자 한상천
발행소 가톨릭 크리스챤

142-806 서울 강북구 미아9동 103-127
전 화   987-9333
F A X   987-9334
등 록   1979 .10.25 제7-109호
우리은행 1002-533-493419 한상천

값 34,000원

☐ 허가없이 이 책을 전재. 일부를 복사할 수 없습니다.
☐ 통신판매 02) 987-9333로 하시면 됩니다.